중국정치사상사 ³

중국정치사상사 ³

수당송원명청

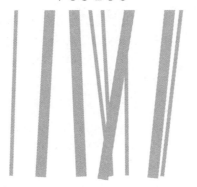

류쩌화
쓰고 엮음

장현근
옮김

글항아리

일러두기

『중국정치사상사』의 1권 선진권은 류쩌화劉澤華, 2권 진한위진남북조권은 류쩌화, 두훙이杜洪義, 쭝더성宗德生, 장펀텐張分田, 거취안葛荃, 3권 수당송원명청권은 장펀텐, 거취안, 두훙이, 천한밍陳寒鳴, 차오즈중喬治忠이 함께 작업했다.

제1장 수당 황제들의 성숙하고 완비된 군도론君道論

제6장 송대 리학의 정치 철학, 정치 가치, 정책 사상

수당 황제들의 성숙하고 완비된 군도론君道論

강성했던 수隋와 화려했던 당唐은 중국 봉건사회의 전성시대였다. 진시황이 황제 제도를 확립한 이래 봉건 전제주의 중앙 집권 정치 체제는 800여 년에 걸친 장구한 비바람의 역정과 곡절의 변천을 겪으면서 제도적, 이론적으로 날로 성숙하며 완비되었다.

581년 수 왕조가 건립되었다. 이어서 양梁나라를 멸하고 진陳나라를 평정하여 589년에 통일천하를 실현했으며 위진魏晉 이래 근 400년을 지속해온 분열 국면을 끝장냈다. 머지않아 천하 대란이 일어나 강력한 수나라가 멸망하고 이李씨 당나라로 대체되었다. 당 초의 여러 황제가 정치에 온 힘을 기울임으로써 사회, 경제, 문화는 다시없을 번영을 이루게 되었다. 당 중엽 이후 사회 모순이 날로 격화되었고, 755년 안사安史의 난을 전환점으로 당 왕조는 극성기를 지나 쇠락했으며 번진藩鎭의 할거로 차츰 오대십국의 분열 국면에 접어들었다.

수당과 양송兩宋은 고대 정치사상 발전의 중요한 단계다. 선진 사상의 특징을 발단, 분화, 쟁명爭鳴이라 하고, 양한과 위진 남북조 사상계의 주요 경관을 일존一尊, 다원, 융합의 상호 작동이라고 한다면, 수당과 양송 사상 발전의 전체 추세는 종합, 심화, 겸용兼容이었다고 하겠다. 수당 시기에도 다원과 쟁명은 여전히 사상 문화의 영역에서 사람의 의지에 의해 바뀌지 않는 모습을 보여주었는데, 정치사상의 각도에서 본다면 수많은 중대한 이론 문제가 결론을 얻고 심화되었다. 유교, 불교, 도교의 이론 형태가 모두 심각한 변화를 통해 수많은 사상문화적 성과를 얻게 되었다는 것은 대부분 인정하는 바다. 수당 여러 황제의 군도론君道論은 바로 이와 같은 사상 문화 발전의 큰 추세 가운데 첫 번째로 중대한 성과다.

제 1 절

수당 황제들의 자아 정치의식과 군도

수 문제文帝로부터 당 현종에 이르기까지 그 어떤 제왕도 엄격한 종법 계승 제도에 입각하여 구오九五[1]의 지존에 오른 경우가 없었다. 왕위를 둘러싼 투쟁, 시기, 살육이 끝없이 이어지고 찬탈과 시해, 탈적奪嫡[2]의 재앙이 빈번히 발생했다. 어쩌면 이와 같은 원인 때문에 제왕 가운데 영재들이 배출되었던 것일 수도 있다. 당 중종中宗과 예종睿宗이 범용하고 어리석은 것을 제외하면 나머지는 모두 범상한 무리가 아니었다.

수당의 여러 황제는 대부분 정치가이자 사상가였다. 그들은 정치적 성취를 보였을 뿐만 아니라 통치 사상, 치국 방법 및 정책과 책략 방면에서도 다양한 창조적 견해를 드러냈다. 그들은 책을 써서 주장을 세우기도 하고 혹자는 경서, 형률, 예전禮典에 대한 주소注疏 작업을 관장하여 이론 체계를 갖춘 치국 방략을 제출하기도 했다. 이를테면 수 문제 양견楊堅은 친히 형률의 수정修訂을 관장하여 형벌 규칙을 간결하게 정리한『개황률開皇律』을 반포하고,『형서요제刑書要制』를 저술했다. 당 태종 이세민李世民은 공자, 노자를 두루 종합하여『제범帝範』『금경金鏡』등 정치 논저를 지었는데, 이로부터 제도적, 사상적으로 당대 군주 정치의 규모와 나아갈 방향을 획정했다. 당 고종高宗 이치李治는 당률의 주소를 관장했는데 장손무기長孫無忌 등이 편수한『당률소의唐律疏議』는 고대 법률 사상사에 하나의 이정표가 되었다. 무측천武則天은 중국 고대 유일의 여성 황제인데, 그녀는 문학과 역사에 두루 정통했다. 그녀는 시국의 추세를 정확히 파악하고 간쟁을 받아들였으며, 법도를 엄격히 하여『신궤臣軌』등 정치 논저를 저술했는데 이는 군신 관계에 대한 깊이 있는 이해를 보여준다. 당 현종 이융기李隆基는 일찍이『효경』과『도덕경』을 직접 주소했는데, 그 가운데『효경주孝經注』는 '효리孝理'와 '효치孝治'를 크게 창도하여 "효로써 천하를 다스린다"는 신민 통치 방략을 발전시켰다.

수 양제煬帝 양광楊廣은 대대로 폭군의 전형으로 간주되었다. 깊이 생각해볼 점은 그의 인식이 명군의 전형인 당 태종과 질적 차이가 없다는 것이다. 예컨대 민본, 현인 임용, 법제, 납간納諫 등은 수 양제가 내린 조서에 쓰이지 않는 경우가 없었다. 수 양제는 "조회에 임할 때는 진중했으며, 발언을 하고 교지를 내리는 내용이 굉장했다".[3] 당대 사료에는 이와 유사한 기록이 많다. 당 태종도 이렇게 말했다. "짐이『수양제집隋煬帝集』을 보니 문장이 심오하여 요순이라고 할지언정 걸주는 아니었다. 그런데도 실제 행사는 어찌 그렇게 반대로 했을까?"[4] 진나라와 수나라는 모두 2세 때 망했으며 똑같은 전철을 밟았다. 하지만 수 양제는 진2세秦二世와 비교될 바는 아니다. 호해胡亥는 어리석어 무슨 일 하나 제대로 할 수 없었고 권신들의 손바닥 안에서 놀아났다. 수 양제는 아니었다. 그는 문무를 겸비했으며 독창적인 정치 견해도 있었고, 성과를 내기도 했다. 수 양제 즉위 초 국가는 부강하고 왕권은 존귀했으며 공적은 크고 넓었으니 당 태종도 탄성해 마지않았다. 그런데 일시적으로 극성기를 맞이했던 이 큰 제국이 순식간에 연기 속으로 사라지고 말았다. 수나라 멸망의 교훈은 당나라 초 군도君道 이론이 한층 더 완전해지고 심화되도록 촉진시킨 중요한 원인이었다.

01

제왕 관념:
신화神化, 도화道化, 인화人化

수당 황제들의 제왕 관념을 개괄하자면 신화, 도화, 인화라 할 수 있다. 신화란 스스로를 천명이자 신체神體라 하는 것이다. 도화란 스스로를 도라 하고, 스스로 덕이 있다고 하고, 스스로 공을 자랑하는 것이다. 인화란 스스로를 인간으로 대하는 것이다. 이런 관념은 신민 대다수가 인정하는 것이기도 했다. 신민들은 보편적으로 제왕이 신성성과 세속성, 절대성과 상대성의 통일체이며 신이자 성인이자 인간인, 결과적으로 특수한 사람이라고 생각했다. 이런 정치의식과 제왕의 심리야말로 군도론을 완전하게 만들어준 중요한 징표였다.

신화: "천명이 모여 내가 제왕이 될 차례다"

군권을 신으로부터 받는다는 말이야말로 여전한 제왕의 권위를 논증하는 핵심 근거였다. 군권은 "천명이 귀속되는 바가 있어야지 인력으로 다툴 수 있는 바가 아니다"라는 것이 세상 사람들이 보편적으로 받아들이는 정치 관념이었다. 수 문제는 이렇게 말했다. "제왕을 어찌 힘으로 구

할 수 있겠는가! 공자는 위대한 성인의 재능을 지녔음에도 천하를 얻지
못했다."⁵ 당 고조高祖는 "흥망의 공효가 어찌 사람의 힘이겠는가!"⁶라고
했고, "제왕은 스스로 천명을 갖추고 있어서 어린 사람들이 취할 수 있는
바가 아니다"⁷라고도 말했다. 당 태종은 스스로 "천명이 모여 내가 제왕
이 될 차례다"⁸라고 외쳤다. 그는 "제왕의 업은 지모로 경쟁할 수 있는 것
도 아니고, 힘으로 다툴 수 있는 것도 아니"⁹라고 생각했다. 매번 왕조가
바뀌거나 제왕이 교체되는 시기가 오면 "왕이 될 사람은 죽지 않는다"¹⁰
는 등 각종 참언讖言과 부명符命이 사람들의 정치적 경향이나 정치 행위에
중대한 영향을 미치곤 했다. 이 때문에 제왕들 또한 천명을 상당히 중시
했다. 뭇 황제가 등극할 때는 부명을 대대적으로 선전했고, 있는 힘을 다
해 스스로를 신격화했다. 이를테면 수 문제는 "주周의 선양을 받았으나 민
심이 복종하지 않을까 두려워 여러 차례 부서符書를 불러냄으로써 빛을
내었고"¹¹『황수감령지皇隋感靈志』를 천하에 선포했다. 이씨 당나라는 정권
을 탈취하는 과정에서 사회적으로 광범하게 유행하던 "이씨가 응당 흥하
리라"는 유언비어를 충분히 이용했다. 또 태상노군이 신령을 드러내 천명
을 선포해 보였다는 정치 신화를 만들어내기도 했다. 무측천은 불교를 이
용하여 여왕이 집권하리라는 근거를 만들어냈다. 반대로 그들에게 불리
한 참언은 엄하게 금지했다. 이를테면 수 양제는 "이씨가 응당 흥하리라"
는 참언을 듣고 무고한 사람을 수없이 살상했다. 당 태종은 "여주 무武왕
이 천하를 대신 갖게 될 것이다"¹²라는 말을 듣고는 아명이 '오낭五娘'으로
지위가 '좌무위장군左武衛將軍'이자 무련현공武連縣公'이었던 이군선李君羨을 무
武와 연관된다면서 주살했다. 그렇지만 전체적으로 볼 때 수당 황제들은
인간사를 더욱 중시했다. 수 문제는 "길흉은 사람에 달려 있다"¹³고 말했
고, 당 태종은 공개적으로 다음과 같이 선포했다. "천하가 태평하고 집집
마다 유족하게 된다면 상서祥瑞 따위가 없더라도 그 덕을 요순에 견줄 수

있을 것이다. 만약 백성이 풍족하지 못하고 이적들이 안으로 침범해 들어온다면 지초가 길거리마다 두루 피어나고 봉황이 동산마다 둥지를 튼다 하더라도 어찌 걸주와 다르겠는가?" "요순 같은 임금이 위에 있으면 백성이 그를 하늘땅처럼 공경할 것이고, 부모처럼 사랑할 것이다. 움직여 일을 벌이면 사람들이 모두 즐거워할 것이고, 소리 내어 명령을 내리면 사람들이 모두 기뻐할 것이다. 이것이야말로 크나큰 상서가 아니겠는가."[14] 군권신수설은 군권의 절대성을 논증하는 각종 이론 가운데 신앙적 색채를 가장 많이 띠고 있으며, 제왕들은 영원히 그것을 버릴 수 없었다. 하지만 역사가 주는 교훈은 무엇보다 인간사가 가장 중요한 것임을 통치자들에게 거듭 경고하고 깨우쳐주었다.

도화: "덕을 갖추면 장구할 수 있고, 공이 있으면 위대할 수 있다"

"천도는 특별히 누구를 친애하지 않고 오직 덕이 있는 사람을 돕는다"[15]는 관념은 수당 시기 주도적 지위를 차지했던 제왕 관념이었다. 이와 같은 제왕 관념으로 보건대 천명은 개방성을 갖추고 있으니 제왕은 반드시 도가 있어야 하고, 덕이 있어야 하고, 공이 있어야 한다. 그렇지 않으면 천명이 바뀌게 되어 왕위는 다른 사람으로 대체될 것이다. 수당 황제 대다수는 '혁명' '선양' '탈적'으로 구오의 용상에 올랐다. 그래서 특히 공과 덕을 강조했다. 수 양제, 당 태종, 당 현종 등 탈적으로 주상이 된 사람들은 더욱 수단과 방법을 동원하여 자신의 공과 덕을 논증했다. 수 양제는 "덕을 갖추면 장구할 수 있고, 공이 있으면 위대할 수 있다"[16]고 말했다. 당 태종은 "밝고 지혜롭고 문무를 두루 갖춤"[17]을 제왕이 반드시 갖추어야 할 자격으로 삼았다. 그가 보기에 당 왕조의 발흥은 "비록 부록과 도참을 얻고 천명이 뚜렷이 드러나 능히 위업을 이루었으나 실제는 신화적인 공에 의지한 것이었다".[18] 당 현종은 적장자 대신 태자로 옹립되어야 하는 근거를 "사직을 위기에서 건지고, 군친을 재난에서 구해냈으니 공을 논하자면 이보다 큰 경우가 없고, 말씀과 덕이 가장 현명"[19]하기 때문이라고 했다. 덕과 공은 칭왕, 칭제의 중요한 근거였고 수당 황제들은 공을 세워 창업을 하고 싶은 강렬한 욕망을 갖고 있었다. 이와 같은 제왕 관념은 수 양제와 당 태종에게 가장 두드러지게 나타난다.

전통 정치사상은 대대로 군덕을 강조하여 웅재로서의 큰 책략, 공격 전쟁에서의 필승, 천하의 큰 안정을 성군, 명군의 표상으로 삼았다. 공덕과 성명聖明은 천명의 징표이기도 했다. 수당은 양한과 비교할 때 제왕 관념의 구조와 내용에서 본질적인 차이는 없지만, 강조점은 분명하게 신화神化에서 성화聖化로 옮겨지고 있다. 여기서는 두 가지 예만 들어보겠다. 첫째, 한 헌제獻帝의 선위 조서와 주周 정제靜帝의 선위 조서는 모두 "천심인사天心人事"로 논리를 세우지만 후자의 경우 적지 않은 분량을 할애해 수隋 왕의 성聖과 공功을 지극히 상세하게 찬양한다. 이를테면 "수 왕의 밝고 성스러움은 하늘로부터 왔으며, 영명하고 빛남이 홀로 빼어나며, 형법과 예의를 나란히 운용하고, 문덕과 무공이 두루 원대하니" "순임금의 큰 공이 스무 배라도 그와 비교할 수 없으며, 주 무왕이 삼황오제의 자리를 합친다 한들 어찌 논할 수나 있겠는가" 등의 내용으로 "도가 높은 사람이 칭제하는 것이며, 녹錄이 다한 사람은 왕이 되지 못한다"[20]는 것을 논증했다. 둘째, 당나라 때 제왕들은 '성聖' 자를 정식으로 시호와 칭호 위에다 덧붙이기 시작했다. 당대 제왕의 시호와 묘호에는 성 자가 들어간 대량의 글사가 출현하기 시작했는데, 예컨대 당 고조는 '신요대성광효황제神堯大聖光孝皇帝'라 불렸고, 당 태종은 '문무대성대광효황제文武大聖大廣孝皇帝'라 불렸으며, 당 현종은 '지도대성대명효황제至道大聖大明孝皇帝'라 불렸다. 제왕이 죽은 뒤 '성인'이라 불렸을 뿐만 아니라 어떤 제왕은 생전에도 성을 정식 존호로 삼았다. 이를테면 무측천은 자칭 '성모신황聖母神皇' '성신황제聖神皇帝'였으며, 다시 존호를 더해 '금륜金輪 성신황제' '천책금륜 대성황제天冊金輪大聖皇帝'라 했다. 이 시기엔 또 '성' 자를 표제로 삼아 공덕을 칭송하고 기리는 많은 작품이 출현하기도 했다. 이를테면 당 태종은 『술성부述聖賦』를 저술했고, 우세남虞世南은 『성덕론聖德論』을 저술했다. 성화된 칭호의 사용 빈도 증가는 성인에 대한 칭송 의식을 강화했는데, 이는 제왕들로 하여금 제왕의 도와 왕패의 술에 더욱 주의를 기울이도록 했다.

인화: "천하가 한 사람을 받드는 것이 아니라 한 사람이 천하를 주재하는 것이다"

　군권의 신수와 제왕의 성명을 충분히 긍정한다는 전제 아래, 수당 시기 제왕 관념이 더욱 강조한 점은 바로 제왕이 사람들의 주인이고, 뭇 서인에게 일방적으로 요구하지 않으며 오히려 공중의 이익을 대표하는 자라는 것이었다. 수 양제는 "천하가 한 사람을 받드는 것이 아니라 한 사람이 천하를 주재하는 것이다"[21]라고 말한다. 당 태종도 "한 사람이 천하를 다스리는 것이지 천하가 한 사람을 받드는 것이 아니"[22]라는 논점에 찬성한다. 이와 같은 제왕 관념으로 보건대 군주는 천하의 주인이며, 정치의 최고 주체다. 다만 군주는 천하 중생들의 권익을 대리할 뿐이지 사적으로 자기 한 사람이나 한 성씨만을 위해서는 안 되고, 무턱대고 민중을 착취해서는 더더욱 안 된다. 이론적으로 이는 군권 제한으로 보인다. 이런 말이 표면적인 문장에 불과한 것일지라도 제왕들이 이를 인정했고 뭇 신하가 동조했다는 점에서 실제 정치에 여전히 일정한 의의를 지니는 것이었다.

　수당 제왕이 시시로 곳곳에서 자신을 신명하게 보고 있지는 않다. 때로는 그들도 스스로 능력과 도덕 면에 결함이 있음을 인정한다. 당 태종은 뭇 신하와 함께 정치를 논의하며 그 자신이 인식과 능력 면에서 한계가 있다고 자주 언급했다. 한번은 그가 대신에게 이렇게 말한 적이 있다. "짐은 어려서부터 활과 화살을 좋아해 스스로 그 오묘함을 충분히 알고 있다고 말해왔소. 최근 좋은 활 10여 개를 얻어서 활 만드는 장인에게 보여주었는데, '모두 좋은 재료가 아닙니다'라고 대답을 합디다. 짐이 그 연고를 물으니 장인이 '목심木心이 바르지 않으면 맥리脈理가 모두 어긋납니다. 활이 아무리 강경하더라도 시위를 떠난 화살이 똑바로 가지 않는다면 좋은 활이 아닙니다'라고 말했소. 짐은 처음으로 깨달았소. 짐이 활과 화살로 사방을 평정하면서 많은 활을 사용했음에도 그 이치를 알지 못했던 것이오. 하물며 천하를 가진 지 얼마 안 된 짐이 다스림의 의미를 깨치기는 분명 활에 미치지 못할 것이오. 활에도 어긋남이 있는데 하물며 다스림에 있어서겠습니까?"[23] 이와 유사한 말은 여러 황제에게서도 적잖이 보인다. 그래서 수당 세왕은 모두 신하를 스승으로 삼아 의지하고 신하의 말을 귀감으로 삼곤 했다.

제왕은 스스로를 사람으로 여기기에 왕왕 간언을 쉽게 받아들이고 스스로 규율하며, 예법과 금기의 와중에도 쉬이 한 가닥 살길을 열어주곤 했다. 정관貞觀의 치[24]는 바로 이러한 일련의 비판 가운데서 이루어진 것이다. 이는 분명 왕권 사상의 발전과 심화를 조절하는 데 유리한 조건이었다. 당 태종과 무측천 등 제왕의 신상엔 존대와 겸공謙恭, 위엄과 관후함, 날카로운 지모와 어리석은 듯한 태도, 욕망을 따르기도 하고 스스로를 절제하기도 하는 태도가 유기적으로 한데 결합되어 있었다. 그들은 모두 비교적 고명한 자아 조절 능력을 보여주었다.

수당 제왕은 보편적으로 수신에 관한 논의를 중시했다. 그들이 보기에 수신의 도야말로 '치국의 요체'였으니, "천하를 안정시키려면 반드시 먼저 제 몸을 바로잡아야 한다. 제 몸이 바름에도 그림자가 굽거나 위에서 잘 다스리는데도 아래서 어지러운 경우는 없다"[25]고 보았다. 수 양제가 욕망만 따르다가 나라를 잃은 뒤부터 이 문제는 조야 간 의론의 중요한 화제가 되었다. 수신의 요지는 '자계自戒' '자목自牧' '출악黜惡'이며, 중점은 "제멋대로 방종하고 사물을 업신여김"을 방지하는 것이고, 목적은 "뿌리를 자르고 나무가 무성해지길 바라거나, 수원을 막고서 물이 길게 흐르길 바라는" 것을 막아 "끝없이 아름다운 상태를 영원히 보존하려는"[26] 것이었다. 수신론의 기본 논리는 군주가 도, 덕, 효, 예 등 사회 규범을 준수하고, 자아의 절제를 통하여 제왕의 존엄과 일락을 영원히 보존하자는 것이다. "욕망을 극한까지 끌고 가지 않아야" 비로소 "욕망이 오래오래 유지될" 수 있다는 것이다. 이러한 사유는 송명 리학이 한결같이 강조해온 '멸인욕滅人欲'과는 다르다. 군도는 일종의 정치 예술인데, 자신과 정치와 신민을 아주 적절히 조절하는 것이야말로 이 예술의 정수다.

"수신의 술이 바로 치국의 요체"라는 명제는 제왕 대다수가 인정하는 바였다. 수당 여러 황제는 정론이나 조지詔旨, 저작 가운데 군주의 덕에 관한 수많은 규범을 나열하고 있다. 예컨대 『제범帝範』에는 관대寬大, 평정平正, 위덕威德, 자후慈厚, 예인禮仁, 효공孝恭, 근로勤勞, 덕의德義, 계영誡盈,[27] 숭검崇儉 등이 있다. 결과적으로 "검소하게 본성을 기르고, 고요하게 몸을 닦는다"는 것이다. 그 바른 명제는 "부귀가 광대하지만 검약으로 그것을 지키고, 예지가 총명하지만 어리석음으로 그것을 지킨다. 몸이 존귀하다고 다른 사람에게 교만하지 않고, 덕이 두텁다고 다른 사물을 얕보지 않아야 한다"는 것이고, 그 반대 명제는 "교만은 뜻에서 나오니 절제하지 않으면 뜻이 기울고, 욕망은 몸에서 생기니 저지하지 않으면 몸이 상한다. 그래서 걸주는 뜻을 제멋대로 하여 재앙이 생겼고, 요순은 자기를 단속하니 복이 왔다. 어찌 힘쓰지 않겠는가!"[28] 하는 것이다. 수당 제왕들이 수신술에 대해 크게 이야기한 것은 당시 심성心性에 대한 사조의 흥기와 인과 관계가 있다. 수신론의 기본 논리는 군권의 절대성과 상대성의 통일이며, 관심을 제왕의 자아 절제와 자아 조정에 더욱 집중시키고 있다. 이 논리 또한 수당 군도의 중요한 사유 방식이었다. 당 현종은 『효경주孝經注』에서 "군주가 되는 것은 항상 경계하고 신중할 필요가 있다"[29]고 말한 적이 있다.

신화, 도화, 인화의 제왕 관념은 군권의 신성성과 절대성을 강조한다는 전제 위에서 군권에도 조건이 있음을 인정한 것이다. 즉 군주가 오직 '하늘을 두려워하고' '신하를 두려워하고' '백성을 두려워하며', 덕을 지키고 도가 있으며, 공을 세우고 덕업을 일으켰을 때 비로소 영원히 신성한 지위와 절대적 권력을 누릴 수 있는 자격을 갖춘다는 것이다. 이러한 정치 관념에 대한 제왕들의 인정과 자각은 수당 시기 군권 규범과 정치 조정을 중심으로 하는 군도론의 형성에 정치적 전제를 제공해주었으며, 광활한 길을 개척해주었다.

군도의 내재 모순,
'군주 노릇 하기 참으로 어렵다'

이른바 군도君道란 제왕의 전범이다. 중앙 집권 정치 체제하에서는 황제가 "한 번 기쁘면 천하가 봄날 같고, 한 번 노하면 천하가 가을 같아진다."[30] 군주됨의 도는 바로 치국의 도다. 그래서 군도는 치도라고도 부른다. 군도는 사실상 군주 정치의 역사와 교훈의 총결이고 귀납이며 추상이다. 이론화, 이상화된 군주의 행위 규범이기도 하다. 군도는 실제에서 출발하여 확립된 최고의 정치 목표이자 기본적인 정치 원칙이며, 통치 계급의 정치의식이 집결된 총체이고, 그렇기에 정치 가치와 제왕술을 내포한다. 그 근본 목적은 왕권의 완비와 강화다.

수당 시기의 군도론은 제왕을 핵심으로, 봉건적 군신君臣 집단이 공동으로 창조한 것이었다. 제왕 한 사람 한 사람의 신변엔 모두 보필을 잘하는 공경대신, 간쟁하는 신하, 문학文學의 선비 무리가 모여 있다. 이 사람들은 학문에 통달하고 풍부한 계략을 지녔으며 치도에 정통하다. 그 대표적 인물로는 수 문제 때의 고경高熲과 소위蘇威, 당 태종 때의 방현령房玄齡과 위징魏徵, 무측천 때의 유인궤劉仁軌와 적인걸狄仁傑, 당 현종 때의 요숭姚崇과 송경宋璟 등이 있다. 뭇 신하의 정견은 대부분 제왕에게 받아들여졌고, 제왕의 인식과 정책으로 바뀌었다. 수당의 군도는 바로 이 시대, 이 집단, 이 사조가 공통으로 지닌 정치적 사유의 성과였다.

중국 고대 통치 사상의 발전, 변화 및 계승의 관점에서 볼 때 수당 군도는 종합성, 계통성, 실천성, 모범성을 갖추고 있었다.

이른바 종합성이란 왕패술을 겸하고, 백가의 주장을 채택하고, 제왕 사상을 집대성했다는 말이다. 군주 정치의 실제 수요는 마치 재생과 형성 기능을 갖춘 태극화로와 같아서 구류백가의 학설을 혼합하고 있으며, 통치에 유익한 일체의 사유 성과를 전부 군도 가운데에 용해시키고 있다. 수당 시기, 군신 간 정치 논의의 대부분은 폭넓은 증거를 싣고 인용을 하고 있으며 한 사상가나 학파에 매이지 않았다. 경, 사, 자, 집과 역대의 문장 어느 것 하나 언급되지 않은 것이 없었다. 순수한 정화를 모은 군도는 제왕술이라는 중심을 든든히 에워싸고 있는데, 공자, 노자 위주로 불도를 겸하고 제자백가의 학설을 받아들여 저절로 체계를 형성했다. 이는 진한이나 송명 시기와는 다르다.

이른바 계통성이란 삼라만상을 포괄하고 내용과 체계가 완비됨을 말한다. 수당 군도는 군주 정치의 각 방면을 언급하고 있는데, 대저 정치의 추세 방향, 치국의 방략, 정책 결정 방식, 책략의 원칙과 시정의 기교 등 포함하지 않는 것이 없다. 정치 체제, 정치적 조치로부터 정치적 권모술수까지 하나의 체계를 형성한다. 봉건 군주와 신하는 군주와 하늘, 군주와 인민, 군주와 신하, 군주와 법, 군주와 간언, 군주와 덕 등 일련의 이론 문제를 둘러싸고 토론을 전개하면서 군주의 자아 조절 이론을 중점으로 삼는 통치 사상을 형성하고 있다. 군주가 사회를 통제하는 강경한 수단과 군주가 정치를 조절하는 유연한 수단이 유기적으로 한데 결합되어 있다.

이른바 실천성이란 조종 가능성을 지녔다는 말이다. 수당 군도는 정치적 실천에 근원을 두고 있으면서도 현실을 지향하며 실용성과 실효성을 갖추었다. 따라서 수많은 사상가의 이상화된, 심지어는 공허하고 진부한 탁상논쟁과는 크게 달랐다. 이렇게 이론과 실천이 서로 결합한 정치론은 전통 정치 문화의 주류를 깊이 있게 이해하는 데 도움을 준다.

이른바 모범성이란 규범 정치로 후세에 모범을 보인다는 말이다. 수당 군도는 실행되어 효과를 거두었고 정관의 치, 개원開元의 치[31]와 같은 왕조의 성세를 개창하는 데 주관적인 요인으로 작용했다. 이 때문에 높이 추앙받는다. 당 태종은 "1000년에 한 번 나는 황제"라 해도 부끄럽지 않다. 구양수歐陽修는 『신당서新唐書』 「태종기찬太宗紀贊」에서 이렇게 찬양한다. "풍성하다, 태종의 열렬함이여! 수나라의 혼란을 없앴으니 탕왕, 무왕에 필적하며, 최고의 아름다운 정치는 성成왕, 강康왕에 버금한다. 자고로 공과 덕이 두루 뛰어난 사람은 한나라 이래 아직 없었다."[32] 『정관정요』는 후세 제왕들에게 위대한 모범으로 받들어졌으며 요遼나 금金과 같은 '이적의 군주'에게서도 추앙을 받았다. 이와 같은 군도는 조야의 상하가 보편적으로 승인했을 뿐만 아니라 역대 군주들도 숭앙하고 찬양했다. 당대 제왕들은 분분히 '태종풍太宗風'을 모방했고, 군도의 기본 사상과 원칙은 장기간 군주 정치의 규모와 추세를 제어하고 유도했으며, 개별 사상가의 관점과 주장보다 더욱더 전형적인 대표성을 지니고 역사에 영향을 미쳤다.

전통 정치 문화는 황제를 군부, 천자, 왕벽王辟, 성인으로 여기며, 제왕을 하늘, 땅, 군주, 어버이, 스승 등 각종 사회적 권위가 한 몸에 모아진 존재이자 절대 권력을 가진 사람으로 여긴다. 하지만 현실에서 절대 권력은 존재하지 않으며, 어떠한 권력에도 조건이 있고 한계가 있기 마련이다. 수많은 사회 문제는 종이 한 장으로 된 조서나 상벌, 살육으로 해결할 수 있는 것이 아니다. 제왕은 사람들의 신앙과 습속을 즉각 바꿀 수 없고, 텅 빈 국고나 민중의 고난스러운 생활을 즉각 바꿀 수도 없다. 제왕이 권력의 한계와 최고 권력에 대한 신하와 인민 및 기타 사회적 요인들의 제약을 이해하지 못한다면, 그러한 권력 행사의 결과는 분명 좌절과 실패를 불러올 것이다. 실제로 왕권이 탄생한 그날부터 이 문제는 이미 사람들의 인식 속에 깊이 받아들여지고 있다. 삼대 이래 훌륭한 일을 해냈던 그 어떠한 군주도 모두 자아 조절과 절제의 전범이었으며 백성을 중시하고, 현인을 임용하고, 간언을 받아들이는 모범이었다. 절대 권력을 휘두르는 몽둥이는 반대편에서 치고 들어올 수 있으며, 권력의 상대성이 오히려 쉽게 절대 권력에 가까이 간다는 것을 인정해야 한다. 수천 년 이래 정치가의 성패 득실 및 사상가의 다방면 탐구는 통치 사상을 날로 성숙하게 만들었다. 수당 군도는 이러한 사상 발전의 길에서 거둔 중대한 성과 가운데 하나다. 수당의 여러 황제, 특히 당 태종과 무측천, 당 현종은 중앙 집권 정치 체제가 날로 성숙해져가던 시대에 생활했을 뿐만 아니라 개인의 천품과 소질도 비교적 높아서 군도 이론의 재창조에 친히 참여했으며 그것을 제도와 정책으로 선환시키기도 했다. 수당 사회가 생기와 활력으로 충만했던 것은 이와 무관하지 않다.

물론 군권이 여러 인소의 제약을 받는다는 것을 인정하면 절대 권력을 부정해야 하고 절대 권력이 현실 속에 존재할 가능성을 부정해야 마땅하다. 하지만 군도는 억지로 군권의 절대성과 상대성을 나란히 거론하고, 우회곡절의 수법을 이용해서라도 절대 권위를 수립하려 애쓴다. 이는 필경 스스로를 이론적 모순에 빠뜨리고 실천 과정에서 온갖 곤란에 직면하게 한다.

당 태종은 재삼새사 이렇게 탄식했다. "군주 노릇 하기 참으로 어렵다."[33] 위군실난爲君實難이란 이 말은 아주 오래된 사상으로 『서경』에 처음 보인다. 『논어』와 역대 사상가들도 이와 관련해 수많은 언급을 하고 있다. 위군실난을 탄식하는 제왕들도 대대로 있어왔다. 그런데 당 태종은 이를 유독 심하게 느꼈다. 이를테면 「금경金鏡」이란 글에서 그는 제왕의 양자택일의 어려움을 이렇게 열거한다. "천하의 군주가 되어 만민의 위에 처한다는 것이 어찌 쉽단 말인가! 도를 위배하고 예를 거스르면 자신에게 손해일 뿐만 아니라 현인들의 웃음거리가 된다. 몸을 낮추어 열심히 실천하면 정말로 군자다운데 용렬한 사람들의 원망을 사기도 한다. 품계를 넘어 관직을 올리면 비슷한 부류의 사람들은 필경 깊은 원한을 지닌다. 특정한 사람들과 치우쳐 대화하면 수많은 사람이 쳐다보고 왜곡하여 바르지 않다고 말한다. 어질고 현명한 사람을 임용해 쓰면 우연히 얻었다고 말한다. 용렬한 사람들에게 맡겨 의지하면 어리석고 사리에 어둡다고 말한다. 말을 여러 번 하면 너무 번잡하다 하고, 말이 적으면 도가 엷다고 말한다. 제멋대로 화를 내면 조야가 전율하고, 머뭇거리고 관용하고 용서하면 법령이 행해지지 않는다. 인민이 즐거우면 관리가 괴롭고, 관리가 즐거우면 인민이 힘들다."[34] 변경 지역에 대해서는 "사람을 파견하여 먼 곳을 어루만지려 하면 그리운 생각에 참지 못하겠고, 불쌍히 여겨 파견하지 않으면 나뭇가지와 이파리가 떨어져나가 지켜지지 않는다. 이 둘 사이에 마음을 어디에 두어야 한단 말인가!"[35]라고 말했다. 그는 나아가 이상은 그저 몇 가지 예에 불과하다고 지적한다. "『주역』은 '글로는 말을 다 표현할 수 없고, 말로는 뜻을 다 전달할 수 없다'고 말한다. 여기 대강을 약술함으로써 마음에 담고 있는 바를 조금 보여주었을 따름이다."[36] 기실 「금경」편 전체는 "말하기는 참 쉽지만 논하기는 참 어렵다"[37]는 데 뜻을 두고 많은 사실을 열거하여 '치와 난의 본원' 및 '군주 노릇 하기 쉽지 않음'을 천명하고 있다. 당 태종의 말이 대부분 기교를 부리는 문제에 속한 것이긴 하지만 군도에 직면한 제왕에게 생길 수 있는 곤혹을 충분히 보여주고 있다. 관과 민, 공과 사, 위威와 덕 등 중대한 정치 문제에 있어서 적절한 방침과 정책을 찾아낸다는 것은 참으로 어렵고도 어려운 일이었을 것이다.

오늘날의 안광으로 군도를 살펴보면 어렵지 않게 다음과 같은 결론에 이르게 된다. 즉 어떤 군주라도 군도의 요구에 완전히 도달할 능력은 없다. 첫째, 군도는 개체의 자질에 대한 요구가 너무 높다. 세속의 음식을 먹고 사는 사람들이 덕, 지, 재, 능의 여러 방면에서 모두 표준에 도달하기란 불가능하다. 둘째, 군도는 나선처럼 돌 뿐 위로 상승하지 않고 출구를 정확히 밝히지 않는다. 군도는 수많은 문제에서 순환 논증을 하고 사유의 악순환을 이루고 있다. 예컨대 "법 집행은 공평해야 하고, 공평해야만 비로소 법을 지킬 수 있다"거나 "덕을 수양하려면 간언을 받아들여야 하고, 간언을 받아들이려면 반드시 덕이 있어야 한다" 등이 그렇다. 셋째, 논리상의 혼란이다. 군주의 행위에 제약이 있어야 한다는 취지의 정치론은 동시에 절대 군권을 기대하고 논증하는 것을 최종 목표로 삼기도 한다. 이렇게 목표와 수단이 근본적으로 이율배반의 상태에 놓이기도 한다. 군도는 지존으로서 군주의 높이를 충분히 긍정하면서도 조절의 기제가 활력을 갖도록 분발시킬 것이라는 희망을 군주의 덕행과 재능에 걸고 있는데, 이로써 군권을 제약하는 효과를 스스로 감쇄시키고 있다. 결과적으로 공리公理 체계를 바꾸려고 하지만 않으면 전통 군주론은 부단히 보수되고 충실해지고 완비될 수는 있으나 근본적인 돌파는 있을 수 없다.

물론 군도는 현실 사회관계와 각종 정치적 제약의 요소에 대한 명징한 인식 위에 수립되며, 그것은 군주 정치를 지도하는 데 중요한 작용을 한다. 군도에 대한 완전한 이해와 준수와 관철은 곤란하지만 백성을 중시하고, 현인을 임용하고, 법을 집행하고, 간언을 받아들이는 측면에서는 역할도 있고 기대를 걸 만도 하다. 내제로 이 몇 가지 항목을 행하기만 하면 군주 정치는 즉각 생기와 활력을 찾을 수 있을 것이다.

수 문제로부터 당 현종에 이르기까지 앞뒤로 여덟 명의 제왕이 집정을 했다. 그들은 모두 군도의 요체를 깊이 깨닫고 있었으며, 적어도 표면적인 문장으로 나타낼 때는 이를 대대적으로 강론했다. 그들이 재위했던 100여 년간 정치는 몇 차례 커다란 기복을 보였는데 마치 중국 고대 정치사의 축소판을 보는 듯하다.

시작하지 않은 것이 없는데
끝을 본 것은 거의 없다

"그 흥함도 갑작스러웠거니와 그 망함도 돌연했다." 수나라가 망하고 당나라가 흥한 거대한 변화의 풍파는 순식간에 이루어졌다. 수 양제와 당태종을 보면 한 사람은 혼군이고 한 사람은 명군이었다. 한 사람은 만세에 추문을 남겼고 한 사람은 천고에 아름다운 명성을 날렸다. 보기엔 완전히 극단을 달린 듯한 이 두 제왕에게는 유사한 점이 많았다. 그들은 5촌 사이였으며 모두 당당한 외모에다 어려서부터 지혜롭고 총명했다. 아버지, 할아버지 모두 북주北周의 훈신이자 중견으로 동일한 정치경제적 이익 집단에 속해 있었다. 그들의 문화적 배경은 대체로 비슷했으며 모두 문무의 재략을 겸비하고 번다한 군사 업무를 처리하며 천하를 종횡했다. 모두 노 황제의 둘째 아들이었으며 음험하고 피비린내 나는 수단으로 왕위를 찬탈했다. 둘 다 왕조의 제2대 황제로 친히 창업과 수성을 겸했고 내외로 명성이 자자했다. 모두 시부의 문장의 고수였으며 요순의 도를 잘 이야기했다. 사적인 덕행 방면에서도 두 제왕은 유사한 행위를 많이 했다. 그들은 똑같은 역사 시대를 살았으며 대체로 비슷한 사회 환경에서 생활했다. 그들이 의지하던 사회 정치 제도 또한 대동소이했으나 정치적 효과에서는 큰 차이를 보였다. 수당 두 제왕에게 이와 같은 정반대의 거대한 차이가 발생한 원인은 도대체 어디에 있는가?

주관적 요인으로만 말하자면 수당 정치의 큰 기복을 신하의 자질 탓으로 돌리기는 매우 어렵다. 이들 제왕의 신변엔 시종 능력과 자질이 매우 뛰어난 재보들과 조신 집단이 있었는데, 이는 고대사에서 보기 드문 일이었다. 수 양제에게 "오랫동안 융숭한 대우를 받고" "특별히 친애했던" 우세기虞世基는 "처음엔 맑은 담론으로 이름을 떨쳤으며 겸하여 문화文華가 존중되었고"[38] 박학, 노련, 효친했으며 능력과 사덕私德이 두루 뛰어났다. "간언으로 황제의 행동을 그치게 할 수 없음을 알고 또 고경高熲, 장형張衡 등이 연이어 죽임을 당하자 재앙이 자신에게 미칠까 두려워 비록 가까이서 모시긴 했지만 그저 머리를 끄덕이고 영합할 뿐 감히 황제의 뜻을 거스르지 못했다." 의식과 행위가 서로 반대되는 태도를 취했던 것인데 "끝내 청빈한 독서인의 풍모를 회복하지 못했다."[39] "학문적으로 경經, 사史를 두루 꿰고 탁월한 일 처리 능력을 지닌" 배구裵矩는 대업大業 연간에는 "세상의 바람을 타고 황제의 교지만을 쳐다보고 시대와 더불어 숨을 쉬고 살더니"[40] 정관 연간에는 "조정 대신들 앞에서 모욕을 주기도 하고, 보는 데서만 복종하는 가식을 행하지 않았다."[41] "군주가 밝으면 신하가 올곧고" 정치 질서를 지배하는 최고 주체로서 제왕이 치란과 흥망성쇠를 결정하는 주 원인임을 알 수 있다.

수당 통치 사상과 통치 방식의 핵심 사항은 모두 계승 관계에 있었다. 역사는 수나라를 폄훼하고 당나라를 치켜세우면서 당의 성공은 수나라 사람들과 반대의 길을 걸었기 때문이라고 하는데, 사실은 그렇지 않다. 수당의 군도, 제도 및 제왕의 자질은 대동소이했다. 그저 군도 가운데 어떤 조절 요인을 중시했느냐, 그리고 그걸 견지한 시간, 그걸 위해 부렸던 기교 등에 일부 차이가 있었을 따름이다. 당 태종이 「제범후서帝範後序」에서 다음과 같이 말했듯이 말이다. "알기 어려운 것이 아니라 다만 실천이 쉽지 않다. 실천은 강요할 수 있지만 끝을 보기는 참으로 어렵다. 그래서 포악하고 어지러운 군주 혼자만이 나쁜 길에 밝은 것은 아니다. 성스럽고 밝은 군주라고 어찌 혼자만이 좋은 길을 보겠는가. 진실로 대도가 멀어서 좇기 어려운 것이 아니고, 사악한 길이 가까워서 쉽게 밟는 것이 아니다."[42] 제왕의 구별은 아느냐 모르느냐에 달려 있는 것이 아니라 행하느냐 행하지 못하느냐에 달려 있고, 더욱이 시종일관 따르고 실천할 수 있느냐에 달려 있다.

수 양제와 당 태종은 전형적인 예를 보여준다. 제왕술은 문무文武, 강유剛柔의 도를 강구한다. 수 양제는 강함만 믿고 우쭐댔으며, 능력을 빙자해 오만했다. 끝내는 포악해지더니 멋대로 망령된 행동을 일삼아 결과적으로 영광을 구하다 되려 치욕을 얻고 말았다. 당 태종은 전철을 귀감으로 삼아 강과 유를 두루 중시했으며 강으로 유를 보완했다. 신중하고 두려운 마음으로 경계하여 결과적으로 두려움과 신중함으로 복을 얻었다. 어떤 의미로 보면 수 양제가 없었다면 당 태종도 없었다고 말할 수 있다. 수나라가 망한 것을 교훈으로 각골명심했다는 이야기다. 당 태종은 깊이 알고 있었다. "성공은 더디고 실패는 빠른 것이 나라의 기초다. 잃기는 쉽고 얻기는 어려운 것이 하늘의 지위다. 애석하지 않을 수 있겠는가! 신중하지 않을 수 있겠는가!"[43] 그는 재삼재사 "군주 노릇 하기 쉽지 않다"고 탄식했다. 높은 곳에 있으면 추위를 이기지 못한다는 개탄이었다. 「제범」 「금경」 「민가외론民可畏論」 및 군신들과의 논쟁 중에 '외畏' '구懼' '난難'이라는 글자를 도치에서 발견할 수 있다. '외'가 행동으로 낙착된 것이 '신愼'이고, '신'은 절제로 드러난다. 그래서 지고무상의 황제로서 각종 제약성 정치 요인을 만날 때면 심연에 임하듯이, 얇은 얼음을 밟듯이 한 것이다. 몸소 백성을 존중하고, 현인을 임용하고, 간언을 받아들이고, 법을 집행하는 군주되는 도를 실천했던 것이다. 그리하여 인구에 회자하는 멋지고 아름다운 정치 이야기를 남기게 되었다.

조절 이론의 관철이란 측면에서 수당 황제는 모두 시작만 있고 끝이 없었다. 폭군 수 양제 또한 시작은 좋았다. 역사 기록이 보존하고 있는 단서들로 볼 때 수 양제는 즉위 초에 아주 괜찮았다. 간언에 너그럽지 못하고, 인민을 학대하고, 역사에 좋은 이름을 남기지 못한 이 황제도 한때는 간의 제도를 완비하고, 봉건 제도를 개혁하라는 명령을 내린 바 있다. 당 태종도 시작만 있고 끝이 없었다. 정관 중기 위징魏徵은 「십점소十漸疏」 한 편을 썼는데, 당 태종이 군도를 위배한 말과 행동을 열 가지 방면에서 열거했다. 마주馬周 등 일군의 간관들 또한 대체로 비슷한 내용의 간장諫章을 썼다. 태종 황제에 대한 그들의 비판은 거의 조절 이론의 구석구석을 언급하고 있다. 군신들은 이구동성으로 "시작하지 않은 것이 없는데 끝을 본 것은 거의 없다"44는 말로 군왕에게 간언했다. 제왕은 어디까지나 제왕이다. 조금만 마음을 쓰면 정관 시기의 수많은 하자와 폐정의 근거를 들 수 있다. 당 태종은 여러 차례 권고를 듣지 않고, 관례를 위반해가며 사관들의 기록을 조사했다. 그가 끝내 덧칠하고 덮어버린 여러 추문을 알 방법은 없다. 하지만 그 자신도 인정한 바 있다. "내가 재위한 이래 결함이 많았다. 화려한 의복과 노리개, 아름다운 주옥들을 앞서 끊지 못했는데 이는 욕심을 막지 않아서다. 섬세한 조각의 기둥과 서까래, 높은 누대와 깊은 연못 때문에 매번 공사를 벌였는데 이는 뜻이 검소하지 않아서다. 기이한 개나 말, 해동청 보라매가 아무리 먼 곳에 있더라도 걸음을 아끼지 않았는데 이는 마음을 절제하지 않아서다. 여러 차례 순행을 돌며 사람들을 많이 힘들게 했는데 이는 나를 굽히지 않아서다. 이 일들은 내가 깊이 잘못한 것이다."45 다행히 스스로 "창생을 구제하고 길러 그 이로움이 많았고, 사방을 평정하여 그 공적이 컸고, 이익은 많고 손해는 적어 인민이 원망스러워하지 않았고, 공이 크고 잘못은 미약해 덕이 스러지지 않았기" 때문에 큰 난리가 일어나지 않았다. 그는 후계자들에게 "제발 이런 일을 옳게 여겨 나중에 본받지 말라"[46]고 거듭 충고했다. 정관 중기 이후 당 태종은 처음처럼 마무리에 신중할 수 없었다. 그리하여 궁정에 풍파를 불러일으켰고 사방에서는 원망이 끊이지 않았다. 특히 뭇 신하와 장수가 고심참담 간언을 했는데도 돌아보지 않고 친히 고구려 공격을 고집했으며, 결국 백성을 고생시키고 재물은 다 잃은 뒤 아무 성과도 없이 귀환했다. 그는 독단적으로 강퍅하고 집요하게 파고들며 다시 원정을 준비했다. 이에 지방 민중이 압박을 견디지 못해 반란을 일으키니 하마터면 수나라 멸망의 전철을 밟을 뻔했다.

군도는 전형적인 인치론人治論이다. 군도는 개체 행위를 제한하고, 왕권의 통제력을 잃지 않도록 예방하는 수많은 방법을 설계했다. 그 가운데는 고명한 견해가 적지 않음에도 어떻게 하면 제도를 통해 효과적으로 군주를 견제할 것인지에는 도무지 생각이 미치지 않았다. 이 때문에 군도에만 의지해서는 치란과 흥망의 윤회를 근본적으로 피할 방법 없이 그저 한 막 한 막 연출하는 왕조 교체의 역사적 비극에 맡길 수밖에 없었다. 그간에 혹 '치세'도 있었다. 그러나 정관의 치와 같은 역사의 희극을 통해 완비된 군도와 모범적 제왕, 그리고 전형적 치세를 가졌다 하더라도 사람들은 그로부터 군주 전제 정치의 슬프고 처량한 안개만을 더욱 뼈저리게 맛보았던 것은 아닐까?

민본론, 신하 제어론, 효치론, 법제론, 납간론 등은 수당 군도의 대표적인 관심사였다. 세왕과 군신들은 일부 구체적인 문제에 여러 이견을 보였으며, 각기 다른 시기의 구체적인 정책이나 정치적 득실에 있어서도 분명한 차이를 나타냈다. 그러나 봉건 군주와 신하가 떠받든 기본 정치 원칙의 주지는 대체로 비슷했다. 다음으로는 수당 제왕들의 언론과 저작을 위주로, 신하들의 정치 논의 가운데 제왕들에 의해 채납된 주장을 두루 선택하여 이견은 버리고 같은 것들은 존치시키되 요지만을 거두어 군도의 몇 가지 주요 조성 부분을 개괄적으로 분석하고자 한다. 봉건 황제와 신하들은 군도론의 창조자들인데 문장 가운데서는 '봉건 군신' 혹은 '정관 군신' 등으로 간략히 부를 것이다.

민본론:
군권의 절대성과 상대성

중민重民, 즉 민을 중시함은 전통 정치사상의 중요 특징 가운데 하나였다. 『서경』 「반경」 편의 중민, 주공의 보민保民, 공자의 애민愛民으로부터 맹자의 민귀군경론民貴君輕論과 순자의 군주민수론君舟民水論을 거쳐 양한 이래의 중민 사상에 이르기까지 민본론은 사상가들의 수중에서 부단히 충실해져왔다. 고대 사상과 관련된 자료만 보더라도 세계 어떤 나라도 중국처럼 다양하게 민에 관해 풍부한 철학적 이치를 함장한 성현의 교훈을 갖추고 있는 경우는 없다. 전국 시대와 진한 이래 중민은 정치의 기본 원칙 가운데 하나가 되었고, 수많은 통치자는 민본론을 실제 정책으로 전환시켰으며, 이를 정치적으로 실천하는 과정에서 풍부한 경험을 쌓았다.

수당의 여러 황제도 민본을 군도君道의 핵심으로 열거하고, 중민을 국가 안정의 중요 수단으로 삼았다. 수 문제는 "몸소 절검하고 요역, 부역을 공평하게 하며" 직접 민정을 근심했다. 당나라 초 여러 황제는 "주수지훈 舟水之訓"[47]을 각골명심했고, 그들의 정론과 저작 가운데 민은 정치 사유의 주요 관심 사항이었다. 포학한 성격으로 백성을 학대하여 일대의 재앙을 몰고 온 수 양제조차도 천하에 다음과 같은 고시를 내린 적이 있다. "천하가 황제 한 사람을 받드는 것이 아니라, 한 사람이 천하를 위해 주재하는 것이다. 민은 국가의 근본이니 근본이 굳건해야 나라가 편안하다. 백성이 족하다면 무엇이 그에 부족하리오!"[18]

　당 태종을 우두머리로 한 통치 집단(이하 정관 군신貞觀君臣이라 약칭)은 군신 간 정치 논쟁을 하면서 민중을 다스리고, 민생을 안정시키는 일을 군주 정치의 가장 중요한 임무로 열거한다. 제왕은 민을 중시하고重民 민을 두려워해야畏民 한다고 주장하는가 하면 한 걸음 더 나아가 "국가는 민을 근본으로 삼는다"는 정치사상을 천명하고 이를 정치적으로 실천에 옮겼다. 정관 군신의 중민론 및 실제 정책을 보면 그에 관한 전형적인 의의를 발견할 수 있다.

군주는
국가에 의존하고,
국가는
인민에 의존한다

민은 역사적 범주의 하나다. 전국 이후의 문헌에서 민은 일반적으로 봉건 시대 군, 신(관료), 민이라는 3대 사회 등급 가운데 최하층에 속하는 부류의 사람들을 지칭한 말이었다. 봉건 법전에 따르면 민은 또 양良, 천賤의 구분이 있었고, 그 가운데 양인은 평민 지주와 사경농을 포함했다. 강대한 성씨의 호족이나 부유한 상인이 설령 향리를 횡행하고 일방의 갑부가 되었더라도 정치적 공명을 얻을 방법을 찾지 못하면 서민과 다를 바 없었다. 따라서 엄격히 말해서 민은 계급 개념의 하나라기보다 정치적 지위에 따라 구분된 사회 등급 개념의 하나다.

민이 정관 군신 논정의 핵심 명제 가운데 하나가 된 까닭은 결국 수나라 말 파란만장했던 민중 봉기가 다시 한번 민의 정치, 사회생활에서의 중요한 작용을 보여줬기 때문이다. 수 왕조는 부유하고 강했으며, 기본적으로 권력 체계 내부에 왕권을 위협하는 까나로운 정치적 난제도 없었다. 그런데 이 일세를 풍미한 대제국이 아주 빨리 궤멸되어버렸다. 수나라 멸망의 교훈에 대한 성찰과 당나라 초 현실 정치의 필요성은 정관 군신으로 하여금 군주 정치의 안위 문제, 즉 민에 대한 태도와 정책에 안광을 투영하지 않을 수 없게 만들었다. 군과 민은 정치적으로 도대체 무슨 관계인가? 군민 관계를 어떻게 처리해야 당나라 이씨 정권의 장구한 안녕을 실현할 것인가? 이것이야말로 반드시 해답을 내려야 할 정치적 과제가 되었다.

정관 군신은 민이 군주를 봉양한다는 민양군民養君, 민이 군주를 선택한다는 민택군民擇君, 민은 군주에 귀속된다는 민귀어군民歸於君의 세 가지 관점에서 군주 정치의 안위와 존망 문제를 인식했다. 그리고 이로부터 "국가는 민을 근본으로 삼는다"는 결론을 얻었다.

민양군은 곧 군양민君養民이기도 하다. 봉건 시대의 사상가와 정치가들은 이 둘을 확연히 대립하는 명제로 취급하지 않았으며 줄곧 순환론으로 이야기했다. 하지만 어느 측을 강조하느냐는 여전히 특별한 의미를 지닌다. 정관 군신들이 비교적 많이 언급한 것은 민양군이다. 일반적인 봉건 정치 체계에서 서민은 복종자일 뿐, 합법적이고 주동적으로 정치에 참여할 권리나 능력을 갖고 있지 못한 것이 그들의 근본이었다. 그러나 민중은 부, 역의 원천이고 부, 역은 군주 정치가 의지하여 생존하고 발전하는 물질적 기초이며, 재정의 넘침과 부족은 국력의 강약 및 정치 성쇠의 중요한 지표다. 정관 군신들은 봉건 국가가 민중으로부터 부세와 요역을 부단히 얻어내지 못하면 결코 군주 정치의 목표를 실현할 수 없다는 것을 이해하고 있었다. 그들은 거듭 "일용하는 의식은 모두 민으로부터 얻는다"[49]고 말한다. 따라서 "백성을 편안케 하여 각자 생업을 갖게 하는 것"[50]을 군주 이익의 소재로 여겼다. 부역의 원천을 확보하기 위해 군주는 반드시 민중이 정상적인 생활을 할 수 있도록 유지시켜야 했는데, "군주의 도는 반드시 백성의 생존을 우선시해야 하며, 백성에게 손해를 입혀 제 몸을 받들도록 하는 것은 곧 팔을 잘라서 배를 채우는 것과 같으니 배는 부르겠으나 몸은 죽는 것이다."[51] 민이 군주를 봉양한다는 이 객관적 사실을 인정하고 '군주→재정→사회생산→민'이라는 관계의 사슬에 따라 군주 정치 가운데 민이 갖는 기본 작용을 보편화하는 것이야말로 정관 군신들의 민본 사상의 중요한 주춧돌 가운데 하나였다.

민본 사상의 또 다른 기초는 민이 군주를 선택한다는 민택군이다. 봉건 시대에 일반 민중의 실제 처지와 정치적 지위는 자연스럽게 그들을 잠재적인 정치 반대파가 되도록 만들었다. 군주 정치가 포학하고 민중이 합법적인 정치 권리를 누리지 못하게 되면 폭동과 봉기야말로 하층 민중이 이익을 표출하는 가장 중요한 형식이자 정치에 압력을 가하는 가장 유효한 수단이 된다. 동시에 왕권이 다시 만들어지는 기제 가운데 가장 중요한 요인이 되기도 하며, 왕조 교체와 군주 정치의 자아 개조를 촉진하는 주요 원인이 되기도 한다. 당 태종 등은 "옛일을 거울 삼아 흥망을 안다"거나 "수나라 멸망의 궤적이 있으니 그것을 본보기로 삼아야 한다"고 거듭 강조하면서, "수나라 군주가 백성의 일을 돌보지 않고, 군주와 신하가 도를 잃으니 백성이 반란을 일으켜 나라가 망했다. 공경과 귀척 신하들의 포학으로 해골이 들판에 널리고 해독이 백성 사이에 흘러 그 재앙이 제 몸에 미치게 되었"[52]음을 깊이 반성해 경계로 삼았다. 당 태종의 저작과 언설에는 도처에 두려움을 드러내는 표현이 보인다. 이를테면 "이 흥망을 살펴보니 지극히 두려움을 품게 된다,"[53] "사람으로 하여금 두려움에 벌벌 떨게 하니 마치 썩은 나무나 얇은 얼음을 밟는 것 같다,"[54] "짐은 그래서 항상 근심과 두려움을 품고 있다,"[55] "썩은 고삐로 육마六馬[56]를 부리는 것처럼 위태롭다,"[57] "도를 가지고 그들을 이끌지 못하면 나를 원수로 여길 것이다"[58] 등이 그렇다. 당 태종은 민이 치란의 본원임을 깊이 알고 있었으며, 민을 다스리는 일을 썩은 고삐로 여섯 마리 말이 끄는 수레를 부리는 일에 비유했다. 이는 사람을 두려움에 떨게 만드는 일로 잠시라도 소홀하면 고삐는 끊기고 말은 달아날 것이다. 백성을 다스리면서 도에 합당하지 않으면 민은 군주를 버리거나 군주에 반기를 들 것이다. 당 태종은 친히 「민가외론民可畏論」을 저술했는데 글에 이렇게 쓰고 있다. "천자에게 도가 있으면 사람들이 추존하여 주인으로 삼으나, 도가 없으면 사람들이 버리고 사용하지 않으니 참으로 두렵다."[59] 바로 수당 교체기에 민중이 군주를 버리기도 하고 군주를 선택하기도 했으며, 배를 뒤집기도 하고 배를 띄우기도 했다는 그 사실이 당 태종을 위시한 통치 집단으로 하여금 더욱더 깊이 "군주는 국가에 의존하고, 국가는 인민에 의존한다"[60]는 이치를 이해하도록 만든 것이다.

민이 군주를 선택한다는 민택군론은 정치 생활에서 민중 집단의 최종적인 결정 작용을 긍정하는 것이며, 군권이 절대적이지 않음을 사실상 인정하는 것이다. 이러한 사상적 논리에 따라 발전해갔더라면 민의 최종 결정 작용은 법률적 규정과 정치적 권리로 전환되어 민주 사상을 이끌었을 것이다. 그러나 전통 정치사상은 전혀 이 방향으로 나아가지 못하고 민으로부터 군주로 방향을 틀었다. 민택군론은 민으로부터 군권을 부여받는다는 군권민수론君權民授論이 아니며, 인민주권론은 더더욱 아니다. 그저 통치자가 민을 사람들을 두렵게 만드는, 자신과는 다른 역량으로 여긴다는 표시일 따름이다. 그래서 이 대립적 측면을 중시할 필요가 있으며, 온갖 계책을 마련해 민중이 정치의 운행 과정에 개입하는 것을 피해야 하며, 그들을 군주 정치의 수단으로 만들어야 한다. 이러한 사고방식은 민주 사상의 사유 논리와는 완전히 어긋나는 것이다.

수많은 고대 사상가와 마찬가지로 정관 군신은 원칙적으로 폭군을 밀어내는 것이 도의적으로 합리적이라는 점을 인정했다. 그들은 당나라가 수나라를 대체하고, 군주와 신하가 자리를 바꾼 사실에 대해 "천명에 따라 세상의 제왕이 되었다"거나 "하늘에 순응하여 혁명을 했다"고 말했다. 민택군론은 그들이 이씨 당나라 왕조가 합법적인 정권임을 논증하는 근거 가운데 하나였다. 봉건 통치 계급의 정치 이론은 대대로 "하늘이 천명을 내리심," 덕이 있는 사람에게 도를 밝힘, 민의에 순응함, 종법의 계승 순서에 부합함 등을 군권이 합법성을 갖는 주요 근거로 여긴다. 이를 간단히 말하면 '순천응인順天應人'이다. 순천이란 천명에 순종함이니 이른바 "귀천과 흥폐는 천명이 아닌 것이 없다"[61]거나, "제왕의 업이란 지모로 경쟁할 수 있는 것도 아니고 힘으로 다툴 수 있는 것도 아니다," 오직 "하늘이 천명을 내려 제왕의 역수歷數가 제 몸에 있게 되어서야" 비로소 "[옥새라는] 신물을 차지할 수 있다"[62] 응인이란 민의에 순응함이다. 정관 군신은 정치 철학에서 "하늘은 친족이 없으며 오직 덕에 의지할 뿐이다"[63]라는 논의를 따른다. 천명과 민의는 상호적인 표현 형식인데 "민이 귀의하는 사람에게 천이 명을 내린다"거나 "민이 귀의하는 사람에게 천이 명을 내려 천자로 삼는다"[64]고 한다. "하늘이 사람에게 명을 내릴 때는 언어로 표현하지 않는다. 뜻이 바르면 신명이 그를 보우하여 정벌에 대적할 자가 없게 만드니 이를 일컬어 천명을 받았다고 한다"[65]는 것이 이 사상의 주된 명제였다. 그 반대 명제는 "사람들이 원망하면 신이 노하고, 신이 노하면 재해가 반드시 생기고, 재해가 생겨나면 화난이 반드시 만들어지고, 화난이 만들어지고도 능히 제 몸과 이름을 보전하는 사람은 드물다"[66]이다. 민은 덕이 있는 사람에게 귀의하고, 천은 덕이 없는 사람을 버린다. 민의는 천명의 표시기表示器다. 천명과 민의를 관통하고 있는 것은 군덕君德이다. 천, 덕, 민, 군의 순환 논증은 한편으로 군권의 절대성과 상대성을 뭉뚱그려 일체로 만드는 것이며, 다른 한편으로 민에게 남기는 것이라곤 천명의 표시기일 뿐 민권의 내용은 절대로 없다. 이 혁명론은 군주에게 다음과 같이 간곡히 부탁한다. 즉 "천이 민을 돕는 것은 상도常道이므로"[67] 두터운 자애로 백성에게 어진 정치를 베푸는 것이야말로 군주가 된 사람의 첫 번째 요의다. 만약 군주가 천을 거역하고 민을 거스르며 멋대로 망령되이 행동한다면 혁명을 초래할 것이다. 혁명의 주체는 천의 명을 받고, 천을 대신해 민을 기를 '새로운 성인新聖'이다. 이 신성은 또 '응인'해야 한다. 이른바 "도를 얻으면 돕는 사람이 많아지고, 도를 잃으면 돕는 사람이 적어진다".68 민의 도움을 얻는 자는 군주가 될 수 있다. 민의에 순응함은 곧 천심에 순응함이다. "제왕이 명을 받는 것은 많은 사람이 천거했기 때문이 아니다."69 관념상 군주는 모든 집단의 이익을 대표하는 하늘이 정해준 사람이다. 민은 혁명의 주체가 아니라 혁명의 수단이다.

정관 군신은 군과 민을 모순의 통일체로 간주한다. 양자 사이엔 대립이 있을 뿐만 아니라 화해와 통일의 가능성도 존재한다. 즉 군주는 민에게 의존하고, 민은 군주에게 귀속된다. 무엇보다 "천하에 다스리기 불가능한 민은 없다".70 일반적인 상황에서 민중은 군주에 대한 의무를 이행하며 극단적인 방식으로 정치에 가벼이 참여하지 않는다. 치와 난의 계기는 군주의 손에 달려 있다.

다음으로 천하가 요동치더라도 민중은 여전히 왕권에 희망을 갖는다. "수나라 말 여론이 들끓어 천하를 덮었지만 천하를 다툰 사람은 10여 명에 불과했다. 나머지는 모두 제 고을과 몸을 보전하며 도가 있는 곳으로 귀의할 것을 생각했다. 이를 통해 군주를 배반하고 난을 일으키고자 한 사람이 드물었음을 알 수 있는데, 군주가 그들을 안정시켜주지 못했으므로 이내 난에 이르게 되었다."71

그다음으로 신구가 교체하는 시기에 민중은 항상 옛 군주를 버리고 새 군주를 끌어안는다. 이른바 "왕자의 흥기는 반드시 동란에 편승하고,"72 "천하가 떠들썩함은 새로운 군주가 나오는 바탕이다".73 더욱 절실한 체험은 그들의 직접적 경험에서 온다. "고조는 처음 태원太原에서 봉기군을 일으키면서 즉시 관대하게 베풀라는 명령을 내렸다. 백성은 수나라의 학정에 고통스러워했으므로 이내 귀순해왔고 한 달 만에 제업을 성공시켰다."[74] 이는 정관 군신들로 하여금 하나의 이치를 깨치게 했는데, 민이란 끝내는 어떤 군주에게 귀의하려 하며, 득실은 군주의 정치적 조치에 의해 결정 난다는 것이다. 이른바 "숲이 깊으면 새가 깃들고, 물이 넓으면 물고기가 유영하며, 인의가 쌓이면 만물이 저절로 귀의해온다."[75] 애민은 국가를 수립하고 나라를 안정시키는 수단이다. 왕도와 인정을 펼치면 순한 백성을 불러들이고 대항 세력을 약화시킬 수 있다.

당 태종은 군주는 배요, 백성은 물이라는 군주민수君舟民水론에 대한 이해에 바탕을 두고 정관 초년, 법률로 임하고 패도를 섞어야 한다는 봉덕이封德彛 등의 주장을 부정했다. 또한 "제도帝道를 행하면 제가 되고, 왕도를 행하면 왕이 된다"[76]는 위징의 정견을 받아들이고 "사람과 나라를 안녕하게 하는" 치국 방략을 확정했다. 그의 목적은 정치적 압박과 경제적 착취의 강도를 힘써 절제함으로써 민생을 안정시키고, 민심을 수습하고, 정국을 평온케 하고, 호걸들이 기회를 틈타 움직이고 기세에 편승하여 임용되는 것을 엄히 방지하는 것이었다.

정관 군신은 민양군, 민택군, 민귀어군 등의 관점에서 "나라는 백성을 근본으로 삼는다"는 정치 명제를 반복적으로 논증한다. '민유방본'의 사상은 시원을 따져보면 선진 시기부터 있어왔는데, 민본의 함의는 무엇인가? 이에 대해서는 사람마다 상당한 견해 차이가 있다. 정관 군신의 민본에 대한 주요 함의는 민의 문제가 봉건 국가의 흥망성쇠와 직접 관계를 맺고 있으며, 군주 정치의 근본 대계라는 것이다. 이는 두 가지 측면에서 고찰해볼 수 있다. 하나는 앞에서 언급했듯이 민이 군주 정치 가운데 중요한 위치를 차지한다는 성관 군신의 인식이고, 둘은 '민유방본'에 대한 당시의 관방 학설 가운데서의 훈고訓詁다. 공영달孔穎達은 『상서정의』「오자지가五子之歌」에서 다음과 같은 해설을 달고 있다. "민은 친근할 수 있으나 천시하거나 가볍게 보아 넘겨선 안 된다는 말이다. 명령이 분수를 잃으면

사람들은 원한을 품게 되고, 윗사람을 섬기는 마음이 단단하지 못하게
된다. 민이야말로 나라의 근본이다. 근본이 단단해야 나라가 편안하다는
말은 군주가 위에 있으면서 사람들로 하여금 원한을 갖게 하지 않는다는
말이다."[77] 이 단락에 대한 공안국孔安國의 전주傳注는 "군주는 민을 단단히
함으로써 나라를 안정시킨다는 말이다"[78]이다. 민본에 대한 한당 유학자
들의 이해는 바로 민생의 안정을 정치의 근본으로 삼았다는 것, 즉 "천하
를 다스리는 사람은 사람을 근본으로 삼는다"[79]는 것이었다.

　민본은 민주인가, 아닌가? 아니다. 민본 사상 가운데 특히 민이 군주
를 선택한다거나 민을 얻어야 군주가 된다는 등의 명제는 민중의 의향이
최고 권력에게 제약을 가하고 있음을 정말로 인정하는 것으로 어느 정
도 민주적 요소를 포함하고 있기는 하다. 그러나 민본 사상 가운데서 민
은 목적이 아니며 권력의 주체도 아니다. 전통적 민본론은 민의 정치적
권리, 특히 민의 개인적인 정치 권리에 대해 한 번도 언급한 적이 없다. 오
히려 하층 민중을 무지몽매한 집단으로 취급하는데, 이는 통치자들의 일
관된 주장이었다. 소인은 기르기 어려우니 군자와 소인의 벽을 엄격히 해
야 한다는 공자의 주장으로부터 "일반 백성은 세속적이다. 세속적인 것은
금수나 하는 일이다"[80]라는 왕부지王夫之의 말까지 거의 예외가 없다. 정관
군신들 또한 마찬가지였다. 그들은 "민이란 어둡다는 말이다,"[81] "천하에는
어리석은 사람이 많고, 지혜로운 사람은 적다,"[82] "하민들과 더불어 무엇
을 도모하기는 어렵다"고 말한다. 민중은 완고하고 영민하지 못하며, 견식
이 천박해 자연스럽게 권력자들의 조종에 따르고, 권력의 객체로 존재할
뿐이다. 이른바 "민을 잘 교화시켜 기른다는 것은 마치 장인이 굽은 북을
만드는 것과 같다. 천지사방의 민은 풀 한 포기와 같고, 검은 머리 백성이
란 콩이나 보리와 같다. 그들을 바꾸고 교화시킬 말이나 행동은 지도자
에게 달려 있나니!"[83] "민의 탄생은 화로 속에서 담금질하는 쇠와 같아 네

모나거나 둥글거나 얇거나 두텁게 되는 것은 어떻게 녹여 만드느냐에 달려 있나니!"[84] "따라서 세상의 선악이나 풍속의 후박은 모두 군주에게 달려 있다."[85] 이를 통해 민본이나 중민重民이 보통 백성 개개인의 가치나 권리에 대한 존중을 담고 있지 않음을 알 수 있다. 전통 정치 문화에는 개인의 정치적 권리라는 관념이나 그에 상응하는 규정이 없었을 뿐만 아니라 민이 하나의 군체가 되더라도 마찬가지로 특정한 권리는 없었다. 다시 말해 "백성은 스스로 다스릴 수가 없어 군주를 세워 그들을 주재토록 했다"[86]는 것이다. 군주를 세워 백성을 다스리는 것이 하늘의 뜻이며, 군주가 통치를 행하는 것이야말로 영원불변의 진리다. 이런 특질을 지닌 민본 사상은 민주주의와는 너무도 멀리 떨어져 있다.

민본 사상은 결국 중민重民 사상이다. 중민의 주체는 군주와 관료이며, 중민 사상을 실천하면 명주明主, 청관清官으로 불린다. 정관 군신들은 군주야말로 백성의 부모이므로 군주는 이치상 응당 중민을 임무로 여겨야 한다고 생각했다. 부자 관계 양식으로 군민 관계를 규범화하는 것이야말로 전통 정치사상에 보이는 분명한 특징 가운데 하나다. 군주가 백성의 부모가 된다는 주장은 중민론의 출발점이자 귀결점이다. 시대가 다르고 사상가가 다르므로 군주가 백성의 부모가 된다는 주장의 함의와 논증 방식에는 차이가 있지만, 그 주된 취지는 부모는 자애롭고 자식은 효성스러워야한다는 종법 윤리가 군주와 백성의 행위 규범을 확정짓는 것이었다. 이는 군민 관계의 절대성과 상대성을 천명한 것이다.

이 점은 네 가지의 함의를 통해 드러난다. 첫째, 군주는 마치 부모가 자녀를 양육하는 것과 마찬가지로 "어린 백성을 어루만져 기르고, 서민들을 육성하는"[87] 것이다. 즉 백성을 양육하고 민중을 양성해내는 것과 같다. 여기서 또 한 번 백성이 군주를 기른다는 이른바 민양군론을 뒤집고 있다. 둘째, 군주가 민중을 교화하는 것이다. "군주는 그릇과 같고 인민은 물과 같다. 네모나거나 둥글게 되는 것은 그릇에 달려 있지 물에 달려 있지 않다."[88] 민성民性은 군성君性에 따라 바뀌는 것이다. 군주와 백성은 부모와 자식과 마찬가지로 보호자와 피보호자의 관계. 셋째, 군주가 기왕 "자식으로 검은 머리 백성을 기르는" 것이라면, 권위만 행사해서는 안 되고 부모가 자녀를 귀애하는 것처럼 은혜를 베풀어야 한다. "자애가 두텁지 않으면 백성을 품을 수가 없다."[89] 넷째, 부모가 자녀를 지배하듯 군주는 마찬가지로 신민을 지배한다. 자식인 백성은 어버이인 군주에게 공손하게 충효의 도를 행해야 한다.

결국 "하늘의 자식으로서 군주는 유덕하고 은혜로운 가르침을 베풀어 백성의 부모가 되며, 이렇게 하기 때문에 천하가 귀의해오는 것이다."[90] 이렇게 종법 윤리를 가지고 정치를 규범 짓는 방법은 군민 관계에 온정주의적 색깔을 입혀 군주에게 규범과 요구를 제기하고 군주가 백성의 아픔을 중시해주길 희망한다. 그렇지만 정치와 봉건 윤리의 두 측면에서 어버이 군주가 자식인 백성을 주재하는 지위를 확립해주기도 했다. 민중의 정치 권력을 박탈해버린 것이다.

민본 사상은 통치 계급이 자아비판을 통해 자신의 안위에 대한 조건을 분석하고 인식한 데 따른 산물이다. 이런 식의 사유와 논리는 정치적 주도권과 결정권을 절대로 자신의 통치 대상에게 귀속시키지 못하게 한다. 그리고 명군의 치국이나 청관의 정무 처리에 희망을 걸게 된다. 정치에서 유일한 최고의 주체는 군주이며, 민본 사상은 그저 군도君道의 주머니 속 물건일 따름이다.

중민重民 정책의
기본 원칙과
그 실천의 한계

　"군주는 국가에 의존하고, 국가는 인민에 의존함"을 주지로 삼은 정관 군신의 민본 사상은 객관적으로 존재하는 군주와 인민 사이의 상호 제약적 관계를 분석했으며, "인민과 국가를 안정시키는" 다음과 같은 치국 방략과 기본적인 성책 원칙들을 확정했다. 즉 군주무위론君主無爲論, 인민심론因民心論, 불갈민력론不竭民力論, 급시수정론及時修政論, 이농위본론以農爲本論과 관민官民 관계에 대한 군주조절론 등이다. 이러한 원칙의 지도 아래 일련의 실질적인 정책들이 만들어졌다. 이러한 원칙과 정책에 대한 분석은 그들 민본 사상의 최대를 인식하는 데 큰 도움을 준다.

　무위는 정관 군신이 정치를 논할 때면 항상 쓰던 용어다. 무위 사상은 일찍이 선진 시기에 광범하게 유행했던 정치 사조 가운데 하나다. 무위에 대한 제자백가의 이해에는 서로 큰 차이가 있지만, 주류로만 볼 때 무위 성치란 인간사의 활동이 자연을 본받아야 한다고 강조하고, 인민에 대한 간여를 가능한 한 줄여야 하고, 조정이 초超경제적 강제 수단을 통해 자연경제에 간여하고 파괴하는 것을 제한하고자 한다. 진한 이후, 무위는 덕정德政 즉 유덕한 정치의 하나로서 통치 사상에 편입되기에 이른다. 당 왕조 초년은 대란이 막 진정되고 휴양과 생식이 지극히 필요했으며 무위 사조가 다시 흥기하게 된 시기였다.

정관 군신은 "위정의 근본은 무위를 소중히 여기는 것이다"[91]라고 주장했다. 그들은 군주 무위를 최고 덕치의 전범으로 받들었다. "녹대鹿臺[92]의 보배로운 옷을 태워버리고, 아방궁의 넓은 전각을 무너뜨리고, 드높은 전각에서 위망을 두려워하고, 낮은 궁실에서 편안히 거처하길 꿈꾸면 신의 교화가 은연중 통할 것이며 무위하여 다스리니 덕의 최상급이라."[93] 그들이 보기에 "인민과 국가를 안녕하게 만드는 것은 오로지 군주에게 달려 있으니, 군주가 무위하면 인민이 즐겁고, 군주가 욕심이 많으면 인민이 괴로웠다."[94] "그래서 군주의 우환은 외부에서 오는 것이 아니라 언제나 자신에게서 비롯된다. 욕심이 성하면 씀씀이가 넓고, 씀씀이가 넓으면 부세가 무거워지고, 부세가 무거워지면 백성이 근심하고, 백성이 근심하면 나라가 위태로워지고, 나라가 위태로워지면 군주는 망한다."[95] 여기서 분명히 말하고 있는 무위란 실제로 군주로 하여금 "족함에 그쳐 경계할 바를 알고"[96] 욕심을 절제하고 행동을 절제하라는 것이다.

무위론은 당 태종 등이 숭상했던 것인데 이는 절대로 우연이 아니다. "수나라의 득실과 존망은 크게 진나라와 같은 양상으로 서로 비교가 된다."[97] 진나라와 수나라는 법률로 임하고 인욕을 다한 것이어서 가문도 국가도 깨지게 된 것인데, 이는 정관 군신들로 하여금 "한가하게 청담을 일삼고 모두 공자와 노자의 말씀을 도탑게 숭상하도록"[98] 했다. 민을 다스리는 방략으로 '정靜' 한 글자를 강조했다. 그들은 치민을 치수와 비교하면서 "물을 잘 다스리는 사람은 그것을 끌어다 고르게 만든다. 사람을 잘 교화시키는 사람은 그것을 어루만져 고요하게靜 만든다. 물이 고르면 제방을 파괴하지 않으며, 사람이 고요하면 헌장憲章을 범하지 않는다"[99]고 한다. "고요하면 편안하고 움직이면 혼란스러우니"[100] 절대로 민중이라는

56

깊은 물이 요동쳐서 배를 뒤집어엎는 광포한 풍랑으로 바뀌게 하지 말아야 한다. 정을 실현하는 조건은 단 한 가지다. "군주가 능히 청정하여"[101] "검소함으로 인민을 쉬게 하는"[102] 것이다.

군주무위론은 군주에게 사치 심리의 팽창을 억제하여 욕심을 절제하고 행동을 절제하며, 재정 지출을 감소시키고, 요역과 부세를 가벼이 하고, 민생의 안정을 수호하라고 요구한다. 군주 정치의 중요한 자아 조절 이론으로서 이 주장은 정확한 인식과 투철한 견해를 포함하고 있다고 하겠다. 그렇지만 이 이론은 군주의 채우기 어려운 욕망과 서로 모순된다. 정관 초년에 실제 정책에 영향을 미친 적이 있었던 것을 제외하면 기본적으로는 일종의 정치적 이상일 뿐이었다.

정관 군신은 수나라 군주가 "백성의 일을 돌보지 않아" "백성이 반란을 일으켜 나라가 망한" 교훈을 거울 삼아 "위국의 도는 민심에 따라야 한다"[103]고 주장한다. 인민심론因民心論의 기본 논리는 "정치가 할 바는 백성을 기르는 데 있다"[104]는 것이다. 덕정의 요지는 시혜이며, 시혜의 비결은 백성이 바라는 바에 순종하는 것인데, 백성이 바라는 바는 요역을 가볍게 하고 부세를 줄이는 것이다. 백성의 뜻에 순종하려면 "백성과 이익을 같이해야 한다."[105] 정관 군신은 군민 관계의 중심점은 '이利' 한 글자이며 '이'를 중추로 삼아 양자 관계를 조정해야 한다고 생각했다. 그들은 다음 두 가지 문제를 집중적으로 논술했다. 첫째는 군욕君欲과 민욕民欲의 모순이다. "제왕이 바라는 바는 다 풀어놓고 편안해지는 방일放逸이고, 백성이 바라지 않는 바는 힘들고 막힌 노폐勞弊다." 이 모순을 해결하는 방법은 군주가 "자기를 질제하여 인민에 순종하는 것"[106]이지 절대로 "백성에게 손해를 끼치면서 자신의 욕망을 달성해서는"[107] 안 된다. 둘째는 국부와 민부의 상호 모순이다. "백성이 부족하면 군주는 누구와 더불어 만족할 것인가"[108]라는 철리를 군주가 깊이 밝혀야 한다고 그들은 주장한다.

"축적해두는 것은 당연히 국가가 행할 중요한 일이지만 마땅히 인민이 여력이 있고 난 연후에 거두어야 한다."[109] 제왕이 이익을 탐하여 욕망을 좇고 횡포하게 세금을 거둬들임으로써 백성의 원망을 격발시킨다면 "군주는 부유하되 나라는 망하는" 전철을 다시 밟게 될 것이다. 인민의 뜻에 순종하며 민심을 수습한다면 군주는 백성과 더불어 화해를 얻을 수 있을 것이다.

민심에 따라야 한다는 인민심론은 사실상 민심의 향배가 정치의 성패를 결정짓는다는 관점으로, 군주의 행위에 대한 중요한 규범 가운데 하나다. 그것은 일종의 통치 책략일 뿐만 아니라 이론적으로도 군주를 제약하는 요소를 포함한다. 중국 고대 정치사상은 대대로 통치자가 민의를 받들어 따라야 하고, 백성의 성정을 돌봐야 하고, 백성의 즐거움을 즐겨야 하고, 백성의 근심을 근심해야 한다고 강조해왔다. 일반적으로 군주 전제 정치라 하더라도 백성의 뜻이 위로 전달됨을 조금도 중시하지 않았던 것은 아니다. 역대 왕조는 모두 기구와 직관을 설치하여 각자의 직무를 관리했다. 수많은 명철한 군주는 관원을 파견하여 풍속을 관찰하거나, 간편한 복장으로 사적 탐방을 하거나, 체면 차리지 않고 "나무꾼에게 자문을 구하거나," 신민에게 상서를 올리도록 장려함으로써 백성의 뜻을 헤아리고 정치 정세를 감시 감독했다. 하지만 그들의 "민심에 따름因民心"에는 커다란 한계가 있었는데, 민심 혹은 백성의 욕구를 그저 '이利'라는 한 글자에 귀결시켜버림으로써 민심을 따른다는 생각이 민의 정치적 권리에 관심을 갖는 방향으로 나아가지 못한 것이다.

백성의 힘을 소진시키지 말아야 한다는 불갈민력론不竭民力論이야말로 정관 군신들의 정책 방침의 진정한 기초였다. 그 핵심 내용은 노역과 징발을 절제하고, "기쁘게 인민을 부리고, 그들의 힘을 고갈시키지 않는"[110] 것이었다. 그리하여 "연못을 고갈시켜 물고기를 잡으면 고기를 얻지 못할 뿐만 아니라 이듬해에 물고기가 하나도 없게 되고, 숲을 태워 사냥을 하면 짐승을 잡지 못할 뿐만 아니라 이듬해에 짐승이 없게 되는"[111] 사태를 피하고자 했다.

봉건 국가는 터무니없는 가렴주구를 자행했다. 특히 민중을 직접 징발하는 역역力役은 전국적인 범위에서 사회적 생산력을 가장 많이 파괴하는 인위적 요소일 수 있었다. 따라서 과도한 역역 징발은 민중을 정치에 개입하게 만드는 도화선이 되곤 했다. "한 사람이 노역에 동원되면 전 집안이 피폐해진다. 군에 입대하는 사람은 무기까지 살펴야 하고, 노역에 종사하는 사람은 건량까지 책임져야 하니 온 집안이 나서서 살림을 하더라도 대부분 빈곤에서 헤어날 수 없다."[112] 과도한 노역은 소농 경제를 치명적으로 파괴했다. 정관 군신은 그 내부의 이해관계를 깊이 이해하고 있었다. 민력의 소진을 '위란의 근원'으로 여겼으며, "제 살을 파먹을 경우, 살이 없어지면 반드시 죽는다"[113]는 말로 스스로를 경계했다. 이와 관련된 당시의 구체적인 정책들은 그다지 신선하지 않았다. 역역을 줄여주고, 정벌을 신중히 하며, 사냥을 그치고, 사치와 방종을 없애고, 시기에 맞추어 백성을 부리고, 민력을 취하는 데 한도를 두는 등 봉건 시대의 '일반적인 치국의 도'에 다름 아니었다. 하지만 언급할 만한 것이 한 가지 있다. 바로 당나라가 수나라의 제도를 계승하며 혹은 따르고 혹은 바꾸었는데, 정당한 노역과 부가된 노역에 대해 명확한 법정 시한을 두었으며, 일정한 조건 아래 역역의 치우치지 않는 운영을 허락하는 역사적 진보를 보였다는 사실이다.

불갈민력론은 부세와 역역의 '징도度' 조절을 군민君民 통일체를 유지하는 중요한 수단으로 삼았으며, 수많은 신하가 이를 인용하여 간언을 올리는 근거로 삼곤 했다. 당 태종은 특정한 형상을 비유로 들면서 이 이론에 내재하는 논리를 풀어낸 적이 있는데, "말은 사람을 대신하여 힘든 일을 할 수 있는 존재다. 때맞추어 쉬게 하고 제 힘을 소진시키지 않으면 언제든지 말을 부릴 수 있는 것"[114]이라고 한다. 사람과 말의 관계로 군주와 인민의 관계를 비유한 것은 생동감 넘치고 딱 들어맞는다. 백성을 실을 수도 있고 탈 수도 있는 마차나 선박으로 보는 것은 부역의 인격화다. 끊임없이 계속되는 부역을 보장하기 위해서는 반드시 민중으로 하여금 정상적인 생활을 유지하도록 해야 하는데, 이것이 바로 불갈민력론의 종지였다. 고대 사상가나 정치가들은 대대로 백성을 말에 비유하면서 인민 중시의 필요성을 즐겨 논증했다. 인민 중시란 수레를 끄는 마소를 아끼는 것과 마찬가지로 관념적으로 평등이나 민주 따위가 끼어들 여지가 전혀 없다.

급시수정론及時修政論은 정책 시행의 시기 문제에 두 가지 중요한 원칙을 제기한다. 첫째, 창업 군주는 "널리 도덕 교화를 실시하고, 은혜를 베풂에 여지를 두어 자손을 위해 만 대의 터를 닦아야 한다."[115] 정관 군신들은 역대 왕조의 수명과 창업자의 정치적 업적이 밀접한 상관관계가 있음을 발견했다. "하나라와 은나라로부터 한 왕실의 천하가 있기까지 천자의 자리를 이어받아 계승한 것이 많게는 800여 년, 적어도 400~500년인데 모두가 덕과 업적을 쌓고 은혜로 인심에 결합했다. 어찌 그릇된 왕이 없었겠느냐마는 앞선 지혜로운 사람에 의지해 면할 수 있었던 것이다. 그런데 위魏나라와 진晉나라에 돌아오면서부터 아래로 주周나라와 수나라에 이르기까지는 많아야 60년에 불과했고 적으면 20~30년 만에 망했다. 이는 사실 창업했던 군주가 은혜로운 덕화를 넓히는 데 힘쓰지 않고 그저 자신을 지키는 데 급급했으며 나중에도 기념할 만한 덕을 남기지 못했기 때문이다. 그리하여 이어받은 후계 군주의 정치 교화가 약간 무너지니 어떤 사내가 큰소리를 치고 일어났고 이에 천하의 땅이 붕괴되었던 것이다."[116] "자고로 명왕과 성주는 사람에 따라 적당히 가르치고 너그러움과 사나움을 때에 따라 달리했지만, 그 큰 요체는 오직 스스로에게 절검하고 타인에게 은혜를 베푸는 두 가지에 힘을 썼다. 따라서 아랫사람들이 해나 달처럼 그를 아꼈으며, 우레나 천둥처럼 그를 두려워했다. 이것이 바로 왕조가 오래가고 화란이 생기지 않은 까닭이다."[117] 하물며 대란이 일어난 뒤엔 인심이 안정을 바라고 "배고픈 사람 먹이기가 쉽듯이 혼란 뒤엔 가르치기가 쉬운"[118] 법이니 군주가 덕을 베풀어 기초를 단단히 할 수 있는 절호의 시기다.

둘째, 수성하려는 군주는 때에 맞추어 정책 조정을 하고 환난을 미연에 방지해야 한다. "지난 시대 이래의 성패에 관한 일"은 정관 군신으로 하여금 다음과 같은 일을 깊이 이해하게 만들었다. "사람이 매우 피로한데도 쉴 틈을 주지 않고 부리면, 중국에 홍수나 가뭄의 재앙이 닥치고 변방에 태풍 경보가 나는 것과 같으며 미친 듯이 날뛰는 사람이 은연중 나타날 것이고 예측하기 어려운 일이 벌어질 것이다." "일단 백성 사이에서 원한으로 반란을 일으키는 사람이 나타나면 무리를 지어 도적이 될 것이니 그런 나라가 멸망하지 않는 경우는 없었다. 군주가 비록 후회하고 고치려 해도 다시는 안전을 되찾을 수 없을 것이다." 따라서 "정치 교화를 잘 닦으려고 한다면 닦을 수 있을 때 마땅히 닦아야 한다. 일이 한번 변하기 시작한 뒤에 그것을 고치려 드는 것은 아무 도움이 안 된다."[119] 창업자는 덕을 베풀어야 하고 때에 맞추어 개혁 경장을 해야 한다는 주장은 군주 정치의 응변 능력과 자아 조절의 주동성을 강화시켜주었다.

정관 군신들이 민본 사상으로부터 추출해낸 또 하나의 중요한 방침은 바로 "농업이 정치의 근본"이라는 농위정본農爲政本이다. 『제범帝範』「무농務農」 편과 『정관정요』「무농」 편에 기재된 논의들로 보건대 농위정본론은 세 가지에 근거를 두고 있다. 첫째, 농업의 성쇠는 봉건 국가의 재정 상황 및 물자 축적과 관련이 있다. 둘째, "음식은 인민의 하늘이며," 음식은 백성의 근본이고, 백성은 국가의 근본이며, 국가는 군주의 근본이다. 농업의 풍작과 흉작은 민생에 직접적인 영향을 미치며, 나아가 군주 정치의 성쇠와 안위에도 영향을 미칠 수 있다. 셋째, 농업에 힘쓰게 하는 무농務農은 상벌과 마찬가지로 "풍속을 제어하는 기제"다. 행정수단을 운용하여 "겉치레를 금절시키고 경작과 직조를 권면하여 백성으로 하여금 근본으로 돌아가게 하고, 풍속을 참된 상태로 되돌려 인의의 마음을 품도록 만들고, 탐욕의 길을 영원히 끊어버리는 것이 무농의 근본이다."[120] 농업 중시는 단순히 봉건 국가의 경제 정책이 아니라 사회 정책이자 정치 방략이며, 전제 군주에게는 중요한 인민 교화의 방법임에 틀림없다.

상술한 원칙들을 관철시키는 중간 고리는 '관官'이다. 따라서 정관 군신들은 관민官民 관계의 조정을 중요한 정치적 과제로 여겼다. 그들은 군주, 관료, 서민 사이의 복잡하게 얽힌 관계를 상당히 깊이 이해하고 있었다. 백성을 학대하고 사적인 이익을 도모하는 것으로만 보면 군주나 관료나 큰 무당, 작은 무당일 따름이지만 관민 사이의 모순의 격화는 군주 정치에 엄중한 위해를 가져올 수도 있다. 정관 군신들은 관리들의 착취와 백성의 궤란 사이의 필연적 관계를 제대로 인식하고 있었다. 그들은 관료들의 횡포와 법 밖의 침탈을 최대한 제한하려 했으며, 이것을 시정의 중심으로 삼았다. 군주 정치의 근본적 이익과 국가 정권의 사회성은 모두 군주에게 관민 간의 모순을 정확히 볼 것을 요구했다. 당 태종은 「금경金鏡」등 문장에서 "백성이 즐거우면 관리가 괴롭고, 관리가 즐거우면 백성이 힘들다"며 탄식한 적이 있다. 그는 관민 모순의 조정이 대단히 까다로운 문제임을 분명하게 인식하고 있었다. 그래서 신중을 기해 민간 관리를 선발했으며, 사법적 수단을 운용하여 풍기를 바로잡고 이치吏治를 정돈하는데 주의를 기울였다.

군주가 관민 관계를 조정한다고 해서 관민 간의 종속 관계나 등급 차

별이 바뀌었다는 뜻은 아니다. "백성이 강해져서 관리를 능멸하는" 국면
은 정관 군신들이 절대로 용인할 수 없는 일이었다.(『자치통감』 권195 참조)
그렇지만 군주는 행정적, 법률적 수단을 운용하여 관민 관계의 중재자
역할을 맡음으로써 민중으로 하여금 봉건 법률이 사회 정의를 대표한다
고 생각하게 하고, 현명한 군주와 청렴한 관리야말로 사회 정의의 화신이
라고 믿게 할 수 있었다. 현명한 군주와 청렴한 관리를 향한 기대는 군주
정치에 광범한 사회심리적 기초를 마련해주었다. 그래서 군주는 주동적
으로 관민 관계를 조정함으로써 관료들의 통제에 유리했을 뿐만 아니라
민심을 쟁취하는 데도 유리했다. 이는 군주 전제 제도의 장기 안정을 보
장해주는 없어서는 안 될 수단이었다.

당 태종은 제왕이 "술수로 백성을 교화하고" "도로 만물을 통제한다"
면서 이렇게 주장한다. "술수는 신묘하고 은미해야 절묘하며, 도는 빛나고
커야 공교롭다. 창천을 다 담아 마음의 주체로 삼으니 백성이 우러르되
헤아리질 못하고, 대지를 다 묶어 측량하니 백성이 아무런 이유 없이 그
를 따른다."[21] 도와 술의 결합은 백성을 다음과 같은 지경에 놓이게 만든
다. 도와 술은 정치 활동의 목적이기도 하고 통치자가 모종의 정치적 목
적을 달성하기 위해 임의로 부릴 수 있는 역참 말이기도 하다. 상술한 정
관 군신들의 정책 원칙은 서로 관통되면서 각자 치중하는 바가 있어 완
벽한 치민의 방략을 만들어냈다. 이 치민의 방법에는 분명한 특징이 한
가지 있었다. 바로 군주의 자아 조절 이론을 주체로 삼고, 전통적 민본
사상 가운데 정수만을 모은 이론의 가공과 현실을 직시하는 정치적 실천
을 통해 중민重民 이론을 새로운 경지로 발전시켰다는 것이다.

이상의 정책 원칙들을 통해 우리는 이론과 실천상의 민본 사상의 최대
한도를 어렵지 않게 발견하게 된다. 결론적으로 말하자면 경제적으로는
그저 부역을 감경해주는 데 불과하다. 정치적으로는 민중의 역량에 대한

경외가 그저 민중의 정치 참여를 다방면에서 방비하는 것으로 바뀌었을 따름이다. 중민은 목적이 아니라 수단일 뿐이다. "흥해도 백성이 괴롭고, 망해도 백성이 괴롭다."[122] 이것이 바로 봉건 시대 백성의 운명이었다.

주지하다시피 당 태종의 중민 정책은 정치적으로 큰 성공을 거두었다. 동시에 중국 고대 사회의 최대 번영기를 여는 데 중대한 공헌을 했다. 정치 이론의 객관적 성과는 그 이론의 본질적 속성을 가장 명확하게 드러내준다. 민본 사상은 군주 정치에 매우 유효한 각성제였으며, 뭇 신하가 군주에게 간쟁을 올리는 데 필요한 중요한 이론적 무기였고, 군주의 자아 조정 치민 정책의 중요한 근거였으며, 봉건 통치를 공고히 하고 왕권을 강화하는 중요한 수단이기도 했다.

민본 사상 및 그에 상응하는 중민 정책이 제왕의 의식과 행위에 영향을 줄 수는 있었겠지만 그 효력은 상당히 제한적이었다. 이는 주로 다음 두 가지에서 잘 드러난다. 첫째, 군주 전제 제도 아래 민본 사상이 중민 정책으로 전환될 수 있느냐의 여부나 이미 제정한 중민 정책을 끝까지 실시할 수 있느냐의 여부는 완전히 군주 개인의 인식 정도와 자제 능력에 의해 결정된다. 정관 초기 이세민은 형세에 밀려 친히 중민 정책을 제정했고 비교적 큰 절제력을 보여주었다. 그 결과 3~5년 만에 천하대치를 실현했다. 정관 중기 그는 "점차 교만에 사치를 더하며 정도를 지나치더니" 마침내 "백성은 일이 없으면 교만하고 안일에 빠지며, 노역을 시키면 부리기가 쉽다"고 생각했다. 그러다가 "홀연 자신을 낮추는 검소함을 망각하고 인력을 가벼이 사용했다". 그리하여 "백성 사이에 원망과 탄식이 크게 일었다."[123] 정관 말년 당 태종은 "인민을 안정시키고 나라를 편안케 하는" 방침에서 심각하게 멀어져버렸다. 둘째, 민본 사상 및 중민 정책이 민중의 처지를 개선시키는 측면에서의 효력은 상당히 제한적이었다. 앞에서 언급했듯이 민본 사상은 민중의 정치적 지위를 개선시키는 문제를 근본적으로 생각해본 적이 없다. 민본 사상이 해결할 수 있는 것이라곤 그저 민중에 대한 통치자의 착취나 압박을 일정 정도 완화시켜주는 것뿐이다. 바꾸어 말하면 민본 사상은 기성의 정치 제도와 경제 제도를 바꿀 아무 의향도 없으며, 따라서 민본 사상의 지도 아래 군민 간의 기본적인 정치 관계와 경제 관계는 그 어떠한 질적 변화도 기대하기 어렵다. 이론이든 실천이든 민본론은 절대로 군주 전제 제도를 부정하는 방향으로 갈수가 없었다.

민본 사상에 동의했느냐의 여부, 중민 정책을 추진했느냐의 여부, 중민 정책을 큰 틀에서 시종 관철시킬 수 있었느냐의 여부는 봉건 제왕의 정치적 성취와 매우 깊은 관계를 맺는다. 그래서 제왕의 중민 사상과 중민 정치에 응당한 역사적 평가를 내리곤 한다. 하지만 역사가 거듭 증명하듯 자각적으로 민본 사상을 운용하여 치민 정책을 지도했던 봉건 제왕의 시기에 군주 전제 제도는 더욱더 굳건하게 강화되었다. 이렇게 볼 때 민본 사상은 군주 정치의 대립물이라기보다 봉건 통치를 합리화시키는 이론이었던 셈이다.

03 군권지상과
민위국본民爲國本의
일치성

많은 사람이 중민重民-민본-민주를 하나의 발전 체계로 오해하고 있다. 어떤 사람은 심지어 민본 사상으로부터 민주 사상을 발굴해내는 데 심혈을 기울이기도 한다. 이는 피상적인 견해다. 여기서 민본 사상의 기본 전제, 이론 구조, 정치 방향 및 그것이 탄생하게 된 사회적 기초와 역사 과정으로부터 한 걸음 더 나아가 고찰해보자.

민본 사상에는 가장 기본이 되는 정치적 전제가 하나 있는데, 바로 군주가 백성의 주재자라는 것이다. 『당률소의唐律疏義』「명례名例」 편에는 이 기본 전제를 절묘하게 묘사하는 구절이 있다. "왕이란 북극성의 지존 자리에 위치하여 하늘의 보배로운 명령을 받들고, 세상을 뒤덮고 있는 천지와 같은 존재로 만백성의 부모가 된다. 자식되고 신하된 자들은 그저 충성을 다하고 효도를 다할 따름이다."[124] 봉건 군신이 보기에 군주는 지존이고 백성의 부모이며 천하를 주재한다. 이것이 바로 군민 사이에 도저히 바뀔 수 없는 절대적 관계다.

이러한 정치적 전제 아래 민본 사상은 특정의 이론 구조를 형성했는데, "백성이 국가의 근본"이라는 민위국본民爲國本과 "군주가 백성의 주인"

이라는 군위민주君爲民主를 함께 거론했다. 당 태종은 거듭 표명한다. "백성은 국가의 우선이요, 국가는 군주의 근본이다."[125] "천지가 크지만 백성이 근본이며, 방국이 소중하지만 군주가 우선이다."[126] 언뜻 보면 '민위국본'과 '군위민주'는 명백히 대립하는 두 개의 명제다. 하지만 양자는 교묘하게 하나로 통일되어 있으며 서로를 보증해주기도 하고 서로 논증해주기도 한다. 이것이 바로 정관 군신의 중민 사상으로 대표되는 고대 군민 관계론의 이론적 특징 가운데 하나다.

고대 군민 관계론은 왜 이러한 이론적 특징을 드러내게 되었는가? 주된 원인은 두 가지다. 하나는 민본론이 봉건 사회관계의 산물로서 봉건 질서의 논증과 수호를 기본적인 정치 방향으로 삼고 있다는 것이다. 둘은 민본론이 통치 계급의 자아 인식, 자아비판의 산물로서 봉건 통치자의 정치 경험으로부터 비롯되어 거꾸로 봉건 군주 정치를 지도하게 된 것이기 때문이다.

중국 봉건사회에서 국가는 최고의 지주다. 봉건 국가는 상부구조일 뿐만 아니라 경제적 실체로서 봉건 생산관계의 주체적 형식이다. 군주는 국가 최고의 수뇌이자 국가 지주들의 총 대리인이라는 이중 신분을 갖고 있다. 민중은 경제적, 육체적으로 봉건 국가에 의존하게 되는데, 이것이 그들을 정치적으로 군주에게 예속되도록 결정해버린다. 군민 관계의 실질은 경제와 정치의 이중적인 지배와 피지배 관계다. 봉건 법전에 따르면 군주, 관료 귀족, 양민(평민 지주와 자경농), 천인 등 사회의 여러 등급은 법률적으로 불평등하다. 민본 사상의 특징은 이러한 사회적, 정치적, 경제적 관계 양식을 한 번도 부정하지 않았다는 것이다. 오히려 그 반대로 민본 사상은 이러한 관계 양식을 긍정한다는 전제하에 어떻게 군민 쌍방으로 하여금 제 역할을 맡고 서로 화목하게 지낼 것인가를 논설했다. 민본 사상이 민중에게 제공한 것은 자기 업무에 충실하고 제 직분을 지키는 것이었으며, 군주에게 제공한 것은 나라의 안녕과 군주의 존엄이었다. 그리고 이 모든 것을 실현하려면 군주라는 최고 정치 주체에 의존해야 한다. 바로 이와 같은 특정한 사유 때문에 민본 사상은 결국 중민을 논설하면서 어떻게 군주를 존중할 것인지를 논증하고, 존군을 논설하면서 어떻게 백성을 중시할 것인지를 논증하게 만들었다. 이는 필연적으로 '민위국본'과 군주가 정치의 근본이라는 '군위정본君爲政本'을 한데 뒤섞이게 한다.

민본 사상의 발생과 발전이라는 관점에서 보면 이는 통치 계급의 자아 인식, 자아비판의 산물로 주로 통치 계급의 사상가 및 왕후장상들이 제기하고 논의를 덧붙인 것이다. 민본 사상의 모형은 늦어도 은·주 시기에 벌써 생겨났다. 주공周公의 존천尊天, 경덕敬德, 보민保民 사상은 초기 중민 사상을 대표한다. 은주 교체 과정에서 민중은 처음으로 그들의 위력을 보여주었으며, 군주의 지위가 절대적인 것이 아니라 조건이 있음을 증명했다. 이는 자연스럽게 통치 사상에 반영되었는데, 주공은 천제의 무한 권위를 민의와 교묘하게 결합시켜 "천명이 늘 한곳에만 있는 것은 아니다,"[127] "하늘을 두려워하고 참마음을 도와야 하니 백성의 뜻을 대략 알 수가 있다,"[128] "하늘은 반드시 백성이 바라는 바를 따른다"[129] 등의 명제를 제기하여 천·덕·민 삼자를 하나로 연결시키는 순환 논증의 사상 체계를 구성했다. 이 사상의 제기는 통치자 가운데 일부분이 벌써부터 민을 객관적으로 존재하는 제약 역량으로 인정하고, 군권에는 조건이 있음을 표명한 것이다.

춘추 이래 민의 역량은 갈수록 많은 정치가와 사상가에게 인식되었다. 군주를 세움은 민을 위해서이고立君爲民, 군주는 민을 이롭게 해야 하고君主利民, 민이 군주를 양육하는 것이며民養君, 민을 얻어야 군주가 되고得民爲君, 군주가 배라면 민은 물이다君舟民水 등의 정치 명제는 정치가와 사상가들에 의해 반복적으로 논증되는 것들이었다. 이러한 새로운 견해에는 공통된 특징이 하나 있다. 즉 모두가 군주와 군주 전제 제도를 근본적으로 부정했던 것은 아니며, 군주 정치의 흥망성쇠를 총결하는 과정에서 민심의 향배가 결정적 작용을 한다는 사실을 간파한 것이다. 민본 사상은 바로 이러한 정치적 사유의 산물이며, 통치 경험이 풍부해져가면서 이론 형태로 전환된 결과물이었다. 정관 군신들의 민본 사상은 그 형성 과정을 보든 이론 형태나 정치적 실천으로 보든 모두 이와 같은 이론의 전형이라 할 수 있다.

혹자는 민본 사상이 사상가의 측면에서 볼 때와 봉건 제왕의 수중에서 볼 때 상이한 품격을 지닐 수 있으므로 동등하게 바라보아선 안 된다고 말할지도 모른다. 물론 특정 사상가의 민본 사상은 확실히 사람들을 모호하게 만드는 요소가 일부 있다. 예컨대 맹자의 '민귀군경民貴君輕' 등이 그렇다. 그러나 조금만 더 자세히 비교해보면 정관 군신의 중민론과 맹자의 민본론이 동일한 사상 체계에 속하는 것임을 어렵지 않게 알 수 있다. 정관 군신은 군권을 하늘이 준 것이라고 주장하는데, 맹자 역시 군권은 "하늘이 주었다"고 생각했다. 정관 군신은 민중에게 참정할 능력이 없다고 생각했는데, 맹자 또한 "대인의 일이 있고, 소인의 일이 있다,"130 "군자가 없으면 야인을 다스릴 수가 없다"131고 말했다. 『당률소의』는 "자식되고 신하된 자들은 그저 충성을 다하고 효도를 다할 따름이다"132라고 강조하고, 맹자는 "군주도 없고 어버이도 없는 것은 금수다"133라며 질타한다. 이세민은 왕도를 표방했고, 맹자는 인정仁政을 창도했다. 정관 군신은 진秦나라와 수隋나라의 폭정을 호되게 질타했고, 맹자는 횡포하게 세금을 거두어들이는 군주는 짐승을 거느리고 사람을 잡아먹는 도배라고 분노하며 규탄했다. 당 태종은 "백성의 마음에 따라야" 한다고 했고, 맹자는 "왕은 백성과 함께 즐기"라고 주장했다. 정관 군신은 "군주가 무도하면 백성이 그를 배반한다"134고 놀라 외쳤으며, 맹자는 "천자가 어질지 못하면 사해를 보존할 수 없다"[135]고 경고했다. 그들이 제기한 구체적인 조치 역시 대동소이하다. 실제로 "민이 가장 소중하고, 사직은 그다음이며, 군주가 가장 가볍다"[136]는 맹자의 말을 "군주는 국가에 의지하고, 국가는 백성에 의지한다"[137]는 이세민의 말과 비교해보면, 하나는 사상가가 격앙되어 부르짖는 소리이고, 하나는 정치가가 또렷하게 자신을 경계하는 말이다. 말투와 한도에서는 차이가 있지만 표방하는 바는 같은 명제들이다.

군권의 절대성과 상대성을 함께 논의하는 것 자체가 일종의 역설이다. 논리에 따르면, 군권에 대한 승인에 조건이 있음은 곧 군권의 절대성과 지고무상성을 부정해야 하고, 나아가 "군주가 정치의 근본君爲政本"이라는 사실도 부정해야 한다. 그런데 애석하게도 민본 사상을 지닌 그 어떤 사람도 '군위정본'론과 성현주의로부터 빠져나올 수 없었다. 이것이 바로 '민위국본民爲國本'의 명제가 '군위민주君爲民主'의 명제의 부속품이 되는, 즉 전자의 최종 귀결점이 후자를 논증하고 실현시키는 것임을 결정짓는다. 민본 사상과 그에 상응한 중민 정책이 그 실천 과정에서 궁극적 한계를 지닐 수밖에 없었던 것은 바로 이러한 이론적인 한계 때문이었다.

이상의 논의를 종합해보면 민본 사상을 촉진시킨 근본 원인은 민중의 폭력적 대항이다. 봉건 시대에는 정치권력이 일체를 지배했는데, 오직 강권을 지닌 세력만이 강권을 전복시킬 수 있었다. 그래서 정권 체계 내부로부터 오는 정변을 방비하고 정권 체계 외부로부터 오는 민중 폭동을 없애는 것이 전통 정치사상에서 줄곧 가장 큰 관심을 가져온 두 가지 과제였다. 전민적 폭동은 언제든 궤멸을 가져올 만한 역량을 지니고 있었다. 이는 봉건 통치자들로 하여금 민이라는 사회 역량을 고도로 중시하여 적극적으로 대책을 강구하지 않을 수 없게 만들었다. 민본 사상은 이렇게 생겨났다. 이 사상의 발전과 변천은 주로 통치 계급 정치가의 자아비판과 자아 인식을 통해 완성되었다.

이와 같은 사유의 정신적 성과로서의 민본 사상은 형식에서 내용까지 모두 이중성을 내포하고 있다. 한편으로 폭정을 비판하고 인정을 창도하며, 군권이 상대적이고 조건이 있음을 인정한다. 그리하여 군주들이 반드시 준수해야 할 행위 규범을 제기하고, 심지어는 폭군을 전복시키는 행위도 도의적으로 긍정해야 한다. 이 점에 있어서는 맹자든 순자든 정자程子든 주자朱子든 사상가는 물론이고, 당 태종과 같은 봉건 제왕들까지도 대체로 일맥상통한다. 다른 한편으로 군위정본을 고취하고 서민의 참여 능력을 낮춰 보며, 민중은 군주의 교화 대상 역할을 맡아야 한다. 이 사상에는 민중에 대한 동정과 연민이 적지 않지만 출발점과 귀결점은 시종 군주의 편에 놓여 있다. 정치 생활에서 군주의 전제적 지위를 긍정하며, 이상 정치에 대한 기대를 군주의 자아 절제와 자아 조절에 걸고 있다. 중민의 주체는 군주이며, 중민의 조치는 유덕한 군주가 왕도와 인정을 실행하는 것이다. 민은 피동적이며 그저 연민과 하사를 내려받을 따름이다. 민의 위에는 높고 크신 구세주께서 서 있다. 민본 사상은 그 주안점이 군민 관계의 조정에 놓여 있으며, 이와 같은 불합리한 정치 관계를 없애는 것이 아니다. "민을 얻는 자는 창성하고, 민을 잃는 자는 망한다"며 크고 특별한 목소리로 떠들지만 정작 인민의 정치권력 및 이 권력의 실현에 관한 조치 등은 한 번도 이 사상에 포함된 적이 없었다.

민본 사상은 군과 민의 상대성을 인정하지만, 이는 군민君民 주복主僕 관계의 합리성을 충실하게 논증하는 데 국한된 경우이거나, 이와 같은 관계를 변화시키지 않는다는 전제하에 양자 간 평형이나 화해를 애써 도모하는 경우일 뿐이다. 군권을 제약하고 군권을 규범화하는 이론적 요소를 포함하고 있기는 하지만, 군주가 덕을 수양하고 간언을 하거나 받아들이는 것보다 더욱 절실하고 실천 가능하며 유효한 정치적 조치를 통해 군주에 대한 구속을 실현시키는 방안은 제기조차 되지 않았다. 그 결과 민의 운명은 그저 군주의 현명한 지혜나 덕행에 의탁할 수밖에 없게 된다.

본질적으로 민본 사상은 통치 계급의 정치적 경험의 총결이자 이론적 승화였다. 이 사상은 개별적인 폭군을 부정할 수는 있었지만 더욱 높은 차원에서 봉건 사회관계와 통치 질서 및 군주 제도의 합리성을 논증해주었다. 민본 사상은 이론적으로 봉건 군주 전제 제도를 초월하는 요소를 갖추지 못했을 뿐만 아니라 여러 방면에서 봉건 군주에게 득민得民의 방법과 치민治民의 수단을 논증해주었다. 그래서 역사 과정으로 볼 때 민본 사상의 지도 아래 전개된 중민 정책은 언제나 봉건 전제주의 통치와 공존했던 것이다. 여기서 특별히 주의해야 할 점은 폭군 비판이나 폭정 규탄이 사상발전사에 있어서 군주 제도와 봉건 종법 등급 사회관계에 대한 부정과는 그 의의가 크게 다르다는 사실이다.

중국 고대 역사를 통관하면 민본 사상 및 그와 관련된 중민 정책에 알맹이가 전혀 없었던 것은 아니지만 전체적으로 봤을 때 그것들은 봉건 통치 계급의 득민의 도, 보민의 도, 치민의 도에 속한 것이거나 기껏해야 군주 제도의 이상적 양식을 묘사하는 데 불과했다. 따라서 사상 체계로 보든 정치 실천으로 보든 민본 사상은 봉건 전제주의의 범주에 속한다고 하겠다.

정치사상의 속성을 판별하는 주된 표준은 그것이 어떤 양식의 사회관계를 논증하고 있느냐를 보는 것이다. 중국 고대 사회에서 주도적 지위를 점한 사회관계의 본질적 특징은 봉건 전제주의였다. 이는 정치 관계에서는 등급제와 군주 전제로 표현되었고, 경제 관계에서는 육체의 초경제적 강제에의 예속으로 표현되었으며, 가정 관계에서는 종법적 전제로 표현되었다. 군신, 부자, 주노主奴 관계라는 양식이 사회생활의 각 측면과 영역에 널리 퍼져 있었다. 민본 사상을 창도한 사상가들 가운데 이러한 관계를 부정한 사람은 한 명도 없었으며, 민본 사상에 의거하여 중민 정책을 추진한 정치가들 역시 이러한 사회관계를 강화시키는 데 예외인 경우는 없었다. 이런 의미에서 민본 사상은 중국 고대 봉건 통치 이론을 구성하는 중요한 부분이었다고 할 수 있다.

제3절

군신君臣 일체론:
군신群臣의 통제와 천하의 통제

군도君道의 주요 내용은 군신 관계론이다. 수당 시기 봉건 군신들의 정치에 관한 논의의 중점은 군신론이었다. 당 태종의 『제범』과 『금경金鏡』, 무측천의 『신궤臣軌』, 당 현종의 『효경주孝經注』 등 여러 황제의 주요 정치 논저를 보면 군신의 규범과 신하를 제어하는 방법을 밝히는 것이 그 핵심이다. 수당의 법전, 특히 『당육률唐六律』로 대표되는 행정 법규는 주로 군신 관계의 유지 및 조정을 위해 만들어진 것이었다. 군신 관계 조정의 측면에서 체계적 이론과 방략을 제기했을 뿐만 아니라 수많은 군주와 신하로 하여금 그것의 운용을 체계화, 제도화하도록 했다. 이는 수당의 황제 제도와 군도를 성숙하게 하고 완벽하게 만드는 중요한 지표가 되었다.

신臣이란 넓은 의미에서 황제 한 사람 아래에 있는 모든 사회 구성원, 즉 "온 하늘 아래에 왕의 신하가 아닌 것이 없"음을 가리킨다. 좁은 의미에서는 봉건 관리들과 귀족만을 가리킨다. 진한 이래의 정치론 가운데 신하는 주로 후자를 지칭한다. "왕은 사해를 한집안으로 보며, 봉역 안의 모든 사람은 짐의 적자赤子다"[138]라는 말로 볼 때, 신자臣子와 자민子民은 같은 말로 모두 황제의 통치 대상이다. 그러나 신은 민과 다르다. 그들은 이중 신분을 지닌 사회적 역할을 담당하는데, 군주의 노복일 뿐만 아니라 민의 부모이기도 하다. 봉건 정치와 통치에 참여하는 일원으로서 신하는 정치적, 경제적, 문화적 특권을 소유한다. 군주와 신하의 상호 배합, 협조, 모순, 충돌은 군주 정치의 앞길에 직접적으로 영향을 미친다. 특정한 의미로 보면 군신 관계의 상황이 군주 정치의 성패와 흥망성쇠를 결정짓는다고 할 수 있다.

수당 황제들은 대부분 신하 통제의 방법에 정통했으며, 아랫사람을 부리는 재능을 갖추고 있었다. 그들의 왕위는 모두 '쟁爭'을 통해 온 것이었다. 이 때문에 황제들은 인재를 다투는 것과 천하를 다투는 것, 여러 신하를 제어하는 것과 천하를 제어하는 것의 상관관계를 깊이 이해하고 있었다. 군신 관계의 이익과 손해에 대해서도, 군주에 대한 신하의 상대적 제약에 대해서도 직접 몸으로 체험한 비교적 깊이 있는 인식을 갖고 있었다. 그 가운데 당 태종과 무측천 등은 이론적인 저작이 있을 뿐만 아니라 구체적으로 운용도 잘하여 뭇 신하를 통제하는 데 있어서 제왕들의 모범이었다고 할 만하다.

군주와 신하:
정치적 통일체

전통 정치사상은 대대로 군과 신은 상호 연계되고 상호 의존하는 정치 통일체로 피차 특수한 이익 집단을 결성한다고 생각했다. 수당 황제들은 이론적으로 모두 '군신동체' '군신합도君臣合道'론자였다. 그들은 정치적 실천과 결부하여 광범하게 전통 군신론을 채택했으며, 군신 관계에 대한 심화된 인식의 기초 위에서 군도와 황제 제도를 완벽하게 하고자 했다. 군신일체론에 대한 수당 황제들의 기본 논점은 군주는 절대로 혼자 다스리지 못한다, 신하는 팔다리이자 배를 젓는 노다, 군신은 부자와 같다, 군신은 도가 합치한다, 군신의 이해관계는 관련이 있다, 군주는 배이고 신하는 물이다, 군주가 주재하고 신하는 보좌한다 등이었다. 이러한 인식은 군주무위론과 신하 제어의 도를 공동으로 구성하는 기초가 되기도 했다.

수당 황제들은 군주 혼자서는 통치할 수 없으며 반드시 군신이 함께 다스려야 한다는 데 의견을 함께했다. 수 양제는 이렇게 말했다. "천하의 일은 중대하여 혼자 다스리며 안녕을 기할 바가 아니다. 제왕의 공적이 어찌 한 선비의 방략에 의해서겠는가? 자고로 명철한 군주가 정치를 하고 나라를 경영하면서 현명하고 유능한 사람을 뽑아 쓰지 않은 적이 한

번이라도 있었는가?" 그리고 "뭇 인재와 함께 여러 사업을 성취하길 기대한다"[139]고 표명했다. 이렇게 볼 때 군신 운용에서 실패한 수 양제도 군권이 뭇 신하의 보좌에 의존한다는 이치를 모르지 않았음을 알 수 있다. 당 태종은 명확하게 지적한 바 있다. "천지에 도를 밝히고, 황제의 임무는 무겁다. 도를 밝히려니 한쪽에 치우쳐 다스려서는 안 되므로 사람들과 함께 다스려야 한다. 임무가 무거우니 홀로 차지하고 앉아서는 안 되므로 사람들과 함께 지켜야 한다."[140] 무측천은 반복해서 강조한다. "천하 아홉 영역이 얼마나 넓은데 어떻게 한 사람이 혼자 교화를 한단 말인가! 반드시 재주 있고 유능한 사람을 불러서 함께 우군을 형성해야 한다."[141] 이렇게도 말한다. "바른 위치에 즉위해 사방을 분별하고, 천지의 원기를 근본으로 삼아 중정의 도를 세운다. 뭇 선비에게 기대지 않으면 누가 제왕의 교화를 이끌 것인가!"[142] 그녀는 역대로 성공한 군주들은 모두 군주와 신하가 "서로 화해하고 의존하며, 공적과 지위가 하나같았으며" "기쁨과 근심을 나눠 가졌다"[143]고 생각했다.

군주가 홀로 다스릴 수 없다는 군주 불가독치不可獨治론은 군주가 국가를 다스리는 데 없어서는 안 될 조수로 신하를 인정하고 있으며, 정치 생활에 있어서 신하를 중요한 지위로 긍정한다는 이야기다. 군주와 신하가 "공적과 지위를 하나같이" 한다는 사상은 군신이 함께 결성한 정치 통일체의 필연성과 필요성을 충분히 긍정하고 있으며, 정치 구조와 정치 운용의 관점에서 신하에 대한 군주의 의존성과 군주에 대한 신하의 상대적 제약을 인정하고 있다.

신하는 팔다리이며 배를 젓는 노라고 하는 신하고굉주즙臣下股肱舟楫론은 군주 불가독치론의 연장이다. 수 양제의 다음 말을 보면 알 수 있다. "그들이 자리에 있는 것은 팔과 다리에 비유할 수 있으며, 큰 내를 건넌다면 배와 배를 젓는 노와 같은 의미를 지닌다."[144] 수당 황제들은 논저와 조서에서 여러 방면으로 비유하면서 군주와 신하의 관계를 생동감 넘치는 형상으로 묘사한다. 그들은 신하를 원수元首와 복심腹心에 대한 팔다리, 손톱이나 이빨, 귀와 눈 등으로 생각하며 군주와 신하는 "서로를 필요로 한 뒤 본체가 성립하고, 서로를 얻은 뒤 작용이 생겨난다"[145]고 여겼다. 또한 신하를 바다를 넘고 강을 건너는 배와 노, 요리할 때 맛을 내는 소금이나 매실로 여기기도 했다. 하늘에 붙어 있는 일월성신, 대지를 장식하는 산천준령, 홍곡을 하늘로 솟아오르게 만드는 깃, 큰 고래를 노닐게 하는 큰 바다, 누대나 전당의 대들보와 서까래, 구릉을 높여주는 모래와 돌, 모아서 진귀한 갖옷을 만드는 여우 겨드랑이, 흘러들어 큰 바다를 이루는 시냇물 등으로 여겼다. 결국 "사람의 재능은 천성으로부터 부여받은 바가 달라서 혹자는 어질고 혹자는 지혜로우며, 혹자는 무에 능하고 혹자는 문에 능하지만 뭇 신하들이 한 몸을 이루지 않는다면 왕업을 흥성하게 할 수가 없다"[146]고 했다.

군주가 배이고 백성이 물이라고 한다면 신하는 군주라는 배 위의 상앗대다. 상앗대가 없으면 물을 저을 수 없으니 배의 운행이 불가능하다. 배와 상앗대는 한 몸이므로 상앗대와 물은 다를지언정 상앗대는 여전히 조연이자 도구가 된다. 군신 관계에 대한 전통 사상의 여러 비유는 신하가 군권의 외화外化된 형식이자 군권 통치의 연장임을 표명한다. 신하고굉주즙론은 신하에 대한 군주의 기대와 지배의 강조에 중점을 두고 있다. 도구는 사람에 의해 조작되며, 또한 사람의 일을 제어하기도 한다. 그래서 전통 군신론은 신하에 대한 군주의 이용과 지배를 '어신御臣'이라고 부른다. 군도란 곧 어신의 도다. 어신의 도는 거꾸로 어느 정도까지는 군주의 행위를 제약하기도 한다.

부자 관계를 비정하여 군신 관계를 논증하는 것은 전통 정치 문화의 큰 특징 가운데 하나다. 이는 수당 황제들의 군신 관계론의 주요 논거이기도 했다. 당 태종은 말한다. "군주와 신하의 관계는 부자와 같다."[147] 무측천은 『신궤』 곳곳에서 군신을 부자처럼 논의하고 있다. "신하가 군주를 섬기는 것은 자식이 어버이를 섬기는 것과 같다. 부자가 지친이긴 하지만 군신만큼 동체인 것은 아니다."[148] 수당 황제들은 두 가지 측면에서 군신이 부자와 같다고 논술했다. 첫째, 부자간의 친함은 군신 간의 의를 포함한다. 당 현종은 말한다. "부자간의 도는 보편적 천성인데, 거기에 존엄을 더하면 군신의 의가 된다." 친한 정이 군신 간에 더해진 것이므로 군친君親의 "은의가 두터움이 이보다 중한 것은 없다."[149] 둘째, 군신 관계가 부자 관계보다 중요하다. 『신궤』 「지충至忠」 편은 말한다. "제 어버이를 존중하려면 반드시 먼저 군주를 존중해야 한다. 제 집안을 안정시키려면 반드시 먼저 나라를 안정시켜야 한다. 따라서 옛적 충신의 제 군주를 앞에 두었고 제 어버이를 뒤에 두었으며, 제 나라를 앞에 두었고 제 집안을 뒤에 두었다. 왜 그랬는가? 군주는 어버이의 근본이니 어버이는 군주가 아니면 존재할 수 없고, 나라는 집안의 바탕이니 집안은 나라가 아니면 설 수 없기 때문이다."[150]

당 현종은 『효경주』에서 정치 규범을 가지고 효를 논했는데, 충효로써 군주를 섬기는 것과 입신양명 및 조상의 얼을 빛내는 일과의 관계를 밝히고 있다. 군신은 부자와 같고, 부자는 군신과 같다 함은 종법 관계 모식으로 군신 간 정치 관계를 규정하는 것이며, 군신 관계가 부자 관계를 능가한다는 말이다. 이것이 바로 사회관계라는 모식을 통해 군신이 일체되어 "고락을 함께함"을 논증하는 것이다. 이로써 군신 관계는 윤리적, 감정적 중개자를 찾게 되었다. 군신이 부자와 같다 함은 또한 충효를 핵심으로 하는 신도臣道 규범의 이론적 기초가 되기도 했다.

수당 황제들이 보기에 군신 간 정치 통일체의 또 하나의 중개자는 도의였다. 도의란 통치 계급의 근본적 이익을 구현해주는 일반적 정치 규범이자 군도, 신도, 부도父道, 자도子道 및 기타 사회 규범을 아우르는 총칭이다. 수당 시기 도는 정치에 관한 사유 가운데 숭고한 지위를 누렸다. 사람들은 정치와 도덕이라는 이중적 의미를 겸비한 도의를 군신을 두루 제약하는 최고의 권위로 여겼다. 무측천의『신궤』「수도守道」편과 당 현종의『도덕경주道德經注』에서는 모두 도를 제왕보다 높은 것으로 취급하며, 군권을 제약하는 이상화된 정치 원칙으로 본다. 봉건 군신은 모두 "군신 상하가 각각 최고의 공公을 실천하고 서로 절차탁마하여 치도를 완성시켜야 한다."[151] 이는 군신 정치 통일체의 이상적 형식으로 보이며, 군주와 신하가 도의의 결합이라는 주장이며, 도의야말로 군신 관계를 조절하는 가장 중요한 정치 원칙이라는 말이다.

당 태종은 군주는 응당 신하에 의지해서 "패업을 구상하고" "왕도를 완성해야"[152] 하며, 신하는 응당 "도를 논하고 시대에 도움을 주어" 군주를 보필해야 한다고 주장한다. 그렇게 했을 때 "군신은 일체가 되어 마침내 중화中和의 정치를 이룰 수 있으며" "동심협력하니 생존과 멸망이 이에 따른다"[153]는 것이다. 무측천은『신궤』「수도」편에서 이를 상세하게 논술한다. "군신 간에 도가 있으면 충성하고 은혜로운데 도가 있으면 화동和同하고 도가 없으면 사이가 벌어진다."[154] 군주와 신하 모두 도로써 자신을 지키고 도로써 서로 화합했을 때 군신 간의 화해가 실현될 수 있고 천하가 크게 다스려진다. 군신 관계에서 도의의 기본 규범은 군주는 예로 대하고 신하는 충성을 다하는 것이다.

위징魏徵은『맹자』를 인용한다. "군주가 신하를 수족으로 보면 신하는 군주를 복심으로 여긴다. 군주가 신하를 개나 말로 보면 신하는 군주를 보통의 국인國人으로 여긴다. 군주가 신하를 오물 덩어리로 보면 신하는 군주를 원수로 여긴다." 그러고는 이렇게 지적한다. "신하가 군주를 섬기면서 두 뜻이 없다고는 하지만, 일단 거취 문제에 이르게 되면 인연과 은혜의 후박에 따르게 된다. 그러니 군주된 사람이 어떻게 아랫사람에게 예로 대하지 않을 수 있겠는가!"155 신하에 대한 군주의 태도는 신하의 거취를 결정지을 뿐만 아니라 왕권의 운명과 제왕의 역사적 지위까지 결정짓는다. "제왕은 스승으로 처우하고, 군왕은 친구로 처우하고, 패자는 신하로 처우한다."156 이 사상이 황제들에게 받아들여졌기 때문에 수당 황제 대부분은 신하를 스승, 친구 또는 귀감으로 삼는다는 주장을 했다. 혹자는 어느 정도 실천에 옮기는 이도 있었다.

도의 규범은 또 신하의 충성이란 공순히 명령에 복종하는 것이 아니라 "도로써 군주를 섬기는" 것이며 심지어 "도에 따를 뿐 군주를 따르는 것이 아니"라고 결정해줬다. 당 태종과 무측천은 이에 대해 특히 많은 이야기를 했는데, 『신궤』「광간匡諫」편이 전형적으로 이를 대표한다. 무측천은 안영晏嬰의 화동和同론과 『효경』의 쟁신諍臣론을 인용하면서 "군주의 잘못을 없애고, 군주의 실수를 바로잡으며" "군주의 명령에 항거하고, 군주의 행사에 반대하는"157 것을 진정한 '보필輔弼'이라고 칭송한다. "간쟁諫諍이란 그로써 군주를 도에 들게 하고, 잘못된 것을 바로잡으며, 윗사람을 오류로부터 구하는 일이다."158 "그러니 간쟁 보필하는 사람이야말로 소위 사직의 신이며 명군들이 소중히 여기는 바"159라고도 했다. 이러한 생각은 신하의 적극적인 정치 참여와 다른 정견의 소지를 인정한 합리적인 것으로, 형식상 어느 정도 민주적 요소를 갖고 있다고 할 수 있다. 하지만 도의 자체가 군주가 갖고 있는 절대 권력과 군주와 신하라는 엄격한 서열 및 군주에 대한 신하의 충성 의무 등을 기본 전제로 깔고 있었다. 따라서 신하가 도의로써 군권을 제약하는 것은 제왕의 권세와 이익을 옹호하고 긍정하는 것일 뿐 그 목적이나 결과 모두 군주 전제를 약화시키기 위한 것이 아니었다. 군신합도론은 군주납간君主納諫론 등 신하를 제어하기 위한 방법의 정치적 전제이자 이론적 기초가 되었다.

기왕 군주와 신하가 한 몸이고 도를 함께하는 사이라면 군신 간의 이
해도 필연적으로 관련이 있을 것이다. 군신 정치 통일체의 중개자는 친한
정이나 도의 외에도 이해관계가 존재한다. 당 태종은 말한다. "군주와 신
하는 본래 치란을 함께하고 안위를 공유한다." "군주가 나라를 잃으면 신
하 또한 혼자서 제 집안을 보전할 수 없다."[160] 무측천도 이렇게 말했다.
"신하는 군주로써 마음을 삼고, 군주는 신하로써 몸을 삼는다. 마음이 편
안하면 몸이 편안하고, 군주가 넉넉하면 신하가 넉넉하다. 가운데서 마음
이 고달픈데 밖에서 몸이 즐거운 경우는 없으며, 군주가 위에서 걱정하
는데 신하가 아래에서 즐거운 경우는 없다. 안위를 공유하고 고락을 함께
한다는 옛사람의 말을 어찌 믿지 않을 수 있으랴!"[161] 역사 과정에서 보
면 군신 체계는 통치 계급 일반 구성원들의 특수한 이익 집단과는 다르
다. 한편으로 군주는 정치권력과 경제이익의 분배를 독점한다. 신하의 정
치적 앞길과 경제생활은 군주의 지배와 통제를 받는다. 군주는 신하의 명
예, 작위, 권력, 지위, 의식주 등 재부의 원천이다. 다른 한편으로 "군주는
반드시 충량의 보필을 받아야만 일신의 안전과 국가의 안녕을 얻을 수
있다."[162] 군주가 신하를 잃음은 곧 권위와 보장을 잃는 것이다. "천자가
바뀌면 신하도 바뀐다." 군신 간의 예속 관계, 공동 이익, 충효윤리 관념은
제왕과 그의 친속들로 하여금 친밀한 특수 이익 집단을 결성하게 만들
가능성을 높여준다. 수나라가 주周나라를 대신하고, 당나라가 수나라를
대신한 사례, 그리고 매번 벌어지는 제왕의 흥망은 봉건 군신들로 하여
금 군주와 신하의 이해가 밀접히 관련되어 있다는 사실을 각골명심 깨닫
게 해주었다. 정관 군신은 그 전형적 사례다. 그들은 정치를 논하며 매번
이를 경계로 삼았다. 당 태종은 말한다. "바른 군주라도 사악한 신하에게
맡기면 다스려질 수가 없고, 바른 신하라도 사악한 군주를 섬기면 다스
려질 수가 없다. 오직 군주와 신하가 잘 만나 마치 물고기와 물의 관계 같

을 때 온 나라가 편안해질 수 있다."[163] 이러한 인식은 군주와 신하 모두를 제약하는 작용을 했으며, 당시의 군도君道와 신도臣道에 깊은 영향을 미쳤다.

군주와 신하는 '이익'을 중개자로 하여 정치 통일체를 맺는다. 이해가 일치되었을 때 군신 체계는 협조와 안정으로 나아가게 된다. 그런데 일단 군신 간 이해가 배치되면 양자는 곧 원수로 바뀐다. 수당 황제들은 이를 분명하게 인식하고 있었다. 당 태종은 말한다. "물질 공급이 순조로우면 이질적인 조직으로도 공을 이룰 수 있으나, 사건이 어긋나면 같은 모양을 지닌 것이라도 거의 못쓰게 된다. 그러니 배가 뜨면 노를 잡고 천리의 물길을 건널 수 있으나, 수레를 끌 때 바퀴가 멈춰버리면 한 치의 땅도 넘지 못한다. 움직임과 고요함이 서로 잘 순환하면 업무가 쉬워지고, 굽은 것과 곧은 것이 서로 반대되면 공을 세우기 어려움을 이로써 알 수 있다. 하물며 상하의 마땅함과 군신의 경계에 있어서겠는가."[164]

황제들은 군주에 대한 신하의 위해를 매우 엄격히 방비했는데, 특히 다음 두 측면에서 잘 드러난다. 첫째, 친왕親王과 권신의 찬탈이다. 황제 대다수는 군신 역위易位의 정치 사변을 친히 연출한 적이 있으며, 신하의 권력이 일단 어느 정도에 도달하면 의식적이든 무의식적이든 군권과 충돌이 생길 수밖에 없다는 것을 잘 알고 있었다. "대세가 이미 그러하여 호랑이를 탄 형세가 되면 필경 아래에만 있을 수 없게 된다."[165] 이런 상황에서는 군신이 역위하지 않으면 신하가 주멸을 당하게 된다. 제왕이 일단 "재능이 없는 사람에게 일을 맡겨" 통제할 방법이 없으면 "가까운 친척들이 친함을 바꿔 거리가 멀어지고 군대를 동원하여 근본을 멸망시키게 된다. 국가의 동량은 충성을 거두고 거짓을 일으켜 무리를 거느리고 각자 위세를 떨치게 된다". 그리하여 "기강이 크게 무너지고 나라 안은 정치적 혼란에 휩싸이고 종묘가 옮겨진다".[166]

둘째, 간사한 아첨꾼들의 이간질이다. 당 고조는 이러한 주장에 찬성했다. "예로부터 오늘날까지 골육끼리 등을 돌려 패가망신한 사례 가운데 좌우의 이간질로 인하지 않은 경우는 없었다."[167] 당 태종은 이렇게 생각했다. "소인이 [재상] 반열에 있으면 그 해독이 특히 심하고, 아주 교활한 사람이 중추를 담당하면 그 해악이 반드시 커진다."[168] 이렇게도 말했다. "아첨하는 무리는 나라의 해충이다. 조석으로 부귀영화를 다투고, 조정에서 세력을 경쟁한다. 아첨하는 태도로 충량이 자기보다 높은 데 있음을 미워하고, 간사한 뜻을 품고 자신이 먼저 부귀해지지 못함을 원망한다. 붕당을 지어 서로 의지하여 아무리 깊어도 들어가지 못한 곳이 없고, 패당을 지어 서로 익히며 아무리 높은 곳도 오르지 못한 곳이 없다. 교언영색으로 윗사람과 친하고 윗분의 뜻을 미리 간파하여 아첨으로 받들어 군주의 환심을 산다." "왕이 현명하고자 하나 아첨꾼들이 그를 가린다. 이것이 간악한 아첨의 위태로움이다."[169] 이 때문에 "자식이 불초하면 집안이 망하고, 신하가 불충하면 나라가 혼란스럽다." "그래서 군자는 그 시작을 방비하고, 성인은 그 단초를 막는다."[170]

전통 정치사상 가운데 군주는 배, 인민은 물이라는 군주민수君舟民水와 유사한 명제로 '군주신수君舟臣水'란 말이 있다. 신하는 군주의 통치 대상이면서 인민과 마찬가지로 실을 수도 뒤엎을 수도 있는 정치적 역량이다. 군신 간은 일종의 모순의 통일체이며 이익의 배반이 존재한다. 하지만 신하와 인민은 다른 점도 있다. 군주는 신하를 정치권력의 체계 밖으로 배척해버릴 수 없을 뿐만 아니라 이들에게 일정한 권력과 지위를 반드시 부여해야만 한다. 이 때문에 이러한 사람들이 궁궐 안에서 난을 일으키거나 팔꿈치 겨드랑이 사이에서 일을 내는 것을 방비하는 것이야말로 군도의 중점이 된다. 신하는 가까이서 세력으로 위협하기도 하고, 대권이 손아귀에 있기도 하며, 모략이 풍부하기도 하고, 간악한 아첨을 일삼기도 하므로 신하를 제어하는 도는 인민을 제어하는 도보다 심오하고 복잡하다.

권력과 이익은 군주와 신하를 가장 본질적으로 연계시키는 것이며, 군신을 정치 통일체로 맺어주는 관건이기도 하다. 제왕들은 입만 열면 군신 관계가 부자 관계와 같다고 말하는데 이는 부자간이라 해도 큰 적을 맞는 것처럼 피차 방비해야 한다는 말이다. 부모 자식이 서로를 죽이고, 군주와 신하가 시기하고, 대신들을 살육하고, 간언을 하는 신하를 몰아내는 등 군신 간의 충돌은 역사에 끊임없이 있어왔다. 이러한 사실이 증명하듯 군주와 신하는 이해를 교류하고 권력에 예속되는 관계다. 이것이 바로 군신 관계론의 핵심이며 신하 통제 방법의 이론적 기초다. 권력이 지배하고 실력을 겨루는 것이야말로 군신 정치 통일체의 본질이다. 이 때문에 신하 통제 방법은 필연적으로 적수를 방비하는 권모술수를 포함하지 않을 수 없는 것이다.

군주는 주인이고 신하는 보좌君主臣輔다. 군주는 절대적이고 주도적인 시위를 점거나 짐해야만 한다. 이것이 전통 군신 관계론의 일반적 결론이다. 당 태종은 말한다. "군주는 원천이고, 신하는 흐르는 물이다. 원천이 흐린데 흐르는 물이 맑기를 바란다면 될 수가 없다."[71] 수당 황제는 군권의 지상을 기초로 네 방면에서 군주신보 관계를 증명하는 데 치중했다.

첫째, 군신 관계를 아버지와 아들, 심복과 이목, 배와 노, 머리와 팔다리에 비유하여 형상적으로 군신이 주종 관계임을 반영한다.

둘째, 군신은 치란을 함께하지만 군주의 작용이 더 핵심이라고 한다. 한번은 당 태종이 곁에 있는 신하에게 물었다. "예로부터 혹 군주는 혼란스러운데 신하는 잘 디스리는 경우와 혹 군주는 잘 다스리는데 신하가 어지럽히는 경우가 있다면 어느 것이 더 낫겠소?" 위징은 생각했다. "군주가 잘 다스리면 선악과 상벌이 타당할 것인데 어떻게 신하가 그것을 어지럽힐 수 있겠습니까! 잘 다스리지 못하고 포악하며 간언을 내친다면 제

아무리 훌륭한 신하인들 무슨 조치를 내릴 수 있겠습니까!"172

셋째, 신하의 운명과 행위는 군주가 결정한다. 당 태종은 말한다. "군주가 어짊을 좋아하면 사람들이 반드시 그를 따를 것이며" "올곧은 길을 막고 끊으면 충성스러운 사람은 반드시 줄 것이며, 아첨하는 길을 터놓으면 아첨꾼이 반드시 많아질 것이다."173 위징은 말한다. "군주가 엄격히 금지하는데도 어떤 신하는 그것을 범하는데, 하물며 위에서 그 근원을 열어둔다면 아래에서는 반드시 더 심해질 것이다." "이렇게 군주가 하나의 원천을 열어두면 아래에서 수만 가지 변용이 생겨나고 어지럽지 않은 경우가 없을 것이다."174 특히 군주가 생살과 영욕의 대권을 장악하고 있으며, 신하 가운데 충성을 다했는데도 간혹 군주로부터 주륙을 당하거나 내쫓기는 경우도 잦다. "군주 하기는 쉽지 않으며, 신하 되기는 참으로 어렵다."175 이러한 현상은 "군주의 잘못이지 신하의 죄가 아니다."176

넷째, 군주와 신하가 잘 만나는 것과 국가 치란의 관건은 군주가 사람을 잘 알고 임무를 맡기느냐 또 아랫사람을 제어하는 재능이 있느냐에 달려 있다. 위징은 말한다. "신하를 알아보기는 군주만 한 사람이 없고, 자식을 알아보기는 아버지만 한 사람이 없다. 아버지가 제 자식을 알지 못하면 한 집안을 화목하게 할 수 없으며, 군주가 제 신하를 알지 못하면 만국을 다스릴 수 없다."177 당 태종은 말한다. "난의 경우 불초한 사람에게 맡기지 않았던 적이 없으며, 치의 경우 충량에게 맡기지 않았던 적이 없다. 충량을 임용하면 천하가 복을 누리고, 불초한 사람을 쓰면 천하가 재앙을 겪는다."178

이상의 인식은 군주가 정치의 핵심적 위치에 있음을 충분히 긍정해주었다. 이는 의식적으로 군도를 운용하여 뭇 신하를 제어하도록 제왕을 부추기는 주관적 요인이 되었다. 군주와 신하가 "안으로 심려를 다하고 밖으로 팔다리의 힘을 다 바쳐 절인 매실처럼 화합하고 금석처럼 굳건해지

는" 관건은 군주가 "지공至公의 도를 열고 천하에 펼쳐 운용하는" 데 있다
는 것을 정관 군신은 보편적으로 인식하고 있었다. 하지만 '지공'을 행하
기가 어려우므로 "군신이 서로 잘 만나기는 자고로 어려운 일이다".[179] 이
를 송경宋璟은 이렇게 표현했다. "지공의 도는 성인만이 행할 수 있다."[180]
성철의 군주는 또 몇이나 되겠는가?

수당 황제의 군신론은 정치 현실을 대면하면서 군신이 정치 통일체를
맺게 되는 필연성과 필요성을 다방면에서 논의했다. 윤리, 도의, 이해, 주
종 등 다각도에서 군신일체의 매개자와 조건을 분석했다. 제자백가와 비
교해볼 때 그들의 인식이 더 전면적이고 더 현실적이다. 현실을 대면하면
서 군신 관계의 면면을 파악할 수 있었기 때문에 수당 시기 신하 제어의
방법과 신하 제어의 기제는 더욱 성숙하고 완벽해졌다.

신하 제어 방법의 최고 경지는 군주는 무위하고 신하는 직무를 다하
는 것이다. 그 주지는 군주에게 "홀로 방촌의 마음을 움직여"[181] 뭇사람의
힘을 빌려와 결합시키기를 요구하는 것이다. 그리하여 주요 정력을 뭇 신
하를 제어하는 데 투입할 뿐 군주가 신하를 대신하여 힘을 쓰는 일은 절
대 금기다. 무측천은 말한다. "면류관을 늘어뜨리고 위에서 무위하는 것
이 군주의 임무다. 나라를 걱정하고 인민을 구휼하는 일은 아래서 온 힘
을 기울여야 하는 신하의 임무다." 이렇게도 말했다. "천하는 지극히 넓고
여러 일이 아주 번잡해서 한 사람의 몸으로 두루 보살필 수 있는 것이 아
니다. 그래서 관직을 나누어 배치하고 각자 제 위치를 지키도록 하는 것
이다."[182]

이 원칙은 사람들이 보편적으로 인정하는 비이지만 실천 과정에서 수
많은 곤란에 직면하게 된다. 그 주된 원인은 군주가 감히 손을 놓아버리
고 신하들에게만 맡기지 못하기 때문이다. 수 문제는 사건마다 반드시 친
히 몸을 움직였는데, 유욱柳彧은 이렇게 간언했다. "신이 듣기에 상고의 성

왕은 요임금과 순임금이 최고였는데, 번쇄한 업무를 하지 않았음에도 명찰하신 분으로 불립니다. 순은 오신五臣에게 일임하고, 요는 사악四嶽에게 자문하며 팔을 늘어뜨리고 무위했음에도 천하가 잘 다스려졌습니다. 이른바 현인을 구하는 데 노력하고, 일을 맡김에 편안했던 것입니다."[183] 문제는 훌륭하게 받아들이면서도 실천에 옮길 수 없었다. 당 태종은 글을 지어 정사를 논하면서 수 황제가 "우두머리로서 번쇄한 일에 매달린" 일을 거듭 조소했다. 하지만 위징 등 여러 신하는 여전히 '무위'를 가지고 자주 풍자하고 간언했다. 한번은 당 태종이 자칭 "나는 군주임에도 장상의 일을 겸하여 행한다"고 말했다. 장행성張行成은 "당신만 괴로워하지 않으면 천하의 누구도 당신과 능력을 다투지 않을 것"이라는 잠언을 인용하며 그가 "만승의 지존으로서 신하들과 공을 다툰다"[184]고 비판했다. 제왕이 대권을 가지고 독단하고 군주의 권위가 존중받던 시대에 무위는 이상일 뿐이었다. 그러나 '일을 맡김'을 강조하고 중시하는 무위 사상은 오히려 제왕들에게 잘 받아들여졌다.

봉건 논쟁:
왕위 전승과
공사公私 논의

진한 이래 제후들을 분봉했는가? 어떻게 제후들을 분봉했는가? 이는 줄곧 조야의 상하가 끝없이 논쟁하던 문제다. 매번 묵은 것을 고치고 새로운 것을 정립할 때, 혹은 천하가 동란에 빠졌을 때 이 논쟁은 이론적 논쟁에서 정책적 논쟁으로 바뀌었다. '봉건' 문제는 국가 체제, 왕위 계승, 군신 관계 및 종법 윤리와 관련이 있었기 때문에 언제나 최고 통치자를 괴롭히는 난제였다. 봉건 군주 제도하에서 제왕은 반드시 국國과 가家를 두루 살펴야 하고, 군주와 신하, 권력의 집중과 권력의 분산, 중앙과 지방의 관계를 잘 처리해야 한다. 이 때문에 정치 체제론은 실질적으로 군신 관계론, 즉 제왕과 종실, 친척과 공훈귀족 간 관계의 문제가 된다.

당 태종은 즉위 초에 뭇 신하에게 다음과 같은 문제를 제기했다. "짐은 자손이 영구히 이어지고, 사직이 영원히 안정되도록 하고 싶은데, 그 이치는 어떠한가?"[185] 이로부터 헛되이 기나긴 세월을 끌어온 '봉건' 문제에 관한 대토론이 일어나게 되었다. 당 중기 이후 번진이 할거하고, 천하가 혼란에 빠지자 국가 체제 문제는 다시 한번 조야 간 논쟁의 뜨거운 쟁점으로 떠올랐다.

분봉제 실행에 있어 조야엔 대체로 찬성파, 반대파, 절충파 등 세 파의 의견이 있었다. 세 파의 의견은 모두 왕권 옹호를 근본 목적으로 하고, 모두 역사 경험을 근거로 삼았으며, 군신 관계와 지방관의 치적 즉 이치吏治에 착안하여 각자의 주장을 개진했다.

논쟁 가운데 하나는 어떤 체제가 전조傳祚 즉 황위 승계에 이롭냐는 것이었다. 분봉파는 이렇게 생각했다. "전대에 나라의 복록이 그렇게 오래도록 유지될 수 있었던 까닭은 분봉하여 제후를 세움으로써 반석처럼 군권했기 때문이다. 진나라는 6국을 병합한 뒤 제후를 없애고 군수를 둠으로써 이세二世에 이르러 망했다. 한나라는 천하를 가진 뒤 뭇 번병을 세우니 햇수를 400년을 넘겼다. 위진은 그것을 폐지했으므로 오래갈 수 없었다. 봉건의 법도는 실제로 따라 행할 만하다."[186] 당 태종은 "자제들에게 한 호의 민도 없고, 종실에게 입추의 땅도 없으며, 바깥으로 성곽이 없어 스스로 군건하지 못하고 안으로 기반을 삼을 만한 반석이 없으면" 자칫 잘못되어 "신령스러운 기물이 타인에 의해 보호되고 사직이 다른 성씨에 의해 망하게"[187] 될 것을 걱정했다.

반대파는 팽팽하게 맞서며 분봉이 복록의 연장에 불리하다는 것을 역사적 경험으로 논증했다. 그들은 마찬가지로 주, 한, 위, 진의 역사적 사실을 인용하며 치란과 흥망은 '정치'에 있지 '제도'에 있는 것이 아니라고 주장했다. "복록의 길고 짧음은 반드시 천시에 달려 있다. 정치가 혹 흥하고 쇠하는 것은 인사와 관련이 있다."[188] 당 태종 또한 반대파의 견해에 근거가 있다고 인정했다. "한의 고조가 처음 관중關中을 평정하고 망한 진나라의 실책을 경계로 훌륭한 친지들을 폭넓게 봉함이 옛 제도보다 과했다." 그리하여 "말절이 커지니 위태롭고, 꼬리가 커지니 떨어내기가 어려웠다."[189] 양쪽 모두 역사에서 일정한 사실을 찾아내 근거로 삼았기 때문에 상대방의 의견에 논박하기가 매우 어려웠다.

두 번째 논쟁은 어떤 체제가 효과적으로 "군주를 높이고 편안하게 해줄 것인가"이다. 분봉파는 종친에 대한 분봉이 중앙의 권위를 공고히 하는 데 유리하다고 생각했다. "둘러친 성이 반석과 같고 뿌리가 깊고 단단하면 왕실의 기강이 해이해져 피폐하더라도 줄기가 서로 받쳐주므로 역적이 생겨나지 못하고 종묘사직이 끊어지지 않게 된다."[190] 반대파는 분봉론을 완전히 부정하는 의견을 내지는 않는다. 하지만 근친을 세우는 것은 우환을 잠복시키는 것으로 분봉 "수 세대 후엔" 반드시 "왕실이 미약해지면서 처음에 번병으로 시작된 존재가 원수로 변하게 될 것이다. 집안의 풍속이 단절되고, 나라의 정치가 달라지고, 강자가 약자를 능멸하고, 다수가 소수를 폭압하고, 피차 혈전을 벌이고, 창칼을 들고 침벌하게 된다". "어떻게 제후방백이라고 해서 안위가 똑같을 수 있겠으며, 지방목민관에 임명되었다고 해서 근심과 즐거움이 다를 수 있겠는가?"[191]

군권의 강화와 통일의 수호라는 관점에서 보면 반대파의 의견이 분명히 더 우세한 것처럼 보인다. 그러나 황세 제도는 기천하를 기본 특징으로 하며, 제위의 계승과 종묘사직의 계승은 불가분의 관계에 있다. 분봉파의 일부 관점은 그러한 현실에 의거한 것이었다. "붕괴의 곤란을 구하려면 제후를 세우는 것이 낫고, 꼬리가 커지는 위세를 삭감하려면 지방 수령을 두는 것이 낫다."[192] 다시 말해 황제의 입장에서는 양 파의 주장 모두 일리가 있어 취사선택이 매우 어렵다.

세 번째 논쟁은 어떤 체제가 지방관의 치적을 개선하는 데 유리하느냐는 것이다. 분봉파는 주장한다. "봉건은 반드시 그 땅을 사유화하는 것이고, 거기 사는 사람을 자식으로 여기고, 그곳의 풍속에 따르고, 그곳의 이치로 다스리는 것이니 교화를 시행하기가 쉽다. 지방 수령은 마음이 구차하며 녹봉을 높일 일만 생각하는데 어떻게 다스릴 수 있겠는가?"[193] 종신제와 세습제를 하면 제후들이 사재에 관심을 두는 것과 마찬가지로 직무와 책임을 다할 것이다. 마치 절의 주지 스님과 같다. 군현제와 관료제를 행하면 지방 수령의 마음은 승진에만 있게 되니 구차히 상사의 뜻에 순종하게 될 것이다. 그 형상은 마치 떠돌이 중과 같다.

반대파는 분봉 세습이 권력자의 자질을 보증하기 어렵다고 생각했다. 봉지를 받은 자는 "그 문벌의 바탕에 기댄 것으로 간고한 선대의 업적을 망각하기 일쑤이며" "대대로 음란과 탐학만 늘어나고 교만과 사치만 더해진다." "혹시 어린아이가 직책을 이어받아 교만하기라도 하면 수많은 서민이 그 재앙을 당할 것이고, 국가는 무너질 것이다." 군현제와 관료제를 실행하면 각급 지방관이 모두 황제에 의해 선임되어 파견되니 "여러 선비 가운데 발탁하여 임명하며, 맑은 물의 거울처럼 감독하고, 1년의 노력을 보아 품계를 올려주고, 고과 성적에 따라 출척을 분명히 한다." 이렇게 하면 현명한 능력자의 임용에 유리할 뿐만 아니라 중앙이 지방을 제어하는 데도 유리하다. "결과적으로 작위를 세습하지 않으니 현인 임용의 길이 넓어질 것이고, 인민에게 일정한 주인이 없으니 빌붙는 사정도 견고하지 않을 것이다."194

중앙 집권과 능력자의 선발 임용, 지방 수령의 치적에 대한 관리 감독 등의 관점에서 보면 분봉에 반대하는 관점이 더 합리적이고 정확하다. 그러나 관료제 가운데 신하들은 형상이 황제의 노복에 불과하며, 현인의 선발 임용 측면에서도 곧이곧대로 뜻대로 할 수 없을 뿐만 아니라 지방관의 지위는 낮고 권력은 가벼워 충분한 작용을 발휘하기 어렵고, 지방관의 부패 또한 피하기 어렵다.

후세의 수많은 사상가는 중앙에 권력이 과도하게 집중되어 있고, 관리들이 주동적으로 국정에 참여하지 못하는 폐단을 교정하고자 했는데, 그들의 사고는 어느 정도 분봉제의 반전이라고 할 수도 있다. "그 땅을 사유화하는 것이고, 거기 사는 사람을 자식으로 여기는" 가운데서 출로를 찾고자 했다. 송명宋明의 수많은 리학자와 명·청 교체기의 일부 사회비판 사상가들이 이 부류에 속한다. 중앙 집권 정체는 국가의 정치적 통일을 유지하는 데 유리하다. 하지만 지방 수령의 부패 문제를 해결할 수는 없는데, 이 점은 역사가 반복적으로 증명해주었다.

네 번째 논쟁은 어떤 체제가 군주와 신하를 서로 안정시킬 수 있느냐는 것이다. 분봉파는 종법을 연결 고리로 삼아 중앙의 왕권과 지방의 봉군과의 관계를 유지해야 한다고 주장한다. 혈연의 끈끈한 정이 가천하 정치 구조의 공고함을 보증한다는 것이다. 당 태종도 그렇게 생각했다. "봉건의 친척으로 울타리를 삼고, 편안하거나 위태롭거나 함께 힘을 쓰며, 번성하거나 쇠락하거나 한마음을 지닌다." 진나라 정치를 본받는다면 "팔과 다리가 떨어지는 것이고" "심장과 배가 의지하지 못하는"[195] 걱정이 생길 것이다.

반대파는 이 문제를 그렇게 생각하지 않았다. 그들은 믿을 수 없는 친지끼리의 정에 의지하는 것보다 차라리 "훌륭한 재능을 갖춘 수령에게 맡겨 함께 다스리면," 이른바 "다른 사람과 함께 즐거움을 누린 사람은 반드시 상대의 걱정을 걱정해주며, 다른 사람과 함께 안녕을 누린 사람은 반드시 상대의 위태로움을 구원해준다"고 생각했다. 종실과 공신에 대해서는 "조그만 토지를 붙여주고, 정해진 고을을 떼어주되" 권력을 부여하지는 말아야 한다. 응당 후한 광무제를 본받아 "공신들에게 지방관의 일을 맡기지 않고, 온전히 세상을 마감할 수 있도록" 하고, "큰 은혜를 받들어 자손이 끝까지 그 복록을 누리도록 해준다".[196]

당 태종은 이 의견이 매우 일리가 있다고 생각히여 "원근이 서로 의지하고 친소 둘 다 임용한다"는 주장을 제기하여 새로운 혼합 체제를 채택하고자 했다. 하지만 중앙 집권 정치 체제에서 군주와 신하의 세력은 현저한 차이가 날 수밖에 없고 서로를 시기하게 마련이다. 현명하고 지혜로운 공신이나 지방 수령은 감히 대은을 받아들이거나 권력을 나누어 누리려고 하지 않는다. 당 태종은 한 무리의 종실과 공신을 세습의 주자사州刺史로 임명했는데, 오히려 방현령房玄齡, 장손무기長孫無忌 등 봉지를 받은 신하들의 견제에 직면했다. 그들은 견결한 말투로 이렇게 표를 올렸다. "대은을 받은 이래 몸과 그림자가 외롭게 따로 놀아 마치 봄날의 얼음을 밟는 듯합니다. 종실 친족의 우려는 마치 끓는 물과 타는 불 같습니다." "세대를 끌며 상을 더해주면 마침내 소멸의 재앙에 이를 것"[197]이라고 걱정했다.

군주 전제는 일종의 독재 정치다. 군주와 신하의 권세에 현저한 차이가 있었을 경우에만 상하의 안녕과 정치 구조의 안정을 보증할 수 있다. 분봉 반대파는 삼대가 분봉제를 실행했는데 "힘 때문에 통제할 수 없었고 그들을 더욱 이롭게 만들어 예악과 규범 대부분이 자기 손에서 나오지 못했다"[198]고 거듭 지적한다. 실제로 그런 일이 생기면 어찌할 수가 없었다. 일단 왕권이 강대하면 그 힘이 천하를 제어할 수 있으며 분봉제는 존재의 근거를 잃게 된다. 이 관점은 역사 발전 법칙에 잘 부합한다고 하겠다.

다섯 번째 논쟁은 두 체제 가운데 어느 것이 공公이고 어느 것이 사私냐는 것이다. 공사 논쟁이야말로 복잡하게 얽혀 있어 해결하기가 최고로 어려운 문제다. 분봉파는 단순한 군현제의 실행이 '공치共治'의 원칙을 위배한 것으로 사私를 드러낸 것이라고 주장한다. 반대파는 봉건의 종친과 공신이야말로 "사사로이 친한 사람에게 상을 내린 것"으로 '공천하' 원칙을 구현한 것이 아니며, 군현제의 실행이야말로 '지공至公의 도'[199]라고 주장한다. 분봉파는 종법과 예법 제도를 공의 가치 척도로 삼으며, 반대파는 "현명하고 유능한 사람을 임용하고 사적인 친한 감정을 드러내지 않는 것"을 '지공'의 표준으로 여긴다.

유종원柳宗元은 「봉건론」에서 진시황이 '대사大私'로서 '대공大公' 체제를 성취시켰다는 논점을 제기했는데, 뜻은 '대공'을 논증하는 데 있었지만 논리적으로는 분봉을 행하지 않는 것이 사이면서도 공임을 인정한 셈이다. 제왕들은 철저히 둘 다 선택하기 어려운 공사 논쟁에서 벗어날 방법이 없었다. 그래서 수 문제와 당 태종 같은 창업 군주는 여전히 "나라와 집안을 두루 평안하게 할"[200] 정치적 방안을 모색했다. 당 태종은 "친척이 아니면 대업을 드높일 수가 없고, 덕이 아니면 교화를 열 수가 없다"[201]고 생각했다. 그는 한편으로 상으로 봉토를 너무 넘치게 내리는 것은 "천하를 사유물로 여기는 것으로 지극히 공정하게 만물을 다루는 도가 아니"[202]라고 인정했으며, 다른 한편으로 필요한 조치를 취하여 "구족을 정이 두텁고 화목하게 해줄 것"을 주장했다. 공과 사 사이에서 적절한 '도度'를 찾고자 힘쓴 것이다.

분봉파의 이론 기초는 종법, 효도와 윤리의 교화였다. 왕통王通은 이른바 "왕도의 흥기"는 삼대의 법으로 나리를 다스리는 것이며, "삼대의 법으로 천하를 통치하지 않으면 끝내 나라가 위태로워진다"고 생각했다. 차선책이라도 쓰려면 "양한의 제도"[203]라도 행해야 한다고 주장한다. 유질劉秩은 이렇게 생각했다. "제후를 세움은 그로써 적장자 승계를 바르게 하고, 부자간의 구분을 안정시켜 서로 시기하여 갈리지 않도록 하는 것이니 어찌 변방과 왕실뿐이겠는가! 선왕들이 봉건을 숭상한 것은 영원히 고귀한 신분을 유지하고자 해서가 아니라 모두를 귀순하게 하여 형벌을 줄이고자 했기 때문이다. 군현을 세움은 백성을 꾸짖어 단속한다는 것인데, 꾸짖고 단속하려면 형벌이 필요하다. 나라가 열리면 교화를 밝혀야 하고, 교화를 밝히면 귀순하게 된다. 천하가 귀순하게 됨은 봉건 때문이다. 봉건을 하면 제후의 제도가 천자와 같이 갖추어진다. 똑같이 갖추어지니 복잡한 예법이 줄어들고, 예법이 줄어든 연후에 교화를 펼 수 있다. 교화를 펴면 인의가 늘고, 인의가 늘면 존비가 구별되고, 존비가 구별되면 화란이 사라진다. 이것이 바로 봉건을 하면 쉽게 다스려지는 까닭이다. 군현으로 다스리면 작은 안녕을 가져올 수는 있으나 오랜 안정을 유지할 수 없고, 꾸짖어 이룰 수는 있으나 풍속을 변화시킬 수는 없다."[204] 왕통과 유질의 관점은 역대 순정한 유가 정치 체제론의 대표라 할 수 있다.

분봉 반대파는 상술한 관점에 대하여 거의 정면으로 반박하지 않는다. 그들의 주요 논점은 바로 세상이 바뀌고 시대가 달라졌으니 옛 제도에 구속될 필요가 없다는 것이다. 이백약李百藥은 삼대 옛 제도의 회복은 "결승結繩[205]의 교화로써 순임금과 하나라의 정치를 행하고, 상형象刑[206]의 법전을 이용하여 촉나라, 위나라의 말절을 다스리는 것"[207]과 다름없다고 주장한다. 이런 태도는 배에 표식을 해 물에 빠진 검을 찾겠다는 '각주구검'이나 기둥에 아교를 발라 문장을 짓겠다는 '교주성문膠柱成文'과 같은 짓이다. 위징은 "성인이 일을 벌일 때는 해당되는 때를 소중히 여긴다. 때가 혹 맞지 않으면 그에 맞추어 변통을 한다"는 말을 근거로 황급히 분봉을 하려는 당 태종의 거동을 중지하도록 간언했다.[208] 우지녕于志寧도 상소를 올려 "오늘날과 옛날의 일은 현저히 차이가 나므로 오래도록 편안할 방법은 아닌 듯하다"[209]라고 주장했다. 유종원은 '세勢' 즉 사회 발전 추세의 고도를 가지고 군현제의 합리성을 논증했다.

분봉과 분봉에 대한 반대는 오랜 전통을 이어받아 '리理' 즉 윤리를 중시했으며, 정치 현실을 마주하면서 '변變' 즉 제도의 변화를 부르짖는다. 전자의 정치의식은 사회 집단들에 깊이 뿌리내리고, 후자의 정치사상은 실제 정치가 집단에서 공명을 불러일으킨다. 피차 하나씩의 실마리를 붙들고 있지만 정치적 정향은 고도로 일치하고 있다. 주된 취지는 "나라를 경영하고 인민을 비호하며" "군주를 존중하고 윗사람을 편하게 해주어"[210] 왕권을 공고히 하고 강성하게 만드는 데 있다. 군현제가 이론에서부터 실천에 이르기까지 중앙 집권에 모두 유리하긴 하지만 가국家國이 일체화되고 공사公私가 불분명한 정치 체제하에서, 제왕은 선택하기가 매우 어려웠을 것이다.

전통 정치사상 가운데 "왕은 천하를 가家로 삼는다"는 가천하의 실질은 사천하私天下다. 하지만 신하들이 간언하는 정치적 논의 가운데 "천하를 가로 삼는다"는 말은 군주가 지나치게 자기의 사사로움을 고려할 필요가 없다는 논거로 사용되곤 한다. 이른바 "군주란 천하를 공公으로 여기므로 만물에 대하여 사사로움이란 없다"가 그렇다. 공사公私와 가국家國이 일체이므로 당 태종은 이렇게 말한다. "짐은 천하를 가로 삼으므로 하나의 물건이라도 사사롭게 처리할 수 없다."[211] 이로써 전통 사상 가운데 '천하위공'과 '천하위가'가 확연히 대립되는 개념이 아님을 알 수 있다. 바로 이와 같은 원인 때문에 분봉과 군현 양파의 의견 사이에 절충안을 견지한 또 하나의 파가 생겨났다.

안사고顔師古는 절충안의 전형적 대표자다. "분봉하여 여러 아들을 왕으로 삼되 과도한 명령을 내리지 못하도록 하는 것이 더 낫다. 그 사이에 주현州縣을 두어 섞여서 살도록 하고 서로를 지켜주도록 한다. 각자 변경을 지키도록 하여 동심협력한다면 족히 중앙의 황실을 도울 수 있다. 또한 관료를 두어 관련된 중추 관서가 모두 선발 임용하되 법령을 벗어나 멋대로 위엄을 부리거나 형벌을 가하지 못하도록 한다. 예의와 형식을 갖추어 조공朝貢하고 적절한 격식을 갖추도록 한다. 이 제도가 한번 정해지면 만세에 걱정이 없을 것이다."[212] 이 방안은 서주, 진한, 위진 및 수나라 체제와는 조금씩 다르다. 이는 여러 방면을 두루 통괄하고 돌보는 군신 모델을 애써 찾는 것이었기 때문에 당 태종에게 받아들여졌다. 당 태종의 발상은 세 가지로 귀납된다. 첫째는 "봉건 친척으로 울타리를 삼는 것"이며, 둘째는 "원근이 서로 의지하니 친소를 두루 이용하는 것"이며, 셋째는 "종친을 무리 지어 세우되 힘을 줄임으로써 경중輕重이 서로를 누르고 근심과 즐거움을 함께하도록" 만들어 "위에서는 시기하는 마음이 없고, 아래에서는 불평불만의 근심이 없도록"213 하는 것이다. 구체적인 조치로서 일부 지방에 종실과 훈신을 임명하여 세습 행정 장관으로 삼았다. 이 방안의 특징은 군현과 분봉을 병행하는 것으로 상대적으로 독립적인 봉국을 중앙 법령의 통제하에 있는 주현으로 바꾼 것이다. 봉군은 세습 관료로 "자기 자손에게 물려주고 큰 변고가 없으면 면직당하지 않도록 했다."214 봉군 이하는 모두 국가 관직이다. 이는 군현제 위에 봉건적 의미를 덮어씌우려던 청나라 때 고염무顧炎武의 구상과 매우 유사하다. 당 태종은 분봉과 군현, 종친 임용과 현인 임용, 본과 말, 공과 사의 관계를 힘써 처리한 것이니 마음 씀씀이가 실로 대단했다 하겠다.

수당 사상사를 종관해보면 몇몇 순정한 유학자를 제외하면 순수한 분봉제의 실행이나 땅을 쪼개 대규모 봉지를 만들자고 주장한 사람은 거의 없었다. 반대로 봉토를 받은 대부분의 사람들은 공공연하게 위의 명령을 거스르곤 했다. 당 태종은 누차 조서를 내렸으나 그의 구상은 끝내 현실화되지 못했다. 역사의 저울은 분명히 군현제를 향해 기울어 있었다. 하지만 군현제가 왕권의 모든 수요를 전부 충족시켜주지는 못했다. 그래서 당 태종은 분명하게 '건친建親'을 정치 유언으로 써두었으며 이를 "몸을 삼가고 정치를 분명하게 하는 도"215라고 불렀다.

역사 과정을 볼 때 수 문제, 당 고조, 무측천 등 '혁명 군주' 중 혹자는 자제들에게 일방을 도맡아 실권을 장악하게 하여 왕실의 울타리로 삼고자 했다. 또 어떤 사람은 "천하가 아직 평정되지 못했는데 널리 종실에게 분봉함으로써 천하에 위엄을 떨치고자" 했으나 통상적인 상황에서 종친을 대하는 여러 황제의 행위는 "그저 작위 등급을 높여주고 봉지의 조세나 받아먹도록 했을 뿐이다."216 그들 "봉건 자제들은 이름은 있었으나 봉읍은 없었으며 헛되이 관료를 두었으되 실제 일에 임하지는 않았다. 수도에 모여 살면서 조세를 가지고 먹고 입었다."[217]

수당 황제들은 자제와 친왕들에 대한 방비가 모두 삼엄했으며, 친아들에 대해서도 "부도父道로 훈계하고" "군도君道로 얽어맸다".[218] 수 문제는 이렇게 말한다. "내 법을 파괴할 자는 자손일 것이다. 비유컨대 맹호는 어떤 동물도 그를 해칠 수 없으나 거꾸로 제 털 사이 벌레의 먹잇감이 된다."[219] 당 태종 또한 자식들에게 이렇게 충고했다. "신하된 사람은 충성을 다 바치는 것이 중요하다. 이를 어긴 자는 벌을 받는다. 자식된 도리는 효도를 행하는 데 있다. 이를 어긴 자는 반드시 죽인다. 죄가 크면 저잣거리에 내걸고, 작은 사람이라도 죽을 때까지 모욕을 당하게 한다."[220] 이 방면에서 황제들은 말뿐만 아니라 행동도 했다. 그들은 자제들을 몰아내거나 도륙한 경우가 많았다. 제왕과 종실 사이의 시기와 투쟁은 역사책에 끊임없이 등장한다.

수당 시기 체제 논쟁의 실질은 두 가지 군신 모델 사이의 논쟁이었으며, 그 목적은 모두 왕권을 위해 가장 적당한 길과 수단을 찾아내기 위함이었다. 황친이나 훈구 귀족은 황제가 친애하는 수족일 뿐만 아니라 정권 내부에서 왕권에 위해를 가할 가능성이 가장 큰 잠재적 적이기도 했다. 가천하가 하루라도 존재하는 한 체제에 관한 이론과 정책 논쟁은 멈추지 않을 것이며, 실천 과정에서도 끝없이 반복될 것이다. 결과적으로 수당 황제들은 종실 및 훈구 대신들과의 관계를 처리할 때 중앙 집권 체제를 수호했다. 특히 당 태종이야말로 전대와 비교했을 때 공신들을 대하는 데 있어서 비교적 성공을 거두었다. 어떤 측면에서 보면 이는 통치 사상이 성숙되었음을 뜻한다.

03

효치孝治:
충효 규범과
신하의 길

수당 황제들은 모두 "효로 천하를 다스리길" 주장한 사람들로 충효의 도에 대해 극찬을 아끼지 않았다. 수 문제는 이렇게 말한다. "군자가 입신함에 수많은 행동을 이야기할 수 있으나 오직 성실과 효도가 그 가운데 최고다."[221] 그가 보기에 『효경』 한 권만 읽으면 충분히 입신하여 나라를 다스릴 수 있는데 달리 무엇을 더 쓰겠는가?[222] 수 양제는 "효제의 도리를 아는 것이야말로 인륜의 근본이며, 돈후한 덕행이야말로 입신의 기초다"[223]라고 했다. 당 태종은 "백행의 근본 가운데 핵심적인 도는 효뿐이다"[224]라고 말했다. 그는 친히 국자학國子學에 가서 공영달孔穎達[225]의 『효경』 강해를 듣고 『효경』을 크게 찬양하며 이렇게 이야기했다. "이를 행하면 부형을 충분히 잘 섬기는 신하가 될 것이다."[226] 무측천은 "충은 최고의 덕이고, 효는 하늘의 법칙이며, 의는 군왕과 부모를 드러내고, 도는 친애와 공경에 있다"[227]고 말했다. 그녀는 「신궤서臣軌序」에서 충효를 신도臣道의 기본 규범으로 열거했다. 당 현종은 친히 『효경』에 주를 달아 효도로 천하를 다스리자고 앞장서 주장했다. 그들은 일련의 조치를 취하여 효치 사상이 사회와 정치 생활의 각 방면에 관철되도록 했다.

효치론을 보면 효는 본래 가정 윤리에 속하지만 그보다 앞서 정치 윤리이자 정치 규범이기도 하다. 신하에게 있어서 효는 곧 충이며, 충은 곧 효다. 충효의 일체화는 신도의 기본 원칙이자 핵심 내용이다.

효가 우선적인 정치 윤리이자 정치 규범인 것은 다음 몇 가지 사항에 집중적으로 드러난다.

첫째, 대상으로 볼 때 군주는 곧 부모이며, 충은 곧 효다. 당 현종은 『효경』에 주를 달면서 제왕은 도로써 사람을 변화시키고 "천하 창생의 부모가 되므로" 효와 충은 군주에게 똑같이 적용되며 "효로써 군주를 섬기면 곧 충이다"[228]라고 했다. 신하는 부지런히 군주를 섬겨야 하는데, "섬김이 지극함이야말로 참된 효"[229]라고 부르기도 한다. 그래서 "자식이 되고 신하가 된다는 것은 오직 충성을 하고 오직 효도를 하는 것이다". 충효의 일체화야말로 군주를 섬기는 원칙이고 규범이다. 당 현종은 다음과 같이 말했다. "큰 죄 가운데 불효보다 심한 것은 없다. 군주는 신하에게 목숨을 내려주는 사람인데 감히 그를 위협하는 것은 위를 무시하는 일이다. 성인이 예를 제정하고 음악을 만들었는데 감히 그것을 등지는 것은 법을 무시하는 일이다. 부모를 잘 섬기는 것이 효인데 감히 그것을 비난하는 것은 어버이를 무시하는 일이다." "사람에게 커다란 세 가지 악이 있는데 어찌 불효만 한 것이 있겠는가. 그야말로 큰 난을 일으키는 길이다."[230] 이는 곧 불충은 불효라는 말이다.

둘째, 내용으로 볼 때 효의 핵심은 정치 규범이다. 『효경』 및 그 주소에는 각기 다른 사회 등급에서의 효에 대한 각기 다른 요구, 즉 이른바 '5등급의 효'를 제기한다. 천자의 효는 어버이를 친애하고 공경해야 하며 사해를 지키고 천하를 보위한다. 제후의 효는 교만하지 않고 지나치지 않으며 부귀를 지키고 사직을 보위한다. 경대부의 효는 언행이 도에 합치해야 하며 법도를 지키고 종묘를 보위한다. 사의 효는 어버이에 효도하고 군주를 섬겨야 하며 제사를 지키고 봉록과 지위를 보위한다. 서인의 효는 몸을 삼가고 물자를 아껴야 하며 논밭을 지키고 부모를 봉양한다. 신하에 대해 말하자면 "말이 법에 어긋나고 행동이 덕에 어긋나는 것이야말로 효도를 이지러뜨리는 것이다." "충성과 순종을 다하여 군장을 섬길 수 있음" 이야말로 효다. 이렇게 볼 때 효의 주된 내용은 어떤 사회 등급에 속하든 어떤 정치적 역할을 수행하든, 모두 엄격히 각자의 정치 규범을 준수해야 한다는 요구다.

셋째, 논리로 볼 때도 충과 효는 다른 점이 없다. 효는 충의 기초이며, 충은 효의 파생이다. 무측천은 「신궤서」에서 이렇게 말한다. "군주와 부모가 정해지면 충효가 드러나게 된다. 나라를 받들고 집안을 받드는 데 의거하는 길은 둘일 수 있다. 군주를 섬기고 부모를 섬김에 바탕을 두고 공경하는 길은 하나다."[231] 하지만 효는 충의 근본이다. 당 현종은 "효는 덕의 지극함이며 도의 핵심이다," "사람의 행동 가운데 효보다 큰 것이 없으니 덕의 근본이다"[232]라고 말한다. "효는 백행의 우두머리이며 인간 사회의 상덕常德이다. 삼진三辰[233]이 하늘을 돌되 상常을 유지함과 같으며, 오토五土[234]가 땅을 가르고 있으면서 평평하게 되는 것과 같다."[235] 적용 범위로 볼 때 효는 "귀하든 천하든 통하며" 가정, 사회와 정치를 두루 조정하는 기능을 갖추고 있으므로 더더욱 일반적 의미를 지니고 있다고 하겠다. 이에 당 태종은 이렇게 말한 바 있다. "다섯 가지 효의 쓰임새는 다르지만 백행의 근원은 다르지 않다." "존비는 다르지만 효도는 같이 간다."[236] 효는 고대 사회의 정치 질서를 하나로 만들어가는 데 필요한 각종 사회적 역할을 정해주는 가장 일반적인 규정이었다. 그래서 충효는 일체이며 효가 옮겨져 충이 된다. "충신을 구하고자 하면 효자의 문에서 나온다. 순정한 효가 아니라면 큰 충이 설 수 없다."[237] 충과 효 둘 다 보전하기 어려울 때가 있다. 이때 제왕들은 왕왕 충성을 다하지 못한 것은 용인하지만 효를 다하지 못한 것은 절대로 용인하지 않는다.

충의 기본 규범은 효에 대한 견강부회와 의미 확장이다. 통치 계급의 체계적 규범은 군신, 부자, 부부간의 삼강三綱처럼 충효 일체화 관념을 공고히 하는 데 지극히 중요한 작용을 한다. 『당률소의唐律疏議』는 바로 군주를 신하의 하늘, 부모를 자식의 하늘, 남편을 아내의 하늘로 삼는 봉건 법리를 천명하고 있다. 예컨대 「명례名例」 편은 "지아비는 지어미의 하늘이다"라고 한다. 『효경주소』는 양養, 경敬, 간諫, 순順으로 부모에 대한 효를 논한다. 간언은 적극적으로 부모를 섬기는 태도이자 행위인데 결국은 부모와 가족의 이익을 최고로 여기는 것이다. 공경과 순종은 효의 본질이다.

이와 상응해서 충은 사事, 경敬, 간諫, 종從을 기본으로 하는데 결국은 공경과 복종 두 글자가 핵심이다. 충과 효는 모두 군주와 부모에 대한 종속 의식이다. 효가 부모라는 개체에 대한 책임을 강조하는 데 치중한 개념이라면 충은 군주라는 개체에 대한 책임을 강조하는 데 치중한 개념이다. 『신궤』가 대량으로 부모를 섬기는 일을 끌어나 군주를 섬기는 일에 쓰는 원인은 바로 여기에 있다.

고대 중국에서 충은 통상 군주와 함께 연계된 개념으로 충군忠君을 의미한다. 하지만 사직에 대한 충, 천하에 대한 충처럼 충은 때로 군주와 일정한 거리를 유지하기도 한다. 반면 효는 시종 부모라는 개체를 둘러싸고 논의를 전개하므로 그 내용이 고도의 안정성을 갖추고 있다. 그래서 군주들은 언제나 효로 충을 논하고, 자식의 도리로 신하의 도리를 규범화하는 것을 특히 좋아한다.

충과 효를 나란히 제기하는 것이 바로 신도臣道이고 신궤臣軌다. 정치 규범이 되면 효는 주로 신하에 대해 이야기한다. "천자의 효는 필부와 다르다."[238] 서인의 효는 그저 농사를 지어 부모를 봉양하는 "오직 그뿐이다."[239] 따라서 효의 규정 조목조목은 주로 신하를 위해 만들어진 것이다. 수당 시대의 제왕과 신하들은 정치를 논하거나 책을 쓰면서 대량으로 『효경』을 인용했다. 제왕들이 가장 편애한 두 마디 말이 있는데, 하나는 "효는 부모를 섬기는 데서 시작하여, 군주를 섬기는 일을 하다가, 제 몸을 세우는 데서 끝난다"이다. 두 번째는 "군자가 윗사람을 섬김에 나아가면 충성을 다할 생각을 하고, 물러나면 잘못을 보완할 생각을 한다. 그 아름다움에 순응하고 그 추함을 바로잡아 바른길로 돌아서게 한다"[240]이다. 그들은 이것을 『효경』의 핵심어로 생각했다.

안정된 권력은 사회적으로 공인된 직위 및 역할과 연결되어 있다. 어떤 정치 구조든 어떤 사회 집단이든 자신의 움직임이 최대의 효율을 발휘할 수 있도록 특정한 사람에게 복종하는 사회심리적 구조를 만들어낸다. 군주와 부모는 종법사회 내 집단에 있어서 이러한 사회심리과정이 인격화한 것이다. 권력이 결국 집단 구성원 스스로 원하는 복종이나 스스로 원하지 않는 복종에 근원을 두고 있다는 것을 역사는 잘 보여주고 있다. 일단 사회 구성원들이 내재화된 어떤 관념을 형성하여 특정한 행위 규범을 스스로 준수하길 원할 때 수뇌나 수령은 비로소 명불허전의 권력을 갖게 된다.

충효를 종지로 한 신도臣道는 분명한 한 가지 특징을 갖고 있는데, 바로 그 구체적인 규범과 군도君道가 한 세트로 묶여 군주의 도에 순응하고 복무하고 복종한다는 점이다. 봉건 군신들은 신도 규범에 대해 아주 많은 논술을 하고 있는데, 그 가운데 무측천의 『신궤』야말로 가장 체계적이고 완비된 책이다. 『신궤』는 「동체同體」「지충至忠」「수도守道」「공정公正」「광간匡諫」「성신誠信」「신밀愼密」「염결廉潔」「양장良將」「이인利人」 등 열 장으로 구성되어 있다. 책 전체는 군신의 일체, 군주의 주재와 신하의 보필, 충과 효의 병거로 논의를 전개하며, 이는 내용 면에서 거의 군주의 도와 잘 어울린다. 군주는 응당 간언을 받아들여야 하는데 신하는 "위태로운 길을 붙들고서라도 간언을 하는 것이 좋다"[241] 군주는 응당 백성을 중시해야 하는데 신하는 "군주를 도와 사람들을 구휼하는 것이 멀리 내다보는 최고의 충성이다"[242] 어쨌든 신하는 응당 "위로 군주를 존중하여 나라를 안정시킬 수 있고, 아래로 일반 백성을 넉넉하게 만들어줄 수 있어야 한다. 안으로 군주의 잘못을 고쳐주고 밖으로 군주의 훌륭한 점을 찬양해야 한다". "공실의 이익이 안 되는 것이 없음을 알아야 한다."[243] "임무를 맡은 사람은 반드시 무겁게 근심해야 한다. 신하와 군주는 한 몸으로 함께 운용하여" "명령을 기다리지 않고도 스스로 열성을 다하고, 비위를 맞추지 않고도 스스로 친하게 되는"[244] 경지에 이르러야 한다.

동시에 충과 효는 신하의 품격을 구분하는 가치 척도다. 봉건 군주와 신하들은 정치에 대해 논의하면서 역사상의 신하 혹은 현실에서의 신하에 대해 이러저러한 평가를 하며 그 속에서 충정한 신하의 모델과 충신과 간신을 식별하는 표준을 애써 찾아냈다. 『설원說苑』에서 언급한 '육정육사六正六邪'[245]야말로 봉건 군신들이 가장 많이 칭송한 말이었는데, 위징, 무측천 등은 모두 자신의 논저에 그 전문을 인용해놓았다. 육정육사의 품격 구분 가운데 간언은 가장 많이 통용되는 표준이다. 충정한 신하는 대부분 계책과 간언의 미덕을 갖추고 있으나, 사악한 신하는 공통적으로 아첨을 하고 간언을 하지 않는다. 구신具臣은 "기지를 마음에 품고 재능을 감춘다. 군주가 논의에 굶주리고 계책에 목말라 하더라도 절대로 절조를 다하지 않는다". 유신諛臣은 "군주가 무슨 말을 하면 무조건 좋다고 하고, 군주가 옳다고 하면 무조건 옳다고 한다". 간신姦臣은 "교언영색을 한다". 참신讒臣은 골육과 군신을 이간질한다. 적신賊臣은 "군주의 명령을 멋대로 빙자한다". 망국지신亡國之臣은 "사악함으로 군주에게 아첨하여 군주를 불의에 떨어뜨린다".[246] "간언이 있음으로써 군주를 바른 곳으로 구제한다."[247] 당 태종과 무측천은 특별히 간언을 강조했으며 이를 충의 최고 표준으로 삼았다. 이는 어떤 측면에서 군도가 성숙했다는 반증이다.

효치론은 고대부터 있어왔다. 수나라와 당나라가 이 통치 사상의 발전에 특히 역점을 둔 내용은 그것의 체계적 조작이었다. 여러 황제는 유학의 부흥, 예법의 확정, 교화의 선포, 벼슬길의 개척, 효행의 창달 등 정치적 조치들을 유기적으로 한데 결합시켰다. 이로써 효와 충은 군주와 신하, 군주와 백성의 관계를 조정하는 데 중요한 작용을 하게 되었다. 효치는 신하를 제어하는 한 가지 술이었다.

04

신하 제어 방법과
신하 통제 제도

신하 제어의 길은 군주와 신하 활동의 여러 방면과 관련된다. 그 가운데는 활을 당기기만 하고 쏘지 않는, 혹은 속으로만 품고 겉으로는 드러내지 않는 수많은 음모와 권모술수를 포함하고 있다. '광대光大', 즉 광명정대한 도와 '신은神隱', 즉 신비로운 은폐의 술이 한데 교직되어 있다. 수당의 정치에는 현저한 특징이 하나 있는데, 군주와 신하의 활동이 여러 방면에서 체계적인 이론을 형성할 뿐만 아니라 완벽한 제도를 만들어내고 있다는 것이다. 신하 제어의 도는 규격화된 제도로 전환되었다. 이에 대한 수당 황제들의 생각과 중대한 조치는 당대 및 후세 군주들의 정치의식과 사회의식의 형성에 깊은 영향을 주었다. 여기에서는 그 가운데 특출한 몇 가지 예만을 들어보고자 한다.

첫째, 집단 재상 제도의 확립이다. 재상은 '일인지하, 만인지상'의 최고 관직이다. '상相'이라는 관직은 제왕을 도와 민기를 통제하며 황제의 정책 명령을 실행하는 가장 직접적인 조수다. 전제 정치 체제에서 군주와 재상의 관계는 대단히 미묘하다. 재상은 한편으로 군주에게 없어서는 안 되는 보좌역이지만, 다른 한편으로 재상권의 팽창은 군권을 직접적으로 위협하기도 한다. 위진 남북조 시대에 "상국相國과 승상의 대부분은 평범한 신하의 관직이 아니었다."[248] 권신들은 스스로 명하여 승상이 되든지 아니면 황제에게 임명하도록 협박하여 승상이 되기도 했으며, 이는 때때로 왕위를 찬탈하는 과도적 조치이기도 했다. 이 점을 감안하여 위진 이래 조정 내부에서는 새로운 재상 제도가 준비 중에 있었다. 수 문제는 승상의 지위를 이용하여 제위를 탈취한 뒤 즉각 재상권을 분할하여 상서尚書, 문하門下, 내사內史의 삼성三省 장관이 나란히 재상이 되는 체제를 확립했다.

삼성이 나란히 재상이 되는 일은 분업 체제를 갖춘 것이기도 하다. 내사성은 황제의 명령을 받고, 문하성은 심의했으며, 상서성은 집행했다. 때로는 다른 관료에게 '참장기사參掌機事'를 부가하여 재상의 직무를 행하도록 했다. 당나라는 수나라 제도를 답습했고 내사를 중서中書로 바꾸었으며 삼성의 수장은 재상이 되었다. 그들은 공동으로 "천자를 보좌하고 백관을 총괄했으며 만사를 다스렸다". 또는 다른 관료가 '동중서문하삼품同中書門下三品' '동중서문하평장사同中書門下平章事' '참의조정參議朝政' '참예조정參預朝政' '참의득실參議得失' '참지정사參知政事' 등의 명호를 더하여 실질적인 재상이 되기도 했다. 당나라 전기에 재상의 직무를 동시에 담당한 사람은 적게는 4~5인, 많게는 10여 명에 이르렀다. 그들 대부분은 3품 이하의 관료였다. 재상은 정사당政事堂에 모여 정무를 논의했으며, 상호 감독하고 상호 견제했다. 이것이 바로 집단 재상 제도다.

중앙 각 기구 가운데 중서(내사), 문하, 상서 삼성이 가장 중요했다. 그들은 황제가 천하를 통솔하는 데 중추적인 지휘 계통이었다. 정치적인 일이 생기면 먼저 중서성에서 황제의 뜻에 의거하여 조령의 초안을 작성하고, 문하성에 교부하여 심의토록 하며, 황제의 비준을 거친 뒤 상서성에 내려주어 집행하도록 한다. 수당 황제들은 이런 일의 체계를 매우 중시했다. 당 태종은 신하들에게 이렇게 말한 적이 있다. "중서에서 조칙을 내는 데 의견이 다른 경우가 매우 많다. 혹 실착이라도 있게 되면 부인함으로써 서로 바로잡아간다. 중서와 문하를 설치한 근본은 서로 견주어 잘못을 방지하려는 것이다. 사람의 의견은 매번 다를 수 있다. 시비를 가리는 것은 본래 공적인 일이기 때문이다. 혹 자기 단점을 비호하려 들고, 실수했다는 말을 듣기 꺼려하면 옳은 일이거나 그른 일이거나 마음에 원한을 품을 수가 있다. 혹 사적으로 틈이 생기는 것을 피하고 상대의 낯을 봐주려고 정사政事가 아님을 알면서도 마침내 시행하는 경우가 있다. 한 관리의 작은 정을 벗어나기 어려워 만인을 무너뜨리는 큰 폐해가 생길 수 있다. 이것은 나라를 망치는 정치이니 경들은 특별히 주의하고 예방할 필요가 있다."249 이러한 작업 체제가 정상적으로 운용되는 상황이라면 정책 결정을 할 때 확실히 과오를 줄일 수 있다.

삼성제와 집단 재상 제도는 재상권을 분해하고 견제하는 방식으로 재상에 대한 군주의 통제와 지배를 강화했다. 이러한 권력 배치 방식은 군권의 안정과 강화에 유리하게 작용했다. 수당 이후 재상 세도는 몇 차례 변화를 겪고 명청 대에는 심지어 재상이란 명분마저 없애버렸지만 그 기본적인 사고방식은 '일인지하, 만인지상'의 관원 수를 증가시킴과 동시에 가능하면 그들의 권력을 약화시키려는 것이었다. 군주와 재상과의 거리가 한 발 더 멀어졌으며 가장 존귀한 관료를 더욱더 노복처럼 만들었다. 이 방법은 군주 정치에 유리한 점도 있고 폐단도 있다. 한편으론 군권을 위협하는 재상권을 약화시킴으로써 봉건 전제주의 정치 구조의 안정에 유리하게 작용했지만, 다른 한편으로는 권력이 과도하게 집중됨으로써 재상은 때때로 유명무실해지거나 실체는 있으나 이름은 없게 되었는데 이는 정치 운행 과정에서 일련의 폐단을 만들어내기도 했다. 당송 이래로 권력 없는 재상의 문제는 군주 정치의 고질병이 되었고 보편적으로 관심을 기울인 논제가 되었다.

둘째, 과거 제도의 창립이다. 과거 제도는 수당 시대에 처음 만들어졌다. 교육, 인재 선발, 관리 임용을 일체화시킨 이 제도는 세계 최초의 비교적 완벽한 고시 임용 제도다. 군신 관계와 신하 제어의 도라는 시각에서 볼 때 과거 제도는 양한 이래 봉건 국가에서 경전과 도의를 이용하고 명예와 이익으로 유인하여 선비와 신하들을 속박하는 일련의 정책이자 조치의 제도화, 양식화였다. 동시에 광범한 사회 계층이 벼슬길에 들어서는 큰 문을 활짝 열어놓는 일이었다.

수당 황제들은 과거 제도를 확립하는 과정에서 각자 일정한 공헌을 했다. 수 문제는 위진 이래 문벌의 지위를 수호해주던 구품중정제九品中正制를 폐지하고 관리의 선발 및 임용의 권력을 이부吏部에 집중시켰다. 수 양제는 과科를 나누어 관리를 임용하라는 조칙을 내리고 처음으로 진사과를 설치했다. 당 태종과 당 고종은 과거를 통해 선발하는 관료 숫자를 늘리고 과거로 선발한 관료의 지위를 높여주었다. 무측천은 무거제武擧制를 창립했으며 황제가 전시殿試를 치르는 선례를 개창했다. 이로부터 과거 제도는 봉건 국가에서 관료를 선발하고 임용하는 주요 경로가 되었으며 청나라 말에 와서야 폐지되었으니 장장 1300년이나 이어진 셈이다.

이 제도는 수당 이래의 사회 구조, 군신 관계, 정치의식, 경제문화 등에 중대한 영향을 미쳤다. 『당척언唐摭言』[250]「산서진사散序進士」는 이렇게 말한다. "진사과는 수나라 대업大業 연간에 시작되어 정관貞觀, 영휘永徽 무렵에 성행했다. 벼슬아치라면 그 지위가 아무리 높은 신하라 하더라도 진사과를 거치지 않은 사람은 끝내 잘되지 못했다." "이를 높이 평가하여 '백의공경白衣公卿'이라 부르거나 '일품백삼一品白衫'[251]이라고 말했다. 관문이 얼마나 어려운지를 '명경과는 서른에 합격해도 늙었다 하고, 진사과는 쉰에 합격해도 젊었다 한다'[252]는 말로 표현했다. (…) 과거 시험장에서 늙어 죽어도 여한이 없었다. 그래서 이런 시구절이 있다. '태종 황제의 정말 좋은 계책, 영웅을 속여 백발이 다 되게 했으니.'[253] '천하의 영웅을 나의 올가미에 걸려들게 하는' 이 신하 제어의 제도는 몇몇 현인을 뽑아 중용하는 것보다 훨씬 더 영향력이 컸으며 효과가 있었다.

셋째, 심관審官 즉 관리를 심의하여 쓰는 일이다. 심관이란 현인만을 관리에 임용하고 재능을 헤아려 직책을 준다는 말이다. 『제범』「심관」편은 "직무를 분명히 하여 현인을 임용하고, 재능을 가려서 봉록을 나누는" 것은 치민과 교화에 관련이 있으므로 "군주는 신하를 잘 가려서 관직을 수여하고, 신하는 자신을 잘 헤아려 직책을 받는다면 위임에 책임을 지게 될 것이다. 힘들이지 않고도 교화가 될 것이니 이야말로 관직을 설치하여 심의하는 까닭이다"[254]라고 한다.

심관의 기본 원칙은 재능에 맞추어 적절한 임무를 맡기는 것이다. 사람마다 자신의 재주를 다하게 하여 이른바 "지혜로운 자에게는 그 지모를 취하고, 어리석은 자에게는 그 힘을 취하고, 용감한 자에게는 그 위엄을 취하고, 겁쟁이에게는 그 신중함을 취한다. 지혜도 어리석음도 용감함도 겁도 없다면 두루두루 그들을 이용한다. 그래서 훌륭한 장인은 버리는 재목이 없으며, 현명한 군주는 버리는 선비가 없다. 한 가지 잘못을 했다고 잘한 점을 잊지 않고, 작은 하자가 있다고 하여 그 공로를 가리지 않는다. 정무를 가르고 기관을 나누어 모두가 자신이 가진 바를 다하도록 한다."[255] 황제와 신하 대부분은 거장이 집을 지을 때 큰 목재는 크게 쓰고 작은 목재는 작게 쓴다는 비유를 들어 심관의 중요성을 논증하고자 했다. 제도적으로 볼 때 수당의 임관, 품계, 고과, 감찰제도 등은 모두 전대에 비하여 완벽해졌으며, 일정 정도 심관의 성공적인 실현을 보증해주었다.

넷째, 상벌이다. 『제범』「상벌」편은 이렇게 말한다. "마음을 해치는 근원을 방비하고 이익이 되는 근본을 열어야 한다. 벌을 드러내서 위엄을 세우고, 상을 명확히 하여 교화를 해야 한다. 위엄이 서면 사악한 자들이 두려워하게 되고, 교화가 행해지면 선량한 사람들이 서로 권면하게된다."[256] 수당 황제 대부분은 형벌과 상이라는 칼자루를 움켜쥐고 천하를 통솔한 고수들이었다. 수 문제는 "재물에는 인색했지만 공로가 있는 사람에게 상을 주는 데는 아무것도 아끼지 않았다."[257] 정관 군신들은 수양제가 신하들에게 두터운 상을 내리는 데 인색하여 천하의 대란이 일어났다고 비난했다. 당 태종은 공신이나 간언을 올린 신하들에게 상을 주면서 작록과 재화를 전혀 아까워하지 않았다. 무측천은 조회에 임하면서 "인심을 기쁘게 하는 데 힘써 현명하고 어리석음을 묻지 않고 뽑혀서 모인 사람 대부분을 받아들였다. 직무를 담당한 수효가 부족하면 이부에 명령을 내려 대량으로 예비 관원을 두어 처리하도록 했다. 그래서 당시 그 수효가 수레에 싣고 말로 헤아릴 정도라는 노래가 있었다."[258]

제왕들은 은전과 위엄을 두루 보였다. 두터운 상도 있었지만 무거운 형벌도 있었다. 무측천은 스스로 이렇게 말했다. "태종께 사자총獅子騘이란 이름을 가진 말이 있었는데 살찌고 게을렀으며 아무도 길들일 수가 없었다. 짐이 그때 궁녀로 모시고 있었는데 태종께 이렇게 말했다. '소첩이 제어할 수 있습니다만 세 가지 물건이 필요합니다. 하나는 철편鐵鞭이고, 둘은 철과鐵檛[259]이며, 셋은 비수입니다. 철편으로 때려도 복종하지 않으면 철과로 머리를 채찍질하고, 그래도 불복하면 비수로 숨통을 끊어놓겠습니다.' 태종께서는 짐의 뜻을 장하게 여기셨다."[260] 철완으로 포악하고 오만불손한 신하들을 제어하는 것이야말로 황제들의 공통적인 신하 제어의 도였으며 정치 행위였다. 수 문제는 신하 무리를 도륙하여 큰 살겁殺劫을 일으켰다. "공신들이고 옛 친구들이고 끝까지 성명을 보존한 사람은 없었으며 그 자제들까지도 모두 원수 다루듯 했다."[261] 무측천은 혹리를 임용하여 정적들을 소탕했는데 무고한 사람을 함부로 죽임으로써 무상의 권위를 수립하고자 했다. 당 태종 또한 시기나 노여움 때문에 대신들을 주살한 사례가 있었다.

이런 형벌과 상은 이야기할 만한 어떤 규칙도 규율도 없었다. 제왕들은 정치적 필요에 따라 또는 일시적 감정에 따라 마음대로 상을 내리기도 하고 죽이기도 했다. 그나마 이전 시대와 비교했을 때 수당 시기는 관련 법률과 법규가 상당히 완비되어 있어 법에 따라 신하를 제어하는 측면이 어느 정도 발전된 상태였다.

다섯째, 납간納諫 즉 간언의 채납이다. 간의는 정치 행위와 군주 신하의 활동 모든 면과 관련 있다. 봉건 군신들은 보편적으로 납간을 중요한 신하 제어의 도라고 생각했다. 그들이 보기에 간언을 내는 진간進諫과 간언을 받아들이는 납간納諫은 제왕이 비판과 건의를 들어야 하는 중요한 길일 뿐만 아니라 충신과 간신을 구별하고, 장벽에 막히는 것을 방비하고, 백관을 감찰하고, 뭇 신하를 고과하고 평가하는 등 중요한 정치적 기능을 했다. 제왕의 납간은 신하들로 히여금 주동적이고 적극적으로 정치에 참여하도록 유도하여 그들의 지혜와 재능이 제왕에게 충분히 쓰이도록 만드는 일이기도 했다. 고대 중국에서 당나라 때의 납간 이론과 간의 제도가 가장 완벽한 것이었다고 할 수 있다.(상세한 내용은 제5절을 참조)

제왕이 신하를 제어하는 일에는 도가 있고, 제도가 있고, 또 술이 있다. 봉건 군신들은 권술이 군신의 정치 활동에 없어서는 안 되는 것임을 보편적으로 인정했다. 그들이 쓴 정치 관련 문장들에는 신하 제어의 도, 신하 제어의 술, 신하 제어의 제도라는 말이 함께 혼용되고 있어서 완전하게 구분해내기가 매우 어렵다. 예컨대 당 태종은 『제범』에서 도와 술의 겸용을 주장한다. 위징은 「논어신지술論御臣之術」이라 명명한 상주문에서 사람을 알아보고 잘 임용하는 일과 현인과 능력자를 선발하는 일을 언급하고 있다. "각자 직분을 맡으면 그에 맞는 도를 얻어서 행해야 한다." "의로써 통솔하고" 충효로써 권장한다. "일을 헤아려 제 명분을 바르게 하고, 명분에 따라 실질을 구해야 한다." "예법에 잘 맞추어 대우하고, 법을 잘 지켜서 제어하되 잘한 사람은 상을 내리고 잘못한 사람은 벌을 받도록 해야 한다."[262] 그리고 말을 듣고 행동을 관찰하며, 간신과 아첨꾼을 변별하는 등의 일을 모두 신하 제어의 술이라는 범위에 포함시키고 있다. '術술'의 목적은 신하들로 하여금 "군주의 영광을 생각하고 군주의 녹을 받도록" 하여 효, 충, 신信, 염廉, 정貞 하도록 하는 것이다. 이렇게 하면 신하들이 "어떻게 감히 온 힘을 다하지 않겠는가!"[263] 도는 신하가 스승으로 삼는 바이고, 술은 군주가 꼭 붙들고 있어야 하는 바이다. 도는 대중에게 공적인 것이어야 하고, 술은 가슴속에 감추고 있는 것이어야 한다. 다만 군주가 붙들고 신하들을 제어해야 한다는 관점에서 보면 도의고 제도고 법령이고 권술이고 모두 술의 범주, 즉 제왕술帝王術로 귀결된다고 하겠다.

수당 황제 대다수는 '술치術治'의 고수들이었다. 권술, 술수는 음모궤계에 속하는 것이어서 대부분이 행동으로 보이고 말로 표현하지 않는다. 역대 사론은 모두 당 태종과 무측천의 정치적 성공은 예지로 단련된 심기와 사람들을 잘 부리는 수완에다가 수많은 구체적 사례에 대한 날카로운 분석력 때문이었다고 말한다. 이를테면 『자치통감』 권205에는 무측천의 신하 제어의 도를 이렇게 논평한다. "태후가 비록 녹봉과 지위를 남용하여 천하의 인심을 얻었지만 제 직무에 어울리지 않는 자들은 잘 찾아내어 몰아내거나 형벌을 가하기도 했다. 형벌과 상이라는 칼자루를 쥐고 천하를 제어했으며 정령이 자신에게서 나왔고 밝게 헤아리고 잘 판단했다. 그래서 당시의 영웅과 현인들이 그에게 쓰이기를 다투었던 것이다."[264]

고명한 신하 제어의 도, 술, 제도는 군주와 신하가 서로 의지하고 제약하는 데 대한 깊은 인식에 뿌리를 두고 있다. 능수능란하게 조종을 잘하는 정치 행위는 군권의 상대성에 대한 승인이자 순응이었으며, 동시에 군권의 절대성에 대한 추구이자 옹호였다. 이러한 조종술을 갖고 노는 것은 줄타기를 하는 것처럼 한번 평형을 잃으면 밑으로 곤두박질치게 된다.

제 4 절

법제론:
인치와 법치

"법으로 천하를 다스림"은 수당 군도君道를 구성하는 중요한 부분이다. 봉건 군신들은 '법'이라는 권력 요소를 대단히 중시했다. 당 태종 등은 법으로 제도를 확정했고, 법에 따라 행정을 했으며, 법을 집행하여 완악한 무리를 다스렸다. 봉건 법제의 관철을 군주 정치의 순조로운 전개를 보증해주는 중요한 수단으로 삼은 것이다. 중국 봉건 법제는 바로 수당 황제들의 수중에서 성숙의 길에 접어들었다.

수 문제의 『개황률開皇律』은 중국 고대 법제사의 중요한 이정표다. 수 문제는 즉위하자마자 즉각 대대적으로 법률 제도의 개혁에 착수했다. 『개황률』은 "형법의 그물을 간략하게 하되 소홀하여 빠뜨린 것이 없도록 하며" "번거롭고 가혹한 조항은 삭제하고 관대하고 간략히 하는 데 힘썼다".[265] 봉건 법제의 역사적 경험을 총결산하는 일이었으므로 왕권의 의지와 이익을 비교적 완벽하게 반영했으며, 『개황률』은 수당 법률의 기초와 틀을 확정했다. 수 양제의 『대업률大業律』은 한 걸음 더 나아가 "가벼운 것으로 무거운 것을 대체했다". 수 양제는 왕위를 계승한 초기 "고조께서 금망을 심각히 여긴 데다 또 칙령으로 율령을 고쳐 십악을 제거하는 데 힘쓰셨는데 "그 오형五刑 안에서 조문을 간략히 하고 관대하게 처벌해야 할 것이 200여 항목이었다. 가장枷杖, 결벌決罰, 신수訊囚[266] 등 제도를 옛날보다 가볍게 했다."[267]

"당나라는 수나라를 그대로 계승하고 고치지 않았다."[268] 『무덕률武德律』『정관률貞觀律』『영휘율永徽律』『개원률開元律』은 대체로 『개황률』과 일맥상통한다. 이렇게 하여 봉건 법제의 기본적인 지도 사상과 편목, 형명刑名이 정형화되었다. 당 고종 시기에 완성된 『당률소의』(원명은 『영휘율소永徽律疏』)는 현존하는 중국 최초의 완비된 법전이다. 역대 법전을 모아 집대성한 것으로 예와 법이 합일되어 있고, 모든 규범이 상세히 갖추어져 있으며, 조목들이 간략하여 후세에 입법의 모범으로 받들어졌다. 그 영향은 일본, 한국, 베트남 등에까지 파급되었다. 당 현종 시기에 완성된 『당육전唐六典』은 현존하는 것 가운데 중국 최초로 완비된 행정 법전으로, 형식에서 내용에 이르기까지 봉건 법전의 중대한 발전이다.

수당 황제들의 법제 사상은 군주 권력 이론을 둘러싸고 전개되었다. 법은 협의적으로는 율律, 영令, 격格, 식式이며, 광의적으로는 국가와 군주가 반포한 각종 행위 규범 또한 '법'이라 부를 수 있다. 율은 법전, 형전刑典으로 죄와 그에 맞는 형벌을 확정하는 비교적 안정된 법률 형식이다. 영은 수요에 따라 수시로 반포되는 법률 명령으로 율에 빠져 있거나 부족한 조항들을 보충해준다. 격과 식은 모두 행정 법규에 속한다. 봉건 시대에 법은 제도화, 격식화되었으며 상대적으로 안정된 사회 규범이자 정치 규범이었다. 시비를 판정하고 상벌의 균형을 맞추어주는 척도이기도 했다. 현대 법학의 기준에서 보면 당시 군주와 법의 관계에 대한 인식은 기본적으로 정치사상의 범주에 속하는 것이다.

01 왕권이 목적인 법제 사상

수당 통치자들은 모두 법이 군주 정치의 홍망성쇠와 관계가 있다고 생각했다. 법을 군주 치국의 요결 가운데 하나로 여긴 것이다. 당 고조는 이렇게 말했다. "아래에서 위를 능멸하여 파멸시키고, 정사는 흩어지고 백성이 시들거리는 이유는 모두 법령이 막히고 잘못되었기 때문이며 장절과 조문이 혼란스럽고 오류가 많기 때문이다." "백성을 안정시키고 정치 질서를 확립하기 위해 이보다 앞세울 것은 없다."[269] 당 태종은 반복해서 "국가의 기강은 오직 상과 벌뿐이다"[270]라고 강조한다. 그리고 전문적으로 『제범』에 「상벌」 장을 써서 정치 명령과 민생에 대한 상벌의 영향을 기술했다. 덧붙여 국가 기강, 국가 대사, 정치의 근본을 고도로 높여주는 것으로서의 법에 대한 인식을 배가했다. 이 때문에 봉건 통치자들은 제왕이 "3척의 율만 받들고 있으면 사해의 사람들을 묶을 수 있다"[271]고 주장하게 되었다. 입법의 종지와 법제의 기능에 대한 그들의 사유는 대체로 다음 몇 가지로 귀납할 수 있다.

법은 군주에게서 나오고, 옥사는 군주에 의해 결정된다

봉건 군신들은 제왕이 최고의 입법권을 갖고 있다고 생각했다. "[군주는] 호령을 발포하고 세상을 위해 법을 만든다."[272] 군주의 입법은 하늘의 의지를 받든 것이다. "법이란 군주가 하늘로부터 받은 것이다."[273] 『진서 晉書』「형법지」, 『수서』「형법지」, 『당율소의』 및 제왕들의 조령, 뭇 신하가 상주한 의론 등은 이를 매우 상세하게 논술하고 있다.

제왕은 또한 최고 사법권을 갖고 있다. 이론적으로 "군주는 가장 존귀한 지위에 있으며, 상벌의 권병을 잡고 있다."[274] "살생의 권위는 제왕이 잡고 있으며, 헌장과 법률은 신하들이 받드는 바다."[275] "위엄이 있음으로써 사람들을 다스린다."[276] 이는 군주, 신하, 인민과 법의 기본적인 관계에서 한 걸음 더 나아가 명확한 경계를 정한 것이다. 즉 군주는 법의 주인이고, 신하는 법을 집행하는 수단이며, 인민은 법을 떠맡을 수밖에 없는 노복이다. 실천 과정에서 제왕의 한마디는 곧 법이 되며, 현재 행해지고 있는 법령에 대해서도 흥폐와 개정이 가능하며, 제왕의 한마디는 금과옥조로 최고의 법률적 효력을 지니게 된다. 제왕은 "권력으로 판단하고 칙령을 제정하여 사정을 헤아려 처분을 내릴 뿐"[277] 법전에 구애받을 필요가 없다. 제왕은 최고의 심판관이다. 사법과 행정은 구분되지 않았다. 중앙 사법 기관은 왕권의 명령을 들어야 하고, 지방 행정 장관은 사법적 임무를 겸하여 처리하고 황제에 대해 책임을 졌다. 중대한 안건은 반드시 '정심廷審' 즉 조정에서 심의하고, '상청上請' 즉 위에 청구함으로써 황제의 최종 결재를 받아야 했다.

법은 군주에서 나오고, 옥사는 군주에 의해 결정된다는 말은 군주가 상벌의 대권을 독점하고 있다는 뜻이다. 동시에 군주가 정치권력의 중요한 수단과 보증을 모두 독점하고 있다는 말이다. 입법권과 사법권을 장악함으로써 황제는 개인의 의지를 국가의 의지로 바꿀 수 있게 되었으며,

법률 형식으로서 대사大私가 '대공大公'으로 변하게 할 수 있었다.

수당 법률을 보면 그것이 현실적인 것이든 허황된 것이든 황제의 모든 권익과 존엄은 엄밀하게 보호를 받았다. 이와 같은 성질을 지닌 법률은 자연히 제왕의 도구이자 황조의 기강이 되었다. 군주는 법의 주재자이고, 법은 군권의 도구였다. 이로써 군주는 법 밖에 존재하는 유일한 사람이 되었으며, 이른바 신하에게 잘못이 있으면 군주에게 죄를 청했고, 군주에게 잘못이 있으면 하늘에 죄를 청했다.[278] 군주는 법의 구속과 제재를 전혀 받지 않았다. 법제는 전제 왕권에 귀착된 것이었으므로 건전한 법제는 봉건 군주 전제를 강화시키는 중요한 조치였다.

발전과 변혁은 시대를 따르고, 정치의 요체에 힘써야 한다

법은 사회 형세와 정치 수요의 발전과 변혁 과정에 근거하여 더하거나 줄여야 한다는 것이 수당 황제들의 공통된 인식이었다. 수 문제의 주장이 대표적이다. "제왕이 법을 만듦에 발전과 변혁 과정이 각기 다르다. 시대에 가장 적합한 것을 취하므로 줄이거나 더할 것이 있다."[279] 그는 일생 동안 부단히 법제를 개혁했으며 임종 직전에도 이런 조칙을 하달했다. "자고로 현명한 왕은 상황에 맞추어 법을 만들었으며, 전대든 후대든 그 발전과 변혁 과정은 시대를 따르는 것이었다. 율, 영, 격, 식 모두 혹 일 처리에 불편한 곳이 있으면 마땅히 앞의 조칙에 근거해 고칠 것이며, 정치의 요체에 힘써야 한다."[280] 수 양제 및 당대의 여러 황제도 모두 이와 비슷한 말과 행동을 했다. 당시는 입법활동이 상당히 빈번했으며 여러 차례 수율修律 즉 율의 수정, 포령布令 즉 영의 포고, 반격頒格 즉 격의 반포, 정식定式 즉 식의 확정 등이 행해짐으로써 봉건 법제는 날로 완벽해져갔다. 덜고 더하여 제도를 바꾸려는 이러한 사상은 군주 정치 자아 조정의 주동성을 늘려주고 사태 변화에 대응하는 능력을 키워주었음에 틀림없다.

예를 잃는 행동을 금지하고, 형서에 분명하게 밝혀둔다

수당 법전의 입법 취지는 "한결같이 예에 의거했다". 봉건 군신들의 법률 의식을 보면 현존 질서에 대한 위해의 정도는 대개 예에 대한 파괴 정도에 따라 결정됐다. 예법의 위반은 곧 형사 책임을 확정하는 주요 근거였다. "예를 잃는 행동을 금지하고, 이를 형서에 분명하게 밝혀두었다."[281] 그들은 체계적으로 봉건 예법을 법전화했으며, 유가 경전을 해석하여 법률 조항을 보충했다. 그리하여 한대 이래 "경전을 인용하여 옥사를 처결하고" "예를 끌어다가 법에 삽입하는" 것에서부터 예법이 합류하는 데까지의 변천 과정이 완성되었다.

수당 법률의 현저한 특징은 예로 법을 이끌고, 예와 법이 결합하는 법률의 구조를 사고 있다는 짐이다. 대량의 윤리 도덕 규범이 직접 법전에 채납되었으며, 국가의 강제력이 그 집행을 보증했다. 법전의 윤리화는 종법 윤리의 사회통제 지위와 작용을 인위적으로 확대해주었다. 이러한 법률은 물질적 측면에서 등급 질서를 수호하는 것이었을 뿐만 아니라 폭력 수단을 이용하여 사회 구성원 전체로 하여금 등급 질서를 수호하는 권리, 의무 관념 및 그에 상응하는 사회 규범을 받아들이도록 강제하는 것이었다. 윤리는 도덕적 의무이며 동시에 법률적 의무이기도 했다. 이는 사회생활에 광범하게 간여하는 제왕의 능력을 강화시켰음에 틀림없다. 또한 군주가 사회 과정의 여러 측면을 통일된 정치 궤도 속에 집어넣는 데 유리하게 작용했다. 농후한 종법 인륜 색채를 띤 법률 속에서 평등이나 민주가 운신할 여지는 없었다.

덕이 중심이고 형은 보조이며, 폭력과 간악을 금지하고 예방한다

수당 황제들은 하나같이 "덕과 예가 정치 교화의 본체이고, 형벌은 정치 교화의 응용"[282]이라고 생각했다. 법의 기능은 "폭력을 금지하고 간악을 징벌하여 미풍양속을 넓히고 교화를 퍼뜨리는 것이다."[283] 수 문제는 "법은 소인을 대비한 것이지 군자를 대비한 것이 아니"[284]라고 했다. 당 태종은 『제범』에서 "풍속을 제어하는 기제"로 상벌과 무농務農을 나란히 강조했다. 봉건 군신들이 보기에 신민을 다스리는 법의 효력은 다음 세 가지였다. 하나는 방비, 둘은 두려움에 떨게 하는 것, 셋은 채찍질이다. "나라에 형벌이 느슨해서는 안 되고, 집안에 매가 없어서는 안 된다."[285] "위엄으로 두렵게 만들 수 있다면 중화의 어디서든 마소가 끌채의 쐐기에 굴복하듯 두려워할 것이며 칼날을 밟고서 천둥 번개를 이고 있듯이 할 것이다."[286] 이런 법률 사상이 법전에 반영된 것이 바로 형벌 위주의 사고다. 기능을 보호하는 법 조목은 비교적 완벽했지만 기능을 조정하는 법 조목은 거의 발달하지 못했다. '법은 곧 형벌'이라는 법제 관념은 봉건 법률의 본질을 반영한 것으로 법은 왕권을 수호하고 민중을 압박하는 폭력 수단이었다.

수당 법률 가운데 제왕은 국가와 인민을 무제한적으로 소유했다. 제왕이 최종 처분권을 갖고 있었던 것이다. 군주를 제외하고 전체 사회에서 완전한 재산권과 신체권을 누린 개체는 아무도 없었다. 그 누구도 최고의 사회적 가치를 갖지 못했으며 노비와 같은 일부 사람들은 심지어 법률적으로 '물物'로 규정되었다. 인간은 법률이 규정한 존재다. 다시 말해 인간이 법률을 위해 존재했지 법률이 인간을 위해 존재하는 것이 아니었다. 법이 정한 권리와 의무가 공개적 대립을 노정하더라도 신민은 그저 충성과 효도를 다해야 하는 의무만 있을 뿐 그 어떤 권리도 말할 수 없었다. 이러한 법률은 단지 군주 정치의 부속물일 뿐 민권의 대변자가 될 수 없다. 봉건 법률의 전횡과 포학성은 곧장 민중의 공개적 항거를 불러오기도 했다. 그래서 봉건 군신들은 보편적으로 "법에만 의지해선 다스릴 수 없다"는 관념을 갖게 되었다.

법도로 귀결시키고 금지 명령을 실행시킨다

　정치 운용의 제도화, 법규화, 유형화는 수당 시기 봉건 법제 중 또 하나의 뚜렷한 특징이다. 수당 황제들이 지극히 중시한 법제 건설의 목적 가운데 하나는 관민 일체가 법을 받들도록 하고, 관리들이 법에 의거해 일을 처리하도록 강조하여 모든 일을 "법도로 귀결시키고 금지 명령이 실행되도록"[287] 하는 것이었다. 당나라 초 황제들은 수나라 말 "헌장이 멀리 내버려지고 관인들이 위법에 아무 생각이 없게 된" 결과 끝내 멸망했다는 교훈을 받아들여 정치와 법률 제도를 완전하게 만들기 위해 수많은 중대 조지를 취했다. 예컨대 행정 법규를 완비하여 모든 공무를 법정 질서와 시한에 맞추도록 했으며, 관원의 독직은 형사 책임을 지도록 했다. 역사상 『정관격貞觀格』 등으로 불리는 행정 법규는 "고금을 참작하여 번쇄한 폐단을 없애고 아주 관대하고 간략하게 하여 사람들의 편의를 도모했다."[288] 관리들로 하여금 법을 준수하도록 하기 위해 당 태종은 사법 제도를 개혁하고 권력의 분산을 병행하여 사법 기관과 사법 절차를 서로 제약하도록 했다. 사법적 착오에 대한 형사 책임을 명확히 하기 위해 감찰 기제를 강화했는데 "법으로 천하를 다스리면서 특히 헌관憲官을 중시했다". 당률은 징물죄에 대한 일련의 사법적 원칙을 총결해냈는데 이는 후세 관련 법률 조문의 선구가 되었다. 당률의 내용을 보면 관리들의 직무와 관련된 범죄 규정이 전체의 절반을 차지할 정도다. 이는 수당의 황제들이 법률적 수단을 동원하여 관료 정치의 정돈을 대단히 중시했음을 나타낸다.

행정 제도와 행정 법규가 날로 완비된 것은 군권의 확장과 관료 정치 발전의 산물이다. 군주 전제 제도는 본질적으로 법치를 배척한다. 하지만 인치人治라고 해서 제도도 법률도 필요 없는 것은 아니다. 중국 고대의 행정 법규는 유장한 연원을 가진 것으로 법은 군주 손아귀에 있는 도구였는데, 그 중요한 용도는 바로 신료들을 규율하고 구속하고 방비하는 것이었다. 이 때문에 봉건 법제는 관료들의 법 준수를 요구할 뿐만 아니라 제왕이 이미 정해진 제도를 충분히 존중해주길 바란다. 이러한 법 준수 원칙은 표면적으로 법치에 속한 듯 보이지만, 사실상은 여전히 인치의 영역이다. 행정법을 내부에 포괄하고 있는 봉건 법률 체계는 근대적 의미의 헌법을 포함해본 적이 없으며, 국가 권력의 제한이나 공민권 보호의 기능을 갖추어본 적은 더더욱 없다. 이러한 법률 체계는 완벽해질수록 왕권의 근본 이익을 수호하는 데 유리하게 작용한다.

불법을 적발하고 권문세가를 숙연하게 한다

봉건 군신들은 "군주는 엄명하고 신하들은 법을 두려워하는"[289] 것이야말로 군주 정치가 정상적으로 운행되는 중요한 보증이라고 생각했다. 일반적으로 황제가 내리는 은상의 혜택이 일반 백성에게까지 미칠 수는 없다. 상벌의 병행은 주로 통치 계급의 내부 관계를 조정하는 데 사용했다. 수당 황제들은 "불법을 적발하고 권문세가를 숙연하게 하는"[290] 것을 법제의 중요한 기능으로 여겼다. 수 문제는 법 집행이 엄명했고 탐관을 징치하면서 항상 "친히 임석하여 처결했다". 당 태종은 "관리들의 탐학을 심히 미워하여 법을 어기고 수뢰한 자가 있으면 절대로 사면하지 않았다". "왕공이나 비빈의 집안, 큰 성씨의 세도가 무리를 제어하여 모두 위엄을 두려워하여 숨어 지내게 하고 감히 지위가 낮은 사람들을 침탈하지 못하도록 했다."[291] 봉건 군신들은 법의 엄숙성에 명철하게 주의를 기울였다. "형벌과 은상의 근본은 권선징악에 있다. 제왕이 천하와 더불어 하나가 되는 까닭은 귀천이나 친소에 따라 경중을 두지 않기 때문이다."[292] 그래서 황제들은 법을 집행하면서 육친을 인정하지 않는 사례가 있었으며, 거의 모든 왕조에서 "법을 어겨서는 안 된다"는 이유로 자제, 친왕이나 외척을 징벌하기도 했다.

역대 봉건 법전은 모두가 등급 특권법이었다. 사람들의 사회적 등급이나 지위는 법률에 의해 긍정되었다. 이외에도 '팔의八議'[293] '관당官當'[294] '감減' 즉 감형, '속贖' 즉 대속 등이 있었다. 하지만 봉건 군주들은 엄격하고 분명한 상벌 및 법 집행의 공정성을 강조했다. 친척이나 귀족이라고 피하지 않고 "일률적으로 단죄하게" 한 것은 이론적이고 실제적인 의의를 지닌 것이었다. 법은 기존 질서의 구현이다. 일단 민중이 받아들이기만 하면 불합리한 사회관계가 합법화되는 것이고 사회의 상대적 안정을 드러낸다. 법을 어지럽히는 한 개체의 행위는 필경 이러한 안정을 깨뜨리는 것이며 군주 정치의 근본 이익에 손해를 가져다주는 것이다. 법의 목적과 기능은 제도화되고 법률화된 사회 규범을 가지고 천하 신민들의 의식과 행위를 통제하고 제왕 및 정권의 권위를 지켜주는 것이다. 그래서 명철한 군주는 대부분 법의 엄숙성과 보편적 적용을 강조하며, 자각적으로 관료들과 권문세가가 법 밖에서 백성을 침탈하는 것을 제어하는 데 통치의 중점을 두었다. 어떤 경우 그들은 심지어 혹리酷吏를 임용하여 권문세가를 제어하기도 했는데, 이른바 "굴강한 관리가 흉아함을 억누르고 일체의 간악이 금지됨으로써 시폐를 구한다면 교의에는 좀 괴리가 된다 하더라도 취할 바가 있다"[295] 당연히 '일률적 단죄'는 이론상으로 군주를 제약하는 인소를 포함하고 있다.

02   법의 운명은
군주의 덕행에
달려 있음

역사 경험은 봉건 군신들에게 법제의 효력을 잘 일러주었다. 즉 현실 군주 정치에 대한 법제 관철의 목표는 군주정의 안전 계수를 높여주는 데 무시할 수 없는 작용을 한다는 것이다. 그러나 법률의 흥폐나 법망의 소밀疏密은 철저히 군주의 의지에 의해 결정되었다. 사법 과정에서 군주의 희로는 무상하고, 친소는 유별하며, 경중은 제멋대로이고, 성문법이 있는데도 돌아보지 않기 일쑤다. 이 때문에 군주와 법리들 사이에 모순과 충돌이 생기곤 한다. 실제 사건이 거듭 증명하듯이 제왕이 법을 어기면 억제할 방법이 없었다. 말로는 법을 따른다고 하면서 은상과 형벌을 마음대로 하는 것은 군주 개인의 권위를 무너뜨리는 일일 뿐만 아니라 군주 정치의 근본 이익을 위태롭게 할 수도 있다. 수나라가 망한 교훈이야말로 가장 설득력 있는 예증이다. 이 때문에 제왕이 성문법을 존중해야 한다는 조야 상하의 요구가 빗발쳤다. 이와 관련된 이론으로는 주로 성신설誠信說, 천하위공설天下爲公說, 범안집법설犯顔執法說이 있다.

성신설의 기본 논점은 이렇다. "율이란 천하의 큰 믿음이다."[296] "호령에 믿음이 없다면 백성이 따라야 할 바를 모를 것이니 천하는 무엇으로 다스러지겠는가!"[297] 봉건 군신들은 "사람들에게 도움을 주는 것은 믿음"이라고 생각했다. 믿음이 없는 말, 정성이 없는 명령은 군주의 덕을 해칠 수 있으며, 정책 명령은 위엄을 잃을 것이다. 신료들은 거짓을 일삼고 백성은 의혹이 생기게 되니 정치는 파괴되고 인심은 동요할 것이다. 이러한 일은 "국가가 위급한 상황에 처해 있을 때도 절대 있어서는 안 되며,"[298] 평시에는 더더욱 벌어져서는 안 된다. 법을 지켜야 믿음을 지킬 수 있다. 법령에 신뢰가 있어야 위엄으로 천하를 복종시킬 수 있다. 그래서 "믿음은 국가의 근본이요, 백성이 귀결되어야 할 것"[299]이며 치국치민의 큰 강령이다. 봉건 군신들이 보기에 제왕이 정식으로 반포한 법률과 즉흥적으로 발출한 지령은 구별이 되었다. "법이란 그로써 국가가 천하에 큰 믿음을 반포한 것이며, 제왕의 말은 당시의 기쁨과 분노가 발출된 것이다." 둘 사이에 모순이 생기면 군주는 "작은 분노를 참고 큰 믿음을 지켜야 한다."[300]

입법과 사법은 모두 정치 행위에 속하지만 성신誠信은 개인의 사적 품덕에 속한다. 집정자의 품덕은 그의 정치 행위와 관계가 있지만 군주가 법을 만들고 법을 집행하는 시대에 군주의 덕행은 오히려 법의 운명을 결정짓는 요인이 된다. 성신설은 일종의 조절 이론으로 제왕에게 신중히 정책 명령을 발하고 법률 조문을 존중하라고 충고하는 데 쓰이곤 했다. 그러나 그 효과는 완전히 군주 개인의 소질에 달려 있었다.

천하위공설 또한 사실상 일종의 군덕君德론이다. 이 주장은 정情과 법의 관점에서 군주가 성문법의 중요성을 존중해야 함을 논증하는 데 중점을 둔다. 봉건 군신들의 정치 논의에서 자주 등장하는 '공公'은 주로 상벌을 의논하는 장면에서 사용되었다. 법은 내용으로 볼 때 국가 이익을 대표하므로 공리公利와 공익公益을 상징하며, 형식으로 볼 때 시비곡직을 판단하는 척도이므로 공평公平과 공정公正을 상징한다. 따라서 법은 공과 내재적 연계성을 지니며 둘 다 사리私利나 사정私情과 대립하는 개념이라고 볼 수 있다.

군주 전제 제도의 특징은 국가 권력과 군권君權이 합일되어 있고, 공천하와 사천하가 유기적으로 한데 결합되어 있으며, 봉건 국가의 공과 사의 이중성이 황제 개인의 한 몸에서 동시에 구현될 수 있고, 이것이 봉건 법률 속으로 침투된다는 것이다. 이런 상황에서 국가 이익과 군주 이익의 무엇이 '공'이고 무엇이 '사'인지 분명하게 경계를 나누기는 매우 어렵다. 천하의 대공大公과 한 사람의 대사大私가 왕왕 한가지 일처럼 처리되기도 하는데 이른바 "천하는 공적인 것이며 한 사람에게 경사스러운 일이다."301 당 태종은 일찍이 "군주는 천하를 공적인 것으로 여겨야 한다"302고 외친 바 있다.

봉건 군신들의 정치 용어 가운데 '공'은 주로 국가의 법제나 법 집행의 공평성을 가리키며, '사'는 주로 제왕의 사적 감정을 가리킨다. 이른바 "옛날에 지공至公이라고 부른 것은 대체로 공평하고 너그러워 사사로움이 없다는 말이다."303 "크게 밝으면 한쪽만 비추는 일이 없고, 지극히 공적이면 사사로운 친함이 없다."304

봉건 군신들은 사적 감정이 법을 무너뜨리고 정치를 혼란하게 만드는 근원이라고 생각했다. 수 문제는 제왕은 "공도公道로 만물을 제어해야 한다"305고 주장했다. 당 태종은 이렇게 말했다. "자고로 대부분 제왕이 제멋대로 기쁨과 노여움을 드러내서 기쁘면 아무 공로가 없어도 상을 남발했고, 노하면 아무 죄가 없는데도 함부로 벌을 주었다. 천하가 혼란에 빠진 것은 이로 말미암지 않는 경우가 없었다."306 바로 이와 같은 인식에 기초했기 때문에 그들은 공평과 정직을 "나라를 다스리는 핵심 도리"라고 불렀으며, 심지어 "법을 공적으로 처리하면 안 되는 일이 없으며, 좀 가벼워도 괜찮다. 법을 사적으로 처리하면 되는 일이 없으며, 가벼운 경우 간악에 빠지고 무거우면 선을 다치게 한다"307고 생각했다. 공정한 마음만 있으면 법도에 구속될 필요도 없으며, 상벌이 좀 부당해도 신민들이 받들어 모시게 될 것이다.

그렇다면 제왕은 어떻게 공평무사를 실천할 수 있는가? 봉건 군신들이 내놓은 약방문은 세 가지다. 첫째는 제왕이 법의 객관성을 존중하여 오직 법으로써 공과와 시비를 판정하고 상벌의 경중을 결정하는 표준을 지켜야 한다는 것이다. "법은 나라의 저울이요, 시대의 먹줄이다. 저울이 있음으로 경중이 정해지고 먹줄이 있음으로 곡직이 바르게 된다." 만약 군주가 "마음대로 법을 버리고" "희로에 따라 뜻을 정하고 마음대로 고하를 결정하면" 장차 신민들의 원성을 듣게 될 것이다. "이는 먹줄을 버리고 곡직을 바로잡으려는 행위이며, 저울을 버리고 경중을 정하려는 행위다. 어떻게 헷갈리지 않겠는가?"[308]

둘째는 "상은 소원한 사람도 빠뜨리지 말아야 하고, 벌은 친척 귀족이라도 비켜가지 말아야 한다"[309]는 것이다. 봉건 군신들은 법전이야말로 "천하의 법"이지 군주 "한 사람의 법"이 아니라고 거듭 강조했다. 따라서 제왕은 "공도公道에 뜻을 두어야 하고 어떤 사람이 범죄를 저지르면 법에 입각해 하나하나 처리해야 한다". 성문법전 앞에 제왕은 응당 "내 마음은 저울과 같으니 특정한 사람을 위해 경중을 둘 수는 없으며"[310] 친소나 귀천을 가리지 않고 모두 똑같이 대우해야 한다.

셋째는 군주가 폭넓은 도량을 지니고 일신의 희로와 호오를 극복해야 한다는 것이다. 봉건 군신들은 "치우침도 없고 당파도 없으니 왕도가 당당하다. 당파도 없고 치우침도 없으니 왕도가 평평하다"는 『서경』의 구절을 거듭 인용하면서, 제왕이라면 "은전을 베풂에 기뻐서 잘못 상을 주는 일이 없는지 생각하고, 벌을 줌에 노해서 형을 남용하는 일이 없는지 생각해야"[311] 한다고 주장했다. "자기 생각에 맞더라도 도에 어긋나면 녹을 더하지 말아야 하고, 자기 생각에 거슬리더라도 나라를 편하게 했으면 형벌을 주지 말아야 한다."³¹² 이 처방들이 정곡을 찌르고 있기는 하지만 아무리 말을 많이 하더라도 역시 제왕의 심지와 감정이 법의 운명을 결정짓는다고 하겠다.

법률이란 특정한 시대의 법권法權 관계를 구현하는 것이다. 통치자가 자신이 확립한 법권의 잣대 앞에서 사사로이 법을 어긴다면 손해를 입는 것은 통치 질서 그 자체일 수밖에 없다. 봉건 군신들은 법의 객관성, 엄숙성 및 보편적 적용을 강조하고, 군주의 성문법에 대한 존중을 강조한다. 이는 긍정할 가치가 있다. 하지만 전체적으로 볼 때 천하위공론은 결국 법의 운명을 제왕에게 위탁하는 것이다. 봉건 법제의 정상적인 운행을 군주의 자아 극복과 숭고한 품덕 위에 기탁하고 있는데, 이는 인치人治 이론의 전형적 특징이다. 군주도 사람이어서 7정 6욕이 없을 수 없다. 설령 사적 욕망이 없다고 하더라도 지능이나 정신이나 경험 방면에서 결함이 있을 수 있는데, 이 가운데 한 가지만 있어도 법을 어기고 정치를 어지럽히게 된다.

제왕에겐 법률을 변경할 권리가 있었다. 예컨대 수 양제는 한때 법전의 간소화와 형벌의 경감을 주창하다가도 "다시 엄한 형벌을 세우라"³¹³는 명령을 내린 적이 있다. 이러한 법률 앞에 '공'의 잣대는 결코 믿을 만하지 못하다. 군주와 법의 관계에 근본적인 개조가 이루어지지 않는 한 진정으로 법이 보편성과 지고무상성이라는 품격을 갖추기는 불가능한 일이다. 그 운명은 특정한 개체의 의지에 달려 있을 수밖에 없다. 천하위공설은 군주에게 법을 지키라는 권유를 할 때 쓰일 수 있지만, 이를 이용하여 권력이 법보다 크고, 감정이 법보다 큰 봉건 시대의 폐단을 근본적으로 없앤다는 것은 확실히 불가능한 일이다.

범안집법설犯顔執法說, 즉 용안을 범하더라도 법을 집행해야 한다는 주장은 애써 신하의 힘을 빌려 봉건 법제를 수호하려는 이론 중 하나다. 범안집법이라 함은 신하가 외람되게 위엄을 거슬러 군주에게 간언하여 과오를 교정시키고 법에 따라 옥사를 처리토록 하는 것이다. 이러한 행위는 대부분 사법 관원이나 언관, 측근들이 행하는 것으로 현대 사법 과정에 있는 항소와는 그 성질이 근본적으로 다르다. 범안집법이란 더 높은 심급을 향해 공정성을 구하거나 판결이 바뀌길 바라는 것이 아니라 잘못된 판단을 내린 본인 스스로 착오를 수정하길 간구하는 것이다.

수당 시기 대량의 사법적 간언의 사례로 보건대 범안집법 때 운용하는 이론적 무기는 주로 성신설과 천하위공설이었다. 상벌의 공평함, 성문법에 대한 존중, 사법 부문 권한에 대한 존중을 특히 강조하고 있다. '법에 의한 치국'을 중시하는 제왕이라면 신하의 간쟁을 어느 정도 받아들일 수 있을 것이다. 하지만 간의諫議와 마찬가지로 범안집법은 "군주가 현명하고 신하가 정직한" 경우를 벗어나면 한 치의 실행도 어렵게 된다. 그것이 효력을 볼 수 있느냐는 제왕이 간언을 받아들일 자세가 되어 있느냐에 달려 있다. 세왕은 자기 뜻대로 홀로 행동하는 사람이어서 아무도 그의 불법적인 전횡을 막을 수 없다. 수 문제는 법제를 중시했지만 만년에 "희로가 일정하지 않고 다시는 법률 조목에 따르지 않았다."[314] 당 태종은 "법이란 짐 한 사람의 법이 아니라 천하의 법"[315]임을 거듭 강조했다. 그러나 그 또한 사사로이 법을 어기거나 간언에 따르지 않는 경우가 많았다.

성신설, 천하위공설, 범안집법설은 상호 침투되고 상호 보완되어 법제에 관한 일련의 정치 조절 이론을 형성했다. 이 이론은 '법에 의한 치국'을 주장하고 군권을 제도화, 규범화의 궤도에 편입시키고자 했으며, 법으로 행정 권력을 구속하려는 의미도 포함하고 있다. 하지만 이 이론은 필경 군도君道의 조성 부분일 뿐이며, 권력 수단을 운용하여 정치를 통제하는 통치 전략을 군주에게 지도하는 이론에 불과하다. 모든 정치적 주도권을 군주에게 바치고 있으며, 그 결과 자신을 포함한 적극적 요소를 정치적으로 소멸시키고 있다.

수 문제나 당 태종 등은 법제를 중시했으며 법에 의한 치국을 강조했다. 그리하여 고대 중국에서는 드물게 정치적으로 개명된 시대를 개창했는데, 이에 대해서는 긍정적 평가를 내릴 수 있을 것이다. 하지만 바로 그 비교적 완벽하고 실용적인 수당 시기 법치 이론이 사람들로 하여금 봉건 법제 이론 및 법제 체계의 폐단과 한계를 충분히 간파하게 해준다. 수당 황제 모두가 법을 훼손했거나 법 밖에서 형벌을 사용하는 경우가 있었다는 사실을 말하지 않더라도 수 양제가 폭정을 행할 때나 무측천이 정적들을 섬멸할 때 구실로 삼은 것은 하나같이 법이었다.

봉건 시대에 '법령이 많다'는 것은 곧 폭정의 동의어였다. 고대 중국에 '법에 의한 치국'을 중시한 사상가나 정치가는 헤아릴 수 없이 많다. 이 사상은 중국 고대 통치 사상의 중요한 조성 부분이기도 하다. 그러나 법에 의한 치국이 가져온 것은 민주 제도가 아니라 왕권의 강화였다. 이런 국면이 만들어진 근본 원인은 바로 그 법 이론에 치명적 약점이 하나 있었기 때문이다. 그건 군주가 법 안이 아니라 법 밖에 있었으며, 법 아래가 아니라 법 위에 있었다는 사실이다. 법치 이론은 군주 정치에 중요한 조절 작용을 할 수 있었음에도 결국에 가서는 군도의 보충에 불과했고 풍부한 이성을 지닌 인치론이었다.

납간론納諫論:
겸청兼聽과 독단獨斷

중국 고대에 '간諫'은 공인된 정치 미덕이며 매우 흔하게 등장했던 정치 행위였다. 수당 황제들은 납간納諫, 즉 간언의 채납을 군도의 중요 내용으로 삼았다. 그들의 납간론은 실제의 정치 운용과 결합시키되 전통 정치 문화의 정화를 종합하여 군주 납간의 필요성, 정치적 기능, 조직 기교 등을 전면적으로 종합해내는 것을 특징으로 했다. 일부 제왕은 거기에 더해 대대적으로 이론과 실천을 통일시켰다.

수당 황제들이 보기에 진간進諫과 납간은 군주 정치에 중요한 의의를 지녔다. 수 문제는 "직언하는 사람을 참하고, 죄 없는 집안을 없애는" 폭정을 비난하면서 "직언하는 길을 개척하고 꺼려하지 않는 마음을 열라"고 선언했다. 그리고 뭇 신하에게 "참된 간언을 올리고" "각자 지극한 정성을 다하여 미치지 못한 곳까지 바로잡아" "혹 침묵하는 일이 없도록 하고 물러난 뒤에도 이론을 하라"[316]는 명령을 내렸다.

수 양제는 "여론을 청취하여 서민의 일까지 헤아리므로 정책과 형벌의 득실을 환히 알 수 있으니" "목사 현령들이 임의로 자신을 칭송하게 하여 치켜세우는 경우가 있다"[317]고 생각했다. "백성 아래로 주나 현의 관리들이 가혹한 정치를 일삼아 백성을 침해하거나 공익을 어기고 사적 이익을 추구하여 백성에게 불편을 주는 것이 알려지면 마땅히 조당에서 봉박하고 상주하는 것을 잘 청취하여 사방천지의 일을 다 들을 수 있는 귀가 있음을 알리고 천하에 원통함이 없도록 하라."[318]

당 태종은 『제범』에 전문적으로 「납간」 「거참去讒」 두 장을 두어 청언聽言과 납간의 정치적 기능을 논술했다. 무측천이 당 고종에게 올린 시정 방침 12조는 '건언建言 12사'라 하는데 고종은 이를 흔쾌히 받아들였다. 그 가운데엔 "언로를 넓히고" "참소하는 입을 막아라"[319]라는 두 조항이 있다. 역대 봉건 왕조 가운데 당대의 간의 제도가 가장 완벽하고 활력을 띤다. 이렇듯 간언이야말로 태평성대 정치를 만드는 중요한 요인이다.

01

납간:
모든 제왕에게
보편적으로 적용되는
정치 원칙

수당 황제들, 특히 당 태종과 무측천은 납간이 단순히 비판을 듣고 아래의 뜻을 위에 전달하기 위해 존재하는 것이라고 생각하지 않았다. 그들에게 납간은 종합적인 정치 기능을 지닌 것이었는데, 군주가 전략을 수용하고 정치를 조정하고, 신료들을 지배하고 성지석 중주를 장악하는 중요한 수단이었다.

수나라가 망한 것을 교훈 삼아 정관 군신들은 납간의 정치적 기능에 대해 특히 집중적이고 전면적으로 논의했다. 특히 다음 몇 가지 측면에서 납간의 필요성을 논증했다.

잘못을 들으면 보완하고 낡은 것의 개혁을 진언한다

잘못을 들으면 보완하고 낡은 것의 개혁을 진언하는 일은 대대로 긴의의 중요한 정치 기능으로 간주되었다. 당 태종은 『제범』 「납간」 편에서 잘못을 들으면 보완한다는 문과보궐聞過補闕의 관점에서 군주 납간의 필요성을 논증하고 있다. 위징 등 저명한 간언 대신들 또한 이에 대해 대량의 언술을 쏟아냈다. 군주는 하루에도 만기萬機를 처리해야 하므로 어쩔 수 없이 실착이 있게 마련인데, 이는 두려워할 일이 아니며 두려워할 일은 잘못을 알고도 고치지 않는 것이라고 생각했다. "자고로 군주는 사직의 영원한 안녕을 바라지 않은 경우가 없었다. 그럼에도 그렇게 되지 않은 것은 오로지 자기 잘못을 듣지 못했거나 혹은 듣고도 고칠 수 없었기 때문"320이라고 한다.

아래에서 위로 올리는 충직한 간언이 없거나 혹 간했는데도 채납되지 못하면 정치상의 편차를 피할 수도 바로잡을 수도 없게 된다. 당 태종은 항상 "현명한 군주는 단점을 반성하며 좋은 것을 더하는데, 암울한 군주는 단점을 보호하여 어리석음을 영속시킨다. 수 양제는 자신만만 거만하여 단점을 보호하고 간언을 거절했다"는 사실을 교훈 삼아 스스로를 경계했다. 뭇 신하 또한 항상 "옛날 성왕에게는 간쟁하는 신하가 반드시 7명 있었는데 말을 해도 쓰이지 못하면 잇따라 죽음으로 맞섰다"321는 말로 당 태종에게 사람들의 간언을 받아들일 것을 권고했다. 이 때문에 정관 군신들은 "잘못을 들으면 즉각 고치고 물 흐르듯 선을 따르는" 것이야말로 제왕이 "국가를 다스리는 상도"라고 외쳤다.

당 태종은 스스로 납간을 중시했을 뿐만 아니라 대신들에게도 자신을 비우고 간언을 받아들이라고 요구했다. 그는 일찍이 방현령房玄齡 등에게 이렇게 말했다. "공들 또한 다른 사람이 간언하는 말을 받아들여야 할 것이오. 다른 사람의 말이 자신의 의견과 다르다고 생각하는 건 자기 단점을 보호하고 타인을 받아들이지 못한 것 아니오? 타인의 간언을 받아들일 수 없으면 어떻게 다른 사람에게 간언을 할 수 있겠소?"322 이렇게 납간을 통해 비판을 듣고 잘못을 수정하는 것이야말로 권력을 장악하고 있는 모든 사람에게 보편적으로 적용되는 정치 원칙이었다.

문과보궐이라는 명제는 오래전부터 있어왔다. 그에 상응하는 간의 이론은 때로 군주 정치의 전개에 긍정적인 영향을 미치기도 했다. 신하들의 간언은 왕왕 국가나 군주의 근본 이익에 착안한 것이기 때문에 제왕 또한 간하는 비판, 감독, 제약을 받아들일 수 있었다. 당 태종과 무측천이야말로 간언을 충실히 따름으로써 청사에 이름을 남긴 인물이다. 그러나 왕권이 지존무상이던 시대에 스스로를 천명을 부여받은, 지극히 성스럽고 현명한 사람이라고 생각하는 제왕에게 비판을 듣고 스스로 잘못을 인정하라는 것은 말로나 쉬운 일이었다. 하물며 신하의 간쟁은 제왕의 권위와 존엄을 자주 거슬러 살아생전이나 사후의 명예에 손해를 입히기도 했다.

관념적으로 볼 때 이와 같은 납간론의 급소는 그 출발점과 귀결점이 모두 군권지상을 기본 전제로 깔고 있기 때문이며, 실천 과정을 볼 때 제도적인 보장, 특히 언관의 지위와 신체 안전에 대한 보장을 결여하고 있기 때문이다. 잘못을 들으면 보완을 한다는 문과보궐의 논의는 신하들에게 적극적인 정치 참여의 길을 터준 것이지만 납간을 긍정하느냐 마느냐는 전적으로 군주 개인의 흉금과 기량에 달려 있는 문제다.

두루 듣고 널리 받아들이며, 생각을 모아 이익을 넓힌다

납간의 또 한 가지 기능은 여러 사람의 생각을 모으고 참된 이익을 넓히는 것이다. 전통 정치사상에서는 대대로 신하의 재지를 효과적으로 부리는 것을 제왕의 가장 고명한 정치 예술로 여겼다. 정관 군신들이 보기에 두루 듣고 널리 받아들여 이를 바탕으로 독단獨斷하는 깃이야말로 이런 통치 예술을 실천하는 비결 가운데 하나였다.

군주 전제 정치 체제의 특징은 정치권력의 고도 집중과 제왕의 천도에 대한 독단이다. 하지만 실제 상황에서 군주 한 사람의 재능과 지혜만으로 천하의 정무를 홀로 장악할 수는 없다. 재능과 견문의 한계를 극복하기 위해 현명하고 유능한 사람을 쓰고 두루 듣고 널리 채택하는 것이다. 이는 제왕이 정치 독점권을 수호하기 위한 중요한 수단이 된다. 납간은 신하들로 하여금 충성을 다하고 지모를 다하게 만드는 효과적인 길이다.

당 태종 등은 제왕이 "모든 일을 스스로 결정하면" 폐단이 넘칠 것이라고 생각했다. 그 이유는 첫째, "아무리 심신의 노고를 다한다 하더라도 모두 이치에 맞을 수는 없기"[323] 때문이다. 둘째, "조신들이 위의 뜻을 알아버리면 다시는 감히 직언을 하지 못할 것이며 재상 아래로는 그저 받아들일 뿐"[324]이기 때문이다. 이는 신하들 정치 참여의 주동성과 적극성에 영향을 미쳐 그들이 재지를 발휘하는 데 제한을 가한다. 셋째, 뭇 신하가 감히 간쟁하지 못하면 엄중할 경우 아래는 아첨하고 위는 가려지는 상황이 올 수 있기 때문이다. 확실한 방법은 "천하의 현재를 택하여 그들을 백관에 임용하고, 그들로 하여금 천하의 일을 깊이 생각하게 하고 재상을 경유하여 편안히 심사숙고한 뒤에 상주문을 올리게"[325] 하는 것이다. 이렇게 하면 널리 많은 사람의 장점을 취할 수 있고 생각을 모아 이익을 넓힐 수 있으며, 신하들 참정의 적극성을 충분히 자극하고 정책 결정 단계에서 착오를 없앨 수 있다.

두루 듣고 널리 받아들이며, 생각을 모아 이익을 넓히는 것은 군주 정치에 적어도 네 가지 측면에서 장점이 있다. 첫째, 정책 결정을 하는 데 더 많은 방안을 제공하여 가장 좋은 것을 선택하도록 해준다. 둘째, 정책 결정의 신뢰성을 제고한다. 특히 정책 결정에 결함이나 실착이 있을 때 진간進諫은 왕왕 구제 방안을 제공해줄 수 있다. 셋째, 신하들로 하여금 재지를 다하도록 하는 데 유리하다. 넷째, 다양한 정견을 수용하여 군주를 각종 정치 역량의 협조자이자 중재자라는 유리한 지위에 있게 한다. 더불어 치우쳐 듣거나 치우쳐 믿는 일을 피하게 만든다.

분명히 납간론은 군주 "한 사람의 이목에 한계가 있고, 생각이 모든 일에 미치기 어렵다"는 실제적 곤란에서 출발한다. 제왕이 되면 천하의 지혜를 겸하고, 천하의 전략을 아우르고, 신하의 재지를 폭넓게 이용하여 효과적인 수단을 제공받는다. 그 최종 목적은 군주로 하여금 신중하게 군국의 대사를 결단하여 권위를 독자적으로 운용하도록 하는 것이다. 하지만 생각을 모아 이익을 넓히고 현명하고 유능한 사람을 임용한다는 측면의 납간론에만 주의를 기울이면 신하를 제어하는 중요한 수단으로서 그 본질을 망각하는 것이다. 그렇게 되면 가치 판단에 편차가 나타나게 된다. 수당 시기 수많은 자료 가운데 군주와 신하가 시정 방침이나 정책 결정권을 나눠 가졌다는 말은 후대 그 누구도 들어본 적이 없다. 두루 듣되 권력은 나누지 않으며, 독단하되 맹목적이지 않음이야말로 군주 납간의 본질이다.

스승의 가르침을 경청하고 신하를 거울로 삼는다

정관 군신들이 보기에 역사상의 군주 모두에게 '성聖' 자를 붙이기에는 적합하지 않았다. 모두가 지식이나 도덕의 측면에서 결함을 지니고 있었기 때문에 정치의 중추에 자리한 제왕은 반드시 특정한 경로를 통해 자신을 드높이고 완벽하게 만들 필요가 있었다. 당 태종은 「금경金鏡」과 「건삼사조建三師詔」에서 군주가 스승의 가르침을 경청하는 것이 얼마나 중요한 일인지 거듭 강조하고 있다. 그는 고대 제왕들이 현명한 철학자들에게 열심히 배워 성군이 되었다는 역사 고사를 열기하며 이렇게 주장했다. "선대 성왕들께서 이런 스승을 만나지 못했다면 천하에 이토록 뛰어난 공적을 이루지 못했을 것이며, 그 명성이 역사 기록으로 전해지지도 않았을 것이다. 하물며 짐은 수많은 왕의 끝물을 이었으며 지혜는 성인과 같지 못하니 스승들이 없다면 어떻게 만백성 위에 군림할 수 있겠는가?"³²⁶ 스승의 가르침을 경청하라는 말은 천하에 군림하려는 군주라면 덕과 재주를 갖춘 신하들을 통해 배워야 한다는 요구다.

정관 군신들의 인식에 따르면 군주가 스승을 존중하는 존사尊師의 주된 효용은 다음 세 가지다. 첫째, "유학을 받들고 공경해" "도리를 배우고 의혹을 해소함으로써" "밝은 덕을 증진시킨다". 둘째, "전대의 득실을 앎"으로써 "옛일을 참고해 새 일에 임함으로 헷갈리지 않는다". 셋째, 군주는 이를 빌려 "당대의 득실을 이해할" 수 있고, 시강侍講하는 신하들은 이 기회에 "충성의 도"를 다할 수 있다.³²⁷

따라서 스승 존중이야말로 군주 납간의 중요한 형식이며, 동시에 납간은 존사의 한 가지 방식이 된다. 이러한 납간론은 군주에게 지식과 정보를 얻는 길을 제공해주었을 뿐만 아니라 신하들에게도 경전과 도의를 전파하고 현실을 넘어 옛것을 깨우치는 방식으로 군주에게 간언하는 진간의 길을 열어주었다. 당대 황제들은 자주 이 방식으로 현인을 초빙하여 책략과 자문을 구했다. 학사學士는 당나라 때 중요한 직관으로 발전했다. "문학과 언어를 바탕으로 고문 역할을 담당하면서 시종으로 출입했는데 모의에 참여하고 간쟁을 받아들이게 되면서 예를 갖추어 특별 대우를 받는"³²⁸ 관직이 되었다. 학사는 군주 정치 발전에 중요한 역할을 했다.

존사설과 가까운 것으로 신하를 거울로 삼는다는 신감臣鑑설이 있다. 당 태종은 위징 등 간언을 잘하는 신하를 거울에 비유했다. "청동을 거울로 삼으니 의관을 바로잡을 수 있다. 옛것을 거울로 삼으니 흥망성쇠를 알 수 있다. 다른 사람을 거울로 삼으니 득실이 명확해진다."³²⁹ 그는 이런 말도 했다. "사람이 스스로 비춰보고자 하면 반드시 명경이 필요하다. 군주가 잘못을 알고자 하면 반드시 충신을 빌려야 한다."³³⁰ "사람의 얼굴은 눈 주변에 있음에도 스스로 쳐다볼 수가 없다. 하물며 옳고 그름은 무형의 것인데 어떻게 스스로 분별할 수 있겠는가! 어떻게 할 것인가? 제 얼굴을 가꾸려는 사람은 모두 명경을 쳐다보면 된다. 자신의 덕을 수양하려는 사람이 철학자에게 배우려 들지 않고 옳음을 거부한 채 스스로 어리석다면 그 미혹이 얼마나 심하겠는가?"³³¹ 제왕은 신하를 거울로 삼았을 때 비로소 철학자를 빌려 자신을 바로잡고 덕을 수양할 수 있다.

납간론의 착안점 가운데 하나는 군신 관계의 조정이다. 정관 군신들은 군주와 신하 간 이해관계가 일치한다고 생각했다. "치란을 함께하고 안위를 공유하니" "군주는 충성스러운 간언을 받아들이고, 신하는 나아가 직언을 한다." "서로 절차탁마함으로써 치도를 완성해가는" 것이야말로 군신 상호 융합의 중요한 표식인 동시에 "절인 매실처럼 화합하고 금석처럼 굳건한" 군신 관계를 실현시키는 중요한 길이기도 하다. 군주가 "공경을 다해 아랫사람을 만나고 군주의 은혜가 아래로 흘렀을" 때 비로소 "신하의 뜻이 위로 전달되어 마음에 어떤 숨김도 없이 모든 사고와 정력을 다 바치게"³³² 할 수 있다. 그렇게 하지 못하면 뭇 신하가 지모를 감추고 영합할 것이며, 현인들은 입을 다물고 물러날 것이고 교언영색의 간신들만이 다투어 나아갈 것이다.

위징은 그의 「논치도소論治道疏」 등의 상소문에서 군주의 납간과 신하의 전심전력 사이에 필연적 관계가 있음을 애써 개진한 바 있다. 당 태종은 "이를 매우 기쁘게 받아들였으며" 납간을 "충성스러운 사람에게 온 마음을 다하게 하고, 지혜로운 사람에게 온 계책을 다 바치도록"³³³ 하는 중요한 수단으로 열거했다.

존사도 좋고 신하를 거울로 삼는 것도 좋다. 이는 모두 필시 신하가 지식과 도덕 측면에서 군주보다 고명한 점이 있다는 것을 인정한다는 전제가 바탕이 되며, 필시 어진 신하가 유익한 가르침과 교훈을 제공함으로써 군주를 완벽하게 키워주는 작용을 함을 인정하는 것이다. 납간론은 권력

지상에 대하여 모종의 부정을 하고 있음에 틀림없다. 도덕과 지식으로 지고무상의 군권을 제약하려는 의미를 담고 있다. 이것이 바로 군주 납간과 신하 진간의 필요성 및 그 정치적 기능을 위한 유력한 논거를 제공한 것이다. 동시에 납간론의 치명적인 지점은 그 주동적 권한이 시종일관 군주의 수중에 장악되어 있다는 것이다. 신하의 설교와 타이름을 받아들이느냐의 여부는 완전히 군주의 주관적 인식과 감정적 판단에 달려 있었다. 이 때문에 납간론은 실천 과정에서 왕왕 간언을 듣고 받아들이기보다는 군신 간의 격렬한 충돌을 야기하기도 했다.

민정에 통하고 막힘을 방지한다

봉건 군주 정치에서 납간이 갖는 중요한 정치적 기능 가운데 하나는 아래로 백성의 사정에 통달하고 막힘을 방지하는 것이었다. 당 태종은 「민가외론民可畏論」에서 이렇게 말했다. "옛날 제왕들 가운데 흥한 사람도 있고 망한 사람도 있다. 아침에도 어두울 때가 있는데 이는 모두 이목이 가려졌기 때문으로 끝내 망하게 된다."[334] 제왕들이 널리 언로를 개방한 것은 주로 대신들이 군주를 가리고 아래를 속이고 위를 기만하는 것을 방지하기 위함이었다.

중국 고대의 "민정에 통한다"는 말은 확실히 백성의 사정을 살펴 정치를 조정한다는 뜻을 내포하고 있다. 그러나 민정을 살피고 정정政情을 감시하는 것은 결국 재상, 공경과 지방 대신들을 통제하기 위함이었다. 정관 군신들은 "재상들에게 간모와 은닉이 발견되면 모든 사람이 위에 아뢰어야 한다"[335]고 주장한다. 신하에게 진간을 장려한 것은 군주가 권신들을 제어하기 위한 수단이었던 셈이다. 이러한 납간론은 구중궁궐 속 깊은 데 살고 있는 제왕으로 하여금 숨겨진 모든 것을 통찰하게 하고, 은밀히 스며드는 참언을 방지하게 하며, 권력에 해로운 것을 없애는 중요한 조치였다. 이것이 바로 납간의 필요성을 지탱해주는 유력한 버팀목이다.

"두루 들으면 밝아지고 치우쳐 믿으면 어두워진다"는 위징의 명언은 널리 알려져 있으며 수많은 긍정적 함의가 부여되기도 했다. 사실 이 명제는 권신을 통제하기 위한 통치술로 제기된 것이었다. 이 구절의 다음 문장에서 위징은 요순의 납간과 진이세, 양 무제, 수 양제의 팍간復諫[336]이 만들어낸 다른 정치적 결과를 대비시키고 있다. 그리고 "군주가 두루 듣고 널리 받아들이면 대신들이 가릴 수 없으며, 민정이 위로 통하게 될 것"[337]이라고 주장한다. 당 태종은『제범』「납간」편에서 '옹색'을 방지하여 "신하들로 하여금 위와 사이가 벌어짐이 없도록 해야 군주의 덕이 천하에 두루 비칠 수 있다"고 말한다. 막힘의 방지가 납간의 중요한 기능 가운데 하나임을 명확히 한 것이다. 그는 간관들로 하여금 재상의 의정에 참여토록 명령했다. 그럼으로써 대신들이 군주에게 전횡하지 못하도록 하는 효과를 거두었다. 이로써 제왕들이 가림을 방지하는 납간의 기능에 대한 이해와 운용에 관해 상당히 깊이 자각하고 있었음을 알 수 있다.

충신과 간신을 변별하고 중상모략과 아첨을 없애다

간사하고 중상모략하고 아첨하는 사람들이야말로 군주 정치에 빌붙어 사는 큰 해독이다. 당 태종은 이런 사람들을 "나라의 해충이요 도적"이라고 극구 배척했다. 그는『제범』에「납간」「거참」두 편을 나란히 배열하고는 군주의 "어리석음과 현명함의 근본"이라고 불렀다. 중상모략을 없애기 위해 당 태종이 열거한 처방은 뭐라 하더라도 '납간' 두 글자를 벗어나지 않는다. 납간은 간신을 변별하고 중상모략을 없애는 주요 수단일 뿐만 아니라 간신과 중상모략의 발생을 피하게 해주는 근본적인 길이다. 이는 중상모략을 없애고 아첨꾼을 멀리해야 한다는 입장에서 군주 납간의 필요성을 논증한 것이다.

중상모략을 없애는 납간의 기능은 주로 다음 몇 가지 측면에서 드러난다. 첫째, "귀에 거슬리는 말"과 "약침의 쓰라림"은 예방과 치료 작용을 한다. 군주가 즐거이 "안면을 몰수하는 간언"을 받아들이는 것이야말로 "중상모략을 일으킬 실마리를 끊어버리는" 유효한 조치다. 둘째, 간쟁하는 신하는 간사한 아첨꾼들이 날뛰는 것을 억제할 수 있다. "맹수가 산속에 있으면 명아주와 콩잎을 채취하지 못하게 되고, 올곧은 신하가 조정에 있으면 간사한 사람들이 잔꾀를 부리지 못하게 된다."[338] 셋째, 간의諫議는 간신을 구분하고 위선을 식별하는 중요한 길이다. 간언을 하느냐 간언을 하지 않느냐, 다투어 간쟁을 하느냐 지침에 순종하느냐, 사실을 진언하느냐 사실이 아닌 것을 진언하느냐 등이 충신과 간신을 구분하는 중요한 구분점이다. 간신을 구분하고 위선을 식별해야만 중상모략을 없앨 수 있는데, 이러한 관찰은 납간의 과정을 통해서만 시행할 수 있다. 넷째, 군주가 "물 흐르듯 간언을 따르면" 간쟁을 잘하는 신하를 배양하는 작용을 하는데, 때로는 간사한 아첨꾼이 충직한 사람으로 바뀌기도 하고, 썩은 것을 신묘한 것으로 바꾸는 효력을 지니기도 한다. "군주가 현명하면 신하가 충직하다." 군주야말로 올바름을 지키고 간사함을 없애는 관건이다. "올곧은 길이 막히거나 끊긴다면 충성스러운 사람은 반드시 줄어들 것이고, 아첨과 아양의 길을 열어두면 아첨꾼들이 반드시 많아질 것이다."[339] 언로를 널리 열어두면 널리 어진 길을 여는 효과를 거둘 수 있다. 군주가 납간하면 충신들마저 "어짊을 버리고 아첨꾼이 될" 수도 있다.

이 납간론은 신하가 충성을 하느냐 아첨을 떠느냐의 여부가 군주가 납간을 긍정하느냐에 달려 있다는 것인데, 확실히 일리가 있는 주장이다. 이는 "군주가 정치의 근원"이라는 사회적 존재로서의 군주를 직관적으로 반영하고 있는 말이다. 그러나 이 납간론은 실천 과정에서 수많은 모순에 직면하곤 한다. 첫째는 군주가 그 많은 정보를 다 제어할 수도 없고 귀찮아서 견디지 못하는 경우가 잦다는 것이다. 둘째는 신민들이 상소를 올리도록 장려하는 것은 좋은 일이 분명하지만 잘못하면 어린 신하들의 정치 간여를 초래할 수도 있다는 것이다. "처사들이 멋대로 의론하고" 붕당이 크게 유행하여 조정의 안녕을 교란시킬 가능성도 있다. 일찍이 위징은 당 태종에게 이런 사태를 피하라고 건의한 바 있다. 셋째는 고간告姦의 장려는 동시에 모함이라는 대문을 활짝 열어젖히는 것이기도 하다. 만일 군주가 "듣는 바에 미혹되어서 사람을 제대로 알아보지 못한다면" 거꾸로 일은 더 복잡해질 것이다. 이러한 곤경에도 불구하고 군주에게 "한쪽 이야기만 듣고 화내서는 안 되고" "듣기 좋은 사탕발림의 사악한 주장을 막아야 한다"고 요구하기는 너무 어려운 일 아닌가? 취지는 한쪽 이야기만 듣는 문제를 피하라는 조치였는데 오히려 한쪽 이야기만 듣는 문제가 야기되고, 취지는 간사한 참소를 막으라는 조치였는데 오히려 간사한 참언을 일삼는 무리가 대량으로 출현하게 된다. 이것이 바로 납간론 스스로 도저히 해결하기 어려운 모순이다.

은폐를 방지하고 중상모략을 없애는 납간 이론을 통해 우리는 납간이 군주의 중요한 신하 제어술임을 어렵지 않게 알 수 있다. 한편으로 군주로 하여금 조신들의 견제와 영향을 피해 정치에 대한 직접 통제를 강화하도록 하며, 다른 한편으로 신속들 사이의 상호 견제와 감시를 통해 군주의 통제와 임용에 유리한 환경을 만들어준다. 납간과 감찰의 상호 결합은 대단히 강한 감독 기제를 형성할 수 있다. 하지만 이런 기제는 왕권에 부속된 것으로 그 작용이 충분히 발휘되면 될수록 왕권은 강한 힘을 갖게 된다. 납간론은 군도에 속한 것이므로 간의는 왕왕 권신들 사이에서 알력을 일으키는 수단으로 바뀌기도 하며, 정치 혼란을 부추기는 중요한 원인이 되기도 한다.

은폐를 방지하고 참소를 없애는 납간론을 분석하면 간의의 성질을 전체적으로 이해하는 데 도움이 된다. 이 이론은 간의의 어두운 면, 즉 납간이 신하를 제어하려는 군주의 권모술수임을 폭로했다. 기실 간의는 봉건 제왕들이 친히 실행한 정치 이론이자 정치 행위였는데 농후한 전제주의 냄새를 풍기지 않았다거나 음모와 권모술수 등을 내용에 포함하지 않았다면 오히려 사람들이 그 핵심을 도저히 이해하지 못했을 것이다.

간언을 받아들이고 중상모략을 없애는 일은 상상만큼 효과를 보지는 못했다. 그리고 "도가 훼손되고 시대가 혼탁하여 간사한 사람들이 임용되고 폭군의 학정이 거듭되어 정직한 사람이 머물기 어려운"[340] 상황은 고사하고 간언을 올리는 진실한 태도나 정의파의 기풍 자체가 전제 군주들에게 받아들여지지 못했다. 간사한 아첨꾼의 본질적 특징은 바로 술수를 미리 짐작하여 군주가 좋아할 일에 투기하여 사적 이익을 도모한다는 것이다.

군주의 속뜻에 순종해 아부하는 것은 분명히 간사한 아첨꾼들이 군주의 환심을 사기 위해 쓰는 수단이다. 그렇다고 나아가 간언하는 것이 신하들이 좋은 명성을 얻기 위해 앞장세우는 무기가 아니라고 할 수는 없을 것이다. 수 양제가 간언을 거부한 이유 가운데 하나는 바로 좋은 명성을 얻기 위해 진간하는 사람들 때문이었다. 그들 뜻대로 되게 내버려둘 수 없다는 이유였다. "지위가 높고 명성이 자자함에도 간언을 하여 명예를 구하고자 하는 사람들을 더 이상 견디지 못하겠다."[341]

당 태종 또한 위징이 어떤 면에서 간언을 통해 명성을 구하고자 하는 행위에 대해 매우 불만이었다. 간쟁하는 사람들 가운데 군주의 기호에 영합하려 들거나 고의로 충성스러운 태도를 취하는 야심가가 없다고 누가 감히 보증할 수 있단 말인가? 하물며 전제 군주들은 특수한 정치적 필요 때문에 곧장 "기탄없는 말을 많이 하는 것을 공적으로 여기고" "남의 잘 못을 잘 아뢰는 것을 성실하다고 여기곤" 했으니, 그 자신이 곧 간사한 아 첨꾼을 길러내는 사람이었던 셈이다. 납간의 신묘한 효용을 깊이 이해하고 있었던 당 태종이었지만 이런 행위를 수없이 했으며 뭇 신하가 누차 간해도 그치지 않았다.

결과적으로 납간은 여러 정치 기능을 동시에 갖고 있기 때문에 실제 정치 과정에서 군주를 곤경에 빠뜨리곤 했다. 스승의 가르침을 존중하여 자기가 할 수 없는 일을 더 많이 해결해야 하면서도 가급적이면 "위험에 처한 군주들이 제 신하를 스승으로 삼는"[342] 전철을 밟지 않도록 노력해야 했다. 두루 듣고 널리 받아들이되 "마음이 여러 사람의 말에 자주 휘 둘리고, 일이 자기 의도대로 되지 않는"[343] 경우를 피해야 했다. 널리 언로 를 열어 민정에 통달하고 막힘을 예방해야 했을 뿐만 아니라 참소와 훼 방이 성행하여 "군주와 신하를 모두 혼란에 빠뜨리는" 일을 피해야 했다. 납간하여 중상모략과 아첨을 없애야 하고 "간사한 모략에 현혹되고" "거 짓 정책에 미혹되는" 경우도 피해야 했다.

때로는 정치 투쟁의 필요성 때문에 "비방을 직언이라 하고, 중상모략 을 충성이라 하는" 사람임을 분명히 알고 있으면서도 어쩔 수 없이 그대 로 임용해야만 했다. 이세민李世民의 다음 이야기는 제왕들의 모순된 심리 를 절묘하게 반영하고 있다. "군주는 한 가지 마음만 갖고 있는데 이를 공 격하는 무리는 매우 많다. 혹자는 힘으로, 혹자는 변설로, 혹자는 아첨으 로, 혹자는 간사함으로, 혹자는 욕망으로 한데 엉겨 공격한다. 각자 자신 의 것을 팔아서 총애와 녹을 취하려 든다. 군주가 좀 느슨해셔서 그 하나 라도 받아들이게 되면 나라가 위태로워질 것이니 이것이 가장 어려운 일 이다."[344]

봉건 전제주의 시대에 제왕은 모든 것을 주재하는 최고의 지위에 있으며, 천하는 넓고 신민은 많아 하루에도 만기를 처리해야 했다. 도움이 없으면 권력을 운용할 수가 없었으며, 도움이 있으면 또 대권이 옮겨갈까 걱정이었다. 이 때문에 봉건 전제주의 정치 이론은 제아무리 고명한 것이라 할지라도 극복하기 어려운 이러한 모순에 직면하게 된다. 전통 정치사상이 상당히 농후한 변증법적 요소를 갖고 있는 것도 어쩌면 그러한 원인 중 하나일 것이다. 애석하게도 시대적 한계 때문에 이러한 사유들은 끝내 자아순환의 틀 속에서만 얽어져 사람들로 하여금 진정한 출구를 알아보지 못하게 했다. 군주 납간 이론이 바로 그 예증이다. 군권을 제한하는 인소를 포함하고 있는 정치 행위인데도 군주가 주도하지 못하면 제대로 운용될 수 없었다. 군주를 위해 지혜와 도움을 제공하는 운영 수단이었음에도 군주가 총명하거나 지혜롭지 못하면 돕는 것이 오히려 방해가 되기도 했다. 순환의 결과는 다시 출발점으로 돌아가는 것이다. 사람들은 청명한 정치와 국가의 장기적 안녕을 군주의 덕행에 기댈 수밖에 없었다.

몸을 바르게 하고 악을 몰아내며 간언을 받아들이면 성인이다

"군주는 정치의 근원이다."[345] "한마디가 나라를 흥하게 한다는 말은 이를 일컫는다."[346] 이 때문에 전통 정치사상은 결국 모두 군주를 둘러싸고 전개되었다. 봉건 군신들은 하나같이 군주의 품덕이야말로 가장 중요한 정치 인소라고 생각했다. 납간의 정치적 기능 가운데 하나는 바로 "군주를 바르게 하는 것," 즉 "군주를 예로써 제약하여" "군주를 요임금, 순임금 같은 사람이 되도록 하는" 것이었다. 이 납간론은 잘못을 들으면 보완한다는 문과보궐론과 서로 포용하곤 하지만 전통 정치사상의 고유한 특징은 이 둘을 서로 구분시키기도 한다.

정관 군신들은 군덕君德이 곧 군도君道라고 생각했다. 군주의 수신 방법은 곧 치국이 요체였는데, 제왕이 "의로써 몸을 바르게 하면 정책이 혹독하지 않아도 다스려지고, 교화가 엄숙하지 않아도 성공을 거두게 된다".[347] 그들은 군주의 악덕을 '교驕'와 '일逸' 두 글자로 개괄하고는 "국가의 쇠폐는 항상 이로부터 생겨나는데" "교만과 안일의 단초가 생겨나면 반드시 멸망의 길을 걷게 된다"[348]고 생각했다. 따라서 군주는 "편안한 상태에 있을 때 위험을 생각하고" "처음처럼 끝을 신중히 생각하고" "오래 오만해서는 안 되고, 욕망에 휘둘려서는 안 되고, 극단으로 즐겨서는 안 되고, 뜻이 교만해서는 안 된다".[349]

몸을 닦고 덕을 기르며 정욕을 억제하는 것은 물론 '자성自省'과 '자절自節'에 의존해야 하지만 다른 사람의 도움을 빌릴 필요도 있다. 군주는 "교만과 안일을 경계하여 스스로 방비하고, 충성스러운 말을 받아들여 스스로를 바르게"[350] 해야 한다. 이것은 군주 수신의 관점에서 납간의 필요성을 한 걸음 더 논증한 것이다. 당 태종은 납간의 군주에 대한 감독 작용과 제약 작용을 중시했다. 그는 위징처럼 과감히 산언하는 신하를 '양야良冶' 즉 훌륭한 대장장이와 '양장良匠' 즉 뛰어난 기술자에 비유했다. "공께서 금이 돌무더기 속에 있는 것을 보지 못했다면 어떻게 귀하게 여겼겠소! 훌륭한 대장장이가 잘 제련하여 그릇을 만드니 사람들이 보배로 여기지요. 짐은 지금 스스로를 금에 비유했고, 경을 뛰어난 기술자로 생각하오."[351] 그는 또 「자감록自鑒錄」에서 이렇게 말한다. "나무가 굽었을지라도 먹줄을 얻으면 바르게 된다. 군주가 무도하더라도 간언을 받아들이면 성인이 된다."[352] 납간은 군주를 완벽하게 만들 수도 있으며, 혼군을 성인으로 재조시킬 수 있는 능력노 지니고 있다.

정관 시기의 정치 과정을 보면 이런 결론을 얻기는 어렵지 않다. 납간론은 군주 정치에 확실히 유용한 것이었고 효력도 있었지만 한계 또한 분명했다. 위징의 「십점소十漸疏」를 한 번 읽어보기만 해도 간쟁을 통해 군주 스스로를 정화하게 만들고 처음처럼 끝을 신중하게 하도록 하는 것이 얼마나 어려운 일인지를 분명하게 알 수 있다. 실제로 군주의 교만과 사치, 이로 인해 생겨난 정책 명령의 잘못됨이야말로 간언으로 제지하기가 가장 어려웠다. 수 양제든 당 태종이든, 당 현종이든 어느 누구도 예외일 수 없었다.

여기서 또 한 번 순환 논증에 직면하게 된다. "무릇 사람들 위에 있는 사람치고 선을 추구하지 않는 사람은 없다. 하지만 착한 본성이 욕망을 이길 수 없으니 쾌락에 미혹되어 혼란을 만들게 된다. 쾌락에의 미혹이 심해지면 충언이 막히게 되므로 신하들은 순종만 하고 군도는 차츰 이지러지는 것이다."[353] 납간은 군주의 수신에 도움이 되고 군주의 두뇌를 맑고 깨끗하게 만든다. 그런데 납간을 할 수 있느냐 없느냐 또한 군주의 맑고 깨끗한 두뇌에 달려 있다. 그렇다면 간의의 작용은 얼마나 클 수 있겠는가? 간언이란 군주와 신하의 정치적 책임감과 정치적 자질에 달려 있다. 특히 군주의 품덕과 함양에 기대서만 계속 운영할 수 있는 정치 행위다. 그러므로 납간에 의지해서 군주의 품덕 문제를 해결하려는 것은 분명히 믿을 것이 못 된다.

군주가 성현이더라도 간언을 받아들여야 한다

성인이 왕이 되며, 왕이라면 성인이다. 진한 이래 제왕들은 현명하든 어리석든 일률적으로 '성상聖上'으로 불렸다. 그렇다면 성명한 군주도 납간을 해야 하는가, 하지 않아도 되는가? 봉건 군신들은 하나같이 "군주가 성현이더라도 마땅히 자신을 비우고 다른 사람을 받아들여야 한다"[354]고 생각했다. 성군이라도 예외일 수 없었다.

정관 군신들은 성명하고 지혜로운 군주라면 더더욱 "머리를 숙이고 지혜를 묻는" 미덕을 갖추어야 한다고 생각했다. "자기가 능력이 있더라도 그걸 스스로 과대 포장하지 말고 능하지 못한 사람이 능한 일을 갈구하듯"[355] 해야 한다는 것이다. 당 태종은 이러한 미덕을 직접 납간과 함께 연계시켰다. 제왕이라면 "스스로 겸손을 지키고 항상 두려움을 품고" 있어야지, 그렇지 않으면 "신변에 옳지 않은 일이 있더라도 누가 감히 군주의 노여움을 사면서 간언을 올리겠는가?"[356]

성왕의 납간은 미덕일 뿐만 아니라 고명한 통치술이기도 하다. 제왕은 지고무상의 존재이며, 지극히 성스럽고 지극히 현명하니 오히려 "몽蒙 즉 혼미한 상태로 올바름을 키우고, 명이明夷 즉 곤경에 처한 상태로 대중 앞에 서야 한다".[357] 군주는 보지 못하거나 듣지 못한 것도 있어야 하지만 드러나기 전에 보고 소리 없는 것을 듣기도 해야 한다. "어리석게 혼탁하지도 말아야 하고, 교교하게 맑지도 말아야 하고, 수치스럽게 어둡지도 말아야 하고, 똑똑하게 밝지도 말아야 한다."[358] 납간은 바로 성군이 "형체가 없는 데서 듣고 아직 나타나지 않은 데서 구하는"[359] 성치 예술을 실천하는 유효한 수단이었다.

이뿐만 아니라 사람의 지혜에는 필경 한계가 있는 것이며 성군도 예외일 수는 없다. 군주가 천하의 모든 일을 다 알 수 없으므로 개인의 재능에만 의지하여 천하의 임무를 독단할 수도 없다. 따라서 제왕이 제아무리 성스럽고 현명하더라도 "스스로 성스럽다거나" "스스로 현명하다고" 하지 말고 자신의 지혜가 다른 사람에 미치지 못함을 인정해야 한다. 총명을 뽐내 재주로 다른 사람을 능멸하거나 간언을 거부하고 비리를 분식하는 일을 해서는 절대 안 된다. 역사 경험은 봉건 군신들에게 다음과 같은 교훈을 이해하게 만들었다. "요임금이나 순임금 같은 군주는 스스로 어리석은 듯 지혜를 넓혔으나, 걸과 주 같은 군주는 홀로 지혜로운 듯 어리석음을 더했다. 그래서 충언을 따르느냐 거역하느냐에 따라 제도帝道가 영광스러운지 치욕스러운지의 갈림이 생긴다."³⁶⁰ 군주는 "스스로 겸손하고" "스스로 어리석은" 듯해야 한다. 자신이 할 수 없는 것을 늘려서 "당신이 자랑하지만 않는다면 천하가 당신과 능력을 다투지 않을 것이며, 당신이 뽐내지만 않는다면 천하가 당신과 공을 다투지 않을 것이다."³⁶¹ 이것이 바로 '성스럽다'는 표시다.

간언을 거부하면 나라가 망하고, 간언을 받아들이면 나라가 흥한다

"간언을 거부하면 왕위가 바뀐다"는 말이 선진 시대에 격렬한 논쟁의 대상이었다면, 수당 시기에는 "간언을 거부하면 나라가 망하고, 간언을 받아들이면 나라가 흥한다"는 명제가 군신 사이와 조야 상하의 공통된 인식이었다. 이에 관한 논의는 실로 장황하기 이를 데 없다. 사람들의 정치의식 가운데서 납간은 그야말로 군주 치국의 비결이 되었다. 정치 동향을 예측하는 기압계이자 정치가의 덕행을 가늠하는 척도였다. 앞에서 언급한 납간 이론은 최종적으로 납간을 국가의 흥망, 정치의 성쇠, 개인의 진퇴와 직접적으로 연계시키고 있다. 간언하는 신하들은 제왕의 심리 상태를 깊이 이해하면서 간언을 올릴 때면 언제나 덧붙여 한마디씩 했다. 이는 당신이 망국의 군주나 걸주와 같은 왕이 되는 것을 막기 위함이라고.

역사에 관한 반성은 언제나 비교적 준엄하다. 당나라 초, 위로는 왕후장상으로부터 아래로 숨어 사는 선비에 이르기까지 정치에 관심을 가진 사람이라면 납간 문제를 거론하지 않는 사람이 없었다. 사람들은 보편적으로 "높은 가마 위에서 근심걱정이 없으니, 아랫사람들이 뭉쳐 말을 엮어내고 큰 도둑이 나라를 훔치는데도 아무도 이를 지적하는 사람이 없었던"[362] 것이야말로 수나라가 망한 원인이라고 생각했다. 군주 한 사람이 깨치지 못하여 천하에 재앙이 오고 왕조가 뒤집히고 나라는 깨지고 군주가 사라지는 비극의 중복을 막기 위해 사상가들과 정치가들은 왕권을 조절하는 일련의 이론을 제기했다. 예컨대 민본론, 종도從道론, 상공尚公론, 법제론, 납간론 등을 통해 군도의 내재적 조절 기제를 만든 것이다.

납간론은 다양한 조절 이론 가운데서도 특별한 의미를 지닌다. 각종 조절 이론이 모두 납간의 근거가 되었는가 하면 정도의 차이는 있지만 모두 간의 수단에 의지하여 자신의 조절 이론을 전개했다. 어떤 의미에서 보면 납간이냐 거간拒諫이냐에 따라 이러한 외부 조절 기제에 대한 민중의 저항이 군주 정치를 조절하는 데 직접적 참고가 되도록 인입되느냐 아니냐를 결정지었다.

그러나 납간론은 그 입론의 전제가 군권 긍정이었을 뿐만 아니라 최종적으로는 여전히 자신의 운명을 군주에게 기탁하는 것이었다. 망국의 우환이나 살신의 재앙 등은 확실히 대다수 군주로 하여금 마음의 문을 열게 했지만, 이런 경계의 말을 듣고도 군주가 깨치지 못하고 자기 혼자 뜻대로 움직일 경우 신하들은 그저 탄식을 할 뿐 어떻게 해볼 수가 없었다.

도간導諫:

사람들이 말하지 않음을
두려워하고
간언을 하도록 유도하라

수당 시기 군도의 심화는 납간 방면에서 또 하나의 구체적인 표현을
등장시켰다. "사람들이 말하지 않음을 두려워하고 간언을 하도록 유도하
라"는 사상이 제기된 것이다. 실천 과정에서도 간언의 유도, 즉 도간導諫의
조치들이 마련되었다.

"지혜로운 사람은 간언하지 않고, 간언하는 것을 지혜롭지 않다고 여
깁니다. 지혜로운 사람에게 말을 다하도록 하는 것이 국가의 이익입니
다."363 봉건 시대에는 제왕의 일언이 중천금이었으며 신민들은 지위가 낮
아 말발이 서지 않았다. 관념상 "지위가 낮은데 언사가 고고하면 죄였다".
예와 법 규정에 대량의 기휘忌諱와 언죄言罪가 있었다. 실제 정치에서도 용
의 비늘은 범하기 어렵고, 법망이 높이 걸려 있었으며, 부지불식간에 처
벌을 받아 죽는 등 말로 인한 재앙이 거듭 발생했다. 신하들은 "진언을
하다 입을 다물고 말을 머뭇거렸으며" 조당에서는 모두가 찍소리도 못 하
고 쥐죽은 듯 고요했다. 마치 당 태종이 말한 다음과 같은 상황이었다.
"신하들이 간언을 하려다가도 문득 죽음의 재앙이 두려워지니 무거운 솥
을 지고 시퍼런 칼날을 밟는 것과 무엇이 다르겠는가? 충정한 신하치고

정성을 다하려고 하지 않는 사람은 없다. 정성을 다한다는 것은 참으로 어려운 일이다.'³⁶⁴ 천고의 최고 쟁신으로 불렸던 위징 또한 이렇게 인정했다. "폐하께서 말을 하도록 유도한다면 신하들이 감히 간언을 할 것입니다. 만약 폐하께서 신하의 간언을 받아들이지 않으시면 어떻게 감히 여러 차례 용의 비늘을 건드리겠습니까?"³⁶⁵

간언은 본래 군주에게 유익한 정치 행위이지만 "군주가 현명하고 신하가 올곧은" 경우가 아니라면 절대 아무도 이 모험을 감행하지 못할 것이다. 이런 상황에서 어떻게 신하들로 하여금 대담하게 진언을 하도록 장려할 것인가는 군주의 정치 예술에 속한 일이었다. 이것이 바로 도간과 구간求諫의 정치적 전제이자 근거다.

도간은 '간언을 하도록 유도하는 것'이다. 도간이란 제왕이 자각적으로 정치적 지도력을 발휘하는 것이며 각종 방식으로 신하들의 헌책과 진언을 창도하고 인도하고 유도하여 충성과 지혜를 다 바치도록 하는 것이다. 당 태종은 "사람들이 말하지 않음을 두려워하고 간언을 하도록 유도했으며"³⁶⁶ 수당 황제들 또한 다양하게 간언을 구하는 사상과 행위를 했다. 도간의 조치는 크게 네 가지 즉 용언容言, 상간賞諫, 입제立制, 임인任人으로 분류할 수 있다.

용언容言이란 받아들이기 어려운 선비를 받아들이고, 약이 되는 말을 용납하는 것이다. 이와 관련된 사상은 대단히 많으나 핵심만 간추리면 다음과 같다. 첫째, "마음을 비우고 주장을 받아들인다". 제왕은 "지극한 지존이며" 신민은 "지극히 어리석고 낮은 존재다". 양자는 "위아래로 갈려 있어서 마치 단절된 듯 보인다". 제왕만이 "은시를 내리고 자애로운 얼굴을 꾸미고 면류관을 늘어뜨리고서 진언을 듣고 마음을 열고서 주장을 받아들일"³⁶⁷ 수 있다. 지존의 틀을 벗어던지고 화기애애한 겸양의 자세로 만면에 미소를 지어야만 신하들이 "알고도 말하지 않는 경우가 없고, 말하면 정성을 다하지 않는 경우가 없도록" 유도할 수 있다.

둘째, "간곡한 말을 달게 여긴다". 간언을 올리는 말은 간혹 언사가 격렬하고 "군주의 악을 드러내거나," 언사가 합당치 못해 들어주기 어렵거나, 말이 사실과 합치하지 않고 모함에 가까운 경우도 있다. 그러나 "충언은 귀에 거슬리지만 행동하는 데 이로우니 나라나 집안을 거느린 자는 급무로 여겨야 한다. 잘 받아들이면 사회 풍속이 안정되고 그걸 막으면 정치가 혼란스러워진다".368 이 때문에 군주는 "현명한 군주는 간언을 받아들이므로 고통스러운 병이 들어도 해소할 수 있고, 어리석은 군주는 아첨하는 말에 따르므로 달콤한 운명을 타고났어도 죽음에 이르게 된다"369는 이치를 잘 알아야 한다. 간언을 올린 말에 "논의가 볼만하면 변론을 나무라지 말고, 이치가 쓸 만하면 문장을 책망하지 말아야"370 한다. 간언을 올린 사람의 태도나 언사를 물고 늘어져서는 안 된다. 군주가 이와 같이 행동하면 신하들은 과감히 "거스르되 감추는 일이 없을" 것이며 귀에 거슬리는 말을 애써 찾지 않아도 저절로 듣게 될 것이다.

셋째, "말을 하는 사람에게 죄를 주는 일이 없고, 간언을 들으면 충분히 경계한다".371 당 태종은 주장한다. "신하 가운데 대중을 거스르면서 법을 지키는 사람이 있으면 현명한 군주는 그를 충성스럽다고 용서하며, 신하 가운데 홀로 고고하게 절도를 지키는 사람이 있으면 현명한 군주는 그를 굳세다고 용서한다."372 "매번 간언을 하는 사람이 있어 끝내 짐의 마음에 들지는 않더라도 짐은 그걸 거역이라고 생각하지 않는다. 성을 내고 질책하여 사람들의 마음을 두려움에 떨게 한다면 어떻게 옳은 말을 할 수 있겠는가!"373

이른바 '언자무죄言者無罪'에 내재하는 논리는 이렇다. 너는 낮은 신분으로 존귀함을 범했고 내가 꺼리는 바를 건드렸지만, 나는 큰 도량으로 사람들을 받아들이므로 너를 용서하여 죄를 묻지 않는다. 용언과 용인容人

은 효과도 있었지만 한계도 있었다. '용容' 한 글자만으로도 간언의식과 간언 행위 중 군신 존비의 차별을 충분히 나타내고 있으며, 간언에 직면한 군주의 복잡한 심리를 잘 드러내준다. 도간은 결국 일종의 책략이며 제왕의 본심은 영원히 들춰낼 수 없는 것이다.

상간賞諫이란 간언하는 신하에게 상을 내려 '직언과 극간'을 장려하는 것이다. 이 도간 방법은 가장 많이 사용되었는데, 언제나 즉각적인 효과가 드러나곤 했다. 당 태종 즉위 초에 신하들 가운데 간언하는 사람이 적었다. 이때 마침 손복가孫伏伽가 양형이 부당한 옥사 한 건을 간언하여 중지시켰다. 당 태종은 즉각 "난릉공주원蘭陵公主園을 하사하니 값이 백만금에 달했다". 시종하는 신하들이 그 연유를 이해하지 못하고 "보통의 일을 이야기했을 뿐인데 상이 너무 후하다"고 말했다. 태종은 "내가 즉위한 이래 간언하는 사람이 없어서 상을 내렸노라"고 답했다. 두터운 상을 준 목적은 "말을 하도록 유도하려는"[374] 것이었다. 관작을 높여주는 것 또한 상을 주는 방식이었다. 위징은 직언과 과감한 간언으로 포로 신분에서 총애하는 신하가 되었다. 누차 큰 은덕을 입어 초고속 승진을 거듭하여 곧바로 재상에 올랐으니 그 승진의 속도에 본인조차도 매우 불안해할 정도였다.

상을 주어 간언을 구하는 것은 돈으로 비판을 사는 일이다. 이른바 "두터운 상이 주어진다면 반드시 용기를 내는 사내가 있는" 법이다. 간언에 대한 제왕의 보상은 확실히 "상을 바라는 사람들을 장려하는" 효과를 거둘 수 있다. 당나라 초 간언하는 신하가 조당에 가득했단 사실이 그 증거다. 그러나 똑같이 간언을 했는데도 제왕이 받아들일 수도 있고 기절할 수도 있으며, 상을 받을 수도 있고 벌을 받을 수도 있다. 간언을 한 신하가 상을 받을지 죄를 얻을지는 완전히 군주의 심리 상태와 감정에 달려 있었으니 자의성이 매우 컸다. 당 태종이 위징에 대해 한 번은 두터운 상을 내리고 한 번은 죽이려고 했던 것이야말로 가장 좋은 예증이다.

자고로 강력한 간언은 대부분 비극으로 끝났으며, 동시에 간의야말로 벼슬길에 이르는 첩경이기도 했다. 간언하는 신하의 생사와 영욕이 완전히 제왕의 수중에서 조종된다면 간언은 필경 끝없는 한 막 한 막의 비극과 희극을 연출하게 될 것이다. 어떤 사람은 단번에 꿈을 이룰 것이며, 어떤 사람은 견책을 받아 유배를 갈 것이며, 어떤 사람은 두터운 상을 받게 되고, 어떤 사람은 죽임을 당할 것이며, 어떤 사람은 신하의 도리를 다하게 되고, 어떤 사람은 요행을 도모할 것이다. 수당 정치사 가운데 이런 사례가 어디 적기나 하단 말인가?

입제立制란 "널리 언로를 개방하고" 건전한 언관 제도의 수립에 중점을 두는 것이다. 언관은 언로관言路官이라고도 불리는데 주로 대臺, 간諫, 급給, 사舍라는 글자가 붙은 감찰과 간의를 전문적으로 담당하는 관직을 가리킨다. 언관 제도는 중국 고대 정치 체제의 중요한 구성 부문이다. 역대 모두가 언관을 설치했는데 그 가운데 수나라와 당나라의 제도가 가장 완벽하다. 수 문제, 수 양제, 당 태종, 무측천은 언관과 언로 제도를 완벽히 만드는 데 큰 공헌을 했다.

수나라는 문하성門下省을 전문 간의 기구로 삼고, 어사대御史臺를 완전히 독립된 감찰 기구로 삼았는데 이는 고대 제도사에서의 첫 번째 창조였다. 당 태종은 재상이 각의에 들어갈 때 간관이 수행하는 의사議事 제도를 실행했고, 무측천은 '사궤四匭'375를 설치해 널리 언로를 개방했는데 여기에는 모두 독창적인 지점이 있다. 당대엔 삼성 제도, 간의 제도, 감찰제도 등 기구가 완비되었고, 분업이 세밀했으며, 각 직책이 분명해서 엄밀한 봉박, 감찰, 간의의 기제가 마련되었다. 당대엔 언관의 종류와 관직 수 또한 가장 많았다.

언관의 지위는 낮았으나 권한이 커서 상대적으로 독립성을 지녔다. 언관이 올린 글은 장관의 비준을 거칠 필요 없이 바로 황제에게 전달되었다. 당나라 초의 어사대부, 중승中丞, 어사는 모두 "군주의 이목으로서 대등한 위치에서 군주를 섬겼는데, 각자 보고서를 올리면서 서로 통지하지 않는다"[376]고 규정했다. 당 중엽에도 이런 규정을 두었다. "간언관들이 글을 올릴 때는 관품의 차등에 제한받을 필요가 없다. 매월 글을 올린 관리는 여러 차례 안으로 들어와 한 사람 황제의 응대를 기다린다." "간언관이 보고를 올릴 일이 있으면 아침저녁을 가리지 말고 밀봉한 문서를 가지고 들어와 진언한다"[377]는 규정도 있다.

재상이나 언관의 수뇌를 포함하여 그 누구든 간언관의 상주를 압수하거나 지연시킬 수 없었다. 이로써 아래 민심이 제때 위로 전달되도록 보장했다. 언관은 낮은 곳에서 존엄하게 군림하며 그 권세가 대단했다. 그들은 중앙의 최고 정책 결정 과정에 참여했으며, 지방에서는 천자를 대표했다. 군주 제도 내부의 간언과 관련된 직무는 주로 언관이 행사했으며, 언관의 설치는 군주 납간론이 구체적 제도로 구현된 것이었다. 고도기 제도와 정책으로 전환된 경우다.

임인任人이란 과감히 간언하는 신하를 의식적으로 배양, 선발하고 중용하는 것이다. 충정한 신하는 선악이 분명하고 심장이 찢기는 재앙을 두려워하지 않는 나라의 보배다. 소위 "뭇사람이 네네 하는 것은 한 선비가 바른말 하는 것만 못하다". 하지만 강직한 사람은 직권 남용의 의심을 살 수 있고, 곧은 말을 하는 충신은 비방을 받을 우려가 있고, 무례를 범한 자는 군주에게 항거했다는 죄를 뒤집어쓸 수 있어서 쉽사리 소인들의 암산에 걸려들고 군주에게 받아들여지기가 어려웠다. 이러한 상황을 수당의 군주와 신하들은 적잖이 언급하고 있다. 당 태종은 "강직한 선비를 기르고" "아첨의 실마리를 끊는 것"[378]을 도간의 비결 중 하나로 열거했다.

간언이 벼슬길에서 대단히 중요한 작용을 했다는 사실에 주목할 필요가 있다. 당나라 전성기의 공경들은 대부분 다음과 같은 공무원의 길을 걸었다. 과거→하급 지방관→중하급 언관→고급 지방관 혹은 언관→재상. 당나라 때의 관제를 보면 주현의 관리를 역임하지 않은 자는 언관이 될 수 없다는 규정이 있다. 하급 문관은 시험을 거쳐 가장 우수한 사람이 언관의 체계 안으로 충당되었다. 이 조치는 언관의 자질을 일반 관원보다 높게 요구한 것이며 실제 정치 경험을 통해 "세세한 일과 깊은 사려를 모두 갖추길" 바란 것이다. 재상과 공경이 모두 이런 사람들 가운데서 나왔다는 것은 이치에도 맞고 그 자체로 괜찮은 일이다. 백거이白居易는 「책림策林」에서 이를 잘 표현하고 있다. "국가의 공경 장상이 잘 갖추어진 사람임은 그들이 언관인 승丞, 낭郎, 급給, 사舍에서 선발되었기 때문이며 승, 낭, 급, 사가 재능이 있음은 그들이 하급 언관인 어사御史, 유遺, 보補, 낭관郎官에서 선발되었기 때문이며 어사, 유, 보, 낭관이 쓸 만한 그릇인 것은 그들이 지방관인 비秘, 저著, 교校, 정正, 기적부畿赤簿, 위尉에서 선발되었기 때문이다. 모두 그렇다고 할 수는 없지만 열 중 예닐곱은 그랬다."[379]

당대 이후 이러한 공직의 길이 거의 불변의 원칙이 되었다. 간언이 관료의 정치사회화 과정에서 가장 중요한 내용으로 확정됐다. 집안에서는 부모에게 간언하고, 그 계몽은 유가 경전들을 읽고 물음에 대한 대책을 응답하는 것이었다. 여기서 더 나아가 간언 규범으로 벼슬길에 나아가는 것으로 간언의 정치사회화 과정이 완전하게 이루어졌다. 간언을 권력과 지위를 얻는 필수 과정으로 삼은 목적은 군주 정치의 요구에 부응하면서 충간의식을 갖춘 관료 집단을 양성하는 데 있었다. 이는 잘못을 솔직하게 충고해주는 친구 한둘을 애써 찾는 것보다 훨씬 효과가 컸다. 그러나 이러한 도간 조치는 끝내 한계를 드러내기도 했는데, 그렇게 육성된 간언 관들이 질적으로나 양적으로나 생각만큼 잘하지 못했기 때문이다.

각종 도간 조치들이 긍정적인 작용을 한 적도 있다. 하지만 봉건 관료들은 왕권에 의존하고 있는 존재들이어서 황제가 청명하면 언관의 작용도 비교적 잘 발휘될 수 있었으나, 황제가 어리석으면 간언의 기제들이 별 볼 일 없었으며 심지어는 포악한 군주를 도와주는 부작용을 낳기도 했다. 신하의 생사와 영욕이 제왕의 수중에 달려 있는 한 도간의 작용은 상당한 한계가 있을 수밖에 없다. 온갖 방법을 동원해 도간을 시도했던 개명황제 당 태종조차도 "관료들이 순종만 하고 용의 비늘을 저촉하길 꺼린다"고 개탄했다. 그는 "군주의 녹을 먹고 있으니 군주의 근심을 근심하고" 군부의 도덕 의무와 정치 의무에 대한 간쟁을 거듭 주문했다.

납간론은 세력 균형 기제가 결핍된 전제 제도에 대한 중요한 보충이었다. 군주의 주재적 지위를 긍정하고 수호하는 것을 기본 전제로 하면서 제왕들이 스스로 정치를 조절하는 데 효과적인 수단을 제공해준 것이다. 간언은 독단과 겸청兼聽이 결합된 산물이다. 납간의식과 진간의식은 전제주의 정치 관계를 반영한 것이다. 간언은 극단으로 치닫는 군권의 발전을 제한하는 객관적 작용을 하기도 했지만, 절대로 군권의 성질을 바꾸지는 못했으며 전체적인 효과는 역시 군권의 절대성을 위해 봉사한 것이다. 제왕의 도가 된 납간과 도간은 농후한 권모술수의 색깔을 띠고 있다. 정권을 통제하고 신하들을 제어하는 군주의 중요한 수단이었던 것이다.

그렇지만 역사가 우리에게 제공한 경험을 보면 간언을 맡는 것이 어려운 일이 아니라 간언을 듣는 것이 어려우며, 간언을 듣는 것이 어려운 일이 아니라 간언을 운용하는 것이 어려웠다. 간의가 군주 정치를 조절하는 지렛대이긴 했지만 지렛목은 완전히 군주 개인의 수중에 있었다. 제왕이 알아서 간의 수단을 운용해 정치를 조설하고 몽제힐 때 안전계수와 이성적 색채가 두터워지기 때문에 군주 정치 체계는 더더욱 공고해진다. 군주가 자기 고집대로 행동하여 군주 정치가 고삐 풀린 말처럼 통제를 잃을 경우 간언 또한 속수무책으로 그저 어찌하나 탄식만 할 뿐이었다.

그러니 납간이고 진간이고 군주 전제 제도의 역사적 부패와 포학을 방지
할 수 없었던 것이다.

1 주역 각 괘 여섯 개 효爻의 맨 윗자리의 효를 읽는 용어로 지존 즉 제왕을 뜻한다. —옮긴이

2 탈적奪嫡은 종법에 입각하여 정해진 적자의 계승권을 탈취하여 정권을 장악하는 것을 일컫는다. —옮긴이

3 臨朝凝重, 發言降旨, 辭義可觀.(『資治通鑑』 권181)

4 朕觀『隋煬帝集』, 文辭奧博, 亦知是堯舜而非桀紂, 然行事何其反也?(『자치통감』 권192 참조)

5 帝王豈可力求! 孔子以大聖之才猶不得天下.(『자치통감』 권178)

6 興亡之效, 豈伊人力!(『자치통감』 권185)

7 帝王自有天命, 非小子所能取.(『자치통감』 권186)

8 皇天眷命, 歷數在躬.(『唐太宗集』 「帝範 序」)

9 帝王之業, 非可以智競, 不可以力爭者矣.(『당 태종집』 「제범 서」)

10 王者不死.(『자치통감』 권188)

11 受周禪, 恐民心未服, 故多稱符書以耀之.(『자치통감』 권179)

12 女主武王代有天下.

13 吉凶由人.(『자치통감』 권179)

14 但使天下太平, 家給人足, 雖不祥瑞, 亦可比德於堯舜. 若百姓不足, 夷狄內侵, 縱有芝草遍街衢, 鳳凰巢苑囿, 亦何異於桀紂? (…) 若堯舜在上, 百姓敬之如天地, 愛之如父母, 動作興事, 人皆樂之; 發號施令, 人皆悅之; 此是大祥瑞也.(『貞觀政要』 「災祥」)

15 天道無親, 唯德是輔.

16 有德則可久, 有功則可大.(『隋書』 「煬帝紀」)

17 克明克哲, 允文允武.(『당 태종집』 「제범 서」)

18 雖膺籙受圖, 昌於天命, 而克昌宏業, 實賴神功.(『당 태종집』 「晉祠銘」)

19 拯社稷之危, 救君親之難, 論功莫大, 語德最賢.(『자치통감』 권209)

20 隋王叡聖自天, 英華獨秀, 刑法與禮儀同運, 文德共武功俱遠, (…) 虞舜之大功二十, 未足相比, 姬發之合位三五, 豈可足論, (…) 道高者稱帝, 錄盡者不王.(『수서』 「高祖紀」)

21 非天下以奉一人, 乃一人以主天下也.(『수서』 「양제기」)

22 以一人治天下, 不以天下奉一人.(『정관정요』 「刑法」)

23 朕少好弓矢, 自謂能盡其妙. 近得良弓十數, 以示弓工. 乃曰: '皆非良材也.' 朕問其故, 工曰: '木心不正, 則脈理皆邪, 弓雖剛勁而遣箭不直, 非良弓也.' 朕始悟焉. 朕以弧矢定四

方, 用弓多矣, 而猶不得其理. 況朕有天下之日淺, 得爲理之意, 固未及於弓, 弓猶失之, 而況於理乎?(『정관정요』 「政體」)

24 정관貞觀은 당 태종의 초기 연호. 정관의 치는 당 태종의 치세를 일컫는 말로 태평성대의 대명사로 쓰인다. ─옮긴이

25 若安天下, 必須先正其身, 未有身正而影曲, 上治而下亂者.(『정관정요』 「군도」)

26 縱情與傲物, (…) 伐根以求木茂, 塞源而欲流長, (…) 永保無疆之休.(『정관정요』 「군도」)

27 가득 차서 넘치는 것에 대한 경계. ─옮긴이

28 儉以養性, 靜以修身, (…) 富貴廣大, 守之以約; 叡智聰明, 守之以愚. 不以身尊而驕人, 不以德厚以矜物. (…) 驕出於志, 不節則志傾; 欲生於身, 不遏則身喪. 故桀紂肆情而禍結, 堯舜約己而福延. 可不務乎!(『제범』 「崇儉」)

29 爲君恒須戒愼.(『효경주소』 「제후」)

30 一喜天下春, 一怒天下秋.

31 개원開元은 당 현종의 초기 연호. 개원의 치는 당 현종의 치세를 일컬으며 역사적으로 훌륭한 정치의 전범이다. ─옮긴이

32 盛哉, 太宗之烈也! 其除隋之亂, 比迹湯武; 致治之美, 庶幾成康. 自古功德兼隆, 自漢以來未之有也.

33 爲君實難.

34 爲天下之君, 處萬民之上, 安可易乎! 背道違禮, 非惟損己, 乃爲賢人之所笑; 卑身勵行, 實爲君子, 又爲庸夫之所譏. 越品進官, 其類必爲深怨; 偏與人語, 衆望以爲曲邪. 任使賢良, 則謂偶得; 委仗庸夫, 則言愚暗. 言數則謂太繁, 辭寡則講道薄. 姿情忿怒, 則朝野戰栗; 留心寬恕, 則法令不行. 民樂則官苦, 官樂則民勞.(『당 태종집』 「금경」)

35 遣人遠撫, 則眷戀而不忍; 愍而不遣, 則枝葉落而不存. 二宜之間, 致心何所?(『당 태종집』 「금경」)

36 易云 '書不盡言, 言不盡意.' 今略陳梗槪, 以示心之所存耳.(『당 태종집』 「금경」)

37 言之實易, 論之實難.

38 初以稚澹著名, 兼以文華見重.(『隋書』 「虞世基傳」)

39 知帝不可諫止, 又以高熲張衡等相繼誅戮, 懼禍及己, 雖居近侍, 唯諾取容, 不敢忤意. (…) 無復素士之風.(『수서』 「우세기전」)

40 承風望旨, 與時消息.(『수서』 「裴矩傳」)

41 能廷折, 不肯面從.(『舊唐書』 「배구전」)

42　非知之難, 唯行之不易; 行之可勉, 唯終實難. 是以暴亂之君, 非獨明於惡路; 聖哲之主, 豈獨見於善途. 良由大道遠而難遵, 邪徑近而易踐.

43　成遲敗速者, 國之基也; 失易得難者, 天之位也. 可不惜哉! 可不慎哉!(『당 태종집』「제범후서」)

44　靡不有初, 鮮克有終.

45　吾在位已來, 所缺多矣. 奇麗服玩, 錦秀珠玉, 不絶於前, 此非防欲也. 雕楹刻桷, 高臺深池, 每興其役, 此非儉志也. 犬馬鷹鶻, 無遠必致, 此非節心也. 數有行幸, 以亟人勞, 此非屈己也. 斯數事者, 吾之深過也.(『당 태종집』「제범후서」)

46　濟育蒼生, 其益多矣; 平正區宇, 其功大矣. 益多損少, 民不以爲怨; 功大過微, 德未之虧, (…) 勿以玆爲是而後法焉.(『당 태종집』「제범후서」)

47　『순자』「왕제」 편에 전해지는 말이라고 순자가 인용한 "군주는 배요, 서인들은 물이다. 물은 배를 실을 수도 있고, 물은 배를 뒤집을 수도 있다君者舟也, 庶人者水也; 水則載舟, 水則覆舟"는 말에서 비롯된 성어다.(「애공」 편에도 나옴) ─옮긴이

48　非天下以奉一人, 乃一人以主天下也. 民惟國本, 本固邦寧. 百姓足, 孰與不足!(『수서』「양제기」)

49　日所衣食, 皆取諸民者也.(『자치통감』 권192)

50　安諸黎元, 各有生業.(『정관정요』「군신감계君臣鑒戒」)

51　爲君之道, 必須先存百姓, 若損百姓以奉其身, 猶割股以啖腹, 腹飽而身斃.(『정관정요』「군도」)

52　以古爲鏡, 以知興替, (…) 亡隋之轍, 殷鑑不遠, (…) 隋主爲君, 不恤民事, 君臣失道, 民叛國亡, 公卿貴臣, 暴骸原野, 毒流百姓, 禍及其身.(『책부원구冊府元龜』 권58)

53　覽此興亡, 極懷戰惕.

54　使人懍慄然兢懼, 如履朽薄.

55　朕所以常懷憂懼.

56　육마六馬는 육룡六龍이라고도 하는데, 천자가 타는 수레를 끄는 여섯 마리 말을 가리킨다. 천하 경영의 어려움을 토로하는 의미로 『서경』「오자지가五子之歌」에 나오는 말이다 ─옮긴이

57　懍乎若朽索之馭六馬.

58　不以道導之則吾仇也.

59　天子有道, 則人推而爲主; 無道, 則人棄而不用, 誠可畏也.(『당 태종집』「민가외론」)

60　君依於國, 國依於民.(『자치통감』 권192)

61 貴賤廢興, 莫非天命.(『당 태종집』「제위태조문祭魏太祖文」)

62 帝王之業, 非可以智競, 不可以力爭者也. (…) 皇天眷命, 歷數在躬, (…) 叨臨神器.(『당 태종집』「제범서帝範序」)

63 皇天無親, 唯德是輔.

64 民所歸者天命之, (…) 民所歸, 天命之爲天子.

65 天之命人非有言辭之話. 正義, 神明佑之, 使之所征無敵, 謂之受天命也.(『상서정의尙書正義』「함유일덕소咸有一德疏」)

66 人怨則神怒, 神怒則災害必生, 災害旣生, 則禍難必作, 禍難旣作, 而能以身名全者鮮矣.(『정관정요』「군도」)

67 天之助民, 乃是常道.(『상서정의』「대고소大誥疏」)

68 得到多助, 失道寡助.

69 夫帝王受命, 非因衆人所擧.(『당 태종집』「수고조론隋高祖論」)

70 天下無不可理之民.(『당 태종집』「수고조론」)

71 隋末沸騰, 被於宇縣, 所爭天下者不過十數人, 餘皆保邑全身, 思歸有道. 是知人欲背主爲亂者鮮矣, 但人君不能安之, 遂致於亂.(『구당서』「장현소전張玄素傳」)

72 王者之興, 必乘喪亂.(『구당서』「방현령전房玄齡傳」)

73 天下嗷嗷, 新主之資也.(『당문습유唐文拾遺』권13「논략論略」)

74 高祖初起義師於太原, 卽布寬大之令. 百姓苦隋苛政, 竟來歸附, 旬月之間, 遂成帝業.(『구당서』「형법지」)

75 林深則鳥棲, 水廣則魚游, 仁義積則物自歸之.(『정관정요』「인의」)

76 行帝道則帝, 行王道則王.(『정관정요』「정체」)

77 言民可親近, 不可卑賤輕下, 令其失分則人懷怨, 則事上之心不固矣. 民惟邦國之本, 本固則邦寧, 言在上不可使人怨也.

78 言人君當固民以安國.

79 治天下者, 以人爲本.(『정관정요』「택관擇官」)

80 庶民者, 流俗也. 流俗者, 禽獸也.(『사해俟解』)

81 民者, 冥也.(『상서정의』「군진소君陳疏」)

82 天下愚人者多, 智人者少.(『정관정요』「사령赦令」)

83 故善化之養民, 猶工之爲曲蘖也. 六合之民, 猶一蔭也, 黔首之屬, 猶豆麥也, 變化云爲, 在將者耳!

84 民之生也, 猶鑠金在爐, 方圓薄厚, 隨熔制耳!

85 是故世之善惡, 俗之薄厚, 皆在於君.(『정관정요』「공평公平」)

86 烝民不能自治, 立君以主之.(『상서정의』「고종융일소」)

87 撫育黎元, 陶均庶類.(『당 태종집』「제범서」)

88 君猶器也, 人猶水也. 方圓在於器, 不在於水.(『당 태종집』「금경金鏡」)

89 子育黔黎, (…) 非慈厚無以懷民.(『제범』「군체君體」)

90 人君於天所子, 布德惠之敎, 爲民之父母, 以是之故爲天下所歸往.(『상서정의』「홍범소洪範疏」)

91 爲政之本, 貴在無爲.(『구당서』「후비전后妃傳」)

92 폭군으로 취급되는 은나라 마지막 임금 주紂가 재물을 모아 쌓아두었다는 전설의 누대. ─옮긴이

93 焚鹿臺之寶衣, 毀阿房之廣殿, 懼危亡於峻宇, 思安處之卑宮, 則神化潛通, 無爲而理, 德之上也.(『구당서』「위징전魏徵傳」)

94 安人寧國, 惟在於君, 君無爲則人樂, 君多欲則人苦.(『정관정요』「무농務農」)

95 故人君之患, 不自外來, 常由身出. 夫欲盛則費廣, 費廣則賦重, 賦重則民愁, 民愁則國危, 國危則君喪矣.(『자치통감資治通鑑』권192)

96 知止足之戒.

97 隋之得失存亡, 大較與秦相類.

98 暇豫淸談, 皆敦尙於孔老.(『구당서』「위징전」)

99 善爲水者, 引之使平, 善化人者, 撫之使靜. 水平則無損於堤防, 人靜則不犯於憲章.(『수서隋書』「순리전循吏傳」)

100 靜之則安, 動之則亂.(『정관정요』「형법」)

101 君能淸靜.(『정관정요』「정체」)

102 儉以息人.(『구당서』「마주전馬周傳」)

103 爲國之道, 因民之心.(『정관정요』「인의」)

104 政之所爲, 在於養民.

105 與同民利.(『자치통감』권198)

106 帝王所欲者放逸, 百姓不所欲者勞弊, (…) 節己以順人.(『정관정요』「검약」)

107 損百姓以適其欲.(『정관정요』「정체」)

108 百姓不足, 君孰與足?

109 貯積者固是有國之常事, 要當人有餘力而後收之.(『구당서』「마주전」)

110 悅以使人, 不竭其力.(『구당서』「위징전」)

111　竭澤取魚, 非不得魚, 明年無魚. 焚林而畋, 非不獲獸, 明年無獸.(『정관정요』「납간納諫」)

112　一人就役, 擧家便廢. 入軍者督其戎仗, 從役者責其糇糧, 盡室經營, 多不能濟.(『구당서』「대주전戴胄傳」)

113　自食其肉, 肉盡必死.

114　能代人勞苦者也. 以時消息, 不盡其力, 則可以常有馬也.(『당 태종집』「자감록自鑒錄」)

115　廣施德化, 使恩有餘地, 爲子孫立萬代之基.(『구당서』「마주전」)

116　自夏殷及漢氏之有天下, 傳祚相繼, 多者八百餘年, 少者猶四五百年, 皆爲積德累業, 恩結於人心. 豈無僻王, 賴前哲以免. 自魏晉以還, 降及周隋, 多者不過六十年, 少者才二三十年而亡. 良由創業之君, 不務廣恩化, 當時盡能自守, 後無遺德可思, 故傳嗣之主政教少衰, 一夫大呼而天下土崩矣.(『구당서』「마주전」)

117　自古明王聖主, 雖因人設教, 寬猛隨時, 而大要唯以節儉於身恩加於人二者是務. 故其下愛之如日月, 畏之如雷霆, 此其所以卜祚遐長而禍亂不作也.(『구당서』「마주전」)

118　亂後易教, 猶飢人易食也.(『정관정요』「정체」)

119　往代以來成敗之事, (…) 若人旣勞矣, 而用之不息, 倘中國被水旱之災, 邊方有風塵之警, 狂狡因之竊發, 則有不可測之事, (…) 但有黎庶怨叛, 聚爲盜賊, 其國無不卽滅, 人主雖欲改悔, 未有重能安全者. (…) 凡修政教, 當修之於可修之時, 若事變一起, 而後悔之, 則無益也.(『정관정요』「사종사종奢縱」)

120　禁絶浮華, 勸課耕織, 使民還其本, 俗反其眞, 則競懷仁義之心, 永絶貪殘之路, 此務農之本也.(『제범』「무농」)

121　以術化民, 以道制物, (…) 術以神隱爲妙, 道以光大爲工. 括蒼旻以體心, 則民仰之而不測; 苞厚地以爲量, 則民循之而無端.(『제범』「건친建親」)

122　興, 百姓苦; 亡, 百姓苦.

123　漸加驕奢自溢, (…) 百姓無事則驕逸, 勞役則易使, (…) 忽忘卑儉, 輕用人力, (…) 百姓頗有怨嗟之言.(『정관정요』「신종慎終」)

124　王者居宸極之至尊, 奉上天之寶命, 同二儀之覆載, 作兆民之父母. 爲子爲臣, 惟忠惟孝.

125　民者國之先, 國者君之本.(『제범』「군체」)

126　天地之大, 黎元爲本, 邦國之貴, 元首爲先.(『당 태종집』「진선제총론晉宣帝總論」)

127　惟命不于常.(『서경』「강고」)

128　天畏棐忱, 民情大可見.(『서경』「강고」)

129　民之所欲, 天必從之.(『서경』「태서」)

130 有大人之事, 有小人之事.

131 無君子莫治野人.

132 爲子爲臣, 惟忠惟孝.

133 無君無父, 是禽獸也.

134 君無道, 人叛之.

135 天子不仁, 不保四海.

136 民爲貴, 社稷次之, 君爲輕.

137 君依於國, 國依於民.

138 王者視四海如一家, 封域之內, 皆朕赤子.(『자치통감』권192)

139 天下之重, 非獨治所安, 帝王之功, 豈一士之略. 自古明君哲后, 立政經邦, 何嘗不選賢與能. (…) 冀與群才共康庶績.(『수서隋書』「양제기煬帝紀」)

140 六合曠道, 大寶重任. 曠道不可以偏治, 故與人共治之; 重任不可以獨居, 故與人共守之.(『제범』「건친建親」)

141 九域之至廣, 豈一人之獨化! 必佇材能, 共成羽翼.(『무측천집武則天集』「구방현량조求訪賢良詔」)

142 正位辨方, 體元建極. 不憑群彦, 孰贊皇猷!(『무측천집』「구현제求賢制」)

143 唱和相依, 同功共體, (…) 休戚是均.(『무측천집』「신궤서臣軌序」)

144 凡厥在位, 譬諸股肱, 若濟巨川, 義同舟楫.(『수서』「양제기」)

145 相須而後成體, 相得而後成用.(『신궤』「동체同體」)

146 雖人之材能, 天性殊稟, 或仁或智, 或武或文; 然非群臣同體, 則不能興其業.(『신궤』「동체」)

147 君之於臣, 猶父子也.(『자치통감』권194)

148 臣之事君, 猶子之事父. 父子雖至親, 猶未若君臣之同體也.(『신궤』「동체」)

149 父子之道, 天性之常, 加以尊嚴, 又有君臣之義. (…) 恩義之厚莫重於斯.(『효경주소孝經注疏』「성치장聖治章」)

150 欲尊其親, 必先尊於君; 欲安其家, 必先安於國. 故古之忠臣, 先其君而後其親, 先其國而後其家. 何則? 君者親之本也, 親非君而不存; 國者家之基也, 家非國而不立.

151 君臣上下, 各盡至公, 共相切磋, 以成治道.(『정관정요』「구간求諫」)

152 『당 태종집』「수장손무기사도조授長孫無忌司徒詔」.

153 君臣一體, 克成中和之治. (…) 同心葉契, 存歿以之.(『당 태종집』「사공신밀척묘지동원비기조賜功臣密戚墓地東園秘器詔」)

154 君臣有道卽忠惠, (…) 故有道卽和同, 無道卽離貳.

155 君視臣如手足, 臣視君如腹心; 君視臣如犬馬, 臣視君如國人; 君視臣如糞土, 臣視君如 寇仇. (…) 雖臣之事君無二志, 至於去就之節, 當緣恩之厚薄, 然則爲人主者, 安可以無 禮於下哉!(『정관정요』「군신감계君臣鑑戒」)

156 帝者與師處, 王者與友處, 霸者與臣處.(『당문습유唐文拾遺』권13 「논략論略」)

157 除君之過, 矯君之失, (…) 抗君之命, 反君之事.

158 夫諫諍者, 所以納君於道, 矯枉正非, 救上之謬也.

159 故諫諍輔弼者, 所謂社稷之臣, 明君之所貴也.

160 君臣本同治亂, 共安危, (…) 君失其國, 臣亦不能獨全其家.(『정관정요』「군신감계」)

161 臣以君爲心, 君以臣爲體. 心安則體安, 君泰則臣泰. 未有心瘁於中而體悅於外, 君憂於上 而臣樂於下. 古人所謂共其安危, 同其休戚者, 豈不信歟!(『신궤』「동체」)

162 人君必須忠良輔弼, 乃得身安國寧.(『정관정요』「구간」)

163 正主任邪臣, 不能致理; 正臣事邪主, 亦不能致理. 惟君臣相遇, 有同魚水, 則海內可 安.(『정관정요』「구간」)

164 物之順也, 雖異質而成功; 事之違也, 亦同形而罕用. 是以舟浮楫擧, 可濟千里之川; 轅引 輪停, 不越一毫之地. 故知動靜相循易爲務, 曲直相反難爲功, 況乎上下之宜, 君臣之際者 矣.(『당 태종집』「폄소우수조貶蕭瑀手詔」)

165 大勢已然, 騎虎之勢, 必不得下.(『자치통감』권174)

166 藩翰變親以成疏, 連兵競滅其本; 棟梁回忠而起僞, 擁衆各擧其威. (…) 紀綱大亂, 海內 板蕩, 宗廟播遷.(『당 태종집』「진무제총론晉武帝總論」)

167 自古及今, 骨肉乖離, 以致敗國亡家, 未有不因左右離間而然也.(『자치통감』권185)

168 小人在列, 爲蠹則深; 巨猾當樞, 懷惡必大.(『당 태종집』「사유계자진조賜劉洎自盡詔」)

169 夫讒佞之徒, 國之蠧賊也. 爭榮華於旦夕, 競勢利於市朝, 以其諂諛之姿, 惡忠良之在己 上, 懷其奸邪之志, 怨富貴之不我先. 朋黨相持, 無深而不入; 比周相習, 無高而不升. 令 色巧言, 以親於上; 先意承志, 以悅於君. (…) 王者欲明, 讒人蔽之. 此奸佞之危也.(『제 범』「거참去讒」)

170 子不肖則家亡, 臣不忠則國亂. (…) 是以君子防其始, 聖人閑其端.(『당 태종집』「진무제 총론」)

171 君, 源也; 臣, 流也; 濁其源而求其流之淸, 不可得矣.(『자치통감』권192)

172 自古或君亂而臣治, 或君治而臣亂, 二者孰愈? (…) 君治則善惡賞罰當, 臣安得而亂之! 苟爲不治, 縱暴愎諫, 雖有良臣, 將安所施!(『자치통감』권196)

173 君好仁, 人必從之. (…) 塞切直之路, 爲忠者必少; 開諂諛之道, 爲佞者必多.(『당 태종집』
「금경」)

174 君嚴其禁, 臣或犯之, 況上啓其源, 下必有甚. (…) 此則君開一源, 下生百端之變, 無不亂
者也.(『정관정요』「군신감계」)

175 爲君不易, 爲臣極難.(『정관정요』「구간」)

176 乃是君之過也, 非臣之罪也.(『당 태종집』「금경」)

177 知臣莫若君, 知子莫若父. 父不能知子, 則無以睦一家; 君不能知臣, 則無以齊萬國.(『정관
정요』「택관擇官」)

178 亂, 未嘗不任不肖; 治, 未嘗不任忠賢. 任忠賢, 則享天下之福; 用不肖, 則受天下之禍.(『당
태종집』「금경」)

179 內盡心膂, 外竭股肱, 和若鹽梅, 固同金石, (…) 能開至公之道, 申天下之用, (…) 夫君臣
相遇, 自古爲難.(『정관정요』「군신감계」)

180 至公之道, 唯聖能行.(『자치통감』권212)

181 『제범』「심관審官」.

182 冕旒垂拱, 無爲於上者, 人君之任也. 憂國恤人, 竭力於下者, 人臣之職也. (…) 天下至廣,
庶事至繁, 非一人之身所能周也. 故分官列職, 各守其位.(『신궤』「동체」)

183 臣聞上古聖帝, 莫過唐虞, 不爲叢挫, 是謂欽明. 舜任五臣, 堯咨四嶽, 垂拱無爲, 天下以
治. 所謂勞於求賢, 逸於任使.(『자치통감』권175)

184 我爲人主, 兼行將相之事, (…) 汝惟不矜, 天下莫與汝爭能. (…) 以萬乘至尊, 共臣下爭
功.(『구당서』「장행성전」)

185 朕欲使子孫長久, 社稷永安, 其理如何?(『당회요唐會要』「봉건잡록封建雜錄」)

186 前代國祚所以長久者, 莫不封建諸侯, 以爲磐石之固. 秦并六國, 罷諸置守, 二世而亡; 漢
有天下, 衆建藩屛, 年逾四百; 魏晉廢之, 不能長久. 封建之法, 實可遵行.(『당회요』「봉건
잡록」)

187 子弟無一戶之民, 宗室無立錐之地, 外無維城以自固, 內無磐石以爲基. (…) 神器保於他
人, 社稷亡於異姓.(『제범』「건친」)

188 祚之長短, 必在於天時; 政或興亡, 有關於人事.(『정관정요』「봉건」)

189 漢祖初定關中, 戒亡秦之失策, 廣封懿親, 過於古制, (…) 末大則危, 尾大難掉.(『제범』「건
친」)

190 維城磐石, 深根固本, 雖王綱弛廢, 而枝幹相持, 故使逆節不生, 宗祀不絶.(『정관정요』
「봉건」)

191 王室浸微, 始自藩屛, 化爲仇敵. 家殊俗, 國異政, 强凌弱, 衆暴寡, 疆埸彼此, 干戈侵伐. (…) 豈容以爲侯伯則同其安危, 任之牧宰則殊其憂樂?(『정관정요』「봉건」)

192 救土崩之難, 莫如建諸侯; 削尾大之勢, 莫如置守宰.(『신당서』「종실전찬宗室傳贊」)

193 封建者, 必私其土, 子其人, 適其俗, 修其理, 施化易也; 守宰者, 苟其心, 思遷其秩而已, 何能理乎?(『유하동전집柳河東全集』「봉건론封建論」에서 재인용)

194 藉其門資, 忘其先業之艱難, (…) 莫不世增淫虐, 代益驕侈. (…) 倘有孩童嗣職, 萬一驕逸, 則兆庶被其殃, 而國家受其敗. (…) 擢士庶以任之, 澄水鏡以鑒之, 年勞優其階品, 考績明其黜陟. (…) 總而言之, 爵非世及, 用賢之路斯廣; 民無定主, 附下之情不固.(『정관정요』「봉건」)

195 封建親戚, 以爲藩衛, 安危同力, 盛衰一心. (…) 股肱旣殂, (…) 心腹無依.(『제범』「건친」)

196 以循良之才, 膺共治之寄, (…) 與人共其樂者人必憂其憂, 與人同其安者人必拯其危, (…) 賦以茅土, 疇其戶邑, (…) 不任功臣以吏事, 所以終全其世, (…) 使夫得奉大恩, 而子孫終其福祿也.(『정관정요』「건친」)

197 承恩以來, 形影相弔, 若履春氷; 宗族憂虞, 如置湯火, (…) 更因延世之賞, 致成剿絶之禍.(『자치통감』 권195)

198 蓋由力不能制, 因而利之, 禮樂節文, 多非己出.(『구당서』「장손무기전」)

199 『당회요』「봉건잡록」.

200 『제범』「건친」.

201 非親無以隆基, 非德無以啓化.(『당 태종집』「진사명晉祠銘」)

202 以天下爲私, 非至公馭物之道.

203 不以三代之法統天下, 終危邦也. (…) 兩漢之制.(『중설中說』「관랑關朗」)

204 故建侯者, 所以正冡嫡, 安父子之分, 使不相猜貳, 豈藩屛王室而已哉! 夫先王之尙封建也, 非止貴於永久, 貴其從化而省刑. 故郡建則督責, 督責則刑生. 國開則明教, 明教則從化. 從化之行, 因於封建. 封建則諸侯之制與天子備同. 備同而禮殺, 禮殺然後可宣教化. 宣教化則仁義長, 仁義長則尊卑別, 尊卑別則禍亂息, 此封建所以易爲理也. 郡縣之理, 可以小寧, 不可以久安, 可以責成, 不可以化俗.(『당회요』「봉건잡록」)

205 창힐倉頡이 문자를 만들기 전 중국인의 조상은 새끼줄을 묶어 표현하는 결승문자를 사용했다고 한다. 복희伏羲씨가 서계書契를 만들어 결승문자를 대체했다고 한다. 까마득한 옛일을 비유한 말이다. —옮긴이

206 『순자』「정론正論」편 등에 등장하는 말로, 아주 먼 옛날에는 신체형이 없었으며 죄인에게 보통 사람들과 다른 옷을 입혀서 치욕을 보이도록 한 것을 일컫는 말이다. 옛일을

비유한 말이다. —옮긴이

207 以結繩之化, 行虞夏之朝; 用象刑之典, 理劉曹之末.

208 『당회요』「봉건잡록」.

209 今古事殊, 恐非久安之道.(『당회요』「봉건잡록」)

210 『정관정요』「봉건」.

211 君人者, 以天下爲公, 無私於物. (…) 朕以天下爲家, 不能私於一物.(『정관정요』「공평공
평」)

212 不若分王諸子, 勿令過大, 間以州縣, 雜錯而居, 互相維持, 使各守邊境, 協力同心, 足扶京
室; 爲置官僚, 皆省司選用, 法令之外, 不得擅作威刑, 朝貢禮儀, 具爲條式. 一定此制, 萬
世無虞.(『자치통감』권193)

213 封建親戚, 以爲藩衛, (…) 遠近相持, 親疏兩用, (…) 衆建宗親而少力, 輕重相鎭, 憂樂是
同, (…) 上無猜忌之心, 下無侵冤之慮.(『제범』「건친」)

214 貽厥子孫, 非有大故, 毋或黜免.(『자치통감』권193)

215 飭躬闡政之道.

216 以天下未定, 廣封宗室, 以威天下. (…) 但崇以爵等, 食其租封而已.(『당회요』「봉건잡
록」)

217 封建子弟, 有其名號, 而無其國邑, 空樹官僚, 而無茲事, 聚居京輦, 食租衣稅.(『당회요』
「봉건잡록」)

218 『자치통감』권179.

219 壞我法者, 子孫也. 譬如猛虎, 物不能害, 反爲毛間蟲所捎食耳.(『자치통감』권179)

220 爲臣貴於盡忠, 虧之者有罰; 爲子在於行孝, 違之者必誅. 大則肆諸市朝, 小則終貽黜
辱.(『당 태종집』「출위왕태조黜魏王泰詔」)

221 君子立身, 雖云百行, 唯誠與孝, 最爲其首.(『수서』「고조기」)

222 唯讀孝經一卷, 足以立身治國, 何用多爲.(『자치통감』권175)

223 夫孝悌有聞, 人倫之本, 德行敦厚, 立身之基.(『수서』「양제기」)

224 百行之本, 要道惟孝.(『당 태종집』「사효의고년속백조賜孝義高年粟帛詔」)

225 공자의 32세손으로 알려져 있으며, 수나라 때 과거에 급제했고 당 태종을 섬겨 국자박
사와 국자감 좨주祭酒 등을 역임했다. 그가 중심이 되어 편찬한 『오경정의』는 과거 시
험 교과서가 되면서 사상사에 지대한 영향을 미쳤다. —옮긴이

226 行此, 足以事父兄, 爲臣子矣.(『구당서』「고종기高宗紀」)

227 忠爲令德, 孝乃天經, 義著君親, 道存愛敬.(『무측천집』「허요원지해직제許姚元之解職

制」)

228 爲天下蒼生父母, (…) 以孝事君則忠.(『효경주소』「광양명장廣揚名章」)

229 『자치통감』권179.

230 罪之大者, 莫過不孝. 君者臣之稟命也, 而敢要之, 是無上也; 聖人制禮作樂, 而敢非之, 是無法也; 善事父母爲孝, 而敢非之, 是無親也. (…) 人有上三惡, 豈唯不孝, 乃是大亂之道.(『효경주소』「오형장五刑章」)

231 君親旣立, 忠孝形焉. 奉國奉家, 率由之道寧二; 事君事父, 資敬之途斯一.

232 孝者, 德之至, 道之要也. (…) 人之行莫大於孝, 故爲德本.(『효경주소』「개종명의장」)

233 여기서 삼진三辰은 하늘을 도는 해, 달, 별 세 가지를 뜻한다. —옮긴이

234 여기서 오토五土는 산림, 연못, 구릉, 물가의 평지, 낮은 웅덩이의 땅 등 다섯 가지를 말한다. —옮긴이

235 孝爲百行之首, 人之常德, 若三辰運天而有常, 五土分地而爲義也.(『효경주소』「삼재장三才章」)

236 雖五孝之用則別, 而百行之源不殊. (…) 尊卑雖殊, 孝道同至.(『효경주소』「서인장」)

237 欲求忠臣, 出於孝子之門. 夫非純孝者, 則不能立大忠.(『신궤』「지충」)

238 『자치통감』권210.

239 『효경주소』「서인장」.

240 夫孝始於事親, 中於事君, 終於立身. (…) 君子之事上, 進思盡忠, 退思補過, 將順其美, 匡救其惡.(『구당서』「고종기」)

241 扶危之道, 莫過於諫.(『신궤』「광간」)

242 助君而恤人者, 至忠之遠謀也.(『신궤』「이인」)

243 上足以尊主安國, 下足以豐財阜人. 內匡君之過, 外揚君之美. (…) 公家之利, 知無不爲.(『신궤』「지충」)

244 處其任者, 必荷其憂. 臣之與主, 同體合用. (…) 不俟命而自勤, 不求容而自親.(『신궤』「동체」)

245 한대 유향劉向이 지은 『설원』「신술臣術」편에 등장한 말로 원문은 다음과 같다. "六正者: 一曰萌芽未動, 形兆未見, 昭然獨見存亡之幾, 得失之要, 預禁乎不然之前, 使主超然立乎顯榮之處, 天下稱孝焉, 如此者聖臣也. 二曰虛心白意, 進善通道, 勉主以體誼, 諭主以長策, 將順其美, 匡救其惡, 功成事立, 歸善於君, 不敢獨伐其勞, 如此者良臣也. 三曰卑身賤體, 夙興夜寐, 進賢不解, 數稱於往古之德行事以屬主意, 庶幾有益, 以安國家社稷宗廟, 如此者忠臣也. 四曰明察幽, 見成敗早, 防而救之, 引而復之, 塞其間, 絕其源, 轉

禍以爲福, 使君終以無憂, 如此者智臣也. 五曰守文奉法, 任官職事, 辭祿讓賜, 不受贈遺, 衣服端齊, 飮食節儉, 如此者貞臣也. 六曰國家昏亂, 所爲不道, 然而敢犯主之顔面, 言君之過失, 不辭其誅, 身死國安, 不悔所行, 如此者直臣也, 是爲六正也. 六邪者: 一曰安官貪祿, 營於私家, 不務公事, 懷其智, 藏其能, 主饑於論, 渴於策, 猶不肯盡節, 容容乎與世沈浮上下, 左右觀望, 如此者具臣也. 二曰主所言皆曰善, 主所爲皆曰可, 隱而求主之所好即進之, 以快主耳目, 偸合苟容與主爲樂, 不顧其後害, 如此者諛臣也. 三曰中實頗險, 外容貌小謹, 巧言令色, 又心嫉賢, 所欲進則明其美而隱其惡, 所欲退則明其過而匿其美, 使主妄行過任, 賞罰不當, 號令不行, 如此者姦臣也. 四曰智足以飾非, 辯足以行說, 反言易辭而成文章, 內離骨肉之親, 外妒亂朝廷, 如此者讒臣也. 五曰專權擅勢, 持招國事以爲輕重於私門, 成黨以富其家, 又復增加威勢, 擅矯主命以自顯貴, 如此者賊臣也. 六曰詔言以邪, 墜主不義, 朋黨比周, 以蔽主明, 入則辯言好辭, 出則更復異其言語, 使白黑無別, 是非無間, 伺候可推, 而因附然, 使主惡布於境內, 聞於四鄰, 如此者亡國之臣也, 是謂六邪." 요약하면 육정, 즉 여섯 종류의 충정한 신하란 문제의 모든 기미를 미리 알아 미연에 조치하여 군주를 현달시키는 성신聖臣, 장기 대책을 세우고 좋은 일엔 순응하고 나쁜 일은 고쳐 군주를 선으로 이끄는 양신良臣, 밤낮 숙고를 거듭하고 현인을 추천해 종묘사직을 안정시키는 충신忠臣, 잘못된 일을 잘 구제하여 전화위복을 시켜 군주를 걱정시키지 않는 지신智臣, 법과 직무를 잘 지키고 외복과 음식을 단정히 하는 정신貞臣, 국가가 혼란해지면 과감히 군주의 과실을 적시해 제 몸은 죽어도 나라를 안정시키는 직신直臣을 말한다. 육사 즉 여섯 종류의 그릇된 신하란 녹이나 탐하고 사적인 이익만 챙기며 세상에 부침하는 구신具臣, 군주가 말하면 무조건 옳다 하며 군주의 이목에 영합하려는 유신諛臣, 교언영색하고 현인을 질투하며 자신의 잘못을 감추고 상벌을 부당하게 만드는 간신姦臣, 교묘한 말과 지혜로 이간질하고 조정을 혼란에 빠뜨리는 참신讒臣, 권력을 남용하고 자기 집안만 현달시키는 적신賊臣, 붕당을 지어 군주의 총명을 가리고 말을 꾸며 시비를 분간 못하게 만드는 망국지신亡國之臣을 말한다. ─옮긴이

246 懷其智, 藏其能. 主饑於論, 渴於策, 猶不肯盡節. (…) 主所言, 皆曰善; 主所可(『설원』의 원문은 爲이다─옮긴이), 皆曰可, (…) 巧言令色, (…) 擅矯主命, (…) 詔主(『설원』의 원문은 言이다─옮긴이)以邪, 墜主不義.(『신궤』「공정」)

247 夫諫者, 所以匡君於正也.(『신궤』「광간」)

248 相國丞相多非尋常人臣之職.(『통전通典』「직관 3」)

249 中書所出詔敕, 頗有意見不同, 或兼錯失而相正以否. 元置中書門下, 本擬相防過誤. 人之意見, 每或不同, 有所是非, 本爲公事, 或有護己之短, 忌聞其失, 有是有非, 衒以爲怨.

或有苟避私隙, 相惜顏面, 知非政事, 遂卽施行. 難違一官之小情, 頓爲萬人之大弊. 此實亡國之政, 卿輩特須在意防也.(『정관정요』 「정체」)

250 당나라 때 돌아다닌 말을 수집한 책이란 의미로 오대시절 왕정보王定保가 지은 책이다. ―옮긴이

251 당나라 때 진사과를 높이 평가하여 지금은 흰 적삼을 입고 있지만 다른 날 진사과에 합격하면 정일품의 높은 관직에 오를 수도 있다는 의미다. ―옮긴이

252 수 양제는 관료 선발의 과거 제도를 경전을 암송하고 뜻을 풀이하는 명경明經과와 시나 부 등에서 출제하여 시험으로 선발하는 진사進士과 둘을 두었다. ―옮긴이

253 進士科始於隋大業中, 盛於貞觀永徽之際, 搢紳雖位極人臣, 不由進士者, 終不爲美. (…) 其推重謂之'白衣公卿', 又曰'一品白衫'. 其艱難謂之'三十老明經, 五十少進士'. (…) 其有老死於文場者, 亦無所恨. 故有詩云: '太宗皇帝眞長策, 賺得英雄盡白頭.'

254 明職審賢, 擇才分祿, (…) 君擇臣而授官, 臣量己而受職, 則委任責成, 不勞而化, 此設官之審也.

255 智者取其謀, 愚者取其力, 勇者取其威, 怯者取其愼, 無智(愚)勇怯, 兼而用之. 故良匠無棄材, 明君無棄士. 不以一惡忘其善, 勿以小瑕掩其功, 割政分機, 盡其所有.

256 防其心害源, 開其利本, 顯罰以威之, 明賞以化之. 威立則惡者懼, 化行則善者勸.

257 雖嗇於財, 至於賞賜有功, 卽無所愛.(『자치통감』 권180)

258 務悅人心, 不問愚賢, 選集者多收之, 職員不足, 乃令吏部大置試官以處之, 故當時有車載斗量之謠.(『통전』 「선거전選擧典」)

259 철편은 쇠를 가는 마디마디로 연결하여 붙인 채찍으로 말의 엉덩이를 때리는 데 쓰이며, 철과는 쇠를 대롱처럼 길게 늘여 연결한 것으로 말의 머리를 쇠망치처럼 가격하는데 쓰인다. ―옮긴이

260 太宗有馬名獅子驄, 肥逸無能調馭者, 朕爲宮女侍側, 言於太宗曰: '妾能制之, 然須三物, 一鐵鞭, 二鐵檛, 三匕首. 鐵鞭擊之不服, 則以檛檛其首, 又不服, 則以匕首斷其喉.' 太宗壯朕之志.(『자치통감』 권206)

261 功臣故舊, 無始終保全者, 乃至子弟, 皆如仇敵.(『자치통감』 권180)

262 考事以正其名, 循名以求其實, (…) 設禮以待之, 執法以御之, 爲善者蒙賞, 爲惡者受罰.

263 『전당문』 권139 「논어신지술」.

264 太后雖濫以祿位收天下人心, 然不稱職者, 尋亦黜之, 或加刑誅. 挾刑賞之柄以駕御天下, 政由己出, 明察善斷, 故當時英賢亦競爲之用.

265 刑網簡要, 疏而不失, (…) 刪削繁苛, 務在寬簡.

266 가장枷杖은 칼을 씌우는 형벌과 장형, 결벌決罰은 장형의 일종으로 곤봉으로 때리는
    형벌, 신수訊囚는 죄수에 대한 신문이다. —옮긴이

267 以高祖禁網深刻, 又敕修律令, 除十惡之條, (…) 其五刑之內, 降從輕典者, 二百餘條. 其
    枷杖決罰訊囚之制, 竝輕於舊.(『수서隋書』「형법지刑法志」)

268 唐因於隋, 相承不改.(『당율소의唐律疏議』「명례名例」)

269 下凌上替, 政散民凋, 皆由法令隳訛, 條章混謬. (…) 安民立政, 莫此爲先.(『구당서』「형
    법지」)

270 『자치통감』 권194.

271 惟奉三尺之律, 以繩四海之人.(『정관정요』「공평」)

272 發號施令, 爲世作法.(『정관정요』「태자제왕정분」)

273 法者, 人君所受於天.(『자치통감』 권196)

274 人君處尊高之位, 執賞罰之權.(『당 태종집』「금경」)

275 殺生權威, 帝王之所執, 而憲章法律, 臣下之所奉.(『전당문全唐文』 권147「논설자운등
    표論薛子云等表」)

276 威者, 所以治人也.(『정관정요』「공평」)

277 權斷制敕, 量情處分.(『당율소의』「단옥斷獄」)

278 『자치통감』 권196.

279 帝王作法, 沿革不同; 取適於時, 故有損益.(『수서』「형법지」)

280 自古哲王, 因人作法, 前帝後帝, 沿革隨時. 律令格式, 或有不便於事者, 宜依前敕修改,
    務當政要.(『수서』「고조기」)

281 失禮之禁, 著在刑書.(『당 태종집』「박장조薄葬詔」)

282 德禮爲政敎之本, 刑罰爲政敎之用.(『당률소의』「서序」)

283 禁暴懲奸, 弘風闡化.(『구당서』「형법지」)

284 法備小人, 不防君子.(『수서』「이목전李穆傳」)

285 刑罰不可弛於國, 笞捶不可廢於家.

286 威可懼也, 則中華懾軏, 若履刀而戴雷霆.(『제범』「무농」)

287 納之軌度, 令行禁止.(『당 태종집』「금관인위율조禁官人違律詔」)

288 斟酌古今, 除煩去弊, 甚爲寬簡, 便於人者.(『구당서』「형법지」)

289 人主嚴明, 臣下畏法.(『정관정요』「정체」)

290 按擧不法, 震肅權豪.

291 深惡官吏貪濁, 有枉法受財者, 必無赦免. (…) 制馭王公妃主之家, 大姓豪猾之伍, 皆畏

威屛迹, 無敢侵欺細人.(『정관정요』「정체」)

292 夫刑賞之本, 在乎勸善而懲惡, 帝王之所以與天下爲畫一, 不以貴賤親疏而輕重者也.(『정관정요』「형법」)

293 형벌을 내릴 때 참작할 여덟 가지 사항. 『당률소의』에 따르면 황제나 황후 이상의 친척을 고려한 의친議親, 옛 인연을 고려한 의고議故, 덕행을 고려한 의현議賢, 재능을 고려한 의능議能, 공훈을 고려한 의공議功, 3품 이상 관직을 고려한 의귀議貴, 근면성실을 고려한 의근議勤, 역대 국빈을 고려한 의빈議賓이 있다. —옮긴이

294 『당률소의』에 보인다. 징역을 관직으로 대신하는 것으로, 품계를 낮추어 징역형을 감면받는 제도다. —옮긴이

295 剛克之吏, 摧拉凶邪, 一切禁奸, 以救時弊, 雖乖教義, 或有所取焉.(『수서』「혹리전酷吏傳」)

296 律者天下之大信.(『수서』「조작전趙綽傳」)

297 夫號令不信, 則民不知所從, 天下何由而治乎!(『자치통감』 권192)

298 縱國家有倒懸之急, 猶必不可.(『정관정요』「납간」)

299 信爲國本, 百姓所歸.(『구당서』「저수량전褚遂良傳」)

300 法者, 國家所以布大信於天下, 言者, 當時喜怒之所發耳, (…) 忍小忿而存大信.(『구당서』「대주전戴冑傳」)

301 天下爲公, 一人有慶.(『정관정요』「형법」)

302 君人者, 以天下爲公.(『정관정요』「공평」)

303 古稱至公者, 蓋謂平恕無私.(『정관정요』「공평」)

304 大明無偏照, 至公無私親.(『정관정요』「형법」)

305 『수서』「고조기」.

306 自古帝王多任情喜怒, 喜則濫賞無功, 怒則濫殺無罪. 是以天下喪亂, 莫不由此.(『정관정요』「구간」)

307 公之於法, 無不可也, 過輕亦可. 私之於法無可也, 過輕則縱奸, 過重則傷善.(『정관정요』「공평」)

308 法, 國之權衡也, 時之準繩也. 權衡所以定輕重, 準繩所以正曲直, (…) 喜怒肆志, 高下在心, (…) 是則舍準繩以正曲直, 棄權衡以定輕重者也. 不亦惑哉?(『정관정요』「공평」)

309 賞不遺疏遠, 罰不阿親貴.

310 志存公道, 人有所犯, 一一於法. (…) 吾心如秤, 不能爲人作輕重.(『정관정요』「공평」)

311 恩所加則思無因喜以謬賞, 罰所及則思無因怒而濫刑.(『정관정요』「군도」)

312 適己而妨於道, 不加祿焉; 逆己而便於國, 不施刑焉.(『제범』「상벌」)

313 『수서』「형법지」.

314 喜怒不恒, 不復依準科律.(『자치통감』 권178)

315 法者非朕一人之法, 乃天下之法.(『정관정요』「공평」)

316 開直言之路, 披不諱之心, (…) 各啓至誠, 匡兹不逮, (…) 無或嘿嘿, 退有後言.(『수서』「고
     조기」)

317 牧宰任稱朝委(『북사北史』「본기」 권12). —옮긴이

318 其民下有知州縣官人政治苛刻, 侵害百姓, 背公徇私, 不便於民者, 宜聽詣朝堂封奏, 庶
     乎四聰以達, 天下無寃.(『수서』「양제기」)

319 『무측천집』「건언 12사」.

320 自古人君莫不欲社稷永安, 然而不得者, 只爲不聞己過, 或聞而不能改故也.(『정관정요』
     「임현任賢」)

321 明主思短而益善, 暗主護短而永愚. 隋煬帝好自矜夸, 護短拒諫, (…) 古者聖主必有爭臣
     七人, 言而不用, 則相繼以死.(『정관정요』「구간求諫」)

322 公等亦須受人諫語, 豈得以人言不同己意, 便卽護短不納? 若不能受諫, 安能諫人?(『정관
     정요』「구간」)

323 雖勞神苦形, 未能盡於合理.(『구당서』「태종기」)

324 朝臣旣知上意, 亦復不敢直言, 宰相已下, 承受而已.(『구당서』「태종기」)

325 擇天下賢才, 置之百官, 使思天下之事, 關由宰相, 審熟便安, 然後奏聞.(『자치통감』 권
     193)

326 前代聖王, 未遭此師, 則功業不著乎天下, 名譽不傳乎載籍. 況朕接百王之末, 智不同聖
     人, 其無師傅, 安可以臨兆民者哉?(『당 태종집』「건삼사조」)

327 『정관정요』「존경사부尊敬師傅」「규간태자規諫太子」 등 참조.

328 本以文學言語被顧問, 出入侍從, 因得參謀議納諫諍, 其禮尤寵.(『신당서』「백관지」)

329 夫以銅爲鏡, 可以正衣冠; 以古爲鏡, 可以知興替; 以人爲鏡, 可以明得失.(『정관정요』
     「임현」)

330 人欲自照, 必須明鏡; 主欲知過, 必借忠臣.(『정관정요』「구간」)

331 今人顏貌同於目際, 猶不自瞻, 況是非在於無形, 奚能自睹? 何則? 飾其容者, 皆能窺於明
     鏡; 修其德者, 不知訪於哲人, 拒善自愚, 何迷之甚?(『제범』「거참去讒」)

332 和若鹽梅, 固同金石, (…) 敬以接下, 君恩下流, (…) 臣情上達, 咸思竭力, 心無所隱.

333 忠者瀝其心, 智者盡其策.(『제범』「납간」)

334 古之帝王, 有興有衰, 猶朝之有暮, 皆爲蔽其耳目, 至於滅亡.(『당 태종집』「민가외론」)

335 宰相有奸謀隱匿, 則人人皆得上論.(『전당문』 권139 「위굉질망의재상소韋宏質妄議宰相疏」)

336 괴팍하다는 愎 자는 남의 말을 듣지 않는다는 의미다. 팍간은 간언을 받아들이지 않는다는 말로 납간納諫의 반대말이다. —옮긴이

337 是故人君兼聽廣納, 則貴臣不得擁蔽, 而下情得以上通也.(『자치통감』 권192)

338 猛獸處山林, 藜藿爲之不采; 直臣立朝廷, 奸邪爲之寢謀.(『정관정요』「두참사杜讒邪」)

339 塞切直之路, 爲忠者必少; 開諂諛之道, 爲佞者必多.(이상 『제범』 『금경』 등 참조)

340 道衰時昏, 奸邪竝用, 暴君虐主, 正直難居.(『당 태종집』「제비간문祭比干文」)

341 若位望通顯而諫以求名, 彌所不耐.(『자치통감』 권182)

342 臨危之主, 各師其臣.(『당 태종집』「금경」)

343 心屢移於衆口, 事不定於己圖.(『당 태종집』「진무제총론晉武帝總論」)

344 人主惟有一心, 而攻之者甚衆. 或以勇力, 或以辯口, 或以諂諛, 或以奸詐, 或以嗜欲, 輻湊攻之, 各求自售, 以取寵祿. 人主少懈, 而受其一, 則危亡隨之, 此其所以難也.(『자치통감』 권196)

345 『정관정요』「성신」.

346 一言興邦, 斯之謂也.(『정관정요』「신종」)

347 正身以義, 則其政不嚴而理, 其教不肅而成矣.(『정관정요』「공평」)

348 國之衰弊, 恒由此起, (…) 生驕逸之端, 必踐危亡之地.(『정관정요』「군도」)

349 居安思危, (…) 愼終如始, (…) 傲不可長, 欲不可縱, 樂不可極, 志不可滿.(『정관정요』「신종」)

350 戒驕逸以自防, 納忠塞以自正.(『정관정요』「군신감계」)

351 公獨不見金之在礦也, 何足貴哉! 良冶鍛而爲器, 便爲人所寶. 朕方自比於金, 以卿爲良匠.(『구당서』「위징전」)

352 木雖曲, 得繩則正; 爲人君雖無道, 受諫則聖.(『당 태종집』「자감록」)

353 夫爲人上者, 未有不求善, 但以性不勝情, 耽惑成亂. 耽惑旣甚, 忠言逾塞, 所以臣下苟順, 君道漸虧.(『구당서』「장현소전張玄素傳」)

354 人君雖聖哲, 猶當虛己以受人.(『자치통감』 권192)

355 己雖有能, 不自矜大, 仍就不能之人求訪能事.(『구당서』「공영달전」)

356 自守謙恭, 常懷畏懼, (…) 在身倘有不是之事, 誰肯犯顏諫奏?(『정관정요』「겸양」)

357 以蒙養正, 以明夷莅衆.(『구당서』「공영달전」)

358 勿渾渾而濁, 勿皎皎而淸, 勿汶汶而暗, 勿察察而明.(『정관정요』「형법」)

359 聽之於無形, 求之於未有.(『전당문全唐文』 권140 「이옥청간소리獄請諫疏」)

360 堯舜之君, 自愚而益智; 桀紂之主, 獨智以添愚. 故異順逆於忠言, 則殊榮辱於帝道.(『당
　　 태종집』「구직언수조求直言手詔」)

361 汝惟不矜, 天下莫與汝爭能; 汝惟不伐, 天下莫與汝爭功.(『정관정요』「겸양」)

362 輦上無虞, 群下結舌, 大盜移國, 莫之敢指.(『구당서』 권53 「어밀전李密傳」에 보인다—옮
　　 긴이)

363 智者不諫, 諫或不智. 智者盡言, 國家之利.(『구당서』「위징전」)

364 人臣欲諫, 輒懼死亡之禍, 與夫赴鼎鑊冒白刃, 亦何異哉? 故忠貞之臣, 非不欲竭誠. 竭誠
　　 者, 乃是極難.(『정관정요』「구간」)

365 陛下導之使言, 臣所以敢諫. 若陛下不受臣諫, 豈敢數犯龍鱗?(『구당서』「위징전」)

366 恐人不言, 導之使言.(『정관정요』「납간」)

367 降恩旨, 假慈顔, 凝旒以聽其言, 虛襟以納其說.(『구당서』「유계전劉洎傳」)

368 忠言逆耳而利於行, 有國有家者急務, 納之則俗寧, 杜之則政亂.(『구당서』「후비전后妃
　　 傳」)

369 明主納諫, 病就苦而能消; 暗主從諛, 命因甘而致殞.(『제범』「거참去讒」)

370 其議可觀, 不責其辯; 其理可用, 不責其文.(『제범』「구간」)

371 言之者無罪, 聞之者足戒.(『전당문』 권141 「군서치요서群書治要序」)

372 臣有逆衆以執法, 明主恕之以忠; 臣有孤特以執節, 明主恕之以勁.(『구당서』「소우전蕭瑀
　　 傳」)

373 所以每有諫者, 縱不合朕心, 朕亦不以爲忤. 若卽嗔責, 深恐人懷戰懼, 豈肯更言!(『정관정
　　 요』「구간」)

374 所言乃常事, 而所賞太厚. (…) 我卽位來, 未有諫者, 所以賞之. (…) 導之使言也.(『정관정
　　 요』「납간」)

375 동으로 만든 궤짝이란 뜻으로 동궤銅匭라고도 하는데, 중국 최초의 이 여성 황제는 공
　　 포 정치를 하면서도 오직 자신만이 열어볼 수 있도록 설계된 이 상자에 뚫린 네 구멍
　　 에 모든 사람이 하고 싶은 말을 써넣도록 함으로써 관대함을 내보이려 했다. 첫 번째
　　 입구에는 자천원서나 농업 및 사회복지에 대한 의견, 두 번째 입구에는 정부에 대한 비
　　 판, 세 번째 입구에는 불공정에 대한 고소, 네 번째 입구에는 예언이나 음모에 대한 보
　　 고를 넣도록 했다. ─옮긴이

376 人君耳目, 比肩事主, 得各奏事, 不相關白.(『당회요』「탄핵」)

377 諫官奏事, 不須限官品次第, 於每月奏事官數內, 聽一人奏對. (…) 諫官所獻封事, 不限早晚, 任封狀以進.(『당회요』「좌우보궐습유左右補闕拾遺」)

378 養耿介之士, (…) 絶讒構之端.(「제범」「금경」「유시신절참구론論侍臣絶讒構論」 등 참조)

379 國家公卿將相之具, 選於丞郞給舍; 丞郞給舍之才, 選於御史遺補郞官; 御史遺補郞官之器, 選於秘著校正畿赤簿尉; 雖未盡是, 十常六七焉.(『백거이전집』「책림」)

제2장

수당 시기 불교와
도교의 정치사상

유, 도, 불 3교는 중국 전통문화의 3대 지주다. 수당 이래 3교의 교차와 통섭이 고대 문화의 전체를 구성했다. 유, 도, 불 3교가 이데올로기 영역에서 지배적 지위를 다투며 끊임없이 갈등하고 부딪힌 것은 수당 사상사의 뚜렷한 특징 가운데 하나다. 3교의 충돌은 위진魏晉 시대에 시작되어 남북조 시대에 성행하다가 당나라 때 3교가 병립하는 국면을 연출했다. 봉건 왕조가 모든 것을 받아들이는 문화 정책을 시행했기 때문에 3교는 각자의 장점을 발휘하여 셋으로 나뉘어 정립의 형세를 띰으로써 백중을 가리기 어려웠다. 서로 배척하고 침투하는 과정에서 3교의 학설이 모두 획기적인 발전을 이루며 각자의 이론 형태에 심각한 변화가 생긴 것도 수당 사상사의 특징 중 하나다. 불교와 도교가 수당의 문화생활, 사회생활 및 정치 생활에 끼친 영향은 그 정도가 절대로 유가에 못 미치지 않았다. 사상 문화상 3교가 하나로 귀결됨으로써 전통문화의 내용을 더욱 풍부하게 만들었다.

제1절

유, 도, 불 3교의 경쟁과 겸섭

수당 시기 종교 문화 정책은 줄곧 조야 상하가 논쟁을 멈추지 않은 정치 문제 가운데 하나였다. 이 논쟁에서 최고 통치자의 구체적인 정책은 부단히 조정되었다. 전체적으로 보면 수당 제왕들은 유, 도, 불 3교에 대해서 모두 받아들이고 엄밀하게 통제하는 정책을 취했고 3교 모두가 왕권의 통치 도구가 되도록 하기 위해 힘썼다. 이러한 정책은 3교의 피차간 힘겨루기를 유발했으며 그로 하여금 공동 번영과 상호 교류가 가능하게 했다. 수당 시기 부혁傅奕의 폐불론廢佛論 및 이로 인해 생겨난 정책 논쟁이 그 전형적 사례다.

부혁의 왕권 존중과
화이華夷 변별의 폐불론廢佛論

부혁傳奕(555~639)은 상주相州의 업鄴(오늘날의 허난河南성 안양安陽) 사람이다. 천문역법에 통달했고 태사령太史令을 역임했다. 그는 수당 시기를 통틀어 불교의 배척과 폐지를 최초로 공개 주장한 대표적 인물이다. 그의 기본 관점은 유가와 도가의 반불교 활동을 대표하는 입장이 되었다. 당나라 초 부혁은 당 고조와 당 태종에게 선후 일곱 차례나 상소를 올려 행정 수단을 동원하여 불교를 폐지하라고 청구했다. 이는 통치 집단 내부에 문화 정책과 종교 정책을 둘러싼 일대 논쟁을 직접 불러일으켰다. 부혁의 저술로는 『노자주老子注』 『노자음의老子音義』가 있고 역대 반불교 사적을 수록한 『고식전高識傳』 10권을 편찬했으나 모두 유실되었다. 그는 임종하면서 자식들에게 이렇게 훈계했다. "노자, 장자의 현일玄一[1]의 편장과 주공, 공자의 『육경』 말씀이야말로 명교名教이니 너희는 마땅히 그것들을 익혀라. 요사스러운 오랑캐가 중화를 어지럽히니 세상 모두가 그에 현혹되어 오직 나 홀로 남몰래 탄식할 뿐 사람들은 나를 따르지 않는구나. 슬프다! 너희는 절대로 [불교를] 배우지 말거라."[2] 그의 반불교 태도는 대단히 견고했다.

부혁이 주장한 폐불은 주로 다음 다섯 가지 논점을 갖고 있다.

첫째, "부처는 서역에 살며 말이 요망하고 길이 아득하다". 어느 날 당 태종이 부혁에게 물었다. "불도는 현묘하여 그 성스러운 자취가 배울 만하며 인과응보가 분명하여 누차 증험이 되었는데 유독 경만이 그 이치를 깨치지 못하고 있으니 어쩐 일이오?" 부혁이 대답했다. "부처는 서역에 살며 말이 요망하고 길이 아득합니다. 중국어로 오랑캐의 책을 번역하면서 제멋대로 가탁한 것입니다." 그는 이렇게 생각했다. "부처는 오랑캐 가운데 흉악한 자로 이적들을 기만했다. 처음 서역에 머무르다 차츰 중국으로 흘러들어왔다. 그의 가르침을 숭배한 사람은 모두 사악한 소인들이며 노장의 현묘한 언어를 베껴 쓰면서 괴이한 환상의 가르침으로 꾸며대고 있을 뿐이다."[3] 화이의 분별과 이적의 가르침을 불교 폄하의 주요 논점으로 삼고 있다. 이런 관점은 당파적 견해나 종족적 논의에 빠져 외래문화를 배척하는 것으로 듣는 사람을 놀라게 할 수는 있겠으나 상대를 깨뜨릴 수는 없다.

둘째, "불교가 없었을 때 제왕은 오래도록 잘 다스렸으나, 불교가 있을 때 정치는 포학했고 왕조는 단명했다".[4] 부혁은 대량의 사실을 나열하며 불교가 정권 안정에 유해무익함을 증명했다. "복희, 신농으로부터 한나라, 위나라에 이르기까지 모두 불법이란 것이 없었는데 군주는 현명하고 신하는 충성스러웠으며 왕조는 장구했다." "[전진前秦의] 부견符堅과 [후조後趙의] 석호石虎 대에 이르러 강羌족 오랑캐들이 중화를 혼란에 빠뜨리면서 군주는 용렬해지고 신하들은 아첨꾼이 되었으며 정치는 포학해지고 왕조는 단명했다. 이 모든 것은 불교가 가져온 재앙이다. 양梁의 무제武帝, 제齊의 양제襄帝가 그 본보기다. 옛날에 포사褒姒라는 한 여인이 요망함으로 유왕幽王을 유혹하여 망국에 이르게 했다. 하물며 천하에 승려란 자들의 숫자가 십만을 넘는다. 그들이 화려한 비단을 잘 마름질하여 흙 불상을 치장하고 미신을 섬기면서 만백성을 미혹시키고 있도다!"⁵ 역사를 되짚어 불교가 없을 때와 불교가 있을 때의 정치적 우열을 비교하면서 부처에 빠지면 나라가 망한다는 것을 증명하고 있다. 이는 선왕의 도를 선양하려는 것으로 폐불론자들이 항상 운용하는 논변의 방식이다. 사실은 불교가 정치적 쇠락과 국가의 멸망을 불러온다고 말하기보다 차라리 포학한 정치와 세상의 혼란이 불교의 전파에 사회적 조건을 제공해주었다고 말하는 편이 나았을 것이다.

셋째, 불교는 "군주의 권력을 훔쳐서 조화를 부리는 영향력을 행사한다."⁶ 부혁은 "생과 사, 장수와 요절은 모두 자연에 기인한다. 형벌과 은덕, 위력과 은혜는 군주와 관계가 있다"⁷고 명확하게 지적한다. 그는 불교가 "죄와 복에 대한 요망한 주장으로" 인과응보를 선양하고 있다고 생각했다. "빈부귀천은 모두 업적에 따르는 것임에도 어리석은 중들이 사기를 쳐서 모두 부처로부터 비롯된다고 말한다"는 것이다. 이렇게 "어리석은 사람들을 협박하여 용품을 사기 치는"⁸ 수법은 위엄과 은혜를 만드는 군주의 권위를 손상시킨다. 인과응보설은 불교에서 신도들을 불러 모으는 법보였다. 부혁은 무신론의 각도에서 불교의 사기 행각을 폭로한 것이며, 이는 긍정할 만한 가치가 있다. 하지만 부혁의 주된 착안점은 불교의 성행이 군주 지고무상의 존엄을 손상시킨다는 데 있었다. 그가 보기에 "노자는 지극한 성인인데 제왕을 알현한다. 공자는 성인인데 무릎 꿇어 재상을 맡는다". 불교만이 군부를 참배하지 않으며 "아래로 공경을 무시하고 천자에 대항하니"⁹ 절대로 용인해서는 안 된다는 것이다.

넷째, "백성의 재물을 약탈하고 국가의 저축을 절단한다". 부혁은 불교의 성행이 백성의 재물 낭비를 부르고 부역을 침식하여 국가의 민생 설계에 큰 위해가 된다고 주장한다. "넓게 가람을 설치하니 그 장엄하고 화려함이 한둘이 아니다. 노역하는 기술자들은 오로지 불상을 앉히고만 있다." "여공들은 비단을 펼쳐놓고 음사에 쓰는 깃발만 만들고 있으며, 금은을 다루는 기술자들은 사리를 안치할 제단을 조각하고 있으며, 벼며 기장이며 밀보리며 쌀이며 모두가 승려들의 회합을 위해 진설되고 있다." "백성의 재물을 약탈하고 국가의 저축을 절단 내고 있다."[10] 이뿐만이 아니라 "놀고먹으면서 승복으로 갈아입고 세금을 내지 않는다".[11] 게다가 절은 많고 승려는 늘어나 "작은 절에 승려가 100명이고, 큰 절은 200명이다. 군대로 그들을 이끈다면 다섯 절이면 강한 한 개의 여단이 될 것이다. 모든 절을 합치면 병사가 6군에 달할 정도로 많으니 민생은 침해당하고 국가의 큰 재난이 아닐 수 없다".[12] 호구, 군사 자원, 부역의 각도에서 불교가 국가의 민생 설계에 큰 위해가 된다는 것을 비판하는 내용인데, 이는 폐불론자들의 비장의 무기 가운데 하나였다. 이는 수당 황제들이 누차 "승도를 도태시키라"는 조칙을 내린 주된 근거였다. 당나라 제왕 대부분은 불교를 신봉했다. 그러나 그들의 마음속에 이익이 신앙보다 높았으며 신앙은 이익을 위해 봉사하는 것이었다. 국가의 세금과 군사 자원은 대단히 중요한 일이었기 때문에 승려들의 숫자를 제한하라는 명령을 거듭해서 내린 것이다. 당 무종武宗은 굳건히. 불교에 반대했던 당나라 유일의 군주다. 그가 불교를 폐지하고 없애려는 주된 이유는 다음과 같다. "승려 무리가 날로 늘어나고 불교 사원이 날로 존중을 받는다. 그 토목 공사에 인력이 동원되고, 그곳의 금은 수식에 사람들의 이익이 빼앗기고 있다. (…) 법을 파괴하고 사람을 해치기에 이 도를 그냥 넘겨서는 안 된다."[13] 부혁의 정치적 견해가 군주의 마음을 얼마나 크게 움직였는지 이로써 알 수 있다.

다섯째, "선왕의 도에 반대하고 충효의 의를 잃고 있다". 부혁은 불교도가 "머리를 깎고 물들인 옷을 입으며 제왕을 알현하지 않고 부모를 어기고 떠나니 불충불효한 자들"[14]이라고 생각했다. 불교는 신민들에게 '무군

무부' '불충불효'를 교사하여 윤리강상과 군신대의를 파괴하는데, 그대로 발전하게 둔다면 신민 모두가 "두 부모를 섬기지 않고 온갖 악행을 행하게 될 것"이라는 것이다. 불교가 순전히 "집에 들어오면 집을 파괴하고 나라에 들어오면 나라를 파괴하는 존재"라고 생각했다. 부혁은 한 걸음 더 나아가 이렇게 지적한다. 불교가 중국에 들어오기 전에 사람들은 "노자와 공자의 가르침을 함께 따르고" "효자가 집안을 계승하고 충신이 나라에 가득했는데"[15] 불교가 유행한 뒤 일반 백성에서 진신縉紳, 유학자들에 이르기까지 화복과 윤회설을 신봉하여 "차츰 어리석게 미혹당하고 헛된 공덕을 추구하며 법으로 금하는 것을 꺼리지 않고 헌장을 가볍게 침범한다. 악역을 저질러 몸이 형망에 걸렸음에도 옥중에서 예불을 드리고 입으로 불경을 외면서 밤이고 낮이고 피로한 줄 모른 채 죄가 면해지길 바란다"[16] 부혁은 이를 몹시 가슴 아파했다. 그가 보기에 "노자, 장자의 현일玄一의 편장과 주공, 공자의 『육경』의 말씀이야말로 명교였다".[17] 그는 명교의 부흥, 불법의 폐기, 윤리강상의 재정비를 힘써 주장했다.

예교, 명분, 강상, 충효는 중국 고대 군주 정치를 지탱하는 뿌리다. 변론 과정에서 일단 이 법보를 사용하기만 하면 아무도 감히 정면에서 그와 다투지 못했다. 한번은 조정의 논쟁 과정에서 소우蕭瑀가 이렇게 말했다. "부처는 성인입니다. 성인을 비난함은 법을 무시하는 것입니다. 부혁은 이를 따지고 드니 엄형으로 다스려야 합니다." 부혁은 날카롭게 맞서면서 이렇게 질타했다. "예는 부모를 섬기는 것을 바탕으로 하며 끝에는 윗사람을 받드는 것입니다. 이렇게 하면 충효의 이치가 뚜렷해지고 신하와 자식의 행위가 완성됩니다. 그런데 불교도는 성을 넘어 출가하여 부모를 배반하고 필부의 신분으로 천자에 대항하고, 자식으로 몸을 받았음에도 제 부모를 어깁니다. 소우는 내력이 불명한 자가 아님에도 무부의 가르침을 따르고 있습니다. 신은 효를 비난함은 부모를 무시하는 것이라 들었습니다. 바로 소우를 일컫는 말입니다!" 말이 윤리강상에 미치자 소우는 응대할 수가 없었다. 그저 승려들을 본받아 합장하면서 "지옥이 만들어진 것은 바로 이런 사람 때문이다"[18]라고 할 뿐이었다.

불교의 원시적 교의와 중국 전통 충효 관념은 서로 어긋나는 부분이 많다. 이는 불교가 가장 쉽게 공격을 받은 치명적 약점이었다. 윤리강상은 유가 학설의 기초이자 핵심이었다. 3교가 힘겨루기를 하는 과정에 쓰인 비장의 무기이자 최후의 방어선이기도 했다. 이 초식에 의지해서 유가는 통치 사상의 지위를 지켜냈고 주동적으로 공격을 감행하곤 했다. 당송 유학은 바로 이 방어선의 기초 위에서 지속되었으며 한 걸음 더 나아가 윤리 도덕을 도통道統과 천리天理로 상승시킴으로써 차츰 우세한 지위를 회복하게 되었다.

이상의 이유를 바탕으로 부혁은 불교가 국가와 백성의 재앙이며 "백성에게도 아무 도움이 안 되고 나라에 해만 끼치는 존재"라고 단정했다. 따라서 행정 수단을 동원하여 불교를 없앨 것을 주장했다. 그는 불교를 나라 밖으로 몰아낼 것을 건의했다. 뭇 승려는 환속시켜 집으로 돌려보내고 사원은 고아나 빈민들에게 나누어줄 것이며, 오직 초당과 토탑에만 불상을 놓도록 하여 뿌리를 끊고 유행을 단절시켜야 한다고 건의했다. 그는 "10년을 잘 기르고 한 가지 기율로 가르치면 자연히 나라에 도움이 되고 군대를 충족시킬 수 있다. 천하가 잠식당하는 재앙이 없어지고 백성이 위력과 은혜의 소재지를 알게 되면 미혹을 일으키는 요망한 바람은 저절로 그칠 것이고 순박한 교화의 풍속이 부흥할 것"[19]이라고 보았다.

부혁의 폐불론은 사실상 정치론이며 봉건 국가의 문화 성책 및 경세 정책과 관련이 있다. 폐불론의 요지는 제왕이 "노자 무위의 바람을 일으켜 백성이 스스로 교화되고, 공자 애경愛敬의 예법을 지켜 천하가 효도하고 사랑하게"[20] 되기를 바란 것이다. 당대엔 힘써 불교를 배척한 사대부들이 대를 이어 나와서 방대한 집단을 형성했다. 적인걸狄仁傑, 신체부辛替否, 요숭姚崇, 한유韓愈 등이 이를 대표하는 저명한 인물들이다. 불교에 반대하는 그들의 논점과 논거는 대체로 부혁과 같았다. 폐불론의 실질은 중화의 종법 윤리 도덕과 군권지상의 정치 체제를 수호하는 것이었다.

부혁 등의 정견이 제왕들에게 모두 받아들여진 것은 아니지만 당대의 사상 문화 영역에 중대한 영향을 미친 것은 사실이다. 주로 다음 세 가지로 나타났다. 첫째는 조정에 문화 정책에 관한 대변론을 유발시켰다. 이 변론은 오래오래 유지되었으며 3교에 대한 최고 통치자의 태도에 복잡미묘한 변화를 가져오기도 했다. 그 결과 당대 문화 정책과 종교 정책의 기조가 확정되었는데, 전부 수용하는 방향이었다. 둘째, 3교의 쟁명과 교류, 융합을 촉진했다. 전부를 수용하는 통치자의 정책은 3교 각자의 번영과 발전을 위한 정치적 전제를 제공했으며 유교, 도교, 불교 간 상호 세력 다툼을 부르기도 했다. 이 투쟁은 당나라 중엽 이전에 특히 격렬했다. 쟁명의 결과 3교는 서로 융합하고 통섭했다. 당나라 중기 이후 황제가 친히 주재하는 3교의 토론회에서는 각자의 차이에 대한 공격과 비방이 날로 줄어들었다. "처음 세 사상이 창과 방패와 같더니 끝내는 함께 선으로 귀결되었다."[21] 셋째, 유가 학파의 자아의식을 일깨워 유학의 부흥과 심화를 촉진했다.

불교 불성론, 도교 도성론 및 유가 심성론

수당 시기에 불교의 불성론과 도교의 도성론, 유가의 심성론은 서로 논쟁을 벌이면서 융합되어 강한 심성 사조를 형성했다. 정치사상의 각도에서 볼 때 이 사조는 유가 이론 형태의 전환을 촉진했고 전통 정치 철학은 더욱 심화되고 승화되었다.

불교의 중국화 과정은 일련의 불성론이 만들어지고 발전하며 실현되었다. 불교에서의 해탈은 신앙 외의 지혜에 의지해서도 얻을 수 있다. 이것이 단순한 신앙을 기초로 하는 다른 종교와 다른 점이다. 우주와 인생에 대한 불교의 통찰은 인간 이성에 대한 반성으로 모두 독특한 견해를 지니고 있다. 불교의 철학적 사변은 인간의 이성적 사유의 발전 가운데 상당히 높은 단계에 속한다. 수당 시기 천태종天台宗, 화엄종華嚴宗, 선종禪宗 등 중국화한 불교 종파들은 불가의 불성론을 집중적으로 발전시켰다. 이른바 '육조혁명六祖革命' 즉 선종 육조 혜능慧能의 불성론, 종교의식, 수행 방법에 대한 일련의 개혁과 재구성은 불교 중국화 과정의 완성을 상징한다. 당나라 중기 이후, 특히 '회창법난會昌法難'[22] 이후 선종이 중국 불교의 주류가 되었으며, 봉건 사대부의 정신세계에도 중대한 영향을 미쳤다.

불성은 불계佛界, 불장佛藏, 여래계如來界, 여래장如來藏이라고도 부른다. 불성이란 부처의 본성에 대한 체득 혹은 중생의 성불 가능성을 말한다. 불교 신앙의 최종 목적은 '성불'이다. 불성론은 본체, 심성, 방법을 내포하는데 이는 불교 교의의 핵심 명제다. "일체의 중생에게는 모두 불성이 있다." 즉 중생은 모두 깨달음의 인자를 갖고 있다는 것이 중국화한 불교 종파들의 공통된 주장이다. 선종의 교의는 거의 전부가 다 불성 사상이다. 혜능은 "사람은 모두 요순이 될 수 있다" "앎은 간결하고 행동은 쉬워야 한다" 등 도덕 주체를 중시하는 유가 사상을 흡수하여 "지극히 고명하게 중용을 길로 삼음"으로써 불성 학설을 변통했다. 가장 먼저 불교 철학과 중국 철학의 혼융을 이루어낸 것이다. 『육조단경六祖壇經』은 맑은 마음으로 견성하는 것을 불교를 배우는 근본으로 삼는다. 그 종지는 즉심즉불卽心卽佛, 돈오견성頓悟見性, 자성자도自性自度[23] 세 가지다.

외단外丹 중시로부터 내단內丹 중시로의 전환이 당나라 때 도교 발전의 종합적 추세였다. 내단설의 철학적 기초가 도체론, 도성론, 그리고 그와 관련된 수양론이다. 당대 도사들은 분분히 『노자』 주석을 통해 『장자』를 해석했다. 그들은 도경을 조술하는 형식으로 노장 사상, 신선 신앙, 불학의 방법, 유가의 도덕을 한 화로에 녹여 독특한 풍격을 지닌 도교 '중현重玄의 도'로 승화시켰다. '중현'을 대종으로 삼는 것이 당대 도교의 주류였다. '중현의 도'는 한편으로 도가 체용體用을 겸한다는 '즉본즉적卽本卽迹'[24]의 각도에서 대도의 보편성, 초월성, 절대성을 뛰어넘어 도로 하여금 전지전능한 지상신의 대명사가 되도록 했다. 다른 한편으로 도의 보편적 존재로서의 중생은 모두 도성이 있다는 각도에서 도를 닦아 신선이 되는 근거와 길을 논증했다. 도성이란 도 혹은 도와 동일한 불변의 본성으로부터 생명을 부여받는다는 것으로 도를 닦아 득도하는 근거나 가능성을 말한다. 도교의 도성론은 유가의 심성론에 깊은 영향을 미치기도 했다.

불교 불성론과 도교 도성론의 유가 정치 철학에 대한 영향은 여러 방면에서 이루어졌다. 주로 다음 몇 가지로 나타났다.

첫째, 불성 평등 혹은 도성 평등의 본체론은 종법 윤리 도덕이 철학적으로 이론화된 유가의 본체론을 계발시켰다.

"중생의 불성은 평등하다"는 것은 천태종, 화엄종, 선종의 공통된 주장이다. 천태종은 불법, 중생법, 심법의 성격이 서로 통섭되고 서로 융합되어 아무 차별이 없다고 주장한다. "본성이 있든 없든" 색色과 심心은 둘이아니며, 불성은 법계에 두루 펼쳐져 있어 풀 한 포기, 나무 한 그루, 조약돌 한 개, 티끌 하나에도 모두 갖추어져 있다는 것이다. 화엄종은 "진여眞如가 곧 만법萬法이며, 만법이 곧 진여다. 진여와 만법은 아무 걸림이 없이융통한다"고 한다. 진여와 만법은 하나이며 둘이 아니다. 만법은 모두 진여의 현현이며, 하나가 일체이며, 일一과 다多가 서로 일치하며, "여섯 상이원융하고" "일마다 걸림이 없다"고 한다.

선종은 불성을 일체의 무정물에까지 적용한다. 마음이 곧 부처이니 목석에도 본성이 있으며 "삼라만상 가운데 개개가 모두 부처"라고 한다. 그들은 쇠와 그릇, 물과 얼음, 빗물과 만물의 관계를 비유로 들며 본체의 부처가 만물 가운데 깃들어 있으며, 일체 제법이 추상을 하면 본체의 부처가 되기도 한다고 논증한다. 이로부터 우주 만물 "모든 것에 불성이 있으며 동일한 심체"라는 결론을 도출했다.

이러한 사상 논리와 논증 방법은 기본적으로 당송 유학자들에게 받아들여졌다. 송명 리학자들은 '월인만천月印萬川'[25]으로 리理는 하나이지만 그작용은 수없이 갈린다는 '리일분수理一分殊'를 논증했고, 빗물과 만물의 관계로 자연적으로 정해진 천명론을 논증했고, '사람과 물질의 본성이 또한나의 본성이다'로 '천명의 본성'을 논증했으며, '도' '천리' '태극' '성'을 모두본체화한 윤리 도덕으로 보았다. 이러한 논증 방법은 확실히 불성론에서 빌려온 것이다.

도교는 도가 묘본妙本과 묘용妙用을 겸하고 있다는 본체론으로 "형체가 있는 모든 것은 도성을 함장하고 있음"을 논증한다. 수당 도교 가운데 중현重玄[26] 일파는 "도가 일체에 두루 퍼져 있다"는 사상에서 출발하여 불교의 천태종, 삼론종 등 불성론을 통섭하고 중생 모두에게 도성이 있다고 크게 외쳤다. 『본제경本際經』「도성품道性品」은 도성과 중생성衆生性이 동일하며 둘이 아니라고 지적한다. 왕현람王玄覽의 『현주록玄珠錄』은 본 도장과 인주와의 관계를 비유로 들며 도성과 중생성은 같은 것도 다른 것도 아니라고 논한다. "도와 중생은 서로 인연으로 생겨난다. 그래서 같다. 중생은 생멸이 있으나 그 도는 생멸이 없다. 그래서 다르다."[27] "도 가운데 중생이 있으며, 중생 가운데 도가 있다. 그래서 중생은 그 도가 아니다. 수양을 하여 도를 얻을 수 있다. 그래서 도는 그 중생이 아니다. 중생의 수양에 응할 수도 있다. 그러므로 곧 도가 중생이다. (…) 중생이 도다."[28] 도성론의 사유 방식은 주로 불성론에서 온 것이다. 이는 또 3교의 교류를 통해 유학에 전해졌다. 송대 리학 사상가들, 특히 도가 곧 본성이며 만물은 모두 윤리적 본성을 갖고 있다는 주희朱熹의 사유는 분명히 상술한 사상의 영향을 받은 것이다.

둘째, 불교와 도교는 불성과 도성을 심성으로 귀결시키면서 성불을 하거나 신선이 되려면 자신의 마음으로 되돌아가 깨치라고 호소한다. 이는 또한 당대 이래 유가 윤리 철학의 기본적 발전 추세이기도 했다.

불교는 "만법이 갈려 있지만 하나같이 동일하다"는 본체론의 논증에 멈춰 있지 않고 마음이 곧 부처라는 즉심즉불卽心卽佛과 심성은 본래 고요하다는 심성본정心性本靜을 논증하는 데 역점을 두었다. 선종이 가장 전형적이다. 『단경』을 보자. "심량心量은 광대하여 허공과 같다." 만물의 색상은 모두 마음 가운데 있다. 그래서 "본성은 만법을 함유하여 크며 만법은 모두 자성自性이다."[29] 이렇게도 말한다. "본성이 부처요, 본성을 떠나면 달리 부처가 없다." "부처는 자성이 만드니 몸 밖에서 구하지 말라." 즉심즉불이니 "심, 부처, 중생 이 셋은 무차별하다." "자성을 깨치면 중생이 곧 부처이며, 자성이 미혹하면 부처가 곧 중생이다."[30] 이 사유에 따르면 불성과 심, 성, 리, 도는 모두 동일한 차원의 범주에 속한다. 이른바 "심이 도이고, 심이 리이니 심 밖에 리가 없고, 리 밖에 심이 없다"는 것이다.[31]

"심즉리, 리즉심"의 명제와 그 사유 방식은 수당 이후 차츰 유학에 흡수되었다. 북송 리학자들은 이 명제를 자신들의 학설 속에 편입시켜 리학 심성론의 주지이자 핵심으로 만들었다. 이 방면에 심학이 가장 특별한 역할을 했다. 육왕陸王 일파는 "우주가 바로 내 마음이며, 오심이 바로 우주다" "심 밖에는 사事도 물物도 리理도 없다"고 주장한다. 확실히 선종 사유 방식의 번역판이다.

당나라 때 도사들은 심을 생사윤회와 득도성진得道成眞의 중추로 삼았으며, 도성을 중생의 '신神' '심원心源' '청정심'으로 삼았다. 『현주록』은 "심이 멸하면 법도 멸한다"고 한다. 『좌망론坐忘論』은 "그 심체를 근원으로 하며 도를 근본으로 삼는다"[32]고 말하며 마음의 때를 청소하는 것, 즉 '청제심구淸除心垢'를 수도의 방법이자 목적으로 여겼다. 이러한 사상들도 당송 유학에 흡수되었다. 송명 리학은 태극, 도, 리, 심, 성 사이에 등호를 그리는데, 그 사상적 연원은 불가와 도가로 추정된다. 당송 이후 심즉도, 도즉성, 성즉도 부류의 명제들은 불가, 도가, 유가가 공유하는 철학적 명제가 되었다. 도, 리, 심, 성의 구체적 내용에 대한 견해에 있어서 3교가 현격한 차이를 보였을 따름이다.

셋째, 불교는 명심견성明心見性, '유심정토唯心靜土'를 제창하고 도교는 '주정主靜' '좌망坐忘' '청제심구淸除心垢'를 주장하는데, 이는 심성을 수양함으로써 범인에서 벗어나 성인의 경지에 든다는 출범입성出凡入聖의 유가 수양론을 완성시키는 데 방법론적 보완 작용을 해주었다.

선종은 명심견성과 자성자도를 주장한다. 『단경』은 "사람의 본성은 본래 맑으며" "세상 사람들의 본성은 본래 스스로 고요하며, 만법은 그 자성 안에 있다"[33]고 말한다. 애석하게도 "망념이 뜬구름처럼 덮여 있어서" "자성이 밝아지지 못한다"는 것이다. 그래서 "도는 심으로 말미암아 깨달으니" "심이 곧 지地이며, 성이 곧 왕王이다. 성이 있으면 왕이 있고, 성이 없어지면 왕도 없다. 성이 있으면 심신이 존재하고, 성이 없어지면 심신이 무너진다".[34] 출범입성, 득도성불의 관건은 망념을 없애고, 외부 환경에서 벗어나고, 무념을 으뜸으로 삼는 것이다. 즉 "일체의 법을 취하지도 버리지도 않으며" "어디에도 집착하지 않는다". 자기 마음의 각오를 단단히 하고 정성스럽게 내면 계발에 집중하여 자성자도의 선법을 수행하기만 하면 홍진의 세파 속에 있든지, 외로운 산마루에 서 있든지, 심지어 물을 저어 섶나무를 옮기는 와중에도 신통한 묘용이 드러나게 된다고 한다.

당대 도교는 '정靜'과 '망忘'을 진체로 삼았다. 관심觀心하고 좌망坐忘하여 깨달아 중현重玄에 드는 수양론으로 불교와 방법만 다를 뿐 이치는 같다. 『노군내관경老君內觀經』은 이렇게 말한다. "마음이란 금지함이다. 한 몸의 주인으로 형체와 정신을 금지하고 제어하여 사악함에 빠지지 않도록 해야 한다." "그래서 도를 닦도록 사람을 가르치는 것은 곧 마음을 닦는 것이며, 마음을 닦도록 사람을 가르치는 것은 곧 도를 닦음이다."[35] 수심의 관건은 6정을 틀어막고 욕망을 억제하는 것이다. 사마승정司馬承禎의 『좌망론』은 불교의 지관止觀과 선정禪定, 유학의 정심성의正心誠意을 종합하여 '주정'과 '좌망'이란 수양 방법을 천명한 작품이다. 이 수양 방법은 경건함을 지키고 욕망을 제거하며 세속의 상념을 단절하고 "형체는 마른나무 같고, 마음은 사멸한 듯하고, 느끼는 것도 구하는 것도 없는 적막한 고요의 경지"[36]에 바로 다다르는 것을 '득도'의 필수 경로로 여긴다. 당나라 중기 이후 불가와 도가의 사유는 차츰 유학에 흡수되었다. 복성설復性說이 제기된 철학적 배경은 바로 여기에 있다.

선종의 불성설은 수당 심성 사조의 최고의 성취다. 도교의 내단설은 이를 계승해서 일어났다. 이와 관련된 불교와 도교 이론의 기본 정신들은 대부분이 유학에 그대로 답습되었다. 이고李翺의 「복성설」은 이를 대표한다. 복성설은 유학 경전을 근거로 들고 있지만 취지와 표현 방식은 불성론, 도성론과 서로 통하고 비슷하다.

욕망을 없애고 진리를 지킨다는 '멸욕존리滅欲存理'는 3교의 공통된 주장이다. 3교는 서로 영향을 미치고 서로 융합하면서 '멸욕존성滅欲存性'을 종지로 한 심성설을 광범하게 퍼뜨렸으며, 그 영향은 심원했다. 심성 사조의 촉진하에 유학은 차츰 고도의 철학적 이치를 추구하게 되었으며 본체, 심성, 윤리, 정치를 한데 융합시킨 사상 체계를 수립했다. 송대에 이르러 성명의리性命義理를 종지로 하는 리학이 거꾸로 중국 심성 학설의 주류가 되었다. 어떤 범주와 의미에서 본다면 송명 리학은 유학화된 불학이요, 유학화된 도학이라 할 수 있다. 이는 종교 이론으로서의 불성론과 도성론이 전통 정치사상에 대단히 깊은 영향을 미쳤다는 표시다.

제 2절

도교의 왕권 및
종법 신격화의 정치사상

도교는 당대에 이르러 차츰 성숙해져갔으며 전성기를 누렸다. 도교는 왕권과 한 집안으로 취급되었다. 당나라 이李씨 왕조는 도교를 국교로 신봉했으며 『노자』를 '조업祖業'이자 '가서家書'로 삼고 도사를 동성동본으로 여겼다. 태상노군은 '대성금궐현원천황대제大聖金闕玄元天皇大帝'에 봉해졌다. 도교는 왕권의 필요에 영합해서 교의를 조정했다. 노자의 일기화삼청—炁化三淸[37] 설과 삼청삼위일체三淸三位—體설을 만들어냄으로써 "대도의 주재자이자 만교의 원종"으로서 태상노군의 지위를 다시 회복시켰다. 노군을 최고의 신으로 받들었으며 『노자』 또한 도장道藏 '태현부太玄部'의 으뜸 경전이 되었다. 도사들은 당나라 이씨 왕실과 관련된 대량의 신화와 부명符命을 만들어냈다. 이러한 행위는 "교화를 돕는" 도교의 정치적 기능을 강화시켰다.

01

당대 저명한 도사들의
존왕숭도론 尊王崇道論

당대 정치 생활에서 도교와 도사들은 비교적 큰 영향력을 행사했다. 당대 제왕들은 도교를 존숭했으며 도교 신봉자들에게 벼슬길을 넓혀주었다. 특히 당 고종은 처음으로 도거제道擧制, 즉 도교 경전으로 과거를 치러 선발하는 제도를 만들었다. 당 현종은 친히 『도덕경』에 주를 달아 『육경』 위에 두었으며, 한 걸음 더 나아가 도거제를 확대하고 완성시켰다. 제왕들은 도사들을 대량으로 불러들여 조정에 참여토록 했으며 작위를 주었다. 공경과 장상 가운데 대다수는 도교의 신도였다. 혹자는 신도였던 적이 있었고, 혹자는 물러나 도관으로 돌아갔으며, 혹자는 도교를 독실하게 믿었다.

도교가 왕권에 봉사한 주요 경로는 다음과 같다. 첫째, 도교 신령을 이용하여 왕권 신수 여론을 조성했다. 둘째, 복을 기원하고 재앙을 물리치는 도교의 법술을 이용하여 "나라를 돕고 백성을 구제했다". 셋째, 음양술수와 양생술을 이용하여 제왕이 개인적으로 불로장생하고 신선이 되기를 희구했다. 넷째, 도교 청정무위 사상을 이용하여 제왕에게 치국의 방책을 제공했다.

도사들은 아첨으로 총애를 얻었으며 왕권을 위한 봉사의 주요 수단은 음양술수와 참위부명이었다. 예컨대 이세민李世民은 진秦왕 시절 사사로이 도사 왕원지王遠知를 방문하여 미래의 일을 물어본 적이 있었다. 왕원지는 그의 심리에 영합하여 그를 "이제 곧 태평천자가 되시니 스스로 아끼시길 바랍니다"[38]라고 말했다. 도사 설이薛頤 또한 이세민에게 "덕성德星이 진나라 분계를 지키고 있으니 왕께서 천하를 갖게 되십니다. 왕께서 자중자애하시기 바랍니다"[39]라고 말했다. 역대 왕조를 보면 언제나 부명을 헌상하고 술수를 말하면서 현실 정치 투쟁에 가담한 도사들이 있었다. 그 가운데 적잖은 사람이 이로 인해 일거에 출세했다. 도사 두광정杜光庭은 『역대숭도기歷代崇道記』에서 당나라 때의 이러한 사례들을 상세하게 열거했다.

또 한 무리의 도사들은 도교의 지위와 자신의 가치를 올리기 위해 도교의 도론과 정치를 융합시켜 수신과 치국의 도를 대대적으로 토론했다. 이론적으로 왕권의 신성성과 군주 제도의 합리성을 논증했으며, 어떤 사람은 통치 방략을 제출하기도 했다. 그중 비교적 유명한 도사로는 성현영成玄英, 사마승정司馬承禎, 오균吳筠, 이전李筌, 두광정 등이 있다.

성현영成玄英의 '군통세사君統世事' 정치사상

성현영은 자가 자실子實이며 당나라 초 저명한 도사로 생몰 연도는 미상이다. 섬주陝州(오늘날의 허난河南성 싼먼샤三門峽 산저우陝州구) 사람이다. 당 태종에 의해 경사로 불려 갔으며 서화법사西華法師란 칭호가 붙었다. 저술로는 『노자주老子注』『장자소莊子疏』가 있다. 그중 『장자소』는 오늘날 곽경번郭慶藩이 편집한 『장자집석莊子集釋』에 현존한다.

성현영의 『노자주』와 『장자소』는 도교 '중현重玄'의 취지를 아주 훌륭하게 해석한 당대 도교 철학의 대표작이라 할 수 있다. 그는 도가 '중현'을 결정짓는다고 생각했다. 그는 『노자주』에서 이렇게 말한다. "도란 빈 곳을 통하는 오묘한 이치이며 중생의 바른 본성이다." "도의 본체는 그윽하고 아득하여 형체도 소리도 끊어진 상태다. 인연으로 기다릴 수도 없으며 고치거나 바꿀 수도 없다." "도는 만유를 낳을 수 있다." "지극한 도가 힘쓰는 것은 존재하지 않는데도 존재하게 하고, 존재하더라도 존재하지 않게 만든다. 없는 것이 아닌데도 없게 하고, 없더라도 없지 않게 한다."[40] 그리고 자연이 본체이고, 도는 그 자취라는 즉체즉적卽體卽迹 등의 명제를 핵심으로 삼아 도와 '중현'이라는 깊은 철학적 이치를 내세우며 도교 신앙이 천하에서 가장 고명한 학문임을 논증했다.

성현영은 나아가 오묘해서 말할 수 없는 '중현'의 도를 가지고 등급 제도, 군주 제도, 윤리 도덕, 예교법제 등을 논증한 체계적인 정치사상을 제기했다. 그 요지는 다음 세 가지다.

첫째, 존비 등급과 윤리강상은 모두 천리天理에서 나온다. 성현영은 존비 등급이 "자연의 물리"로서 우주 중의 보편적 법칙이라고 생각했다. "존비선후는 천지의 운행이다." "음양 이의二儀가 낳고 기름은 헤아릴 수 없는 공덕이 있어서이니 만물 가운데 가장 신비한 것이다. 거기에도 존비와 선후가 있는데 하물며 인류의 도에 있어서랴!"[41] 인간 내부의 차별은 선천적이다. "받은 기가 같지 않고, 부여된 구분이 각기 다르기"[42] 때문에 인류의 "근성이 같지 않고, 기지에 차이가 나" 상기上機의 선비, 중기中機의 선비, 하기下機의 선비라는 구별이 생긴다. "그래서 본성에 능력이 있는 사람은 본성에 따르도록 해주고, 본성에 없는 사람은 강제할 수가 없다. 각자 제 분수를 지키면 모든 만물이 죽지 않는다."[43]

결과적으로 말하자면 "조정에선 관직으로 존비를 가르고, 향당에선 나이로 차등을 둔다. 일을 함에 현능한 사람을 골라서 쓰는 것은 필연의 이치다. 이것이 대도 운행의 질서다."[44] 성현영은 나아가 강상 윤리를 '천리'

'진성眞性'으로 승화시킨다. 그는 말한다. "인의는 사람의 천성이다."⁴⁵ 그러니 양생하여 신선이 되는 길은 "분수를 지킬 줄 알고" "천명을 다하는 것이다". 기왕 "군신 상하의 이치가 필연이라면" "신하와 자식은 군주와 부모를 섬기고 반드시 목숨을 다해 그 뜻을 다해야 한다". "명을 받들어 행했을" 때 비로소 "안심하여 천명에 순응하고 천리에 괴리되지 않을"⁴⁶ 수 있다.

둘째, 군주 제도는 '성치聖治'의 필연이다. 성현영은 '성인이 다스리는 천하'를 주장한 사람이다. 그가 보기에는 오직 '진성眞聖'만이 "하늘도 알고 인간도 알아 조물주와 같은 공덕으로 적寂하고 응應하여 이윽고 인간들을 통제할"⁴⁷ 수 있다. 성인은 성과 왕의 합일이다. "정靜에 응하니 현성玄聖의 소왕素王으로 존엄하고, 동動에 응하니 구오九五의 만승으로 고귀하다." 그들은 "나가면 천자이고 머물면 소왕이다".⁴⁸ 요임금, 순임금 같은 성인은 팔짱을 낀 채 무위의 도를 실행했기에 "군주 중의 군주요, 아비 중의 아비라고 할 수 있다".⁴⁹ 기왕 "도가 거기 있는데 누가 감히 고귀하지 않게 여기겠으며,"⁵⁰ "그 시대의 현명한 사람이 군주가 되고, 재능이 세상과 응하지 못한 사람이 신하가 되는"⁵¹ 것이니 군주 제도는 아주 자연스럽고 합리적이다. 결국 "검은 머리 백성의 무리가 아무리 많다고 해도 그들을 주재하여 군주가 되는 사람은 한 사람일 뿐"⁵²이라는 이야기다.

셋째, 왕은 "천지간 가장 뛰어난 근본이며" "도덕의 주재자"이므로 "항상 스스로 무위의"⁵³ 정치를 실행해야 한다. 성현영은 "일심이 정해져야 천하의 왕이 되고" "일심이 정해져야 만물이 복종한다"고 주장한다. 그는 이상 정치를 향한 소망을 제왕 한 몸에 걸고 있다. 그가 보기에 "덕이 사람들 위에 군림하는 법이니"⁵⁴ "군주라는 인물은 반드시 덕을 으뜸으로 삼아야 한다".⁵⁵ 군주의 책임은 "자연의 바른 이치를 가지고 창생의 성명性命을 바르게 만드는 것이다".⁵⁶

이를 위해 성현영은 군주가 정치를 운영하는 일군의 원칙을 제기했다.

첫째는 팔짱을 긴 채 무위한다. 즉 "군주의 지위는 높고 존엄하니 일은 재상과 목민관에게 맡긴다. 신하의 도는 낮고 비천하니 정성을 다해 위를 받든다"는 것이다. "존비에 간격이 있으니 힘들고 편안함이 다르다. 각자 제 분수를 지키면 군신이 모두 무위하게 된다." 그러지 않으면 "필시 살펴 다스릴 수가 없을 것이니 힘들고 편안함이 마땅함을 잃고 군신이 어지러워진다."[57] 둘째는 인, 의, 예, 법으로 천하를 제어한다. 성현영은 노장의 사유 방식을 그대로 따라 도덕을 숭상하고 유가의 '5례' '5형'의 논의를 깔보았다. 그것들을 교화의 말단이란 의미에서 '교말敎末', 정치의 지엽이란 의미에서 '치말治末'이라고 배척했다. 그러면서도 '대인大仁'과 '진례眞禮'는 '자연의 오묘한 이치'에 부합한다고 충분히 긍정했다. 그는 '대도의 순서'라는 것을 배열했는데, "먼저 자연의 이치를 분명히 하고" "도덕을 근본으로" 한다는 전제 아래 "겸애의 인仁을 행하고" "비리를 잘라내는 의義를 분명히 하여" 예敎, 형법에 이르러야 한다. 모두 치국의 도에 속하지만 "그 순서를 잃지 않는 것이 태평한 최고의 정치다."[58] 그는 말한다. "예가 비록 충신忠信이 엷어진 결과이지만 세상을 통제하는 데 으뜸이다. 그러니 예를 배우지 않으면 제대로 설 수가 없다. 예가 아니면 움직이지 말고, 예가 아니면 말하지 말라. 사람이면서 예가 없으면 어찌 빨리 죽지 않겠는가. 그러므로 통치에 있어서 예는 요긴할지니!" 이렇게도 말한다. "따라서 형법으로 통치의 본체를 삼는 사람은 죽임으로 죽임을 방지하고, 하나를 죽여 만 사람에게 징계의 효과를 거둔다. 그래서 죽이더라도 관대한 것이다. 그러니 은혜를 베푸는 사람은 백성의 원수이며, 법은 백성의 어버이다." 이 의미에서 보면 "형법을 사용하여 다스리는 것이 정치의 본체다."[59] 성현영은 이렇게 도교의 정치관과 세속의 정치관을 더욱 가까이 붙여놓았다. 셋째는 중민重民과 우민 정책의 실행이다. 성현영은 민본론을 도교의 정치론 속으로 끌어들였다. "백성이 나라의 근본이니 근본이 굳건하면 나라가 편안하다. 서민들을 아끼고 중시하기는커녕 경멸하고 함부로 부리면서 뒤집히지 않으려 한들 되겠는가!"[60] 그는 "일신의 욕망만 좇고, 백성을 동정하지 않으며" "강하게 간언을 거부하고, 변설로 잘못된 일을 꾸며대는" 폭군을 비판하고 제왕들에게는 이를 경계하라고 주장한다. 성현영은 제왕이 "말을 모는 기술"로 백성을 기르라고 주장한다. 행정 수단을 통해 신민 가운데 "말을 해치는 자"[61]를 제거하고 신민들로 하여금 "도적의 심보를 완전히 없애도록" 하여 자기 분수를 지키는 순한 백성이 되도록 해야 한다는 것이다.

"지극한 말이 비록 넓지만 으뜸으로 삼는 것은 중현이며, 세상사가 비록 번거롭지만 통합을 하는 사람은 군주다."[62] 성현영은 '중현의 도'에 관한 종교적 신앙으로 군주 제도의 절대성과 군주가 천하를 다스리는 정치적 원칙을 논증했다. 그의 정치사상은 도교와 왕권의 결합을 한 걸음 더 진전시켰다.

사마승정司馬承禎의 이국무위론理國無爲論

사마승정(647~735)은 자가 자미子微이며 하남河南 온溫(오늘날의 허난성 원溫현) 사람이다. 법호는 도은道隱이며, 도홍경陶弘景의 4전 제자다. 무측천, 예종睿宗, 현종이 모두 그를 경사로 초빙해 도를 펼치도록 했다. 당 현종은 "친히 법록法籙[63]을 받고 앞뒤로 매우 두터운 상을 내렸다."[64] 저서로는 『천은자天隱子』『좌망론坐忘論』 등이 있다.

사마승정은 당 예종과 현종의 정치의식에 깊은 영향을 미쳤다. 『구당서』「사마승정전」의 기록에 따르면 당 예종은 사마승정을 불러다 음양술수에 관한 일을 물었는데 사마승정은 이렇게 대답했다고 한다. "도경의 취지에 따르면 '도를 닦아 날로 덜어가고, 덜고 또 덜어서 무위에 이르러야 한다'고 합니다. 마음이 알고 눈에 보이는 것을 매일 덜어내도 다 마칠 수 없습니다. 어떻게 다시 이단을 공격하면서 제 지식을 늘리겠습니까."[65] 예종에게 무위를 종지로 삼으라고 권면한 것이다. 예종이 다시 "몸을 무위로 다스리면 맑고 드높아집니다. 나라를 무위로 다스리면 어떻게 됩니까?"라고 묻자 사마승정은 이렇게 대답했다. "나라도 몸과 같습니다. 『노자』는 '마음은 담담한 데 노닐고, 기운은 고요함에 합치하여 자연에 순응하고 아무 사사로움이 없으면 천하는 다스려진다'고 말합니다. 『주역』은 '성인은 천지와 그 덕을 합치한다'고 말합니다. 이로써 하늘은 말하지 않아도 믿고 행하지 않아도 이루어진다는 것을 알 수 있습니다. 무위의 종지는 이국理國, 즉 나라를 다스리는 도입니다."[66] 이에 예종은 더욱 칭찬했다.

당 현종 또한 사마승정의 건의를 따라 오악에 각기 진군묘眞君廟 한 곳씩을 두라는 칙령을 내렸는데, 그 형상과 제도는 모두 사마승정으로 하여금 도경에 입각해서 창의적으로 만들게 했다. 당 현종은 『도덕경』으로 수신하고 치국할 것을 주장했다. 누차 조칙을 내려 전국이 학습하도록 한 것을 보면 그가 도교 정치사상의 영향을 얼마나 깊이 받았는지 알 수 있다.

오균吳筠의 도덕, 천지, 제왕 삼위일체론

오균은 자가 정절貞節이며 화음華陰 사람이다. 『구당서』 「오균전」에 따르면 그는 "어려서 경전에 능통하고 문장을 잘했으나 진사과에 나가 급제하지 못했다." 이에 숭산嵩山에 들어가 반사정潘師正에게 의지하여 도사가 되었다. 정일正—[67]의 법을 전수받아 고심하여 연구한 끝에 술수에 모두 통하게 되었다."[68] 당 현종이 경사로 불러들인 뒤 한림들을 대기시키고 도법에 대해 물어보게 했다. 오균은 이렇게 대답했다. "도법의 정수는 『오천언五千言』만 한 것이 없습니다. 그 외 부차적인 사설들은 종이 낭비일 따름입니다."[69] 신선 수련에 대해서 물어보자 "이는 야인들이 하는 일로 시간을 들여 열심히 공부하여 얻어야 할 일입니다. 군주가 뜻을 두기에 적합하지 않습니다"[70]라고 대답했다. 오균이 군왕과 정사를 논의하면 매번 세상사에 힘써야 할 명교를 가지고 진술했다. 현종은 그를 매우 중시했다. 저서로는 『현강론玄綱論』 『신선가학론神仙可學論』이 있다.

오균은 『현강론』에서 도덕, 천지, 제왕의 내재적 일치성을 이론적으로 밝히고 있다. 오균은 도와 덕을 함께 논했다. "도는 무엇인가? 허무의 끈이며, 조화의 뿌리이며, 신명의 근본이며, 천지의 근원이다. 아주 커서 바깥이 없으며, 아주 작아서 안이 없다. 광대공활하여 끝이 없으며 오묘막측하여 상대가 없다. 지극히 아득하여 헤아릴 수 없음에도 큰 광명이 쏟아져 내리고, 지극히 조용하여 무심한데도 모든 사물이 방정하다. 고요히 뒤섞여 형체도 없고, 적막하여 소리도 없다. 삼라만상은 이로써 생겨나고 오음은 이로써 완성된다. 생겨난 것은 반드시 한계가 있으며, 완성된 것은 반드시 이지러진다. 끊임없이 생겨나고 끊임없이 완성되어 예나 지금이나 옮겨가지 않는다. 이를 가리켜 도라고 부른다."[71] 도는 절대성과 신성성을 갖고 있다. 덕은 도와 서로 합치한다. "덕은 무엇인가? 천지가 내려준 것이며 음양이 바탕을 이룬다. 오행을 씨줄로 삼고 사시를 날줄로 삼는다. 그것을 부리는 사람은 군주이며 그것을 가르치는 사람은 스승이다. 어두운 것, 밝은 것, 움직이는 것, 식물 모두 그 마땅함과 소통한다. 끝없이 흐르는 연못이니 모든 생명이 그 공을 빌리고 있음을 모른다. 한계 없이 은혜를 내려주니 백성이 그 힘에 의지하고 있음을 모른다. 이를 가리켜 덕이라 부른다."[72] 도와 덕이 만물을 생성하는데, 도는 "소통하여 생겨나게 하고" 덕은 "축적하여 완성시킨다". 도덕은 곧 '자연'이다. "자연은 도덕의 영원함이며 천지의 강령이다."[73]

도덕의 정치적 표현이 인의예지다. 도교가 근본이고 유가는 말절이라는 대전제하에 오균은 인의예지를 대대적으로 논의했다. 그는 "인의예지는 제왕 정치의 큰 강령"[74]이라고 생각했다. 그러나 도덕과 예악을 비교하면 도덕이 근본이고 예악은 말절이다. '지극한 인' '지극한 의' '지극한 예' '지극한 지'는 모두 도에 근본을 두며 천지와 덕을 합치시킨다. 따라서 "도덕이 죽으면 예악은 처리할 수 없다."[75] 그는 도가가 일률적으로 인의예지를 부정하는 것은 아니며 "순박한 예스러움을 소중하게 여기고 부박한 말세를 천하게 여기며, 도덕을 안의 것으로 여기고 인의를 바깥 것으로 여기며, 소박함을 먼저 할 것으로 여기고 예지를 나중에 할 것으로 여김으로써"[76] 근본을 도탑게 하고 말절을 방비하는 주장이라고 말한다. 오균은 지적한다. "예지禮智는 난을 제어하는 큰 제방이며, 도덕은 난을 무마시키는 거대한 강령이다. 그러니 도덕은 예의 근본이며, 예지는 도의 말절이다. 근본을 붙들면 쉽고 견고하며 말절을 지키면 어렵고 위태롭다."[77] 이 때문에 그는 "도덕을 버리고 오로지 예지에만 맡기는 것은 군주남면의 술이 아니"라고 주장한다. 그는 유학자들이 "현성玄聖의 깊은 뜻에 다다르지 못하고" 있다고 비판하며 "군주는 도를 심장으로 삼고, 덕을 본체로 삼고, 인의를 나들이 예복으로 삼고, 예지를 면류관으로 삼으면 팔짱을 끼고 있어도 천하가 교화될 것이다"[78]라고 주장한다.

오균이 보기에 사람은 영명한 '예철睿哲', 중간 사람 '중인中人', 둔한 '완흉頑凶'의 구분이 있다. 이 차이는 부여받은 기운이 달라서 생겨난 것이다. '예철'은 교화가 필요 없고 '완흉'은 교화가 안 된다. 도덕 교화는 바로 '중인'을 위해 존재하는 것이다. "중간 사람이 선하게 행동하면 화목한 기운이 응하고, 악하게 행동하면 해로운 기운이 모인다. 그래서 선을 쌓으면 경사가 넘치고 악을 쌓으면 재앙이 넘친다. 경사가 있고 재앙이 있으므로 교육이 성립되는 것이다."[79] 그러므로 "부모는 자식을 가르치지 않을 수 없고, 군주는 사람을 다스리지 않을 수 없다."[80] 이는 인성 차별과 도덕 교화의 관점에서 종법 제도의 필연성을 논증한 것이다. 군주는 도덕의 화신이자 대변인이며 천, 지, 인의 주재이자 최고의 사회적 권위다. 그래서 "도덕은 천지의 조상이며, 천지는 만물의 어버이며, 제왕은 [천지인] 3재才의 주인이다. 그러므로 도덕, 천지, 제왕은 하나다".[81] 그가 보기에 이는 "고금에 바뀌지 않는" 우주의 통칙이었다. 도와 덕의 종주권과 신성성이 사회적·정치적으로 구체화된 것이 바로 제왕의 지상성과 절대성이다.

이전李筌의 '도귀제인道貴制人' 정치사상

이전은 호가 달관자達觀子이며 대체로 현종, 숙종肅宗 시대 사람이다. 일찍이 숭산의 소실산少室山에 은거했으며, 강릉江陵 절도부사節度副使와 어사중승御史中丞을 역임했다. 나중에 도를 찾는다며 명산에 들어갔는데 종적을 알 수 없다. 저서로는 『태백음경太白陰經』 등이 있다.

『태백음경』은 종교적 색채가 비교적 엷다. 이 저작을 통해 이전은 지극한 도와 음양론을 가지고 정치와 병사를 논하고 치국, 임인任人, 용병 사상을 제기했다.

기타 도교나 도가 사상가와 마찬가지로 이전은 인간사가 반드시 "하늘의 도를 지키고" "하늘을 받들어 행해야" "자연의 이치"에 부합한다고 강조한다. "음과 양이 이미 드러났으니 그걸 거스르는 자는 실패하고, 그에 순응하는 자는 성공한다"[82]고 주장한다. 하지만 그의 시야는 전적으로 치국과 용병에 주목하고 있어 인위적인 요소를 더더욱 중시했다.

이전은 인간사의 성패가 완전히 천도와 신령에 달려 있는 것은 아니라고 생각했다. "현명하고 유능한 사람을 임용하면 때를 맞추지 못해도 일에 유리하며, 법령이 분명하면 점을 치지 않아도 일이 잘되며, 공로를 중시하여 상을 주면 푸닥거리를 하지 않아도 복을 얻는다." 전쟁을 예로 들어보자. "천도나 귀신은 봐도 보이지 않으며 들어도 들리지 않으며 찾아도 찾아지지 않는다. 허무한 형상에 의지해서는 승부를 결정지을 수 없고 생사를 규정할 수도 없다. 그래서 현명한 장수는 그걸 본받지 않으니 못 장수도 멈출 수 없는 것이다. (…) 그렇다면 군대를 움직이는 데 천도며 음양이 따로 있겠는가?"[83] 전쟁의 승부를 결정짓는 것은 사람의 요인 때문이지 천도나 음양이 아니라는 말이다.

천시天時를 믿을 수 없을 뿐만 아니라 지리地利도 믿을 수 없다. "지리가 군대 운용에 도움이 된다는 것은 천시를 믿을 수 없는 것과 같은 이치다."[84] 예컨대 삼묘三苗씨는 "덕과 의를 닦지 않았고", 하나라 걸桀왕은 "어질지 못한 정치를 했으며", 은나라 주紂왕은 "음란하여 정치에 태만했으며", 부차夫差는 "형정을 제대로 펼치지 않았으며", 진秦왕은 "형정이 가혹했으며", 촉한蜀漢은 "시대에 맞는 영웅이 없었다". 이 때문에 모두 위험에 빠지니 지켜내지 못하고 국가가 망했던 것이다. "이렇게 보면 천시는 무도한 군주를 도와줄 수 없으며, 지리는 망하는 나라를 구제할 수 없다. 땅이 험난하거나 평탄한 것은 사람으로 인해 험난하고 평탄한 것이니 (…) 존망은 덕에 달려 있고 공격과 수비는 땅에 달려 있는데 오직 성인군주와 지혜로운 장수만이 이를 지켜낼 수 있을 뿐 땅이 어떻게 험난하고 평탄함이 있겠는가?"[85] 인위적인 정치 인소가 흥망성패를 결정짓는 관건이라는 이야기다.

이전은 정치와 군사에서의 주도권과 계획성을 중시했다. 그는 "도는 사람을 제어하는 것을 중시하지, 다른 사람에게 제어당하는 것을 중시하지 않는다. 사람을 제어하는 사람이 권력을 장악하며, 다른 사람에게 제어당하는 사람은 명령에 복종해야 한다"[86]고 주장했다. 제왕은 정치에서의 주도권을 군건하게 장악하고 있어야 하며, 명령을 내려 금지가 이뤄지려면 반드시 도, 법, 술, 권, 세를 병용해야 한다. "성인은 도로 충분히 다스릴 수 없음을 알면 법을 사용한다. 법으로 충분히 다스릴 수 없음을 알면 술術을 사용한다. 술로 충분히 다스릴 수 없음을 알면 권權을 사용한다. 권으로 충분히 다스릴 수 없음을 알면 세勢를 사용한다."[87]

법은 곧 상벌이다. 제왕은 "군대와 국가의 큰 법"을 제정하여 법으로 나라를 다스려야 한다. "죄에 입각해 형을 제정하고, 공에 근거해 상을 내려야" 하며 "사사로운 공로에 상을 주어서는 안 되고, 사사로운 죄에 형벌을 내려선 안 된다."[88] 이전은 형벌과 상이 "사람을 제어하는 데" 큰 위력을 발휘한다고 보았다. 형상은 사람의 성격을 바꿀 수 있으며 사람들을 군주 정치의 수요와 목표로 유도할 수 있다. "그래서 용감함과 비겁함은 법에 달려 있고, 성공과 실패는 지혜에 달려 있다. 비겁한 사람은 형벌로 이끌면 용감해지고, 용감한 사람은 상으로 이끌면 죽음을 불사한다. 사람의 본성을 바꿀 수 있고, 사람의 마음을 변하게 하는 것은 형벌과 상 사이에 존재하는 용감함과 비겁함이니 사람들에게 무엇이 더 있겠는가?"[89]

술은 곧 권모술수다. 권모술수를 운용하려면 몇 가지에 주의해야 한다. 첫째, 장점은 드러내고 단점은 피한다. "다른 사람의 과실은 통제하고, 다른 사람의 장점은 피하고, 다른 사람의 단점은 공격한다. 자신의 장점은 드러내며, 자신의 단점은 덮는다."[90] 둘째, 각 사람에 알맞도록 처리한다. "도덕을 말하기 좋아하는 사람에게는 반드시 인의를 가지고 그를 꺾는다. 유가와 묵가 학설을 말하기 좋아하는 사람에게는 반드시 종횡가의 주장으로 그를 상대한다. 법률을 말하기 좋아하는 사람에게는 반드시 권모술수로 그를 좌절시킨다. 반드시 그 시작을 어긋나게 하고, 그 끝을 닫게 하고, 그 송곳니를 부러뜨리고, 그 뿔을 떨어뜨려 나의 오른쪽으로 나서지 못하게 해야 한다."[91] 셋째, 시기를 잘 파악한다. "시기가 오면 잠시도 쉬지 못하게 한다. 앞서가면 너무 지나친 것이며, 뒤지면 못 미치게 된다." "이익을 보면 일어나고 이익이 없으면 그친다. 이익을 보고 기회를 타는 것이 제왕의 자질이다."[92] 이전이 보기에 권모술수는 제왕에게 없어서는 안 될 항목이었다. "선왕의 도와 성스러운 지혜의 술수가 있다고 하더라도 이것이 없으면 패왕의 공업을 이룰 수 없다."[93]

이전은 "천시에 부응하고 지리에 연유하고 인력을 응용하면 부강에 이를 수 있다"[94]고 생각했다. "흥망의 도는 군주가 총명하고 문재가 있느냐와 관련이 없다. 능력 있는 사람을 선발하여 그 재능에 합당한 일을 시키느냐에 달려 있다."[95] 이 때문에 그는 "사람을 임용하는 도"의 중요성을 대단히 중시했다. 국가의 흥망은 강한 군대, 넓은 땅, 많은 인구, 풍부한 재력에 달려 있는 것이 아니라 제왕이 현명한 사람을 알아보고 임용을 하느냐의 여부에 달려 있다고 그는 생각했다. 이전은 대량의 사실로 이를 증명하면서 반복해서 강조한다. "삼왕 이후 오패의 허물이 있고 그 도를 얻으면 흥하고 그 도를 잃으면 망했다."[96] "그래서 오제는 그 도를 얻어서 흥했고, 걸주는 그 도를 잃어서 망했다. 흥망의 도는 군주의 마음과 현인을 얻어 임용하느냐에 달려 있지 강한 군대, 넓은 땅, 많은 인구, 풍부한 재력에 달려 있지 않다."[97]

현명하고 유능한 사람을 임용하는 도에 관해 이전은 일련의 정치 원칙을 제기했는데 요약하면 다음 세 가지다. 첫째, '통재通才'와 '편재偏才'의 구별이다. '통재'는 얻기 어려운데 "총명하고 빼어난 사람을 가리켜 영英이라 하고, 담력이 타의 추종을 불허하는 사람을 웅雄이라 한다."[98] 하지만 무리를 뛰어넘는 재지나 타의 추종을 불허하는 담력만 있다면 여전히 한쪽에 치우친 '편재'다. 오직 "부드러우면서도 강할 수 있고, 화합하면서도 넓혀갈 수 있고, 총명하면서도 용기가 있고, 뛰어난 담력이 있으면서도 지모가 있고, 원만하게 전환을 할 수 있고, 순환을 하되 모남이 없고, 만물에 두루 지혜로우면서 그 도가 천하를 구제할 수 있어야"[99] '통재'라 부를 수 있다. 대장군 같은 중책은 전체 국면과 관련이 있고 "사람의 운명을 장악

하는 국가 안위의 핵심"이므로 반드시 신중하게 재능을 헤아려 임명해야
한다는 것이다.

둘째, 장점에 맞추어 임용한다. 이전은 인재를 열 가지 부류로 나누어
재능에 따라 일을 맡기고 그 재능을 다 발휘토록 해야 한다고 주장한다.
그는 이렇게 말한다. "열 가지 사土를 쓰되 반드시 재능을 다하고 각기의
도에 임하도록 한다. 계략은 지능智能의 사를 부리고, 언론은 변설辯說의
사를 부리고, 친소 관계를 이간하는 일은 간첩間諜의 사를 부리고, 제후들
의 경내에 깊숙이 잠입하는 일은 향도嚮導의 사를 부리고, 각종 무기를 만
드는 일은 기교技巧의 사를 부리고, 적군의 예봉을 꺾고 포로를 잡으며 위
기를 지켜내고 강한 상대를 공격하는 일은 맹의猛毅의 사를 부리고, 불시
에 습격하여 침략하는 일은 교첩趫捷의 사를 부리고, 첩보를 탐문하고 시
기를 계산하는 일은 질족疾足의 사를 부리고, 견고한 요새를 깨뜨려 함락
시키는 일은 거력巨力의 사를 부리고, 멍청하고 어리석은 사람들을 속여
헷갈리게 하는 일은 기술技術의 사를 부린다. 이것이 바로 재능에 맡기는
도이며, 사를 선발하는 술이다."[100]

"만 명에 해당되는 지혜가 없는 사람은 만 명의 위에서 일할 수 없다."[101]
이전은 도, 법, 술, 권, 세를 겸용할 수 없으면 사람을 알아보거나 잘 임용
할 수가 없으며, 천하에 유용한 인재를 제어할 수 없으니 제왕이 될 수
없다고 보았다. 그의 정치사상과 군사사상은 제왕에게 봉헌하는 상당히
면밀하고 완벽한 왕패의 술이었다.

두광정杜光庭의 도교에 유가를 접목한 정치사상

두광정은 자가 성빈聖賓(賓至라고도 함)이며 스스로 호를 동영자東瀛子라
했다. 생몰 연대는 미상이다. 구경九經으로 과거에 응시했으나 급제하지 못

했고 천태산天台山에 들어가 도를 배웠다. 당 희종僖宗이 불러들였으며, 인덕전麟德殿에서 문장을 짓고 명령에 따라 시문을 올리는 일을 맡았고 내공봉內供奉[102]이 되었다. 희종을 수행하여 촉蜀으로 들어갔으며 나중에 성도成都에 남아 전촉前蜀 왕 건建을 섬겨 광록대부상서호부시랑光祿大夫尙書戶部侍郎 상주국채국공上柱國蔡國公이 되었다. 왕연王衍이 들어서면서 전진천사傳眞天使와 숭진관대학사崇眞館大學士로 삼았다. 저서로는 『도덕진경광성의道德眞經廣聖義』『태상노군설상청정경주太上老君說常淸靜經注』『도교영험기道敎靈驗記』『역대숭도기歷代崇道記』『도문과범대전집道門科範大全集』『광성집廣成集』 등이 있다. 두광정은 당대 도교 이론과 도교 제사인 재초齋醮의식의 집대성자다. 그는 도교 주요 교파의 재초의식을 통일했으며 제도화시켰다. 두광정이 제정한 도교의 과범科範은 오늘날까지 계속 내려오고 있다.

정치사상의 방면에서 두광정은 도교에 유가를 접목시켰다. 그는 도교를 "본 왕조의 가교家敎"라고 불렀으며, 노자를 지존으로 삼고 도가가 유가보다 높으며 서로 부합한다고 주장했다.

두광정은 도교와 유가는 취지가 동일하며 조금도 다르지 않다고 공언한다. 그는 「도덕진경원덕찬서道德眞經元德纂序」라는 글에서 이렇게 쓰고 있다. "[노자의 『도덕경』은] 도의 무위를 밝히고자 한 것이다. 덕으로써 그것을 나타내므로 덕은 유용하다. 도로써 그것을 밝히므로 입언立言을 바탕으로 무언無言을 펼친다. 근본을 다스려서 오묘한 본체를 넓히기 때문에 몸을 다스리고 나라를 다스리는 요체가 되며 아주 면밀하고 지극한 으뜸이다."[103] 『도덕경』은 "인의와 성지聖智를 끊으라는 말이 아니며 얄팍하게 속이는 총명을 억제하는 데 뜻이 있다. 군주는 군주답고 신하는 신하답고 어버이는 어버이답고 자식은 자식답게 하려는 것이며, 소박함을 품고 태화太和에 융합하여 도를 체득하고 근원으로 돌아가 스스로 충효에 다다르려는 것이다"[104]라고도 한다.

속된 유생들은 속사정을 알지도 못하면서 노자가 "인의를 버리고 예지를 무너뜨린다"고 비판하는데, 이는 잘못된 것이다. 그는 이렇게 보았다. "지극한 인仁은 천지의 덕과 합치하고, 지극한 의는 천지의 마땅함과 합치하고, 지극한 음악은 천지의 조화와 합치하고, 지극한 예는 천지의 절도와 합치하고, 지극한 지智는 천지의 분별과 합치하고, 지극한 신信은 천지의 때와 합치한다. 순일한 근원을 넓히고 대동大同의 조화를 이루어 지극한 도와 혼합되니 인수仁壽의 마을로 돌아간다. 온 마음을 기울여 여유를 갖거나 에둘러 힘쓰는 일을 염두에 두지 않았을 때 비로소 인의와 나란해진다. 공자나 맹자 모두 침묵하여 그것을 얻었다. 본체를 무너뜨려 총명을 물리치고, 형체를 떠나 지혜를 없애고, 만물의 겉모습을 벗어나 영원한 진인이 되는 것은 말학의 어린 유생들이 알 수 있는 바가 아니다."[105]

두광정은 도교와 유학의 차이는 방법과 절차뿐이라고 생각했다. 그는 "인의에 입각해서 도를 품고 겸손함을 지키며, 군주에게 충성하고 부모에게 효도하고 형제간에 우애가 있는 것은 아름다운 실천이다"[106]라고 말한다. 공맹의 도는 노자 즉 태상노군의 도에 통합된다. 노군의 도는 공맹의 도를 능가하며 인의예지신은 모두 도덕의 구현이며 청정, 현허玄虛, 무위의 도를 대종으로 삼는다. 그는 말한다. "인의는 허일虛一을 실천함이요, 예로 불시부재不恃不宰하며,[107] 의로 유약柔弱[108]하고 화동和同하며, 지로 무식無識하고 불초不肖[109]하며, 신으로 증거를 붙잡고 다투지 않는다. 그 주된 취지는 역시 현허玄虛,[110] 회곽恢廓,[111] 충적沖寂,[112] 희미希微[113]를 대종으로 삼는 것이다."[114] 이것이 바로 도교를 대종으로 삼고 유가와 도가를 한데 조화시킨 것이다.

두광정은 유교, 도교, 불교 셋의 이치는 하나라는 삼교이일三教理一 사상을 제기했다. 그는 "도를 닦는 것은 곧 마음을 닦는 것이며, 마음을 닦는 것은 곧 도를 닦는 것이다"라고 말한다. 신선의 길은 한 가지가 아니니, 도를 닦아 신선이 되면 "공을 세우되 그침이 없으며, 좋은 일을 하는 데 게으르지 않는다".[115] 그러므로 심성을 수양하고 도를 닦아 신선이 된다는 점에서 보면 3교에 아무 차별이 없다는 것이다. 그는 말한다. "신선이 되는 공부를 한 선비가 만약 진리를 깨쳤다면 천축의 [불교도나] 동토의 [유학자들과] 이름 때문에 구별되지는 않을 것이다. 천지 사방 또는 천상이든 지하든 도는 하나다. 깨달음에 이른 사람이면 지극한 도만이 존엄하다고 하지 않으며, 불상을 믿는 종교만이 다르다고 하지 않으며, 유학만이 대종이라고 구별하지 않는다. 3교 성인들의 말씀은 각기 다르지만 그 이치는 하나다. (…) 다만 만사가 허무임을 체득하고 언제나 지극한 도에 제 몸을 귀일시켜 안으로 청정을 수양할 수 있다면 하늘에 순응하고 올바름에 따르는 것일 테고, 밖으로 인간사와 합치하여 고통과 쇠락을 구할 수 있고 그렇게 수양을 한다면 자연스레 청정해질 것이다".[116] 다시 말해 3교의 교의에 따라 수양을 하면 자연스레 청정의 도에 부합하게 된다는 것이다. 지극히 충성스럽고, 지극히 효성스럽고, 지극히 올곧고, 지극히 강직한 사람은 "공덕을 쌓아 신선의 단계에 들어설"[117] 수 있다는 말이다. 여기서 도가와 유가의 내성외왕內聖外王의 도가 합류하게 되었다.

두광정의 사상 및 유가를 끌어다 도가에 편입시켰던 당나라 여러 도사의 사회윤리 사상과 정치사상은 도교가 일종의 관방 종교가 되었으며 봉건 통치의 필요에 영합하려고 백방으로 노력했음을 뜻한다. 3교의 정치적 사유와 도덕적 사유가 서로 융합하고 상호 흡수되었던 것은 통치 계급의 종교 문화 정책에 따른 필연적 결과였다. 당송 이후 도교의 교의는 한 걸음 더 나아가 종법의 윤리화에 앞장섰으며, 그들의 정치사상 또한 관방 정책과 더더욱 가까워졌다.

도교 경계經戒의
사회정치 문화에 대한 영향

수당 시대에 도교는 사회 각계각층의 수많은 신도를 거느렸다. 제왕들은 불교와 도교를 나란히 존중하여 경전과 계율을 받들어 모셨다. 후비나 공주 여럿은 출가하여 도관에 들어갔으며, 대신이나 귀척들은 여기저기에 부도를 세워주고 건물을 희사해 도관으로 삼기도 했다. 평민들 가운데 경건하게 도교를 믿는 신도들이 대량으로 출현했다. 당시 도교 사원인 궁宮과 관觀이 천하에 널렸고 도교 문파들 또한 아주 많았으며 도사들도 크게 증가했다. 도교 세력의 확장에 따라 도교 문화의 영향은 철학, 과학, 문학, 예술로까지 파급되었으며 당시의 사회문화 및 사람들의 사상과 의식에 깊고 넓은 영향을 미치게 되었다.

경계經戒[118]란 경전과 계율이다. 경계는 신도들을 받아들이고 규범에 따르게 하고 교화시키는 중요한 수단이다. 당나라 때 도사나 법사들은 경전, 문헌 연구와 계율의 전승을 대단히 중시했다. 경계와 법록法錄은 도교의 최고신이 내려준 "도의 으뜸 지존"이라고 한다. 경계는 바다를 건너는 노와 같은데 신도들은 여기에 의지하여 "안의 도둑을 가두고 바깥의 도적을 막는" 도덕적 신조 또는 종교적 법률로 삼는다. 경계를 따르고 받듦으로써 비리나 악을 방지하고 고난을 이겨낼 수 있다. 도교는 사람들 모두가 자아의 주재자로서 계율에 따르고 적선하고 수행하는 것이 바로 신선이 되는 길이라고 믿는다. 도교 경계의 명목은 매우 번다하며 교파별로 계율과 전수 순서가 약간씩 다르다. 당시 도교를 믿는 사람들이 대단히 많았기 때문에 도교 신앙의 일부 내용이 민간의 습속이나 사회의식으로 바뀌기도 했으며 정치 문화에도 어느 정도 영향을 미쳤다. 도교 경계는 다양한 측면에서 정치 문화에 영향을 미쳤는데 주로 다음 몇 가지 방면으로 요약할 수 있다.

첫째, 신선 숭배는 도교 신앙의 핵심인데 도교의 천신天神, 지지地祇, 인귀人鬼는 통치자들이 미신을 이용하여 교화 정책을 펴는 데 중요한 도구가 되었다. 도교에서 신봉하는 신령은 매우 다양한데 대체로 천신, 지지, 인귀로 나뉜다. 그중에는 삼청三淸, 사어四御, 일월오성日月五星, 사방신四方神 등 존신尊神이 있고 뇌공雷公, 문신門神, 조군竈君, 재신財神, 토지土地, 성황城隍, 약왕藥王, 온신瘟神 등 속신俗神이 있으며 기타 각양각색의 진인眞人과 선인仙人이 있다. 도교 신선들의 계보는 다양한 층면으로 구성되어 있다. 그 가운데는 고대 자연 숭배와 인위적 종교의 유산도 있고, 등급 관념과 충효 관념의 산물도 있고, 유가 천명론과 참위讖緯신학 및 불교의 영향을 받은 것도 있다. 자연을 정복하고 싶거나 삿된 기운을 몰아내려는 보통 백성의 희망 사항이 응결되어 있기도 하다. 결과적으로 도교의 신선이나 귀신의 체계는 거의 고금 중국의 안팎을 집대성한 것이다. 도교 신선 학설은 중국 고대 사회의 특정한 사회 현실을 투영한 것이었다. 도교의 천도승부天道承負, 인과응보, 선악화복 등 종교 관념은 도교 신앙 가운데 가장 보편적이고 침투력이 큰 교의이며, 이렇게 형성된 사회의식은 통치자들이 미신을 이용하여 교화 정책을 펴는 데 중요한 사회심리적 기초가 되었다.

둘째, 도교 신선 체계는 세속 사회정치 체계의 번역판으로 그 기본적 정치관은 봉건 전제주의다. 도교 신선들 사이엔 등급이 엄격하다. 신들은 일곱 등급이 있으며, 신선은 아홉 품격으로 나뉜다. 옥황상제에서 조왕신까지 등급이 나뉘어 있으며, 배분과 순서가 정해져 있고, 군신 상하 관계에 존비가 분명하다. 신선 체계와 인간 사회에서의 군신 체계는 대단히 유사하다. 신은 자연과 인간을 뛰어넘는 집정자이며 권선징악의 책무를 담당한다. 어떤 신은 천자나 군주의 죄를 담당하기도 하고, 인간 사회의 명군이나 청렴한 관리처럼 탐관오리 및 기타 인간들의 죄에 엄벌을 내리기도 한다. 어떤 신선이나 인귀는 역대 선왕, 선사, 공신, 성현 그 자신이기도 하며 세속적 통치자나 인간 사회의 모범이 된다.

이 때문에 도교 교의는 정치 문화에 전반적으로 효과를 발휘하여 봉건주의 정치 질서로 귀의하게 만들었으며 군권신수라는 정치적 설교를 믿게 만들었다. 도교 방술도사들은 자주 천명을 받는 부신 즉 '수명지부受命之符'를 만들어내 정치적 참언讖言을 퍼뜨리는 역할을 맡았다. 이는 도교의 정치적 성향과 현실 지향적 성격이 만들어낸 것이다. 실제로 당나라 정치에서 도사들이 만들어낸 제왕에 관한 정치 신화는 군주와 신민들의 정치의식 및 정치 행위에 매우 큰 영향을 미쳤다. 특히 수당 교체기, 도사들은 "양楊씨가 멸할 것이고, 이李씨가 흥할 것"이라는 정치 참언을 이용하여 "장차 노군의 자손이 세상을 다스릴 것이며" 이연李淵이 "곽산霍山의 신과 감응했는데 그는 태상노군이 당공唐公에게 알리는 '네가 장차 천하를 얻게 될 것'이라는 말을 받들었다고 했다"[119]는 등의 '수명지부'를 만들어냈다. 이는 이씨 당나라 정권의 성립과 공고화에 큰 기여를 했다.

셋째, 도교의 종교 도덕은 종교 도덕 가운데 비교적 특수한 형태로 경계의 도덕가치 성향은 강상명교다. 도교 신앙은 통상 신민적 정치 문화의 뿌리 가운데 하나다.

중국 본토의 종교로서 도교의 조직 체계, 궁관 제도, 교직 체제, 사승 관계, 재산 계승 등 기본 원칙은 종법 제도와 다르지 않다. 도교의 계율, 청규淸規, 의범儀範 가운데는 강상 윤리의 설교가 넘쳐난다. 남북조 이래 도교는 불교의 계율을 답습하고, 유가의 윤리 관념을 흡수하여 자신들의 특징을 결합시켰다. 그리하여 '오계五戒' '팔계八戒' '십계十戒' 등을 제정했다. 수당 시대에 이르러 도교의 계율, 청규, 의범의 큰 틀이 완성되었다.

도교 계율은 사회화, 세속화의 특징을 지닌다. 출가한 도사들만 계율을 지키는 것이 아니라 교 밖의 남녀노소 또한 법사를 따라 경계를 받을 수 있다. 이렇게 계를 전달받은 뒤엔 도문道門의 제자라 불렸다.

도교 경계의 주지는 권선징악과 성심誠心 수도다. 그런데 선악의 표준은 기본적으로 세속의 도덕관념과 다르지 않다. 예를 들면 속세의 남녀도 마음을 다해 도를 신봉하면 무상십계無上十誡 십사지신품十四持身品에 다다를 수 있다. 그 가운데 십사지신품은 십사치신심법十四治身心法이라고도 하는데 그 내용은 다음과 같다. 군주에게 이야기하면 나라에 은혜를 베풀게 되고, 어버이에게 이야기하면 자식에게 자애롭게 되고, 스승에게 이야기하면 대중을 사랑하게 되고, 신하에게 이야기하면 임금에게 충성하게 되고, 형에게 이야기하면 아우에게 우애롭게 되고, 자식에게 이야기하면 부모에게 효도하게 되고, 벗에게 이야기하면 친구 간에 믿음이 있게 되고, 지아비에게 이야기하면 아내와 화목하게 되고, 부인에게 이야기하면 남편에게 정숙하게 되고, 아우에게 이야기하면 공경하게 예를 갖추게 되고, 농민에게 이야기하면 농사에 근면하게 되고, 현인에게 이야기하면 도에 뜻을 두게 되고, 다른 나라 사람에게 이야기하면 각자 제 성을 지키게 되고, 노비에게 이야기하면 신중하게 일을 하게 된다. 정일오계품문正─五戒品文은 아예 인의예지신仁義禮智信을 조목으로 삼고 있으며, 3교의 도덕 정신을 한 화로에서 제련하여 박애, 겸양, 절욕, 상선賞善, 경로, 진충盡忠의 처세철학을 고취한다.

도교는 또 윤리강상을 천리로 상승시켜 충효와 절의를 귀신과 관련짓기도 한다. 충효는 양생하고 복을 구하고 신선이 되는 도가 된다. 오균吳筠은 충효를 다하는 사람은 자연스럽게 "신선의 도에 가까워진다"고 주장했다. 그는 「신선가학론」에서 "신선의 도에 가까워진" 일곱 종류의 사람을 열거하고 있는데, 그중 세 번째는 "몸은 일정한 봉록과 지위를 누리고 살면서 마음은 도덕의 관저에서 놀고 충정으로 윗사람을 섬기고 인의로 아랫사람을 대하는" 사람이고, 일곱 번째는 "지극히 효성스럽고 지극히 올곧고 지극히 의롭고 지극히 청렴한" 사람이다. "이런 부류의 사람은 모두 신선의 표준에 들며 그림자가 무형 중에 변한다고 말하며 죽어도 사라지지 않는다."[120]

결과적으로 도교의 교의로 볼 때 봉건 윤리 도덕의 엄수야말로 득도하여 진인이 되는 필수 과정이자 가장 기본이 되는 수련 공부였던 셈이다. 송대 이후 도교는 이 사고에서 한 걸음 더 발전하여 봉건적 설교를 그 성격으로 하는 입세간入世間의 종교로 바뀌었다. "효제의 가르침"이 도교의 성질이 됨으로써 그 충실한 신도들은 필경 봉건적 질서하의 충신, 효자, 순민, 현인으로 복종의 삶을 살게 되었다. 이것이 바로 도교 교의가 정치 문화에 끼친 또 하나의 효과였다.

넷째, 표표히 세상을 벗어나 찌든 속세를 경멸하는 도교의 신선 사상과 무위무욕하고 명예나 영달을 구하지 않는 경계는 은일隱逸의식의 유래가 되었다.

정치 참여의식의 각도에서 보면 도교의 기본적 지향점은 출세간出世間적이다. 세상이 어지러우면 은거하는 것이 중국 고대 역사에서 보여준 상례였다. 신선 사상은 예부터 사회의 동란과 필연적 연관을 맺고 있다. 도를 닦아 신선이 되려는 것은 사실상 몸을 세상 밖에 두고 산림에 은거하여 성명의 온전함을 기르려는 것이다. 권세, 부귀, 공명, 이록 따위를 경멸하는 노장 사상은 고대 은일의식의 집합처 가운데 하나다.

도교는 도가 사상이 선양하는 청정무위를 겸허히 지키면서 속세를 쓸모없는 쭉정이로 여기고 부귀를 번거로운 것으로 취급한다. 일심으로 '무하유無何有의 마을'을 기리는 비관적 염세 사상을 견지하고, 그에 부연하여 도를 닦고 진인이 되려는 종교적 인생관을 갖고 있다. 도교의 계율에는 "넉넉함을 품고 질박함을 지키며 자연에 응하여 행동하라" "매사에 겸손하고 양보할 것이며 물러나 다른 사람을 제도하라" 등의 설교로 가득하다. 『상이계想爾戒』는 상, 중, 하 3품으로 나눈다. 즉 무위無爲를 행하라, 유약柔弱을 행하라, 수자守雌[121]를 행하라, 먼저 움직이지 마라, 무명無名을 행하라, 청정을 행하라, 여러 선을 행하라, 무욕을 행하라, 만족할 줄 앎을 행하라, 퇴양을 행하라가 그것이다. 이에 따르면 상품의 계를 지킬 수 있는 사람은 신선의 위치에 오를 가능성이 있으며, 중품의 계를 지킬 수 있는 사람은 장수를 누릴 수 있으며, 하품의 계를 지킬 수 있는 사람은 요절을 피할 수 있다고 한다. 어떤 계율은 더욱 구체화되고, 사회화되고, 세속화되었다. 이를테면 공명을 흠모하지 말라, 높은 영화를 강제로 탐하지 말라, 명예를 구하지 말라, 다른 사람과 시비곡직을 다투지 말라, 성인을 칭하거나 대大 자를 표현하지 말라 등이 그렇다. 결국 도교의 사유 방식, 종교 관념, 수행 방식은 모두 은자가 되는 길을 제시하는 것들이다.

은일의식은 다층의 의식행위체계다. 왕권과 예법이 짜놓은 세속의 그물을 필사적으로 벗어나려는 것이 은일의식 탄생의 동인 가운데 하나다. 왕후장상을 업신여기고 "제 일을 고상하게 여기는" 측면에서 본다면 은일의식은 왕권과 대항하는 요소가 있다. 하지만 은일의식은 사람들을 왕권과 직접 충돌하도록 이끌지 않으며 반대로 현실에서 도피하도록 유도한다. 이 점에서 왕권과 협조하는 측면도 있다. 전체적으로 볼 때 은일 문화가 특정한 범주로 확산되는 것은 왕권에 유리하다. 이 때문에 역대 통치자들 모두 왕권에 협조하지 않는 은일거사들을 좋아하지 않았지만 일반적으로는 은일을 용납하고 표창하는 태도를 견지했다. 이른바 "천명을 받은 현명한 임금이나 문명을 지키는 아름다운 군주치고 비단 옷자락을 묶어 바삐 떠나고 창포 줄기로 수레바퀴를 묶어 깊은 골짜기를 분주히 내왕하면서 다다르지 못할까 걱정하지 않는 사람이 없었다"[122]고 한다. 수당 황제들은 모두 은자들을 불러들이는 조칙을 발포한 적이 있다. 무측천은 이 방면에 특히 적극적이었다.

은일에 대한 봉건 제왕들의 이중적 태도는 종교 정책에서 잘 드러난다. 한편으로 도교를 신봉하여 도사들을 발탁하면서도 다른 한편으론 도교를 제한하는 조치를 취하기도 했다. 당대 도사들의 성분을 보면 정밀하게 도를 닦고 영달을 추구하지 않는 사람이 있는가 하면 성공의 지름길이라는 "종남終南의 첩경"[123]을 신봉하여 벼슬을 추구하는 사람도 있었다. 또는 벼슬길에서 부침을 거듭하거나 관료가 될 희망이 없어 도교에 귀순하는 사람도 있었다. 특히 당나라 말 오대五代 시대에는 유학 가문 출신이거나 가슴에 경륜을 품은 선비 중 도사의 행렬에 가담하는 자가 대거 출현했다. 여동빈呂洞賓, 정운수鄭雲叟, 나은지羅隱之, 진단陳搏 등이 그렇다. 고귀한 관직에 있는 사람들조차 자칭 도술을 신봉하고 신선을 흠모한다는 사람이 많았다. 관청은 그저 몸을 맡기는 장소에 불과했으며 "큰 은자들이 조정에 숨어 있었다". 결과적으로 도교의 경계가 사 계급의 정치의식에 미친 영향은 대단히 복잡다단한 것이었다.

도교의 경계와 교의는 또 다른 사회정치적 효과를 발휘했다. 예컨대 도교 교의 가운데 일정 부분이 사회비판 사상의 유래가 되기도 한 것이다.

인간의 고난이야말로 종교를 탄생, 발전, 전파시키는 사회적 근원이다. 도교의 초창기 신도들은 주로 하층 민중이었으며 교의 가운데는 하층 민중의 사회적 이상이 녹아들어 있었다. 한위漢魏 시기 도교는 왕권과 공개적으로 대항하기 일쑤였다. 수당 시기에 이르러 도교의 주류는 관방 종교가 되었지만 도교의 사회 이상이나 인생에 대한 추구, 구세의 방법 등은 필경 현실사회와 상당히 큰 차이를 보였으며, 때로 하층 민중을 위해 새로운 정신적 지주나 사회적 귀속처가 되어주기도 했다. 도교 경계에는 '태평'이나 '진정한 평등의 도'와 같은 내용이 적지 않다. 유가나 불교와 비교해볼 때 도교가 하층 사회의 소박한 의식과 더욱 가깝다. 도교의 일부 지파는 민간 종교적 성질을 보존하고 있기도 했다.

도교의 천국 이상과 현실 사회와의 대비는 고대 사회비판 사상의 중요한 근거 가운데 하나다. 당나라 때 일어난 수많은 농민 봉기는 도교 신앙과 밀접한 관련이 있다. 예컨대 영휘永徽 초년 진석진陳碩眞[124]은 스스로 '문가황제文佳皇帝'라 부르며 신도神道를 빌려 군중에게 호소했다. 수당 오대의 사회비판 사상가 대부분은 도교나 도가 학술에 그 연원을 두고 있다. 당대 통치자들은 도교를 크게 육성시키는 동시에 온갖 계책을 동원하여 도교의 발전 방향을 제어했다. 그 발전 규모에 제한을 가했으며, 거듭 명령을 내려 '좌도사교左道邪教'를 금지시켰다. 도교가 가진 비판성이 바로 그 원인이었다.

불교의 중국화와 정치 문화

수당 시기는 중국 불교가 전면적으로 발전한 전성기였다. 최고 통치자의 대대적인 육성, 불교와 왕권의 결합, 불교 교의의 중국화야말로 불교가 공전의 번영을 누리게 된 주요 원인들이다. 불교의 전파는 중국 고대 정치 문화에 깊은 영향을 미쳤다.

불교 도덕의 종법화와 신민臣民 문화

3교 가운데 불교만이 외래문화에 속한다. 그래서 전파과정 중 가장 크게 압박을 받았으며 제한도 가장 많았다. 인도 불교의 교의가 중국의 전제 왕권 및 강상 윤리와 저촉되는 부분이 많았기 때문에 누차 금지와 억압을 당했다. 당 무종武宗의 불교 훼멸이 그 전형적 사례다. 그러나 몇몇 사례를 제외하고 수당의 제왕 대부분은 불교를 육성하기도 하고 억압하기도 했는데 주로 육성 위주였다.

제왕의 불교 숭상은 정치 행위로서 일종의 정치적 전략이거나 정책이었다. 이를테면 태평성대를 누리던 시기 당 태종은 불교를 믿지 않았다. 그는 남조 "양梁 무제武帝 부자의 뜻이 부화浮華를 숭상하고 불교와 노자의 가르침을 좋아해서"(『정관정요』「신소호愼所好」)[125] 국가의 패망을 불러왔으니 이를 귀감으로 삼아야 한다고 거듭 강조했다. 그러나 당 태종은 여전히 불교의 육성을 일관된 정책으로 받들었다. 수당 시기 가장 영향력이 컸던 천태종天台宗, 법상종法相宗, 화엄종華嚴宗, 선종禪宗 등 저명한 불교 종파들은 바로 수 문제, 당 태종, 무측천, 당 현종의 대대적인 육성하에 흥기한 것들이다. 황제들은 "교화를 돕고" "미혹하고 어리석은 사람들을 이끌어주는"

불교의 역할을 자발적으로 이용했다. 행정 수단을 동원하여 불교의 발전 방향을 제어하고 발전 규모를 통제했으며 끝내는 고집불통의 불교로 하여금 왕권의 발아래 무릎을 꿇도록 강요했다.

왕권 및 종법 도덕에 대한 불교의 순종과 굴종은 주로 불교의 중국화로 표현된다. 불교는 외래문화로서 중국문화권에 들어왔으며 중국 본토의 문화에 의존하고 충돌하다가 끝내는 융합하는 긴 과정을 거쳤다. 오랜 기간의 선택과 개조, 재구성을 통해 차츰 인도 불교의 모체로부터 분리되어 독립된 발전의 길을 걸었다. 당대에 이르러 불교는 기본적으로 중국화 과정을 완성했는데 주로 두 가지로 나타났다. 하나는 천태종, 화엄종, 선종, 정토종淨土宗 등 중국화한 불성설佛性說을 이론 기초로 삼는 불교 종파들이 앞서거니 뒤서거니 흥기하여 주류 지위를 차지하게 된 것이며, 둘째는 불교 종교 도덕의 종법 윤리화였다.

불교와 왕권의 결합은 도교와 왕권의 결합과 매우 흡사하다. 수당 시기 불교 각 종파의 수뇌와 저명한 승려 대부분은 제왕과 대단히 친밀한 관계였으며, 어떤 승려는 정치에 적극적으로 참여하기도 했다. 이를테면 측천무후 시대의 승려 회의懷義, 법랑法朗 등은 『대운경소大雲經疏』를 지어 무측천은 미륵불이 하생한 분이며, 염부제閻浮提[126]의 주인이라고 주장했다. 당 현종 때 불공不空 화상은 관직이 경감卿監에 이르렀고 국공國公으로 존중되었다. 내전에 출입했으며 세력은 권문세가를 움직일 정도였다. 사원과 승려들은 각종 불교 행사를 통해 제왕의 복을 빌었으며 국운의 창달을 기원했는데, 이는 불교가 왕권을 위해 봉사하는 주요 형식들이었다.

왕권의 수요에 영합하고 생존에 적합한 환경을 만들기 위해 불교는 자신의 종교 이론과 현실 품격에 대대적인 조정과 수정을 가했다. 일부 불교도는 불교의 교의에서 제왕의 통치를 위한 근거를 찾기도 했다. 이를테면 위진 시대 통치자들은 무수한 살육을 저질렀는데 천태종의 2조인 혜사慧思는 오히려 『법화경』을 인용해 제왕의 살인이 공이라고 논증했다. "여기 보살이 있는데 세속의 인내를 실천하여 악인을 다스리지 않고 오래도록 악을 저지르게 방치하고 바른 법을 파괴하게 둔다면 이 보살은 악마이지 보살이 아니다. 왜 그런가? 세속의 인내를 구하여 법을 지키지 못하면 겉보기에 참는 것 같지만 실제론 악마의 업보를 행하는 것이다. 보살이 대자대비를 수행한다면 충분히 욕됨을 참아내어 대승大乘을 건립하고 중생을 보호해야지 세속적인 인내만 고집해서는 안 된다."127

수당 시기엔 가장 힘 있게 불법을 수호한 승려들조차도 유가나 도교에서 주장하는 인생, 사회, 국가에 대한 가치를 인정하지 않을 수 없었다. 이를테면 부혁傅奕 등과 논쟁을 그치지 않았던 법림法琳은 충효를 받들고, 도덕을 실천하고, 자비를 베풂은 국가를 보전하고 이름을 퍼뜨리고 중생을 구제하는 데 각기 쓸모가 있는 것으로 불교 교의에도 충효를 함장하고 있다고 생각했다. 그는 "군주와 신하의 화려한 의복을 버리고 몸은 부모를 받들지 못하지만 안으론 효성을 간직하고 있으며, 군주를 섬기는 예에서 벗어나 있지만 마음으론 그 은덕을 생각하고 있다"128고 말했다. 불교가 왕권에 유익하다는 문장은 『전당문』 가운데 수도 없이 등장한다. 불교 도덕의 종법화는 기본적으로 불교 교의와 세속 권력의 충돌을 완해시켰으며, 불교를 전제 왕권과 종법 윤리의 시녀로 전락하게 만들었다.

불교 도덕의 종법화는 불교 중국화의 뚜렷한 표식 가운데 하나다.

불교는 도덕윤리의 색채가 매우 두터운 종교다. 인간의 도덕 가치와 도덕 수양을 중시하며 종교적 실천을 도덕 실천의 기초 위에서 이루고자 한다. 종교 세율의 견시는 성불의 전제이자 출발점이다. 종교로서의 불교는 한편으로 세계관의 기초 위에 자신의 도덕관을 세우고 있으며, 종교적 교의에 도덕적 의미를 부여하여 신도들로 하여금 종교 도덕에 대한 체험 과정에서 신앙의 기치를 증명하도록 한다. 다른 한편으로 특정한 세속의 도덕을 신성화하고 종교화하기도 한다. 인도 불교의 도덕과 중국 전통의 도덕은 모두 자본주의 이전 시대의 산물이며 서로 다른 두 도덕 학설은 통하는 구석이 아주 많다. 그러나 불교의 도덕문화는 '사람'과 '중생'을 같은 반열에 놓는 등 그들만의 개성도 있다. 육도의 중생은 "다 같이 나고 죽으며 함께 자라고 길러지며 번갈아 부모와 형제와 자매가 된다"[129]고 생각한다. "출가하면 성이 없어지고 모두 부처의 자식으로 불린다"고 주장한다. 이렇게 제왕에게 대항하는 예법을 숭상하며 세속이나 군부 등에 경의를 표할 필요가 없다고 말한다. 이런 점에서 충효를 일체화시킨 중국의 종법 윤리 도덕과 분명한 차이를 보인다.

불교는 중국에 들어온 뒤 끊임없이 중국의 전통 도덕, 왕도 정치, 민족 심리와 관습으로부터 완강한 견제와 강렬한 배척을 당했다. "다섯 번 공경의 예를 바꾸라는 명령을 받았고, 세 번 토벌을 당했다."[130] 이 때문에 불교는 그들의 현실적 성격을 부분적으로 바꾸지 않을 수 없었으며 중국 왕권의 요구에 부합하려고 애를 썼다. 그 변화는 주로 유가의 충효 관념과 종법 사상을 불교가 흡수하고 인정하는 형태로 나타났다. 이는 중국 불교 도덕의 주요 특징이 되었다. 중국화한 불교 도덕은 인도 불교의 도덕과 달랐을 뿐만 아니라 유가의 도덕 학설과도 완전히 같지는 않았다. 이 새로운 도덕 체계는 불교가 생존을 위해 환경에 적응한 결과였다. 또한 거꾸로 중국의 윤리 도덕에 영향을 미치기도 하여 기존 종법 강상 윤리에 중요한 보완 작용을 하기도 했다. 중국 고대에는 도덕이 바로 정치였다. 종법화한 불교 도덕은 강상 윤리의 영향력과 침투력을 확대시켰으며 왕도 정치의 정신적 지주 가운데 하나가 되었다.

불교 도덕 종법화의 첫 번째 표현 방식은 『우란분경盂蘭盆經』 『불설효자경佛說孝子經』 『불설섬자경佛說睒子經』처럼 부모에 대한 보은을 고취하는 불경들을 애써 드높임으로써 불교와 효친 관념이 빈틈없이 결합됨을 증명하는 것이었다. 당나라 종밀宗密이 펴낸 『우란분경소疏』 두 권은 석가모니 등의 출가가 모두 부모를 구제하기 위해서였다고 강조한다. 그는 말한다. "불제자들은 효순의 덕목을 닦는데, 항상 부모를 생각하는 마음을 지니고 있으며 양친으로부터 7세 부모까지를 공양한다. 매년 7월 15일 효성과 자애의 마음으로 자신을 낳아준 부모에서 7세 부모까지를 추억하면서 우란분[131]재를 지낸다. 이렇게 부처와 승려에게 베풂으로써 부모가 오래 길러준 은혜에 보답하는 것이다." 이렇게도 이야기한다. "혼돈에서 시작하여 천지에 꽉 찼다가 사람과 귀신에게 통하고 귀천을 관통하는 것으로 유가에서든 불교에서든 모두 으뜸으로 삼는 것은 오직 효도뿐이다."[132] 수많은 승려가 이를 본받아 『우란분경』을 주석했다. 그들은 부모의 은정을 존중하는 불경 중의 사상을 개조시켜 가부장적 권위하의 효친 관념과 일치시키려 했다.

불교 도덕 종법화의 두 번째 표현 방식은 승려들이 가짜 경전과 저술을 대량으로 제작하여 효도의 본보기로 삼는 것이었다. 수당 시기엔 위경이 대량으로 출현했다. '위僞'라 함은 중국인 자신이 만들어낸 것으로 인도에서 전래된 것이 아니다. 이를테면 대략 당나라 초에 쓰인 『부모은중경父母恩重經』은 그 전승이 넓고 오래된 불교 도덕의 민간 보급용 교과서로서 세속의 도덕관념에 중대한 영향을 미쳤다. 불교의 『효자경』과 유가의 『효경』은 형식은 다르나 효과는 같은 것이었다. 그에 따르면 '오역죄五逆罪'를 저지른 사람은 지옥에 떨어지는데 '오역'의 첫 두 조항은 부친 살해와 모친 살해다. 승려들은 또 수많은 논저를 써서 불교 도덕과 효친 관념의 내재적 일치성을 천명했다. 불교도가 보기에 불교의 효는 세속의 효보다 높았다. 오계五戒에는 효가 포함되어 있으며, 계는 효를 우선으로 삼고, 계속에도 효가 있다. 오계는 오상五常과 비견할 수 있는 것이다. 유종원柳宗元조차도 "금선金仙씨(부처)의 도는 효경孝敬에 뿌리를 두고 있으며 그 뒤에

여러 덕을 쌓아 공무空無로 귀결한다"[133]고 생각했다. 당대에는 또 원고元
暠, 도종道縱, 도비道조처럼 한때 이름을 날린 '효승孝僧'도 출현했다.

불교 도덕 종법화의 세 번째 표현 방식은 불법을 전파하기 위한 각종
문화 형식이 효친 관념을 인정하고 흡수한 것이었다. 수당 시기의 불교 문
학, 회화, 음악, 조각에서 우리는 도처에 깔린 효친 관념의 낙인을 간파할
수 있다. 이를테면 당나라 후기에 유행했던 『부모은중경변문變文』은 증삼
曾參의 언어를 인용하여 이렇게 말한다. "백행에 앞서 효에 덧붙일 것은 없
다. 효는 하늘의 경經이고 땅의 의義다. 효가 천지에 감응하면 신명을 옮긴
다. 효가 하늘에 이르면 비바람이 순서에 맞고, 효가 땅에 이르면 백곡이
성숙하며, 효가 사람에 이르면 다시 힘을 만회하고, 효가 신에 이르면 영
혼이 도움을 받는다."[134] 둔황敦煌에서 발굴된 「십은덕十恩德」「십종연十種緣」
「효순악孝順樂」 등처럼 농후한 효친 관념이 침투되어 있는 불교 노래 가사
도 있다. 또한 당나라 경복景福[135] 연간 위군정韋君靖은 사천四川 대족大足(오
늘날의 충칭직할시 다쭈大足구) 지역에 굴을 파고 감실을 만들어 불상을 안
치했는데 그중 하나가 「부모은중경변연變緣」 조각 군상으로 효도의 선양
을 주제로 삼은 것이었다. 「구경연민은究竟憐憫恩」이란 감실의 송덕문엔 "[부
모의] 기쁨과 노함을 관찰하여 언제나 자애로운 얼굴을 범해서는 안 되
는데, 낯빛을 바꾸는 일이 아니니 예로부터 색난色難이라 일컬었다"[136]고
한다. 낯빛을 유지하기 어렵다는 '색난'으로 효를 논하는 것은 공자에게서
시작되었다. 『논어』「위정」 편에는 "자하가 효에 대해 물으니, 공자가 '색난'
이라 말했다"는 기록이 있다. 이렇게 볼 때 효에 대한 중국 불교의 이해는
유가의 경의와 대동소이함을 알 수 있다.

불교 도덕 종법화의 네 번째 표현 방식은 충군忠君 관념에 굴종한 것이
었다. 중국 고대에 왕권은 지고무상의 절대 권력이었다. 어떤 이데올로기
든 어떤 도덕 설교든 어떤 종교 문화든 왕권을 위해 봉사할 수밖에 없었

다. 왕권과 대등하게 대립해서는 절대로 안 됐고 그 무엇도 왕권을 능가할 수 없었다. 효가 정치에 실현되는 것이 바로 충이다. 부모에 효도하는 것과 군부에 충성하는 것은 완전히 동일한 도덕적 논리를 따른다. 원시 불교는 그렇지 않았다. 그 교의는 "자식은 부모 때문에 생겨난 것이 아니"라고 여긴다. 부처의 도가 제왕의 도보다 높았으며 출가한 승려는 세속의 부모나 제왕보다 높았다. 이 때문에 승려들이 부모를 존경하거나 제왕에게 예를 행해서는 안 되었다. 오히려 반대로 부모나 제왕을 존중하는 세속 사람들이 승려들을 존경해야 했다. 불교가 중국에 들어온 뒤 "사문들이 세속의 절을 하느냐 마느냐"가 조야 상하 간 논쟁의 초점이었다. 이 논쟁은 당나라 때까지 지속되었다. 『전당문』을 펼쳐보면 사문들의 세속적 예절에 관해 논하는 문장들이 곳곳에 보인다. 논쟁의 결과는 중국의 윤리 도덕에 대한 불교의 굴종이었다.

당나라 때부터 불교는 제왕에 대한 예경을 부처 숭배보다 위에 두기 시작했다. 이는 "사문들이 세속의 예절을 지키느냐 마느냐"의 문제에서 집중적으로 드러났는데 최종적으로 불교가 왕권과 종법에 굴복했다. 승려들은 군부의 면전에 무릎을 꿇어야 했을 뿐만 아니라 온갖 방법을 동원하여 불법 가운데서 충군 관념의 근거를 찾아내고 나아가 왕권의 존엄을 논증해야 했다. 예컨대 당대의 고승인 현장玄奘은 제왕이 "전륜성왕의 존엄으로 법왕의 교화를 펼친다"[137]고 칭송했다.

제왕은 백성의 부모가 되며 은택은 널리 중생에게 미친다. 그 선행은 고난에서 구제하는 보살과 같다. 당나라 승려 회해懷海가 창제한 『백장청규百丈淸規』의 앞 네 장은 '축리祝釐' '보은報恩' '보본報本' '존조尊祖'를 표제로 삼고 충군과 효친을 대대적으로 제창한다. 군왕 숭배를 찬양하는 '축리'와 '보은' 두 장을 불교의 종사를 숭봉하는 '보본' 장의 앞에 두었다. 게다가 수많은 불교 승려가 군주의 녹과 은덕을 입어 기꺼이 신료가 되었다.

이와 비교해서 석가모니의 실질적 지위는 좀 떨어지게 되었다. 명의상 석가모니는 전지전능의 최고 인격신이었지만 아미타불과 보살의 지위가 현저히 높아지고 그 가운데 부차적인 역할을 맡았던 관세음보살이 고난을 구제하는 존엄한 신으로 상승했다. 그렇게 여래불의 지위가 희미해짐으로써 왕권지존의 관념과 생길 수 있는 갈등과 충돌을 피했다.

불교 도덕 종법화의 다섯 번째 표현 방식은 불교 승단 및 계율 규정을 종법화한 것이다. 원시불교는 "계율을 스승으로 삼는다"고 주장한다. 법에 의존하지 사람에 의존하지 않으며 사제지간의 엄격한 전승 관계를 강조하지 않는다. 수당 불교는 세속의 종법 제도를 모방하여 세대를 전승하는 의발 제도, 전세법계傳世法系, 종파 교단 및 그에 상응하는 계율 규정, 예의禮儀 제도를 만들었다. 각 종파 내에선 사람에 의존하지 법에 의존하지 않으며 조사가 교문敎門의 중심이 되고 사제 간은 부자 관계와 같으며 문파의 계통은 종족의 계보와 같았다. 사원 안에서 장유와 상하는 각기 배분이 뚜렷했다. 한 분의 조사 밑에 장유의 질서가 있었을 뿐만 아니라 적서의 구분도 있었다. 오직 적실의 전승 제자만이 스승의 대를 이을 수 있었다. 종파 간 다툼은 세속의 적자 서자 간 다툼과 같았다. 특히 선종은 그 법사法嗣 제도, 종파 분립, 승단 계율이 세속의 종법과 비교해서 아무 손색이 없을 정도다. 불교 승단의 이와 같은 변화는 승단 내부에서 명교와 불법의 결합 근거를 찾아내도록 했으며 나아가 종교 도덕 학설의 강상 윤리화를 촉진했다.

불교 도덕의 종법화는 "치도에 있어서 왕의 교화를 돕는" 작용을 크게 높여주었다. 중국 불교의 도덕은 효친충군을 강조하고 장유유서와 적서 구분을 명확히 한다. 이러한 특징은 무군과 무부, 평등과 이타를 주장하는 인도 불교의 도덕과 비교할 때 더 이상 공통점을 발견하기 어렵다. 그리하여 불교와 유가는 함께 강상명교로 귀결되고 말았다. 이른바 "도법과 명교, 부처와 요임금 및 공자는 시작은 비록 달랐으나 차츰 서로 영향을 주어서 출처는 다르나 끝은 같아지게 되었다"[138]는 것이다.

불교는 강상명교를 선양시키는 데 특별한 작용을 발휘하기도 했다. 불교 문화는 본래 내용이 풍부하고 중국 전통문화에 결핍된 특정한 내용들을 갖고 있어서 전통문화에 보완 작용을 할 수 있었다. 도덕문화와 정치 문화의 각도에서 볼 때 불교 도덕의 종법화는 불교의 윤회업보설과 유가의 천명론 및 도교의 귀신 숭배를 상호 융합시켜 종법 도덕의 영향력과 침투력을 강화했다.

인과응보 문제에 대한 불교의 해석은 대단히 매끄럽다. 불교의 윤회업보론은 탄생에 유래가 있으며, 죽음에 갈 곳이 있다는 삼세설三世說을 신봉한다. 선과 악에는 반드시 업보가 따르는데 혹은 자신에게 갚아지고, 혹은 자손에게 갚아지고, 혹은 금생에 갚아지고, 혹은 내세에 갚아진다고 믿는다. 이 주장은 인간의 주관 내재적 요소, 다시 말해 '업業'을 강조한다. 행동(신업身業), 언어(구업口業), 생각(의업意業) 등 '3업'의 선악은 반드시 그에 상응하는 응보 즉 '업보'가 따른다. 그리고 이 '업보'는 전생, 금생, 내생에까지 미친다. 금생의 재앙은 전생의 업보에서 비롯된 것이며, 금생에 착한 일을 하면 내생에 착한 응보를 얻는다. 유가의 천명론과 비교하면 불교에선 객관 외재적 요소인 '천天'을 배제시키고 사람의 주관적 요소인 '업'으로 귀결시킨다. 이는 사회와 인생의 현상을 해석하는 데 있어서, 특히 '업보'의 이번 현상의 측면에서 중국 응보론의 부족한 점을 보완해주었다.

불교의 삼세육도三世六道[139]와 선악응보론은 강상명교와 결합했다. 주관적인 노력을 통하여 강상명교를 인정하고 실천함으로써 내세의 행복과 영원한 해탈을 구하라고 사람들에게 호소한다. 이 도덕 이론은 사람들에게 인내하고 양보하고, 본분을 지키고, 선을 지향하고, 도를 닦으라고 권한다. 이러한 봉건 도덕을 충실히 지키면 마치 숭고한 도덕을 실천하는 것처럼 보이는데, 이것이 끝내는 반항 의식을 소멸시키고 노예 사상을 배양하는 가장 냉혹한 설교로 바뀐다. 불교는 확실히 인간이 자아를 완성해가는 데 선량한 지도 교사 노릇을 한 적이 있지만 정치 문화의 관점에서 볼 때 중국화된 불교는 고대 신민형 정치 문화를 형성한 중요한 유래 중 하나였다.

교화의 보조:
불교와
왕권의 결합

    송대 이후 불교와 왕권의 결합은 한층 더 강화되었다. 『고존숙어록古尊宿語錄』 권20에 이런 기록이 있다. 송나라 법연法演 화상은 자리에 올라 향을 집어 들고 매번 이렇게 말했다. "이 한 판의 향은 먼저 금상황제를 위함이니 언제나 바람 없는 곳에 머무시고 영원히 용상을 누르시길 엎드려 비옵니다." 그다음 향을 집어 들고 이렇게 말했다. "이 한 판의 향은 주현의 관료를 받드나니 충성하고 효도하며 청렴하고 결백하여 영원히 생민의 부모가 되시고 오래오래 바깥 기강을 지켜내시길 엎드려 비옵니다."[140] 그런 뒤에야 향을 집어 들고 승려와 대중을 위해 기복했다. 송대 승려들은 황제를 '금불今佛'이라고 부르며 "인간의 왕이 법의 왕이니 왕과 도는 함께 오래한다"고 부르짖었다. 한번은 송 태종太宗이 상국사相國寺 불상 앞에 향을 올리면서 "절을 해야 하는가 하지 않아야 하는가를 물었다". 이에 찬녕贊寧 화상은 "현재의 부처께서는 과거의 부처에게 절을 하지 않습니다"[141]라고 대답했다. 그들이 보기에 세속의 법이 부처의 법보다 높았으며 군주에 대한 충성이 부처에 대한 공경보다 훨씬 더 중요했다.

    여기서 생각해볼 만한 점이 하나 있다. 즉 수당, 북송, 남송 시기 많은 승려가 불학을 기초로 삼아 유학과 불교에 두루 통하면서 불교와 정치의 관계를 논의하며 비교적 체계적인 정치 주장을 전개했다는 사실이다. 송대의 계숭契嵩이 그 대표적인 인물인데 다음과 같은 논의를 했다.

계숭(1007~1072)은 자가 중령仲靈이며 스스로 잠자潛子란 호를 썼다. 속가의 성이 이李이며 등주藤州 심진鐔津(오늘날의 광시좡족廣西壯族자치구 텅藤현 북쪽) 사람이다. 7세에 출가하여 14세에 구족계를 받았다.『정종正宗』등 저서는 선종 내에서 비교적 큰 영향을 발휘했으며『보교輔教』등 논문으로 사대부들과 변론했다. 가우嘉祐 6년에 경사에 가서『보교』『정종』등 책을 올리자 인종仁宗은 대장경大藏經을 들이게 하고 명교明教대사란 호를 하사했다. 계숭은 저술이 매우 풍부하여 100여 권 60여 만 자에 이르렀으나 후대에 유실되었다. 부분적인 시문들만『심진문집鐔津文集』에 모여 있거나 대장경에 남아 있다.

계숭은 불교를 배척하고 유학을 존중하는 구양수歐陽修 등의 논의에 맞서서『보교』등 논의를 전개했으며 유학과 불교에 두루 통했다. 사대부들은 그의 문장을 아꼈으며 그와 논쟁하는 것을 꺼렸다. 그의「원교原教」「권서勸書」「광원교廣原教」「효론孝論」「황극론皇極論」「중용해中庸解」「논원論原」「비한非韓」및「상인종황제만언서上仁宗皇帝萬言書」등은 모두 정치론에 속한 문장이다. 그는「논원」에서「예악」「대정大政」「지정至政」「상벌」「교화」「형법」「공사公私」「설명說命」「문병問兵」「문패問覇」「인효仁孝」등을 편목으로 삼고 있으며 정치의 기본 원칙들을 논의한다. 계숭의 문장은 편목에서 내용에 이르기까지 불학과 관련된 명사나 술어를 거의 찾아볼 수가 없다. 마치 엄연한 대유학자의 작품처럼 보이는 동시에 순수한 불학에 속하는 작품도 있다. 여기서는 불교와 정치에 관한 계숭의 기본 관점을 집중적으로 소개하고자 한다.[142]

계숭은 불교의 정치적 작용을 '보교輔教'라는 두 글자로 위치 지운다.

그는 왕도를 위해 불교가 없어서는 안 되므로 제왕은 불교를 정치 체제 속에 받아들여야 한다고 생각했다. 핵심 내용은 다음과 같다.

첫째, 불도와 왕도는 서로 결합한다. 계숭은 "왕도는 오직 대중大中을 표준으로 삼는다"고 생각했다. '중도中道'는 도의 근본인데, 이 점에서 "부처의 도와 왕도는 결합한다". 그는 말한다. "왕도란 황극皇極이다. 황극이란 중도를 일컫는다. 부처의 도 또한 중도이니 어찌 그렇지 않겠는가?" "그래서 그 법의 욕구에 따르라고 말하고, 마땅함에 따르라고 말하고, 대응 조치에 따르라고 말하고, 제1의에 따르라고 말한다. 이것이 바로 중도를 실천하라고 사람들을 가르치는 말이다." "[이러한 불법에 대해] 선한 사람은 잘 다스릴 것이고, 악한 사람은 잘 다스리지 못할 것이다. 제왕이 법으로 선을 행한 자에게 상을 주고 법으로 악에 형벌을 가하는 것, 이 두 가지 사이에 무슨 차이가 그리 많이 나겠는가?" "불심은 크게 공公적이라는" 의미에서 보면 이제二帝와 삼황三皇은 "부처가 변한 것이며" 부처는 "이제와 삼황의 근본이다".143

계숭은 한 걸음 더 나아가 '중도' 문제에 관한 한 불교가 백가보다 한 수 높다고 주장한다. "중도를 섬기는 것은 백가가 다 그렇다. 우리도 그렇다. 중도를 다스리는 데 있어서는 백가가 비록 중도라고 예측하지만 아직 지중至中을 시작도 못 하고 있다. 오직 우리 성인만이 중도를 올바르게 행하여 중도가 아닌 것이 없음을 증험했다. 심心이라 말하고 도道라 말함은 명名이다. 중中이라 말하고 묘妙라 말함은 어語이다. 명과 언어는 비록 다르지만 지극한 영혼은 하나다."144 불교가 가장 궁극적인 도리라는 이야기다.

둘째, 도와 교教는 서로를 필요로 하고 "교는 반드시 승려를 존중한다".145 계숭은 이렇게 생각했다. "마음을 도모하는 것을 도라 하고, 도를 널리 퍼지게 하는 것을 교라 한다. 교란 성인이 내려준 자취이며, 도란 중생의 큰 뿌리다."146 그러므로 "자취는 교에 속하고, 본체는 도에 속한다. 도가 아니면 교는 뿌리가 없는 것이며, 교가 아니면 도는 드러나지 못한다. 그래서 교와 도는 서로를 필요로 한다."147 제왕은 "부처의 교와 도를 크게 밝혀" '통치 체제'에 받아들일 필요가 있다. "교라 함은 옛 성인이 천시에 순응하고 백성에게 마땅한 바에 따라서 행해지며 그것으로 세상이 다스려지길 구하는 것이다."148 제왕이 나라를 다스리는 데 "어떻게 교 한둘에 국한하겠는가?" "삼대 시절 백성은 처음에 모든 것이 마땅하여 하나의 교로 다스렸으므로 오직 하나의 교를 사용했다. 삼대 이후 백성은 하나의 교만 가지고는 여유롭게 다스릴 수 없었다. 혹자는 하늘이 불교와 더불어 나란히 다스리라고 했다고 말한다."149

계승은 그의 논저에서 대량의 역사 자료를 끊임없이 열거하며 불교가 제왕의 치국에 중요한 역할을 한다는 것을 증명하고자 했다. "삼대의 정치가 쇠미해지고 세속의 악이 자심해지니 예의만으로는 다 다스릴 수가 없었다. 그래서 부처의 법이 중화에 널리 퍼졌으며 이에 유학과 더불어 권면하니 세속이 화목하게 교화되었다."150 계승이 보기에 "교는 얽매여선 안 되고, 도는 가려져선 안 된다. 얽매인 교는 자취를 어지럽히는 것이고, 가려진 도는 근본을 버리는 것이다. 얽매임은 지나친 것이고, 가려짐은 못 미친 것이다. 지나침과 못 미침은 똑같은 병이다". "지금 천하에 유학이 없어서는 안 되고, 노장이 없어서도 안 되며, 불교가 없어서도 안 된다. 한 교가 없어진다는 것은 천하에 한 가지 좋은 도가 줄어드는 것이다."151 승려와 유학자 모두 '적迹'에 속한다. 따라서 "모든 일이 잘 처리된다면 승려도 필요 없고, 유학자도 필요 없고, 저것도 필요 없고, 이것도 필요 없다."152 이와 같은 '교'라야만 대중大中을 실현할 수 있다.153 이 점에서 계승은 3교와 백가 사상을 두루 수용한 사람이다. 이 논의는 유가의 독존에 맞서서 발휘된 것임에 틀림없다.

셋째, 화이華夷의 구별은 '의義'에 있다. 계승의 정치론은 한 가지 특징이 있는데 논점마다 반드시 유가의 경전이나 공맹의 말을 인용한다는 점이다. 화이 문제에 관해서도 그는 "저 사람의 창으로 저 사람의 방패를 무너뜨렸다". 계승은 이렇게 지적한다. "요즘 부처는 서방의 성인이니 그 법이 이夷에 합당하고 중국에는 맞지 않는다고 말들 하는데 이것은 선대 유자들은 생각지도 못한 일이다. 성인이란 큰 도가 있는 사람을 지칭하는 말이다. 큰 도가 있는 사람을 어떻게 성인이라 부르지 않을 수 있겠으며, 성인의 도가 있는데 어떻게 실천할 수 없는 장소가 따로 있겠는가? 그 사람이 이夷에서 낳았기 때문이라면 순임금은 동이 사람이고 문왕은 서이 사람임에도 그 도가 이어지며 중국에 소개되고 실천되었는데 그 사람이 이에서 낳았다고 하여 그들의 도를 거부할 수 있단 말인가?"[154]

그는 한 걸음 더 나아가 "부처가 난 곳은 이夷가 아니"[155]라고 주장한다. 그 논거는 세 가지였다. 첫째는 '의義'가 화이를 구분하는 기본 근거라는 것이다. 『춘추』의 법은 중국을 높이고 이적을 낮춘다. 그때 제후국이 중국에 있더라도 의를 잃으면 역시 이적으로 취급했으며, 이적의 지역에 있더라도 진실로 의를 얻으면 역시 중국으로 취급했다. 이것이 바로 공자가 대중大中의 도를 운용한 까닭이다."[156] 후대의 유학자들이 불교를 이적으로 삼은 것은 "『홍범』과 『춘추』의 취지를 헤아리지 못했기"[157] 때문이라는 것이다. 둘째는 유가, 도교, 불교의 마음心은 같은데 행동 양식迹이 다르다는 것이다. "옛날에 성인이 있어 부처라고 부르고, 노자라고 부르고, 유학자라고 부르는데 그 마음은 한가지이며 행동 양식이 다를 뿐이다. 한가지라 함은 모두가 사람들을 착하게 만들려고 하기 때문이며, 다르다고 함은 학파가 나뉘어 각각의 방식으로 가르치기 때문이다."[158] 그런데 어떻게 셋을 억지로 화와 이로 구분할 수 있단 말인가! 셋째는 불법이 중화에 유익하다는 것이다. 계승은 이렇게 주장한다. "이제 불법이 중국에 들어온 지

1000년이 되었는데 해로웠다면 어떻게 이토록 오랫동안 용납이 될 수 있었겠는가? 중국에서 세 번 폐지되었음에도 세 번 도움을 주어 일어났다는 것은 그것이 필경 하늘과 사람의 일에 크게 부합되었기 때문이 아니겠는가."[159] 이는 불교가 중화의 정치 교화와 인심의 필요에 부합하다는 것을 나타낸 말이다. "부처의 법이 천하에 이로웠기 때문에 억압 또한 생겨난 것이다."[160]

넷째, 불교의 "오계[161]와 십선十善[162]은 유가의 오상과 통한다."[163] 계승은 불교의 오계와 십선을 열거하고 분석한 뒤 "유가로 그것을 가르친다면 그들이 말하는 오상, 인의와 호칭이 다를 뿐 일체"[164]라고 주장한다. 오계십선과 오상인의의 이치는 같으나 행동 양식이 다르다. "백 개의 집이 있는 마을에 열 사람이 오계를 지키면 열 사람이 순후하고 정직해질 것이다. 천 개의 집이 있는 고을에 백 사람이 십선을 닦으면 백 사람이 화목해질 것이다. 이 풍습과 가르침이 온 세상에 두루 펼쳐져 수많은 사람에게 지켜진다면 어진 사람이 곳곳에 가득 찰 것이다. 한 가지 선을 행할 수 있으면 한 가지 악이 제거되고, 한 가지 악이 제거되면 한 가지 형벌이 없어질 것이다. 집안마다 한 가지 형벌이 없어진다면 나라에는 만 가지 형벌이 없어질 것이다."[165] 이렇게 하면 천하태평을 실현할 수 있다.

다섯째, 불교는 교화에 가장 유익하다. 불가의 전승자로서 계승은 불교가 유가나 도교보다 더욱 폭넓고 고명하다고 생각했다. 그 주요 논거는 세 가지였다. 하나는 불교가 인심을 가장 잘 바로잡을 수 있다는 것이다. "천하의 교화란 선뿐인데,"[166] "불법은 그 요지가 사람이 마음을 바로잡는 데 있다. 마음이 바로잡히면 도에 이르게 되고 덕이 왕성해질 것이니 이른바 정情과 성性을 구별하고 참과 거짓을 잘 헤아리게 될 것이다."[167] 『단경찬壇經贊』에서 계승은 불교의 여러 수심법이 인간의 본성을 이해하는 데 있어서 얼마나 중요한 작용을 하는지 매우 상세하게 논술하고 있다. 결과적으로 "부처의 법은 선을 일으키고 악을 없애는 큰 발단이 되며, 폐하의 교화에도 가장 유익하다"[168]는 것이다.

두 번째 근거는 불교가 "3세[169]를 다스린다"는 것이다. 계숭은 불교가 죽음과 삶, 성과 정, 상인相因[170]의 이치에 가장 밝다고 주장한다. "태어나기 전에서 그 원인을 추정하여 앞으로 오게 되는 이유를 보여준다. 죽은 뒤 그 이루어낸 바를 지적하여 수양해야 하는 까닭을 가르친다. 그래서 도로 천하를 이끌어 현재의 거짓을 물리치고, 그에 근거를 두면 반드시 장래에 이루어진다. 생에는 전후가 있으며 오늘날과 서로 연관이 되니 또한 3세가 되는 것 아닌가." "사람들이 마음으로 복종하길 바라기 때문에 스스로를 수양하느니 차라리 그 내면을 감동시키는 것만 못하다." "내면을 감동시키려는 사람이 신의 도로 가르침을 베풀지 않는다면 꼭 교화된다고 할 수 없다. 부처님 말씀이 도인 까닭은 귀신보다 앞서고 사람에게 따르면서 내면을 감동시키고 외면을 제어하는 것을 가리키기 때문이다."[171] 여기에서 계숭은 "신이란 사람의 정신을 가리키는 말이지 황음무도한 귀신의 일을 일컫는 말이 아니"라고 명확히 지적한다. 사람들로 하여금 스스로 마음이 복종하게 한다는 점에서 "3세를 다스린다"[172]는 불교는 다른 백가들보다 한 걸음 더 멀리 내다본 것이다.

세 번째 근거는 불교가 "백가의 도를 두루 갖추고 있다"는 것이다. 불가의 성인은 도를 밝히고 세상을 구원할 큰 단서를 깊이 이해하고 있으므로 "그 실마리가 큰 사람은 홀연히 깨치고 그 실마리가 작은 사람은 점진적으로 깨친다. 점진적이라 함은 임시방편의 권도를 말하며, 홀연하다 함은 구체적 실질을 말한다. 실질을 대승이라 일컫고, 권도를 소승이라 일컫는다."[173] 불가에서 "성인은 대소를 가지고 뭇 실마리를 총람하므로 어둠과 밝음이 제 역할을 다한다." "성인의 권도라 함은 널리 천하를 선하게 만들고 두루 백가의 도를 갖추어 세상만물을 구제하는 큰 권도를 말하고, 성인의 실질이라 함은 법계와 만물에 충만해 있는 것으로 인간 본성을 궁극적으로 이해하는 천하의 큰 도를 말하는"[174] 것이라고 계승은 생각했다. 이 때문에 "사람을 다스리고 하늘을 다스리는 데 오계십선보다 좋은 것은 없다. 작고 작은 성인 혹은 작은 성인을 수양해도 사제십이연四諦十二緣[175]처럼 왕성하지 못하다. 큰 성인을 수양하여 크고 큰 성인을 좇음은 육도만행六度萬行처럼 왕성하지 못하다"[176] 최종적으로 평등하여 차별도 성인도 없다는 '진제무성眞諦無聖'[177]의 경지에 다다를 수 있다. 이 점에서 불교에는 그 무엇도 비교할 대상이 없다.

널리 군왕의 신봉을 얻고, 세속의 신앙을 취하기 위해 계승은 '효孝'자를 덧붙여 대대적인 홍보를 하는 데 힘을 기울였다. 그가 지은 『효론』은 효에 관한 가장 체계적이고 전면적인 불교 저작 가운데 하나다. 이 책에서 저자는 '명효明孝' '효본孝本' '원효原孝' '평효評孝' '필효必孝' '광효廣孝' '계효戒孝' '효출孝出' '보덕報德' '효략孝略' '효행孝行' '종효終孝' 등 여러 각도에서 "우리 성인의 큰 효도의 오묘하고 엄밀한 의미를 밝힘으로써" "유학자들의 주장과 만났다".

계승은 "효란 3교 모두 존중하는 것이지만 불교가 특별히 드높였다"[178]고 주장한다. 그는 세 가지 방면에 집중하여 불교의 효를 설명했다.

첫째는 효孝, 계戒, 선善의 합일이다. 그는 "오계는 효가 쌓인 것이다"[179]라고 말하는가 하면 "효는 큰 계율 가운데 가장 앞선 것이다"[180]라고도 말한다. 계 가운데 효가 있을 뿐만 아니라 큰 계율은 효를 우선으로 하며, 선 또한 효를 출발점으로 삼는다는 것이다. 이른바 "성인의 선은 효를 그 출발점으로 삼는다. 선을 행하면서 그 출발점이 선행되지 않는다면 선한 결과가 없을 것이다"[181]라는 것이다. 효는 선의 출발점이며 계와 효는 합일하니 효야말로 복을 빌고 성불을 하는 근본이다.

둘째, 복을 쌓는 것은 효를 행하느니만 못하고, 효를 행하는 것은 계를 지키느니만 못하다. 계승은 말한다. "오늘날 천하에서 복을 구하려면 효를 돈독히 하느니만 못하고, 효를 돈독히 함은 계를 닦느니만 못하다."[182] 불가의 계를 닦는 것이 바로 최대의 효다. 왜냐하면 불교의 계는 유가의 효도보다 높으며 가장 높은 차원의 효이기 때문이다.

셋째, 불가의 효는 상도에 어긋나면서 도에 합치한다. 세속의 사람들이 불교에 대해 "하늘의 상도를 무너뜨리고 있다"고 비판하는 데 맞서 계승은 이렇게 주장한다. 본성은 "많은 성취 가운데 가장 큰 성취이며, 수많은 근본 가운데 가장 큰 근본이다". "부모라는 근본은 차순위의 근본이며, 부모라는 성취는 차순위의 성취다." "사람이든지 신이든지 반드시 그 큰 근본과 큰 성취를 앞세운 뒤 차순위의 근본과 차순위의 성취에 이르는 것을 앎의 근본이라고 한다."[183] "[불교] 성인은 스스로 후사를 정하지 않는다. 본성의 근본을 움직여서 천하와 더불어 후사를 정한다. 그렇게 된 후사라면 정말 위대한 후사가 아니겠는가!"[184] 불교의 효는 큰 근본과 큰 성취에 바탕을 둔 대효다. "군자들이 하늘의 상도를 무너뜨리고 인정을 다하지 못한 것이라고 미워하지만 세속의 정을 끊는 것이야말로 군주와 부모에게 음덕이 된다." "부자 관계와 부부 관계가 하늘의 상도인데, 오늘날 부처는 사람들에게 그 일상의 정을 끊고 청결을 닦는 데 힘쓰라고 한다. 이것이 바로 상도에 어긋나면서 도에 합치하는 것이다."[185] 결국 계승의 말은 불교의 계와 유가의 효는 기본 정신이 일치하지만 불교의 효가 유가의 효보다 높으며, 불교가 그 어떤 사상 문화 유파보다 효를 더 중시하고 존중한다는 것이다.

불교와 왕권, 종법과의 관계에 대해 계승이 다루었던 구체적인 논점들은 위진 이래 승려들에 의해 부단히 언급되었던 내용이다. 수당 시기를 거치면서 이론 형태들이 부단히 자체 조정을 하고 현실적 성격을 바꾸어가더니 송대에 이르러서 중국화된 불교 교의는 불교와 왕권, 종법과의 저촉이나 충돌을 한층 더 와해시켜버렸다. 이로써 "교화를 보조하는" 불교의 작용은 더욱 강화되었다. 계승의 사상은 이러한 변화의 이론적 종결이었다.

미륵의 출현과
왕권에 대한
저항의 정치의식

불교는 일체개공一切皆空, 속세의 초탈, 인과응보, 천당과 지옥, 용인과 조화, 공손과 유순 등의 교의를 널리 선양하여 광대한 신민들에게 "마음을 다스리고" 분수와 본분을 지키라고 가르친다. 이것은 불교의 정치적 작용 가운데 중요한 측면이다. 그런데 전통 정치 문화에 대한 불교의 영향은 또 다른 측면에도 존재한다. 불교 가운데 아미타 정토와 중생 평등 사상은 세상 사람들에게 종족의 상相도 없고, 국토의 상도 없고, 강약의 상도 없고, 남녀의 상도 없는 "모두가 평등하고 차별이 없는" 서방 극락세계를 알려주었다. 이 극락세계에서는 사람들이 서로 평등하게 만나고 모든 것을 공유하며 각자 필요한 것을 갖기 때문에 "그 어떤 고통도 없고 여러 즐거움만 얻는다". 극락정토와 현실 사회 간의 강렬한 차이는 순식간에 중생들의 마음을 사로잡았다.

정치 문화의 관점에서 볼 때 극락세계에 대한 동경은 두 가지 전혀 다른 행동 지침을 만들어낸다. 하나는 수행과 인내의 길을 지향하는 것이고, 다른 하나는 비판과 반항이 길을 지향하는 것이다. 사실 현세에 대한 믿음이 없기 때문에 피안 세계에 열정을 쏟는 것 아닌가. 사람들은 "재물을 다 바쳐 승려를 따랐고, 파산을 해가면서 부처를 추종했는데", 이 점이 바로 현실 질서에 대한 회의와 비판과 부정이었다.

불교의 평등설은 계급 때문에 고통에 시달리는 수많은 중생의 심리와 영합하여 평등을 갈망하는 사람들에게 정신적 위안을 제공했다. 불교의 현실적 성격이 왕도 정치를 위해 신민을 길들이는 것이긴 하지만 그 교의 가운데 일부 요소는 사람들로 하여금 현존 질서에 비판과 저항을 할 수 있도록 사상 비판의 무기가 되어주기도 한다. 일정한 조건이 성숙하면 사상적 비판은 무기를 갖춘 비판으로 바뀌기도 한다. 이 방면에 가장 전형적인 예는 '미륵의 출현'이 거듭해서 농민 봉기의 기치가 된 점이다.

미륵은 불교가 신봉하는 신 가운데 하나다. 『미륵보살하생경彌勒菩薩下生經』은 그가 도솔천에서 이 세계로 하생하여 석가모니를 계승해 성불한다고 말한다. 남북조 이래 미륵신앙이 민간에 깊이 파고들어 하층 민중에게 '미륵의 출현'은 고난에서 건져줄 복음으로 받아들여졌다. 수당 시기에는 '미륵의 출현'을 기치로 내건 수많은 모반 사건이 발생했다. 『수서』「양제기」의 기록을 보자. 수 양제 대업 6년(610) 정월, "도적 수십 명이 흰 관과 명주옷을 걸치고 꽃을 들고 향을 사르며 자칭 미륵불이라 하면서 건국문建國門으로 들어섰다. 문을 지키는 사람들이 모두 머리를 조아렸다. 이에 경비병들의 무기를 빼앗아 난을 일으켰다."[186] 그로부터 머지않아 당현唐縣 사람 송자현宋子賢과 승려 향해명向海明이 모두 스스로 '미륵의 출현'을 외치며 폭동을 도모했다. 또 『자치통감』 권203의 기록에 따르면 당 고종 홍도弘道 원년(683) 여름에 수주綏州 사람 백철여白鐵餘가 불교 신앙을 이용해 민중을 모아 봉기했다. 그는 자칭 '광명성황제光明聖皇帝'라 하며 성곽을 공격하고 백궁을 설치했으나 오래지 않아 평정되었다. 이로부터 그와 유사한 현상들이 대대로 출현했다.

불교가 하층 민중을 동원하고 조직하여 반란을 일으키는 수단이 된 것은 중국 고대의 중요한 정치 현상이다. 동시에 불교의 사회정치적 작용이 얼마나 복잡한 것인지를 보여주는 구체적 사례이기도 하다.

1 "도道는 일一을 낳고, 일은 이二를 낳고……"(『도덕경』 42장) 운운에서 비롯된 말로 진
晉나라 갈홍葛洪의『포박자抱朴子』에 '현일玄一'이란 말로 압축되어 있다. 도의 본원을
뜻하는 노자 또는 도교의 주장을 함축한 개념. ―옮긴이

2 老莊玄一之篇, 周孔六經之說, 是爲名敎, 汝宜習之. 妖胡亂華, 擧時皆惑, 唯獨竊嘆, 衆
不我從, 悲夫! 汝等勿學也.(『구당서』「부혁전」)

3 佛道玄妙, 聖迹可師, 且報應顯然, 屢有徵驗, 卿獨不悟其理, 何也? (…) 佛在西域, 言妖
路遠, 漢譯胡書, 恣其假託. (…) 佛是胡中桀黠, 欺誑夷狄, 初止西域, 漸流中國. 尊尚其
敎, 皆是邪僻小人, 模寫莊老玄言, 文飾妖幻之敎耳.(『구당서』「부혁전」)

4 帝王無佛, 則大治年長; 有佛, 則政虐祚短.(『전당문』 권133「청폐불법표請廢佛法表」첨
부 문서)

5 降自犧農, 至於漢魏, 皆無佛法, 君明臣忠, 祚長年久. (…) 洎於苻石, 羌胡亂華, 主庸臣
佞, 政虐祚短, 皆由佛敎致災也. 梁武齊襄, 足爲明鏡. 昔襃姒一女, 妖惑幽王, 尚致亡國;
況天下僧尼, 數盈十萬, 剪刻繪彩, 裝束泥人, 而爲厭魅, 迷惑萬姓者乎!(『구당서』「부혁
전」)

6 竊人主之權, 擅造化之力.(『구당서』「부혁전」)

7 生死壽夭, 由於自然; 刑德威福, 關之人主.(『구당서』「부혁전」)

8 乃謂貧富貴賤, 功業所招, 而愚僧矯詐, 皆云由佛. (…) 恐嚇愚夫, 詐欺庸品.(『구당서』
「부혁전」)

9 老子至聖, 尚謁帝王. 孔某聖人, 猶跪宰相. (…) 下忽公卿, 抗衡天子.(『전당문』 권133
「청폐불법표」첨부 문서)

10 廣置伽藍, 壯麗非一, 勞役工匠, 獨坐胡泥. (…) 女工羅綺, 剪作淫祀之幡; 巧匠金銀, 散
雕舍利之家; 粳梁麵米, 橫設僧尼之會. (…) 剝削民財, 割截國貯.(『전당문』 권133「청폐
불법표」첨부 문서)

11 游手游食, 易服以逃租賦.(『구당서』「부혁전」)

12 小寺百僧, 大寺二百, 以兵率之, 五寺強成一旅. 總計諸寺, 兵多六軍, 侵食生民, 國家大
患.(『전당문』 권133「청폐불법표」첨부 문서)

13 僧徒日廣, 佛寺日崇. 勞人力於土木之功, 奪人利於金寶之飾, (…) 壞法害人, 無逾此
道.(『구당서』「무종기」)

14 反先王之道, 失忠孝之義. (…) 剃髮染衣, 不謁帝王, 違離父母, 非忠非孝者.(『전당문』
권133「청폐불법표」첨부 문서)

15 入家破家, 入國破國者也. (…) 共遵李孔之教, (…) 孝子承家, 忠臣滿國.(『전당문』 권133 「청폐불법표」)

16 遂使愚迷, 妄求功德, 不憚科禁, 輕犯憲章. 其有造作惡逆, 身墜刑網, 方乃獄中禮佛, 口誦佛經, 晝夜忘疲, 規免其罪.(『전당문』 권133 「청제석교소請除釋教疏」)

17 『구당서』 「부혁전」.

18 佛, 聖人也. 奕爲此議, 非聖人者無法, 請置嚴刑. (…) 禮本於事親, 終於奉上, 此則忠孝之理著, 臣子之行成. 而佛逾城出家, 逃背其父, 以匹夫抗天子, 以繼體而悖所親. 蕭瑀非出於空桑, 乃遵無父之教. 臣聞非孝者無親, 其瑀之謂矣! (…) 地獄所設, 正爲是人.(『구당서』 「부혁전」)

19 十年長養, 一紀教訓, 自然益國, 可以足兵. 四海免蠹食之殃, 百姓知威福所在, 則妖惑之風自革, 淳朴之化還興.(『구당서』 「부혁전」)

20 布李老無爲之風, 而民自化; 執孔子愛敬之禮, 而天下孝慈.(『전당문』 권133 「청폐불법표」)

21 始三家若矛楯然, 卒而同歸於善.(『신당서』 「서대전徐岱傳」)

22 특히 불교를 배척했던 당 무종의 연호는 회창會昌이다. 회창 시기 경제 문제 등을 이유로 승려들을 대대적으로 환속시키고 수많은 사원과 불당 등을 부수고 부역과 세금을 부과했다. 회창 6년에 무종이 죽고 선종宣宗이 즉위하면서 무종의 멸불정책이 폐기되었다. ―옮긴이

23 선문답, 자신의 본성에 입각해 자신을 제도함. ―옮긴이

24 불교와 도교에 같이 쓰는 용어. 본본은 오래전부터 존재하는 실체가 되는 근거지, 적迹은 그림자로 최근에 형성된 자취다. ―옮긴이

25 주자가 리일분수를 설명하면서 채용한 비유. 영가永嘉대사의 「증도가證道歌」에서 따온 것이라고 한다. 하늘의 달은 하나임에도 수많은 하천에 다르게 비치는데, 그 원형은 하늘의 하나의 달과 일치한다는 의미다. ―옮긴이

26 『도덕경』 1장의 "玄之又玄, 衆妙之門"에서 비롯한 말로 현현玄玄이라고도 한다. 현묘하고 현묘한 삼라만상의 근원을 뜻하는 도가 철학의 개념. ―옮긴이

27 道與衆生相因生, 所以同; 衆生有生滅, 其道無生滅, 所以異.

28 道中有衆生, 衆生中有道, 所以衆生非是道; 能修而得道, 所以道非是衆生. 能應衆生修. 是故卽道是衆生, (…) 卽衆生是道.

29 心量廣大, 猶如虛空. (…) 性含萬法是大, 萬法盡是自性

30 本性是佛, 離性無別佛. (…) 佛是自性作, 莫向身外求. (…) 心, 佛及衆生, 是三無差別.

(…) 自性悟, 衆生卽是佛; 自性迷, 佛卽是衆生.

31 心是道, 心是理, 則是心外無理, 理外無心.(「대승개심현성돈오진종론大乘開心顯性頓悟
    眞宗論」)

32 源其心體, 以道爲本.(『좌망론』「수심收心」)

33 人性本淨, (…) 世人性本自靜, 萬法在自性.

34 道由心悟, (…) 心卽是地, 性卽是王, 性在王在, 性去王無. 性在, 身心存; 性去, 身心壞.

35 心者禁也, 一身之主, 禁制形神, 使不邪也, (…) 所以敎人修道, 卽修心也; 敎人修心, 卽
    修道也.

36 形如槁木, 心若死滅, 無感無求, 寂泊之至.(『좌망론』「태정泰定」)

37 도교에선 우주의 근본으로서 옥청玉淸, 상청上淸, 태청太淸을 삼청이라 부른다. 태청
    은 태상노군을 지칭한다. 태초의 하나의 기氣(炁)가 삼청이 되었다는 것이 '일기화삼청'
    이다. ―옮긴이

38 方作太平天子, 願自惜也.(『구당서』「은일전隱逸傳」)

39 德星守秦分, 王當有天下, 願自愛.(『구당서』「방기전方伎傳」)

40 道者虛通之妙理, 衆生之正性也. (…) 道體窈冥, 形聲斯絕, 旣無因待, 亦不改變, (…)
    道能生萬有, (…) 至道之爲務也, 不有而有, 雖有不有; 不無而無, 雖無不無.

41 夫尊卑先後, 天地之行也. (…) 二儀生育, 有不測之功, 萬物之中, 最爲神化, 尙有尊卑先
    後, 況人倫之道乎!(『장자집석』「천도소天道疏」)

42 受氣不同, 稟分各異.(『장자집석』「소요유소逍遙游疏」)

43 故性之能者, 不得不由性; 性之無者, 不可強涉; 各守其分, 則物皆不喪.(『장자집석』「외
    물소外物疏」)

44 朝廷以官爵爲尊卑, 鄕黨以年齒爲次第, 行事擇賢能用之, 此理之必然, 故運大道之
    序.(『장자집석』「천도소」)

45 仁義是人之天性也.(『장자집석』「천도소」)

46 夫臣子事於君父, 必須致命盡情, (…) 安心順命, 不乖天理.(『장자집석』「인간세소人間
    世疏」)

47 知天知人, 與造化同功, 卽寂卽應, 旣而驅馭群品.(『장자서莊子序』)

48 其應靜也, 玄聖素王之尊; 其應動也, 九五萬乘之貴. (…) 出則天子, 處則素王.(『장자집
    석』「천도소」)

49 可爲君中之君, 父中之父.(『장자집석』「천지소天地疏」)

50 道之所在, 孰敢不貴.(『장자집석』「천도소」)

51 時所賢者爲君, 才不應世者爲臣.(『장자집석』「외물소」)

52 黔首卒隸, 其數雖多, 主而君者, 一人而已.(『장자집석』「외물소」)

53 宗本於天地, (…) 主於道德, (…) 常自無爲.(『장자집석』「천도소」)

54 德是臨人之法.(『장자집석』「경상초소소庚桑楚疏」)

55 夫君主人物, 必須以德爲宗.(『장자집석』「천지소」)

56 以自然之正理, 正蒼生以性命.(『장자집석』「변무소駢拇疏」)

57 君位尊高, 委之宰牧; 臣道卑下, 竭誠奉上. (…) 尊卑有隔, 勞逸不同, 各守其分, 則君臣咸無爲也. (…) 必不能鑑理, 卽勞逸失宜, 君臣亂矣.(『장자집석』「재유소在有疏」)

58 行兼愛之仁, (…) 明裁非之義, (…) 苟其不失次序, 則是太平至治也.(『장자집석』「천도소」)

59 禮雖忠信之薄, 而爲御世之首, 故不學禮無以立, 非禮勿動, 非禮勿言, 人而無禮, 胡遄不死? 是故禮之於治, 要哉! (…) 所以用刑法爲治體者, 以殺止殺, 殺一懲萬, 故雖殺而寬簡. 是以惠者民之仇, 法者民之父. (…) 用刑法爲治, 政之體本.(이상 『장자집석』「대종사소大宗師疏」)

60 夫民爲邦本, 本固則邦寧. 不能愛重黎元, 方欲輕蔑其用, 欲不顚覆, 其可得乎!(『장자집석』「인간세소」)

61 縱欲一身, 不恤百姓, (…) 害馬者.(『장자집석』「서무귀소徐无鬼疏」)

62 至言雖廣, 宗之者重玄; 世事雖繁, 統之者君.(『노자주』)

63 도교에서 귀신을 쫓고 사악한 기운을 누르는 데 사용하는 일종의 부적이나 주문. —옮긴이

64 親受法籙, 前後賞賜甚厚.(『구당서』「사마승정전司馬承禎傳」)

65 道經之旨: '爲道日損, 損之又損, 以至於無爲.' 且心目所知見者, 每損之尙未能已, 豈復攻乎異端, 而增其智慮哉!

66 理身無爲, 則淸高矣. 理國無爲, 何如? (…) 國猶身也. 老子曰: '游心於澹, 合氣於漠, 順物自然而無私焉, 而天下理.' 易曰: '聖人者, 與天地合其德.' 是知天不言而信, 不爲而成. 無爲之旨, 理國之道也.

67 원래 동한 장릉張陵이 창도한 오두미도五斗米道의 별칭이다. 당나라 때 많은 도교 종파가 합쳐지면서 '정일도正一道'라 불렸다. —옮긴이

68 乃入嵩山, 依潘師正爲道士, 傳正一之法, 苦心鑽仰, 乃盡通其術.

69 道法之之精, 無如五千言, 其諸枝詞蔓說, 徒費紙札耳.(『구당서』「오균전」)

70 此野人之事, 當以歲月功行求之, 非人主宜適意.

71 道者何也? 虛無之繫, 造化之根, 神明之本, 天地之源, 其大無外, 其微無內, 浩曠無端, 杳冥無對, 至幽靡察而大明垂光; 至靜無心而品物有方, 混漠無形, 寂寥無聲, 萬象以之生, 五音以之成, 生者有極, 成者必虧, 生生成成, 今古不移, 此之謂道也.

72 德者何也? 天地所稟, 陰陽所資, 經以五行, 緯以四時, 牧之以君, 訓之以師, 幽明動植, 咸暢其宜, 澤流無窮, 群生不知借其功, 惠加無極, 百姓不知賴其力, 此之謂德也.

73 自然者, 道德之常, 天地之綱也.(『현강론』「명도덕明道德」)

74 夫仁義禮智者, 帝王政治之大綱也.(『현강론』「명본말明本末」)

75 道德喪, 則禮樂不能理也.(『현강론』「화시속化時俗」)

76 貴淳古而賤澆季, 內道德而外仁義, 先素朴而後禮智.

77 禮智者, 制亂之大防也; 道德者, 撫亂之宏綱也. 然則, 道德爲禮之本, 禮智爲道之末, 執本者易而固, 持末者難而危.

78 舍道德而專任禮智者, 非南面之術. (…) 人主以道爲心, 以德爲體, 以仁義爲車服, 以禮智爲冠冕, 則垂拱而天下化矣.(『현강론』「명본말」)

79 夫中之人爲善則和氣應, 爲不善則害氣集, 故積善有餘慶, 積惡有餘殃, 有慶有殃, 教于是立.(『현강론』「천품천稟」)

80 父不可不教於子, 君不可不理於人.(『현강론』「화시속」)

81 道德者, 天地之祖; 天地者, 萬物之父; 帝王者, 三才之主. 然則, 道德天地帝王一也.(『현강론』「화시속」)

82 陰陽旣形, 逆之則敗, 順之則成.(『태백음경』「천무음양天無陰陽」)

83 任賢使能, 不時日而事利; 明法審令, 不卜筮而事吉; 貴功賞勞, 不禳祀而得福. (…) 凡天道鬼神, 視之不見, 聽之不聞, 索之不得, 指虛無之狀, 不可以決勝負, 不可以制生死, 故明將弗法而衆將能已也. (…) 夫如是, 則天道於兵, 有何陰陽哉?(『태백음경』「천무음양」)

84 地利者兵之助, 猶天時不可恃也.

85 由此言之, 天時不能祐無道之主, 地利不能濟亂亡之國. 地之險易, 因人而險, 因人而易, (…) 存亡在於德, 戰守在於地, 惟聖主智將能守之, 地奚有險易哉?(『태백음경』「지무험地無險阻」)

86 夫道貴制人, 不貴制於人. 制人者握權, 制於人者遵命也.(『태백음경』「수유탐심數有探心」)

87 聖人知道不足以理, 則用法; 法不足以理, 則用術; 術不足以理, 則用權; 權不足以理, 則用勢.(『태백음경』「주유도덕主有道德」)

88 據罪而制刑, 按功而設賞, (…) 賞無私功, 刑無私罪.(『태백음경』「형상刑賞」)

89 所以勇怯在乎法, 成敗在乎智, 怯人使之以刑則勇, 勇人使之以賞則死. 能移人之性, 變人之心者, 在刑賞之間, 勇之與怯, 於人何有哉?(『태백음경』「인무용-겁人無勇怯」)

90 制人之實, 避人之長, 攻人之短; 見己之所長, 蔽己之所短.

91 夫人之好說道德者, 必以仁義折之; 好言儒墨者, 必以縱橫遇之; 好談法律者, 必以權術挫之. 必乖其始, 合其終, 摧其牙, 落其角, 無使出吾之右.(이상 『태백음경』「수유-탐심」)

92 時之至, 間不容息. 先之則太過, 後之則不及. (…) 見利而起, 無利則止, 見利乘時, 帝王之資.(『태백음경』「작전作戰」)

93 雖有先王之道, 聖智之術, 而無此者, 不足以成伯王之業也.(『태백음경』「수유-탐심」)

94 乘天之時, 因地之利, 用人之力, 乃可富强.(『태백음경』「국유-부강國有富强」)

95 興亡之道, 不在人主聰明文思, 在乎選能之當其才也.

96 三王之後, 五伯之辟, 得其道而興, 失其道而亡.(이상 『태백음경』「선사選士」)

97 故五帝得其道而興, 桀紂失其道而廢, 廢興之道, 在人主之心, 得賢之用, 非在兵强地廣人殷國富也.(『태백음경』「현유-우시賢有遇時」)

98 夫聰明秀出之謂英, 膽力過人之謂雄.

99 能柔能剛, 能翕能張, 能英而有勇, 能雄而有謀, 圓而能轉, 環而無端, 智周乎萬物, 而道濟於天下.(이상 『태백음경』「감재鑑才」)

100 夫十士之用, 必盡其才, 任其道. 計謀, 使智能之士; 談說, 使辯說之士; 離親間疏, 使間諜之士; 深入諸侯之境, 使嚮導之士; 建造五兵, 使技巧之士; 摧鋒捕虜, 守危攻强, 使猛毅之士; 掩襲侵掠, 使趫捷之士; 探報計期, 使疾足之士; 破堅陷剛, 使巨力之士; 誑愚惑痴, 使技術之士. 此謂任才之道, 選士之術也.(『태백음경』「감재」)

101 無萬人之智者, 不能據於萬人之上.(『태백음경』「감재」)

102 당나라 때 궁중 내의 도장에 배속된 관직. 각 전각에 시어사 9인을 두었으며 그 가운데 궁궐 공물 봉헌 등을 담당하는 3명을 내공봉內供奉이라 부른다. ―옮긴이

103 欲明道無爲也. 因德以顯之, 德有用也; 因道以明之, 資立言以暢無言. 因理本而去妙本, 爲理身理國之要, 乃至精至極之宗.(『전당문』권931「도덕진경원덕찬서」)

104 非謂絕仁義聖智, 在乎抑澆詐聰明, 將使君君臣臣父父子子, 見素抱朴, 泯合於太和, 體道復元, 自臻於忠孝.

105 且夫至仁合天地之德, 至義合天地之宜, 至樂合天地之和, 至禮合天地之節, 至智合天地之辨, 至信合天地之時. 宏淳一之源, 成大同之化, 混合至道, 歸仁壽之鄉, 固不在乎踶跂雍容, 噢咻嚘蠻, 然後謂之仁義等也. 故仲尼亞聖皆黙而得之, 隳體黜聰, 遺形去智, 超

乎物表, 永爲眞人, 非末學小儒之所知也.(『전당문』권931「도덕진경원덕찬서」)

106 夫載仁義, 抱道守謙, 忠孝君親, 友悌骨肉, 乃美之行也.(『도덕진경광성의』권1)

107 본문의 불시부재不恃不宰는 『도덕경』 10장과 50장에 보이는 "일을 해주고도 기대지 않으며, 키워주고도 지배하려 하지 않는다爲而不恃, 長而不宰"를 줄인 말로 해석한다. ―옮긴이

108 유약柔弱은 『도덕경』 36장, 76장, 78장과 많은 도가 서적에 등장하는 도가 사상의 핵심 개념이다. ―옮긴이

109 불초不肖는 『장자』에 특히 자주 등장하는 개념이며, 『도덕경』 67장 "天下皆謂我道大, 似不肖. 夫唯大, 故似不肖"에 나온다. '닮지 않았다' '모자라 보인다' 등으로 해석할 수 있다. ―옮긴이

110 오묘하고 복잡한 진리의 궁극을 뜻하는 도교 용어. ―옮긴이

111 광대한 확장성을 가진 수양의 깊은 경지를 뜻하는 도교 용어. ―옮긴이

112 담박하고 청정한 마음의 경지를 뜻하는 도교 용어. ―옮긴이

113 『도덕경』 14장의 "聽之不聞名曰希, 搏之不得名曰微"에서 유래한 말로 들으려 해도 들리지 않고, 붙잡으려 해도 잡히지 않는 경지를 뜻하는 도교 용어. ―옮긴이

114 仁義履虛一, 禮以不恃不宰, 義以柔弱和同, 智以無識不肖, 信以執契不爭, 其大旨亦以玄虛恢廓沖寂希微爲宗.(『도덕진경광성의』권5)

115 修道卽修心也, 修心卽修道也. (…) 在立功而不休, 爲善而不倦也.(『용성집선록서墉城集仙錄序』)

116 凡學仙之士, 若悟眞理, 則不以西竺東土爲名分別. 六合之內, 天上地下, 道化一也. 若悟解之者, 亦不以至道爲尊, 亦不以像教爲異, 亦不以儒宗爲別也. 三教聖人, 所說各異, 其理一也. (…) 但能體似虛無, 常得至道歸身, 內修清靜, 則順天從正; 外合人事, 可以救苦拔衰, 以此修持, 自然清靜.(『태상노군설상청정경주』)

117 積功累德, 亦入仙階矣.(『용성집선록서』)

118 도교와 불교에서 사용하는 용어. 경經은 경전을 뜻하고 계戒는 계율을 뜻한다. 태상노군이나 부처가 내린 계행은 경의와 마찬가지로 마땅한 의미를 지닌다고 본다. ―옮긴이

119 將有老君子孫治世, (…) 感霍山神稱奉太上老君命告唐公, 汝將來必得天下.(『전당문』권933「역대숭도기」)

120 身居祿位之場, 心游道德之府, 以忠貞而奉上, 以仁義而臨下, (…) 至孝至貞, 至義至廉, (…) 如此之流, 咸入仙格, 謂之陰景潛化, 死而不亡.(『전당문』권926「신선가학론」)

121 『도덕경』 28장 "知其雄, 守其雌"에서 나온 말로, 수컷을 뜻하는 웅雄은 굳셈과 강함을

뜻하고, 암컷을 뜻하는 자雌는 부드러움과 약함을 뜻한다. ─옮긴이

122　受命哲王, 守文令主, 莫不束帛交馳, 蒲輪結轍, 奔走巖谷, 唯恐不逮.(『수서』「은일전」)

123　당대에는 황제의 부름을 받아 도사들이 고관에 임용되는 사례가 잦았다. 특히 도교에
　　서 중시하는 종남산終南山은 수도 장안에서 가까워 벼슬을 구하는 도사들의 출입이
　　잦은 곳이었다. 노장용盧藏用 같은 이는 종남산에 은거하여 은자의 명성을 얻고 고관
　　에 임명된 적이 있다. 관리가 되는 첩경을 뜻하는 말이다. ─옮긴이

124　여성. 수만 명의 농민 반란군을 이끌고 스스로 황제를 칭하며, 주로 안휘성 일부 지역
　　에서 활약했다. 1개월 만에 봉기가 실패하여 처형당했다. ─옮긴이

125　梁武帝父子, 志尙浮華, 惟好釋氏老子之敎.

126　불교 용어. 산스크리트어 jambu-dvipa의 음역이다. jambu 나무가 많이 나는 주洲라
　　는 의미로 오늘날 인도 땅을 지칭한 것으로 추정된다. ─옮긴이

127　若有菩薩, 行世俗忍, 不治惡人, 令其長惡, 敗壞正法, 此菩薩卽是惡魔非菩薩也. 何以
　　故? 求世俗忍, 不能護法, 外雖似忍, 純行魔業, 菩薩若修大慈大悲, 具足忍辱, 建立大乘
　　及護衆生, 不得專執世俗忍也.(『법화경안락행의法華經安樂行義』)

128　去君臣華服, 雖形闕奉親, 而內懷其孝, 禮乖事主, 而心戢其恩.(『전당문』 권903 「답조문
　　석교이익대答詔問釋敎利益對」)

129　同在生死, 共相生育, 泆爲父母兄弟姊妹.

130　五令改敬, 三被誅除.

131　불교 용어. Ullambana의 음역이다. 주로 7월 백중날 승려들에게 음식을 공양하여 거
　　꾸로 매달린 고통에 시달리는 사람의 영혼을 구제하는 행사를 말한다. ─옮긴이

132　是佛弟子修孝順者, 應念之中常憶父母供親乃至七世父母, 年年七月十五日, 常以孝慈憶
　　所生父母乃至七世父母, 作爲盂蘭盆, 施佛及僧, 以報父母長養之恩. (…) 始於混沌, 塞
　　乎天地, 通人神, 貫貴賤, 儒釋皆宗之, 其唯孝道矣.(『전당문』 권920 「우란분경소서序」)

133　金仙氏(佛)之道, 蓋本於孝敬, 而後積以衆德, 歸於空無.(『유하동전집柳河東全集』 「송준
　　상인귀회남근성서送濬上人歸淮南觀省序」)

134　百行之先, 無加於孝矣. 夫孝者是天之經地之義, 孝感於天地而退於神明, 孝至於天則風
　　雨順序; 孝至於地則百穀成熟; 孝至於人則重來者; 孝至於神則冥靈佑助.

135　당나라 소종昭宗의 세 번째 연호로 892년 정월부터 893년 12월까지다. ─옮긴이

136　觀喜怒, 常不犯慈顏, 非容易, 從來謂色難.

137　以輪王之尊, 布法王之化.(『전당문』 권906 「청입소림사번역표請入少林寺翻譯表」)

138　道法之於名敎, 如來之於堯孔, 發致雖殊, 潛相影響, 出處誠異, 終期則同.(『홍명집』 「사

문불경왕자론沙門不敬王者論」)

139 불교 용어. 삼세인과와 육도윤회를 일컫는다. 과거세, 현재세, 미래세가 인과의 끈으로
연결되어 있다는 것이 삼세인과설이다. 생전의 업에 따라 다시 태어나는 여섯 가지 세
계 지옥도地獄道, 아귀도餓鬼道, 축생도畜生道, 아수라도阿修羅道, 인간도人間道, 천
상도天上道를 말한다. ─옮긴이

140 此一瓣香, 先爲今上皇帝, 伏願常居風宸, 永鎭龍樓. (…) 此一瓣香, 奉爲州縣官僚, 伏願
乃忠乃孝, 惟淸惟白, 永作生民父母, 長爲外護紀綱.

141 現在佛不拜過去佛.(『귀전록歸田錄』권1)

142 이하 인용문은 모두 『전송문全宋文』권764부터 권781에서 따온 것이며 편명만 달아
둔다.

143 夫王道者, 皇極也; 皇極者, 中道之謂也. 而佛之道亦曰中道, 是豈不然哉? (…) 故其法
曰隨欲, 曰隨宜, 曰隨對治, 曰第一義, 此其敎人行乎王道之謂也. (…) 善者則善治之,
惡者則惡治之. 是二者, 與夫王法以慶賞進善, 以刑罰懲惡, 豈遠乎哉? (…) 二帝三皇之
本.(「상인종황제만언서」)

144 夫事中者, 百家者皆然, 吾亦然矣; 理中者, 百家者雖預中而未始至中, 唯吾聖人正其中,
以驗其無不中也. 曰心, 曰道, 名焉耳; 曰中, 曰妙, 語焉耳. 名與言雖異, 而至靈一也.(「광
원교」)

145 「광원교」.

146 惟心之謂道, 闡道之謂敎. 敎也者, 聖人之垂迹也, 道也者, 衆生之大本也.(「광원교」)

147 夫迹者屬敎, 而體者屬道, 非道則其敎無本, 非敎則其道不顯, 故敎與道相須也.

148 凡所謂敎者, 古聖人順天時適民所宜而爲之, 以救世治者也.

149 豈局其敎之一二乎? (…) 夫三代之時, 其民初宜一敎治之, 故獨用其一敎也. 三代之後,
其民一敎將不暇治, 或曰, 天以佛敎相與而共治之乎.(「상인종황제만언서」)

150 自三代其政旣衰, 而世俗之惡滋甚, 禮義將不暇獨治, 而佛之法乃播於諸夏, 遂與儒立勸,
而世亦翕然化之.(「권서 제2」)

151 敎不可泥, 道不可罔. 泥敎淫迹, 罔道棄本. 泥也者過也, 罔也者不及也. 過與不及, 其爲
患一也. (…) 方天下不可無儒, 不可無老, 不可無佛. 虧一敎則損天下之一善道.(「광원
교」)

152 其事善事之, 不必僧, 不必儒, 不必彼, 不必此.

153 「광원교」.

154 今曰佛西方聖人也, 其法宜夷而不宜中國, 斯亦先儒未之思也. 聖人者, 蓋大有道者之稱

258

也, 豈有大有道而不得曰聖人, 亦安有聖人之道而所至不可行乎? 苟以其人所出於夷而然也, 若舜東夷之人, 文王西夷之人, 而其道相接紹行於中國, 可夷其人而拒其道乎?(「원교」)

155 佛之所出非夷也.(「원교」)

156 春秋之法, 尊中國而卑夷狄. 其諸侯雖中國, 或失其義, 亦夷狄之; 雖夷狄者, 苟得其義, 亦中國之. 是亦孔子用大中之道也.

157 不審洪範春秋之旨.(「상인종황제만언서」)

158 古之有聖人焉, 曰佛曰老曰儒, 其心則一, 其迹則異. 夫一焉者, 其皆欲人爲善者也; 異焉者, 分家而各爲其敎者也.(「광원교」)

159 今佛法入中國垂千年矣, 果爲害, 則天人安能久容之如此也? 若其三廢於中國而三益起之, 是亦可疑其必有大合乎天人者也.(「권서 제2」)

160 故佛之法爲益於天下, 抑亦至矣.(「권서 제2」)

161 불교 용어. 살생, 도둑질, 음행, 거짓말, 음주를 하지 말라는 다섯 가지 계율이다. —옮긴이

162 불교 용어. 살생, 도둑질, 음행, 망령된 말, 이간질, 험담, 겉치레 말, 탐욕, 성내는 말, 잘못된 생각을 하는 것을 십악이라고 하고 그것을 하지 않는 것을 십선이라 한다. —옮긴이

163 五戒十善通儒之五常.(「광원교」)

164 以儒校之, 則與其所謂五常仁義者異號而一體耳.

165 夫百家之鄕, 十人持五戒, 卽十人淳謹; 千室之邑, 百人修十善, 則百人和睦. 持此風敎, 以周寰區, 編戶億千; 則仁人百方. 夫能行一善, 則去一惡; 去一惡, 則息一刑; 一刑息於家, 萬刑息於國.(「원교」)

166 天下之敎化者, 善而耳矣.(「권서 제2」)

167 佛法者, 大要在人正其心. 其心果正, 則其爲道也至, 爲德也盛, 蓋其所說情性辨而眞妄審也.(「상인종황제만언서」)

168 佛之法以興善止惡爲其大端, 此又最益陛下之敎化者也.(「상인종황제만언서」)

169 불교 용어. 과거, 현재, 미래 즉 전세, 금세, 후세 3세를 말한다. —옮긴이

170 불교 용어. 서로 원인 또는 근거가 된다는 뜻. 지금 찰나가 다음 찰나로 이어진다는 인과적 상관관계를 가리킨다. —옮긴이

171 乃推其因於生之前, 示其所以來也; 指其成於死之後, 敎其所以修也. 故以其道導天下, 排情僞於方今, 資必成乎將來. 夫生也旣有前後, 而以今相與, 不亦爲三世乎? (…) 夫欲人心服而自修, 莫若感其內. (…) 感其內者, 非以神道設敎, 則不能必化也. 故佛之爲道也, 先乎神而次乎人, 蓋亦感內而制外之謂也.

172 神也者, 人之精神之謂也, 非謂鬼神淫惑之事者也. (…) 其治三世.(「원교」)

173 是故其機大者頓之, 其機小者漸之. 漸也者, 言乎權也; 頓也者, 言乎實也. 實者謂之大乘, 權者謂之小乘.

174 聖人以大小衍攬乎群機, 而幽明盡矣. (…) 語夫聖人之權也, 則周天下之善, 遍百家之道, 其救世濟物之大權乎. 語夫聖人之實也, 則磅礡法界與萬物, 皆極其天下窮理盡性之大道乎.

175 불교 용어. 사제四諦란 영원히 변치 않는 인간 삶의 진리인 고집멸도苦集滅道를 말하고, 십이연十二緣이란 과거 현재 미래를 관통하는 인연의 업보 열두 가지, 즉 무명無明, 행行, 식識, 명색名色, 육처六處, 촉觸, 수受, 애愛, 취取, 유有, 생生, 노사老死 등을 말한다. ―옮긴이

176 治人治天, 莫善乎五戒十善. 修夫小小聖小聖, 莫盛乎四諦十二緣; 修夫大聖, 以趨乎大大聖, 莫盛乎六度萬行.(「광원교」)

177 「진제무성론」.

178 夫孝, 三敎皆尊之, 而佛敎殊尊也.(『효론』「서」)

179 夫五戒有孝之蘊.(『효론』「계효장」)

180 夫孝也者, 大戒在所先也.(『효론』「명효장」)

181 聖人之善, 以孝爲端. 爲善而不先其端, 無善也.(『효론』「필효장」)

182 今夫天下欲福不若篤孝, 篤孝不若修戒.(『효론』「계효장」)

183 衆成之大成也, 萬本之大本也. (…) 父母之本者次本也, 父母之成者次成也. (…) 必人必神, 必先其大本大成也, 而然後及其次本次成, 是謂知本也.

184 聖人不自嗣其嗣, 擧性本而與天下嗣之, 其爲嗣不亦大嗣乎哉!(「광원교」)

185 君子謂其廢天常而不盡人情而惡之, 然其遺情當絶有陰德乎君親也. (…) 夫子夫婦, 天常也, 今佛導人割常情而務其修潔者, 蓋反常而合道也.(「권서 제2」)

186 有盜數十人, 皆素冠練衣, 焚香持華, 自稱彌勒佛, 入自建國門. 監門者皆稽首. 旣而奪衛士仗, 將爲亂.

제3장

수당 유학의 부흥과
정치 철학의 새로운 변화

수당 시기 유학의 이론 형태에 중대한 조정과 개조가 일어났다.

일찍이 양한 시기에 통치 지위를 차지했던 유학은 위진 이래 현학, 불교, 도교 등 몇 가지 강대한 사상 체계의 충격을 받고 일시적으로 쇠락하는 형세를 보였다. 수나라와 당나라의 정치적 통일로 경제는 번영하고 문화가 발달하면서 유학 진흥의 계기와 조건이 만들어졌다. 수당 교체기에 유학은 중대한 일부 이론 문제를 돌파했다. 당나라 중기 이후 유학은 3교 항쟁을 거치면서 차츰 피동적 위치에서 주동적 위치로 바뀌었으며 일련의 이론적 성과도 얻었다. 유학은 끊임없는 자아 조정과 개조를 통해 쇠미한 상태에서 부흥을 향해 치달았다.

수당 시기 최고 통치자들의 대대적인 지지야말로 유학이 부흥하게 된 정치적 전제였다. 3교 가운데 유학은 줄곧 남다른 정치적 우세를 누렸다. 특정한 시기 혹은 제왕은 유학을 충분히 중시하지 않았을 수도, 돌아볼 여가가 없었을 수도 있다. 하지만 유학의 정치적 지위는 부정된 적이 없었고, 불교나 도교처럼 시시로 압제와 타격을 받은 적은 더더욱 없었다. 수당 황제들이 펼친 일련의 정치적 조치들은 유학 부흥의 가장 기본이 되는 조건을 다져주었다.

수당 시기 봉건 국가의 공자와 유학에 대한 존중은 주로 다음 몇 가지 방면에서 두드러졌다. 첫째, 학교의 개설이다. 수 문제는 "인재는 등급을 가리지 않고 발탁하고 유생들에게 두터운 상을 내렸다. 수도의 사방 곳곳에 모두 횡廥, 학學, 교校 등 학교를 열었다." "중국에 단아한 유생들이 넘쳐나게 된 것은 한나라, 위나라 이래 이 한 시기뿐이었다."[1] "양제가 즉위하고 다시 상庠과 서序 등 학교를 열었다. 각 군현의 국자학國子學이 개황 초년보다 번성했다. 유생들을 징벽하니 원근에서 몰려들었는데, 동도東都 아래 모아놓고 상호 간에 득실을 강론하도록 했다."[2]

당나라 초 황제들은 수나라 때의 학교 제도를 기반으로 삼아 진일보하여 확충하고 개선시켰다. 학교 체계, 분과 설치, 학습 과정과 내용, 입학 자격 등에 매우 상세한 규정을 두었다. 당대 중앙 학교는 6학學 2관觀을 두었다. 『신당서新唐書』「선거지選擧志」의 기록을 보자. "학學은 여섯으로 모두 국자감에 예속되었다. 국자학의 생도는 300명으로 문무 3품 이상의 자손과 그와 같은 종2품 이상의 증손, 훈관 2품, 현공縣公, 경관京官 4품과 그에 준하는 3품 훈봉을 받은 사람의 자제들이 대상이다. 태학의 생도는 500명으로 오품 이상의 자손, 직사관職事官 오품의 기친朞親[3]과 그와 같은 3품의 증손 및 훈관 3품 이상 봉지가 있는 자제들이 대상이다. 사문학四門學의 생도는 1300명으로 그중 500명은 훈관 3품 이상으로 봉지가 없는 사람, 4품으로 봉지가 있는 사람 및 문무 7품 이상의 자제들이 대상이고, 800명은 서인들 가운데 뛰어난 자들이 대상이다. 율학律學의 생도는 50명이고, 서학書學의 생도는 30명이며, 산학算學의 생도는 30명인데 8품 이하 자제 및 서인들 가운데 관련 공부에 정통한 자들이 대상이다."[4] 문하성의 홍문관弘文館과 동궁東宮의 숭문관崇文館은 황친의 친척, 재상, 공신 및 기타 조정의 핵심 귀족 자제들이 다니는 학교였다. 당대 지방 학교로는 경

도학京都學, 도독부학都督府學, 주학州學, 현학縣學이 있었는데 모두 학관을 설치했다.

수당 학교의 교육 내용은 몇몇 전문학과 성격의 학교를 제외하면 일률적으로 유학 위주였다. 이를테면 국자학, 태학, 사문학엔 모두 『주역』『서경』『시경』『춘추좌씨전』『예기』 등 오경박사를 설치했으며, 학생들은 "다섯 가지로 경전을 나누어 수업을 받았다". 지방 학교도 모두 경학박사와 조교助敎를 설치하여 『오경』으로 생도를 가르쳤다.

둘째, 유가 경전들을 고증하고 주해했다. 당 태종은 안사고顔師古, 공영달孔穎達 등에게 명령하여 『오경』 문자를 교정하고 의소義疏를 편찬토록 했다. 당 현종은 친히 『효경』 간행을 주재하면서 주소를 달았다. 당 문종은 『구경九經』을 돌에 새겨 천하에 반포했으며 '개성석경開成石經'이라 이름했다.

셋째, 경의로 선비들을 선발했다. 당대의 과거는 주로 진사과와 명경과 두 가지였는데 첩경帖經[5]과 경문대의經問大義[6]가 두 시험의 필수 과목이었다. 삼전과三傳科[7]와 동자과童子科 등도 경전에 정통하느냐가 급제의 표준이었다. 최고 통치자들은 공자를 선성先聖으로 받들고, 안연顔淵을 선사로 삼았으며 유학을 정종으로 존중하고 유가 경전을 근거로 선비를 선발했다. 이렇게 하여 유학 부흥을 위한 유리한 정치적 환경이 조성되었다.

유, 도, 불 3교의 정립 또한 유학 발전을 위한 최적의 문화적 분위기를 만들어주었다. 인류 역사를 보면 사회, 정치, 경제, 문화상의 위기는 왕왕 새로운 탄생의 계기가 되는가 하면 도전이 곧 발전의 기회가 되기도 한다. 유학은 바로 이 생존 경쟁의 와중에 이단 학설을 사상적 재료로 전환시켰는가 하면, 자기 이론 형태의 변환을 완성했다.

유학 이론의 자아 개조는 일련의 사조 속에서 이루어졌다. 수당 시기 유학은 내부적으로 중대한 이론 문제를 둘러싸고 논쟁을 전개했는데, 천도자연天道自然 사조, 겸삼교兼三敎 사조, 심성 사조를 형성했다. 천도자연 사조는 당나라 일대의 저명한 학자들에 의해 집중적으로 다루어졌는데 철학과 역사의 관점에서 천인감응과 참위부서符瑞를 비판하고 부정했다. 겸삼교 사조는 주로 불교의 배척과 불교의 용납이라는 상호 작용을 통해 파란을 일으켰다. 그런데 불교의 용납은 유학을 승화시키기 위함이고, 불교의 배척은 유술의 독존을 위한 것으로 유학 부흥과 유학정종에 대한 신봉이란 점에서 서로 차이가 없었다. 이 사조 때문에 "3교를 두루 궁구하는 공부와 널리 뭐든지 섭렵하는 능력"이 일대 학풍이 되었다. 유학은 불교를 배척하는 과정에서 도통의 깃발을 높이 들었으며, 불교를 용납하는 과정에서 도통론을 발전시켰다. 심성 사조는 불교와 도교의 영향을 받아 특히 깊어졌다. 이 사조는 유학 가운데 『맹자』 『중용』 『대학』 중 일부 사상적 요소를 새롭게 발굴하여 심성 의리 쪽으로 한 단계 더 발전하도록 촉진했다.

　3대 사조는 도道 사조로 귀납할 수 있다. 다시 말해 유가의 도에 대한 사유와 논증이란 이야기다. 수당 유학은 도로써 자신의 모든 학설을 개괄하고 전개했는데, 이는 유학 이론 형태의 방향 전환이 초보적인 수준으로는 이미 완성되었음을 상징한다. 도의 승화는 유학 부흥의 근본 지표다. 이는 새로운 유학의 탄생을 나타낸다. 수당 유학은 천도자연론으로 천인감응론을 약화시켰으며, 도통론으로 자신의 파벌의식을 강화했고, 복성론復性論으로 도교의 불성론과 도가의 도성론에 대항했다. 이로부터 진일보 철학화한 '도'는 이론 투쟁의 감제고지를 점거하게 되었다. 그리하여 유가 학설은 중대한 이론 문제에서 주동적 지위를 획득했다.

　유학 이론의 진보는 일군의 저명한 사상가들에 의한 개성 넘치는 깊은 사변을 통해 완성된 것이기도 했다. 그 가운데 가장 공헌이 큰 인물은 공영달, 왕통王通, 유종원柳宗元, 한유韓愈, 이고李翱 등이다.

제1절

공영달의 도론道論과 치도

공영달孔穎達(575~648)은 자가 중달仲達이며 기주冀州 형수衡水 사람이다. 공자의 후예로 수당 교체기의 저명한 경학자였다. 수나라 대업 초 명경과에 높은 성적으로 급제하여 하내군河內郡 박사에 제수되었으며 태학조교에 봉해졌고 학문은 뭇 유생 가운데 으뜸이었다. "복服씨의 『춘추전』, 정鄭씨의 『상서』와 『시』와 『예기』, 왕王씨의 『역』에 밝았다. 문장 저술을 잘했고 역법 계산에 정통했다."[8] 당나라가 흥하자 진秦왕부 문학관文學館 학사, 급사중給事中, 국자좨주國子祭主를 역임했으며 곡부현자曲阜縣子에 봉해졌다. 당태종의 중요한 보좌대신 중 하나였다.

수당 황제들은 모두 유술을 존중하고 학교를 일으켰으며 공자를 우러러보았다. 수 양제는 공자의 후예를 세워 소성후紹聖侯로 삼았다. 당 태종은 주공의 사당을 세우고 공자를 선성先聖으로, 안연을 선사로 받들며 이렇게 선언했다. "요즘 짐이 좋아하는 것은 오직 요순의 도와 주공, 공자의 가르침이다. 마치 새에 날개가 있고, 물고기가 물에 의지하는 것과 같아 이를 잃으면 반드시 죽을 것이니 잠시라도 없어서는 안 된다."[9] 그는 안사고顏師古에게 명령하여 『오경』의 문자를 고증하는 작업을 하도록 했으며,

다시 공영달에게 명하여 『오경정의五經正義』를 편찬토록 했다. 그 목적은 통일된 관방 학설을 제정하여 "성스러운 규범을 널리 알리고" "후세에 드리울 법을 세우는" 데 있었다. 『오경정의』 편찬에 참여한 사람은 매우 많으나 성명이 남겨진 사람은 이삼십 명에 불과하다. 그 가운데 안사고, 사마재장司馬才章, 왕공王恭, 주자사朱子奢, 마가운馬嘉運 등은 모두 당나라 역사서에 열전이 있는 일대 명유다. 따라서 『오경정의』는 수당 시기 유학의 주류이자 최고 성과를 대표한다고 하겠다. 이 책의 편집장인 공영달은 이들 사상을 대표한다고 할 수 있다.

『오경정의』는 『주역정의』 『상서정의』 『모시정의』 『예기정의』 『춘추좌전정의』를 포함한다.[10] 『오경정의』는 봉건 국가의 조칙에 의해 반포된 당대 학교 교육의 표준 교재였다. 이 책은 여러 학설을 폭넓게 받아들여 하나의 체계를 이루고 있다. 철학 사상, 정치사상, 교육 사상 방면에 수없이 공헌한 책으로 유학 발전사에서 중요한 위치를 차지한다.

자연 본체와 윤리 본위를
상호 결합한 도론

공영달의 학설 가운데 '도'는 풍부한 내포와 다양한 층차를 지닌 정치 철학의 범주다. 무릇 우주 만물과 인류 사회의 본원, 규율, 과정, 원칙 및 구체적인 사물의 이치에 이르기까지 최종적으로 모두 도로 귀결한다. 이 도는 추상적이기도 하고 구체적이기도 하다. 하늘의 도와 사람의 도는 상호 응대하고, 상호 연계하고, 상호 소통하면서 도를 최고의 주재자로 삼는 논리 구조를 형성한다.

공영달은 도를 천지 만물의 어머니라고 생각한다. "도는 하나를 낳고, 하나는 둘을 낳고, 둘은 셋을 낳고, 셋은 만물을 낳는다"는 노자의 말을 해석하면서 그는 이렇게 말한다. "도가 하나를 낳는다 함의 하나란 혼원 混元의 기氣로 태초太初, 태시太始, 태소太素와 같다. 『주역』의 태극太極, 『예기』의 태일太一 또한 그 의미가 다르지 않다. 모두 형기形氣의 시작을 말한다. 하나는 둘을 낳는다 함은 혼원의 기가 둘로 나뉜다는 말이며, 둘은 하늘과 땅이다." "둘은 셋을 낳는다 함은 사람으로서 거기 [천지에] 참여하여 삼재三才가 된다는 말이다. 셋은 만물을 낳는다 함은 천지인이 이미 정해지면 만물의 탄생이 그 사이에 예비되어 있다는 말이다."[11]

생성의 순서로 보면 도는 태일, 태초, 태시, 태극, 태소, 혼원지기보다 더 근본적인 물건이다. 도는 천지보다도 먼저 생겼으며 천지인의 근본이다. 그는 "도의 효용은 만물이 생성 발육할 수 있도록 부추기는 데 있다" "만물의 생존과 성취는 도의로부터 말미암는다"[12]라고도 말한다. 여기에는 본체론과 생성론이 상호 침투하여 유기적으로 한데 통일되어 있다. 도는 우주 만물의 조상이며 천지 만물이 기대어 존재하고 변화하는 근거이기도 하다. 도는 만물의 생성, 변화를 주재하며, 만물은 도를 근본으로 삼으며 도로 통일되어 있다. 이러한 도는 보편성과 종주로서의 지위를 갖고 있어서 천지 만물과 인류 사회의 최고 원칙임에 틀림없다. 도는 본체로서의 의미도 부여받고 있는데, 논리적으로는 일체를 주재하는 '천天'도 존재하지 않는 것이 된다. "천이란 것은 형체에 대한 이름이다."[13] 천은 유형의 물체 가운데 아주 거대한 물건이다. 이렇게 『오경정의』는 관방 학설의 면모를 지닌 채 도를 지고무상의 최고 위치로 밀어올리고 있다. 이는 유학의 발전사에서 획기적인 의의를 지닌다.

공영달은 도기론道器論의 각도에서 한 걸음 더 나아가 도의 본체성을 논증했다. "도는 무체無體의 이름이고, 형形은 유질有質의 칭호다. 유有는 무無로부터 생겨나고 형은 도로 말미암아 존재한다." "그래서 형 바깥의 것으로 위에 있는 것을 도라고 하고, 형 안의 것으로 아래에 있는 것을 기器라고 일컫는다. 형은 도와 기의 두 경계 사이에 위치하지만 형은 기에 해당되지 도에 해당되지 않는다."[14] 도는 무체無體, 즉 본체가 없음을 이르는 말이고, 형은 유질有質, 즉 형질이 있음을 일컫는 말이다. 도는 형체가 있는 만물의 추상이며, 형기形器는 구체적인 사물이다. 도가 앞서고 형이 나중이며, 도가 본체이고 기는 운용이다. "도는 곧 무이고" "기는 곧 유이다." "따라서 무를 가지고 말하자면 도의 본체 속에 존재하며, 유를 가지고 말하자면 기의 운용 속에 존재한다."[15] 공영달은 이렇게 생각했다. "도와 태역太易은 자연스럽고 허무한 기氣로서 모양이 없으니 형태를 구할 수 없고 종류별로 모이게 할 수도 없다. 억지로 이름을 붙이면 도이고, 강제로 일컫기를 태역이라 한다."[16]

그리하여 도는 또 하나의 정의를 갖게 되었다. "도의 본체는 형체가 없으나 자연스럽게 만물을 개통시킨다. 이를 일컬어 도라고 한다."[17] 도는 형체도 없고 방향도 없고 소리도 냄새도 없으며, 보아도 보이지 않고 들어도 들리지 않으며, 경험을 초월하면서도 모든 자연 현상과 사회 현상의 소이연所以然이기도 하다. 사물 내부에 깊이 감추어진 사물의 본질이다. 이 도는 무엇으로도 통제되지 않으며, 통제가 안 되는 것 또한 없다. "도는 아득하고 어리석어 공을 공으로 여기지 않는다."[18] 도는 자연 현상과 사회 현상을 초월한 것이어서 오직 이성에 의지해서만 깨달음을 얻고 사색을 할 수 있다. 공영달은 도의 현허玄虛함, 미묘함, 추상적 성질을 적극적으로 과장한다. 이로써 적어도 이론적으로 도는 가장 숭고한 위치로 올라가게 되었다.

도는 또한 만물을 움직이게 하는 내재적 동인이자 총규율이며 사물의 발전과 변화를 지배한다. "만물은 모두 그로 인하여 통하며, 그로 말미암아 존재하고" "심지어 하늘이 세상을 덮고 땅이 만물을 싣고 해가 비추고 달이 뜨고 겨울은 춥고 여름은 덥고 봄엔 만물이 태어나고 가을엔 모든 것이 죽는 등 만물의 운동은 모두 도로 말미암아 그렇게 된 것이다."[19] 공영달은 "일음일양一陰一陽, 즉 하나는 음이고 하나는 양인 것을 도라고 일컫는다"는 『주역』의 사상을 계승하여 음양의 상호 작용을 자연, 사회, 인간사의 공통된 규율로 여겼다. 하늘은 양이고 땅은 음이며, 왼쪽은 양이고 오른쪽은 음이며, 하늘은 존귀하고 땅은 비천하며, 하늘은 맑고 땅은 탁한데 이것이 바로 군주와 신하 간 지위의 차이, 예악의 제정, 상벌의 실시를 가능하게 하는 본보기이자 근거라는 것이다.

그런데 공영달은 도가 음양보다 높다고 보았다. "음도 없고 양도 없는 것을 도라고 일컫는다." "도가 비록 음양에는 없는 것이지만 음양과 떨어져 있지도 않다. 음양이 비록 도로 말미암아 생겨나지만 음양은 또한 도가 아니다. 그래서 일음일양이라고 말한다."[20] 도는 음양의 상호 작용을 통해 천지 만물의 변화를 조종하고 인간 사회의 규칙을 확립한다. 천지, 사회, 인간사는 음양으로 말미암아 전체적인 체계가 구성되는데 도야말로 그 음양의 근거다. "그래서 그냥은 도라고 말하고, 숫자로는 일이라 말하고, 본체를 두고는 무라고 말하고, 만물이 개통되는 것이니 도라고 말하고, 헤아릴 수 없이 미묘하므로 신神이라 말하고, 계기에 응하여 변화하므로 역易이라고 말한다. 전체적으로 말하자면 모두 허무를 일컫는 말이다."[21]

공영달의 도론에서 도는 본원, 본체, 총칙일 뿐만 아니라 각종 구체적인 사물의 규율, 규범, 도리, 법칙의 총칭이기도 하다. "도의 본뜻은 개통과 실천을 통해 행해지며 큰 것과 작은 것, 정밀한 것과 거친 것을 두루 포용한다. 큰 것으로 말하자면 천도가 자연을 조화시키는 이치를 도라고 일컫는다. 도를 도라고 말하는 것은 불변의 도가 아니라는 노자의 말은 곧 자연 조화의 허무를 일컫는 말이다. 작은 것으로 말하자면 범인의 재예 또한 도라고 할 수 있다. 도에는 정해진 구분이 없다. 큰 것과 작은 것에 따라 다르게 말해지지만 모두가 만물을 개통시키는 것이며 몸의 실천을 통해 행해지는 것이다."[22] 바꾸어 말하면 도는 자연과 인간사 일체의 이치를 포함하고 있다는 것이다. "만물 어느 것 하나 도로 통하지 않는 것이 없다."[23]

공영달은 도가와 현학의 사상적 자료를 받아들여 허무로 도를 해석함으로써 유학 내 도의 범주를 진일보 추상화하고 승화시켰다. 하지만 대유학자로서 그는 자신의 도론을 자연무위나 허무현화虛無玄化 따위에 빠지게 놔두지 않고 아주 실제적인 사회정치적 의의를 부여하기에 이르렀다. 그는 『예기』「학기」의 "대도불기大道不器"라는 한마디에 소를 달아 해석하면서 이렇게 말한다. "대도란 성인의 도를 일컫는 말이다. 기란 물질이 쓸 수 있음을 일컫는다. 기는 제각기의 쓰임새가 따로 있으나 성인의 도는 크고 넓어서 쓰이지 않는 곳이 없다. 그래서 불기라고 말한다. 불기는 모든 기器의 근본이 되는 것이다."[24] 확실히 도의 본체화야말로 유가 학설의 진일보 승화인데, 이론 형식상 그 구체적인 표현은 자연 본체설과 윤리본위설을 한데 융합시킨 것이었다.

『오경정의』는 전통 정치사상에 관한 백과전서다. 그로부터 우리는 유가 학설 가운데의 도가 윤리적 범주로부터 승화하여 최고의 철학적 범주로 발전되어가는 과정을 잘 살펴볼 수 있다.

공영달은 "도란 도로를 비유하여 부른 것"[25]이라고 말한다. 도의 최초 의미는 도로 즉 길이었다. 『설문해자』는 "도는 가는 길이다"라고 말한다. 『이아爾雅』「석궁釋宮」은 "한곳에 다다르는 것을 도라고 한다"고 말한다. 도로의 특징은 일정한 지향이 있다는 것이며, 어떤 목적지에 닿기 위해 반드시 거쳐야 한다. 인간 사유 능력의 발전에 따라 도는 도리, 규율, 원칙으로 의미가 확장되었다. 『서경』『춘추』『국어』에 벌써 비교적 추상적인 천도, 인도가 등장할 뿐만 아니라 비교적 구체적으로 군신, 부자, 부부간의 도가 언급되기도 한다.

선진 제자의 백가쟁명은 한편으로 도를 인식의 각 영역으로 끌어와 각종 구체적 사물의 도리를 사람들에게 알려주는가 하면, 다른 한편으로 도를 차츰차츰 이론의 꼭대기로 밀어올림으로써 갈수록 추상적 의미가 깊어지게 만들었다. 선진 도가에 이르러 도는 철학, 윤리, 정치가 하나로 융합된 개념이 되면서 최고 범주의 함축적인 의미를 갖게 되었다. 일반적으로 선진 도가의 도는 형이상학적 사유에 편중되어 있으며 고도의 추상성을 갖는다. 반면 선진 유가는 예, 인, 중화 등 비교적 구체적인 정치 윤리 규범에 안광을 집중하고 있어서 추상성은 비교적 덜하다. "성인은 명교名教를 소중히 여기고, 노장은 자연을 밝힌다"는 말의 유래가 그렇다.

백가쟁명이 도의 분화에 중점을 두었다면 진한 이후의 각종 도는 차츰 합류가 되었다. 대체로 군주 전제 제도를 정치적 전제로 삼아 논증하면서 유가 정치 윤리 학설을 기본 내핵으로 하여 각종 도론을 정합시키는 것이었는데, 이것이 바로 전통 정치사상 발전과 변화의 추세이자 주류였다. 한대의 양웅揚雄이 벌써부터 상당히 성공적으로 주역과 노장을 두루 종합한 적이 있다. 명교와 자연 사이의 논변은 위진 현학의 핵심 명제였다. 현학자들은 정교한 형식으로 유가, 도가 두 사상 체계의 균열을 봉합했다.

공영달은 도라는 명의하에 유학을 핵심 기초로 삼아 명교론과 자연론을 한데 결합시킴으로써 자연 본체를 가지고 정치 윤리를 논증하고, 정치 윤리를 가지고 자연 본체를 논증했다. 이는 송대 성리학자들의 천리인욕天理人欲 논변에 길을 열어주었다. 공영달은 온 힘을 기울여 철학적 본체론과 윤리적 정치학이 통일된 학설 체계를 수립하면서 자연, 사회, 인생 및 인간 사유의 일반적 규율과 규정성에 대한 심화된 유학의 인식을 반영했다. 『오경정의』는 양한 경학이 '도학'이라 불리는 송명 리학으로 나아가는 중요한 고리였다.

예禮, 인仁 중심의
치국 방법

공영달이 보기에 도의 근본은 자연무위이며 "마음도 없고 자취도 없는" 것이었다. 그런데 도를 체득하고 도를 행하는 성인은 오히려 "마음은 없으나 자취는 있는" 사람이다. 성인은 도의 원칙을 준수하며 천지를 경영하고 인륜을 다스린다. "안으로 비록 무심하지만 밖으로는 경영한 흔적이 있다."[26] 성인의 고심참담한 경영을 통해 도는 드러나기도 하고 굴절되기도 한다. 도는 윤리, 예인禮仁, 중용의 근원적인 바탕이다. 윤리, 예인, 중용은 도의 기본 원칙이 구현된 것이다. "행하여 올바름을 잃지 않음을 도라고 말한다. 군주에게 시행되어 백성을 다스리고 신을 섬김에 제자리를 찾도록 해주는 것을 도라고 부를 수 있다."[27]

여기서 말하는 도는 군주 정치가 보편적 의미를 지니고 있음을 나타내주는 기본 원칙이므로 치국지도라고 불리기도 한다. 그 주된 취지는 여섯 가지다. 첫째, 천지를 본받음이요, 둘째, 인륜을 중시함이요, 셋째, 예법을 제정함이요, 넷째, 인의를 행함이요, 다섯째, 중용을 운용함이요, 여섯째, 무위를 실천함이다. 이를 개괄하면 "천지를 판단하고 인륜을 다스려서 왕도를 밝힌다"[28]는 것이다.

천지를 본받는다 함은 군주가 하늘과 땅이 드러내주는 상을 본보기로 삼아 자연의 이치에 순응하는 방향으로 제도를 만들고 정사를 베풀어야 한다는 말이다. "성인이 아래로 교화를 베풀고 명령을 하는 까닭은 모두 천지를 본받아 그러는 것이다."[29] "덕이고 예고 형벌이고 하늘의 뜻이 아닌 것이 없다. 군주는 천관天官을 차지하고 정사를 다스리는 것이니 마땅히 힘을 써야 하리!"[30]

각종 정치 원칙을 논증하면서 공영달은 언제나 천지를 본받는다는 논의를 전개했다. 그는 하늘의 의지를 완전히 부정하지 않았다. 이를테면 『상서』「함유일덕咸有一德」 중의 '천명'이라는 말에 소를 달며 이렇게 말한다. "천도는 멀지만 인도는 가깝다. 하늘이 사람에게 명령하는 것은 말이나 글이 아니다. 바로 신명으로 사람을 보우하여 징벌케 하는 것이므로 적이 있을 수 없으니 이를 천명을 받았다고 말한다."[31] 그가 보기에 하늘의 도는 객관적일 뿐만 아니라 인격적 속성도 지니고 있다. 자연무위와 무차별의 관점에서 볼 때 하늘은 객관적이고 공정하며 자발적으로 작용을 일으키는 존재다. 오직 덕으로 보좌하고 천명을 받아 사람을 돕는다는 관점에서 볼 때 하늘은 주관적인 의지를 지니고 있기도 하다. 그리하여 공영달은 전체적으로 유학의 천인 관념을 양한 시대에 성행했던 천인감응론으로부터 "황천은 친애하지 않고 오직 덕으로 보좌할 뿐"이라는 새로운 궤도로 조정했다. 하늘을 본받음은 『오경정의』의 이론 기초 가운데 하나다.

윤리와 정치의 윤리화는 유가 정치 학설의 본질적 특징이다. 공영달 또한 이 사유의 길을 따라 치국의 도에 대해 추론을 해나갔다. 그는 동중서와 마찬가지로 삼강오상을 도의 목적이자 요지로 여겼다. 다만 두 사람이 다른 점은 동중서는 천인감응으로 논의를 전개한 데 비하여 공영달은 '하늘은 곧 자연이다'라는 논의에서 출발하여 '집안사람의 의義'와 '천지의

의'를 결합시키고 그로써 '자연의 이치'를 증명했다는 것이다. "부모와 자식은 천성적으로 자연이므로 도라고 한다."[32] "아버지는 의롭고, 어머니는 자애로우며, 형은 우애롭고, 아우는 공경하고, 자식은 효도한다. 이 다섯 가지는 인간에게 불변의 행위로 그렇게 하는 것이 하늘을 본받고 도를 밝히는 것이다."[33] 이렇게도 말한다. "의義란 마땅함이니 모든 일이 적절하게 되는 것이다. 오상五常의 명칭 모두가 적절함을 운용하는 것이기 때문에 의라는 칭호로 전체를 총괄할 수 있다."[34] 윤리는 곧 '인의人義'이니 "부모는 자애롭고 자식은 효도하며 형은 어질고 동생은 우애로우며 남편은 의롭고 부인은 받아들이며 어른은 은혜를 베풀고 어린이는 순종하며 군주는 어질고 신하는 충성하는"[35] 것을 합하여 '십의十義'라고 부른다.

공영달은 이렇게 생각했다. "인륜은 도리다. 군신과 부자 사이의 의, 친구 사이의 교유, 남녀 사이의 구별은 모두 불변의 도리다." 삼강오상을 위배한다면 "이는 사람의 도리를 등한시하는 것이다."[36] 그는 인륜을 천도와 인간적 도리의 연결체이자 교량으로 보았다. 윤倫, 리理, 도道, 의義는 실체가 같은 다른 이름이다. 도는 곧 군신, 부자, 부부의 리이며, 리는 곧 윤리강상과 등급 관계의 반영이며, 의는 곧 윤리 도덕 규범이다. 도는 본체이자 윤리일 뿐만 아니라 정치 준칙이기도 하다. "부자, 군신 간의 도는 예 가운데 가장 큰 것이다." "부자, 군신, 장유 간의 도를 얻으면 나라가 다스려진다."[37] 공영달은 『주역정의』 「가인家人」에서 "도가 방국을 다스린다"고 말하며 군주는 "오상의 가르침을 펼쳐" 천하를 교화해야 한다고 주장한다.

공영달은 천도와 인간의 도리를 가장 크게 위협하는 것은 사람의 정욕이라고 생각했다. 인성과 정욕은 다른 것이다. "자연스러움을 성性이라 하고, 탐욕스러움을 정情이라 한다." "사람이 처음 태어났을 때는 아직 정욕이 없었는데" "사람이 물질에 따라 생활을 하면서 차츰 그쪽으로 옮겨가서 정욕에 몸을 내맡기게 된다. 그래서 천생의 청정한 본성이 없어지고 끝내는 탐욕에 기울게 된다."[38] 그는 정욕의 확장을 "천리를 없애고 인욕에 떨어지는" 행위라고 말한다. 그가 보기에 "천리가 사라지는 것은 큰 혼란이 일어나는 길이었다."[39] 정치의 기능은 정욕을 억제시키는 것이다. 그는 말한다. "사람은 모두 선한 본성을 지니고 있다. 선은 그 자체로 성취되는 것이 아니며 반드시 군주가 가르친 연후에 선하게 될 수 있다."[40] "예의를 가지고 인성을 억제시켜야 한다"[41]고도 말한다. 바꾸어 말하면 "예는 사람의 근본이니" "예로 사람을 다스리는 일이 가장 급하다"[42]는 것이다.

공영달이 보기에 도와 예는 거의 동의어여서 "도는 예와 같다"[43]고 말한다. "예는 도와 덕의 구체화이며" "예를 만드는 법도는 모두 충신忠信과 인의를 근본으로 삼고 예로써 꾸미는 것이다."[44] 도는 예의 근거이고, 예는 도로 인하여 세워진다. 도는 예의 본질이고, 예는 도의 구체화이니 예가 없으면 도 또한 행해질 수 없다. 이 의미에서 예는 곧 도다. 예와 도는 한 몸이며 예는 천지인의 총칙이기도 하다. "예는 천지를 경영하고 인류을 관리한다. 예가 생겨난 뿌리는 천시가 생겨나기 전부터 있었으므로 「예운」 편은 '예는 반드시 태일太―에 뿌리를 두고 있다'고 말한다. 그러므로 천지가 생겨나기 전에 벌써 예가 있었던 것이다."[45] "예는 큰 강령의 본체이며, 천지 사이에 존재하는 본체다." "이 세상에 태어난 만물은 모두 예를 본체로 하여 정해진다."[46] 예가 통괄하는 범위가 인류 사회를 넘어서서 천지 만물로까지 확대되고 있음을 알 수 있다. 예는 도의 화신이며 허무의 도는 예에 의지하여 자신의 대체물을 드러낸다.

"예는 천지를 따르고"[47] 자연을 본받는다. "만물이 생겨나면 자연스럽게 존비가 있게 된다." "하늘은 위에 있고 땅은 아래에 있다." "새끼양이 무릎을 꿇고 어미젖을 먹는 것이나 기러기가 열을 지어 날아가는 것이 어떻게 가르쳐서 되는 일이겠는가! [하늘과 땅과 사람이라는] 삼재三才가 구별되면 존비는 자연스럽게 생겨난다. 하늘과 땅이 처음 구분된 뒤 그에 응하여 군주와 신하가 생겨나 나라를 다스리게 되었다."[48] 그래서 "예는 리理다. 이를 운용하여 다스리면 천지와 더불어 흥하게 된다."[49] 공영달은 '예리禮理'와 태일은 하나의 '지극히 선한 큰 이치'를 따라서 나란히 나아가는 것이며, 구체적인 예의 제도는 "지극히 선한 큰 이치를 운용하여 교화의 근본으로 삼는 것"[50]이라고 생각했다. "제도는 예에 있다"고 했을 때의 예는 우선 사회 제도로 "국가의 존비 상하 제도는 예 안에 존재한다"[51]는 의미다. "예가 통해야 구분이 정해진다."[52]

예는 또 사상 언행의 준칙이자 규범이다. "예는 본체다. 마음에 통합되어 있다가 실천을 하면 도라고 명명할 수 있는 것을 예라고 한다." 이 때문에 예는 시비를 재단하는 가치 기준이기도 하다. "예는 그 마음에 근거하고, 의는 그 일에 근거하는데 뜻이 서로 어긋나지 않으므로 예와 의는 합치한다."[53] 결국 "예가 없으면 천지의 신을 섬길 수 없고, 군신과 장유 간의 위치를 바로잡을 수 없다." "그에 순응하면 종묘가 견고하고 사직이 편안하고 군신 간의 질서가 있고 조정이 바르게 된다. 그에 역행하면 기강이 피폐해지고 정치 교화가 답답하고 위에선 음과 양이 착란을 일으키고 아래에서는 사람과 귀신의 원성이 자자해진다."[54] 예는 정치 교화의 근본이다.

예는 하늘에 근원이 있지만 그것의 조작은 성인군자의 손에 달려 있다. 예를 만든 사람이 성인이며, 예를 시행하는 사람은 제왕이다. "예는 천자가 시행하는 것으로 천자가 아니면 예의 옳고 그름을 의론해선 안 된다."[55] 예가 아무리 귀천상하에 대한 모든 규범을 갖고 있다 하더라도 결국은 군주 수중의 정치적 도구다. "군주가 나라를 다스릴 때는 뛰어난 기술자가 물건을 다루면서 도끼 자루를 잡듯이 예를 필요로 한다." "예를 제정함으로써 백성을 교화하는 것이다."[56] 예가 규제하고 구속하고 방비하는 대상은 주로 일반 서민들이다. 「예기정의서」에서 공영달은 많은 부분을 할애하여 인성을 순화시키고, 정욕을 절제시키고, 민중을 방비하는 등 예의 정치적 기능을 논술하고 있다. 비유컨대 "언덕배기까지 물이 차면 둑을 만들어 막고, 수레를 뒤집어엎는 말은 재갈과 채찍으로 몰 수 있는 것"[57]과 같다.

만약 예로 '경박한 사람'을 제지할 수 없다면 또 어떻게 할 것인가? 공영달은 정책으로 금지시키고 형벌로 죽이라고 주장한다. "정치란 금지 명령을 말한다. 금지 명령을 운용함으로써 예와 악을 실천한다." "예악을 실행할 수 없다면 형벌로 방지해야 한다." "예는 존비상하로 민심을 절제시키고, 악은 율려律呂로써 백성의 소리를 조화시킨다. 정치를 통해 금지 명령을 실행하고, 형벌을 통해 궤도를 넘어서는 행동을 방비한다. 예악과 형정은 어느 것 하나라도 없어서는 안 된다." "네 가지가 두루 널리 실행되어 거스르는 일이 없다면 왕도가 갖추어진 것이다."[58] 역대 봉건 법률은 예를 어기는 것을 형사 책임을 확정하는 주요 근거로 삼아왔다. 공영달은 예의 파괴를 현존 질서에 대한 최대의 위해로 여겼다. "오상을 어지럽힌 자는 사면하거나 석방해서는 안 된다." "이치에 따라 상규를 어지럽힌 자를 죽이는 것은 오직 군주와 윗사람만이 행할 수 있는 바른 길이다."[59] 이것이 바로 "형륙刑戮의 도를 운용하여 백성을 다스린다"[60]는 것이다.

예와 인은 유가 정치 이론의 양대 지주다. 공영달은 인을 도의 내포이자 기능 가운데 하나라고 주장한다. 소위 "도가 본체가 됨은 인의 기능이 드러나 보이기 때문이며 그 옷이 만물에 입혀진 것은 인으로 드러나기 때문이다."[61] "도덕이 만사의 근본이며, 인의는 뭇 행동 가운데 가장 위대한 것이다."[62] 그는 『주역』 「설괘說卦」의 "사람을 세우는 도를 인과 의라고 말한다"에 소를 달면서 "아끼고 은혜로운 인과 끊고 깎는 의"를 받들어 실천함을 가리켜 "성명性命의 이치에 순응하는" 것이라고 말한다.

인의를 정치 영역으로 확장시킨 것이 바로 '애인愛人' 즉 사람을 사랑하는 것을 기본 특징으로 하는 인정仁政이다. "옛날의 정치는 사람을 사랑하는 것을 위대하게 여겼다. 사람은 나라의 근본이기 때문에 백성을 아끼고 사랑하는 것이 정치 최대의 도다." "애는 친애함을 말함이니 인이요, 경은 존경함을 말함이니 의이다. 이 인의야말로 정치 교화의 근본이다."63 "인의의 지극함을 두루 실천하는 것이" 바로 '지극한 도'이다. "인의의 지극함을 두루 실천할 수 있다면 천하의 왕자가 될 수 있다." 이를 가리켜 "지극한 도로써 왕이 된다"64고 말한다. 인정의 구체적 내용으로는 형벌을 가볍게 하고, 세금을 줄이는 것 등 별다른 내용은 없다. 전체적으로 보면 민본론이 정치에 구체적으로 운용된 것이 바로 인정이다.

공영달은 중용을 도의 외연으로 보았다. 그는 "중용은 먼저 도에 뿌리를 두고 있다" "중용의 덕은 반드시 도를 닦은 뒤 실천된다"65라고 말한다. 그래서 중용은 '중도' '대중지도大中之道' 등으로도 불린다. 공영달은 「홍범」 「대우모」 「중용」 중의 황극皇極, 구주九疇, 중용, 도심道心 등 개념을 주해하면서 중용의 도를 극진히 숭앙하고 처세와 시정의 종지이자 비결로 여겼다. 대중大中이란 무엇인가? 공영달은 『시경』의 "[요임금] 당신의 지극함이 아닌 것이 없다", 『주례』의 "백성을 궁극으로 여긴다", 『논어』의 "진실로 그 가운데를 잡는다", 『중용』의 "넉넉히 중도에 따른다"는 말과 「홍범」의 황극, 구주 등이 "모두 대중을 운용한 것"이라고 주장한다. "대중은 군주의 위대한 행동이며" "무슨 일을 이루는 왕자의 행동이 모두 과하지도 덜하지도 않은 것은 항상 대중의 도를 운용하기 때문"66이라 했다.

중도는 군주가 정치를 펼치는 방법론이다. '중'의 구체적 표준은 예다. '중'이란 중간이 아니라 예가 정한 표준에 따라 행사함으로써 행위의 한계와 목표를 획정하는 것이며, 과함과 덜함을 방지하는 것이다. "사람은 각자 본성이 있으며 기호가 다르다. 각자 자기가 하고 싶은 대로 한다면 반드시 도에 반하게 될 것이다. 그래서 예의로 그 성명을 시시로 절제시킴으로써 좋은 결과가 보이고 명령은 중中을 잃지 않게 된다. 그렇게 모든 것이 중도를 얻으면 각자 왕의 교화를 받들게 될 것이다."67

'중'이 군주 정치에 운용되면 바로 예를 전제로 인정을 행하고 은혜를 베풀게 되는데 예와 인은 유기적으로 한데 결합하게 된다. 공영달은 이렇게 말한다. "하늘의 아들인 군주는 덕과 은혜의 가르침을 펼쳐 백성의 부모가 된다. 그렇기 때문에 천하가 귀순하게 된 것인데 대중大中의 도가 그렇게 하도록 시킨 것이니 군주는 대중에 힘을 쓰지 않을 수 없다."68

"도심은 뭇 도의 근본이다." 군주가 "믿음으로 중정中正의 도를 붙들고 있으면 사람들은 편안해지고 도가 밝혀질 것이다". 그래서 중용은 예인 정치의 방법론이며 백성을 안정시키고 도를 밝혀주는 "군주의 법이다".69 공영달은 중용의 도를 이상 정치의 경지에 다다르는 데 반드시 거쳐야 할 길이라고 보았다. "군주가 대중으로 백성을 교화하고 백성이 대중으로 군주에 호응하면 이 백성과 군주는 모두 대중이라는 최선에 이른 것이다. 군주가 대중을 갖추면 백성 또한 대중을 갖출 것이니 군주의 교화에 따른다는 말이다."70 예와 인이 서로 어울려 빛을 발하면 백성은 군주를 존중하고, 군주는 백성을 사랑하는 정치 상황을 창조해낼 수 있다.

공영달은 이렇게 주장한다. "군주는 무無로써 무리를 통솔한다. 무위란 매사를 이전대로 답습하고 신하에게 위임하여 일에 직접 관여하지 않는 것이다." "신하들은 일이 있으면 그 끝을 대신하고 각자의 직무를 맡는다."71 무위하여 다스리는 것과 사람에 맞추어 일을 성취하는 것은 전통 군도君道 이론의 중요한 기초 가운데 하나다. 공영달은 도야말로 군주와 신하를 나누는 것이기도 하고 유대를 맺어수는 것이기도 하다고 생각했다. 도 앞에서 군주와 신하는 각기 다른 정치적 책임과 정치 행위 규범을 갖는데, 성인은 도를 체득하고 군주는 천관天官이 되고 군주와 신하는 도를 달리하고 군주와 신하는 서로를 필요로 한다는 등 이론적 관점에서 군신 관계와 군주 무위를 논증했다.

공영달은 "도의 궁극은 현묘하여" 비상한 사람만이 인지할 수 있다고 생각했다. 성인은 범상한 사람이 아니다. "성인은 지혜로운 자 위에 있으며, 통달한 사람보다 위대하다."[72] 이런 사람은 "힘을 쓰지 않아도 스스로 중을 지켜 최고의 선에 합당하며, 깊이 고민하지 않아도 스스로 최고의 선을 얻으며, 여유롭고 한가해도 도의 가운데에 있다".[73] 따라서 "성인군자만이 홀로 도를 깨칠 수 있으며" "군자는 지극한 도를 몸소 밟고 있으며, 도를 본받아 정치를 펼친다". 한마디로 "성인은 효용의 어머니이며, 몸은 도와 같으니 만물이 이로 말미암아 소통하고 모든 일은 이로써 다스려진다".[74] 자연을 파악하고 만물을 통제하는 성인의 사회적 지위와 책임은 숱한 중생과는 확연히 다르다. 군주가 "도를 본받아 정치를 펼친다"는 주장은 관념적으로 군주를 더 이상 논쟁이 필요 없는 주재자의 지위로 밀어 올렸다.

공영달은 군주와 신하 간 최대의 구별이 바로 하나는 '천관'이요, 하나는 '인관人官'인 것이라고 말한다. "군주는 하늘을 본받아 관직을 설치하고, 하늘에 순응하여 치세를 이룬다."[75] 군주는 도의 화신이며 하늘로부터 명을 받는다. 도를 본받아 정사를 펼치며 관직을 나누어 설치한다. 이렇게 예악을 제정하고 법을 만들어 인정을 펼치고 대중을 실천함으로써 무위를 행하는 주체가 된다. 백관은 "두루 천자를 보위하는데", 이는 마치 "북두칠성이 북극성의 주변을 도는" 것과 같고 낮과 밤이 해와 달에 기대는 것과 같이 군주에 종속된다.

공영달은 군주가 주인이고 신하가 종복이라는 말을 도라는 명제의 핵심 의미로 간주했다. "양은 군주의 도이고, 양은 허무를 본체로 한다. 순일하여 둘이 아니니 군주의 덕이 또한 그렇다." "음은 신하의 도이고 음은 형기形器다. 각기 바탕에 구분이 있어 순일할 수 없으니 신하란 직무가 또한 그렇다."[76] 도가 본체이고 형기는 응용이다. 양은 굳세고 음은 부드러우므로 군신 관계의 두 가지 기본 원칙이 확립된다. 다시 말해 "군주와 신하는 구분이 되고 귀천은 영원하며,"[77] "군주의 도는 강하고 엄하며, 신하의 도는 부드럽고 순하다."[78] 군주는 존엄하고 신하는 비천하니 "신하가 군주보다 앞서가면 안 되고 비천한 사람이 존귀한 사람들보다 앞서가면 안 된다". 신도의 기본 규범은 "먼저 일을 시작해서는 안 되고" "명령을 기다린 뒤 실행해야 한다"는 것이다. "오로지 위에서 말을 꺼냈을 때 아래서는 그에 화답하여 끝까지 받들어 실행해야 한다."[79]

"수많은 사람이 사는데 군주가 없을 경우 혼란에 빠지지 않으면 흩어지게 된다. 집에 아버지가 있다면 나라에는 군주가 있다." "군주는 홀로 다스리지 않는다. 반드시 보좌가 필요한데 군주가 있으면 신하가 있는 법이다."[80] 군주가 주인이고 신하가 종이라는 전제하에 공영달은 군주 정치에서 신하의 작용을 매우 중시했다. 그는 군신 관계를 머리와 팔다리의 관계로 보았다. "발은 가고 손은 잡고 귀는 듣고 눈은 보는" 작용을 하지 못한다면 두뇌는 무엇 하나 할 수 없을 것이다. 따라서 "군주와 신하의 도는 서로를 필요로 하면서 이루어진다."[81]

공영달은 군신 관계에서 도의의 유대 작용을 대단히 중시했다. "하늘의 상은 모두 존비를 바르게 하는 법도를 드러낸다."[82] "신하의 도는 비록 부드럽지만 마땅히 굳센 태도로 군주를 바로잡아야 하며, 군주의 도는 비록 굳세지만 마땅히 부드러운 태도로 신하의 말을 받아들여야 한다." 이것이 바로 "군주 신하 간 교류에 강과 유를 교차로 사용해야 한다"[83]는 말이다. 유가 사상가로서 공영달은 다른 유생들과 마찬가지로 '송도불종군從道不從君'[84] 즉 도를 따르지 군주를 따르지 않음을 주장한다. 그는 신하라면 군주에게 법도를 지키도록 간언함으로써 "군주를 예로 바로잡아 덕치에 들어서게 하라"[85]고 주장한다. 일정한 조건하에서는 심지어 "도가 있는 사람이 도가 없는 사람을 징벌해도 좋다"고 한다. 이는 신하가 도의의 깃발을 들고 정치에 참여하고 왕권을 조절하여 새로운 길을 개척하라는 요구다.

공영달은 천지, 윤리, 예법, 인의, 중용, 무위를 모두 도에 편입시켰다. 정치 철학, 제도 원리, 사회관계, 정치 원칙 및 각종 정치 규범과 도덕규범을 도의 범주에 포함시킴으로써 도를 핵심으로 한 계통이 분명하고 완벽한 정치 이론 체계를 구성했다. 도를 체득하는 주체가 성인, 선왕, 군자 즉 제왕이기 때문에 이 치국의 도는 주로 군주가 되기 위한 도다. 우주 본체, 자연 법칙, 최고 도덕규범과 기본 정치 원칙이 유기적으로 한데 융합된 군도 이론은 왕권, 인식, 도덕, 정치, 사회 규범을 하나로 합친 것으로 군주 제도의 합리성과 절대성을 전면적으로 논증했다. 이 도론은 사실상 일종의 왕권지상론이다.

그런데 도의 지고무상을 강조하다보면 필경 이율배반의 객관적 효과가 나타나기 마련이다. 이론적으로 도가 군주보다 높으므로 군주는 반드시 도를 닦고, 도를 지키고, 도를 행하고, 도를 밝혀야 한다. 그렇지 않고 "군주가 도를 잃으면 백성은 그를 배반한다". "도를 잃으면 죽고 도에 합치하면 산다."[86] 이는 동시에 이론적으로 왕권을 조절할 필요가 있음을 논증한 것이기도 하다.

도가 만물의 으뜸이라 함은 논리적으로 제왕을 포함한 모든 사람이 도의 통괄하에 있다는 말이다. 군주는 반드시 도의 품평과 제재를 받아들여야 한다. 도가 있으면 명군이 되고, 도가 없으면 혼군이 된다. 멋대로 망령된 행위를 하는 군주는 도에 의해 청산이 되기도 한다. 도는 긍정과 비판이라는 이중적 성격을 지닌다. 하지만 도가 군주를 비판한다고 해서 그것이 군주 정치의 기본 방향을 바꿀 수 있는 것은 아니다. 도의 출발점과 귀결점은 모두 군주 제도의 영원성과 안정성이다.

공영달의 도론은 그 주체만 가지고 보면 완벽한 군주론이다. 군주 제도의 합리성과 영원성을 한 차원 높여 논증했으며, 군주 정치의 목적을 실현하려는 길과 방법을 제시하기도 했다. 거기에는 왕권이 비이성적인 방향으로 나아가는 것을 방비하는 내용이 포함되어 있기도 하다. 이 도론은 현실 속의 구체적인 군주를 부정하는 수단으로 자주 이용되기도 하지만 전체적으로 볼 때 군주 제도에 대한 부정은 아니다.

03

군덕론君德論

　왕권절대화 이론과 왕권 조절 이론의 유기적 결합은 유가 정치사상의 중대한 특징이다. 『오경정의』에서 덕과 도는 상호 대응하고 상호 보완하는 정치적 범주다. 도가 왕권의 절대성과 군주 정치의 일반 원칙을 논증하는 데 편중된 개념이라면 덕은 왕권 조절의 필요성을 논증하고 군주의 정치 행위를 규범화시키는 데 치중한다. 『오경』 중에는 본래 윤리 도덕의 설교가 가득하며 도덕과 정치가 긴밀하게 한데 교직되어 있다. 공영달은 의소義疏를 통해 수많은 정치 윤리 명제를 군주에게 분명하게 귀속시키고 있으며 군덕에 대한 전문적인 논의를 전개한다. 이로써 도와 덕, 덕과 정치, 군주와 덕의 관계를 밝히고 체계적인 군덕론을 제기했다.

　공영달은 도가 덕의 위에 존재하며 큰 덕은 도와 같다고 주장한다. 그는 이렇게 말한다. "도는 만물에 관통하는 이름이고, 덕은 다스림을 얻는다는 말이다." "도는 만물을 관통함이요 덕은 만물을 다스림이다. 만물을 다스림은 만물을 관통하는 곳에서 비롯하므로 덕은 도를 따라 생겨나는 것이다. 그래서 도가 덕의 위에 있다."[87] 도는 덕의 근거이고, 덕은 도의 실천이자 외화外化로서 도를 얻었다는 구체적인 표현이다. 이 의미에서 보면 도가 근본이고 덕은 말절이다. 예컨대 삼강오륜은 자연스레 형성된 사회 관계의 일반 원칙이므로 '천하의 달도達道'라고 부른다. "지知, 용勇, 인仁 세 가지는 사람들이 평상시 행하는 준칙으로 몸에 익숙해져 덕이 된다. 그래서 천하의 달덕達德이라 부른다." "다섯 가지는 근본이 되므로 달도라고 부르고, 세 가지는 말절이 되므로 달덕이라 부른다."88 '천하 달도'는 '천하 달덕'의 근본이다. 하지만 도는 덕을 떠날 수 없다. 도는 덕이 있어야만 성취된다. "다섯 도를 실행하려면 반드시 세 덕이 있어야 한다. 지가 없으면 이치를 알 수 없고, 인이 없으면 일을 잘 처리할 수 없고, 용이 없으면 과감히 행동할 수 없다." "성인의 도는 높고 크지만 지극한 덕이 아니면 도가 성취되지 않는다."89 결국 "안으로는 마음에서 얻고, 나가면 도에 입각해 행동하는 것이니 도와 덕이 멀리 떨어져 있지 않다."90 도와 덕은 서로에 기대어 실천되며 서로 호응하여 광채를 발휘한다. 그래서 "도와 덕은 만사의 근본이다."91 이 의미에서 보면 "도와 덕은 하나이며 다른 점은 글자뿐이다."92

공영달은 도, 덕, 인, 의, 예에 억지로 순서를 정하고 간단하게 그 품격의 높낮이를 정하는 행위에 반대한다. 그는 "도와 덕은 일정한 준칙이 없으며 각자 크고 작음이 있다"고 보았다. '큰 도와 큰 덕'으로 말하자면 도가 만물의 으뜸이므로 앞서 존재하고, "덕은 사람들이 본받아 행하는 바이므로 뒤에 존재한다". '작은 도와 작은 덕'으로 말하자면 도는 사람의 재능과 기예이며 덕은 사람의 품행인데, "몸에 덕을 지녔다면 모든 일에 통달하고 널리 퍼뜨릴 수 있으므로 덕이 앞서고 도가 뒤에 있다."93 공영달의 도론에서 인, 의, 예는 모두 도의 구성 요소다. 그래서 그는 "도를 잃은 뒤 덕이 있고, 덕을 잃은 뒤 인이 있고, 인을 잃은 뒤 의가 있고, 의를 잃은 뒤 예가 있다"94는 노자의 관점에 반대한다. 그가 보기에 삼황오제와 삼왕오패의 정치엔 우열과 고하의 구분이 있지만 "성인이 천하를 다스릴 때는 인의도덕과 예가 언제나 마음속에 잘 간직되어 있다. 다만 때를 헤아려 가르침을 베풀고 인의도덕과 예가 필요하다고 판단되면 실행한다. 어찌 삼황오제 때는 인, 의, 예가 전혀 없었다고 할 수 있겠는가."[95]

공영달은 고리타분한 유생이 아니었다. 도덕에 대해 막연히 논단하지 않고 도덕과 공적을 긴밀하게 하나로 연결시켰다. 그는 "행동에 대해서는 덕이라 말하고, 일에 대해서는 업적이라고 말한다"[96]고 생각했다. 지극히 왕성한 덕은 광대한 업적을 이룰 수 있으니 내성內聖이면 외왕外王이다. 군주의 입장에서 보면 "덕이라 함은 오로지 정치를 잘함을 말한다." "덕은 선정을 행하는 길일 수 있다."[97] 그는 "그 사람이 존재하면 정치가 존재하고, 그 사람이 망하면 정치도 끝난다"[98]는 『중용』의 한 구절을 이렇게 해석했다. "존재한다 함은 도덕이 존재한다는 말이고" "망했다 함은 도덕이 망했다는 말이다." "그 사람을 얻어 도덕이 존재하게 되면 왕성한 정치 교화를 행할 수 있으나" "도덕이 멸망하면 정치 교화를 일으킬 수가 없다."[99] 도와 덕과 정치는 하나로 관통하며 서로 표리를 이룬다. "몸을 닦음으로써 도에 이르고" "도를 닦음을 교화라고 부른다." 도덕과 정치 교화 사이에 등식 부호를 그린 것이다. 이에 입각해 공영달은 "몸의 덕을 바르게 하고, 백성의 쓰임새를 이롭게 하고, 민생을 두텁게 해주는 것"을 군주의 정치적 핵심으로 간주했는데, 이는 '수신제가치국평천하' 공식을 밝힌 것이다.

공영달은 군주와 덕의 관계를 깊게 탐구했다. 그는 군주가 덕의 대리 호칭이며 덕이 군주의 근본이라고 생각했다. 그는 "성인의 덕은 천지의 도와 같을 수 있다"[100]고 말한다. 이렇게도 말했다. "제帝는 천天의 또 하나의 이름이다." "천덕天德으로 호칭을 만듦으로써 왕이 그 덕과 함께하게 된다. 그래서 제라고 칭하게 되었으며 천을 계승한다는 뜻에서 천자라고 부르고 호칭을 '제'라고 일컬은 것이다." "대인이란 천지와 그 덕을 합치하는 것이니 삼왕 또한 대인이다."[101] "군자란 윗자리에 앉아 어린 백성을 자식으로 거느려도 된다는 말이며 덕이 있는 사람에 대한 미칭이다"[102]라고도 말한다. 군주를 이르는 각종 칭호는 모두 덕에 입각해 명명된 것이며 군주는 덕의 화신이라는 이야기다.

공영달은 군주가 정치의 근본이며 위에서 행하면 아래에서 효과를 본다는 이치를 반복적으로 논증하면서 덕을 "군주가 정치를 행하는 근본"[103]이라고 말한다. "덕은 복을 부르는 길이다."[104] "위정의 도 또한 이와 같으니 선정을 펼치면 복을 받고 악정을 행하면 화를 부른다."[105] 따라서 그는 군주에게 "천위를 신중히 하고 도덕을 닦으라"고 거듭 권고했다. 한마디로 덕은 제왕의 목숨과 같다. 덕을 얻어 군주가 되고, 덕에 의지해 정치를 하고, 그로 인해 사직이 굳건히 유지되니 "큰 복을 누리고 큰 명예를 보존하기"[106] 때문이다.

현실 속의 군주 모두가 꼭 덕이 있는 것이 아님을 공영달은 분명히 알고 있었다. 이른바 "구오九五의 천위는 큰 성인이라서 차지하는 경우도 있고, 큰 성인이 아니라도 차지하는 경우가 있다. 오만불손한 사람이 없을 수 없다"[107]는 것이다. 그는 수많은 곳에서의 역사 사례를 열거하며 제왕들 모두가 도를 지키고 덕에 합치한 것만은 아님을 설명한다. 동시에 이로써 군주라면 신중하게 도덕을 수양하고 "스스로를 덕으로 바로잡아야 할" 필요성과 중요성이 있음을 논증했다.

공영달은 도와 덕, 덕과 정치, 군주와 덕 등의 각도에서 군덕의 정치적 위치와 작용을 반복해서 논증했다. 덕을 상실하면 도가 행해질 수 없고 정치가 통하지 못하며 자리를 보전할 수 없다. 그래서 그는 군덕론을 제기할 기회가 있을 때마다 한 차례도 놓치지 않고 개진했다. 그의 『오경정의』는 거의 군덕대전君德大全이라 할 수 있다. 군덕의 규모와 명목은 대단히 번다하며 서로 관통되거나 그물처럼 짜여 있어 일일이 세어 정리하기가 어렵다. 몇 가지에 한정하여 요점만 정리하면 다음과 같다.

인도仁道를 체현하고 널리 중생을 사랑함

공영달은 이렇게 생각했다. "하늘은 백성을 돕는 것이 상도다." "하늘의 덕을 실행하는 요체는 백성을 다스리는 데 있으니"[108] 백성을 두텁게 사랑하고 어질게 대하는 것이 군주가 되는 첫 번째 요체다. 이 군덕론에 내재하는 논리는 이렇다. 첫째, "백성이 자치할 수 없어 군주를 세워 주재하게 했다. 군주를 세워 백성을 다스리는 것이 하늘의 뜻이다."[109] 군주는 하늘을 대신해 도를 행하고 백성의 부모가 되므로 응당 "군주로서의 밝은 덕을 갖추고 백성을 이롭게 하는 대의를 지켜야"[110] 한다. 양민을 정치의 근본으로 삼은 것이다. 둘째, "민생을 도탑게 해주고" "백성의 쓰임새를 이롭게 해준다". 이는 하나이면서 둘이고 둘이면서 하나다. "민생을 도탑게 해주는" 것은 수단이며 "백성의 쓰임새를 이롭게 해주는" 것은 목적이다. 셋째, 백성을 기르는 것도 좋고 백성을 이롭게 해주는 것도 좋은데 핵심은 부역의 조정이다. "군주가 위에서 세금을 적게 거두는 정책을 실시하고 백성이 아래에서 10분의 1 세금을 내게 되면 국가 재정은 풍족하고 아랫사람들은 궁핍함이 없을 것이다. 이렇게 상하가 화평하고 친목하여 서로 원한이 없게 된다." 이를 가리켜 "군민 상하가 서로 보답한다"[111]고 말한다. 인덕의 최종 목적은 군주 정치의 실리와 안정이다.

성신誠信과 공평

이러한 군덕 규범은 주로 군주의 상벌과 호령의 대권을 두고 만들어졌다. 일종의 정치미덕으로 성誠과 공公은 주로 말에 믿음이 있고 상벌이 공정함을 표현하는 데 쓰인다. "군주가 덕과 신信을 두터이 실천해야" 위에서 실행하면 아래에 효력이 생기고 천하를 교화시킬 수 있다. 공영달은 「홍범」 중의 "치우침도 없고 당파도 짓지 않으니 왕도가 탕탕하다"는 정치 예술을 높이 찬양하며 군주라면 "중中의 도가 있어야 하고" "정책을 실행함에 있어서 치우치거나 사적인 이익을 개입시켜서는 안 된다"[112]고 주장했다.

예를 갖춰 현명하고 유능한 사람을 공경함

이런 군덕 규범의 기본 출발점은 "현명한 사람을 임용하면 흥하고, 아첨하는 사람을 임용하면 망하며" "군주의 덕은 현인에게 관직을 주는 것이다. 관직마다 그에 맞는 사람이 들어서면 사업이 제대로 이루어진다"[113]는 생각이었다. 이 사상은 구체적인 정무 수행 과정에서 신하의 지덕과 재능이 어떤 역할을 하는가에 초점을 맞추는 것이 아니라 신하의 품덕이 군덕에 어떤 영향을 미치는가에서 착안한 것이다. 이른바 "치와 난은 무엇을 본받느냐에 달려 있다"[114]는 것이다. 그래서 공영달은 군주라면 "유덕한 사람을 높이고 숭상할 것이며" "도가 있는 선비를 존숭할 것이며"[115] 유능하고 현명한 사람을 발탁하고 덕행이 있는 신료들을 스승과 친구로 삼아야 한다고 거듭 강조한다.

겸손과 공손을 숭상하고 사치와 방종을 통제함

공영달은 "그릇이 가득 차면 기울어지고 뜻이 가득 차면 뒤집히며" "가득 참은 손해를 부르고 겸손함은 이익을 얻는다" 등의 철학적 명언들을 반복 인용하면서 군주에게 제발 교만하지 말고, 미천한 사람에게 양보하고, 검약을 미덕으로 삼고, 힘써 어리석음을 피하여 스스로 운용하고, 노리개는 뜻을 상하게 한다는 것을 간곡하게 권고했다. "군주는 마땅히 전전긍긍 신중하게 경계하고, 긍긍업업 두려워해야 한다."[116] 이를 위해 그는 일련의 군덕 규범들을 열거하는데, 예컨대 경건하고 신중함, 공손하고 정중함, 절약하고 검소함, 자기 자랑을 하지 않음, 아랫사람을 겸손하게 대함, 안일과 탐욕스러운 행위를 하지 않음 등이 그것이다. 결국 군주는 "마땅히 스스로 억제하여 극단적 행위를 하지 말고" "오만을 키워서는 안 되고, 욕구를 방종하게 두어선 안 되며, 뜻을 차고 넘치게 해서는 안 되고, 쾌락을 극단으로 몰아가선 안 된다."[117] 걸왕이나 주왕처럼 '오만을 키우고' '욕구에 방종하고' '뜻이 넘치고' '쾌락이 극에 달해' 스스로 재앙을 부르는 일을 절대로 하지 말라는 것이다.

나쁜 일이 커지기 전에 미연에 방지하고
편안할 때 위태로움을 미리 경계함

공영달은 이렇게 지적한다. "무릇 잘못을 하게 되면 사람들의 원망을 사게 된다. 분명하게 드러난 큰 잘못들은 모두 작은 일에서 비롯되기 마련이다. 작은 일을 방비하지 못하면 쉽게 큰 잘못을 부른다." 그래서 군주는 "기미가 있을 때부터 신중하게 준비해야 한다."[118] 그는 반복해서 군주가 "스스로 편안하게 여기고" "스스로 잘 다스려진다고 믿는" 것이야말로 위危, 망亡, 난亂의 근원이라고 지적한다. "그래서 군자는 오늘 비록 편안해졌다 하더라도 마음은 항상 위태로웠던 일을 잊지 않는다. 나라가 비록 상존한다 하더라도 마음은 항상 멸망했던 일을 잊지 않는다. 정치가 비록 잘되고 있지만 마음은 항상 혼란스러웠던 일을 잊지 않는다."[119] 군주는 상존할 때 멸망을 생각하고, 때맞추어 덕을 닦아야 정치적 실패와 국가의 전복을 피할 수 있다는 것이다.

겸허하게 간언을 받아들임

간쟁과 의론은 널리 유익한 생각들을 모으고, 잘못을 보완하며, 꽉 막힌 폐단을 방지하고, 아래 사정을 꿰뚫으며, 충신과 간신을 구별하고, 아첨꾼을 없애는 등 다양한 정치적 기능을 한다. 왕권이 통제를 상실해 극단으로 치닫는 것을 미연에 막아주는 중요한 의미를 지니기도 한다. 그래서 전통 정치사상에서는 대대로 군주의 납간納諫을 정치의 미덕으로 간주했다. 공영달 또한 겸허하게 간언을 받아들이는 것을 제왕의 덕이라고 주장한다. "제왕이 (…) 그 지극히 존엄한 지위에 의존해 총명을 뽐내거나 사람들을 능멸하거나 비리를 덮고 간언을 거부하면 위아래 사이가 뜨게 되고 군주와 신하의 도가 어긋나게 되는데 자고로 국가의 멸망은 여기서 시작되지 않는 경우가 없었다."[120]

이상으로부터 군덕이 군주의 정치 행위 규범이며, 이상화된 각종 정치 준칙의 십합체이며, 도의 정치 윤리화이자 구체화임을 어렵지 않게 알 수 있다. '도가 있는 군주'는 '덕이 있는' 사람이다. 그렇다면 어떻게 해야 군주로 하여금 군덕을 엄수하게 만들 수 있는가? 공영달은 여기에 이르는 길 세 가지를 제기한다. 하나는 군주가 수신하고 자성하는 것이며, 둘은 진간과 납간이며, 셋은 특정한 조건하에서 유도有道가 무도를 벌하고 유덕이 무덕을 벌함으로써 힘으로 문제를 해결하는 것이다.

군덕론은 왕권 조절에 대한 이론이다. 도덕의 힘으로 애써 군권을 속박하고 제한하고자 한다. 이 이론은 군주를 평가하고 시대 정치를 비판하는 이론적 근거와 가치 기준을 사람들에게 제공해준다. 일종의 정치 관념이나 사회 여론이 되기도 한다. 군주의 관념과 행동에 일정 정도 영향을 미칠 수도 있으며, 때로는 군주의 도덕 수양과 정치 기예를 드높여줄 수도 있다. 그러나 역사가 이미 반복해서 증명했듯이 도덕적 설교에만 의지해서는 제왕들로 하여금 시시각각 도의에 따르도록 할 수 없었으며, 도덕 이론과 도덕 실천은 늘 서로 어긋나곤 했다. 당 태종이 「제범후서帝範後序」에서 언급한 다음 말을 빌려보자. "아는 게 어렵지는 않으나 행동으로 옮기기가 쉽지 않을 따름이다. 행동에 힘쓸 수는 있으나 끝까지 유지하기가 실로 어려울 따름이다. 그래서 포악한 군주만이 나쁜 길을 잘 알고 있는 것은 아니며, 명철한 군주만이 선한 길을 잘 보는 것도 아니다. 확실히 큰 도는 멀고 지키기 어려우나 사악한 길은 가깝고 밝기 쉽다."121 이세민과 같은 명군조차 처음부터 끝까지 군덕을 실천하기가 대단히 어렵다고 느낀 것인데 다른 제왕들은 미루어 짐작할 수 있지 않은가.

도론의 선양과
계승 발전

자연 본체와 윤리 본위가 상호 결합된 공영달의 도론은 예인禮仁 중심의 치국 방법 및 군덕론을 상호 관통, 상호 논증, 상호 보충함으로써 완벽한 정치 이론 체계를 형성했다. 이 이론은 도를 핵심 범주로 삼아 철학, 정치, 윤리를 일체화시키고 이론과 원칙과 운영 체계를 유기적으로 한데 결합시켰다. 그렇게 깊은 층차와 다양한 각도에서 군주 정치의 일반 원칙을 논증함으로써 유가 정치 학설을 새로운 경지로 끌어올렸다.

동중서와 공영달은 각각 한나라와 당나라의 관방 정통 유학의 대표자들이다. 두 사람의 학설을 비교해보면 그들 사이 최대의 차이점은 '천'과 '도'라는 두 가지 정치 범주의 위치가 각기 다르다는 데 있음을 금방 알 수 있다. 동중서에게서 '천'은 지고무상의 존재이며 모든 정치 원칙과 제도적 원리의 본원이다. '도'는 '천'의 파생물이니 "도의 큰 근원은 천에서 나오며, 천이 변하지 않으면 도 또한 변하지 않는다"[122]고 한다. 공영달이 살았던 시대의 유학에는 이미 큰 변화가 있었다. "큰 도를 근본으로 삼는" 불교와 도교 사상을 충분히 빌려와서 자신의 학설에 대한 체계적인 개조를 진행했던 것이다. '도'가 '천'을 대신하여 지고무상의 정치 범주가 되었다. 『오경정의』는 이 새로운 사유 방식에 대하여 아주 체계적인 서술을 한 것이며 관방의 명의로 정치적 확인을 받아 정통으로 인정되었다. 이는 유학이 이로부터 정식으로 새로운 발전 단계에 들어섰음을 상징한다.

수당 시기 유학은 한대 경학과 송대 리학이라는 높은 두 봉우리 사이에 위치한다. 전자처럼 전적으로 독존獨尊하지도 못했으며 후자처럼 폭넓고 심오하지도 못했다. 게다가 『오경정의』는 칙명을 받들어 쓰인 것으로 개인의 저술도 아니다. 어쩌면 이것이 공영달의 정치사상이 중시되지 못한 주요 원인일지도 모른다. 사실 주석본을 선정하고 여러 소疏를 배제시키고 널리 여러 장점을 취하여 하나의 학설을 확정하는 그 자체가 하나의 관점을 반영하고 있는 것이다. 이를테면 「주역정의서周易正義序」는 의소義疏의 일반 원칙을 이렇게 규정한다. "산정刪定하고 고찰하는 일을 할 때는 반드시 중니(공자)를 으뜸으로 삼으며, 의리義理에 대해 주석할 경우 먼저 보사輔嗣(왕필)를 기본으로 삼는다."[123] 유가의 조사를 기준으로 삼으면서도 현학의 거두를 근본으로 여겼으니 그 결과는 필연적으로 공자도 아니고 왕필도 아니게 된다. 옛것 속에서 새로운 것을 본 것이며 현학玄學을 유학에 집어넣은 것이다.

공영달의 의소를 보면 곳곳에서 기존 학설을 고집하지 않고 있다. 수많은 관념, 범주, 명제들에 대한 그의 설명은 독창적인 곳이 많다. 예컨대 그의 도기론道器論은 사상사에 있어 중요한 한자리를 차지할 정도다. 더욱이 사상사적 연구가 사상 발전의 긴 흐름 속에서의 지위와 당대 및 후세에 대한 영향 여부를 중시하는 것이라면, 이 관점에서 볼 때 공영달은 사상사에서 대단히 중요한 위치에 있음을 쉽사리 발견할 수 있다.

『오경정의』는 당 왕조가 정식으로 간행한 유가 경전 및 그 주석에 관한 국정 교과서였다. 당대 국자학國子學에는 오경박사가 설치되었으며, 전문 기술 분야를 제외한 모든 학교 교육에 『오경정의』가 교재로 사용되었다. 이 책은 조각과 회화의 시대 정신적 풍모를 만들어내는 데 중요한 작용을 했으며, 당나라 일대 및 오대五代, 북송 시기 관료 사인들의 정치사상 및 정치의식 형성에 광범하고도 깊은 영향을 미쳤다. 이를테면 당대의 저명한 사상가 유종원柳宗元은『오경』을 "도를 얻는 근원"이라고 불렀는데, 그의 자연천도自然天道, 대중지도大中之道, 생인지도生人之道는 확실히『오경정의』의 영향을 받았으며 일부 언설들은 이 책에서 직접 따오기도 했다. 이 것만으로도『오경정의』의 사상사적 위치가 확립되었다고 할 수 있다.

『오경정의』는 유학 발전의 역사에서 앞뒤의 성취를 연결시키고 계승 발전한 저작이다. 위진 이래 유학은 침체를 거듭했는데 그 원인을 따져보면 주로 유학 자체의 부족함과 폐단 때문이었다. 유학을 새롭게 진흥시키려면 다음과 같은 문제들이 해결되어야 했다. 즉 유가 경전의 문자와 주석을 통일시킴으로써 유학의 통일성과 응집력을 강화시킬 필요가 있었으며, 천인감응론의 폐단을 청소하여 유학의 형상을 바꿔줄 필요가 있었으며, 경학의 방법을 고쳐서 실제를 지향하고 경세치용에 연결할 필요가 있었으며, 주공과 공자의 도통을 선양하여 불교 및 도교와 진영의 한계를 분명히 해야 할 필요가 있었으며, 불교와 도교의 사변적 성과를 빌려와 유학을 보충하고 완벽하게 만들어 발전시킴으로써 이론과 사유 방면에서 불교나 도교에 대항하는 자본을 얻어내야 할 필요성 등이 있었다.

『오경정의』는 다음과 같은 의미를 지닌다. 즉 유가 사상 가운데 금문과 고문 논쟁, 각 사상 종파와 스승 유파 간 논쟁, 남학과 북학 간 논쟁,[124] 정현鄭玄 학문과 왕필王弼 학문 간의 논쟁 등을 과거의 역사로 돌려버렸다. 도가 곧 자연이라는 논의를 통해 천인감응론을 약화시켰다. 의소는 훈고와 해석을 겸비하여 의리와 경세치용 성분을 함께 밝힘으로써 방법론적으로 한학漢學에서 송학宋學으로 넘어가는 과도기 준비 작업을 했다. 선진 및 양한 유학과 위진 현학의 사상적 성과를 두루 관통하여 새로운 유가의 도론道論을 만들어냈다. 정치적 유가 학설의 통치 사상으로서 숭고한 지위를 다시 한번 확인시켜주었다.

『오경정의』야말로 유학의 부흥에 가장 전면적인 공헌을 한 것으로 보인다. 왕통, 유종원, 한유, 이고 모두 유학 부흥을 위해 나름대로 공헌을 한 것은 사실이지만 아무도 공영달의 지위와 작용과 영향을 대신할 수는 없다. 특히 주의를 기울여야 할 것은 천리인욕天理人欲, 성선정악性善情惡, 중용지덕中庸之德, 수양지술修養之術, 도론道論 등 나중에 송명 리학의 핵심 내용이 된 개념과 범주와 명제가 모두 공영달의 학설에 벌써부터 등장하고 있다는 사실이다. 『오경정의』는 사상 재료, 이론 명제, 학문 방법, 사유 방식 등 여러 방면에서 유학의 발전을 위한 기초를 다져주었다. 이런 의미에서 『오경정의』야말로 송대 리학의 근원이라고 말할 수 있다.

공영달 사상의 역사적 의의는 위에 언급한 몇 가지 점에 국한되지 않는다. 『오경정의』와 수당 황제들의 군도론은 상호 보완 작용을 했는데, 기본적인 인식 차원에서 저자와 제왕들은 서로 호흡이 통했다. 고도로 추상화된 정치 철학과 일반적 의미를 지닌 정치 원칙 및 구체적인 정치 운영이 통치 집단 내부에서 완벽한 정치 이론, 정치의식, 정치 행위의 체계를 만들어낸 것은 고대 사상사에서 매우 보기 드문 일이다. 다만 몇 가지 원인 때문에 이 새로운 사상은 철학적으로 아직 좀 조악했으며, 서로 모순된 곳이 많아 진일보한 가공과 승화를 기다려야 했다. 유학 철리화哲理化 과정에서 『오경정의』는 단지 하나의 발단이었던 셈이다.

『중설』의 흥왕도興王道,
정예악正禮樂 정치사상

『중설中說』은 『문중자文中子』 혹은 『문중자중설文中子中說』이라고도 불린다. 당나라 정관貞觀 말년에 만들어진 책이다. 수나라 때 왕통王通은 생도들을 모아 공부를 가르쳤는데 그 제자 가운데 정원程元, 설수薛收 등이 스승의 언설을 필기한 것을 정리하여 책으로 만들었다. 정관 연간에 왕응王凝이 이 필기들을 찾아 "『중설』 100여 장을 얻었는데 대체로 잡박한 기록으로 목차도 드러나지 않고 맨 앞 권과 서문은 좀이 슬고 닳아 없어져 도무지 해석을 할 수가 없었다".[125] 나중에 왕통의 아들 왕복주王福畤 등이 "잘 분류하여 10편으로 편집하고 억지로 10권을 만드니"[126] 이것이 오늘날 전해지는 『중설』이다.

이 책은 왕통을 과도하게 찬양하고 있으며 역사를 멋대로 고쳐서 수당 교체기 저명한 인물 대다수가 왕통의 문인이라고 거짓말하고 있어 가볍게 사람들에게 내보일 수가 없다. 『중설』은 여러 차례 개작을 했으며 내용에는 진실과 거짓이 섞여 있다. 유우석劉禹錫, 피일휴皮日休 등이 언급하기 전 오랫동안 아무도 이 책에 대해 말하지 않았기 때문에 위서로 지목되기도 했다.

그런데 적어도 다음 몇 가지 사실은 확인이 가능하다. 첫째, 왕통이란 사람은 확실히 존재했다. 진숙달陳叔達, 왕적王績, 왕발王勃 등의 저작에 왕통의 생애가 여러 차례 기술되어 있다. 그의 아우 왕적과 손자 왕발은 모두 당나라 초기 명사들로 정사에도 열전이 있다. 둘째, 수당 교체기에 왕통의 언행록이 세상에 전해지고 있었다. 셋째, 『중설』은 당대 후기의 사상계에 일정한 영향을 미쳤으며 유우석, 피일휴 등은 『중설』을 대단히 추앙했다. 넷째, 송대 성리학자들이 왕통과 그의 사상을 찬양하고 '하분도통河汾道統'[127]이란 명예를 부여했다. 따라서 『중설』은 수말당초의 한 유가 유파의 학술적 관점을 반영한 책으로 볼 수 있으며 수당 교체기의 사상적 자료로 삼을 만하다. 문장 전개의 편의를 위해 여기서는 『중설』의 사상을 왕통이라는 이름하에 걸어두고자 한다.

왕통(584?~618)은 자가 중엄仲淹이며 문인들이 사적으로 '문중자文中子'란 시호를 바쳤다. 강주絳州 용문龍門(오늘날의 산시山西성 완룽萬榮의 변경) 사람으로 유학을 숭상하는 관료 집안 출신이다. 『구당서』 「왕발전」의 기록에 따르면 왕통은 "수촉군隋蜀郡 사호서좌司戶書佐[128]를 역임했으며 대업大業 말년에 관직을 버리고 귀향하여 저술과 강학으로 업을 삼았다."[129] 왕통의 저술은 『예론禮論』 『악론樂論』 『속서續書』 『속시續詩』 『원경元經』 『찬역贊易』 등 매우 풍부한데 책의 대부분은 『육경』을 본떴다. 왕통의 저술은 모두 유실되어 고증할 길이 없다. 다만 『중설』에 그의 언설 일부가 남아 있다.

왕통은 왕도를 일으킨다는 흥왕도興王道, 예악을 바로잡는다는 정예악正禮樂을 최고의 정치 이상으로 삼았다. 그는 왕도를 밝히는 것을 자신의 소임으로 여겼으며 "주 왕조의 중개자"[130]를 자처했다. 유가의 학문이 다시 진작하고 공자의 업적이 중흥하기를 바랐다. 『중설』에서 왕통은 매우 가치 있는 일련의 사상과 주장을 전개했는데 특정한 역사 환경 아래서 유학 발전 과정의 한 추세를 반영한 것이었다.

3교三教는
통일될 수 있다

왕통은 학술 사상의 측면에서 유도불 3교가 통일될 수 있다는 '3교가일三教可一'을 주장한다. 위진 이래 불교와 도교가 성행하여 유가와 정족의 형세를 이루고는 서로 사상 문화 영역에서의 정치적 지위를 얻으려고 다투었다. 이런 상황 아래서 3교의 합류를 주장한 사람이 한둘이 아니었다. 동진東晉의 손작孫綽은 불교를 근본으로 삼으면서 "주공과 공자가 곧 부처이고, 부처가 곧 주공이고 공자다"[131]라고 주장한다. 남제南齊의 고환顧歡은 도교를 신봉했는데 유도불 3가가 "이름은 반대되지만 실제는 합치한다"[132]고 생각했다. 남제의 장융張融은 "모든 성인이 같은 마음이며 본말은 둘이 아니다"라는 화두를 견지하며 임종 전에 이런 유언을 남겼다. "왼손에는 『효경』과 『노자』를 들고, 오른손에는 소품 『법화경』을 들어라."[133] 남조의 양梁과 북제, 수나라에서 앞뒤로 관직을 맡은 바 있었던 안지추顏之推는 유가의 입장에 서서 "안팎 두 교는 본래 한 몸이었는데 점차 극단적으로 달라지더니 깊고 낮음이 달라졌다"[134]고 말한다. 그는 유가의 오상과 불교의 오계를 서로 비교함으로써 불학이 허황되지 않음을 증명했다.

왕통은 이러한 사유들을 더욱 발전시켜 명확하게 '3교가일'을 주장했다. 왕통은 유학의 계승을 운명으로 받아들이고 주공과 공자의 도를 선양하는 것을 자신의 임무로 여긴 사상가였지만, 이단을 간단히 배척하지 않았을 뿐만 아니라 3교가 각기 장점이 있음을 분명하게 인식했고 3교의 겸전을 주장했다.

왕통의 '3교가일'론은 다음 세 가지 기본 논점의 바탕 위에 수립되었다. 첫째, 3교는 어느 것 하나 "폐기되어선 안 되며" 유, 도, 불 각자가 제 역할을 갖고 정치를 보좌할 수 있다. 그는 국가의 패망 원인을 3교에 뒤집어씌울 수 없다고 생각했다. "『시경』『서경』이 성행했음에도 진秦나라는 멸망했으니 이는 공자의 죄가 아니다. 현허玄虛의 논리가 빛났음에도 진晉나라 왕실이 어지러워졌으니 이는 노장의 죄가 아니다. 재계를 잘했음에도 양梁나라는 망했으니 이는 석가모니의 죄가 아니다. 진정 그 사람이 아니면 도가 헛되이 행해지지 않는다고 『주역』에 말하지 않았던가."[135] 진秦나라, 진晉나라, 양나라의 멸망은 통치자 자신의 잘못이 만들어낸 것이지 그들이 3교의 '도'를 진정으로 실행하지 못한 결과가 아니다. 3교 모두 정치 교화에 유익한 것인데 관건은 그 사람을 얻고, 그 도를 실행하느냐에 달려 있다는 말이다.

둘째, 불교와 도교를 금지해선 안 된다. 왕통은 행정 권력에 의존해서 강제로 불교와 도교를 금지하는 것은 통하지 못할 것이라고 주장한다. 불교와 도교를 "폐지하는 것이 어떠하냐"는 질문에 왕통은 이렇게 대답한다. "당신이 미칠 바가 아니오. 진군眞君과 건덕建德에 했던 일은 딱 파란을 조장하고 불을 끄려고 부채질을 하는 것이었소."[136] 북위北魏 태무제太武帝 태평진군 연간과 북주北周 무제 건덕 연간에는 행정 수단을 동원하여 불교를 폐지하려 했었는데, 이 방법은 예기한 효과를 거두지 못했을 뿐만 아니라 오히려 갈수록 일을 꼬이게 만들었다. 왕통은 이 두 차례의 배불 사건을 예로 들면서 불교와 도교를 도저히 양립할 수 없는 것으로 간주하는 유학 전승자들의 경직된 태도를 완곡하게 비판한 것이다.

셋째, 3교는 각기 결함이 있다. 왕통은 부처가 성인이며 불교가 성인의 가르침임을 인정했지만 부처는 서방의 성인이라고 생각했다. "서방의 가르침으로 중국에 들어와 진창에 빠졌다."[137] 변화를 가하지 않고 전면적으로 답습하는 것은 큰 수레가 물웅덩이를 통행할 수 없고 갓과 관이 소수 민족에 유행할 수 없는 것과 같다. 왕통은 도교가 "인의를 닦지 않고 효제의 도가 서지 않은 채" 오직 "불로장생과 신선의 도"[138]만을 이야기한다고 심히 불만이었다. 그대로 발전하게 놓아둔다면 정치 안정에 불리하다고 생각한 것이다. 주공과 공자의 학술을 중흥시키는 데 뜻을 두었던 왕통은 당시 유학의 상황에도 불만이었다. 기왕 3교가 "각기 폐단이 있음에도" "폐지해선 안 되고", 기왕 3교가 병행하는데도 "정치적 병폐가 다양하고도 오래되었으니"[139] 자유롭게 발전하도록 방치하는 것도 문제가 있다. 그렇다면 가장 좋은 방법은 그것을 하나로 융합시키는 것이다. "3교는 그래서 통일될 수 있다."[140]

왕통은 3교에 대해 전체를 받아들이고 장점을 취해 단점을 보완하는 태도를 취했다. "사마담司馬談은 백가 구류九流를 잘 이야기하면서 어느 것 하나 폐기될 수 없음을 알았고 또 각자 폐단이 있음도 알았다." "변화에 능통하면 천하에 폐단이 있는 법이 없고, 규정대로 집행하면 천하에 더 이상의 가르침이 없다. 그래서 그 사람에게 달려 있다고 말하는 것이다."[141]

'3교가일'이 3교의 합일은 아니지만 왕통은 유학에 발을 딛고 3교의 내재적 일치성을 논의한 것이다. 왕통이 '3교가 유학으로 귀결한다'는 명제를 분명하게 제기한 적은 없다. 그는 "주공을 계승하고" "공자를 잇는" 데 뜻을 두었으며 "양주와 묵적의 언어가 출현하니 공자의 도가 막히게 되었고, 불교와 도교가 유행하니 요순의 도가 쓸모없게 되었다"[142]고 말한다. 확실히 그는 정통과 비정통, 중화와 이적을 분명하게 구별해야 할 필요가 있다고 보았다. 주공과 공자의 도를 주축으로 하고 불교와 도교를 두루 포용하여 변화에 능통하고 폐단이 없는 통치 사상을 만드는 것이 왕통 사상의 주지였다. 중국 고대 정치사상 발전, 특히 유학의 변통과 개조라는 측면에서 볼 때 왕통의 사상은 전대를 계승하여 후대를 열어주는 중개자적 의의가 있다.

'사업을 벌임에 각자 주재하는 바가 있다'는 천인관

동시대의 다른 사상가들과 마찬가지로 왕통 또한 '천인의 일'을 밝힘으로써 '제왕의 도'를 논증했다. "하늘과 인간이 서로 간여를 할 때는 정말 두렵다. 그래서 군자는 미리 준비한다."[143] 천인 사이에 대한 탐구는 왕통 정치 철학의 핵심 내용이다.

왕통은 천인감응론을 비판했다. 그는 "경방京房과 곽박郭璞[144]은 옛날에 상규를 어지럽힌 사람들"이라고 생각했다. 또한 북위 때 음양 술수에 정통했던 최호崔浩 또한 "사람들을 핍박한 것이니" 이들 모두 "작은 도를 붙들고 큰 원칙을 어지럽힌" 사람들로 취할 바가 못 된다는 것이다.

엄격히 천인관만 놓고 보면 왕통이 천인감응론에서 완전히 벗어났다고 말하기 어렵다. 그는 '원기元氣'를 말하는가 하면 '천신天神'을 신봉하기도 했다. 인도를 중시하면서도 천명 또한 믿었으니 모순된 곳이 한두 군데가 아니다. 하지만 그의 몇 가지 명제는 학문적 경향의 변화가 반영되어 있다.

첫째, '원기'로 하늘을 해석하고, '원식元識'으로 사람을 해석한다. 그는 말한다. "하늘은 원기를 통솔하고" "사람은 원식을 통솔한다." "기는 귀鬼가

되니 하늘이로다! 식識은 신神이 되니 인간이로다! 내가 얻은 리理와 성性
이 그렇다."145 하늘이 '원기'를 통솔하는데 그 기는 변화막측하여 사람의
힘으로 미칠 바가 아니다. 인간은 '원식'을 통솔하는데 사람의 인식 능력
은 마찬가지로 신묘하고 이상하다. 사람은 기와 형체 가운데 존재하는데
사람이 그것을 얻으면 리와 성이 된다. 이 관점이야말로 송대 리성 범주
의 선구다.

둘째, 천지인은 "사업을 벌임에 각자 주재하는 바가 있다". 왕통은 천도,
지도, 인도 모두에 똑같이 중요한 의의가 있다고 보았다. 그는 천지인 "셋
가운데 무엇이 우선이냐"는 질문에 이렇게 대답했다. "이 3재는 서로 떨어
져 있지 않다. 사업을 벌임에 각자 주재하는 바가 있다."146 천도는 인간의
의지로 전이되지 않는다. "하늘은 사람들이 원망한다고 추위와 더위를 멈
추지 않는다." 그런데 사람이 존재해야만 도를 넓힐 수 있다. 이른바 "하늘
은 낳고, 땅은 기르며, 성인은 완성하는"147 것이다. 왕통의 정치 철학에서
천의 주재적 지위는 이미 동요하고 있으며 도의 지위가 천천히 상승하고
있다. 그는 말한다. "도는 천지부모와 같다." "주공과 공자의 도는 신이 만
든 것일지니! 그에 따르면 길하고 거스르면 흉하다."148

왕통은 "사람이 도를 넓힐 수 있는 것이지 도가 사람을 넓히는 것이 아
니다"라는 공자의 말과 "그 사람이 아니라면 도는 헛되이 행해지지 않는
다"는 『주역』의 주장을 반복해서 인증한다. 그가 보기에 "하늘과 땅 가운
데는 다른 것이 아니라 사람이 있다". "인간사를 잘 닦으면 천지의 이치를
얻는다."149 그는 "사람이 존재해야 도가 행해진다"고 생각했다. 사람이야
말로 지명知命, 입명立命, 궁리窮理, 진성盡性의 본체라는 것이다. "천명의 수립
은 인간사를 기리는 것일지니!" "흥망성쇠는 사람에게 바탕을 두며, 득실
은 가르침에 달려 있다."150 사람이 치란의 핵심 요소다. 그는 심지어 "주
례는 천명에 맞서는 것"151이라고 생각했다.

인류 사회의 주재자는 도대체 누구란 말인가? 천인가, 제帝인가, 아니면 도인가? 왕통의 주장에는 모순이 있다. 하지만 그가 도의 기능과 작용을 과장하고 노장의 천도관과 불교의 유식론唯識論 가운데 일부 사상을 흡수함으로써 천인감응론을 약화시킨 점은 유학의 자아 개조에 상당히 긍정적인 의미가 있다.

03 홍왕도, 정예악

왕통이 말하는 도는 주로 성인의 도, 주공과 공자의 도 즉 왕도와 인정의 기본 원칙 및 제도를 지칭한다.

왕통은 도가 곧 오상五常이고 예는 도의 운반체라고 생각했다. "설수가 인仁에 대해 묻자 선생께서는 '오상의 시작이다'라고 대답했다. 성性에 대해 묻자 선생께서는 '오상의 근본이다'라고 대답했다. 도에 대해 묻자 선생께서는 '오상, 하나다'라고 대답했다."[152] 오상, 즉 인의예지신이 성의 근본이고, 도는 오상을 합한 이름이다. 예는 제도화, 관념화된 삼강오상이므로 도는 예 가운데 존재한다. 이른바 "도의 취지"는 곧 "예가 아니면 움직이지 말고, 예가 아니면 보지 말고, 예가 아니면 듣지 말아야 하는" 것이니 "도는 그 가운데 있는 것이다."[153] 어떤 사람이 "군자는 인이 있을 따름이지요. 어떻게 예를 운용한단 말입니까?"라고 묻자 왕통은 "실제 행동으로 옮길 수 없는 것이오"[154]라고 대답했다. 예는 도의 구체적 체현이다. 도는 반드시 예를 통해서만 시행된다. 도에 따르려면 반드시 예를 지켜야 하고, 예를 지키려면 반드시 도에 따라야 한다. 그래서 "예를 얻으면 도가 존재하는 것이다."[155] 왕통은 예를 숭앙해 마지않으면서 이렇게 말한다.

"예는 황극에 이르는 문이로다! 성인이 그로써 밝음으로 나아가고 천하를 절제시키니 중도中道에 들어맞도다! 그리하여 상하를 구분하고 백성의 뜻을 안정시키게 되었다."156

'중中'이야말로 왕통 도론의 정수다. "『서경』에 이르길 오직 정밀하고 한결같아야 그 중을 잡을 수 있다고 했다. 이는 도를 일컬음이로다!"157 "제왕의 제도"가 위대한 것은 하루에 만기를 처리하고 형세가 부단히 변화하는 와중에도 근본을 붙들 수 있으며 "천변만화 속에서도 나는 언제나 중을 지키기"158 때문이다. 이렇게 해야만 성인이 될 수 있고 제왕이 될 수 있으며 왕도 정치를 실현할 수 있다. 완일阮逸은 「중설서中說序」에서 이렇게 말한다. "위대하도다! 중의 의의는『주역』에선 두 번째 효와 다섯 번째 효이며,『춘추』에선 권력의 균형이며,『서경』에선 황극이며,『예기』에선 중용이다. 형체가 없다고만 말함은 중이 아니요, 형상이 존재한다고만 말함은 중이 아니다. 위로 허무에 빠지지 않고 아래로 용도에 국한되지 않으며 변화에만 적절히 대응하고 의가 있는 곳에만 존재한다. 이것이 중의 대강이다.『중설』은 이를 다루었을 뿐이다."159 왕통의 문인제자들이 모두 '중'으로 스승의 학설을 개괄하고, 후세 학자들도 '중도' 때문에『중설』을 추앙했는데 이는 확실히 왕통 사상의 혼령을 붙든 것이다.

"변화에 통달함을 도라고 하고, 한쪽 모서리를 잡는 것을 기器라고 한다."160 도는 그림자 없이 오며 흔적 없이 사라지니 그 신묘함이 무궁하다. 그래서 변화에 통달함을 가리켜 '도'라고 하고, 일정한 범위에 국한된 사리를 가리켜 '기'라고 한다. 변화에 통달하지 못하고 정해진 규정에 매여 있으면 "도는 부속하고 기는 여유가 있는 것이다."161 이 때문에 왕통은 "나는 옛것을 따른다"162고 말하면서도 "변화에 통달하니 천하에 낡은 법이 없다"163고 말한다. 특정한 법규나 제도 변화에 통달함으로써 "변화가 극단에 이르면 왕도가 더욱 분명해진다!"164면서 이상 정치의 실현을 주장한다.

왕통이 주장한 흥왕도興王道에서 왕도의 이상 모델은 삼대의 법이었다. 그는 이렇게 말한다. "삼대의 법으로 천하를 통솔하지 않으면 끝내 나라를 위험에 빠뜨릴 것이다." "사람이 주거지에 살지 않고, 땅이 정전제에 입각해 수여되지 않는다면 끝내 도에 소홀하게 될 것이다."[165] 은나라와 주나라의 종법제宗法制, 분봉제分封制, 정전제井田制야말로 왕도의 전범이다. 왕통은 말한다. "내가 1000년의 위를 살펴보았는데 성인이 위에 있는 경우로 주공만 한 사람이 없었다. 그가 지킨 도는 한 가지였는데 원칙과 제도를 크게 갖춘 뒤 정무를 수행했고 지키고 따르는 바가 있었다. 내가 1000년의 아래를 살펴보았는데 공자만 한 사람이 없었다. 그가 지킨 도는 한 가지였는데 저술로 크게 밝힌 뒤 글이 형식을 잘 갖추었고 절충한 바가 있었다."[166] 도는 정치가들이 반드시 준수하고 따라야 할 통칙이었으며 전장 제도를 제정하는 데 바탕이 되는 근거였다. 주공과 공자의 도에 따라서 실천하는 것이 바로 왕도였다.

도는 일이관지의 통칙이지 응급 처방이 아니므로 그 근본 원칙이 바뀌어선 안 된다. 하지만 사회는 변화하는 것이고 제도와 정책 또한 그에 상응해서 조정해야만 한다. 왕통은 삼대의 법만을 고집하지는 않았다. 그는 한대의 특정 제왕을 모범으로 받들곤 했는데, 이 점에서 다른 순정한 유생들과 차이가 있다. 그는 양한 또한 치세였다고 주장한다. 삼대의 법이 실행되기 어려우면 물러서 차선책을 구할 수도 있다는 것이다. "부득이하다면 양한의 제도는 어떤가? 양한의 제도로도 천하를 바르게 할 수 없다면 진짜 혼란뿐이다."[167] 왕통은 변통의 도를 대단히 중시했다. 어떤 사람이 왕통에게 어렸을 때 수 문제에게 올렸다는 12책策에 대해 묻자 이렇게 대답했다. "때가 달라지고 사태가 바뀌었으니 배울 바가 못 됩니다."[168] 바로 이와 같은 원인 때문에 학문에서도 그는 기존 학설에 매이지 않고 유가 경학의 개조를 주장했다.

홍왕도의 관건은 바로 정예악正禮樂, 즉 예악을 바로잡는 것이며, 정예악의 길은 바로 유학의 부흥이다. 왕통은 양한 이래의 경설을 모두 믿을 수 없다고 주장한다. "[제대로 된] 역사를 잃은 것은 사마천과 반고로부터 시작되었다. 기록은 번다했으나 뜻이 작아졌다. 『춘추』 정신의 상실은 유흠劉歆과 유향劉向으로부터 시작되었다. [원래의] 경經을 버리고 [해설인] 전傳에만 맡겨졌다." "9사九師[169]가 일어나니 『주역』의 도가 쇠미해졌으며, [춘추] 3전이 만들어지니 『춘추』가 흩어졌고" "제齊, 한韓, 모毛, 정鄭의 [시 해석은][170] 『시경』의 말절이다. 대대大戴와 소대小戴의 [예 해석은] 『예기』를 쇠락시켰다. 『서경』은 고古이니 금今이니 하여 손상되었고, 『시경』은 제시齊詩니 한시韓詩니 하다가 실전되었다."[171] 이는 한대 경학을 전반적으로 부정한 것이다.

왕통은 왕도란 예 가운데 존재하므로 복례, 즉 예의 회복이야말로 왕도의 부흥이라고 생각했다. "왕도가 성행하면 예악은 그에 따라 흥한다."[172] 홍왕도와 정예악은 불가분의 관계다. 왕통은 "예악에 대한 나의 태도는 바로잡음과 잃음뿐"[173]이라고 말하면서 "예악을 바로잡음으로써 후대 왕들의 실수를 드러내주는"[174] 것을 자신의 임무로 삼았다. 그는 한대 경설을 과감히 내던지고 완전히 새롭게 성인의 도를 해석했는데, 주공과 공자의 정치적 실천과 학술적 품격을 모방하여 저술하고 도와 정치에 대해 강의했다. 왕통은 "주 왕조의 매개자로서" 자신은 두 번째 공자라고 자처하면서 『육경』을 대대적으로 모방한 저술을 했다.

왕통은 유가 '소왕素王'의 도를 계승하고 인도人道를 돌출시켰다. 예로써 도를 이야기하고 통달과 임기응변을 중시했다. 폐정 개혁과 삼대의 부흥 및 양한의 통치를 애써 강조했다. 그가 한결같이 공자의 사상과 언행을 모방한 점은 좀 진부하지만 왕통이 제기한 일련의 명제들은 유학의 부흥,

송명 리학의 도론, 명청 교체기 경세치용의 학설 등의 등장에 중요한 계시를 주었다.

04

사심 없는
도의 수호와
애민후생愛民厚生

왕통은 도와 덕을 숭상했는데 "도덕을 앞세우고 인의를 뒤에 두는" 사상적 경향을 드러냈다. "지극한 덕이야말로 도의 근본이로다! 중요한 도야말로 덕의 실행이로다!『예기』에 지극한 덕은 도의 근본이라고 말하지 않던가.『주역』에 훌륭한 도는 신묘한 덕의 실행이라고 말하지 않던가."[175]

왕통은 도와 이익, 도와 욕망은 절대적으로 대립한다고 생각했다. 이익을 버리고 도를 보존하는가 아니면 도를 버리고 이익을 추구하는가가 군자와 소인을 구분하는 기준이다. "천하 모든 사람이 이익을 다투고 의를 버리는" 사회에 살면서 "그 다투는 바를 버리고 그 버리는 바를 취하는" 사람만이 비로소 "제대로 설 수 있다"[176]고 선언한다. 왕통은 이런 이야기도 했다. "인심人心은 위태하고 도심道心은 미약하다'는 말은 도의 경지에 들어가기가 어렵다는 것을 표현한 말이다."[177] '인심'은 쉽게 속을 수 있으며 '도심'을 억제한다. 그래서 그는 도를 보존하고 욕망을 줄여야 "정밀하고 통일된"[178] 경지에 이를 수 있다고 주장한다. 이 도덕론에 입각해서 왕통은 제왕에게 왕도를 실행하는 원칙 한 가지를 제기한다. 즉 "제 몸을 버릴 수 있는 연후에야 사사로움을 없앨 수 있다. 사사로움을 없앤 연후에야 지극히 공정할 수 있다. 지극히 공정한 연후에야 천하로 자기 마음을 삼을 수 있으니 도가 실행된다.”[179] 통치자가 지극히 공정하고 사사로움이 없으며 천하를 자기 임무로 여기는 것이 바로 왕도 정치 실행의 관건이란 이야기다.

왕통은 도를 최고의 정치적 가치로 여겼으며, 군주도 도의 재판을 받아야만 한다고 생각했다. 그렇다면 군주는 어떻게 해야 왕도를 밝힐 수 있는가? 왕통은 사도師道, 납간納諫, 수덕修德 세 가지 길을 제시한다. “천자라 하더라도 반드시 스승이 있어야 한다. 무엇이 영구불변의 스승으로 존재하느냐 하면 오직 도가 그렇다.” 도가 존재하는 것은 곧 스승이 존재하는 것이다. 이를 가리켜 “천하의 몸으로 천하의 훈육을 받으며 천하의 도를 얻어 천하의 임무를 완수한다”[180]고 말한다.

도의를 장악한 스승이 신민 가운데 존재하기 때문에 납간, 즉 간언을 받아들이는 것은 곧 “천하의 훈육을 받는” 한 가지 형식이 된다. 왕통은 말한다. “의론 그 자체가 천하의 마음을 다하는 것일지니! 옛날 황제黃帝는 합궁合宮에서 [의론을] 들었으며, 요임금은 구실衢室에서 물었으며, 순임금은 총장總章에서 탐문했는데 모두 의론을 일컫는다. 위대하도다! 천하의 술책을 함께하고, 천하의 지혜를 아우름으로써 다스리는 이치를 얻었다.”[181] 두루 듣고 널리 탐문하며 뭇사람의 의견을 폭넓게 채택했을 때 비로소 도가 굳건히 손아귀에 쥐어진다. 납간의 또 한 가지 기능은 “군주를 바르게 만드는” 것이다. 도에 어긋나는 거동을 교정시켜주는 역할을 한다. “옛날 명군들이라고 어떻게 잘못이 전혀 없을 수 있었겠는가? 간언에 따랐을 뿐이다. 그러니 충신은 군주를 섬김에 충성을 다해 잘못을 보완해준다. 군주가 위에서 실수를 하면 신하는 아래에서 보완을 해주고, 신하가 아래에서 간언을 하면 군주는 위에서 따라준다. 이것이 바로 왕도가 무너지지 않은 까닭이다. 비否괘에서 태泰를 취하고[182] 어둠을 바꾸어 밝게 만드는 일을 간언이 아니라면 어떻게 이룰 수 있겠는가!"[183] 신하가 도로써 군주를 섬기고, 군주가 도로써 자신을 바로잡는다면 왕도 정치의 근본이 보장된 것이다. 군신 사이에 서로 정성을 다해 대할 수 있느냐의 여부는 군주의 태도가 훨씬 더 중요하다. 제왕이 간언을 받아들였을 때 비로소 "현인들이 조정에 모여들고, 올곧은 여론이 귀에 들어온다. 이렇게 도에 뜻을 두고 뉘우칠 줄 알아 왕업을 탄탄히 하는 제왕을 어떻게 뜻있는 군주라고 부르지 않을 수 있겠는가!"[184]

수덕, 즉 덕을 닦는다 함은 이익을 버리고 도를 보존하여 도로써 욕망을 통제하는 것을 말한다. 왕통은 "성性으로 정情을 제어할 수 있는 사람은 드물다"[185]고 생각했다. 그의 도덕 수양론은 "고요히 도를 생각하는"[186] 것을 강조한다. "태화太和[187]를 겉으로 삼고, 지심至心을 안으로 삼아 공경으로 그것을 실천하고 도로써 그것을 지킨다."[188] "운명을 아는" 것으로부터 "이치를 궁구하는" 데 이르고 다시 "본성을 다하는"[189] 곳에 이른다. 이는 송대 성리학의 리욕관理欲觀과 수신 방법에 일정한 영향을 미쳤다.

왕도가 치민으로 드러난 것이 바로 인정의 실행이다. 왕통은 "천하를 가지고 한 백성의 목숨과 바꾸지 않는" 것이 바로 "왕패王覇의 대략"[190]이라고 생각했다. 어진 정치, 즉 인정이란 먼저 덕을 베푼 뒤 나중에 형벌을 가하고先德後刑 백성을 사랑하며 민생을 두텁게 하는愛民厚生 것을 말한다.

왕통은 예악 교화, 선덕후형 등 유가의 전통 사상을 계승하여 "행정을 잔혹하게 하느니 차라리 은혜를 베풀며, 법을 신속히 하느니 차라리 완만하게 하며, 옥사를 번잡하게 하느니 차라리 간결하게 하라"[191]고 주장한다. 그는 "백성을 방비하고" 권선징악 기능을 수행하는 예와 법을 충분히 긍정한다. "명령을 행하고 법을 알려주는" 것을 '언화言化'라 부르고, "교화하여 사람을 깨우치도록 하는" 것을 '심화心化'라 불렀다. 그는 "사람을 변화시키는 도"의 관건은 "그 마음을 바로잡아주는 것"[192]이라고 생각했다.

이 때문에 그는 수 왕조가 형법을 중시하고 교화를 무시했다고 비판한다. "옛날 정치가들은 먼저 덕을 베풀고 나중에 형벌을 가했으므로 사람들이 기쁜 마음으로 용서했다. 오늘날 정치가들은 형벌에만 의존하고 덕을 버리므로 사람들은 원망하는 마음으로 속인다."[193] 형벌 정치의 번잡함과 가혹함은 남북조 이래 아주 심각하게 드러난 문제였다. 수나라 문제와 양제는 입법을 하면서는 형정을 관대하고 느슨하게 하라고 강조했지만, 실제 집행 과정에서는 오히려 거꾸로 시행했다. 형정을 관대하고 느슨하게 함으로써 사회 모순을 억제할 수 있다는 왕통의 주장은 현실적 의미를 지닌 것이었다.

왕통은 "인의야말로 가르침의 근본이로다!"[194]라고 주장했다. 그는 애민과 후생을 군주가 반드시 갖추어야 할 조건으로 여겼다. "천지를 잘 받들고 생민을 잘 감싸는 분이 우리 군주가 될 것이다."[195] 이 조건을 구비한 군주는 중화와 이적을 가릴 것 없이 제왕이라 부를 수 있다. 왕통은 수나라 황제들이 민력을 아끼지 않은 것을 비판했다. 『중설』「위상」 편은 "어하御河의 역사에 대해 자네도 들었는가, 인력이 소진되었다는 말을"이라고 쓰고 있다. 어하의 역사란 운하를 판 수 양제의 거대한 공정을 말한다. 양제는 큰 업적을 좋아해서 밖으로 사방 이적을 섬기면서 안으로 요역을 징발했는데, 이는 당시 사회 불안정의 근원이었다. 왕통은 민력이 거의 소진되어간다는 것을 느꼈던 것이며, 인정으로 정책을 조정해야 한다고 주장했다.

수 왕조의 정책은 번다하고 형벌은 가혹했으며, 세금과 요역은 무거워 심각한 정치 폐단을 불러왔다. 왕통은 청정무위를 근본으로 삼는 치국 방략의 실행을 주장했다. 그는 말한다. "강대국強을 지향하는 나라는 군대를 다투고, 패업霸을 도모하는 나라는 지모를 다투고, 왕업王을 달성하려는 나라는 의義를 다투고, 제업帝을 이루려는 나라는 덕을 다투고, [천지의 주재자로서] 황업皇을 추구하는 나라는 무위를 다툰다. 천자임에도 군대를 다투면 왕도와 패도도 막지 못할 텐데 어떻게 제왕의 명성을 얻겠는가! 그래서 제왕의 제도가 사라지면 명분과 실질이 모두 흩어진다."[196]

왕통이 말하는 무위는 군주가 "천하의 도를 얻어 천하의 임무를 완수했음에도 백성이 그 연유를 모르는 것"[197]을 말한다. 군주는 왕도에 따르고 풍속에 맞추어 다스려야 한다. 민의에 순종하고 민심에 화합하고 민생을 두텁게 하여 교화에 성공하고 정치가 흥함에도 백성이 그걸 알지 못할 정도가 되어야 "위에서는 담담하고 아래서는 기뻐하게"[198] 된다. 그는 심지어 이렇게 생각했다. "지극히 잘 다스려지는 시대에는 오전五典이 숨고, 오례五禮[199]가 그치고, 오복五服에 질서가 없고, 사람들은 먹고 마실 줄만 알지 저장할 줄 모르며, 무리 지어 살 줄만 알지 사랑과 공경을 모른다. 윗사람들은 저 높은 나뭇가지와 같고 아랫사람들은 저 들판의 토끼와 같다. 왜인가? 위에서 무위하고 아래서는 자족을 하기 때문이다." 이렇게도 말한다. "옛날에 성왕이 위에 계실 때는 전답과 마을이 서로 떨어져 있고 개 짖는 소리와 닭 우는 소리가 들렸으나 사람들은 늙어 죽도록 서로 왕래가 없었으니 모두 자족했기 때문이다."[200] 이는 노자의 '소국과민小國寡民', 장자의 '무하유지향無何有之鄕'의 이상과 매우 유사하다. 하지만 왕통 사상의 총체적인 모습을 볼 때 왕통은 적극적으로 정치 행위를 하는 것을 주장한다. 따라서 청정무위를 강조한 취지는 형정을 관대히 하고 부렴을 가볍게 하려는 것이었다. 왕통이 무위이치를 강조한 데는 민생을 크게 어지럽힌 수나라 정치에 대한 비판이 깔려 있다.

왕통의 사상은 좀 삽박하며 완전한 체계를 이루지는 못했다. 학술 사상에서 그는 주공과 공자의 도를 견지하는 한편 '3교가일'을 주장하며 불교와 도교를 유학에 끌어들였다. 철학 사상에서 그는 도의 지위와 작용을 고양시키면서 '천통원기天統元氣'론으로 천인감응론을 약화시켰을 뿐만 아니라 천명을 선양하고 천신과 지지를 믿기도 했다. 정치사상에서 그는 삼대 정치 모델의 회복을 주창하는 한편 양한 내지 남북조의 특정 제왕의 정치를 긍정하기도 했다. '오례'를 버린 정치 양태를 '지극히 잘 다스려진 시대'로 부르기도 했다.

그러나 왕통 사상의 종지와 맥락은 매우 분명했다. 그는 "천하에 대해서 나는 떠나지도 않았고 나아가지도 않았다. 오직 도를 따랐을 뿐이다"[201]라고 말한다. 이 도는 주공과 공자의 도이고, 인의의 도다. 종법과 강상이며 예악과 형정이다. "위대하도다! 임금은 임금답고, 신하는 신하답고, 부모는 부모답고, 자식은 자식답고, 형은 형답고, 동생은 동생답고, 남편은 남편답고, 아내는 아내답게 된 것은 공자 선생님의 힘이다. 그는 태극과 합덕하고 신도神道와 병행했다!"[202]

왕통은 한대 경학을 비난했으며 "옛날을 붙들고 오늘날을 다스리길"[203] 주장했다. 언뜻 보면 그가 마치 복고의 길로 다시 접어든 것 같다. 하지만 실제로 그의 사상 궤적은 오히려 앞을 향해 나아갔다. 예로써 도를 이야기하고, '중'으로써 도를 이야기했는데 그가 도를 가지고 욕망을 통제해야 한다고 주장한 점은 후학들을 계발시키기에 충분했다. 사상이 잡박하고 체계를 이루지 못한 점이 바로 진한 이래의 기존 경학으로부터 뛰쳐나왔다는 것을 의미한다. 왕통은 통변通變을 도의 내포이자 성질로 삼았다. 그는 유가 내부에서 경학을 개조하고 유학을 부흥시킨 선구자 가운데 한 사람이다.

제3절

유종원의 대중지도大中之道와
국가정체론

유종원柳宗元(773~819)은 자가 자후子厚이며 하동河東 해解(오늘날의 산시山西 성 윈청運城) 사람으로 세상에선 유하동이라 부른다. 정원貞元 연간에 진사가 되었으며 관직이 감찰어사, 예부원외랑禮部員外郎에 이르렀다. 왕비王伾, 왕숙문王叔文, 유우석劉禹錫 등과 더불어 정치 개혁을 진행하다 일이 실패하여 유배를 당했다. 앞뒤로 영주永州 사마, 유주柳州 자사 등을 역임했으며 유배지에서 죽었다.

유종원은 어려서부터 매우 영민하여 "통달하지 못한 것이 없었다". 벼슬길에 들어선 뒤 "뛰어나고 야무지게 고금의 논거들을 의론하면서 경전과 역사서, 제자백가의 책들을 넘나들며 종횡무진 분발했다. 언제나 좌중의 사람들을 꼼짝 못하게 만들었다. 명성을 크게 떨치니 그를 흠모하여 한때 모두가 그와 사귀고자 했으며, 공경대신들은 서로 다투며 자신의 문하에서 나온 말이라며 그를 찬양했다".[204] 학문석으로 유송원은 유가, 불가, 도가 셋 "모두 세상에 도움이 되는 바가 있으니" 의당 "그들의 장점은 펼치도록 하고 그중 좀 이상한 사특한 점들을 물리치게 하면 그 핵심은 공자의 도와 같아져 모두 나름대로 의미가 있을 수 있다"[205]고 생각했다.

그는 불교와 도교에 대하여 "열심히 책을 탐구했고 언어의 핵심을 파악했으며 그 의미에 대해 논했다."[206] 여러 학파의 장점을 잘 채택함으로써 이론상 중요한 공헌을 했다.

그는 철학적으로도 그렇고 정치적 경향에서도 한유韓愈와 달랐다. 하지만 두 사람은 사적으로 매우 진지하게 사귀었으며 공동으로 고문古文 운동을 일으켜 문장으로 성현의 도를 밝히고 유가의 도통을 부흥하는 데 온 힘을 기울여야 한다고 주장했다. 그래서 세상 사람들은 둘을 한유韓柳라고 나란히 부른다. 유종원의 저술은 매우 풍부한데 인구에 회자되는 시와 문학 작품이 아주 많으며 『유하동전집』으로 편찬되었다. 그의 「천설天說」「천대天對」「봉건론封建論」은 모두 중국 고대 정치사상에서 너무도 잘 알려진 작품이다.

01 인간사를 중시한 천인 상호 불간여론

'하늘과 인간의 경계', 즉 천인지제天人之際는 유종원 사상의 중심 논제 가운데 하나였다. 그는 한유의 천명론에 맞서 하늘에 의지가 있어 착한 사람을 상주고 악한 사람을 벌줄 수 있다는 천인감응론을 집중적으로 비판했다. 천인 관계에 대한 대토론 과정에서 유종원은 「천설」을 지어 "한유의 주장을 꺾어버렸다". 유우석劉禹錫은 그것도 '천인지제'를 충분히 밝히지 못한 것이라고 주장하며 「천론天論」세 편을 지어 "변론을 극대화했는데" "하늘과 인간은 서로를 뛰어넘는 관계이기도 하고 서로를 이용하기도 한다"[207]는 명제를 제기했다. 유종원은 다시 「유우석의 「천론」에 답하는 글答劉禹錫天論書」을 써서 「천론」에 대해 다시 한번 심의하고 수정을 가했다.

대략 이와 동시에 원진元稹은 「인도단人道短」이란 철학적인 시를 지었고, 여온呂溫은 「고동주성명古東周城銘」을 지었으며, 우승유牛僧孺는 「선악무여론善惡無餘論」을 썼는데 모두 역사나 정치를 결합시켜 '천인지제'를 설명했다. 당시의 저명한 학자나 문인들은 대부분 천도자연天道自然을 주장했으며 하늘에 음덕이 있다는 식의 논의를 비판했다. 이들은 시대적 특성이 풍부한 사상 조류를 형성했다. 이 조류의 충격하에, 특히 유종원과 유우석의 이론적 서술로 유학은 기본적으로 천인감응론을 버리게 되었으며 천도 자연론이 유학 내부에서 주도적 지위를 차지하게 되었다. 이 사조에선 유종원과 유우석의 이론이 가장 조예가 깊었다.

유종원은 천이 일종의 원기元氣 형태이며 천체가 원기로 말미암아 자연 스럽게 형성된 것이라고 생각했다. 그는 최초 천지에 만물이 만들어지기 시작하고 음과 양이 변화하고 주야가 교체하는 것은 "오직 원기가 존재해서" 이루어진 것이지 어떤 주재자가 만든 것이 아니라고 보았다. "그것이 위로 올라가 가물거리는 것을 세상에선 하늘이라고 부르며, 내려앉아 누런 것을 세상에선 땅이라고 부른다. 혼연일체가 되어 가운데 자리하고 있는 것을 세상에선 원기라고 부른다. 춥고 더운 것을 세상에선 음양이라 부른다."[208] 하늘은 땅과 상대하는 사물의 실체이며 자연계의 구성 부분이다. 천지가 비록 크지만 원기의 한 가지 존재 형식에 불과하다. 천은 방대한 체적을 제외하면 세상만물과 같은 유에 속한다. "이게 비록 크지만 과일이나 악창치질 혹은 초목과 다르지 않다." "천지는 큰 과일 열매이며, 원기는 큰 악창치질이며, 음양은 큰 초목이다."[209] 이는 바로 하늘이 무엇이며, 천체의 구조와 본원이 무엇인지 살펴보고, 그 시각에서 천도자연을 논증한 것이다.

유종원은 원기자동론元氣自動論으로 천지 만물의 발전과 변화를 해석했다. 그는 원기를 천과 음양의 기초라고 생각했다. "합한 것은 세 가지로 하나의 [원기가] 똑같이 통솔하는데[210] 열기가 뿜어지거나 냉기가 부는 것은 모두 그것들이 교차해서 얻어진 결과다."[211] 추위와 더위, 바람과 비, 우레와 천둥, 서리와 눈 등 모든 자연 현상은 기의 운행 변화에 따르지 않는 바가 없다. 기의 운행은 일종의 자발적 자연 현상일 뿐 어떤 초자연적 역량의 주재자는 없다. 사람의 의지나 행위와도 아무 관련이 없다. 이를테면 "산천은 천지 만물 가운데 하나일 뿐이다. 음과 양은 기의 형태로 그 사이에 떠 있으며 스스로 움직이고 스스로 멈추며, 스스로 솟아오르고 스스로 흘러내린다. 이것이 어떻게 나와 함께 도모하는 것이겠는가? 스스로 다투고 스스로 마르고 스스로 무너지고 스스로 이지러진다. 이것이 어떻게 나를 위해 설계된 것이겠는가?"[212] 원기 자신이 변화의 기능과 규율을 갖추고 있으며 원기 자체의 모순 운동이 사물의 변화를 촉진한다는 것이다. 이 생각은 매우 이성적인 사변으로 신의 존재를 더 철저히 배제하고 있다. 천지 만물은 원기에 뿌리를 두고 있으며 원기는 스스로 움직이고 스스로 멈춘다는 한마디는 천도자연을 뜻한다. 그래서 유종원은 "장자가 천을 이야기하며 자연이라 했는데 나는 그걸 취했다"[213]고 말한다.

천도자연은 인간사의 "존망득실"과는 조금도 상관이 없는 일이다. 우선 원기, 천지, 음양은 모두 자연물인데 "그게 어떻게 공이 있다고 상을 주고 허물이 있다고 죄를 줄 수 있겠는가? 공은 스스로 이룬 공이며, 허물은 스스로 저지른 허물인데 거기에 상벌이 주어지길 바란다면 큰 오류다. 호소하고 원망하며 불쌍히 여기거나 어질게 대해주길 바라는 것은 더욱 큰 오류다"[214] 다음으로 자연 현상과 사회 현상은 두 개의 서로 다른 영역이다. "생식과 재난은 모두 하늘의 일이며, 법제와 패란은 모두 사람의 일이다. 그렇게 둘일 따름이다. 그 일들은 각각 행해지는 것으로 서로 간여하지 않는다."[215] 자연 현상과 인간 사회 간에는 서로 아무 상관이 없다는 이 논의는 천인감응론을 부정한 것이다.

천인감응론에 대한 유종원의 비판은 자연관으로부터 역사관, 사회관까지 곧바로 관통한다. 그는 「비국어」와 「정부貞符」에서 대량의 사실을 열거하며 천명과 천벌론에 반박했다. "하늘을 추측하고 신을 끌어들이는" 주장들은 모두 "어리석은 날조이며" "비속하고 기괴한 이야기"라고 배척했으며, 귀신, 요괴, 복서, 점몽占夢 등을 "도를 아주 많이 해치는" "세상의 쓸모없는 기예"라며 배척했다. 동중서董仲舒, 사마상여司馬相如, 유향劉向, 양웅揚雄, 반표班彪, 반고班固 등이 외친 군권신수설에 대해서는 이렇게 비판했다. "옛날의 상서로운 물건들을 추정하여 천명을 받은 것이라고 하니, 그 말들이 인심을 현혹시키는 무당이나 책을 봤다고 말하는 맹인과 같다. 후대를 속이고 어지럽힐 뿐이니 성인이 궁극을 세운 근본을 이해했다고 할 수 없다."[216]

유종원은 국가의 흥망이나 길흉화복 등 "수명受命이 하늘에서 오는 것이 아니라 사람에게서 오는 것이며, 좋은 조짐 즉 휴부休符가 상서로운 징조에서 생기는 것이 아니라 사람의 인仁에서 비롯된다"고 생각했다. "인을 잃고도 오래가는 경우는 없으며 징조만 믿고서 오래 사는 경우는 없다."[217] 그는 "역량이 되는 사람은 사람에게서 이유를 찾지만, 역량이 부족한 사람은 신에게서 찾는다"[218]고 생각했다. "하늘을 추측하고 신을 끌어들여 신령함으로 삼는" 목적은 백성을 우롱하는 데 있다. 이 때문에 유종원은 통치자들에게 인간사를 중시하여 어진 정치를 펼쳐야 "도를 충족하는 것"이라고 권고한다. "충족한다 함은 도를 충족한다는 말이다. 요임금과 순임금이 그렇다."[219] "성인의 도는 기이한 것을 궁구하여 신성시하지 않으며 하늘을 끌어다가 뽐내려 들지 않는다. 사람에게 이롭고 실제 사건에 맞추어 그렇게 할 따름이다."[220] "하늘을 말하는 데 힘쓰고 사람을 말하지 않는 것은 도를 헷갈리게 하는 것이다. 인심을 잘 헤아리지도 않으면서 자신의 도에 익숙하다고 하는 것 아니겠는가."[221]

유종원은 '사시四時' '오행五行'을 정치에 견강부회하는 데도 반대한다. 동시에 자연 규율을 고려하지 않는 정치 행위에도 반대한다. 그는 말한다. "[통치자의] 오사五事[222]와 오행을 배합시켜 정부 명령을 내리는 것은 성인의 도에서 멀어져도 너무 멀어진 것 아닌가? 정부 명령이 만들어지면 때를 기다려 실행하는 경우도 있고, 때를 기다리지 않고 실행하는 경우도 있다."[223] 유종원은 「종수곽탁타전種樹郭橐駞傳」에서 나무를 심으려면 응당 "나무의 천天[즉 자연 규율]에 순응함으로써 그 본성을 다하도록" 해야 한다는 비유를 들며 "사람을 기르는 기술"[224]을 설명한다. "통치자가 명령을 번거롭게 하는 걸 좋아하고 그걸 아주 어여삐 여기는 것으로 생각한다면 끝내는 재앙이 일 것이다"[225]라고 비판한다. 「단형론」은 "봄과 여름에 상을 주고 가을과 겨울에 형벌을 내리는" 행위를 비난하기도 했다. 유종원이 생각하기에 농업이나 잠업 등은 응당 때를 잃어서는 안 되고 자연에 순응해야 한다. 하지만 선한 일에 상을 주고 나쁜 일에 벌을 주는 것은 신속히 실시해야 하는 일로 시령時令과는 무관하기 때문에 상형은 때를 기다려 시행할 필요가 없다고 보았다. 결국 "때에 순응하며 득천得天 즉 자연의 규율을 따르는 것은 사람과 도에 순응하며 자연의 규율을 따르는 것만 못하다"[226]는 것이다.

유종원이 말하는 도는 자연 현상과 사회 현상을 포괄하는 것이자 추상화한 것이다. 그는 백가의 학설을 통일한 이론을 만들겠다는 기개로 백가를 출납하고 3교를 두루 종합하여 도를 핵심으로 한 정치 철학의 논리 구조를 구축했다. 도는 둘로 나뉘는데 천도와 인도가 그것이다. 천도와 인류는 동일한 준칙에 의거한다. 유종원은 말한다. "밝은 빛을 내려 비추는 것이 하늘의 용도이며, 영원히 유지하는 것이 하늘의 도다. 이 둘에 의거하면 인류의 핵심을 다하게 된다." "사람에게 있어서 도는 하늘에 있어서 음양과 같다. 인의충신은 춘하추동과 같다. 밝은 빛을 내려 비추는 용도에 의거하고 영원히 유지하는 도를 운용함으로써 사시를 이루고 음양을 행한다. 그 어떤 밝음도 감춤 없이 드러내고 그 어떤 뜻도 쉬지 않고 밝힘으로써 사미四美[227]를 갖추고 도덕을 풍부하게 한다."[228] 인도의 내포는 주로 요순과 공자의 인의의 도를 가리키며, 천도의 내포는 구체적으로 사시를 이루고 음양을 행하는 자연 규율을 말한다. 논리 구조상 음양의 천도는 인의의 인도와 상호 논증을 해주는 동시에 도로 통일되어 있다. 도를 핵심 범주로 하여 천지자연과 사회윤리가 하나로 통합된 사상 체계 내에서 천과 인을 규범 짓는 것이 도다. 음양과 인의는 상호 논증을 해주는 것이므로 천도는 인류이 논리적 필연성을 갖추는 증거가 된다. 철학적 기능으로 볼 때 유종원의 천과 인은 확연히 구분되지 않는다. 천도 자연론은 자연의 하늘이란 철학적 기능을 약화시켰으며, 그 목적은 도를 정치 철학 논리 구조의 왕좌로 밀어올리는 것이었다.

국가정체론:
'세勢'의 필연으로서
군현제

유종원이 자연 영역 내에서 '기氣'로 '신神'을 대체했다고 한다면 역사 영역 내의 그는 거의 모든 곳에서 '세勢'와 인간을 가지고 신을 배척한다. 유종원의 군주기원론과 국가정체론國家政體論이 그 전형적 사례다.

유종원은 인류 역사가 부단히 진화하며 군주와 국가는 무력과 쟁탈로 이루어지는 것이라고 생각했다. "무릇 인류 초기에 무수한 생명이 태어나고 숱한 집단을 이루었다. 눈서리와 비바람, 천둥과 우박이 바깥에 몰아치니 집을 짓고 구멍을 팔 줄 알게 되었으며, 초목을 베어 쓰고 가죽을 취할 줄 알게 되었다. 기갈이 든 암수 동물이 안으로 몰려드니 짐승을 잡아먹을 줄 알게 되었으며, 과일과 곡식을 씹어 먹을 줄 알게 되었다. 짝을 만나 함께 살게 되었고, 교류를 하며 다투고 노려보면서 싸우게 되었다. 힘이 센 자는 때리고, 이가 날카로운 자는 깨물고, 손톱이 굳센 자는 갈라버리고, 무리가 많은 자는 잘 버티고, 좋은 군대를 가진 자는 죽이니 혼란의 도가니에 빠져들었고 들판엔 피가 강을 이루었다. 그런 뒤 강력한 힘을 가진 사람이 출현해 다스리면서 곳곳에 준엄한 관아를 설치하고 호령을 발하니 군신 관계와 호적편제 등의 법이 세워졌다."[229] 인류의 초기부터 군주의 탄생까지 역사 변화를 결정지은 것은 인간의 사회적 행위이며 일종의 필연적 발전 추세라는 이야기다.

군주 제도 자체가 저급에서 고급으로 발전해갔다는 것도 그렇다. "근자에 사람들이 모여 무리를 이룸에 따라 무리가 나뉘게 되었으며 다툼도 그만큼 커졌다. 커진 뒤 군대도 있게 되고 덕도 갖추게 되었다. 그중 큰 힘을 가진 자가 많은 무리의 우두머리 자격으로 나아가 명령을 수행함으로써 자기가 소속된 지역을 안정시켰다. 이로써 제후의 서열이 생기게 되었고 전쟁 양상은 더 크게 바뀌었다. 더 큰 덕을 지닌 자가 제후의 반열로 나아가 명령을 수행함으로써 자기 봉국을 안정시켰다. 이로써 방백方伯과 연수連帥[230] 같은 부류가 생기게 되었고 전쟁 규모는 더욱더 크게 바뀌었다. 더 큰 덕을 지닌 자로 방백과 연수 같은 부류가 더 나아가 명령을 수행함으로써 자기 백성을 안정시켰다. 그런 뒤 천하는 하나가 될 수 있었다. 그래서 이서里胥, 즉 이장이 있고 나서 현대부縣大夫가 있고, 현대부가 있고 나서 제후가 있고, 제후가 있고 나서 방백과 연수가 있고, 방백과 연수가 있고 나서 천자가 있는 것이다. 천자로부터 이장에 이르기까지 덕을 갖춘 사람이 죽으면 반드시 그 후사를 구해 받들도록 했다. 그러므로 봉건의 성립은 성인의 뜻이 아니라 세勢 때문이다."[231] 내재적 발전 추세의 지배하에 국가의 조직 형식은 저급에서 고급으로 점진적으로 나아간다는 이야기다. 삼대의 봉건 제도는 바로 정치 체제 발전의 긴 사슬 중 하나의 고리였다는 것이다.

유종원은 성왕 또한 '세'를 위배하여 개인의 의지에 따라 국가 체제를 설계할 수는 없다고 주장한다. 봉건 제도의 발생과 지속은 '성인의 뜻'에 의해 결정되지 않는다. 종조승계 제도는 각급 통치자의 소질을 보증할 수 없다. 위에 있는 사람이라고 꼭 현명한 것이 아니고 아래 있는 사람이라고 반드시 어리석은 것은 아니라는 점에서 봉건 제도는 합리적이지 못하다. 하지만 옛사람들의 정치 관념이 이러한 권력 세습 방법을 받아들였고 객관적인 형세가 그러하므로 성인이라도 이를 어떻게 할 수는 없었다. 은나라, 주나라가 건국할 때 각기 삼천의 제후가 은나라에 귀의했고, 팔백의 제후가 주나라에 귀속했다. 탕왕과 무왕은 "그들에게 순응하며 안정시키고, 예전의 풍속을 따르도록 할"[232] 수밖에 없었다. 요, 순, 우, 탕, 문, 무와 같은 성왕이라 하더라도 '세'에 근거해서 일을 처리할 수밖에 없었다는 말이다.

그러나 '세'는 필연적인 또 하나의 더욱 완벽한 정치 체제가 봉건제를 대신하도록 결정짓기도 했다. 주나라는 땅을 갈라 분봉하고 "[공, 후, 백, 자, 남] 다섯 작위를 설치하고 봉토마다 수많은 제후를 두었다. 제후국이 무수한 별처럼 펼쳐져 천하의 사방에 두루 퍼져 있었는데 바퀴 중심을 둘러싸고 바큇살들이 둘러 있듯이 [천자 주변에] 모여 있었다. 그들은 모여서 천자에게 조회를 들며 회동했으며 흩어져 신하의 신분으로 각자의 나라를 지켰다". 그런데 평왕平王 이후 유왕幽王과 여왕厲王에 이르러서 "왕실이 동쪽으로 옮겨가고 스스로 제후의 반열에 섰고" 제후들이 강성해지면서 더 이상 위에서 지휘할 수 없는 세력을 형성하게 되었다. "[정치적] 권위는 배신陪臣들의 나라에 분산되었고 국가는 마침내 나중에 봉해진 진秦나라에 의해 멸망하게 되었다."[233]

주 왕조 멸망의 근원은 봉건제가 중앙의 권위를 강화하는 데 불리했기 때문이다. 봉건제는 고금을 관통하는 가장 완벽한 정치 체제가 아니다. 유종원은 국가 정치 체제의 역사적 변천의 전체 추세로 볼 때 권력은 갈수록 집중되는 것이라고 생각했다. 진나라가 중국을 통일한 뒤 '봉건'을 폐지하고 군현郡縣을 설치한 것은 '세'의 필연이었다. 그는 말한다. "진나라는 천하를 차지하고 제후국을 쪼개어 군읍郡邑을 삼았고 제후와 위사를 폐지하고 군현의 장관을 두었다. 천하의 험준한 지세를 장악하고 육합六合

의 상류에 도읍을 정하고 전국을 통제하여 손바닥 안에 장악한 듯 운용했다. 이 때문에 그들은 효과를 거두었다."[234] 군현제는 지방에 대한 중앙의 통제를 강화하는 데 유리했고, 국가적 통일을 유지하는 데도 유리했다. '봉건' 국가 정체보다 우월한 것이었다.

유종원은 "하, 은, 주, 한나라는 봉건을 해서 길게 갔고, 진나라는 군현을 해서 단명했다"[235]는 견해는 순전히 잘못되었다며 동의하지 않았다. 그는 진한 이래의 역사가 반복해서 증명했듯이 '봉건'은 국가의 분열을 초래하고 사회 불안정의 주요한 원인이었다고 주장한다. 한나라 초 "진나라의 과오를 고치고자 주나라의 제도를 따르며" 군현과 분봉을 병행했다. 그 결과 "몇 년 사이 [반란 진압] 명령을 받기에 분주했고 다친 사람을 돌볼 겨를도 없었다. [유방은] 평성平城에 고립되어 화살을 맞아 병을 얻었다. 이런 쇠잔한 형국이 3대에 걸쳐 구원되지 못했다."[236] 위魏나라는 한나라의 제도를 계승하고, 진晉나라는 위나라의 제도를 승계했음에도 "두 왕조는 급속히 멸망했고 국운이 길게 이어졌다는 말은 들어보지 못했다"[237]고 한다.

유종원은 진 왕조의 단명 원인을 군현 제도 탓으로 돌리는 것은 불공정하다고 지적한다. 진 왕조 때 "수많은 사람이 전역에 동원되고 잔혹한 형벌로 협박당했으며 그로 인해 재화를 모두 소진하니" "천하 사람들이 힘을 합쳐 군수를 죽이고 현령을 겁박하는 일이 동시에 발생하게" 된 것이다. 그러나 "반란을 일으킨 백성은 있어도 반란을 일으킨 관리는 없었다. 아래에서 사람들의 원한이 가득했지만 관리들은 위로 [조정을] 두려워했다". 진나라의 멸망은 백성의 원한 때문이지 군현 제도의 잘못이 아니다. 한나라 초 70년간 군현과 봉국이 반수를 점했는데 "반란을 일으킨 봉국은 있었으나 반란을 일으킨 군현은 없었다"[238] 이 또한 군현이 봉건에 비해 국가 통일에 더욱 유리하다는 것을 증명해준다.

당 왕조는 "군현만을 설치했고 각 주현에 장관을 두었는데" 오늘날까지 200여 년을 지속해오고 있다. 비록 번진이 할거하고 반란이 거듭 일어나고 있지만 "반란을 주동하는 장수는 있되 반란을 일으키는 주현은 없다. 주현의 설치는 절대로 바뀔 수 없다."[239]

진한 이래 군현제와 분봉제 중 어느 것이 우월하고 어느 것이 열등한가는 줄곧 논쟁이 그치지 않던 문제였다. 당대 중엽 논쟁이 다시 인 것은 번진의 할거라는 정치적 현실과 관련이 있었다. 유종원은 번진의 할거는 교만해진 군대와 사나운 장수들 때문에 생긴 것이지 군현제와는 무관하다고 생각했다. 당장 급한 일은 병권과 주현 관리의 임면권을 중앙에 귀속시켜 "군대를 잘 정돈하고 군수를 신중히 선택함으로써" 중앙 집권을 강화하고 국가적 통일을 유지하는 일이라는 것이었다.

유종원은 이론적으로 군현이 분봉보다 우월하다는 관점을 상세히 논증했고 중앙 집권론자들의 높은 평가를 받았다. 소동파蘇東坡는 이렇게 말했다. "유종원의 논의가 나옴으로써 다른 사람들의 논의는 멈추게 되었다. 성인이 다시 나오더라도 바꿀 수 없을 것이다."[240] 하지만 군주 제도가 하루라도 존재하는 한 분봉과 군현에 관한 정치 체제 논쟁을 멈추는 것은 불가능하다. 명나라 초에 여러 왕을 분봉했던 것처럼 이 문제는 현실 정치에서 끝없이 반복되었을 뿐만 아니라 이론적으로도 주장이 분분했다. 송명 성리학자의 대부분은 원칙적으로 종법과 분봉제에 찬성했다. 청대에 이르러 정치 체제론에 대한 주장에는 더욱 다양한 갈래가 생겼다. 예컨대 황종희黃宗羲를 대표로 하는 방진方鎭설,[241] 왕부지王夫之를 대표로 하는 군현설, 고염무顧炎武를 대표로 하는 세관世官설,[242] 안이顔李 학파[243]를 대표로 하는 분봉설 등이 그렇다. 하지만 유종원의 「봉건론」이야말로 군현설을 대표하는 최고의 성취라 할 수 있다.

유종원 사상의 이론적 가치는 또한 그가 역사 발전의 객관적 추세와 사람의 주관적 소망 사이의 연계와 구별을 몽롱하게나마 깨닫고 있었다는 데 있다. 그는 진시황이 군현제를 실시한 동기가 개인적 권위를 수립하고 일체 신민을 통치하려는 사심에서 나온 것이라고 생각했다. "그 뜻은 사적이었다. 사적으로 한 개인의 권위를 위한 것이었으며 사적으로 모든 신하들을 자신에게 비축된 존재로 인식했다."[244] 그런데 진시황의 주관적 욕구였던 '사'는 오히려 역사 발전의 '세'와 맞아떨어졌고 일종의 '공'적인 제도를 내놓게 되었다. '큰 사욕'이 '공천하公天下'의 실현을 촉진한 것이다.

유종원은 군현제를 "공公 가운데서 위대한 것"으로 칭송하며 "공천하의 단서는 진나라에서 시작되었다"고 말한다. 유종원은 한 걸음 더 나아가 탕왕과 무왕이 분봉을 실행한 것은 "공 가운데서 위대한 것이 아니라 사적으로 자신에게 힘을 부여한 것이고 사적으로 자기 자손을 지키는 것이었다"[245]고 지적한다.

유종원의 공사론은 핵심을 깊이 찌르고 있다. 역사의 큰 추세 앞에 '신神'이라든가 '성聖'은 더 이상 힘을 발휘할 수 없었다. 그저 조류에 순응해야 한다는 이 관점은 후세 사상가들에게 깊은 영향을 미쳤다. 이를테면 왕부지는 일찍이 '세'를 가지고 역사의 진화를 논의했으며, "갱신하여 시대를 좇아야 한다"[246]고 주장했다. 유종원은 복고에 반대했으며 삼대를 전범으로 삼지도 않았다. 성인이 역사를 창조했다는 주장을 부정했다. 이는 그가 현실을 지향하고 풍부한 창조 정신을 지닌 사상가였음을 뜻한다.

03

인의, 예법, 경권經權과 왕권 체계

유종원은 유학을 근본으로 삼아 불교와 도교를 두루 받아들였으며 백가의 학설을 출납했다. 그가 말하는 도는 결국 유가가 제시한 인의의 도 즉 '성도聖道'였다. "요, 순, 우, 탕, 고종高宗, 문왕, 무왕, 주공, 공자 모두 그것을 따랐다."[247] 도가 전파되는 실마리로 볼 때 유종원의 '성도'는 한유의 도통道統과 대체로 비슷하다. 유종원은 이렇게 말한다. "『서경』에 기초하여 실질을 구하고, 『시경』에 기초하여 영원을 구하고, 『예기』에 기초하여 마땅함을 구하고, 『춘추』에 기초하여 결단을 구하고, 『주역』에 기초하여 행동을 구한다. 이것들이 내가 도를 얻는 근원이다."[248] 유가 『오경』은 도의 정신을 내포하고 있으며 도의 원칙을 구현하고 있는 도의 본원이자 종지이고 기준이다. "몸이 비록 궁하더라도 끝없이 뜻을 구하는" 것이 유종원의 '성인의 도'의 핵심이자 유가 학설의 기본이었다.

유종원은 삼강오상이 바로 '중도中道'라고 생각했다. "성인이 교화를 함에 중도를 세워 후대에 알리며 인, 의, 예, 지, 신을 말씀하셨다. 이를 오상五常이라 부르고 언제나 실천할 수 있는 것이라고 했다."[249] 도는 곧 오상이며, 오상은 성인이 인간 집단을 교화하는 중정의 도로 "혼란을 막는 규칙이며"[250] 구체적인 인륜 규범으로 실현된 것이 삼강三綱이다. 유종원은 말한다. "오직 부자 관계와 부부 관계가 인륜 가운데 가장 큰 것이다."[251] "충忠과 경敬을 지키면 신도臣道는 끝난다."[252] 삼강이 인도의 가장 기본이 되는 원칙이라는 이야기다.

유종원은 「사유론四維論」에서 국가의 동아줄, 정치의 법칙을 다음과 같이 개괄한다. "성인이 천하를 세운 까닭은 인의 때문이다. 어진 군주는 은혜롭고 의로운 군주는 결단을 한다. 은혜란 친함을 드러낸 것이며 결단은 마땅함을 강조한 것이니 다스리는 도가 완결된다. 이에 따르는 것을 도라 하고, 얻는 것을 덕이라 하고, 실천하는 것을 예라 하고, 참되게 하는 것을 신이라 한다. 모두 바탕을 두는 바에 따라 이름을 달리한 것이다."[253] 도, 덕, 인, 의, 예, 신은 이름은 다르지만 실질은 같으니 한마디로 개괄하면 인의다. 이른바 치국의 도란 삼강을 수립하고 오상을 지키고 인의를 행하는 것이다. 이것이 바로 "대중大中을 세우고 대혹大惑을 없애는" 것이다.

유종원은 중용의 도에 격찬을 아끼지 않으며 "성인이 대중大中의 법을 취해 이치로 삼은 것"[254]이라고 주장한다. 그는 "[중용을] 도로 삼으면 잘못되지 않으며" "[중용을] 통제하는 방법은 중도中道보다 어렵다"고 생각했다. 스스로 일컫기를 "내 스스로 군자를 벗으로 삼은 뒤 중용에 들어가는 문과 그 오묘한 소재를 알게 되었으며, 차츰 연속적으로 단련함으로써 도의 참모습에 근접하게 되었다"[255]고 한다. 「패위부佩韋賦」에서 그는 '중용의 의義'야말로 '불변의 원리원칙인 경상經常'이라고 높이 찬양하며 "성인으로 통하는 길"이자 "선철의 오묘한 계책"이라 했다. 결과적으로 중용은 "불변의 원칙을 지키고 중中을 지키는 도"로서 나라와 백성을 다스리고 편안히 살아갈 수 있는 비결이라는 것이다.

대중의 도의 특징은 불변의 원리원칙인 경經도 있고 상황에 따라 변동이 가능한 권權도 있다. 대중의 도를 관철하려면 반드시 경과 권을 알아야 한다. 유종원은 "무릇 사람들을 변화시키려면 중도를 세우고 권으로 가르쳐야 한다"[256]고 말한다. 이렇게도 이야기한다. "경이란 불변하는 것이며, 권이란 경에 정통한 상태로 모두 인仁과 지智에 관련된 일이다. 이를 벗어나면 쉽게 미혹에 빠진다. 경에만 입각하고 권이 없으면 진흙탕에 빠지게 되고, 권으로만 하고 경이 아니면 기준을 벗어나게 된다. 이 둘은 억지로 붙인 이름이다. 당當[257]이라 말함은 그것을 다해야 한다는 말이다. 당이란 대중의 도다. 따로 떼어 이름을 지은 것은 대중大中의 도구이기 때문이다."[258]

경은 불변의 법칙이며, 권은 변통이다. 둘은 상호 존재의 조건이므로 사실상 한 가지 일이면서 두 가지 이름을 갖고 있다. 경과 권은 모두 도가 취하는 표준이다. 도는 경과 권의 통일이다. 이 때문에 "경을 알지만 권을 모른다 함은 경을 모르는 것이며, 권을 알지만 경을 모른다 함은 권을 모르는 것이다. 한쪽만 알면서 지智라고 말하는 것은 지혜롭지 못한 것이며, 한쪽만 지키면서 인仁하다고 말하는 것은 어질지 못한 것이다". 오직 경과 권이 합일되고, 인과 지를 겸용해야만 한쪽에 치우치지 않을 수 있다. "경을 아는 사람은 기이한 물건 때문에 자신의 도를 해치지 않으며, 권을 아는 사람은 보통 사람들 때문에 불안해하지 않는다."[259]

원칙을 견지하되 경직된 교조가 되도록 하지 않고 살아 움직일 수 있는 길을 강구하여 경과 도를 이반하지 않도록 만들 때 비로소 대중의 도에 부합한다는 것이다. 도로써 경과 권을 규정하고 도는 경과 권을 위한 당當이 되는 것이다. 유종원은 유가 경권론을 발전시켰으며 송대 리학자들이 내건 "경이 곧 도이고, 권 또한 도이다"라는 명제의 선구가 되었다. 경과 권으로 도를 논함은 유종원 정치 개혁 사상의 근거이기도 했다.

유종원은 시세에 순응하여 그 은덕이 사물에 미치는 것을 중시했다. "이로움이 만백성을 편안케 하길" 바랐다. 유종원은 현실지향적 사상가였다. 이 때문에 그는 도는 초자연적 사물이 아니며, 구체적 기물을 떠나지 않고, 사물을 표준으로 삼으며 사물에 의존해 존재한다고 생각했다. 그는 말한다. "사물이 도의 기준이다. 그 사물을 지키고 그 사물에 따른 연후에 그 도가 존재한다. 그걸 버리려 든다면 도를 잃는 것이다."[260] 도는 사물의 속성이고, 사물은 도의 운반체다. 사물을 떠나서 도를 논할 수 없다. 도를 버리고 사물을 논할 수도 없다. 도는 자연과 사회의 구체적 사물 속에 머물고 있다. 이 때문에 유종원은 도에 관한 사유를 각종 구체적인 정치 문제로 이끈다.

유종원은 군신의 설치, 제도와 문물, 예악과 형벌 모두를 도의 유도체로 보았다. 그는 말한다. "성인이 기강 법도를 만들고 사물에 이름을 붙이는 까닭은 도가 아닌 것이 없다. 이름을 붙여 관官이라 부를 때 관은 그것으로 나의 도를 실천한다는 말이다. 그래서 군신, 관부, 의상, 수레, 관인의 숫자를 정하고, 조회를 하면서 주변에 늘어설 행렬의 등급을 표시[261] 하는 것은 도가 거기 존재하기 때문이다. 또한 전명典命[262], 서제書制, 부새符璽, 주복奏復의 문장을 제시하고 참오參伍[263], 은보股輔[264], 배태陪台[265]의 봉사를 하는 것은 도가 거기서 비롯하기 때문이다. 작록을 주고 상을 하사하여 아름다운 행위를 권면하고, 먼 사람을 내치고 채찍으로 때리고 수갑을 채우고 참살의 무자비함으로 징계를 내리는 것은 도가 그것을 실행함이다. 그래서 천자로부터 서민에 이르기까지 모두 원칙적 구분을 지키고 도를 잃은 사람 없이 지극히 화합하게 된다. 그 사물을 잃고 기준을 없애면 도는 그로부터 끝장이 나는 것이다."[266] 이는 도의 높이에서 군주제도의 각 방면을 전면적으로 논증한 것이다. 유종원이 보기에 이 모든 것은 합리적이고 필연적인 것이었다. 사람들이 모두 도에 따르고 분수를 지키는 것이 바로 '중中'이고 '화和'다.

관官은 도의 담당자이고 도는 관과 통일되어 있다. 그는 "도를 지키는 것은 관을 지키는 것만 못하다"는 공자의 견해에 찬성한다. 그는 "관이란 도의 기물이며" "관을 지키면서 도를 잃고 도를 지키는데도 관을 잃는 일은 아직 없다"[267]고 생각했다. 군주를 포함한 크고 작은 '관' 모두가 업무와 책임을 다하는 것 그 자체가 바로 도를 엄수하는 것이다. 하지만 실제 생활에서 관은 도와 통일되지 않는다. 그래서 유종원은 이렇게 지적한다. "군주를 선택하고 신하를 두는 도야말로 천하가 다스려지느냐 혼란스러워지느냐를 판가름하는 근본이다."[268]

유종원은 정치에서 법의 작용을 중시했다. "성인이 제도를 만들고 법령을 두어 잘못을 하면 죄를 물었다. 그러므로 대중大中을 세우는 사람은 특이함을 숭상하지 않고, 사람을 교화시키려는 사람은 정성을 다하려 한다."[269] 그는 예든 법이든 모두 치국에 유리한 기물로 보았다. "예의 대본은 그것으로 난을 방지하는 것이다." "형벌의 대본 또한 그것으로 난을 방지하는 것이다." "그 근본은 합치하지만 그 쓰임새는 다르다."[270] 법은 공公을 대표하고 예는 의義를 대표한다. 양자는 구별되며 이 때문에 국법이 예법보다 높기도 하다. 유종원은 국가의 법제를 저촉한 행위를 엄하게 징벌하고 은혜를 베풀어선 안 된다고 주장한다. 그는 "공로가 있는 사람을 임용하고, 포악하고 게으른 사람은 주벌하고, 호오를 밝히고, 법제를 잘 닦고, 노쇠한 사람을 양육하고, 모든 형벌을 엄격하게 집행하고, 참살은 반드시 마땅하게 이뤄져야 한다"[271]고 생각했다. 이렇게 해야 대중의 도가 실현될 수 있다는 것이다.

유종원은 유가 인의의 도를 부흥시키고, 중정中正을 수립하고, 인극人極 즉 강상을 세우고, 중앙 집권 정치 체제를 수호함으로써 천하의 대치를 실현하고자 했다. 그의 대중지도는 유가 윤리 도덕을 널리 선양했는데, 이 점에서 한유와 방법은 달랐지만 효과는 같았다. 천지자연과 사회윤리를 하나로 결합시킨 유종원의 도학道學 체계는 유학의 형이상학적 철학 이론

탐색을 한 걸음 더 전진시켰다. 특히 도는 경권을 겸한다는 논의와 도와 사물은 동시에 존재한다는 논의는 후세 유가 정치 철학에 깊은 영향을 끼쳤다.

04

생인生人의 도,
'폭정은 호랑이보다 더 사납다'

유종원은 자신의 대중지도에 자신감이 충만했다. 그는 "내 도가 다하면 사람들이 바뀔 것"[272]이라고 호언했다. 그리고 '도의 실행'을 자신의 정치적 포부로 삼았다. "세상을 구제하는 도"이기 때문에 도는 '생인生人' 즉 사람을 살리는 것을 종지로 삼는다. '생인'은 곧 '생민生民'이다. 유종원은 말한다. "이윤伊尹은 생인을 자신의 소임으로 여겼으며 관중管仲은 혼욕釁浴[273]의 예우를 받고 패업을 이루어 천하를 구제했다. 공자는 이들을 어질다고 말했다. 군자는 도에 열중하며 이를 버리고는 아무것도 크게 여기지 않는다."[274] 두루 천하를 구제하고 홀로 선을 지키는 선배 유학자들의 가르침을 유종원은 가슴에 새기고 있었다. 그는 "높은 관직에 오르지 못하더라도 생인에 대한 걱정을 잊지 않으면 성인의 도를 실천한 것으로 다행한 일"[275]이라고 말한다. 이렇게 도에 집착했기 때문에 유종원은 폐징 개혁의 '영정혁신永貞革新'에 적극적으로 몸을 던졌던 것이며, 쫓겨난 뒤에도 여전히 '생민'의 환난을 잊지 않았고, 지방에 있을 때도 폐단을 없애고 이익을 도모하는 적잖은 일을 했다.

사회 모순이 날로 첨예해져가는 역사적 조건하에 유종원은 민중의 고

통에 관심을 갖고 사회 현실을 날카롭게 폭로하고 비판했다. 유종원은 부세의 불균등과 이치吏治[276]의 파괴야말로 심각한 사회 문제를 일으키는 중요한 원인이라고 생각했다. 백성이 도탄에 빠져 허덕이는 현실을 유종원은 큰소리로 질타한다. "정치폐해 가운데 뇌물이 횡행하고 세금 징수가 혼란스러워지는 것보다 큰 것은 없다."[277] "부렴의 해독은 뱀보다 심하다." "폭정은 호랑이보다 사납다."[278]

부세의 불균등과 빈부 차의 심화는 당대 중엽에 날로 엄중해져가는 사회 문제였다. 유종원은 이런 문제가 생겨나는 원인을 다음 세 가지로 보았다. 첫째, 토지의 불균등과 경계의 부정확 때문이다. 토지겸병의 결과로 대다수 농민이 토지를 잃고 부호들에게 사역을 당하게 되었다. 조정에선 부역을 감면해주는 조처를 취한 경우도 있었지만 실제로는 오히려 "부자들은 한 호로 취급해서 면제를 해주고, 가난한 사람들은 부역을 해야 할 사람 수로 계산해서 그 두세 배에다 반을 더 얹어 통보한다". "부자의 세금은 날로 줄어들고, 가난한 사람들은 갈취를 면치 못한다."[279]

둘째, 뇌물이 공공연히 횡행하기 때문이다. "부자는 폭리를 취하고 관리들과 거래를 함으로써 부자의 명단에선 빠지면서 실제로는 부를 차지한다." "빈자는 죄를 대속해주도록 관리에게 바칠 자산이 없을 정도로 사실상 가난하지만 빈자의 명단에는 포함되지 않는다."[280] 부호들은 관리들에게 뇌물을 주어 재산을 은닉하고 세금을 피하며 그 부담을 빈자들에게 전가시킨다는 것이다.

셋째, 관리들의 교란 때문이다. 탐관오리는 법률 기강을 무시하고 멋대로 고을을 돌아다니며 민생을 교란시키고 백성을 마구 짓밟는다. 포악한 관리가 고을에 와서 "동쪽과 서쪽에서 고함을 지르고, 남쪽과 북쪽에서 때려 부수고 다니면 시끄럽고 놀라서 닭이나 개도 편하게 쉬지 못한다."[281]

국가의 부세, 관리의 교란, 부호의 수탈이 한데 엉키면 맹호나 독사보다 무서워진다. 이에 유종원은 몇 가지 해결책을 제시한다. 첫째, 인정의 시행이다. "때맞추어 부리고 노동력을 빼앗지 않으며, 절약해 사용하고 재물을 소진시키지 않아야 한다."[282] 둘째, "경계를 분명히 하고 명실을 자세히 따지는" 것이다. 민호들의 자산을 자세하게 대조하여 부세 제도를 조정함으로써 '균부均賦'를 실행해야 한다. 셋째, 법률로 관리들을 단속하고 "법에 입각해 엄하게 관리들의 책임을 물어야 한다."[283]

유종원은 백성을 이롭게 해주는 '이민利民' 정책보다 백성 스스로 이익을 찾는 '민리民利'가 낫다고 주장한다. 이상적인 정치는 응당 이러한 경지에 올라서야 한다는 것이다. "[백성이] 항상 편안하게 생활하며 원하는 것을 얻고 교화에 잘 따르면서 스스로 편리해지고, 수많은 재화가 돌아다니지만 어디서 오는지 알지 못하고, 늙은이나 어린이나 친척들이 서로 보호해주되 덕을 내세우는 자는 없고, 군대나 형벌 때문에 겪는 고통도 없고, 세금이나 노역 때문에 괴로운 사람도 없어야 한다. 민리라 함은 백성 스스로 이로워진다는 말이다."[284] 이상 정치 실현의 관건은 제왕이 인정을 실행하는 것이다. "요역을 관대하게 하고 재화를 아끼고 부세를 균등히 하는 정치가 시행되면 그 도는 정말 아름다울 것이다."[285]

군주 전제 제도의 중요한 특징 가운데 하나는 행정 권력이 일체를 지배하는 것이다. 군주가 관직을 나누어 설치한 주된 목적은 민중 통제와 지배인데 바로 이것이 향리에서 관리들이 제멋대로 굴 수 있는 조건을 만들어준다. 유종원이 이런 사회 현실을 직시하면서 대량의 시문을 통해 폭정을 비판하고 국가와 인민을 재앙에 빠뜨리는 권문귀족의 문제점을 폭로한 것은 정말 대단한 일이라 할 수 있다. 하지만 그가 기대한 정치적 소망은 최종적으로 역시 당 태종과 같은 명군에 기대는 것이었다. 유종원은 「정부貞符」에서 당 태종의 "오직 인민을 위하는" 치국 방략을 추앙해 마지않는다. 그는 이세민의 군도君道 이론 및 실천이야말로 "후대에 길이 빛나고 영원히 제왕의 모범이 될" 수 있다고 생각했다. 이는 그의 정치적 시각이 여전히 시대적 한계를 벗어나지 못했음을 나타낸다.

그러나 이치吏治를 근본적으로 개혁시키는 길을 찾는 과정에서 유종원이 제기한 "관리는 백성의 역군"이라는 명제는 참으로 진귀한 견해였다. 그는 말한다. "지방에서 관리가 된 사람들은 자신의 직무를 알고 있는가? 관리는 백성의 역군이지 백성을 부리는 사람이 아니다. 백성은 그 지방 땅에서 나는 음식을 먹고 살며 수확의 10분의 1을 관리들에게 구전으로 내면서 그 관리들이 자신의 문제를 바로잡아주도록 한다." 관리들이 기왕에 "보수를 받고" 백성의 구전으로 일을 한다면 응당 "아침 일찍 일어나 일을 하고 밤 깊이 사색할 것이며, 근면하게 힘을 쓰고 마음의 수고를 다하여 소송을 거는 사람들을 공평하게 처리하고 세금을 균등히 할 것이며 노약자가 사기나 폭행이나 증오에 시달림이 없도록 하고" "보수를 받으면서 일에 태만하거나 재물만 노리는 도둑 같아서는"[286] 안 된다. 그렇지 않으면 파면을 당하고 처벌을 받아야 할 것이다. 전통 사상에선 대대로 관리들을 군주의 신복이요, 민의 부모라고 여겼으며 군주의 녹을 먹으니 응당 군주의 은혜에 보답해야 한다고 생각했다. 유종원은 이런 일반론에 반대하고 관리는 백성이 고용한 공복이므로 응당 온 힘을 다해 백성에게 봉사해야 한다고 주장한 것이다. 중국 고대에 이런 생각을 했다는 사실 자체가 참으로 대단한 것이라 할 수 있다.

유종원은 당나라 때의 가장 저명한 사상가 가운데 한 사람이다. 그의 사상은 이성적 사변의 색채가 풍부했을 뿐만 아니라 현실주의적 기백도 충만했다. 청신하고 의미심장했으며 세속의 잡사를 벗어나 있었다. 학문적으로 그는 백가의 학문을 통일시키겠다는 기개를 갖고 일련의 중대한 이론 문제에 독창적인 견해를 제기하고 어느 정도 진전을 이루기도 했다.

이 점에서 당시 이성적 사유의 최고 성취를 대표한다고 할 수 있다. 정치적으로 유종원은 민중의 고난과 국가의 앞날에 관심이 많았으며 현실과 잘 맞아떨어지는 정치적 주장을 개진했다. 문학적으로 그는 시대의 총아이기도 했다. 사변 수준, 비판 정신, 문학적 재능에서 당시 모든 사람이 그를 으뜸으로 꼽았다. 이 모든 것이 중국 고대 정치사상사에서 유종원의 숭고한 지위를 결정지었다.

한유의 도통론道統論과
존군 사상

한유韓愈는 당대의 저명한 사상가이자 문학자다. 그는 공맹 도통의 계승자이자 도를 지키는 선비를 자처했다. 봉건 윤리강상과 중앙 집권 정체 및 국가 경제 이익의 수호에서 출발하여 불교와 노장을 파출시키고 공맹의 도를 독존시키는 데 온 힘을 기울였다. 한유의 사상은 선진 양한 유학으로부터 송명 리학에 이르는 중요한 중간 고리이며 어떤 의미에선 리학의 선구자라 할 수 있다. 그의 도통론은 당대 유학 부흥의 중요한 지표 가운데 하나이며 고대 정치사상사에서 중대한 의미를 지닌다.

각종 기예를 널리 취하여
'공자의 도에 합치하도록 힘씀'

한유韓愈(768~824)는 자가 퇴지退之다. 등주鄧州 남양南陽(일설엔 하양河陽이라 한다. 관청은 오늘날의 허난성 멍저우孟州 부근) 사람이나 매번 스스로 본적이 창려昌黎(오늘날의 랴오닝성 이義현)라고 칭했기 때문에 세상에선 한창려라고 부른다. 그는 "세 살에 고아가 되었고" "집이 가난해 스스로 살아가지 못할 정도로" 어린 시절을 힘들고 불우하게 보냈다. 당 덕종德宗 정원貞元 8년(792)에 진사가 되었고 관직은 감찰어사監察御史에 이르렀다. 관중關中에 큰 가뭄이 들자 백성의 목숨을 청원하고 세금을 관대하게 해달라는 상소문을 올려 산양령山陽令으로 밀려났다. 당 헌종憲宗 원화元和 12년(817) 회서淮西 번진을 평정하는 데 공을 세워 형부시랑刑部侍郎으로 승진했다. 2년 뒤 부처의 사리를 영접하는 일에 극간을 하다가 헌종의 분노를 사 자칫 죽임을 당할 뻔했다가 조주潮州자사로 좌천되었다. 몇 차례나 좌천을 당했으나 시종 후회하지 않았으며 시를 지어 자신의 뜻을 밝힌 적도 있다. "한번 봉해져 아침마다 구중궁궐에 상주를 하다가, 저녁엔 쫓겨나 조양로潮陽路 8000리를 걷더라도, 성스러운 조정 적폐를 일소하고 싶으나, 뼈는 늙어가고 남은 해가 얼마 없어 안타깝도다!"287

목종穆宗이 즉위하자 경사로 불려와 앞뒤로 국자좨주國子祭主, 병부시랑, 이부시랑 등 직무를 맡았다. 『논어주論語注』『논어필해論語筆解』『서액아언西掖雅言』『순종실록順宗實錄』 등을 저술했으며 그 가운데 세상에 전하는 문장 대부분은 『한창려문집韓昌黎文集』288에 수록되어 있다. 한유의 「원도原道」 「원성原性」 「원인原人」 「원귀原鬼」는 모두 사상사에서 저명한 문헌이다.

당나라 중엽엔 사회 모순이 떼 지어 발생하고 변란이 그치지 않았으며 세상의 도는 시나브로 무너져갔다. 정치와 사상의 대변동 시대에 살았던 한유는 사상적으로나 정치적으로나 대단히 복잡했고 모순을 드러내기도 했다. 그는 "품행이 방정하고 기탄없이 직언했다". 일찍이 부세 징수를 완화해야 한다고 덕종에게 간언했고, 번진에는 우유부단한 태도를 취하고 부처의 사리를 영접했다는 이유로 헌종을 비판해서 세 번이나 좌천되었으니 봉건 시대 충정과 절의의 선비로 부끄러움이 없었다. 그러나 '영정永貞 혁신'과 우승유牛僧孺 대 이덕유李德裕 간 당쟁289의 와중에 보수적 태도를 견지하며 양단간에 과단성이 없었다. "그가 읽은 것은 모두 성인의 책이었다. 양주楊朱, 묵적墨翟, 석가, 노자의 학술은 그의 마음에 들어갈 곳이 없었다. 그는 모든 문장을 『육경』의 취지를 따라 저술했다. 사邪를 누르고 정正을 일으키며 시속에 현혹될 소지가 있는 것은 철저히 구별했다."290 이렇게 말한 적도 있다. "나는 어려서부터 학문을 좋아했는데 『오경』 외에 백가의 책에 대해 안 들은 것이 없고 안 본 것이 없었다."291

한유는 공맹 도통의 큰 깃발을 높이 쳐들고 후세에 순정한 유생으로 존중을 받은 사람이다. 그런데 거꾸로 관중管仲과 상앙商鞅을 높이 찬양하기도 했다. 「진사책문進士策問」에서 그는 다음과 같은 명제를 제기한다. "소중하게 여겨야 할 도는 사람들을 편하게 해주면서도 자신을 성취하는 것 아니겠는가? 주나라가 쇠락하자 관이오管夷吾는 자신의 군주를 패자로 만들고 제후들을 아홉 번 회맹시키면서 천하를 바로잡았다. 융적들을 약화시키고 경사京師의 존엄을 확보하니 온 세상이 그 은덕을 입지 않은 곳이 없었다. 천하 제후들이 그 정책 명령을 지키느라 쉴 틈 없이 분주했으며 누구도 이에 대적하지 못했도다! 이 어찌 사람들을 편하게 해주면서도 자신을 성취한 것이 아니겠는가? 진나라는 상군商君의 법을 활용하여 사람들은 부유해졌고 나라는 강해졌다. 제후들은 감히 대항하지 못했으며 일곱 명의 군주를 거치고 천하는 진나라의 소유가 되었다. 천하를 진나라가 차지하게 만든 사람은 상군이다. 그럼에도 후대에 도를 외치는 사람들이 모두 관중과 상앙 이야기를 부끄러워하는 것은 무엇 때문인가? 이 어찌 명분을 구하면서도 실질을 따져보지 않는 것 아니겠는가?"292

한유는 「송맹동야서送孟東野序」에서 선진의 도가, 법가, 묵가, 병가, 음양가, 종횡가 등 각 학파의 저명한 대표 인물들에 모두 긍정적 평가를 내린 적이 있다. 그는 제자백가의 학설이 모두 현실 문제를 반영한 학문적 주장이었다고 생각했다. 그는 유가를 위주로 하면서 백가의 학설을 겸용할 것을 주장한다. 그는 기강을 강조하고 법제를 중시했다. 단순히 왕도만을 존중하고 패도를 천시하지 않았다. 이 점에서 한유는 스스로 순정하고도 순정하다고 믿는 송명 대유들과는 달랐다.

한편 한유는 불교와 도교는 엄격히 배척했다. 특히 저명한 반불교 투사였다. 불교와 도교의 학설에 격렬하게 반대했으며 "종사자들을 환속시켜 백성으로 만들고, 그들의 책을 불태우며, 그들의 거처를 일반민들에게 주고"293 그들의 전파를 철저히 근절시켜야 한다고 주장했다. 그럼에도 불구하고 의식적으로든 무의식적으로든 불교와 도교의 철학적 사변을 받아들여 유가의 도道론을 선양하는 데 힘썼다. 그는 일생 동안 수많은 명승과 교유했다. 반불교 때문에 조주로 좌천된 뒤에도 대전大顚 화상과 왕래하며 도를 논의했다. 「원성」에서 그는 성性을 떠나서 정情을 이야기하고 있는데, 이는 선종 불교의 '명심견성明心見性' 학설에서 취하여 '정심성의正心誠

意'론을 주조한 것으로 성리학 심성 학설의 선구가 되었다. 한유는 사람들에게 출세出世를 가르치는 도교도 준엄하게 비판하지만 노장 철학에 대해서는 오히려 찬양해 마지않는다. 「독『할관자』서讀鶡冠子書」에서 그는 이 "황로黃老와 형명刑名술이 잡박하게 섞인 언사들"로 구성된 저작을 극구 칭찬하며 "사람들로 하여금 때에 합치하게 만들고 도를 전수하여 국가에 베풀어지게 했으니 그 공덕이 어찌 적겠는가!"[294]라고 말한다.

한유는 천명론을 선양했다. 천인 관계에 대한 인식을 보면 천인감응론의 영향을 깊이 받고 있다. 그는 말한다. "내 생각에 하늘은 사람들의 외침과 원망을 듣고는 공이 있는 사람에겐 큰 상을 내리고 잘못을 한 사람들에겐 큰 벌을 내리는 것 같다."[295] 이에 대해서는 그 자신도 때때로 의문이었다. "하늘이 대체 무엇인지, 명이 대체 무엇인지 모르겠다. 사람에게서 비롯하는 것인가, 사람에게서 비롯하지 않는 것인가?"[296] 마찬가지로 유가의 도에 대한 참된 마음에 기반을 두고 정치에 대해서는 보수적 경향을 보이고, 문장에 대해서는 예리하고 혁신적인 태도를 취했다. 그는 유종원과 사적으로 돈독한 관계를 유지했으며 그 사람됨과 문장에는 칭찬을 아끼지 않았다. 하지만 유종원의 삶에 대해서는 은근히 비판적으로 평가했는데 두 사람은 사상적으로 분명히 다른 길을 걸었다.

바로 위에 언급한 몇몇 모순점 때문에 한유에 대한 후대인의 평가는 이설이 분분하고 포폄이 각기 다르다. 하지만 적어도 한 가지는 의심의 여지가 없는데, 그건 한유가 중국 고대 사상 문화사에서 다방면에 걸쳐 성취하고 중대한 영향을 미친 인물이었다는 사실이다. 한유의 사상과 언행에 내포된 모순들은 고대의 저명한 사상가 그룹과 비교할 때 보편적인 현상이라 할 수 있다. 역사적 인물로서 한유는 곡절이 많은 인생 역정을 밟았고 복잡한 성격을 지녔다. 사상가로서 한유는 경전을 으뜸으로 삼고 도를 밝혔으며 이단 학설을 배척하면서도 백가의 학설을 겸용하고 여러 주장을 널리 취했다. 한유의 주장과 행적은 "모두 공자의 도에 합치하도록 힘쓰는 데"[297] 모아졌으며, 동시에 "위대한 공자의 도를 크게 넓힐 수 있음"[298]을 이해시키는 데 있었다. 삼교구류에 대한 한유의 태도는 사실상 상당히 활달했는데, 바로 그랬기 때문에 그는 저명한 사상가가 될 수 있었다. 이 사실은 우리에게 다음과 같은 암시를 준다. 즉 한 역사 인물에 대한 평가는 절대로 단순화해선 안 되며, 어떤 사상 문화 현상을 이해하려면 절대로 한쪽 입장에만 서서 논해서는 안 된다는 것이다.

한유는 "경經, 전傳, 사史 및 백가의 학설을 깊이 연구했으나" 그의 학문적 종지이자 취사선택의 표준은 대단히 명확했는데, 유가의 도를 선양하고 군주의 지위를 드높이는 것, 즉 존군尊君이었다.

02

도통론:
유학이
중화의 혼이다

도통이란 도가 전승되는 맥락을 말한다. 한유는 도통론을 정치사상의 이론 기초로 삼았다. 그는 「원도」에서 이렇게 말한다. "내가 말하는 도는 노자와 불교의 도를 지향하는 것이 아니다. 요는 이를 순에게 전했고, 순은 이를 우에게 전했으며, 우는 이를 탕에게 전했고, 탕은 이를 문, 무, 주공에게 전했고, 문, 무, 주공은 공자에게 전했으며 공자는 맹가孟軻에게 전했는데 맹가가 죽은 뒤 전해지지 못하고 있다. 순자와 양웅揚雄은 도를 택했으나 정밀하지 못했고, [도에 대해] 말을 했으나 상세하지 못했다. 주공이전에는 위로 군주들이었으므로 도의 일이 실행되었으며, 주공 이후로는 아래로 신하들이었으므로 도에 관한 말씀이 길이 빛났다."[299] 요순에서 시작하여 맹가에 이르러 끊긴 도 전수의 맥락이 이른바 도통이다.

한유가 제기한 도통은 명확한 대응성과 이론적 기능을 갖는다. 첫째, 불교와 도교를 배척하고 유도儒道를 수립한다. 불교는 조사 법의의 계승 관계를 따진다. 이를테면 선종의 경유 석가모니로부터 줄곧 이어져 홍인弘仁과 혜능慧能에 이르는 '법통法統'을 강조한다. 법을 전수하는 계보를 개괄하는 '법통'은 자신들의 높이와 정종 또는 정통의 증거로 삼는다. 도교 또한 유사한 '법통'을 갖고 있었다. 불교와 도교에 맞서서 한유는 유가의 도통을 꾸며냈다. 그는 유학의 연원을 위로 고대 성왕까지 끌어올리고 이를 빌려 유학의 탄생이 불교와 도교보다 앞섰으며 화하華夏 문화의 정통임을 강조한다. 그는 '도'가 불교가 노장의 도가 아님을 명확히 선포하고 피차간 당파의 경계선을 분명히 정했다.

둘째, 유학 체계의 개조와 재구축이다. 한유는 이렇게 생각했다. 맹자 이후 "그 대경대법이 모두 사라져 구제할 수 없고, 모두 무너져 수습할 수 없게 되었다." "한대 이래 뭇 유생이 구구하게 보완을 했지만 이미 만신창이가 되었고 혼란과 망실을 거듭하며 위태롭기가 마치 터럭 하나로 천근 무게를 끄는 형국이다. 그렇게 면면이 이어져 거의 침몰하여 사라질 위기에 놓였다."300 당나라 때는 '삼례三禮'의 학설이 매우 성행했는데 한유는 오히려 "『의례儀禮』는 읽기 어렵고" "오늘날 입장에서 보면 참으로 소용이 없는 것이다"301라고 말한다. 그는 1000여 년간의 경학을 쇠패와 혼란으로 설명하는데, 그 목적은 양한 이래의 기존 학설을 청소하고 유가의 도론을 다시 세우는 데 있었다. 도통론은 바로 복고의 명분을 빌려 새로운 것을 창조하려는 이론적 기능을 수행했다.

셋째, 도의 전승자임을 자임함으로써 정종正宗 정통임을 자처한다. 한유는 그 자신이 당연히 맹자의 계승자라고 생각했다. 그는 "도를 더 나은 상태로 만들어 거칠게라도 전할 수 있으면 죽어 없어지더라도 아무런 여한이 없겠다"302고 말하며 자신을 도의 전수 계보에 집어넣었다.

기실 도통론적 사유 방식은 유가 문화에 고유한 것이다. 유가는 요순의 일을 조술하고 문무의 법도를 준수하며 선왕의 도를 기치와 이상으로 삼는다. 그들 대부분은 도의 전승자를 자처하며 스스로를 정통으로 치켜세우고 홀로 새로운 이론을 개발하여 이단을 배척한다. 공자는 요, 순, 우, 탕, 문, 무를 높이 찬양하면서 이렇게 말한다. "문왕이 몰하신 뒤 문채는 더 이상 존재하지 않는가? 하늘이 장차 이 문채斯文를 없애려 한다면 후대 사람들은 더 이상 문채를 얻지 못하게 될 것이다. 하늘이 이 문채를 없애려 하지 않는다면 이 광匡 지방 사람들이 나를 어떻게 하겠는가?"303 맹자는 공자의 도를 계승했다. 그는 "500년이면 반드시 왕자王者가 일어난다"는 명제를 논하면서 요순으로부터 공자에 이르기까지 '왕자'의 전승 계보를 열거한 적이 있다. 그러나 한유의 도통론은 사상사에서 특별한 의미를 지닌다. 한유의 도통론은 유학이 장기 변천을 거친 뒤 스스로 느낀 '도'를 통해 자신의 학설 체계를 개괄하고 통괄하기 시작했다는 표시다. 그리고 처음으로 자기 학파의 '도'를 가지고 이단의 '도'에 대항한 것이다.

한유가 말하는 도는 천도와 인도를 포괄하며 자연, 사회, 인생의 일반 원칙이다. 그는 말한다. "천도가 어지러우면 해, 달, 별들이 운행할 수 없고, 지도地道가 어지러우면 초목과 산천이 고를 수 없고, 인도가 어지러우면 이적과 금수가 성정을 나타낼 수 없다." "그래서 성인은 차별 없이 공평하게 대우하며 가까운 사람들을 도탑게 하고 먼 사람들을 천거한다."304 도는 천지인을 관통하고 천지 만물을 주재한다. 천체의 정상 운행, 만물의 평형 발전, 사회 질서의 안정이라는 근본 법칙을 유지시키기도 한다.

한유의 사상에는 천인감응론에 대한 인상이 아직도 깊이 새겨져 있다. 그는 때때로 천을 천명의 천과 권선징악의 천으로 취급한다. 그런데 그가 말하는 천도는 천을 의지를 갖춘 주재자로 보는데, 거기서의 천은 만물의 근원이고 도는 만물의 본체다. 이 때문에 한유는 '순천順天'과 '합도合道'를 주장한다. 즉 "하늘을 앞세우고 어기지 않음을 법천法天, 즉 하늘을 본받는다고 말하고, 도가 천하를 구제하는 것을 응도應道, 즉 도에 응한다고 말한다."305 한유는 천도에 응하고 자연을 따르는 법천 사상과 인도에 합치하고 인의를 행하는 제세濟世 사상을 한데 종합하여 도를 가지고 윤리

강상을 다시 정돈했다. 도, 천, 성聖이 삼위일체가 되어 사회 역사의 진행 과정을 지배한다는 것이다. 한유의 도가 이미 천명신권 관념에서 벗어나 도덕 법칙을 중심으로 한 객체 정신으로 큰 걸음을 내딛고 있음을 알 수 있다.

도는 당나라 때 벌써 각 사상에 통용되는 최고의 범주로 자리매김되었 다. 도를 노장 허무虛無의 도, 도교 '중현重玄의 도', 불교 '심오心悟'의 도와 구 별시키기 위하여 한유는 도의 기본 내용에 명확한 경계를 만들었다. 그 는 말한다. "박애를 인仁이라 부르며 그것을 실행하여 마땅한 상태를 의義 라고 일컫는다. 이로 말미암아 여기로 가게 하는 것을 도라고 하고 자신 에게 실천되어 외부의 힘을 기다릴 필요가 없는 상태를 덕이라 한다. 인 과 의가 정해진 명칭이며 도와 덕은 빈 명호다."³⁰⁶ 도와 덕은 형식이고 인 과 의가 내용이라는 말이다. 도는 인과 의가 따를 바이며, 덕은 인의를 내 부적으로 자각하는 것이다. 도, 덕, 인, 의는 다른 이름이지만 실질은 같 다. 이론상으로 기능상 약간 다른 점이 있을 뿐이다.

한유가 보기에 도는 각 사상에 공통하는 범주이지만 인의야말로 움직 일 수 없는 도의 확정적 내용이었다. 그래야 자연, 사회, 인생의 일반 도리 를 모두 포함할 수 있다고 여겼다. 불교와 노자 두 사상의 도는 인의를 종 지로 삼지 않는다. 따라서 유가의 도는 "인과 의를 합하여 말하는 천하의 공언公言이다. 노자가 말하는 도덕이란 인과 의를 버리고 말하는 것으로 한 사람의 사언私言이다."³⁰⁷ 불교와 노자의 도는 포함된 내용이 한쪽에 치 우쳤기 때문에 근본적으로 잘못된 것이라고 한다.

인과 의의 관계를 논술하기 위하여 한유는 유가 경전 가운데 『대학』을 찾아내 이론 근거로 삼았다. 그는 인의의 도를 가지고 수신제가치국평천 하의 도리를 논했다. 그가 보기에 '수제치평修齊治平'은 마음을 다스리는 치 심治心을 주장하는 말이면서 세상을 다스리는 치세治世를 주장하는 말이기도 하다. 인은 내부에 존재하는 것이므로 수신과 치심이며, 의는 외부에 드러나 보이는 것이므로 제가와 치국평천하다. 인과 의의 결합이 바로 도다. 도는 인에서 생기고 의에서 실천되며 사람의 도덕적 자각 속에 존재한다. "그 몸을 닦으려는 사람은 먼저 그 마음을 바르게 해야 하고, 그 마음을 바르게 하려는 사람은 먼저 그 뜻을 참되게 해야 한다."[308] 정심正心과 성의誠意는 바로 인간의 도덕적 자아가 완벽해지는 과정이다. 하지만 도덕적 자각이라는 그 차원에만 머물러 있어서는 안 된다. 인은 내부에 존재하고 의는 행동으로 보이므로 수신하고 정심해야 할 뿐만 아니라 제가하고 치세하여 마음과 행동을 통일해야 비로소 도라고 할 수 있다.

불교와 노자의 도에는 또 한 가지 폐단이 있는데, 그건 바로 치심만 하려 들고 치세를 하려고 하지 않음이다. 따라서 유가의 수제치평의 도와 나란히 논할 수 없다는 것이다. 불교와 노자의 도는 "그 마음을 다스리고자 하며 천하 국가를 도외시하고 천륜을 멸시한다. 자식임에도 제 부모를 부모로 여기지 않고 신하임에도 제 군주를 군주로 여기지 않으며 백성임에도 섬겨야 할 사람을 섬기지 않는다."[309] 불교와 노자의 도는 사직에 보탬이 안 되고 강상 윤리를 훼손한다. 유가 인의의 도만이 도덕과 정치를 일체화시킨 최고의 원칙이다.

도는 선왕의 가르침과 성인의 도를 지칭하기도 한다. 도통론 구성의 기초이자 내재적 논리는 바로 예부터 오늘날까지 성인으로 전승되어오며 백세를 관통하는 천고불변의 도다. 주공 이전의 성인은 다 선왕들이며 공맹은 신하였지만 역시 성현이다. 선왕의 가르침이란 강상의 가르침이다. 한유는 말한다. "오상의 가르침은 천지와 함께 생겨났다."[310] "예와 법 두 가지 모두 왕교王敎의 대강이다."[311] 인륜 기강은 치국의 근본이며, 선왕 가르침의 요지이자 대강이고, 천지와 더불어 생겨난 우주의 대법이다. 그는 이렇게도 말한다. "천하를 위해 훌륭한 계책을 내는 사람은 천하의 안녕과 위태로움을 보지 않고 기강이 제대로 섰는지 어지러운지를 잘 헤아릴 따름이다."312 예컨대 삼대 때는 "제후들이 일어나 전쟁과 정벌이 날마다 행해졌으나" "기강이 존재했으므로" "수십 명의 왕이 이어지면서도 천하가 기울지 않았다". 한편 진 왕조는 강성했지만 "기강이 망했으므로" 2세 때 망하고 말았다.313

이른바 성인의 도란 주로 공맹의 도를 가리킨다. "공자는 『시경』 『서경』의 내용을 줄이고 『춘추』를 첨삭하면서 도에 합치되는 것은 드러내고 도에 어긋나는 것은 물리쳤다." 그 후학 가운데 맹자만이 "순정하고도 순정한 사람이다."314 선왕 성도聖道를 집대성한 공맹이야말로 후세 학자들이 도를 얻는 원천이다. 도가 비록 천지에 앞서 생겨났지만 선왕성인이 그 운반체이며 예법과 오상은 그 구체적인 발현이다. 이리하여 도는 깃들 수 있는 주체와 실체를 찾게 되었으며 공허하지 않고 실한 것이 되었다.

한유는 인류 사회의 모든 규범과 정치 현상이 모두 도의 구체적인 구현이라고 생각했다. "문장으로는 『시경』 『서경』 『주역』 『춘추』가 있다. 법으로는 예악형정禮樂刑政이 있다. 백성으로는 사농공상이 있다. 자리로는 군신, 부자, 스승과 벗, 손님과 주인, 형제, 부부가 있다. 의복으로는 삼베와 명주가 있다. 거처로는 궁실이 있다. 음식으로는 조, 쌀, 과일, 채소, 생선, 고기가 있다. 그 도가 쉽고 밝으므로 가르침 또한 쉽게 실천된다."315 그러므로 사람들은 온몸의 힘을 다해 도를 실천해야 한다. "그것으로 자신을 위하면 순하여 상서롭고, 그것으로 다른 사람을 위하면 아끼고 공변되며, 그것으로 마음을 위하면 화합하여 바르며, 그것으로 천하 국가를 위하면 어디를 가도 부당한 곳이 없게 된다."316 도는 사회와 정치의 근본 대법이니 그를 따라서 수제치평하면 천하는 크게 다스려진다는 것이다.

한유는 도가 곧 인의이고, 인의가 곧 도라고 보았다. 도는 철리화한 윤리 도덕으로 유가 정치 학설 가운데 최고의 추상적 개념이다. 한유는 "이

제삼왕 등 뭇 성인의 도"가 침몰해 사라져간다고 느끼고 그 원인을 양주, 묵적, 석가모니, 노자가 "제멋대로 유행하는데 금지하지 못했기 때문"이라고 생각했다. 그는 많은 유생이 너무 범속하다고 비판하며 "공자를 으뜸으로 받들고, 인의를 숭상하며, 왕도를 귀히 여기고 패도를 천시하기만 하면 되는 줄로 안다. 그 대경대법은 모두 사라져 구제할 수 없고, 모두 무너져 수습할 수 없게 되었다"고 한다. "이때를 틈타서 불교와 도교가 창궐하더니 천하의 민중을 고무시켜 그들을 따르게 했다."[317]

도야말로 '대경대법'을 구제할 수 있는 한유의 이론적 성과였다. 그는 도를 구실로 삼아 불교와 노자가 "인과 의를 없애고" "부모와 군주를 무시하며" 강상명교를 파열시킨다고 비난하면서 불교와 도교를 배척하는 유가의 주장을 새로운 수준으로 끌어올렸다. 그는 3교의 도가 병행할 수 없는데 "유행하지 못하게 막지 못했고, 행해지지 못하게 금지하지 못했다"고 보았다. 이 때문에 불교와 도교에 대하여 "종사자들을 환속시켜 백성으로 만들고, 그들의 책을 불태우며, 그들의 거처를 일반민들에게 주고 선왕의 도를 밝혀 도로 삼아야 한다"[318]고 주장한 것이다. 행정 수단을 운용하여 정신적·물질적으로 철저히 금절시키라는 것이다. 한유 이후 도 또는 리理는 불교와 도교를 배척하는 유가의 이론적 도구가 되었다. 도의 승화는 이단에 대항하는 유가의 능력을 증강시켜주었다.

한유의 도통 학설은 『대학』의 '수제치평'론을 밝히고 도를 가지고 유가 전통의 인의예지 등 기본 범주를 추상화한 것인데, 이는 송명 리학에 사상적 자료를 제공해주었다. 그의 도통론은 '송초 3선생宋初三先生'[319]을 거치면서 좀더 완벽해졌으며 당대의 유학을 송대의 리학으로 연결시키는 중요한 고리 역할을 했다. 하지만 한유는 이론적 사변 방면에서 동시대의 다른 사상가들과 비교했을 때 좀 부족한 점이 있다. 그의 반불교 주장만 보더라도 과하게 간단하며 불교나 도교의 사변 철학은 거의 건드리지도 못했다. 그래서 송나라 사람은 그를 이렇게 평가한다. "한유의 학문은 조석으로 인의예지와 형명도수刑名度數 사이에 빠져 있어서 형이상학적인 문제를 잘 몰랐던 것 같다."[320]

03

성품설:
사회 등급 제도의
이론 기초

한유는 불교와 도교의 인성에 대한 주장이 모두 이단이라고 생각했다. 그들이 인의를 가지고 성을 이야기하지 않았기 때문이다. 한편 맹자의 성선론, 순자의 성악론, 양웅의 선악혼재론 모두 편파적이라고 이야기한다. "세 사람의 성에 대한 언술은 가운데를 취했으나 위아래를 빠뜨린 것이다. 하나는 얻었지만 둘은 잃은 것이다"[321]라고 평가한다. 그는 도가 곧 인의라는 주장과 "상지上智와 하우下愚만은 바뀌지 않는다"는 공자의 주장에 기초하여 한대 이래의 성품설과 성정론을 계승하고 개조하여 자신의 성론을 제기했다.

한유는 성性이 인仁, 예禮, 신信, 의義, 지智 5덕을 갖추고 있으며 인이 가장 기본적이고 첫째가는 것이라고 주장한다. 정情은 희로애구애오욕喜怒哀懼愛惡欲 7종이 있다고 생각했다. 성과 정은 다른 점이 있는데 "성은 탄생과 함께 생겨나고, 정은 사물과 접촉하면서 생겨난다"[322] 사람의 본성은 탄생과 더불어 오는 것이고 사람의 정은 후천적으로 습득하는 것이라는 이야기다.

한유는 성과 정 모두 품급이 있다고 보았다. "성을 이루는 바가 다섯 가지 있는데 인이라 하고, 예라 하고, 신이라 하고, 의라 하고, 지라 한다." 성에는 3품이 있는데 상품上品은 "한 가지에 의해 주재되어 나머지 네 가지를 실행한다". 즉 한 가지 덕이 모든 것을 뛰어넘고 나머지 네 가지 덕 또한 훌륭하다. 이런 사람은 성품이 선하다性善. 중품中品은 "한 가지가 적지 않거나 적은 경우이며 나머지 네 가지도 뒤섞여 있다". 즉 한 가지 덕이 부족하지 않으면 과분하며 나머지 네 덕 또한 잡박하게 뒤섞여 순일하지 못하다. 이런 사람의 본성에는 선악이 혼재되어 있다. 하품下品은 "한 가지에 반대되면서 [혹 한 가지 선한 덕이 있다고 하더라도] 네 가지에 어긋난다".[323] 즉 한 가지 덕도 갖추지 못하고 있으며 나머지 네 가지 덕 또한 어긋난 곳이 대부분이다. 이런 사람은 성품이 악하다性惡. 성에 품급이 있기 때문에 불교에서 말하는 심성 평등 관념은 존재하지 않는다.

성과 대응하여 정에도 3품이 있다. "정을 이루는 바가 일곱 가지 있는데 희, 노, 애, 구, 애, 오, 욕이라 한다." 상품은 "움직이되 가운데 위치해서" 절제가 있고 치우치거나 과격하지 않아 중화中和를 실천할 수 있다. 이는 성선의 정이다. 중품은 "심한 경우도 있고 망한 경우도 있지만 중간에 합치하려고 노력한다". 감정적으로 지나치거나 모자라기도 하지만 노력을 하여 중화에 다다를 수 있다. 이는 선악이 혼재하는 정이다. 하품은 "심하게 망가져서 직접 정에 따라 행동한다". 제멋대로 성질을 부리며 아무런 절제도 하지 않는다. 이는 성악의 정이다. "정은 성에 따라서 그 품이 드러난다."[324] 선천적 본성이 후천적 정을 결정하고, 정은 성의 외재적 표현이기도 하다는 말이다. 성의 3품과 정의 3품은 서로 동반하여 생긴다. 정과 성은 절대적으로 대립하는 것이 아니다.

한유는 인성이 탄생과 더불어 오는 것이라고 생각했다. "그 품은 공자가 말한 대로 '바뀌지 않는다.'"[325] 이를테면 주 문왕은 어머니 배 속에서부터 성품이 선했고 태어나면서 5덕이 두루 뛰어났으며 7정이 꼭 중도中

道에 합치했다. 부모님이나 스승이 전혀 마음 쓸 필요가 없었으며 자연스레 완벽한 인간이 되었다. 이렇게 선한 가운데 가장 선한 사람을 한유는 '성인'이라고 불렀다. 이른바 "힘쓰지 않아도 치우치지 않고 생각하지 않아도 얻으며 침착하게 중도를 걷는 사람이 성인이다."[326] 요, 순, 우, 탕과 같은 성인은 나면서부터 특수한 사명을 부여받으며 자라면서 특수한 두뇌를 지니게 된다. 이렇게 하늘이 낳은 성인만이 도를 이해하고 전수할 수 있으며 자연스럽게 도에 합치한다.[327]

한편 관숙管叔과 채숙蔡叔은 나면서부터 성품이 악했다. 주 문왕의 아들로 어려서부터 성인의 교화를 받았으나 얼마 못 가 온갖 나쁜 짓을 저질렀다. 한유는 이렇게 생각했다. "상품은 선할 따름이다. 중품은 위로도 아래로도 이끌릴 수 있다. 하품은 악할 따름이다." "상품의 성은 배우게 되면 더욱 밝아지고, 하품의 성은 위엄을 두려워하여 죄를 덜 짓게 된다."[328] 이는 상품과 하품 사람들은 영원히 바뀔 수 없으며, 중품의 인간은 선과 악 사이에 처해서 선으로 바뀔 수도 있고 악으로 바뀔 수도 있다는 말이다. 상품은 후천적 노력을 통해 한 걸음 더 나아가 자신을 완벽하게 만들 수 있으며, 하품은 엄정한 방비 조치의 통제를 받으면 어느 정도 거둬들일 수 있다.

성품론은 사실상 네 종류의 사람을 열거했다. 첫 번째 종류는 성인이다. 이 사람은 상품 중의 상품으로 선천적·후천적으로 모두 자연스럽게 성은 선하고 정은 화합한다. 이른바 "저절로 참되고 밝은 사람"이다. 두 번째 종류는 상품 가운데 "배움을 통해 더욱 밝아지는" 현덕賢德의 선비다. 세 번째 종류는 선할 수도 선하지 않을 수도 있는 중인中人이다. 네 번째 종류는 어리석고 악하여 엄격한 단속을 받아야 하는 사람이다.

나면서부터 인성의 품급이 있는 것이라면 사회의 대부분 사람들은 교화를 필요로 한다. 그렇다면 말할 필요도 없이 정치적으로 군주제와 등급제를 시행하는 것은 자연스럽고 합리적인 일이 된다. 한유가 쓴 대량의 저술을 살펴보면 그는 위로부터 아래로 내려가는 성현의 통치를 주장하고 있으며, 제도적으로 군주 전제를 구현하고자 했다.

"오상의 가르침은 천지와 함께 생겨났다."[329] "그러므로 상품은 교敎할 수 있고 하품은 제制할 수 있다."[330] 이것이 바로 한유 인성론의 정치적 추론이다. 교는 교화이며, 제는 형벌이다. "도는 인의보다 큰 것이 없고 교는 예악형정보다 바른 것이 없다."[331] 예악형정은 모두 도를 실현하는 길이며, 법도와 형벌 또한 인의의 정치다. 예와 법 모두 인성과 정욕을 통제하고 방비하는 데 없어서는 안 될 수단이다. 하품의 성이 "위엄을 두려워하여 죄를 덜 짓기" 때문에 한유는 형벌의 사용을 주장했을 뿐만 아니라 특정 조건하에서는 무거운 형벌을 주장하기도 했다. "벌이 무거우면 흉악한 사람들의 혼백이 달아나게 할 수 있다."[332] 성품론은 정심의 수양과 예악 교화의 필요성을 논증했을 뿐만 아니라 엄벌과 혹형의 필요성 및 합리성을 논증하기도 했다.

한유의 인성론은 역사상 유가들의 각종 인성론의 장점을 종합하여 집대성한 것이다. 유가 인성론을 더욱 정교하고 세밀하게 만들었으며 유가 도덕관과 정치론 전개를 위한 더욱 완벽한 이론을 제공해주었다. 한유의 인성론은 유학 인성론 발전사에서 중요한 고리이자 이정표였다.

04

성인 입법창제설과
존군론

한유가 군주 전제 제도를 위해 저술한 가장 힘 있는 변호는 바로 성인이 도와 동체이며, 군주이며 스승이고, 인류를 구원한다는 주장이다. 한유가 보기에 군주와 성인은 때로 동의어다. "제帝나 왕王은 명호는 다르지만 성인이라는 점에서 한가지다."³³³ 성인론의 주지는 군주론이다.

한유는 인류가 금수가 되지 않고, 중화가 이적이 되지 않은 것은 성인 덕분이라고 생각했다. 그는 이렇게 말한다. "사람이 처음 생겨났을 때는 물론 이적과 금수와 다름없었다. 성인이 나타난 뒤 집을 지어 살고 밥을 해먹을 줄 알게 되었다. 친한 사람을 친하게 여기고 존귀한 사람을 존귀하게 여길 줄 알게 되었다. 살아 있는 사람은 기르고 죽은 사람은 매장할 줄 알게 되었다."³³⁴ 「원도」에서 그는 성인이 제도를 만들고創制 법을 세움立法으로써 인류에게 문화와 문명을 가져오게 된 역사를 상세하게 진술하고 있다. "아주 옛날엔 사람에게 해가 되는 일이 매우 많았다. 성인이 나타난 뒤 교화를 함으로써 서로 양생하는 길을 알게 되었다. 이에 그를 군주로 삼고 스승으로 삼았다."³³⁵ 성인은 인류에게 의식주와 교통, 상공업 및 의약을 가르쳤을 뿐만 아니라 "예를 만들어 선후의 순서를 정했고,

음악을 만들어 우울함을 풀게 했고, 정치를 만들어 게으른 자들을 통솔하게 했고, 형벌을 만들어 강경한 자들을 제거했다. 서로 속이므로 도장과 옥새, 되와 말, 저울 등을 만들어 믿게 했다. 서로 빼앗으므로 성곽, 갑병을 두어 지키게 했다. 해로운 일이 닥치면 이를 대비했고, 환난이 생기면 이를 막아주었다."[336] 결국 인류의 물질문명, 정신문명, 사회정치 제도 모두 성인이 발명하고 창조한 것이라는 이야기다. "만약 그 옛날에 성인이 없었다면 인류는 오래전에 없어졌을 것이다."[337] 인류에게 오늘날이 있는 것은 성인이 군주가 되고 스승이 되었기 때문이며, 성인이 만든 예악형정이 있고 군주 제도가 있었기 때문이다. 이는 역사의 관점에서 군주 전제 제도의 합리성을 논증한 것이다.

한유는 사회생활과 정치 생활에서 결정적 작용을 하는 것은 군주이며 정치적으로 군주, 신하, 백성 세 신분으로 나누고 완전히 다른 등급으로 규정해야 한다고 생각했다. "그리하여 군주는 명령을 내리는 존재이고, 신하는 군주의 명령을 실행하여 백성에게 이르게 하는 존재이며, 백성은 곡물과 옷감을 생산하고 그릇을 만들고 재화를 유통시켜 윗사람을 섬기는 존재다."[338] 이러한 정치 관계와 정치 규범에 따르면 군주는 정치의 주재자이며, 신하는 군주의 명령을 집행하는 도구이며, 민중은 정치적 의무만 있고 정치적 권리는 없는 피통치자가 된다.

모든 등급은 각자 맡은 직무를 지키며 자신의 본분을 다해야 한다. "군주가 명령을 내리지 못하면 군주로서의 자격을 잃는 것이다. 신하가 군주의 명령을 실행하여 백성에게 이르게 하지 못하거나 백성이 곡식과 옷감을 생산하고 그릇을 만들고 재화를 유통시켜 윗사람을 섬기지 못하면 처벌해야 한다."[339] 신하와 백성이 온 마음을 다해 군주의 명령을 듣지 않거나 제 윗사람을 받들지 않으면 가차 없이 죽여야 한다. 윤리 도덕에 따르면 "자식임에도 제 부모를 부모로 여기지 않고 신하임에도 제 군주를 군주로 여기지 않으며 백성임에도 섬겨야 할 사람을 섬기지 않음"은 "하늘이 부여한 상도를 멸시한"[340] 것이기 때문이다.

관념으로든 현실에서든 국가와 신민은 군주의 사유물이거나 부속물이라고 본 한유는 우민 정책의 시행을 주장했다. 그는 「본정本政」이라는 글에서 이렇게 주장한다. "옛날 천하의 군주가 된 사람은 교화를 하고도 그 교화의 도에 대해서는 알려주지 않았다. 폐단을 만나면 바꾸었지만 그 바꿈의 도에 대해서는 알려주지 않았다. 이렇게 함으로써 정치적 효과를 얻었으며 백성은 순박해졌다."[341] 민중에게 정치에 참여할 권리를 인정해주지 않았을 뿐만 아니라 정책 명령을 내린 이유 또한 민중이 알지 못하도록 한 것이다. 군주가 시정의 도를 민중에게 보여주지 않으면 민중은 정치적 지혜나 참정 요구를 할 수 없게 된다. 민중이 정치에 마비되면 될수록 민풍은 순박해지고 정책 명령은 쉽게 이행되는데 이러한 치인의 도야말로 가장 이상적이다. 봉건 전제주의라는 조건하에 가장 쉬운 통치는 우매하고 무지하며 공손히 왕명에 따르는 우민을 대상으로 할 때다. 통치술을 "백성에게 분명하게 보여주면" 거꾸로 "민란을 불러올"[342] 수 있다. 여기서 한유는 유가의 전제주의 이론을 남김없이 발휘하고 있다.

다른 유학자나 충신들과 마찬가지로 한유의 정치사상에도 천하를 두루 구제하고 백성의 아픔에 관심을 두는 측면이 있다. 그는 "도로써 군주를 섬기고 죽음을 꺼리지 말라"[343]고 주장한다. 『순종실록』에서 그는 당 왕조의 가렴주구를 심하게 폭로한 적이 있다. 그는 백성을 위해 청원을 하다가 좌천이 되기도 했다. 『신당서』 「한유전」의 기록에 따르면 그는 지방에서 "사랑을 가지고 백성 입장에 선" 부모와 같은 관리였다. 한편으로 군주를 드높이고 백성을 억누르면서 백성이 윗사람을 섬기지 못하면 가차 없이 죽이라는 주장을 견지하면서도 다른 한편으로 백성을 위해 청원을 하고 백성을 자식처럼 아꼈으니 이는 그 스스로 모순을 저지른 것이 아닌가? 한유가 보기에 이는 모순이 아니었다. 그 이유는 군주와 민중은 "서로 생양하는" 관계이기 때문이다. 백성을 위해 청원을 하거나 백성을 죽이라고 한 것은 모두 "서로 생양하는" 도를 지키기 위함이었다. 그는 「오자왕승복전圬者王承福傳」에서 미장이의 입을 빌려 "사람이 모든 것을 다 잘할 수는 없으니 각자 제 능력을 발휘하여 상생하도록 이끌어야 한다"[344]는 도리를 설파한다.

군주 제도하에서 "군주는 나로 인한 생명들을 다스리는 자이고 백관은 군주의 교화를 받드는 자다."[345] 사농공상은 각자 제 능력에 따라 먹고 살며 서로를 위해 복무한다. 백성은 응당 제 업무에 충실하며 군주를 봉양하는 것이 맞다. "맡은 바 임무는 크고 작음이 있겠지만 그릇처럼 각자의 역할이 있다. 먹고살면서도 제 일에 태만한 사람에게는 반드시 하늘의 재앙이 있을 것이다."[346] 기왕 군주와 민중이 서로 생양하는 관계라면, 민중이 군주를 섬기지 못하면 죽어야 하고 군주가 백성을 다스리지 못하면 도를 잃는 것이다. "군자는 자리를 차지하고 있으면 죽음으로 제 관직을 수행할 것을 생각한다."[347] "충성을 바쳐야 할 대상은 국가와 군주뿐이다."[348] 백성을 죽이라거나 백성을 위해 청원을 하는 것 모두 직책을 다한 것이며 군주와 국가에 충성을 바치는 행위다. 한유는 거듭해서 이렇게 이야기한다. "도를 얻으면 홀로 제 몸만 지켜선 안 되고 반드시 천하를 두루 구제해야 한다. 죽을 때까지 그저 쉬지 않고 부지런히 실천해야 한다."[349] 한유의 정치적 주장과 사상 및 언행을 살펴보면 그가 확실히 군주 전제 제도를 위한 충정한 신하였음이 드러난다.

제5절

이고의 복성설復性說과
유가 도덕의 절대화

이고李翱(772~841)는 자가 습지習之이며 농서隴西 성기成紀(오늘날의 간쑤甘肅성 친안泰安) 사람이다. 일설엔 조군趙郡 사람이라고도 한다. 정원貞元 연간에 진사가 되었고 관직이 산동남도山東南道 절도사에 이르렀다. 그는 사적으로 한유와 아주 친밀했는데 그 관계는 스승과 친구의 중간쯤이었다. 한유는 그를 "도가 있고 문장이 중후하며" "성인의 지극한 오묘함을 궁구한" 사람이라고 찬양했다. 저서로는 『이문공집李文公集』이 있으며 그 가운데 「복성서復性書」는 사상의 명저다.

이고는 "성명性命의 도를 다하는" 것이야말로 공맹학설의 종지이자 정수라고 생각했다. 하지만 애석하게도 "진나라 때 책들이 멸절을 당했는데 『중용』 가운데 타지 않고 남은 것은 한 편뿐이어서 이 도가 무너지게 되었다". 그 결과 "성명에 관한 책이 존재했음에도 학자들이 충분히 밝힐 수 없었다. 그래서 모두 장자, 열자, 노자, 석가모니에 빠져들게 되었으며 모르는 사람들은 공자의 제자들이 성명의 도를 충분히 궁리하지 못했다고 말한다".350 그는 한대 이래 유학자들의 각종 인성론이 편파적이라고 유감을 표명하고 스스로를 도의 전승자로 자처하면서 「복성서」를 썼다. 「복성서」에서 그는 불교 사상을 유학에 끌어들였는데 불학의 사변적 성과를 빌려다가 공맹의 심성학을 명백히 했다. 이고가 제기한 "성은 선하고 정은 악하니, 정을 멸하여 성을 회복하자性善情惡, 滅情復性"는 명제는 유학 내 인성론을 한 단계 심화시켰다.

이고는 인성이 모두 선하다고 생각했다. 평범하든 성스럽든 현명하든 어리석든 인성에는 선천적 차별이 없다고 보았다. 그는 말한다. "사람은 태어나면서 아주 고요한데 이것이 하늘의 성이다. 성이란 하늘의 명이다."351 "청명한 본성은 천지의 거울이며 밖에서 오는 것이 아니다"352라고도 말한다. 본성은 선천적으로 부여받은 것으로 천지의 본성과 같다. 그래서 "사람의 본성은 모두 선하다".353 정과 성은 다르다. "정은 선함도 선하지 않음도 있으나 성은 선하지 않음이 없다." 그러므로 사람이 선하지 않음은 "성이 그렇게 만든 것이다". "걸주의 본성은 요순의 본성과 같았으나 그들이 본성을 제대로 보지 못하고 욕망을 즐기고 악을 좋아했기 때문에 혼미해진 것이다. 본성의 죄가 아니다."354 악한 사람도 본성은 선하되 정이 악한 것이란 이야기다.

정과 성은 서로의 전제 조건이 되는 통일체다. "정은 성이 움직인 것이다." "정은 성으로 말미암아 생기며 정은 저절로 정이 되지 않으며 성에 기인하여 정이 된다."355 정은 성으로 말미암아 생겨나므로 성이 기초이며 정은 성에 종속된다. 그러나 성은 자발적으로 밖으로 드러나지는 못한다. 반드시 정을 통해서만 표현된다. "성은 저절로 성이 되지 않으며 정으로 말미암아 분명해진다." 이 의미에서 보면 성 또한 정에 의존한다. 결국 성이 없으면 정이 없고 정이 없으면 성 또한 없다. 하지만 이고는 성과 정의 대립을 더욱더 강조한다. 그는 성인의 정은 선하지만 범인의 정은 모두 악한 성분을 갖고 있다고 보았다. 성인도 "정이 있지만 정이 있었다고 말할 수 없다".356 정이 없어야만 순수한 최고의 선에 이를 수 있다.

이고는 정이야말로 성의 큰 적이라고 보았다. 그것이 천하 사람들이 선과 미를 다할 수 없게 만드는 근원이라는 것이다. 그는 「복성서」에서 다음과 같이 주지를 명백히 밝히고 있다. "사람이 성인이 되는 것은 본성 때문이다. 사람이 본성을 미혹에 빠뜨리는 것은 정 때문이다. 희, 노, 애, 구, 애, 오, 욕 일곱 가지는 모두 정 때문에 생긴 것이다. 정이 혼미해지면 성은 숨겨지는데 이는 성의 잘못이 아니다. 일곱 가지가 순환하면서 교차로 오기 때문에 성이 차 있을 수 없는 것이다."357 그는 성을 청명한 물과 불에 비유하고, 정을 물속의 모래와 불속의 연기에 비유한다. "정이 작용하지 않으면 성은 그렇게 차 있다."358 그는 심지어 이렇게 말한다. "정은 성의 사악함이다." "정은 망령되며 사악하다." "정이 혼미해지면 성은 사라지게 된다."359 이렇게 보면 이고는 원칙적으로 정 가운데 선한 성분도 있음을 인정하지만 정의 존재는 시종 성에 대한 위협일 뿐이다. 인성이 비록 선하지만 정에 의해 교란되어 수많은 선하지 못함이 생겨난다는 것이다.

이고는 한층 더 나아가 성인이 성인이 되는 까닭과 범인이 범인이 되는 까닭이 있다는 점에서 성과 정의 대립을 설명한다. "성인은 천지와 그 덕을 합치시키고 일월과 그 밝음을 합치시키고 사시와 그 질서를 합치시키고 귀신과 그 길흉을 합치시킨다. 하늘에 앞서가도 하늘이 어기지 않으며, 하늘에 뒤서서 천시를 받든다."360 성인의 본성은 천지를 관통하며 못하는 것이 없다. "사물의 본성을 다하게 할 수 있으며" "천지의 변화 육성을 돕고" "천지의 운영에 참여할 수 있다." "고요하여 움직이지 않지만" "가지 않아도 도달하고, 말하지 않아도 신명하며, 빛내지 않아도 빛이 난다."361

성인의 본성은 어찌하여 이와 같은가? 이고는 그 원인을 두 가지로 생각했다. 첫째, 성인의 본성은 "욕망을 즐겨서 흐려지지" 않고 성인은 "정이 사악하다는 것을 알고 있다. 밝음으로 사악함을 잘 깨닫고 있다. 깨달으면 사악함이 없으니 사악함이 어디서 생겨나겠는가".[362] 사악한 정과 욕망은 성인 앞에서 꼬리를 내릴 수밖에 없다는 것이다. 둘째, 성인은 "정을 중간에서 절제시킬 수 있다". 성인의 본성은 지극히 참되고 정은 본성의 단속하에서만 작용을 발휘할 수 있다. 이를테면 요순이 상을 주는 것은 "기뻐서가 아니며" 벌을 주는 것은 "노여워서가 아니다". 그러니 정이 그 본성을 엄폐하지 못한다. 반대로 성은 정을 지배한다. 정은 반드시 성과 서로 부합하여 본성은 있으되 정은 없는 경지에 이르러야 한다.

범인과 성인은 모두 "하나의 기氣로 길러지고 한 번의 비雨로 살이 찐다".[363] "백성의 성과 성인의 성은 차이가 없으며" 양자 사이에 "각자 성취의 깊음과 얕음이 있을" 따름이다. 백성의 성은 "정 때문에 혼미해져 서로 공벌을 거듭하여 처음부터 궁구를 해보지 못하니 평생을 가더라도 스스로 그 본성을 제대로 보지 못한다".[364] 본성이 존재하지만 "정의 움직임을 멈추게 하지 못하면 본성을 회복하여 천지의 등불이 되어 끝없이 밝혀줄 수가 없는"[365] 것이다. 따라서 "사람의 본성은 모두 선하지만 사악한 정 때문에 혼미해진다".[366] 이고는 여기서 성인과 범인이란 정반의 두 측면을 가지고 정을 멸하고 본성을 회복해야 하는 중요성과 필요성을 논증한다.

이고가 말하는 본성은 봉건 윤리 도덕, 즉 인의예지의 도다. 이고는 사람이고 금수이고 모두 동물인데 그 차이는 도덕의 본성을 다할 수 있느냐의 여부뿐이라고 생각했다. "사람이 도에 힘쓰지 않는 것은 혼미해서 생각하지 않기 때문이다. 하늘과 땅 사이에서 만물이 탄생한다. 사람이든 만물이든 한 가지 물物이다. 사람이 금수나 벌레 따위와 다른 점은 어찌 도덕의 본성이 온전한 것 때문이 아니라고 하겠는가? 기가 하나로 모여 형체를 이루는데 하나는 다른 물질이 되고 하나는 사람이 되는데 그렇게 되기가 매우 어렵다. 세상에 태어났더라도 아주 오래 장수하는 것도 아니다. 장수하지도 않는데 얻기 어려운 사람의 몸을 얻었음에도 오로지 대도에 전념하지 않는다면 그건 마음이 제멋대로 그렇게 만든 것이다. 그렇게 되면 그 자신이 금수나 벌레 따위와 다른 점도 거의 없게 되는 것이다."367 심지를 제멋대로 굴려 정욕에 빠지고 도덕의 본성을 다하지 않는다면 금수와 다름이 없다는 말이다. 이고는 세상 사람들에게 진지하게 경고한다. 정을 없애고 본성을 회복하지滅情復性 못하면 장차 금수가 되어 사람 축에 끼지도 못할 것이라고. 이는 사람과 사람됨의 관점에서 멸정복성의 필요성을 논증한 것이다.

어떻게 해야 복성 즉 본성을 회복할 수 있는가? 그 유일한 길은 윤리 도덕규범에 위배되는 일체의 정욕을 포기하는 것 즉 '멸정복성'뿐이라고 이고는 주장한다. "망령된 정을 완전히 없애면 본성이 청명해져 상하사방에 두루 흐르게 되니 본성을 회복할 수 있다고 말하는 것이다."368 이고는 "천명을 본성이라 일컫는다"는 『중용』의 관점을 발전시켜 사람마다 천부적인 도덕 속성을 갖고 있다고 반복해서 논술한다. 그리고 『중용』에서 말하는 '지성至誠'을 복성의 최고 경지로 삼는다. 사람이 일단 복성하여 '지성'의 경지에 다다르기만 하면 '성誠의 밝음'을 운용하여 천지 만물을 감응할 수 있다고 한다. 복성이 지인知人, 지물知物, 지천知天과 서로 통일되므로 내가 곧 만물이요 만물이 곧 내가 된다는 것이다.

복성에 이르는 구체적인 길은 주로 두 가지인데 바로 타율과 자율이다. 타율이란 예악을 가지고 사람들의 정욕을 틀어막는 것이다. "예를 제정해 절제시키고, 음악을 만들어 화합시킨다." "수레를 탄 사람은 방울 소리를 듣고, 걷는 사람은 패옥이 울리는 소리를 듣는다.369 이유 없이 거문고나 비파를 폐기하지 않으며, 보고 듣고 말하고 행동함이 모두 예법에 따라 움직이도록" 한다. 이렇게 하면 "사람들로 하여금 정에 빠져 욕망을 즐기는 것을 잊게 만들어 성명性命의 도로 돌아가게"370 할 수 있다는 것이다. 이는 강제적 사회 규범을 가지고 사람들의 모든 정감과 욕망 및 분수에 맞지 않는 욕망을 억눌러야 할 필요성을 논증한 것이다.

자율은 개인의 주관적 노력과 도덕 수양을 말한다. 복성설의 주지는 자율의 중요한 의의를 강조하는 데 있다. 이고는 멸정복성을 주장한다. "이는 바깥에서 얻어지는 것이 아니다. 그 본성을 다할 수 있도록 할 뿐이다."[371] 자아 수양을 통하여 지성至誠으로부터 나아가 "천지의 변화 육성을 돕고' '수제치평'을 실현하라는 것이다.

이고는 『중용』을 으뜸 교본으로 삼고 자신을 돌아보아 진리를 회복한다는 도가의 '반기복진反己復眞'설과 본성을 통찰해 성불한다는 불가의 '견성성불見性成佛'설을 참조하여 일련의 수련 기술을 제기했다. 즉 근심하지말고 바르게 생각할 것, 근본을 알고 잡생각을 없앨 것, 끝까지 지적 탐구를 하고 뜻을 참되게 할 것 등이다. 그는 말한다. "근심하지 않고 잡생각을 하지 않으면 정이 생겨나지 않는다. 정이 생겨나지 않으면 바른 사고를할 수 있다. 바르게 사고하는 자는 걱정이나 잡생각이 없다."[372] 먼저 일체의 감각과 사유 활동을 버리고 정욕이 생겨나는 것을 피해야 한다. 이를통해 정 때문에 혼미하지 않게 되는 경지에 들어서게 되고, 생각은 완전히 본성에 부합하는 바른 사고, 즉 '정사正思'의 경지에 들게 된다.

근심하지 않고 잡생각을 하지 않는 것만으로는 부족하다. "그 마음을 재계하는 것은 고요함을 떠나지 않는 것이다. 고요함이 있으면 반드시 움직임이 있고 움직임이 있으면 반드시 고요함이 있다. 움직임과 고요함이 멈추지 않는 것이 바로 정이다."[373] 정욕을 철저히 근절시키려면 반드시 근본을 이해하고 잡생각이 없어야 한다. "근본을 이해하고 잡생각이 없으며 움직임과 고요함으로부터 모두 떠나 평온하게 움직이지 않는 상태를지극히 참됨 즉 지성至誠이라 한다."[374] 생각이 "동과 정으로부터 완전히떠나 평온하게 움직이지 않는" 절대 정지의 상태에 진입하게 되었을 때 비로소 '지성'의 경지에 다다를 수 있다는 말이다.

그런데 근심하지 않고 바른 사고를 하며 근본을 이해하고 잡생각을 없애는 것은 그저 소극적인 회피에 불과하다. 오직 치지致知와 성의誠意를 했을 때 비로소 마음대로 내달려도 규칙을 벗어나지 않고 마음이 하고 싶은 대로 해도 법도를 어기지 않을 수 있다. 치지하고 성의하면 곧 "모르는 것이 없고 하지 못하는 것이 없다". "사물에 접하게 되면 마음이 밝아져서 분명하게 구별을 하고 사물에 직접 반응하지 않는다."[375] 이 경지에 도달한 사람은 시비와 선악을 분명하게 구별하며 주동적으로 사악함을 방비하고 정욕을 없앤다. 생각하지 않는 바가 없고 하지 못하는 일이 없으나 직접 "사물에 반응하여" 정욕을 동하게 하지 않는다. 이런 사람은 완전히 본성으로 되돌아간 것이며 안으로는 성인의 수양을 하고 겉으로는 왕자의 덕을 실천하는 내성외왕이 된다. "앎이 지극하므로 뜻이 참되고, 뜻이 참되므로 마음이 바르고, 마음이 바르므로 몸을 잘 수양하고, 몸을 잘 수양하니 집안이 가지런해지고, 집안이 가지런하니 나라가 잘 다스려지고, 나라가 잘 다스려지니 천하가 태평해진다. 그리하여 천지의 운영에 참여할 수 있는 것이다."[376]

인성론은 가장 중요한 유가 정치 철학 가운데 하나다. 성론과 도론 혹은 천론은 상부상조하며 유가 정치 학설의 이론 기초를 이룬다. 이고의 복성론은 여러 방면에서 정치적 의미를 지니고 있다. 첫째, 윤리 도덕규범의 절대성을 강조했다. 도덕은 하늘로부터 부여받은 본성이며 사람의 일생은 처음부터 윤리 도덕의 규범하에 놓여 있다. 도덕이 주재하는 권위를 회피하면 사람이 될 수 없으며, 도덕적 권위를 자각하고 인정하면 모든 사람이 성현이 될 수 있다. 천부적인 도덕에 위배되는 일체의 사상과 언행은 모두 사악하고 허망한 것이므로 철저히 근절시켜야 한다.

둘째, 백성을 순한 집단으로 만드는 데 힘썼다. "행동이 예에 맞고"[377] 정을 없애고 본성을 회복하도록 해야 한다. 이론으로든 실천에서든 사람의 정情, 사思, 기嗜, 욕欲을 철저히 제거하는 것을 주지로 삼고 있다. 복성설은 사람들로 하여금 봉건 도덕규범을 자각하고 준수하도록 가르친다. 손발을 한 번 놀리는 데에도 조금의 위반이 있어선 안 된다는 것이다. 이런 사람은 독립적인 개성이나 자주정신을 가질 수 없다. 그러니 필경 군주 정치 질서에 순응하는 백성일 수밖에 없다.

셋째, 사람의 사악한 정욕을 없애야 한다는 관점에서 예악형정의 필요성을 논증했다.

넷째, 등급제의 합리성을 논증했다. 언뜻 보면 인간 본성이 모두 선하다는 논의는 인간의 선천적 평등성을 강조하는 듯하다. 하지만 본성은 선한데 정은 악하므로 정을 없애 본성으로 돌아가야 한다는 복성론은 주로 인간의 불평등을 논증하기 위해 만들어진 것이다. 정욕에 현혹된 삶은 필경 대량의 범부와 속물을 만들어내고 사람들을 선악의 면전에 줄 세우고 등급 서열을 매기게 한다. 본성을 회복하여 성인이 된다는 것은 정말로 대단히 어려운 일이다. 이고는 사람들에게 "하루 수양하면 성인의 경지에 이를 수 있다"고 바라서는 안 된다고 경고한다. 어떻게 "십 년을 흐려져 있다가 하루 그침으로써 성인에 도달하기를 바랄"[378] 수 있단 말인가. 오직 "창졸지간이라도 반드시 그렇게 [수양을] 하고, 엎어지고 자빠지더라도 반드시 그렇게 [수양을] 해야"만 비로소 "거기에 다다를 희망이 있을 수 있다."[379] 정욕을 없애고 본성을 회복하는 것이 이토록 어려운 일이기 때문에 도덕의 본성 앞에 사람 간 차등이 있음은 말하지 않아도 알 수 있다.

다섯째, 군주 정치 제도의 합리성을 긍정했다. "하늘의 도는 선지자가 후지자를 깨우치고, 먼저 깨친 자가 나중에 깨친 자를 깨우치는 것이다." 오직 성현만이 "천하의 뜻을 꿰뚫을 수 있으며" "천하의 업무를 완성할 수 있다."[380] 성현이 예법을 제정하고 음악을 만들어 뭇 생령을 교화했다는 것이다. 이것이 정치 체제로 구현되면 필경 군주 전제 제도가 된다.

이고의 복성설은 유학 발전사에서 중요한 위치를 차지한다. 그는 '복성'을 그의 철학, 윤리학, 정치학의 핵심 내용이자 최종 목적으로 삼았다. 이는 종법 윤리 도덕을 한 걸음 더 절대화시켰으며, 유학에서 심성 학설에 이론적으로 관심을 갖고 사유의 초점으로 삼기 시작했다는 표시이기도 하다. "성은 선하고 정은 악하며性善情惡, 정을 없애고 성을 회복하자滅情復性"는 주장은 천지지성天地之性, 기질지성氣質之性, 멸욕존리滅欲存理에 관한 송대 성리학자들의 사상적 맹아를 배태한 것으로서, 사실상 송명 리학의 선구라 할 수 있다.

공영달의 도론으로부터 유종원의 천도자연관, 한유의 도통론, 이고의 복성설에 이르면서 유학은 철학화, 체계화, 계보화되었다. 종법 윤리, 인간 본성은 우주 본체와 합일되었다. 정치사상의 관점에서 보면, 이 이론 형태의 실질은 종법 도덕으로 하여금 천도 자연과 인간 본성을 빌려다가 보편적 강제성을 띠는 사회 규범과 종교에 가까운 문화적 신앙으로부터 이화異化시키는 작용을 한다. 송대 유학자들은 이 이론의 기초 위에서 한 걸음 더 나아가 융합하고 추출하고 승화시켜 끝내 유학 이론 형태의 전환이라는 역사적 과정을 완성했다.

1 超擢奇儁, 厚賞諸儒, 京邑達於四方, 皆啓黌學校. (…) 中州雅儒之盛, 自漢魏以來一時而已.

2 煬帝卽位, 復開庠序, 國子郡縣之學, 盛於開皇之初. 徵辟儒生, 遠近畢至, 使相與講論得失於東都之下.(『수서』, 「유림전」)

3 기친朞親이란 상복을 1년 입는 친족의 범위를 지칭한다. 보통의 경우 자녀와 적손자녀, 고모와 삼촌 및 자녀를 포함하는 사촌관계를 통칭한다. ─옮긴이

4 凡學六, 皆隷於國子監: 國子學, 生三百人, 以文武三品以上子孫若從二品以上曾孫及勳官二品縣公京官四品帶三品勳封之子爲之; 太學, 生五百人, 以五品以上子孫職事官五品朞親若三品曾孫及勳官三品以上有封之子爲之; 四門學, 生千三百人, 其五百人以勳官三品以上無封四品有封及文武七品以上子爲之, 八百人以庶人之俊異者爲之; 律學, 生五十人, 書學, 生三十八, 算學, 生三十八, 以八品以下子及庶人之通其學者爲之.

5 당나라 과거 시험 방식의 하나로『통전通典』「선거 3」에 따르면 수험생이 익힌 경전의 양 끝을 가리고 중간 한 줄만 둔 채 그 위에 종이를 붙여 알아맞히게 하는 방식이었다고 한다. ─옮긴이

6 당나라 과거 시험 방식의 하나로『구당서』「문종기하」에 따르면 먼저 첩경帖經을 하고 이어 경전의 대의를 물어서 경의에 정통한 자를 규제시키는 방식이었다고 한다. ─옮긴이

7 『좌씨춘추전』『공양춘추전』『곡량춘추전』 등 춘추 3전을 전문으로 익힌 사람들을 선발하는 시험. ─옮긴이

8 明服氏春秋傳, 鄭氏尙書詩禮記, 王氏易, 善屬文, 通步曆.(『신당서』, 「공영달전」)

9 朕今所好者, 惟堯舜之道, 周孔之敎, 以爲如鳥有翼, 如魚依水, 失之必死, 不可暫無耳.(『정관정요』, 「신소호愼所好」)

10 이하 인용문은 공영달의 소疏에서 나온 것으로 편명만 밝힌다.

11 道生一者, 一則混元之氣, 與太初太始太素同, 又餘易之太極, 禮之太一, 其義不殊, 皆爲氣形之始也. 一生二者, 謂混元之氣分爲二, 二則天地也. (…) 二生三者, 謂參之以人爲三才也. 三生萬物者, 謂天地人旣定, 萬物備生其間.(「월령소月令疏」)

12 道之功用, 能鼓動萬物使之化育. (…) 物之存成, 由乎道義.(「계사상소繫辭上疏」)

13 天也者, 形之名也.(「건괘소」)

14 道是無體之名, 形是有質之稱. 凡有從無而生, 形由道而立. (…) 故自形外以上者, 謂之道也; 自形內而下者, 謂之器也. 形雖處道器兩畔之際, 形在器不在道也.(「계사상소」)

15 道卽無也, (…) 氣卽有也. (…) 故以無言之, 存乎道體; 以有言之, 存乎器用.(『주역정의』권수卷首 「논역지삼명論易之三名」)

16 道與太易自然虛無之氣, 無象不可形求, 不可類取, 强名曰道, 强謂之太易也.(「월령소」)

17 道體無形, 自然使物開通, 謂之爲道.(「건괘소」)

18 道冥昧, 不以功爲功.(「계사상소」)

19 萬物皆因之而通, 由之而有, (…) 至如天覆地載, 日照月臨, 冬寒夏暑, 春生秋殺, 萬物運動, 皆由道而然.(「계사상소」)

20 無陰無陽乃謂之道. (…) 道雖無於陰陽, 然亦不離於陰陽, 陰陽雖由道成, 卽陰陽亦非道, 故曰一陰一陽也.(「계사상소」)

21 故以言之爲道, 以數言之謂之一, 以體言之謂之無, 以物得開通適之道, 以微妙不測謂之神, 以應機變化謂之易. 總而言之, 皆虛無之謂也.(「계사상소」)

22 道之爲義, 取開通履踏而行, 兼包大小精一. 若大而言之, 則天道造化自然之理謂之道, 則老子云: 道可道, 非常道, 則自然造化虛無之謂也; 若小而言之, 凡人才藝亦謂之爲道. 是道無定分, 隨大小異言, 皆是開通於物, 其身履踏而行也.(「표기소表記疏」)

23 萬物無不由道通.(「빙의소聘義疏」)

24 大道亦謂聖人之道也. 器謂物堪用者. 夫器各施其用, 而聖人之道弘大無所不施, 故云不器. 不器而爲諸器之本也.

25 道者, 比況道路以爲稱也.(「계사상소」)

26 內雖是無心, 外則有經營之迹.(「계사상소」)

27 行不失正之曰道. 施於人君, 則治民事神, 使之得所, 乃可稱之爲道矣.(「환공6년소」)

28 斷天地, 理人倫, 而明王道.(『주역정의』권수 「논역지삼명」)

29 聖人所以下爲教命者, 皆是取法於天地.(「예운소」)

30 德禮刑, 無非天意. 君居天官, 聽治政事. 當須勉之哉!(「고요모소」)

31 天道遠而人道近. 天之命人非有言辭文話. 正以神明佑之, 使之所征

32 父子天性自然, 故云道.(「문왕세자소文王世子疏」)

33 父義母慈兄友弟恭子孝. 五者人之常行, 法天明道爲之.(「태서하소」)

34 義者, 宜也, 得其事宜. 五常之名皆以適宜爲用, 故稱義可以總也.(「고종·융일소」)

35 父慈, 子孝, 兄良, 弟友, 夫義, 婦聽, 長惠, 幼順, 君仁, 臣忠.(「예운소」)

36 倫, 理也. 君臣父子之義, 朋友之交, 男女之別, 皆人之常理也. (…) 是人理薄也.(「관저소關雎疏」)

37 父子君臣之道, 是禮之大者也. (…) 父子君臣長幼之道得而國治.(「문왕세자소」)

38 自然謂之性, 貪欲謂之情, (…) 人初生未有情欲, (…) 人既化物, 逐而遷之, 恣其情欲, 故減其天生淸靜之性而窮極人所貪嗜欲也.(「악기소」)

39 天理滅, 大亂之道.(「악기소」)

40 凡人皆有善性, 善不能自成, 必須人君敎之乃得爲善.(「홍범소」)

41 裁制人性以禮義.(「악기소」)

42 禮爲人之本, (…) 治人之道於禮最急.(「제통소祭統疏」)

43 「단궁상소檀弓上疏」.

44 禮爲道德之具, (…) 凡爲禮之法, 皆以忠信仁義爲本, 禮爲文飾.(「곡례상소」)

45 夫禮者, 經天地, 理人倫, 本其所起在天地未分之前, 故禮運云: 夫禮必本於太一. 是天地未分之前已有禮也.(「기서記序」)

46 禮之大綱之體, 體於天地之間, (…) 所生之物皆禮以體定之.(「상복사제소」)

47 「예운소」.

48 物生則自然而有尊卑, (…) 天在上, 地在下, (…) 若羊羔跪乳, 鴻雁飛而有行列, 豈由敎之者哉! 是三才旣判, 尊卑自然而有, 但天地初分之後, 卽應有君臣治國.(「기서」)

49 禮者, 理也. 其用以治, 則與天地俱興.(「기서」)

50 用至善之大理, 以爲敎本.(「예운소」)

51 國家尊卑上下制度, 存在於禮.(「중니연거소」)

52 「예운소」.

53 禮者, 體也. 統之於心, 行之命道, 謂之禮也. (…) 禮據其心, 義據其事, 意不相違, 故禮與義合也.(「제통소」)

54 非禮無以事天地之神, 辯君臣長幼之位. (…) 順之則宗祏固, 社稷寧, 君臣序, 朝廷正, 逆之則紀綱廢, 政敎煩, 陰陽錯於上, 人神怨於下.(「예기정의서」)

55 禮由天子所行, 旣非天子, 不得議論禮之是非.(「중용소」)

56 人君治國, 須禮如巧匠治物執斤斧之柄, (…) 制禮以敎民.(「예운소」)

57 猶襄陵之浸, 修堤防以制之; 惡駕之馬, 設銜策以驅之.

58 政謂禁令, 用禁令以行禮樂也, (…) 若不行禮樂, 則以刑罰防止也. (…) 禮以尊卑上下裁節民心; 樂以律呂調和民聲; 政以令行禁止; 刑以防犯越軌之行. 禮樂刑政缺一不可 (…) 四者通達流行而不悖逆, 則王道備具矣.(「악기소」)

59 亂五常者不可赦放, (…) 循理以殺亂常者, 則亦惟爲人君, 惟爲人長之正道.(「강고소」)

60 「소고소召誥疏」.

61 道之爲體, 顯見仁功, 衣被萬物, 是顯諸仁也.(「계사상소」)

62 道德爲萬事之本, 仁義爲群行之大.(「곡례상소」)

63 古之爲政愛人爲大者, 人爲國本, 是以爲政之道愛養民人爲大. (…) 愛謂親愛, 則仁也; 敬爲尊敬, 則義也. 是仁義爲政教之本.(「애공문소」)

64 旣能兼行仁義至極, 可以王有天下, (…) 至道以王.(「표기소」)

65 中庸先本於道, (…) 中庸之德必修道而行.(「중용소」)

66 大中是人君之大行, (…) 凡所立事, 王者所行, 皆是無得過與不及, 常用大中之道也.(「홍범소」)

67 人各有性, 嗜好不同, 各恣所欲, 必或反道. 故以禮義時節其性命, 示之限好, 令不失中, 皆得中道, 則各奉王化.(「소고소」)

68 人君於天所子, 布德惠之教, 爲民之父母, 以是之故爲天下所歸往, 由大中之道教使然, 言人君不可不務大中矣.(「홍범소」)

69 信執中正之道, 乃得人安而道明耳. (…) 爲君之法.(「대우모소」)

70 君以大中教民, 民以大中饗君, 是民與君皆以大中之善. 君有大中, 民亦有大中, 言從君化也.(「홍범소」)

71 君以無爲統衆. 無爲者, 爲每事因循, 委任臣下, 不司其事, (…) 臣則有事代終, 各司其職.(「계사하소」)

72 聖是智之上, 通之大.(「홍범소」)

73 不勉勵而自中當於善, 不思慮而自得於善, 從容閑暇而中乎道.(「중용소」)

74 君子體履於至道, 法道而施政. (…) 聖人爲功用之母體同於道, 萬物由之而通, 衆事以之而理.(「계사상소」)

75 人君法天以設官, 順天以致治也.(「열명중소」)

76 陽, 君道者, 陽是虛無爲體, 純一不二, 君德亦然. (…) 陰, 臣道者, 陰是形器, 各有質分, 不能純一, 臣職亦然.(「계사하소」)

77 君臣之分, 貴賤有恒.(「홍범소」)

78 君道剛嚴, 臣道柔順.(「시보서소詩譜序疏」)

79 臣不可先君, 卑不可先尊, (…) 不爲事始, (…) 待命乃行, (…) 唯上唱下和, 奉行其終.(「곤괘소」)

80 百人無主, 不亂則散, 有父則有君也. (…) 君不獨治, 必須輔佐, 有君則有臣也.(「주관소周官疏」)

81 君臣之道, 當相須而成.(「홍범소」)

82 天象皆有尊卑相正之法.(「열명중소說命中疏」)

83　臣道雖柔, 當執剛以正君; 君道雖剛, 當執柔以納臣也. (…) 君臣之交, 剛柔迭用.(「홍범
　　소」)

84　『순자』「신도臣道」 편에 나오는 말이다. 「자도子道」 편엔 '從義不從父'가 이어져 있다.
　　─옮긴이

85　「홍범소」.

86　君失道, 則民叛之. (…) 失道則死, 合道則生.(「대우모소」)

87　道者通物之名, 德者得理之稱. (…) 道是通物, 德是理物, 理物由於開通, 是德從道生.
　　故道在德上.(「곡례상소」)

88　知勇仁, 人所常行, 在身爲德, 故云天下之達德. (…) 五者爲本故云達道, 三者爲末故云
　　達德.(「중용소」)

89　若行五道必須三德. 無知不能識其理, 無仁不能安其事, 無勇不能果其行. (…) 聖人之
　　道高大, 苟非至德, 其道不成.(「중용소」)

90　內得於心, 出行於道, 道德不甚相遠.(「주관소周官疏」)

91　「곡례상소」.

92　道德一也, 異其文耳.(「정녀소靜女疏」)

93　德謂人所法行故在後. (…) 若身之有德, 乃可通達流行, 故德先道後.(「문왕세자소」)

94　失道而後有德, 失德而後有仁, 失仁而後有義, 失義而後有禮.

95　聖人之王天下, 道德仁義及禮竝蘊於心, 但量時設敎, 道德仁義及禮須用則行, 豈可三皇
　　五帝之時全無仁義禮也.(『예기정의』)

96　於行謂之德, 於事謂之業.(「계사상소」)

97　所謂德者, 惟是善於政也. (…) 德能爲善政之道.(「대우모소」)

98　其人存則政存, 其人亡則政息.

99　若得其人道德存, 則能興行政敎, (…) 道德減亡, 不能興擧於政敎.

100　聖人之德能同於天地之道.(「중용소」)

101　帝者, 天之一名也. (…) 以天德立號, 王者可以同其德焉, 所以可稱於帝, 故繼天則謂之
　　天子, 其號謂之'帝'. (…) 大人者與天地合其德, 卽三王亦大人.(「요전소」)

102　君子者, 言可以居上位, 子小民, 有德之美稱也.(「환공3년소」)

103　「곡례상소」.

104　「홍범소」.

105　爲政之道亦猶是, 爲善政得福, 爲惡政得禍.(「소고소」)

106　「대우모소」.

107 九五天位, 有大聖而居者, 亦有非大聖而居者, 不能不有驕亢.(「건괘소」)

108 天之助民, 乃是常道, (…) 行天之德, 其要在於治民.(「대고소大誥疏」)

109 烝民不能自治, 立君以主之. 立君治民乃是天意.(「고종융일소」)

110 有君人之明德, 執利民之大義.(「서백감려소西伯戡黎疏」)

111 君旣薄斂於上, 民亦什一而稅於下, 故國家用足而下不匱乏, 是上下和平, 親睦而不相怨
恨也. (…) 君民上下相報.(「연의소燕義疏」)

112 「홍범소」.

113 任賢則興, 任佞則亡. (…) 人君之德在官賢人, 官得其人則事業立.(「군석소君奭疏」)

114 「태갑하소」.

115 「예기소禮器疏」.

116 人君當兢兢然戒愼, 業業然危懼.(「고요모소」)

117 當自抑止, 不可極爲, (…) 傲不可長, 欲不可縱, 志不可滿, 樂不可極.(「곡례상소」)

118 凡所過失, 爲人所怨, 豈有明著大過, 皆由小事而起. 小事不防, 易致大過. (…) 備愼其
微.(「오자지가소」)

119 是故君子今雖復安, 心恒不忘傾危之事. 國之雖存, 心恒不忘滅亡之事. 政治雖治, 心恒
不忘禍亂之事.(「계사하소」)

120 夫帝王(…) 若其位居尊極, 炫耀聰明, 以才凌人, 飾非拒諫, 則上下情隔, 君臣道乖, 自古
滅亡, 莫不由此也.(『구당서』「공영달전」)

121 非知之難, 惟行之不易; 行之可勉, 惟終實難. 是以暴亂之君, 非獨明於惡路; 聖哲之主,
非獨見於善途. 良由大道遠而難遵, 邪徑近而易踐.

122 道之大原出於天, 天不變, 道亦不變.

123 删定考察, 其事必以仲尼爲宗; 義理可注, 先以輔嗣爲本.

124 주나라 때 지리적 명칭에 근거해 동, 서, 남, 북과 태학太學이라는 5학이 있었다. 여기서
남학북학 논쟁은 위진 남북조시대 학문적 경향성을 일컫는 말이다. 현학玄學을 중시한
학파를 남학이라 했고, 경학經學을 중시한 학파를 북학이라 했다. ─옮긴이

125 得中說一百餘紙, 大抵雜記, 不著篇目, 首卷及序則盡絕磨滅, 未能詮次.(『중설』「왕씨가
서잡록王氏家書雜錄」, 이하『중설』인용은 편명만 표기함)

126 辨類分宗, 編爲十篇, 勒成十卷.(「왕씨가서잡록」)

127 하분도통河汾道統이란 중국 철학사, 특히 중국유학사에서 수당 교체기 왕통이 유가,
불교, 도교를 융합하는 '중도中道'의 길을 걸으며 유학의 도통을 계승했다는 찬양이다.
량치차오梁啓超는 이를 허구로 보았으나 최근 불교와 도교를 배척하고 독자적인 도통

론을 확립한 한유韓愈를 비판하며 송명 리학은 오히려 불교와 도교를 흡수한 이론이라는 점에서 왕통의 하분도통을 중시하는 연구가 활발하다. —옮긴이

128 수나라 초 제도에 의하면 중앙정부에 호조참군司戶曹參軍, 주 단위엔 사호참군司戶參軍, 군현 단위엔 사호서좌를 두었다. 호적 관련 문서를 담당한 것으로 추측된다. —옮긴이

129 隋蜀郡司戶書佐, 大業末棄官歸, 以著書講學爲業.

130 「위상魏相」.

131 『홍명집』「손작유도론孫綽喩道論」.

132 在名則反, 在實則合.(『남제서南齊書』「고환전」)

133 百聖同投, 本末無二. (…) 左手執孝經老子, 右手小品法華經.(『남제서』「장융전」)

134 內外兩教, 本爲一體, 漸極爲異, 深淺不同.(『안씨가훈顔氏家訓』「귀심歸心」)

135 詩書盛而秦世滅, 非仲尼之罪也. 虛玄長而晉室亂, 非老莊之罪也. 齋戒修而梁國亡, 非釋迦之罪也. 易不云乎: 苟非其人, 道不虛行.(「주공周公」)

136 非爾所及也. 眞君建德之事, 適足推波助瀾, 縱風止燎爾.(「문역問易」)

137 西方之教也, 中國則泥.(「주공」)

138 仁義不修, 孝悌不立, (…) 長生神仙之道.(「예악」)

139 「문역」.

140 「문역」.

141 史談(司馬談)善述九流, 知其不可廢, 而知其各有弊也. (…) 通其變, 天下無弊法; 執其方, 天下無善教. 故曰存乎其人.(「주공」)

142 楊墨之言出而孔子之道塞, 佛老之教行而堯舜之道替.(『조래석선생문집徂徠石先生文集』「녹두서어사錄蠹書魚辭」)

143 天人相與之際, 甚可畏也, 故君子備之.(「술사述史」)

144 경방京房은 역학과 재이사상에 밝았던 서한의 학자, 곽박郭璞은 천문 역산과 점술에 밝았던 동진시대 시인이다. —옮긴이

145 天者, 統元氣焉, (…) 人者, 統元識焉, (…) 氣爲鬼, 其天乎! 識爲神, 其人乎! 吾得之理性焉.(「입명立命」)

146 三才不相離也. 措之事業則有主焉.(「입명」)

147 天不爲人怨咨而輟其寒暑; (…) 天生之, 地長之, 聖人成之.

148 道不啻天地父母. (…) 周孔之道, 其神之所爲乎! 順之則吉, 逆之則凶.(「왕도」)

149 天地之中非他也, 人也. (…) 人事修, 天地之理得矣.(「위상魏相」)

150 命之立也, 其稱人事乎! (…) 興衰資乎人, 得失在乎教.(「입명」)

151 周禮其敵於天命乎!(「위상」)

152 薛收問仁, 子曰: '五常之始也.' 問性, 子曰: '五常之本也.' 問道, 子曰: '五常, 一也.'(「술사」)

153 非禮勿動, 非禮勿視, 非禮勿聽, (…) 道在其中矣.(「관랑關朗」)

154 君子仁而已矣, 何用禮爲? (…) 不可行也.(「예악」)

155 「위상」.

156 禮, 其皇極之門乎! 聖人所以向明而節天下也, 其得中道乎! 故能辨上下, 定民志.(「예악」)

157 書曰: '惟精惟一, 允執其中.' 其道之謂乎!(「문역」)

158 千變萬化, 吾常守中焉.(「주공」)

159 大哉! 中之爲義, 在易爲二五, 在春秋爲權衡, 在書爲皇極, 在禮爲中庸. 謂乎無形, 非中也; 謂乎有象, 非中也. 上不蕩於虛無, 下不局於器用, 惟變所適, 惟義所在. 此中之大略也. 中說者, 如是而已.

160 通變之謂道, 執方之謂器.(「주공」)

161 「주공」.

162 「사군事君」.

163 「주공」.

164 化至九變, 王道其明乎!(「왕도」)

165 不以三代之法統天下, 終危邦也. (…) 人不里居, 地不井受, 終苟道也.(「관랑」)

166 吾視千載已上, 聖人在上者, 未有若周公焉, 其道則一, 而經制大備, 後之爲政, 有所持循. 吾視千載已下, 未有若仲尼焉, 其道則一, 而述作大明, 後之修文者, 有所折中矣.(「천지」)

167 如不得已, 其兩漢之制乎? 不以兩漢之制輔天下者, 誠亂也已.(「관랑」)

168 時異事變, 不足習也.(「위상」)

169 『한서』「예문지」에 따르면 회남왕 유안劉安이 『주역』을 전문적으로 연구한 아홉 스승을 초빙했다는 기록이 있는데, 이로부터 『주역』 연구자를 구사九師라고 부른다. —옮긴이

170 한대에 『시경』을 해석하는 여러 분파로 지역에 따라 크게 노시魯詩, 제시齊詩, 한시韓詩 세 학파로 나뉘었다. 후한 정현鄭玄은 『모전정전毛傳鄭箋』을 지었다. —옮긴이

171 史之失, 自遷固始也, 記繁而志寡; 春秋之失, 自歆向始也, 棄經而任傳. (…) 蓋九師興而易道微, 三傳作而春秋散, (…) 故齊韓毛鄭, 詩之末也. 大戴小戴, 禮之衰也. 書殘於古今, 詩失於齊魯.(「천지」)

172 王道盛則禮樂從而興焉.(「사군」)

173 「예악」.

174 吾於禮樂, 正失而已. (…) 正禮樂以旌後王之失.(「예악」)

175 至德, 其道之本乎! 要道, 其德之行乎! 禮不云乎: 至德爲道本. 易不云乎: 顯道神德
行.(「예악」)

176 「주공」.

177 '人心惟危, 道心惟微', 言道之難進也.(「문역」)

178 「입명」.

179 夫能遺其身, 然後能無私. 無私, 然後能至公. 至公, 然後以天下爲心矣, 道可行矣.(「위
상」)

180 以天下之身, 受天下之訓, 得天下之道, 成天下之務.(「문역」)

181 議, 其盡天下之心乎! 昔黃帝有合宮之聽, 堯有衢室之問, 舜有總章之訪, 皆議之謂也.
大哉乎! 竝天下之謀, 兼天下之智, 而理得矣.(「문역」)

182 『주역』의 태泰괘와 비否괘 모두 세 개의 음과 세 개의 양으로 구성된다. 그 상이 반대
이므로 해당되는 덕도 상반된다. 비괘는 소인의 덕을, 태괘는 군자의 덕을 가리킨다는
주장도 있다. ―옮긴이

183 古之明王誰能無過? 從諫而已矣. 故忠臣之事君也, 盡忠補過. 君失於上, 則臣補於下; 臣
諫於下, 則君從於上. 此王道所以不跌也, 取泰於否, 易昏以明, 非諫孰能臻乎!(「문역」)

184 賢人攢於朝, 直言屬於耳, 斯有志於道, 故能知悔而康帝業, 可不謂有志之主乎!(「예악」)

185 「입명」.

186 「주공」.

187 『주역』 건괘의 천지가 화해의 기운으로 가득한 것을 대화大和 또는 태화라 한다. ―옮
긴이

188 太和爲之表, 至心爲之內, 行之以恭, 守之以道.(「사군」)

189 「입명」.

190 「천지」.

191 政猛寧若恩, 法速寧若緩, 獄繁寧若簡.(「관랑」)

192 이상 「사군」 참조.

193 古之爲政者, 先德而後刑, 故其人悅以恕. 今之爲政者, 任刑而棄德, 故其人怨以詐.(「사
군」)

194 「예악」.

195 天地有奉, 生民有庇, 卽吾君也.(「술사」)

196 強國戰兵, 覇國戰智, 王國戰義, 帝國戰德, 皇國戰無爲. 天子而戰兵, 則王覇之道不抗矣, 又焉取帝名乎! 故帝制沒而名實散矣.(「문역」)

197 得天下之道, 成天下之務, 民不知其由也.(「문역」)

198 「주공」.

199 길례吉禮, 흉례凶禮, 군례軍禮, 빈례賓禮, 가례嘉禮 등 고대의 다섯 가지 예법 제도. ─옮긴이

200 至治之代, 五典潛, 五禮措, 五服不章, 人知飮食, 不知蓋藏, 人知群居, 不知愛敬, 上如標枝, 下如野兎. 何哉? 蓋上無爲, 下自足故也. (…) 古者聖王在上, 田里相距, 鷄犬相聞, 人至老死不相往來, 蓋自足也.(「입명」)

201 吾於天下, 無去也, 無就也, 惟道之從.(「천지」)

202 大哉乎! 君君臣臣父父子子兄兄弟弟夫夫婦婦, 夫子之力也. 其與太極合德, 神道竝行乎!(「왕도」)

203 「예악」.

204 儁傑廉悍, 議論證據今古, 出入經史百子, 踔勵風發, 率常屈其座人; 名聲大振, 一時皆慕與之交, 諸公要人爭欲令出我門下, 交口薦譽之.(『한창려문집韓昌黎文集』 「유자후묘지명柳子厚墓誌銘」)

205 皆有以佐世, (…) 咸伸其所長而黜其奇衺. 要之與孔子同道, 皆有以會其趣.(『유하동전집柳河東全集』 「송원십팔산인남유서送元十八山人南游序」, 이하 같은 책 인용은 편명만 표기함)

206 窮其書, 得其言, 論其意.(「송손상인부중승숙부소서送巽上人赴中丞叔父召序」)

207 天人交相勝, 還相用.

208 彼上而玄者, 世謂之天; 下而黃者, 世謂之地; 渾然而中處者, 世謂之元氣; 寒而暑者, 世謂之陰陽.(「천설」)

209 是雖大, 無異果蓏癰痔草木也. (…) 天地, 大果蓏也; 元氣, 大癰痔也; 陰陽, 大草木也.(「천설」)

210 이 구절에 대한 설명이 명확하지 않지만, 굴원屈原이 「천문天問」에서 제기한 "음양 3합三合 가운데 어느 것이 뿌리이고 어느 것이 바뀐 것이냐?"는 물음에 대한 유종원의 대답이라는 점에서, 3합은 천, 지, 음양2기二氣를 말한 것으로 볼 수 있다. 하나로 통솔한다 함은 원기에 대한 유종원의 주장임을 감안할 때 천, 지, 음양2기가 원기 하나로 통합된다는 뜻으로 해석할 수 있다. ─옮긴이

211 合焉者三, 一以統同, 吁炎吹冷, 交錯而功.(「천대」)

212 山川者, 特天地之物也; 陰與陽者, 氣而游乎基間者也, 自動自休, 自峙自流, 是惡乎與我謀? 自鬪自竭, 自崩自缺, 是惡乎爲我設?(「비국어非國語」〈삼천진三川震〉)

213 莊周言天曰自然. 吾取之.(「천작론天爵論」)

214 其烏能賞功而罪禍乎? 功者自功, 禍者自禍, 欲望其賞罰者大謬; 呼而怨欲望其哀且仁者, 愈大謬矣.(「천설」)

215 生植與災荒, 皆天也; 法制與悖亂, 皆人也. 二之而已, 其事各行不相預.(「답유우석〈천론〉서」)

216 推古瑞物以配受命, 其言類淫巫瞽史, 誑亂後代, 不足以知聖人立極之本.(「정부」)

217 受命不於天, 於其人; 休符不於祥, 於其仁. (…) 未有喪仁而久者也, 未有恃祥而壽者也.(「정부」)

218 力足者取乎人, 力不足者取乎神.(「비국어」〈신강어신神降於莘〉)

219 所謂足, 足乎道之謂也, 堯舜是矣.(「비국어」〈신강어신〉)

220 聖人之道, 不窮異以爲神, 不引天以爲高, 利於人, 備於事, 如斯而已矣.(「시령론상時令論上」)

221 務言天而不言人, 是惑於道者也, 胡不謀之人心以熟吾道.(「단형론하斷刑論下」)

222 『서경』「홍범」에 따르면 고대 통치자들은 다섯 가지로 정치적 수신의 덕목을 쌓았다고 한다. 공손한 용모, 부드러운 밀투, 밝은 시각, 총명한 청각, 예리한 사색이 그것이다. ─옮긴이

223 苟以合五事配五行而施其政令, 離聖人之道, 不亦遠乎? 凡政令之作, 有俟時而行之者, 有不俟時而行之者.(「시령론상」)

224 應木之天, 以致其性. (…) 養人術.

225 長人者好煩其令, 若甚憐焉, 而卒以禍.

226 順時之得天, 不如順人順道之得天也.(「단형론하」)

227 사미四美에 대한 의미 부여는 학자마다 다양하지만, 유종원 「천작론」에서 사미는 인, 의, 충, 신을 뜻한다. ─옮긴이

228 明離爲天之用, 恒久爲天之道, 擧斯二者, 人倫之要盡是焉. (…) 道德之於人, 猶陰陽之於天也. 仁義忠信猶春夏秋冬也. 擧明離之用, 運恒久之道, 所以成四時而行陰陽也. 宣無隱之明, 著不息之志, 所以備四美而富道德也.(「천작론」)

229 惟人之初, 總總而生, 林林而群. 雪霜風雨雷雹暴其外, 於是乃知架巢空穴, 挽草木, 取皮革; 飢渴牝牡之欲驅於內, 於是乃知噬禽獸, 咀果穀. 合偶而居, 交焉而爭, 睽焉而鬪, 力大者搏, 齒利者嚙, 爪剛者決, 群衆者軋, 兵良者殺, 披披藉藉, 草野涂血, 然後強有力者

出而治之, 往往爲曹於險阻, 用號令起, 而君臣什伍之法立.(「정부」)

230 『예기』 「왕제王制」 편에 10국國을 연連으로 삼고 연에는 수수帥를 둔다는 말이 있다. ―옮긴이

231 近者聚而爲群, 群之分, 其爭必大, 大而後有兵有德. 又有大者, 衆群之長又就而聽命焉, 以安其屬, 於是有諸侯之列, 則其爭又有大者焉; 德又大者, 諸侯之列又就而聽命焉, 以安其封, 於是有方伯連帥之類, 則其爭又有大者焉; 德又大者, 方伯連帥之類又就而聽命焉, 以安其人, 然後天下會於一. 是故有里胥, 而後有縣大夫, 有縣大夫, 而後有諸侯, 有諸侯, 而後有方伯連帥, 有方伯連帥, 而後有天子. 自天子至於里胥, 其德在人者, 死, 必求其嗣而奉之. 故封建非聖人意也, 勢也.(「봉건론封建論」)

232 徇之以爲安, 仍之以爲俗.(「봉건론」)

233 設五等, 邦群后, 布履星羅, 四周於天下, 輪運而輻集, 合爲朝覲會同, 離爲守臣扞城. (…) 王室東徙, 而自列謂諸侯, (…) 威分於陪臣之邦, 國殄於後封之秦.(「봉건론」)

234 秦有天下, 裂都會而爲之郡邑, 廢侯衛而爲之守宰, 據天下之雄圖, 都六合之上游, 攝制四海, 運於掌握之內, 此其所以爲得也.(「봉건론」)

235 夏商周漢封建而延, 秦郡邑而促.

236 矯秦之枉, 徇周之制, (…) 數年之間, 奔命扶傷之不暇, 困平城, 病流矢, 陵遲不救者三代.(「봉건론」)

237 二姓淩替, 不聞延祚.(「봉건론」)

238 亟役萬人, 暴其威刑, 竭其貨賄, (…) 天下相合, 殺守劫令而竝起, (…) 有叛人而無叛吏, 人怨於下而吏畏於上. (…) 則有叛國而無叛郡.(「봉건론」)

239 有叛將而無叛州, 州縣之設, 固不可革也.(「봉건론」)

240 宗元之論出, 而諸子之論廢矣, 雖聖人復起, 不能易也.(『동파지림東坡志林』 「진폐봉건秦廢封建」)

241 황종희는 『명이대방록明夷待訪錄』 「방진方鎭」 편을 두고 당나라가 망한 이유를 방진이 약했기 때문이라고 주장한다. 그는 군국郡國 병행 제도를 주장하여 중앙 권력을 제한시키고 군주 전제 제도를 비판하고자 했다. ―옮긴이

242 고염무는 지고무상의 제왕 권위에 반대했으며 전제적 군현 제도를 비판했다. 씨족을 중시하고 봉건제적인 관직의 세습을 강조하여 복고적인 태도를 보인다. ―옮긴이

243 청나라 초 안원顔元과 그의 제자 이공李塨은 '실문實文, 실행實行, 실체實體, 실용實用'을 표방한 실학實學을 표방했다. 당시 관방에서 표방한 송명 리학에 대립했던 학파로 이름을 떨쳤다. ―옮긴이

244 其情, 私也, 私其一己之威也, 私其盡臣畜於我也.

245 非公之大者也, 私其力於己也, 私其衛於子孫也.(이상 「봉건론」)

246 『사문록思問錄』「내편內篇」.

247 「여양회소해차의제이서與楊誨之疏解車義第二書」

248 本之書以求其質, 本之詩以求其恒, 本之禮以求其宜, 本之春秋以求其斷, 本之易以求其動, 此吾所以取道之原也.(「답위중입론사도서答韋中立論師道書」)

249 聖人之爲敎, 立中道以示於後, 曰仁曰義曰禮曰智曰信, 謂之五常, 言可以常行者也.

250 「시령론하」.

251 「상원이비묘비湘源二妃廟碑」.

252 「빈녕진주원기邠寧進奏院記」.

253 聖人之所以立天下, 曰仁義. 仁主恩, 義主斷. 恩者親之, 斷者宜之, 而理道畢矣. 蹈之斯爲道, 得之斯爲德, 履之斯爲禮, 誠之斯爲信, 皆由其所之而異名.

254 取聖人大中之法以爲理.(「답원요주논정리서答元饒州論政理書」)

255 控制之術, 難乎中道, (…) 吾自得友君子, 而後知中庸之門戶階室, 漸染砥礪, 幾乎道眞.(「여여도주온론〈비국어〉서與呂道州溫論〈非國語〉書」)

256 凡化人, 立中道而敎之權.(「남악미타화상비南嶽彌陀和尙碑」)

257 유종원의 개념에서 딩當은 곧 대중지도大中之道를 말하며 경經과 권權의 통일 상태를 뜻한다. ─옮긴이

258 經也者, 常也; 權也者, 達經者也, 皆仁智之事也. 離之, 滋惑矣. 經非權則泥, 權非經則悖. 是二者, 強名也. 曰當, 斯盡之矣. 當也者, 大中之道也. 離而爲名者, 大中之器用也.(「단형론하」)

259 知經而不知權, 不知經者也; 知權而不知經, 不知權者也. 偏知而謂之智, 不智者也; 偏守而謂之仁, 不仁者也. (…) 知經者不以異物害吾道, 知權者不以常人怫吾慮.(이상 「단형론하」)

260 物者, 道之準也. 守其物, 由其準, 而後其道存焉. 苟舍之, 是失道也.(「수도론守道論」)

261 원문 표착表著은 고대 조회 때 경대부들이 귀천의 등급에 따라 서는 위치를 미리 정해 놓는 표식을 말한다 ─옮긴이

262 전전典은 글로 된 법률 규정을 말하며, 명命은 아랫사람에 대한 훈계를 담은 명령을 뜻한다. ─옮긴이

263 삼오參伍의 삼은 경 세 사람을 말하고, 오는 대부 다섯 사람을 말한다. ─옮긴이

264 은보殷輔의 은은 사士를 뜻한다. 은보는 사 신분으로 관직에 종사하는 사람을 뜻한다.

—옮긴이

265 배태陪台의 배는 신하의 신하를 말하고, 태는 등급이 가장 낮은 노예를 말한다. 배태란 노비의 노비를 말한다. —옮긴이

266 聖人之所以爲輕(經 자로 의심됨)紀, 爲萬物, 無非道者. 命之曰官, 官是以行吾道云爾. 是故立之君臣官府衣裳輿馬章綬之數, 會朝表著周旋行列之等, 是道之所存也. 則又示 之典命書制符璽奏復之文, 參伍股輔陪台之役, 是道之所由也. 則又勸之以爵祿慶賞之 美, 懲之以黜遠鞭扑怙挐斬殺之慘, 是道之所行也. 故自天子至於庶民, 咸守其經分, 而 無有失道者, 和之至也. 失其物, 去其準, 道從而喪矣.(「수도론」)

267 官也者, 道之器也. (…) 未有守官而失道, 守道而失官之事者也.(「수도론」)

268 擇君置身之道, 天下理亂之大本也.(「육역론六逆論」)

269 聖人有制度, 有法令, 過則爲闕. 故立大中者不尙異, 敎人者欲其誠.(「여여공논묘중석서서 與呂恭論墓中石書書」)

270 禮之大本, 以防亂也. (…) 刑之大本, 亦以防亂也. (…) 其本則合, 其用則異.(「박복구의 駁復仇議」)

271 任有功, 誅暴慢, 明好惡, 修法制, 養衰老, 申嚴百刑, 斬殺必當.(「시령론상」)

272 吾道之盡而人化矣.(「단형론하」)

273 제齊 환공桓公이 관중을 영입하면서 갖춘 예우를 말한다. 흔훼은 몸에 향을 바르는 것을 말한다. 환공은 몸에 향을 바르고 세 번 목욕하여三釁三浴 몸을 깨끗이 한 뒤에 관중을 맞으러 갔다. 이로부터 현인을 예우로 초빙할 때 흔욕이란 말을 사용했다. — 옮긴이

274 伊尹以生人爲己任, 管仲釁浴以伯濟天下, 孔子仁之. 凡君子爲道, 舍是宜無以爲大者 也.(「여양회지소해차의제이서」)

275 仕雖未達, 无忘生人之患, 則聖人之道幸甚.

276 이치吏治는 특히 지방의 관리들에 의한 행정 및 통치를 일컫는 말로 군주를 둘러싼 위 계구조에 입각한 통치 구조인 관료 정치와는 다른 개념이다. —옮긴이

277 夫弊政之大, 莫若賄賂行而征賦亂.(「답원요주논정리서」)

278 賦斂之毒, 有甚是蛇者. (…) 苛政猛於虎.(「포사자설捕蛇者說」)

279 富者以戶獨免, 而貧者以受役卒輸其二三與半焉. (…) 富者稅益少, 貧者不免捃拾.(「답 원요주논정리서」)

280 富者操其贏以市於吏, 則無富之名而有富之實. (…) 貧者無貲以求於吏, 所謂有貧者之 實而不得貧者之名.(「답원요주논정리서」)

281 叫囂乎東西, 隳突於南北, 嘩然而駭者, 雖鷄與狗不得寧焉.(「포사자설」)

282 時使而不奪其力, 節用而不殫其財.(「비국어」〈부자불자藉〉)

283 「답원요주논정리서」.

284 安其常而得所欲, 服其教而便於己, 百貨通行而不知所自來, 老幼親戚相保而無德之者, 不苦兵刑, 不疾賦力, 所謂民利, 民自利者是也.(「진문晉問」)

285 寬徭嗇貨均賦之政起, 其道美矣.(「여여공논묘중석서서」)

286 凡吏於土者, 若知其職乎? 蓋民之役, 非以役民而已也. 凡民之食於土者, 出其十一佣乎吏, 使司平於我也. (…) 蚤作而夜思, 勤力而勞心, 訟者平, 賦者均, 老弱無懷詐暴憎, (…) 受若直, 怠若事, 又盜若貨器.(「송설존의서送薛存義序」)

287 一封朝奏九重天, 夕貶潮陽路八千; 欲爲聖朝除弊事, 肯將衰朽惜殘年!

288 이하 이 책의 인용문은 편명만 표기.

289 당 문종 때 대신이었던 우승유와 이종민李宗閔 두 사람을 우이牛李로 병칭하는 경우도 있다. 여기서 우이당쟁牛李黨爭은 우승유와 이종민을 수뇌로 하는 파와 이길보李吉甫와 이덕유李德裕 부자를 수뇌로 하는 두 종파 간 다툼을 말한다. ─옮긴이

290 其所讀皆聖人之書, 楊墨釋老之學, 無所入於其心; 其所著皆約六經之旨而成文, 抑邪興正, 辨時俗之所惑.(「상재상서上宰相書」)

291 僕少好學問, 自五經之外, 百氏之書, 未有聞而不求得而不觀者.(「답후계서答侯繼書」)

292 所貴乎道者, 不以其便於人而得於己乎? 當周之衰, 管夷吾以其君霸, 九合諸侯, 一匡天下, 戎狄以微, 京師以尊, 四海之內無不受其賜者. 天下諸侯奔走其政令之不暇, 而誰與爲敵! 此豈非便於人而得于己乎? 秦用商君之法, 人以富, 國以強, 諸侯不敢抗, 及七君而天下爲秦. 使天下爲秦者, 商君也. 而後代之稱道者, 咸羞言管商氏, 何哉? 庸非求其名而不責其實歟?

293 人其人, 火其書, 廬其居.(「원도」)

294 使其人遇時, 授其道而施於國家, 功德豈少哉!

295 吾意天聞其呼且怨, 則有功者受賞必大矣, 其禍焉者受罰亦大矣.(『유하동전집柳河東全集』「천설天說」에서 재인용)

296 未知夫天竟如何, 命竟如何? 由乎人哉, 不由乎人哉?(「상효공최우부서上孝功崔虞部書」)

297 「여소실이습유서與少室李拾遺書」.

298 「송왕수재서送王秀才書」.

299 斯吾所謂道也, 非向所謂老與佛之道也. 堯以是傳之舜, 舜以是傳之禹, 禹以是傳之湯, 湯以是傳之文武周公, 文武周公傳之孔子, 孔子傳之孟軻, 軻之死, 不得其傳焉. 荀與揚也, 擇焉而不精, 語焉而不詳. 由周公而上, 上而爲君, 故其事行; 由周公而下, 下而爲臣, 故其說長.

300 其大經大法皆亡滅而不救, 壞爛而不收. (…) 漢氏以來, 群儒區區修補, 百孔千瘡, 隨亂隨失, 其危如一髮引千鈞, 綿綿延延, 寖以微滅.(「여맹상서서與孟尙書書」)

301 儀禮難讀, (…) 考於今, 誠無所用之.(「독의례讀儀禮」)

302 使其道由愈而粗傳, 雖滅死萬萬無恨.(「여맹상서서」)

303 文王旣沒, 文不在玆乎? 天之將喪斯文也, 後死者不得與於斯文也; 天之未喪斯文也, 匡人其如予何?(『논어』「자한子罕」)

304 天道亂, 而日月星辰不得其行; 地道亂, 而草木山川不得其平; 人道亂, 而夷狄禽獸不得其情. (…) 是故聖人一視而同仁, 篤近而擧遠.(「원인」)

305 先天不違之謂法天, 道濟天下之謂應道.(「하책존호표賀冊尊號表」)

306 博愛之謂仁, 行而宜之之謂義: 由是而之焉之謂道, 足乎己無待於外之謂德. 仁與義爲定名, 道與德爲虛位.

307 合仁與義言之也, 天下之公言也; 老子之所謂道德云者, 去仁與義言之也, 一人之私言也.(이상 「원도」)

308 欲修其身者, 先正其心; 欲正其心者, 先誠其意.

309 欲治其心, 而外天下國家, 滅其天常; 子焉而不父其父, 臣焉而不君其君, 民焉而不事其事.(이상 「원도」)

310 五常之教, 與天地皆生.(「통해通解」)

311 禮法二者, 王敎之大端.(「복구장復仇狀」)

312 善計天下者, 不視天下之安危, 察其紀綱之理亂而已矣.

313 「잡설 4雜說四」.

314 孔子删詩書, 筆削春秋, 合於道者著之, 離於道者黜去之. (…) 醇乎醇者也.(「독순讀荀」)

315 其文, 詩書易春秋; 其法, 禮樂刑政; 其民, 士農工賈; 其位, 君臣父子師友賓主昆弟夫婦; 其服, 麻絲; 其居, 宮室; 其食, 粟米果蔬魚肉, 其爲道易明, 而其爲教易行也.

316 以之爲己, 則順而祥; 以之爲人, 則愛而公; 以之爲心, 則和而平; 以之爲天下國家, 無所處而不當.(이상 「원도」)

317 尙知宗孔氏, 崇仁義, 貴王賤霸而已. 其大經大法皆亡滅而不救, 壞爛而不收, (…) 於是時也, 而倡釋老於其間, 鼓天下之衆而從之.(「여맹상서서」)

318 「원도」.

319 송나라 초 인의예악을 특별히 강조하여 신유학 형성에 큰 영향을 미쳤던 호원胡瑗, 석

개石介, 손복孫復 세 사람을 가리킨다. 후술. —옮긴이

320 愈之學, 朝夕從事於仁義禮智刑名度數之間, 自形而上者, 愈所不知也.(송대 소철蘇轍이 그의 『논어습유論語拾遺』에서 남긴 말—옮긴이)

321 三子之言性也, 擧其中而遺其上下者也, 得其一而失其二者也.(「원성」)

322 性也者, 與生俱生也; 情也者, 接於物而生也.(「원성」)

323 其所以性者五: 曰仁曰禮曰信曰義曰智. (…) 主於一而行於四, (…) 一不少有焉, 則少反焉, 其於四也混, (…) 反於一而悖於四.(이상 「원성」)

324 其所以爲情者七: 曰喜曰怒曰哀曰懼曰愛曰惡曰欲. (…) 動而處其中, (…) 有所甚, 有所亡, 然而求合其中者也, (…) 亡與甚, 直情而行者也. (…) 情之於性視其品.(이상 「원성」)

325 「원성」.

326 不勉而中, 不思而得, 從容中道, 聖人也.(「성시안자불이과론省試顔子不貳過論」)

327 「대우문對禹問」「행난行難」「쟁신론爭臣論」 참조.

328 上焉者, 善焉而已矣; 中焉者, 可導而上下也; 下焉者, 惡焉而已矣. (…) 上之性, 就學而愈明; 下之性, 畏威而寡罪.(「원성」)

329 「통해」.

330 是故上者可敎, 而下者可制也.(「원성」)

331 道莫大乎仁義, 敎莫正乎禮樂刑政.(「송부도문창사서送浮屠文暢師序」)

332 「논회서사의장論淮西事宜狀」.

333 帝之與王, 其號名殊, 其所以爲聖一也.(「원도」)

334 民之初生, 固若夷狄禽獸然; 聖人者立, 然後知宮居而粒食, 親親而尊尊, 生者養而死者藏.(「송부도문창사서」)

335 古之時, 人之害多矣. 有聖人者立, 然後敎之以相生養之道, 爲之君, 爲之師.

336 爲之禮以次其先後; 爲之樂以宣其壹(抑)鬱; 爲之政以率其怠倦; 爲之刑以除其強梗. 相欺也, 爲之符璽斗斛權衡以信之; 相奪也, 爲之城郭甲兵以守之. 害至而爲之備, 患生而爲之防.

337 如古之無聖人, 人之類滅久矣.

338 是故君者, 出令者也; 臣者, 行君之令而致之民者也; 民者, 出粟米麻絲, 作器皿通財貨, 以事其上者也.

339 君不出令, 則失其所以爲君; 臣不行君之令而致之民, 民不出粟米麻絲, 作器皿通財貨, 以事其上, 則誅.(이상 「원도」)

340 「원도」.

341 古之君天下者, 化之不示其所以化之之道: 及其弊也, 易之不示其所以易之之道, 政以是
得, 民以是淳.

342 「본정」.

343 「위배상공양관표爲裵相公讓官表」.

344 人不可遍爲, 宜乎各致其能以相生.

345 君者, 理我所以生者也; 而百官者, 承君之化者也.

346 任有大小, 惟其所能, 若器皿焉. 食焉而怠其事, 必有天殃.

347 君子居其位, 則思死其官.(「쟁신론」)

348 「장중승전후서張中丞傳後敍」.

349 得其道不敢獨善其身, 而必以兼濟天下也, 孜孜矻矻, 死而後已.(「쟁신론」)

350 遭秦滅書, 中庸之不焚者, 一篇存焉, 於是此道廢缺, (…) 性命之書雖存, 學者莫能明. 是
故皆入於莊列老釋, 不知者謂夫子之徒不足以窮性命之道.(「복성서 상」)

351 人生而靜, 天之性也. 性者天之命也.(「복성서 중」)

352 清明之性鑑於天地, 非自外來也.(「복성서 중」)

353 「복성서 중」.

354 情有善不善, 而性無不善焉. (…) 乃情所爲也. (…) 桀紂之性猶堯舜之性也, 其所以不
睹其性者, 嗜慾好惡之所昏也, 非性之罪也.(「복성서 중」)

355 情者, 性之動也. (…) 情由性而生, 情不自情, 因性而情.(「복성서 상」)

356 「복성서 상」.

357 人之所以爲聖人者, 性也; 人之所以惑其性者, 情也. 喜怒哀懼愛惡欲, 七者皆情之所爲
也. 情旣昏, 性斯匿矣, 非性之過也. 七者循環而交來, 故性不能充也.(「복성서 상」)

358 「복성서 상」.

359 情者, 性之邪也. (…) 情者, 妄也, 邪也. (…) 情之所昏, 性卽滅矣.(「복성서 상」)

360 夫聖人者, 與天地合其德, 日月合其明, 四時合其序, 鬼神合其吉凶, 先天而天不違, 後天
而奉天時.(「복성서 상」)

361 寂然不動, (…) 不往而到, 不言而神, 不耀而光.(「복성서 상」)

362 嗜欲所渾, (…) 知情之爲邪. 邪旣爲明所覺矣, 覺則無邪, 邪何由生也.(「복성서 상」)

363 一氣之所養, 一雨之所膏.(「복성서 중」)

364 百姓之性與聖人之性弗差, (…) 得之各有深淺. (…) 情之所昏, 交相攻伐, 未始有窮,
故雖終身而不自睹其性焉.(「복성서 상」)

365 情之動弗息, 則不能復其性而燭天地, 爲不極之明.(「복성서 상」)

366 人之性本皆善, 而邪情昏焉.

367 人之不力於道者, 昏不思也. 天地之間, 萬物生焉. 人之於萬物, 一物也, 其所以異於禽獸蟲魚者, 豈非道德之性全乎哉? 受一氣而成形, 一爲物而一爲人, 得之甚難也; 生于世, 又非深長之年也. 以非深長之年, 行甚難得之身, 而不專專於大道, 肆其心之所爲, 則其所以自異於禽獸蟲魚者亡幾矣.(「복성서 하」)

368 妄情滅息, 本性淸明, 周流六虛, 所以謂之能復其性也.(「복성서 중」)

369 이고의 원문은 의意인데, 이 말은 『예기』「옥조玉藻」편에 "君子在車, 則聞鸞和之聲, 行則鳴佩玉"에서 인용한 것으로 보아 '울리는 소리'로 번역한다. ―옮긴이

370 在車則聞鸞和之聲, 行步則聞佩玉之意. 無故不廢琴瑟, 視聽言行, 循禮法而動, (…) 教人忘情嗜欲而歸性命之道也.(「복성서 상」)

371 此非外得者也, 能盡其性而已矣.(「복성서 상」)

372 弗慮弗思, 情則不生; 情旣不生, 乃爲正思. 正思者, 無慮無思也.(「복성서 중」)

373 此齋戒其心者也, 猶未離於靜焉. 有靜必有動, 有動必有靜. 動靜不息, 是乃情也.(「복성서 중」)

374 知本無有思, 動靜皆離, 寂然不動者, 是至誠也.(「복성서 중」)

375 無不知也, 無弗爲也. (…) 物至之時, 其心昭昭然明辨也, 而不應於物者也.(「복성서 중」)

376 知至故意誠, 意誠故心正, 心正故身修, 身修而家齊, 家齊而國理, 國理而天下平, 此所以能參天地者也.(「복성서 중」)

377 「복성서 상」.

378 十年擾之, 一日止之, 而求至焉.(「복성서 중」)

379 造次必於是, 顚沛必於是, (…) 可以希於至.

380 天之道, 以先知覺後知, 先覺覺後覺者也. (…) 能通天下之志, (…) 能成天下之務.(「복성서 중」)

제4장

당말오대唐末五代의 정치사상:
군주 정치에 대한 반성과
균평均平 이상의 동경

당나라 말년 정치는 부패하고 사회 모순이 전면적으로 격화되었다. 제왕은 하나같이 황당했으며 국고는 고갈되었다. 통치 계급 내부의 분쟁도 그치지 않았다. 번진藩鎭에선 영웅들이 할거하며 서로를 공격했고, 환관이 발호하여 제멋대로 생살을 주도했다. 남아南衙[1]의 조신들과 북사北司 환관 사이의 다툼이 물과 불처럼 위세가 등등했으며 조신들 사이 붕당 간 다툼 또한 분분히 발생했다. 국방은 텅 비어 이민족들이 침입함으로써 전쟁도 빈번히 일어났다. 토지 겸병 또한 엄중하여 "부자들은 전답이 끝없이 이어져 있었으나 빈자들은 송곳 꽂을 땅도 없었다"[2] 관리들은 부패하고 세금은 가혹하여 민중의 생활은 도탄에 빠졌다.

한림학자 유윤장劉允章의 「직간서直諫書」는 당나라 말의 심각한 정치 위기와 사회 위기를 폭로하고 있다. 그는 당 의종에게 상서를 올려 '나라에 타파해야 할 것이 아홉 가지九破 있으며' '백성에겐 여덟 가지 고난八苦이 있으니' 황제께서 경장을 단행하고 정치를 혁신하여 망국의 위기를 극복해야 한다고 주장했다. "일 년 내내 거병하는 것이 첫 번째 타파해야 할 일, 즉 1파一破요, 남만과 이적들의 발흥이 2파요, 권력자들의 사치와 방탕이 3파요, 대장들이 입조하지 않음이 4파요, 너무 절을 많이 짓는 것이 5 파요, 뇌물의 공공연한 유행이 6파요, 관리들의 탐학이 7파요, 세금과 요역의 불평등이 8파요, 녹을 받는 사람은 많고 세금 내는 사람이 적은 것이 9파입니다."[3] 이렇게도 말한다. "지금 천하의 창생들에게 여덟 가지 고난이 있으니 (…) 관리들의 가렴주구가 한 가지 고난 즉 1고苦요, 사채로인한 약탈이 2고요, 세금의 번다함이 3고요, 관리들이 사기갈취[4]가 4고요, 도망자를 대신한 노역이 5고요, 원통함을 해결할 수 없고 굴종에서 벗어날 수 없음이 6고요, 추위에 옷이 없고 굶주림에 밥이 없는 것이 7고요, 아파도 치료를 못 하고 죽어도 장사지낼 수 없음이 8고입니다."[5] 하지만 당나라 왕권의 피부가 이미 썩어 들어가서 제아무리 경종을 울린들 별 소용이 없었다. 바로 이런 배경 아래 농민 봉기가 기세등등하게 폭발했다.

860년 절동浙東의 구보裘甫가 봉기하여 한때 중원에 위세를 떨치다 8개월이 지나서야 진압되었다. 868년엔 계림桂林의 술병戍兵들이 모여 방훈龐勛을 수령으로 추대하고 군사 정변을 일으켰는데 극성기엔 20만여 명까지 모여들었다. 각지에서 민란이 연이으며 들불 번지듯 크게 퍼져갔다. 오래지 않아 황소黃巢가 이끄는 전국 규모의 봉기가 폭발했다. 875년 왕선지王仙芝가 군중을 그러모아 봉기하면서 격문을 발포하여 당 왕조 관료들의 탐학, 과중한 세금, 상벌의 불공평을 질타했다. 황소가 기병하면서 이에 호응했다. 왕선지가 죽은 뒤 황소는 연호를 왕패王霸로 고치고 여러 관직을 설치하더니 대강 남북에서 전쟁을 치르고 881년엔 장안을 함락시켜 대제大齊 정권을 건립했다. 황소의 기의는 실패했지만 당 왕조의 통치 또한 와해되었다. 907년 주온朱溫이 당나라를 멸망시키고 자립함으로써 역사는 오대십국 시대에 접어들었다. 오대에는 군사력이 강한 사람이 황제를 칭했으며 군권을 장악한 사람이 왕이 되었다. 정치라고 부를 만한 것은 없었으며 전란이 끊이지 않았고 각종 사회 모순은 더욱더 격화되었다.

정치가 어두울수록 사회적 폐단은 확연히 드러나는 법이다. 다양한 문화적 배경을 지닌 여러 계급과 계층의 인물들이 성찰과 비판의 태도를 견지한 채 사회와 정치를 자세히 살펴보면서 일련의 사조를 형성했다. 성찰과 비판은 사회적 폐단을 없애줄 구세의 길을 찾기 위한 것이었기 때문에 이상 사회에 대한 사람들의 동경과 구상이 구체적으로 드러나기도 했다.

농민 전쟁의 무기의 비판과
균평의식의 부각

농민 전쟁은 봉건 제도에 대하여 무기의 비판을 행한 것이다.[6] 봉건주의 정치 제도와 경제 제도의 기본적 특징은 '불평不平'과 '불균不均'이다. 상하존비와 빈부귀천의 등급이 분명하며 뚜렷한 차별성을 드러낸다. 한쪽에선 "한 몸이 고대광실을 누리고" 다른 쪽에선 "가난하여 집 한 칸이 없었다". 한쪽에선 "한 식구가 천 개의 곳간을 지녔지만" 다른 쪽에선 "천하여 끼니를 때우지 못했다". 폭정의 압박과 토호들의 착취 아래 수많은 민중은 쑥 열매를 삶아먹거나 홰나물 잎을 회 쳐 먹고, 심지어는 자식을 바꾸어 먹는가 하면 뼈를 부러뜨려 불감을 삼았다. 이런 상황에서 유일한 살길은 깃대를 높이 들고 일어나는 것이었다. 생존을 위해 무기를 들고 폭군, 폭정, 토호를 뒤엎었으니 봉건 제도에 대한 무기의 비판을 실행한 것이다. 보통 봉건 정치에 개입할 힘이 없던 서민들이 일종의 집단적 폭력의 방식으로 정치에 주동적으로 참여하는 자체가 비판적이고 부정적인 정치의식을 반영한 것이다. 다시 말해 '평平'으로 '불평'의 사회를 개조하고 대신하려는 것이었다.

이때 주의를 기울여볼 만한 점은 당말 농민 전쟁 과정에서 서민 계층의 정치의식이 새로운 발전을 했다는 것이다. 즉 균평의식이 한 걸음 더 부각되었다. 수많은 기의군 모두가 직접 균평을 기치로 내걸고 민중에게 호소했다는 점이 그 주된 상징이다. 구보는 스스로 천하도지병마사天下都知兵馬使라고 부르며 '나평羅平'으로 개원하고 인장을 '천평天平'이라 주조하여 사회 정의를 추구하고 평균과 공평을 요구하는 사람들의 정치적 기대를 표현했다. 왕선지와 황소의 정치의식 속에도 평균주의 사상이 갈수록 뚜렷하게 드러났다. 왕선지는 세금과 상벌이 불공평하다고 당나라 왕권을 질타했으며 자칭 '천보평균대장군天補平均大將軍'이라 했다. 하늘을 대신해 도를 행하고 균평의 시행을 표방한 것이다. 황소 또한 스스로를 '충천태보균평대장군沖天太保均平大將軍'이라 불렀다. 농민 기의군의 대부분 칭호는 '평' 자를 부각시키고 '균평' 혹은 '평균'을 통수에게 명시함으로써 빈부귀천 간 현격히 불평등한 정치 관계와 경제 관계를 확실하게 겨냥했다. 이들 칭호 외에 더욱 명확한 정치 구호와 정치 강령 또는 농민 기의군이 실시했던 균평 정책에 대한 기재를 오늘날 발견할 수는 없지만 균평 관념의 부각은 하층 민중 정치의식의 발전과 변화를 반영하고 있다고 하겠다. 이는 농민 전쟁이 무기의 비판이었을 뿐만 아니라 사상 문화에 대한 비판을 내포하고 있다는 뜻이다. 균평의식은 빈부귀천 간 현격한 차이를 드러내는 정치 제도에 대한 부정이었다.

평平은 전통 정치사상 가운데 중요한 위치를 차지한다. 어떤 측면에서 평平, 균均, 제齊, 동同은 같은 부류의 정치 관념이다. 옛사람들은 제齊 자와 평平 자를 써서 치가治家와 치국治國을 논했다. 이를테면 천하를 다스리는 것을 '평천하'라 했고 국가가 잘 다스려지는 것을 '천하태평'이라 불렀다. 상벌을 논할 때는 '공평'을 언급하고, 토지와 전답을 논할 때는 '균평'을 말하고, 이상을 논할 때는 '대동'이라 했다. '분分'을 특징으로 하는 사회에서 사람들이 '평'을 특징으로 하는 정치를 편애하는 것은 그만한 사회적 근원과 문화적 배경을 갖고 있기 때문이다. 고대엔 사회 모든 영역에 불평등 현상이 존재했음에도 오히려 분分, 별別, 등等, 차差와 화和, 동同, 평平, 제齊가 함께 뒤섞여 있었다. 어떤 사람들은 전자로 전제를 삼고 후자로 전자를 보충함으로써 분, 별, 등, 차의 사회에서 어느 정도의 화, 동, 평, 제를 찾느라 힘썼는데 유가가 그 전형적 대표자다. 어떤 사람들은 후자에 의거해 전자를 비판하거나 부정했는데 무군론無君論을 견지하는 독서인이나 평균주의의 실행을 주장하는 하층 민중이 그러했다. 하지만 사람들의 정치적 입장, 문화적 배경, 사유의 방식, 가치 정향이 어떠하든지 상관없이 공통된 경향은 균, 평, 제, 동의 가치를 긍정했다는 점이다.

균평 그 주체는 사회정치 이상이다. 이것의 형성에는 적어도 세 가지 경로가 있다. 첫째는 특정 정치사상가의 사회정치 이상이고, 둘째는 불교교의 가운데 '중생평등'이나 도교의 '태평' 이상처럼 특정 종교 중의 '평등'과 '평균' 관념이며, 셋째는 '인생길의 불공평함에 대한 통탄'으로 인해 응결된 하층 민중의 갈망이다.

최초로 균, 평, 제, 동의 관념을 명확하게 제기한 사람은 통치 계급에 속한 사상가와 정치가들이었다. 그들은 첨예한 사회 모순을 날카롭게 꿰뚫어보고 민심과 민의의 소재를 어느 정도 살펴본 뒤 균평 사상을 제기했다. 예컨대 공자는 "적음을 근심하지 않고 고르지 않음을 근심한다"[7]고 했고, 묵자는 "두루 서로 사랑하고 서로 이익을 나눈다"고 했고, 『예기』「예운」편은 '대동'의 이상을, 동중서와 정程, 주朱, 육陸, 왕王 등 통치 계급 사상가들은 균평론을 제기했다. 통치 계급의 균평 사상은 '고르지 않음이 고름이고不齊乃齊' '화합하시 않음이 화합이라는不和乃和' 명확한 정치적 전제를 깔고 있었다. 일정 정도의 평제平齊는 그저 인정仁政과 양민養民을 위한 조작 형식이라는 것이다. 그럼에도 그것은 하층 민중의 균평 관념과 형식적으로 유사하고 똑같은 사회 문제와 서로 연계되어 있으며, 어느 정도의 우여곡절을 거치면서 하층 민중의 호소를 반영하고 있기도 했다. 이 때문에 본질적으로 다른 두 가지 균평 관념이 항상 함께 뒤엉켜 있어 구별하기가 쉽지 않다.

정치 문화 현상으로서의 평균주의는 사회 하층 구성원들의 등급적 특권에 대한 극단적 불만과 대항 심리를 구체적으로 드러내준다. 평균주의의 기본 내용은 사회적 지위와 사회적 재부의 평균화로, 즉 '귀천의 평등과 빈부의 균등'이다. 평균주의는 선명한 계급적 속성을 지니고 특정한 사회 범주 내에서 잠재적으로 정치 참여의식을 형성하며, 일정한 조건이 주어지면 정치 과정에 직접 개입할 가능성도 있다. 하층 민중은 사회나 정치에 내재하는 여러 불평등에 대하여 가장 깊고 뼈저리게 느끼고 산다. 일단 사회 모순이 격화되면 그들은 평시에 감춰온 평등 관념을 더욱 집중적으로 끌어올리고 생존권을 쟁취하기 위해 평등의 기치를 높이 들고 모반할 가능성이 높다.

농민 기의 중 '귀천의 평등과 빈부의 균등' 관념이 형성되고 발전한 것은 역사적 과정이 있었다. 진나라 말 진승陳勝과 오광吳廣은 봉기하면서 '왕후장상의 씨가 어디 따로 있는가?'라며 군중을 발동시켰는데, 이는 가난한 백성이 현존 질서를 멸시한 것이며 귀천이 운명적으로 정해진 것이라는 정치의식을 부정한 것이었다. 후한 말년의 농민군은 원시 도교 『태평경』 가운데 '사람에겐 귀천이 없이 모두 하늘이 낳은 존재'라는 사상을 흡수하고 '천하태평'의 구호를 제기했다. 태평이라 함은 대단히 공평하다는 말이다. 당나라 말 농민군은 직접 '균평' '평균' '천평天平'이란 글씨를 자신들의 전투 깃발 위에 썼다.

100여 년이 지난 북송 시대에는 사회 각 계층에서 '귀천이 비록 다르다 하지만 처음엔 모두 다 같은 부류였다貴賤雖云異, 其類同一初'는 문화 의식이 광범하게 영향을 미쳤다. 993년 천촉川蜀에서 폭발한 왕소파王小波와 이

순李順의 기의에는 균평의식을 명확히 한 '균빈부均貧富'를 정치 구호로 삼았다. 역사 기록에 의하면 왕소파가 군중을 발동시키면서 이렇게 말했다고 한다. "나는 빈부의 불균등이 괴롭다. 내 너희를 위해 균등하게 하겠다."[8] 기의군이 다다른 곳에선 토호들의 재물을 몰수했고 생활 필수품 외 '일체를 조발調發하여' 균평을 실시했다.[9] 북송, 남송 사이에 호상湖湘 일대에서 기의한 종상鍾相과 양마楊麼 또한 일정 정도의 균평 정책을 실시했다. 이는 성리학자들이 예와 윤리를 '천리'로 끌어올린 그때 서민 계층 가운데 반항의식으로 충만한 사람들 또한 '귀천의 평등과 빈부의 균등'을 '천리'로 끌어올렸다는 이야기다. 명나라 때는 '산평왕鏟平王'이라 부르는 인물들이 자주 출현하여 봉기했으며 수많은 농민군은 "주인과 노복, 귀천과 빈부를 고르게 하자"는 종지를 내세웠다. 명나라 말 이자성李自成이 기의할 때도 '균전면량均田免糧'의 구호를 내세워 '빈부의 균등'과 토지 및 세금 문제의 연계를 분명히 했으며 한 걸음 더 나아가 봉건 제도의 근본을 건드렸다. 근대 태평천국운동에 이르러서는 「천조전무제도天朝田畝制度」에서 평등 관념과 사회 이상을 다음과 같이 표현했다. "전답이 있으면 같이 경작하고, 밥이 있으면 같이 먹고, 옷이 있으면 같이 입고, 돈이 있으면 같이 쓴다. 균등하지 않은 곳이 어디에도 없으니 배부르고 따뜻하지 않은 사람이 하나도 없다."[10] 사실 이 몇 마디야말로 진한 이래 가난하고 힘든 광범한 민중의 마음의 소리였다. 귀천의 구분과 빈부의 차별이 없는 사회야말로 인류의 이상이다.

각종 균평 관념이 모여서 일종의 균평 문화를 형성했다. 균평 관념이 정치 문화의 하나가 되면서 각 계급과 계층 모두에게 심각한 영향을 미쳤다. 때로는 천하를 평정하고 싶어하는 제왕장상에게까지 파급되기도 했다. 균평은 광범하게 인정받는 가치이자 정책이 되었다. 정치사상과 정치 과정의 관점에서 볼 때 균평의 구체적인 향방은 천차만별이었다.

균평의 향방 가운데 하나는 정치사상 중의 무군론이다. 평균주의와 왕권주의는 서로 대항한다. 왕권주의는 일체의 권력과 이익이 군주의 지배에 귀속될 것을 요구한다. 이와 반대로 평균주의는 사회 재부의 평균적 점유를 요구한다. 평균주의는 사회 동란과 불안, 백성이 도탄에 빠지게 된 것은 모두 귀천의 등급, 빈부의 차별 때문에 생긴 것으로 본다. 그러므로 동란의 근원을 소멸시킬 근본적인 방법은 일체의 등급 차별을 없애는 것이며 그 가운데 가장 먼저 없애야 할 것은 제왕과 예법이다. 이런 논리적 추리를 따르는 사상가는 대부분 "옛날엔 군주가 없었으나 오늘날보다 나았음"을 근거로 들며 '무군무신無君無臣'의 이상을 지향한다. 무군론을 주장하는 사상가 대다수는 언사가 격렬하며 사람들로 하여금 깊게 생각하게 만들기는 하지만 일에는 별 도움이 안 된다.

균평의 향방 가운데 두 번째는 민중이 깃발을 높이 들고 봉기하여 폭력 수단으로 불균등하고 불평등한 현행 질서를 교란시켜 균평 이상을 실현시키려는 것이다. 평균주의는 일반적으로 잠재적 정치의식으로만 존재하며 특정 조건이 아니면 군주 정치의 운영 과정을 건드리지 않는다. 하지만 일단 대규모의 집단적 정치 행위로 전환되기만 하면 왕조의 교체는 거의 피할 수 없게 된다. 그런데 평균주의는 소생산자의 정치적 요구를 드러내기도 하지만 동시에 소생산자는 종법 윤리 도덕의 자연스러운 신봉자이기도 했다. 고대 농민의 평등 관념은 시종 심원하고 완벽한 평등 관념으로 상승할 수 없었다. 이 때문에 그들은 어떤 무도한 최고 정치 주체를 전복시키는 동시에 그들의 정치적 기대를 하늘을 대신해 도를 행한다는 다른 어떤 개체에 기탁했다. 투쟁의 결과는 매번 새로운 제왕에 의해 진압을 당한 농민군의 '정치적 유언'이 집행되는 형국이었다. 평균주의의 정치적 귀결점은 다시 왕권을 만들거나 왕권에 귀의하는 것이었다. 기껏해야 군주 정치 운영 과정의 조절 기제로의 작용만 할 수 있었을 뿐이다. 사회 재부를 평균하여 점유하겠다는 정치적 갈망은 실현되기 어려운 일이었다. 그렇지만 민중의 정치적 갈망과 정치 행위는 통치자의 깊은 관심을 불러일으켜서 군주 정치가 자아 조정을 해나가는 데 정신적, 물질적 힘이 되곤 했다.

균평의 향방 가운데 세 번째는 민본론의 발전과 실제 정책을 향한 전환이다. 왕후장상은 스스로를 부정하는 평등과 평균을 추진할 수가 없는 반면 물과 배의 비유를 교훈 삼아 민생, 특히 토지와 부역 문제에 관심을 기울이게 된다. 맹자가 제민지산制民之産, 즉 '백성의 산업을 조절하고' 정전제井田制를 회복할 것을 주장한 이래 역대 정부는 정전, 한전限田, 균전均田론과 그 법제를 갖추었다. 이를테면 동중서는 한민명전限民名田[11]을 제기했고, 왕망은 왕전법王田法[12]을, 북위에서 수당까지는 균전제가 있었다. 송대 이후엔 정치에 관해 토론하는 거의 모든 사람이 전제와 세법에 대해 논의하고 자신의 주장을 개진했다. 사람들이 토지를 말할 때는 항상 균전과 병토枰土를, 부세를 말할 때는 항상 가벼운 세금과 균역均役을 이야기하며 각종 정치 논저 안에 평과 균 두 글자가 가득했다. '평'하는 것은 누구를 위해서인가? 사람들의 그 많은 논의는 한마디로 제왕이었다. 그래서 평균주의나 평균 사상은 절대다수의 신민을 명군론明君論으로 이끌게 된다. 수많은 명군 또한 균전, 한전, 세금 경감과 같은 구체적인 제도를 제정한 적이 있었다.

어쨌든 이상의 현상들을 통해 우리는 평등에 대한 하층 민중의 요구가 그저 침묵의 외침만은 아니었으며 위대한 힘이었음을 느낄 수 있다. 이는 고내 정치사상과 정치 제도, 그리고 전체 역사 과정에 걸쳐 가늠하기 어려운 작용을 해왔다.

균평은 격화된 사회 모순의 반영이자 그 산물이다. 사회 모순이 격화되고 사방에서 정치 위기가 드러날 때 전체 사회는 약속이나 한듯 모두

'균평' 두 글자를 상기했다. 사람들은 각기 다른 입장과 각기 다른 취향에서 균평을 이행하고, 운용하고, 기대했다. 이는 당말오대 시대 다양한 사상 유형을 지닌 사람들에게 전형적인 사고의 틀을 제공해주었다. 피일휴皮日休, 무능자无能子, 나은羅隱, 담초譚峭가 그 대표적인 인물이다.

피 일 휴 의   제 왕 전 제 에   대 한
비 판   및   인 정 론

피일휴皮日休는 자가 일소逸少였다가 나중에 습미襲美로 바뀌었다. 생몰 연
대는 미상이며 호북 양양襄陽 사람이다. 녹문산鹿門山에 살면서 스스로 '한
기포의閑氣布衣' '취음선생醉吟先生' '녹문자鹿門子' 등을 호로 삼았다. 함통咸通
10년(869)에 맨 끝번으로 진사에 급제하여 군종사郡從事, 저작좌랑著作佐郎,
태상박사太常博士, 비릉毗陵(오늘날의 장쑤성 창저우常州 우진武進구) 부사를 역
임했다. 878년과 879년 황소가 두 차례 강절江浙에 진군할 무렵 피일휴는
기의군에 참가했다. 881년 황소는 장안을 점령하고 건원칭제하면서 피일
휴를 한림학사에 임명했다. 황소가 실패한 뒤 피일휴의 종말은 알려져 있
지 않다. 저서로는 『피자문수皮子文藪』[13]가 있다.

　피일휴는 당나라 말기 저명한 사상가이자 문학가였다. 그는 역대 유학
의 조종들에 대하여 존숭해 마지않았다. 그는 공자를 칭송하며 "뭇 제왕
을 덕에 매진하게 하고 만세에 교화를 베풀었다"[14]고 하고 "『맹자』의 글
이 경전처럼 선명하다"면서 『맹자』를 명경과 고시 과목으로 삼을 것을 조
정에 건의했다.[15] 그는 왕통王通과 공자를 비교하면서 스스로 "선생의 도를
즐기고, 선생의 글을 기초로 삼는다"[16]고 했다. 한유를 성현의 반열에 편

입시키기도 했다. 그는 공자, 맹자, 순자 및 왕통, 한유가 도의 계통을 대표한다고 보았다. 피일휴는 온 힘을 다해 유학의 기세를 돋우었으며 도통을 다시 진흥시키고자 했다. 적극적인 입세入世를 강조한 전형적인 유가의 전승자였다.

당나라 말기 제왕들은 우매하고, 관료 정치는 파괴되었으며 풍속은 타락하여 백성의 살길이 막막했다. 사회 현실과 유가의 이상 사이의 거리는 너무나도 멀었다. "큰 공을 세우고 위대한 교화를 시행하여 크게 이름을 떨치겠다"는 피일휴의 구세 의지는 실현하기가 매우 어려웠다. 선왕의 성세와 왕조 말기 사이의 강렬한 대비는 이 개성 풍부한 선비의 생각을 크게 흔들어놓았다. 피일휴는 옛일을 빌려 오늘을 풍자하고 사람을 물질에 비유하면서 현실적 의미가 풍부한 수많은 작품을 남겼다. 그의 시부와 문장은 "풍자하는 바가 아니면 문득 누르고 발설하지 않으며,"[17] "슬픔과 두려움에 가득하여 시시로 노랫가락으로 풀어냈다"[18] 그의 정치론은 인생을 직접 대면하며 현실에 간여하고 있는데 "모두 위로는 멀고 그릇된 것을 벗겨내고 아래로는 가깝고 지나친 것을 보완하는 것이어서 빈말이 아니었다."[19] 따라서 논점이 선명하고 논리가 정곡을 찌른다. "군주는 탐욕으로 흉악하고 백성은 어지러운 지경에 처한"[20] 정치와 세태에 직면해서 피일휴는 가슴 가득 걱정에 사로잡혀 격분해 마지않으며 폭로와 비판의 칼날을 폭군과 폭정을 향해 직접 겨누었다.

"현달하면 천하를 두루 구제하고 곤궁하면 홀로 제 몸을 바르게 한다."[21] 이것이 일반 유학자들의 처세 태도인데 피일휴는 그렇게 생각하지 않았다. "백이伯夷는 군주답지 않으면 벼슬하지 않았고 백성답지 않으면 다스리지 않았다. 치세면 나아가고 난세면 물러났다. 내가 뜻을 얻는다면 이렇게 하지 않겠다. 군주답지 않다고 벼슬하지 않으면 누가 그 도를 행할 것인가? 백성답지 않다고 다스리지 않으면 누가 천하의 일을 서두르겠는가?" "그러니 백이의 도는 지나치게 높았다. 나는 높음을 버리고 그 중간을 취하겠다."[22] 피일휴가 군주답지 않아도 나아가 벼슬하여 도를 행하겠노라고 한 것은 강렬한 참여의식을 드러낸 것이다. 피일휴는 당시 사회 비판 사조의 한 가지 유형을 대표할 뿐만 아니라 일찍이 농민 전쟁의 큰 물결에 휩쓸려 들어가기도 했다. 그의 신상을 통해 우리는 당시 봉건 사대부의 사상과 언행이 얼마나 복잡하고 모순적이며 변화를 거듭하고 있었는지를 알 수 있다.

피일휴는 광대한 보통 민중의 심중한 고난에 지극한 동정을 표했다. 그의 시를 모은 「정악부 10편」과 「삼수시三羞詩」를 보면 여러 각도에서 유가 인정仁政 사상에 걸맞지 않은 사회적 폐단에 맹렬한 비판을 가하고 있음을 알 수 있다. 「졸처원卒妻怨」이란 시에서 그는 이렇게 쓰고 있다. "하황河湟 간 수졸로 떠나, 태반이 돌아오지 못하나니. 집안은 풀죽을 쑤어먹고, 몸에는 누더기를 걸쳤도다. 관리는 호적만 들먹이며, 아낙네는 대오에서 배제하네. 곳곳이 북상투를 튼 상중의 아낙이요, 집집마다 남편 잃은 여인네들의 슬픔이로다."[23] "남편은 칼날 아래 죽고, 집은 먼지가 풀풀 날리는" 처참한 환경에 대한 묘사를 통해 전쟁이 민중에게 가져다준 고난을 폭로하고 있다. 「농부요農父謠」에서 그는 농부의 입을 빌려서 이렇게 말한다. "한 사람이 어렵사리 농사를 짓는데 열 사람의 세금을 거두어 간다. 강회江淮의 곡식은 어찌 되는가, 배에 실어 모두 서울로 나를 테니."[24] 당나라 말기 세금 제도의 불합리와 농민에 대한 심각한 착취를 폭로하고 있다. 그의 「상온탄橡媼嘆」은 선명한 대비 수법을 활용하여 민중이 1년 내내 노동만 하고 아무것도 얻지 못하는 근원은 "교활한 관리들이 형벌을 두려워하지 않고, 탐욕스러운 관원들이 뇌물을 피하지 않는 데"[25] 있다고 적시한다. 탐관오리는 온갖 계책을 내서 백성을 쥐어짰으며 제멋대로 정부 창고의 곡식을 내서 사채놀이를 했다. 수확 시기에 "어쩌다 1석이라도 남으면 이를 닷 말로 쳐줄 뿐이었다.”[26] 민중을 핍박하여 수확한 곡식을 “모두 들고 관청에 바치도록 하고 개인 집에는 한 칸짜리 창고도 없었다.”[27] 「삼수시」에서 그는 회우淮右 지역의 메뚜기 재난으로 백성이 고향을 등지고 처자식이 이산하여 “아이들이 풀뿌리를 씹고” “백발노인들이 길섶에 죽어 있으며” 굶어 죽은 시체가 들판에 가득한 처참한 광경을 진술하게 묘사하고 있다. 천재와 인재가 겹쳐 민중을 사방으로 전전하게 만들어 “차가운 길거리에 사람들이 넘치고 부모가 자식을 버리며 남편이 아내를 내놓고 울며 비럭질을 하고 다니니 아침에 떠나면 저녁에 죽는 지경에 이르렀다.”[28] 이와 같은 참상에 직면하여 피일휴는 “오호라! 천지가 참으로 몰인정하구나!”[29] 하고 분노의 고함을 질렀다.

군주 정치에 대한 피일휴의 비판은 심각하면서도 예리하다. 그는 국가와 백성을 재앙으로 몰아넣은 간사한 아첨꾼과 탐관오리를 뼈저리게 증오했다. 「녹문은서」에서 피일휴는 옛일을 빌려 오늘날을 풍자하는데 “혹자가 ‘나는 사냥 동산을 잘 다스리고 금수를 잘 돌보며 용병을 잘하고 세금을 잘 거둔다’고 말한다. 이런 사람은 옛날에 적민賊民이라 불렸고 오늘날에는 적신賊臣이라 부른다”[30]고 예리하게 지적한다. 그는 시대 흐름에 역행하는 군주와 관료를 향한 강렬한 증오를 드러내며 이렇게 말한다. “옛날의 관원은 천하를 위해 자신이 애썼기 때문에 스스로 그것을 걱정했다. 오늘날의 관원은 자신을 위해 천하가 애쓰기 때문에 사람들이 그렇게 될까 걱정한다.”[31] “옛날에 현인을 활용하면 나라를 위했으나, 오늘날 현인을 활용하면 집안을 위한다.”[32] 또 “옛날엔 관리를 두어서 도둑을 몰아냈다. 오늘날엔 관리를 두어서 도적을 만들어낸다.”[33] “옛날에 사람을 죽이면 분노했으나 오늘날 사람을 죽이면 웃는다”[34]라고 말한다. 이렇게도 말한다. “옛날엔 옥사를 처리해 민정을 수습하면 슬퍼했으나 오늘날엔 옥사를 처리해 민정을 수습하면 기뻐한다. 슬퍼하는 것은 교화가 행해지지 못한 것을 슬퍼함이고, 기뻐하는 것은 반드시 상을 받게 되어서 기뻐함이다."[35] 비수를 던져 급소에 적중하는 듯한 이런 비판은 정확히 핵심을 찌르는 이야기로 참으로 천고의 절창이라 하겠다.

피일휴는 "관직을 걸고 뇌물을 수수하고, 재상을 임명해도 재물이나 취하는"[36] 당시의 더러운 현상을 극도로 애통해했다. 그는 탐관오리가 하나는 본성에서 나오고 하나는 아닌 사람을 임용해서 생긴다고 여겼다. 그는 말한다. "관리가 거짓과 기약하지 않아도 거짓은 저절로 오고, 장사꾼이 불인不仁과 기약하지 않아도 불인은 저절로 온다. 오호라, 관리가 중형을 받지 않으니 거짓이 자신을 망친다는 것을 모르는구나. 장사꾼이 극한 재앙을 당하지 않으니 불인이 자기 몸을 해친다는 것을 모르는구나. 쉽게 교화되어 선해지는 사람은 일반 백성이다. 오직 관리와 장사꾼만이 어렵구나!"[37] 군주가 관직을 설치한 것은 민중을 통제하고 지배하기 위함이다. 행정 권력이 모든 것을 지배하는 사회에서 관리들이 거짓과 사기를 치는 것은 필연의 법칙이다. 피일휴의 견해는 깊은 통찰에 근거한 것임에 틀림없다. 그는 한 걸음 더 나아가 혹리의 본성이 바뀌기 어려워 구할 방도가 없고 혼군이 제대로 된 인재가 아닌 사람을 씀으로써 위해가 더욱 커진다고 주장한다. 피일휴는 관료 정치 부패의 근본 원인이 조정에 있고 제왕에게 있다고 생각했다. 세상을 구제하기는 참으로 어려운데 어려움은 바로 제왕의 무능함과 조정의 부패 때문이다. "국가는 작은 문 안의 관리만 돌보아 그에게 상을 주고 지위를 부여한다. 처음부터 글을 모르는 사람이 어떻게 관리로서 잘 다스릴 수 있겠는가. 크게 되면 혹 읍재邑宰가 되고 작게 되더라도 모두 위사尉史가 된다. 어리석기가 혼돈混沌과 같고 독하기가 웅훼雄虺[38]와 같도다. 요순의 선한 백성이 다치고 맨살을 드러낸 채 찍 세례를 받는다."[39] 이런 상황에 직면하여 피일휴는 한편으로 "대군의 관작으로 일하고 사람들의 고혈을 먹고사는" 관료들은 어진 사람이 그 자리에 있게 함으로써 천하에 도움이 되어야 할 것이라고 호소했다. 다른 한편으로 "조정으로부터 저 아래 작은 읍까지 치자들 모두가 인의를 갖추고, 국가는 현량을 선발하여 정해진 제도에 따라 피하고 꺼리기를"[40] 기대했다. 그러나 이 두 가지 모두 희망 사항일 뿐 다다를 수 없는 일이었다. 어쩔 수 없었던 피일휴는 원한에 가득 찬 저주를 퍼부을 수밖에 없었다. 「축학려문祝瘧癘文」에서 그는 신령에게 학질을 내려 "하늘의 일을 대신하라"고 기도한다. "위세를 믿고 녹봉에 전념하며 참람하게 기회를 엿보며 위로 국권을 농단하고 아래로 백성의 목숨을 희롱하나 하늘이 아직 형벌을 내리지 않고 아직도 살아서 움직이는"[41] 저 간사한 아첨꾼들을 모조리 쓸어버릴 것을 기원했다.

봉건 시대 폭정의 근원은 폭군이었다. 피일휴는 민본 사상에서 출발하여 폭군과 혹리를 한데 연결시켜 맹렬한 비판을 가했다. 그는 "옛날에 천하를 얻는 것은 민심에 의해서였다. 오늘날 천하를 얻는 것은 백성의 목숨에 의해서다"[42]라고 지적한다. "어린아이들을 예리한 칼날 아래로 내몰고 한 치의 땅을 다투어 100번의 전쟁을 치른다. 사士에서 제후가 되고, 제후로부터 천자가 되면서 전쟁이 아니면 위세를 부릴 수 없고 전쟁이 아니면 복종을 시킬 수 없으니 천하를 얻는 것이 백성의 목숨에 의해서라고 말하지 않을 수 있겠는가?"[43] 소위 창업을 하여 나라를 후세에 물려주었던 성스러운 제왕들은 모두 백성의 목숨을 아끼지 않고 권세를 탈취한 야심가들이다. 이와 같은 비판은 번진의 할거가 이어지고 전란이 그치지 않은 당나라 말기로 볼 때 어느 정도 현실적 의의를 지닌다고 하겠다. 피일휴는 한 걸음 더 나아가 제왕이 통치를 실현하기 위하여 상벌과 군대, 형벌로 천하를 제어하고, 민중에 대하여 "우선 위협을 하고 나중에 이익을 던져줌으로써" "무지한 사람들로 하여금 죽음을 안타까워하지 말고 위로 형벌을 두려워하고 다음으로 상을 탐하도록"[44] 만들었다. "[그 결과]

술수는 갈수록 정밀해지고 살인은 갈수록 늘었다. 법은 더욱 절실해지고 해악은 더욱 심해졌다. 오호라! 이 또한 어질지 못하구나."[45] 제왕의 통치술 자체가 인정 이상에 위배되는 것이었다.

유가 전승자의 한 사람으로서 피일휴는 이렇게 생각했다. "사람의 삶 위로는 천지가 있고 아래로는 군부君父가 있다. 군부가 시해당할 수 있다는 것은 천지가 없다는 것이고 이는 사람의 삶에 큰 죄악이니 식자들은 이를 아주 부끄럽게 여긴다."[46] 그렇지만 제왕이라고 신성불가침한 존재는 아니다. 요순은 모두 위대한 성군이었음에도 민중으로부터의 훼방을 피하기 어려웠는데 "훗날 천하의 제왕이 된 사람이 요임금이나 순임금 같은 행위를 하지 못하면 백성은 그 목줄을 움켜쥐고 머리채를 잡아 욕보이고 몰아내거나 부러뜨려 일족을 죽이는 것도 심하다고 여기지 않았다."[47] 제왕이 무도하고 인정을 행하지 않으면 민중은 그를 내쫓거나 죽이거나 심지어 일족을 주멸시키고도 과하다고 여기지 않았다는 것이다. 피일휴는 이를 근거로 당시 군주들에게 경고를 보낸다. "천하의 황제가 되고 일국의 군주가 되었다고 해서 어찌 조심하지 않을 수 있겠는가?"[48] 이와 같은 격렬한 비판의 강도는 민중의 고통에 관심을 가졌던 당시의 많은 지식인의 수준을 훨씬 넘어선 것이다.

우국우민이야말로 피일휴 같은 유생들의 비판 사상이 지닌 뚜렷한 특징이다. 피일휴는 위로 군주를 걱정했고 아래로 백성을 걱정했다. 이른바 "육식하는 고관대작의 정책이 실패하여 채식하는 민중이 재앙에 빠졌으니 어찌 걱정하지 않겠는가! 어찌 걱정되지 않겠는가!"[49] 그 깊은 우려와 절절한 걱정은 참으로 깊었다. 그렇지만 우국우민의 근본 속내는 우군이었다. 피일휴의 정치의식 속에 만민은 한 사람을 우러러 의지하며 그 한 사람은 천하를 구할 사람이다. 정치의 근본적 출구는 제왕이 인정을 실시하고 교화를 행하는 것이다. 「녹문은서」에서 그는 백성의 성정은 대부분 폭暴, 역逆, 종縱, 우愚, 망妄 하니 인, 의, 예, 지, 신으로 이끌 필요가 있다고 말한다. 따라서 피일휴가 정치의 주체적 지위에 놓은 사람은 민중이 아니라 "심으로 도를 구하고" "심으로 천자가 될 수 있고, 제후가 될 수 있고, 성현이 될 수 있는 사람이었다".[50] 물론 이 사람들은 인의를 행해야 하며 "일심으로 노력하여 천하를 안정시켜"[51] 사람들의 추대를 받아야 한다. 그러면 "백성이 그를 쓸 것이고", 그렇지 않으면 "백성이 모두 그를 버릴 것이다".[52]

피일휴는 시종 통치자에게 이상 정치에 대한 기대를 걸었다. 「우부」에서 그는 군주 정치의 분명한 재앙으로 10여 가지를 나열한다. "왕도가 펼쳐지지 않고 조정 기강이 튼튼하지 않아 큰 악이 저질러지고 도둑들이 기회를 틈타는" 데 깊은 관심을 갖고 "이것이 신이 우려하는 바입니다"[53]라는 말을 스무 번 가까이 사용하여 군주에게 권고했다. 그가 열거한 군주 정치 전반 양면의 경험과 교훈에는 제왕이 후비, 저군儲君, 친왕, 외척, 대신, 내환內宦, 현재賢才, 전장戰將, 간신, 은사, 사이四夷, 평민 등 각종 정치적 역할을 맡은 사람들과 피차 관련지어 처리해야 할 정치 규칙들이 언급되어 있다.

제왕 치국의 도는 한마디로 요약하면 '인의'다. 피일휴는 말한다. "성인의 교화는 삼황에서 나왔고 오제에서 성취했으며 주공과 공자에게서 확정되었다. 그 본질은 도덕과 인의이고 그 문헌은 『시경』『서경』『예경』『악경』이다. 이는 만 대의 왕들이 바꾸지 않고 다스릴 수 있는 까닭이다." "그 말을 어기고 그 가르침에 어긋나는 것은 잘못"[54]이라고 보았다. 그는 군주가 "옛 제도를 명확히 알고" "시대 변화에 정통하고" "그 뒤 예악 제도를 만들되 마땅히 주공의 책과 공자의 계책을 표준으로 삼아야 한다"[55]고 주장한다. 피일휴가 볼 때 그의 모든 정치 주장의 목적은 "궁리진성窮理盡性하여 어둡고 은미한 이치를 꿰뚫어" "위대한 성인의 첫 본성을 궁구하고 옛사람의 궁극적 의리를 뿌리내리게 하는"[56] 것이었다. 그의 구세 방침은 말하자면 통치자가 "도를 잊지 말고 귀하게 여기기"[57]를 바라는 것이었다. "성인은 안민에 힘쓰며 불인한 사람을 앞에 놓지 않음으로써 그 어짊을 드러내고, 부덕한 사람을 먼저 쓰지 않음으로써 그 덕을 드러낸다."[58] 그렇지 않고 "도를 행하지 못하면 몸이 상하게 될 것이며, 현인을 발탁하지 못하면 망국에 이를 것이다."[59]

피일휴의 정치사상은 공맹의 도에 얽매여 있어서 효과적인 구세 방안을 내놓지는 못했다. 그는 적극적으로 세상에 개입할 것을 주장하고 충효와 절의를 극력 옹호했으며 "나아가 반신叛臣이 되고, 들어와 역자逆子가 되는" 반역 행위를 철저히 질타했다. 당시 군주가 이를 되돌아보고 만날 기회가 있어 "요행히 한 사람이 거듭 깨치게 되기"를 기대했다. 나중에는 또 '비군非君을 섬기고 비민非民을 다스리는' 사상의 지배하에 당나라 이씨 왕조를 배반하고 농민 봉기의 파도에 휩쓸려 들어갔다. 피일휴의 사상과 언행은 모순으로 충만해 있음에도 그 자신은 스스로의 성선에 대하여 사신감이 충만했다. 그는 감개무량해서 이렇게 말했다. "내 도가 사라질지 흥할지 아직 알 수가 없지만 백대가 지난 뒤 이 문장을 얻어서 그걸 지킬 사람이 다시 또 누구일지 모르겠구나."[60]

피일휴의 정치론은 정치사상사에 있어 독특한 빛을 반짝였으나 끝내는 세상사에 도움이 못 되고 공허한 외침이 되고 말았다. 그는 적극적인 행동으로 무너지는 세상을 구제하겠다는 선비의 유형에 속했는데 이는 결코 쉽지 않은, 대단한 일이다. 역사가 거듭 증명하듯 유가의 왕도와 인성의 이상은 군주 정치의 폐단을 근본적으로 치유할 수 없다. 그렇게 성심성의껏 인의의 높은 둑에 기어오르는 선비는 현실과 부딪히면 온몸이 깨어지고 피만 낭자할 뿐이다. 바로 유가 정치 문화 자체가 이런 비극을 만들어낸 것이다.

제3절

『무능자』의
성인, 군왕, 강상 부정의 정치사상

『무능자无能子』는 당나라 말기 무명씨의 저작이다. 『신당서』 「예문지」 '도가류' 목록에 『무능자』 3권이 있다. 명나라 정통正統 『도장道藏』에 책 전체 목록과 일부 내용이 수록되어 있다. 저자의 이름은 사라졌고 생애 또한 고증할 방법이 없다. 『무능자』 「서」에 따르면 무능자는 "어려서 박학하고 욕심이 적었으며 궁리진성하여 운명을 파악하는 데 능했다. 황소의 난을 피해 여기저기 유랑하여 일정한 거처가 없었으며 추위와 배고픔을 담담히 받아들였다. 광계光啓[61] 3년 천자가 포상을 내걸자 사방에서 군사가 일어났다. 무능자는 좌보左輔 경景씨의 민가에 머물며 자신을 숨겼다."[62] 그는 저술을 멈추지 않았으며 "임신년 봄부터 기해년 늦봄까지 [27년여 동안] 수십 지紙를 채웠다." "그 취지는 자연의 이치를 밝히는 데로 귀결되며 성명性命의 진실을 궁극적으로 이해하는 것이었다. 자연은 작위가 없으며 성명은 욕심이 없으니 그로써 예교를 생략하고 세상사를 도외시하라는 것이었다." 이런 말도 있다. "무능자의 행동거지와 시문 내용을 구체적으로 살펴보았기에 그의 성명과 관직 경력 등을 기술하지 않는다."[63] 이로 미루어볼 때 『무능자』는 대략 887년 전후에 성립되었으며 저자는 벼슬을 한

적이 있고 나중에 난을 피해 세상을 등지고 이름을 감추고 살았던 인물이다. 명리를 좇지 않았으며 세속을 미워한 선비였다.

『무능자』 정치사상의 특징은 노장 무위자연 사상을 주지로 삼았으며 등급 명분, 강상 윤리 및 군주 정치를 비판하며 재앙의 근원으로 배척했다는 것이다. 인류 사회는 소박하고 진실한 원시 상태로 돌아가야 하며 예교를 폐지하고 인륜을 버리고 귀천, 군신 등급을 없애야 한다고 주장한다. 봉건 예교, 군주 제도에 대한 비판과 부정으로부터 인류의 모든 사회 관계 및 문화를 부정하는 극단으로 나아갔다. 무능자의 사회정치관은 당시로 볼 때 일정한 대표성과 전형적 의의를 지니고 있다. 『무능자』는 도가 사상을 숭상하는 특정 선비의 정치의식을 반영한 작품으로 고대 사상사에서 상당히 중요한 위치를 차지한다.

자연, 무위, 무심의
천리론天理論

자연, 무위, 무심의 천리론은 무능자 정치사상의 철학적 기초이자 이론적 근거다.

무능자의 우주관은 원기자연元氣自然론이다. 『무능자』는 첫머리부터 천지인과 만물 모두 '혼돈일기混沌一氣'로 출발하며 기의 운행 과정에서 번식과 생명의 변화가 일어난다는 관점을 제기한다. "천지가 나뉘기 전엔 혼돈 한 기운이었다. 1기가 충일하여 2의二儀로 나뉘었다." "천지가 자리를 잡고 음양의 기운이 교차하니 나충裸蟲, 인충鱗蟲, 모충毛蟲, 우충羽蟲, 갑충甲蟲이 생겨났다."[64] 음양의 기가 길러낸 천지 만물은 "모두 하나에서 나오므로" 태어나면서 평등한 존재다. "하늘과 땅은 음양의 기 가운데 거물이다." 천지와 만물은 거물巨物과 물物의 관계다. 마치 "강과 바다가 물고기와 자라를 품고 있고 산과 구릉이 초목을 포함하고"[65] 있듯이. 사람과 물질 또한 평등하다. "사람은 나충, 즉 벌거벗은 동물이다. 비늘, 털, 깃, 껍질 있는 동물과 함께 천지에서 생겨났으며 기를 교차했을 따름으로 다를 바가 없다." "지려와 언어 또한 사람과 동물은 한가지다. 다른 점은 형질形質뿐이다."[66] 만물은 태어나면서 평등하고 고저와 존비의 구분이 없다. 따라서 최초의 자연 질서는 일종의 무차별적 상태였다. "그래서 태곳적에는 나충과 인, 모, 우, 갑충이 잡거했으며 자웅 암수가 자연스레 화합했고 남녀 부부간 구별, 부자 형제간 순서가 없었다. 여름엔 나무 위에서 살고 겨울엔 구멍을 파고 살아 궁실의 제도 따위는 없었다. 터럭 있는 동물을 먹고 피를 마셨으며 오만 가지 곡식도 없었다. 태어나면 스스로 달렸으며 죽으면 저절로 엎어져 무엇을 해치고 빼앗으려는 마음도 없었고 매장하는 일도 없었다. 자연에 맡긴 채 천진난만하게 지냈으며 통치자도 없이 물 흐르듯 순박하게 살았다. 자연스러운 이치대로 오래오래 그렇게 살았다."[67] 무능자가 보기에 이렇게 차별도 없고, 문화도 없고, 통치자도 없이 순수하게 자연에 맡기는 사회 질서야말로 가장 이상적이었고, 일체의 인위적인 물건은 모두 이에 어긋나는 것이었다.

무능자는 '무위의 덕'을 극찬했다. 그는 이렇게 생각했다. "천지는 무심하여 스스로를 주재하지도 않는데 하물며 만물을 주재하겠는가? 천지는 그저 천지이고 만물은 그저 만물이다. 봄은 화합하여 저절로 생겨나고 겨울은 추워져 저절로 죽는 것이지 천지가 그렇게 만들지 않는다. 성인이 비록 마음은 있더라도 운용을 할 때는 천지를 체인한다. 천지가 비록 무심하지만 계기가 시작되면 조응하고, 일이 닥치면 따르며, 일이 지나치면 거스르고, 해로운 것을 제거하고 만물을 성취시키되 증오도 사랑도 없다. 그래서 해가 제거되어 재앙이 없고 만물이 완성되어 복이 따로 없다."[68] 무능자가 보기에 "무위의 덕은 천지를 포괄하는데" "무위하면 막힘이 없으나 유위에 막혀 있으면 무위할 수 없다."[69] 따라서 일체의 유위는 모두 망령된 행위다.

무능자는 '무위의 마음'을 가장 근본적인 것으로 본다. "이른바 근본이라 함은 무위를 마음으로 삼는 것이다. 형해는 그에 의지해 서는 것이며 그것이 고정불변하여 위태롭지 않게 된다." "그것에 밝은 사람은 감출 만하면 감추고, 실천할 만하면 실천하며 사물에 대응하여 일을 처리하고 정이 없는 곳을 환히 비춘다. 그것에 어두운 사람은 향락의 욕망으로 치닫고 이목의 즐거움만 좇고 온종일 허망하게 보내고도 모른다는 것을 이해하지 못한다."[70] 이런 식으로 형체를 지배한다면 "고정불변하여 위태롭지 않은" '마음'은 "얻어도 존재하지 않고 감추어도 없어지지 않는다. 움직이면 추호의 작은 형체도 알아보고 모기나 파리 소리도 환히 구분한다. 고요하면 산악도 보지 못하고 뇌성벽력도 듣지 못한다. 커지면 천지를 포괄할 수 있고 작아지면 속눈썹 속으로 들어갈 수도 있다. 황홀하여 오지도 가지도 않는다. 무색무성[71]으로 가득 차지도 않고 줄어들지도 않는다."[72] 이러한 마음은 "아무것도 보이지 않는 가운데 보이는" "무명無名의 근본이다."[73] 무능자는 이를 '천리天理'라 불렀다.

"무위하면 순박하고 옳아서 천리에 마땅하나" "유위하면 욕구에 젖어 인성을 어지럽힌다."[74] 천리와 욕구는 대립하는 것으로 무욕과 무위야말로 순정한 덕성이며 천리에 부합한다. 이는 무위와 무심을 천리의 높이로 끌어올리는 것이다. "무위도 나에게 달려 있고 욕구도 나에게 달려 있다. 무위하면 고요하고 욕구하면 일을 만든다. 고요하면 즐겁고 일을 만들면 근심한다."[75] 무위냐 욕구냐는 완전히 사람의 주관적 의식에 의해 결정된다. 따라서 무심해야 무위할 수 있다. 이른바 무심이란 "속에서 무얼 바라지 않음이다." "지공至公이 무위에 가깝다. 그것으로 근본을 삼아 무욕하면 무사無私하게 된다."[76] 오직 일체의 사욕과 잡념을 배제하고 "속에서 무얼 바라지 않을" 때 비로소 "안 되는 일이 없게" 될 것이다. 그러나 "무심은 배울 수 없는 것이다."[77] 행동을 배우고 꾸밈을 배우는 일을 비유하자면 "꾸밈은 행동에서 나오고 행동은 마음에서 나오며 마음은 자연에서 나온다. 자연에 따르지 않으면 그런 마음이 생겨나고, 그런 마음이 생기면 행동이 경박하고, 행동이 경박하면 꾸밈이 번잡하고, 꾸밈이 번잡하면 거짓되고, 거짓되면 혼란스럽고, 혼란스러우면 성인도 구할 수 없게 된다."[78] 무심의 핵심은 무학無學에 있다. 무심이야말로 인생의 최고 경지다. 따라서 근본적 방법은 "무심으로 증험하여 자연으로 돌아가는 것이다. 그리하여 앞에는 성인이 없고 위에는 현천玄天이 없어 행동과 꾸밈이 무학 가운데 놓이게 된다."[79] "몸 안에서 무심"이 바로 '상덕上德'이다.[80]

무능자는 자연과 인위, 무위와 유위, 무심과 유심 등 이름만 다를 뿐 실질은 같은 세 가지 범주를 토론했으며 천리와 욕망을 이용하여 그것들을 귀납했다. 이 사상은 그렇게 신선한 것이 아니다. 『사고전서총목제요四庫全書總目提要』는 이렇게 말한다. "이 책은 대부분 장자와 열자의 취지를 절취한 것이고 불교의 학설이 뒤섞여 있으며 글의 요지가 아주 천박하다."[81] 하지만 무능자는 이와 같은 철리에 입각하여 폭로와 공격의 예봉을 군주 정치의 몇 가지 기본 측면에 직접 겨냥했다.

성인은
인류 사회의 죄인

무능자는 만물이 자연적으로 평등하고 서로 화해하며 살아가는 한 폭의 이상적인 그림을 고심하여 그려냈다. 그리고 천지 만물은 "일기─氣일 뿐으로" 천리는 자연스럽고 무위하고 무심하다는 것을 증명했다. 이는 그 대상이 매우 분명한 겨냥이었다. 그의 창끝은 망령된 성인 즉 군주를 겨냥했다. 성인이 자연의 화해와 인류의 평등을 파괴하는 죄악의 원흉이라는 것이다.

성인의 죄 가운데 하나는 '강명強名', 즉 억지로 이름을 지어 만물을 구분시킴으로써 불평등을 자연계와 인류 사회에 강제했다는 점이다. 무능자가 보기에 첫 번째 불행한 구분은 사람과 물질의 분화다. 성인은 경직되게 사람과 동물을 구별시키며 "억지로 이름을 붙여 사람이라 했다."[82] 그리하여 인류는 지혜로 임하고, 문화를 창조하고, 수렵과 농경을 하며, 나무를 베어 집을 짓는 등 만물을 자신의 주재하에 놓게 되었다. 사람과 자연의 화해 관계가 깨지자 두 번째 불행한 분화가 생겨났는데 인류는 "결혼 제도를 만들어 암수와 자웅을 나눔으로써 부부간 구별, 부자와 형제의 질서를 만들었다."[83] 사람과 사람 사이의 평등 관계가 파괴되면서 세 번째 분화를 이끌었다. 사람과 사람 사이엔 본래 "존비 즉 신분의 높 낮이가 없었으며" 이른바 군신상하도 없었다. 그런데 성인이 "억지로 그것을 만들어 군주라 하고 신하라 했다."[84] 사회 분화의 극치는 군주 전제 제 도다. "사람의 지려를 번거롭게 하더니 그 가운데 한 사람을 택하여 무리를 통솔하게 했다. 그 한 사람을 군君이라 이름 짓고 무리를 신臣이라 이름 지었다. 한 사람이 무리를 부릴 수 있고 무리는 한 사람을 침범할 수 없었다. 그리하여 군신의 구분과 존비의 규칙이 생겨났다. 존귀한 사람은 높이고 무리는 같아졌다. 후세로 내려가면서 작록 제도를 만들어 무리를 올리거나 내렸다. 그리하여 귀천의 등급에 따라 물자를 사용하고 빈부의 차등에 따라 욕구를 충족하게 되었다. 이렇게 지려를 번거롭게 한 사람이 바로 성인이다."[85] 여기서 말하는 성인은 제도를 수립하고 정치를 하는 군주다. 군주는 통치를 실현하기 위해 "강제로 귀천과 존비를 나누어 다툼을 격화시키고, 강제로 인의예악을 두어 진리를 뒤집고, 강제로 형법과 정벌을 행하여 생명을 해친다."[86] 이것이 바로 일련의 명분, 제도, 도덕, 형정刑政, 정벌을 인류 사회에 강제한 것이다. 무능자가 보기에 화이華夷의 종족, 제왕과 공후公侯, 사민四民의 구분, 조례皂隷의 구별 및 시비와 선악, 사정邪正과 영욕 모두 성인이 "강제로 이름을 붙인 것이며" "그것을 예로 잘 꾸며서 사람들로 하여금 오늘날까지 익히게 만들었다."[87] 이렇게 하여 명분과 강상이 생겨났고 인류 사회는 여러 가지로 불합리해졌다는 것이다.

성인의 죄 가운데 두 번째는 강상명교를 선양하여 인심을 우롱하고 세상 사람들을 이간질했다는 점이다. 무능자는 부부의 구별, 부자간 질서야 말로 인류 최초의 불평등으로 사람과 사람 사이의 혈친 관계를 강조하고 억지로 인류를 구분하여 친소와 차등을 나눔으로써 인지상정을 위반했다고 생각했다. "효도와 자애가 없으면 천하에 효도하고 자애하지만 효도와 자애가 있으면 한 집안에 효도하고 자애한다. 한 집안에 대한 효도와 자애가 무너지지 않으면 정 때문에 서로 고생하게 되고 효도와 자애 때문에 오히려 힘들어진다. 무너지면 속이게 되고 속이면 장차 부자와 형제가 미워하고 원망하게 된다."[88] 예교는 인륜과 강상을 강조하여 사람들로 하여금 평등하게 모든 사람을 대하지 못하게 만든다. 이른바 효도와 자애란 사람과 사람 사이의 친소와 차등을 고착시키고 부자와 형제를 이간시킨다. 무능자는 한 걸음 더 나아가 강상 윤리를 가치 척도로 삼는 미명美名 또한 성인이 인류에게 덧씌운 정신적 구속이라고 주장한다. "이른바 미명이란 집안에 있으면서 효도하고 윗사람에게 충성하고 친구끼리 신뢰하고 재물을 검소하게 쓰고 재능을 키우고 예술에 노니는 따위가 아니던가? 이 모두 소위 성인이란 사람이 받들어서 그로써 어리석은 사람을 구속하는 짓이다."[89] 피와 살로 이루어진 사람의 몸은 순식간에 사라지며 형체에 달라붙어 있는 충효신의 따위의 미명 또한 그에 따라 허구가 되고 말 것이다. "오늘날 사람들이 자연의 바른 성정을 좇는 일이 사라지고 거짓으로 흘러들게 된 것은 무엇 때문인가? 소위 성인이란 사람이 오도했기 때문이다."[90] 강상 윤리는 사람들을 허구와 거짓으로 이끌 뿐인데 이 물건이야말로 성인이 만들어낸 것이다.

성인의 죄 가운데 세 번째는 의를 제창하여 세상을 어지럽히고 사람의 물욕과 투쟁심을 일으킨 점이다. 성인이 사람들을 공명과 이익으로 유인하여 사회는 산박위기散朴爲器 즉 "원목을 가공하여 각종 기물을 만들게" 되었다. 그리하여 "천한 사람은 귀한 사람을 흠모하고, 가난한 사람은 부자를 흠모하여 사람들 사이의 투쟁심이 생겨났다."[91] 사람들이 투쟁심을 키우고, 권모술수를 사용하고, 폭력을 쓰게 되니 "다투면 빼앗고 빼앗으면 혼란에 빠진다."[92] 네가 걱정하면 내가 사기치고, 세상을 속이고 이름을 훔치며, 교묘하게 탈취하고 도적질과 약탈 등 안 하는 짓이 없게 되었다. 성인은 투쟁을 억제하기 위해 인간관계를 조정하고자 "인의충신의 가르침과 예악의 규정을 수립해서 행동을 구속했다. 군주가 신하를 괴롭힘을 가혹하다 하고, 신하가 군주를 침범함을 배반이라 하고, 부모가 자식을 사랑하지 않음을 자애롭지 못하다고 하고, 자식이 부모를 존중하지 않음을 불효라고 하고, 형제가 서로 순응하지 않음을 우애롭지 않고 공경하지 않는다고 하고, 부부가 서로 하나가 되지 못함을 부정하고 불화하다고 한다. 그렇게 하는 사람은 그르고 그렇게 하지 않는 사람이 옳다. 옳으면 영예를 얻고 그르면 욕을 먹는다."[93] 이런 도덕규범은 투쟁심을 억제시켰지만 반면에 시비지심과 수오지심을 일으켰다. 시비지심의 위해는 더욱 커서 그 결과가 갈수록 꼬이게 되었다. "사람의 성정이 번거로우면 위태로워지고 위태로우면 속이고 속이면 더욱 혼란스럽게 된다."[94] "후대로 내려오자 욕구가 더욱 성해지면서 인의충신을 어기고 예악을 넘어 다투게 되었다. 그래서 성인이 뉘우칠 일이라고 말하는 것이다."[95] 성인이 바로 인간 세상의 환난을 빚어냈다는 이야기다.

성인의 죄 가운데 네 번째는 엄혹한 통지로 민중의 질고를 만들어낸 점이다. 성인은 난세를 다스리고 분쟁을 없애기 위해 "부득이하게 형법과 군대를 설치하여 통제했다. 작으면 형벌로 다스리고 크면 군대를 움직였다. 그리하여 오라, 쇠고랑, 채찍, 유배의 범죄가 나라에 가득하고 창, 쇳덩이, 활, 화살의 정벌이 천하에 가득하여 집안과 나라가 멸망하는 재앙이 끊임없이 이어지고 생명의 곤궁함과 요절의 고통이 만연하여 그치지 않게 되었다."[96]

요컨대 성인의 역사적 작용은 과오이지 공적이 아니다. 성인의 잘못으로 인류 사회는 근본을 잊고 말절을 좇는 잘못된 길을 걷게 되었다. "아! 동물은 자연스럽게 살아가나 사람은 부자연스럽게 사는구나. 억지로 궁실을 짓고 음식을 만들어 욕망을 유인하고, 억지로 귀천과 존비를 나누어 투쟁을 격발하고, 억지로 인의예악을 만들어 진리를 뒤집으며, 억지로 형법과 정벌을 행하여 생명을 해친다. 말절만 좇고 근본을 잊었으며, 성정을 어지럽히고 운명을 해쳤으며, 애매모호하게 서로 죽어가고 고금이 반복되지 않으니 이를 일컬어 성인의 과오라고 부르겠다."97 한마디로 성인이 제도를 만들고, 강상을 세우고, 교화를 행하고, 형정을 실시하여 재앙의 실마리를 만들고 인간 본성을 훼손시킴으로써 사회로 하여금 삼라만상의 자연 평등이라는 이상적 경계에서 갈수록 멀어지게 만들었다는 것이다. 군주 정치야말로 만악의 근원이다.

무능자는 왕권을 멸시했다. 제왕의 존엄은 언급할 만한 가치도 없다고 주장했다. 첫째, 제왕의 칭호는 경직된 날조다. "예로부터 제왕과 공후, 경대부의 호칭은 모두 성인이 억지로 이름을 붙인 것이다. 차등과 귀천을 나누어 어리석은 사람들을 유인하기 위함이었다." "억지로 이름을 붙이는 것은 사람들 누구나 할 수 있는 일이다."98 사람이면 누구나 할 수 있는 일이 무엇이 소중하단 말인가? 둘째, 제왕의 권력은 어디까지나 한계가 있다. "사해의 안은 예로부터 지극히 넓고도 큰 것이었다. 열 개로 나누어 본다면 산악과 강, 바다가 그 반이고 만이와 융적이 사는 곳이 3할이다. 중국이 차지한 곳은 1~2할에 불과하다." "중국 천자가 귀하다고 하는데 천하를 10으로 나누었을 때 1~2할이다. 그 안에서 정벌 전쟁을 벌이면서 스스로 지위를 높인 것일 뿐이다."99 제왕은 폭력에 의지해 제한된 범위 내에서 왕을 칭하거나 패를 칭할 뿐이니 귀할 것이 못 된다는 것이다. 셋째, 제왕은 신비하지도 성스럽지도 않으며 잔악무도하다. 소위 제왕이란 그 통치 범위 내에서 넓은 궁실에, 아름다운 음식에, 기쁨과 노여움을 드러내고, 마음대로 살리고 죽이며, 극진한 향락을 즐기는 사람일 뿐이다. "향락을 다 즐기기도 전에 늙어 죽으면 탱탱한 피부가 땅강아지나 개미처럼 쪼그라들고 썩은 뼈가 흙에 잠기는 것은 필부필부가 마찬가지다. 천자라고 귀할 것이 무엇이란 말인가!" 하물며 제왕은 천하를 다투고 욕망을 다하기 위해 "전쟁과 살육을 일삼고 끝 모르게 사람의 성명을 다하여 자신의 욕망을 채우려 하니 인자는 차마 언급할 수 없을 정도다."[100] 이와 같은 역할은 천리를 거역하는 것이어서 그 존귀함은 아무런 가치도 없다.

무능자의 사회비판 사상은 상당히 의미심장하다. 사람들은 예악 제도를 만든 성인을 칭송하고, 사치의 극을 달린 제왕을 흠모하고, 신성불가침한 왕권을 경외하고, 성스럽고 인자한 군주를 기대한다. 그런데 무능자는 오히려 중의를 거부하고 홀로 그 죄업을 질타하고 경멸해 마지않으며 성인과 제왕을 인류 사회의 죄인으로 열거한다. 사람들은 분분히 군신부자의 명분, 충효절의의 관념, 존비귀천의 구별을 불변의 진리로 받들며 인류의 기강으로 취급한다. 군왕에 대한 존중, 명확한 등급 구분, 강상의 수립을 난세를 구할 영단이자 묘약으로 삼는다. 그런데 무능자는 오히려 그 길에 반대하고 나섰다. 군주 제도, 등급 명분, 강상 윤리는 지자가 백성을 우매하게 만들고 강자가 약자를 능욕하는 인간 세계 모든 불평등의 근원이리고 한다. 그는 만물의 사연 병능 관점에서 출발하여 종법 제도, 등급 제도, 군주 제도의 합리성을 부정함으로써 한위 이래 도가 유파의 사회비판 사상을 한 걸음 더 진전시켰다. 하지만 무능자는 절대자연주의의 각도에서 인류 사회를 깊이 체인하고, 군주 제도를 비판하며, "생명의 빈곤과 요절의 고통"을 개별 지자나 성인의 탓으로 돌리고, 문명 발전의 탓으로 돌려버렸기 때문에 위기에서 구제해줄 실질적인 길을 찾아낼 수 없었다.

무능자의 치국에 관한 주장은 한마디로 "큰 나라를 다스림은 작은 생선을 익히듯 해야 한다. 몇 번의 칼질로 문드러질 수 있다"[101]는 것이다. 이 치국론은 두 가지 뜻을 함축하고 있다. 첫째는 일체의 예악 제도와 정치적 권모술수를 버리자는 것이다. 그렇지 않으면 "사람의 성정을 격동시키고" "백성에게 마음을 품게 하여" 오히려 다스릴수록 혼란스러워질 것이다. 둘째는 자연과 시세에 순응하여 유위에 무심하고 "성인이 비록 마음은 있더라도 운용을 할 때는 천지를 체인하는"[102] 것이다. "때가 오면 조용하고, 일이 닥치면 해결한다. 때에 조응하되 자기 이익을 꾀하지 않고 해결하며 공적에 힘쓰지 않는다."[103] "성인은 마땅히 있어야 하면 있고 마땅히 행해야 하면 행한다. (…) 그는 무심 하나로 일한다."[104] 무위하면 안 되는 것이 없다고 한다. "장자는 물고기가 뭍에서 만나 물거품으로 서로를 따뜻하게 해주는데 강이나 호수에서 서로 잊고 지내느니만 못하다고 말한다. 얼마나 지극한 말인가! 물고기는 강이나 호수에서 서로 잊고 지내고 사람은 자연에서 서로 잊고 지냄이 각기 적절한 것이다."[105] 무능자가 보기에 가장 좋은 방법은 일체의 사회관계를 없애고 일체의 정치 기구와 사회 규범을 취소하고 자연에 맡기는 삶으로 다시 돌아가는 것이다. 관리자도 없고 사람과 동물이 뒤섞여 사는 경지 즉 장자가 말하는 '지덕至德의 세상'을 말한다. 이런 이상적 경지를 실현하는 가장 좋은 길은 "백성 가운데 유심한 사람을 무無로써 연마하고 허虛로써 맑게 하여 무색무성의 경지에 젖어들게 하고·어디로 향하는지를 모르게 하는"[106] 것이다. 민중의 불평등한 마음을 고르게 문질러 무지하고 무감각하게 만들고, 무욕하고 무심하게 만들면 세상은 태평해질 것이다. 이런 통치술을 실천하여 "천하로 하여금 누구와도 다투지 않도록" 만드는 주체가 바로 "무심으로 일하며" "두루 구제하는" 성인이다.[107]

무능자는 이렇게 생각했다. "마음을 비우고 유위에서 멀어진 사람은 절조에 다다른達節 것이며, 그 마음을 보존하고 시비를 나누는 사람은 절조를 지키는守節 것이며, 그렇게 나누고 슬픔을 얻어서 혼란스러운 사람은 절조를 잃은失節 것이다."[108] 이른바 시비, 선악, 사정邪正, 공과는 모두 사람들이 사적인 정에 치우쳐서 마음을 비우고 사물에 대응할 수 없기 때문에 생겨난 산물이다. 억지로 선악과 사정을 구분하려 들면 "나눔이 생기고 나뉨은 그 자체가 허망한 것이다". 한 걸음 더 나아가 사악을 교정할 수단을 강구하면 "원수를 팔아먹는 재앙이 생기니" 실질 즉 "절조를 잃는 것이다". 굴원屈原은 군주에게 충성하고 군주에게 간언했으며, 나라를 걱정하고 백성을 걱정했으나 '실절'의 부류에 속한다. 가장 정확한 처세 방법은 "치우침도 없고 똑바름도 없으며, 옳음도 없고 그름도 없으며, 선도 없고, 악도 없으며, 공도 없고 죄도 없는" 것이다. 이른바 "군자의 마음은 다른 사람에게서 병을 얻지 않도록 자신을 수양하고, 대중에게 환히 드러나지 않도록 쓰임새를 감추는"[109] 것이다. 이러한 정치의식이 무능자 같은 사상가가 어떤 사람인지를 결정짓게 한다. 즉 그 사상은 깊고 언사는 격렬하며 군주 정치에 대하여 맹렬한 비판을 가하지만 정작 싸움터에 이르면 도망치는 사람이다.

무능자는 기꺼이 명교를 버리고 성인과 법제를 비난하는 '광인'이고자 했으나 욕망과 작위를 부정하는 동시에 불합리한 사회에 항쟁하는 일체의 인행마저 부정함으로써 사회 활동에 참여하는 능동성을 스스로 박탈해버렸다. 반역 정신의 귀착점은 소극적인 은둔일 수밖에 없다. 무능자는 물욕과 이익이 계급 사회 발전 변화의 동력임을 몽롱하게 추측했으며, 욕망의 확장은 인류의 다른 소질을 망가뜨리는 대가를 치러야 한다는 사실을 정확히 지적했다. 그러나 그는 국가의 안녕과 개인의 행복을 실현하는 근본적인 길은 욕망을 없애고 사람이 동물처럼 살도록 변화시키려 애씀으로 인류를 구제할 수 있다고 생각했다. 그 결과는 필경 사회의 생기와 진보를 말살하게 된다. 무능자는 성인의 통치 및 권모술수와 예악형정을 부정하면서도 이상 사회 실현에 대한 기대를 개별 성인의 무위와 무심에 기탁했다. 그 귀결점은 필경 모종의 개인적 권위에 따른 통치술로 인심을 무마하고 욕구를 억제시키는 것이 된다. 『무능자』에서 천리와 욕구는 확연히 대립된다. "무위하면 순박하고 옳아서 천리에 합당하나 "유위하면 욕구에 젖어 인성을 어지럽힌다"는 말은 책 전체를 관통하는 핵심 명제다. "궁리진성하여 천명에 이른다"는 무능자의 명제와 송대 성리학자들의 같은 개념 및 명제가 내포하는 바는 서로 다르지만 리理로써 욕망을 없앤다는 무능자의 기본 사유는 성리학에 사상적 재료를 제공해주었을 것이다.

『무능자』는 현실에 불만을 품고 사회 모순이 없는 곳으로 떠나고 싶은 일부 인사들의 정치적 심리 상태를 반영하고 있다. 그 정치사상은 정치과정에 중대한 영향을 끼치지는 못했다.

나은의 폭군 비판과 명군론

나은羅隱(833~909)은 자가 소간昭諫이며 여항余杭 신성新城(오늘날의 저장성 항저우杭州 푸양富陽구) 사람이다. 본명이 횡橫이며 30년간 열 차례 진사에 들었으나 급제하지는 못했다. 가난과 근심으로 실의에 빠져 이름을 은隱으로 바꾸었다. 늘그막에 동쪽 오월吳越 지역으로 돌아가 전류錢鏐[110]의 막부에 투항하여 절도판관節度判官, 급사중給事中 등 직책을 역임했다. 저서로는 『갑을집甲乙集』『양동서兩同書』『참서讒書』등이 있다. 중화서국에서 이를 『나은집羅隱集』으로 묶었고 그의 저작들을 수록했다.

나은은 생전에 말세를 만나 당 왕조가 날로 썩어가는 것을 목도했다. 공적을 쌓고 어느 날 "권력을 장악해 시비를 바로잡고" "국정을 도와 불쌍한 백성에게 은혜를 베풀기"를 갈망했다. 그는 글을 써 문건을 남기는가 하면 천지를 유랑했다. 하지만 충실히 일할 곳을 찾지 못했고 끝내 정치적 포부를 실현시킬 수 없었다. 나은 스스로 "좋은 시절은 얻기 어렵고 큰 도는 행하기 어렵구나"[111]라고 탄식하면서 부득이 물러나 "사적으로 책을 써서 선악을 소통시켰다. 그로써 당세를 타이르고 미래를 경계하려는 것이었다".[112] 쇠패한 세상사와 순탄치 못한 인생은 강렬한 비판 정신을 격발시켰다. 그의 정치론은 문자가 간략하고 필봉이 예리하며 깊은 의미를 함축하고 있다. 위로 현 왕조의 천자로부터 아래로 관리와 세속에 이르기까지 모두 채찍질의 대상이었다.

나은의 정치론은 대부분 노자의 말을 인용한다. 예컨대 "도는 존엄하고 덕은 고귀하다" "제 몸을 뒤에 두어서 몸이 앞선다" "제 몸을 도외시하여서 몸이 보존된다" 등이 그렇다. 동시에 그는 공자를 대량으로 인용하여 "천하에 도가 있으면 예악과 정벌이 천자로부터 나온다"고 주장하기도 한다. 나은은 적극적인 정치를 주장할 뿐만 아니라 사회는 인륜과 등급을 근본으로 삼아야 하고 군주는 인덕仁德을 근본으로 삼아야 한다고 주장하기도 한다. 그의 정치사상은 유가를 기본으로 도가가 섞여 있으며 당시 사회비판 사조 중 또 한 가지 유형의 대표자다.

나은이 볼 때 등급 제도와 군주 제도는 자연적 합리성을 갖고 있다. 그는 "하나의 기운이 변화하니 양이 높아지고 음이 낮아졌다. 3재才가 나뉘기 시작하여 하늘은 높고 땅은 낮다"고 생각했다. 만물은 선천적으로 부여받은 바가 다르므로 그 지위 또한 다르다. 이렇게 등급과 귀천을 구분하는 자연법칙이 똑같이 인류 사회를 지배하고 있다. "만물 가운데 사람만이 가장 존귀하다." 그런데 사람에게도 성인과 범인, 현인과 우인의 구분이 있다. 이 때문에 상하귀천의 구분이 있게 되었다. "사람은 저절로 다스려지지 않으므로 반드시 존귀한 사람이 있어야 한다. 또한 현명하고 성스러운 재능으로 억조창생의 위에 살아야 한다. 따라서 그 시대에 가장 현명한 사람이 존귀한 군장이 되며, 재능이 그에 응하지 못하는 사람은 천한 서민이 된다."[113] 이는 자연법의 관점에서 군주 제도의 필연성과 합리성을 논증한 것이다.

나은은 성현 치국론자였다. 그는 성인이 자리에 있으면 천하가 크게 다스려진다고 생각했다. "주공이 문왕과 무왕의 가르침을 깔고 숙부의 존엄으로 자리를 지키자 하늘 또한 성인의 도로써 그에게 맡겼다. 이는 지위가 도를 넘어선 경우로 천하가 다스려지지 않을 수 없었다." 중니 또한 성인이었으나 애석하게 "지위가 도를 넘어설 수 없어서 천하가 어지러워지지 않을 수 없었다".[114] 그가 볼 때 "도에 맞는 녹을 받고 지위에 맞는 임무를 맡는 것이 권權이요, 지혜만큼 녹봉을 받고 능력만큼 받는 것이 직職이다. 녹이 도에 있지 않고, 임무가 지위에 있지 않으면 성인이라 하더라도 지극히 밝음을 드러낼 수 없을 것이다. 지혜가 녹봉을 받지 못하고 능력이 작위에 이르지 못하면 충렬지사라도 불속에 뛰어들 수 없을 것이다".[115] 성현, 군자, 충렬이 제자리에 있으면서 맞는 녹을 받고 정사를 도모하는 것이 이상 정치를 실현하는 근본적인 방법이라는 것이다.

군주는 치란의 근본이다. 제왕은 존귀한 지위를 차지하고 천하의 원수가 된다. 그가 정책을 펼치고 명령을 내리면 "물이 움직이면 부평초가 움직이고 바람이 일면 풀이 넘어지듯" 따르게 된다. 따라서 "만백성이 의지하는 바는 한 사람에게 달려 있으며, 한 사람의 안정은 만백성에 바탕을 둔다. 만백성이 천하의 발이라면 한 사람은 천하의 머리다. 그런즉 만백성이 숫자가 많아 도탄에 빠지는 재난을 면치 못해도 한 사람은 존엄해 도망가거나 쫓기거나 살육되는 수치를 당해선 안 된다. 발을 잃게 되는 것은 사실상 원수元首에게 달려 있다".[116] 천하 만민의 병고와 제왕 한 사람의 우환은 모두 군주가 책임져야 하니, 제왕은 세상사 흥망성쇠의 관건이라는 이야기다.

이상의 인식에 기초하여 나은 정치사상의 주제를 살펴보면 다음과 같다. "인류는 반드시 군주 정치를 실시해야 하며, 정치적 성패의 관건은 '도가 있는 사람이 군주가 되고 바른 사람이 위에 있어야 한다'는 것이다." 그는 역사상의 군주와 현실 속의 군주를 맹렬히 비판하며 품격을 구분한다. 그리고 명군과 폭군을 판별하는 표준을 적시하고 이상화된 명군의 전범을 수립했다. 나은의 정치사상은 한마디로 요약하면 명군론이다.

"선악의 명분을 끝까지 끌어갈 수 있으면 모두 교화의 단서가 된다."[117] 나은은 요순과 걸주를 제왕 무리 가운데 선악의 양극단으로 나누어 취급한다. 그는 두 부류 군주로 대표되는 정치적 본보기와 그 결말이 후세의 군주에게 교화의 작용을 한다고 생각했다. "선은 사람으로 하여금 흠모하게 만들고, 악은 사람으로 하여금 두려워하게 만든다. 흠모하는 사람은 반드시 그 힘에 여유가 생길 때까지 기다리고, 두려워하는 사람은 잠자거나 먹을 때도 그를 잊지 않는다."[118] 나은은 폭군과 폭정의 공포 및 경각 작용이 더 효과적이라고 생각했다. "흠모하는 자는 반드시 거기에 이르는 것은 아니지만 두려워하는 자는 거의 다르다. 그래서 요순은 인성仁聖으로 하늘을 본받았고 걸주는 잔폭殘暴으로 도움이 되었다."[119] 나은은 바로 이 사유의 길을 따라서 『양동서』에서 파破와 입立을 동시에 열거하면서 군덕과 통치술을 한데 결합시켜 군주 정치 가운데 귀와 천, 강과 약, 손과 익, 경敬과 만慢, 후와 박, 리理와 난亂, 득과 실, 진과 위, 동同과 이異, 애와 증의 변증 관계 혹은 이해관계를 논술한다.

첫째, 군주는 "귀천의 이치"[120]를 분명히 해야 한다. 나은은 제왕의 존귀함은 권력과 지위에도 존재하지만 덕에도 존재한다고 생각했다. 군주는 응당 도덕의 모범이자 상징이어야 한다. 그렇지 않으면 존귀할 수 없다. "군장의 지위를 차지하고 있으면 귀하지 않을 수 없다. 비록 지위와 힘이 여유가 있더라도 칭송할 덕이 없다면 그 귀함은 충분히 귀한 것이 아니다."[121] 이를테면 "은나라 주왕은 구오 즉 최상의 지위에 있었지만" 수천 년 이래 삼척동자까지도 모두 그를 경멸한다. "그러니 군주가 존엄을 칭송받는 것은 그 덕 때문이다. 덕이 없으면 어떻게 다른 만물과 다르겠는가?"[122] 나은은 제왕들이 응당 귀와 천의 변증법을 깊이 이해하고 있어야 한다고 경고한다. "귀함은 영광스러운데 도가 아니면 그걸 차지할 수 없고, 천함은 욕됨인데 아무리 힘이 있어도 피할 수가 없다. 진실로 덕을 닦으면 귀함을 구하지 않더라도 귀함이 저절로 구해진다. 참으로 어질지 못하면 천함을 벗어나려고 해도 천함이 떠나지 않는다."[123] 요임금, 순임금, 고공古公은 귀함을 구하지 않았음에도 귀하고 영광스러웠으며 걸왕, 주왕, 호해胡亥는 귀함을 믿었음에도 천하고 치욕을 당했다. "귀한 사람이 갈수록 천해지고 천한 사람은 갈수록 귀해진다. 그걸 구하는 사람은 얻지 못하고 그걸 얻은 사람은 구하지 않는다. 어찌 황천에 사사로움이 있겠는가. 오직 덕으로 도울 따름이기"[124] 때문이다. 이것이 바로 노자가 말한 "도는 존엄하고 덕은 고귀하다"의 의미다. 나은이 말하는 덕은 바로 인仁이다. 군덕은 통치술과 연계되며 통치술은 군덕을 반영한다. 인덕仁德은 군주가 경계하고 신중하게 정치에 종사하고 지위를 유지하고 귀함을 지키는 생명선이다. "명군이 납폐納陛[125] 등 많은 걱정거리에 일이 밀려 늦은 밥을 먹으면서도 즐거운 마음을 품고, 열 번을 기동하는 노동에도 피곤함이 없고 8음을 들으면서도 간언을 받아들이는 것은 이 때문이다."[126] 인덕하면 명군이며 불인하면 폭군이다. 덕은 군주의 품격을 구분하는 가장 근본적인 가치 척도다.

둘째, 군주는 "강약의 이치"를 명확히 해야 한다. 일반적으로 말하면 "약자는 강자에게 엎드리고 강자는 약자의 우두머리가 된다. 상하가 서로 제어하는 것이 자연의 이치다".[127] 그런데 정치에서 말하는 강함이란 "덕이 있는 사람에게 존재하고 힘이 많은 사람에게 존재하지 않는다". "소위 덕이란 무엇인가? 오직 자애함이고 오직 어짊이다. 소위 힘이란 무엇인가? 폭력이고 무력이다."[128] 명군은 "대중의 마음은 힘으로 통제할 수 없고 위대한 명성은 폭력으로 이루어지지 않음을 알고 있다. 그래서 왕성한 덕으로 스스로를 수양하고 부드러운 인으로 아랫사람을 제어한다". 이로써 "한 나라가 복종하고 백성이 능력을 부여해주는"[129] 정치 국면이 열린다. 폭군은 그렇지 않다. 그들은 "교만하고 혹독하게 천하에 군림하고, 덕을 버리고 힘으로 임하며, 자신의 소임을 잊어버리고 다른 사람을 책망한다. 씩씩하여 배를 끌 수는 있으나 향락의 욕망을 자제할 수 없다. 자질이 좋아 무거운 솥을 들 수 있으나 자기 성령性靈을 온전히 보전하지 못한다. 오늘날 사직이 폐허가 되고 종묘에 주인이 없어 후대의 영원한 웃음거리가 된 것이 어찌 다만 시절이 쇠해서겠는가?"[130] 이에 근거해서 나은은 제왕에게 "물의 부드러움이 그 강함을 성취시킬 수 있고 쇠의 강함이 그 약함을 꿰맬 수 없으며" "건乾괘가 너무 강건하면 마침내 절정을 지나치는 후회를 남기니 겸손하게 아래에 위치하는 것만이 광대한 존엄을 이룰수 있다"[131, 132]는 철리를 깊이 이해하여 덕을 닦고 힘으로 임하지 말라고 정성스레 권고한다.

셋째, 군주는 반드시 "손익의 도"를 알아야 한다. 바로 노자가 말하듯이 "하늘의 도는 남은 것을 덜어서 부족한 것을 메운다."[133] 군주도 응당 손해와 이익이 있게 마련인데 "그 이익은 군주의 검소함보다 큰 것이 없고, 손해는 군주의 사치보다 큰 것이 없다. 검소와 사치 사이에 손익의 근본이 있다."[134] 정치 생활에서 손익이 전환되는 기본 논리는 이렇다. "검소한 군주가 되는 이치는 곧 천하에 무위하는 것이다. 천하에 무위하면 만백성이 그 은덕을 입게 되니 그것이 해와 달보다 클 것이다." "사람들이 함께 이익을 나누면 군주가 누구에게 손해를 주겠는가?" 반대로 "사치하는 군주가 되는 이치는 천하에 일이 많은 것이다. 천하에 일이 많으면 만백성은 그 해독을 입게 되니 그것이 이리나 승냥이보다 심할 것이다." "사람들이 함께 손해를 보면 군주가 누구에게 이익을 주겠는가?"[135] 스스로 이익을 챙기는 사람은 저절로 손해를 보고, 스스로 손해를 보는 사람은 저절로 이익을 보는 것이 바로 손과 익의 변증법이다. 손익의 도에 밝으면 명군이 되고 그렇지 못하면 폭군이 된다. 그래서 "옛 성군은 검소의 덕을 힘써 닦고" "한 사람의 애호를 덜어서 만인의 목숨을 더해주었다". 그런데 "옛 폭군은 사치에 뜻을 두고" "한 사람의 애호를 더하려고 만인의 목숨을 덜어냈다".[136] 나은은 제왕이 "향락을 싫증내지 않고 탐욕을 그치지 않으면" 천하를 곤궁에 빠뜨리고 죽음을 두려워하지 않게 만들어 깃발을 치켜드는 주요 원인이 된다고 보았다. "그래서 사람들이 안정되면 천자는 이로써 안정을 얻고, 사람들이 혼란스러우면 천자는 이로써 혼란에 빠진다."[137] 검소의 덕을 닦는 것이야말로 군주가 천하를 안정시키고 대권을 지키는 중요한 수단이다.

넷째, 경敬과 만慢은 명군과 폭군을 구분하는 중요한 표준이다. "아래에서 공경하지 않으면 군주를 받들 수가 없고, 위에서 공경하지 않으면 신하를 제어할 수 없다." "자벌레는 앞으로 나가려고 먼저 몸을 굽히고, 맹금은 출격하기 위해 반드시 먼저 몸을 낮춘다. 아래의 천함을 소중히 여기면 사람을 크게 얻는다."[138] 제왕의 경과 만은 각기 다른 치국의 효과를 불러온다. "공경으로 하늘을 섬기면 신이 은택을 내리고, 공경으로 나라를 다스리면 사람들이 화합한다. 오만으로 하늘을 섬기면 신이 업신여기고, 오만으로 나라를 다스리면 사람들이 위태로워진다."[139] 경의 핵심은 사람을 공경하는 것이며, 사람을 공경하는 핵심은 현자를 존중하는 것이다. 공경하면 "뭇 인재가 모여들고 걸출한 사람들이 귀의해온다". 오만하면 "제후들이 따라오지 않으며 대신들이 반역을 구상한다".[140] 사람을 공경하면 자신도 사람에게 공경받고, 사람에게 오만하면 사람들이 자신에게 오만해진다. "그러므로 한 사람을 공경하면 천만 사람이 기쁘고, 한 사람에게 오만하면 천만 사람이 원망한다." 제왕은 반드시 "겸손과 존중의 취지"를 분명히 하고 '곡왕谷王의 비유'를 깨달아 "제 몸을 뒤에 둠으로써 몸이 앞서가는"[141] 철리를 깊이 알아야 한다. 자신을 비운 채 타인을 대우하고 현자에게 사양하고 선비에게 몸을 낮추는 사람이 명군이다. 거만하고 남을 비하하며 오만하게 인재를 대하면 폭군이다.

다섯째, 군주는 "제 몸을 도외시함으로써 몸이 온존한다"는 철리를 깨치고 후와 박의 변증법을 이해해야 한다. "수명에 장단이 있는 것은 몸에 대한 보양을 후하게 하느냐 박하게 하느냐 때문인데" 이것은 천리다. "먹고 마시고 남녀 간 정을 나누는 것이 사람의 큰 욕망인데" 이것은 인정이다. 그런데 "사람이면 누구나 스스로 그것이 두터워지기를 바라지만 두텁기 때문에 얇어진다는 것을 모른다. 사람이면 누구나 스스로 그것이 얇어지는 것을 싫어하지만 얇기 때문에 두터워진다는 것을 모른다."[142] 군주의 대부분은 "긴 밤의 오락에 젖고 주색의 즐거움에 빠져 쾌락에 묻혀 살다가" 몸은 위태로워지고 나라는 망하게 된다. 이와 같이 스스로 두터워지면 "얇어지는 정도도 심하다."[143] 향락을 향한 인간의 욕구는 무궁무진하다. 그것을 덜어서 박하게 하는 사람이 "성스러운 군주다."[144]

여섯째, 문무의 도는 군도의 중요한 내용 가운데 하나다. "국가가 다스려지느냐 혼란스러우냐는 문무의 도에 달려 있다." "문으로 다스리고 무로 혼란을 평정한다." 문무를 겸용하여 "손과 발을 교대로 사용하고 배와 수레를 교대하여 싣듯이 해야 한다."[145] 문과 무는 어느 하나라도 없어서는 안 되는 통치 수단이다. 그런데 "문은 덕으로 이끌어야 하며 덕은 내부의 성실함에 달려 있지 과장된 수식에 달려 있지 않다. 무는 위엄으로 보여주는 것이며 위엄은 스스로 보전하는 데 달려 있지 강제로 이름을 붙이는 데 달려 있지 않다."[146] 진시황은 "포악한 무력으로 민중을 곤경에 빠뜨렸고", 왕망은 "번잡한 문식으로 아랫사람들을 모독하여" 모두 재앙과 실패를 불렀다. 성스러운 군주는 그렇지 않다. 그들은 문치를 간단하고 쉽게 하여 모두가 쉽게 따르도록 하며 무비를 고요하고 담담하게 하여 스스로를 지킨다. 나은은 이렇게 지적한다. "문무는 나라를 다스리는 이로운 기물이다." 문치와 무공의 대권은 "오로지 군주의 통제하에 있어야 한다". "군주가 그 칼자루를 잃으면" 나라에 반란이 일어나고 땅은 갈라져 천하 대란이 일어난다. 공자는 "천하에 도가 있으면 예악과 정벌이 천자로부터 나온다"[147]고 주장했는데 그 이치는 바로 여기에 있다. 그가 보기에 "군주가 나그네 같고 신하들이 호랑이 같으면"[148] 말세의 징조다.

일곱째, 용인의 득과 실은 군주의 품격을 구분하는 또 하나의 척도다. 군신 관계는 봉건 시대의 각종 사회관계 중 가장 미묘한 것이었다. 나은은 "군주는 배요 신하는 물이다. 물은 배를 띄울 수도 있고 배를 뒤집을 수도 있다. 신하는 군주를 보좌할 수 있지만 군주를 위험에 빠뜨릴 수도 있다"[149]고 생각했다. 신하는 군주가 통치를 실현하는 데 유력한 조수인 동시에 군권을 위협하는 주요 인소다. "이로운 기물은 지극히 중요하고 사람의 마음은 알기가 어렵다." 사람을 임용하는 것은 어려운 일인데 "간특함에 실마리가 없고 진위는 하나가 아니기" 때문이다. "이는 점을 쳐서 결정할 수도 없고 귀신이 확정할 수도 없다." "소왕素王도 이를 헤아리지 못했고, 요임금도 어려워했다. 장차 쓰려고 해도 득과 실이 없지 않다." "그래서 3걸을 써서 한漢나라가 흥했고, 6경이 강해지니 진晉나라가 멸망했고, 도주陶朱공이 있어서 월越나라가 패업을 이루었고, 전田씨가 흥성하니 제齊나라가 망했다. 임용한 것은 같으나 성패는 큰 차이가 있었다."[150] 나은은 대량의 사실을 열거해 군신 사이에 영원히 이익을 일치시키는 것은 불가능하며 어떤 유형의 인재를 쓰더라도 모두 득이 있고 실이 있다는 것을 증명했다. 결론적으로 "천하는 지극히 커서 사람이 없으면 홀로 지킬 수 없고, 사람이 있으면 또 난을 일으킬까 두렵다"[151]는 것이다. 군주는 지극히 미묘한 동치술을 상악할 필요가 있다.

나은은 사람을 쓰는 일이 말을 모는 일과 비슷하다고 생각했다. 첫째, "장거리를 달리려면 반드시 준마의 힘이 필요하다. 천하를 다스리려면 반드시 현신을 임용해야 한다." "말이 달아나는 것이 무서워 말을 버리고 걸어간다면 먼 길을 갈 수 없다. 신하가 난을 일으킬까 두려워 신하를 버리고 혼자 한다면 천하는 다스려지지 않는다."[152] 둘째, "준마가 순하다고 해서 고삐를 없애서는 안 된다. 현신을 임용했다고 해서 끝내 권력을 잃어서는 안 된다." "말을 탈 줄 안다고 고삐를 잡지 않으면 달아나는 것을 막을 수 없다. 신하를 부릴 줄 안다고 권력을 직접 쥐고 있지 않으면 난을 막을 수 없다."[153] 셋째, "말을 모는데 고삐가 답답하면 말은 잰걸음을 하고 앞서나가지 못한다. 고삐가 느슨하면 말은 교만해져 달아나길 좋아한다." "신하를 부림에 권력이 준엄하면 신하는 두려워하며 편하지 못하다. 권력이 너그러우면 신하는 오만해져 난을 좋아하게 된다."[154] 군주는 신하로 하여금 충분히 재간을 발휘하도록 만들어야 하고 신하를 완전히 장악하여 굳게 제어하고 있어야 한다. "관대하게 두면서 난에 이르지 않게 하고, 준엄하게 하면서 편안해질 수 있도록 하는 길은 오직 성인만이 갈 수 있다." 공자는 "오직 명분과 기물만은 다른 사람에게서 빌릴 수 없는 것이다"[155]라고 말했다. 용인이 이처럼 어렵기 때문에 용인의 득실에 밝은 사람만을 성스러운 제왕이라 부를 수 있다.

나은이 『양동서』에서 명군과 폭군을 구분하는 표준으로 제시한 것이 세 가지가 더 있는데 진과 위, 이異와 동同, 애와 증이 그것이다. 이 세 가지는 모두 인재를 알아보고 인재를 쓰는 것과 관련이 있다. 군주는 진위를 잘 이해하고, 이동을 잘 구별하고, 충간忠奸을 잘 변별해야 한다. 애증을 분명히 하고 선은 상을 주고 악은 벌을 내려야 한다. 이렇게 하기가 얼마나 어려운 일인지, 그리고 그 '방법數術'은 무엇인지 나은은 상세하게 논술하고 있다. 그가 보기에 "역대 제왕들이 국가를 통치하면서 심신의 노력을 기울여 뛰어난 사람을 받들지 않은 적이 없었다. 그리고 봉록을 줄 때는 마치 어리석은 듯 작게 했고" "죽이거나 추방을 하는 일이 현량에게까지 미치기도 했다."[156] "충성심을 품고 있는 사람도 법의 심판대로 가게 되고 올곧은 행위를 한 사람도 형벌을 만나게 된"[157] 원인은 진위를 변별하지 못하고, 파벌 간 감싸기를 하고, 간쟁 듣기를 원하지 않았기 때문이라는 것이다.

나은의 명군론은 군주 정치의 폐단에 대한 폭로다. 제왕의 품격 구분에 대한 견해는 매우 의미가 깊다. 그의 비판은 옛것을 빌려서 오늘날을 풍자한 것이었지만 현실적 의의를 지니고 있다. 그런데 나은은 비판과 동시에 논증도 했다. 비판의 목적은 군주 정치를 위해 밝은 길을 찾고자 함이었다. 성군을 논증하고 폭군을 비판한 것은 모두 재위하고 있는 군주를 '교화'하기 위함이었다. 이와 같은 비판은 그 언사가 제아무리 격렬하더라도, 감춰진 부분에 대한 폭로가 아무리 심각하더라도 군주 전제 제도를 부정하는 의도와 효과를 갖지는 못했다. 반대로 명군을 위해 유익한 교훈을 가져다주곤 했다. 나은은 명군의 신상에 희망을 기탁함으로써 군주가 도덕 수양을 통해 통치술에 정통하고 군주 정치에서 생길 수 있는 여러 가지 폐단을 없애 천하가 잘 다스려질 것이라는 환상을 가졌다. 그의 사상은 최종적으로 공상일 수밖에 없었다.

제 5 절

담초의 군도론君盜論,
균식론均食論, 상검론尙儉論

담초譚峭(생몰 연대 미상)는 자가 경승景升이며 천주泉州(오늘날의 푸젠성 난안南安) 사람이다. 당나라 국자사업國子司業 담수譚洙의 아들이다. 어려서 경전과 역사를 두루 섭렵했으나 공명을 바라지 않고 황로黃老 도교의 말을 좋아했다. 스승을 따라 숭산嵩山에 들어가 도사가 되었으며 호는 자소진인紫宵眞人이라 했다. 그는 정세를 예측하기 어렵고 백성이 생계를 이어가지 못하는 사회 현실을 직시하고 고심하여 치란의 원인과 구세의 도를 탐구했다. 담초가 쓴 『화서化書』[158]는 통치자의 폭정을 폭로하고 비판하고 있는데, 당시 사회비판 사조를 다룬 대표적 저작 가운데 하나다.

도교학자의 한 사람으로 담초는 '도'를 지고무상의 본체이자 만물 생성 변화의 근본 인자로 보았다. 그의 주요 철학 명제는 다음과 같다. "도의 자초지종은 허虛가 신神이 되고, 정신이 기氣가 되고, 기운이 형形이 되고, 형체가 생김으로써 만물은 막히게 된다는 것이다. 도가 작용하면 형이 기가 되고, 기가 신이 되고, 신이 허가 되고, 허가 분명해짐으로써 만물은 소통하게 된다."[159] 도는 만물을 낳고 만물은 도로 돌아간다. "변화와 변화 사이에 틈이 나지 않음은 끝없이 연결된 고리와 같다." 따라서

"태허 즉 가장 큰 허는 일허—虛, 즉 하나의 허이고, 태신은 일신이고, 태기는 일기이고, 태형은 일형이다. 이름은 넷으로 지었으나 그 뿌리는 하나다. 그것을 지키려 하면 얻지 못할 것이요 그것을 버리려 하면 잃지 않을 것이니 이를 가리켜 정일正—이라 한다".[160] 허, 신, 기, 형은 이름은 다르나 실질은 같다. 모두 정일의 도에 근원을 둔다. 만물은 천변만화하고 그 변화들 사이에 틈을 두지 않으며 허무虛無의 도로 시작했다가 허무의 도로 끝난다. 모두 도의 주재를 받으며 도에 통일된다. 이와 같이 쉴 틈 없는 변화와 왕복 순환의 변화가 담초『화서』의 철학적 기초다. 종교학자로서 도의 수양을 통해 신선이 된다는 장생長生론을 증명하기 위하여 담초는 때때로 "정신은 변화하지 않는다"는 신불가화神不可化를 주장하기도 하여 '형'을 '신'으로 보는 혹을 달고 말았다. 이론적으로 스스로 모순을 범한 것이다.

담초는 끝내 유학의 영향을 받을 수밖에 없었으며 현실을 대면한 지식인이었다. 그는 민생의 질고에 관심을 기울였고 현실 사회의 여러 모순과 인간 불평등이 마음속에 맴돌았다. 그리하여 미치광이를 가장한 이 도사는 저작의 상당량을 할애하여 동란의 원인과 다스리는 방법을 탐구했다. 그 핵심 명제는 치란의 전환과 그 조건이다.

담초는 사회 동란이 통치자의 향락과 부패, 끊임없는 수탈, 그치지 않는 형륙 등이 만들어낸 것이라고 생각했다. 「대화大化」 편에서 담초는 허虛에서 패망에 이르는 일련의 전환을 열거한다. 인류가 정신 문명을 만든 이래 "읍양의 예가 오르내림으로 변화했고, 오르내림은 존비로 변화했고, 존비는 분별로 변화했다". 통치자가 사치와 욕망에 빠져 영원히 그치시 않음으로써 사탕奢蕩 즉 '사치와 방종'으로 바뀌고, "사탕은 수탈로 바뀌고 수탈은 기망으로 바뀌고 기망은 형륙으로 바뀌고 형륙은 패역으로 바뀌고 패역은 갑병으로 바뀌고 갑병은 쟁탈로 바뀌고 쟁탈은 패망으로 바뀐다."[161] 그가 보기에 이와 같은 발전과 변화는 "오는 것도 기세로 막을 수 없고, 가는 것도 힘으로 뺄 수 없다."[162] 통치자는 "국가를 보존하고 부귀를 지키기" 위해 민중을 인의도덕으로 유인하고 예악형벌로 위협하는데 실제로는 "백성을 간사하게 되라고 가르치는 것이며, 백성을 사악하게 만드는 것이며, 백성을 패역하도록 바꾸는 것이며, 백성을 도적이 되도록 내모는 것이다". 이와 같은데도 "위에서 군주는 흐리멍덩하여 그 폐단을 모르고 아래에서 백성은 어슴푸레하여 그 병폐를 알지 못한다. 이를 어떻게 구하겠는가?"[163] 도가 혹은 도교 사상의 경향을 가진 수많은 다른 사람과 마찬가지로 담초는 때로 동란의 원인을 문화와 정치의 탓으로 돌린다. 하지만 그는 명확하게 통치자의 사치, 수탈, 형륙, 갑병과 어리석음을 민중의 반항과 사회의 동란을 가져오는 주요 원인으로 보았다. 이 사상은 진한 비판적 색채를 띠고 있다.

담초는 한 걸음 더 나아가 빈부 차이의 심화 또한 사회 동란의 중요 원인으로 꼽았다. 소수의 부자는 상다리가 휘어지도록 산해진미를 차려놓고 먹지만 광대한 빈민은 좁쌀마저 모자라 주린 배를 채우지도 못한다. 그래서 "가난한 자들의 먹거리는 갈수록 부족해지고 부자들은 갈수록 먹는 것이 좋지 않다고 타박한다. 잘못된 사치는 여기서부터 일어나고 전투와 정벌은 이로부터 시작된다."[164]

담초는 사람들이 음식을 하늘로 여기는데 농사를 짓고도 음식이 부족한 것은 인간사 최대의 불공평이라고 보았다. "하루 먹지 못하면 고달프고, 이틀 먹지 못하면 병들고, 사흘 먹지 못하면 죽는다. 백성의 일 가운데 먹는 일보다 더 급한 일은 없다. 그런데 국왕이 하나를 빼앗고, 관료들이 하나를 빼앗고, 군대와 아전이 하나를 빼앗고, 전투와 정벌이 하나를 빼앗고, 공예가 하나를 빼앗고, 상인이 하나를 빼앗고, 도사와 스님 족속이 하나를 빼앗는다." 이렇게 층층이 박탈을 당하고 나면 민중은 남는 것이 거의 없게 된다. "양잠을 다 끝냈는데도 갈포의 거친 옷을 입고, 농사를 다 마쳤는데도 도토리를 밥으로 먹는다." 이와 같은 불합리한 사회 현실을 직면하고 담초는 분노하며 말한다. "제왕의 형벌 통치가 불공평한 것이야말로 불공평 가운데 가장 심한 것이고 대인의 도가 불의를 구원하는 것이야말로 불의 가운데 가장 심한 것이다."[165] 불공평하면 울고 불의하면 다툰다. "피부를 도려내 살점을 찍어내니 울지 않을 수 없다. 목구멍을 누르고 먹은 것을 빼앗으니 분노하지 않을 수 없다. 백성이 여윈 것은 살을 도려냈기 때문이고, 백성이 굶주린 것은 목구멍의 것을 빼앗았기 때문이다." "사람들이 참새와 쥐를 미워하는 것은 그들의 훔치는 행위 때문이다."[166] 착취가 습성이 되어버린 군주나 관료는 참새나 쥐보다 못한 존재들이다!

관이 핍박하니 민이 반한다는 것이 사회 동란의 원인에 대한 담초 주장의 핵심이다. 그는 군주와 관리의 탐욕과 잔인함을 날카롭게 폭로했다. "왕이 가는 명주실을 취하면 관리들은 굵은 낚싯줄을 취하고, 왕이 낚싯줄을 취하면 관리들은 밧줄을 취한다. 끝없이 탈취하다 속이게 되고, 끝없이 속이다가 채찍질하게 되고, 끝없이 채찍질하다 도적질하게 되고, 끝없이 도적질하다 살해하게 되고, 끝없이 살해하다 형벌로 죽인다. 속이는 것은 백성을 사랑해서가 아니라 세금을 거두는 자가 그렇게 가르치는 것이고, 살해하는 것은 백성이 원해서가 아니라 채찍을 든 사람이 그렇게 이끄는 것이다."[167] 잔혹한 착취와 압박하에 민중의 살길은 단절되어 반항하지 않고는 다른 길이 없게 된다. "불이 눈앞에 닥치면 물로 뛰어드는데 이것은 재앙을 피하기 어려움을 알지만 일단 좀 늦추는 것이 중요하기 때문이다. 호랑이에게 먹힐 것 같으면 계곡으로 뛰어내리는데 이것은 안 될 것을 알면서도 혹시 구사일생으로 살아나길 바라기 때문이다."[168] 민중은 생존을 위해 반항하지 않을 수 없다. 이는 폭정에 반항하는 민중의 정의 성을 긍정한 것이다.

담초는 백성을 핍박하여 절망의 길에 오르게 한 군주도 '도적'이라고 생각했다. "천자가 활을 겨냥하고 천하를 위협하니 천하는 활을 훔쳐서 천자를 업신여긴다." 통치자가 "수탈을 좋아하고 곡식과 비단을 쌓아놓고 갑병을 갖추고 있으면서" 민중의 반항을 진압하니 민중 또한 필경 그 사람의 방법으로 그 사람의 몸을 징계하여 다스린다. 그리고 "갑병을 차지하고 곡식과 비단에 의지하여 그 나라를 탈취한다."[169] 이는 완전히 자업자득이다. "토끼가 간교한 것이 아니라 사냥이 간교한 것이다. 백성이 속이는 것이 아니라 관리가 속이는 것이다. 진실로 도적을 원망하지 말라, 도적은 내가 부른 것이다. 진실로 반란을 원망하지 말라, 반란은 내가 가르친 것이다."[170] '도적'으로 말하자면 군주도 백성도 모두 '도적'이다. "백성은 군주의 덕을 훔친 것이고, 군주는 백성의 힘을 훔친 것이다."[171] 통치자는 "다른 도적을 막기보다 내 안의 도적을 막아야 한다."[172] 민중의 재물과 노동력을 침탈하지 않는 것만이 양민의 도다.

사회 위기를 어떻게 구할 것이냐에 대한 담초의 주장은 균식均食과 상검尚儉 두 가지로 귀납할 수 있다. "음식을 고르게 나눌 수 있으면 천하는 다스려진다."[173] 담초는 음식이야말로 '흥망의 핵심'이라고 생각했다. 인민 생활의 기본적 수요를 보장할 수 있느냐의 여부가 치란흥망의 관건이라는 것이다. "선을 가르치는 것도 음식에 달려 있고, 불선을 가르치는 것도 음식에 달려 있다. 이 물건은 매우 비천하나 그 작용은 매우 존귀하다. 그 이름은 아주 작으나 그 변화는 아주 크니 값을 매길 수 없는 재화라고 부른다." 그러므로 "음식이 오상의 근본이며 오상은 음식의 말절이다."[174] "백성의 배는 항상 고프며, 백성의 사정은 항상 급박하다. 그들에게 인의로 깨우치려 한들 믿을 수 있겠는가? 형벌 정치를 강조한다 한들 두려워하겠는가?"[175] 반대로 "음식이 고르면 인의가 생기고, 인의가 생기면 예악에 질서가 있고, 예악에 질서가 있으면 백성이 원망하지 않고, 백성이 원망하지 않으면 정신이 분노하지 않으니 태평이 시작된다.[176] '음식의 고른 분배' 즉 균식의 관건은 군주다. "제왕이 옷을 고르게 나누고 음식을 양보한다면 백성은 서로 기뻐하고 어진 세상이 올 것이다."[177] 균식하려면 상검 즉 '검약을 숭상'해야 한다. "검약이야말로 균식의 길이다."[178]

담초는 천하의 치란흥망은 군주에게 달려 있다고 생각했다. 그래서 그는 제왕으로부터 상검을 시작해야 한다고 주장한다. 그렇게 위에서 실천해야만 아래에서 효과를 본다는 것이다. "군주가 검약하면 신하는 족함을 알고, 신하가 검약하면 사士들이 족함을 알고, 사들이 족함을 알면 백성이 족함을 알고, 천하가 족함을 앎으로 재물에 대한 탐욕이 없어지고, 공명을 다투는 일이 없어지고, 간악한 해독이 없어지고, 속임수가 없어지고, 교활한 아첨이 없어진다. 그리하여 예의가 저절로 생겨나고, 형정이 저절로 편안해지고, 해자와 보루가 저절로 평평해지고, 갑사와 병기가 저절로 멈추고, 빈둥거리는 사람들이 저절로 농사를 짓게 되므로 삼황의 교화가 실천된다."[179] 군주의 상검은 적어도 "베로 된 흰옷을 입고" "콩과 푸성귀를 먹고" "내가 직접 경작하여 먹고 내가 직접 양잠을 하여 입어" "나에게 더 줄 것도 없고 백성에게 더 취할 것도 없는"[180] 정도에 이르러야 한다. 즉 군주는 자기 힘으로 먹고살아야 하며 백성과 아무 차별도 없다. 듣자 하니 태고의 통치자들은 모두 이러했다고 한다. 담초는 땅강아지와 개미를 비유로 들어 이와 같은 군주의 도를 천명한다. "땅강아지와 개미에게 군주가 있는데 주먹 하나 정도의 집에서 모두가 모여 살고, 흙덩어리 하나 위에 모두가 모이고, 쌀 한 톨 식량을 모두가 저축하고, 벌레 한 마리를 모두가 빨아먹고, 한 가지 의심스러운 죄가 있으면 모두가 벌을 내린다. 그래서 마음을 얻어 서로 통한 뒤 정신이 서로 통하고, 정신이 서로 통한 뒤 기운이 서로 통하고, 기운이 서로 통한 뒤 형체가 서로 통한다. 그리하여 내가 병들면 모두가 병들고, 내가 아프면 모두가 아프다. 원망이 어디서 생기겠는가? 반란이 어디서 시작되겠는가? 이것이 태고의 교화다."[181] 군주와 백성이 함께 동고동락하는 사회에 대한 이러한 상상화는 담초가 기대하는 이상적인 정치 모델을 반영한 것이다.

담초의 사회비판 사상은 상당히 심각하다. 그는 사회 동란의 기본 원인을 제왕의 수탈과 압박 및 사회적 빈부 차별에서 찾고 있다. 그는 통치자의 사치와 극단적 욕망이 민생을 고통에 빠뜨리는 근본 원인이라고 명확하게 지적하고 부패한 관료 정치 및 빈부차가 뚜렷한 현실에 정곡을 찌르는 폭로와 비판을 가했다. 그는 "예로부터 오늘날까지 검소해서 망한 경우는 없었다"[182]고 주장한다. 그리고 군주의 '상검'을 통해서 "의복을 골고루 나눌 수 있고" "음식을 사양할 수 있다면" 사회 모순을 완화시킬 수도 있을 거라고 주장한다. 이는 민중의 정서와 소망을 반영한 관점으로 현실 정치 생활에서도 실질적 의미를 지니고 있다. 그러나 그 또한 이상 정치 실현의 희망을 군주에게 기탁했고 정치의 주도권 전부를 제왕에게 넘겨주었다. 그는 단편적으로 절검의 작용을 강조하여 "검약을 아는 것이 오만 가지를 변화시킬 칼자루가 될 수 있다"고 생각했다. 그리고 제왕에게 흰옷에 거친 음식을 먹고 친히 농사를 지으면서 백성의 고난에 관심을 가지라고 설득하려 했다. 이런 착한 소망은 현실과 동떨어진 환상에 불과하다. 마음이 서로 통하고 대중과 모든 것을 공유하는 군신 관계란 더더욱 유토피아적이다. 담초는 아무런 원망도 갖지 않은 채 이렇게 말한다. "겸손은 사람들이 존중하는 바이며 검약은 사람들이 보배로 여기는 바이다. 겸손하게 만들려고 하면 필경 겸손하지 않을 것이며 검소하게 만들려고 하면 필경 검소하지 않을 것이다. 핵심은 여기에 있지 저기에 있지 않다. 칼자루는 군주에게 있지 보통 사람들에게 있지 않다. 군주는 겸손을 실천하는 사람이 미혹되는 것이 싫기 때문에 그들을 위해 겸손한 듯 꾸미는 것이다."183 분명히 군주 스스로 겸손하고 검소한 것만이 천하를 교화시킬 수 있는데 공교롭게도 이 결정적 지위를 차지하고 있는 사람은 이 도리를 이해하지 못하고 스스로 교만하고 사치한다. 오히려 주객을 전도시켜 신하들로 하여금 겸손하고 공경하고 검소하고 소박하라고 한다. 이것이 바로 담초의 정치 설계가 실현될 수 없었던 진정한 근원이다.

　"경전과 역사를 두루 섭렵한" 도사로서 담초는 "지혜를 버렸으나" "성인을 끊어내지" 못했다. 그는 "도를 상세하게 탐구해보면 만물 가운데 오상 및 온갖 선행이 없는 곳이 없다"184고 생각했다. 인의예지신이 천지 만물 가운데 보편적으로 존재하므로 "대인의 작용은 도덕인의뿐이다."185 도, 덕, 인, 의에 "통하여 잘 사용하는 사람을 성인이라 일컫는다."186 "군주에게 기이한 지모가 있으면 천하가 신복하지 않지만" '성인'으로서는 오히려 가장 이상적인 통치자가 된다. 이른바 "천하의 주인은 도덕이 보통 사람보다 뛰어나며 나라를 다스리는 제왕은 인의가 보통 사람보다 뛰어나다"187는 것이다. 이렇게 담초는 '정일正一의 도'에 의거하여 한 폭의 이상적 청사진을 도출했는데, '왕자'는 위에서 균식과 상검의 정치를 애써 실천하고 신민은 무지를 위안으로 삼고 무지를 즐거움으로 삼으라는 것이다. 담초의 기본 사유는 끝내 선배들의 낡은 틀을 넘어서지 못했다.

1   당나라 때 재상 수하의 관서로 중서성, 문하성, 상서성이 모두 황궁의 남쪽에 있었기
     때문에 부른 명칭이다. 또한 금위군禁衛軍이 남북으로 나뉘어 남쪽 주둔군을 부를 때
     쓰는 호칭이기도 했다. 여기서는 재상부의 관청을 일컫는다. ─옮긴이

2   富者有連阡之田, 貧者無立錐之地.(『구당서』「의종기懿宗紀」)

3   終年聚兵, 一破也; 蠻夷熾興, 二破也; 權豪奢僭, 三破也; 大將不朝, 四破也; 廣造佛寺,
     五破也; 賄賂公行, 六破也; 長吏殘暴, 七破也; 賦役不等, 八破也; 食祿人多, 輸稅人少,
     九破也.

4   원문 소유걸렴所由乞斂은 '관리들의 사기와 갈취'를 뜻한다. ─저자주

5   今天下蒼生, 凡有八苦: (…) 官吏苛刻, 一苦也; 私債徵奪, 二苦也; 賦稅繁多, 三苦也;
     所由乞斂, 四苦也; 替逃人差科, 五苦也; 冤不得理, 屈不得伸, 六苦也; 凍舞衣, 飢無食,
     七苦也; 病不得醫, 死不得葬, 八苦也.(『전당문』 권804 「직간서」)

6   카를 마르크스의 『헤겔철학비판』에 나오는 말로 "비판의 무기는 당연히 무기의 비판을
     대체할 수 없다"는 것이 주지다. 이론이 실천을 대체할 수 없다는 이야기다. 중국에선
     루쉰魯迅이 이를 중요한 화두로 삼아 유행시켰다. 저자는 농민 전쟁이 가진 실천적 측
     면을 부각시키기 위해 '무기의 비판'이란 용어를 쓴 듯하다. ─옮긴이

7   不患寡而患不均.(『사기』「공자세가」) 『논어』「계씨季氏」 편 "不患寡而患不均, 不患貧而
     患不安"이 출전이다. ─옮긴이

8   吾疾貧富不均, 吾爲汝均之.(『융평집隆平集』「요구妖寇」)

9   『몽계필담夢溪筆談』 권25.

10   有田同耕, 有飯同食, 有衣同穿, 有錢同使, 無處不均勻, 無人不飽暖.

11   한 무제 때 토지겸병의 악화로 민생이 어렵게 되자 동중서는 개인의 토지 점유에 최고
     범위를 한정해 제한하자는 주장을 했다. 이것이 한민명전限民名田론이지만 구체적인
     단위 규정이나 실행 방법을 적시하지 않았으며 실제로 행해지지는 않았다. ─옮긴이

12   왕망이 한나라 정권을 찬탈한 뒤 고대 정전제를 회복한다는 명분으로 토지의 면적, 지
     권, 사용 등에 대하여 규정을 두고 거기에 맞추어 토지를 활용하려는 제도다. 하지만
     성공적으로 실행되지 못했다. ─옮긴이

13   이하 『피자문수子文藪』의 인용엔 편명만 명기.

14   邁德於百王, 垂化於萬世.(「보대대예제법문補大戴禮祭法文」)

15   「청『맹자』위학과서請『孟子』爲學科書」.

16   嗜先生道, 業先生文.(「문중자비文中子碑」)

17 非有所諷, 輒抑而不發.(「도화부서桃花賦序」)

18 可悲可懼, 時宜於咏歌.(「정악부 10편서正樂府十篇序」)

19 皆上剝遠非, 下補近失, 非空言也.(「문수서文藪序」)

20 君爲蛇豕, 民爲淫域.(「녹문은서鹿門隱書」)

21 達則兼濟天下, 窮則獨善其身.

22 伯夷弗仕非君, 不治非民, 治則進, 亂則退. 吾得志, 弗爲也. 不仕非君, 執行其道? 不治非民, 孰急天下? (…) 故伯夷之道過乎高, 吾去高而取介者也.(「녹문은서」)

23 河湟戍卒去, 一半多不回. 家有牛茭食, 身爲一囊灰. 官吏按其籍, 伍中斥其妻. 處處魯人髽, 家家杞婦哀.

24 難將一人農, 可備十人徵, 如何江淮粟, 挽漕咸輸京.

25 狡吏不畏刑, 貪官不避贓.

26 如何一石餘, 只作五斗量.

27 持之納於官, 私室無倉廂.

28 盈途寒陌, 至有父舍其子, 夫捐其妻, 行哭立丐, 朝去夕死.

29 嗚呼! 天地誠不仁耶!

30 或曰: '我善治苑囿, 我善視禽獸, 我善用兵, 我善聚賦.' 古之所謂賊民, 今之所謂賊臣.

31 古之官人也, 以天下爲己累, 故己憂之; 今之官人也, 以己爲天下累, 故人憂之.

32 古之用賢也, 爲國; 今之用賢也, 爲家.

33 古之置吏也, 將以逐盜; 今之置吏也, 將以爲盜.

34 古之殺人也, 怒; 今之殺人也, 笑.

35 古之決獄, 得民情也哀; 今之決獄, 得民情也喜. 哀之者, 哀其化之不行; 喜之者, 喜其賞之必至.

36 縣官待賄, 命相取資.(「우·부憂賦」)

37 吏不與姦罔期, 而姦罔自至; 賈竪不與不仁期, 而不仁自至. 嗚呼; 吏非被重刑, 不知姦罔之喪已; 賈竪非遭極禍, 不知不仁之害窮也. 夫易化而善者, 齊民也. 唯吏與賈竪, 難哉!(「녹문은서」)

38 전설 속의 큰 독사. 『초사』 「초혼招魂」 편에 등장한다. —옮긴이

39 國家省閩吏, 賞之皆與位. 素來不知書, 豈能精吏理. 大者或宰邑, 小者皆尉史. 愚者若混沌, 毒者如雄虺. 傷哉堯舜民, 肉袒受鞭箠.(「정악부 10편·탐관원貪官怨」)

40 朝廷及下邑, 治者皆仁義. 國家選賢良, 定制兼拘忌.(「정악부 10편·탐관원」)

41 專祿恃威, 僭物行機, 上弄國權, 下戲民命, 天未降刑, 尙或竊生.

42 古之取天下也, 以民心; 今之取天下也, 以民命.

43 驅赤子於利刃之下, 爭寸土於百戰之內, 由士爲諸侯, 由諸侯爲天子, 非兵不能威, 非戰不
    能服, 不曰取天下以民命者乎?(「독사마법讀司馬法」)

44 蚩蚩之類, 不敢惜死者, 上懼乎刑, 次貪乎賞.

45 術愈精而殺人愈多, 法益切而害物益甚, 嗚呼! 其亦不仁矣.(「독사마법」)

46 人之生也, 上有天地, 次有君父. 君父可弒, 是無天地, 乃生人之大惡, 有識之弘恥.(「춘추
    결옥 10편」)

47 後之王天下, 有不爲堯舜之行者, 則民扼其吭, 捽其首, 辱而逐之, 折而族之, 不爲甚
    矣.(「원방原謗」)

48 有帝天下, 君一國者, 可不愼歟.(「원방」)

49 苟肉食者謀失, 而藿食者殄罹, 可不憂歟! 可不憂歟!(「우부우부憂賦」)

50 能以心爲天子, 爲諸侯, 爲聖賢者.(「원기原己」)

51 「원기」.

52 「원용原用」.

53 王道不宣, 皇綱不維, 元惡作矣, 大盜乘之.

54 聖人之化, 出於三皇, 成於五帝, 定於周孔. 其質也, 道德仁義; 其文也, 詩書禮樂. 此萬代
    王者未有易是而能理者也. (…) 有違其言, 悖其教者, 卽戾矣.(「원화原化」)

55 是後之制禮作樂, 宜取周書孔策爲標準也.(「제숙손통전제叔孫通傳」)

56 窮理盡性, 通幽洞微, (…) 窮大聖之始性, 根古人之終義.(「십원계술십원十原繫述」)

57 「육잠서六箴序」.

58 聖人務安民, 不先置不仁, 以見其仁焉; 不先用不德, 以見其德焉.(「진목시류론秦穆謐謬
    論」)

59 不行道, 足以喪身; 不擧賢, 足以亡國.(「녹문은서」)

60 吾之道也, 廢與興, 幸未可知, 但不知百世之後, 得其文而存之者, 復何人也.(「도가도가悼賈」)

61 당나라 희종僖宗의 연호. 885년부터 888년까지 4년간 지속됐다. ─옮긴이

62 少博學寡欲, 長於窮理盡性, 以至於命. 黃巢亂, 避地流轉, 不常所處, 凍餒淡如也. 光啓
    三年, 天子在褒, 四方猶兵, 无能子寓於左輔景氏之民舍, 自晦也.

63 自仲春壬申至季春己亥, 盈數十紙. (…) 其旨歸於明自然之理, 極性命之端. 自然無作,
    性命無欲, 是以略禮教而外世務焉. (…) 蓋具審无能者行止中藏, 故不述其姓名遊宦焉.

64 天地未分, 混沌一炁. 一炁充溢, 分爲二儀. (…) 天地旣位, 陰陽氤交, 於是裸蟲鱗蟲毛
    蟲羽蟲甲蟲生焉.(『무능자』「성과聖過」, 이하 이 책의 인용은 편명만 표기함)

65　天與地, 陰陽氣中之巨物爾, (…) 江海之含魚鼈, 山陵之包草木爾.(「성과」)

66　人者, 裸蟲也; 與夫鱗毛羽甲蟲俱焉, 同生天地, 交氻而已, 無所異也. (…) 智慮語言, 人與蟲一也, 所以異者形質爾.(「성과」)

67　所以太古時, 裸蟲與 鱗毛羽甲蟲雜處, 雌雄牝牡, 自然相合, 無男女夫婦之別, 父子兄弟之序, 夏巢冬穴, 無宮室之制. 茹毛飮血, 無百穀之食. 生自馳, 死自僕, 無奪害之心, 無瘞藏之事. 任其自然, 遂其天眞, 無所司牧, 濛濛淳淳, 其理也居且久矣.(「성과」)

68　夫天地無心, 且不自宰, 況宰物乎? 天地自天地, 萬物自萬物, 春以和自生, 冬以寒自殺, 非天地使之然也. 聖人雖有心, 其用也體乎天地. 天地雖無心, 機動則應, 事迫則順, 事過則逆, 除害成物, 無所憎愛. 故害除而無禍, 物成而無福.(「범려설范蠡説」)

69　無爲之德, 包囊天地. (…) 故無爲則能無滯. 若滯於有爲, 則不能無爲矣.(「문왕설文王説」)

70　所謂本者, 無爲之爲心也, 形骸依之以立也, 其爲常而不殆也. (…) 明之者, 可藏則藏, 可行則行, 應物立事, 曠乎無情. 昧之者, 嗜欲是馳, 耳目是隨, 終日妄用, 不識不知.(「명본明本」)

71　원문의 希希夷夷는 『도덕경』 14장에서 말하는 "보아도 보이지 않는 것을 이름하여 이夷라 하고 들어도 들리지 않는 것을 이름하여 희希라 한다"의 '희이'를 가리킨 듯하다. 하상공은 색이 없음을 이라 하고 소리가 없음을 희라 한다고 주석했다.　옮긴이

72　取之不有, 藏之不無. 動之則察秋毫之形, 審蚊蚋之音; 靜之則不見丘山, 不聞雷霆. 大之可以包天壤, 細之可以入眉睫. 惚惚恍恍, 不來不往. 希希夷夷, 不盈不虧.

73　「명본」.

74　夫無爲則淳正而當天理, (…) 有爲則嗜欲而亂人性.(「수양자설首陽子説」)

75　無爲在我也, 嗜欲在我也, 無爲則靜, 嗜欲則作, 靜則樂, 作則憂.(「고본固本」)

76　至公近乎無爲, 以其本無欲而無私也.(「답화양자문答華陽子問」)

77　「답화양자문」.

78　文出於行, 行出於心, 心出於自然. 不自然則心生, 心生則行薄, 行薄則文縟, 文縟則僞, 僞則亂, 亂則聖人所以不能救也.(「답노문答魯問」)

79　能證以無心, 還其自然, 前無聖人, 上無玄天, 行與文在乎無學之中矣.(「답노문」)

80　「기견紀見」.

81　其書多竊莊列之旨, 又雜以釋氏之說, 詞旨頗淺.

82　「성과」.

83　設婚嫁以析雌雄牝牡, 於是有夫婦之別, 父子兄弟之序.(「성과」)

84 「성과」.

85 繁其智慮者, 又於其中擇一以統衆, 名一爲君, 名衆爲臣. 一可役衆, 衆不得凌一. 於是有
君臣之分, 尊卑之節, 尊者隆, 衆者同. 降及後世, 又設爵祿以升降其衆, 於是有貴賤之等
用其物, 貧富之差得其欲, 乃謂繁智慮者爲聖人.(「성과」)

86 强分貴賤尊卑以激其爭, 强爲仁義禮樂以傾其眞, 强行刑法征伐以殘其生.(「성과」)

87 文之以禮, 使人習之至於今.(「기견」)

88 夫無所孝慈者, 孝慈天下; 有所孝慈者, 孝慈一家. 一家之孝慈未弊, 則以情相苦, 而孝慈
反爲累矣. 弊則僞, 僞則父子兄弟將有嫌怨者矣.(「질망質妄」)

89 夫所謂美名者, 豈不以居家孝, 事上忠, 朋友信, 臨財廉, 充乎才, 足乎藝之類耶? 此皆所
謂聖人者尙之, 以拘愚人也.(「질망」)

90 今人莫不失自然正性而趨之, 以至於詐僞激者, 何也? 所謂聖人者誤之也.(「질망」)

91 旣而賤慕貴, 貧慕富, 而人之爭心生焉.(「성과」)

92 「성과」.

93 立仁義忠信之敎禮樂之章以拘之. 君苦其臣曰苛, 臣侵其君曰叛, 父不愛子曰不慈, 子不
尊父曰不孝, 兄弟不相順爲不友不悌, 夫婦不相一爲不貞不和. 爲之者爲非, 不爲之者爲
是. 是則榮, 非則辱.(「성과」)

94 人情繁則怠, 怠則詐, 詐則益亂.(「노군설老君說」)

95 降及後代, 嗜欲愈熾, 於是背仁義忠信逾禮樂而爭焉, 謂之聖人者悔之.(「성과」)

96 不得已乃設刑法與兵李制之, 小則刑之, 大則兵之. 於是縷絏桎梏鞭笞流軍之罪充於國,
戈鋌弓矢之伐充於天下, 覆家亡國之禍, 綿綿不絶, 生民困窮夭折之苦, 漫漫不止.(「성과」)

97 嗟乎! 自然而蟲之, 不自然而人之. 强立宮室飮食以誘其欲, 强分貴賤尊卑以激其爭, 强
爲仁義禮樂以傾其眞, 强行刑法征伐以殘其生, 俾逐其末而忘其本, 紛其情而伐其命, 迷
迷相死, 古今不復, 謂之聖人者之過也.(「성과」)

98 自古帝王與公侯卿大夫之號, 皆聖人强名, 以等差貴賤而誘愚人爾. (…) 夫强名者, 衆人
皆能爲之.(「엄릉설嚴陵說」)

99 夫四海之內, 自古以爲至廣大也. 十分之中, 山岳江海有其半, 蠻夷戎狄有其三, 中國所有,
一二而已. (…) 夫中國天子之貴, 在十分天下一二中. 征伐戰爭之內, 自尊者爾.(「엄릉설」)

100 嗜欲未厭, 老至而死, 豊肌委於螻蟻, 腐骨淪於土壤, 匹夫匹婦一也, 天子之貴何有哉!
(…) 戰爭殺戮, 不知紀極, 盡人之性命, 得已之所欲, 仁者不忍言.(「엄릉설」)

101 治大國若烹小鮮, 蹂於刀幾則爛矣.(「노군설」)

102 「범려설」.

454

103 時來則應, 物來則濟, 應時而不謀己, 濟物而不務動.(「송옥설宋玉說」)

104 聖人宜處則處, 宜行則行. (…) 其爲無心一也.(「답화양자문」)

105 莊子曰: 魚相處於陸, 相煦以沫, 不如相忘於江湖. 至哉是言也! 夫魚相忘於江湖, 人相忘於自然, 各適矣.(「질망」)

106 民之有心者, 硏之以無, 澄之以虛, 涵澈希夷, 不知所如.(「진수眞修」)

107 「진수」「답화양자문」 참조.

108 夫虛其心而遠於有爲者, 達節也. 存其心而分是非者, 守節也. 得其所分又悲而撓之者, 失節也.(「송옥설」)

109 無邪無正, 無是無非, 無善無惡, 無功無罪, (…) 夫君子之心, 修乎己不病乎人, 晦其用不曜於衆.(「송옥설」)

110 전류錢鏐(852~932)는 항주 임안臨安 사람으로 당나라 말 절도사가 되었다가 나중 오대십국의 하나인 오월국吳越國을 창건하여 무숙왕武肅王이 된다. ─옮긴이

111 良時不易得, 大道不易行.(『참서』「투지서投知書」)

112) 著私書而疏善惡. 斯所以警當世而戒將來也.(『참서』「중서重序」)

113 人不自理, 必有所尊, 亦以明聖之才, 而居億兆之上也. 是故時之所賢者, 則貴之以爲君長; 才不應代者, 則賤之以爲黎庶.(『양동서』「귀천貴賤」)

114 夫周公席文武之敎, 居叔父之尊, 而天又以聖人之道屬之, 是位勝其道, 天下不得不理也. (…) 位不勝其道, 天下不得不亂也.(『참서』「성인이란聖人理亂」)

115 祿於道, 任於位, 權也. 食於冠, 爵於用, 職也. 祿不在道, 任不在位, 雖聖人不能闡至明; 智不得食, 用不及爵, 雖忠烈不能蹈湯火.(『참서』「군자지위君子之位」)

116 夫萬姓所賴, 在乎一人; 一人所安, 資乎萬姓. 則萬姓爲天下之足, 一人爲天下之首也. 然則萬姓衆矣, 不免涂炭之禍, 一人尊矣, 不能逃放戮之辱, 豈失之於足, 實在於元首也.(『양동서』「손익損益」)

117 夫能極善惡之名, 皆敎化之一端也.(『참서』「구하상이제救夏商二帝」)

118 善者俾人慕之, 惡者俾人懼之. 慕之者, 必俟其力有餘; 懼之者, 雖寢食不忘之也.(『참서』「구하상이제」)

119 慕之者未必能及, 懼之者庶幾至焉. 是故堯舜以仁聖法天, 而桀紂以殘暴爲助.(『참서』「구하상이제」)

120 『양동서』「귀천」.

121 然處君長之位, 非不貴矣, 雖位力有餘, 而無德可稱, 則其貴不足貴也.(『양동서』「귀천」)

122 故夫人主所以稱尊者, 以其有德也. 苟無其德, 則何以異於萬物乎?(『양동서』「귀천」)

123 貴者榮也, 非有道而不能居; 賤者辱也, 雖有力而不能避也. 苟以修德, 不求其貴, 而貴自求之; 苟以不仁, 欲離其賤, 而賤不離之.(『양동서』「귀천」)

124 貴者愈賤, 賤者愈貴; 求之者不得, 得之者不求. 豈皇天之有私, 惟德佑之而已矣.(『양동서』「귀천」)

125 군주가 공훈이 있는 대신들에게 하사하는 구석九錫 가운데 하나. 궁전 초석에 서는 일 또는 두 섬돌 사이에 이르게 하는 것으로 승진을 뜻한다. 여기서는 인사정책으로 분주함을 뜻하는 말인 듯한다. ─옮긴이

126 是故明君者, 納陛軫慮, 旰食興懷; 勞十起而無疲, 聽八音而受諫, 蓋由是矣.(『양동서』「귀천」)

127 弱爲强者所伏, 强爲弱者所宗, 上下相制, 自然之理也.(『양동서』「강약强弱」)

128 在乎有德, 不在乎多力也. (…) 夫所謂德者何? 唯慈唯仁矣. 所謂力者何? 且暴且武耳.(『양동서』「강약」)

129 知衆心不可以力制, 大名不可以暴成. 故盛德以自修, 柔仁以御下. (…) 一邦從服, 百姓與能.(『양동서』「강약」)

130 驕酷天下, 舍德而任力, 忘己而責人, 壯可行舟, 不能自制其嗜欲; 材堪擧鼎, 不足自全其性靈; 至今社稷爲墟, 宗廟無主, 永爲後代所笑, 豈獨當時之弱乎?(『양동서』「강약」)

131 『주역』 건乾괘의 맨 꼭대기 상구上九괘는 乾이 지나쳐 넘어가는 형국이고, 겸謙괘는 자신을 비하卑下의 위치에 놓음으로써 자존을 지켜냄을 뜻한다. ─옮긴이

132 水柔能成其剛, 金剛不輟其弱, (…) 乾以剛健, 終有亢極之悔; 謙以卑下, 能成光大之尊.(『양동서』「강약」)

133 天之道, 損有餘, 補不足.(『양동서』「손익損益」)

134 然則益莫大於主儉, 損莫大於君奢. 奢儉之間, 乃損益之本也.(『양동서』「손익」)

135 爾其儉主之理, 則天下無爲. 天下無爲, 則萬姓受其賜, 其於日月亦已大矣. (…) 人且共益, 則君孰與其損哉? (…) 爾其奢君之理, 則天下多事. 天下多事, 則萬姓受其毒, 其於豺狼亦已甚矣. (…) 人且共損, 則君孰與其益哉?(『양동서』「손익」)

136 古先聖君務修儉德, (…) 損一人之愛好, 益萬人之性命. (…) 古先暴主志在奢淫, (…) 益一人之愛好, 損萬人之性命.(『양동서』「손익」)

137 故人安者, 天子所以得其安也; 人亂者, 天子所以罹其亂也.(『양동서』「손익」)

138 下之不敬, 則不足以奉君; 上之不敬, 則不足以御臣. (…) 尺蠖求伸, 亦因其屈; 鷙鳥將擊, 必先以卑. 以貴下賤, 大得人也.(『양동서』「경만敬慢」)

139 以敬事天則神降, 以敬理國則人和; 以慢事天則神欺, 以慢理國則人殆.(『양동서』「경만」)

140 群才畢至, 駿足攸歸, (…) 諸侯不附, 大臣構逆.(『양동서』「경만」)

141 『양동서』「경만」.

142 飮食男女者, 人之大欲存焉. (…) 人皆莫不欲其自厚, 而不知其厚之所以薄也 ; 人皆莫不惡其爲薄, 而不知薄之所以厚也.(『양동서』「후박厚薄」)

143 縱長夜之娛, 淫酒色之樂, 極情肆志, (…) 是則爲薄亦已甚矣.(『양동서』「후박」)

144 『양동서』「후박」.

145 文以致理, 武以定亂, (…) 若手足之逮使, 舟車之更載也.(『양동서』「이란理亂」)

146 文者道之以德, 德在乎內誠, 不在乎夸節者也. 武者示之以威, 威在乎自全, 不在乎強名也.(『양동서』「이란」)

147 『양동서』「이란」.

148 君若客旅, 臣若豹虎.(『참서』「서이광생敍二狂生」)

149 夫君者, 舟也; 臣者, 水也. 水能浮舟, 亦能覆舟; 臣能輔君, 亦能危君.(『양동서』「득실得失」)

150 此則蓍筮不足決, 鬼神不能定, (…) 素王以之不測, 帝堯猶以爲難, 將欲用之, 不無得失也. (…) 是以三傑用而漢興, 六卿強而晉滅; 陶朱在而越霸, 田氏盛而齊亡; 雖任是同, 而成敗尤異也.(『양동서』「득실」)

151 天下之至大也, 無其人則不可獨守, 有其人則又恐爲亂.(『양동서』「득실」)

152 逐長路者, 必在於駿馬之力; 理天下者, 必求於賢臣之用. (…) 恐馬之多逸, 舍馬而徒行, 則長路不可濟也; 懼臣之爲亂, 舍臣而獨任, 則天下莫能理也.(『양동서』「득실」)

153 駿馬苟順, 猶不可無轡也; 賢臣雖任, 終不可以失權也. (…) 知馬之可乘, 而不執其轡, 則不能禁其逸也; 知臣之可用, 而不親其權, 則不能止其亂也.(『양동서』「득실」)

154 御馬者, 其轡煩, 則其馬蹀而不進; 其轡縱, 則其馬驕而好逸. (…) 御臣者, 其權峻, 則其臣懼而不安; 其權寬, 則其臣慢而好亂.(『양동서』「득실」)

155 使夫寬而不至亂, 峻而能安者, 唯聖人之所明也. (…) 唯名與器, 不可以假於人.(『양동서』「득실」)

156 歷代帝王統御家國, 莫不側身馳心, 以恭英乂. 及所封授, 則猶是愚小、(…) 及所誅逐, 則謬加賢良.(『양동서』「진위眞僞」)

157 使夫懷忠者坐法, 行直者遇刑.(『양동서』「애증愛憎」)

158 이하 『화서』 인용은 편명만 밝힘.

159 道之委也, 虛化神, 神化氣, 氣化形, 形生而萬物所以塞也. 道之用也, 化形氣, 氣化神, 神化虛, 虛明而萬物所以通也.(「도화자극관비道化紫極官碑」)

160　太虛, 一虛也; 太神, 一神也; 太氣, 一氣也; 太形, 一形也. 命之則四, 根之則一, 守之不得, 舍之不失, 是謂正一.(「정일正一」)

161　揖讓化升降, 升降化尊卑, 尊卑化分別, (…) 奢蕩化聚斂, 聚斂化欺罔, 欺罔化刑戮, 刑戮化悖逆, 悖逆化甲兵, 甲兵化爭奪, 爭奪化敗亡.

162　其來也, 勢不可遏; 其去也, 力不可拔.

163　是教民爲奸詐, 使民爲邪淫, 化民爲悖逆, 驅民爲盜賊. (…) 上昏昏然不知其弊, 下恍恍然不知其病, 其何以救之哉?

164　貧食愈不足, 富食愈不美. 所以奢僭由玆而起, 戰伐由玆而始.(「사참奢僭」)

165　一日不食則憊, 二日不食則病, 三日不食則死. 民事之急, 無甚於食. 而王者奪其一, 卿士奪其一, 兵吏奪其一, 戰伐奪其一, 工藝奪其一, 商賈奪其一, 道釋奪其一. (…) 所以蠶告終, 而繰葛檾之衣; 稼亡畢, 而飯橡櫟之食. (…) 王者之刑理不平, 斯不平之甚; 大人之道救不義, 斯不義之甚也.(「칠탈七奪」)

166　夫剁其肌, 唊其肉, 不得不哭; 扼其喉, 奪其哺, 不得不怒. 民之瘠也, 由剁其肌; 民之餒也, 由奪其哺. (…) 人所以惡雀鼠者, 謂其有攘竊之行.(「작서雀鼠」)

167　王取其絲, 吏取其綸; 王取其綸, 吏取其綍. 取之不已, 至於欺罔; 欺罔不已, 至於鞭撻; 鞭撻不已, 至於盜竊; 盜竊不已, 至於殺害; 殺害不已, 至於刑戮. 欺罔非民愛, 而哀斂者教之; 殺害非民愿, 而鞭撻者訓之.(「사륜絲綸」)

168　火將逼而投於水, 知必不免, 且貴其緩; 虎將噬而投於谷, 知必不可, 或覬其生.(「사륜」)

169　天子作弓矢以威天下, 天下盜弓矢以侮天子. (…) 好聚斂, 蓄粟帛, 具甲兵, (…) 擅甲兵, 據粟帛, 以奪其國.(「궁시弓矢」)

170　非兔狡, 獵狡也; 非民詐, 吏詐也. 愼勿怨盜賊, 盜賊唯我召; 愼勿怨叛亂, 叛亂稟我教.(「태화太和」)

171　民盜君之德, 君盜民之力.(「주례酒醴」)

172　防人盜, 不如防我盜.(「양민養民」)

173　能均其食者, 天下可以治.(「사참」)

174　教之善也在於食, 教之不善也在於食. 其物甚卑, 其用甚尊; 其名尤細, 其化尤大, 是謂無價之貨. (…) 食爲五常之本, 五常爲食之末.(「치연鴟鳶」)

175　民腹常餒, 民情常迫, 而諭以仁義, 其可信乎? 講以刑政, 其可畏乎?(「전욕戰欲」)

176　食均則仁義生, 仁義生則禮樂序, 禮樂序則民不怨, 民不怨則神不怒, 太平之業也.(「태평太平」)

177　苟王者能均其衣, 讓其食, 則黔黎相悅, 仁之至也.(「치연」)

178 「태평」.

179 君儉則臣知足, 臣儉則士自足, 士儉則民自足, 民儉則天下知足, 天下知足所以無貪財, 無
競名, 無奸蠹, 無欺罔, 無矯佞. 是故禮義自生, 刑政自寧, 溝壘自平, 甲兵自停, 遊蕩自耕,
所以三皇之化行.(「태평」)

180 我耕我食, 我蠶我衣, (…) 於己無所與, 與民無所取.(「간호慳號」)

181 螻蟻之有君也, 一拳之宮, 與衆處之; 一塊之臺, 與衆臨之, 一粒之食, 與衆蓄之; 一蟲之
肉, 與衆咂之; 一罪之疑, 與衆戮之. 故得心相通而後神相通, 神相通而後氣相通, 氣相
通而後形相通. 故我病則衆病, 我痛則衆痛. 怨何由起? 叛何由始? 斯太古之化也.(「루의
螻蟻」)

182 自古及今未有亡於儉者也.(「손익」)

183 謙者人所尊, 儉者人所寶, 使之謙必不謙, 使之儉必不儉. 機在此不在彼, 柄在君不在人.
惡行之者惑, 是故爲之文.(「해혹解惑」)

184 熟究其道, 萬物之中, 五常百行, 無所不有也.(「전어畋魚」)

185 夫大人之機, 道德仁義而已矣.(「해어海魚」)

186 「득일得一」.

187 天下之主, 道德出於人; 理國之王, 仁義出於人.(「총명聰明」)

제5장

북송 시기 정치 개혁,
왕권 강화의 정치사상

송나라는 위로 수나라와 당나라를 이어받아 아래로 명나라와 청나라의 문을 열었다. 역사 발전 과정으로 볼 때 중국 봉건사회는 이로부터 가장 융성한 시대에서 차츰 말기로 진입했다. 송대에 중앙 집권은 한층 더 강화되었고 소작 제도가 보편적으로 시행되었으며 상공업이 크게 발전했다. 자연과학 및 각종 학술 사상 또한 장족의 발전을 했다. 송 왕조는 안팎으로 궁지에 몰리고 빈약하기 이를 데 없는 왕조였으며 수많은 골치 아픈 정치적 난제를 안고 있었다.

정치 개혁과 왕권 강화는 북송 정치사에서 가장 주목을 끈 현상이었다. 태조와 태종은 구 정치 체제를 개혁했으며 인종仁宗은 '경력신정慶曆新政'을 행했다. 신종神宗은 '희풍신법熙豐新法'을 실시했고 철종 또한 '원우경화元祐更化'를 단행했는데 모두 중대한 정치적 조치였다. 이러한 정치 변동을 둘러싸고 조야 상하 간 의론이 분분했으며 심지어 때로는 커다란 풍파가 일어나기도 했다. 이와 같은 상황이 정치사상 영역을 활기차게 만들었으며 정치 사조가 잇달아 출현하면서 여러 학파를 탄생시켰다.

제 1절

송 초 제왕들의 체제 개혁,
집권 강화의 정치 전략

송의 태조, 태종, 진종眞宗은 당나라 말기 이래 왕권이 쇠약해지고 천하가
분열되었던 교훈을 거울 삼아 일련의 조치를 취했다. 정치 체제를 개혁하
고 중앙 집권을 강화하고 천하통일을 실현하는 등 송대 군주 정치의 규
모와 방향을 결정지었다.

송 태조는 원래 후주後周의 전전도점검殿前都點檢 겸 귀덕군절도사歸德軍節
度使였다. 960년 그는 군대를 이끌고 거란 및 북한北漢 군대를 방어하다 진
교역陳橋驛¹에서 군사 정변이 발생하자 주나라로부터 선위를 받아 즉위하
여 국호를 송宋이라 했다. 태조와 태종 2대의 노력을 거쳐 송 왕조는 마침
내 천하를 평정하고 통일했다. 송 태조는 군인으로 일어나 군사 정변으로
나라를 세우고 정벌을 통해 군웅들을 소멸한 인물이다. 그가 가장 걱정
한 것은 바로 신하들이 이를 본받아서 다시 한번 군사 정변을 일으키거
나 강한 번진 때문에 천하를 잃는 것이었다. 송 태조는 황포를 몸에 걸친
뒤 맨 먼저 이렇게 생각했다. "당 말 이래 수십 년 동안 제왕의 성이 열 번
이나 바뀌고 전쟁이 그치지 않아 민생은 도탄에 빠졌다. 그 원인은 무엇
인가? 나는 천하의 전란을 그치게 하고 국가를 위해 장기적인 계책을 세

우고자 하는데 그 길은 무엇인가?" 대신 조진趙晉이 진언했다. "당 말 이래 전투가 그치지 않고 국가가 불안했던 이유는 다른 것이 아니라 번진이 너무 커져서 군주는 약하고 신하가 강했기 때문입니다. 오늘날 이를 다스리고자 한다면 다른 기교는 필요 없고 오직 그들의 권한을 빼앗고 재정을 통제하고 정병을 거둬들이십시오. 그리하면 천하가 저절로 안정될 것입니다."[2] 이 건의가 태조에게 채택되었다.

태조, 태종, 진종의 기본 정치 전략은 이랬다. 권력의 배치를 대폭 조정하고, 갖은 방법을 동원해 군권을 강화하고 신하를 약화시키며, 왕권을 위협하고 국가를 분열시키는 각종 정치 역량이 재기하는 것을 방비하는 것이다. 이러한 정치 전략에 대해 그들은 요점만 간략히 제시하는 말씀과 지령을 내렸지만 행동으로는 더욱 많은 것을 보여주었다. 그들의 고심에 찬 장기 경영으로, 황제를 중심으로 한 고도의 권력 집중과 지방에 대한 중앙의 엄밀한 통제라는 정치 체제가 형성되었다.

무신 제어를
요지로 삼음

군대는 제왕이 의지하는 바일 뿐만 아니라 마음속 우환이기도 하다. 오대 시절엔 병사들이 교만해져 장수를 내쫓거나 장수들이 교만해져 반란을 일으켰다. 병권을 갖고 있으면 그에 따라 흥했고 병권을 잃으면 그에 따라 멸망했다. 송 태조와 태종 등은 '군대'의 이익과 해로움을 깊이 이해하고 있었기 때문에 모두 "무신의 제어를 요지로 삼았다".3 그들이 받든 정책은 주로 다음 세 가지였다. 첫째는 병권의 배치를 조정한다. 둘째는 무장을 누르고 문신을 세운다. 셋째는 대규모 군사를 양성한다.

태조와 태종은 병권을 황제의 수중에 굳건히 장악하기 위해 일련의 조치를 취했다. 먼저 금군禁軍과 절도사의 병권을 빼앗았다. 송 태조가 즉위한 뒤 내린 첫 번째 큰 정치적 조치는 바로 금군 지휘관의 병권을 없앤 것이었다. 그는 연회를 베풀어 석수신石守信 등을 환대하면서 여러 장수에게 이렇게 권고했다. "어찌하여 병권을 놓고 좋은 전답을 고르고 시가의 저택에 살면서 자손 대대로 이어질 사업을 하지 않는가? 노래하는 아이와 춤추는 여자를 많이 두어 날마다 술 마시고 즐거워하면서 천수를 다하려고 하지 않는가? 군신 사이에 서로 시기 질투도 없고 상하가 편안하면 또한 좋은 것 아니겠소?"[4] 여러 장수는 그저 명을 따를 수밖에 없었다. 이것이 바로 이른바 "한 잔 술에 병권을 내려놓는다"는 말이다. 태조와 태종은 또한 절도사의 위치를 자주 바꾸어놓으면서 다른 관권으로 절도사를 다스렸다. 진종 때가 되면 절도사는 그저 이름뿐인 직함이 되었고 본래 임무는 맡지 못했다. 다음으로 장수들의 권한을 나누었다. 북송은 중앙에 추밀원을 설치하여 군사 행정을 장악했다. 추밀원은 군대를 출동시킬 권한을 가졌지만 군대를 장악하는 힘은 없었고 장수들은 군대를 장악하는 힘은 지녔지만 군대를 발동하는 권한은 없었다. 금군의 통수권 또한 셋으로 나누었는데 마馬, 보步, 전전殿前 '삼아三衙'를 분별하여 통령하도록 했다. 또 경술법更戍法을 실시하여 "장수가 병사를 마음대로 하지 못하고 병사가 교만하거나 나태에 빠지지 않도록" 했다. 그리하여 어떤 장수도 군대를 보유하여 자신의 지위를 강화하기가 어려워졌다. 다음으로 강간약지強幹弱枝 원칙에 의거해 병력을 배치했다. 금군이 수적으로 절대 우세를 점했는데 그 반은 수도에 주둔하고 나머지 반은 각지에 주둔했다. 병사들의 자질 면에서도 송 태조는 "천하의 지방 장관들에게 명령하여 각 도에서 날쌔고 용감한 병사를 선택하여 그 이름을 적어 수도로 보내 금군의 궐석을 보충하라"[5]고 했다. 이 방법은 차츰 제도화되었다. 그리하여 장수들은 "모두 정예 병력이 수도 방위군에 대항할 수 없음을 알게 되어 아무도 감히 다른 마음을 품지 못했다"[6].

억무우문抑武右文, 즉 '무를 억제하고 문을 숭상하는 것'은 송대의 중요한 정책 방침이었다. 송 태조는 다음과 같이 공언했다. "오대 시절 방진方鎭이 잔학하여 백성이 그 화를 입었다. 짐이 이제 유생 신하 중 일 잘하는 사람 100여 명을 써서 큰 번진을 나누어 다스리게 하고 그 부정부패 사례를 찾아보니 무신의 10분의 1에도 못 미쳤다."[7] 태종과 진종 또한 문교를 일으키고 무력을 억제하는 정책을 계속 시행했다. 그들은 문신으로 무장을 대체하여 지방 행정을 주재하게 했는데, 심지어 문관이 무직을 대리하는 경우도 아주 많았다. 지방 관솔 모두가 문사였으니 군대를 통해 강해지기는 어려웠다.

송대에는 양병 정책을 시행했다. 송 태조는 이 정책에 대해 다음과 같이 논증한 적이 있다. "우리 집안은 오직 양병을 백 세대의 이익으로 삼는다. 흉년의 배고픈 시절에는 반란민은 있으나 반란군은 없고, 불행하게 풍년에 변고가 생기면 반란군은 있으나 반란민은 없다."[8] 흉년의 기근이 들 때마다 조정에선 대규모 이재민을 병사로 모집했다. 이 정책은 이재민의 생계를 해결해줄 뿐만 아니라 사회 동란도 해소할 수 있었다. "실직한 천하에 난폭한 무리 모두를 양민의 지킴이로"[9] 만든 것이다.

이상의 정책과 조치는 군에 대한 황제의 지배와 통제를 강화시켰다. 『송사』 「병지」는 이렇게 말하고 있다. "사방의 날쌘 병사를 거두어 경기 지역에 배치하여 숙위를 맡도록 한다. 주둔군과 변방 수자리를 순환시켜 변방을 방어한다. 때에 맞춰 장수는 신하의 신분으로 조정에 봉사한다. 광포한 백성은 노비로 거두어 문서에 올린다. 제아무리 사납고 제멋대로인 사람이라도 그 사이에서 무엇을 할 수가 없다. 그 제도로는 십장什長[10]의 법을 만들고 계급을 구별하여 안팎에서 서로 받치고 상하가 서로 통제하여 절대로 침범하지 못하도록 한다. 이는 여러 조정에서 생겼던 번진의 폐단을 바로잡는 것이지만 그에 따른 심한 징계도 있을 것이다."[11]

지방 권력 삭탈과
조신朝臣 권병의 제한

군주를 높이고 신하를 억제하는 것은 권력 배치를 조정하려는 송 초 황제들을 지도한 기본 원칙이었다. 그 기본 방법은 각급 관리의 권력을 분해, 삭탈, 제한하고 고도의 군주 집권을 실행하는 것이었다.

황제들은 번진이 너무 커지는 폐단을 바로잡기 위해 지방 권력을 거듭 삭탈했다. 구체적인 방법은 주로 세 가지였다. 첫째는 지방 재정권의 삭탈이다. 태조는 여러 주에 이런 조칙을 내렸다. "백성의 조세 및 관각笕榷12의 세금 가운데 지정 예산 사용 범위 밖의 비단 등속은 매년 수레에 실어 경사로 보내라." 지방 세수는 일률적으로 중앙에서 파견한 전문 담당관이 장악했다. "이로써 모든 이익은 정부에게 돌아갔고 외부 권력은 삭감되었다."13 둘째는 사법 대권의 회수다. 태조는 조칙을 하달했다. "오대 때는 제후들이 발호하여 잘못하여 살인을 하는 경우가 있어도 조정에선 방치하고 문초하지 않았다." "오늘부터 여러 주에서는 큰 형벌을 결정할 때는 안건을 문서로 만들어 상주하여 형부에 맡기고 뒤집어 살펴보도록 하라."14 태종은 또 심형원審刑院을 설치하여 사법 대권을 통합 관리했다. 셋째는 관리의 임면권을 중앙에 집중하는 것이다. 태조는 조진의 건의를 받아들여 지방관을 일률적으로 황제가 지정 파견하며 중앙관직으로 대신하고 3년에 한 번 바꾸도록 했다.

권력을 분해하여 상호가 견제하도록 하고 엄밀하게 관리 감독하는 것이 송대 관제의 큰 특색이다. 구체적인 방법은 주로 두 가지였다. 첫째는 기구를 증설하여 관직을 많이 만들고 사무 권한을 분화시키는 것이었고, 둘째는 직職과 관官을 분리시키는 것이었다. 중앙이든 지방이든 정치, 재정, 군사 삼권을 일률적으로 분리했다. 중앙에는 재상, 추밀사樞密使, 삼사사三司使가 정권, 군권, 재정권을 나누어 장악했다. 지방 1급 로路에는 안무사按撫使, 전운사轉運使, 형옥사刑獄使, 제거상평사提擧常平使를 설치하여 정무, 재정, 형정, 군정의 권력을 나누어 관장하고 네 감사監司 간 상호 통괄 및 예속을 못 하도록 했다. 동일한 권력을 나누어 몇 개의 관직이 함께 장악하도록 했다. 이를테면 주州에 지주知州와 통판通判을 설치하고 통판은 황제가 직접 지명하여 파견했는데 '감주監州'라 호칭했다. 지방 문서는 반드시 지주와 통판이 연계 서명을 해야 효력이 발생할 수 있었다. 관과 직 또한 분리했다. 태조가 흠정한 관제는 이러했다. "관이 있고, 직이 있고, 차견差遣이 있다. 관은 머무는 곳에 따라 녹봉을 받고 지위 순서를 정한다. 직은 학문을 통해 선발하되 별도로 차견의 신분으로 내외 사무를 처리한다."[15] '관'과 '직'은 모두 이름뿐인 직함이었으며 오직 '차견'만이 실제 직무를 수행했다. 관과 직이 다르고, 명과 실이 분리되어 있어서 본래의 관은 본래의 직을 처리하지 않았다. "관에 있으면서 그 직무를 모르는 사람이 열에 여덟아홉이었다."[16] '차견'은 임명 후 인사이동이 빈번했기 때문에 관료들이 특정 지역이나 특정 권력을 장기적으로 장악하기가 매우 어려웠다.

송대엔 한나라, 당나라 이래 실시되어온 공경이 궁궐 전당에 올라와 정치를 의론하는 일이 폐지되었다. 이른바 '앉아서 도를 논한다'는 좌론坐論

의 예가 사라진 것이다. 또 간언 계통을 재상의 장악에서 벗어나도록 함으로써 언관들의 공공연한 탄핵과 집정대신에 대항하는 일이 흔해졌다.

이상의 조치는 전례 없는 중앙 집권의 강화를 가져왔다. 이에 대한 송진종의 해석은 이러했다. "천하를 군현으로 나누고 군현을 총괄하여 1도道로 한다. 다시 여러 도를 조정에서 총괄한다. 군현을 수령에게 맡기고, 수령은 감사에게 총괄케 하고, 다시 측근 신하에게 감사를 살피도록 한다. 이것이 우리 조정 내외의 기강이다."[17] 이런 체제하에선 "병사 한 사람의 장부를 기록하고, 재물 한 가지의 원천을 밝히고, 땅 한 뙈기를 지키는 일 모두 군주 자신이 하게 된다."[18] "조정이 종이 한 장으로 군현에 명을 내리면 몸의 팔을 부리듯, 팔이 손가락을 부리듯 아무 어려움이 없었으며 천하의 세력이 하나가 되었다."[19]

사대부와 더불어 천하를 다스린다:
관료를 양성하고 겸병을 억제하지 않음

송 초 황제들은 오대 정치의 실패를 거울 삼아 통치 계급 내부 관계의 조정을 비교적 중시했다. 그들은 정치적으로 사대부의 권력을 제한하는 동시에 명성과 지위, 작록과 특권의 은총을 내림으로써 선비와 관료들을 구슬려 통치 기초를 확대했다.

벼슬길의 확대야말로 북송 제왕들이 사대부들을 구슬리는 중요한 전략이었다. 송 초 황제들은 문을 중시하고 무를 경시했으며 특히 과거에 치중했다. 태종은 "짐은 과거 시험장에서 뛰어난 인물을 널리 구하고자 한다. 감히 열 가운데 다섯이 발탁되길 바라지 않으나 한둘만을 얻을 수 있어도 통치의 좋은 도구가 될 수 있다"[20]고 말했다. 그의 재위 20여 년 앞뒤로 등제한 사람이 만 명에 가까웠다. 진종 함평咸平 3년(1000) 진사로 합격한 사람이 409명이고 여러 과를 합하면 1100여 명에 이르렀다.[21] 과거라는 정도 외에도 은음恩蔭[22] 제도가 있었다. 송 태조는 임자任子[23]와 은음의 범위를 확대하여 조신들을 구슬렸다. 북송 때는 한 세대가 관음을 입어 수 대의 자손에 미치는가 하면 혼인으로 인한 친척들과 문객 모두 은음으로 관직을 수여받기도 했다. 어떤 때는 한 번의 경사로 하사받은 은음관이 1000여 명을 헤아릴 때도 있었다. 결국 "광범한 추천 및 소집, 넘치는 은음, 잡류의 혼합, 직무 없는 다수의 사록관祠祿官[24] 등이 해가 갈수록 증가하여 한도가 어디까지인지를 모를 정도였다."[25] 합격자가 넘쳤을 뿐만 아니라 대우 또한 좋아져서 "한번 벼슬길에 오르면 흐르는 물처럼 자리를 옮겨다니고" "공무원 체계에 들어서기만 하면 봉급이 그에 따라왔다."[26] 북송은 기구를 함부로 설치하여 관리들이 크게 늘고 녹봉 또한 우대했으므로 몇십 년 만에 녹봉을 받는 방대한 계층이 형성되었다.

겸병을 억제하지 않는 것 또한 송 왕조의 중요 정책 가운데 하나였다. 송 태조는 이렇게 말했다. "부자들의 전답이 남북으로 나와 연결되니 나라를 위해 재물을 지키는 것이다. 느리든 급하든 부지불식간에 도적이 생겨 변경이 요동하면 겸병한 재물을 기꺼이 실어다 바칠 것이니 모두 나의 물건이다." 그리하여 "본 조정에서는 겸병을 억제하지 않는다"[27]고 선포했다. 이 정책의 결과는 첫째, "1000년 동안 전답의 주인이 800번이나 바뀌고", 둘째, "힘 있는 관료와 부유한 집안은 무한히 전답을 점유하고, 겸병을 거짓 명분 삼아 습속이 되어버렸다."[28] 이는 송대의 계급 관계와 사회 모순에 심각한 영향을 끼쳤다.

송 초 황제들은 통치 계급 내부 관계를 조정하고 유지하는 데 주된 힘을 쏟았다. 역대 개국 군주들로 보자면 그들은 상대적으로 군과 민, 관과 민의 관계를 그다지 중시하지 않았다. 태조와 태종이 여러 차례 권농 조칙을 반포하여 민생에 대한 가렴주구를 하지 말라고 했지만 대체적으로 오대 시절 가혹한 법을 그대로 답습하고 혁신하지 않았다. 이에 주자는 "옛날의 각박한 법들이 본 왕조에서도 그대로 유지되었으며"[29] "오늘날 역법役法을 새로 만들지도 못했고, 역법을 새로 고치지도 못했다"[30]고 말한 적이 있다. 대량으로 관료를 양성하고, 겸병을 억제하지 않고, 역법이 번거롭고 가혹한 것이 송대 3대 폐정이었다.

04 안을 지키고
밖을 비움

송 왕조는 입국 초부터 내치를 중시하고 외치를 경시하는 경향이 있었다. 송 태조는 "따로 봉장고封椿庫를 설치하고 자주 측근에게 비밀스럽게 말했다". "석진石晉[31]이 자기에게 유리하다면서 유주幽州와 계주薊州를 잘라 거란에게 뇌물로 주었다. 특정 지역 사람으로 하여금 혼자 바깥 국경에 묶어두는 것이 짐은 매우 고민스럽다. 이 창고에 30~50만이 가득 쌓이기를 기다렸다가 사신을 파견하여 거란과 협약하여 내 토지와 백성을 돌려받을 수 있다면 황금과 비단을 다 주어서 그 속죄금을 내도 마땅할 것이다. 만약 불가하다고 한다면 짐은 장차 쌓인 재물을 풀고 용사들을 모집하여 공격으로 얻기를 도모하겠다."[32] 거액의 속죄금을 주어 요遼나라와 화의하는 것이 그가 가장 먼저 고려하는 정책이었다. 태종이 두 차례 요나라 정벌에 나섰다가 실패한 뒤 송의 대요 전략은 공격에서 수비로 전환했다. 송 태종은 그의 내외 정책을 개괄하여 "바깥을 다스리려면 먼저 내부를 다스려야 한다. 안이 잘 다스려지면 밖은 저절로 안정된다"[33]고 했다. 그는 이렇게도 말했다. "국가에 외우가 없으면 반드시 내환이 있다. 외우는 변경의 일에 불과하며 모두 예방이 가능하다. 오직 간사한 죄악이 일어 내환이 생기면 정말 두려울 일이다. 제왕의 마음 씀은 항상 여기에 신중할 필요가 있다."[34] 송 진종과 요는 '전연의 맹澶淵之盟'에 서명하고 이로부터 안내양외安內攘外 즉 '안을 편안히 하고 밖을 물리친다'면서 고액의 세폐로 평화를 바꾸는 것을 북송의 국책으로 삼았다. 송과 요의 화의는 장기적이고 상대적인 평화를 가져오긴 했지만 송나라 재정에 무거운 부담을 안겨주었다.

송 태조와 그 계승자들의 정치 전략은 효과적으로 시행되었다. 다시 중앙 집권을 이루었으며 천하통일을 실현했고 사회 안정과 경제 발전을 촉진했다. 하지만 이 통치 전략은 과도적인 집권 체제를 만들어냈을 뿐만 아니라 군주 정치 체제 고유의 정치 구조가 갖는 선천적 약점을 강화시키기도 했다. 황제 제도 아래서 거의 규율처럼 여겨지는 현상은 관료, 군대와 그에 상응하는 지출이 결국은 체증하게 되고 그 가속도 추세가 악성 팽창을 한다는 것이다. 북송은 특히 그 출발선이 높고, 주기가 짧았으며, 폐해가 심각했다. 이 때문에 송 초 황제들의 통치 전략은 신속하게 부정적인 면으로 치달았다. 극단적으로 군주를 강화하고 신하를 약화시킨 결과 왕조는 허약과 빈곤에 빠지고 내외가 다 곤경에 처하게 되었다. 사실 이 통치 전략의 폐단은 일찍이 조씨 송나라 입국 초기부터 드러나기 시작했다. 태종의 두 차례 요나라 정벌이 실패한 주요 원인은 군권의 과도한 집중으로 장수가 임기응변할 수가 없어 전투 기회를 놓쳤다는 것에 있다. 자욱한 관리들의 부패와 빈번히 발생하는 민란, 병란이 시종 송 왕조를 둘러싸고 벌어졌다. 거기에 더해진 북방 민족의 침입으로 송 왕조는 줄곧 내우외환에 시달리고 위기가 중첩되는 지경에 처해 있었다.

개혁 사조의 흥기와
'경력신정慶曆新政'

중앙 집권을 강화하려는 송 초 황제들의 사상과 정책은 일시적으로 효과를 보았지만 급속하게 부정적 측면으로 전환되어 송대 정치의 폐단이 백출하고 허약과 빈곤에 빠지게 되었다. 쓸모없는 관직冗官, 쓸모없는 병사冗兵, 쓸모없는 비용冗費 등 3대 폐정 및 그로 인해 생겨난 각종 연쇄 반응 때문에 제왕, 조신, 선비들은 폐정 개혁과 부국강병의 술에 대해 분분히 사색하게 되었고 조야 상하에 개혁 사조가 흥기했다. 이 사조는 파급 범위가 넓고 매우 오랜 시간을 끌면서 북송 시기 정치와 사상 모두에 깊은 영향을 끼쳤다.

개혁 사조의
흥기 및 그 특징

엄중한 사회 위기는 개혁 사조를 일으키는 주요 원인인데, 폐정이 그 사회 위기를 조장하는 핵심 원인이다. 정치권력의 과도한 집중은 반드시 방대한 기구와 쓸모없는 관직의 증설을 부르며 효율이 매우 낮아진다. 군권의 과도한 집중은 반드시 병력의 분산과 부적절한 지휘를 불러와서 전투력을 약화시킨다. 재정권의 과도한 집중은 반드시 지방 재정의 적자를 불러오고 각종 임시변통의 법률은 탐관오리에게 기회를 제공해준다. 용관冗官, 용병冗兵, 용비冗費와 관리들의 탐오, 백성의 빈곤, 허약한 군대, 재정 궁핍은 상호 인과적인 것으로 송대 군주들을 장기적인 곤경에 빠뜨린 정치적 난제가 되었다.

용관, 용병, 용비는 북송의 3대 폐정이었다. 송대 황제들의 신하 통제 방법은 기구를 중첩시켜 관료 숫자를 크게 늘리는 것이었다. 송 초 "삼반三班35의 관료 인원은 300명에 불과했고 어쩌면 그에 못 미쳤다".36 그런데 인종仁宗 황우皇祐 연간(1049~1054)에는 관료 숫자가 2만여 명으로 늘어났다. 쓸모없는 인원이 난잡하게 엮어서 붕당이 생기고 분쟁이 일었다. 이것이 '용관冗官'이다. 양병 정책은 병력 인원을 날로 증가시켰다. 송 태조 개보開寶 연간(968~976)에 병력은 37.8만 명이었는데, 송 태종 지도至道 연간 (995~997)에는 66.6만, 송 진종 천희天禧 연간(1017~1021)에는 91.2만, 송 인종 경력慶曆 연간(1041~1048)에는 125.9만, 황우 연간(1049~1054)에는 다시 140여 만 명으로 증가했다. 조정이 장수들에 대하여 "재상을 동원하여 견제하고 독자적인 행동을 허락하지 않았으므로" 장수는 병사들을 모르고 병사들은 전쟁을 몰랐다. 그리하여 군대는 앉아서 군량만 축냈고 "움직이면 패배했다".[37] 이것이 바로 용병冗兵이다. 용관과 용병을 기르고 거기에 더하여 요나라와 서하西夏에 세폐를 주었으니 재정은 수입보다 지출이 많았다. 이것이 용비冗費다. 3용은 허약과 빈곤을 불렀다. 허약은 주로 북송이 요와 서하를 대하면서 시종 열세에 놓인 것으로 표출되었다. 빈곤은 집중적으로 재정 곤란으로 드러났다. 경력 연간 매년 재정 적자는 300만 민緡[38] 이상이었다. 영종英宗 시기에는 매년 적자가 1000여 만 민에 달했다. 세금을 무절제하게 징수하고, 겸병을 억제하지 않은 것은 백성의 힘을 짜내서 관료를 양성하고 병사를 양성하는 짓이다. 이는 필경 계급 모순을 격화시킨다. 북송대에 농민 봉기가 끊이지 않고 이어지더니 개국한 지 얼마 되지 않아 "차츰 온 천하를 가득 채우게"[39] 되었다. 북송 중기에 이르면 "1년에 1년만큼 많아지고, 한 번의 불길은 한 번의 불길이 더해진 만큼 강해졌다". 송 왕조는 내외가 모두 곤경에 빠져 엄중한 사회 위기에 직면했다.

개혁 사조는 일찍이 태종과 진종 때부터 싹이 나타났다. 단공端拱 2년 (989) 왕우칭王禹偁은 「어융십책주御戎十策奏」를 바치고 "관리 숫자를 줄이고" "선발과 임용을 어렵게 만들고" "대신을 믿고 쓰며" "허명을 귀하게 여기지 말고" "놀고먹는 일을 금지함으로써" "경비를 아끼고" "백성의 힘을 도탑게 하고" "유생신하를 억제하고 무신들을 격려하라"[40]고 주장했다. 함평咸平 원년(998) 진종이 막 즉위하자 왕우칭은 다시 상소를 올려 진종이 "영명한 군주의 독단을 발휘하여" 정치를 개혁하고 이른바 "유신의 통치로 신속하게 구제하기를" 희망했다. 그는 "용병을 줄이고 용리冗吏를 병합하라"고 분명하게 주장했다. 그리고 매우 날카롭게 다음과 같이 지적했다. "신은 본래 노魯인으로 호적에 등록하고 구제받았는데 아직 급제하기 전 한 주州에 자사刺史 1인과 사호司戶 1인만 있었으나 당시 일을 그르친 적이 없었습니다. 그 후 단련추관團練推官 1인을 두었습니다. 태평 시대 흥국의 과정에서 통판通判, 부사副使, 판관判官, 추관推官을 증설했고 감주監酒, 각세산榷稅算에 또 네 명의 인원을 늘렸으며, 조관曹官 외직으로 사리司理를 더 보탰습니다. 그 조세를 물으니 접때보다 줄었으며, 인민에 대해 물으니 옛날보다 더 많이 달아났습니다. 한 주州가 이러하니 천하는 알 만합니다. 용리가 위에서 소모하고 용병이 아래에서 소모합니다. 그래서 산택의 이익을 모두 취하고도 충분하지 않는 것입니다."[41] 왕우칭은 "쓸모없는 병사들을 길러봐야 전혀 용맹하지 않고 부리는 장수가 많아도 독자적으로 일 처리를 못하는" 상황을 바꾸어 "용병을 줄이고 용리를 합병할 것이며" "선발과 임용을 어렵게 하여 관료가 되면 권한 남용을 하지 못하게 하고" "대신들과 친하고 소인들을 멀리하여 충직하고 바른말하는 선비는 의심 없이 받아들여짐을 알게 하고, 간사하고 아첨하는 무리는 두려워서 물러날 것을 알게 하며" "인민의 세금을 줄이고 산천의 이익을 넓혀"[42] 부국강병을 실현해야 한다고 주장했다. 같은 해 대주代州의 지주知州 유개柳開는 상소를 올려 진종이 "선대 두 성인의 제위를 이어받아 최고의 정치를 추구하되 옛 규정을 지킨다면 다 잘했다고 할 수 없으니 신법을 세워서 신묘한 기략을 드러내길"[43] 희망했다. 이로부터 조정의 혁신을 주장하는 여러 신하의 의견과 건의가 날로 증가했다. 인종 때는 혁신을 부국강병에 이르는 필수 경로로 여기는 사람이 대부분으로 일련의 사조가 형성됐다.

북송 시기의 개혁 사조는 다음 몇 가지 특징을 지닌다.

첫째, 광범성이다. 개혁을 외치는 목소리가 통치 계급 여러 계층에서 흘러나와 조야 상하가 보편적으로 정치 개혁을 반드시 이뤄내야 한다고 생각했다. 북송 중기 이후 정치 개혁은 인심의 지향이었다. 『속자치통감』 한 권을 펼치기만 하면 변법개혁을 언급하는 상주문들을 도처에서 볼 수 있다. 당시 저명한 사상가라면 거의 한 사람도 예외 없이 원칙적으로 정치 혁신에 찬성했다. 이에 대해 진량陳亮은 이렇게 말했다. "경력, 가우嘉祐 연간 세상의 명사들은 항상 법이 변하지 않음을 걱정했다."[44] 개혁을 주장한 지도급 인물은 범중엄范仲淹, 문언박文彦博, 부필富弼, 구양수歐陽修, 한기韓琦, 왕안석王安石, 사마광司馬光, 범순인范純仁, 여공저呂公著 등 높은 지위에 있는 사대부들이었다. 제왕들도 원칙적으로는 정치가 응당 혁신을 해야 한다는 것을 인정했다. 송 인종은 한 차례 신정을 찬성했다. 송 영종은 놀라서 "적폐가 아주 많으니 어떻게 다 구제할꼬?"[45] 하고 외쳤다. 송 신종은 원대한 포부를 가지고 공언했다. "천하에 폐단이 너무 많으니 고치지 않을 수가 없다."[46] 그리고 친히 일장의 변법운동을 발동했다.

둘째, 비판성이다. 개혁을 주장한 사람들은 현실을 마주하고 정치를 의론하고 시비를 논했는데 정확히 시대의 폐단을 짚어내곤 했다. 수많은 사람이 "조종은 본받을 만하지 못하다"라고 정확히 지적했다. 어떤 사람은 심지어 매우 격렬한 언사를 쓰기도 했다. 이구李覯는 큰 목소리로 이렇게 질타했다. "오늘날 일은 정말로 급하다고 할 수 있다." "심하게 약해지고 걱정이 극심하여 큰 기적이 일어나지 않으면 구제할 수가 없다."[47] 한기는 "조정이 만약 절약하지 못하면" 그 결과의 폐단은 상상할 수 없을 것이라고 날카롭게 지적하고는 "사치스러운 치장, 기교 넘치는 놀이, 명분 없는 지출과 하사, 한도가 없는 갈취 등 일체를 없애라고"[48] 주장했다. 소식蘇軾은 "지금의 기세는 완전히 청소해버리겠다는 분발 정신이 없으면 아무리 탁월한 이론을 세우더라도 인정을 받지 못할 것이다"[49]라고 말했다. 왕안석은「상황제만언서上皇帝萬言書」에서 이렇게 말한다. "안을 돌아보면 사직이 걱정되지 않을 수 없고 밖을 보면 이적을 두려워하지 않을 수 없다. 천하의 재력은 날로 곤궁해지고 풍속은 날로 쇠패해지고 있다. 사방의 뜻 있는 선비들은 천하가 오랫동안 안정되지 못함을 항상 두려워한다."[50] 사람들이 토론 과정에서 언급한 범위는 군주 정치의 여러 층위를 거의 섭렵했다. 그 가운데서도 이치吏治 즉 지방 행정에 대한 논의가 가장 상세했으며, 역법役法 즉 백성을 사역시키는 법률에 관한 논쟁이 가장 치열했다. '경력신정'은 지방 행정의 개선을 중심에 두고 역법을 겸하여 다루었으며, 왕안석의 변법은 역법 개혁을 중점에 두고 지방 행정을 겸하여 다루었다. 범중엄, 왕안석, 사마광 등은 모두 지방 행정의 개선 방면에 체계적인 주장을 내놓은 사람들이다. 이들의 주장은 모두 일정한 활용성을 지니고 있었다.

셋째, 정견 다툼과 붕당 다툼이 한데 교직되었다. 개혁에 관한 각종 주장을 종합하면 개혁이 필요하냐의 문제에 관해서는 거의 한목소리를 내고 이의를 달지 않았다. 무엇을 개혁할 것이냐의 문제에 대해서도 기본적으로 일치하여 사람들은 보편적으로 "법은 바뀔 수 있고" "다스려지는 것은 사람을 얻는 데 달려 있으니" 반드시 삼용三冗 문제를 해결하고 역법을 변혁시켜 부국강병을 달성하자고 주장했다. 논쟁의 초점은 개혁의 강도, 절차, 전략 및 구체적인 방안이었다. 먼저 '변법'을 할 것이냐 아니면 '구인求人'을 할 것이냐, 절류節流 즉 '소비 절약'을 위주로 할 것이냐 아니면 개원開源 즉 '자원 개발'을 위주로 할 것이냐, '즉각적 개혁'이냐 아니면 '점진적 개혁'이냐, 그리고 그 구체적인 방안을 둘러싸고 격렬한 논쟁이 벌어졌다. 왕안석과 사마광의 정견 다툼이 그중 가장 전형적이다. 개혁의 강도에서 왕안석은 법도의 대폭 개혁을 주장했고 사마광은 "법은 바뀔 수 있지만 당시의 것을 반드시 바꿀 필요는 없다"고 주장하면서 왕안석이 "부당하게 대소를 가리지 않고 구법을 모두 바꾸는 것만을 신기하게 여긴다"[51]고 비판했다. 개혁의 절차와 전략에 있어서도 왕안석은 변법이 먼저이고 인재 선발은 그다음이라고 주장한 반면, 사마광은 "다스려지는 것은 사람을 얻느냐에 달려 있지 변법에 달려 있지 않으니" "사람을 구하는 것이 급선 무이며 입법은 좀 늦춰도 된다"고 주장했다. 왕안석은 이재理財에 주안점 을 두고 기구를 간소화하거나 관직을 없애고 급여를 중지하는 방법을 취 하는 데 동의하지 않았다. 사마광은 '절류'를 위주로 할 것을 강조했다. 역 법 문제에서 양자는 더욱 물과 불의 형상이었다. 이처럼 같은 일에 대해 보는 각도가 다른 정견 다툼은 붕당 다툼으로 바뀌게 되었다. 붕당 다툼 은 정견 다툼, 분파 다툼, 감정 다툼의 혼합물로 봉건 행정에서 피할 수 없는 산물이었다. 송대에 관직은 복잡하고 직무는 쓸모가 없어서 관료사 회 내부는 권세 있는 자리를 둘러싸고 상당히 치열한 쟁탈전을 벌였는데 거기에 정견의 분기가 더해지면서 붕당 다툼은 더욱 뜨거워졌다. 붕당 다 툼은 비록 시비곡직을 언급하고는 있지만 왕왕 감정이 뒤섞이고 걸핏하 면 서로 인정사정없이 잔혹해졌다. 감정 싸움, 권력 다툼, 정견 다툼이 한 데 교차하면서 문제를 더욱 복잡하게 만들었다. 조신들 사이에 당동벌이 黨同伐異하면서 기세가 물불과 같았으니 그 사이의 시비곡직에 대해서 세 인들은 논평하기가 어려웠다. 범순인은 이렇게 말한다. "붕당은 취향의 같 음과 다름으로 인해 시작되었다. 나와 같은 사람은 바른 사람이라 하고 나와 다른 사람은 나쁜 당으로 의심했다. 나와 다름을 미워하게 되면 귀 에 거슬리는 말을 하기가 어려워지고 나와 같음은 좋아하게 되면 영합하 는 아첨꾼만 날로 친하게 된다. 진위를 알 수 없는 지경에 이르고 현명함 과 어리석음이 뒤바뀌니 국가의 환난은 모두 이로부터 비롯된다."[52] 정쟁 과 당쟁은 개혁 사조 내부를 여러 분파로 나뉘게 만들었다. 이는 여러 개 혁 조치의 폐단이 속출하게 했고 어떤 안정성도 가질 수 없었다. 각 파 는 정치 혁신의 기대를 모두 황제에게 의지했지만 황제 또한 격렬한 분쟁

앞에서 결정을 내리기 어려웠다. 왕부지는 이를 이렇게 평했다. 송대의 붕당 다툼은 "희풍 연간에 흥성하여 원우, 소성紹聖 연간에 상호 경쟁하더니 휘종 대에 치열했는데 그 시작은 경우景祐 연간의 공公들이 문을 열었다". "한 사람이 외치면 백 사람이 화답하여 오로지 힘을 통해 보여주고, 이쪽을 억누르고 저쪽을 펴주면서 오로지 승리만을 구했다. 천자는 일정한 균형을 잡아주지 못했고 대신들은 영구적인 안정 계책 없이 때로는 믿고 때로는 의심하고 때로는 일어났다 때로는 엎드리며 좋으면 껴안았다가 싫으면 내동댕이치는 좌충우돌의 형세가 되었다."[53] 북송 개혁 사조의 목적과 종지는 변화를 통해 폐단을 없애고 부국강병을 하는 것이었다. 그런데 개혁의 실천 과정에서 오히려 통치 계급 내부의 모순을 심화시켰다. 이는 군주 전제 정치의 비극이며 각 파 개혁 사상가들의 비극이기도 하다.

그러나 정치사상 발전사의 관점에서 볼 때 북송 개혁 사조의 의의는 매우 중대하다. 각 파의 정치 주장 대부분이 이론적 깊이를 결하고 정책성과 실용성에 편중되긴 했지만 그래도 일군의 사상가는 우주관, 방법론, 인성론의 철학적 탐색을 통해 치국과 안정, 개혁과 변동의 일반 원칙을 탐구함으로써 체계적인 사상을 만들어냈다. 왕안석의 학문, 즉 '형공신학荊公新學'은 바로 이와 같은 배경 아래서 길러지고 탄생한 것이다. 사마광의 『자치통감』 역시 이 시기의 산물이다.

범중엄의 변통경장變通更張과 우국우민의 정치사상

범중엄이 주도해서 행한 '경력신정'은 북송 개혁 사조 가운데 첫 번째로 봉건 국가의 정책으로 전환되어 실시된 조치였다. 3용의 폐정이 악성 순환을 하며 사회 위기를 심화시켰고 송 인종 때는 농민 봉기와 병란이 여기저기서 터져 나왔다. 경력 3년(1043)만 하더라도 왕륜王倫의 군사 반란, 장해張海의 봉기, 호남 요족瑤族의 봉기 등 세 차례나 비교적 영향력이 큰 민중 반항 투쟁이 있었다. 송 인종은 깊은 불안감을 느꼈으며 범중엄 등의 개혁 주장을 받아들여 신정을 실시했는데 역사에서는 이를 '경력신정'이라 부른다.

범중엄范仲淹(989~1052)은 자가 희문希文으로 오吳현(오늘날의 장쑤성 쑤저우蘇州) 사람이다. 대중상부大中祥符 8년(1015) 진사에 들었고 지방관과 간관諫官을 역임했다. 그는 직언으로 조정에 섰으며 여러 차례 쫓겨나기도 했다. 누차에 걸쳐 상소를 올려 정치 개혁을 요구했으나 모두 받아들여지지 않았다. 범중엄은 관직 수행에 업적이 있었고 군대를 다루는 데도 기발한 계책을 가졌는데 한기, 문언박 등과 함께 한 시대를 풍미한 저명한 통솔자였다. 경력 3년(1043) 추밀부사樞密副使를 제수받고 참지정사參知政事 업무를 맡아 두연杜衍, 부필, 한기, 구양수 등의 지지하에 적폐를 겨냥하고 신정을 실시했다. 경력 5년(1045) 정무에서 물러났다. 저서로는 『범문정공집范文正公集』 『범문정공별집別集』 등이 있으며 모두 『전송문全宋文』[54]에 모여 있다.

범중엄은 역의易義 즉 주역의 의의를 상세히 설명하고 이를 실제 정치와 결합시키며 변동경장變通更張과 급시구폐及時救弊 사상을 제기했다.

범중엄은 「역의」 「사덕설四德說」 「역겸삼재부易兼三材賦」 「궁신지화부窮神知化賦」 등을 저술했다. 그는 『주역』의 "궁하면 변하고 변하면 통하며 통하면 오래간다"[55]는 사상을 반복 인용하면서 정치는 "그 도를 생각하면 변하여 통하게 될"[56] 것이라고 주장했다. 그가 보기에 성인은 "위대한 『주역』의 취지를 세워서" "변화를 다하는 것을 정의라 한다". 『주역』은 "위로 수많은 선왕들의 대업을 통섭하고 아래로 만물의 의혹을 끊어낸다. 변하고 움직이되 머물지 않으며 안팎으로 나아가되 막히는 곳이 없다. 광대하여 모두 갖추고 있으며 상하를 포괄하여 빠뜨리는 것이 없다"고 한다. 결국 『주역』은 "통하지 않고 숨어 있는 경우는 없으며 오직 변화가 있는 곳으로 나아간다."[57] 범중엄은 정치는 "관맹寬猛 즉 너그러움과 사나움이 서로 배합하고" "문질文質 즉 외관과 실질이 서로를 구원해야" 한다고 주장한다. 그는 관과 맹은 물과 불 같다고 생각했다. "물불의 성질은 서로 반대쪽으로 치우쳐 있다. 물불의 이로움은 하나로 관통한다. 서로 다른 곳에 위치하지만 움직이면 반드시 서로의 바탕이 된다." 물과 불은 "끝없이 퍼지며 화이부동한다." "바탕과 근본은 서로 어긋나지만 올바름은 언제나 서로를 구제해준다." 그래서 "정치에 종사하는 사람은 관과 맹이 서로 배합하면 실체에 이르게 된다"[58]는 것이다. 범중엄이 보기에 관맹이 서로 배합하고 문질이 서로 구원하는 것이야말로 군주 정치의 일반적 법칙이었다. "그래서 성인이 천하를 다스릴 때는 문에 폐단이 있으면 질로써 구원하고, 질이 폐단이 있으면 문으로써 구원한다"[59]고 한다. 그는 한 걸음 더 나아가 "전 임금 말년에 스스로 구원할 수 없어 대란에 이르렀으니 다음 사람이 일어나 그것을 구원해야 한다"[60]고 주장했다. 제왕이 개혁과 갱신을 못해 스스로 폐단을 구원하지 못하여 "풍속의 교화가 무너졌다면 다음 사람의 몫이 된다"는 것이다. 그래서 적폐가 만들어낸 대란과 대변혁을 좌시하여 왕조가 바뀌는 지경에 이르는 것보다 차라리 스스로 조정하고 스스로 혁신하는 것이 낫다. "오직 성스러운 제왕은 문질이 서로 구원하는 것이 자신에게 달려 있지 다른 사람에게 달려 있지 않다고 생각한다. 『주역』에 이르는 '궁하면 변하고 변하면 통하고 통하면 오래간다'는 것은 이를 일컫는 말이다."[61] 이는 군주 정치가 자아변통과 갱장의 필요성이 있음을 이론적으로 논증한 것이다.

범중엄은 군주 정치의 역사적 경험이라는 관점에서 정치 개혁 사상을 상세히 표명했다. 그는 이렇게 말했다. "역대 정치를 보면 오랫동안 폐단이 있었는데, 폐단을 바로 바로잡지 못하면 반드시 재앙이 생긴다. 어째서인가? 기강이 파괴되고, 제도가 침범당하고, 포상에 절도가 없고, 세금 징수가 도를 넘어 사람들이 비참해하고 원망을 하게 되어 하늘이 재앙을 내리고 폭력이 일어나게 된다." 『주역』 통변通變 사상의 정수는 "천하의 이치가 어디서 꽉 막히게 되면 변통할 방법을 생각하게 되고 능히 변통할 수 있으면 영구적인 과업을 성취하게 된다"[62]는 데 있다. 그는 이런 말도 했다. "비否괘가 극에 이르면 태泰괘가 되고, 태괘가 극에 이르면 비괘가 된다. 천하의 이치는 순환한다." 주나라, 한나라, 당나라의 흥망성쇠는 이러한 정치철학적 이치의 분명한 증거다. 그러니 "변화를 알지 아니하면 오래갈 수 있겠는가!" 통변 사상은 "성인이 『주역』을 만든 큰 취지를 잘 받아서 천하를 다스리는 것이니 어찌 헛된 것이리오!"[63]

범중엄은 한 걸음 더 나아가 송대 정치는 이미 개혁경장을 하지 않으면 안 되는 지경에 이르렀다고 지적한다. "우리 국가가 오대의 혼란을 혁파하고 사해를 소유한 지 80년이 흘렀다. 기강과 제도는 날로 침삭되고 있다. 관리들은 아래서 막히고 백성은 밖에서 곤궁하다. 이적들이 무람하게 흥성하고 도둑떼가 횡행하여 경장을 하지 않고는 구할 수가 없다."[64] 오직 "선대 제왕들의 도"를 거울 삼아 힘써 경장을 하고 "이에 법제를 확립하여 기강이 다시 진작되면 종묘사직의 영령이 길이 빛나고 천하가 복을 받게 될 것이다".[65] 범중엄이 보기에 "혹여 도가 변한다는 것을 생각하지 못하고 세월만 지켜보고 있다가 하루아침에 혼란이 다시 일어나면 천하가 피범벅이 되어 수백 년을 가게 될 것이었다".[66] 이는 집권자의 잘못이다. 이 때문에 그는 급시구폐及時救弊 즉 폐단을 제때 구원하고 부강을 도모하자고 주장했다. "사해가 완전해지길 바라니 아침에 기획하여 저녁에 실행하면 거의 구제될 것이다. 어찌 느슨하게 구원하지 않고 앉아서 혼란을 기다리겠는가!"[67] 범중엄은 집정자가 "유지하는 데만 공을 들이고" "반석처럼 단단해야 함을 잊어버리고" 개혁하고 변화하지 않는다고 여러 차례 비판했다. 그는 이렇게 말한다. "옛날에 한나라 조참曹參은 소하蕭何의 규율을 지키기만 하여 천하가 오랫동안 혼란스러웠다. 사람들과 더불어 짐을 내려놓고 어떤 일도 하지 않는 것은 권權이다. 오늘날 천하는 오랫동안 평화로웠는데 정치 교화를 열심히 하고 예약 제도를 마련하여 혼란을 원초적으로 차단하는 것이 도道이다."[68] 그는 위로부터 아래에 이르는 주동적 정치 조정을 실행해야 한다고 애써 주장했다.

실제 상황을 마주하고 있는 정치가로서 범중엄은 유가의 도의를 숭상했을 뿐만 아니라 그 도의가 내포하고 있는 공리적 요소 또한 충분히 긍정했다. "이익이란 무엇인가? 도의 작용이다. 하늘에 있어서는 단비이고, 땅에 있어서는 하천이고, 사람에 있어서는 구제하는 일이며, 나라에 있어서는 백성에게 은혜를 베풀고 한낮에 시장을 열어주는 일이며, 집안에 있어서는 재물을 풍성하게 갖고 이웃을 부유하게 만드는 일이며, 동물에 있어서는 추우鄒虞가 닭을 얻어먹게 되는 일이다. 그 행적은 다르지만 도는 같다. 통괄해서 말하자면 도의의 조화다."69 이는 도라는 전제하에 의義와 이利의 내재적 통일성을 충분히 긍정한 것이다. 유학이 통치 사상으로 지위를 차지하고 있는 시대에 이런 사상과 학술적 경향을 가진 정치가 대부분은 실천적이고 진취적이기를 더욱 주문하고 강조한다. "생각을 전개하여 만물을 구제하는 것이 이로운 방향이며" "탕왕과 무왕은 하늘에 응하고 인사에 순종함으로써 나라를 세우고 혼란을 제거했다. 형통함을 실천하여 이익을 넓힌 것이다. 하나라 우임금의 치수는 「건乾」의 성공으로 그 일을 해낸 것이다."70 하지만 여기서 예기하는 공리는 범위가 있고 제한적이다. 그 범위와 제한은 '도'로서 종법제와 군주제의 일반 원칙이다. 바로 이 도가 적극적이고 진취적인 개혁 사상을 위해 범위와 한계를 확정 지어준다. 범중엄은 말한다. "만세의 이익이 아니라면 선왕이 예를 만들지 않았을 것이다. 혹자는 오제는 서로 음악을 따라하지 않았으며 삼왕은 서로 예를 답습하지 않았다면서 어떻게 옛것에 빠져 있었겠는가라고 말한다. 어떤 사람은 예악의 규정들은 그 연혁을 바꿀 수 있다고 하고, 제왕의 큰 기물은 건곤이 정해져 있는데 어떻게 연혁을 말하겠는가라고 말한다."71 일부 근본적인 제도에 있어서는 임기응변이나 혁신이 용납되지 않았다. "하늘은 높고 땅은 낮은 것은 불변의 도다. 군주가 위에 있고 신하가 아래에 있는 것도 불변의 이치다. 남자가 밖에 있고 여자가 안에 있는 것은 불변의 정의다. 천지, 군신, 남녀가 각자 바른 위치를 갖게 되는 것이 가장 큰 불변의 도다." "천자에게 불변하는 것은 도에 있지 권력에 있지 않다."72 종법제와 군주제의 기본 원칙은 바로 자연, 사회, 인생의 '위대한 불변'이므로 변통과 경장을 할 수 없다는 것이다.

범중엄은 「대례여천지동절부大禮與天地同節賦」에 이렇게 쓰고 있다. "오직 대례大禮만이 절제가 있어서 천지 이의二儀와 함께 두루 갖출 수 있다. 대大하기에 온갖 부류의 윤리에 통하며, 절節하기에 온갖 변화의 기강을 드러낸다." "그러니 절제를 아는 것이 예의 근본이며, 예는 절제의 통발이다. 절제가 예를 빌리니 그 작용이 뚜렷하며 예는 절제할 수 있으므로 그 공로가 온전하다. 그리하여 아래로는 땅에 엎드려 있고 위로는 하늘까지 다한다. 이것을 정치의 근본이라고 말한다. 이 또한 자연에서 나온 것이다."[73] "기구는 때에 따르는 작용이며" 구체적인 예의는 '대례'가 구체적으로 드러난 것이다. 범중엄은 이렇게 생각했다. "기구가 만들어지면 사람들은 더 번식하고 일은 다 이루어질 것이다. 끝내는 백대의 이익이 될 것이니 한때의 제도라고 말하지 말라." "그래서 성인이 기구를 완성시키니 천하의 이익이 된다고 말하는 것이다."[74] 그는 「예의위기부禮義爲器賦」에서 한 걸음 더 나아가 예의 정치적 기능을 논한다. 이른바 "기구를 빌려서 교화를 펼치고, 대의를 존중하여 예를 소중히 여기기" 때문에 "군주의 권력은 예가 아니면 어디에 의지하겠는가. 사람을 세우는 도는 오직 대의가 그 바탕인 것이다."[75] 예는 "하나의 기구에 국한되지 않은 큰 도道"와 "기器로서 예의"의 통일체다. 도로 말하자면 "일—은 도의 근본이고 규칙은 통치의 통발이며,"[76] 예는 "하늘을 재는 컴퍼스이고 땅을 재는 곱자다". 기로 말하자면 구체적인 예악 제도로 "모두 예의 기물이다". 예는 도와 기, 체와 용을 겸하며 "변화로 마땅함을 좇고 광대하여 모든 것을 갖추고 있다"[77] 결과적으로 "예의 근본"은 예로부터 오늘날에 이르기까지 "길고도 오래 유지되었으며" "예의 기器"는 변화하여 마땅함을 좇고 "백성에 따라 이익을 베푼다". 이것이 바로 변과 불변의 원칙과 한계다.

폐정이 속출하고 갈수록 심각해져 되돌리기 어려운 현실에 직면하여 범중엄은 힘써 변혁을 주장했다. 그가 언급한 개혁 사항들은 거의 모든 방면을 섭렵한다. 그는 말뿐 아니라 실천을 했다. '경력신정'을 주재하는 과정에서 10개 항의 구체적인 제도와 정책에 대해 중대한 개혁 의견을 제시했는데 명출척明黜陟 즉 "선악의 출척을 명확히 할 것", 억요행抑僥幸 즉 "요행을 바라는 풍조를 물리칠 것", 정공거精貢擧 즉 "공거貢擧 제도를 정밀하게 할 것", 택관장擇官長 즉 "고을 장관을 잘 선택할 것", 균공전均公田 즉 "국가 공전公田을 균등히 나눌 것", 후농상厚農桑 즉 "농업과 잠업을 후대할 것", 수무비修武備 즉 "군비를 철저히 수습할 것", 감요역減徭役 즉 "백성의 요역을 줄여줄 것", 담은신覃恩信 즉 "은택과 신뢰가 곳곳에 미치게 할 것", 중명령重命令 즉 "명령 이행을 중시할 것"이 그것이다. 이 주장들은 군신, 군민, 관민 관계를 모두 섭렵하고 있으며 중점은 이치吏治 즉 지방 행정을 정돈하고 인사 제도와 관료 기구를 개혁하는 데 있었다.

소위 '명출척'은 송대 마감磨勘[78] 제도의 폐단을 겨냥해서 취한 개혁 조치다. 송대 관리들에 대한 심사와 승진은 실제로 연공서열 위주로 치적이 얼마나 되는가는 무시되었다. "문관으로 3년을 근무하면 한 번 승진하고, 무관은 5년 근무로 한 번 승진하는데 이를 마감이라 한다. 내직 외직에 제한을 두지 않고, 힘든지 편한지를 묻지 않으며, 현명하든 불초하든 모두 승진한다."[79] 범중엄은 이 마감 제도가 지방 행정을 파괴하는 중요한 원인 가운데 하나라고 생각했다. "현명한 사람과 어리석은 사람을 뒤섞어놓고 청탁과 요행으로 쉽게 승진하는 일이 그치지 않는다. 중앙이고 외부고 구차해지며 온갖 일이 무너져 민생은 장기간 고통에 시달리고 도적의 무리가 차츰 생겨나게 되었다."[80] 이에 범중엄은 일련의 개혁 조치를 제시하고 조정하는 정책을 마련함으로써 "낡은 인습을 고수하는 자는 심사에서 제한을 받고, 특별 성과를 내는 사람은 순서를 기다리지 않고 상을 주면 그 후 천하 공실의 이익이 반드시 흥할 것이고, 백성의 병은 반드시 구제될 것이고, 정치의 폐단은 반드시 사라질 것이고, 기강의 파괴는 반드시 수습될 것이며 사람마다 저절로 권면하여 천하가 흥성하게 되는"[81] 목적에 다다르기를 기대했다.

소위 '억요행'은 은음恩蔭을 남발하는 폐단을 겨냥해서 제시한 것이다. 송대는 은음이 범람하여 "용관冗官 즉 쓸모없는 관직이 누적되었고" 이로 인해 "백성은 빈곤하게 되었고 용관은 갈수록 늘어났다. 맡은 임무는 가볍기 그지없고 정치 효율은 오르지 않았다. 봉록의 범위가 넓어지고 가혹한 수탈에 겨를이 없었다."[82] 범중엄은 신료들이 추천하는 자제와 친척의 은택 범위, 인원 및 임직 연수를 제한시킬 것을 주청했다. 그리하여 "내외 조신들이 각자 자기 직무에 오랫동안 힘을 쓰고, 구차한 정치를 하지 않고, 조급하고 망령된 마음을 억제하도록 하며, 자제들이 전조銓曹 즉 관리 선발 부문을 가득 채워 외롭고 한미한 사람들과 길을 다투고, 군현의 업무를 경솔히 하여 백성이 그 피해를 입는 일이 없도록"[83] 해야 한다는 것이었다.

소위 '정공거'는 송대 과거 제도의 적폐를 교정하기 위함이었다. 범중엄은 "국가의 환난은 인재 결핍보다 큰 것이 없다"[84]고 생각했다. 송대 과거는 "전적으로 사부辭賦를 통해 진사를 선발했고, 묵의墨義[85]로 여러 과 인원을 합격시켰다. 선비들은 모두 큰 방략은 버리고 작은 길만 좇게 되었다. 그래서 조정에 하나 가득 있는 사람 중에 재능과 식견을 가진 사람은 열에 한둘도 없었다"[86] 이는 관료 무리가 쓸모없고 범용한 이로 가득 차게 된 중요한 원인이다. 이를 해결하기 위해 "진사를 뽑을 때 정책 논의를 먼저 하고 나중에 시부를 보며, 여러 과에서 묵의를 하는 것 외에 경전의 취지에 더 통달하도록 한다. 사람들로 하여금 화려한 문체에 전념하지 말고 반드시 이치와 도를 밝히도록 한다면 천하의 강학이 필히 흥할 것이다. 경박하면 안 됨을 알게 하는 것이 가장 중요하다"[87] 범중엄은 학교를 일으키고 『육경』을 가르치고 인재를 육성하는 것을 대단히 중시했다. 그는 "경전을 으뜸으로 삼으면 도가 커지고, 도가 크면 재주가 커지고, 재주가 크면 공로가 커진다"[88]고 생각했다. "그래서 뛰어난 사람이 『육경』에 들어가면 법률 제도의 언어를 복종시킬 수 있고, 안위의 기미를 살필 수 있고, 득실의 귀감을 펼칠 수 있고, 시비의 언변을 분석할 수 있고, 천하의 제도를 밝힐 수 있고, 만물의 성정을 다하게 할 수 있다."[89] 따라서 학문을 권하고 인재를 육성하려면 응당 "모두에게 경전전적의 취지를 밝히도록 하고 왕패의 술을 익히도록"[90] 해야 하며, 과거 시험은 "『육경』을 앞세우고 다음으로 정사正史를 보도록 한다. 방략을 갖추었는지 보고 시무에 능한 자를 뽑는다"[91] 이렇게 해야 선비들로 하여금 "성인의 문을 쫓고 군왕을 보좌할 그릇이 되도록"[92] 할 수 있다. 집정을 한 뒤 범중엄은 "친히 성인의 방략을 받들어 군현郡縣에 학교를 세우라는 조칙을 내렸다."[93] 시험 방법에 대한 개혁은 경력신정의 중대한 조치 가운데 하나였다.

소위 '택관장'은 주로 치민관에 대한 신중한 선택이다. 범중엄은 "관리는 한 사람의 팔다리와 같고 억조창생의 기강이므로" "제대로 된 사람이 아니면 백성에게 걱정을 끼치고 좋은 사람을 얻으면 군주를 아름답게 만들어준다"[94]고 생각했다. 지방 고위 관리가 특히 중요하다. "한 지방의 고통과 즐거움, 백성의 편안함과 근심은 사실 그 사람에게 달려 있다." 그런데 "지금은 현명한지 어리석은지 불문하고 능력이 있는지 없는지 비교하지도 않고 연공과 점수의 누적에 따라 승진을 시키고 있다. 나약한 사람은 단속관이 될 수 없는데 자칫 백성만 괴롭히게 된다. 억지로 일하는 사람은 이름은 알기 쉽지만 대부분 사물에 해를 끼친다. 나라의 근본은 이로 말미암아 쇠잔해진다."[95] 이 때문에 여러 도의 관리를 잘 선택해서 백성을 중시하고 잘 다스리도록 하는 것이 경력신정의 또 다른 중대한 조치였다.

소위 '균공전'은 녹봉 제정 방법의 개혁인데 두툼한 녹봉으로 어질고 곧은 사람을 기르는 것이다. 범중엄은 "두터운 녹봉을 준 뒤에야 곧은 품행을 요구하고 직업을 안정시킬 수 있다"[96]고 생각했다. 송대에 관직이 쓸모없고 봉급이 박했는데 이는 탐관오리를 만들어내고, 요역이 불균등하고, 형벌이 바르지 못한 중요한 원인이었다. 송 진종이 직전職田[97] 제도를 회복했지만 "균등하지 못하다는 비방이 있고 백성을 침탈하는 손해가 있어서" "신료들이 누차 직전의 폐지를 소원했다".[98] 범중엄은 현인의 양성과 곧은 사람을 기르는 것이 더 중요하다고 생각했다. "직전은 본래 현인을 양성하려는 것이었는데 이로 인해 백성을 침탈하는 경우가 있기에 신이 말씀드리는 것입니다. 예컨대 의식은 부족하고 명절은 파괴되고 법을 받들 수 없게 되었습니다. 곧은 것을 굽었다 하고 굽은 것을 곧다고 합니다. 민중이 원망하며 난을 생각하니 천하가 폐를 입게 되었습니다. 이 어찌 직전으로 인한 손해뿐이겠습니까?"[99] 둘 다 손해일 경우 그중 가벼운 것을 택하기 마련이다. 범중엄은 직전 제도를 보존한 상태로 현인을 양성하자고 주장한다. "균등하지 못한 경우가 있으면 균등하게 해주고 공급받지 못한 사람이 있으면 공급받게 해주고" "그 뒤 청렴과 명절을 요구할 수 있고 선정을 독려할 수 있다"[100]는 것이었다.

치민 정책을 조정하는 것도 '경력신정'의 한 측면이었다. 범중엄은 "성인의 덕은 오직 선정에 달려 있으며 선정의 요체는 오로지 양민養民에 달려 있다. 그리고 양민의 정치는 무엇보다도 먼저 농정에 힘쓴다"[101]고 생각했다. 중농을 위한 핵심 조치는 '후농상'과 '감요역'이다. 그는 "독려하는 방법은 마땅히 관료를 선발하여 옛 제도를 토론케 하고 그 가운데 간략하고 쉽게 따를 수 있는 방법을 취하여 여러 로路의 전운사轉運使에게 내려주고, 대면한 자에게 한 부를 주고, 새로 지주知州와 현령에 임용된 자 등에게 주라"[102]고 말했다. 동시에 "세금 징수를 관대하게 하고 요역을 감면해주라"고 한다. 민중의 부담을 경감시켜줄 중대한 조치 가운데 하나는 바로 현을 병합하여 관직을 줄이고, 군대를 강화하여 재화를 절약하고,

금지 명령이 잘 실천되고, 널리 은택을 베풂으로써 관직이 많고 병사 수가 많아 "백성이 곤궁해지고 창고가 텅 비고" "환과고독鰥寡孤獨이 아니면 요역을 맡지 않는 사람이 없는"[103] 상황을 바꾸는 것이었다.

범중엄은 고대 사회의 어진 재상이자 충신임에 손색이 없다. 그는 문무를 겸비했으며 경전의 의미에 익숙했고 왕패의 방략을 알았다. "묘당의 높은 곳에 살면 백성을 근심했고, 강호 먼 곳에 머물면 군주를 걱정했다." "천하가 걱정하기에 앞서 걱정하고 천하가 다 즐긴 뒤 즐길 것"[104]을 인생의 신조로 받들었다. 그의 정치사상은 "위에서 지극히 명료하게 하고" "반드시 백성에 순응하는 정치를 해야 하며" 군주는 "천하의 마음을 자기 마음으로 삼고" "천하의 뜻에 통달해야 한다"[105]는 것이다. "군주는 백성을 기르면서 마치 자신의 몸처럼 여겨야 하고" "백성을 볼 때마다 자식처럼 여기고 또 신하를 부릴 때는 예의를 다해야 한다,"[106] "직무를 나누어 안정을 구하고 현명한 사람에게 맡기는 것을 당연시해야 한다,"[107] "제왕은 저 흐르는 물처럼 간언을 따라야 한다," "저 나무꾼에게도 자문하고" "모든 충고를 들어야 한다"[108]는 것이다.

군주는 성스럽고 관료는 현명하고 정책은 어진 이상 정치는 끊임없는 자아 조정을 거치면서 완전해지는데 간언이야말로 이러한 조정을 행하는 핵심 고리다. "신하가 간언을 하지 않으면 군주의 도가 이지러지고, 군주가 간언을 좇지 않으면 신하의 마음은 옮길 곳이 없다." "군주의 덕은 간언을 수용하여 공손히 따르는 것을 중시하고, 물의 성질은 흐름에 따라서 순종하는 것을 아름답게 여긴다. 그리하여 모든 물이 맴돌다 바다로 흘러들어가듯 주제를 맴돌다가 마침내 간언을 받아들여야 한다."[109] 그리고 "한 해가 끝나면 천자는 목욕재계하고 간언을 받아들이고 간언은 마땅히 무언가를 바꾸어야 하며"[110] 그것이 제도로 이루어지길 간절히 기대했다. 그는 "오직 충성이 금석처럼 견고하지 못하고 올곧음이 약석처럼 좋지 못할까 두려워했으며" "군주를 섬길 때는 어긋나더라도 감추지 말고, 간언을 하면 비방하지 말고, 제 몸을 죽이는 한이 있더라도 군주에게 유익하면 하는 것"[111]을 "충신의 구분"으로 삼았다. 아울러 이를 근거로 "제자리가 아니면 정책을 발의하지 않고" "천하에 도가 있으면 서민들이 정사를 의론하지 않는다"[112]는 말을 구실 삼아 언로를 틀어막고 비판을 금지하는 행위를 비판했다. 그가 보기에 "천하의 선비는 두 가지 당이 있는데 하나는 나는 반드시 높은 말을 하고 높은 행동을 하여 정직하게 왕도를 지키니 어찌 굽은 행위를 하겠는가라고 말하고, 다른 하나는 나는 겸손하게 말하여 쉽게 들어가고 공손하게 행동하여 쉽게 영합하므로 인생이 편안하고 즐거우니 어찌 근심스러운 행위를 하겠는가라고 말한다. 천하에는 이 두 당이 항상 전투를 벌이고 있다. 천하가 다스려지느냐 혼란스러우냐는 이 두 당의 승부에 달려 있다."[113] "군주를 잘못이 없는 데로 이끌고 백성을 원망이 없는 데로 이끌어 정치 교화가 추락하지 않고 환난이 일어나지 않도록" 하기 위해 그는 "군주에게는 위언危言으로 진언하고 조정에서는 위기를 발판으로 삼기를"[114] 진심으로 바랐다. 그는 "나아가도 걱정이었고 물러나도 걱정이었다". 몇 차례 좌천을 당했으나 원대한 포부를 멈추지 않았고 마침내 개혁 사조를 조정의 정책으로 전환시켰다. 슬픈 일은 송 인종이 이 간언을 받아들여 신정을 행했으나 동시에 다른 간언을 받아들여 신정을 파했다는 것이다. 기세등등하던 신정은 1여 년간 실행되었을 뿐이다. 범중엄은 또 한 차례 "묘당의 높은 곳"에서 "강호의 먼 곳"으로 떨어지고 말았다.

'경력신정'의 개혁 범위와 강도는 매우 제한적이었다. 그렇게 되었지만 여전히 우담발라처럼 잠깐 나타나 사라지고 말 운명이었다. 그 원인은 용관, 용병, 용비를 개혁시킬 어떠한 조치도 결국은 관료 집단의 이익을 해치기 때문에 보편적 반대에 부딪힐 수밖에 없었다는 데 있다. 그러나 변법자강의 외침은 범중엄이 실패했다고 해서 가라앉지 않았으며 오히려 날로 고양되었다. 개혁 사조의 파고는 한층 강화되어 더욱 급진적인 주장이 차츰 우위를 점하게 되었다.

제3절

이구의
통변구폐通變救弊 정치사상

이구李覯(1009~1059)는 자가 태백泰伯이며 건창建昌 남성南城(오늘날의 장시성
난청南城) 사람이다. 가난했지만 공부를 좋아하여 온갖 사상 학파를 폭넓
게 받아들였다. 두 차례 응시했으나 급제하지 못하여 "녹을 받는 벼슬자
리를 못 얻고" 스스로 '남성의 천민'이라 불렀다. 경력 3년(1043) 남성 군
수의 요청에 응해 우강旴江 서원을 설립하여 사람들이 우강선생이라고 불
렀다. 이구는 시대 정치에 관심을 갖고 세상의 폐단을 적극적으로 개진하
여 개혁을 주장했는데 범중엄의 신임을 받았다. 범중엄은 그를 이렇게 칭
찬했다. "『육경』 강론을 잘하고 변론의 범위가 넓고 활달하여 성인의 뜻
을 후련하게 밝혀준다. 책을 쓰고 주장을 세우는데 맹가와 양웅揚雄의 풍
도를 갖추었으니 실로 천하제일의 선비라 해도 손색이 없다."115 범중엄
의 추천으로 태학의 조교助敎116가 되고 나중에 직강直講117으로 승진했으
며 한 차례 "태학의 관리자인 권동관구태학權同管勾太學"에 올랐으나 오래지
않아 병사했다. 이구는 공맹을 으뜸으로 본받으며 『주례周禮』를 추종했다.
『주역』에 의거하면서도 "손자와 오자의 책을 읽으며 전법을 배우기도 했
다". 그의 저작은 대부분 "세상의 변고에 분노하고 나라에 경각심을 일깨

우는" 정치적 논저다. 저서로는 『직강이선생문집直講李先生文集』과 『외집外集』
이 있다. 중화서국中華書局에서 모아 『이구집』[118]을 냈는데 이구의 모든 저
작과 관련 문헌 자료를 수록했다.

예론禮論

예는 이구 정치사상의 핵심이다. 그는 「주례치태평론周禮致太平論」과 「예론」 몇 편을 쓴 적이 있다. 이구는 "예는 인도의 표준이며 세상 교화의 주체다. 성인이 천하 국가를 다스리면서 수신과 정심正心을 한 것은 다름이 아니라 예로 통일시키는 것뿐이었다"[119]고 말한다. 이에 따라 이구는 음식, 의복, 궁실, 기명, 부부, 부자, 장유, 군신, 상하, 사우師友, 빈객, 사상死喪, 제사를 예의 대본大本으로 삼고 음악, 형벌, 정책을 예의 대용大用으로 삼았다. 이 예의 세 가지는 "함께 예로부터 나온 것이며 예를 보좌한다". 인의지신仁義智信은 예의 대지大旨이고 예의 네 이름인데 "함께 예로부터 나온 것으로 어느 하나도 빠져서는 안 된다. 그래서 구별하여 차이를 두기도 한다."[120] 예와 악과 형정, 인의지신은 마치 신체, 수족, 근육 및 뼈와 같다. 예악형정은 "천하의 대법"이고 인의예지신은 "천하의 지행至行"이다. 여덟 가지 가운데 예가 근본이며 그 나머지는 예의 다른 이름이거나 구체적 표현이다. "이 일곱 가지 모두 예로 덮을 수" 있으므로 "하나같이 예를 근본으로 한다."[121] 이구의 사상 체계에서는 예가 바로 왕도이자 법제다. 예는 각종 이상적 사회 규범을 포함하며 인류의 최고 준칙이다. 이른바 "예는 성인의 법제인 것이다."122 "예는 빈 칭호이며 법제를 총괄하는 이름이다."123

이구는 예의 차별성과 등급성을 대대적으로 논증하는 한편 이를 통해 군권과 종법 제도를 강화했다. 그는 말한다. "예는 백성을 살리는 위대한 것이다." "성인이 예를 만들고, 현자가 이를 기술하고, 천자가 이를 통해 천하를 바로잡고, 제후가 이로써 자기 나라를 다스리고, 경대부사卿大夫士가 이로써 자기 자리를 지키고, 서인들은 이로써 자기 목숨을 보전하니 어느 한 가지도 예로 말미암지 않는 경우가 없다. 천지를 다하고 만세를 걸쳐서 잠시도 떠나서는 안 되는 것이다."124 이렇게 일체를 관통하고 일체를 규범 짓는 우주 정신이자 사회 법칙이 바로 도다. 이구는 예가 바로 도라고 생각했다. 그는 "내가 말하는 바는 도다. 도는 갖추지 않은 것이 없으며 이르지 않는 곳이 없다"125고 말한다. 도는 하나와 하나가 아닌 것의 통일이다. 한편으로 "도는 두루 통하는 것으로 통하지 않는 곳이 없으며"126 일체에서 으뜸가는 하나다. 다른 한편으로 "만물이 흩어지고 갈리지만 도의 본체가 아닌 것이 무엇인가?"127 만물이 나뉘어 갈리지만 모두 도의 본체라는 이야기다. 만 가지 갈림을 하나로 통일시키는 것이 바로 예다. "성인의 도는 조정에 비유할 수 있다. 조정이란 것이 어찌 한 가지 사람만 있는가? 거기에 예가 있음으로 해서 하나가 될 수 있는 것이다."128 그래서 이구 마음속의 이상적인 정치 방식은 이런 것이었다. "여자는 안에 있고 남자는 밖에 있으며, 귀한 사람은 위에 있고 천한 사람은 아래에 있으며, 친밀한 사람은 앞에 두고 소원한 사람은 뒤에 둔다. 관원 서리들과 노동자, 장사, 가축을 기르는 사람 등은 각자 사는 곳을 두어서 서로 어지럽히지 않도록 한다. 그렇게 하는 것을 하나라고 일컫는다."129 예는 이구 정치사상의 기초였다.

송대에 이구의 예론은 특별한 개성을 갖고 있었는데 주로 다음 네 가지 방면에서 드러난다.

첫째, 현학적인 예법 담론에 반대하고 예의 실천을 중시했다. 이구는 도를 말하고 예를 언급하는 속유들을 비판했다. "빈말을 미묘하다 하고 출입이 있고 혼돈스러우며 위아래 귀신들이 학자들로 하여금 이목이 놀라 자빠지게 만들어 취할 바를 모르게 한다." 그가 보기에 "천지음양은 예악의 형상이고 인사는 예악의 실질이다. 형상을 말하자면 그 가르침을 존중하는 데 머물고, 실질을 말하자면 충분히 인간 사회의 모범이 된다."[130] 이를테면 "그 실물이 없는" 인의예지는 결국 "그 실물이 있는" 예에 의지하고 있으니 모두 예의 다른 이름이라는 것이다. 현학적으로 천상天象과 인심仁心을 이야기하는 것보다 차라리 구체적인 예법 제도를 강구하는 것이 낫다는 이야기다. 이 사상은 예의 현실적 의의와 구체적 운용을 강조하는 데 초점이 있다.

둘째, 예의 타율성을 강조했다. 성명에 대한 현학적 담론으로의 발전이 송대 유학의 주류였으나 이구는 그렇지 않다고 생각했다. 어떤 사람이 이구의 예론을 비판했다. "천하 사람들을 예로 이끌면서 내부에서 구하지 않고 밖에서만 경쟁하게 한다. 사람의 내부가 충만하지 않고서 외부의 꾸밈만을 구한다면 끝내 혼란에 빠질 따름이다." 이구는 이에 반박했다. "내부에 있는 것은 반드시 외부로 나온다. 외부에 존재하는 것은 반드시 내부로부터 말미암은 것이다." "그래서 천하의 선은 내부적인 것이 아닌 경우가 없다. 성인이 인, 의, 지, 신을 모아서 법제로 삼은 것은 당연히 내부로부터 말미암은 것이다. 현인이 법제를 배워 인의를 구한 것 또한 내부적인 것이다."[131] 그는 멋대로 내외를 구분하고 현학적으로 성명을 논하는 데 반대하고 교화를 통한 선의 성취를 강조하는 데 중점을 두었다. 그가 보기에 "성性은 내부에서 축적되고 법은 외부에서 실천되는"[132] 것이었다. "사람은 가르치지 않으면 선해지지 않는다."[133] 광대한 신민들은 "성인이 아니고는 명이 실행되지 않으며, 교화가 아니고는 본성이 성취되지 않는다. 그래서 백성을 통제하는 법을 만들고 백성을 풍족하게 하는 데 운용하니 명이 실행되는 것이고, 백성을 공부로 이끌고 백성을 예로 절제시키니 본성이 성취되는 것이다"[134] 상대적으로 이구는 타율성의 예악형정을 훨씬 중시하여 예로써 백성을 이끌고 통제하라고 주장한다.

셋째, 사람의 욕망에 '절제'가 필요할 뿐만 아니라 '이익으로 유도할' 필요가 있다고 주장했다. 이구는 역사적 관점에서 볼 때 "예의 시초는 사람의 본성적 욕구에 따라서 각종 의식이 만들어진 것"[135]이라고 생각했다. 예는 성인이 사람의 욕망에 순응하고 조정하기 위하여 만든 것이라는 이야기다. 인성의 관점에서 볼 때 "먹고 마시고 남녀 관계를 갖는 것은 인간의 큰 욕구다. 한 번이라도 때를 잃으면 오랜 이별의 원망이 쌓이게 된다"[136] "외형이 같으면 본성이 같다. 본성이 같으면 성정이 같다." 성인과 범인의 구별은 그저 "성인은 욕망이 적고" "범인은 욕망이 많은" 것뿐이다. 사실상 성인은 "욕망이 적은 것이 아니라 욕망으로 인해 재앙이 생길 것을 아는 것이다". "욕구대로 해도 아무런 재앙이 없다면 요순이라도 당연히 그렇게 했을 것이다. 어째서 스스로 그처럼 고생을 했겠는가?"[137] 기왕에 "욕구가 사람의 성정이라면" "사람은 이익이 아니면 살아갈 수 없으므로" 예의에 부합하는 이익과 욕망은 모두 "탐욕과 음란"에 속하지 않는다. 이구는 무조건 금욕하거나 욕구를 틀어막아버리는 데 반대했다. 그는 예로 절제하여 "사람의 성정에 따라 잘 유지하고 성취하는 바가 있도록 해야 한다"[138]고 주장한다.

넷째, 정치에 있어서 예의 일반적 규정성을 수호하는 데 집중했다. 예가 정치로 드러난 것이 바로 군주 제도다. 이구는 구체적인 왕권이 텅 빈 왕도보다 더 실질적인 정치적 가치를 지니고 있다고 생각했다. 그는 당시의 유생들이 "맹자를 옳다고 하면서 『육경』을 비난하고, 왕도를 즐긴다면서 천자를 잊어버린다"고 비판한다. 그리고 명확하게 선언한다. "나는 천하에 맹자가 없어도 되지만 『육경』이 없어서는 안 되며, 왕도는 없어도 되지만 천자가 없어서는 안 된다고 생각한다."[139] 그는 제왕이 "정부 명령을 주도하고 생살여탈권을 반드시 장악하여" 등급 구분을 명확히 하고 분쟁을 그치게 하여 사람들로 하여금 "따르지 않을 수 없게 해야 한다"[140]고 주장했다.

이구의 예론은 이민후생利民厚生, 부국강병, 왕권 강화라는 그의 정치론의 이론적 기초다. 이 예론은 위로 순자를 계승하여 분명하게 형정刑政을 강조하고 공리를 중시하는 경향을 드러낸 것으로 송대 사공事功 사조의 선구 가운데 하나다. 그런데 예의 본질과 역할은 등급과 명분으로 행위를 제한하고 욕망을 틀어막는 것이다. 이구는 "욕구하여 다투면" 반드시 혼란에 이르게 되므로 예교에 위배되는 '인욕'을 꼭 금지해야 한다고 주장한다. 그는 "천성을 길러주고 인욕을 없애면 집안에선 효자를 얻게 될 것이고 나라에선 충신을 얻게 될 것이다"[141]라고 말한다. 대유를 자임한 이구로서는 이익과 욕망을 긍정하는 것은 필경 제한적일 수밖에 없었을 것이다.

도겸상권,
통변구폐와
군주의 '안민' 정책

이구는 『주역』의 이치를 밝히면서 도겸상권道兼常權 즉 '도는 불변과 변동을 겸한다'는 사상을 제기했다. 이른바 상常이란 "하늘에 상도常道가 있고, 땅에 상리常理가 있고, 만물에 상정常情이 있다"는 것이다. 권權은 권변, 변동을 뜻한다. 사물의 항상성과 변동성은 상과 권을 갖추고 있는 도의 두 가지 속성을 결정한다. 이구는 말한다. "상이란 도의 법칙이다. 도는 권에 의하지 않으면 건질 수 없다. 그래서 권은 상에 반대되는 것이다. 사정이 바뀌고 위세가 달라졌는데도 상 하나만을 근본으로 삼는 것은 슬瑟을 아교로 고정해놓고 두드리는 것처럼 변통을 모르는 짓이다."142 상과 권은 서로 반대되면서 서로를 성취시켜주는 존재로 도 가운데 공존한다. "천지 만물에 상이 있으니 성인은 그에 순응한다."143 하지만 "사정에 혹 변화가 생기고, 위세가 혹 달라질 경우에도 상으로만 대응하면 되겠는가?" 여전히 상에 매여서 아무런 변통도 할 수 없다면 일에도 도움이 안 될 것이다. "재난을 물리치고 분규를 해결하며 시세를 헤아려 적절한 조치를 취하는 모든 일을 하면서 언제나 상常을 유지할 수만은 없을 것이다."144

이구는 「역론」 13편을 지어 유학의 변통變通 사상을 발휘했다. 그는 천지, 만물, 국가, 인사가 모두 멈추지 않고 변화 발전한다고 생각했다. 그래서 사람들은 꼭 시세에 대한 깊은 이해를 필요로 한다고 생각했다. "천하의 지극한 변화가 아니고는" 천수天數를 이해할 수도 없고 인간사에 대응할 수도 없다. 그는 재앙을 부를 것이냐 재앙을 면할 것이냐라는 변화를 이해하고 변화에 대응하는지 여부와 기회를 보아 움직이는 데 달려 있다고 주장한다. "일은 그렇게 되지 않을 수가 없고 반드시 그렇게 되는 것도 아니다. 적절한 조치를 실천하느냐에 달려 있을 따름이다."145 "맞는 때를 지자는 절대로 어기지 않는다. 때에 앞서서 움직이는 것은 망령됨이요, 때에 뒤떨어져 나아가는 것은 게으름이다. 망령됨은 잘못의 매개요 게으름은 공로의 적이다."146 북송의 폐정에 직면하여 이구는 개혁과 경장, 이른바 "폐정을 구하는 방법은 변통보다 큰 것이 없음"147을 역설했다.

이구가 『주역』을 해설한 목적은 경세치용에 있었다. 그는 "세상의 비루한 유생들이" 현학적으로 천명의 이치를 말하며 세상을 속이고 미혹시키는 데 반대했다. 그리고 형세의 변화와 시정의 폐단을 근거로 통치 방략과 구체적인 정책을 제때에 조정해야 한다고 주장한다. 이구의 역론은 '군주됨의 길' '임관의 길' '신하됨의 길' '치신과 치가의 길'처럼 국가와 인간사를 논설하는 데 집중한다. 그는 제왕이라면 "사람에 따르고" "변화에 응하는" 길에 정통해야 한다고 주장하면서 송대의 정치적 폐단에 대한 일련의 구제 방법을 제기했다.

국가 정권 수립이란 측면에서 이구는 네 가지 방면의 조정이 필요하다고 주장한다.

첫째, 제왕의 '자치自治'다. 이구는 존군론자여서 제왕을 통변구폐와 부국강병의 관건으로 여겼다. 하지만 동시에 군주를 세우는 것이 백성을 위함이니 제왕은 응당 천하를 마음으로 여겨야 한다고 강조하기도 한다. "천하는 지극히 공적인 것이고 일신은 지극히 사적인 것이다." 통치자는 응당 "공적인 것을 따르고 사적인 것을 없애야 하며"[148] 도를 통해 욕망을 이겨내야 한다. 이 공사론의 주요 논점은 이렇다. "군주를 세운 존재는 하늘이다. 백성을 기르는 존재는 군주다. 천명을 받지 않은 사적인 한 사람들이 억만 명이다. 백성이 귀의하는 바를 하늘은 높이 평가하고 백성이 떠나는 바는 하늘이 내친다. 천명은 바뀌지 않는가! 민심은 두려운 것인가! 그래서 옛날 선대 철왕哲王들은 부지런히 안민에 힘썼다."[149] 제왕은 오직 "천하의 몸으로 몸을 삼고" "천하의 마음으로 마음을 삼으며" 재물을 모으되 사사로이 저장하지 않고 극기를 하면서 사사로운 욕구를 좇지 않아야 "스스로 알고" "스스로 다스림"으로써 "다른 사람을 알고" "다른 사람을 다스릴" 수 있게 된다. 군주는 "공을 따르고 사를 없애야" 충분히 권위를 떨치고 천하를 호령할 수 있다. "군주가 밝고 신하가 충성스러우며 백성이 화목하게 된 연후에 화기和氣에 다다르게 된다."[150]

둘째, '개휘開諱' 즉 금기의 해제와 '방폐防弊' 즉 폐단 예방이다. 이구는 통변구폐하고 정치 혁신을 하기 위해서는 반드시 언로를 널리 개방해 아래 사정이 위로 전달되어야 한다고 생각했다. 그는 간언의 채납을 의료 행위에 비유한다. "죽음을 듣고 의사에게 질병을 물리치지 못하여 망했다고 말하며 분노하면 신하가 잘못에 대해 논쟁하지 못한다."[151] "강경하여 남의 말을 받아들이지 못하고 자기 임의로 대처하여" "잘못해도 알 수 없고" "알아도 고칠 수 없는" 것은 지혜롭지 못하고 용기도 없는 짓이다. "예부터 나라를 망치고 패가망신한 사람은 모두 이렇지 않은 경우가 없었다."[152] 이구는 지적한다. "명령을 내려 생겨나는 폐단이 네 가지 있다. 처음 깊이 살피지 못하고, 끝에 결단하지 못하고, 말하는 사람은 괴로워하고, 듣는 사람은 다투게 된다." "군주가 폐단의 소재를 잘 알면 명령이 잘 실행될 것이다."[153] 이는 제왕이 두루 청취하고 널리 받아들이며 명철하게 살피고 잘 판단해야 통변구폐하여 정치를 조정할 수 있다는 말이다. 이렇게 하기 위해서는 반드시 "간쟁 풍토를 조성하고" "악을 꺼리지 말아야" 할 것이다. 동시에 이구는 '근청謹聽' '방폐防弊' '방참防讒'을 강조하기도 했다. 그의 말을 보자. "참讒 즉 참언이란 선을 가로막는 것이고, 간諫 즉 간언은 악을 억제하는 것이다. 간언이라 명명하면 모두 그 좋아할 바를 알게 되고, 참언이라 명명하면 모두 그 미워할 바를 알게 된다. 그런데도 군주가 참소를 믿게 되는 것은 참소가 마치 간언과 같기 때문이고, 간언을 듣지 않는 것은 간언이 마치 참소와 같기 때문이다. 군주가 임용이 가하다고 말하는데 신하는 임용이 불가하다고 말할 때 불가란 말은 같지만 그 속뜻은 다르다. 군자를 임용하려는데 소인이 막으면 그것이 참소이며, 소인을 임용하려는데 군자가 물리치면 그것이 간언이다. 군자와 소인의 마음은 홀연히 알 수 없어 볼 수가 없으니 이것이 참언과 간언을 혼란스럽게 만드는 까닭이다. 간언을 좋아하지만 신중하지 못하면 간신이 진출하고, 참언을 미워하나 자세히 살피지 않으면 바른 사람이 물러나게 된다."[154] 이구는 '금기의 해제' '간언의 채납' '폐단 예방' '신중한 청취' '참언 방지' 등 약방문을 군주에게 한꺼번에 처방했다.

셋째, 이치吏治 즉 관료 행정의 개선이다. 이구는 군주가 백성을 다스리려면 반드시 관리들을 중개자로 삼기 때문에 인재 선발에 신중해야 한다고 주장한다. "군주는 어버이다. 백성은 자식이다. 관리는 유모다. 부모는 자식을 직접 기를 수 없고, 기르는 사람은 유모다. 군주는 백성을 직접 다스릴 수 없고 다스리는 사람은 관리들이다." "유모에게 재주가 없으면 기갈이 들고 경기를 하게 될 것이니 부모가 아무리 자애롭더라도 자식이 살아나기를 바랄 수 없다. 관리들이 재능이 없으면 궁핍한 노역에 죽임을 당할 것이니 군주가 아무리 어질더라도 백성이 편안해지기를 바랄 수 없다." "그래서 관리를 두는 데 신중하지 않을 수 없다."[155] 이구는 "과거 시험 합격의 공명만 중시하는 것" "조상의 음덕으로 자손까지 벼슬하는 것"

"연공서열로 승진하는 것" "과다한 관원 임용" 등 송대 관제의 폐단에 대단히 불만이었는데, 이를 드러내는 말이 넘쳐난다. 그는 송대 이치吏治 파괴의 근본 원인은 통치자가 인재 선발과 임용 방면에 너무도 많은 실착을 저질렀기 때문이라고 생각했다. 이구는 말한다. "관직은 이름이고, 사무가 실질이다. 이름만 있고 실질이 없으니 천하의 큰 재앙이다."[156] 그는 인재를 선발할 때 과거 시험 합격만으로 논단하지 말 것, 상벌을 줄 때 경력과 연배를 따지지 말 것, 승진과 퇴출에 문벌 귀족을 고려하지 말 것을 주장했다. 대신 사무 능력으로 시험을 보고, 공로로 검증하며, 정치적 치적을 따져 임용하라고 주장한다. 그렇게 해야 노련한 관료 대오가 만들어져 통치 효율을 높일 수 있다는 것이다.

넷째, 법제 강화다. 이구는 "형벌로 간악을 금지하는 것은 고금을 관통하는 원칙이다"[157]라고 생각했다. 그는 "법으로 금지하는 것을 무서워하여 토호들을 억누르지 못하는" 북송의 폐단을 보면서 "형법을 바르게 하고" "간웅을 방지하고" "도적을 제거해야" 한다는 주장을 개진했다. 그는 제왕이 신하들을 거느리고 만민을 다스리면서 '간웅'의 전횡과 '도적'의 작란을 막으려면 반드시 "철저히 법에 입각해 신뢰를 쌓고 위엄으로 신하들을 통솔해야 한다. 신뢰가 드러나야 법이 행해지고 위엄이 서야 신하들이 두려워한다. 법이 행해지고 신하들이 두려워한 뒤에야 치세를 도모할 수 있다"[158]고 생각했다. "법이란 천자가 천하에 공통적으로 부여한 것이다." "따라서 군왕은 친소를 가리지 말고 귀천에 차이를 두지 않고 일률적으로 법을 적용해야 한다."[159] '형금刑禁'의 문제에서 이구는 너그러움과 엄격함을 잘 조화시키자는 주장을 했다. 이른바 "정책이 너무 준엄하고 각박해선 안 된다. 비록 지나친 것이 아니라 하더라도 또한 미연에 방지할 수는 없는 것이다".[160] 하지만 그의 기본 방향은 법의 기강을 엄격히 밝히는 것이었다. 즉 "소송 사건과 시장 교역은 관리하지 않을 수 없고,

간인들을 금하지 않을 수 없으며" "도적들은 화급히 형벌로 제거해야 한다"[161]고 주장한다. 그가 보기에 '간웅'과 '도적'은 죽이고 절대로 용서하지 않는 것이 바로 '본인本仁'이요 '의'였다. '패覇' 또한 폐단을 구하고 강국으로 가는 방법이다.

03

왕자와 패자는 동질에 속하며
음식과 재화가 정치의 근본이다

이구는 단순하게 왕을 존중하고 패를 천시하는 데 반대하고 명법明法, 강병强兵, 절용節用, 중농重農을 통한 부국강병을 주장한다. 왕패동질론은 이들 정치 주장의 이론적 기초다.

이구는 왕과 패에 질적 구별이 없다고 지적한다. 그의 주요 논거는 다음 세 가지다. 첫째, 예악형정은 모두 예에 속하고, 법 숭상과 강병은 왕과 패를 구별하는 분수령이 아니다. 그는 "음악, 형벌, 정령은 각자 맡은 영역이 있으며 예를 근본으로 삼아 국면을 나누어 다스려야 한다"[162]고 말한다. "그래서 화합을 조절해주는 것을 명명하여 악樂이라 부르고, 게으른 자들을 움직이도록 하는 것을 명명하여 정政이라 부르고, 따르지 않는 사람들을 위협하는 것을 명명하여 형刑이라 부른다."[163] 정령, 형살과 예의, 인덕은 각자의 작용이 있지만 본질적으로는 예로 통일된다. 모두 예의와 왕도를 실현시키는 데 필요한 수단이다. 이구는 한 걸음 더 나아가 정치가 있으면 형살이 있는 법이고 형살 또한 덕치라고 주장한다. 그는 말한다. "옛날 선대 성왕들이 형법을 만든 이유를 고찰해보면 사람 죽이는 것을 좋아해서가 아니라 사람을 살리기 위함이었다. 위엄을 짓고 싶어서가 아니라 복을 만들고 싶어서였다." 형정의 목적은 싸움을 그치게 하고 폭력을 없애 뭇 생명을 화육시키는 것이다. "그래서 집안의 채찍이 느슨해져서는 안 되고 국가에 형벌이 폐기되어서는 안 되고 천하에 정벌이 없어져서는 안 된다고 말하는 것이다."[164] 둘째, 왕과 패 모두 군주에 대한 호칭이지 치도의 "훌륭함과 잘못됨"을 가르는 대명사가 아니다. 이구는 말한다. "황皇, 제帝, 왕王, 패霸는 사람에 대한 호칭이지 도를 말하는 것이 아니다. 왕 이상은 천자를 이르는 호칭이다. 그렇게 스스로 부를 따름이다." "패는 제후를 부르는 호칭이다. 패라고 말하는 것은 백伯으로서 제후들의 우두머리를 뜻한다."[165] 왕과 패는 명호에 차등이 있지만 양자가 본질적으로 구별되는 것은 아니다. "이른바 왕도라 하는 것이 있으며 천하를 안정시킨다는 이야기다. 이른바 패도라 하는 것도 있는데 서울을 드높인다는 이야기다. 훌륭함과 잘못됨을 일컫는 말이 아니다."[166] 왕도와 패도 모두 천자를 존중하고 천하를 안정시키는 수단이다. 셋째, 패를 실현시키는 정치적 목표는 쉬운 일이 아니다. 이구는 말한다. "유생들의 논의를 보면 오로지 왕도를 언급하지 않는 것만을 한스러워하고 패나 강국에 대해 모르는데 어찌 쉽게 언급할 수 있겠는가? 관중管仲이 제 환공을 도와 이룬 것이 패다. 밖으로 융적을 물리치고 안으로 서울을 드높였으니 오늘날과 비교해서 어떠한가? 상앙商鞅이 진 효공을 보좌하여 이룬 것이 강국이다. 법술과 경전耕戰[167]을 분명히 함으로써 나라는 부유해지고 군대는 강해졌으니 오늘날과 비교해서 어떠한가?"[168] 선진 시대의 패정으로 요즘 세상을 비교하면 송대 정치는 '패'에도 미치지 못하는 것으로 '왕도'는 더더욱 말할 필요도 없다는 이야기다. 이구는 북송이 밖으로 세폐歲幣를 실어내고 안으로 쓸모없는 용병冗兵만 길러 허약하고 빈곤하게 된 데 깊은 우려를 나타냈다. 그는 적폐를 일소하고 부국강병을 이루기를 갈망했다. 이 때문에 왕도에 대한 공리공담이나 왕도를 존중하고 패도를 천시하는 풍토에 반대하고 먼저 존군과 부국과 강병을 도모하여 눈썹에 붙은 불을 꺼야 한다고 주장했다.

이상의 사상에 호응하여 이구는 중의경리重義輕利 즉 도의를 강조하고 이익을 경시하는 풍토에 반대했다. 그는 속유들이 이익에 대한 언급을 일절 반대하는 것이 지나치게 편협하다고 생각했다. "공자는 나이 일흔에 하고자 하는 바에 따랐으나 법도를 넘지 않았다고 하는데 욕구가 없었던 것은 아니다." "맹자가 '하필 이익을 말하느냐'고 한 것은 과격하다. 어떻게 인의를 갖추고도 이롭지 못한 것이 있겠는가? 그의 책에 수차례 탕왕과 무왕이 70리, 100리의 땅으로 천하의 왕자가 되었다고 말하는데 그 이익이 어떻게 작겠는가?"[169] 성현들은 반드시 의를 언급하지만 사실은 이익도 부지런히 추구했다. 의와 이익은 일정한 조건 아래서 내재적으로 일치하기도 한다. 국가로 보면 "이용후생은 위정의 근본이다."[170] 『홍범』의 8정政은 '첫째는 음식을 말하고, 둘째는 재화를 말한다'. 공자는 '충분한 음식과 충분한 군비와 백성의 신뢰가 있어야 한다'고 말한다. 이는 치국의 실질적 근본은 꼭 재정 운용에 달려 있다는 말이다."[171] 이구는 한 걸음 더 나아가 무릇 궁실宮室, 거복車服, 백관百官, 군려軍旅, 교사郊祀, 사이四夷 등 각종 정치 기구나 정치 활동은 재정적 이익이 아니면 일을 처리할 수가 없다고 생각했다. "예의가 이로써 움직이고, 정책이 이로써 성공하고, 사랑이 이로써 성립하고, 위엄이 이로써 실천된다. 이것을 버리고 다스릴 수 있는 경우는 아직 없었다."[172] 결국 음식과 재화는 정치의 근본이며 "천하의 일 가운데 이보다 더 급한 일은 없다. 텅 비고 궁핍한 데 이르고도 어떻게 걱정이 없겠는가?"[173]

이구는 예론과 역易론을 이론 기초로 삼고 왕패의 동질성과 재정이 정치의 근본이라는 주장을 기본 가지로 삼아 그의 혁신 사상을 천명했다. 그는 집권자가 "경장의 어려움을 걱정하여 인습에 따르는 것을 편하게 여겨서는" 절대로 안 된다고 주장한다. '내치內治'와 '교도敎道'를 중시하는 동시에 우선적으로 '국용國用' '군위君衛' '형금刑禁' '관인官人' 등 현실 정치 문제를 해결해야 할 일이다. 그 가운데 이구가 가장 많은 정력을 기울인 것은 재정과 군대 즉 부국강병의 두 가지 관건적 조치였다.

04

강본절용強本節用,
이재평토理財平土,
우병어농寓兵於農

강본절용, 즉 근본을 강화시키고 쓰임새를 절약한다는 주장은 이구가 재정 위기와 사회 위기를 타개하기 위해 제기한 총방침이다. 그는 앞뒤로 「국용國用」16편, 「부국책」10편, 「안민책」10편 및 「평토서平土書」 등을 저술하여 구체적인 정책에 대한 일련의 주장을 제기했다.

"재정은 군주가 관리해야 하는 바다."[174] 이구는 군주가 재정을 관리하여 경제생활에 대한 국가의 간섭을 강화해야 한다고 주장한다. 그는 말한다. "하늘은 만물을 낳으나 자신이 사용하지 않으며 쓰는 자는 사람이다. 사람은 재물을 갖지만 저절로 다스려지지 않으며 다스리는 사람은 군주다. 「계사」 전에 말하길 '재정을 관리하고 말을 바로잡아 백성이 잘못되지 않도록 금하는 것이 의義다'라고 하는데 맞는 말이다."[175] 천하의 재화를 관리하는 것이 군주의 책무이며 '양민養民 정책'이다. 재정 관리가 바로 '의'다. "군주가 관리하지 못하면 권력이 장사치의 수중에 떨어진다."[176] 상인에게 시장 골목을 조종하도록 맡겨버려 민중이 착취를 당한다면 이는 제왕과 관료들 모두 직을 잃는 재앙에 직면할 것이다. 재정 관리의 목적은 부국과 양민에 있다. 재정 관리의 수단은 근본을 강화하고 쓰임새를 절약하는 강본절용이다. "이른바 부국이란 교묘한 기획과 계산으로 미미한 것까지 쪼개 백성에게 많이 거둬들임으로써 원망을 사는 일을 두고 하는 말이 아니다. 강본절용하여 아래에서는 부족함이 없고 위에서는 여유가 있는 것을 말한다."[177] 강본절용은 경제적으로 사회적 생산의 확대에 진력하고, 재정적으로 쓸데없는 낭비 지출을 줄이는 데 온 힘을 다하는 것이다. 재정 관리와 부국의 달성에는 강본과 절용 두 가지의 병행이 필수적이다.

강본이란 곧 중농重農이다. 이구는 농업이 민생 정책의 근본이라고 여겼다. "백성에게 천명은 미곡이며, 국가의 보배는 조세다."[178] 오직 농업 생산의 발전이 있을 때 비로소 나라는 강해지고 백성은 부유해질 수 있으며 식량이 충분하고 군대가 강해진다. 이구가 제기한 근본 강화의 방법은 주로 두 가지 길, 즉 토지 제도를 바로잡아 백성을 안정시키는 것과 토지 개발에 진력하여 국가 재정 운용을 풍족하게 하는 것이다. 두 가지는 상호 보완 작용을 한다.

이구는 당시 "빈민은 송곳 꽂을 땅도 없는데 부자들의 전답은 끝없이 이어져 있고"[179] "천하에 폐전이 없는데도" 민중이 추위와 배고픔에 떠는 상황을 보고 정전井田의 회복과 토지의 고른 분배를 주장했다. 그는 말한다. "토지는 근본이고 경작과 수확은 말절이다. 땅이 없는데 경작을 책망하는 것은 빈손으로 전쟁을 치르라는 것과 같다. 법제가 서지 못하고 토지분배가 고르지 못하여 부자는 땅이 날로 늘고 빈자는 날로 땅이 깎여 쟁기와 보습이 있다 한들 먹을 곡식을 얻을 수 없다. 식량이 부족하고 마음이 흔들리니 예의가 있다 한들 가르칠 백성을 찾을 수 없다. 요임금, 순임금이 다시 나타나도 어떻게 할 수가 없다! 그래서 성인이 평토平土의 법을 우선 제정했던 것이다."[180] 이구는 정전 제도의 수립, 전토의 고른 분배, 경작자의 식량 해결, 서민 생활의 안정, 국가의 태평성대로 연결되는 일련의 과정을 구상했다. 이 때문에 토지 문제의 해결이 안민과 부국의 관건적 조치라고 생각한 것이다.

이구는 당시 "천하가 오래 안정되었고 인구가 많이 늘었음에도 미곡이 더 늘어나지 않고 조세도 더 증가하지 않는" 원인이 "토지 생산력을 다하지 못하고 전답의 개간이 이뤄지지 않았기"[181] 때문이라고 생각했다. "토지 생산력을 다하지 못했다" 함은 주로 백성이 근본을 버리고 말절을 좇으며 황무지를 개간할 수 없기 때문에 생겨난 현상이라는 것이다. 이에 이구는 세 가지 대책을 내놓는다. 첫째, "말절을 억압하는 방법을 통해 유민들을 압박해" 백성으로 하여금 "한마음으로 농업에 종사하도록 하면 토지 생산을 다하게 될 것이다".[182] 둘째, 한전限田[183]과 수전授田[184]을 통해 '정지井地의 법'을 실행하여 "정井 자 형태로 토지를 나누는 정지 제도가 수립되면 전답의 고른 분배"[185]가 실현될 것이다. 밭을 갈지 않는 사람이 없고 농사일을 하지 않는 사람이 없도록 한다. 셋째, 황무지 개간을 권장한다. "부여받은 전답 외에 개간을 할 수 있는 사람에겐 숫자를 제한하지 않고" 국가가 작급을 설치하여 "개간된 전답 및 토지에 차등을 두어 상으로 준다". 이상[186]의 조치가 행해지면 "노동력이 버려지는 일이 없고, 이익을 못 내는 땅이 없고, 밭갈이를 하지 않으며 수족을 놀리는 경우가 없고, 농사를 짓지 않은 땅이 한 뙈기도 없을 것이니 곡식 소출이 많아져 백성의 쓰임새가 풍족하고, 백성의 쓰임새가 풍족해져서 나라의 재정도 풍부해지는"[187] 성과를 보게 될 것이다.

절용節用이란 곧 수입을 계산해서 지출을 제한하는 것이다. "무릇 한 가지 세금의 지출은 한 가지 일의 비용이어야 한다. 비용의 많고 적음은 통일된 규정을 두어야 한다."[188] 구체적 조치는 주로 다음 두 가지가 있다. 하나는 황제의 소비와 지출에 대한 관리를 강화하는 것이다. '대부大府'를 설치하여 황제의 비용과 수지를 통합 관리한다. "수입은 직내職內[189]가, 지출은 직세職歲[190]가 관리하고 사서司書가 요청하고 이사貳司가 잘 계산한다. 고과 탐구는 폐지하고 상벌 규정을 철저히 따른다. 이렇게 하면 어떻게 쓰임새를 절약하지 않을 수 있겠는가? 재화가 어떻게 모이지 않을 수 있겠는가?"[191] 또 하나는 전체 사회의 소비를 통제하고 조절하는 것이다. 한편으로 "음식을 아끼지 않거나 쓰임새에 한도가 없는" 일을 제한시키고, 다른 한편으로 "나라에 쓰고 남은 여분을 계산하여 수시로 축적해 궁핍할 때를 대비한다".[192]

이구의 정책 주장들은 명확히 시대 문제를 겨냥하는 바가 있었다. 하지만 그는 희망을 가득 품고 『주례』 등 '옛 제도' 속에서 사회 모순을 완화시키고 재정 상황을 개선시킬 좋은 방법을 찾았으니 그의 정견은 농후한 이상적 색채를 띠고 있다. 소위 강본절용도 그 수단과 목적은 모두 군주 집권을 강화하는 데 있다. 이구는 "이익이 하나의 구멍에서 나와야 한다"[193]고 주장한다. 즉 "부귀는 군주가 잡고 있어야 할 칼자루로서 과감하고 신중하게 사용하여 칼자루를 잃지 않으면 아랫사람들이 모두 복종할 것이니 국가 운영의 급선무"[194]라고 한다. 군주 권한을 강화하는 방식을 통해 군주의 과도한 전권이 만들어낸 폐단을 해결하려고 한 것이니 불위에 기름을 붓는 것과 다름 없다.

'우병어농寓兵於農' 즉 농민에게 군사 훈련을 시켜 평시엔 농사를 짓고 전시엔 참전하게 만든다는 주장은 이구 강병술의 기본 구상이다. 이구는 군대를 국가에서 가장 중요한 일로 여겼다. "국가에서 군대는 매의 날개, 호랑이의 이빨과 같다. 날개가 굳세지 않으면 맹금이라도 조그만 메추리를 죽일 수 없으며, 이빨이 날카롭지 않으면 맹수라도 육식을 할 수 없다. 군대가 강하지 못하면 성인이라도 미천한 사내 하나 제압할 수 없다."[195] 군비에 대하여 이구는 "국내 행정을 군대식 구조로 했던" 관중管仲의 방략과 정책을 활용하여 '우병어농'하자고 주장한다. 이구는 "국내 행정을 군대식 구조로 했던" 정책의 발명자를 『주례』의 공으로 돌린다. 그는 군대를 모집하는 후대의 방법들은 고대 '우병어농'만 못하다고 생각했다. 군인을 모집해놓고 평시에도 그들을 먹여 살려야 하므로 국가 재정의 부담을 가중시킬 뿐만 아니라 군사 정원을 못 채우거나 군량이 부족해지기도 한다. 그래서 "선왕들은 충분한 군비를 갖췄음에도 상비군이 없었는데 후세엔 상비군이 있음에도 충분한 군비를 갖추지 못했다"[196]고 한다. 이 문제를 해결하는 방법은 옛 제도를 고쳐 시행하는 것이다. 그럼으로써 "병사를 특별히 선발하지 않고 모두 우리 백성이 담당하고, 장교를 따로 두지 않고 모두 우리 관리들이 담당한다. 일이 생기면 그들을 모아 군진으로 만들고 일이 끝나면 전답으로 돌려보낸다. 불러 모으는 번거로움이 없으면서 숫자가 모자라지도 않는다. 따로 비용을 제공해주지 않으면서도 스스로 배불리 먹게 될 것이다"[197]

이구는 다음과 같은 구체적인 강병 정책을 제시하기도 했다. 첫째, 정병精兵이다. "위정자들은 군사가 많으면 나라가 강해지리라고 믿는데 그것이 오히려 나라를 약화시킨다는 것은 모른다."[198] "병사 수만 많고 잘 선택하지 않으면" 오히려 투지를 잃게 만들어 국력을 약화시킨다. 따라서 반드시 정밀하게 용사를 선발하되 "쓸모없는 직을 없애고 그 비용을 돌려서 용감한 죽음을 후하게 대접하면 적은 수로도 많은 적을 이길 수 있으며 나중에 기운을 회복하여 강국으로 나아가게 된다"[199] 둘째, 장수 선택이다. 이구는 "국가가 국가답게 되는 것은 장수를 잘 선택하기 때문이다"[200]라고 말한다. 그는 실전을 통해 유능한 장수를 선발하라고 주장한다. 그리하여 "장수가 귀신같고 군기가 우레 같으면 쉽게 공적을 이룰 수 있다"[201]고 한다. 그는 또 감군監軍을 없애고 장수들을 신임하여 군대를 통솔하는 장수로 하여금 독립된 지휘권을 갖도록 해야 한다고 주장한다. 셋째, 군둔軍屯 즉 둔전 제도다. 이구는 군둔 제도와 군량 비축의 실행을 주장한다. 그래야 "밖으로 군대의 식량을 풍족히 하고 안으로 식량 수송 문제를 면할 수 있다". 그리고 군대는 편안한 노동으로 "이로우면 나아가 전투하고 그렇지 않으면 굳건히 지킨다. 국가는 소모할 줄 모르고 백성은 힘든 줄 모르게 된다".[202] 넷째, 향군鄕軍 즉 지방군이다. 향군을 설치하면 지방 치안 유지에 이용할 수 있다. 또한 친척을 사랑하고 재물을 중시하는 사람의 천성을 이용하여 "죽을 때까지 열심히 지키게" 만들 수 있다. 향군과 정규군이 서로 배합하여 "둔전 주둔군은 정벌 전쟁을 수행하고 향군은 수비를 맡게"[203] 한다. 이렇게 전국에 퍼진 군비망을 조직하면 국가의 군사력을 증강시킬 수 있다는 것이다.

이구는 현실을 대면한 사상가였다. 그는 예를 핵심으로 삼아 제자백가를 두루 받아들였으며 목표가 분명한 체계적인 정치 개혁 사상을 제기했다. 그의 사상은 이론적인 높이뿐만 아니라 현실적 의의도 지니고 있다. 그가 주장한 평토平土, 둔전, 의창義倉의 설립, 향군 설치 등은 실행되지는 못했지만 후인들에게 많은 계시를 남겼다. 이구는 속유들이 도덕을 외치지만 뜻은 녹봉에 있고 왕도를 존중하고 패도를 천시하면서 일에 아무 도움도 주지 못한다고 비난했다. 이른바 "공자의 말이 천지에 가득하지만 공자의 도는 아직 시행된 적이 없다"[204]는 것이다. 그는 공맹지도의 계승자를 자임했으며 왕패의 전략을 자랑했다. 통변구폐의 목적은 왕권을 보완하고 강화시키는 것이었다. 부국강병의 기대 또한 완전히 제왕의 한 몸에 기탁했다. 이것이 이구 정치사상의 귀결점을 결정해버렸다. 하지만 그가 내뱉은 세상의 폐단에 대한 격렬한 언사는 개혁 사조를 부채질하는 작용을 했다.

제 4 절

사마광의 급어구인急於求人, 완어입법緩於立法 정치사상

사마광司馬光(1019~1086)은 자가 군실君實이고 호가 우수迂叟이며 섬주陝州 하현夏縣(오늘날의 산시山西성 샤夏현에 속함) 속수향涑水鄕 사람이어서 세인들 이 속수선생이라 불렀다. 그는 관료 가정에서 태어나서 6세 때부터 독서 를 시작했는데 7세에 『좌씨춘추』를 청강하고 "제 손으로 책을 해석하지 못하면 기갈과 추위, 더위도 모를 지경이었다."[205] 20세에 진사에 합격하 여 소주판관蘇州判官, 병주통판幷州通判, 천장각대제겸시강天章閣待制兼侍講, 용 도각직학사龍圖閣直學士, 한림학사겸시독학사翰林學士兼侍讀學士, 상서좌복야겸 문하시랑尙書左僕射兼門下侍郞 등을 역임했다. 그가 일생에 한 일 가운데 가장 특출한 것은 두 가지다. 하나는 왕안석王安石의 신법에 극력 반대하여 그 가 재상권을 장악한 1년여 동안 신법의 대부분을 폐지한 일이다. 또 하나 는 『자치통감資治通鑑』 편찬을 주도하여 청사에 이름을 떨친 일이다.

사마광은 어려서부터 사학을 좋아하여 "어린아이 때부터 늙을 때까지 싫증 내지 않고 좋아했다."[206] 역사학에 대한 이와 같은 흥미는 그의 학 문 방향을 결정지었다. 그는 역사를 공부하는 과정에서 수많은 문제를 발 견하고 역사를 새로 정리하고 싶은 강렬한 욕구에 사로잡혔다. 송 인종

仁宗 가우嘉祐 연간 사마광은 편년체 통사 저술에 착수했다. 치평治平 원년 (1064) 그가 완성한 『통지通志』 여덟 권을 송 영종英宗에게 진상했는데 이 것이 바로 『자치통감』의 전반부 여덟 권이다. 치평 3년(1066) 영종은 사마 광에게 명하여 숭문원崇文院에 부서를 설치해 역대 군신들의 사적을 조직 적으로 편수하라고 했다. 치평 4년(1067) 송 신종神宗 즉위 후 사마광은 황 제 앞에서 『통지』를 낭독했는데 신종은 매우 흡족해하며 이것으로 "지난 일을 거울 삼아 치도의 바탕資으로 삼을 만하다면서 『자치통감』이란 이 름을 하사했다".207 아울러 친히 이 책의 서문을 써주었다. 영종과 신종의 지지하에 치평 3년(1066)부터 원풍元豊 7년(1084)까지 19년에 걸쳐 사마 광은 "깊은 연구와 사유를 다하고 가진 것을 모두 바쳤으며 낮 시간으로 모자라면 밤까지 이어가며" 모든 정력을 "이 책에 쏟았다".208 그리하여 마 침내 이 역사학의 명저를 완성할 수 있었다.

사마광은 일생 동안 부지런히 사유를 즐기며 폭넓은 학식을 쌓았고 저작도 풍부했다. 『송사』 「예문지」에 수록된 글만 37종이다. 『자치통감』 외에도 주요 저작으로 『계고록稽古錄』 『가범家範』 『잠허潛虛』 『속수기문涑水紀 聞』 『전가집傳家集』 등이 있다.

역사를 정치의 바탕으로
삼는 정치의식

　중국 역사학은 경세치용의 전통을 갖고 있다. 『춘추』가 나온 후 역사학은 시종 국가 정치의 중요한 구성 부분이었으며 정치학과 긴밀하게 결합되는 정사불분政史不分의 특징을 형성했다. 역대 사가들 모두 정도는 다르지만 역사를 통한 참정과 역사를 정치의 바탕으로 삼는 정치의식을 드러냈다. 사마천은 『사기』를 쓸 때 명확한 원칙을 하나 갖고 있었는데 바로 "천인의 경계를 탐구하고 고금의 변화를 통달하여 일가의 학설을 세우리라"는 것이었다. 역사 발전의 과정을 통해 치세의 규율과 처방전을 찾아 자신의 정치적 심경을 토로했다. 이 전통은 후대에 계승되어 송대에는 한 걸음 더 나아갔다. 사마광은 선배들의 역사학 성과를 총결하면서 역사와 현실을 긴밀하게 결합시켜 이사자치以史資治, 즉 역사로 정치의 바탕을 삼는 강렬한 정치의식을 드러냈다.

　역사를 거울로 삼는 것은 역사가들의 정치의식이 집중적으로 반영되어 정치가들로부터 인정을 받기도 한다. 전통 사학의 기본 역할은 바로 역사를 거울로 삼는 것이었다. 사마천은 "시작에 근원을 두고 끝을 살피고" "흥성함을 보고 쇠퇴함을 관찰한다"는 사상을 제기하여 역사와 현실을 결합시킴으로써 치세와 국가 안정의 정치학을 추구했다. 사마광은 선배들보다 한 걸음 더 나아갔다. 그는 사학자의 안목을 이용했을 뿐만 아니라 정치가의 관점에서 역사를 살펴보기도 했다. 역사를 정치사로 보았기 때문에 사마광에게 역사를 거울로 삼는 정치의식은 더욱 강렬한 것이었다. 『자치통감』은 바로 이와 같은 의식의 반영이었다.

사마광이 『자치통감』을 편찬한 까닭은 물론 그가 어려서부터 역사학을 좋아했고 사학에 농후한 흥미를 품고 있었던 것과 관련이 있다. 하지만 더욱 중요한 것은 역사서의 편찬을 통해 "국가의 흥망성쇠를 이야기하고 민중의 기쁨과 고통을 함께 드러내어 관찰자로 하여금 선악과 득실을 스스로 선택케 하여 권계를 삼도록"[209] 하려는 것이었다. 역사 경험과 교훈을 총결하여 집권자를 위해 봉사하는 것이 바로 사마광이 사서를 편찬한 기본 취지였다. "신이 듣기에 역사는 오늘날 사람들이 그로 인해 옛것을 알고, 후인들이 그것으로 인해 선인들을 알게 하는 것입니다. 그래서 군주는 역사를 관찰하지 않으면 안 됩니다. 좋은 것은 본보기로, 좋지 않은 것은 경계로 삼을 수 있습니다. 사람이 태어난 이래 제왕들 가운데 요순만큼 흥성했던 사람은 없습니다. 책들이 그 덕을 칭송하기를 모두 옛일을 자세히 살폈다고 합니다. 그러하니 천하를 다스리는 사람으로서 어찌 옛일을 스승으로 삼지 않을 수 있겠습니까?"[210] 큰일을 하려는 통치자는 역사를 몰라선 안 된다. 역사를 숙지하는 것이야말로 정치가가 정치활동에 종사하는 데 필요한 조건 가운데 하나다. 사마광은 '사고師古' 즉 옛일을 스승으로 삼는 것과 천하를 다스리는 일을 연계시켜 '사고'의 현실 정치적 의의를 강조했다. 물론 여기서 어느 정도 정치적 보수성을 드러내고 있기는 하지만 그는 현실 정치 활동이 당연히 존중받아야 하고, 역사적 경험으로부터 치세의 처방전을 얻어야 하고, 역사로 하여금 현실의 거울이 되도록 해야 한다고 인식했다. 역대 통치자들이 역사를 중시한

의의는 바로 여기에 있었다.

전통 사학자들은 사서의 편찬을 엄숙한 정치적 작업으로 여겼다. 그들이 붓으로 써내려가는 글에는 정도는 다르지만 권선징악 사상이 드러나 있다. 그들은 역사로 마음을 바로잡는 것을 역사가의 신성한 책임으로 여기며 역사 편찬을 통해 역사가 교육적 기능을 발휘하도록 노력한다. 『춘추』로부터 이러한 정치의식이 분명하게 반영되어 이른바 '춘추필법'이 형성되었다. 후대의 역사가들도 자신의 정치적 입장과 가치 정향에 근거하여 역사 인물이나 사건에 포폄을 진행하거나 권선징악을 표출함으로써 사람들로 하여금 교훈을 얻도록 했다. 사마광은 이 전통을 발전시켜 사람들이 역사 과정을 알기만 하는 것으로는 부족하며 역사상의 시비와 선악에도 명확한 태도를 가져서 무엇이 선이고 무엇이 악인지 알아야 한다고 생각했다. 그는 역사가의 정치적 책임감으로 '정심正心'을 핵심 임무로 간주했다. "나는 옛 성인이 천하를 다스릴 때 정심을 근본으로 삼고 수신을 기초로 삼아 집안은 화목하고 사해는 복종했으며 조정은 화합하고 모든 생령이 기쁨으로 따랐다고 들었다."[211] '정심'은 천하를 다스리는 출발점이다. 사람들의 마음이 바르기만 하면 사회는 화해와 안정을 이룰 것이다. 그는 "정심을 근본으로 삼는다"는 생각을 역사 평론에도 관철시켜 역사 인물의 선악에 대한 포폄을 통해 인심을 바로잡고 사람들로 하여금 악을 버리고 선을 따르도록 이끄는 데 온 힘을 기울였다.

역사로 정치를 논하는 것은 역사학의 정치화라는 또 하나의 특징이 되어 역사가들이 정치에 참여하는 길과 방식이 되었다. 이 방식의 특징은 역사적 사실에 대한 평론을 빌려 현실 정치에 대한 견해를 발표하는 것이다. 사마광이 이 방식을 발명한 것은 아니지만 역사로 정치를 논하는 그의 의식은 선배들보다 훨씬 더 강렬했다.

사마광은 역사 과정에 대한 진실한 서술을 중시했을 뿐만 아니라 역사에 대한 평론도 대단히 중시했다. 사론史論을 통해 정치적 견해를 천명했으며 사론과 정론을 일체화시키기도 했다. 『자치통감』 내의 "신 광光이 말씀드리길" 운운하는 기본 내용을 볼 때 대부분은 정치적으로 중요한 의의를 지닌 역사적 사실을 선택하여 평론을 진행하는 것들이다. 이를테면 예법에 따르지 않고, 정치가 어질지 못하고, 신하가 충성스럽지 않고, 자식이 불효하고, 강상명교를 위배하는 사람과 사건을 통렬하게 배척하는가 하면 백성을 구휼하고, 현인을 구하고, 믿음을 지키며, 충성을 다하고, 효성스러운 사람과 사건에 대해서는 찬양과 긍정을 거듭한다. 사마광 사론의 특징은 역사와 현실 정치를 긴밀하게 결합시킨 데 있다. 그는 전국 시대의 한韓, 위魏, 조趙를 제후로 옹립하는 사건을 평론하면서 기강과 명분을 지켜야 했다고 극력 강조했다. 이는 당나라 이래 기강이 훼손되고 하극상이 발생하는 현상이 날로 심해지는 것을 두고 한 말이지만, 그 외에도 북송 시기 '예의를 침범하는' 사건이 부단히 발생한 것과도 관련이 있다. 가우嘉祐 7년(1062) 사마광은 황제에게 상소를 올려 이렇게 주장한 적이 있다. "경우 이래 국가의 오랜 안정이 무너지고 있습니다. 답습하기만 좋아하고 일을 줄이는 데 힘써 일을 맡은 신하들은 고식적 정책만 집행하고 있습니다. 그리하여 서리들이 왁자지껄 떠들며 어사중승御史中丞을 몰아내기도 하고 연관宦官이 거칠고 오만하여 재상을 물러나게도 하고, 위병들이 흉악하여 소송으로 간악을 막지 못하고, 옛 군인들에게 은택이 더해져서 (…) 그래서 원수는 비장을 두려워하고, 비장은 장교를 두려워하고, 장교는 사졸을 두려워합니다. 간사하고 비열한 신하들이 검열도 생략한 채 교만과 나태를 일삼고 노쇠한 사람들을 비호하여 쓸모없는 관직들만 늘어가고 있습니다. 바른 법을 가로막고 방자하게 굴고 있습니다. 속백의 예물을 훼손하여 분노를 자아내고 있습니다. 감언과 아첨이 없는 곳이 없습니다. 그리하여 사졸들이 다 같이 그런 짓을 영예롭게 생각하고 그 원망을 윗사람에게 돌리고 있습니다."[212] 사마광이 묘사한 상황으로 보건대 당시 통치 집단 내부는 상당히 혼란스러웠고 질서가 없었으며 이권 쟁탈로 서로 알력이 생겼고 사람들은 "그 원망을 위로 돌리는" 상황이었다. 이처럼 기강이 해이해진 상황을 보고 사마광은 대단히 걱정했으며 『자치통감』의 사론을 통해 기강과 명분의 문제를 대대적으로 제기했다. 그는 역사에 대한 평론을 통해 현실적 정치 질서가 다시 세워지기를 기대했다. 사마광의 사론은 왕안석의 신법에 반대하는 태도를 잘 드러내고 있다. 이를테면 붕당을 제거하기 어렵다는 당 문종文宗의 걱정에 이렇게 논평한다. 군자와 소인은 함께 일을 할 수 없다. 군주가 "현명하게 통찰하지 못하고, 강하게 끊어낼 수 없으면 정과 사가 함께 들어오고 비방과 칭찬이 교차하게 되며, 취사선택이 자신에게서 이루어지지 않고 권위와 복록이 다른 사람에게로 옮겨가게 된다. 그리하여 간특한 사람이 뜻을 얻고 붕당의 의론이 횡행하게 되는 것이다."[213] 이 논평은 사실상 왕안석을 겨냥한 것이다. 그는 일찍이 「왕안석 탄핵을 주청하는 표奏彈王安石表」에서 다음과 같이 왕안석을 질타했다. "붕당이 비늘처럼 모이고 친구들이 별처럼 모여 가까운 곳에 포진하고 혹은 중임을 맡아서 신기神器를 엿보고 멋대로 복록과 위엄을 만들어내니 인심이 동용하고 천하가 놀라움에 떱니다. (…) 신과 왕안석은 마치 얼음과 재처럼 한 그릇에 있을 수 없습니다."[214] 역사로 정치를 논하는 것은 특별한 의미가 있다. 현실 정치에 역사적 근거를 부여해줄 수 있으며 역사를 현실 정치의 참조물로 삼을 수 있다. 이렇게 사람들로 하여금 현실과 역사를 비교할 수 있게 하여 현실 정치에 대한 판단과 정향을 얻도록 해준다.

역사학의 정치화는 중국 전통 사학의 발전 추세였는데 『자치통감』은 역사학 정치화의 전형적인 예다. 사마광은 역사학과 정치학을 결합시켜 정치적 안목으로 역사를 살피고, 정치적 표준으로 역사를 평가하고, 역사를 정치사로 보았다. 아울러 역사 서술 과정을 통해 현실 정치에 봉사한다는 결론을 얻어냈다. 이는 바로 역사를 정치학 교과서로 바꾸는 것이다.

02

천자의 직무는 예보다
큰 것이 없다

사마광이 역사를 쓴 뜻은 역사를 통해 정치 규범을 확립하고 사회 질서를 다시 세우기 위함이었다. 이 정치 규범이 집중적으로 구현된 것이 예다. 예는 그의 역사 저술을 관통하고 있으며 정치사상의 핵심이었다.

사마광은 예를 최고의 행위 준칙이자 정치 규범으로 간주했다. 『자치통감』 시작 편에서 그는 예의 작용을 세밀하게 표현하면서 이렇게 말한다. "신은 천자의 직무가 예보다 큰 것이 없으며, 예는 분分보다 큰 것이 없으며, 분은 명名보다 큰 것이 없다고 들었습니다.[215] 무엇을 예라 합니까? 기강이 그것입니다. 무엇을 분이라 합니까? 군신이 그것입니다. 무엇을 명이라 합니까? 공, 후, 경, 대부가 그것입니다. 사해의 넓은 땅과 수많은 민중은 모두 한 사람의 통제를 받습니다. 아무리 절륜의 힘과 드높은 지혜를 가졌다 하더라도 분주히 복무하지 않을 수 없으니 어떻게 예를 기강으로 삼지 않을 수 있겠습니까! 그럼으로써 천자는 삼공을 거느리고, 삼공은 제후를 통솔하고, 제후는 경대부를 제어하고, 경대부는 사와 서인을 다스립니다. 고귀한 신분으로 천한 사람에게 임하며 천한 사람은 고귀한 사람을 받듭니다. 위에서 아랫사람을 부리는 것은 마치 심복이 수족을 움직이는 것과 같고, 뿌리와 줄기가 가지와 잎을 제어하는 것과 같습니다. 아랫사람이 윗사람을 섬기는 것은 수족이 심복을 지키고 가지와 잎이 뿌리를 감싸는 것과 같습니다. 그런 뒤에야 상하가 서로를 지키고 국가는 안정되게 다스려집니다. 그래서 천자의 직무는 예보다 큰 것이 없다고 말하는 것입니다."[216] 예는 국가의 기강이므로 치국을 할 때는 예라는 핵심 고리를 우선적으로 장악하여 사회의 등급 질서를 확립해야 한다. 그는 예의 핵심 내용을 명분을 바로잡고 이를 통해 사람들 사이의 귀천과 친소의 등급 차별을 명확히 하는 것이라고 생각했다. "예는 귀천을 구분하고, 친소의 차례를 매기고, 뭇 사물을 재단하고, 여러 일을 통제합니다. 명분이 맞지 않으면 드러나지 못하게 하고 제 역할을 하는 기물이 아니면 드러나지 못하게 합니다. 명분에 따라 명령하고 기물에 따라 분별합니다. 그런 뒤 상하가 눈부신 윤리를 갖게 되는데 이것이 예의 큰 원칙입니다."[217] 사람들의 등급과 명분만 확정이 되면 귀천과 존비가 다 제자리를 찾고 천하는 안정된 질서를 유지하게 되어 혼란스럽지 않은 치세에 다다르게 된다는 것이다.

사마광이 보기에 사회가 존재하고 발전하려면 사람들이 공동으로 준수해야 할 정치 행위 규범이 반드시 하나 있어야 했다. 이 규범은 사회 안정을 유지시키는 기본적 보증인데, 사회적 혼란은 모두가 이 규범을 잃었기 때문에 생겨난 것이다. 따라서 다시 한번 사회정치 규범을 확정하는 것은 대단히 필요한 일이다. 그는 예야말로 이 정치 규범의 핵심이며 사람들이 응당 따라야 할 보편적 원칙이라고 생각했다. 그는 말한다. "예라는 물건은 얼마나 위대한가! 제 몸에 운용하면 동정에 법도가 있어 온갖 행동이 정비되고, 집안에 운용하면 내외간 분별이 있어 구족이 화목하고, 향촌에서 운용하면 장유에 윤리가 있어 풍속이 아름답게 되고, 국가에 운용하면 군신 간에 질서가 있어 정치가 성공하고, 천하에 운용하면 제후들이 순복하고 기강이 바르게 된다."[218] 결과적으로 "국가의 치란은 예에 근본이 있다"[219]는 것이다. 몸, 집, 향촌, 국가, 천하 등 몇 가지 차원에서 볼 때 모두 예를 통해 관계를 유지할 필요가 있으며 예가 있어야 비로소 질서가 잡힐 수 있다. 이 때문에 예 규범의 준수는 중요한 사회정치적 의의를 지닌다.

예를 따른다는 시각에서 역사를 바라보는 것이 사마광 역사가치관의 특징이다. 그는 사회 혼란의 근본적인 이유를 모두 예의가 있느냐 아니냐에 귀결시켰다. 예가 있으면 치세이고 예가 없으면 난세다. 그는 당 이래의 역사를 분석하면서 이렇게 생각했다. "당나라는 숙종肅宗 이래 고식적 정책 집행에만 힘을 썼고 그 결과 각 진과 번이 발호하고 조정을 위협했다. 사졸들이 교만해져 원수를 핍박하는 등 하극상이 빈발하고 기강을 회복하지 못했다. 오대에 이르러 천하가 큰 혼란에 빠져 황조의 운명이 핍박에 시달리고 민생은 도탄에 빠졌다."[220] 그는 역사상 출현했던 상규에 어긋난 모든 현상의 원인을 예법 제도의 붕괴에서 찾았다. 이를테면 삼가분진三家分晉[221]과 진秦 왕조의 멸망 등은 모두 예악이 붕괴한 결과라고 한다. 사회를 난세에서 치세로 돌리려면 반드시 예 규범을 확립하여 사람들로 하여금 다시 질서화의 궤도에 들어서도록 해야 한다.

예는 정치 행위 규범으로서 강렬한 구속력을 지닌다. 군주든 신하든 백성이든 모두 이를 준수해야 마땅하며 특히 군주는 더욱 당연히 앞장서서 준수해야 한다. 사마광은 역사상 예를 준수했던 사람들에 대해서는 충분히 긍정하지만 그렇지 않은 사람들은 세차게 질타했다. 뛰어난 군주라 하더라도 예를 잃은 부분이 있으면 비판을 받아야 했다. 당 태종은 명군 중에서도 출중한 사람이라고 할 수 있는데 일찍이 신료들과 대화하면서 예악에 대해 경시하는 태도를 보인 적이 있다. 사마광은 이 일을 평론하면서 이렇게 말했다. "선왕들은 예악의 근본을 지켜서 잠시도 마음에서 벗어난 적이 없다. 예악의 문식을 실천해서 잠시도 몸에서 멀리한 적이 없다. 집안에 흥하고, 조정에 드러나고, 향촌과 이웃에 미치고, 제후들에게 다다르고, 사해에 흐르면서 제사와 군대로부터 음식과 기거에 이르기까지 예악 가운데 있지 않은 적이 없었다. 이렇게 수십 년 백 년이 흐른 뒤에야 정치 교화가 널리 퍼져서 봉황이 춤추는 태평성대가 된다. 근본을 무시한 채 그 말절들만 존치하고 하루 실천하고 백 일을 버리면서 풍속이 바뀌기를 바라는 것은 실로 어려운 일이다. (…) 태종이 정치의 흥망성쇠는 예악으로 말미암은 것이 아니라고 운운하니 어떻게 그렇게 쉽게 이야기하는 것인지 과연 성인이 아니라는 것을 이처럼 드러내는 것이려니!"[222] 조금도 꾸밈없이 당 태종에 비판을 제기했다. 서진西晉의 무제武帝가 문제文帝를 위해 예를 다해 상을 치르는데 대신 배수裵秀와 부현傅玄이 이를 반대한 일을 두고 사마광은 이렇게 말한다. "삼년상은 천자로부터 서인에 이르기까지 선왕들의 예의 원칙으로서 백 세대가 가도 바뀔 수 없는 것이다. 한 문제文帝는 자기 마음을 옳게 여기고 공부하지 않았으며 옛것을 바꾸고 예를 파괴했다. 부자간 은혜를 끊었으며 군신 간 의로움을 어그러뜨렸다. 후세 제왕들은 애척의 정을 돈독히 할 수 없었으며 뭇 신하가 아첨을 일삼아 바르게 다스릴 수가 없었다. 진 무제만이 홀로 천성이 발라서 그것을 실천하니 불세출의 군주라 할 만하다. 그런데도 배수와 부현의 무리가 고루하고 평범한 신하로서 옛 습관에 젖어서 그 아름다움을 따르지 못했으니 애석하도다!"[223] 이는 예를 유지하려는 사마광의 태도가 얼마나 견고한 것인지를 잘 드러내준다.

신민과 백성으로 말하자면 예의 강제 구속력은 문제의 한 측면일 뿐이다. 예의 규범 작용이 진정으로 발휘되려면 사람들로 하여금 내심에서 예의 정신을 받아들이게 만들 필요가 있다. 사마광은 이 점을 매우 분명히 했으며 광범한 예의 교화를 진행해 사람들로 하여금 자발적으로 예의 규범을 준수하도록 만들 것을 주장했다. "교화는 국가의 급선무인데 속된 관리들이 이를 업신여긴다. 풍속은 천하의 대사인데 범용한 군주들이 이를 소홀히 한다. 오직 현명하고 지혜로운 군주만이 깊이 알고 멀리 생각한 뒤 그 이익이 얼마나 크고 그 공적이 얼마나 넓은지 이해한다."[224] 예의 교화는 국가의 중요한 대사이며 사회적 혼란에 직접 영향을 미친다. 그래서 그는 후한 광무제가 "널리 학교를 열고 예악을 명철하게 닦은 데" 대하여 크게 찬양을 하며 "삼대가 망한 후 풍속 교화를 잘하기가 동한만큼 융성한 적이 없었다"[225]고 칭송한다.

사마광은 예의 교화를 통해 사람의 품성이 바뀔 수 있다고 생각했다. 그는 양웅揚雄의 관점에 찬성하면서 이렇게 주장한다. "양웅은 사람의 본성에 선과 악이 혼재한다고 생각했다. 혼재라 함은 선과 악이 몸 안에 섞여 있음을 말한다. 사람들이 선택하여 어떻게 수양하는지를 돌아볼 따름이다. 선을 수양하면 선인이 되고, 악을 수양하면 악인이 된다."[226] 여기서는 '수양'의 작용을 강조한 것인데 인성이 후천적 개조를 거쳐 전환될 수 있다는 이야기다. 개조와 전환의 길이 바로 학습과 교육이다. "학습하지 않으면 선이 날로 사라지고 악이 날로 번성하며, 학습하면 악이 날로 사라지고 선이 날로 번성한다."[227] 학습과 교육은 사람들의 선을 촉진하는 기본 방식이다. 학습과 교육의 주요 내용이 바로 예의다. 예의 교화와 선은 인과 관계를 갖는다. "성인은 예의를 붙들고 매사를 대하니 선하지 않으려 해도 선이 저절로 온다."[228] 예와 선을 연계시켜 예로 하여금 사람들이 응당 갖춰야 할 중요한 인소가 되게 하는 것, 이것은 바로 예의 객관적 규범성과 주관적 자각 구속성을 통일시키는 일이다. 이렇게 되면 예는 사람들의 행위 규범이 될 뿐만 아니라 사람들의 사상 규범이 되기도 한다.

예를 정치 규범으로 삼는 사마광의 사상은 새로운 내용이 많지는 않다. 기본적으로는 유가 예학의 일환이다. 하지만 그가 역사를 쓰고 논하는 방법으로 예학을 대대적으로 다룬 것은 당시에는 강한 정치적 의도를 지니고 있었다. 첫째, 왕안석의 변법을 겨냥하여 제기한 것이다. 개혁의 방법과 세기를 두고 사마광과 왕안석의 정견이 달랐는데 사마광은 "조종의 법은 바뀌어선 안 된다"[229]는 입장을 견지하며 신법 실시를 저지했다. '조종의 법'을 수호하기 위해 그는 예의 보편성과 영원성을 대대적으로 언급하고 예의 지위를 확립함으로써 정치 질서를 새롭게 안정시켜야 한다고 주장했다. 둘째, 당송 이래 정치 상황을 겨냥하여 제기한 것이다. 당송 이래 사회 구조에 일련의 변화가 발생하고 사회의식도 그에 따라 변화했다. 이데올로기 영역에서 최고의 원칙을 확정하기 위해 그는 예의 정신을 극력 제창했으며 예를 사람들이 보편적으로 준수해야 할 정치 준칙으로 만들려고 했다. 당시의 사대부 집단에서 사마광은 수구적 의식이 비교적 농후한 사람이었다. 예론은 그가 대규모 변법에 반대한 이론 기초 가운데 하나였다.

03

이상적
성왕 모델

군주의 형상은 역대 정치사상가 모두가 대단히 관심을 기울인 문제였다. 그들은 항상 '성제명왕聖帝明王' 즉 성왕이 출현하기를 기대했으며 성왕의 힘에 의지하여 사회를 '도덕적인 세상'으로 이끌고자 했다. 사마광도 예외가 아니었다. 그는 각 방면에서 이상적 성왕 모델을 만들어내는 데 진력했으며 이 모델을 통해 군주를 이끌고 규범화하려고 시도했다.

사마광은 국가 치란의 관건 인물은 군주이며 군주가 현명한지 어리석은지 여부가 사회에 심각한 영향을 미친다고 생각했다. 그래서 그는 명군을 극력 찬양하고 혼군을 배척했으며 무도한 군주에게 무정한 폭로를 서슴지 않았다. 그는 군주의 품격을 '오재五才' 즉 다섯 부류로 나누었다. '오재'는 창업, 수성, 능이陵夷(즉 쇠퇴), 중흥, 난망亂亡이다. 그는 말한다. "창업자는 지혜와 용기가 한 시대의 으뜸인 사람이다. 왕자가 처음 경륜을 시작할 때는 고정된 토지도 없고 정해진 백성도 없이 영웅들이 서로 각축하며 다툰다. 재능이 서로 짝을 하면 둘이 되고, 셋이 비슷하면 셋이 된다. 많을수록 많이 나뉜다. 따라서 지혜와 용기가 한 시대의 으뜸이 아니면 천하를 통일할 수 없다. 수성자는 중간 재능으로 스스로 수양할 수 있는 사람이다. 왕자의 동작과 말씀은 가까운 것을 얻으면 이익이 멀어지고 미세한 것을 잃으면 손해가 크므로 반드시 신중하고 성실하게 직무에 임해야 한다. 조종의 법도를 받들고 폐단이 생기면 보완하고 기울어지면 떠받쳐야 한다. 노인들로부터 옛날처럼 즐겁지 못하다는 탄식 소리가 나오지 못하도록 한 연후에야 수성했다고 말할 수 있다. 능이, 즉 쇠퇴의 길에 들어선 자는 중간 재능으로 스스로 수양하지 못한 사람이다. 연회의 편안함에 젖고, 나태함을 즐기며, 사람이 충성스러운지 사특한지 혼동하여 구분하지 못한다. 일의 득실을 두고 살필 줄 모르며 목전의 안일만 취하고 영원한 재앙을 생각지 못한다. 구릉의 위세를 자랑하던 조종의 위업이 날로 조금씩 퇴락하여 아래로 치닫는데도 스스로 알지 못하니 그래서 능이라고 부르는 것이다. 중흥자는 재능이 타인을 넘어서고 자강을 잘하는 사람이다. 제왕의 자손이지만 소인들의 간난신고를 잘 이해하고 아랫사람들의 사정을 다 풀어준다. 재능이 다른 사람을 넘을 뿐만 아니라 근신하고 깊이 생각하고 현인을 존중하고 도덕을 추구하며 선을 보면 실천하고 잘못이 있으면 고친다. 그리하여 난세라도 반드시 치세로 만들고, 위태로워도 반드시 안정시키고, 이미 쇠락했음에도 반드시 다시 흥하게 한다. 난망한 자란 최악의 어리석음을 벗어나지 못하는 사람이다. 마음에 도덕과 정의가 들어설 구석이 없고, 본성이 법칙을 받아들이지 못한다. 도덕을 버리고 악을 좇으며, 예의를 버리고 욕망만 추구한다. 아첨꾼을 쓰고 정직한 사람을 죽이며, 주색에 빠져 사람으로 마땅히 해야 할 도리를 다하지 않고 형살에 도량이 없다. 신이 노해도 돌아보지 않고 백성이 원망해도 알지 못한다. 그리하여 적국이 있으면 적국이 멸망시키고 적국이 없으면 아래 백성이 배반한다. 재앙은 밖에서 오는 것이 아니라 반드시 그 안에서 일어난다."[230]

사마광의 군주 분류는 역사 발전과 변천의 과정에 대한 고찰을 통해 얻은 것이다. 이 다섯 부류의 통치는 한 왕조의 흥망성쇠라는 몇 가지 단계 즉 흥기, 발전, 쇠퇴, 중흥, 멸망을 보여주고 있다. 유형이 다른 군주들이 역사 발전에 일으키는 작용은 분명히 다르다. 이 때문에 그들에 대한 평가 또한 달라지는 것이다. 사마광은 창업, 수성, 중흥의 군주를 찬양하고 능이와 난망의 군주를 배척한다. 그가 보기에 송 왕조가 당시 처한 상황은 바로 위태롭고 어지러운 쇠퇴의 시기였다. 그 앞에 놓인 길은 두 가지다. 하나는 중흥이고 다른 하나는 멸망이다. 후자의 길을 피하기 위해서 그는 중흥 군주가 출현하여 제때 정치를 조정하고 부흥의 대업을 완성하기를 대단히 기대했다. 하지만 중흥 군주가 되기는 쉬운 일이 아니다. "재능이 타인을 넘어서야" 할 뿐 아니라 "자강을 좋아해야" 한다. 다시 말해 초인적인 재능과 덕이 있어야 한다. 이와 같은 역사적 분석에 기초하여 그는 군주라면 응당 부단히 덕을 수양하고 재지를 늘리고 명군이 되려고 노력해야 한다고 생각했다.

영명한 군주가 되려면 우선 세 가지 덕목 즉 인仁, 명明, 무武를 구비해야 한다. 그는 말한다. "인이란 단순한 양육이나 고식적인 태도만을 가리키는 것이 아니다. 교화를 일으키고, 정치를 손질하고, 백성을 양육하고, 만물을 이롭게 한 뒤에야 인하다고 할 수 있다. 명이란 교묘하게 속이고 가혹하게 따지는 것을 일컫는 것이 아니다. 도의를 알고, 안위를 이해하고, 현우를 구별하고, 시비를 변별한 연후에야 명하다고 할 수 있다. 무란 강함과 폭력을 지칭하는 말이 아니다. 오직 도의가 있는 방향으로 결단하여 의심하지 않고, 간악에 미혹당하지 않고 아첨에 휘둘리지 않은 연후에야 무하다고 할 수 있다. 그래서 인하면서 명하지 못함은 좋은 전답이 있음에도 경작하지 못함과 같고, 명하면서 무하지 못함은 잡초의 싹을 보고도 뽑아버리지 못함과 같고, 무하면서 인하지 못함은 수확만 알고 심을 줄 모르는 것과 같다. 삼자가 모두 갖추어지면 그 나라는 강해지고 하나가 빠지면 쇠약해지고 둘이 빠지면 위태로워지고 하나도 없으면 망한다."231 삼덕은 도덕과 지혜와 재능의 통일이다. 삼자는 상호 보완적 이어서 하나라도 없어선 안 된다. 인, 명, 무 "삼자가 모두 갖추어지는" 것 이 "군주의 덕"의 최고 경지다. '군주의 덕'에 대한 사마광의 개괄은 대단 한 식견을 갖춘 것이다. 그는 군주가 그저 군주의 지위만을 이어받아서 는 절대로 부족하며 자신의 통치 지위를 공고히 하기 위해서는 우선 자 신을 수련하고 완벽하게 만들어야 한다고 생각했다. 그런 뒤에야 순조롭 게 정치적 통치를 실현시킬 수 있을 것이다. 이는 그의 역사에 대한 깊은 분석을 통해 얻어낸 인식이었다. 역사적으로 볼 때 진정으로 삼덕을 통 일한 경지에 이른 군주는 많지 않았다. 하지만 가치 척도이자 이상적인 추구로 이 주장은 현실 군주 정치에서도 일정한 의의를 지니고 있다고 할 수 있다.

명군은 삼덕을 구비하는 것 외에도 반드시 간언을 채납하고 잘못을 고치려는 의식을 가져야 한다. 그리고 교만하거나 자만해서도 안 되며 제 멋대로 음란, 사치해서도 안 된다. 그렇지 않으면 창업, 수성, 중흥의 군주 가 능이나 난망의 군주로 바뀔 수도 있다. 사마광은 군주도 보통 사람과 마찬가지로 부족한 존재이며 성왕도 마찬가지라고 생각했다. 그들이 보 통 사람을 뛰어넘는 점은 여러 사람의 말을 듣고 잘못을 알면 바로 고친 다는 데 있다. "사람이기 때문에 누구도 잘못을 면하지 못한다. 오직 성현 만이 그것을 알고 고칠 수 있다. 옛 성왕은 잘못이 있음에도 스스로 알지 못하는 것을 걱정했다. 그래서 비방의 기술을 개발했으며 과감히 간언하 도록 북을 걸어두었다. 어찌 백성이 그 잘못을 듣는 것을 두려워하겠는 가! (…) 이렇게 볼 때 군주되는 사람은 잘못이 없는 것을 현명하다고 생 각하지 않고 잘못을 고치는 것을 아름답게 여겨야 한다."232 "잘못을 고치 는 것을 아름답게 여기는" 것이야말로 명군의 자질이자 정치적으로 성공을 거둘 수 있는 필수 조건이기도 하다.

사마광이 만들어낸 성왕의 형상은 고상한 도덕 수양과 범인을 초월하는 도량, 그리고 폭넓은 학식과 재지를 갖춘 명군이다. 이는 그가 추구하는 이상적 인격이기도 하다. 사마광은 정치의 부흥과 국가 안정의 희망을 최종적으로 역시 성왕의 신상에 기탁했다. 이는 그의 정치역사관이 일종의 영웅 사관임을 드러낸 것이다.

04

용인用人을 중심으로 한
신하 제어와 치국의 술

사마광은 삼덕이 군주가 응당 갖춰야 할 내재적 소질일 뿐이라고 생각했다. 이것만으로는 부족하며 삼덕이 반드시 정치 과정 중에 구현되어야 비로소 군주의 결정적 작용을 발휘할 수 있다고 보았다. 그는 말한다. "치란과 안위와 존망의 근본이 모두 군주의 마음에 근원을 둔다. 인仁, 명明, 무武는 내부에서 발출하는 것이다. 용인用人, 상공賞功, 죄벌罪罰이 외부에서 시행되는 것이다. 내부에서 발출하는 것이 두텁든 얇든 많든 적든 하늘로부터 품부받는다. 호학好學하면 마땅히 따라야 할 바를 알고, 역행力行하면 빛과 아름다움이 날로 새로워진다. 외부의 시행이 정당할 경우 치세, 안정, 존재를 유지하지만 그 시행이 부당할 경우 난세, 위기, 망함에 이른다."233 확실히 사마광은 군주의 도를 두 가지 측면에서 보고 있다. 한 가지 측면은 군주 자신의 덕행 즉 이른바 '군주의 덕'이다. 이 점은 '호학' '역행'함으로써 차츰 도달하게 된다. 다른 한 가지 측면은 통치 예술 즉 이른바 '치국의 요체'다. 이는 정치적 작업의 기교 문제다. 작업이 정당성을 얻느냐의 여부가 국가의 존망과 안위에 관계된다. 그래서 군주의 통치 예술 또한 대단히 중요한 것으로 명군은 반드시 이를 갖추어야 한다.

군주의 통치 예술은 구체적으로 세 가지 측면에서 드러난다. 이른바 "치세에 이르는 도는 세 가지인데 임관任官, 신상信賞, 필벌必罰을 말한다."[234] 사마광은 이 세 가지를 반복해서 강조하며 군주가 이 세 가지를 꽉 붙들고 있기를 요구하는데 이를 '치국의 요체'라고 부르기도 했다. 실제로 이세 가지의 핵심은 바로 용인 문제 즉 어떤 사람을 쓰고 어떻게 사람을 쓸것인지에 대한 문제다. 그는 용인 문제를 대단히 높은 차원에서 인식했다. "안위의 근본은 사람의 임용에 달려 있습니다. (…) 안팎의 백관은 각자맞는 사람이 맡고, 현능자가 진출하고 불초자가 물러나며, 충직한 사람이가까이 있고 아첨꾼이 멀리 있다면 천하가 어찌 불안하겠습니까. 직무를맡은 신하 대부분이 제 사람이 아니고 현능한 사람이 물러나고 불초자가진출하며, 충직한 사람은 멀리하고 아첨꾼을 가까이한다면 천하가 어찌위태로워지지 않겠습니까."[235] 용인은 국가 안위에 관계되는 큰 문제로 조금도 가볍게 넘겨서는 안 된다. 사마광은 역사와 현실을 살펴보고 "위정의핵심은 용인에 있다"는 인식을 얻었다. 그는 군주에게 "군주가 지켜야 할일은 사람을 아는 것보다 큰 것이 없다"[236]고 경고했다. 용인은 군주의 정치와 통치 가운데 가장 중요한 고리다. 사마광이 용인 문제를 이토록 높은 위치로 끌어올린 것은 당시의 용인 제도와 관리 부패 등 현상에 대한그의 불만을 반영한 것이다. 동시에 정치 조정을 할 때는 사람을 구하는것이 급선무이며 입법은 조금 늦춰도 된다는 그의 주장과도 직접적으로연관된다.

사마광은 용인 문제의 중요성을 제기한 뒤 군주에게 용인의 도리를 제공하기도 했다. "무릇 용인의 도는 폭넓게 채용하고, 정밀하게 변별하고, 적절하게 사용하고, 전문 분야를 맡기는 것이다. 한 사람이 모든 재능을다 가질 수 없으므로 폭넓게 채용하기 위해서는 장점을 거두고 단점을버린다면 천하에 아주 쓸모없는 사람은 없을 것이다. 정미하게 변별하기 위해서는 이름이 실질을 가리도록 하지 않고, 거짓이 참을 모방토록 하지 않고, 말을 들으면 반드시 그 행동을 관찰하고, 임무를 부여하고는 반드시 그 공적을 살핀다면 뭇 신하가 속뜻을 감추지 못할 것이다. 적절하게 사용하기 위해서는 재능과 엇갈리게 쓰지 않아야 하는데, 인자仁者는 지키도록 하고, 명자明者는 다스리도록 하고, 지자智者는 도모하도록 하고, 용자勇者는 결단하도록 한다면 그 어떤 직무도 실패가 없을 것이다. 전문 분야를 맡긴다 함은 삿되고 어리석은 사람이 무너뜨리지 못하도록 하는 것이다. 현인을 알아보고 어리석은 사람이 날마다 비방해도 돌아보지 않으며, 바른 사람을 알아보아 삿된 사람이 날마다 훼방해도 듣지 않는다면 큰 공적이 이루어질 것이다. 그런 뒤 높은 관작과 두터운 녹봉으로 근면을 권고하고 엄형과 무거운 벌로 태만을 징계하며, 사적인 호오에 따라 상을 주지 않고 기쁨과 분노의 감정에 따라 형벌을 가하지 않아야 한다. 이와 같이 하면 아랫사람들은 그 덕을 마음에 새기고 위엄을 두려워할 것이며 쓰여지는 것을 즐거워하고 감히 속이지 않을 것이다. 견고한 수레를 타는 것에 비유할 수 있다. 훌륭한 말을 부리고 여섯 고삐를 잡고 긴 채찍을 떨치며 드넓은 길에 우뚝 서서 가고자 하는 곳이 있으면 어딘들 못 갈 곳이 있겠는가? 이것이 군주의 핵심 도리다."[237] 이 용인 이론은 역사상 군주 정치에 대한 총결이다. 그가 보기에 군주가 자신의 통치를 실현하고 국가를 잘 다스리려면 반드시 전체 통치 집단으로 하여금 제 역할을 다하도록 하고 용인을 잘하여 모든 구성원이 적극성을 발휘하도록 해야 했다.

사마광이 제기한 용인의 도는 주로 다음 네 가지 내용을 포함하고 있다.

첫째, 여러 장점을 널리 채택한다. 그는 사람마다 장점과 단점이 있어 모든 면에 완벽한 사람은 있을 수 없다고 생각했다. "사람이 부여받은 자질에는 각자의 재능이 따로 있다. 혹자는 덕에 강하나 재능이 부족하고,

혹자는 이것을 잘하지만 저것에 단점이 있다. 고요皐陶,[238] 기夔,[239] 후직后稷,[240] 설契[241]이라 하더라도 각자 한 가지 관직에만 능했는데 하물며 중간 정도의 사람이 어떻게 모든 것을 갖추겠는가? 그래서 공자는 문하에 4과科를 설치해 선비를 논했고, 한나라 왕실은 여러 길을 열어 사람을 구했다. 잘못만 지적하여 잘한 곳을 가린다면 조정에 쓸 수 있는 사람이 하나도 없을 것이다." 완전[242]한 인재란 없는데 완전하기를 따진다면 스스로 인재의 길을 막는 일이다. "군자가 사람을 취할 때는 완벽을 구하지 않는다. 잘한 점을 칭찬하며 나쁜 점을 염두에 두지 않는다. 뛰어난 점을 구하고 서투른 점은 나무라지 않는다. 그렇기 때문에 사람들이 제 역할을 다하고 기꺼이 따르며 원망이나 미움을 품지 않고 공을 이룬다."[243] 그는 또한 고조가 진평陳平, 한신韓信, 번쾌樊噲 등의 장점을 이용하여 마침내 '천하를 겸병'한 예를 들어 이 문제를 설명한다. 이에 따라 그는 사람을 쓸 때 단점 때문에 장점을 폐기해서는 안 되며 "장점만을 받아들이고 단점을 버리도록" 하면 "천하에 쓸 수 없는 사람이란 없다"고 주장했다.

둘째, 거짓을 변별하여 진실을 안다. 임용한 사람은 깊고 세밀하게 관찰해야 하며 일시적인 허상에 속아서는 절대로 안 된다. "나라의 핵심은 인재를 자세히 살피고 아랫사람들의 사정을 두루 아는 데 있다. 인재를 자세히 살피는 것을 눈이 밝다 하여 명明이라 부르고, 아랫사람들의 사정을 두루 아는 것을 귀가 밝다 하여 총聰이라고 부른다. 명하면 백관이 제 직무에 충실하게 되고, 총하면 만기가 제 이치에 합당하게 된다. 백관이 제 직무에 충실하고 만기가 제 이치에 합당함을 다스림의 극치라 한다. 현명한 사람과 어리석은 사람을 뒤섞는 것을 어두울 혼昏이라 부르고, 아랫사람들의 사정이 위로 통하지 않는 것을 가릴 폐蔽라고 부른다. 혼하면 모든 직무에 소홀해지고, 폐하면 여러 정무가 어그러진다. 모든 직무를 소홀히 하고 정무를 어그러뜨리는 것을 혼란의 극치라 한다."[244] 사람을 쓸 때는 반드시 그 사람을 알아야 하고, 반드시 '깊이 살펴야' 한다. "그 말을 들어보고는 반드시 그 행동을 관찰해야 하고, 임무를 맡기면 반드시 그 공적을 조사해야 한다."[245] 그렇게 해야 거짓을 버리고 진실에 머물 수 있고 진짜 재주 있고 실력 있는 사람을 중용할 수 있다. 사마광의 이 생각은 겨냥하는 바가 있었다. 이른바 군자-소인 논변과 붕당론은 당시 '희풍신법熙豐新法'에 반대하는 일군의 사대부들이 왕안석 등을 공격한 이론적 도구 가운데 하나였다. 그들은 송 신종이 왕안석을 임용해 변법을 단행한 것은 간사하고 거짓됨을 잘 변별해내지 못한 실수를 저지른 것이라고 생각했다.

셋째, 장점을 잘 활용한다. '재능 있는 사람을 멀리하지 않는다'는 원칙을 지키고 사람마다 자신의 특징과 장점을 발휘하도록 한다. 그는 재능 있는 사람을 돌아보지 않는 당시 조정 상황을 비판하며 이렇게 지적한다. "사람이 부여받은 자질에는 각자에게 잘 들어맞는 부분이 있다. 주공과 공자의 자질을 갖추었다 하더라도 모든 사람이 하는 바를 두루 다할 수는 없다. 하물며 그보다 아랫사람인 경우에랴! 당연히 각자의 장점을 취하여 써야 한다. 오늘날 조정에서 사람 쓰는 것을 보면 그렇지 못하다. 출신 성분을 따지고, 재능이 뛰어난 부분은 물어보지도 않는다. 그래서 양금兩禁[246] 즉 한림원翰林院에 근무하면 그가 엄조嚴助나 사마상여司馬相如[247]가 되기를 바라고, 장수를 임명하면 그가 위청衛青이나 곽거병霍去病[248]이 되기를 바라고, 주군州郡을 관리하면 그가 공수龔遂나 황패黃霸[249]가 되기를 바라고, 수도의 장관을 하면 그가 장창張敞이나 조광한趙廣漢[250]이 되기를 바라고, 재정 관리가 되면 그가 공근孔僅이나 상홍양桑弘羊[251]이 되기를 바란다. 세상에 어떻게 이와 같은 사람들이 있겠는가? 국가 재정이 궁핍해진 까닭은 조정에서 화폐나 곡물을 전문적으로 이해하고 운용하는 사람을 선택하지 못했기 때문이다."[252] 사람을 쓸 때 그 재능이 직무에 맞는지 여부에 주의를 기울이지 않고 무언가 해주기를 바라는 것은 근본적으로 불가능하다. 그는 국가 재정이 궁핍해진 건 바로 조정에서 사람을 부당하게 쓰기 때문에 생겨난 일이라고 정확하게 지적했다. 동시에 사람을 쓰면서 문벌이나 경력만 중시하고 재능을 알아보지 못하는 현상에도 비판을 가했다. 이 때문에 사마광은 부국도 좋고 강병도 좋으나 무엇보다 먼저 이치吏治를 개선하여 현명하고 능력 있는 사람을 임용하는 것이 중요하지 특정한 법제를 변경하는 것은 급선무가 아니라고 생각했다.

넷째, 사람을 쓰며 의심하지 않는다. 충성스럽고 강직한 사람은 '사특하고 어리석은' 사람이 아무리 비방하더라도 끝까지 믿어야 한다. "현인이 있음에도 군주가 알아보지 못하는 것은 현인이 없음과 마찬가지다. 알아보고도 쓰지 않는 것은 알아보지 못함과 마찬가지다. 쓰면서도 믿지 못하는 것은 쓰지 않는 것과 마찬가지다."[253] 현인을 알아보고, 현인을 쓰고, 현인을 믿는 것은 군주가 사람을 쓰는 몇 가지 중요한 고리다. 현인을 기왕 썼다면 응당 믿어야 한다. 현인을 믿지 못함은 사실상 현인을 쓰지 않음과 마찬가지다. 군주가 사람을 쓰는 데 전력을 기울이지 않고 신하들을 시기하는 것은 아주 나쁜 결과를 가져온다. 그는 다음과 같은 역사적 사실들을 열거한다. "악의樂毅가 연나라를 위해 제나라를 쳐서 70여 성을 빼앗았는데 연왕이 그를 의심하여 장군을 기겁騎劫으로 대체했다. 제나라 전단田單이 기겁을 속여 패퇴시키자 빼앗았던 제나라 땅을 모두 잃었다. 염파廉頗가 조나라 장수가 되어 진나라에 대항했는데 오래도록 전투를 벌이지 않자 조나라 왕이 그를 의심하여 장수를 조괄趙括로 대체했다. 진나라 백기白起는 조괄을 공격하여 포로로 잡고 그의 사졸 40만 명을 생매장했다. 항우項羽는 범증范增의 계책을 활용하여 제후들의 패자가 되었고 한왕을 형양滎陽에서 포위하여 거의 빼앗을 뻔했다. 그런데 한나라의 반간계를 듣고 범증을 의심했고 범증은 노하여 떠나버렸다. 항우는 끝내 한나라에 잡히고 말았다. 수레를 모는 사람이 명마인 기기騏驥를 복종시키고도 느리고 둔한 말을 붙여서 함께 앞으로 나아가길 바란다면 안 될 일이다. 밭을 가는 사람이 아름다운 곡식을 심고도 피나 강아지풀을 붙여서 무성하게 자라나길 바란다면 안 될 일이다. 나라를 다스리는 사람이 현명하고 재능 있는 사람을 배치하고도 소인들을 사이에 두어서 함께 다스려지기를 바란다면 안 될 일이다."254 나아가 군주가 "현인을 깊이 알아보고 정무를 맡겼으면" "다시는 의심하지"255 말라고 더욱 명확하게 주장한다.

사마광은 재才와 덕德의 관계에 대해서도 논의했다. 그는 "총명한 관찰과 강한 의지를 재라 일컫고, 정직과 중화中和를 덕이라 일컫는다"256고 말한다. 그는 재덕의 정도에 따라 사람을 네 가지 부류로 구분했다. "재덕이 모두 온전한 사람을 성인이라 일컫고, 재덕이 아무것도 없는 사람을 우인愚人이라 일컫고, 덕이 재를 능가한 사람을 군자라 일컫고, 재가 덕을 능가한 사람을 소인이라 일컫는다."257 성인은 재덕을 겸비한 최고의 인격체이지만 현실에서 성인의 경지에 다다를 수 있는 사람은 아주 드물다. 여러 상황하에서 재와 덕은 일치하지 않는 경우가 많다. 이때 무엇에 근거하여 사람을 취할 것인가? 그는 덕을 앞자리에 놓으라고 주장하며 이렇게 말한다. "재는 두터우나 덕은 엷을 수가 있고, 덕은 풍성하나 재는 없을 수 있다. 둘 다 고르게 가질 수 없을 경우에는 재를 버리고 덕을 취하는 것이 낫다."258 덕을 중시함은 사마광의 일관된 사상이다. 그는 「논거선장論擧選狀」에서 글을 시작하자마자 이렇게 주장한다. "신은 삼가 선비를 취하는 길은 덕행을 우선으로 삼아야 한다고 생각합니다. 그다음이 경전학술이고, 그다음이 정무 능력이고, 그다음이 예능일 것입니다."259 이 관점에 근거하여 그는 "재는 덕의 바탕이고, 덕은 재의 통솔자"260라고 말한다. 재와 덕은 각각의 작용이 있지만 덕이 결정적 작용을 하는 인소이며 덕으로 재를 통솔해야 한다. 그는 덕을 손바닥에 비유하고 재를 손가락에 비유하면서 "손바닥이 없으면 손가락은 아무 쓸모가 없다"[261]고 말한다. 덕을 벗어나면 재는 정상적으로 작용할 수가 없다. 사마광은 이 관점에서 역사에 대해 다음과 같이 결론 맺는다. "자고이래 나라를 어지럽히는 신하나 집안을 망치는 자식은 재는 넘치나 덕이 부족하여 뒤집어진 경우가 많았다."[262] '덕을 우선으로 삼고' '재를 버리고 덕을 취하는' 사마광의 용인用人 사상은 분명히 취할 만한 구석이 있다. 하지만 그는 덕의 작용을 과도하게 강조하여 차라리 '재와 덕 둘 다 없는' '우인'을 취할지언정 '재가 덕을 능가하는' '소인'을 취하지 말라고 한다. 이는 극단으로 치달은 것이다.

사마광의 용인 방법에는 두 가지 측면이 더 있는데 바로 상과 벌이다. "군주의 직책은 무엇을 이르겠습니까? 신의 어리석은 생각으로는 재능을 헤아려 관직을 수어하는 것이 하나이고, 공적을 헤아려 상을 더해주는 것이 둘이고, 죄를 살펴서 벌을 실행하는 것이 셋입니다."[263] '상을 더해주고' '벌을 실행하는' 것이 군주의 직책이므로 반드시 온전히 장악해야 한다. 우선 군주는 사람을 쓰면서 상벌을 분명히 하고 "공功을 이룬 사람에게는 상을 주고, 관官을 해치는 자에게는 벌을 주어야 한다"[264] 다음으로 상벌은 적절해야 한다. "공에 높고 낮음이 있으므로 상에도 두터움과 엷음이 있다. 죄에는 작고 큰 경우가 있으므로 벌에도 가벼움과 무거움이 있다."[265] 마지막으로 군주는 "지극히 공정하고 지극히 명철해야" 하고 신상필벌信賞必罰해야 한다. 개인적인 기쁨이나 분노, 좋아함과 싫어함에 따라 상벌을 실시해서는 안 된다. "좋아함과 싫어함에 따라 상을 주어서는 안 되며, 기쁨이나 분노를 옮겨 형벌을 가해서는 안 된다."[266] 그 근거는 이렇다. "작록은 천하의 작록이지 군주의 기쁨을 두텁게 해주는 것이 아니다."[267] "형벌은 천하의 형벌이지 군주의 분노를 풀어주는 것이 아니다."[268] 작록과 형벌은 군주 개인의 소유가 아니다. 따라서 군주는 개인적인 감정으로 상벌을 행해선 안 된다. 공정하게 상벌을 시행할 수만 있다면 "아랫사람들이 그 덕을 가슴에 품고 위엄을 두려워할 것이며, 그에게 쓰이는 것을 즐거워하고 감히 속이지 않을 것이다."[269]

사람을 쓰는 방법 즉 용인지도用人之道는 역대 통치자와 정치가들이 매우 중시했던 문제였다. 사마광은 이를 '군주의 핵심적인 도'라고 불렀으며, 정치를 조정하는 관건으로 보았으니 그가 이것을 얼마나 중시했는지 알 수 있다. 북송 중기는 관료 기구가 비대해지고 이치吏治가 부패했으며 쓸모없는 관원들이 조정을 가득 메우고 있었다. 사마광의 용인지도는 바로 이와 같은 폐단을 마주하고 제기된 것이다. 그는 군주가 이 도를 장악하여 이치를 정돈하여 신하에 대한 총체적인 통제가 행해지고, 정치를 안정시키는 통치가 행해지기를 희망했다. 그리고 정치의 조정과 부국강병에 대한 희망을 군주가 선발한 재덕겸비의 일군의 현능한 선비들에게 기탁했다. 사마광은 예에 관한 이론과 용인지도를 이용하여 왕안석의 변법활동을 방해하고 공격했다. 그의 수많은 행위는 칭찬할 만하지 못하다. 하지만 그의 인재관은 고대 사상사에서 일정한 대표성을 띤다. 사람을 쓰는 일에 대해 사마광이 제기한 수많은 주장은 용인 제도의 폐단을 개혁하고 봉건 이치를 개선시키는 데 매우 적극적인 의미를 지녔다.

제5절

왕안석의 변법 사상과
'희풍신법熙豊新法'

왕안석王安石(1021~1086)은 자가 개보介甫이며 무주撫州 임천臨川(오늘날의 장시江西성 푸저우撫州 린촨臨川구) 사람이다. 북송의 저명한 정치가이자 사상가다. 정치가로서 왕안석은 신법의 시행으로 이름을 날렸는데 그가 이끈 정치 개혁을 역사에서는 '왕안석 변법'이라 부른다. 사상가로서 왕안석은 경학을 개조하여 일가를 이루었는데 그가 창립한 학파를 사람들은 '형공신학荊公新學'이라 부른다.

왕안석은 어려서부터 독서를 좋아하여 지극히 광범하게 책을 섭렵했다. 유가의 전적과 제자백가부터 『소문素問』[270]과 『본초本草』[271] 및 각종 필기류, 소설류 등 읽지 않은 것이 없었고 농사와 여자들의 바느질까지 묻지 않는 것이 없었다. 그는 가슴에 큰 뜻을 품고 스스로 "재주는 없고 운명은 박하여 나를 재볼 수는 없지만 후직后稷이나 설契과 멀리서 서로 같아지기를 바란다"[272]고 했다. 경력慶曆[273] 2년(1042) 진사 갑과에 합격하고 지방 주현州縣의 관을 10여 년 역임했다. 개혁 사조의 영향을 깊이 받아 「황제에게 올리는 만언 상서上皇帝萬言書」를 진상하며 "천하를 바꾸고 혁신하는 일이야말로 선왕의 뜻에 부합한다"고 힘써 주장했으나 받아들여지지 않았다. 송 신종神宗이 즉위하고 희녕熙寧 2년(1069)에 왕안석을 참지정사參知政事[274]에 임명하고 신법의 시행을 논의했다. 이듬해 재상을 제수받았고 희녕 7년(1074)에 재상에서 파면되었다가 희녕 8년(1075)에 복직되었으며 그 이듬해 다시 파직되었다.

'형공신학'은 한때 북송 사상계의 주도적 지위를 차지했다. 가우嘉祐[275] 8년(1063) 왕안석은 모친상을 당하여 강녕江寧으로 돌아갔는데 거기서 학도들을 모아 강학을 했다. 그러면서 『회남잡설淮南雜說』『홍범전洪範傳』 등을 저술하여 큰 반향을 일으켰다. "세상에선 그의 말을 맹자와 위아래를 다툴 정도라고 말했는데 이로부터 천하의 선비들이 도덕의 뜻을 파기 시작했고 성명性命의 실마리를 찾고자 했다."[276] 희녕 6년(1073) 왕안석은 친히 경의국經義局을 주재하면서 "오늘날의 관점으로 옛 학문을 고찰한다"는 방침에 근거하여 『시경』『서경』『예기』 등 유가 경전을 새롭게 풀이했다. 그 목적은 "도덕을 통일하여 천하의 풍속을 같게 하려는" 것이었다. "만들어진 뒤 각 학관學官에 반포하니 천하 사람들이 신의新義라고 부르게 되었으며"[277] 과거 시험의 표준 교과서로 활용되었다. "선대 유생들의 해설이나 주석은 모두 폐기되어 쓰이지 않게 되었다."[278] 왕안석은 "육예六藝의 글들을 망라하여 자신의 뜻으로 판단하고, 백가의 자취들을 쓸어 모아 새로운 것으로 만들었다."[279] 그의 경학 이론과 학문 태도는 일대의 학풍을 열었는데, 이른바 "왕씨의 학문이 흥하자 사대부들 가운데 도덕과 성명性命에 대해 담론하지 않는 사람이 없었다"[280]고 한다. 왕안석이 새로 펴낸 『주례신의周禮新義』는 변법 사상을 밝힌 중요한 저작 가운데 하나다. 전조망全祖望은 일찍이 이렇게 말한 바 있다. "형공은 평생 이 책을 가장 깊게 공부했다. 군주를 요임금이나 순임금처럼 만들겠다는 자부심은 모두 이 책에서 나왔다. 이것이 곧 희풍신법熙豊新法의 연원이다."[281] 그 외에도 왕안석은 『역의易義』『논어해論語解』『맹자해孟子解』『노자주老子注』『종산목록

鍾山目錄』『임천선생문집臨川先生文集』 등의 저술이 있다. 최근 편집된『왕문공문집王文公文集』[282]과 『왕안석노자주집본王安石老子注輯本』[283] 등은 왕안석 사상을 연구하는 데 중요한 자료들이다.

도는 본말을 겸하고
'본성은 선악으로 말할 수 없음'

수많은 고대 사상가와 마찬가지로 왕안석은 정치 철학을 자기 정치 학설의 이론 기초로 삼았다. 그의 철학 사상을 개괄하면 도겸본말道兼本末 즉 '도는 본말을 겸한다'와 "성불가이선악언性不可以善惡言" 즉 '본성은 선악으로 말할 수 없다'라고 할 수 있다. 왕안석은 도를 최고의 범주로 삼아 사상 체계를 구성했다. 도론과 인성론에 대한 그의 기본적 논점은 다음과 같다.

첫째, 도는 우주의 본체이며 자연, 사회, 인생의 일반 법칙이다. 왕안석은 말한다. "도는 줄기, 뿌리로부터 천지가 있기 전 그 옛날부터 변함없이 존재해왔던 것으로 아무것도 본받지 않는다."284 "혼돈에서 이루어진 도는 천지보다 먼저 생겼다. 그 본체는 출중하게 홀로 서 있고 그 작용은 상하사방에 두루 흐른다. 도를 칭송할 수는 없는데 억지로 이름을 부르자면 대大라고 하겠다."285 시간적으로 보면 도는 "천지보다 앞서나 젊어지지 않으며, 상고 시대보다 오래되었으나 늙지 않는다."286 "도는 천지보다 앞서 존재한다."287 공간적으로 보면 "도는 황량하고 커서 경계나 가장자리를 알 수 없다."288 도의 "작은 부분은 지극히 작아 볼 수도 없다."289 결국 도는 무궁무진하고 시작도 끝도 없으며 지극히 크고 지극히 작아 "없는 곳이 없고 하지 않는 일이 없다". 도[290]는 일체의 상대적인 것을 초월하는 절대자다.

왕안석은 세간의 만물은 반드시 "도를 본받고" "도를 따라야" 한다고 거듭 주장한다. "비록 [음과 양] 두 의표가 높고 두터우며 왕이 지극히 존엄하다 하더라도 모두 도를 본받아야 한다."[291] 왕이 도를 본받았을 때 비로소 "나라 가운데 위대한 네 가지"를 이룰 수 있다.[292] 일반화하여 말하면 "몸엔 몸의 도가 있고" "집안에 집안의 도가 있으며" "그렇게 고을, 국가, 천하에 이르게 된다".[293] 결론적으로 말하면 "왕은 인도人道의 극치다. 인도의 극치이므로 천도에 이르게 된다".[294] 왕안석이 보기에 도는 곧 예禮이며 왕은 인도의 극치다. 도로 규범 지은 인류의 질서는 근본적으로 완벽하고 조화로운 만고불멸의 원리다.

둘째, 천도는 자연이며 천지가 만물을 낳고 기르는 것은 자연의 과정이다. 왕안석은 "도는 물질이 아니나 도라고 말하게 되면 물질이 존재하는 것이니 황홀恍惚이 그것이다"[295]라고 생각했다. 하늘은 자연을 본받으며 "푸르고 아득한 큰 존재"로 만물 가운데 가장 큰 것이다. 천도는 자연으로 봄에 생겨나고 여름엔 자라며 가을과 겨울엔 시들고 떨어진다. "천지가 사랑하지 않아서가 아니라 물리의 항상성 때문이다."[296] "만물이 이를 기다린 뒤 존재하는 것은 천 때문이다. 그 어떤 것도 이로 말미암지 않는 경우가 없는 것은 도 때문이다."[297] 도 즉 자연과 천지 무위無爲의 관점에서 볼 때 "천과 도는 합치하여 하나가 된다".[298]

천도자연관은 왕안석의 정치 시야를 인간사와 현실 문제에 집중하도록 만들었다. "천은 당연히 군주가 본받아야 할 대상이다."[299] 하지만 자연의 재변과 인간사는 필연적 인과 관계를 갖고 있지 않다. 재이에 대해서는 "[응당] 은폐하지 않고 두려워하지 않고, 집착하지 않고 업신여기지 않아야 하는데 이는 천의 변이를 자신의 두려움으로 삼기 때문이다. 천이 모종의 변화를 일으켰다고 말하지 않는 것은 반드시 그것이 내가 무엇을 꾸며서 생긴 것이기 때문이며 천하의 정리正理로 헤아려보면 나의 실수일 따름이다"[300]라고 한다. 이 사상은 재이를 두려워하지 않고 신중하게 인사를 다하며 적극적이고 진취적인 왕안석의 정치 조절 이론에 인식론적 기초를 다져주었다.

셋째, 도는 체용體用과 본말을 겸하며 천도 자연과 인도 유위有爲의 통일이다. 왕안석은 도의 본체가 원기元氣이고 도의 작용은 충기沖氣[301]라고 생각했다. "도에는 체와 용이 있다. 체는 움직이지 않는 원기이며, 용은 천지의 사이를 운행하는 충기다."[302] '무無'와 '유有'를 도의 본말로 삼은 것 또한 왕안석의 도에 대한 정의 가운데 하나다. 그는 이렇게 말한다. "무는 형이상의 것이고" "유는 형이하의 것이다." "무는 도의 근본이며 묘妙하다고 일컫는 바다. 유는 도의 말절이며 요徼 즉 순행한다고 일컫는 바이다. 그래서 도의 근본은 텅 비고 어둡고 가물거리는 저 언저리에서 나오며, 그 말절은 실제와 명칭 그 도수의 사이에 흩어져 있다. 이 둘이 도라는 점에선 하나다."[303] 도는 근본이 있고 말절이 있으며 무와 유가 상호 대립하면서 통일되어 있다. "그래서 유가 아니면 무를 알아볼 수가 없으며, 무가 없으면 유가 나타날 수 없다."[304] 그는 이런 말도 했다. "근본은 자연에서 나온다. 그래서 사람의 힘을 빌리지 않고도 만물이 태어나는 것이다. 말절이란 형기形器 즉 형상을 지닌 기물과 관련이 있다. 그래서 사람의 힘을 기다린 뒤에야 만물이 이루어지는 것이다."[305] 여기에서 형기는 인력을 기다려 완성되는 '유'인데 형기는 자연을 떠날 수 없다. "무가 없으면 유가 나올 수 없다." 그래서 도의 말절이다. 그런데 "유가 아니면 무를 알아볼 수 없다". 인력을 기다려 완성된 형기야말로 도의 내용이자 외연이다. 이것이 도의 구현이다.

왕안석은 충기, 유, 형기를 도의 속성 가운데 하나로 간주하고 원기, 무, 자연을 병렬하여 도의 총체성과 포용성을 드러나게 했다. 이 도론은 도가 체용과 본말을 겸하고 있다는 관점에서 '인력'이 만물을 '완성하는' 작용을 긍정하고 있다. 일정한 범위 내에서 사람은 "천지를 보조하여 만물을 다스릴"[306] 수 있는 것이다. 왕안석이 보기에 "사람의 힘을 빌리지 않고 만물이 생겨난다면 성인은 아무 말도 할 수 없고 아무 행위도 할 수가 없을 것이다. 인력을 기다린 뒤 만물이 완성된다는 데 이르면 성인은 말이 없을 수 없고 행위를 하지 않을 수가 없다."[307] 이렇게 하여 예악 제도와 법령 규범을 바꾸는 유위 정치에 대한 철학적 근거를 찾게 되었다.

넷째, 예악형정은 치세의 도다. 왕안석은 도가 체용과 본말을 겸하고 유와 무, 형기와 자연이 통일되었다는 관점에서 출발하여 "도는 항상 무위하다"는 노자의 논제에 비판을 가했다. "예, 악, 형, 정을 모두 없애고 오직 도만 칭송한다. 이는 다스림을 헤아리지 못하고 고상함만 숭상한 잘못이다. 도가 자연임에도 어떻게 간여하는가? 오직 형기에 관련해서는 반드시 사람의 말과 사람의 행위를 기다려야만 한다."[308] 노장의 도는 자연을 말할 뿐으로 형기와 관련을 짓지 못하고 있다. 예악형정을 부정하고 구체적으로 실재하는 사물이 무의 작용을 전제하고 또 그에 근거하고 있다는 것을 인정하지 않는다. 이런 관점은 어리석은 것이다. 왕안석은 이렇게 주장한다. "'무'가 천하를 위해 작용하는 까닭은 예, 악, 형, 정이 있기 때문이다."[309] "천하에 예, 악, 형, 정을 폐기하고 '무'가 작용하기만을 앉아서 구하는 것은 어리석음에 가까운 짓이다."[310]

예악형정은 치세의 도다. 도가 인간사에서 구체적으로 운용된다는 관점에서 왕안석은 성인이 예악을 제정하고 입법과 행정을 수행해야 하는 필요성과 중요성을 충분히 긍정했다. "그래서 옛날 성인은 위에 있으면서 만물을 자신의 임무로 여겨 꼭 4술術을 제정했다. 4술이란 예, 악, 형, 정으로, 그것으로 만물을 완성시키는 것이다."[311] 이 사상은 정치 실천으로 드러났는데 '대명법도大明法度'를 기본 종지로 삼은 입법과 변법이 그것이다. 북송 개혁 사조 가운데 '형공신학'이야말로 법적 개혁을 가장 중시한 일파였다.

다섯째, 천도상변天道尚變 즉 천도는 변화를 바라며 신고상제新故相除 즉 낡은 것을 새것으로 개혁한다. 왕안석은 "변화를 숭상하는 것이 천도"[312]라고 생각했다. 그는 여러 곳에서 도가 갖추고 있는 '변화'의 속성에 대해 토론한다. 그는 도가 체용으로 삼은 원기와 충기가 천지 사이를 왕래 운행하며 천차만별의 사물을 생성한다고 보았다. 도의 본말을 구성하는 무와 유는 서로 출입하며 부단히 변화한다. "유와 무는 변화하며 서로 바꾸어 드나들면서도 도를 떠나지 않는다. 이것이 성인이 신령스럽다고 말하는 까닭이다."[313] 태극 즉 도는 오행을 낳는데, "오행이란 변화를 완성하여 귀신을 행行한다. 하늘과 땅 사이를 왔다 갔다 하면서 끝남이 없다. 그래서 행行이라고 부른다."[314] 오행은 쉬지 않고 움직이며 끝없이 왕래한다. '변變' '화化' '혁革', '종혁從革' 등 여러 가지 형식으로 스스로 변화하며, 천도와 오행의 운동 변화의 동인은 "도는 둘에서 서며, 셋에서 완성하고, 다섯에서 변화한다"[315]는 데 있다. 사물 내부의 모순성은 새로운 사물의 탄생을 부단히 추동하며 천지 만물의 무궁무진한 변화를 불러일으킨다. "상대자 가운데 또 다른 상대가 있으며 이렇게 만물의 변화는 끝없이 이어진다."[316] 왕안석이 보기에 도의 본체와 내핵 외에 모든 것은 변화한다. "상常은 시작하기도 전에 이미 와서 불변하는 것을 말한다."[317] "도 외에는 모두 상이 아니다."[318] 그의 시문 도처에서 우리는 만물은 모두 변화하며, 만물의 변화는 하나로 귀결되고, 새로운 것은 늘 옛것을 대체한다는 사상을 발견할 수 있다. 예컨대 「구정九井」은 이렇게 쓰고 있다. "산과 내는 이 치대로 무너지고 마르며 언덕과 골짜기는 옛날부터 사라지고 차올랐다.

그 누가 이를 천세 뒤까지 보전하리. 하늘 기둥은 꺾이지 않으나 샘물은 언제나 기우는 법."[319]

천도상변과 신고상제의 관점은 왕안석 변법 사상의 중요한 철학적 근거였다. "음과 양이 있어 낡은 것을 새것으로 대체하는 것은 하늘이며, 처리하고 구별하여 낡은 것을 새것으로 대체하는 것은 사람이다."[320] 신진대사는 자연의 법칙이자 인류가 본받아야 할 천도이니 스스로 알아서 옛것을 바꾸고 새것을 취해야 한다. "태고의 도가 과연 만세까지 실행할 수 있는 것이라면 성인은 어찌하여 그 사이에 예악 제도를 만들었겠는가? 그 사이에 반드시 제도를 만들었다는 것은 태고의 도를 실행할 수 없어서다. (…) 태고로 돌아가자고 말하는 것은 어리석지 않으면 모략이다."[321] 성인이 부단히 예악 제도를 만든 것 그 자체가 예악 제도는 반드시 시대에 따라 변해야 함을 드러낸 것이며 먼 옛날의 제도는 후세에 실행할 수 없다는 뜻이다. 이는 "조종의 법은 변할 수 없다"는 논조를 이론적으로 부정한 것이다. 그러나 왕안석의 변혁 관념은 뚜렷한 한계를 지니고 있다. 그는 도의 본체가 움직이지 않는다고 생각하여 "정靜이 동動의 주체"임을 강조하고,[322] "만물 가운데 상대가 없고" "천지 사이에 상대가 없는" 성인을 숭배하면서 "인간의 힘이 미치지 못하는" "하늘의 명령"이 존재함을 인정했다.[323] 이는 '동動' '변變' '대對'의 보편성과 절대성을 부정한 것이다. 철학 사상의 한계는 정치사상의 한계와도 상호 인과 관계를 맺는다. 왕안석은 군주 제도가 영원히 변하지 않을 것으로 여겼다.

여섯째, "본성은 선악으로 이야기할 수 없다". '형공신학' 가운데 도道, 리理, 성性, 명命은 기본 내용이 모두 일치한다. 이를테면 "학문을 하는 것은 이치를 파고드는 일이다. 도를 닦은 것은 본성을 다하는 일이다. 본성이 만물 속에 존재하는 것을 리理라고 하며"[324] "리를 궁구하고 본성을 다하면 반드시 명命이 회복되게 된다".[325] 본성은 사물의 본질이며 만물은 모두 본성을 갖고 있다. 사람에게 존재하는 본성이 인성이다. "신령은 본성에서 생기고, 본성은 참됨에서 생기고, 참됨은 마음에서 생기고, 마음은 기운에서 생기고, 기운은 형체에서 생긴다. 형체는 생의 근본이다."[326] 인성은 인체 고유의 속성으로 사람의 형체에 의탁한다. 왕안석은 맹자와 순자가 선악을 가지고 인성을 논하고, 한유 등이 오상五常으로 인성을 논한 데 대하여 그렇지 않다고 생각했다. 그는 본성에는 선악도 없고 품급도 없다고 여겼다. "본성은 선악으로 말할 수 없다."[327] "좋아함과 미워함은 본성일 따름이다."[328] 인성은 그 안에 호오와 선악의 요소를 다 갖고 있다. 예컨대 "사람은 나면서부터 아버지를 어려워하고 어머니를 사랑하는 마음이 있으며" "편안하고 싶어하며" "무언가를 얻고자 한다".[329] 7정과 6욕이 "마음속에 있으며" "행동으로 드러난다". "성性은 정情에서 생긴다. 정이 있고 난 뒤 선악이 형체를 드러낸다."[330] 성과 정은 하나는 본질이고 하나는 표현이다. "성이 정의 근본이고 정은 성의 작용이다."[331] "성과 정은 하나다."[332] 이는 태극이 오행을 낳으나 오행이 태극이 아닌 것과 같다. "성은 오상의 태극이지만 오상을 가리켜 성이라고 할 수는 없다."[333] 기왕 본성에 선악도 없고 품급도 없다면 왜 인간 사회는 선악과 지우智愚의 구별을 두는가? 왕안석은 '습習'의 결과 때문이라고 생각했다. 상지上智 즉 최고의 지자는 "선을 습관 삼았을 뿐이며" 그래서 "처음부터 불선함이 없었다". 하지下智 즉 하급 지자는 "악을 습관 삼았을 뿐이며" 그래서 "처음부터 선함이 없었다". 중인은 "한편으로 선을 습관 들이고 한편으로 악에 습관 들였기"[334] 때문에 누구는 선을 버리고 악을 일삼고, 누구는 악을 버리고 선하게 되니 선악의 사이는 왔다 갔다 해서 일정함이 없다. 왕안석은 "상지와 하우만은 서로 바꾸어질 수 없다"는 공자의 말에 대해 "태어나서 바꾸어질 수 없음"을 가리키는 것이 아니라 최초의 희망을 바꾸지 않고 시종여일함을 가리키는 말이라고 주장한다.

송대에 왕안석의 인성론은 매우 이채로운 것이었다. 이 인성론은 '습'의 중요성을 강조한 것으로 사람이 선을 가까이하면 선해지고 악을 가까이하면 악해진다는 주장이다. "백성이 강보에 쌓여 있을 때는 선한 본성을 지니지만 현인을 만나 교육받지 못하면 천하의 선을 밝힐 수 없게 된다."[335] 왕안석은 나무는 나면서부터 그릇이 되지 않고 말은 태어나면서부터 올라탈 수 있는 것이 아니라고 생각했다. 반드시 목수가 도끼와 먹줄, 자로 가공하고 말몰이꾼이 재갈과 채찍으로 훈련을 시켜야 가능해진다. "이렇게 볼 때 외부에서 겁박하여 힘으로 복종시키지 않는 경우는 없다."[336] 인성을 교화하는 목수이자 말몰이꾼이 성인이다. 성인의 도끼와 채찍은 바로 예악이다. 이러한 사상이 이끄는 정치적 사유는 필연적으로 외재적 강제성이라는 통치 수단을 중시하게 된다. 이는 성리학이 중점을 두고 있는 개인의 도덕 수양과는 거리가 멀다. 왕안석은 예악형정이 인성에 의거하거나 순응해야 한다고 생각했다. "본성의 욕구 때문에 제도가 만들어지는데" 예와 악은 "사람에게 강제하는 점이 있다손 치더라도 그것이 바로 본성의 욕구를 따르는 일이다."[337] "그래서 천하의 본성을 체득하여 예를 만들고 천하의 본성을 조화시켜 음악을 만들었다."[338] 백성을 통치하려면 당연히 "선으로 교화시켜야" 한다. 하지만 사람의 성정은 탐욕스러워 "단순히 교화만으로는 사람들을 선하게 만들 수 없다."[339] 반드시 "예로 단속하고 법으로 재제를 가해야" 한다.[340] 강제적 수단으로 보완하라는 이야기다. 각종 정치 수단은 인성에 순응하는 것이어야 하고 사람의 욕망을 적당히 만족시켜주어야 한다. "군주는 사람들로 하여금 불변의 본성을 얻도록 해주는 한편 일정한 직업을 갖도록 해주어야 한다. 계속해서 흔들지 않으면 사람들이 덕을 좋아하게 될 것이다."[341] 왕안석은 당시를 이렇게 파악했다. "군신, 부자, 형제, 부부 모두 당연한 관계를 형성하지 못하고, 인의는 본성을 윤택하게 하지 못하고, 예악은 성정을 저지하지 못하고, 형정은 악을 바로잡지 못하고 있어 타락이 금수와 다시 벗하게 되었다."342 이 때문에 그는 "시세의 가부를 보고 인정의 재난과 고통에 근거해서 천하의 잘못된 법을 변경시키는 데"343 주력했다.

일곱째, 도와 본성은 사회 구성원을 성인, 군자, 소인 세 계층으로 나눈다. 도의 관점에서 볼 때 "도에 따르면서 명령을 듣고도 모르는 사람이 백성이다. 도에 따르면서 명령을 듣고 아는 사람이 군자다."344 "성인은 도와일체다."345 도를 아느냐 모르느냐, 도에 합치하느냐 아니냐는 성인, 군자, 소인을 구별하는 중요한 표식이다. 오직 성인만이 도를 체득하고 도에 합치하며 도와 하나가 된다. "성인은 도덕의 오묘함에 도달하여 후세에 더이상 보탤 것이 없게 된 사람을 말한다."346 "만물에는 지극한 이치라는게 있는데 그 이치에 정통할 수 있으면 성인이다."347 본성의 관점에서 보면 "움직여서 이치에 합당하면 성인이고 현인이다. 이치에 합당하지 않으면 소인이다."348 "성인은 안에서 구하고 세인은 밖에서 구한다. 안에서 구하는 사람은 본성을 얻고 밖에서 구하는 사람은 욕망을 얻는다."349 성인의 총명과 지혜와 덕행은 "본성에 고유하게 존재하며" "신령스럽게 저절로생겨난다". 이런 사람은 '선천적으로 총기 있고先聰' '선천적으로 명석하고先明' '성스럽고 지혜롭다'. "안으로 성스러우면 밖으로 왕자가 된다." "그러므로 책력의 숫자라든가 천지의 법도라든가 인물의 적재적소라든가 등은모두 앞 시대에 정밀하게 성인을 공부한 사람이 만들어놓은 것이다."350

내성외왕內聖外王론은 정치적으로 군주 제도와 등급 제도의 합리성을긍정한다. 성인은 "도에 따라서 말하면 신령스럽다 하고, 덕에 따라서 말하면 성스럽다 하고, 사업에 따라서 말하면 대인이라고 한다."351 이 사람은 역사 문화의 창조자이자 이상적 통치자다. 흥망성쇠의 관건은 성현이자리에 있고 군자가 정치를 담당하는 데 있다. "군자가 정치를 담당하여천하에 선한 법을 수립하면 천하가 다스려지고, 한 나라에 선한 법을 세우면 한 나라가 다스려진다."³⁵² 왕안석은 "현명한 사람이 불초한 사람을 다스리고 귀한 사람이 천한 사람을 다스리는 것이 옛 도다"³⁵³라고 말한다. 이상적 정치 체제는 지혜로운 사람이 어리석은 사람을 다스리고 귀한 사람이 천한 사람을 다스리는 등급 제도와 군주 제도라는 이야기다.

왕안석은 우민 정치의 시행을 주장했다. "성스럽고 지혜로운 사람은 국가의 기물이다. 옛날 도를 잘 실천한 사람은 성스럽고 지혜로운 모습을 사람들에게 보여주는 것이 아니라 사람들을 무지하고 무욕하게 만들어 어리석은 상태로 있게 했다."³⁵⁴ "어리석으면 앎이 없고 지혜로우면 속임수가 많다. 백성 대부분이 지혜로워 서로 속이며, 교묘한 위장이 자생하기 때문에 다스리기가 어려운 것이다."³⁵⁵ 따라서 성인의 정치는 응당 "마음속에 감추고 간략하게 말해야 한다. 간략하지 않고 상세하게 하면 천하가 헷갈린다."³⁵⁶ 가장 좋은 방법은 백성을 "무지하고 무욕하게" 하여 "오직 밭 갈아서 먹고 누에 쳐서 입을 줄만 알지 그렇게 되는 까닭은 모르게 하는"³⁵⁷ 것이다. 민중이 편안히 기거하며 풍속을 즐기고 서로 왕래하지 않는 것이 "통치의 극치다."³⁵⁸

왕안석은 "덕에 맡기고" "관찰에 맡기고" "형벌에 맡기는" 것을 "성인이 정치하는 도"라고 생각했다. 세 가지 통치술은 각자 "성인의 일단만을 얻은 것으로" 오직 예치禮治, 술치術治, 법치法治를 결합시켰을 때 비로소 민중은 "차마 속이지 못하고" "속일 수 없게 되고" "감히 속이지 못하게"³⁵⁹ 될 것이다. 이런 사유 방식은 정치의 주체를 소수의 성현과 군자로만 한정시키는 것으로 민중은 그저 남에게 좌지우지되는 군중에 불과하다.

02 개혁론

왕안석은 당시 "위에서는 관료들이 어지럽고 아래에서는 백성이 빈곤하여" 정치 위기가 눈앞에 닥쳐왔음을 깊이 느꼈다. 그는 북송 왕조가 "안으로 사직을 걱정하지 않을 수 없고, 밖으로 이적을 두려워하지 않을 수 없으며 천하의 재력은 날로 곤궁해지고 풍속은 날로 파괴되어가는"[360] 까닭을 고민했다. 그는 근본 원인이 "오늘날의 법도가 대부분 선왕의 정치와 합치하지 않기 때문"[361]이라고 생각했다. 위기를 구하기 위해 그는 "무언가 할 수 있을" 때를 틈타서 조종의 법도를 개혁하여 이른바 "풍속을 바꾸고 법도를 세워서 지금의 급무를 바로잡아야 한다"[362]고 주장했다. 개혁의 방법과 절차에 대해서 왕안석은 변법을 맨 윗자리에 두었다. 그의 개역경혁改易更革 사상, 즉 개혁론의 요지는 다음 여섯 가지다.

첫째, 세대마다 반드시 혁신이 있어야 하고 혁신은 반드시 세대를 기다릴 필요가 없다. 왕안석은 선왕의 법이 "오래되면 반드시 폐단이 생긴다"고 생각했다. "30년의 한 세대가 가면 거기에 기인했던 일들은 반드시 혁신이 있어야 한다. 혁신의 요체는 중용을 잃지 않는 것이다."[363] 따라서 "세대마다 반드시 혁신이 있어야 하고 혁신은 반드시 세대를 기다릴 필요가 없다".³⁶⁴ 역대 제왕들이 "직면한 변화와 부닥친 시세는 각각 달랐다".³⁶⁵ 선왕의 법이 당초에 아무리 아름답고 좋은 것이었다고 해도 세월이 가고 세대가 바뀜에 따라 잘못된 법으로 변할 수 있다. "성인이 보통 사람을 크게 뛰어넘는 까닭은" "시대에 따른 치우침을 헤아려서 그것을 구하기"³⁶⁶ 때문이다. 상常 즉 불변과 변變 즉 변화는 상호 보완적이다. "근본이 있음으로써 상을 지키고 그런 뒤에 설 수 있다".³⁶⁷ "변화가 있음으로써 시대를 따르고 그런 뒤에 다스릴 수 있다".³⁶⁸ 손익을 바꿀 필요가 있는 것은 바로 군주 제도의 장기적인 안정을 지켜내기 위해서다. 개혁은 자구의 길이며 옛것만 지키고 따르는 것은 스스로 멸망하는 길이다. "발전하지 않고 허송세월을 하거나 편안히 즐기면서 아무 일도 하지 않으면 잠깐은 요행을 바랄 수 있겠으나 끝까지 시간을 헛되이 보내며 질질 끌수는 없을 것이다".³⁶⁹

둘째, 개혁은 형식을 바꾸고 내용을 보존해야 한다. 왕안석은 선왕의 정치는 기본 내용이 같으나 "직면한 변화나 부닥친 시세는 각각 다르고 마련한 방법도 모두 다르다. 하지만 천하 국가를 위하는 뜻은 본말이든 선후든 한 번도 다른 적이 없다"³⁷⁰고 생각했다. 이 때문에 선왕의 정치를 본받는다 함은 "그 뜻을 본받을 따름이다. 그 뜻을 본받으면 내가 개역改易하고 경혁更革하는 일이 천하의 이목을 놀라게 하거나 천하의 입을 왁자하게 하지 않으면서도 선왕의 정치에 당연히 합치하게 된다".³⁷¹ 이른바 개역경혁은 구체적으로 "마련하는 방법"을 개혁하는 것일 뿐 기본 제도와 기본 정치 원칙을 바꾸지는 않는다는 것이다.

셋째, 말절을 바꾸고 근본을 바꾸지 않는다. 왕안석은 말한다. "도에는 근본이 있고 말절이 있다. 근본은 만물이 그로써 생겨나는 바이며, 말절은 만물이 그로써 완성되는 바다".³⁷² "성인은 만물을 완성시키는 데 온 힘을 쏟을 뿐 만물이 생겨나는 것에 대해서는 말하지 않는다".³⁷³ 여기서 근본은 우주 사회의 큰 법으로 자연과 하늘의 일로 사람의 힘이 간여할 수 있는 바가 아니다. 말절은 '형명도수形名度數' 즉 예악형정과 같은 구체적 제도와 규범이다. 사람의 힘이 미치는 구체적인 정치적 조치들은 모두 개혁의 범위 내에 들어간다. 왕안석의 학설 가운데 윤리 도덕은 자연과 하늘의 법칙에 속한다. 개역경혁은 절대로 군신과 부자간 대의를 건드려선 안 된다.

넷째, 개혁은 실제에서 출발하고 "상황 변화를 소중히 여겨야"³⁷⁴ 한다. 왕안석은 옛 제도가 반드시 오늘날의 수요에 맞아떨어지는 것은 아니라고 생각했다. "옛사람들이 이것을 예로 삼았다고 해서 내가 오늘날 그것을 따른다 해도, 이것이 반드시 옛 예에 합치하는 것은 아니다."³⁷⁵ 옛 제도만을 모방하려고 들면 "발자취는 같으나 실질은 다른" 결과를 초래하게 될 것이다. 이와 같으면 "천하에 끼칠 손해가 막대할 것이다."³⁷⁶ 반드시 현실적 필요에 맞추고 시대 상황에 맞추어 정치적 조정이 이뤄져야 한다. 왕년의 정치 방식을 기계적으로 적용해서는 절대로 안 된다. 왕안석은 조상들의 기존 법제를 지키지 말라고 주장하지만 그의 행동을 보면『주례』에서 변법의 근거를 애써 찾고 있기도 하다.『주례』를 모방해서 탁고개제託古改制하고 있는 것이다. 이 때문에 신법 가운데는 실제와 부합하지 않는 방법이 아주 많다.

다섯째, 변법은 시기를 잘 파악하여 천하의 변화에 맞추어 변화해야 한다. 왕안석은 정치 조정은 절대로 제멋대로 해서는 안 되고 "시세의 가부를 잘 파악해야"³⁷⁷ 한다고 생각했다. 한편으로 시기가 성숙되기를 기다려 "천하의 변화가 갖추어진" "연후에 그 변화에 기인하여 법을 제정할 따름이다."³⁷⁸

여섯째, 제왕은 개혁의 주체이자 의지처다. 왕안석은 굳건한 존군론자였다. 그의 각종 저작은 왕권지상을 논증하는 문자들로 뒤덮여 있다. 그는 「홍범전」에서 이렇게 주장한다. "상常을 붙들고 군주를 섬기는 것이 신도臣道다. 권權을 붙들고 신하를 제어하는 것이 군도君道다."[379] 군주는 반드시 위엄을 부리고 복을 내리는 특권을 굳건히 장악하고 있어야 한다. 그렇지 않으면 "자리를 잃고 실정을 하여" 천하 대란이 일어날 것이다. 그가 보기에 "예는 천하의 중경中經이고 음악은 천하의 중화中和다."[380] 그런데 "황皇은 군주요 극極은 중화다". 예악중화의 정치를 실현하는 관건은 군주에게 달려 있다. 다시 말해 "서민은 군주로 중화를 삼으며 군주가 중화를 지키면 백성이 그와 함께 간다."[381] "군주가 중화하면 백성도 중화한다."[382] 왕안석은 "군주를 요순처럼 만드는 것"을 자신의 소임으로 여겼다. 그러면서 황제가 요순보다 현명하다고 거듭 칭송하기도 한다. 이 때문에 정치개혁의 모든 희망을 황제의 일신에 걸었다. 그는 심지어 정치적 성공 또한 "여러 신하가 할 수 있는 일이 아니"[383]라고 생각했다. 예악중화를 실현하는 공로는 군주에게 달려 있다. 황제야말로 개혁의 운명을 결정하는 최고의 주체다.

왕안석의 개혁론은 군주 정치라는 기본 원칙과 근본 제도를 견지한다는 전제하에 시대적 요구에 따라 정책과 제도를 부분적으로 조정할 것을 요구했다. 이는 당시로선 적극적이고 진취적인 정치적 선택을 대표하는 견해였다. 이 사상이 유가의 손익, 경권經權, 경혁, 개제라는 사유의 추세를 넘어설 수는 없었으나 비교적 격렬한 말과 행동으로 현실 정치에 진한 비판을 가하고 있다. 왕안석은 개혁 사조 가운데서도 급진파에 속한다.

변법의 실행에 대한 왕안석의 결심은 매우 군건했다. 왕안석이 변법을 할 때 반대자들은 조정에 "세 가지 부족한 주장"이 만연하고 있다는 유언비어를 만들어냈다. 즉 하늘이 변해도 두려움이 부족하고, 사람이 말해도 동정이 부족하고, 조종의 법도를 지킴이 부족하다는 것이다. 왕안석은 이 주장을 부인했다. 그러면서 신종이 친히 서민 정치를 실천하고 백성이

다칠까봐 매사를 저어하는 것이야말로 하늘의 변화를 두려워하는 것이라고 생각했다. 사람의 말을 거스르지 않고 받아들이고 있으며 이는 사람의 말을 동정하지 않는 것이 아니라고 했다. 물론 사람들의 말이 이치에 맞지 않으면 저절로 동정이 부족할 것이다. 조종의 법도를 지키는 데 부족하다는 것에 대해서는 당연하다는 논리를 내세웠다. 인종은 재위 수십 년 동안 여러 차례 조칙을 내려 "조종은 본받기에 부족하다"고 말한 바 있다. 이는 정치 조정을 실시하고 신법을 추진하는 왕안석의 결심을 표명한 것이다.

신법을 시행할 결심이 개혁의 철저성을 설명해주지는 않는다. 왕안석의 변법 사상은 시종일관 왕권 강화를 중심에 두었으며 인의와 예신禮信으로 "도덕을 통일시키는 것"을 정치 질서 형성의 근본으로 삼았다. "예로써 제자리를 정해주고 권력으로써 정치를 굳건히 한다"[384]는 것이다. 군주와 예는 그에게 넘어설 수 없는 속박이었다.

03

법도를 밝히고
인재를 등용하고
겸병을 억제함

입법立法, 건현建賢, 이재理財는 왕안석 변법의 3대 주요 내용이다. 왕안석은 재화, 법도, 사람이 천하를 다스리는 3대 요소라고 생각했다. "천하의 많은 물건을 모으는 것이 재화이고, 천하의 재화를 다스리는 것이 법이고, 천하의 법을 지키는 것이 관리다. 관리들이 불량하면 법이 있어도 지켜지지 않고, 법이 좋지 못하면 재화가 있어도 다스려지지 않는다."[385] 재화는 많은 물건이 모이는 것이고, 법은 재화를 다스리는 것이고, 관리는 법을 지키는 사람이다. 세 가지 가운데 하나라도 없으면 안 된다. 그 가운데서도 법과 사람이 더욱 중요하다. "천하는 지극히 큰 그릇이다. 법도를 크게 밝히지 않으면 유지할 수가 없고, 현명한 인재들을 세우지 않으면 지켜낼 수가 없다."[386] "인재를 쓰지 않고 법도를 닦지 않고, (…) 오랫동안 허송세월을 보내고도 끝내 큰 난리를 만나지 않는 경우는 아직 없었다."[387] 특히 입법은 관건 중의 관건이다. "군자가 정치를 하면서 천하에 좋은 법을 세우면 천하가 다스려지고, 한 나라에 좋은 법을 세우면 한 나라가 다스려진다."[388] 개혁의 사유와 절차에 있어서 왕안석은 입법과 변법을 선행하고 재화를 다스리는 법과 기타 여러 법제를 완벽하게 함으로

써 부국강병을 실현하자고 주장한다. 동시에 치법治法 즉 다스리는 법제와
치인治人 즉 다스리는 사람을 통일시켜 '중건현재衆建賢才' 즉 수많은 인재를
등용시킴으로써 법제의 관철과 실시를 보장해야 한다고 주장했다. 북송
개혁 사조 가운데 변법에 착수하여 정치 개혁을 실시한 것은 '형공신학'
일파의 특색이었다.

재화를 다스리고 생산하는 것은 왕안석 변법의 주요 내용이다. 그 가
운데 이재理財, 즉 재화를 다스리는 것이야말로 왕안석이 깊은 관심을 기
울인 사항이다. 그의 기본적인 사유는 이러했다. "천하의 힘으로 천하의
재화를 생산하고, 천하의 재화를 취하여 천하의 비용을 충당한다."389 왕
안석은 이재야말로 도의이며 가장 중요한 정치 활동 가운데 하나라고 생
각했다. 그는 정치 사무는 "그로써 이재를 하는 것이며 이재야말로 이른
바 의義이다"390라고 말한다. 그는 심지어 이렇게 선언한다. "『주례』 한 권
을 보면 그 반이 이재이니 주공이 얼마나 이익을 추구한 것인가!"391 이재
에 대하여 이토록 광범하게 정치적, 도덕적, 이론적 내용을 부여한 경우
는 확실히 찾아보기 어렵다. 왕안석은 이재를 도의의 근거로 삼아 반대
파의 힐난에 반박했다. 그리고 개혁의 중심을 재정 문제의 해결에 두었
다. 「상황제만언서」에서 왕안석은 이렇게 말한다. "지금 천하는 전쟁 준
비 없이 있는 그대로 편하게 살면서 즐겁게 일하고 있다. 사람들은 온 힘
을 다해 천하의 재화를 생산하고 있다. 그럼에도 공공 부문이든 민간 부
문이든 곤궁을 걱정하는 것은 이재가 제 길을 찾지 못했기 때문이다. 담
당 관리들이 시의를 제대로 파악하여 그 변화에 통달하지 못했기 때문
이다."392 그는 사회경제에 대한 국가의 통제를 강화하고 생산의 발전과
절약의 실천을 위한 각종 조치를 보완함으로써 국가 재정 지출 상황을
개선하자고 주장한다. 왕안석은 천부泉府393의 법을 수정하여 겸병을 억제
하고 가난하고 약한 사람들을 고루 구제하고 천하의 재화를 변통시키고

이익을 하나의 경로에서 나오도록 해야 한다고 주장한다. 이권을 국가에 귀속시키고, 열고 닫고 거두고 분산시키는 각종 행정 수단의 간여를 통해 사회 재부를 최종적으로 국가의 지배로 귀속시키는 것이 이재의 주요 목적이라는 것이다.

왕안석 이재의 주요 수단은 법제였다. 그는 정권을 잡자마자 '치제삼사조례사置制三司條例司'를 건립하여 입법과 변법을 책임지도록 해야 한다는 주청을 올렸다. '희풍신법'의 중점은 재정과 경제 문제였다. 그 가운데 균수법均輸法,[394] 농전수리법農田水利法, 청묘법青苗法,[395] 모역법募役法,[396] 방전균세법方田均稅法, 시역법市易法[397] 등이 당시 반포된 주요 법규들이다. 신법과 반신법 간 쟁론은 청묘법, 모역법 등이었다.

겸병을 억제하고 빈자와 약자를 골고루 구제하는 것은 왕안석 변법 내용 중 하나였지만 겸병 억제의 주목적은 군권 강화였다. 왕안석은 토호들이 토지를 겸병하고 서민들을 마음대로 부리며 군주와 이익을 다투는 것이 정치 안정에 영향을 미친다고 생각했다. 그는 황제에게 과감한 조치를 취하여 토호들을 억제하고 이재 개혁법을 통하여 "경중輕重과 취산聚散의 권한을 거둬들여 공공의 것으로 되돌려야 한다"[398]고 권유했다. 그리하여 경제 및 재정에 대한 국가의 전면적 통제를 실현시키고자 한 것이다. 재정을 다스려 군권을 강화하려면 상업 활동에 제한을 가하지 않으면 안 된다. 왕안석은 이렇게 말한다. "상인들을 통제하는 것은 너무 번성하는 것을 저어해서다. 너무 번성하면 근본인 [농업을] 버리는 사람이 많아진다. 또 너무 위축되는 것을 저어해서다. 너무 위축되면 재화가 소통되지 않는다. 그래서 법을 제정해 권權 즉 균형을 맞추는 것이다."[399] 재화 관리의 종지와 목적이 왕안석의 경제 입법을 결정지었다. 이는 사회경제의 발전에 한편으론 적극적인 요인이 되기도 했으며 또 한편으론 아주 많은 소극적인 요인이 되기도 했다. 왕안석은 「탁지부사청벽제명기」에서 다음과 같이 말한다. "재화가 있는데 다스리지 못하면 밭고랑이나 골목 어귀에 사는 천인 모두 사사로이 자신의 세력을 얻게 될 것이며 만물의 이익을 멋대로 차지하고 군주와 백성을 가지고 다투고 끝없는 욕망에 방종하게 될 것이다. 꼭 귀족이나 토호들만 그런 짓을 한다고 할 수 없다."400 재화를 다스린다 함은 한편으로 빈민을 구제한다는 주장이기도 하지만 다른 한편으론 신하들이 부를 쌓는 것을 방비하는 것이기도 하다. 상업 억제의 취지는 농업 중시에 있었지만 상업 활동 제한은 농업을 포함한 사회경제의 발전에 불리한 일이기도 하다.

"맞는 사람을 얻어 느슨하게 도모하면 큰 이익이 생기고, 맞지 않는 사람을 써서 급하게 이루려고 하면 큰 손해가 생긴다."401 일찍이 변법에 주력하던 초기에 왕안석은 변법 성패의 관건은 인재에게 달려 있음을 예견했다. 그는 '중건현재重建賢才' 즉 현명한 인재의 발탁을 주장했다. "오늘날의 급선무는 인재에 달려 있을 뿐이다."402 왕안석은 현인 임용의 관건이 군주에게 달려 있다고 생각했다. "사람의 재능은 군주가 도야하여 완성시키지 않는 경우가 아직 없었다."403 이를 위해 왕안석은 황제를 대신하여 "교육시키고 양육하고 선발하고 임명하는" 길을 매우 상세하게 기획했다. '교육의 길'은 '교육지도 관리'의 인선과 교육 내용을 엄격하게 하는 것이다. '양육의 길'은 "재화로 풍요롭게 해주고 예의로 단속하며 법으로 제재를 가하는 것이다."404 '선발의 길'은 언행과 재덕을 고찰하고 "시험 삼아 일을 시켜보고" 합격한 사람에게 관직을 수여하는 것이다. '임명의 길'은 재덕의 높낮이에 맞추어 직무에 임명하는 것이다. 동시에 '고적考績 즉 인사고과의 법'을 시행해야 한다. 이를 통해 인재는 "온 지혜를 다 짜내서 공을 세우도록" 할 수 있고 무능한 사람은 "당연히 사퇴하고 물러날 줄 알게"405 만든다. 왕안석이 적극적으로 '인재 등용'을 주장한 목적은 봉건 국가의 통치 능력을 높이고 고지능의 정치 핵심과 고효율의 관료 체계를 형성하여 폐단이 누적된 대송 왕조를 구하려는 것이었다. 동시대 인물의 주장 가운데 인재 선발과 이치吏治 개선에 대한 왕안석의 견해야말로 비교적 체계적이고 비교적 선명하며 보기 드문 탁견이다.

왕안석은 변법을 주재하면서 교육과 과거 제도를 개혁하여 특별히 신법을 집행할 영도 기구를 창립하고 일군의 신인을 기용했다. 그는 당시의 답답한 공직 환경을 타파하고 영도 기구를 개선시켜 변법을 영도할 중견 역량으로 키우고자 했다. 하지만 여러 원인으로 모든 일은 소망과 엇나갔다. 왕안석이 중용했던 여혜경呂惠卿, 장순章惇, 증포曾布, 채경蔡京 등은 분분히 변법의 명의를 빌려 권위를 찬탈하고 민간 재산을 약탈했으며 자기 생각과 다른 사람들을 철저히 제거했다. 신정의 대부분은 학정으로 바뀌었다. 잘못된 관료 행정은 '희풍신법'에 치명상을 주었다.

'희풍신법'은 군사, 치안 방면에서 어느 정도 성과를 거두었다. 주로 장병법將兵法, 보갑법保甲法,[406] 보마법保馬法[407] 및 군기감軍器監의 설치로 구현되었다. 이들 조치는 외침을 막고 민중을 통제하는 송 왕조의 능력을 강화시켜주었다. 기록에 의하면 "경력 연간 국가에서 군대를 없앤 이래 군비는 파괴되어 아무것도 남지 않았다. 신종 황제가 시종일관 무력을 중시하여 위세를 크게 떨치고 병장기를 수습했으며 법도를 근엄하게 했다. 안으로 군기감을 설치하고 밖으로 도작원都作院[408]을 창설했다. 날마다 공을 계산하고 달마다 성과를 보고하니 창과 극, 활과 화살, 갑옷과 투구, 칼과 검 등 무구가 모두 완벽하게 갖추어졌다. 그 숫자가 누적되어 이루 헤아릴 수 없을 정도였다. 깃발을 내세우고 정벌에 나선다 하더라도 족히 수십 년은 쓸 수 있었다".[409] 군사적으로 서하와 전쟁을 벌인 적이 있는데 희하熙河 전투에서 승리할 수 있었다. 화친책에도 어느 정도 효과가 있었다.

'희풍신법'은 부국강병 방면에서 어느 정도 성과를 거두었다. 하지만 폐정 개혁 방면에서는 아무런 중대한 성과도 거두지 못했다. 쓸모없는 관직,

쓸모없는 군사, 쓸모없는 비용 및 대외적 굴욕과 농민 폭동 상황은 옛 모습 그대로였으며 "백성이 세금을 더 내지 않고 국가는 풍요로우며" "채찍을 들고 사방 오랑캐들을 압도하여 당나라 옛 강역을 모두 회복하는" 따위의 이상은 더더욱 실현할 수 없었다.

04

개혁의 귀결

왕안석 변법은 송대에서 가장 중요한 정치 개혁 운동이었다. 신법은 황제의 지지하에 추진되었고, 최고 통치자의 정치적 태도가 바뀌면서 부침을 거듭하기도 했으며, 최종적으로 실패로 끝나고 말았다. 변법 문제를 둘러싸고 조정 대신들은 크게 두 진영으로 나뉘었다. 두 파벌 사이엔 시비 다툼과 붕당 다툼이 함께 뒤섞였다. 왕안석은 두 차례 재상에서 파면되었으며 나중에 '원우경화元祐更化'[410]나 '철종소술哲宗紹述'[411]을 거치면서 양대 세력의 정치 풍상은 당신이 망하면 내가 등장하는 방식으로 성쇠를 거듭했고 신법은 흥기하기도 폐기되기도 했다. 북송 왕조는 빈번한 개혁의 와중에 멸망했다. 이는 비단 신법의 실패였을 뿐만 아니라 북송 개혁 사조의 정치적 실패였다.

왕안석의 변법은 정치, 경제, 군사, 문화, 교육 등 여러 영역과 관련이 있으며 사회의 각 층면을 움직였다. 광범하고 심원한 영향을 미쳤던 한 차례 개혁운동은 실패로 끝났다. 지극히 복잡한 이 역사적 사건이 당시뿐만 아니라 후세의 정치가, 사상가 및 연구자들의 마음속에 일으킨 반응은 수많은 모서리와 면을 가진 수정체처럼 다양한 색채를 지녀 보는 각도에 따라 견해를 달리했다. 사람들은 여러 시각과 입장에서 다양한 정치 심미 방식과 가치관을 가지고 공과와 득실을 평가했다. 각자가 받은 인상과 느낌은 다양하고 복잡한 것이었다. 사람들은 변법의 정치적 전제와 변법 주체의 자질, 변법의 동기와 효과, 책략과 절차, 조례의 내용과 득실, 변법의 조작 기교와 운용 과정, 정책을 시행할 인재의 득실 각 방면에서 변법 실패의 원인을 탐구했다. 의견이 분분했고 목소리도 다양했다.

그 어떤 구체적인 문제를 두고 왕안석의 변법을 평가하든지 간에 불편함과 곤혹스러움에 직면하게 된다. 신법에 기대하는 태도를 가지고 군자와 소인을 구분하고 진취와 보수를 판단할 때조차도 융통성을 발휘하기가 매우 어렵다. 이를테면 왕안석 본인은 확실히 식견이 풍부하고 덕행이 고상해서 "부귀영화를 뜬구름처럼 여겼고 재물과 이익이나 주색에 빠지지 않은"[412] 일대 명인이지만 그의 주요 지지자들 가운데 청렴결백한 사람은 아주 드물었다. 게다가 신법에 반대한 저명한 인물 대부분은 개혁 사조로 불난 집에 부채질을 했다. 남송의 진량陳亮은 이렇게 말한다. "경력과 가우嘉祐 연간 세상의 명사들은 법이 바뀌지 않음을 걱정했었다. 그런데 희녕과 원풍 연간엔 변법 때문에 걱정했다. 이를테면 소식蘇軾과 소철蘇轍 형제처럼 세상사 논의에 익숙한 사람들은 가우 연간에는 과감하지 못했었는데 희녕 연간의 논의에 직면해서는 손을 한 번 뒤집는 사이에 대립되는 논리를 세웠다."[413] 이렇게 볼 때 희풍신법의 실패는 구체적인 설계나 실행 과정에서 만난 몇 가지 문제 외에 사회적, 정치적 원인이 더 심각했다.

북송의 정치 구조 및 그로부터 결정된 관료 집단의 정치 심리 상태를 보면 개혁 사조가 끝내 아무런 효과도 내지 못할 것을 예고하고 있다. 북송의 정치적 고질병을 구성하는 근본 원인은 권력의 과도한 군주 집중 때문이다. 정치가와 사상가들은 분명하게 이 병근을 알고 있었으며 집권과 분권 문제는 보편적인 논의 주제 가운데 하나였다. 하지만 개혁의 이론과 실천 면에서 행동과 목적이 달라졌다. 군주 권력을 강화하고, 군사적 관료 체제를 강화하고, 사회경제에 대한 봉건 국가의 행정적 간여를 강화하는 것이 개혁의 목적이고 방법이 되었다. 장기적 관점에서 보면 이는 사회 발전에 대한 요구와 어긋나는 것이었다. 이 때문에 이치吏治를 개선시킨다든가 재정 적자를 메운다든가 군사 역량을 증강시키는 등 특정 개혁 조치는 효과를 거두기도 했지만 정치 구조와 경제 발전이 서로 협조하지 않는 모순을 한층 더 심화시킬 따름이었다. 왕안석은 지방관 임직을 수행하는 동안 경제에 대한 국가의 간여를 줄여야 한다고 주장한 적이 있다. 그런데 변법을 시행하면서 초심을 바꾸어 온갖 계책을 내어 이 간여를 심화시켰다. 국가의 '전리專利'를 목적으로 하는 재화의 관리는 필경 일대 폐정이 될 수밖에 없다. 삼용三冗 즉 세 가지 쓸모없는 것이 정치 위기와 사회 위기를 불러오는 직접적 원인이었으며 개혁 사조 논의의 중점이기도 했다. 그 가운데 용관冗官 즉 쓸모없는 관직은 기구와 이치吏治 방면의 폐단이자 개혁의 당면 과제이기도 했다. 하지만 '경력신정'과 '희풍신법'이 호족과 관료들의 경제적 이익을 건드리자마자 강렬한 반대에 부딪히게 되었다. 관료들은 들고일어나 떠들고 악담을 퍼부었다. 개혁자들은 어려움을 알고 물러났으며 쉽고 가벼운 방향으로 돌아서 갈 수밖에 없었다. 관료의 봉급이 조금 줄면 법 밖의 양민 학대와 탐오, 수뢰가 반드시 창궐할 것이라고 왕안석은 말한 적이 있다. 대규모로 인원을 줄이고 정무를 간소화하고 군대를 정돈할 용기도 능력도 없었기 때문에 모든 개혁 조치는 기껏해야 미미한 보완으로 끝났으며 겉만 다스리고 근본을 치유하지 못했다. 기본 정치 구조와 경제 구조를 움직일 생각도, 용기도, 능력도 없었으니 개혁이란 그저 분배 영역에서 고심을 다해 문장을 짓는 행위에 불과했다. 제아무리 설계가 합리적이고 조작이 주도면밀하더라도 그걸 도와주는 힘에는 한계가 있었다. 결국 특정 정치 구조와 정치 심리가 변법운동의 역사적 비극을 예고하고 있었다.

상대적으로 북송 사대부들이 '언자言者' 즉 말하는 집단이었다면 왕안석은 필경 '행자行者' 즉 실천자였다. 그의 정치사상은 특색을 지니고 있으며 그의 개혁정신은 사람들을 감동시키기에 충분했다. 그러나 북송 군주 정치의 폐단은 왕안석의 이상이 실현될 수 없음을 예고하고 있었다. 그 자신의 주장 또한 역설이었으며 실천 과정에서 벽을 만나지 않을 수 없었다. 문제의 근원은 권력을 집중시키는 방식으로 군권의 과도한 집중이 가져온 일련의 정치 문제와 사회 문제를 해결하려고 한 데 있었다. 왕안석의 사상과 실천, 그리고 그의 비극은 전통 정치사상을 이해하는 데 특별한 의미를 지닌다.

북송 왕조의 일체 개혁 조치는 최종적으로 모두 실패로 돌아갔다. 군주 전제 제도를 움직일 수 없고 종법 정치 윤리를 고칠 수 없다면 어떻게 군주 정치의 장기 안정을 유지할 수 있겠는가! 수많은 사상가는 윤리 도덕의 수양과 주입 쪽으로 차츰 안광을 조준했다. 경세와 수신은 유학 내에서 본래부터 하나이면서 둘이고 둘이면서 하나인 관계다. 개혁의 실패는 필경 학술의 중심을 '내구內求' 즉 안으로부터 해결책을 구하는 방향으로 전환시켰으며 남송 시대에 이르러서는 이것이 학술 사조의 주류가 되었다. 어떤 의미에서 '형공신학'은 수양을 중시하고 군심君心을 바로잡는 것을 주지로 삼는 리학理學414 즉 성리학의 연원 가운데 하나다.

'형공신학'은 송대 도덕과 성명性命 사조를 격발시켰다. 리학은 이 속에서 사상적 재료를 흡수했으니 형공신학은 리학의 형성과 발전에 직접적인 촉진 작용을 한 셈이다. 형공신학의 "궁리진성지명窮理盡性至命"에 관한 논의, 존왕천패尊王賤霸 즉 왕도를 존중하고 패도를 천시하는 주장, '도덕을 통일시키려는' 조치 등은 심성 사조가 다시 한번 범람하게 되었다는 표식이다. '형공신학'은 관학官學의 명의로 학자와 선비들을 하나로 귀결되도록 강제했다. "선비들이 경을 가지고 담당 관리에게 시험을 볼 때면 반드시 그의 학설을 으뜸으로 삼아야 했다. 조금이라도 다르면 합격할 수가 없었다."[415] 이는 객관적으로 학술의 중심을 '심성' 방향으로 기울도록 조장했는데 이로부터 리학의 발전에 필요한 학술 환경이 만들어졌다. 왕안석의 철학적 사변은 리학 사상가들에게 깨우침을 주기도 했다. 이를테면 주희는 '우중유우耦中有耦' 즉 상대 속에 또 다른 상대가 존재한다는 등 철학적 명제를 섭취하여 자신의 모순관을 수립했다. 정주程朱의 왕패지변王覇之辨 또한 왕안석 사상의 영향을 받았다. 왕안석은 『왕문공문집』 「왕패」 편에서 이렇게 말한다. "인의예신仁義禮信을 실천해야 함은 우리가 당연히 그렇게 해야 하기 때문이다. 인의예신으로 몸을 수양하고 정치를 바꾼다면 천하에 교화되지 않는 것이 없다. 그래서 왕자의 정치는 여기서 그것을 실천할 줄 알고 저기서 그것을 구할 줄은 모른다. 그러나 저기 또한 교화가 될 것이다. 패자의 도는 그렇지 않다. 그 마음이 어질어본 적이 없으면서 천하가 어떻게 어질지 못하냐고 걱정한다. 그래서 어짊을 보여주려고 한다. 그 마음이 의로워본 적이 없으면서 천하가 어떻게 의롭지 못하냐고 걱정한다. 그래서 의로움을 보여주려고 한다. 예와 신에 대해서도 이와 같을 따름이다."[416] 이는 정주의 논의와 조금도 차이가 없다. 이 점에서 '형공신학'은 리학의 선구자다.

1 개봉開封 동북 20킬로미터 거리로 오늘날 허난성 펑추封丘 동남쪽 천챠오진陳橋鎭이다. ─옮긴이

2 自唐季以來數十年間, 帝王凡易十姓, 兵革不息, 蒼民涂地, 其故何也? 吾欲息天下之兵, 爲國家建長久之計, 其道如何? (…) 唐季以來, 戰鬪不息, 國家不安者, 其故非他, 節鎭太重, 君弱臣強而已矣. 今之所以治之, 無他奇巧也, 惟稍奪其權, 制其錢穀, 收其精兵, 天下自安矣.(『속수기문涑水紀聞』권1)

3 『송사기사본말宋史紀事本末』권17.

4 何不釋去兵權, 擇便好田宅市之, 爲子孫永久之業, 多置歌兒舞女, 日飲酒相歡, 以終其天年. 君臣之間, 兩無猜嫌, 上下相安, 不亦善乎?(『속수기문』권1)

5 令天下長吏擇本道兵驍勇者, 籍其名送都下, 以補禁旅之闕.(『속자치통감장편續資治通鑑長編』권1)

6 皆知兵力精銳非京師之敵, 莫敢有異心者.(『속수기문』권1)

7 五代方鎭殘虐, 民受其禍. 朕今用儒臣幹事者百餘人分治大藩, 縱皆貪濁, 亦未及武臣十之一也.(『송사기사본말』권2)

8 吾家之事, 唯養兵可爲百代之利. 蓋凶年飢歲有叛民而無叛兵, 不幸樂歲變生, 有叛兵而無叛民.(『소씨문견후록邵氏聞見後錄』권1)

9 天下獷悍失職之徒, 皆爲良民之衛矣.(『송사』「병지兵志」)

10 군사 제도의 하나로 열 사람을 하나의 단위로 하고 그 대장 한 명을 두어 십장什長이라 불렀다. ─옮긴이

11 收四方勁兵, 列營京畿, 以備宿衛, 分番屯戍, 以捍邊圉. 於時將帥之臣入奉朝請, 狂暴之民收隷尺籍, 雖有桀驁恣肆, 而無所施於其間. 凡此制, 爲什長之法, 階級之辨, 使之內外相維, 上下相制, 截然而不可犯者, 是雖以矯累朝藩鎭之弊, 而其所懲者深矣.

12 관각管権으로도 불리며 소금, 철, 술의 전매를 통해 예산을 확보하는 관청을 말한다. ─옮긴이

13 每歲受民租及筭榷之課, 除支度給用外, 凡緡帛之類, 悉輦送京師. (…) 由是利歸公上而外權削矣.(『속자치통감장편』권5, 권6 참조)

14 五代諸侯跋扈, 有枉殺人者, 朝廷置而不問. (…) 自今諸州決大辟, 錄案聞奏, 付刑部覆視之.(『고문연감古文淵鑑』권42)

15 有官, 有職, 有差遣. 官以寓祿秩, 敍位著. 職以待文學之選 而別以差遣以治內外之事.

16 居官不知其職者, 十常八九.(이상 『송사』「직관지」 참조)

17 分天下爲郡縣, 總郡縣爲一道, 而又總諸道於朝廷. 委郡縣於守令, 總守令於監司, 而又察監司於近臣, 此我朝內外之紀綱也.(『송회요집고宋會要輯稿』「직관」)

18 一兵之籍, 一財之源, 一地之守, 皆人主自爲之.(『섭적집葉適集』「시의始議 2」)

19 『송사기사본말』권2.

20 朕欲博求俊彦於科場中, 非敢望拔十得五, 止得一二, 亦可以致治之具矣.(『송사기사본말』 권17)

21 『문헌통고文獻通考』「선거選擧 5」.

22 윗대에 국가에 공훈이 있는 사람들의 후예들에게 부여하는 입학과 임관의 특전. 자손이 은혜를 받고 조상의 음덕을 입는다는 의미다. ─옮긴이

23 부형의 공적에 따라 자제가 관직을 수여받는 제도. ─옮긴이

24 송대의 직제. 대신이 직위에서 물러나면 도교 사원을 관리한다는 명목상 직책을 주어서 우대하고 그 명분에 맞는 녹봉을 주었다. ─옮긴이

25 薦辟之廣, 恩蔭之濫, 雜流之猥, 祠祿之多, 日增月益, 遂至不可紀極.(『이십이사차기二十二史箚記』권25)

26 一登仕版, 遷轉如流, (…) 官秩旣進, 俸亦隨之.(『송회요집고』「직관」)

27 富室連我阡陌, 爲國守財爾, 緩急盜賊竊發, 邊境搖動, 兼幷之財樂於輸納, 皆我之物. (…) 本朝不抑兼幷.(『휘전록여화揮塵祿餘話』권1)

28 千年地換八百主, (…) 勢官富姓占田無限, 兼幷僞冒習以成俗.(『송사』「식화지」)

29 古者刻剝之法, 本朝皆備.(『주자어류』권110)

30 『주자어류』권111.

31 오대십국 시절 사타沙陀족이었던 석경당石敬瑭이 후당을 멸망시키고 만든 후진後晉 (936~947). 사마司馬씨의 진나라와 구별하기 위해 석진이라고도 부른다. 거란에게 멸망당했다. ─옮긴이

32 別置封椿庫, 常密謂近臣曰, '石晉苟利於己, 割幽薊以賂契丹, 使一方之人獨限外境, 朕甚憫之. 欲俟斯庫所蓄滿三五十萬, 卽遣使與契丹約, 可能歸我土地民庶, 則當盡此金帛充其贖直. 如曰不可, 朕將散滯財, 募勇士, 俾圖攻取耳.(『속자치통감장편』권19)

33 欲理外, 先理內; 內旣理則外自安.(『속자치통감장편』권30)

34 國家若無外憂, 必有內患. 外憂不過邊事, 皆可預防. 惟奸邪無狀, 若爲內患, 深可懼也. 帝王用心, 常須謹此.(『속자치통감장편』권32)

35 송나라 관제로 처음엔 공봉관供奉官, 좌반전직左班殿直, 우반전직右班殿直을 삼반이라 했다가 나중에는 동서공봉東西供奉, 좌우시금左右侍禁, 승지참직承旨借職을 삼반

이라 했다. ─옮긴이

36 三班吏員止於三百, 或不及之.(『원풍유고元豐類稿』「재의경비찰자再議經費札子」)

37 動相牽制, 不許便宜, (…) 動而奔北.(『속자치통감장편』권44)

38 동전 1천 문文을 줄로 꿰맨 단위. ─옮긴이

39 『속자치통감장편』권143.

40 『역대명신주의歷代名臣奏議』권322.

41 臣本魯人, 占籍濟上, 未及第時, 一州止有刺史一人司戶一人, 當時未嘗闕事. 自後有團練推官一人. 太平興國中, 增置通判副使判官推官, 而監酒榷稅算又增四員, 曹官之外更益司理. 問其租稅, 減於曩時也; 問其人民, 逃於昔時也. 一州旣爾, 天下可知. 冗吏耗於上, 冗兵耗於下, 此所以盡取山澤之利而不能足也.

42 所畜之兵冗而不盡銳, 所用之將衆而不自專, (…) 減冗兵, 幷冗吏, (…) 艱難選擧, 使入官不濫, (…) 親大臣, 遠小人, 使忠良謇諤之士知進而不疑, 奸憸傾巧之徒知退而有懼, (…) 減人民之賦, 寬山澤之利.(『송사기사본말』권20)

43 紹二聖之祚, 精求至治, 若守舊規, 斯未盡善, 能立新法, 乃顯神機.(『송사기사본말』권20)

44 方慶曆嘉祐, 世之名士, 常患法之不變也.(『진량집』「전선자격詮選資格」)

45 積弊甚衆, 何以裁救?(『속자치통감』권62)

46 天下弊事甚多, 不可不改.(『속자치통감』권66)

47 今日之事可謂急矣. (…) 弱甚矣, 憂至矣, 非立大奇, 不足以救.(『이구집』「기상손안무서寄上孫安撫書」 등 참조)

48 朝廷若不能節用, (…) 凡奢靡之節, 奇巧之玩, 無名支賜, 無度取索, 一切罷去.(『황조문감皇朝文鑑』「논감성용비論減省冗費」)

49 方今之勢, 苟不能滌蕩振刷, 而卓然有所立, 未見其可也.(『소동파전집』「책략策略 1」)

50 顧內則不能無以社稷爲憂, 外則不能無懼於夷狄, 天下之財力日以困窮, 而風俗日以衰壞, 四方有志之士, 緫緫然常恐天下之久不安.(『왕문공문집王文公文集』「상황제만언서」)

51 法可變, 但當時不必變, (…) 不當無大小, 盡變舊法以爲新奇.

52 朋黨之起, 蓋因趣向異同, 同我者謂之正人, 異我者疑爲邪黨, 旣惡其異我, 則逆耳之言難至; 旣喜其同我, 則迎合之佞日親; 以至眞僞莫知, 賢愚倒置, 國家之患, 率由此也.(『송사』「범순인전」)

53 盛於熙豐, 交爭於元祐紹聖, 而禍烈於徽宗之世, 其始則景祐諸公開之也. (…) 一唱百和, 唯力是視, 抑此伸彼, 唯勝是求. 天子無一定之衡, 大臣無久安之計, 或信或疑, 或起

578

或僕, 旋加諸膝, 旋墜諸淵, 以成波流無定之宇.(『송론宋論』권4)

54 이하 『전송문』 인용은 편명만 표기함.

55 窮則變, 變則通, 通則久.

56 「역겸삼재부」.

57 上以統百王之業, 下以斷萬物之疑. 變動不居, 適內外而無滯; 廣大悉備, 包上下而弗遺. (…) 無幽不通, 唯變所適.(「역겸삼재부」)

58 水火之性也, 偏其反而; 水火之利也, 一以貫之. 居惟異處, 動必相資. (…) 施之無窮, 和而不同, (…) 質本相違, 義常兼濟, (…) 故從政者寬猛相須, 體玆至矣.(「수화불상입이상자부水火不相入而相資賦」)

59 故聖人之理天下也, 文弊則救之以質, 質弊則救之以文.(「주상시무서奏上時務書」)

60 前代之季, 不能自救, 以至於大亂, 乃有來者, 起而救之.(「주상시무서」)

61 惟聖帝明王, 文質相救, 在乎己, 不在乎人. 『易』曰: '窮則變, 變則通, 通則久.' 亦此之謂也.(「주상시무서」)

62 歷代之政, 久皆有弊, 弊而不救, 禍亂必生. 何哉? 綱紀浸隳, 制度日削, 恩賞不節, 賦斂無度, 人情慘怨, 天禍暴起. (…) 天下之理有所窮塞, 則思變通之道; 既能變通, 則成長久之業.(「답수조조진십사答手詔條陳十事」)

63 否極者泰, 泰極者否, 天下之理, 如循環焉. (…) 非知變者, 其能久乎! (…) 聖人作易之大旨, 以授於理天下者也, 豈徒然哉!(「상집정서上執政書」)

64 我國家革五代之亂, 富有四海, 垂八十年. 綱紀制度, 日削月侵, 官壅於下, 民困於外. 夷狄驕盛, 寇盜橫熾, 不可不更張以救之.

65 庶幾法制有立, 綱紀再振, 則宗社靈長, 天下蒙福.(「답수조조진십사」)

66 倘不思變其道, 而但維持歲月, 一旦亂階復作, 使天下爲血爲肉數百年.(「상집정서」)

67 四海尙完, 朝謀而夕行, 庶乎可濟, 安得晏然不救, 坐俟其亂哉!(「답수조조진십사」)

68 昔曹參守蕭何之規, 以天下久亂, 與人息肩, 而不敢有爲者, 權也; 今天下久平, 修理政教, 制禮作樂, 以防微杜漸者, 道也.(「상집정서」)

69 夫利者何也? 道之用者也. 於天爲膏雨, 於地爲百川, 於人爲兼濟, 於國爲惠民爲日中市, 於家爲豐財爲富其鄰, 於物爲驕虞爲得食雞. 其迹異, 其道同, 統而言之, 義之和也.(「사덕설」)

70 進思濟物, 利之方也. (…) 湯武應天順人, 開國除亂, 履其亨而闡其利者也. 夏禹治水, 乾之成功, 幹其事者也.(「사덕설」)

71 先王制禮之心, 非萬世利, 則不行焉. 或曰: 五帝不相沿樂, 三王不襲禮, 此何泥於古乎?

某謂禮樂等數, 沿革可移, 帝王名器, 乾坤定矣, 豈沿革之可言哉!(「상자정안시랑서上資
政晏侍郎書」)

72　天尊地卑, 道之常矣. 君處上, 臣處下, 理之常矣. 男在外, 女在內, 義之常矣. 天地君臣男
女各得其正, 常莫大焉. (…) 天子之常也, 在於道, 不在於權.(「역의」)

73　惟大禮之有節, 同二儀而可詳. 其大也, 通庶匯之倫理; 其節也, 著萬化之紀綱. (…) 則
知節者禮之本, 禮者節之筌. 節假禮而其用斯顯, 禮能節而其功乃全. 所以下蟠乎地, 上
極乎天. 是謂治之本也, 抑亦出乎自然.

74　器之旣興也, 人滋而事濟, 終成乎百代之利, 勿謂乎一時之制. (…) 故曰, 聖人立成器, 以
爲天下利.(「제기상상부제기기상부制器尙象賦」)

75　假其器而宣其敎, 尊其義而貴其禮. (…) 君之柄也, 非禮何持; 立人之道也, 惟義是資.

76　一者道之本, 式者治之筌.(「성인포일위천하식부聖人包一爲天下式賦」)

77　變化從宜, 廣大悉備.(「대례여천지동절부」)

78　당송 시대 관원들을 심사 성적에 따라 승진시키거나 이동시키는 제도. 문무 관리들은
해당 지역의 최고 장관이 심사 성적을 매겨 9등급으로 나누어 장계를 올리고, 임기가
만료되면 그 성적에 따라 승진과 강등을 정하고 이부吏部와 각 관찰사가 재심사를 실
시했는데 이를 '마감磨勘'이라 했다. 송대에는 심관원審官院을 설치하여 이 일을 주관
했다. ―옮긴이

79　文資三年一遷, 武職五年一遷, 謂之磨勘. 不限內外, 不問勞逸, 賢不肖竝進.(「답수조조
진십사」)

80　賢不肖混淆, 請託僥幸, 遷易不已, 中外苟且, 百事廢墮, 生民久苦, 群盜漸起.(「답수조조
진십사」)

81　因循者拘考績之限, 特達者加不次之賞, 然後天下公家之利必興, 生民之病必救, 政事之
弊必去, 綱紀之壞必葺, 人人自勸, 天下興治.(「답수조조진십사」)

82　百姓貧困, 冗官至多. 授任旣輕, 政事不擧. 俸祿旣廣, 刻剝不暇.(「답수조조진십사」)

83　內外朝臣, 各務久於其職, 不爲苟且之政, 兼抑躁動之心; 亦免子弟充塞銓曹, 與孤寒爭
路, 輕忽郡縣, 使生民受弊.(「답수조조진십사」)

84　國家之患, 莫大於乏人.(「빈주건학기邠州建學記」)

85　당나라 이후 과거 시험을 볼 때 시행했던 경전의 의의에 대한 필답의 형식. ―옮긴이

86　專以辭賦取進士, 以墨義取諸科, 士皆舍大方而趨小道, 雖濟濟盈廷, 求有才有識者十
無一二.(「답수조조진십사」)

87　進士先策論而後詩賦; 諸科墨義之外, 更通經旨. 使人不專辭藻, 必明理道, 則天下講學

必興, 浮薄知勸, 最爲至要.(「답수조조진십사」)

88 宗經則道大, 道大則才大, 才大則功大.

89 故俊哲之人, 入乎六經, 則能服法度之言, 察安危之幾, 陳得失之鑑, 析是非之辯, 明天下
之制, 盡萬物之情.(「상시상의제거서上時相議制擧書」)

90 使皆明經籍之旨, 竝練王霸之術.

91 先之以六經, 次之以正史, 該之以方略, 濟之以時務.

92 趨聖人之門, 成王佐之器.(「상시상의제거서」)

93 親奉聖謨, 詔天下建郡縣之學.(「빈주건학기」)

94 官者一人之股肱, 兆民之綱紀. (…) 非其人則貽民之憂, 得其人則致君之美.(「임관유현
재부任官惟賢材賦」)

95 一方舒慘, 百姓休戚, 實繫其人. (…) 今乃不問賢愚, 不較能否, 累以資考, 升爲方面. 懦
弱者不能檢吏, 得以蠹民; 強幹者惟是近名, 率多害物. 邦國之本, 由此凋殘.(「답수조조
진십사」)

96 厚祿然後可以責廉隅, 安職業也.(「답수조조진십사」)

97 직분전職分田이라고도 한다. 북위 때 관리들의 품계에 따라 봉급으로 공전을 나누어주
면서 시작되었다. 수나라 때 직분전의 명칭이 생겼으며, 직위에서 물러나면 다음 사람
에게 넘겨주어야 하고 매매를 금지했다. 농민들에게 경작을 시키고 지대를 받아 급여로
충당했다. 명나라 때 폐지되었다. ―옮긴이

98 有不均之謗, 有侵民之害, (…) 屢有臣僚乞罷職田.(「답수조조진십사」)

99 臣謂職田本欲養賢, 緣而侵民者有矣, 比之衣食不足, 壞其名節, 不能奉法, 以直爲枉, 以
枉爲直, 衆怨思亂而天下受弊, 豈止職田之害耶!

100 有不均者均之, 有未給者給之, (…) 然後可以責其廉節, 督其善政.(「답수조조진십사」)

101 聖人之德, 惟在善政, 善政之要, 惟在養民. 養民之政, 必先務農.(「답수조조진십사」)

102 其勸課之法, 宜選官討論古制, 取其簡約易從之術, 頒賜諸路轉運使, 及面賜一本, 付新
授知州縣令等.(「답수조조진십사」)

103 困生靈, 虛府庫, (…) 非鰥寡孤獨, 不能無役.

104 居廟堂之高, 則憂其民; 處江湖之遠, 則憂其君. (…) 先天下之人憂而憂, 後天下之人樂
而樂.(「악양루기岳陽樓記」)

105 「용천하심위심부用天下心爲心賦」.

106 君育黎庶, 如彼身體, (…) 每視民而如子, 復使臣而以禮.(「군이위민위체君以民爲體
賦」)

107 分職求理, 當任賢者.(「임관유현재부任官惟賢材賦」)

108 「종간여류부從諫如流賦」.

109 臣不興諫, 則君道有虧; 君不從諫, 則臣心莫寫. (…) 君之德也, 貴納諫而溫恭; 水之性也, 美隨流而順從. 故周旋而善納, 如蕩漾而朝宗.(「종간여류부」)

110 歲終, 天子齋戒受諫, 諫當有所改爲.(「재주걸양부겸판再奏乞兩府兼判」)

111 惟懼忠不如金石之堅, 直不如藥石之良, (…) 事君有犯無隱, 有諫無訕, 殺其身, 有益於君則爲之.

112 「상자정안시랑서」.

113 夫天下之士有二黨焉: 其一曰, 我發必危言, 立必危行, 王道正直, 何用曲爲? 其一曰, 我遜言易入, 遜行易合, 人生安樂, 何用憂爲? 斯二黨者, 常交戰於天下. 天下理亂, 在二黨勝負之間爾.

114 致君於無過, 致民於無怨, 政教不墜, 禍患不起, (…) 進危言於君親, 踏危機於朝廷.(「상자정안시랑서」)

115 善講論六經, 辯博明達, 釋然見聖人之旨. 著書立言, 有孟軻揚雄之風義, 實無愧於天下之士.(『전송문全宋文』권371「천이구병록진예론등장薦李覯立祿進禮論等狀」)

116 진晉나라 때 설치된 학관學官으로 국자좨주國子祭酒나 박사博士를 도와 생도들을 가르쳤으며 태학에도 조교가 있었다. 송나라 이후 폐지되었다. ─옮긴이

117 직강直講은 박사를 도와 주로 경전을 강의하는 관직이었다. ─옮긴이

118 이하 『이구집』 인용은 편명만 표기.

119 夫禮, 人道之准, 世教之主也. 聖人之所以治天下國家, 修身正心, 無他, 一於禮而已矣.(「예론 제1」)

120 同出於禮而不可缺者也. 於是又別而異之.(「예론 제1」)

121 이상 「예론 제1」.

122 「예론 제4」.

123 禮者, 虛稱也, 法制之總名也.(「예론 후어禮論後語」)

124 禮者, 生民之大也. (…) 聖人之所以作, 賢者之所以述, 天子之所以正天下, 諸侯之所以治其國, 卿大夫之所以守其位, 庶人之所以保其生, 無一物不以禮也. 窮天地, 亘萬世, 不可須臾而去也.(「예론 제6」)

125 予所言者, 道也. 道者, 無不備, 無不至也.(「예론 제6」)

126 夫道者, 通也, 無不通也.(「서진공섭자서陳公燮字」)

127 萬物雖散殊, 孰非道之體?(「화육왕십이제和育王十二題」)

128　聖人之道, 譬諸朝廷. 朝廷也者, 豈一種人哉? 處之有禮, 故能一也.(「상어 하常語下」)

129　女子在內, 男子在外; 貴者在上, 賤者在下; 親者在先, 疏者在後. 府史徒吏, 工賈牧圉, 各
　　有攸居而不相亂也, 夫所以謂之一也.(「상어 하」)

130　以虛辭爲微妙, 出入混沌, 上下鬼神, 使學者觀之耳目驚眩, 不知其所取. (…) 天地陰
　　陽者, 禮樂之象也; 人事者, 禮樂之實也. 言其象, 止於尊大其教; 言其實, 足以軌範於
　　人.(「예론 제6」)

131　率天下之人爲禮不求諸內, 而競諸外, 人之內不充而惟外之飾焉, 終亦必亂而已矣. (…)
　　夫有諸內者必出於外, 有諸外者必由於內. (…) 故天下之善, 無非內者也. 聖人會其仁義
　　智信而爲法制, 固由於內也. 賢人學法制以求仁義, 亦內也.(「예론 후어」)

132　性畜於內, 法行於外.(「예론 제4」)

133　『경력민언慶曆民言』「복교復教」.

134　非聖人則命不行, 非教化則性不成. 是以制民之法, 足民之用, 而命行矣; 導民以學, 節民
　　以禮, 而性成矣.(『산정역도서론刪定易圖序論』「논 6論六」)

135　夫禮之初, 順人之性欲而爲之節文者也.(「예론 제1」)

136　夫飲食男女, 人之大欲, 一有失時, 則爲怨曠.(『주례치태평론』「내치內治 제4」)

137　非寡欲也, 知其欲之生禍也. (…) 如使欲而無禍, 堯舜固爲之矣, 何自苦如是?(『경력민
　　언』「손욕損欲」)

138　因人之情而把持之, 使有所成就.(「여호선생서與胡先生書」)

139　是孟子而非六經, 樂王道而忘天子. (…) 吾以爲天下無孟子可也, 不可無六經; 無王道可
　　也, 不可無天子.(「일문佚文」)

140　「예론 제3」.

141　養天性, 減人欲, 家可使得孝子, 國可使得忠臣矣.(『주례치태평론』「교도教道 제1」)

142　常者, 道之紀也. 道不以權, 弗能濟矣. 是故權者, 反常者也. 事變矣, 勢異矣, 而一本於常,
　　猶膠柱而鼓瑟也.(「역론易論 제8」)

143　天地萬物之常而聖人順之.(「건주백림온씨서루기虔州柏林溫氏書樓記」)

144　事或有變, 勢或有異, 以常待之, 其可乎? (…) 若夫排患解紛, 量時制宜, 事出一切, 愈不
　　可常也.(「역론 제8」)

145　事有不可不然, 亦不可必然, 在度宜而行之耳.(「역론 제2」)

146　時乎時, 智者弗能違矣. 先時而動者, 妄也; 後時而進者, 怠也. 妄者過之媒, 怠者功之賊
　　也.(「역론 제6」)

147　救弊之術, 莫大乎變通.(「역론 제1」)

148 「상부사인서上富舍人書」.

149 立君者, 天也; 養民者, 君也. 非天命之私一人, 爲億萬人也. 民之所歸, 天之所右也; 民之所去, 天之所左也. 天命不易哉! 民心可畏哉! 是故古先哲王皆孶孶焉以安民爲務也.(「안민책安民策 제1」)

150 君明臣忠, 百姓和睦, 然後可以致和氣也.(이상 「안민책 제5」 참조)

151 聞死而慍, 則醫不敢斥其疾; 言亡而怒, 則臣不敢爭其失.(『경력민언』 「개휘開諱」)

152 古之亡國敗家, 未嘗不以此也.(「역론 제9」)

153 夫爲令之弊有四: 初不審, 終不斷, 言者矜, 聞者爭也. (…) 人主能知弊之所在, 則可以行令矣.(『경력민언』 「신령愼令」)

154 讒者, 沮善者也; 諫者, 抑惡者也. 名之諫者, 皆知好焉; 名之讒者, 皆知惡焉. 然而人主不免於信讒者, 讒似乎諫也; 復諫者, 諫似乎讒也. 君曰可用, 臣曰不可用, 不可之辭同, 而情則異矣. 用君子而小人沮之, 是爲讒; 用小人而君子抑之, 則爲諫. 君子小人之心, 忽悅而不可見, 是讒諫所以亂也. 好諫而不愼, 則奸臣進; 惡讒而不察, 則正人退.(『경력민언』 「근청」)

155 君者, 親也. 民者, 子也. 吏者, 其乳保也. 親不能自育其子, 育之者乳保也; 君不能自治其民, 治之者官吏也. (…) 乳之不才, 則飢之渴之, 驚之痭之, 親雖慈不能幸其子以生也. 吏之不才, 則窮之役之, 殺之害之, 君雖仁不能幸其民以安也. (…) 是故置吏不可不愼也.(「안민책 제7」)

156 官, 名也. 事, 實也. 有名而無實, 天下之大患也.(『경력민언』 「효실效實」)

157 「주례치태평론 서」.

158 持法以信, 馭臣以威. 信著則法行, 威克則臣懼. 法行臣懼, 而後治可圖也.(『경력민언』 「본인本仁」)

159 法者, 天子所與天下共也. (…) 故王者不辨親疏, 不異貴賤, 一致於法.(「형금刑禁 제4」)

160 政不可以峻刻也. 雖不可過, 亦不可未至而止也.(「역론 제3」)

161 獄市不可以不治, 奸人不可以不禁. (…) 至於盜賊, 不可不急其刑以除之也.(「형금 제6」)

162 樂刑政各有其物, 與禮本分焉而治.(「예론 제5」)

163 是故節其和者, 命之曰樂; 行其怠者, 命之曰政; 威其不從者, 命之曰刑.(「예론 제1」)

164 竊迹古先哲王之制刑法, 非耆(嗜)殺人, 乃以生人也; 非欲作威, 乃以作福也. (…) 故曰: 鞭朴不可弛於家, 刑罰不可廢於國, 征伐不可偃於天下也.(「안민책 제8」)

165 皇帝王霸者, 其人之號, 非其道之目也. 自王以上, 天子號也. 惟其所自稱耳. (…) 霸, 諸侯號也. 霸之爲言, 伯也, 所以長諸侯也.(「상어 하」)

166 所謂王道, 則有之矣, 安天下也. 所謂霸道, 則有之矣, 尊京師也. 非粹與駁之謂也.(「상어하」)

167 농전農戰이라고도 부르며 농경과 전쟁을 국가 정책의 양대 기둥으로 삼은 상앙의 부국 강병 정책이자 변법론의 핵심 개념이다. ―옮긴이

168 儒生之論, 但恨不及王道耳, 而不知霸也. 強國也, 豈易可及哉? 管仲之相齊桓公, 是霸也. 外攘戎狄, 內尊京師, 較之於今如何? 商鞅之相秦孝公, 是強國也. 明法術耕戰, 國以富而兵以強, 較之於今如何?(「기상범참정서寄上范參政書」)

169 孔子七十, 所欲不逾矩, 非無欲也. (…) 孟子謂'何必曰利', 激也. 焉有仁義而不利者乎? 其書數稱湯武將以七十里百里而王天下, 利豈小哉?(「원문原文」)

170 「주례치태평론 서」.

171 洪範八政, '一曰食, 二曰貨'. 孔子曰: '足食足兵, 民信之矣.' 是則治國之實, 必本於財用.(「부국책 제1」)

172 禮以是擧, 政以是成, 愛以是立, 威以是行, 舍是而克爲治者, 未之有也.(「부국책 제1」)

173 天下之事未有若斯之急者也. 旣至窮空, 豈無憂患?(「기상범참정서」)

174 「부국책 제6」.

175 天之生物, 而不自用, 用之者人; 人之有財, 而不自治, 治之者君. 繫辭曰: '理財正辭, 禁民爲非曰義.' 是也.

176 君不理, 則權在商賈.(「국용 제11」)

177 所謂富國者, 非曰巧籌算, 析毫末, 厚取於民以媒怨也, 在乎強本節用, 下無不足而上則有餘也.(「부국책 제1」)

178 民之大命, 穀米也; 國之所寶, 租稅也.(「부국책 제2」)

179 貧民無立錐之地, 而富者田連阡陌.(「부국책 제2」)

180 土地, 本也; 耕獲, 末也. 無地而責之耕, 猶徒手而使戰也. 法制不立, 土田不均, 富者日長, 貧者日削, 雖有耒耜, 穀不可得而食也. 食不足, 心不常, 雖有禮義, 民不可得而敎也. 堯舜復起, 末如之何矣! 故平土之法, 聖人先之.(「평토서」)

181 天下久安矣, 生人旣庶矣, 而穀米不益多, 租稅不益增. (…) 地力不盡, 田不墾辟.(「부국책 제2」)

182 先行抑末之術, 以驅游民, (…) 一心於農, 則地力可盡.(「부국책 제2」)

183 전답의 사적 소유를 제한하는 토지 제도의 일종. ―옮긴이

184 호구 단위로 토지를 분배받고 납세의 의무를 지는 제도. 경작이 불가능하게 되면 국가에 반환했다. 납세액에는 시대마다 차이가 있었다. ―옮긴이

185 「잠서潛書」.

186 於占田之外, 有能墾辟者, 不限其數, (…) 有墾田及若干頃者, 以次賞之.(「부국책 제2」)

187 人無遺力, 地無遺利, 一手一足無不頃, 一步一畝無不稼, 穀出多而民用富, 民用富而邦財
豐.(「국용 제4」)

188 凡其一賦之出, 則給一事之費, 費之多少, 一以式法.(「국용 제1」)

189 국가의 조세 수입을 관장하는 관직. 內는 고대어 納 자다. ─옮긴이

190 국가의 지출을 관장하는 관직. ─옮긴이

191 職內之入, 職歲之出, 司書之要, 貳司會之, 鉤考廢置, 誅賞之典存焉. 如此, 用安得不節?
財安得不聚.(「국용 제2」)

192 食之亡節, 用之亡度, (…) 計國用之餘, 隨便蓄積, 以須乏困.(「부국책 제7」)

193 「부국책 제10」.

194 富貴者, 人主操柄也, 果愼斯術, 則操柄無失而群下服從, 有國之急務也.(「부국책 제8」)

195 國之於兵, 猶鷹隼之於羽翼, 虎豹之於爪牙也. 羽翼不勁, 鷙鳥不能以死尺鴳; 爪牙不銳,
猛獸不能以肉食. 兵不强, 聖人不能以制褐夫矣.(「강병책 제1」)

196 先王足兵而未嘗有兵, 後世有兵而未嘗足兵.

197 士不特選, 皆吾民也; 將不改置, 皆吾吏也. 有事則驅之於行陣, 事已則歸之於田里. 無招
收之煩而數不闕, 無稟給之費而食自飽.(이상 「군위軍衛 제1」 참조)

198 爲政者務兵多以强國, 而不知其弱國.

199 芟其冗, 轉其資, 以厚敢死, 使以寡勝衆, 而後氣可復, 庶乎强國矣.(「간사揀士」)

200 國之所以爲國, 能擇將也.(「강병책 제7」)

201 將才如神, 軍鋒如雷, 功業易可成也.(「강병책 제6」)

202 利則進戰, 否則堅守, 國不知耗, 民不知勞.(「강병책 제2」)

203 屯軍以征戎, 鄕軍以守備.(「강병책 제3」)

204 孔子之言滿天地, 孔子之道未嘗行.(「잠서」)

205 自是手不釋書, 至不知饑渴寒暑.(『송사』「사마광전」)

206 『사마문정공전가집司馬文正公傳家集』「진자치통감표進資治通鑑表」, 이하 같은 책 인
용은 편명만 밝힘.

207 호삼성胡三省, 「신주자치통감서新注資治通鑑序」.

208 「진자치통감표」.

209 敍國家之興衰, 著生民之休戚, 便觀者自擇其善惡得失, 以爲勸戒.(『자치통감』 권69)

210 臣聞史者, 今之所以知古, 後之所以知先, 是故人主不可以不觀史. 善者可以爲法, 不善者

可以爲戒. 自生民以來, 帝王之盛者, 無如堯舜, 書稱其德, 皆曰稽古, 然則治天下者, 安可以不師古哉!(「걸령교정자치통감소사계고록찰자乞令校定資治通鑑所寫稽古錄札子」)

211 吾聞古聖人之治天下也, 正心以爲本, 修身以爲基, 閨門睦而四海率服, 朝衆和而群生悅隨.(「교지헌기수부交趾獻奇獸賦」)

212 自景祐以來, 國家怠於久安. 樂因循而務省事, 執事之臣頗行姑息之政. 於是胥吏讙譁而斥逐御史中丞, 輩官悖慢而廢退宰相, 衛士凶逆而獄不窮奸, 澤加於舊軍人 (…) 於是元帥畏偏裨, 偏裨畏將校, 將校畏士卒. 奸邪怯懦之臣至有簡省敎閱, 使之驕惰, 保庇羸老, 使之繁冗. 屈撓正法, 使之縱恣. 舐啙粟帛, 使之慣惋. 甘言諂笑, 靡所不至. 於是士卒翁然譽之, 而歸怨於上矣.(「근습소謹習疏」)

213 明不能燭, 强不能斷; 邪正竝進, 毀譽交至; 取舍不在於己, 威福潛移於人. 於是讒慝得志而朋黨之議興矣.(『자치통감』 권245)

214 朋黨鱗集, 親舊星攢, 或備近畿, 或居重任, 窺伺神器, 專制福威, 人心動搖, 天下驚駭. (…) 臣之與安石, 猶氷炭之不可共器.

215 사마광의 예禮와 분分에 대한 설명은 『순자』 「비상非相」 편과 「예론禮論」 편의 내용과 흡사하다. 사마광은 순자의 예를 잘 이해하고 있었던 듯하다. ―옮긴이

216 臣聞天子之職莫大於禮, 禮莫大於分, 分莫大於名. 何謂禮? 紀綱是也. 何謂分? 君臣是也. 何謂名? 公侯卿大夫是也. 夫以四海之廣, 兆民之衆, 受制於一人, 雖有絕倫之力, 高世之智, 莫不奔走而服役者, 豈非以禮爲之紀綱哉! 是故天子統三公, 三公率諸侯, 諸侯制卿大夫, 卿大夫治士庶人. 貴以臨賤, 賤以承貴. 上之使下猶心腹之運手足, 根本之制支葉, 下之事上猶手足之衛心腹, 支葉之庇本根, 然後能上下相保而國家治安, 故曰天子之職莫大於禮也.(『자치통감』 권1)

217 夫禮, 辨貴賤, 序親疏, 裁群物, 制庶事, 非名不著, 非器不形; 名以命之, 器以別之, 然後上下燦然有倫, 此禮之大經也.(『자치통감』 권1)

218 禮之爲物大矣! 用之於身, 則動靜有法而百行備焉; 用之於家, 則內外有別而九族睦焉; 用之於鄕, 則長幼有倫而俗化美焉; 用之於國, 則君臣有敍而政治成焉; 用之於天下, 則諸侯順服而紀綱正焉.(『자치통감』 권11)

219 「근습소」.

220 唐自肅代以降, 務行姑息之政. 是以藩鎭跋扈, 威侮朝廷, 士卒驕橫, 侵逼主帥, 下陵上替, 無復綱紀. 以至五代, 天下大亂, 運祚迫蹙, 生民塗炭.(「언계급찰자言階級札子」)

221 춘추 시대 말기인 기원전 453년 진晉나라가 조趙, 위魏, 한韓 세 대부 집안에 의해 갈라진 사건이다. ―옮긴이

222 先王守禮樂之本, 未嘗須臾去於心, 行禮樂之文, 未嘗須臾遠於身. 興於閨門, 著於朝廷, 被於鄕遂比鄰, 達於諸侯, 流於四海, 自祭祀軍旅至於飲食起居, 未嘗不在禮樂之中; 如此數十百年, 然後治化周浹, 鳳凰來儀也. 苟無其本而徒有其末, 一日行之而百日舍之, 求以移風易俗, 誠亦難矣. (…) 而太宗遽云治之隆替不由於樂, 何發言之易, 而果於非聖人也如此.(『자치통감』권192)

223 三年之喪, 自天子達於庶人, 此先王禮經, 百世不易者也. 漢文師心不學, 變古壞禮, 絕父子之恩, 虧君臣之儀; 後世帝王不能篤於哀戚之情, 而群臣諂諛, 莫肯厘正. 至於晉武獨以天性矯而行之, 可謂不世之君; 而裴傅之徒, 固陋庸臣, 習常玩故, 而不能將順其美, 惜哉!(『자치통감』권79)

224 敎化, 國家之急務也, 而俗吏慢之; 風俗, 天下之大事也, 而庸君忽之. 夫惟明智君子, 深識長慮, 然後知其爲益之大而收功之遠也.(『자치통감』권68)

225 自三代旣亡, 風化之美, 未有若東漢之盛者也.(『자치통감』권68)

226 揚子以爲人之性善惡混, 混者, 善惡雜處於身中之謂也. 顧人擇而修之何如耳. 修其善則爲善人, 修其惡則爲惡人.(「성변性辯」)

227 不學則善日消, 而惡日滋; 學焉則惡日消, 而善日滋.(「성변」)

228 聖人執禮義以待事, 不爲善而善至矣.(『우서迂書』「절사론絕四論」)

229 『송사』「사마광전」.

230 創業者, 智勇冠一時者也. 王者經綸之初, 土無定所, 民無定卦, 英雄相與角逐而爭之. 才相偶則爲二, 相垂則爲三, 愈多則愈分, 故非智勇冠一時, 莫能一天下也. 守成者, 中才能自修者也. 王者動作云爲, 得之近而所利遠, 失之微而所害大, 故必兢兢業業, 以奉祖考之法度, 弊則補之, 傾則扶之, 不使曹若有欷息之音, 以爲不如昔日之樂, 然后可以謂之能守成矣. 陵夷者, 中才不自修者也. 習於宴安, 樂於怠惰, 人之忠邪, 混而不分, 事之得失, 置而不察, 苟取目前之佚, 不思永遠之患, 日復一日, 使祖考之業, 如丘陵之勢, 稍頹靡而就下, 曾不自知, 故謂之陵夷也. 中興者, 才過人而善自強者也. 雖以帝王之子孫, 而能知小人之艱難, 盡群下之情僞. 其才固已過人矣, 又能勤身克意, 尊賢求道, 見善則遷, 有過則改. 如是, 則雖亂必治, 雖危必安, 雖已衰必復興矣. 亂亡者, 下愚不可移者也. 心不入德義, 性不受法則, 舍道以趨惡, 棄禮以縱欲, 讒諂者用, 正直者誅, 荒淫無厭, 刑殺無度, 神怒不顧, 民怨不知. 如是而有敵國, 則敵國喪之, 無敵國則下民叛之. 禍不外來, 必自內興矣.(『계고록』「역년도서曆年圖序」)

231 仁者, 非嫗煦姑息之謂也. 興敎化, 修政治, 養百姓, 利萬物, 然後可以爲仁. 明者, 非巧譎苛察之謂也. 知道義, 識安危, 別賢愚, 辨是非, 然後可以爲明. 武者, 非強亢暴戾之謂也,

惟道所在, 斷之不疑, 奸不能惑, 佞不能移, 然後可以爲武. 是故仁而不明, 猶有良田而不能耕也; 明而不武, 猶視苗之穢而不能芸也; 武而不仁, 猶知穫而不知種也. 三者皆備則國治强, 闕一則衰, 闕二則危, 皆無一焉則亡.(『계고록』「역년도서」)

232 過者, 人之所必不免也; 惟聖賢爲能知而改之. 古之聖王, 患眞有過而不自知也, 故設謗誹之木, 置敢諫之鼓; 豈畏百姓之聞其過哉! (…) 由是觀之, 則爲人君者, 固不以無過爲賢, 而以改過爲美也.(『자치통감』 권12)

233 夫治亂安危存亡之本, 源皆在人君之心. 仁明武, 所出於內者也; 用人賞功罰罪, 所施於外者也. 出於內者, 雖有厚有薄, 有多有寡, 稟之自天; 然好學則知所宜從, 力行則光美日新矣. 施於外者, 施之當, 則保其治, 保其安, 保其存, 不當, 則至於亂, 至於危, 至於亡.(「진수심치국지요찰자장進修心治國之要札子狀」)

234 致治之道三: 曰任官曰信賞曰必罰.(「진수심치국지요찰자장」)

235 安危之本, 在於任人. (…) 若中外百官各得其人, 賢能者進, 不肖者退, 忠直者親, 讒佞者疏, 則天下何得不安. 任職之臣多非其人, 賢能者退, 不肖者進, 忠直者疏, 讒佞者親, 則天下何得不危.(「상황태후소上皇太后疏」)

236 人君之事守, 莫大於知人也.(「지인론知人論」)

237 凡用人之道, 採之欲博, 辨之欲精, 使之欲適, 任之欲專. 採之博者, 無求備於一人也, 收其所長, 棄其所短, 則天下無不可用之人矣. 辨之精者, 勿使名眩實僞冒眞也, 聽其言必察其行, 授其任必考其功, 則群臣無所匿其情矣. 使之適者, 用不違其才也, 仁者使守, 明者使治, 智者使謀, 勇者使斷, 則百職無不擧失. 任之專者, 勿使邪愚之人敗之也. 苟知其賢, 雖愚者日非之而不顧, 苟知其正, 雖邪者, 日毁之而不聽, 則大功無不成矣. 然後爲之高爵厚祿以勸其勤, 爲之嚴刑重誅以懲其慢, 賞不私於好惡, 刑不遷於喜怒. 如是, 則下之人懷其德而畏其威, 樂爲用而不敢欺. 譬如乘堅車, 御良馬, 執六轡, 奮長策, 以立於康莊之途, 惟意所適, 安有不至者哉? 此人君之要道也.(『계고록』「역년도서」)

238 순임금과 우임금 때 형벌과 옥사를 공정하게 관리했던 저명한 관리. —옮긴이

239 순임금 때 음악을 담당했던 저명한 음악가이자 관료. —옮긴이

240 요순 시대 백성에게 파종과 경작을 가르치며 농업을 담당했던 관리. 주나라 왕실 희姬씨의 시조. —옮긴이

241 요임금 때 교육을 담당한 사도司徒였으며 상商에 봉해진 은나라 왕족의 시조. —옮긴이

242 人之才性, 各有所能, 或優於德而嗇於才, 或長於此而短於彼, 雖皐夔稷契, 止能各守一官, 況於中人, 安可求備? 是故孔門以四科論士, 漢室以數路得人. 若指瑕掩善, 則朝無可

用之人.(「걸이십과거사찰자乞以十科擧士札子」)

243 君子之取人也, 不求備, 稱其善不計其惡, 求其工不責其拙. 如此, 故人竭其用而悅從之, 怨憎不至而功業榮焉.(「송이규지서送李揆之序」)

244 國之要在於審察人材, 周知下情而已. 審察人材之謂明, 周知下情之謂聰. 明則百官稱其職, 聰則萬機當其理. 百官稱其職, 萬機當其理, 治之極也. 賢不肖混淆之謂昏, 下情不上通之謂蔽. 昏則百職隳曠, 蔽則萬機乖戾. 百職隳曠, 萬機乖戾, 亂之至也.(「걸연방군신제삼찰자乞延訪群臣第三札子」)

245 聽其言必察其行, 授其任必考其功.

246 금금은 황궁에서의 금지를 뜻한다. 북송 시대 한림학사들이 근무하는 곳이 황궁 북문 양쪽에 있었기 때문에 한림원을 양금兩禁이라 부른다. ―옮긴이

247 엄조嚴助는 전한 초기 저명한 사부辭賦 작가이자 관료였으며, 사마상여司馬相如 또한 사부의 성인으로 불리는 전한 시대 사부 작가이자 관료였다. ―옮긴이

248 위청衛靑은 전한 무제 때 대사마대장군을 역임한 명장으로 중국의 북부 영토를 개척하는 데 큰 공을 세웠다. 곽거병霍去病은 위청의 외조카로 대사마표기장군을 역임했으며 흉노와의 전투에 큰 공을 세웠으나 23세에 요절했다. ―옮긴이

249 공수龔遂는 전한의 정직한 관료로 한 선제 때 발해태수로 실적이 뛰어났다. 황패黃霸 또한 전한의 대신으로 양주자사 등 지방 관직을 역임하며 공적이 뛰어났으며 한 선제 때 승상을 역임했다. ―옮긴이

250 장창張敞은 전한 대신으로 9년간 경조윤京兆尹으로 있으면서 장안의 어지러운 풍토를 바로잡았다. 조광한趙廣漢 또한 전한 대신으로 장안의 경조윤을 하면서 권문세가를 가리지 않고 엄한 벌로 다스려 불량 풍토를 바로잡았다. ―옮긴이

251 공근孔僅은 한 무제 때 대농승大農丞으로 소금과 철의 전매를 관장했으며, 상홍양桑弘羊 또한 무제 때 재정대신으로 균수법, 평준법 등 다양한 경제 정책을 입안해 국가 재정을 크게 늘리고 한나라 왕실의 경제적 기초를 튼튼히 다져주었다. ―옮긴이

252 夫人之材性, 各有所宜, 雖周孔之材, 不能遍爲人之所爲. 況其下乎! 固當就其所長而用之. 今朝廷用人, 則不然. 顧其出身資敍何如耳, 不復問其材之所堪也. 故在兩禁, 則欲其爲嚴助司馬相如; 任將帥, 則欲其爲衛靑霍去病; 典州郡, 則欲其爲龔遂黃霸; 尹京邑, 則欲其爲張敞趙廣漢; 可財利, 則欲其爲孔僅桑弘羊. 世豈有如此人哉? 故財用之所以匱之者, 由朝廷不擇專曉錢穀之人爲之故也.(「논재리소論財利疏」)

253 人主有賢不能知與無賢同. 知而不能用與不知同, 用而不能信與不用同.(「논재리소」)

254 樂毅爲燕伐齊, 下七十餘城, 燕王疑之, 使騎劫代將, 田單詐騎劫而敗之, 盡失齊地. 廉

頗爲趙將拒秦, 久而不戰, 趙王疑之, 使趙括代將, 白起擊趙括而虜之, 坑其卒四十萬. 項羽用范增謀, 強霸諸侯, 圍漢王滎陽, 幾撥矣, 聞漢之反間而疑之, 范增怒而去, 項羽卒爲漢擒. 夫駕車者旣服騏驥矣, 又以駑馬參之, 欲其竝驅而前, 不可得也. 藝田者旣樹嘉谷矣, 又以稂莠雜之, 欲其滋生而茂, 不可得也. 爲國者旣置賢才矣, 又以小人間之, 欲其竝立而治, 不可得也.(「공명론」)

255 「공명론」.

256 聰察強毅之謂才, 正直中和之謂德.(『자치통감』 권1)

257 才德全盡謂之聖人, 才德兼亡謂之愚人, 德勝才謂之君子, 才勝德謂之小人.(『자치통감』 권1)

258 厚於才者, 或薄於德; 豐於德者, 或殺於才. 鈞之不能兩全, 寧舍才而取德.(「재덕론才德論」)

259 臣竊以取士之道, 當以德行爲先, 眞次經術, 其次政事, 其次藝能.

260 才者, 德之資也; 德者, 才之帥也.(『자치통감』 권1)

261 掌亡則指不可用矣.(「재덕론」)

262 自古昔以來, 國之亂臣, 家之敗子, 才有餘而德不足, 以至於顚覆者多矣.(『자치통감』 권1)

263 人君之職謂何, 臣愚以爲量材而授官, 一也. 度功而加賞, 二也. 審罪而行罰, 三也.(「걸간생세무불필진관성람상전찰자乞簡省細務不必盡關聖覽上殿札子」)

264 成功者賞, 敗官者誅.(「지인론知人論」)

265 功有高下, 故常有厚薄; 罪有小大, 故罰有輕重.(「걸간생세무불필진관성람상전찰자」)

266 賞不私於好惡, 形不遷於喜怒.(『계고록』 「역년도서」)

267 爵祿者, 天下之爵祿, 非以厚人君之所喜也.

268 刑罰者, 天下之刑罰, 非以快人君之所怒也.(「언위치소선상전찰자言爲治所先上殿札子」)

269 下之人懷其德而畏其威, 樂爲用而不敢欺.(『계고록』 「역년도서」)

270 『황제내경소문黃帝內經素問』으로도 불리며 인체의 구조와 병리, 치료법 등과 자연 및 오행의 이치까지를 망라한 서적이다. ―옮긴이

271 『신농본초경神農本草經』의 약칭으로 『한서』 「평제기」에 처음 이름이 보이는 중국 약에 관한 총서다. ―옮긴이

272 材疏命賤不自揣, 欲與稷契遐相希.(『문집』 「억작시시저외제憶昨示諸外弟」)

273 송나라 인종仁宗 시대의 연호로 1041년부터 1048년까지 사용했다. ―옮긴이

274 참정參政이라고도 불리는 참지정사參知政事는 당나라 때 임시 관직으로 만들어졌으며 송나라 때 상설 관직이 되어서 정사당政事堂이라고 불리는 중서문하성中書門下省

을 관리하는 부재상급이었다. —옮긴이

275 송 인종의 아홉 번째 연호. 1056년부터 1063년까지 인종의 마지막 시기를 말한다. —옮긴이

276 世謂其言與孟軻相上下, 子是天下之士, 始原道德之意, 窺性命之端.(『군재독서지郡齋讀書志』「후지後志 2」)

277 旣成, 頒之學官, 天下號曰新義.

278 先儒傳注, 一切廢不用.(『송사』「왕안석전」)

279 網羅六藝之遺文, 斷以己意; 糠粃百家之陳迹, 作新斯人.(『동파외제집東坡外制集』「왕안석증태부칙王安石贈太傅敕」)

280 自王氏之學興, 士大夫非道德性命不談.(『부수문집涪水文集』「성도교설性道教說」)

281 荊公生平用功此書最深, 所自負以爲致君堯舜者, 俱出於此, 是固熙豐新法之淵源也.(『증보송원학안增補宋元學案』「형공신학략荊公新學略」)

282 이하 『왕문공문집王文公文集』은 『문집』이라 약칭한다.

283 이하 『왕안석노자주집본王安石老子注輯本』은 『집본』이라 약칭한다.

284 道則自本自根, 未有天地, 自古以固存, 無所法也.

285 混成之道, 先天地生, 其體則卓然獨立, 其用則周流六虛, 不可稱道, 強以大名.(『집본』「유물혼성장有物混成章」)

286 先於天地而不爲壯, 長於上古而不爲老.(『집본』「함덕지후장含德之厚章」)

287 其道乃在天地之先.(『집본』「도충장道沖章」)

288 道之荒大而莫知畔岸.(『집본』「절학무우장絶學無憂章」)

289 小者, 至微而不可見.(『집본』「도상무명장道常無名章」)

290 無不在也, 無不爲也.(『문집』「답한구인서答韓求仁書」)

291 雖二儀之高厚, 王者之至尊, 咸法於道.

292 『집본』「유물혼성장」.

293 『집본』「선건불발장善建不撥章」.

294 王者, 人道之極也. 人道極, 則至於天道矣.(『집본』「치허극장致虛極章」)

295 道非物也, 然謂之道, 則有物矣, 恍惚是也.(『집본』「공덕지용장孔德之容章」)

296 非天地之不愛也, 物理之常也.(『집본』「천지불인장天地不仁章」)

297 萬物待是而後存者, 天也; 莫不由是而之焉者, 道也.(『문집』「구변이상벌가언九變而賞罰可言」)

298 『집본』「치허극장」.

299 天者, 固人君之所當法象也.

300 不蔽不蕙, 不固不忘者, 亦以天變爲己懼, 不曰天之有某變, 必以我爲某事而至也, 亦以 天下之正理考吾之失而己矣.(『문집』「홍범전洪範傳」)

301 『도덕경』 42장은 "萬物負陰而抱陽, 沖氣以僞和"라고 한다. 음기와 양기가 서로 부딪혀 만들어진 중화 상태의 기운을 말한다. ─옮긴이

302 道有體有用. 體者, 元氣之不動; 用者, 沖氣運行於天地之間.(『집본』「도충장」)

303 無則道之本, 而所謂妙者也. 有則道之末, 所謂徼者也. 故道之本, 出於沖虛杳渺之際; 而其末也, 散於形名度數之間. 是二者其爲道一也.

304 故非有則無以見無, 而無無則無以出有.(『집본』「도가도장道可道章」)

305 本者, 出之自然, 故不假乎人之力而萬物以生也; 末者, 涉乎形器, 故待人力而後萬物以成 也.(『문집』「노자老子」)

306 『문집』「홍범전」.

307 夫其不假人之力而萬物以生, 則是聖人可以無言也, 無爲也. 至乎有待於人力而萬物以成, 則是聖人之所 以不能無言也, 無爲也.(『집본』「삼십폭장三十輻章」)

308 抵去禮樂刑政而唯道之稱焉. 是不察理而務高之過矣. 夫道之自然者, 又何預乎? 唯 其涉乎形器, 是以必待於人之言也, 人之爲也.

309 '無'之所以爲天下用者, 以有禮樂刑政也.

310 廢禮樂刑政於天下, 而坐求其'無'之爲用也, 則亦近於愚矣.(이상 『집본』「삼십폭장」 참조)

311 故昔聖人之在上, 而以萬物爲己任者, 必制四術焉. 四術者, 禮樂刑政是也, 所以成萬物 者也.(『집본』「삼십폭장」)

312 『문집』「하락도서의河洛圖書義」.

313 有無之變, 更出迭入, 而未離乎道, 此則聖人之所謂神者矣.(『집본』「도가도장」)

314 五行也者, 成變化而行鬼神, 往來乎天地之間而不窮者也, 是故謂之行.(『문집』「홍범전」)

315 道立於兩, 成於三, 變於五.(『문집』「홍범전」)

316 耦之中又有耦焉, 而萬物之變遂至於無窮.(『문집』「홍범전」)

317 常者, 乃無始已來不變之稱也.

318 自道之外, 皆非常也.(『집본』「치허극장」)

319 山川在理有崩竭, 丘壑自古相虛盈. 誰能保此千世後, 天柱不折泉常傾.

320 有陰有陽, 新故相除者, 天也. 有處有辨, 新故相除者, 人也.(『양구산선생집楊龜山先生 集』「자설변字設辨」에서 재인용)

321 太古之道果可行之萬世, 聖人惡用制作於其間? 必制作於其間, 爲太古之不可行也. (…)

日歸之太古, 非愚卽誣.(『문집』「태고太古」)

322 『집본』「중위경근장重爲輕根章」.

323 『문집』「대난對難」.

324 爲學者, 窮理也. 爲道者, 盡性也. 性在物謂之理.

325 『집본』「위학일익장爲學日益章」.

326 神生於性, 性生於誠, 誠生於心, 心生於氣. 氣生於形, 形者, 有生之本.(『문집』「예약론」)

327 『문집』「원성原性」.

328 『문집』「홍범전」.

329 『문집』「예론」.

330 性生乎情, 有情然後善惡形焉.

331 性者情之本, 情者性之用.

332 『문집』「성정」.

333 性者, 五常之太極也, 而五常不可以謂之性.(『문집』「원성」)

334 『문집』「성설」.

335 夫民之於纏褓之中而有善之性, 不得賢而與之敎, 則不足以明天下之善.(『집본』「불상현장不尙賢章」)

336 由是觀之, 莫不劫之於外而服之以力者也.(『문집』「예론」)

337 雖有以强人, 而乃以順其性之欲也.(『문집』「예론」)

338 是故體天下之性而爲之禮, 和天下之性而爲之樂.(『문집』「예약론」)

339 『문집』「홍범전」.

340 『문집』「상황제만언서」.

341 夫人君使人得其常性, 又得其常産, 而繼之以毋擾, 則人好德矣.(『문집』「홍범전」)

342 君臣父子兄弟夫婦皆不得其所當然, 仁義不足澤其性, 禮樂不足錮其情, 刑政不足綱其惡, 蕩然復與禽獸朋矣.(『문집』「태고」)

343 視時勢之可否, 而因人情之患苦, 變更天下之弊法.(『문집』「상황제만언서」)

344 由於道, 聽於命而不知者, 百姓也; 由於道, 聽於命而知之者, 君子也.(『문집』「홍범전」)

345 『집본』「고지선위사장古之善爲士章」.

346 夫聖者, 至乎道德之妙而後世莫之增焉者之稱也.(『문집』「부자현어요순夫子賢於堯舜」)

347 萬物莫不有至理焉, 能精其理則聖人也.(『문집』「치일론致一論」)

348 動而當於理, 則聖也, 賢也; 不當於理, 則小人也.(『문집』「성정」)

349 聖人內求, 世人外求. 內求者樂得其性, 外求者樂得其欲.(『문집』「예약론」)

350 是故星曆之數, 天地之法, 人物之所, 皆前世致精好學聖人者之所建也.(『문집』「예악론」)

351 由其道而言謂之神, 由其德而言謂之聖, 由其事業而言謂之大人.(『문집』「대인론大人論」)

352 蓋君子之爲政, 立善法於天下, 則天下治, 立善法於一國, 則一國治.(『문집』「주공周公」)

353 以賢治不肖, 以貴治賤, 古之道也.(『문집』「간관諫官」)

354 夫聖智者, 國家之利器也. 言古之善爲道者, 不以聖智示人, 欲使人無知無欲而愚之也.

355 愚則無知, 智則多詐. 民多智詐, 巧僞滋生, 所以難治.(『집본』「고인선위도장」)

356 藏乎其心而言之略, 不略而詳, 則天下惑.(『문집』「장주하莊周下」)

357 惟知耕而食, 蠶而衣, 而不知其所以然.(『집본』「소국과민장小國寡民章」)

358 『집본』「신언불미장信言不美章」.

359 『문집』「삼불기三不欺」.

360 內則不能無以社稷爲憂, 外則不能無懼於夷狄, 天下之財力日以困窮, 而風俗日以衰壞.

361 方今之法度. 多不合乎先王之政故也.(『문집』「상황제만언서」)

362 變風俗, 立法度, 正方今之所急也.(『송사』「왕안석전」)

363 三十年爲一世, 則其所因, 必有革. 革之要, 不失中而已.

364 『주관신의周官新義』 부록 『고공기考工記』 권상.

365 其所遭之變, 所遇之勢, 亦各不同.

366 『문집』「삼성인三聖人」.

367 有本以保常, 而後可立也.

368 有變以趣時, 而後可治也.(『문집』「홍범전」)

369 夫因循苟且, 逸豫而無爲, 可以僥幸一時, 而不可以曠日持久.(『문집』「상시정서上時政書」)

370 其所遭之變, 所遇之勢, 亦各不同, 其施設之方亦皆殊, 而其爲天下國家之意, 本末先後, 未嘗不同也.(『문집』「상황제만언서」)

371 當法其意而已. 法其意, 則吾所改易更革, 不至乎傾駭天下之耳目, 囂天下之口, 而固已合乎先王之政矣.(『문집』「상황제만언서」)

372 道有本有末. 本者, 萬物之所以生也; 末者, 萬物之所以成也.

373 聖人唯務修其成萬物者, 不言其生萬物者(『문집』「노자」)

374 『문집』「비례지례非禮之禮」.

375 古之人以是爲禮, 而吾今必由之, 是未必合於古之禮也.

376 則其爲天下之害莫大矣.(『문집』「비례지례」)

377 『문집』「상황제만언서」.

378 然後吾因其變而制之法耳.(『문집』「부자현어요순」)

379 執常以事君者, 臣道也; 執權以御臣者, 君道也.

380 禮者, 天下之中經; 樂者, 天下之中和.(『문집』「예악론」)

381 庶民以君爲中, 君保中, 則民與之.

382 『문집』「홍범전」.

383 『문집』「기夔」.

384 禮所以定其位; 權所以固其政.(『문집』「홍범전」)

385 夫合天下之衆者財, 理天下之財者法, 守天下之法者吏也. 吏不良, 則有法而莫守; 法不善, 則有財而莫理.(『문집』「탁지부사청벽제명기度支副使廳壁題名記」)

386 蓋夫天下至大器也, 非大明法度, 不足以維持, 非衆建賢才, 不足以保守.

387 賢才不用, 法度不修, (…) 曠日持久, 則未嘗不終於大亂.(『문집』「이시정서二時政書」)

388 蓋君子之爲政, 立善法於天下, 則天下治; 立善法於一國, 則一國治.(『문집』「주공」)

389 因天下之力, 以生天下之財, 取天下之財, 以供天下之費.(『문집』「상황제만언서」)

390 所以理財, 理財乃所謂義也.

391 一部周禮, 理財居其半, 周公豈爲利哉!(『문집』「답증공입서答曾公立書」)

392 今天下不見兵革之具, 而元元安土樂業, 人致其力, 以生天下之財, 然而公私嘗以窮困爲患者, 殆亦理財 未得其道, 而有司不能度世之宜而通其變耳.

393 『주례』「지관 사도司徒」에 나오는 사도 소속의 관청을 말한다. 천부泉府는 주로 국가의 세수나 시장의 물품 구매 등을 전담했다. ―옮긴이

394 1069년 시행. 지방 물자의 균형적인 수송均輸을 통해 상인의 이익을 억제하고 물자의 유통에 정부가 간여하여 재정 지출을 줄이는 제도. ―옮긴이

395 청묘靑苗는 봄 새싹이다. 춘궁기에 돈을 빌려주고 가을에 높은 이자를 받는 지주와 고리대금업자의 이익을 억제하기 위해 정부가 농민들에게 저리로 빌려주는 제도. ―옮긴이

396 백성이 각종 역역에 동원되어 발생하는 문제를 해결하기 위해 역역 대신 돈으로 내고 그 돈으로 대리인에게 돈을 주어 부리는 모역募役의 제도. ―옮긴이

397 1072년 실시. 시역市易 즉 시장에서의 교역에서 대상인이 중소상인을 농간하는 일을 막고자 정부에서 적체 물건을 사들이고 나중에 저가로 방출하는 등의 역할을 하여 재정을 크게 늘렸다. ―옮긴이

398 稍收輕重斂散之權, 歸之公上.(『문집』「걸제치삼사조례乞制置三司條例」)

399 制商賈者惡其盛, 盛則人去本者衆; 又惡其衰, 衰則貨不通. 故制法以權之.(『문집』「답한 구인서」)

400 有財而莫理, 則仟陌閭巷之賤人, 皆能私取予之勢, 擅萬物之利, 以與人主爭黔首, 而放 其無窮之欲; 非必貴強桀大而後能如是.

401 得其人緩而謀之, 則爲大利; 非其人急面成之, 則爲大害.(『문집』「상오사서上五事書」)

402 方今之急, 在於人才而已.(『문집』「상황제만언서」)

403 人之才, 未嘗不自人主陶冶而成之者也.(『문집』「상황제만언서」)

404 饒之以財, 約之以禮, 裁之以法也.

405 『문집』「상황제만언서」.

406 호적을 정리하여 성인 남자인 보정保丁을 열 집 단위로 묶어 무기를 지급하고 군사 훈련 을 실시하여 평시엔 치안 업무를 담당하고 전시엔 전투에 투입시키는 제도. ―옮긴이

407 전쟁에 소용되는 말을 일정한 보갑保甲에게 키우게 한 뒤 목마감이 체계적으로 이를 관리하다가 일단 전쟁이 일어나면 국가에서 일괄 구매하는 방식이었다. ―옮긴이

408 송대 공부工部 군기소에 예속된 기관으로 군사용 무기를 제조하는 곳이었다. ―옮긴이

409 國家自慶曆罷兵以來, 武庫百備廢壞幾盡. 神宗皇宗以常德立武事, 震耀威靈, 治兵制器, 憲度詳謹. 內置軍器監, 外創都作院, 日程其功, 月閱其課, 戈矛弧矢甲冑刀劍之具, 皆極 完具. 等數之積, 殆不勝計, 苟有靈旗之伐, 可足數十年之用.(『정덕집淨德集』「주걸파군 기용-작장奏乞罷軍器冗作狀」)

410 송 철종哲宗이 열 살에 즉위하고 원우元祐 연간(1086~1093)에 사마광을 위시한 반변 법파가 권력을 장악하고 왕안석 변법의 모든 내용을 파기한 일. ―옮긴이

411 송 철종 즉위 초 고高황후의 위력하에 원우경화를 했으나 8년 후 철종이 친정을 하면 서 소성紹聖으로 개원, 다시 신법파인 장순章恂 등을 임용하면서 희령, 희풍 연간의 신 법을 다시 시행하게 된 일. ―옮긴이

412 視富貴如浮雲, 不溺於財利酒色.

413 方慶曆嘉祐, 世之名士常患法之不變也. 及熙寧元豐之際, 則又以變法爲患. 雖如兩蘇兄 弟之習於 論事, 亦不過勇於嘉祐之策, 面持重於熙寧之議, 轉手之間, 而兩論立矣.(『진 량집陳亮集』「전선자격詮選資格」)

414 중국에서는 송나라 이후 신유학을 철학 개념으로서 리理 또는 천리天理를 중시하는 리학理學으로 통칭한다. 거기에는 '성즉리性卽理'를 강조하는 정주학程朱學과 '심즉리 心卽理'를 강조하는 육왕학陸王學을 포함한다. 하지만 우리나라에서는 주자학을 강조 한 조선 성리학의 강한 전통 때문에 리학이란 용어를 쓰지 않고 성리학으로 통칭한다.

하지만 이는 육왕학이 소외된다는 점에서 객관적이지 못하다. 이 책에서는 모두 리학으로 통칭한다. —옮긴이

415 士子以經試於有司必宗其說, 少異輒不中程.(『속자치통감장편續資治通鑑長編』권71)

416 所以爲仁義禮信者, 以爲吾所當爲而已矣. 以仁義禮信修其身而移之政, 則天下莫不化之也. 是故王者 之治, 知爲之於此, 不知求之於彼, 而彼固已化矣. 霸者之道則不然; 其心未嘗仁也, 而患天下惡其不 仁, 於是示之以義; 其心未嘗義也, 而患天下惡其不義, 於是示之以義. 其於禮信, 亦若是而已矣.

제6장

송대 리학의 정치 철학, 정치 가치, 정책 사상

리학理學은 북송에서 흥기하여 남송에서 성숙되었다. 사실상 리학은 남송 말기에 이미 통치 사상의 지위를 획득했다. 원 왕조로부터 청 왕조가 멸망하기까지 리학은 줄곧 봉건 왕조에 의해 관학官學으로 받들어지며 이데올로기적 측면에서 600~700년 동안이나 주도권을 장악했다. 리학은 봉건 통치 계급의 권위주의적 정치 이론의 바탕이었을 뿐만 아니라, 과거를 통한 인재 선발의 법정 표준으로서 정치, 경제, 문화의 발전에 직접 영향을 미쳤다. 리학은 송대 이래 가장 큰 영향력을 발휘한 정치적 사유 방식이며 전통문화의 대표자였다.

제1절

송대 리학 사조 및 주요 학파

리학은 도학道學이라고도 불리며 하나의 통일된 철학 분파는 아니다. 여러 리학자의 정책 사상 또한 사람에 따라, 시대에 따라 차이가 있다. 그러나 정치의 기본 가치라는 측면에서 리학 내 여러 분파는 고도로 일치된 면을 보이기도 한다.

리학 사조 흥기의
원인

 기강을 재정립해야 한다는 송 왕조의 정치적 필요야말로 리학 사조가 보편적으로 일어나게 된 전제 조건이며 동인이다. 수당 이래 사회 구조와 사회 관념에 현저한 변화가 발생했다. 관 본위의 등급 제도가 문벌 본위의 등급 제도를 대신했으며, 조전租佃 즉 소작 제도가 부곡전객部曲佃客 즉 부대 편성 단위하의 소작 제도를 대신했고, 관료와 서민 지주가 지주계급의 주체가 되었으며, 양세법兩稅法이 시행된 뒤 국가와 평민, 주와 객의 관계가 변화했고, 과거 제도는 혈통과 문벌에만 의존하던 '사세삼공四世三公' 현상을 완전히 쓸어버렸으며, 문벌에 주로 근거했던 사서士庶의 구별은 관작과 공명功名 등 정치적 신분에 주로 근거하게 되었다. 이런 변화가 비록 왕권의 강화와 상호 인과 관계를 이루긴 하지만 총체적으로는 역시 봉건 국가의 지배 능력을 강화시키는 효과를 불러왔다. 그러나 옛 구조, 옛 관념의 해체는 동시에 어느 정도 사회 규범의 상실을 유발했다. 당나라 중엽 이래 제왕들은 사대부의 "명예와 지조가 땅에 떨어지고" "품행이 단정한 사람이 적은" 데 근심을 금치 못했다. 오대五代 50여 년간 다섯 성씨 13명의 군주가 바뀌었고, 자식이 부모를 죽이고, 신하가 군주를 시해하는 일이 끊이지 않았다. '군신대의君臣大義'가 파괴되어 심각한 지경에 이른 것이다. 송 왕조는 군주 그물망이 해체되고, 윤리가 파괴되고, 등급이 해이해지고, 족보가 폐기되는 상황에 직면하여 한편으로 사회에 대한 강성 통제를 강화하고, 다른 한편으로 사회의 자율 기제를 증강시키려 백방으로 노력했으며, 강상명교를 크게 선양했다. 멸욕존리滅欲存理 즉 욕망을 죽이고 천리를 보존하며, 정인신술正人心術 즉 사람의 마음을 바로잡는 방법을 주지로 하는 리학 사조는 이때에 맞추어 생겨났다.

유교, 불교, 도교 3교가 다투다 하나로 귀결된 것이야말로 리학 사조 형성의 문화적 동기이며 사상적 연원이다. 일찍이 당대에 이미 "유자이면서 불자와 섞인 사람이 있는가 하면, 불자이면서 유자와 섞인 사람이 있었다".[1] 여러 리학자는 한편으로 유가의 도통을 계승한다면서 이단을 극력 배척했으나, 다른 한편으로 모두 "여러 학파의 학설이 넘쳤고, 도교와 불교를 넘나 들었다".[2] 그들은 유학을 본으로 삼아 불교와 도교를 융합시켰으며, 전통 유가의 이론을 기본 틀로 하고, 삼강오륜의 윤리를 취사선택의 척도로 삼았으며, 불교와 도교의 철학적 사변을 대량 흡수하여 심성지학心性之學을 주지로 하는 고도로 철학화한 신유학을 창립했다.

리학은 결국 유학 스스로가 내적으로 쌓아온 논리에 따라 부단히 변화하고 승화된 결과다. 위진 이래 유학은 본체, 규율, 방법, 인성 등 철학 문제 및 그것과 도덕, 정치와의 관계에 대해 깊이 있는 논의를 진행하여 차츰 심오한 철학적 사변을 갖춘 이론 체계를 구성해왔다. 리학은 이러한 사상의 변화, 발전 과정의 완성이고 총결산이다. 리학자 대부분은 조정의 벼슬아치인 동시에 학문의 종사였다. 그들의 평생 신념은 "하늘과 땅을 위해 뜻을 세우고, 백성의 삶을 위해 도를 세우며, 옛 성현을 위해 끊어진 학문을 잇고, 만세를 위해 태평 시대를 개척하는"[3] 것이었다. 그들은 당대 이래 전통 경학을 회의하는 학풍을 계승하여 직접 경전의 문장을 통해 탐색해나갔다. 그리하여 "차라리 주나라 때 공자의 말 자체가 잘못되었다고 말할지언정 정현鄭玄의 해석이 틀렸다고 말하기를 꺼리는"[4] 분위기를 깨뜨렸으며, 주소注疏의 풍토에 젖지 않았다. 유가 경전의 의리義理를 밝혀가는 과정에서 그들은 송대 정치의 실제를 대면했으며, 전통 철학의 사유 성과를 충분히 이용하여 유가 사상의 정치적 가치를 고도로 철학화했다. 그들은 『서경』 「대우모大禹謨」의 '순임금 조정의 열여섯 글자'[5]와 『중용』 『대학』의 '수신제가치국평천하'가 표상하는 내성외왕론內聖外王論의 발전에 주력하여 독특한 색채를 띠는 학술 사상과 정치사상 체계를 형성했다.

송대 리학의 유파 및 주요 대표 인물

송대 리학의 정통 주류는 대체로 '송 초 3선생'을 선구자, '북송 5자'를 창시자, '동남 3현東南三賢'을 집대성자라고 말한다. 주희朱熹, 육구연陸九淵, 여조겸呂祖謙의 쟁론은 리학이 매우 깊이 있게 발전했음을 보여준다.

북송 초기 호원胡瑗, 손복孫復, 석개石介 등은 유가 학술의 제창, 의리의 중시, 도통의 계승이라는 시대적 풍조의 선하를 개척했는데 이들을 '송 초 3선생'이라 부른다. 그들은 위로 한유韓愈와 이고李翱를 계승했고, 아래로 이락伊洛6의 학문을 열었다. 그들은 이도위본以道爲本 즉 도로써 근본을 삼을 것, 이도위중以道爲中 즉 도로써 중용을 삼을 것, 이도절정以道節情 즉 도로써 감정을 조절할 것, 이도융군以道隆君 즉 도로써 군주를 높일 것을 주장했다. 이른바 "도란 가르침의 근본이다." "무릇 인과 예와 악은 치세의 근본이니 왕도는 이로부터 생겨나며, 인륜은 이로부터 바르게 된다."7 "요, 순, 우, 탕, 문왕, 무왕, 주공, 공자의 도는 만세에 항상 행해지는 바꿀 수 없는 도다."8 도를 또 "3재三才, 9주九疇, 5상五常의 도"9라고도 불렀다. 그들은 태학에서 당대의 종사였으며, 제자와 전승자들이 조야에 널리 퍼져 있었다. 리학은 바로 '송 초 3선생'이 불러일으켜 광범한 영향력을 발휘한 사조 속에서 배양되어 이루어진 것이다.

'북송 오자北宋五子'는 주돈이周敦頤, 장재張載, 정호程顥, 정이程頤, 소옹邵雍이다. 이들은 리학 전승자들이 공인하는 리학 사상 체계의 창시자들이다. 주희의 『이락연원록伊洛淵源錄』은 이들을 '북송 오자'라 부르며, 『송사宋史』는 다섯 사람을 한 열전에 같이 포함시켜 '송 오자'라 통칭하고 있다. 이들의 철학 사상이 다 같진 않지만 정치 주장은 매우 비슷하다. 서로 간에 혹은 스승, 혹은 친척, 혹은 막역히 교유하는 친밀한 관계로 "모두가 도학과 덕행으로 당시에 이름을 떨쳤다". 리학의 주요 명제와 범주는 모두 그들이 먼저 제기한 것들이다. 그리고 오자의 학문적 개성은 후세 리학의 파벌 분화에 중요한 요인이 되었다.

주돈이(1017~1073)는 자가 무숙茂叔이며, 원명이 돈실敦實로 도주道州(오늘날의 후난성 다오현道縣) 사람이다. 시호가 원元으로 원공元公이라 불린다. 각급 지방관을 역임했으며 가장 높은 관직으로 지주군知州軍을 지냈다. 치적이 있으며 옥사에 밝아 "간악한 자들의 처벌과 폐단 척결을 작두로 자르듯 명쾌히 하여 머뭇거림이 없었다"[10]고 한다. 주요 저작으로는 「태극도설太極圖說」 『통서通書』(「역통易通」이라고도 함)가 있다. 그가 일찍이 노산盧山 연화봉蓮花峯 아래 '염계濂溪 서당'을 세우고 학생을 가르쳤으므로 세상 사람들은 그를 '염계선생'이라 칭하며, 그의 학문을 '염학濂學'이라 부른다.

주돈이는 후학들에 의해 '도학의 종주宗主'이자 리학의 개산조사로 추앙받는다. 그 주된 근거로는 둘을 꼽는다. 하나는 정호와 정이가 그에게 사사받은 적이 있다는 것이고, 하나는 그가 노장 사상을 뒤섞고 『주역』과 『중용』을 녹여 주물러 이론적, 학문적으로 '실마리를 연 공로'가 있다는 것이다.

주돈이의 저작은 언어는 간략하고 의미는 풍부하다. 「태극도설」은 200여 자에 불과하고, 『통서』는 3000자가 안 된다. 지면의 제한에도 불구하고 무극無極과 태극太極, 음陰과 양陽, 일―과 이二, 동動과 정靜, 중中과 화和, 성性과 명命, 성誠과 성聖, 예禮와 리理 등 일련의 정치 철학 범주를 거의 다 건드리고 있다. 주돈이는 『노자』의 '무극', 『주역』의 '태극', 『중용』의 '성誠'과 음양오행 및 도교의 「태극도太極圖」를 새로이 녹여 주조하고 개조했다. 그리하여 "스스로 무극한 데서 태극이 되며,"[11] "수많은 것은 하나가 되고 하나의 실체는 수많은 것으로 나뉘며,"[12] "한 번의 동動과 한 번의 정靜은 서로 간의 근원이 되며,"[13] "성誠이란 성인의 근본이며" "정靜을 위주로 인극人極을 세우며" "리理는 예禮를 말한다" 등 체용일원體用―原적 정치 철학 명제를 제련해냈다. 그는 우주론, 인성론, 도덕론과 정치론을 통일된 철학 체계 안으로 끌어들였으며, 본체론과 모순관의 철학으로부터 "천하의 민중은 본래 한 사람에게 달려 있으며,"[14] "성심誠心, 단본端本, 정신正身"하고, "정치로 백성을 기르고 형벌로 숙연케 하며,"[15] "군주는 군주답고, 신하는 신하답고, 부모는 부모답고, 자식은 자식다우며, 만물은 리를 얻은 뒤 화합하게 된다"[16] 등 군주 정치의 기본 정치 원칙을 고차원적으로 논증했다. 주돈이의 태극설은 리학의 최고 범주인 '리'의 기본 특징을 이미 갖추고 있었다.

주돈이는 고도의 개괄적인 철학 언어로 한 무더기의 논점과 논쟁거리를 제기했다. 그럼에도 그는 체계적이고 구체적으로 이를 밝히거나 논증하지 않았다. 그의 사상은 후대 사람들에게 깨우침을 주었는데, 한편으로 구체적으로 생각하고 발전시킬 여지를 남겼으며 다른 한편으로는 이견과 쟁의가 쉽게 야기될 여지도 있었다. 리학의 전승자는 모두 「태극도설」과 『통서』에서 논리를 세우거나 반박 논리의 근거를 찾았다.

소옹(1011~1077)은 자가 요부堯夫이며, 스스로 호를 '안락安樂선생'이라 했다. 조상의 원적이 하북河北이며, 소년 시절에 전 집안이 공성共城(오늘날의 허난성 후이현輝縣)으로 이사했다가 나중 낙양洛陽으로 이주했다. 시호가 강절康節이므로 세칭 '강절선생'이라 한다. 소옹은 "스스로 탁월한 재능이 있었으며 의기가 충천해 공명을 세우려 했고 안 읽은 책이 없었다."[17] 진사로 뽑혀 영주潁州 단련추관團練推官[18]에 보임되었으나 질병을 이유로 부임하지 않았다. 그는 '희풍신법熙豐新法'에 반대했고, 사마광司馬光, 이정二程 등과 서로 오가며 친밀하게 지냈으며 낙양에 오랫동안 은거했다. 저서로는 『황극경세서皇極經世書』『이천격양집伊川擊壤集』 등이 있다.

　『황극경세서』는 내용이 풍부하고 체계가 방대한데, 우주, 자연, 사회, 인생을 포괄하는 완전무결한 체계를 구축하려고 애썼다. 또한 전체 체계를 꿰뚫는 최고의 법칙을 확정하려 했다. 그래서 그의 아들 소백온邵伯溫은 이 책의 이름을 다음과 같이 해석했다. "지대至大한 것을 황皇이라 일컫고, 지중至中한 것을 극極이라 일컫고, 지정至正한 것을 경經이라 일컫고, 지변至變한 것을 세世라 일컫는다."[19] 이 책의 학문적 연원은 매우 복잡하다. 소옹은 일찍이 도교의 사람으로부터 배워 진단陳摶[20]의 책을 물려받았다. 그는 노장이 "역易의 본체를 알고" "만물의 이치에 밝다"고 극찬했으며, 불학에도 잘 통해 "부처는 서방의 성인"이라고 긍정하기도 했다. 그의 사상 가운데는 또 수많은 참위讖緯 성분이 포함되어 있다. 소옹은 도교의 상수학象數學 이론과 방법을 유학사상 체계와 서로 결합시켜 리학 내에서 독자적 특색을 지닌 상수 학파를 형성했다.

　소옹은『황극경세서』에서 천지 만물은 하나의 총체적 '도'로부터 생겨나고, "도는 태극이 되며" "심이 태극이 되며" "도와 일一은 신이 강제한 명名이다"라고 주장한다. 태극은 본연의 전체이며, 불변不變, 부동不動, 무체無體의 대중지체大中之體 즉 "가장 큰 가운데 본체"다. "태극이 부동한 상태가 성性이며, 발하면 신神이고, 신하면 수數하고, 수하면 상象하고, 상하면 기器하고, 기하면 변變하니 다시 신으로 돌아간다."[21] 이것이 바로 만물의 존재와 변화의 기본 형식이다. 추상적인 '태극'이나 '도'는 반드시 구체적인 물질로 자신의 내포를 드러낸다. 신神과 기氣의 운용하에 태극 일一은 이二로 나뉘고, 이는 사四로 나뉘고, 사는 팔八로 나뉘고 (…) 기하급수적 논리를 통하여 무한하고 다양한 사물이 널리 보급되고 분화된다. 이들이 "합하여 모두 하나로 되고, 퍼져서 수많은 것이 된다".[22] 일체의 사물은 모두 태극 즉 도가 안배한 결과다. 이 주장에 대해 주희는 이렇게 찬미한다. "『주역』이 생긴 이래 강절선생만이 한 사물을 이처럼 정연하게 설명했다."[23] 상수학은 리학 가운데 가장 중요한 한 가지다. 송에서 청까지 소옹을 종주로 받드는 사람이 대단히 많아 700여 년간 그 명맥이 이어져왔다. 소옹은 "선천학先天學은 심법이며" "세상만사와 만물은 마음에서 생기며" 천지만물의 리는 '마음' 가운데서 다한다고 주장했다. 이 사상은 육왕陸王의 심학에 깊은 영향을 미쳤다.

장재(1020~1077)는 자가 자후子厚이며 조상의 원적이 하남河南 개봉開封이다. 봉-상미현鳳翔眉縣 횡거진横渠鎭(오늘날의 산시성陝西省 메이현眉縣 헝취진横渠鎭)에 이주해 살았으므로 세상에선 '횡거선생'이라 부른다. 진사로 뽑혀 관직이 동지태상예원同知太常禮院에 이르렀다. 어려서부터 병법 이야기를 즐겼으며 "안 배운 것이 없었다". 범중엄范仲淹으로부터 가르침을 받아 『중용』을 읽고 명교를 익혔다. 또 "불교와 노장의 서적을 통해 그들의 학설을 수년에 걸쳐 끝까지 탐구해보았으나 아무 소득이 없음을 알고 되돌아가 '육경'에서 구했다"[24]고 한다. 그는 3교 가운데서 우여곡절을 겪으며 탐색했으므로 사상의 폭이 넓고 깊이가 있었으며, 유학을 기본으로 삼아 일가의 학설을 제창했다. 저서로는 『정몽正蒙』 『횡거역설横渠易說』 『경학이굴經學理窟』 『장자어록張子語錄』 등이 있다. 그 가운데 『정몽』은 중국 고대 사상사에 지대한 영향을 미쳤다.

장재의 이론적 공헌 가운데 중요한 것은 다음 세 가지가 있다. 첫째, 『정몽』에서 그는 '태허太虛가 바로 기氣'이며, "태허로부터 천天이란 이름이 생기며""기화氣化로부터 도道라는 이름이 생기며""허와 기가 합하여 성性이란 이름이 생기며,"25 "성과 지각이 합하여 심心이란 이름이 생기며,"26 "만물에는 모두 리가 있으며""신神은 천의 덕이고, 화化는 천의 도이니 덕이 체體이고 도는 용用으로 일기一氣일 따름이다"라는 일련의 조합 명제를 제기했다. 그는 태허로써 기, 천, 도, 성, 심, 리, 덕, 신, 화 등을 함께 통일시켜 우주관과 도덕론이 합일된 학설 체계를 세운 것이다. 이 사상은 주희를 거치며 충실해지고 개조되어 리의 본론 체계의 하나로 받아들여졌다. 둘째, 장재는 천지의 성과 기질의 성이라는 이중의 인성 기원론을 최초로 제기했다. 이는 주희를 거치며 깊이 있게 설명되고 확충되어 리학 인성론의 주류가 되었다. 셋째, 장재가 말하는 '태허'는 물질적인 것이기도 하고 정신적인 것이기도 하다. "태허란 마음의 실체다." 그러니 "그 마음을 크게 하여" "천심과 합치"함으로써 "신을 탐구하고 그 조화를 알아 하늘과 하나가 되는"27 경지에 이르라고 주장한다. 그는 이목의 감정을 떠난 '천지의 성'과 '천덕天德과 양지良知'를 긍정하여 리학의 도덕 수양론에 이론적 근거를 제공했다. 이 생각의 길을 따라 다시 한 걸음 앞으로 나간 것이 바로 심학心學이다. 장재의 학문은 '관학關學'이라 부른다. 그는 리학 가운데서 독자적인 학파를 이루었으며, 후세에 나흠순羅欽順, 왕정상王廷相, 왕부지王夫之, 대진戴震 등의 사상에 깊은 영향을 미쳤다.

정호와 정이는 친형제다. 사상의 대부분은 같고 약간의 차이가 있을 뿐으로 함께 '이정'이라 부른다. 정호(1032~1085)는 자가 백순伯淳이며 낙양 사람으로 세칭 '명도明道선생'이다. 진사에 뽑혀 관직이 태자중윤太子中允, 권감찰어사이행權監察御史里行에 이르렀다. 왕안석에 격렬히 반대했기 때문에 쫓겨났다가 나중에 경정시승京正寺丞을 제수받았으나 미처 부임하기 전에 병사했다. 정이(1033~1109)는 자가 정숙正叔이며 세칭 '이천伊川선생'이다. 은음恩蔭28으로 벼슬길에 나가 관직이 비서성교서祕書省校書, 수숭정전설서授崇政殿說書 겸 판등문고원判登聞鼓院에 이르렀다. '원우 당인元祐黨人'에 들었기 때문에 두 번 쫓겨났다. 이정은 "도교와 불교에 드나들기 몇 십 년" 만에 불교와 도교 사상을 끌어다 유가에 편입시키면서 일가를 이루었다. 그들은 오랜 기간 동안 낙양에서 강학했으므로 그들이 개창한 학파를 '낙학洛學'이라 부른다. 이는 송대에 영향력이 가장 크고 가장 전형적인 리학의 분파였다. 그들의 저작을 모아 편집한 『하남이정전서河南二程全書』가 있다.

이정은 주돈이에게서 수업을 받았고, 배분은 장재보다 늦다. 그러나 리학 발전사에서의 지위와 역할은 주돈이나 장재를 넘어선다. 그들의 공헌은 천리론天理論에 두드러지게 나타났다. 이정은 최초로 '리' 혹은 '천리'를 최고 범주로 상승시켰다. 리나 천리는 옛날에도 있었던 말이다. 그러나 명확히 천리를 조화의 근본, 만물의 근원, 우주의 통칙으로 삼은 것은 이정의 창조다. 그들은 다음과 같이 자부했다. "나의 학문은 배워 얻은 바도 있지만 천리 두 글자는 스스로 살뜰히 고민해 나온 것이다."[29] 이정은 "천하엔 한 개의 리만이 있으며"[30] "리만이 실체이며 근본이고"[31] "오직 리만이 실체"[32] 등의 명제를 제기했다. 그들의 유리유실惟理惟實 즉 '오직 리만이 실체'라는 주장은 체體가 있다가도 없으며 형形이 변화해도 텅 비지 않는, 즉 모으고 흩어지고 생겨나고 사라지지 않을 뿐만 아니라 공허한 데로 돌아가지도 않는 절대적인 것으로 본체의 경계를 규정한다. 이런 사유 방식은 유가 학설이 철학적으로 이념화하는 과정에서 획기적인 의의를 지닌다. 리학이 리학이 된 것은 바로 이 리理에서 이름 붙인 것이다. 남송의 리학 가운데 가장 영향력 있는 학파의 대표적 인물들은 대부분 이정의 직계 제자이거나 사숙한 사람들이다.

남송은 리학이 처음 창조되어 성숙해간 시기다. 이 시기 리학의 발전에는 세 가지 특징이 있다. 첫째, 주희 등이 심혈을 기울여 갈고닦고 해석을 하면서 북송 오자의 각 이론의 거칠고 소략한 면을 극복하고 리학의 사상 체계가 완벽해져갔다. 둘째, 리학의 큰 스승들이 배출되어 광범한 영향력을 지닌 학자 무리가 형성되었다. 남송의 저명한 리학자로는 호안국胡安國, 호굉胡宏, 여조겸呂祖謙, 장식張栻, 주희, 육구연陸九淵 등이 있으며, 그 가운데 여조겸, 장식, 주희를 가리켜 '동남 3현'이라 부른다. 여러 학자는 제자를 모아 강학하며 그들의 학설을 널리 전파시켰다. 예컨대 주희, 장식, 육구연, 여조겸은 일찍이 저명한 백록동白鹿洞, 악록岳麓, 상산象山, 여택麗澤 4대 서원을 각각 주관한 적이 있다. 각 학파 영수 간의 토론과 쟁명은 리학의 심화와 전파를 촉진했고, 이는 리학이 통치 사상으로 뛰어오를 수 있는 조건을 만들어주었다. 셋째, 학파 간의 상호 논쟁을 통해 리학은 사상적으로 깊은 발전을 이루어냈다. "송의 건도乾道와 순희淳熙[33] 이후 학파는 셋으로 나뉜다. 주희의 학, 여조겸의 학, 육구연의 학이 그것이다. 동시대에 세 학파는 서로 합치하지 못했다. 주희의 학문은 격물치지格物致知를, 육구연의 학문은 명심明心을, 여조겸의 학문은 양자의 장점을 두루 취했다. 그리고 다시 중원 문헌의 도통을 따져 자신들의 학설을 윤색했다. 학파별로 가는 길은 달랐지만 성인으로 귀결되었다는 점에서는 같다."[34] 주희와 육구연은 리학의 가장 중요한 두 분파, 즉 '리학理學'과 '심학心學'을 각각 대표한다.

주희(1130~1200)는 자가 원회元晦이며 또 하나의 자가 중회仲晦다. 호가 회암晦菴, 자양紫陽이며 만년에는 회옹晦翁, 돈옹遯翁, 창주병수滄州病叟라는 호를 썼다. 휘주徽州 무원婺源(오늘날의 장시성에 속함) 사람으로 젠양建陽(오늘날의 푸젠성에 속함)으로 이주해 살았다. 일찍이 정호의 3전 제자인 이동李侗을 스승으로 삼았다. 진사에 뽑혀 지방관을 역임했는데 지남강군知南康軍, 보문각대제寶文閣待制 등을 지냈다. 그는 "선禪, 도, 문장, 초사楚辭, 시, 병법 등을 광범하게 섭렵하고 일마다 배우려 했으며 당시의 헤아릴 수 없이 많은 서적문자에 출입했다".[35] 저술도 대단히 풍성하여 『사서장구집주四書章句集注』 『주역본의周易本義』 『주문공문집朱文公文集』 『주자어류朱子語類』 등이 있다. 그의 학설을 '민학閩學'이라 부른다.

주희는 송대 리학의 집대성자다. 그는 이정을 직접 계승하여 '리'를 최고 범주로 삼았다. 정주 리학은 리학의 정통 주류다. 그는 주돈이의 '스스로 무극한 데서 태극이 된다'는 명제를 조정하여 태극을 도리의 극치, 만물의 리를 총괄하는 실리實理로 해석했다. 이는 주돈이와 이정의 사상을 개괄하고 드높인 것이다. 그는 장재의 기화론氣化論을 빌려다 '일반적 기'와 '일반적 리'를 혼합하여 '생물生物의 도구'와 '생물의 근본'을 변증법적으로 통일시켰다. 그리하여 순연의 본체인 리가 '안돈'하고 '착상'할 장소 및 그것의 동정動靜, 조작造作의 기능을 찾아냈다. 이는 사변적 측면에서 리본론理本論을 더욱 엄밀하고 정치하게 만들었다. 그는 '격물치지'설을 상세히 밝혔다. 즉물궁리卽物窮理 즉 '사물에 즉하여 리를 탐구하라'고 말하는가 하면 '내심으로 리를 추구하여' 끝까지 파고들면 "마음은 모든 리를 포괄하게 되고 모든 리는 한마음에 갖추어지게 된다"[36]고 이야기한다. 그의 수많은 인식은 심학과 매우 가깝다. 주희는 공자, 맹자 이후 가장 영향력 있는 유가 사상가 가운데 하나다. 송명 리학은 주희의 손을 거쳐 비로소 독특한 나름대로의 규모와 체계를 갖출 수 있었다. 그의 사상 체계, 학문적 지위와 영향력은 리학에서 이정의 지위를 숭고하게 해주었을 뿐만 아니라 리학이 중국 봉건사회 후기에 통치 지위가 되도록 만들어주었다.

주희는 생전에 '경원당금慶元黨禁'[37]의 재난을 당하여 그의 학문이 '위학僞學'으로 질타당한 적이 있으며 사후에야 명예를 회복했다. 진덕수眞德秀, 위요옹魏了翁 등의 노력으로 리학의 지위는 점차 상승했다. 송 이종理宗이 조칙을 내려 주희의 『사서장구집주』가 "성현의 깊은 뜻을 잘 밝히고 있어 치도에 도움이 된다"[38]고 칭찬하면서 그를 태사太師로 추증하고 신국공信

國公에 봉했다. 이로부터 주희로 대표되는 리학은 최고 통치자들이 존중해 마지않는 사상 체계가 되었다.

육구연(1139~1193)은 자가 자정子靜이며 무주撫州 금계金溪(오늘날의 장시성 진시金溪) 사람이다. 진사에 뽑혀 관직이 지형문군知荊門軍에 이르렀다. 일찍이 강서江西 귀계貴溪의 응천산應天山(나중에 상산象山으로 바뀜)에서 강학하며 스스로 상산거사라 칭했다. 그래서 세상에선 '상산선생'이라 불렀다. 그의 저작은 후세 사람들이 모아 『상산선생전집象山先生全集』으로 만들었다. 중화서국中華書局은 이를 『육구연집陸九淵集』으로 편찬했다.

육구연은 송명 리학 가운데 심학 일파의 창시자다. 그는 맹자를 추종했으며 정호를 사숙했다. 선禪을 끌어다 유가 사상에 편입시켰으며, 리학 사상가들과 왕안석 등의 사상을 폭넓게 받아들였다. 학문 방법에서 육구연은 '육경'은 나를 주석한 것이니 내가 '육경'을 주석하겠노라고 주장한다. 그는 리학의 심성의 학을 발전시켰으며 "우주가 바로 내 마음이며, 내 마음이 바로 우주다"[39]라는 명제를 제기했다. '심'본론心本論으로 완정한 철학 체계를 수립한 것이다. 그의 사상은 명대 왕양명王陽明을 통해 크게 발휘되었으며 당시 가장 영향력 있는 학파 가운데 하나가 되었다.

리학 내부의 학파는 매우 많으나 그 가운데 정주로 대표되는 리본론理本論, 육(왕)으로 대표되는 심본론心本論, 장재 및 그의 후학들로 대표되는 기화론氣化論(즉 기본론氣本論) 셋이 가장 주요한 분파다. 그리고 이 삼자 사이에 끼인 수많은 대동소이한 유파가 존재한다. 철학적 관점에서 보면 각 학파 간 차이가 현저하여 피차 분쟁하다가 때론 물과 불의 형태를 띠기도 했지만, 정치적 사유의 관점에서 볼 때 여러 학파가 결국 한길로 모아진 듯하다. 즉 "다 같이 강상綱常을 세우고, 다 같이 명교名教에 의지하며, 다 같이 공맹孔孟을 숭배한다. 의견이 끝내 합치하지 않은 경우도 있었으나, 그건 인자가 인仁을 보듯 지자가 지智를 보듯 같은 사물에 대하여 몇

몇 의견을 달리하는 정도일 뿐이었다."[40]

리학의 본질적 특징은 철학적 사변의 고도화로 『중용』『대학』의 사상적 정수를 크게 넓히고 공맹지도의 기본 신조를 밝히는 데 있다. 리학 사상가들은 한 사람도 예외 없이 일체를 초월하는 우주 본체가 존재함을 인정한다. 그리고 자연, 사회, 인생은 모두 이 본체의 파생이고 외연이라고 생각한다. 이에 근거하여 리학 사상가들은 인생, 도덕, 사회, 정치와 관계있는 각종 문제에 체계적인 대답을 하며, 철학 이념화한 일련의 정치적 가치를 제기한다. 그들은 또 송대 정치의 현실적 문제에 직면하여 각자의 정치적 방략과 정책 주장을 제기하기도 했다. 기본적인 정치의 가치로 볼 때 리학 사상가들은 동일한 하나의 정치사상 유파에 속한다고 하겠다.

제 2 절

리(도)론理(道)論:
종법 군주 제도 사회 규범의 절대화

리理는 송대 리학의 핵심 범주로 도道라고 부르기도 한다. 그것은 세계관이고 방법론일 뿐만 아니라 이상적 사회 규범이며 정치의 표준 형식이다. 리(도)는 본체, 규율, 윤리를 하나로 합체한 우주의 법칙이며, 자연의 규율이고, 사회 질서이며, 인륜 규범의 개괄이고 추상이다. 자연 규율과 윤리라는 속성이 다른 두 가지 범주가 조합하고 함께 통일되니, 윤리 또한 사람의 의지로 바뀌지 않는 영원불변한 철칙이 된다. 이른바 "이 도리는 하늘이 자연을 낳음과 같이 인위적 안배를 필요로 하지 않는다"[41]는 것이다. "이 도리는 스스로 천지간에 자라나며 성인을 빌려와야 한 번 말할 수 있을 뿐이다."[42] 이 때문에 리(도)는 리학 정치사상의 이론적 기초다. 그래서 리학을 도학이라고도 부른다.

01 도(리)는 우주의 본체이며 최고의 주재자

리학의 논리 구조 가운데 도, 다시 말해 리 또는 천리天理는 최고의 범주다. 통합해보면 도와 기타 본체를 표현하는 범주는 이름이 다를 뿐 실질은 같다. 모두 본체와 일반 규율에 대한 대칭이다. 따로 구분하여 이를 논의하면 기타 범주는 학파와 학자에 따라 각각 그 지위가 다르다. 그러나 도만은 시종 최고 범주의 지위를 점하고 있다. 일반적으로 도는 자연, 사회, 인생의 모든 법칙을 두루 포괄하며 기타 범주와는 수직적 관계를 구성하여 근본성, 강령성, 종주성宗主性, 보편성을 갖추고 있다. 리학 가운데 도는 가장 널리 통용되고 가장 일반적인 의미를 지닌다.

리는 리학에서 가장 중요한 범주 가운데 하나다. 리학 사상가들은 리가 즉 도이고 도가 즉 리라고 일치된 주장을 한다. 장재는 말한다. "만물의 생성을 뒤덮고 있는 것은 하늘의 도인데 리라고 부를 수도 있다."[43] "덜고 더하고 차고 빔은 하늘의 리인데 도라고 부를 수도 있다."[44] 그러나 "도가 그것을 얻으면 같아지고 리가 그것을 얻으면 달라지며 서로 각자의 특성을 보일 수도 있다."[45] 도가 더욱더 보편성을 지니고 있다. 정주 일파는 리를 최고로 존중했다. 하지만 리와 도는 사실 하나이면서 둘이고, 둘이면서 하나인 관계다. 정이는 말한다. "리가 바로 천도다."[46] "이 리가 천명이다. 그를 따라서 돌면 도다."[47] 주희는 말한다. "도는 곧 리를 일컬음이다."[48]

자세하게 분석해보면 리와 도는 다른 점도 있다. 소옹은 『황극경세서』에서 도를 리理, 성性, 명命보다 위에 두곤 했다. 정주 등은 도와 리의 같음과 다름을 상세하게 밝혔는데, 그 요점은 다음 세 가지다. 첫째, 리는 도의 흩어짐이고 도는 리의 총합이다. "흩어져 리에 있으면 수많은 것으로 갈린다. 통합하여 도에 있으면 오직 하나로 모인다."[49] "상하, 본말, 내외는 모두 하나의 리이며, 방方이 도다."[50] 둘째, "도는 통명統名이며, 리는 세목細目이다."[51] "도라는 글자는 웅대하여 혼연일체가 되어 있다. 정밀하고 조악함, 본과 말, 안과 밖, 손님과 주인의 구분은 그 가운데 선명히 빛난다."[52] 셋째, "도라는 글자는 웅대하고 리라는 글자는 정밀하다."[53] 즉 "도 글자는 크게 포괄하고 리는 도 글자 속 수많은 리의 맥락이다"[54]라는 것이다. '리 일理一'의 리 등은 도와 같으며, '분수分殊'의 리는 도의 세목이다. 정주 일파는 사실 '리'를 중시한 '도학'이다. 그러나 정주의 리 숭상이 옥상가옥인 것은 아니다. 때때로 '리'는 도보다 더 구체적이고 더 실재적이다. 이와 같은 혼연의 도(천리天理)만이 각 곳에 흩어지기 쉬워 어디서든 유행한다.

심은 리학의 또 하나의 중요한 범주다. 리학 사상가들은 모두 본체론적 의미에서 심이 바로 도라고 생각했다. 소옹은 말한다. "심은 천지의 앞에 있으며, 천지는 나로부터 나온다."[55] 이렇게도 말한다. "도는 천지의 근본이다."[56] 심과 도는 모두 본체다. 장재는 최고의 본체인 '태허'와 심은 등가라고 주장한다. "태허란 심의 실체다."[57] 정이는 말한다. "심이 리이고 리가 심이다."[58] "하늘에 있어선 명命이 되고, 의로움에 있어선 리理가 되며, 사람에 있어선 성性이 되고, 몸에 있어서 주인은 심이 되니 그 실체는 하나다."[59] 주희도 이야기한다. "심은 수많은 리를 포괄하며, 수많은 리는 일심에 갖추어져 있다."[60] 심학 일파는 심을 최고로 떠받든다. 심이 곧 도이고, 도가 곧 심이다. 이른바 "심즉리心卽理"[61]다. "사람이면 누가 마음이 없겠는가? 도는 밖에서 찾을 것이 아니다."[62] "심이란 한마음이다. 리란 한 리이다. 지극히 옳은 것은 하나로 귀결되며, 정밀한 의미는 둘일 수 없다. 이러한 심과 리는 사실 둘이 있음을 용납하지 않는다."[63] 심학은 사실상 '심'을 중시하는 '도학'이다.

기氣는 리학에서 중요한 지위를 차지한다. 그러나 기화론氣化論이나 기본론氣本論을 주장하는 학파를 제외한 리학의 기타 분파들은 일반적으로 기를 도의 주재와 지배하에 놓는다. 장재 일파는 기화론을 퍼뜨리며 '태허(기氣)'를 본체로 삼았다. 그는 '태허'가 기의 본연의 상태이며, 음양은 기의 모순 상태이며, 만물은 기가 형태화된 상태이며, 태화太和는 기의 가장 좋은 상태라고 주장한다. 그러나 기는 형이상과 형이하의 통일이다. "태허란 자연의 도이며" "하늘의 기는 도라고 부를 수도 있다."[64] "태허 때문에 친이란 이름이 있으며, 기화 때문에 도라는 이름이 있다."[65] "하나의 음과 하나의 양은 유형의 기기로 잡아 가둘 수 없다. 그러므로 도라고 부른다."[66] 이는 바로 도가 '태허'의 대리 명칭이며, 기가 모인 추상이며, 음양의 법칙이며, 물질이 발산되는 규칙이며, 기화의 과정이며, 태화가 기대는 바라는 말이다. 도는 기에 깃들어 있지만 기보다 더 추상적이다. 도와 기는 혼연일체로 나눌 수 없으며 "일이 크건 작건 모두 도가 그 사이에 있다."[67] 도야말로 최고의 범주다. 장재는 '기'를 중시하는 '도학'에 속한다고 할 수 있다.

도는 곧 태극, 무극이거나 무극이면서 태극이다. 리학 사상가들의 태극과 무극 관계에 대한 인식의 차이는 대단히 크다. 그러나 어떤 의견이든지 최후에는 태극, 무극과 같은 천지 만물의 시초와 근원을 도에 귀결시킨다. 이를테면 소옹은 태극을 본원으로 삼았으므로 "태극은 도의 극치다"[68]라고 한다. 주희는 '무극이태극無極而太極'설을 주장했으므로 무극은

"무無 가운데 지극한 리가 있다."[69] "태극의 뜻은 바로 리의 극치를 일컬음이다"[70]라고 한다.

리학 각 파의 철학 체계 중에는 또 대량의 본체 범주가 있다. 일반적으로 모든 본체 범주 또는 본체의 의미를 내포하고 있는 범주는 모두 도(리)와 상호 해석이 가능하다. 『북계자의北溪字義』를 예로 들어보자. '만고에 통용됨'을 '도'라 일컫고, '만고에 바뀌지 않음'을 '리'라 일컫는다.(「리理」) 도는 음양을 주재하고, 만물을 낳고 변화시키며, "그리하여 다른 일반적인 것들에 분부하고 명령한다."[71] 그래서 '천명'이라 부르기도 한다.(「명命」) 도는 추위와 더위, 일과 월, 주와 야, 사계 등을 미리 정하며, 이런 자연 현상이 규칙적으로 변화하고 "만고에 오차가 없으며 거짓 없이 진실함을 가리켜 성誠이라 하는데,"[72] "성은 리이며" "성은 천도다."(「성誠」) 천의 명으로 만물이 탄생하고, 각자의 성명性命이 올바르게 되며, "이것이 바로 대본大本이고, 태극인데,"[73] "태극은 리일 뿐이다."(「태극太極」) 자연의 리, 만물의 대본이 되는 '천' 또한 도와 상호 해석이 가능하다. 즉 "천이란 도이며"(「명」), "하늘은 곧 리이다."(「도道」) "천하에 리보다 존엄한 것은 없으므로 제帝의 이름을 부여한다."[74](「명」) 주재자이며 지존이라는 의미에서 도(리)와 '상제上帝'는 동의어다. "성性을 이끄는 것을 가리켜 도라 한다." 따라서 "성은 곧 리이다."(「성性」) "원형이정元亨利貞은 천도의 바른 길이며, 인의예지는 인성의 그물망이다."[75](「성性」) 따라서 효제충신과 인의예지 모두 도이고 리이다. 결국 태극, 황극, 천, 제, 신神, 명命, 성性, 성誠, 중中, 예, 인, 효 등은 도의 다른 이름이거나 도에 귀속되는 개념이다. 여러 범주는 서로 얽혀 있어 합해졌다 갈리고, 갈라졌다 합해지며 각자의 쓰임새가 있는 그물망식 사상 체계를 형성한다. 여러 범주의 지위, 기능, 작용 및 피차간 상호 조합의 방식을 둘러싸고 리학 사상가들끼리 논쟁이 끊이지 않았지만 딱 한 가지 절대로 의심하지 않는 것이 있었다. 그건 바로 도가 이 범주 체계의 총칭이며, 이 세상 모든 사물의 궁극적 근원이고 보편 법칙이라는 것이다.

도는 천지를 낳고 만상을 변화시키며, 시작도 끝도 없으며, 없는 곳이 없다. 시공을 초월하여 만고에 상존하는 절대성과 보편성을 지니고 있다. 도 및 도와 다른 철학 범주와의 관계에 대해 리학 사상가들의 인식은 천차만별이었다. 그런데 그들이 일컫는 도(리)는 또한 공통된 사회정치적 의미를 내포하고 있었다. 그것이 삼강오상三綱五常이다.

만수일본萬殊一本:
도와 인륜은
실체가 같으나 이름이 다름

　도에 본원이 있는가? 철학적 사유라는 측면에서 보면 이 문제는 불가
사의하다. 도가 이미 본원인데 무엇이 또 본원이 되겠는가? 그러나 리학
사상가들이 볼 때 도 또한 본원이 있다. "인륜이 도의 큰 본원이다."76 이
명제의 역명제도 성립한다. "인륜은 천리다."77 인륜의 추상이 바로 도(리)
이며, 도의 본원은 인륜 법칙이다. 소위 인륜에는 명확하고 구체적인 역사
적 내용이 있는데, 그건 바로 종법 윤리 도덕이다.
　리학 사상가들은 종법 윤리가 바로 도 혹은 리라고 주장한다. 정이는
말한다. "하늘, 땅, 사람에겐 하나의 도만이 존재한다. 재才가 그 하나를 관
통하면 나머지는 모두 통한다." "도78의 큰 본원을 어떻게 구하는가? 군신,
부자, 부부, 형제, 붕우의 관계를 가지고 이를 알릴까 하는데, 이 다섯 가
지가 즐겨 행해지는 곳이 바로 도의 본원이다."79 주희는 말한다. "천하에
도는 그 실체가 천명의 성性에 있으며 군신, 부자, 형제, 부부, 붕우 사이에
구체적으로 행해진다."80 "아버지는 마땅히 자애로워야 하며, 자식은 효성
스러워야 하며, 군주는 어질어야 하며, 신하는 공경을 다해야 하는데 이
것이 의義다. 자애롭고 효도하며 어질고 공경하는 것이 도다."81 육구연은

말한다. "우리 유자들의 도야말로 천하에 불변하는 도인데, 어찌 다른 신비한 도가 있겠는가? 전상典常 즉 표준적 윤리라 부르고 이륜彝倫 즉 변치 않는 도덕이라 일컫는데, 천하의 일이 모두 이로 말미암으며 백성이 일용하는 바이니 그 도는 하나일 뿐이다. 겉만 바꾸고 속은 그대로 두는 짓을 해서는 안 된다." 리[82]학 사상가들이 볼 때 도(리)와 인륜은 동실이명同實異名 즉 실체가 같으나 이름이 다를 뿐으로 인륜 법칙은 곧 우주 통칙이며 이론적으로 등가적이다. 이건 바로 종법 윤리라는 공통의 본원과 내핵이 유가 내부의 형형색색의 도(리)론을 한데 통일시킨 것으로, 도나 리는 이 내핵의 승화요 전개일 뿐이며 인륜 법칙의 보편화이고 절대화다. 만일 리학 내부에 분기와 차이가 존재한다면, 그 분기란 이 내핵을 인식하고, 논증하며, 추상하는 방법론상에 약간 다른 점이 있는 것에 불과하다.

종법 윤리를 우주 본체로 삼은 것은 유가의 윤리 도덕 학설이 통일성, 연관성, 초월성을 갖추도록 세계관의 기초와 입론의 출발점을 찾아주었다. 윤리가 바로 정치이며, 정치가 바로 윤리다. 도(리)를 지고무상하게 높인 것은 사실상 유가 정치 철학과 정치적 가치의 승화였다.

리학 가운데 진정으로 시종을 꿰뚫으며 모든 것에 침투되는 범주는 윤리이며, 삼강오상이다. 윤리의 기본 정신은 일체의 개념, 범주와 명제 가운데 관철되어 있다. 리학 가운데 순수한 철학적 범주는 거의 없다. 예를 들면 지知, 행行, 사事, 물物 같은 개념 속에는 모두 윤리적 지식, 도덕적 실천, 군주 섬김, 부모 섬김 및 윤상 규범의 의미가 포함되어 있다. 리학 사상가들이 이런 철학 개념들을 논의하는 최종 목적은 남녀, 부부, 부자, 군신 간의 종법 등급 관계를 논증하기 위함이다.

윤리적으로 추상하고 도(리)로 승화시킨 목적은 윤리의 절대화를 위함이다. 윤리를 우주 만물의 본원이요, 근거로 말하기 위함이다. 이른바 "하늘이 낳은 생물엔 서열도 있으며, 물질이 형태를 갖추었으면 질서도 있다"[83]는 것이다. 사물의 선후, 등급의 차별은 천서天序 즉 "하늘의 서열"이고 천질天秩 즉 "하늘의 질서"다.[84] "하늘이 만물을 낳음에 길고 짧음이 있고, 크고 작음이 있고 (…) 천리가 이러하니 어찌 거역할 수 있으리오!"[85] 리학 사상가들은 이에 의거하여 세 가지 결론을 이끌어냈다. 하나는 종법 윤리가 인류의 탄생 전에 이미 존재했다는 것이다. 즉 "군주와 신하가 있기 전에 이미 군신의 리가 있었다. 아버지와 아들이 있기 전에 이미 부자의 리가 있었다".[86] 둘은 윤리 도덕이 "사해에까지 미루어 기준이 된다"[87]는 것이다. 셋은 강상이 영원이 존재한다는 것이다. 군신, 부자의 리는 "옛날부터 오늘날에 이르기까지 항상 멸하지 않는 물질로 존재하므로 1500년간 사람들에 의해 파괴되어왔지만 끝내 그를 완전히 진멸시킬 수는 없었다".[88] 따라서 군주제, 등급제는 영원히 합리적이다. "이 리는 우주 사이에 있는 것으로 사람이 밝히든 아니든, 행하든 안 하든 더하거나 뺄 수가 없다."[89]

도(리)와 윤리는 논리상 서로 상대의 근본이 되는 관계다. 천리론은 종법 윤리 및 그에 상응하는 제도와 규범을 논리적 필연으로, 자연적 합리성으로, 영원히 불변하는 것으로 말한다. 진순陳淳의 근원론은 이 방면의 전형적인 예다.

진순은 스승 주희의 가르침을 받들어 '효' 등의 사회 규범적 '근원'을 탐구했다. 그는 「효근원孝根原」 「군신부부형제붕우근원君臣夫婦兄弟朋友根原」 「사물근원事物根原」을 써서 '자연의 리'로 군주 정치 제도 및 그 도덕규범이 천명에 근원함을 논증했다. 이에 주희는 칭찬을 그치지 않았다.

근원론의 기본적 사유 방식은 인륜 규범이 천명에 근원하며, "그 도는 매우 당연하여 참으로 개개인의 판단이 용납되지 않는다"[90]는 것이다. 구체적으로는 다섯 층위로 나누어 설명기도 한다. 첫째, 사람은 "반드시 부모의 탯줄을 통해 태어나는데," 이 자연적인 생산과 양육 관계가 부모와 자식 간의 구별 및 분화를 획정한다. 사람이 된다는 것은 "절대로 불효를 용납하지 않는다"는 것이다. 둘째, 인류의 번식에는 반드시 남녀의 배합이 필요하다. "부부 관계 또한 하늘이 명하는 바이며, 자연스레 그렇게 이루어진다."[91] 양은 높고 음은 낮으며, 건乾은 우뚝하고 곤坤은 그에 따르는 법인데, 이것이 남편과 아내의 구별 및 분화를 획정한다. "그 구분은 분명히 정해져 있으며 절대로 교란될 수 없다."[92] 셋째, 한 어머니의 같은 탯줄에서 탄생하여 "반드시 먼저 태어난 사람이 있고 나중인 사람이 있다."[93] 이 자연의 리가 장유 즉 연장자와 연소자의 구별과 분화를 획정한다. 넷째, 똑같은 논리에 따라 군신의 의와 붕우의 신 모두 "하늘이 명한 바"에 속한다. 다섯째, 오륜과 관계있는 의관, 몸가짐, 음식, 일과 생활 등 일체의 행위 규범 "모두가 천명의 흐름에 근원하는 것이지 사람이 억지로 하는 것이 아니다."[94]

근원론은 사실 천명론이고, 천분론天分論이고, 정분론定分論이다. 주희는 말한다. "천분이 곧 천리다. 아비가 아비로서의 나뉨에 편안해하고, 자식이 자식으로서의 나뉨에 편안해하며, 군주는 군주로서의 나뉨에 편안해하고, 신하는 신하로서의 나뉨에 편안해하면 어찌 사사로움이 있겠는가!"[95] "임금, 신하, 부모, 자식 모두 분수가 정해져 있다."[96] 천분이란 등급 차별이 천연, 천명에서 나오며 인력으로 간여할 수 있는 바가 아니라는 것이다. 그래서 천분은 공公의 체현이다. 정분이란 등급 규범이 한번 만들어지면 변하지 않는다는 말이다. 천분 앞에서 사람들은 "분수에 안주할 수밖에 없으며" "반드시 정분에 안착해야지 감히 조금이라도 처음 얻은 것을 넘어서서는 안 된다."[97] "추환芻豢 즉 육식을 좋아하고 여곽藜藿 즉 채식을 싫어하는 것은 성질이 그와 같아서다. 그런데 추환을 얻어먹을 분수가 안 된다면 여곽을 씹을 수밖에 없다."[98]

각종 사회 규범의 추상화를 도나 리로 삼은 것은 결과적으로 유가가 창도한 각종 사회 규범을 신성한 교조로 만들기 위함이었다. "만물 모두 리가 있는데, 리는 모두 한 근원에서 나온다. 그러나 처한 지위가 다르면 그 리의 쓰임이 하나가 아닐 수 있다."[99] '만수일본萬殊一本' 즉 만 가지 갈래가 하나의 근본임을 개괄한 후에는 반드시 "하나의 근본이 만 가지로 갈리는" 일본만수一本萬殊의 구체적 응용을 강구해야 한다. 이것을 가리켜 '리일분수理一分殊'라 부른다.

03

리일분수理一分殊:

강상이
인도의 큰 원칙이고
정치의 근본이다

'리일분수'는 리학 사상의 핵심 명제 가운데 하나다. 주돈이는 태극이 도덕 속성, 즉 '성誠'을 내포하고 있다고 생각했다. 태극이 이기二氣로, 오행으로, 만물로 분화되는 과정에서 '성'은 하나하나의 구체적 사물에 수송되어 그 사물의 본성을 구성하며, 본성을 "순수한 최고의 선"에 이르도록 한다는 것이다. 태극의 '성'과 만물의 '성'은 일一과 만萬의 관계를 구성한다. "만이 일이 되고, 일이 사실은 만으로 나뉜다. 만과 일 모두 각자 올바르며 크고 작음이 정해져 있다."[100] 여기에 벌써 '리일분수'에 대한 초보적 인식이 갖추어져 있다. 소옹은 "일이 합하여 만으로 번진다"는 말로 우주 존재의 구체적 형식을 개괄했다. 태극은 형체도 없고 움직임도 없는 '일'인데, 일분위이一分爲二 즉 '하나가 나뉘어 둘이 된다'는 공식에 따라 차례차례 분화하여 구체적 사물이 나온다는 것이다. 태극은 만물을 통섭하는데, "합해지면 일이 되고, 퍼지면 만이 된다."[101] 장재의 학설 가운데 태허는 '성誠'의 전달체다. 태허는 기화가 행해지는 과정에서 자신의 속성을 만물에 부여해주고 만물은 모두 태허에서 나온다. 다만 품부받은 정도의 차이 때문에 온갖 자태가 달라진다. 소옹과 장재는 모두 여러 각도에서

'리일분수'의 문제를 언급했다. '리일분수'의 명제를 가장 명확하게 제기한 사람은 이정이다. 정이는 말한다. "천하의 리는 하나다. 길이 비록 다르지만 귀결점은 같다. 생각은 비록 많으나 도달하는 곳은 하나다. 만물에 수많은 갈래가 있고 만사에 수많은 변화가 있으나 그것을 하나로 총괄하면 어긋날 수가 없다."[102] 이에 대해 주희는 이렇게 찬탄했다. "이천의 '리일분수'에 대한 말이 옳다. 천지 만물을 합하여 말하면 하나의 리일 뿐이다. 사람에게 미치면 또한 각자 하나의 리를 갖고 있다."[103]

주희는 여러 학자의 주장을 집대성하고 '리일분수'에 대해 상세하게 기술했다. 첫째, 태극은 "천지 만물의 리를 합하여 하나의 이름으로 부른 것이며"[104] 태극은 "기물과 형체가 없으나 천지 만물의 리가 여기에 존재하지 않는 경우가 없다. 그래서 무극이되 태극이라고 말한다."[105] 이것이 '리일理一'이다. 둘째, 공공의 리는 만사만물의 소이연所以然 즉 그렇게 되는 까닭이다. 그것은 천차만별한 구체적 사물 가운데 분포되어 있다. "리는 하나일 뿐이다. 도와 리는 같은데 그것이 나뉘면 달라진다. 군신 간에는 군신의 리가 있고 부자간에는 부자의 리가 있다."[106] 셋째, '분수' 즉 여럿으로 갈리나 '리일' 즉 리는 하나다. "근본은 하나의 태극일 뿐이며 만물은 각자 품부받은 바가 있다. 또 각자가 온전히 하나의 태극을 갖고 있다. 예컨대 달은 하늘에 있으며 하나일 뿐인데 그것이 강과 호수에 흩어지면 도처에서 보이게 된다. 이것을 두고 달이 이미 갈렸다고 말할 수는 없다."[107] '분수'는 리가 분할되어 산산조각이 났다는 말이 아니다. 그 어떤 구체적인 사물도 모두 공공의 리의 통섭이며, 모두 혼륜渾淪 즉 우주 생성 전 흐릿한 상태의 리의 전달체이기도 하다. 마치 "달의 흔적이 수많은 냇물에 비치고" "하나의 달이 모든 물에 두루 드러나고 모든 물에 비치는 달은 하나의 달을 지키고 있음"[108]과 같다. 『북계자의』에서는 이를 가리켜 "만물은 각자 하나의 태극을 갖고 있다"고 말한다. '리일분수' 명제의 제기는 유가의 철학이론화 과정에서 완성시킨 중요한 이론 구조였다. '일—' 과 '수殊', '동同'과 '이異'의 대립과 통일은 '민포물여民胞物與'[109] 즉 사람과 만물을 두루 사랑하라는 주장과 사랑에는 차등이 있다는 주장, 인성은 모두 선하다는 주장과 인성은 모두 악하다는 주장 등 유가의 수많은 이론적인 자체 모순을 철학적으로 해결해주었다.

심학 일파는 '리일분수'를 말하지 않는다. 그러나 "우주를 꽉 막고 있는 것은 하나의 리다"와 '심즉리'의 명제를 조합하면 논리적으로 '리일분수'와 차이가 없다.

'리일분수'론의 정치적 의미는 삼강오상이란 사회관계망의 필연성과 합리성을 논증하는 것이다. '리일'에 의거하면 삼강오상과 충효절의는 그 자체로 각자가 혼륜渾淪의 천리다. 천리가 뒤덮고 있는 상태에서 전체 사회관계망 속에 이루어지는 각종 역할은 모두 본분에 맞추어 행사되어야 한다. 천리는 행위 준칙의 규범을 하나하나 마련하고 있는데 이것이 '분수'이며 하나하나의 행위 준칙 모두가 천리이기도 하다. "그것을 펼치면 삼강이고 그것의 기율이 오상이다. 모두 이 리의 흐름이다."[110] 이 논증 방식은 종법 도덕의 정치적 기능을 극대화했으며 삼강오상의 사회관계 양식을 절대화했다.

리학 사상가들은 군신, 부자, 부부, 장유, 붕우를 인류 사회에서 가장 중요한 다섯 가지 사회관계로 본다. 그리고 이런 관계 및 그 구체적인 규범들을 오륜 혹은 오품인륜五品人倫이라 부른다. 그 가운데 군위신강, 부위자강, 부위부강이 특히 중요하다. 그래서 삼강이라 부른다. 삼강오륜을 규정짓는 각종 도덕규범은 인, 의, 예, 지, 신으로 추상화할 수 있으므로 이를 오상 혹은 삼강오상이라 부른다. 삼강오륜이 이상화된 사회관계 양식이라고 한다면 삼강오상은 인류 사회의 기강이다. "이른바 강綱이라 함은 그물에 벼리가 있음과 같고 이른바 기紀라 함은 실에 벼리가 있음과 같다.

그물에 벼리가 없으면 펼칠 수 없을 것이고, 실에 벼리가 없으면 정리할 수가 없을 것이다."[111] 이 기강의 절대화는 세 가지 방면에서 고찰해볼 수 있다. 첫째, "한 집안엔 한 집안의 기강이 있고, 한 나라는 한 나라의 기강이 있다".[112] 둘째, 각자 본분을 지켜서 양자 모두 도를 다하도록 한다. "인仁은 부자 관계보다 큰 것이 없고, 의義는 군신 관계보다 큰 것이 없다. 이를 삼강의 요체라 하며 오상의 근본이라 한다. 인륜은 천리의 지극함이니 천지 사이에 도망갈 곳이 없다".[113] 셋째, 임금은 신하의 벼리이고, 아비는 아들의 벼리이고, 남편은 아내의 벼리이니 벼리를 들면 세목이 펼쳐진다. 그래서 "삼강오상은 천리와 인륜의 큰 고리이며 치도의 근본이다".[114] 리학 사상가들은 삼강오상으로 봉건 종법 사회관계의 일반적 특징을 개괄하는 동시에 이 큰 그물을 통괄할 요결을 분명히 밝혀주었다.

'리일분수'와 천리의 흐름은 삼강오륜을 기본 틀로 하는 사회관계 양식을 만들어냈다. 인류의 모든 사회관계 구조는 네트워크화되어 있을 뿐만 아니라 차등적이다. 네트워크화란 사회 속의 모든 개체는 두루 오륜 관계를 맺는다는 것이다. 부모가 아니면 자식이고 또는 부모이기도 하고 자식이기도 하다. 남편이 아니면 아내다. 어른이 아니면 어린이이고 또는 어른이기도 하고 어린이이기도 하다. 위로 군주가 아니면 아래로 신하이고 또는 윗사람이기도 하고 아랫사람이기도 하다. 사람끼리의 교류에서 서로 친구가 된다. 오륜은 종횡을 교차하며 모든 사람이 그 연결망 속에 있다. 이른바 차등이라 함은 가장 소원한 관계의 친구라는 윤리를 제외하면 모두가 바꿀 수 없는 고정된 위치의 상하 차등 구분을 갖는다. 삼강 가운데 군신 관계가 지극히 큰일인데 가장 윗자리가 제왕이다. 제왕은 전체 사회 관계망의 위에 군림한다. 그래서 "천하의 일은 큰 근본이 있고 작은 근본이 있는데 군주의 마음을 바로잡는 일이 큰 근본이다".[115] 군주의 마음이 바르면 삼강이 움직이고 군신의 벼리가 큰 근본이다. 부모는 자애롭고 자식은 효도하며, 남편이 부르고 아내가 따르며, 형은 우애하고 아우는 공손하며, 윗사람은 어질고 아랫사람은 공경하며, 붕우 간에는 믿음이 있는데 모든 연결망에는 기강이라는 총체가 굳건하게 버티고 있으며 이는 사회관계망의 근본이기도 하다. 리학 사상가들은 삼강오상을 사람의 의지로 바뀌지 않는 '자연의 리'로 말할 뿐만 아니라 삼강오륜의 구체적 규범을 인의예지신으로 개괄하고 이를 도덕의 상常이라고 부른다. 그들이 보기에 인의예지신이야말로 "합쳐서 말해도 모두 도이고, 나누어서 말해도 모두 도다".[116] 이렇게 리학은 '리일분수'론으로 봉건사회관계와 윤리 도덕을 절대화했고 나아가 '강상綱常'으로서 "군주가 정치의 근본"이며 군주와 신하의 직무가 나뉨을 논증했다.

"강상은 천만년이 흘러도 마멸되지 않는다."[117] 군주는 군주답고, 신하는 신하답고, 부모는 부모답고, 자식은 자식다움이야말로 "인도의 큰 법칙이며, 정사의 근본이다".[118] 일반적으로 삼강은 모두 중요하나 군신 관계가 가장 크다. 인륜은 부부 관계에서 실마리가 형성되는데 "사람의 큰 윤리는 부부 관계가 하나를 차지하며 삼강의 머리다. 이 리는 폐기될 수 없다."[119] 혈연 친소 관계로 보면 부자 관계는 천륜이며 오륜의 머리를 차지한다. 전체 사회로 말하자면 부부 관계와 부자 관계는 한 집안의 기강에 불과하고 군신 관계가 한 나라의 기강이자 천하의 기강이다. 그러하니 "군신상하 양측이 모두 도를 다하면 천하에 다스려지지 않는 경우가 있겠는가!"[120] "천하의 대중에 있어 근본은 한 사람에게 달려 있다."[121] 군신 관계의 한 벼리야말로 천하에서 가장 큰 근본이다. 이로부터 우리는 리학 사상가들이 만들어낸 사회관계 양식 가운데 오직 제왕만이 전체 사회관계망의 꼭대기에 군림하고 있음을 알 수 있다. '리일분수'는 삼강오상이 선천적 합리성을 갖도록 만들어주었다. 이는 군주의 권위와 지위가 선천적으로 지고무상하고 절대적인 힘을 갖도록 해주었다. 이 의미에서 보면 '리일분수'는 리학 정치의 중요한 이론 기초 가운데 하나다. 주희는 말한다. "사람은 하늘과 땅 사이에 있는데 농민, 상인, 기술자 등으로부터 위로 올라가 어디까지일지 모르나 모두가 맡은 바를 다하고 산다. 크고 작은 차이가 있으나 경계는 분명하다. (…) 그러나 반드시 자신이 맡은 직무를 아는데 이는 천직이 자연스럽게 그러한 것이지 인위에서 나오는 것이 아니다."[122] '리일분수'에 대한 정치적 결론은 종법제, 등급제, 군주제의 실행이었다.

04

이상 정치 모델:

종법宗法, 분봉分封, 정전井田

　리학 사상가들은 삼대 시절엔 성왕이 재위하며 군주와 도가 합일되고, 강상이 유행했으며, 예법 제도가 완벽한 이상 정치의 모범이었다고 생각했다. 그 가운데 서주의 종법, 분봉, 정전 등 제도는 완전무결하여 이상적 정치 제도의 모델이었다. 그들은 성인의 도와 선왕의 도를 논증하고 칭송하는 과정에서 종법, 분봉, 정전의 정치적 가치를 충분히 긍정하고 있을 뿐만 아니라 시대 폐단을 교정하고, 개량을 도모하고, 구세의 방안을 찾는 과정에서 선왕들에게 도움을 청하면서 현실 속에서 종법, 분봉, 정전과 같은 정치 모델을 다시 세우려고 노력했다. 그중 장재 등의 사상과 행위가 가장 전형적이었다.

　장재는 종법 통치의 강화와 왕권의 공고화를 주장한다. 그는 세 가지 방면에서 종법 제도의 필요성과 합리성을 논증했다. 첫째, "천하의 인심을 관할 통섭하여 종족宗族을 거두고 풍속을 두터이 하여 사람들로 하여금 근본을 잊지 않도록 하며 반드시 족보와 세족을 분명히 하고 종자宗子의 법을 세워야 한다."[123] 그는 혈연과 종친의 관념이 묽어지는 것이야말로 세상 풍조가 날로 하락하고 인심이 유리되는 근본 이유라고 생각했다.

"종법이 서지 않으면 사람들은 어떤 계통에서 오는 것인지 모른다."[124] "100년을 이어가는 집안도 없고 골육의 혈통도 없다면 지친이라도 은택이 엷을 수밖에 없다."[125] 종자를 세우고,[126] 보첩을 밝히고, 종사從祀를 설치하면 풍속을 바꾸고, 윤상 관념을 강화하고, 민풍을 순후하게 만들어 인심을 복고적으로 만들어갈 수 있다. 장재를 포함한 리학 사상가들은 대부분 지방관을 역임한 적이 있다. 그들은 임기 내에 종법에 대한 정치적 조치를 창도했다. 말뿐만 아니라 실행하기도 했다. 둘째, "종자의 법이 서지 않으면 조정에 세신世臣이 없게 된다". "그러면 집안도 보존할 수 없을 텐데 어떻게 사직을 보전한단 말인가!"[127] 장재는 당시 공경의 대다수가 "빈천한 무리 가운데 일어섰는데" "종법이 서지 않은 상태로 죽으면 이내 가족이 흩어지고 집안은 전해지지 못할 것"[128]이라고 심히 걱정했다. 이 때문에 종법을 강화함으로써 군주 제도를 위한 견실한 사회 기초를 다져야 할 것이라고 주장했다. "종법이 수립되면 사람마다 어디서 왔는지를 알게 되어 조정에 큰 이익이 있을 것이다."[129] "공경은 각자 제 집안을 보존하게 되는데 어찌하여 충의가 서지 않겠는가? 충의가 서면 조정의 근본이 어찌 단단해지지 않겠는가?"[130] 셋째, "'천자는 나라를 세우고 제후는 종실을 세운다' 함은 또한 천리다".[131] 장재는 "천자는 나라를 세우고, 제후는 집안을 세우고, 경은 측실을 두고, 대부는 이종貳宗[132]이 있고, 사士는 자제를 부린다"[133]는 전통 양식에 근거하여 종법 분봉 제도의 전면적 회복을 주장했다. 이러한 사회정치 구조 속에서 가家와 국國은 같은 구조이고 군주와 부모는 합일된다. "큰 군주는 우리 부모의 종자宗子이고, 큰 신하는 종자의 가상家相[134]이다."[135] 종법 관념은 군주, 신하, 인민을 묶는 굳건한 유대가 된다.

종법 제도는 군주 정치의 사회적 기초 가운데 하나다. 종법 관념은 군주 전제를 유지하는 사회심리적 기초 가운데 하나다. 장재는 사회 구조,

도덕관념, 정치 문화, 권력 기초 등 여러 방면에서 종법 제도의 정치적 의미를 전면적으로 기술했다. 이 사유에 근거해서 설계된 정치 체제는 필경 분봉제의 실행을 제창하게 된다.

리학 사상가들이 분봉제 실행을 주장한 것은 현실을 겨냥한 것이었다. 이를테면 장재는 천하를 다스리는 것은 '간簡' 즉 간결함과 '정精' 즉 정밀함 두 글자에 달려 있으며 분봉제는 이 목표를 실현하는 유효한 수단이라고 생각했다. "반드시 봉건封建을 해야 하는 까닭은 천하의 일이 나눔이 간결하면 다스림이 정밀하고, 간결하지 않으면 정밀해지지 않기 때문이다. 그래서 성인은 반드시 천하를 사람들에게 나누어주는데 그러면 다스려지지 않는 일이 없다."[136] 이것은 확실히 고도로 중앙 집권되어 번잡하고 혼란스러워진 북송 정치의 폐단을 겨냥해 한 말이다. 또한 호굉胡宏은 왕권을 방어하는 봉건의 작용을 집중적으로 강조했다. 호굉은 남송이 조그만 영토에 안주함으로써 변경의 환난이 빈번하다고 생각하여 이를 구원할 방법을 찾았다. 그는 주나라 초 분봉의 정치적 역할을 회상해냈다. "후국侯國들을 만듦으로써 왕기王畿를 다스릴 수 있다. 왕기가 안정되고 강해지면 만국이 친근하게 다가올 것이므로 중화를 호위하고 사이四夷를 막을 수 있다."[137] 많은 제후를 세우고 "높은 성과 깊은 해자가 천하에 미치면 사이가 아무리 호랑이나 승냥이처럼 탐욕스럽더라도 어떻게 제멋대로 뜻을 얻겠는가? 이는 선왕이 만세를 위해 고민한 것이며 사이를 막는 상책이다."[138] 사상가들의 구체적인 착안점은 좀 달랐다. 하지만 목표는 서로 비슷했는데 봉건 제후를 수단으로 삼아 천하에 대한 왕권의 효과적인 통제를 공고히 하는 것이었다.

정치 체제 문제에서 주희의 관점은 비교적 실질적이다. 그는 한편으로 원칙상 "봉건과 정전이 성왕의 제도이고 공천하公天下의 법"[139]임을 긍정하면서 진시황이 군현제를 실행한 것은 '무도'하다고 공격한다. 다른 한편으로 "봉건은 성인의 의지가 아니라 세勢 때문이었다"는 유종원柳宗元의 견해를 긍정하기도 한다. 그러면서 군현제는 '리세理勢' 즉 리의 기세가 그러한 것으로 "진나라 법은 모두 군주를 높이고 신하를 낮추는 일이므로 후세에 바뀔 수 없었으니"[140] "봉건은 사실상 실행할 수 없는 것"임을 인정했다. 그는 분봉과 군현의 이익과 폐단을 객관적으로 평가했는데 '봉건'의 장점은 "근본이 비교적 굳건해져서 국가가 의지할 수 있으며"[141] "군주와 백성 사이의 정이 서로 친밀해져 장기적인 안정을 이뤄 우환이 없을 수 있고"[142] "천하를 개인의 사적인 것으로 여기지 않고 친척과 현인에게 나누어주어 같이 다스린다"[143]고 생각했다. '봉건'의 폐단은 "적절한 사람이 아닌데 봉건을 하고 그들이 대대로 승계를 한다면 그를 떠나게 만들수 없다는 데"[144] 있다면서 한나라와 위魏나라 이래 여러 왕에 대한 분봉이 이치吏治의 부패와 치고받는 혼란을 야기했다고 크게 비판했다. 주희는 군현 제도의 단점이 지방 고위관리가 "한두 해마다 번번이 바뀌니 아무리 현자라 한들 선정을 이뤄낼 수가 없다"[145]는 데 있다고 했다. 그래서 "군주와 백성이 친하지 못하다". 그런데 이것이 바로 군현 제도의 장점이기도 하다. "군현에 적절한 사람이 배치되지 못했더라도 2~3년만 참으면 임기가 끝나 떠나게 되고 홀연 좋은 사람으로 바뀔지 정해진 것이 없다."[146] 주희가 보기에 "대저 모든 입법에는 반드시 폐단이 있다. 폐단이 없는 법이란 있을 수 없다. 핵심은 사람을 얻느냐에 달려 있을 뿐이다."[147] "봉건이 물론 장기적인 안정을 보장해줄 수는 없으며 군현이 눈 깜짝할 사이에 사라지는 것도 아니다. 그 이해득실을 계산해보면 처음부터 여기에 매달리지 않았다."[148] 정치의 성패는 정책에 달려 있는 것이지 제도에 달려 있는 것이 아니다. 사람에게 달려 있지 법에 달려 있지 않다. "만약 진나라가 형벌을 관대하게 하고 세금을 가볍게 매기고 백성에게 휴식을 주면서 군현으로 다스렸다면 삼대의 정치와 비교해도 되었을 것이다."[149] "후세의 봉건은 고대의 봉건과 같을 수 없기 때문에 그 이해득실이 군현과 다름이 없다."150 이러한 인식에 기초해서 주희는 '봉건'을 군현 사이에 섞어 세울 것을 주장했다. "반드시 봉건을 실시한 다음에 잘 다스려지는 것은 아니다. 그러나 정치 체제를 논하자면 반드시 그렇게 한 뒤에야 진심으로 공천하라 할 수 있다. (…) 제멋대로 법을 폐기하거나 강대하게 법을 비난하는 것이 걱정된다면 군현 사이에 섞어 세워서 방백方伯으로 하여금 장수들과 더불어 거느리도록 하면 된다. 윗사람을 공경하고 아랫사람을 동정하는지 잘 살피고 예의에 어긋나고 법을 안 지키는 사람에게 훌륭한 양보의 모범을 실천토록 하면 어떻게 폐단이 만들어지겠는가."151 주희는 봉건과 군현에 관한 역대 논의들을 종합하여 한쪽에 치우치지 않고 집권과 분권, 공과 사의 모순을 적절하게 해결해줄 수 있는 정치 체제를 애써 찾으려 했다. 그의 구상은 실현될 수 없었다. 하지만 그의 사상은 후세의 봉건설, 군현설, 방진方鎭설, 군현에 봉건을 붙이자는 설 등에 사상적 재료를 제공해주었다.

리학 사상가들은 보편적으로 정전제야말로 이상적 경제 제도이며 겸병이 심하고 민생이 질곡에 빠진 송대 문제를 해결할 이상적인 방안이라고 생각했다. 장재는 말한다. "천하를 다스리는 정전을 따르지 않으면 끝내 공평해지지 않을 것이다. 주나라의 도는 균평일 따름이었다."152 정호는 백성을 다스리려면 "반드시 항산恒産하도록 만들어 민생을 두텁게 해줘야 한다. 그러면 경계가 바르지 않을 수 없고 정전이 고르지 않을 수 없다. 이것이 정치의 큰 근본이다"153라고 말했다. 호굉은 이렇게 생각했다. "균전은 정치의 근본이다." "정전은 성인이 토지를 고르게 나누는 핵심 제도다."154 주희도 정전이 성인의 제도임을 인정했다. "공천하의 법이 어떻게 감히 그렇지 않게 하겠는가."155 그들은 여러 방면에서 정전제의 정치적 가치를 논의했다. 첫째, 정전은 중요한 치민의 기술이다. 봉건, 정전, 형정刑政 셋은 상호 표리를 이룬다. "정전을 하면서 봉건을 하지 않으면 양육은 하면서 가르치지 못하는 것과 같다. 봉건을 하면서 정전을 하지 않으면 가르치면서 양육하지 못하는 것과 같다. 봉건과 정전을 실시하면서 육형肉刑을 실시하지 않는 것은 가르치고 양육하면서 부리지 못하는 것과 같다."156 그들은 "인정仁政은 반드시 경계에서 시작된다"는 선유들의 말을 인용했으며 정전제를 '양민養民의 기술'로 보았다. 둘째, 정전제는 등급 질서를 공고히 하는 데 유리하다. "정전법이 행해진 뒤 지혜로운 사람과 어리석은 사람을 가릴 수 있고, 학교에 남아도는 선비가 없고 들에 남아도는 농부가 없다. 인재들은 각자 제 위치를 찾으며 놀고먹는 사람이 드물어진다."157 군주, 경, 대부, 사, 농, 공상이 엄격하여 획일적인 정치 질서를 만들어가는 데 유리하다. 셋째, 정전제는 사회 치안에 유리하다. "사람 모두가 땅을 받고 대대로 이를 지켜 교역에 의한 침탈이 없다면 토지 쟁탈 때문에 일어나는 소송 사건이 없을 것이다."158 서민들이 토지에 고착되어 제 분수를 지키며 살면 "형벌이 줄어들고 백성은 편안할 것이니 예악이 갖춰지고 화기和氣가 그에 응할 것이다."159 한마디로 정전제는 국태민안을 실현할 근본적인 대계라는 말이다.

송대에는 토지겸병이 매우 엄중했으며 빈부 차이는 아주 크게 드러났다. 민란과 병변이 끊이지 않자 사상가와 정치가들은 보편적으로 '균전均田'과 '평토平土'를 통해 사회 모순을 완화하고 대송 강산을 튼튼히 해야 한다고 주장했다. 당시 정전제의 회복을 주장한 사람이 상당히 많아 하나의 사조를 형성했다. 리학 사상가들의 주장이 그 대표적인 예다. 그러나 정전제의 실행 가능성에 대한 사상가들의 견해는 일치하지 않았다.

장재는 시세로 볼 때 정전제가 반드시 실행될 것이라고 생각했다. 그래서 위로부터 아래로 이어지는 강제적 추진을 주장했다. 장재는 말하는 사람이면서 실행하는 사람이었다. 그는 한편으로 황제에게 상소문을 올려 정전제 실행을 청했고, 다른 한편으로 자제들을 거느리고 고향에서 친히 시행했다. 장재 또한 "부유한 농민의 땅을 빼앗는 것"이 얼마나 어려운 일인지 알고 있었다. 다만 그는 군주가 "어진 마음이 있고" 재상이 과감하며 실행 기술만 갖고 있으면 "정전은 지극히 쉽게 실행할 수 있으며 조정이 한번 명령을 내리기만 하면 한 사람도 불기를 맞지 않고 확정할 수 있다"[160]고 생각했다. 구체적인 방법으로는 토지를 거둬들이고 전답을 나눠주는 명령을 내림과 동시에 "토지가 많았던 사람들이 처음의 부를 잃지 않도록 해준다".[161] 이를테면 대신 가운데 1000경頃의 땅을 가진 사람에게 "사방 50리의 국에 봉하고" "기타 땅의 많고 적음에 따라 관료 한 사람을 주어 조세를 거두도록 하고"[162] "전관田官으로 삼아서 그 지역 백성을 관장하도록 한다".[163] 그는 봉건과 정전을 한꺼번에 고려하면서 점진적으로 추진할 것을 주장한다. "정전은 끝내 봉건에 귀속되면서 확정된다. 봉건은 반드시 큰 공덕이 있는 사람에게 해야 하고 그런 뒤에야 봉건을 할 수 있다. 아직 봉건이 이루어지기 전 천하의 정읍井邑은 어떻게 다스릴 것인가? 반드시 전대부田大夫를 세워서 다스리도록 한다. 지금 이미 봉건을 의론할 수 없는 정도라면 수령으로 하여금 종신하도록 할 수밖에 없는데 그 또한 가능하다."[164]

주희는 비관론자였다. 그는 정전이 최고의 이상이긴 하지만 추진하기가 아주 어려운 일임을 긍정한다. 일찍이 북송 때 그로부터 물러나서 차선책을 구하는 사람이 있었다. 이를테면 소식은 한전限田법[165]을 제창했다. 주희 또한 한때는 한전과 균부均賦를 힘써 주장했으나 한전 또한 실행하기 어려운 일이었다. 그리하여 주희는 한 걸음 더 후퇴하여 "오늘날 풍속을 따르자는" 논의를 제기한 사람이 되었다. 그는 말한다. "[정전을 회복하는] 일은 그 어떤 경우라도 감히 깊이 고려해본 적이 없다. 오늘날은 그저 노역일 뿐으로 시행하기 어려운 이유가 수만 가지다. 말은 못 해도 다른 사람의 땅을 빼앗겠다는 것인데 다른 사람들이 어떻게 긍정하겠는 가!"[166] "[한전법을] 시행하고자 한다면 반드시 정전을 실행해야 할 것이 다. 실행할 수 없다면 차라리 오늘날의 풍속을 따라야 한다. 반드시 한전 법을 지키려고만 한다면 이는 우스운 논의가 될 것이다!"[167] 정전이나 한 전은 "오늘날 손을 대기가 매우 어려운 일일 것이다. 설령 강제로 실행하 고자 해도 뜻밖의 다른 폐단들이 생겨날 수 있다. 거꾸로 그전만 못하다 면 수습하기조차 어려울 것이다".[168] 토지겸병은 봉건사회의 고질병으로 구할 약이 없다. '봉건'은 실행이 어렵고 정전은 회복이 어렵다. 리학 사상 가들의 이상적 정치 양식은 일찍부터 그 존재 근거를 잃고 있었다.

리학 사상가들이 '봉건'과 정전을 주장한 것은 공맹의 도에 대한 집착 때문이기도 하고 현실에 대한 비판에서 온 것이기도 하다. 그들은 "[봉건 이 실행되지 않고 정전이 회복되지 못하여] 후세에 산업이 일어나지 못하 고 힘이 제대로 사용되지 못하게 되었다. 오히려 반대로 천자는 오직 이 익만을 소중히 여기고 공실은 공실대로 민간은 민간대로 따로 놀아 서로 를 위해 아무것도 도모하지 못하고 있었다"[169]고 한다. 이것이야말로 송 대 정치가 간결하지도 정밀하지도 못하고 사회는 불평등해진 중요한 원인 이다. 그래서 옛 제도를 모방하여 일을 나누고, 이익을 나누고, 균전을 실 시하여 통치 관계를 조정하고 만민을 수호하고 군주 한 사람만을 섬기는 정치 구조를 시도한 것이다. 그들의 시야가 과거의 정치 양식에 국한되었 기 때문에 출구를 찾을 수가 없었다. 그러나 그들이 극력 제창했던 종법 제도와 종법 관념은 송대 및 후세의 사회 구조와 사회의식에 중대한 영 향을 미쳤다.

리학은 윤리를 천리로 상승시키고, 종법을 우주 정신이라 말함으로써 종법 관념의 침투력과 감화력을 강화했다. 수당 이래 종실 세력이 날로 쇠약해졌으나 송대 이후 "저명한 종가는 반드시 족보를 가졌으며" 종실

사당이 성행했다. 종족 권한이 왕성해지고 여러 세대가 한집에 사는 대가족의 수가 당대보다 크게 늘었다. 족보, 종친, 향약鄕約이 대량으로 출현했다. 종실 사당을 세우고 종족의 전답을 두는 풍속이 쇠하지 않고 유행했다. 이런 현상은 리학의 탄생 및 전파와 직접적 관계가 있다. 리학의 성행은 송 이후 중국 사회가 앞으로 나아가지 못하고 장기 지체하게 된 중요한 원인이었다.

제3절

인성론人性論:
존천리存天理, 멸인욕滅人欲

인성론은 유가 정치 학설과 도덕 학설의 기초 이론 가운데 하나이며 리학의 중요한 이론적 지주이기도 하다. 리학 사상가들은 선대 유학의 인성론을 종합하고 개조한 일종의 새로운 인성론으로 인성의 구조, 출처, 성질 및 변천을 전면적으로 재해석했다. 이들 인성론은 천명天命의 성과 기질氣質의 성의 구분을 통해 선과 악, 자연 인성과 윤리 인성, 천명과 기품氣稟, 선천先天과 습염習染을 해석하고, 그로써 '궁리진성窮理盡性' 즉 리와 성에 대한 끝없는 탐구를 인성 개조의 주요 방법으로 삼았다. 성선론을 으뜸의 근본으로 여기면서도 어느 정도는 선대 유학자들의 성선설, 성악설, 유선유악有善有惡설, 성선정악性善情惡설, 간단한 성품 구분 등이 갖는 이론상의 치우침을 약화시켰다. 새로운 인성론은 유가 정치 철학으로 하여금 더욱 풍부한 사변적 색채를 띠게 했다.

01

천명지성天命之性:
모든 사람이 동등한 도덕 속성

무엇이 성이고 무엇이 인성인가? 리학 사상가들은 성이 곧 도이고 도가 곧 성이라고 생각했다. 성은 형이상의 것이고 우주의 본체이며 사람의 심성이기도 하고 윤리 도덕이기도 하다.

주돈이는 '성誠'의 본성은 태극에 기원한다고 생각했다. 태극에 내포된 도덕 속성이라는 것이다. 장재는 성은 천, 도와 마찬가지로 태허가 기화하여 생긴 다른 이름이라고 생각했다. "성이란 만물의 근원이다." "성과 천도는 합일된다."[170] 장재는 "인의예지는 사람의 도인데 성性이라고도 부른다"[171]고 했다. 정이는 이렇게 말한다. "성이 바로 리다." "심이 곧 성이다. (…) 사실 하나의 도일 따름이다."[172] 주희는 말한다. "도가 곧 성이고 성이 곧 도다. 당연히 하나의 물物일 뿐이다."[173] 이렇게도 말했다. "태극이 바로 성이고, 동정動靜과 음양이 심心이고, 금목수화토가 인의예지신이니 만물이 변화하여 생겨난 것이 만사다."[174] 장식張栻은 '동체이취同體異取' 즉 본체는 같으나 취한 바가 다르다는 명제를 제기했다. "리의 자연을 천명이라부르고 사람에게 있으면 성性이 되고 성을 주재하는 것이 심이다. 천, 성, 심은 취한 바가 다르지만 본체는 같다."[175] 이는 성의 본체적 속성을 긍정한 것이다. 결국 천의 도는 곧 사람의 도이며, 천의 성은 곧 사람의 성이다. 사람의 도는 천의 도이기도 하고, 사람의 성은 천의 성이기도 하다. 그래서 '천명의 성' 혹은 '천지의 성' '본연의 성' '본원本元의 성' '의리義理의 성'이라고도 부른다. 천도는 영원히 존재하며 인성은 언제나 그렇게 있다. 이 성은 선천적이며 천리가 구현된 것이므로 천리이기도 하다.

성과 도가 동체이취라 함은 이론이나 기능상 미묘한 차이가 있다. 주희의 견해를 예로 들어보자. 범위를 두고 말하자면 "도는 일반적인 말이지만 성은 자신의 몸으로 가서 말하는 것이다."[176] 가리키는 대상을 두고 말하자면 "도는 만물의 리에 존재하지만 성은 자기의 리에 존재한다."[177] "성을 이끄는 것을 도라고 일컬음"을 두고 말하자면 "성과 도는 상대적인데 성이 체體라면 도는 용用이다."[178] "성은 하나의 혼돈의 사물이고 도는 지맥支脈이다. 이와 같은 사물이라면 이와 같은 도가 있는 것이다."[179] 예컨대 소에게는 소의 도가 있고, 사람에게는 사람의 도가 있다. 결론적으로 말하자면 "사물의 리는 나의 이 리 가운데 있는 것이며 도의 뼈대가 바로 성이다."[180] "리는 사람의 마음에 있는데 이를 가리켜 성이라 한다."[181] 도와 성은 등가적이지만 구체적인 운용의 측면에서 '성'은 주체적인 심성 범주에 치중해서 사용된다.

리학 사상가들은 리, 심, 성, 명을 '동체이취'의 관계로 본다. 이는 논리적으로 우주론과 도덕론, 천명론과 천리론을 한데 통일시킨 것이다. "리는 성이고 명이다. 삼자는 달리 존재한 적이 없다."[182] "하늘에 있으면 명이고, 도의에 있으면 리이고, 사람에게 있으면 성이고 몸을 주재하면 심이다."[183] "천하의 리는 원래의 그 출발점이 선하지 않은 경우는 없다."[184] 그래서 "성으로부터 행하면 모두 선하다. 성인은 이 선에 기인한 일에 인의예지신이란 이름을 붙였다."[185] 성이 바로 천리이고 오상이다. 주희는 "성이 곧 천리"이며 "선이 아닌 경우는 없다"[186]고 말한다. 육구연은 말한다.

"사람에게는 모두 이 심이 있다. 심은 모두 이 리를 갖고 있으니 심이 곧 리다."[187] 사람의 '본심'이 바로 인의예지이고 이것이 지선至善이라고 한다. 리학 사상가들은 이 지선의 성을 '천명의 성' '본연의 성' '의리의 성'이라고 부른다.

리학자들은 천명지성의 이론적 가치를 제기한다. 성과 명의 관점에서 윤리 규정의 절대성을 한 걸음 더 나아가 강조한 것이다. 이는 '궁리진성지명窮理盡性至命' 즉 리와 성에 대한 끝없는 탐구로 천명에 이르게 됨을 복선으로 깔고 있다. 종법과 도덕은 천리의 재현이다. 리는 인류와 만물에서 멀리 떨어져 있지 않으며 인성과 물성으로 귀결한다. 인류를 두고 말하면 "큰 것으로는 군신 관계와 부자 관계, 작은 것으로는 사물의 미세한 부분까지 그 당연한 리가 본성의 분화 범위 안에 갖춰지지 않는 것은 하나도 없다."[188] 사람의 탄생은 곧 천리의 명을 받은 것이다. 인생은 그 시작부터 윤리의 규범 아래 놓이게 된다. 도덕 권위는 우주 만물을 주재하며 인류는 윤리 도덕으로 짜인 거대한 그물을 벗어날 수 없다. 이 때문에 '궁리진성지명'은 사람의 사람됨의 기초이자 인생의 목적이다.

인성은 탄생과 더불어 온다. "천지의 성 가운데 사람이 가장 귀하다."[189] 사람이 귀한 까닭은 사람은 태어나면서부터 윤리 도덕을 품부받기 때문이다. 이는 유가 학설 고유의 명제다. 이 사상의 내재적 논리는 유가 후학들에 의해 계승되고 발전되어 줄곧 예치禮治와 인정仁政의 기초 이론이 되었다. 성을 본체의 '리'에 귀속시키고 만물이 모두 그렇다고 여기며 피차다 같이 선천적으로 품부받았다는 리학 사상가들의 천지지성, 천명지성, 의리지성은 바로 이 사유의 확장이자 승화다.

기질지성氣質之性:
인간의 종류에 차이가 생기는 근본 이유

기왕 천명과 의리의 성이 지극히 선하고 악이 없으며 "태어나면서부터 고유한 것이라면" 인간과 만물은 같은 본성을 지녀야 한다. 그런데 왜 동일한 본성이 복잡한 세계를 만들어내게 되었는가? 왜 만물은 모두 다 선하고 아름답지 않은가? 사람에게 현명함과 어리석음, 선과 악이 공존하는가? 이는 유가가 스스로 풀어가야 할 이론적 난제 가운데 하나다.

"본성은 서로 가까우나 습염 때문에 서로 멀어지고" "가장 지혜로운 사람과 가장 어리석은 사람만은 서로 옮겨지지 않는다"는 공자의 말은 대체로 유가 인성론의 기본적인 사유를 규정했다. 즉 본성은 같으나 습염 때문에 멀어지고 도덕에는 품급이 있다는 논리다. 맹자는 성선을 이야기하고 순자는 성악을 강조했다. 모두 인간이 선천적으로 다 같이 품부받았다는 데 착안하여 후천적인 교화와 수양을 통해 인간들로 하여금 본성을 회복하거나 본성을 교정케 함으로써 최종적으로 "사람 모두를 요순처럼 되게" 만들려고 노력했다. 맹자와 순자의 인성론은 각기 치우침이 있는데 주자는 이렇게 말한 바 있다. 맹자는 성선을 이야기하면서 인성 가운데 인의예지 '사단'이 잠재되어 있다고 말하는데 악이 어디로부터 오는 것인지 "일일이 설명하는 데 많은 시간을 허비했다". 순자의 성악설에 이르면 "그저 나쁜 사람의 본성만 보았을 뿐" "선이 어디로부터 오는 것인지" 대답하지 못했다.[190] 한당 유학자들은 이 이론적 난제를 해결하기 위하여 성품설性品說과 성정유별설性情有別說을 제기했다. 이를테면 동중서의 성삼품론性三品論과 양웅의 선악혼론善惡混論이 그렇다. 그들은 품부의 차별, 성품의 구분, 선천적 본성과 후천적 정욕이라는 관점에서 선과 악의 모순을 해결하려고 노력했다. 공영달은 이 두 가지 사유를 초보적인 수준에서 종합했다. 한유와 이고는 선배 유학자들의 사상을 집대성하여 성품설과 성정유별설을 하나로 합쳐 유가 인성론을 한 걸음 더 전진시켰다. 그러나 그들은 도덕의 입장에서만 논의를 전개하고 도덕적 선악에만 귀착되어 전체적으로 본연의 성이나 인성을 논증할 수 없었다. 리학자들은 기질의 성과 천명의 성을 서로 대응시킴으로써 이 난제를 해결했다.

성은 리理와 기氣의 품부를 받아 생겨나며 천명의 성(혹은 천지의 성)과 기질의 성으로 구분된다는 주장을 가장 먼저 제기한 사람은 장재다. 이 성론은 이정과 주희 등의 가공을 한 단계 거쳐 유학 내부에서 인성론의 주류가 되었다. 리학 사상가들은 천명의 성과 기질의 성에 근거하여 사람과 동물의 다른 점, 사람과 사람 사이에 차이가 나는 근본 이유를 설명했다. 이는 리욕理欲, 공리公利, 의리義利 논쟁에 이론적 기초를 제공했다. 나아가 존리멸욕存理滅欲 즉 리를 보존하고 욕망을 없애는 수양 방법 및 등급 제도, 군주 제도, 예치와 인정 등을 위한 중요한 이론적 근거가 되었다.

장재는 천하 만물의 본성은 동일하다고 생각했다. "성은 만물의 하나의 근원이다." "하늘의 성이 사람에게 있는 것은 마치 물의 성이 얼음에 있는 것처럼 엉김과 풀림은 다르지만 물질은 한가지다."[191] 그렇지만 본성의 동일함만 본다면 아직 "본성을 명확히 하는 데"는 부족하다. 그래서 장재는 성 하나를 둘로 나누어 천지의 성과 기질의 성이란 명제를 제기했다. 소위 천지의 성은 태허의 본질로 도와 상통하고 영원히 존재하는 것으로 만물의 성이다. 소위 기질의 성은 천하 만물 각자의 구체적인 속성으로 여러 형체의 특징, 생리적 특징과 욕망 등을 말한다. 선천적으로 품부받은 기에 많고 적음, 맑고 탁함, 두텁고 엷음 따위의 구별이 있기 때문에 만물의 기질지성은 천차만별이다. 이를테면 "사람의 강함과 부드러움, 느림과 급함, 재능이 있음과 없음 등은 기의 치우침 때문에 생긴다."[192] 천지의 덕은 지극히 선하고, 천지의 성은 지극히 선하며, 지극히 아름다운 성스러운 성性이다. 기질의 성은 품부받은 것에 차이가 있고 음식과 남녀 간 욕망을 포함하고 있기 때문에 선도 있고 악도 있다. "만물 가운데 이런 본성을 갖지 않는 경우는 없다."[193] 이는 자연의 본체와 품부받은 기질이란 관점에서 만물의 선천적 성의 같음과 다름을 논증했고 인간의 지혜와 어리석음, 선과 악, 형체의 상이함, 종류의 차이 등이 생겨나는 근본적인 이유를 밝혀주었다. 천지의 성과 기질의 성이 통일된다는 성론은 유가 전통의 성론이 갖고 있던 이론상의 모순을 줄여주었다.

이정은 장재의 주장을 계승하여 리와 기로 성을 논했다. "성을 논하면서 기를 논하지 않음은 갖추지 못함이다. 기를 논하면서 성을 논하지 않음은 명확하지 못하다. 둘로 보는 것은 옳지 못하다."[194] 천명의 성은 사람이 사람되는 바와 성인이 성인되는 바의 근거다. 기질의 성은 기의 운행을 거쳐서 형성되며 "생명을 받은 뒤에 성이라고 일컫는다". 하지만 양자는 갈라져 있을 수 없다. "기에는 맑고 탁함이 있는데 맑음을 품부받으면 현인이 되고 탁함을 품부받으면 어리석은 사람이 된다."[195] 품부받은 기에 차이가 있으므로 현우의 구분과 선악의 구별이 있다. 선악과 현우는 모두 나면서부터 함께하는 것이다.

주희는 장재와 이정의 성론을 숭상해 마지않았다. 그는 역사상 각종 성론은 모두 편파적이었는데 오직 장재와 이정의 두 성론이 성의 본원을 제대로 설파했다고 주장한다. 특히 기질에 대한 이야기는 "성문聖門에 지극히 큰 공을 세운 것으로 후학들에게 보탬이 되었으므로"[196] "장재와 이정의 주장이 서자 다른 학자들의 주장이 사라지게 되었다"[197]고 한다. 주희는 리기동원理氣同源론에서 출발하여 장재와 이정의 학설을 한 걸음 더 엄밀하게 발전시켰다. "천지의 성을 논함은 전적으로 리를 가리킨 말이다. 기질의 성을 논함은 리와 기를 섞어서 말한 것이다."[198] 그는 성을 두 개의 계열로 나누었다. 하나는 천의 리-성性-생生의 리理-천지(천명)의 성-지선至善의 성이다. 하나는 천의 기-형形-생生의 구具-기질의 성-선악의 성이다. 다시 말해 천리가 곧 성이며 사람과 만물의 생명이 리이다. 리는 만물에 지선의 성을 부여하는데 이런 성이 곧 천명의 성이다. 기는 리의 참여하에 사람과 만물의 형체를 만들어내 생명의 몸체가 되고 이로부터 부여받은 성을 기질의 성이라 부른다. 기질의 성은 '성인'이 아니라면 모두 선악 두 극단을 내포하고 있다. 그렇지 않으면 기질의 성은 절대로 순수하고 지선할 수 없다. 그런데 두 계열을 명확하게 가를 수는 없다. 이중으로 인성을 구성하고 있는데 하나라도 없으면 안 되기 때문이다. "성은 리일 뿐이나 천기와 지질이 없다면 이 리는 안착할 곳이 없다."[199] "천명이 기질을 부여함은 또한 서로 계승하는 것과 같은 이치다. 천명에 의해 재능이 있다면 바로 그런 기질이 있음이며 서로 떨어질 수 없다. 만약 그중 하나가 빠진다면 어떠한 살아 있는 물질도 있을 수 없다."[200] 천명과 기질은 생명 변화 과정의 필연이기도 하다. 사람은 천의 리를 품부받아 생명을 갖게 되고, 천의 기를 품부받아 형체를 갖게 된다. 생명이 있고 형체를 갖게 될 때 동시에 천명의 성과 기질의 성을 갖추게 되는 것이다.

천명지성이 성의 '만수일본萬殊一本' 즉 만 가지 갈래가 하나의 근본임을 증명하는 데 치중한 것이라고 한다면 기품지성氣稟之性은 만물의 성이 '일본만수一本萬殊' 즉 하나의 근본에서 만 가지 갈래가 생기는 것을 해석하는 데 취지가 있다. 만물이 하나의 본성이고 '민포물여民胞物與' 즉 모든 만물을 똑같이 사랑하는 우주에서 왜 또 차별을 이야기하고 등급을 말해야 하는 것인가? 리학 사상가들은 복잡한 세상의 천차만별은 태어나면서부터 생겨나며, 사람과 물질이 변화 생성되는 그 순간의 기품의 차이 때문에 만들어지는 것이라고 해석한다. 기질의 성은 사람과 타물의 차별을 결정할 뿐만 아니라 사람과 사람의 차별을 결정하기도 한다.

리학 사상가들은 인성人性과 물성物性이 같은 점도 있고 다른 점도 있다고 생각한다. 주희의 사상을 예로 들어보자. 그는 사람, 새와 짐승, 곤충, 초목 등은 모두 천리를 갖추고 있으나 사회적 속성이라는 관점에서 볼 때 인성과 물성은 필경 같을 수 없다고 주장한다. "사람과 타물의 생명은 모두 천지의 리를 본성으로 삼고 모두 천지의 기를 형체로 삼는다. 다른 점은 오직 사람만이 그 사이에서 형기形氣의 올바름을 얻어서 본성을 온전히 보전할 수 있는데 그 차이는 아주 적다. 아주 적다고 말하긴 하지만 사람과 타물이 구분되는 바는 사실 여기에 달려 있다."[201] 이른바 '전기성全其性' 즉 본성을 온전히 보전한다 함은 곧 인의예지를 갖추었다는 말이다. 사람은 "인의예지를 품부받아서" "인의예지의 순정"을 얻었지만 타물은 치우친 기만을 받았으므로 사단을 완전히 구비하지 못했다. 인성과 물성의 차이는 이렇게 판정된다. 주희는 동물에게도 인의예지의 본성이 있지만 다만 그것을 온전하게 얻지 못했다고 생각했다. 이를테면 벌과 개미도 '군신의 의'가 있고 호랑이나 승냥이도 '부자의 친'이 있지만 애석하게도 치우쳐서 온전하지 못하므로 사람과 나란히 거론할 수가 없다. 사람은 본래부터 심중에 사단과 오상을 갖추고 있다. 그래서 "사람이 금수와 다른 점은 부자유친, 군신유의, 부부유별, 장유유서, 붕우유신 한다는 것이다."[202] 윤리 도덕의 구비는 사람다움의 근거다. 인의예지를 위배하면 "사람이란 이름으로 불리지만 실상은 금수와 다를 바가 없다."[203]

"인의예지는 인성의 기둥이다."[204] 윤리 도덕은 사람과 금수의 분수령으로 공자, 맹자, 순자 이래 유가 인생 가치론의 기본 명제다. 다음과 같은 점은 선대 유학자들과 달랐다. 리학 사상가들은 윤리를 천리로 상승시키고 다시 거꾸로 만물에까지 일반화했다. 우주 만물이 모두 도덕 속성을 내포하고 있으며 사람만이 "인의예지의 순정함" 자체이기 때문에 사람과 타물이 구별된다고 생각했다. 이러한 주장은 윤리와 도덕 가치의 절대성을 한 걸음 더 강화시켰다.

똑같은 논리에 근거하면 사람과 사람의 차이 또한 탄생과 더불어 오는 것이다. 유가는 언제나 사람이면 모두 요순이 될 수 있다고 말한다. 이는 인성이 동일하고 사람마다 평등하다는 의미를 상당히 고취시켜주었다. 하지만 그들은 필봉을 한 번 돌리면서 귀천의 차등이 불변의 진리이며 추호도 바뀔 수 없는 것이라고 강조하기도 했다. 리학 사상가들도 예외가 아니었다. 그들이 말하는 기질의 성이야말로 인류 사회의 등급 차별이 불변의 진리임을 논증하기 위해 설계한 것이었다.

리학 사상가들은 사람의 현명함과 어리석음, 장수와 요절, 선악, 귀천, 빈부 등이 모두 품부받은 기에 의해 예정된다고 생각했다. 이에 대해 주희는 매우 상세한 분석을 한 적이 있는데 대체로 세 가지 측면에서 이야기한다. 첫째는 인성의 선악이 품부받은 기의 속성에 따라 결정된다는 것이다. "사람의 성은 모두 선하다. 그런데 태어나면서부터 선한 존재도 있고 태어나면서부터 악한 존재도 있다. 이는 품부받은 기가 다르기 때문이다."[205] 이를테면 "일월이 청명하고 기후가 화창할 때 사람이 태어나 이 기를 품부받으면 청명하고 돈후한 기가 되어 반드시 좋은 사람이 된다. 만약 해와 달이 어둡고 추위와 더위가 정상을 벗어나 모든 천지가 사악한 기일 때 사람이 이 기를 품부받으면 좋지 않은 사람이 될 것이니 무엇을 의심하겠는가!"[206] "내 본성이 선한데 무슨 연고로 성현이 되지 못하는가를 생각하니 그건 품부받은 이 기가 해쳐서다."[207] 둘째는 품부받은 기의 편중이 사람의 성격 특징을 결정짓는다는 것이다. "인성이 같다지만 품부 받은 기의 편중이 없을 수 없다. 목기木氣를 과중하게 받으면 측은지심이 언제나 많아 수오지심, 사양지심, 시비지심은 막혀 발하지 못한다. 금기金 氣를 과중하게 얻으면 수오지심이 언제나 많아 측은지심, 사양지심, 시비 지심이 막혀 발하지 못한다. 수기水氣와 화기火氣도 마찬가지다. 오직 음양 이 합덕하고 오성五性이 모두 갖추어진 연후에야 중정中正하여 성인이 된 다."[208] 셋째는 사람의 현명함과 어리석음, 귀함과 천함, 장수와 요절 또한 품부받은 기에 의해 결정된다는 것이다. "정영精英의 기를 품부받으면 성 현이 되고 온전한 리와 올바른 리를 얻는다. 청명함을 품부받으면 호탕 하고, 돈후함을 품부받으면 온화하고, 청고淸高함을 품부받으면 고귀하고, 풍후豊厚함을 품부받으면 부유하고, 장구함을 품부받으면 장수하고, 쇠퇴 하고 얇고 탁함을 품부받으면 어리석고, 불초하고, 가난하고, 천하고, 요 절한다."[209] 결과적으로 사람의 출생 시각의 기후 상황, 일월과 별의 형상, 음양오행의 배치 등이 사람이 품부받는 조건을 구성하여 사람의 수많은 측면과 일생까지 영향을 미친다는 이야기다. 기품론氣稟論은 사실상 자연 명정론自然命定論 즉 운명의 자연결정론이다.

리학 사상가들은 모두 천명론의 신봉자들이다. 그런데 그들이 말하는 천명은 인격화한 천신天神의 명령과는 다르며 일종의 자연의 리다. "천이 란 리일 따름이다." "천이 명한 바"는 "어떤 사물이 위에 있어 안배하고 명 령하는"[210] 것이 아니라 "천도 어겨서는 안 되는" 도다. 천은 "도와 묵계를 맺으므로" "천을 뒤따르고 천을 받듦을 이처럼 리를 아는 것이라 말하고 받들어 실행하는 것이다."[211] 리는 "헤아려지지 않는 생물이며" "둘이 아닌 물질이며" 만물을 변화 생성한다. 흡사 명령이 실행되어 금지되는 것과 같 으므로 리는 바로 '명命'이고 '제帝'다. 이렇게 일체를 지배하는 리는 객관적인 규율이 아니라 특정 역사 내용을 갖춘 절대정신이다. 즉 '천의 명'으로서의 리는 실제로는 자연신이다. 천명이 자연의 리임을 증명하기 위하여 리학은 사물의 우연성을 강조하기도 한다. 예를 들어보자. "천에 뭉게뭉게 구름이 일어 세차게 비가 쏟아질 때 그 비는 한가지다. 그런데 강물에서 받으면 흐름이 도도하여 늘지도 줄지도 않는다. 산간 계곡에서 받으면 골물이 크게 불어난다. 봇도랑에서 받으면 아침에 찼다가 저녁이면 마른다. 늪가 구덩이나 옹기그릇이나 소라패각 등속이 받으면 한 됫박 물이거나 낙숫물에 불과할 것이다. 혹은 맑고 달콤하고, 혹은 더럽고 탁하며, 혹은 냄새나고 더럽다. 무엇이 받느냐에 따라 많고 적은 모양이 고르지 않다. 어찌 비 자체에 이런 구별이 있다고 하겠는가."[212] 리학은 이런 자연 현상을 사회로 보편화하면서 이런 결론을 내린다. "천이 명한 바는 하나인데 사람들이 어떻게 받느냐에 따라 고르지 않다. 이 또한 자연의 리이니 무엇을 의심하겠는가!"[213] 여기서 우연론은 명정론命定論 즉 운명결정론의 보충이다. 천명은 하나인데 우연의 원인으로 사람과 타물이 받은 명이 고르지 않다. 이러한 고르지 않음 또한 한번 정해지면 고칠 수 없는 것이다. 천명은 근본이고 주재다. 모든 것은 자연의 명으로 결정된다.

천명지성과 기질지성의 통일이라는 이중 인성론은 리학의 학설 체계에서 중요한 이론적 역할을 하며 정치적 가치를 지닌다.

첫째, 그것은 철학적으로 본성에 차등이 있음은 자연의 리임을 증명했다. 인간 세계엔 필연적으로 성인, 군자, 소인 등 여러 종류의 사람이 있다. 사람에게 지혜로움과 어리석음, 강약, 빈부, 귀천, 장수와 요절의 구분이 있는 것은 자연의 명으로 결정되며 태어나면서부터 그렇게 된다. 이렇게 인간 사회의 귀천 등급이 논리적 필연으로 이야기된다. 자연의 리와 등급 제도 앞에서 사람들은 그저 순순히 천명을 따를 뿐 천을 원망하거나 남을 탓해선 안 된다. 이런 이론을 받아들이는 사람은 반드시 봉건 종법 질서에 순응하는 백성이 된다.

둘째, 군주 제도의 필연성, 합리성, 절대성을 위해 이론적 거점을 찾아 냈다. 기왕 절대다수의 사람들이 품부받은 기질에 따라 자질과 덕성 방면에 결함을 갖고 있다면 일단 "그 사이에서 총명하고 예지가 있어 본성을 다할 수 있는 사람이면 천이 반드시 그에게 명을 내려 억조창생의 군사君師로 삼아 다스리고 교화함으로써 본성을 회복하게 만들 것이다. 이것이 복희, 신농, 황제, 요, 순이 천을 이어받아 황극을 세우고 사도司徒의 직과 전악典樂의 관을 설치하게 된 까닭이다."[214] 제왕이 천하를 주재하는 것은 천이 최고의 천품을 부여해 지극히 밝고 지혜롭고 완전무결하게 만들었으므로 군주가 되고 스승이 되어 백성을 교화할 수 있는 것이다. 군주 전제 제도는 자연의 리이며 군권은 천리에 대한 장악으로부터 생겨난다. 군주는 성현이며, 성현은 당연히 뭇 백성 위에 군림한다. 이것이 바로 인성론의 관점에서 봉건 정치 질서의 기본 구조와 기본 규범을 긍정한 것이다.

03

리욕理欲의 변별과 종법 윤리에 따른 정치 인격

리학의 정치 도덕 학설을 한마디로 개괄하면 '존천리存天理, 멸인욕滅人欲' 즉 천리를 보존하고 인욕을 없애는 것이다. 이론 구조로 볼 때 천명지성과 기질지성의 이중 성론이 리욕理欲 즉 천리와 인욕을 변별하는 이론 기초다. 리와 욕의 변별은 리, 성 문제의 귀결점이며 나아가 다른 도덕이나 정치 명제의 이론적 기초가 되기도 한다.

리학은 천명의 성은 순수한 천리라고 생각한다. 비록 사람의 형체에 깃들어 있지만 형체에 의존하지 않고 독립적으로 존재하며 사람과 타물에 공통적으로 있는 사회적 본성과 도덕적 양지良知가 그것이다. 기질의 성은 특수성이 있으며 품부받은 기에 의해 결정되고 사람과 타물의 자연 본성을 내포하고 있으며 정情과 욕欲의 근원이다. 기질지성 가운데 불순한 성분은 천명의 성을 가리거나 방해할 수 있다. 기질의 성을 변화시킨다 함은 그 악한 성분을 없애고 천명의 성을 복구하거나 실현시키는 데 도움을 준다는 이야기다. 주희는 말한다. "사람의 마음은 허정虛靜하고 자연스럽고 청명한데 재주가 물욕에 가려서 다시 어두워지는 것이다."[215] 천명지성과 기질지성의 모순은 천리와 정욕의 충돌로 집중 표현되었다. 도덕과 양지를 회복하는 유일한 길은 일체의 정욕과 사리私利를 없애는 것이다. 욕망을 제거하고 리를 회복하려면 우선 리와 욕을 변별해내야 한다. 이 때문에 리욕의 변별 및 그와 관련된 의리義利, 공사公私의 변별이야말로 리학에서 특히 힘을 쏟은 이론적 과제였다.

리와 욕망, 의와 이익의 변별은 원류를 따지면 선진 시기에 벌써 있었다. 공자와 맹자는 윤리 도덕을 척도로 삼아 의와 이익을 분별하고 의를 중시하고 이익을 경시했다. 공자는 "군자는 의에 밝고 소인은 이익에 밝다"[216]고 말하고 맹자는 "하필 이익을 말하는가. 인의가 있을 따름이다"[217]라고 말한다. 공자와 맹자의 사상은 줄곧 유가 의리관義利觀의 정통이자 주류였다. 노자와 장자는 "무욕함으로써 고요함"을 숭상했다. 심지어 "죄는 욕심을 내는 것보다 큰 것이 없다"[218]고 생각했다. 욕망이 만악의 근원이라는 이 사상은 후세에 리와 욕망을 변별하는 데 깊은 영향을 끼쳤다. 천리와 인욕이 윤리의 상대적 범주로 처음 등장한 곳은 『예기』 「악기樂記」 편이다. "사람이 태어나면 고요한 것이 천의 본성이다. 외물에 감응하여 움직이는 것이 성의 욕欲이다."[219] "인욕을 끝까지 추구하면" "천리를 파멸시킨다." 여기서 본성은 천리이며 물욕은 인욕이다. 욕망을 조절하지 못하면 리를 파멸시킨다. 성은 고요하나 정이 움직이고, 욕망을 파면 리를 파멸시킨다는 후대 유학자들의 논의는 대체로 이 사유의 연장선상에 있다. 불교와 도교는 모두 욕망을 만악의 근원으로 본다. 멸욕을 부처가 되고 신선이 되는 필수 경로로 삼는다. 수많은 도교학자는 천리와 인욕이 양립할 수 없다고 생각했다. 당나라와 송나라에 이르러서 유학자들은 유교, 도교, 불교의 관련 사상을 집대성하여 '존천리, 멸인욕'이라는 명제를 명확하게 제기했다. 이 명제가 유가 인성론을 새롭게 발전시킨 핵심은 '멸滅' 한 글자에 있다. 절욕節欲, 질욕窒欲, 무욕으로부터 멸욕에 이른다. 철학화 정도가 갈수록 높아지는 리와 본성에 대한 논의를 통해 그것을 증명했다. 정주程朱

일파는 이 사상을 극한까지 밀어올렸다.

정주는 '존천리, 멸인욕'이 성인 학문의 정수이자 최고의 종지라고 생각했다. 정호는 "천하의 일은 의와 이익일 뿐이다"[220]라고 말한다. 주희는 말한다. "공자가 말한 '극기복례', 『중용』에서 말하는 '치중화致中和'와 '존덕성尊德性'과 '도학문道學問', 『대학』에서 말하는 '명명덕明明德', 『서경』의 '인심은 위태하고 도심은 미묘하니 오직 순정하고 오직 한결같이 진실로 그 가운데를 잡으라'는 말, 성현들의 수많은 말은 그저 사람들을 가르쳐 천리를 밝히고 인욕을 없애라는 이야기다."[221] 그리하여 리를 보존하고 욕망을 없애며, 욕망을 제거하고 리를 회복하는 것이 리학의 핵심 내용이 되었으며 리욕 변별론은 리학의 도덕관과 가치관을 이루는 기초 이론이 되었다.

천리와 인욕은 한 쌍의 대립된 명제다. 천리 혹은 리, 즉 인의예지 등속은 인심의 본연이자 사람이 사람답게 되는 근거다. 주희는 말한다. "천리는 이 심의 본여이다. 그에 따르면 심은 공변되고 또 올바르다."[222] 『하남정씨수언』「인물人物」편은 이렇게 말한다. "사람이 사람다운 까닭은 천리가 있기 때문이다. 천리가 존재하지 않으면 금수와 무엇이 다르겠는가?"[223] 구체적으로 말하면 삼강오상과 인의예지에 부합하는 인간의 모든 의식과 행위는 천리라고 부를 수 있거나 천리에 부합한다. 인욕은 천리의 반대편에 있다. 삼강오상과 인의예지에 위배되는 모든 의식과 행위는 인욕에 속한다. 예컨대 "예가 아니게 듣고 보고 말하고 행동하는 것은 인욕이다."[224]

리학 사상가들의 논저 가운데서 인욕은 간칭으로 욕欲으로만 부를 때도 있다. 하지만 욕이 인욕과 완전히 같다고 볼 수는 없다. 일반적으로 인욕은 인간의 일체 욕구를 가리키는 것이 아니다. 이를테면 예에 부합하는 식욕과 성욕은 천리에 속하고 인욕에 속하지 않는다. 리학 사상가들 가운데 인간의 생리 욕구나 모든 감각 기관의 욕구를 무시한 사람도 없었고 무시할 수도 없었다. 이를테면 주자는 이렇게 이야기한다. "굶주리면

먹을 것을 욕구하고, 갈증 나면 마실 것을 욕구하는데 이 욕구가 어떻게 없을 수 있단 말인가?"[225]

　주희는 '욕' 가운데에 천리도 있고 인욕도 있다고 생각했다. 이를테면 "음식은 천리인데 아름다운 맛을 추구하는 것은 인욕이다."[226] "마땅히 먹어야 할 것을 먹고 마땅히 마셔야 할 것을 마시며"[227] "도리에 맞는 것이 천리이고 정욕에 이끌리는 것이 인욕이다. 바로 그 경계가 구분되는 곳에서 이해를 하게 된다."[228] 이는 "천리와 인욕이 한 몸이라"[229]는 이야기다. 욕 가운데에 옳음도 있고 그름도 있다. 시비를 구별하는 척도는 종법 윤리와 그에 상응하는 사회 규범이다. 마땅히 욕구해야 하는데 욕구하지 않는 것, 마땅히 행해야 하는데 행하지 않는 것, 혹은 마땅히 욕구하지 말아야 하는데 욕구하는 것, 마땅히 행해지 말아야 하는데 행하는 것 모두 천리에 부합하지 않는다. 이른바 "한마디의 언어, 하나의 동작, 앉거나 서는 것, 마시거나 먹는 것 모두 옳고 그름이 있다. 옳은 것이 바로 천리이고 그른 것이 바로 인욕이다."[230] 윤리 도덕에 부합하지 않는 사상, 의식, 심리, 행위 모두 인욕이다. 이 의미에서 볼 때 욕은 인욕과 동등하지 않으며 욕 가운데 천리의 성분을 포함한다.

　그런데 리학은 인간의 모든 욕망을 부정하는 경향이 있다. 정주는 천리와 인욕이 철저히 어긋나 물과 불처럼 서로 용납할 수 없다고 생각했다. "사람의 마음에 천리가 있으면 인욕은 망한다. 인욕이 승리하면 천리가 없어진다. 천리와 인욕이 뒤섞여 있는 경우는 없다."[231] 인욕은 욕 가운데 깊이 잠겨 있다. 욕은 수시로 인욕으로 발전할 가능성이 있다. 이를테면 식욕과 성욕은 인간의 본래적인 생리 욕구이며 인류의 생존과 번식을 위해서도 없어서는 안 되는 욕구다. 본래 천리에 속해야 한다. 그런데 일단 미식과 미색을 추구하게 되면 사람마다 인욕의 수렁에 빠지고 마침내 "천리가 사라지는" 지경에 이르게 된다. 이 때문에 『하남정씨수언』「심성」 편은 욕의 여러 위해를 열거한 뒤 이렇게 말한다. "깊구나, 욕이 사람을 해치는 것이! 사람이 선하지 않게 되는 것은 욕에 이끌린 결과다. 욕에 이끌리고도 모르면 천리를 파멸시키는 지경에 이르고도 돌아갈 줄 모르는 것이다."[232] 리학 사상가들은 대부분 질욕窒欲 즉 욕망을 막고 멸욕減欲 즉 욕망을 없애자고 논의한다. 이는 유가 공리주의 학파의 절욕節欲론과는 조금 다르다. 이 이론상의 차이가 양자의 정견을 차이 나게 만든 근본 원인이었다.

"천리와 인욕은 한 몸이고" "인욕 가운데에 천리가 저절로 존재한다." 그래서 "천리와 인욕의 차이는 미세하다."[233] 사상과 언행을 천리로 지도하느냐 아니면 사상과 언행을 인욕으로 지도하느냐의 사이엔 질적인 차이가 있다. 그러나 천리와 인욕은 왕왕 동일한 행위 주체의 신상에 함께 깃들어 있으며 비슷한 행위를 빌려다가 자신을 드러내기도 한다. 실제 생활에서 동일한 말과 행위는 과연 천리에 속하는 것인가 아니면 인욕으로 귀결되는 것인가. 이 또한 판단하기가 매우 어렵다. 이를테면 종鍾과 정鼎을 늘어놓은 화려한 식사가 왕과 후에게 놓였다면 천리이나 신하나 서민에게 놓였다면 참월한 것으로 인욕에 속한다. 이는 비교적 분명하다. 그런데 동일한 사람의 같은 행위를 두고서는 옳고 그름을 판단하기가 매우 어렵다. 이를테면 제왕은 천하의 세금을 거두어 비빈과 첩이 무리를 이루고 음식과 오락이 잦은데 이는 도대체 천리인가 아니면 인욕인가? 주희는 이렇게 생각했다. 능히 백성과 더불어 즐기면 오락도 천리다. 천하를 안정시킬 수 있으면 용기를 좋아함도 천리다. 백성을 부유하게 해줄 수 있으면 재물을 좋아하는 것도 천리다. 예로써 여자를 맞아 후비를 삼으면 색을 좋아함도 천리다. "종과 북, 대궐의 동산, 여행의 즐거움 그리고 용기를 좋아하고 재물을 좋아하고 색을 좋아하는 마음은 모두 천리가 존재하는 것으로 인정상 없을 수 없는 바다."[234] 그러나 제왕의 같은 행위는 자주 리학 사상가들의 비난에 직면했다. 어떻게 해야 리와 욕을 딱 들어맞게 분석할 수 있을까? 리학 사상가들은 의와 이익, 공과 사의 문제를 다시 꺼내든다.

공과 사는 천리와 인욕을 판가름하는 중요한 척도다. 주희는 동일한 행위 현상을 두고 "리에 따르고 천하에 공공적인 것"²³⁵이면 천리이고, "욕망을 좇고 한 개인의 사적인 것"²³⁶이면 인욕이라고 주장한다. 삼대 성왕은 공천하의 모범이다. 춘추 이래의 군주는 그렇지 못하다. 이를테면 당 태종은 집안과 나라의 이익을 위하여 수없이 좋은 말과 훌륭한 행위를 했지만 "마음이 한 개인의 사적인 것"이었으므로 칭송할 만하지 못하다. 장재도 "제 몸에 이익이거나 나라에 이익이거나 모두 참된 이익이 아니다,"²³⁷ 오직 "백성에게 이익이어야 참된 이익이라 할 수 있다"²³⁸고 말한다. 공과 사의 변별은 곧 의와 이의 변별이다. 공리公利는 의義이고 사리私利는 이利다.

일반적으로 리학의 논저 가운데 "오직 이익만을 심으로 여기는" 이利와 인욕과 사私는 같은 개념이다. 의는 리를 좇으니 공이며, 이는 리를 거스르고 사를 도모한다. "의는 천리에 적합한 것으로 범사에 적합한 도리만 쳐다보고 행위하며 자기의 사적인 것은 돌아보지 않는다. 이利는 사람의 감정이 욕구하는 것으로 범사를 사적인 뜻에만 맡기는데 자기에게 편리하면 행위하고 도가 어떠한지에 대해서는 돌아보지도 않는다."²³⁹ 이利는 명성이나 재물 등에 국한될 뿐만 아니라 천리에 위배되는 사상이나 행위는 모두 이다. 이 이는 사욕, 사리 등 사와 관련이 있다. "의는 공천하의 이利이다."²⁴⁰ 천리는 천하의 공리를 최고로 구현한 것이다. 그러므로 "부모를 버리지 않고, 군주를 뒤에 두지 않음이 이가 된다. 인의는 이利가 아닌 적이 없었다."²⁴¹ 사리의 상대적 존재로서 의는 '공리'라고 부르기도 한다. 리학자들은 개인의 이익을 일괄 부정하지 않았다. 그들은 "사람에게 이익이 없으면 올곧음이 생길 수 없으니 어떻게 이익이 없을 수 있는가?"[242] 이익을 좇고 손해를 피하는 것은 "천하의 상정常情이다". 그런데 이익도 욕망과 마찬가지로 조금만 확장되면 사람을 인욕으로 치닫게 할 수 있다. "의자에 비유해보자. 사람이 여기 앉으면 편안하니 이利이다. 그런데 끝없이 편안함만을 추구하면 두꺼운 요를 깔아 따뜻함을 추구하는 등 하지 않는 일이 없게 된다. 그런 뒤 군주에게서 그것을 빼앗고 부모에게서 그것을 빼앗는다. 이것이 이익을 좇는 폐해다."[243] 이 때문에 이정은 이렇게 말한다. "대저 의에서 나오면 이로 들어가고 이에서 나오면 의로 들어간다. 천하의 일은 오직 의와 이일 뿐이다."[244] 리학은 사리에 대한 부정에서 출발하여 일체의 이익을 부정하는 자발적 경향을 지녔다.

리욕의 변별, 공사의 변별, 의리의 변별이 동의적 명제임을 어렵지 않게 알 수 있다. 피차 서로를 해석해주며 순환 논증을 한다. 이를테면 "한 가지 일은 두 가지 끝단이 있다. 옳은 것은 천리의 공이고 그른 것은 인욕의 사이다."[245] 공은 리와 의의 표준이고, 의는 공과 리의 표준이며 결과적으로는 리가 공과 의의 표준이다. 욕, 사, 이와 리, 공, 의는 상대적인 개념이다. 완전히 버릴 수는 없지만 필경 천리에 위협이 되는 것은 일반적으로 모두 욕망에 포함되는 것으로 귀납할 수 있다. 그러나 이러한 순환 논증은 그 자체가 의리, 공사, 리욕의 표준이 실천 과정에서 활용될 가능성을 갖지 못하게 만든다. 사람의 사회적 행위는 결국 공리功利를 추구하고 욕망을 만족시키는 형태로 나타나는데 도대체 무엇이 천리이고 무엇이 인욕이란 말인가?

천리와 인욕, 공과 사, 의와 이가 여기서 나와 저기로 들어간다. 피차물과 불처럼 다르기도 하고 그 기미를 알기도 어렵다. 리학 사상가들은 피차를 구분하는 활용 가능한 객관적 표준을 찾을 수가 없었다. 그래서 정형화된 사유에 의거하여 시선을 주관적 심성에 집중했다. 장식은 사람들의 의향이 "의도적 행위 없이 그러한 것인지" 아니면 "의도적 행위가 있고서 그러한 것인지"로 판정해야 한다고 생각했다. "의도적 행위가 없이 그러한 것은 그로써 천명이 그치지 않을 것이고, 그로써 본성이 치우치지 않을 것이고, 그로써 교화가 끝나지 않을 것이다. 무릇 의도적 행위가 있고서 그러한 것은 모두 인욕에서 비롯한 사적인 것으로 천리가 내재하지 않은 것이다. 이것이 의義와 이利의 구분이다. 일찍이 성찰을 해본 적이 없는 사람이 말을 하면 하루 사이에 이익을 따지지 않는 경우가 드물 것이다. 꼭 명성이나 재물과 관계가 있어야만 이익인 것은 아니다. 잠깐이라도 뜻이 향한 곳이 의도적 행위와 관련이 있다면 그 깊고 얕음이 다를지라도 자기를 위하여 사적인 것을 추구했다는 점에서는 한가지일 따름이다."[246] 다시 말해 사람의 심리 활동이 천리에 어긋나기만 하면 그것이 순간적인 생각이었을지언정 이미 의를 벗어나 이에 들어간 것이다. 분수에 맞지 않는 일체의 욕념을 버리고 사상, 언론, 행동이 자연스럽게 천리를 준수하는 것만이 공이고 의이다. 결국 "인욕이라 부르는 것은 천리에 반하는 것이다. 천리가 있기 때문에 인욕이 있다는 말은 가능하지만 인욕에도 천리가 있다는 말은 불가능하다. 천리 가운데는 본래 인욕이 없다. 다만 그 흐름에 틀림이 있어서 인욕이 생겨나는 것이다."[247] "사욕이 깨끗이 없어져야 천리가 널리 퍼진다."[248]

심학 일파는 리욕의 변별을 말하지 않는다. 특히 정주가 '도심'을 '천리'로 삼고 '인심'을 '인욕'이라 여기는 데 반대했다. 육구연은 말한다. "천이 리이고 사람이 욕欲이라면 천과 인이 다르다는 것이다."[249] 그러니 "천리와 인욕을 말하는 것은 그 자체로 최고의 논의가 아니다."[250] 그는 사람의 본심은 언제나 물욕에 가려져 있다고 생각했다. "내 마음을 해치는 것은 무엇인가? 욕망이다. 욕망이 많으면 마음에 보존하고 있는 것이 반드시 적다. (…) 욕망이 제거되면 마음이 저절로 보존된다."[251] 육구연의 '존심거욕

存心去欲'과 주희의 '존리멸욕存理滅欲'은 사실상 대동소이하다.

리욕의 변별이 가져온 가장 직접적인 이론적, 정치적 의미는 그것이 사람들의 사상, 의식, 심리, 행위 등을 종법 윤리의 범위 내로 엄격하게 제한하고자 애써 시도했다는 점이다. 우선 천리는 사람과 금수를 구분하는 분수령이라 상정한다. 천리는 사람을 사람답게 만들어주지만 인욕은 사람을 금수와 다름없게 만든다. 이것이 아니면 저것이다. 정정당당한 사람이 되려면 '존천리, 멸인욕' 하여 일체의 잡념과 욕망을 없애는 데 이르러야 한다. 이는 개인의 욕망을 추구하는 것이 불법임을 선포한 것이다. 다음으로 사람들의 일상생활이나 일거수일투족 움직임 속에는 언제나 리욕, 사정邪正, 공사, 의리의 구별이 있으니 예 규범을 따르는 것이 바로 리理, 시是, 정正, 공公, 의義라는 것이다. 그렇지 못한 것이 바로 욕欲, 비非, 사邪, 사私, 이利다. 한번 예를 그르치면 바로 인욕에 빠져든다. 예의 핵심은 등급 명분 및 그에 상응하는 권리의무다. 이는 바로 봉건적 특권과 사회적으로 불평등한 일체의 사상과 행위는 불법이고 정의롭지 못한 것임을 선포한 것이다. 그다음으로 의야말로 진정한 이익의 길이라는 것이다. "천리에 따르면 이익을 추구하지 않아도 저절로 이롭지 않은 것이 없다."[252] 반대로 "인욕에 따르면 이익을 구해도 얻지 못하고 그에 따라 자신도 해치게 된다."[253] 너는 이익을 추구하지 않는가? 그렇다면 '존천리, 멸인욕'이야말로 시도할 만한 가장 유리한 행위다. 이익 문제에 있어서 리학자들은 대부분 모순된 주장을 한다. 한편으로 "재물에 관한 이익의 이익뿐만 아니라 이익을 추구하는 어떤 마음도 안 된다"[254]고 하면서도 한편으로는 "리에 순응하여 아무런 손해도 없는 것이 바로 이익이다."[255] "천하에는 오직 하나의 이익만 있다"[256]라고 말하기도 한다. 사실 그들의 목적은 하나뿐이다. 즉 개인 이익에 대한 추구는 불법임을 선포하는 것이다. 리학자들은 사람들에게 개인의 존엄과 도의와 이해관계는 모두 한 생각의 차이에 달려 있다고 진지하게 타이른다. "공적이고 올바른 것은 편안하고 날로 아름다우나, 사적이고 그릇된 것은 힘들고 날로 쓸모없어진다. 이는 치란과 안위에 영향을 미치며 양자는 서로 크게 단절되어 있는데 그 실마리는 그저 생각의 차이에 불과하다."[257] 사념은 자신을 해치고 남을 해치며 천하를 혼란스럽게 만든다. 이는 일체의 개인적 고려가 모두 불의임을 선포한 것이다.

리학 사상가들의 리욕, 의사義私, 공사의 변별은 치밀하고 자세하며 깊은 사변적 색채를 띠고 있다. 그들의 도덕론은 사람들이 자아 완성을 해가는 과정에서 선량한 스승의 역할을 맡았던 적이 있다. 하지만 진정으로 그들의 설교를 그대로 따라한다면 최후의 귀결점은 또 무엇일까? 그건 아무 개성도 없는 사람일 것이다. 오늘날의 관점으로 보면 이런 사람은 사람답지 못하다. 그럼에도 리학자들은 모든 사람이 순수하게 천리를 따르게 되면 사회는 무한히 아름다운 이상적인 경지에 들어서게 될 것이라고 주장한다. 그렇다면 어떻게 사람들을 멸욕滅欲하고 존리存理하게 만들 것인가? 리학 사상가들은 가장 좋은 길은 개인의 자성과 수양을 거쳐 '궁리진성지명窮理盡性至命'에 도달하는 것이라고 생각했다. 이를 위해 그들은 각자의 철학적 사고에 의거해 분분히 '진수지술進修之術' 즉 도덕을 발전시키고 학업을 닦는 수양법들을 제기했다.

04

내성외왕:
군주 제도에
적합한 정치적 역할을
만들어주는 도덕 수양법

『주역』「설괘說卦」는 "본성을 다하고 이치를 궁구하여 천명에 다다른다"[258]고 말한다. 리학 사상가들은 이 사상 재료에 근거하여 궁리窮理, 진성盡性, 지명至命을 종지로 삼아 도덕 수양의 방법, 목적 및 최고의 경지를 논증했다. 기왕 사람의 본질이 인의예지이고 사람의 가치가 윤리 도덕이라면, 자연스럽게 천리와 합일되고 기질지성이 순수하여 뒤섞이지 않은 성인을 제외한 세간의 무수한 보통 사람들은 품부받은 기에 인욕의 성분이 뒤섞여 있으므로 도덕 수양을 통해 지극히 선한 경지에 다다르는 것이 가능하기도 하고 필요한 것이기도 하다. "도리가 분명하기만 하면 자연스럽게 바뀔 것이다."[259] 리학 사상가들은 기질을 변화시키고 인욕을 없애 '올바른 성명性命'으로 되돌아가는 것이 인생에서 가장 중요한 요지라고 보았다.

진수지술進修之術 즉 수양법의 대상은 사람의 마음이다. 사람의 마음 가운데 어떤 것은 선천적으로 품부를 받아 이루어지고 어떤 것은 후천적인 습염이 천리에 부합하지 못해 생겨난 사상 의식에 근원을 둔다. 주희는 사람의 마음을 '도심'과 '인심'으로 나누었다. 전자는 '올바른 성명性命'

에 근원을 두고 '의리義理'에서 나온 것이며, 후자는 '사적인 형기形氣'에 근원을 두고 '사욕私慾'에서 나온 것이다. 도심은 인심 가운데 있으며 인심을 통해서만 드러날 수 있다. 사욕에 연루되고 가려지기 때문에 도심이 드러나기는 매우 어렵다. '유정유일惟精惟一' 즉 오직 순정하고 한결같은 성인을 제외하면 어떤 사람이든 심리적으로 두 가지 영혼과 관련을 맺고 있다. 모두 선과 악 두 방향으로 바뀔 가능성을 가지고 있는 것이다. 욕망을 없애고 제거하고 틀어막는 '함양涵養' 공부를 통해 "인욕을 모두 없애고 천리를 온전히 회복하는"[260] 것만이 인심을 위험에서 안정으로 바꾸고, 도심을 미약한 데서 드러나게 바꿀 수 있다. 그리하여 "도심이 언제나 우리 몸의 주인이 되게 하면 인심은 매번 그 명을 따르게 될 것이다."[261]

육구연은 심 안에 리를 포함시켰으니, 이것이 심즉리心卽理다. 그는 '본심'이 일단 사사로운 정과 물욕을 좇으면 양지와 선한 본성이 가려지게 된다고 생각했다. "어리석고 불초한 사람은 물욕에 가려져 있다. 현명하고 지혜로운 사람은 의견意見에 가려져 있다. 높고 낮음이나 더럽고 맑음이 다르지만 리를 가리고 마음을 침몰시켜 올바름을 얻지 못했다는 점에서는 한가지다."[262] 이 때문에 육구연은 본심을 밝게 깨치고 물욕을 박락剝落 즉 벗겨낼 것을 주장한다. 그는 말한다. "사람의 마음에 병이 있으니 반드시 벗겨내야 한다. 한 번 벗겨내면 한 번 청명해지고, 뒤에 이어서 또 벗겨내면 또 청명해지니 반드시 벗겨내서 모든 것을 맑게 해야 한다."[263] 결론적으로 온갖 방법을 동원하여 "성령性靈을 매몰시키고 지극한 리를 가리는" 사심과 물욕이 비록 단 한 순간의 생각일지라도 다 없애야만 지극한 선에 다다를 수 있다는 것이다.

수양 방법은 사유 즉 자성自省이다. 어떤 사람이 "어떻게 하여 욕망을 틀어막을까요?"라고 묻자 이정은 이렇게 대답했다. "사유뿐이다. 배움은 사유보다 소중한 것이 없으며 사유만이 욕망을 틀어막을 수 있다. 증자의 삼성三省 즉 하루에 세 번 반성하는 것이 욕망을 틀어막는 길이다."²⁶⁴ 육구연 또한 리에 대한 체득은 "자신에 대한 절실한 반성과 개과천선에 불과하다"²⁶⁵고 말한다. 사유는 "끝까지 탐구하고 갈고닦아 어느 날 아침에 자성하는 것이다."²⁶⁶ 반성하고 안으로부터 구하고 사유로써 사심을 버리고 이지로써 욕망을 제거한다. 이렇게 사유로 사심을 극복하고 욕망을 틀어막는 방법은 '절성기지絶聖棄智' 즉 성스러움을 끊고 지혜를 버리는 것과 '무지무욕無知無欲' 즉 지식도 없애고 욕망도 없애는 노장의 방법과는 다르다. 그들은 이성으로 자아와 싸워 이길 것을 요구한다. 그리하여 스스로 윤리 도덕을 엄수하여 자연스러운 상태로 나아가 시시각각 곳곳에서 천리에 부합하는 것을 말한다. 이렇게 하면 진성盡性과 지명至命을 실현할 수 있다는 것이다.

궁리窮理는 진성과 지명에 이르는 핵심 고리다. "궁리란 곧 공부하는 것이다."²⁶⁷ 궁리는 학습 과정이며 더욱 깊이 있고 풍부한 이성을 가진 사유다. 천리는 만물 속에 깃들어 있다. 사람들은 반드시 사유와 학습을 통해 사람의 본성, 만물의 리를 깨쳐야 한다. 리학의 여러 학파는 궁리, 진성, 지명의 방법, 길, 과정에 대해 다른 견해를 갖고 있었다. 장재는 진성 과정을 '성誠'이라 일컫고, 궁리 과정을 '명明'이라 일컫는다. "성誠하고 명明함으로부터 먼저 진성하고 이어 궁리에 다다른다 함은 먼저 본성에 대한 이해에서 출발하여 궁리에 다다른다는 이야기다. 명하고 성함으로부터 먼저 궁리하고 이어 진성에 다다른다 함은 먼저 학문을 통해 이해하고 이를 미루어 천성에 도달한다는 이야기다."²⁶⁸ 진성을 통해 궁리에 도달하든 궁리를 거쳐 진성에 도달하든 마지막엔 모두 천명을 깨칠 수 있다고 한다. "천명에 이르는 것"이 '궁리진성'의 완성이다. 이정은 장재의 '명과 성' 공식을 간략히 하여 궁리, 진성, 지명을 하나로 합쳤다. "궁리, 진성, 지명은 하나의 일일 뿐이다. 궁리가 바로 진성이고 진성이 바로 지명이다."[269] 그런데 정주학파는 리를 중시한다. '격물궁리格物窮理' 즉 책을 읽어 리를 밝히고 시비를 의론하고 도덕을 실천하는 등 여러 길을 통해 "안 팎의 리를 합칠 것"[270]을 강조한다. 안팎에서 상세히 밝히고 전면적으로 이해하고 관통하여 철저히 성리性理를 깨치라는 것이다. 격물궁리는 거친 것을 없애고 정밀한 것을 취하며, 겉으로부터 속에 이르고, 이것으로부터 저것에 이르는 점진적인 순서를 통해 마지막으로 돈오頓悟와 철오徹悟 즉 순간적으로 깨닫고 철저히 깨닫는 경지에 다다르는 과정이다. 육구연은 격물이 치지致知에 이르는 길임을 인정했다. 하지만 공부는 응당 "간결하고 쉽게, 또 쉽게 알고 쉽게 따르게, 또 충분한 믿음을 길로 삼는"[271] 방법을 택하라고 한다. 그는 더욱 간결하고 쉬운 도덕 수양 방법으로 '발명본심發明本心' 즉 본심을 상세히 밝히는 방법을 제시했다. 이른바 '발명본심'이란 반성하고 성찰하여 스스로 본심이 지극히 선한 것임을 인지하도록 하는 것이다. 한 건 한 건을 상대하며 격물하는 것이 '발명본심'하는 첩경이다. 본심이 지극히 선하다는 것을 사람들이 인식하기만 하면 "한 가지 막힘이 뚫리고 뭇 의혹이 모두 사라질 것이다."[272] 나아가 "의로써 일을 다스리고 예로써 마음을 다스리게 될 것이다."[273]

"일 바깥에 도가 없고, 도 바깥에 일이 없다."[274] 부모를 섬기고 군주를 섬기는 것과 같은 윤리의 실천은 진수進修의 중요한 방법이다. 정이는 말한다. "세상에 도를 말하는 사람들은 성명은 심원하다고 하고 효제는 비근하다고 하는데 그것이 통일된 것임을 모르는 소치다. 도에는 본말과 정조精粗 즉 정밀함과 거침의 구별이 없다. 쇄소응대灑掃應對 즉 깨끗이 청소하고 응대해야 할 형이상의 존재인 것이다."[275] 그는 "진성과 지명은 반드시 효제에 뿌리를 두며, 궁신지화窮神知化 즉 신령함을 궁구하여 변화를 감지함은 예와 악을 통해서라고"[276] 생각했다. 예악과 효제를 실천함으로써 궁리, 진성, 지명에 이를 수 있다는 말이다. 육구연은 "성인이 사람들을 가

668

르칠 때는 그저 사람들의 일상생활에서 시작한다"[277]고 말한다. 성인의 도는 "매우 높고 행하기 어려운 일이 아니라" "이른바 어리석은 부부라도 더불어 알 수 있는 것이다"[278] 본심에 대한 발명은 일상의 번잡한 일로부터 착수해야 하고 실천을 하면서 자아를 완성해간다는 뜻이다. 진성과 지명은 도덕의 내면화와 실천의 통일이다. "덕은 실천이기도 하고 도이기도 한데 사실상 내 마음에서 얻어지는 것이다. 그래서 덕이라고 말한다."[279] "실제로 부모를 섬길 수 있으면 이 마음은 사실상 효를 얻는 것이다. 실제로 형을 섬길 수 있으면 이 마음은 사실상 제悌를 얻는 것이다. 대체로 덕이란 한 글자는 사람들이 공부를 통해 이미 어딘가에 다다랐다는 말이다."[280] 실천은 도덕의 내면화 과정일 뿐만 아니라 도덕이 겉으로 드러나는 표식이기도 하다. 내면화한 도덕과 겉으로 드러난 성과의 통일인 것이다. 이른바 "성현의 행동을 실천하지 못하면 안방에 들어갔다고 할 수 없다"[281]

도덕 수양법의 최고 경지는 내성외왕內聖外王이다. 리학 사상가들의 도덕 수양법엔 구별이 있지만 그 목적은 전부 일치한다. "이 마음을 수양하고 다스리고 평정하여" "성현의 행동을" 실천함으로써 "성인의 경지에 들어서는"[282] 것이다. 성현이 되려면 도덕의 지극한 선이 실현되어야 한다. 주희는 '격물치지'를 중시했다. '지지知至하여 의성意誠' 즉 지식이 지극해져 뜻이 참되는 것을 '성현의 관문'이라 일컫는다. 그는 오직 '의성'이라는 이 길로 "사람과 귀신의 관문"을 통과하고 다시 한 걸음 더 나아가 치국과 평천하를 "돌아보아 얻었을 때" 비로소 성현의 대열로 나아갈 수 있다고 주장한다. 그렇지 않으면 "만물을 바로 알지 못한 것이고 지식이 지극한 데 이르지 못한 것이니 아무리 줄여가도 역시 범인"[283]이라고 한다. 육구연 또한 '본심의 발명'으로 '리를 밝히는' 것이 "스스로 주재자가 되어" "큰 한 사람이 될"[284] 방법이라고 주장한다. 이 사람은 도덕적으로 완벽한 사람이고, 정신적으로 초인인 성인이다. 성인은 도덕적으로 지극히 선한 인류의 모범이다. 왕은 천지를 순수하게 지켜내 세상을 구제하는 성과를 거둔 사람이다. 성인은 곧 왕이고 왕은 곧 성인이다. 내성외왕은 자아가 도덕적으로 완벽해지는 과정의 완성인 동시에 치국평천하 정치 실천의 완성 과정이기도 하다. 리학 사상가들이 숭상한 성인은 도덕과 사업의 성취를 한 몸에 겸한 사회정치상의 이상적 주체다.

"자기를 나타내면 리를 잊고 리를 밝히면 자기를 잊는다."[285] 내성외왕을 완성하는 과정의 검증 표준은 개성의 소멸이다. 성인은 지선至善한 천리의 인격화다. 사람들이 지선에 다다랐다는 표식은 정신적으로 성인에 귀의하고 성인의 인격과 동일시하는 것이다. 성인 인격의 본질적 특징은 망기忘己와 무아無我다. 성인의 전당을 열어젖히는 비결은 바로 자아에 대한 철저한 부정이다. 장재는 "무아를 이룬 뒤 위대해지며 위대하게 본성을 완성한 뒤 성인이 된다"[286]고 말한다. 정이는 "위대하여 변화하면 자기와 리가 하나가 되고, 하나가 되면 자기가 없게 된다"[287]고 말한다. 주희는 "자신과 하늘이 하나가 됨"을 '격물궁리'의 최고 경지로 삼았다. 여기서 분명히 알 수 있는 것은 천리와 동일시하고 천리를 실천하는 내성외왕과 개성의 해방은 완전히 정반대라는 것이다. 성인의 사회정치적 의미 중 하나는 '군군신신부부자자君君臣臣父父子子' 즉 군주는 군주답고 신하는 신하답고 부모는 부모답고 자식은 자식다움이다. 즉『중용』에서 말하는 "힘쓰지 않아도 적중하며, 사유하지 않아도 얻으며, 여유롭게 중용의 도를 실천하는 사람이 성인이다"[288]라는 의미다. 주희는 이렇게 해석한다. "성인의 덕은 혼연히 천리와 하나이며 거짓 없는 진실이며 힘써 사유하지 않고도 여유롭게 중용의 도에 맞으니 이는 하늘의 도이기도 하다."[289] 자연스럽게 사회의 역할 규범과 완전히 부합하는 이것이 바로 '성인'이며 요순이다. 사람들은 무아를 따라 성인이 되는 길을 걸어 내려가면서 반드시 종법 윤리와 동일시하는 과정을 거치고 자신의 독립성과 정치적 자주정신은 완전히 소멸하게 되며 봉건 질서에 딱 맞는 역할을 하게 된다. 성인은 군주가 되고 윗사람이 되고 어버이가 되어 다른 사람들을 주재한다. 신하이고 아랫사람이고 자식인 사람들은 그저 머리를 숙이고 순종할 따름이다. 군주와 신하, 주인과 노비, 부모와 자식 등 각종 역할이 일신에 집중되어도 거뜬히 그에 대응하게 된다. 궁리, 진성, 지명의 실질은 사람들로 하여금 자발적으로 봉건 도덕규범에 따르고, 군주 정치 질서를 인정하고 그에 복종하며, 봉건 제도에 순종하도록 이끄는 도구다. 리학이 남송 이후 차츰 통치 계급의 정치 지도 사상으로 상승한 것은 역사적 우연 때문이 아니다.

내성외왕은 또 하나의 사회정치적 의미를 지니고 있다. 이 함의는 전적으로 제왕과 군자를 위해 마련된 것이다. "군자의 도는 업적보다도 중요하다. 만물을 구원하는 작용을 했더라도 물 자체에 미치지 못한다면 없는 것과 마찬가지다."[290] 성인은 지와 행, 덕과 공의 통일체다. '외왕'일 수 없으면 이른바 '내성'이 없는 것이다. "수신제가라 함은 소강小康 상태를 마련하라는 것이 아니라 작은 실천에 힘씀으로써 스스로 고을에 그렇게 위탁하라는 것이다. 안자顔子가 보고 듣고 말하고 행동하는 사이, 증자가 용모와 말투와 안색을 갖추는 사이에 오제와 삼왕, 고요, 기, 후직, 설, 이윤, 여망, 주공, 소공 등의 공훈과 덕업이 존재한다. 그래서 『대학』에서 천하에 밝은 덕을 밝히는 것은 반드시 격물, 치지, 정심, 성의 사이에서 취한다는 말이다."[291] 성인의 목적은 왕이 되는 것이다. 도덕 수양은 결과적으로 정치적 성과를 실현시키는 일이다. "성인의 도와 제왕의 공적"은 전제 제왕의 입장에서 말하자면 권력을 장악하고 권력을 행사하라는 것이다. 공맹의 도에 입각해서 천하를 평정하고 전제 왕권이 쇠퇴 없이 이어지도록 지켜주는 것이 바로 내성의 실현이다.

중화론中和論:
예인禮仁 정치의 방법론

중용과 중화中和는 리학 사상 체계의 핵심 범주 가운데 하나다. 정치 철학으로서 '윤집궐중允執闕中' 즉 진실로 그 중용을 잡으라 함은 예인禮仁 정치의 방법론이다. 리학과 전통 유학이 철학적으로 공유하는 성질 가운데 하나는 바로 '중中'이란 한 글자를 구현해내는 것이다.

유가 정치 학설을 완벽하고 전면적으로 인식하는 것은 상당히 곤란한 일이다. 이는 유가의 경전이 풍부하고 학파가 많으며 이론이 뒤섞여서일 뿐만 아니라 한 학파의 한 사람이라 하더라도 사상이 모순으로 충만하기 때문이다. 심지어는 앞뒤로 다른 주장을 펼치기도 하고 처음과 끝이 반대된 외침이어서 "이것을 따르면 저것에 반대되고, 저것에 순응하면 이것을 거역하게 된다".[292] 유학은 유구한 역사를 지니고 있으며 구류백가의 방대한 학설 체계를 두루 취하여 원만하고 매끄럽게 만들었다. 유가는 자주 두 가지 혹은 몇 가지의 언뜻 보면 대립되어 보이는 범주와 명제들을 일정한 원칙과 방법에 의거하여 한데 통일시킨다. 예법禮法, 인의仁義, 덕형德刑, 은위恩威 등처럼 서로에게 영향을 미치고 보완 작용을 하거나 체용을 겸비한 이론들을 조합하기도 한다. 유학이 상반된 물건들을 서로 보완하도록 할 수 있었던 것은 대부분의 경우 중용의 도라는 방법론의 도움을 받았기 때문이다.

리학 사상가들은 "지극히 고명하면서도 중용을 추구하는 것"을 공맹지도의 영혼이자 정수로 삼아 계승하고 발전시켰다. 그들은 수당 이래 서서히 떠오른 『중용』을 한층 드높여서 경전 중의 경전으로 만들었다. 이 과정을 완성한 사람이 바로 리학을 집대성한 주희였다.

주희는 「중용장구서」에서 '윤집궐중'이 요, 순, 우 등에서 발단했다고 주장한다. "상고의 신령스러운 성인이 하늘을 이어받아 극을 세우니"[293] 이것이 "공자 문하에 전수된 심법이다". 또한 유학이 노장이나 불교 등 "널리 리에 가까운 듯하나 진리를 크게 어지럽히는" 이단과 구별시키는 분수령이기도 하다. "요, 순, 우는 천하의 위대한 성인이다. 천하를 가지고 서로 전해준 것은 천하의 큰일이기 때문이다. 천하의 위대한 성인이 천하의 큰일을 행하며 왕위를 주고받을 즈음 거듭 훈계를 하는 말이 이것뿐이었으니 천하의 리로 볼 때 여기에 무엇을 더 더할 것이 있었겠는가!"[294] '윤집궐중'은 요, 순, 우, 탕, 문, 무와 같은 성왕이나 고요, 이윤, 부열傳說, 주공, 소공 등 성신聖臣이 정치적으로 성공을 거두게 된 비결이다. 주희가 보기에 『중용』에서 도를 전하는 계통은 "이전 성인들의 책을 선정하여 그로써 강령에 이끌리고 온오蘊奧함을 열어 보였으니 이보다 더 명료하고 극진한 경우는 없었다".[295] 리학 사상가들은 한결같이 중용과 중화의 대의와 미언微言을 깨칠 수 없으면 심오한 경지에 이르거나 성인의 영역에 들어갈 수 없다고 생각했다.

분이합일分二合一, 정위불역定位不易의 모순관

정치는 사회 모순과 계급 모순의 산물이다. 이러한 사회 모순을 어떻게 보고 해결할 것인가가 정치사상의 기본 출발점이자 최종 목적이다. 정치에 관한 사상과 주장은 모두 부지불식간에 사회 모순에 대한 견해를 건드리게 된다. 특정 모순관은 특정 정치 운용 방식을 결정하기도 하고 유도하기도 한다. 리학 사상가들은 바로 모순과 관련된 철학적 사변-중용의 도를 자신들 정치 학설의 방법론으로 삼았다.

리학 사상가들의 모순관은 간단히 말하면 분이합일分二合一, 즉 둘로 나뉘었다가 하나로 합쳐지고 정위불역定位不易, 즉 정해진 위치는 바뀌지 않는다는 것이다. 분이합일에 관해서 리학 사상가들의 인식은 어느 정도 차이가 있으나 정위불역은 그들 철학적 사변의 공통된 귀결점이기도 하다. 이二 즉 양兩, 우耦, 대우對偶, 양단兩端은 통일체 가운데 분화되고, 이별하고, 대립하고, 배척하는 두 측면을 가리킨다. '이'는 사물의 상반과 상대, 상호 연결과 상호 의지 등을 토론하는 데 집중한다. 일一 즉 동일同一, 본일本一, 합일合一은 통일체 가운데 쌍방이 갖고 있는 공통된 기초, 내재적 연계를 가리킨다. 그것들은 분할할 수 없으며 서로 관통되어 있다. 일과 이와 관련된 것은 삼參(三)이다. 일 가운데서 이를 파악하고 이 가운데서 일을 파악하여 통일을 실현하는 것이 삼이다. 일과 이, 혹은 "일이 나뉘어 이가 됨"과 "둘이 합하여 하나가 됨"은 주로 사물이 서로 대립되면서 통일되고 서로 관련되면서 의지하고 있음을 말하려는 것이다. 상당히 큰 정도로 사물 가운데 대립하는 쌍방 둘 다 일정한 위치가 없으며 상호 전환됨을 인정하고 있다. 그런데 리학의 철학 체계 안에는 태극처럼 짝을 이루는 특정한 상대가 없는 경우가 있다. 또한 이二의 화신으로서 음양은 반드시 양존음비陽尊陰卑 즉 양이 높고 음이 낮으며 양이 주재자가 된다는 법칙을 갖고 있기도 하다. 이렇게 천변만화하는 중에도 영원불변한 물건이 있을 수 있고, 상호 전환되는 중에도 확정되어 움직이지 않는 위치가 있다. 변화의 귀결점은 불변이며, 상대의 귀결점은 정해진 위치이고, 분화의 귀결점은 합일이다. 태극, 음양 등의 개념은 모두 특정한 사회 정치적 의미를 지니고 있기 때문에 분이합일하고 정위불역한 모순관은 강상 윤리가 영원하고 존비상하가 바뀌지 않는 데 대한 철학적 근거가 된다.

소옹邵雍이 가장 먼저 『역전易傳』의 "태극이 양의兩儀 즉 음양을 낳는다"는 사상을 명확히 "일분위이一分爲二" 즉 하나가 나뉘어 둘이 되었다고 표현했다. "태극이 이미 나뉘어 음양 양의가 성립되었다."[296] "그러므로 하나가 나뉘어 둘이 되고, 둘이 나뉘어 넷이 되고 (…) 그것들이 합하여 하나가 되고 그것들이 넘쳐서 만이 된다."[297] 이런 말도 했다. "본래는 하나의 기氣였는데 살아나면 양이 되고 사라지면 음이 된다. 그러므로 둘은 하나일 따름이다."[298] 그는 양 가운데 음이 있고, 음 가운데 양이 있으며, 음과 양은 서로 스며들고 서로 전환된다고 생각했다. 자연과 사회와 인생의 모든 현상과 과정은 상호 배척하고 상호 대립하는 경향을 갖고 있음을 인정했다. 주돈이는 '무극이태극無極而太極'으로부터 음양, 오행, 남녀, 만물을 부연해냈다. 그로써 "한 번 움직이고 한 번 고요함이 서로의 근거가 되어 준다. 음으로 나뉘고 양으로 나뉘어 양의가 성립하며"[299] "오행은 하나의 음양이고 음양은 하나의 태극이며"[300] "다섯으로 갈렸으나 실질은 둘이고 근본이 둘이면 하나가 된다"[301] 등의 조합 명제를 통해 우주의 양식을 만들어내고 자연관, 사회관, 도덕관 등을 함께 섞어서 짰다. 장재는 '일물양체一物兩體' 즉 하나의 물질엔 두 개의 본체가 있음과 '불유량즉무일不有兩則無一' 즉 둘이 있지 않으면 하나도 없다는 것과 "두 개의 끝단이므로 느낌이 있으며 근본이 하나이므로 합칠 수 있다"[302] 등의 명제를 가지고 고대의 변증 사상을 새로운 수준으로 끌어올렸다. 대립 통일은 보편적 현상이며 사물이 천변만화하고 끝없이 변동하는 근원이다. 대립하는 측의 두 본체가 통일된 물질을 만들어내므로 삼이라고 부른다. 그가 보기에 일이 있으면 이가 있고, 이가 있으면 일이 있다. "이가 확립되지 못하면 일을 볼 수가 없고, 일을 볼 수 없으면 둘의 작용은 그치게 된다."[303] 일물一物과 양체兩體는 분할할 수 없다. 정이는 이렇게 생각했다. "천하에 이가 아닌 경우는 없다. 일과 이가 서로 대대待對하는 것이 생명이 탄생하는 근본이다."[304] 이정은 음양의 상배相背 즉 서로 어긋남, 상구相仇 즉 서로 원수짐, 상수相須 즉 서로 기다림, 상감相感 즉 서로 감응함을 가지고 사물을 고찰했다. "천지와 음양을 보면 그 기세의 고하가 서로 매우 어긋나 있으나 반드시 서로를 기다린 뒤에 작용을 한다."[305] "일이 있음은 이가 있음이다. 일과 이가 있음은 일과 이의 사이가 있음이다. 그것이 삼이다. 이렇게 나아가 더욱 무궁해진다."[306] 리학 사상가들의 분이합일론은 그들의 '중화中和' '태화太和' 우주관과 방법론의 중요한 기초였다.

주희는 송대 유가 철학 사변을 집대성했다. 그는 북송 오자의 '일분위이一分爲二' '일물양체一物兩體' '만물막불유대萬物莫不有對' 즉 만물은 모두 상대가 있다는 주장과 왕안석의 "상대 속에 또 다른 상대가 존재한다"는 사상 등을 계승 발전시켜 분이합일分二合一론을 전면적이고 체계적으로 밝혀냈다.

주희는 종극의 본체로부터 시작된 분이分二 과정이 무궁무진하다고 생각했다. 그는 "하나가 나뉘어 둘이 됨은 모든 마디가 이와 같이 무궁한 데 이른다"307고 말한다. 이렇게 만물에 모두 '양단兩端'과 '대對'가 있음이 결정되었다. "무릇 한 가지 일에는 양단兩端이 있다."308 "소위 대對 즉 상대란 혹은 좌와 우로써, 혹은 상과 하로써, 혹은 전과 후로써, 혹은 많음과 적음으로써 혹은 비슷한 것끼리 상대하고 혹은 반대되는 것끼리 상대한다. 이를 반복해서 밀면 천지 사이에 상대 없이 올연히 고립된 채 존재하는 물질은 한 가지도 없다."309 "음이 있으면 양이 있고, 인이 있으면 의가 있고, 선이 있으면 악이 있고, 말이 있으면 침묵이 있고, 움직임이 있으면 고요함이 있다."310 만물은 모두 그러하다.311 일물에만 양단이 있는 것이 아니라 양단 또한 각자의 상대가 있다. "그러니 하나를 가지고 말하자면 하나 가운데 또 각자의 상대가 있다. 여기 눈앞에 일물이 있으면 뒤도 있고 앞도 있으며, 위도 있고 아래도 있으며, 안도 있고 밖도 있다. 둘은 또한 각자의 상대가 된다. '홀로 존재하는 것은 없고 반드시 상대가 있다'고 말하지만 홀로 존재하는 가운데 또한 상대가 있는 것이다."312 음과 양은 사물이 서로 생성하고 서로 대면하고 등지고 상호 침투하고 전환되는 근거다. 주희는 "양 가운데 음이 있고, 음 가운데 양이 있으니 뒤섞여 끝이 없음이 그것이다"313라고 생각했다. "통합하여 음양이라고 말하지만 양단일 뿐이다. 음 속에서 각자 음양으로 나뉘고, 양 속에서도 각자 음양으로 나뉜다."314 주희는 이렇게 서로 반대되면서도 통일되고 서로 마주하면서도 필요하고 상호 침투하고 상호 전환되는 분이합일의 관계를 떠나서는 사물이 발전하거나 존재할 수 없다고 생각했다.

역사상 변증법 사유에 관한 제자백가의 뛰어난 명제는 거의 모두 리학자들의 저작에서 찾아볼 수 있다. 사물의 모순, 대립, 의존, 상성相成, 전화 轉化에 관한 분석과 논증은 수두룩하다. 등급 제도의 논증자이자 창도자로서 리학 사상가들은 사회생활 가운데 광범하게 존재하는 차별과 대립들, 이를테면 군신, 상하, 부자, 부부, 귀천, 빈부 등의 신성함을 조금도 의심하지 않았다. 안전함과 위태함, 얻음과 잃음, 치와 난, 흥과 쇠처럼 대립하는 사물이 상호 전화되고 피차 상즉相卽하는 데 대하여 그들 모두는 명확하게 인식하고 있었다. 역사적으로 또는 현실적으로 군신상하 간 자리를 바꾸었던 사실과 그 가능성이 존재한다는 것을 그들도 인정한다. 결국 리학 사상가들은 자연계와 인간 사회에 보편적으로 존재하는 모순을 과감히 직시했으며 사물에는 하나 속에 둘이 있고 둘 속에 하나가 있으며, 대립하는 쌍방은 일정한 조건하에서 상호 전환한다는 것을 분명하고도 심각하게 인식하고 있었던 것이다. 그들은 모순의 회피를 주장하지 않았으며 자발적으로 하나 속에서 둘을 파악하고 둘 속에서 하나를 파악하는 등 대립 통일 속으로 들어가 대립을 파악했다.

리학의 모순관은 풍부한 변증법적 요소를 포함하고 있다. 하지만 전체적으로 볼 때 여전히 형이상학적이다. 철학 논리 구조와 사회정치적 가치라는 관점에서 살펴보면 이는 주로 다음 몇 가지 측면에서 두드러진다.

첫째, 도(태극)는 종극의 본체이면서 윤리강상이 관념 형태로 표현된 것이다. 나눌 수도 없고 바뀔 수도 없다. 즉 "도는 상대가 없다". 정호와 정이는 한편으로 천지 만물의 구체적 리는 "둘이 아닌 경우는 없음"을 인정하면서도 다른 한편으로 도는 나눌 수 없다는 소옹의 논의에도 찬성한다. 도는 둘이 아닌 최고의 통일물이라고 생각한 것이다. 주희는 한편으로 "오직 도만이 상대가 없으나 형이상과 형이하로 논한다면 또한 상대가 없었던 적은 없다"[315]고 하면서도 다른 한편으로는 "태극은 오직 하나뿐으로 상대가 없는 존재"[316]라고 공언하기도 한다. 도(태극)의 완벽함과 신성함을 지키기 위해 리학 사상가들은 본체인 도의 절대와 유일을 강조하고 나눌 수 있고 변할 수 있는 절대성을 부정했다. 도는 윤리강상이 관념 형태로 표현된 것으로 도(태극)를 나눌 수 없는 것으로 본 취지는 윤리강상의 영원함과 절대성을 논증하는 데 있었다.

둘째, 정위불역定位不易론은 대립적인 수많은 주主와 차次의 측면을 주관적으로 굳어지게 만들고 피차간 상호 전환을 바라지 않거나 부정한다. 주희는 말한다. "음양에는 유행流行 즉 흘러가는 것이 있고 정위定位 즉 고정된 것이 있다. '한 번 움직이고 한 번 고요하여 서로의 근원이 되는 것'이 바로 유행인데 추위와 더위가 오고 가는 것이 그렇다. '음과 양으로 나뉘어 양의兩儀가 확립되는 것'이 바로 정위인데 천지와 상하와 사방이 그렇다."[317] 리학 정치 철학에서 군주, 아버지, 남편은 양이고 높은 것이며, 신하, 아들, 아내는 음이고 낮은 것이다. 그래서 음양정위론의 사회정치적 의미는 군신, 부자, 존비, 상하가 정위불역하다는 것이다. 이를테면 상지上智와 하우下愚, 군주와 신하, 위와 아래는 전환될 수도 없고 전환되어서도 안 된다. 리학 사상가들은 분분히 『주역』「계사」 중의 "하늘은 높고 땅은 낮으니 군주와 신하 관계가 고정된다. 낮음과 높음으로 늘어서니 귀천이 자리를 잡는다"[318]는 말에 상세한 설명을 달았다. 그리고 천명, 천분天分, 천수天數를 가지고 귀천 등급이 무시해서는 안 될 '자연의 리'임을 논증하기도 했다. 이와 같은 인식 방법과 가치 취향 자체는 리학이 수없이 대립하는 쌍방이 일정한 조건에 근거하여 상호 전환될 가능성이 있다는 사실을 부정한 것이며, 철학적으로 형이상학의 질곡을 철저히 벗어날 수 없는 것임을 예고했다. 장재, 주희 등은 음과 양에게 공통된 성질을 부여했으며 수많은 곳에서 양이 주재자임을 고집하지 않았다. 그럼에도 상대적으로 보면 양의 가치는 여전히 음보다 높았다. 주희는 말한다. "양은 항상 왼쪽에 위치하며 생육과 성장에 공을 들인다. 그 무리로는 강剛하고, 명

明하고, 公공하고, 의義를 추구하며 무릇 군자의 도가 거기에 속한다. 음은 항상 오른쪽에 위치하며 살상과 참살의 일을 한다. 그 무리로는 유柔하고, 암暗하고, 사私하고, 이利를 추구하며 무릇 소인의 도가 거기에 속한다."[319] 사상가들은 『주역』의 종지를 분분히 주석하고 해설했다. 그들이 보기에 양이 앞서고 음은 뒤서며, 건乾은 튼튼하고 곤坤은 순응하며, 하늘은 높고 땅은 낮았다. 음과 양이 기왕 순서와 위치, 존비가 있으니 건과 곤은 주종과 명분名分이 있고 그렇기 때문에 등급 질서는 불변의 진리인 것이다. 이 것이 사회생활에 구체적으로 드러난 것이 군신, 상하, 부자, 부부의 정위 불역이다. 군주는 높고 신하는 낮으며, 군주는 주체이고 신하는 종속이 며, 군주가 부르면 신하는 화답한다. 주희는 말한다. "그런데 나눔으로 말 하자면 건은 높고 곤은 낮으며, 양은 높고 음은 낮아 나란히 병렬할 수 없다. 한 집으로 말하자면 부모는 당연히 모두 높으나 어머니는 끝내 아 버지와 나란히 병렬할 수 없다. 한 집안을 두루 보아도 한 명의 존장만을 용납할 뿐이다. 나란히 병렬할 수 없으니 이른바 두 명의 윗사람이 다 높 은 경우는 없는 것이다."[320]

　셋째, 동動과 변變의 절대성과 보편성을 부정한다. 리학 사상가들은 음 과 양, 일과 이, 동과 정, 상常과 변變 등 철학 범주들을 한데 결합시켜 운 동의 무궁함과 변화의 무상함을 논설했다. 그런데 논의가 사회정치와 윤 리 문제에 이르면 필봉이 전환되어 정靜과 상常을 절대화시킨다. 주희는 말한다. "그래서 성인은 중정中正하고 인의하며 동과 정이 두루 흐르지만 그 움직임에는 반드시 정이 주체가 된다."[321] 이 사상을 조금 확장해보면 동의 절대성을 부정하는 방향으로 나아간다. "정이 주인이 되고 동은 손 님이 된다. 이것이 천지와 음양과 자연의 리다."[322] "동은 정에 바탕을 두 고 있으며 정은 동에 바탕을 두지 않는다."[323] 동과 정의 대립 통일 속 에서 사물을 파악하는 것이 리학의 주된 경향이지만 그들의 가치 지향과 최종 목적은 정靜이다. 예컨대 "안정되어 움직이지 않음이 바로 성인이다."[324] 이러한 인식은 사회정치적 문제에 있어서 구체적으로 질서가 있는 특정한 이상적인 경계를 유지하거나 회복하려고 애쓰는 것으로 표현된다. 이 경계에서 "변함없으면서 끝나지 않는" 동은 제한을 받거나 심지어 중지되기도 한다. "어떠한 사물이든 반드시 법칙이 있다. 부모는 자애에 머무르며, 자식은 효도에 머무르고, 군주는 어짊에 머무르고, 신하는 공경에 머무른다."[325] "부자와 군신 관계는 불변의 리가 있어 바뀌지 않는데 어떻게 움직임이 오겠는가?"[326] 이렇게 불변의 상常에 머무르는 동과 정, 상과 변 관념의 사회정치적 의미는 "삼강오상은 끝내 변할 수 없으며" "성쇠와 증감의 형세가 있을 뿐"[327]이라는 것이다.

리학 사상가들은 전통의 변증법적 사유를 새로운 높이로 끌어올렸다. 정치사상적으로 각종 조절 이론들을 풍부하고 완벽한 철학적 이치를 가진 것으로 표현했으며 정치 운용 과정에서 드러나는 각종 모순과 문제점들에 비교적 타당한 해답을 내려주었다. 그렇지만 이들 철학 또한 전통 유학의 본색과 주지를 여전히 지키고 있었다. 즉 경經, 상常, 중中, 화和를 구한 것이다. "원수는 반드시 화和, 즉 화해를 통해 해결한다."[328] 모순을 화해시키는 가장 좋은 길은 '화'다. 투쟁의 결말은 끝내 옛날의 통일체 즉 '화' 속으로 되돌아가는 것이다. 자연히 동과 변은 일종의 순환이 아닐 수 없다. 이 모순 관념의 일반적 개괄이 바로 중화中和다.

중화中和의
정치철학적 의미

예禮를 숭상하고, 인仁을 소중히 여기고, 중中을 높이고, 화和를 구하는 것은 유가 정치 학설의 기본 특징이다. 유가 정치사상의 논리 구조 가운데 중화는 예와 인을 일체로 통일시킨다.

공자는 예, 인, 중, 화를 일체로 총결산한 첫 번째 사상가다. 그의 정치 학설 가운데 예치, 인정, 중용은 삼위일체이며 상부상조한다. 공자의 후학들은 이 사유 방식을 계승하여 중용과 중화를 자연과 사회를 주재하는 근본 법칙이자 일체의 모순을 화해시키는 비결로 여겼다. 한대 유학자들은 이를 '대중지도大中之道'라고 불렀다. 수당 시대 『중용』의 지위는 한층 더 부각되었다. 북송과 남송 시대에 위대한 유학자들은 거의 모두 『주역』을 해석하고 『중용』에 주를 단 작품을 썼다. 사람들은 분분히 『서경』 『논어』 『주역』 『중용』에서 중화사상의 근거를 찾고자 했다.

중화의 변별은 리학 내부에서 쟁론이 그치지 않은 중대한 이론 문제다. 주희는 이정의 학설을 일부 수정했다. 도심道心, 인심人心, 황극皇極 등 '중'과 연관된 개념의 이해에 있어서도 육구연과 주희는 매우 큰 차이를 보였다. 호굉과 장식은 중을 본성으로 여기고 화를 마음으로 여겼다. 이 때문에 주희와 장식은 서로를 힐난하며 한 차례 중화의 변론을 전개한 적이 있다. 그러나 정치 철학으로 볼 때 중화에 대한 리학 사상가들의 이해는 대동소이하다. 중中, 화和, 용庸은 동류의 개념이며 구체적인 운용 과정에서 일부 구별되기도 한다. 중화와 중용의 기본 종지는 이미 정해진 원칙을 전제로 하여 도덕 수양, 사회적 행위, 정치 운영 과정에서 지나침과 못 미침을 피하고 교정하려는 것이다.

정주는 '불역不易'과 '평상平常'으로 '용庸'을 해석한다. 그들은 말한다. "치우치지 않음을 중이라 하고 바뀌지 않음을 용이라 한다. 중이란 천하의 바른 길이며 용이란 천하의 정해진 이치다."[329] "중용이란 기울지 않고 치우치지 않음이다. 지나치거나 못 미침이 없다. 그러면서 평상의 리를 담은 천명의 당연한 바이며 정미함의 극치다."[330] 리학 사상가들의 중과 용에 대한 분석은 세밀하고 미묘하며 많은 갈래가 있기도 하다. 한마디로 하기 어렵지만 기본 관점은 "중이 있으면 반드시 용이 있고, 용이 있으면 반드시 중이 있으니 둘 가운데 하나라도 적어서는 안 된다"[331]는 것이다. 양자는 서로 상부상조하면서도 "분명하게 둘이 되는 것"은 아니다.[332] 중과 용을 연결해 부르는 것은 천리가 "만세에 바뀌지 않고" "날마다 쓰이고 언제나 실행되는" 것임을 강조하기 위함이다. 중의 도는 지극히 고명하고 또 지극히 행하기 쉬운 것이다. 정이는 말한다. "중용은 천리다. 천리의 고명함을 다하지 못하면 중용이라고 부를 수 없다. 중용은 고명함의 극치이며 일치하지 않는 것이 없다."[333] 중용은 대본大本이고 대경大經이고 대상大常이며 도리의 극치다.

중과 화 또한 동체이용同體異用 즉 본체는 같고 작용은 다른 범주에 속한다. 중은 곧 화이고 화는 곧 중이다. 『통서通書』는 "중은 화다"라 말하고, 『정몽』「태화」편은 "태화는 이른바 도다"라고 말한다. 중 안에 화를 간직하고 있으며 화는 중을 구현하고 있다. 중화는 곧 도이고 리다. 이것은 리학 사상가들의 공통된 인식이다. 그들은 중과 화의 관계에 대해서도 깊이 있는 분석을 내놓았다. 여기서는 주희의 예만을 들고자 한다. 주희는 중이 곧 화이고 화가 곧 중이라고 생각하면서도 두 글자를 분석하면서 구별이 있다고 한다. 개괄하면 중이 체이고 화가 용이라는 것이다. 『중용』은 '중中'으로써 '천하의 대본'을 삼고, '화和'로써 '천하의 달도達道'로 삼는다. "대본이란 천명의 성과 천하의 리가 모두 이로부터 나오므로 도의 본체다. 달도란 천하의 고금이 공통적으로 말미암는 것이므로 도의 작용이다."[334] 체와 용 모두 '중'이며 그런 뒤에 '화'가 된다. "하나의 체와 하나의 용이 비록 동과 정의 차이가 있으나 반드시 그 체가 확립되고 난 뒤 용이 실행된다. 그렇다면 사실 두 가지 일이 있는 것도 아니다."[335] 중과 화의 체와 용은 하나의 근원이며 서로를 인도할 수 있다. 그렇지만 일반적으로 볼 때 중이 근본이다. 중은 "미발未發 즉 아직 피어나기 전 상태"이며 화는 "발하여 절도에 맞는 상태"다. 중은 '당연의 리'이며 화는 "이 리와 서로 거스르지 않는다". 따라서 화는 중에 대한 승인이자 순종이다. 즉 못 미친 것을 구제함으로써 지나친 것을 배출시켜 중中에 이르고 도에 합치하게 된다. 이른바 "중화의 중은 '큰 덕이 두텁게 교화함'이요, 화는 '작은 덕이 끝없이 흐르는 것'이다. 예로부터 오늘날까지 모두 이 하나의 도리일 따름이다."[336] 이 의미에서 중은 도이고 화는 도에 합치함이며 중의 실현이다.

중용과 중화의 관계에 대하여 주희는 "중용의 중은 사실상 중화의 의의를 겸한다"[337]고 말한다. 중화는 미발의 중을 가리키는 데 치중하고 중용은 심리와 행위라는 이중 함의를 두루 갖추고 있다. 마음에서 기울지도 치우치지도 않으며 사물에서 지나침도 못 미침도 없으면 중용이다. "중화는 성정을 두고 말하는 것이며 체용과 동정으로 나뉘는 상대적 주장이다. 중용은 덕행을 두고 말하는 것이며 행위와 일을 겸하는 상합相合

적 주장이다."[338] 중화는 중용의 근거이고 중용은 중화가 겉으로 드러난 것이다.

리학에서 중은 중화와 중용을 일반적으로 개괄한 말이다. 중(중화와 중용)은 철학 개념일 뿐만 아니라 윤리 개념이고 정치 개념이기도 하다. 중은 정도正道, 정리定理, 대본大本, 대경大經 등으로도 설명이 가능하며 도(리)와는 동의어이기도 하다. 중의 사회정치적 내용은 바로 삼강오상이다. "큰 기둥이 바로 용庸이다. 큰 근본이 중中이다. 변화와 양육이 화化다. 기둥이 아닌 것은 없다. 친친親親 즉 어버이를 친애하고, 장장長長 즉 어른을 대접하고, 귀귀貴貴 즉 귀한 사람을 귀하게 여기고, 존현尊賢 즉 현인을 존중하는 것이 큰 기둥일지니! 근본이 아닌 것이 없다. 지극히 공평하고 지극히 광대하고 치우치거나 기울지 않고 어디에도 구속되지 않으니 큰 근본일지니! 변화하지 않는 것이 없다."[339] 예와 같은 종법 등급 규범이야말로 중의 표준이자 목적이다. 그래서 중(중화, 중용)과 관련된 토론 자체가 바로 일종의 사회정치적 관념을 반영하고 있는 것이다.

그런데 리학 사상가들은 중을 가지고 논의를 전개할 때 이중적 함의를 집중적으로 강조한다. 하나는 중이 리의 극치로 대도이자 대본이므로 소도小道 및 소리小理와 대등하게 놓고 말할 수 없다는 것이다. 또 하나는 대도와 대본을 실현하는 표준이자 방법이 중이라는 것이다. 도(리)와 동체인 여러 범주 가운데 중은 방법론 방면의 문제를 집중적으로 토론한다.

중은 사회정치 생활 가운데 지나침과 못 미침을 판단하는 기준이다. 중을 확정하고, 중을 실현하려면 반드시 '윤집궐중允執厥中' 즉 진실로 그 가운데를 붙잡고 있어야 한다. 어떻게 '윤집궐중'을 실현할 것인가에 대해 리학 사상가들은 여러 방면에서 토론을 전개했으며 중화와 중용의 방법론을 한 걸음 더 진전시키기도 했다.

첫째, "두 끝단을 붙들고 그 가운데를 헤아린다."[340] 리학 사상가들은

'편집偏執'과 '편파偏頗'가 지나침과 못 미침을 만들어내는 주요 원인이라고 생각했다. "저 두 끝단이란 지나침이거나 못 미침이니 행해서는 안 된다!"341 따라서 "두 끝단을 붙들고 가운데를 적용해야" 지나침과 못 미침을 피할 수 있다. 주희는 말한다. "모든 사물에는 작음과 큼, 두터움과 얇음 같은 두 끝단이 있다. 가장 좋은 중은 두 끝단을 붙들고 잘 헤아려서 가운데를 취하고 그런 뒤 적용하는 것이다. 그러면 면밀한 선택이 될 것이고 실행이 지극해진다."342 일반적으로 중은 이것이기도 하고 저것이기도 하며, 치우치지도 않고 기울지도 않으며, 극단으로 치닫지도 않는다. 다만 중에 대한 인식과 선택 정도에 있어서 리학은 "두 끝단을 붙들고 가운데를 적용하는" 단순한 사유 방식을 벗어나야 한다. 예컨대 사물의 두터움과 얇음을 재면서 극단적 두터움과 극단적 얇음의 중간에서 선택을 하는 것이 아니라 마땅히 두터워야 하면 두텁게 하고 마땅히 얇아야 하면 얇게 하는 것이다. "지극히 두텁게 해야 한다는 주장이 옳으면 지극히 두텁게 하자는 주장을 적용하고, 지극히 얇게 해야 한다는 주장이 옳으면 지극히 얇게 하자는 주장을 적용한다."343 인간사를 두고 말하면 의義와 이利는 양 끝단에 속하는데 '윤집궐중'하면 의가 표준이 된다. "만물은 각자 분별을 하는 것이 이익이다. 군주는 그렇게 군주가 되는 것이고, 신하는 그렇게 신하가 되는 것이며, 부모는 그렇게 부모가 되는 것이고, 자식은 그렇게 자식이 되는 것이다. 어떤 이익이든 이와 같을 것이다!"344 "이익은 바로 의가 화합하는 지점이다. (…) 의는 처음에 마치 화합하지 못한 듯하지만 오히려 화합을 한다. 분명히 침범할 수 없는 것이어서 마치 화합하지 못한 듯하다. 분별을 한 뒤 만물이 각자 제 위치를 찾는 것이 화합이다. 불화不和 즉 화합하지 못함은 불의에서 생기며, 의로우면 화합을 하니 이롭지 않은 경우가 없다."345 따라서 "마땅함과 마땅하지 못함이 바로 중이다. 어떻게든 둘 사이에서 중을 취하여 행해야 한다."346 이러한 인식은 천리를 '중'으로 삼는 정치 원칙을 강화했다.

둘째, 중정中正이다. 중정과 인화仁和는 '윤집궐중'을 실현하는 일반 법칙이다. 기존의 중에 부합함이 바로 '중정의 도'이다. 그에 반하면 '실도失道' 즉 도를 잃음이다. 정正은 중에 이르는 계단이며 반드시 거쳐야 할 길이기도 하다. "능히 중을 헤아릴 수 있으면 정은 그 가운데에 있다."[347] "모든 일에 먼저 어떻게 정을 얻는지 이해해야 중을 얻게 된다. 부정不正하면 더욱 깊이 중을 이해해야 한다!"[348] 그래서 "중은 반드시 정을 우선으로 삼는다". 그러나 "중에는 부정이 없으며 정하다고 해서 반드시 중인 것은 아니다."[349] 이를테면 "선을 따지는 것은 정이지만 부자간이라면 중中이 아니다."[350] 자식이 부모에게 선을 따지는 것은 정이라면 정이지만 이는 효순의 도와 '부자간의 리'에 어긋난다. 이렇게 '정'이 의리를 위배하면 '과過' 즉 지나침에 속한다. 여기서 알 수 있듯이 리학자들이 말하는 "중정하면 편폐가 없다" 함은 사실상 편偏 즉 치우침도 있고 폐蔽 즉 막힘도 있는 것이다.

중정의 도는 자식이나 신하들을 언제나 곤혹스러운 지경에 빠지게 한다. 한편으로 신하는 "부름을 기다려 화합해야" 하고 "잘난 점은 모두 감춰야" 하고 "일이 끝날 때까지 직무를 지켜야" 하고 "좋은 결과가 있으면 군주에게 그 공을 돌리는 것이 상도이며 정을 얻는 길이다".[351] 다른 한편으로 신하는 충성을 다해 일을 해야 한다. "머금고 있으면서 행동하지 않으면 충성을 다한 사람이 아니다."[352] 신하는 또한 굳셈으로 군주를 바로잡아야 한다. "군주가 강중剛中의 신하를 얻고 신하가 중정中正의 군주를 만나 군신 관계가 강양剛陽으로 중정을 만나면 도가 천하에 크게 실행될 것이다."[353] 신하와 자식은 부름을 기다려 화합해야 할 뿐만 아니라 의에 입각해 말을 해야 한다. 부드럽고 온순해야 할 뿐만 아니라 강하게 밀어붙여야 한다. 직무를 지키며 힘써 받들어야 할 뿐만 아니라 충성을 다 바처야 한다. 양자 관계를 처리하면서 조금이라도 소홀하면 바로 '중정'을 잃게 된다.

셋째, 중지中止다. "중이란 그침이다."354 중을 실현함은 정칙 하나만 지향하고 중에 이르면 그치는 과정이다. 그래서 '중'은 '지止'로 새김을 달기도 한다. "규칙에 의거해 정正을 취하고" 지어지선至於至善 즉 최고의 선에서 그쳐야 '중'에 도달할 수 있다. 어떤 사회적 역할이든 반드시 지켜야 할 정칙과 상도常道가 있다. "모든 사물엔 규칙이 있으니 군주에게는 군주의 규칙이 있고 신하에게는 신하의 규칙이 있다. '군주가 되면 어짊에 그치는 것'이 군주의 정칙이다. '신하가 되면 공경에 그치는 것'이 신하의 정칙이다."355 리학 정치론에서는 군주가 교화를 수립하고 형벌을 시행하는 것이 '중지中止의 도'에 속한다. 『통서』는 말한다. "중이란 화和이고 중절中節이고 천하의 달도이고 성인의 일이다. 그래서 성인이 교화를 수립하여 사람들로 하여금 저절로 악을 고치고 스스로 중에 이르면 그치도록 한 것이다."356 사상가들은 이 사상을 분분히 인용하며 중화의 도를 실행하여 백성으로 하여금 지어지선하도록 하라고 주장한다. 그 구체적인 방법은 위엄과 덕을 조화시키고 강과 유를 병용하는 것이다.

넷째, 시중時中이다. 『중용』은 "군자이면서 시중時中 즉 때맞추어 중용을 지키라"고 주장한다. 리학 사상가들은 시중론을 대단히 중시했다. 정이는 "중은 고정된 방향이 없으니 하나만 고집할 수 없다"357고 말한다. "시중이란 당연히 그래도 되는 것을 말한다. 겨울에는 뜨거운 국물을 마시고 여름에는 찬물을 마시면 된다는 그런 말이다. 아무런 거리낌도 없이 규칙을 지키지 않아 중中도 아니고 상常도 아니라면 망령된 행동일 따름이다."358 주희는 "중은 고정된 본체가 없으며 때를 좇을 따름이다"359라고 말한다. 시중의 전제는 "중을 인식하는 것"인데 중을 인식하지 못하면서 "때를 좇음을 중으로 여긴다면" "아주 멀리멀리 실패하게" 될 것이라고도 말한다.

육구연은 이렇게 말한다. "그런데 자사子思가 말하는 중은 대중大中하라는 말일 뿐만 아니라 시중하라는 주장이기도 하다. 중中하면서 때에 맞지 않는다면 어떻게 중을 실천했다고 하겠는가."[360] "중이 덕인 것은 어디를 가든 적절하지 않음이 없다는 말이기 때문이다."[361] '대중'이 원칙을 말하는 것이라면 시중은 융통성을 말한다. 리학 사상가 모두는 일정한 융통성을 떠나서는 진정으로 중화를 실현할 수 없다고 생각했다. 이른바 시중이란 때에 입각해서 일의 성격에 맞게 적절하게 처리하는 것을 말한다. 일정한 규칙만을 고집하지 말고 과도하게 '중'에 집착함으로써 오히려 지나침이나 못 미침을 초래하는 것을 피하라는 말이다.

시중은 "저울질을 하여 물건의 경중을 달아 공평함을 얻는 것과 같다."[362] 그래서 권權, 변變, 권변權變 즉 형평에 따라 일을 처리하는 수단이라 부르기도 한다. 즉 필요한 조정을 거쳐서 중정中正과 중지中止의 지점을 찾는 것이다. 저울질을 할 수 있으면 중을 찾을 수 있다. "상常을 지키는 것은 물론 옳다. 그러나 처경에 변화가 생겨서 지킬 수 없음에도 억지로 정칙을 지키면 안 된다. 변화가 리에 합치하는 것이면 단연히 드러난 대로 하고 옛것에 따름이 상이다."[363] "이를테면 군주는 존엄하고 신하는 비천하다는 구분은 물론 바뀌지 않는다. 그러나 위아래가 전혀 교류하지 않을 수는 없다. (…) 그 본체를 논하면 끝까지 영원하다. 하지만 본체가 상常이기 때문에 작용은 변한다. 작용이 변하기 때문에 본체가 영원할 수 있는 것이다."[364] 군주가 존엄하고 신하가 비천함은 정해진 법칙이다. 그러나 필요할 경우 위아래는 서로 교류한다. 군주는 유화적 태도로 아랫사람을 대하고 신하는 강직한 태도로 군주를 바로잡는 것이 바로 정칙을 수호하는 길이다. 그런데 "상을 유지할 수 있어야 변화시킬 수 있다."[365] 경經 즉 원칙을 알아야 권權 즉 융통성을 사용할 수 있다. 경권經權론과 상변常變론은 시중론의 발전이자 운용이다. 이는 리학 정치 조절 이론의 이론 기초 가운데 하나다. 시중과 권변은 때를 좇아 움직여야 하고 풍속을 살펴서 실행해야 한다. 리학 사상가들이 보기에 이러한 변동이야말로 치우쳐서 중을 떠나는 것이 아닐 뿐만 아니라 오직 이것만이 현실 가능성을 갖춘 '윤집궐중'이었던 것이다. (경권론의 정치적 내용에 관해서는 이 장의 제5절에서 구체적으로 소개한다.)

다섯째, 삼화參和 즉 셋의 화합이다. 화和, 삼화, 화합은 중을 실현하는 중요한 길이다. 화의 표징은 "엇나가는 것이 없고" "서로 침탈하지 않고" "일 처리가 모두 적절함"이다. "화하면 교감하여 만물이 길러진다."366 화는 주로 대립하는 쌍방의 '감응' '창화倡和' '조화' '상제相濟' 즉 상호 구제를 가리킨다. 음양이 교감하고 화합하여 만물을 기른다는 것은 '화'의 자연관의 기초다. 장재는 건곤과 음양이 "두 실마리가 되므로 감응이 있고 근본은 하나이므로 합할 수 있다"367고 생각했다. 이른바 감感이란 "그것으로 다른 것을 합칠 수 있으므로 감이라 일컫은 것이다."368 이른바 합合이란 "다름이 존재하지 않는다면 합도 없다"369는 것이다. 다른 종류끼리의 교감과 화합은 안정되면서도 풍부한 생기를 지닌 통일된 사물을 구성한다. 이것이 우주의 일반 법칙이다. 이정은 말한다. "하나의 음과 하나의 양을 가리켜 도라고 한다. 음양이 교감하고 남녀가 배합하는 것이 천지의 상리常理다."370 "음양이 화창하면 만물이 생겨나고 천지가 태평하다."371 주희는 말한다. "'감응' 두 글자에는 두 가지 뜻이 있다. 감이 응을 상대하는 것으로 보면 저것이 감하여 이것이 응한다는 것이고, 감 하나만을 두고 보면 감은 응의 뜻을 겸하기도 한다."372

"만물은 삼화하고 교감하면 탄생하고, 이산하고 불화하면 죽는다."373 삼參은 하나나 둘과 구별되는 셋이다. 리학은 대립을 인정하며 대립하는 현실을 불행한 과도기로 취급한다. 피차간 삼화를 통하여 대립을 연결시키는 중개中介, 두 가지를 초월하는 중립中立, 쌍방을 능가하는 중정中正, 생기를 통일적으로 발산하도록 하는 중화中和, 대립하는 '둘'을 승화시켜 더 높은 경지로 만드는 '하나'를 찾으려고 노력한다. 『중용』은 남쪽 사람들의 유약함과 북쪽 사람들의 강력함을 두루 받아들여 지나친 것은 새어나가게 하고 못 미치는 것은 구제하여 둘의 중中에서 취하고 둘의 화和에서 이룬 부드러움과 강함을 형성한다. 이것이 전형적인 삼화론이다. 이 '삼參'을 가지고 대립을 승인하는 것이 출발이며, 중을 근거로 삼고 피차간 화합하여 마지막으로 과도기를 거쳐 통일에 이른다. 이것이 사실상 이상화된 '중'의 실현이자 완성이다.

양이 외치고 음이 화답하며, 건은 씩씩하고 곤은 순응하며, 이것이 감하고 저것이 응하며, 상호 삼화함이 사회관계에서 구체적으로 드러난 것이 남녀, 부부, 부자, 군신, 상하 간의 배합이자 외침이고 좋음이다. 음양이 화합하면 만물이 생겨나고 군신이 화합하면 일이 성공한다. 그래서 리학 사상가들은 모두 차이를 인정하고 대립을 유지하라고 주장한다. '중'을 통하여 피차 조절하고 피차 삼화하면 대립하는 쌍방의 주종 관계가 역전되는 일이 발생하지 않는다는 전제 아래서 서로 침투하고 서로 보조하고 화해와 통일을 이루도록 만들라는 것이다. 이른바 '화이불류和而不流' 즉 화합하되 잘못된 곳으로 빠지지 않는다는 말이다.

군신, 부자, 부부의 '화합'은 리학 정치사상이 주시한 핵심 사항이다. 이 '화'는 강렬한 조화의 색채를 띠며 왕왕 대립하는 쌍방에게 제한적인 규범을 제시하기도 한다. 그러나 '중'은 '편중偏中' 즉 중에 치우친 것이며 '중화'는 자연히 '편화偏和' 즉 화에 치우친 것이기도 하다. '불화내화不和乃和' 즉 화합하지 않음이 화합함이라는 주희의 논의가 가장 대표적이다. 그는 "예가 바로 화이며" 군주는 군주답고, 신하는 신하답고, 부모는 부모답고, 자식은 자식다움이 "각자 제자리를 찾는 것이 자연스러운 화다"[374]라고 생각했다. "군신, 부자, 부부, 형제간 의는 자연히 다르며 불화한 듯 보인다. 그러나 각자가 제 분수를 지키고 이치에 맞게 움직이면 바로 순리이고 화합처다."[375] 이렇게도 말한다. "존비와 대소는 확실히 침범해선 안 되며 이는 불화가 더 심해지는 것과 같다. 그러나 각자 모든 일이 잘되도록 할 수 있다면 화和보다 큰 것이 무엇이 있겠는가!"[376] 강상에 부합하는 것이 바로 '중화'다. 윤리를 위배하는 것이 바로 '불화'다. 등급 차별은 표면적으로 '불화한 것처럼' 보이지만 사실은 그것이 바로 '중화'다. 리학은 의리를 위배하는 사람들은 '화'를 말할 수 없다고 생각한다. "군자의 소인에 대한 것은 (…) 화를 교류하는 리가 없음이다."[377] 오직 이러한 '불인'과 '불화'를 완전히 없애는 사람만이 중화를 실현할 수 있다. 귀천 등급은 중화론의 기초다. 조화를 수단으로 삼아 기존의 '중'을 수호하는 것이 리학 정치론의 기둥이다.

여섯째, 절중折中이다. 중용은 절중, 절충折衷으로도 해석한다. "충衷은 중일 따름이다."[378] 충과 중은 서로 통한다. 주희는 절충에는 두 가지 속뜻이 있다고 생각했다. 하나는 "지나침도 못 미침도 없는 것"이고 하나는 "딱 들어맞는 것"이다. 그는 "중이란 글자는 대체로 지나침과 못 미침 때문에 생겨난 이름이다. 이를테면 육예가 공자에게 절충됨과 같다"[379]고 말한다. 이렇게도 이야기한다. "딱 들어맞음이다. 이를테면 절충은 둘의 절반을 잘라서 그 가운데를 취함이다."[380] 절중이라 함은 중에서 표준을 찾고 중에서 삼화參和하는 것이다. 중을 기준으로 삼아 취사선택하고 두루 축적하고 융통하는 것이다. 학문을 예로 들면 주희는 일부 유학자들이 경전을 해설하면서 하나의 학설만 주로 하고 사방 주변을 돌아보지 않는 것을 비판했다. "그가 본 한 측면의 도리만 이야기하고 성인의 언어를 절충하지 못하기 때문에 실수가 많은 것이다."[381] 리학 사상가들은 대부분 절충의 도에 많은 정력을 쏟았다. 학문을 하고 정치를 논하면서 애써 "중정의 화평을 추구하고 치우치거나 기울지 않으려고"[382] 노력했다. 그들은 삼교구류三教九流[383]를 공맹으로 절중하여 "육예가 공자에게서 절중되었다"고 할 뿐만 아니라 "성인의 언어를 절충하기도" 했다. 이를테면 도덕, 인의, 예악, 덕형, 강유, 경권 등처럼 유학의 고유한 수많은 대비적 개념을 상호 보완적 범주로 묶어서 '체용일원體用一元'의 구조를 만들고, 상응하는 두 개의 범주를 혹은 하나는 체 하나는 용으로 삼기도 하고 동시에 체용으로 삼기도 하며, 혹은 일정한 조건하에서 피차간을 체용으로 삼아 양 끝단을 긴밀하게 연결하고 한데 병렬시키기까지 했다.

리학은 유학의 중화 철학을 극단적으로 발휘했다. '중'을 천변만화하고 "수없는 파편으로 분열된" 선배 유학자들의 정치 윤리 학설을 융합시키는 수단으로 삼아 일이관지의 체계를 만들었으며 유학의 자체 해석 능력을 강화시켰고 유가 정치 이론의 융통성을 강화하기도 했다.

정이의 다음 한마디는 중용에 대한 전체 결론이라 할 수 있다. "천하의 리는 하나일 뿐이다. 작은 것으로 작은 것을 이루고, 큰 것으로 큰 것을 이루는 것은 특이한 일이 아니다. 이 마음을 들어서 저곳에 더하고, 멀게는 사해까지 밀어서 기준으로 삼고 역사적으로는 만세까지 밀어서 기준으로 삼는다. 그래서 한번 수신하면 어떻게 사람을 다스릴 것인지 알게 되고, 사람을 다스릴 줄 알게 되면 천하 국가를 어떻게 다스릴 것인지 알게 된다. 모두 여기에서 나온 것이니 무엇인가? 중용일 따름이다."[384] '수신제가치국평천하'에 관한 모든 원칙은 나눠서 말하면 다르지만 합해서 말하면 하나다. 한마디로 중용일 뿐이다.

예인禮仁 일체의 정치론

　예와 인은 유가에서 가장 중요하게 생각하는 두 개의 정치 개념 범주다. 예치인애禮治仁愛 네 글자는 유가의 정치 노선을 개괄한다. 리학 사상가들은 인을 4덕의 수장이자 우주의 본체요 주체 정신으로 받든다. 동시에 중화 철학을 운용하여 예치인애 사이의 "체용일원, 내외일치"를 논증하기도 한다. 이를 통해 유가의 예인 정치론을 새로운 차원으로 발전시켰다.

　예, 인, 인과 애, 인과 심, 인과 공公, 인과 의예지義禮智의 관계에 대한 리학 사상가들의 인식에는 갈래가 없지 않다. 이를테면 주희와 장식은 '인'을 둘러싸고 수년에 걸친 학술 논쟁을 전개한 적이 있다. 두 사람은 나뉘었다가 통일로 나아가 각각 『인설仁說』을 저술했는데 기본 관점이 일치했다. 다만 "한두 군데는 합의를 못 이루었다". 리학 일파와 심학 일파의 갈림은 더욱 명확했다. 육구연은 "인의는 사람의 본심"[385]이라고 주장한다. 이 관점은 장재의 '민포물여民胞物與' 즉 세상만물을 두루 사랑함과 주희의 "혼연히 만물과 동체를 이룬다"는 인과 비교해볼 때 윤리적 주체성을 뚜렷이 드러내고 있다.

　예와 인이 모두 도, 천리, 중中이 된다는 관점에 있어 리학 사상가들의 견해는 일치한다. 여기서는 정주학파의 견해를 위주로 이를 대략적으로 설명하고자 한다.

주희는 인이 4덕의 수장이지만 인의예지 모두 본성이라고 생각했다. 맹자가 인의예지를 인성의 사단四端으로 삼은 후 역대 유학자들은 인의예지를 인간의 고유한 도덕 본성으로 여겨왔다. 그 가운데 인을 중시하는 유학 학파는 인을 의예지와 나누어 체용 관계로 삼기도 했다. 리학 사상가 가운데 이런 관점을 가진 사람도 있다. 주희는 그렇지 않다고 생각했다. "사람은 나면서 고요한 상태로 사덕을 갖추고 있다. 인이라 부르고 의라 부르고 예라 부르고 지라 부른다. 모두 마음에 뿌리를 두고 있으나 아직 피어나지 못한 상태로 이른바 리이고 본성의 덕이다."386 이는 인의예지가 모두 본성이라는 말이다. 주희는 주장한다. "인자를 의, 예, 지자와 나란히 보았을 때 비로소 경계가 분명해지고 단서를 파악할 수 있다. 지금 저 셋을 버리고 오직 인자만을 논하기 때문에 말이 많아지고 쉽게 오차가 생기는 것이다."387

진순은 스승의 말을 귀납하여 인의예지의 관계에 대한 지극히 세밀한 분석을 내놓았다. 그는 『북계자의』에서 다음 몇 가지 차원으로 인의예지(신)의 관계를 천명하고 있다. 첫째, "대저 본성 가운데는 인의예지 네 개의 층위만 존재하며 모든 선은 다 이로부터 생겨난다. 이 네 층위가 사실상 모든 선의 총괄이다."388 "인의예지의 실제 리가 바로 신信이다."389 그러므로 인의예지신을 가리켜 오상, 오성五性이라 부른다. 둘째, 나누어서 말하면 "인은 애愛의 리이고, 의는 의宜 즉 마땅함의 리이고, 예는 경敬의 리이고, 지는 지知의 리다."390 인의예지는 각각 애, 의, 경, 지와 체용 관계를 구성한다. 네 자는 평행이며 "네 가지 상대적인 도리다."391 셋째, 인만을 가지고 말하면 "마음에 들어오면서 갖추어진 천리 전체가 다 인이다."392 "그 전체를 들어 말하면 인이라 일컫고 의, 예, 지는 모두 그 가운데 포함된다."³⁹³ 의는 "재단함이 이치에 맞는 것이며," 예는 "천리에 맞는 규정이며," 지는 확실하게 "시시비비를 아는 것"이다. 의, 예, 지는 모두 천리와 인심의 중요한 구성 요소다. 넷째, 하나의 사건 하나의 사물을 두고 말하면 하나의 사건이 앞에 있을 때 그 시비곡직을 아는 것이 "바로 지이며" "잘못된 것을 따를 것인가 말 것인가를 결정짓는 것이 바로 의이며,"³⁹⁴ "행위가 중용에 딱 들어맞고 옳은 규정을 갖추고 지나침도 없고 못 미침도 없으면 바로 예이며,"³⁹⁵ "일을 하여 중용에 맞고 조금의 사사로운 의도도 그 사이에 끼어듦이 없다면"³⁹⁶ 바로 인이며, "처음부터 끝까지 모두 진실한 마음에서 비롯한 행위라면 바로 신이다."³⁹⁷ 손님을 대하는 것을 예로 들어보자. 간절함이 인이고, 공경함이 예이고, 적절하게 대처함이 의이고, 예의 경중과 후박을 분명히 아는 것이 지이고, 성심성의를 다하여 전 과정을 완성하는 것이 신이다. 결론적으로 "이 도리가 끝없이 순환하여 익숙해지게 되면 크게 운용하든 작게 운용하든 모두 적절하고, 횡설하든 수설하든 모두 통하게 된다."³⁹⁸ 어떤 일이든 온당하게 하려면 인의예지신이 반드시 구비되어야 한다. 다섯째, 때로는 어떤 한 사물이 사덕오상 가운데 하나에만 치중해서 강조한 경우가 있다. 이를테면 "부자유친이 바로 인이고, 군신유의가 바로 의이고, 부부유별이 바로 예이고, 장유유서가 바로 지이고, 붕우유신이 바로 신이다"³⁹⁹와 같다. 그러나 실질적으로는 오상이 모든 것을 관통하고 있다. 예컨대 "이른바 친, 의, 서, 별, 신은 모두 그 마음에 천리가 흐르지 않는 경우가 없으니 또한 인이며,"⁴⁰⁰ "그로써 친, 의, 서, 별, 신을 실천하는 명문 규정이 있으니 또한 예이기도 한"⁴⁰¹ 것 등이 그렇다. 여섯째, 오상의 그 어떤 본성이든 오상의 오성五性을 모두 갖추고 있다. 이를테면 친친親親 즉 부모를 친애함은 인의 인이고, 간친諫親 즉 부모에게 간하는 것은 인의 의이고, 경친敬親 즉 부모를 공경함은 인의 예이고, 효도가 양지로부터 발현됨은 인의 지이고, 사친事親 즉 부모를 섬기는 실질은 인의 신이다. "그래서 인의예지신 가운데의 인" "가운데의 의" "가운데의 예" "가운데의 지" "가운데의 신"이 있다. "인 가운데 인의예지신이 있고, 의 가운데 인의예지신이 있고, 예 가운데 인의예지신이 있고, 지 가운데 인의예지신이 있고, 신 가운데 인의예지신이 있다."[402] 하나하나의 덕성 모두 체용을 겸비하며 다른 덕성과 서로 체용 관계가 되기도 한다. 하나를 빼거나, 하나를 올리거나, 하나를 누르는 것은 모두 중화의 성정이나 중용의 덕행을 이루지 못한 것이다. 일곱째, 사덕오성은 "원래 맥락이 서로 연결되는 것이며 경계가 분명하여 서로에게 미치지 못하는 것이 아니다."[403] 인은 예를 양성하고, 예는 의를 양성하고, 의는 지를 양성하고, 지는 다시 인을 양성한다. 따라서 "다섯은 감에 따라 발휘되고, 작용에 따라 응한다. 혹은 한 번 접촉만으로 모두 움직이고, 혹은 서로 뒤얽혀서 서로를 보고, 혹은 질서정연하여 어지럽지 않고, 혹은 잡박하게 병출하여 순서를 말할 수도 없다. 크게 대처하면 크게 있고, 작게 대처하면 작게 있고, 소원하게 대처하면 소원함이 있고, 밀접하게 대처하면 밀접함이 있어 가로세로가 뒤집어지더라도 통하지 않는 곳이 없다."[404] 오상은 서로를 포함하고, 서로를 양성하고, 서로의 체용이 되어 없는 곳이 없고 통하지 않는 곳이 없다. 이 이론적 사변으로 단순하게 인을 높이고 의를 누르는가 하면 예를 높이고 인을 누르는 등 선배 유학자들의 폐단이 해소되었다. 여덟째, 사단은 간단하게 '인의'로 줄일 수 있다. "예는 인이 드러남이요, 지는 의가 감추어진 것이다."[405] "천리의 유행이 현저하게 드러난 곳"이 바로 예이며, "의로 재단하고 가르는 곳"이 바로 지이다. 그래서 "인의예지 넷은 양쪽으로 나누어 인과 의 두 가지로만 만들기도 한다."[406] 인과 의는 체용 관계를 구성하는데 이 의미에서 보면 예인禮仁은 체이고 중이며 인의예지를 일이관지하는 것은 '도리'다. "일一은 이 도리가 전체적으로 불분명하면서 일대의 근본이 되는 것이다. 관貫은 이 도리가 흘러가서 만사와 만물 사이를 관통하는 것이다."⁴⁰⁷ 인의예지신 모두 "바로 이 큰 근본으로부터 흘러나와 작용하게 된 것이다."⁴⁰⁸ 주희와 그 전수자들은 사덕오상에 대해 "건수마다 분명하게 파악하고" "간파한 맥락들을 모아서 혼란스럽지 않도록"⁴⁰⁹ 분석한 뒤 다음과 같은 결론을 얻었다. "일상의 운용 과정에서 작으면 모든 응대와 진퇴까지 쓸어 담고, 크면 천지의 변화 육성에 참여한다. 모든 선행이나 일체의 두서는 이 큰 근본의 흐름이 관통하지 않는 경우가 없다."⁴¹⁰ 예와 인은 모든 도덕과 행위의 근거다. 당연히 정치론의 대강이자 총칙이고 규범이기도 하다.

리학 사상가들은 예와 인이 곧 중이고 도이고 리라고 생각했다. 이 의미에서 예와 인은 다르지 않다. "인은 천리의 근본처다." 일반적으로 말하면 "오상 가운데 인이 가장 위대하다."⁴¹¹ 따라서 "인은 천하의 정리正理이니 정리를 잃으면 질서도 없고 화합도 못한다."⁴¹² 그러나 예는 천리의 흐름이며 인이 겉으로 드러난 것이다. "예는 곧 리의 명문 규정이다."⁴¹³ 중은 예의 극치다. 예가 없으면 중하지 못하고 인하지 못하고 순서를 잃고 화합이 없다. 인은 예 가운데 깃들어 있다. 따라서 예와 인은 기본적으로 등가적이다. 주희는 "중이 곧 예"라는 주장을 긍정한다. 그가 보기에 "중은 예의 극치이고" "중은 예가 처한 마땅한 지점이다". "중이라고 말한다면 지나침과 못 미침이 없고, 비례의 예가 없다. 규정에 딱 맞는 것이다."⁴¹⁴ 따라서 "예는 리일 뿐이다."⁴¹⁵ 리와 중과 동체인 예는 인이기도 하다. "경례經禮가 삼백이고 곡례曲禮가 삼천이나⁴¹⁶ 어느 한 가지 일도 인이 아닌 것이 없다. 경례와 곡례는 인과 한 몸이다."⁴¹⁷ 예는 또한 인을 실현하는 데 반드시 거쳐야 할 길이다. "보고 듣고 말하고 행동함이 예로 통일됨을 인이라 일컫는다."⁴¹⁸ "자신의 사사로움을 제거하고 예를 회복함으로써 인이 드러난다. 인과 예는 두 가지 물질이 아니다."⁴¹⁹ "극기복례가 바로 인이다." 예와 인 모두 가장 기본적인 정치 원칙이다. 리학 사상가들은 제왕의 시정 원칙을 '중정인화中正仁和' 혹은 '인의중정'으로 개괄했다. 『북계자의』는 정주 사상을 밝히면서 '중정'의 '중'은 바로 '예'를 대신한 글자라고 분명하게 지적한다. 그래서 이 시정 원칙은 간략히 '예'와 '인' 즉 예치와 인정으로 요약할 수 있다.

예와 인은 일체이지만 약간 차이가 있기도 하다. 인은 주체 정신의 강조에 치중하고, 예는 제도와 규범의 강조에 치중한다. 인이 "천하를 친근하게 여기는 도"라고 한다면 예는 "중정을 엄격하게 밝히는 도다". "상하의 구분, 존비의 의가 마땅한 이치이며 예의 근본이다."[420] 군주는 군주답고, 신하는 신하답고, 부모는 부모답고, 자식은 자식다움, "이것이 인도의 큰 법칙이고 정치의 근본이다".[421] 치국과 치민의 방면에서 예는 더욱더 활용성을 지닌다. "인사의 의칙"이고 "작은 일이든 큰 일이든 이로 말미암지 않는 경우가 없다."[422] 그래서 리학 사상가들은 모두 "예로 나라를 다스리자"는 주장을 편다. 예의 본질은 차등이다. 모든 사회 구성원을 예의 규범 속에 집어넣는데 이것이 리학 정치론의 기둥이다.

리학 사상가들은 중화 철학에 의거하여 한편으로 예의 '엄嚴' 즉 엄격함, '험險' 즉 사나움, '불화不和'를 강조하고 다른 한편으로 예는 '지화至和' 즉 최고의 화합이며 예의 작용은 화합에 있다고 크게 강조하기도 한다.

주희는 말한다. "예가 비록 엄격함을 위주로 하지만 그 작용은 화합에 있다."[423] "지극히 엄한 중이야말로 지극한 화합이 이루어지는 곳이다."[424] 이는 차를 마시는 일에 비유할 수 있다. 차는 본래 쓴 물질이지만 먹고 나면 달다. 육구연은 말한다. "행위에 불화가 있었다면 이는 예로 말미암지 않았기 때문이다. 예로 말미암을 수 있다면 화합한다."[425] 리학 사상가들은 "예의 작용은 화합이 소중하다"는 『논어』의 구절을 숭상하면서 이렇게 생각했다. "엄하면서도 편안하고, 화합을 하면서도 절도가 있으니 이는 자연스러운 리이며 예의 전체다. 조금이라도 차이가 생기면 중정을 잃게 되니 각자 한쪽에 치우친 일에 직면하면 행동이 고를 수 없다."⁴²⁶ 그들은 "예가 승하면 떠나게 되므로 예의 작용은 화합이 소중하다"⁴²⁷고 보았다. '엄'하고 '험'한 예는 반드시 악樂과 같은 수단으로 조정을 해줘야 한다.

리학 사상가들은 예악이 모두 천리에서 나오며 예악이 흥해야 중화를 실현할 수 있다고 생각했다. 주희는 말한다. "예악은 모두 자연스러운 천리다."⁴²⁸ "예의 성誠 즉 참됨이야말로 음악의 근본이다. 음악의 근본은 바로 예의 참됨이다."⁴²⁹ "악의 화합이 바로 예의 참됨이며, 예의 참됨이 바로 악의 화합이다."⁴³⁰ 그래서 예악은 둘로 갈리는 것이 아니며, 둘은 상부상조하고 하나라도 없으면 안 된다. "그런데 이 천리는 본래 두루뭉술하게 이어져 내려왔는데 성인이 중에 입각하여 경계선을 세우고 구분을 지었다. 근본이 이와 같으니 말절도 이와 같으며, 겉이 이와 같으니 속도 이와 같으나 경계선이 어긋날 수는 없다."⁴³¹ 정이는 말한다. "예란 그저 하나의 질서일 뿐이고 악은 그저 하나의 화합일 뿐이다. 단 두 글자가 수많은 의리를 함축하고 있다. 천하의 그 어떤 물질도 예악 아닌 것이 없다."⁴³² 일반적으로 말하자면 질서가 있어야 화합이 있다. "예라는 절도가 없으면 악이라는 화합도 없다. 오직 절제가 있은 뒤 화합이 있는 것이다."⁴³³ 그래서 "예가 앞이고 악이 뒤다."⁴³⁴ 예악이 흥하지 못하면 "질서가 없어 불화한다". "그러면 정사를 베풀어도 모두 도를 잃게 될 것이고 형벌이 중中하지 못한다."⁴³⁵ 예악은 중화 정치의 근본이다.

인의, 예악, 중용은 리학 사상가들의 정치 이론의 기초다. 그들이 보기에 인의, 예악, 중용은 결국은 '효제孝悌' 두 글자일 뿐이다. "중용의 행동은 효제일 따름이다."⁴³⁶ "효제가 바로 인이다. 효제 밖에 따로 인이 있는 것이 아니며, 인 밖에 따로 효제가 있는 것이 아니다."⁴³⁷ 이렇게 볼 때 넓고 심오한 듯 보이는 리학 정치 이론도 실제로는 윤리 정치의 체계화, 철학화에 다름 아니다.

결국 정치적으로 예인과 중화는 동의어다. 예의 취지는 제도적으로 인간 사회를 귀천상하로 구분하는 데 있으며, 인은 주관적 노력으로 이 관계를 조정하는 데 착안한 것이다. 예와 인의 결합을 통해 구분하기도 하고 화합하기도 한 것이다. 백성은 군주를 존중하고 군주는 백성을 사랑하는 것이야말로 리학 사상가들 마음속의 이상 정치였다.

04 덕과 형:
위민청명爲民請命과
위민청살爲民請殺

리학 사상가들이 중화와 예인에 관한 철학적 사유를 정책 사상에 구체적으로 반영하여 운용한 것이 바로 덕형德刑론이다. 강극剛克 즉 강함으로 승부함과 유극柔克 즉 부드러움으로 승부함,[438] 덕과 형벌의 병용을 말한다. 유가 도통의 수호자이자 창도자로서 리학 사상가들은 모두 덕주형보德主刑輔, 예본형말禮本刑末을 주장한다. 그들은 예법이 바로 천리이며 덕형으로 중화에 이른다는 관점에서 출발하여 '위정이덕爲政以德' 즉 덕의 정치와 '위정이형爲政以刑' 즉 형벌 통치의 결합을 주장한다. 그들은 한편으로 인仁을 도덕 본원의 최고 경지로 상승시키면서 덕치와 인정의 실행을 힘써 주장한다. 다른 한편으로 "엄한 형벌을 통한 위엄의 확립"을 소리 높여 외치고 육형肉刑의 회복을 주장한다. 그들은 덕과 형의 이러한 통일이야말로 "소송도 없고" "형벌도 없는" 경지로 나아가는 데 반드시 거쳐야 할 길이라고 보았다. 그 요지는 다음 다섯 가지다.

첫째, 인정仁政은 왕도의 근본이다. 리학 사상가들은 인정을 가장 이상적인 치민 정책으로 보았다. 이정은 "왕도의 근본은 인이다"[439]라고 말한다. 주희는 이렇게 말한다. "선왕의 도는 인정이다."[440] "인정은 천하를 다스리는 법도다."[441] 사상가들은 『논어』『맹자』 등 유가 경전에 등장하는 인정 주장에 대대적으로 의견을 개진했다. 그들이 더욱 신선한 주장을 제기한 것은 아니지만 이론적으로 '인심仁心'을 더욱 강조했다는 특색이 있다. 그들은 인정의 정수를 '인심' 즉 '사람을 사랑하는 마음'이라고 생각했다. '인심'은 반드시 정치로 나타나기도 한다. "인심과 인문仁聞 즉 어진 명성이 있음에도 선왕의 도를 행하지 못하면"[442] 불치不治, 심지어는 대란을 부르게 될 것이라고 한다. 따라서 "그 마음이 있는데 그 정치가 없는 것은 도선徒善 즉 선만 좇는 행위이고, 그 정치는 있는데 그 마음이 없으면 도법徒法 즉 법만 좇는 행위다"[443]라고 한다. 왕도와 인정은 어진 마음이 밖으로 드러난 것이다. 이 마음과 정치의 통일, 성인과 왕의 통일이 정책으로 드러나면 "백성과 쉽게 가까워진다."[444] "어진 정치를 실시하면 사해가 모두 그 혜택을 입는다."[445]

송대에는 부역이 번다하여 승냥이나 호랑이처럼 매서웠고 겸병이 심하여 빈민을 침탈하고 지방 행정은 부패했다. 천하가 소동을 일으키고 민중은 "모두 도적이 될지도 모른다는 말을 했다". 이에 대해 리학 사상가들은 우국우민의 논저를 내면서 위민청명爲民請命 즉 백성을 위해 목숨을 청했으며 혹독한 관리들을 엄하게 징벌하는 정치를 요구했다. 그들은 민생의 질고와 사회 동란의 원인이 백성에게 있는 것이 아니라 정치에 있으며, 아래에 있는 것이 아니라 관에게 있다는 것을 날카롭게 지적했다. 군민 관계, 관민 관계를 조정함으로써 폐단을 고치려 했다. 그들은 제왕이 '친친親親, 인민仁民, 애물愛物'하고 백성을 가련히 생각하며 인심을 사해로 넓혀 나가기를 열렬히 기대했다. 그들은 탐관오리를 엄격히 다스리고, 법기를 엄명하게 하고, 호족들의 탈취를 금지하라고 주장한다. 그들은 세금을 줄여 백성을 구제하고, 농사를 권면하여 곡물을 중시하고, 외롭고 가난한 사람들을 구제하라고 건의한다. 결국 민중을 부유하게 만든 뒤 가르치라고 한다. 이른바 "선정善政은 그런 제도를 수립함을 말하고, 선교善教란 그로써 풍속을 교화한다는 말이다. 정치를 잘하지 못하면 백성이 스스로도 양육할 수 없게 되는데 하물며 공실의 윗사람을 어떻게 섬긴단 말인가? 선정은 도로써 백성을 잘 길러준다. (…) 선정이 이루어진 뒤 선교를 실행할 수 있으니 이른바 부유해진 뒤 가르치는 것이다."446 그들은 인정을 행하면 무위해도 천하가 다스려질 것이라고 생각했다. "무위해도 잘 다스려진다는 것은 성인의 덕이 무성하여 백성이 교화되는 것이니 특별한 작위를 기다릴 필요가 없다는 말이다."447 "덕으로 정치를 하면 무위해도 천하가 그에게 귀의할 것이다."448 그리하여 왕도가 이루어질 수 있다.

둘째, 덕과 예는 다스림의 근본이다. 리학 사상가들은 덕치를 중시하고 교화를 중시했다. 예를 치국의 근본 수단으로 삼아야 한다고 주장했다. 주희는 말한다. "정政은 다스림의 도구이고, 형刑은 다스림을 보좌하는 방법이다. 덕과 예로 인해 다스림의 근본이 나오며 덕은 또한 예의 근본이기도 하다. 이 둘은 서로 시작과 끝이 된다. 한쪽으로 치우쳐서는 안 되는 것이지만 형과 정은 백성을 죄에서 멀어지게 한다. 덕과 예는 백성으로 하여금 날마다 선으로 나아가게 하면서도 스스로는 모르게 한다. 그래서 백성을 다스리는 사람은 그 말절에만 의지해서는 안 되고 마땅히 그 근본을 깊이 탐구해야 한다."449 사상가들은 "덕으로 이끌고 예로 가지런히 하라"는 공자의 주장을 추종했다. 여기서 말하는 '덕'은 "몸소 실천하여 이끄는 것이며," '예'는 "예로 통일시키는 것이다". 덕은 도덕 감화이며 예는 "품급에 따른 절제를 제도화한 것"이다. 덕은 예의 근본이다. 덕과 예는 상호 보완적 관계다. 덕이 있고 예가 없으면 하나로 가지런히 할 수가 없고, 예가 있고 덕이 없으면 공경과 믿음을 알지 못한다. 예의 기본적 특징은 "컴퍼스나 자 그리고 먹줄"이 되어 민중으로 하여금 "존비와 대소의 구별은 모든 사람이 좇아야 할 가르침"450임을 알도록 하는 것이다. "덕과 예가 있으면 형과 정은 그 가운데 있다."[451] "예로 가지런히 한다"는 것은 사실상 일종의 강제적 '정政'이다. 리학 사상가들은 선왕의 덕화와 예치를 추종했으며 "패자의 일"은 비난했다. "전적으로 형과 정만 운용한 것이 패자의 일"[452]이라고 생각했기 때문이다. 그렇지만 그들도 형과 정의 작용을 긍정할 수밖에 없는 현실을 마주하고는 "도덕이 있으면" 형과 정 또한 "도덕의 술"이라고 생각했다. 형과 정의 주된 작용이 사람들로 하여금 "죄에서 멀어지게 만드는 것"이지만 "형과 정이 조금만 해이해져도 예전처럼 여전히 부끄러움을 모르게 될 것이다."[453] 형과 정은 덕과 예의 원칙에 부합해야 한다. 덕과 예의 관철을 보장해야 한다. 나누어 이야기하자면 형과 정은 말절이며, 합쳐서 이야기하자면 형과 정은 예 속에 존재한다.

셋째, 형과 정은 공평정대를 본체로 삼는다. 리학 사상가들은 정과 형이 천리의 구현이며 중화中和 정치를 실현할 중요한 보장이라고 생각했다. 형의 합리적인 주요 논거는 천형天刑론이다. 즉 형을 보편적 의미를 지닌 자연법칙으로 상승시키는 것이다. 만물과 인류에겐 반드시 형살刑殺이 있어야 한다. 인류에 형벌은 부득이한 것이지만 포기되어서도 안 된다. 육구연은 말한다. "천질天秩 즉 하늘의 차례, 천서天敍 즉 하늘의 순서, 천명, 천토天討 즉 하늘의 정벌 모두 실질적인 리다."[454] "전례와 작위와 형벌 모두 천리가 아닌 것이 없다. 『홍범』 구주는 황제가 실제로 하사한 것인데 옛날부터 말하는 헌장, 법도, 전칙典則은 모두 이 리다."[455] 따라서 오형五刑 등은 모두 "하늘이 죄 있는 자를 토벌함은 그럴 수밖에 없기 때문"[456]인 것이다. 주희는 형과 정이 인성을 제한하고 대중大中을 실현하는 필연이라고 주장한다. "성性과 도가 같지만 기품에 차이가 생기므로 지나침과 못미침의 차이가 없을 수 없다. 성인은 사람이나 타물이 당연히 행해야 할 바에 따라 품급을 나누어 절제시키며, 이로써 천하에 법으로 삼는 것을 교教라고 말한다. 예, 악, 형, 정 등속이 그것이다."[457] 형정은 중정中正의 구현이다. "정政은 공평과 정대의 본체이며 기강과 법도를 베푸는 것이다."458 육구연은 형정과 중화 정치를 나란히 거론하며 이렇게 말한다. "상벌은 모두 천리다. 그로써 백성을 대중大中으로 받아들이게 되고 세상을 대화大和로 끌어올리게 된다."459

리학 사상가들은 모두 덕과 예, 형과 정 어느 것 하나도 치우쳐서는 안 된다고 생각했다. "정은 법도와 금령을 말하며 그로써 외부를 제약하는 것이다. 교教는 도덕과 예절을 말하며 그로써 그 마음을 바로잡는 것이다."460 통치자들은 반드시 "그 외부를 제약하고" "그 마음을 바로잡는" 것을 잘 결합시켜야 한다. "말을 하면서도 따르지 않는 사람은 형벌을 주어 일치시켜야 한다."461 덕과 형의 관계 문제에 대해 그들은 때때로 형법의 선행을 주장한다. 이를테면 정이는 이렇게 말한다. "자고로 성왕이 다스릴 때에는 형벌을 설치하여 민중을 가지런히 했으며 교화를 밝혀서 풍속을 선하게 했다. 형벌이 선 뒤 교화가 행해진다. 성인은 덕을 숭상하지 형을 숭상하지 않는다고 하지만 그 어느 것 하나에 치우친 적은 없었다. 그래서 정치의 시작은 입법을 우선으로 삼는다."462 그들은 또 형벌이 교화의 기능을 갖추고 있다고도 주장한다. "법을 세우고 형을 만든 것은 교화를 하기 위함이다."463 교화는 형벌 가운데 존재한다. "형벌과 금령으로 이끎은 비록 마음을 깨우치게 할 수는 없으나 위엄으로 따르게 만들어 감히 어리석은 욕망에 휘둘리지 않도록 하는 것이다. 그런 뒤 차츰 선한 길을 알아 마음의 잘못을 고치게 되면 풍속을 교정할 수 있게 된다."464 무턱대고 도덕과 관용만을 고집하고, 형벌 가운데 교화가 깃들어 있음을 알지 못하고, 형벌로 형벌을 그치게 하는 이치를 헤아리지 못한 역대 유생들을 리학 사상가들은 다양하게 비판하고 비난했다. 주희는 "정과 형이 나약한 사람들을 두려움에 떨게 할 수는 있으나 강한 사람들을 바꾸게 할 수는 없으니 이는 그 본심을 잃은 말"465이라는 말에 이렇게 대답했다.

"이 말 또한 치우쳤다. 오로지 정과 형만 사용한다면 약자들이 두려워할 뿐만 아니라 강자들도 두려워할 것이다. 덕과 예를 얻었을 때는 강자를 바꾸게 할 수 있을 뿐만 아니라 약자들도 바꾸게 할 수 있다."[466] 그가 보기에 정과 형은 덕과 예와 마찬가지로 보편적인 통제 작용을 한다. 리학 사상가들은 항상 '형조刑措' 즉 형법을 두되 사용하지 않음과 '무송無訟' 즉 소송 사건이 없음을 최고의 덕, 최고의 다스림이라고 말한다. 동시에 형과 정을 보편적 의미를 지닌 사회 통제 수단이라 말하기도 한다. 주희는 말한다. "성인은 정과 형만을 운용한 적도 없다. 덕과 예가 행해지면 천하가 다스려지는데 이때 또한 형과 정을 운용하지 않은 적이 없다."[467] 리학은 왕도를 존중하고 패도를 천시한다. "오직 형과 정만을 운용하는" 패술을 멸시하며 "왕도와 패도를 섞어서 운용하는" 정치를 비난한다. 그런데 정과 형을 새롭게 해석한 후에는 그것을 왕도 정치에 편입시켰다. 이 의미에서 보면 형 또한 근본이다. 이른바 "형법을 밝혀 근본을 보여주고"[468] "그 외부를 제약함"을 "그 마음을 바로잡는" 보조 수단으로 삼은 것이다.

넷째, "시세를 따져서 활용하고 엄한 형벌로 위협한다"[469] 예가 근본이고 형벌은 말절이며, 형과 덕을 겸용한다는 전제를 지키는 상태에서 리학 사상가들은 보편적으로 시세를 따져보고 일정한 조건하에 중형重刑 정책을 실시할 것을 주장한다. 이론적으로는 이렇게 말한다. "천하의 도는 정도도 있고 권도도 있다. 정正은 만세에 불변하는 도이며, 권權은 일시적으로 사용하는 도다."[470] 그래서 성인이라 하더라도 형륙을 없앨 수는 없었던 것이다. "성인은 하늘을 본받음으로써 정政으로 만민을 기르고 형으로써 그들을 숙연케 한다."[471] 실천 과정에서 대부분 사상가는 백성을 상대하는 관직에 있었는데 그들은 송대의 법제가 해이하고 일에 가닥이 없으며 간악한 호족들이 득세하고 이치吏治 즉 지방 행정이 부패함을 깊이 공감했다. 이 때문에 그들은 엄정중형嚴政重刑을 주장했다. 주희는 "오늘날 사람들은 관정寬政 즉 관대한 행정을 말하지만 대부분 일을 당하면 관리를 하지 않는다"[472]고 말한다. 이런 관대한 행정은 수많은 폐단을 만들어낸다. 이를테면 "명령이 행해지지 않고 금지가 이루어지지 않으며" "완급을 조절하고 생살여탈의 권한이 나에게 있지 않으며, 말단 관리는 오히려 간악하게 뜻을 편다. 평민들은 그 은혜를 입지 못할 뿐만 아니라 오히려 그 재앙을 받게 된다!"[473] 그는 잘못을 고치려면 정도를 좀 지나쳐도 된다고 생각했다. "이제 반드시 그들에게 엄하게 돌려주고, 반드시 옳음으로 교정한 뒤 마땅함을 얻도록 해야 한다."[474] 그는 당시의 행정이 "마땅히 엄격함을 근본으로 삼아야 함에도 관대함으로 처리하고 있다"[475]고 보았다. 육구연 또한 시대 정치가 너무 관대하다고 비판한다. 그는 당시 사람들이 관대함과 인자함을 사치스럽게 거론한다고 생각했다. "관대함과 인자함의 실질에 대해서는 강구하지 않으면서 유독 간악하고 사특한 것들이 너그러이 받아들여지기를 바란다. 이는 사악함을 금지하지 않음을 관대하게 여기는 소치로 끝내는 죄 있는 사람을 풀어주고는 가혹하지 않다고 하는 것과 같다."[476] 이런 식이라면 "잃어서는 안 되는 것을 잃게 되는 것이고 용서해선 안 되는 것을 용서해주는 것이니 선을 상하게 하고, 악을 길러주고, 리를 거역하고, 하늘에 순응하지 않음이다. 이는 아마 선왕의 정치가 아닐 것이다."[477] 육구연은 관대함과 사나움으로 덕과 형을 논하면서 엄격한 정치를 '사납다'고 부르는 것은 부정적 의미를 함유한 것이라고 반대했다. "대중大中의 도는 처음부터 굳셈과 부드러움에 치우치지 않는다. 침잠된 것은 강극强克 즉 강함으로 극복하고, 높고 밝은 것은 유극柔克 즉 부드러움으로 극복하는 것이 덕의 중中이다. 강하여 벗할 수 없으면 강극으로 하고, 화합을 벗하면 유극으로 하는 것이 시세의 중이다. 시세가 굳세어 굳센 것이면 굳셈이 아니라 중이다. 시세가 부드러워 부드러운 것이면 부드러움이 아니라 중이다. 그것이 도이며 안팎이 합하고 체용이 갖춰지고 천지와 유사하며 신명과 하나가 된다."[478] "굳셈 가운데 지극히 부드러운 덕이 있으며 부드러움 가운데 지극히 굳센 작용이 있다. 어떻게 한 쪽에만 치우쳐서 명명한 것이겠는가?"[479] 따라서 엄형은 강극이며, 시세에 필요할 때는 강극이 바로 '중'이다. 덕과 형의 관대함과 엄격함을 두고 말하자면 "강하여 벗을 수 없는 세상에 우매하고 간사하며, 사납고 잔인하며, 뻐기고 거역하며, 불손한 사람들에 대해서는 교화를 통해 순종시킬 수가 없다. 그래서 성인 또한 필경은 형벌을 통해 그들을 다스렸다".[480] 형살은 인정의 보충일 뿐만 아니라 일정한 조건하에서 가장 중요한 위치를 차지하는 사회 통제 수단으로 상승할 수도 있다. 이것은 중화 철학으로부터 중형重刑론의 근거를 찾아낸 것이다.

리학 사상가들의 중형 주장은 구체적으로 다음 세 가지로 드러난다. 하나는 이벽지벽以辟止辟[481] 즉 법으로 허물을 그치게 함이고, 둘은 육형肉刑의 회복이고, 셋은 하극상의 난을 일으킨 사람에게 더 무거운 형벌을 가하라는 것이다. 그들은 중형이 인애를 딱 맞게 구현하는 것으로 보았다. 이정은 말한다. "형벌이 수립되면 교화가 실행된다. 교화가 실행되면 형벌이 있어도 사용되지 않게 된다."[482] 주희는 형살의 징계 기능이 충분히 발휘되어 형벌로써 형벌을 그치게 하는 것이야말로 인애의 실천이라고 생각했다. "교화를 따르지 않으면 형벌로써 독려한다. 한 사람을 징벌하여 천하가 권계하는 바를 아는 것이 이른바 '벽이지벽'이다. 형살이라 부르기는 하지만 인애의 실질이 그 가운데서 실행되고 있다."[483] 육구연 또한 "악을 저지하고 선을 표양하며 곧음을 들어 굽은 것을 그만두게 하는 것이 너그럽고 유덕한 행동"[484]이라고 생각했다. 불인한 사람을 죽이는 것이 바로 인이다. 장재와 주희 등은 심지어 사람의 지체를 훼손하여 사형을 대체하는 육형의 회복을 주장했다. 그렇게 하면 형벌을 받은 사람이 요행으로 죽음을 면했다 하더라도 "평생 동안 다시는 튀어오르지 못할 것"이며 방관자들은 이로 인해 두려움을 느껴 감히 범죄를 저지르지 못할 것이니 "이것이 바로 인술仁術"[485]이라고 생각했다.

리학 사상가들의 정치의식 가운데 "엄한 형벌로 위협하는 것"은 삼강 오상을 지키는 중요한 수단이다. 이 의미에서 형벌은 중中이고 경經이었다. 주희의 「무신연화주찰戊申延化奏札 1」은 이 사상을 대표한다. 주희는 삼강을 엄중하게 위배한 범죄자는 주살하고 용서해선 안 된다고 주장한다. "사람을 죽인 자가 사형당하지 않고, 사람을 상해한 자가 형벌을 받지 않으면 이제삼왕二帝三王이라 하더라도 천하에 치세를 이룰 수 없을 것이다. 하물며 그것이 부모 자식 간의 친함, 군주 신하 간의 의로움, 삼강의 중대함 등과 연결되어 있으니 또한 사람들이 따라야 할 바가 아니겠는가!"[486] 이런 범죄를 저지른 사람들에게는 절대로 관대해서는 안 된다. 그렇지 않으면 "형벌은 갈수록 가벼워져 백성의 풍속을 도탑게 할 수가 없을 것이며, 때로는 오히려 패역과 작란을 일으킬 마음을 조장시키기도 할 것이다".[487] 엄숙한 법도를 통해 이치吏治를 정돈하자는 리학 사상가들의 주장이 위민청명爲民請命 즉 백성을 위해 목숨을 청원하는 것이었다면 "아랫사람으로 윗사람을 범하고, 낮은 신분으로 존귀한 자를 능욕한"[488] 자들을 엄하게 징벌하고 "하극상의 작란을 일으킨 사람"을 무거운 형벌로 징치하자는 그들의 주장은 위민청살爲民請殺 즉 백성을 위해 죽임을 청원하는 것이다. 형살 문제에 대해 리학 사상가들은 "법관이 되는 것을 부끄러워하는" 당시의 사대부 집단과 좀 달랐다. 그들은 말뿐만 아니라 실행을 했으며 과감히 살계를 열기도 했다. 주돈이는 "간악한 사람을 도살하고 폐단을 없애는 것을 예리한 칼날과 튼튼한 도끼를 든 것처럼 하라"[489] 고 외쳤다. 주희는 호남湖南에서 황제의 사면 서신을 보류시키면서 반란을 일으킨 농민들을 대대적으로 도살했다. 장식은 정강부靜江府에서 임기 중에 농민 봉기를 완전히 일소해버렸으며 "형벌이 간악한 도적들을 다 이겨내지 못한다"고 늘 개탄했다.

다섯째, 분명하고 신중하게 형벌을 운용하고 의리義理로 소송을 판결한다. 리학 사상가들은 엄형을 주장했지만 남형濫刑 즉 형벌의 남용은 반대했다. 의리는 그들 마음속의 최고의 정치적 가치였다. 그들이 추구한 것은 중화中和와 시중時中에 맞는 형벌이었다. 따라서 어떻게 의리로 소송을 판결하고 형벌 운용에 오류를 없앨 것인지에 대하여 수많은 논의를 했다. 중화 철학과 인덕정치론에 근거하여 그들은 신형愼刑 즉 신중한 형벌을 주장하기도 했다. 이른바 "무고한 한 사람을 죽이기보다 차라리 원칙에 맞지 않는 하나를 잃는 게 더 낫다"[490]는 것이다.

덕과 형의 관계 문제에 있어서 리학 사상가들은 언뜻 보기에 서로 모순되는 일련의 명제들을 한꺼번에 배열하고 조합해놓은 듯하다. 인정과 형살 가운데 무엇이 주도할 것인가를 엄격하게 한정하지 않는다. 일정한 조건하에서 형刑과 인仁, 맹猛과 관寬, 강剛과 유柔가 한데 통일되어 있으며 이것이기도 하고 저것이기도 하다. 중화와 중용의 취지를 대략 알고 있지 않으면 리학이 도대체 무얼 주장하는 것인지 이해하기가 매우 어렵다. 하지만 '중'의 철학은 리학 사상가들로 하여금 인이라는 큰 깃발 아래 각종 필수적인 통치 수단을 망라하도록 했다. 그들은 정책 원칙을 선택할 때 상당한 융통성과 응변 성향을 보였다.

덕형론은 그 안에 위민청명과 위민청살이라는 이중적 요소를 포함하고 있다. 백성을 자애롭고 어질게 대하며, 민생을 구휼하는 데 힘쓰고, 토호들을 물리치고, 탐관오리를 징치하고, 강상을 수호하고, 신민들을 진압하는 등의 정책은 모두 그 속에서 근거를 찾을 수 있으며 실질적으로 봉건 국가의 기본적 직능들을 개괄하고 있다. 덕형론 가운데 수많은 명제는 군주 정치를 조절해주는 작용을 한다. 덕형론의 실질은 "유학자로서 암암리에 신불해申不害와 한비韓非의 법술을 이용하는 것"[491]이었다. 이는 청나라 초 왕부지王夫之가 다음과 같이 거듭 지적한 바이기도 하다. "후세 군자라고 하는 사람들 가운데 열에 아홉은 신불해와 한비다."[492] 송명 시대 위대한 유생들은 말로는 공맹을 외치면서 행동은 신한을 좇는 무리였다.

정이의 다음 이야기는 덕형론의 본질을 스스로 폭로한 것이다. "억조 민중이 사악한 욕심을 드러내면 군주가 힘으로 통제하려고 아무리 엄밀한 법제를 갖추더라도 이길 수가 없다."[493] "도적을 막는 일만 하더라도 백성이 욕심이 있고, 이익이 있으면 따라서 움직인다. 가르쳐도 추위와 굶주림에 빠지게 되는 것을 모르니 날마다 형살을 펼친다 하더라도 이익을 탐하는 억조의 마음을 이길 수가 있겠는가!"[494] 힘으로 그들을 통제할 수 없으므로 덕을 근본으로 삼는다. 인덕을 근본으로 삼음은 멧돼지를 굴복 시키는 것처럼 "어금니를 없애서 그 위세를 제거하는" 것과 같다. 민중으로 하여금 "농사와 양잠을 하도록 하고 염치의 도를 알게 하면 상을 주어도 도적질하지 않을 것이다."[495] 덕정德政으로 억조창생을 위로하고 형살로 "강포한 자들을" 없앤다. 덕이야말로 근본을 다스리는 방책이다. "그래서 악을 멈추게 하는 도는 그 근본을 알고 핵심을 장악하는 데 있을 따름이다."[496] 덕형론은 위민청명과 위민청살을 한데 통일시킨 것이다.

제5절

도통론道統論:
정치 이상 및 시대와 세상의 구원

도통론은 한유로부터 시작되어 차츰 유학의 중대한 이론 문제 가운데 하나가 되었다. 송대에 이르러 뭇 유생, 특히 리학 사상가 대부분은 도통에 관해 논의했다. 도통론을 제기한 주된 취지는 학문적으로 이단을 배척하고 연원을 분석하면서 정통을 표방하는 것이었다. 그러나 도통론은 이론적으로 정치 이상과 역사철학을 언급할 뿐만 아니라 리욕理欲, 왕패王覇, 의리義利, 성정性情, 중화中和의 논변을 관통하고 있어서 이상과 현실, 역사 비평과 정치 평론을 결합한 것이기도 했다. 도통은 영원불변의 것이며 도는 최고의 이상이다. 하지만 도의 전승 상황 및 성聖과 왕王, 도道와 권權, 리理와 세勢의 분화와 합치는 세도의 흥망성쇠 및 치란의 근본 원인이기도 하다. 미약한 것을 피어나게 하고 끊긴 것을 잇게 하며 도통을 널리 펼치는 것은 필경 역사와 현실에 대한 비판적 평가를 건드리게 되고, 군주 정치에 대한 조정과 변혁 문제를 건드리게 되며, 간군諫君 즉 군주에게 간언하고 정군正君 즉 군주를 바로잡는 문제와 어떻게 성과 왕을 합일시킬 것인가 하는 문제를 건드리게 된다.

성왕합일聖王合一의 정치 이상

리학 사상가들은 사회 역사를 능가하는 영원한 도통이라는 허구를 만들었다. 이는 한편으로 자신들을 유가 도통의 계승자로 치장하면서 한 학파의 말이 '진전眞傳'이나 '정통正統'으로 받들어지기를 기도한 것이며, 다른 한편으로는 '삼대의 성세盛世'를 빌려와 성왕합일聖王合一의 정치 이상을 논증하기 위해 응당 추구해야 할 최고의 정치 목표를 제기한 것이었다.

북송의 손복孫復과 석개石介는 위로 한유와 유종원을 잇고 아래로 이정과 주희를 계발시켰다. 그들은 도통을 선양했는데 이는 당에서 송에 이르는 시기에 도통론의 변천 및 발전 과정의 중요한 고리가 되었다. 손복은 말한다. "내가 도라고 하는 바는 요, 순, 우, 탕, 문, 무, 주공, 공자의 도이고 맹가, 순경, 양웅, 왕통, 한유의 도다."[497] 석개는 말한다. "도는 복희씨에서 시작되어 공자에서 최종 완성되었다. (…) 복희씨, 신농씨, 황제씨, 소호씨, 전욱씨, 고신씨, 당요씨, 우순씨, 우, 탕씨, 문, 무, 주공, 공자 등 14명의 성인이 있다. 공자가 최고의 성인이다. 아! 맹가씨, 순황씨, 양웅씨, 왕통씨, 한유씨 다섯 현인 가운데 이부시랑吏部侍郎[498] 한유가 탁월하다. 몇천억만 년 만에 공자가 다시 나타났는지 모르겠으며, 몇천백 년 만에 한유가 다시 나타났는지 모르겠다."[499] 손복과 석개의 도통론은 다음 여섯 가지 인식을 드러내는 데 집중했다. 첫째, 도통은 도가 존재하는 형식이며 도는 도통을 전수하는 내용이다. 둘째, 성인은 도를 거느리며 도와 성인은 한 몸이다. 도의 존망과 연속은 성현에 의지한다. 셋째, 공자 이전엔 성과 왕이 합일되어 인류의 이상 시대였으나 공자 이후 성과 왕이 분리되어 천하 국가는 큰 혼란에 빠지게 되었다. 넷째, 부처와 노자를 배격하고 이단을 물리친다. 인의예악이야말로 천하를 다스리고, 왕도를 흥하게 하고, 인류를 바로잡는 근본이다. 다섯째, 도는 삼재三才 즉 천지인을 관할하며 시작도 끝도 없다. "대중지정大中至正 즉 치우치지 않고 지극히 공평하며 만세까지 영원히 행해진다." 여섯째, 도통을 전한 사람을 자처하고 도통을 널리 떨치고 태평성세를 부흥시키는 일을 자임한다. 이러한 인식은 송대 각종 도통성에 공통적으로 존재한다.

정주는 도통론을 개조시켰는데 리학 후학들의 확충을 거쳐 거의 정설로 자리 잡았으며 원대 이후에는 관방의 인정을 받았다. 정이는 말한다. "주공이 죽고 성인의 도가 행해지지 않았다. 맹가가 죽고 성인의 학문이 전해지지 않았다. 도가 행해지지 않으니 100세대 동안 좋은 정치가 없었으며, 학문이 전해지지 않으니 1000년 동안 참된 유생이 없었다. 좋은 정치가 없으니 선비들은 좋은 정치의 길을 밝혀 사람들에게 보여주었고 이를 후세에 전했다. 좋은 유생이 없으면 천하가 흐리멍덩해져서 아무것도 모르게 되고 사람들이 방자해져 천리가 사라지게 된다."[500] 맹자 이후 "전해오는 경서를 통해 전해지지 못한 학문을 깨친" 사람은 자신의 형 즉 '명도선생'이라 불리는 정호程顥라는 말이다. 주희는 이정을 사숙한 제자로 자처했다. 그는 한나라, 당나라의 대유를 모두 버리고 이정을 직접 맹자에 연결시켰다. "송나라의 덕이 융성하고 정치 교화가 매우 아름답고 분명하여 하남 정씨 두 선생님이 출현해 맹씨가 전한 것을 직접 만났던 것이다."⁵⁰¹ "그런 뒤에 옛날의 대학과 사람을 가르치는 법과 성현이 전수한 경전의 취지가 다시 세상에 찬란히 빛나게 되었다."⁵⁰² 주희의 제자들은 주희를 '도통'의 직계 계승자이자 집대성자로 받들었다. 이른바 "여러 유학자의 주장을 집대성하고 주돈이와 이정의 적통을 이어받았으며 주사염락洙泗濂洛 즉 공자와 그의 추종자들 그리고 주돈이와 이정의 학문적 연원들이 모여든 사람"⁵⁰³이라고 한다. 『송사』 「도학전道學傳」은 주공 이후 공자, 맹자, 이정, 주희가 도의 계통임을 긍정하고 있다.

리학 사상가들의 도통론은 선진 제자백가를 초월하며 한당 경학을 부정하고 자기 문호의 견해를 뚜렷이 한다. 하지만 그들은 이른바 "인심유위人心惟危, 도심유미道心惟微, 유정유일惟精惟一, 윤집궐중允執厥中"이라는 성인 16자 심법을 도의 정수이자 도통의 주지로 승화시키고 이론적으로 도통설을 발전시키기도 했다. 정치사상의 관점에서 볼 때 도통론의 이론적 의미는 주로 다음 두 가지다. 하나는 도道와 권權이 역사적으로 그리고 현실 속에서 어떻게 합치되고 분리되는지를 논설한다. 둘은 "도가 군주보다 높다"는 복선을 깐다.

육구연은 말한다. "옛날엔 세勢와 도가 합치했으나 후세엔 세와 도가 분리되었다."⁵⁰⁴ "세와 도가 합치하면 치세이고 세와 도가 분리되면 난세다."⁵⁰⁵ 그가 생각한 삼대 정치의 특징은 각급 권력자 모두가 "마땅한 덕을 지닌" 사람들이고, 권력과 도의가 하나로 합쳐지고, 성현이 자리에 있으면서 정사를 도모했다. 후세는 그렇지 못하다. "현자가 아랫자리에 있고 불초자가 윗자리를 차지하고 있다."⁵⁰⁶ 도의와 권력이 서로 나뉘어 천하의 분란이 끊이지 않는다. 정주가 보기에 삼대 시절엔 성인이 배출되고 도통이 이어졌으며 도의와 권력이 합일된 광명의 태평성세였으나, 삼대 이후엔 성인과 군왕이 분리되고 도통이 끊길 듯 말 듯 위태롭고 이단 사설이 기회를 틈타 일어나고 사람들의 욕망이 끝없이 횡행하고 패도 정치가 모

든 것을 아우르는 암흑의 쇠락 시대였다. 이러한 사유 방식은 리학 사상
들로 하여금 역사 평론과 정치론에 비판적 색채가 농후하게 만들었다. 그
들이 보기에 주나라, 진나라 이래 '성인의 자질'을 갖추었으나 "왕도를 실
현하기엔 부족한" 몇몇 군주가 있었던 것을 제외하면 격에 맞는 제왕은
거의 하나도 없었다. 이러한 인식은 '도고어군道高於君' 즉 도가 군주보다
높다는 주장의 중요한 이론 근거 가운데 하나가 되었다.

도통은 리학의 정치 이상을 개괄해준다. 차등의 질서, 인화와 중용, 도
덕의 경지, 군주의 성스러움 등이 이러한 이상적 경지를 만들어내고 유지
시키는 전제이자 길이고 중추였다. 리학의 이상 왕국은 선대 유학의 패턴
을 벗어나지 않으면서도 자신만의 특색을 지니고 있다. 이는 두 가지 방
면에서 드러난다. 첫째, '유도有道'의 이상에 대해 철학적 논증을 진행하며
이를 천리와 인성의 필연으로 상승시킨다. 둘째, '성왕'이라는 필요조건을
한층 강조한다. 몇몇 사람을 제외한 리하 사상가들은 삼대 정치의 구체적
인 양식을 고집하지 않는다. 그들은 '치법治法'에 비해 '치인治人'을 더욱 중
시하고 제왕의 자질에 관심을 기울인다. 주희의 왕패 논변이 가장 전형적
인 예다.

"옛날 성인이 성심誠心을 다하여 천리에 따라 천하가 저절로 복종했으
니 왕자의 도다."[507] "제 환공, 진 문공 등 패자는 인의를 가장하여 사욕
을 챙길 뿐이었다. 설령 일시적으로 요행을 얻어 왕자의 지위를 누렸다 해
도 그들이 말미암은 것은 분명 패자의 도였다."[508] 왕과 패의 구별은 '인의'
에 달려 있다. "인의를 행하여 천리에 순응하는" 것이 바로 '왕도'이며, "인
의를 가장하여 사욕을 챙기는" 것이 바로 '패도'다. "사욕만 심하게 타오
르는" 것은 그저 '도적'일 뿐이다. 왕패 논변은 모든 통치자와 그들의 정치
행위에 적용되었다. "무릇 일상의 행동과 일반적으로 사물을 접하면서 추
호라도 이익을 바라는 마음이 있다면 이는 왕도가 아니라 패자의 적습이

다."[509] 인仁이 구체적으로 구현된 것은 '공公'이다. 인은 사랑의 리이며, 사람마다 갖고 있는 "자연 본유의 리"다. 자신의 사사로움을 이겨낼 때 비로소 공을 실현할 수 있다. "자기의 사사로움이 이미 극복되었다면 확연히 큰 공에 다다른다."[510] 오직 공적으로 행동했을 때 비로소 인을 미루어 넓혀갈 수 있으며 사랑하지 않는 곳이 없게 된다. 정치에 인과 공을 시행하는 것이 바로 '왕도'다. 주희는 삼대 제왕이 '도심道心'으로 천하를 다스렸기 때문에 천리가 유행하며 '왕도' 정치를 실현했다고 보았다. 그는 이상화된 선왕관과 도통론으로 역사와 이상을 긴밀하게 결합시킴으로써 현실 정치를 위한 참조물을 만들어냈다. 주희는 '왕도' 정치의 표준을 가지고 진한 이래 모든 제왕을 재단하면서 이 군주들 가운데 어느 하나도 '왕도'의 표준에 완전히 부합하는 사람은 없었다고 단정한다. 유방이나 이세민 같은 유능한 군주조차도 "모두 지모와 공력을 통해 만들어졌지 선현의 문호에서 나온 것이 아니며 의리를 바탕에 둔 스스로의 심지에서 나온 것이 아니"[511]라고 한다. 그 나머지 제왕들은 모두 '무도無道'하거나 '도적'이다.

'왕도' 이상을 목적으로 삼은 도통론은 이상과 현실의 거리를 한 걸음 더 멀어지게 했다. 도통, 천리, 인의, 공천하 등의 가치 척도는 공맹지도의 지위를 다시 한번 상승시켰으며 관념적으로 일체의 권세를 능가하게 했다. 도통론은 군주 정치에 지극히 엄격하게 요구했다. 당신은 명불허전의 '왕'이 되려고 하는가? 그렇다면 정치 행위가 반드시 인정과 덕치의 요구에 부합해야 할 뿐만 아니라 정치 이념 또한 천도와 윤리에 완전히 부합해야만 한다. 한 치의 잡념만 있어도, 하나의 사건만 잘못 처리해도 '패도'와 '무도'의 심연으로 추락할 수 있다. 이는 현실 정치에 대한 도의 비판력과 조절 능력을 강화시켜주었다.

강상의 성쇠 및 끝없는 순환의 역사철학

리학 각 파는 인류의 과거 역사에 대해 아주 다양한 평가의 차이를 드러내면서도 고도로 일치된 공통점을 보이기도 한다. 도(리)는 역사상 영원불변의 영혼이며, 리기, 동정, 일이二, 음양 등의 변증법적 관계는 역사 변천의 동인이며, 삼강오상이 역사를 평가하는 가치 척도라고 한다. 리학 사상가들은 역사철학과 역사 사실을 결합시키며 표리가 서로 연결되는 이중 구조 즉 '일치일란治—亂' 및 '회귀일리會歸—理'[512]의 역사관을 노정시킨다. 역사의 겉모습은 치란이 교체하지만 역사의 본질은 일관된다는 것이다. 인류의 역사는 윤리강상의 성쇠이며, 우주의 역사는 끝없이 다시 시작하는 순환이다. 이러한 인식에 기초하여 리학 사상가들은 정치 원칙에서 강상 윤리의 부흥을 종지로 삼아야 하고, 정치 방향에서 삼대를 본받아 개혁해야 한다고 주장한다. 소옹과 주희의 역사철학은 이러한 사유 방식의 전형이다.

리학 사상가들은 리는 하나이나 수만 가지로 순행하고, 음과 양은 소장消長 즉 줄었다 늘었다 하며, 기氣가 만물을 변화시킨다 등의 관점에서 천도의 유행과 천지의 조화 및 "고금의 하늘과 땅 사이에 한정된 일이 없음"을 살폈다. "기의 운행은 예로부터 한 번 왕성하면 또 한 번 쇠퇴하고, 한 번 쇠퇴하면 다시 한 번 왕성해진다. 그저 그렇게 순환해갈 뿐이다."[513] 따라서 인류의 역사 또한 "한 번 치세이면 또 한 번은 난세이고, 한 번이 난세면 반드시 다시 한 번은 치세가 되는"[514] 끝없는 순환을 반복한다고 생각했다. 도(리)는 기氣와 기화氣化의 주재자이며, 세상의 온갖 풍파와 인간사의 흥망성쇠를 초월한 것이다. "천만 년이 지나도 강상 윤리는 마멸될 수 없다. 다만 성쇠와 소장의 기세에 따라 사라지지는 않고 왕성했다 다시 쇠퇴하고, 쇠퇴했다 다시 왕성해지는 기세가 그러할 따름이다."[515] 치란과 흥망은 강상 성쇠의 표징과 다름없다. 리학 사상가들은 리와 기가 이끈 천지간 사물의 변천은 사람의 의지가 전이된 것이 아니라고 보았다. "사물이 극에 이르면 되돌아가는 것이 리의 상常이다. (…) 이미 극에 이르렀으면 마땅히 변화한다."[516] 그런데 기는 변화가 있으나 리는 진화가 없다. 성쇠와 치란 피차의 소장은 그 어떤 측면에서 고찰하더라도 그저 변화만 있고 진화는 없으며, 순환만 있고 발전은 없이 되돌아가 다시 시작한다.

리학은 바로 우주의 순환, 왕패의 순환, 왕조의 흥망성쇠, 인간사의 화복 등 여러 측면을 통해 사회 역사의 순환 운동을 파악한다.

소옹은 원회운세설元會運世說로 우주의 순환을 총체적으로 파악한다. 그는 1년 12개월, 1개월 30일, 1일 12시진時辰, 1시진 30분分에 근거하여 30년을 1세世, 12세를 1운運, 30운을 1회會, 12회를 1원元으로 삼는다. 1원은 자연사의 1차 생멸을 대표하며 계산하면 12만9600년이다. 매번의 생멸 과정에서 앞 3회 중에 천, 지, 인이 차례로 생겨나고 인류 사회는 점차 왕성해지다가 극도로 쇠약하기에 이른다. 제11회까지 발전하면 만물은 소멸의 길로 들어서고 마지막으로 제12회에 다다르면 천지 또한 모두 소멸하게 된다. 그런 뒤 1원이 다시 시작하여 삼라만상은 갱신되고 태극(리)은 새롭게 천과 지를 나누기 시작하고 만물을 낳아 기르는 과정을 밟는다. 소옹은 요임금의 성세는 제6회의 중간에 속하며, 하은주로부터 당송 시대까지가 바로 극성기를 지나 쇠퇴해가는 제7회의 중간이라고 생각했다. 그는 인류 역사가 삼대 이래 일종의 퇴화 추세를 노정하고 있다고 보았다. 구체적으로는 황皇, 제帝, 왕王, 백伯 등 다음 네 가지 정치 양식으로 변천했다고 본다. '삼황'의 세상은 "도로써 백성을 변화시키니 백성 또한 도에 귀의하므로 자연을 숭상했다."[517] '오제'의 세상은 "덕으로써 백성을 가르치니 백성 또한 덕에 귀의하므로 사양을 숭상했다."[518] '삼왕'의 세상은 "공적으로 백성을 권면하니 백성 또한 공적에 귀의하므로 정치를 숭상했다."[519] '오백' 즉 오패의 세상은 "힘으로써 백성을 거느리니 백성 또한 힘에 귀의하므로 전쟁을 숭상했다."[520] 그런데 이 제1회 가운데에 또 기복이 있고 세도世道가 변화하기도 한다. 소옹은 말한다. "옛날 사람들이 30년을 1세로 삼은 것이 어찌 헛된 것이겠는가. 변화를 기다리면 반드시 흡족하게 되고, 가르치면 반드시 젖어들 것이니 백성의 성정이 다시 한번 변하기 시작할 것이다. 세상을 다스릴 인물이 출현하여 세대를 이어가며 흥한다면 백성이 이적과 같더라도 세 번 변하여 제도帝道를 실행할 수 있을 것이다."[521] 삼대 이래 왕도王道가 존재하고 있을 뿐 아니라 제도도 실행할 수 있다. 황, 제, 왕, 패는 과거 역사상 존재했던 네 가지 정치 모델의 개괄이다. 실행할 사람만 얻는다면 최고의 정치적 모범 또한 다시 실현할 수 있다. 소옹은 말한다. "이른바 황, 제, 왕, 패는 삼황, 오제, 삼왕, 오패만을 지칭하는 말이 아니다. 다만 무위無爲를 운용하면 황이고, 은신恩信을 운용하면 제이고, 공정公正을 운용하면 왕이고, 지력智力을 운용하면 패다."[522] 이 표준에 따르면 한나라와 당나라는 "왕도라고 하기엔 부족했고" 진晉나라와 수나라는 "패도라고 하기엔 여유가 있었다". 한 권의 정치사를 볼 때도 왕조 세대의 교체에 따라 왕도와 패도의 사이를 순환, 반복할 수도 있다. 동일한 왕조라도 당나라 말 번진藩鎭의 패도처럼 이러한 정치적 변형이 있을 수 있다. 황, 제, 왕, 패는 춘, 하, 추, 동과 마찬가지로 반복되고 변화한다. 사람의 의지로 바뀌지 않는 자연법칙이다. 이러한 변화는 또 "세상을 다스릴 인물"의 힘을 빌리는 것인데 "애석하게도 이 시기는 100년을 이어갈 세상도 아니고, 세상엔 100년을 이어갈 인물도 없다. 예컨대 그런 행위가 있다면 현인과 불초자가 어떻게 반반씩 나눠 사는 지경에 이르렀겠는가. 시대가 어려우니 그렇지 못한 것이다! 인물이 어려우니 그렇지 못한 것이다!"[523] 이것이 바로 역사상 "치세는 적고 난세는 많으며 군자는 적고 소인은 많은"[524] 원인이다. 소옹의 역사철학은 지극히 소극적이고 비관적 논의이며 안으로 강렬한 비판적 색채를 띠고 있다. 하지만 그의 취지는 적극적인데, 1원이 다시 시작되든 1회가 변화하든, 세상의 도가 바뀌든 왕권이 다시 성립되든 사회는 조만간 이상 상태로 회귀할 것이라고 보았다. 겨울이 다하면 봄이 오듯이 어느 새벽에 패도는 "태양이 아직 뜨기 전의 별"처럼 바뀌고, 이는 붉은 태양이 동쪽을 물들일 시각이 멀지 않았다는 표시다. 소옹은 이상 상태로의 복귀가 천도의 필연이라고 생각했으며 인간의 노력을 통해 그 실현을 앞당길 수도 있다고 보았다. 현실을 비판하고 다시 왕도로 돌아가는 것이 이 역사철학의 지향점이자 목적이었다.

주희는 장재와 소옹의 술수설術數說을 계승했다. 특히 소옹의 원회운세설을 추종했다. 그는 이론적으로 한 걸음 더 나아가 이 역사철학을 밝히고 수정 보완했다. 주희는 말한다. "1원이 다하는 시기에 이르면 천지는 다시 한번 개벽을 한다."[525] 1원이 다하는 시기에 만물은 소멸하니 "천지 사이에 모든 것이 없어진다."[526] 그는 1원의 재시작은 천지의 파괴가 아니라 인류의 부흥이라고 보았다. 천지는 "파괴되지 않는다. 사람으로 하여금 도의 극치에 다다르지 못하게 할 따름이며 한꺼번에 융합하여 혼돈에 빠지므로 사람과 물질 모두 없어지고 다시 새롭게 일어나게 된다."[527] 역사의 무궁한 순환을 결정짓는 인소는 천리, 인륜이다. 1원마다 모든 과정은 리를 기점으로 삼으며 리로써 '무도無道'함에 대해 철저히 부정하는 것을 종점으로 삼는다. 도와 '무도'의 모순 운동은 1원 중 "반은 밝고 반은 어두움"을 결정짓고 "낮과 밤처럼 5~6만 년은 좋고 5~6만 년은 좋지 않게 만든다."[528] 다른 사상가들과 비교할 때 주희는 삼대 이후의 역사를 특히 심하게 비판하며 일체를 부정하는 경향을 보인다. 그는 삼대엔 천리가 유행했으나 진, 한, 수, 당나라라는 인욕이 횡행했다고 보았다. 진한 이래 어떤 제왕도 진정으로 '왕도'를 실천한 적이 없다. 오직 송대에 이르러 '왕도' 부흥의 기상이 출현했다는 것이다. 강상을 지켜내고 명교를 뿌리내리기 위해 그는 『자치통감강목』을 편찬하여 정통과 비정통의 순행과 역행을 구별하고 시해와 찬탈에 대한 주벌을 엄격히 했으며 존자尊者, 현자賢者, 사절死節에 대한 찬양을 통해 삼강이 펼쳐지도록 노력했다. 그는 『춘추』 대의를 본받아 "역대 편파적 논의들을 다 녹여서 순수한 하나의 리로 귀결시킴으로써"[529] 역사 논의의 정치적 기능을 강화했다.

현실을 마주한 사상가로서 리학 사상가들은 운명적으로 정해진 천리 속에 완전히 매몰되지는 않았다. 그들은 시세와 역사 변화 과정 중 인간사의 중요한 작용을 긍정했다.

리학 사상가들은 시세의 변화를 중시했다. 주돈이는 말한다. "천하는 시세일 따름이다. 시세엔 가벼움과 무거움이 있다. 지극히 무거우면 되돌릴 수 없다. 무거움을 알아차리면 바로 되돌리는 것이 가능하다. 되돌리는 것은 힘이다. 일찍 알아차리지 못하면 힘으로도 쉽지 않다. 힘으로 경쟁할 수 없는 것이 하늘이다. 알아차리지 못하고 힘도 안 되는 것은 사람이다. 하늘 때문인가? 사람 때문이다. 무엇이 걱정인가."[530] 천하에 힘으로도 구원할 수 없는 시세가 있으니 그것은 하늘의 뜻이다. 그러나 지극히 중요한 일부 시세는 일찍 알아차리고 큰 힘을 쓰기만 하면 대세를 뒤집을 수 있다. 그 반대로 무거움이 쌓이면 되돌리기 어려우니 사실상 인위의 소치인 것이다. 주희는 말한다. "이른바 시세란 자연의 리세理勢다."531 리가 시세를 이끌면 성인이라 하더라도 그저 "그에 따를" 뿐이다. 그가 보기에 삼대가 분봉分封을 행하고 진시황이 군현제를 택한 것이나, 우임금 때는 나라의 상징인 옥백玉帛을 가진 사람이 만 국國이었으나 전국 시대엔 칠웅만이 대치한 것 등은 모두 역사의 추세로 인한 것이었다. "이는 사세가 필경 여기에 이르렀기 때문이다. 위대한 성인과 지자라 하더라도 이를 막을 수는 없었을 것이다."532 그런데 천하의 시세는 "무거움이 지극하면 되돌리기도 어렵다. 그 무거움의 기미를 알아차려 되돌리면 쉽다."533 이 때문에 그는 "아직 형성되기 전의 기미를 살펴서 장래의 변화를 제어하라"534고 주장한다. 때를 살펴서 시세를 헤아리고 시기를 파악할 것이며 "일을 할 줄 아는 사람은 반드시 먼저 할 수 있는 리가 존재하는 사세를 헤아린 뒤 가서 행하라"535고 한다.

기왕 사람들이 '리세'와 '세勢' 앞에서 아무것도 할 수 없는 존재가 아니라는 점에서 경세치용을 주장한 리학 사상가들은 필경 역사 과정 중 사람의 인소 즉 심술心術과 본령本領에 눈빛을 맞추게 되었다. 심술은 사람의 주관적 의지를 가리키며, 본령은 심술의 외재적 표현을 말한다. 주희는 고대 성현들이 "천하의 기강을 잡아 수많은 일에 조치를 취한 모든 것이 심법心法으로부터 흘러나왔으니 많든 적든 바르고 위대했다"536고 생각했다. 이렇게도 말했다. "범사가 이루어지길 바라고 성공을 추구하여 지모의 말절을 취하지만 천리의 올바름에 따르지 않는 것은 성현의 도가 아니다."537 올바른 심술이 천리에 부합하고, 위대한 본령으로 일을 성공시키는 사람이 바로 성현이다. 오직 성현만이 리의 소재와 시세의 추이와 손익의 연혁을 헤아려 좋은 제도를 이끌어낼 수 있다. 성현이 자리에 있느냐의 여부가 치란과 흥망을 결정한다. 심술과 본령은 역사 인물을 평판하는 리학의 중요한 표준이기도 하다. 심술과 본령에 대한 리학 내부의 이해 차이 때문에 구체적인 역사 인물에 대한 평가는 한결같지 않다. 그래서 역사에 대한 인식에 차이가 생기게 되었다. 정주일파는 춘추 이래의 군주는 모두 "힘으로 어짊을 가장한" 무리이며 한나라와 당나라의 조종 또한 예외가 아니라고 보았다. 그래서 삼대 이래는 모두 패도 정치에 속한다는 것이다. 그러나 기타 리학자들은 한나라, 당나라 정치에 대해 긍정적으로 논의하는 경우도 많다.

역사에 대한 인식은 특정한 입장에서 정치 문제에 대해 재논증을 행하는 것에 불과하다. 리학 사상가들의 역사철학과 역사 평가는 선명한 현실 정치 목적을 지녔는데 주로 다음 두 가지였다.

첫째, 도의 계승과 인륜 수호를 강조한다. 리학 사상가들이 보기에 사회 발전사는 도道와 부도不道, 인仁과 불인不仁의 모순 운동이며 이로부터 치란과 흥망의 역사가 도출된다. 도를 계승하면 치세이고, 도를 위배하면 난세다. 도는 인류 사회의 영원한 법칙이자 최종 귀결점이다. 정치의 임무는 부도를 교정하고 불인을 징치하는 것이며 천리로부터 올바름을 취해야 한다. 삼대는 바로 이런 정치의 모범이다. 리학 사상가들 대부분은 정치의 법제와 규모는 반드시 삼대를 모범으로 삼아야 한다고 주장한다. 장재는 "정치를 하면서 삼대를 본받지 않으면 끝내는 구차스러운 길을 간다"[538]고 말한다. 정호 또한 천하를 다스리는 도는 고금이 일관된다면서 "다스림의 큰 원칙과 목민의 핵심은 선대 성인이든 후대 성인이든 어찌 같은 길로 함께 관통하지 않았겠느냐"[539]고 말한다. 천하를 다스리려면 반드시 "성인의 교훈"에 따라야 하고 "선왕의 정치"를 본받아야 한다. 이것은 유학자들에게 확고부동한 생각이었으며 천리를 숭상하고 인륜을 중시하는 정치사상의 필연적 결론이기도 했다. 그래서 리학 사상가들의 논저 중에는 복고復古, 사고師古의 논의가 많은 것이다. 어떤 사람은 심지어 당대에 삼대의 정치가 다시 출현하기를 애써 도모했다.

둘째, 시세에 대한 순응과 정치 조정을 강조한다. 리학 사상가들은 역사가 부단히 바뀌는 과정이며, 시세는 사람의 의지에 따라 전환되지 않으나 사람들이 시세를 알아차릴 수만 있다면 무언가 일을 벌일 수 있다는 것을 인정한다. "궁하면 변하고, 변하면 통하고, 통하면 오래간다"[540]는 『역전易傳』의 말은 리학의 공통된 주장이다. 이 때문에 그들은 인습을 강조하고 변혁을 더욱 중시한다. 그들은 두 가지 관점에서 변혁의 필연성을 깊이 관찰했다. 첫째는 도를 근거로 삼고 삼대를 법으로 삼아 현실 정치를 바로잡고 조절할 것을 주장한다. 그들은 진한 이래의 정치 체제를 비난하고, 송대 정치의 폐단을 깊이 이해하면서 격렬한 비판을 가한다. 송대 제왕들을 포함한 역사상의 군주에도 불만이 많았다. 송대 사대부들은 현실 정치를 개혁해야 한다는 데 인식을 같이했으며, 리학 사상가들은 이 시대 사조의 참여자들이었다. 둘째는 삼대의 구체적인 제도를 완전히 모방하는 데 반대하며 제도와 법을 만들 때는 장소와 시대에 적절히 따를 것을 주장한다. 리학 사상가들 대부분은 삼대를 본받아야 한다고 주장하면서도 실제 상황을 돌아보지 않을 수 없었다. 주희는 말한다. "오늘날 세상에 살면서 법을 모두 없애고 옛 정치를 행하려고 한다면 이로움은 보이지 않고 오직 괴로운 폐단만 생길 것이다."[541] 육구연은 말한다. 오늘날을 살면서 옛 법이 너무 많으며 "지금 한 가지 일을 하려고 반드시 옛것을 스승으로 삼는다면 장차 어디서 적절한 곳을 찾겠는가?"[542] "요임금의 법은 순임금이 일찍이 바꾸었으며 순임금의 법은 우임금이 일찍이 바꾸었다. 조종의 법에는 자연히 마땅한 변화가 있어야 한다."[543] 여조겸呂祖謙도 이렇게 말한다. "조종은 오직 천하의 안정을 바랄 뿐이다. 내가 조치하여 천하가 안정되면 그것이 조종의 뜻을 이은 것이다. 일마다 반드시 배워야 할 필요는 없다."[544] 결국 전대에 미비한 일이든 당금에 행해진 정치든 모두 흥성시킬 수도 변혁할 수도 있다. 옛 법에 구속되지 않고 적절하게 바로잡아야 오늘날에 맞고 삼대와 비슷한 제도와 정책을 찾아낼 수 있다는 것이다.

리학 사상가들은 사고師古 즉 옛것을 스승으로 삼는 법을 주장하면서도 복고復古 즉 옛것으로 돌아가는 제도에는 반대했다. 변혁을 주장하면서도 도의를 공경하고 지키고자 했다. 그들 가운데 주희, 여조겸, 육구연 등 일부는 복고와 변고變古 즉 옛것을 변화시키는 것이 어렵다는 것을 간파하여 조금 더 현실적인 주장을 했다. 그건 앞을 향해 보자는 것이었다. 이른바 "천하의 일은 앞을 향해 보면 공을 이룬다. 앞을 향하지 않으면 백년토록 이와 같을 뿐이니 과거를 덮어야만 공을 이룬다"[545]는 것이다. 이는 고루한 유생들과 비교할 때 리학의 거두들이 어느 정도 발전의 안목과 현실 정신을 지녔으며 정책 사상이나 책략의 전개에 있어서 상당히 큰 융통성을 갖고 있었음을 뜻한다. 그러나 옛 법에 구애받지 않는다는 그들의 말은 구체적인 제도와 정책을 고집하지 않는다는 것일 뿐 전체적인 정치사상에서는 삼대의 패턴을 넘어서지 못했다. 손익損益, 경권經權, 혁명革命은 이러한 사상적 추세가 정치철학적으로 드러난 주장이다.

03

손익損益, 경권經權, 혁명革命: 정치 조절의 방법과 주체

리학 정치사상 가운데 경권은 체제 개혁, 정책 조정과 책략 선택을 위한 일반적 방법이다. 손익은 제도 개혁의 기본적 지도 원칙이다. 혁명은 낡은 것을 버리고 새것을 창조하는 격렬한 방식이다. 이 세 가지 모두를 권權이라 부를 수 있다. 일반적으로 권은 '과過' 즉 잘못, '대과大過' 즉 큰 잘못의 형식으로 나타나곤 한다. 그런데 '과'의 목적은 대중대상大中大常 즉 위대한 중용의 길을 실현하고 수호하는 데 있다. 즉 '중'의 표현 형식이자 '중'을 실현하는 길이란 이야기다.

리학 사상가들은 "천하의 변화를 다함으로써" 비로소 "만물의 이치를 깨쳐 모든 일을 성취할" 수 있으며, "군자가 시중時中함으로써" 비로소 중화를 실현할 수 있다고 생각했다. 정이는 말한다. '이동상변以動尙變' 즉 움직임으로써 변화를 받드는 것이 성인의 도다. "역易이란 변역이다. 때맞추어 변역함으로써 도를 따르는 것이다."546 동動과 변變은 도를 지키고 도를 따르는 길 가운데 하나다. "중中은 고정된 실체가 아니니 오직 권權에 통달한 연후에야 그것을 지킬 수 있다."547 리학 사상가들은 유가 경전 가운데 경권經權과 상변常變에 관한 사상적 자료들을 분분히 인용하고 해석한다. "중은 지켜질 수 없다. 이해하여 깨치면 일마다 물질마다 모두 자연의 중을 갖게 된다. 안배를 할 필요가 없다. 안배함이 드러나면 중이 아니다."[548] "중을 지키되 권權이 없으면 정해진 중은 붙들겠으나 변을 모르는 것이니 하나를 지키는 데 불과하다."[549] 그들은 "중中만을 지키는 것은 시중에 해로운 것이니 모두 하나만 붙들고 다른 모든 것을 버리기 때문"[550]이라고 생각했다. 정확한 방법은 중을 지키되 권을 갖추는 것이다. 따라서 "도에서 가장 소중한 것은 중이며, 중 가운데 가장 소중한 것은 권이다."[551] 중을 취함은 권형權衡 즉 저울추 및 저울대와 같다. 반드시 동과 변 가운데서 실현이 된다. 리학 사상가들은 이 권과 변이 때로는 필수적이라고 생각했다. "상常을 지키는 것이 물론 옳지만 적절한 곳을 지키지 못하게 된다면 변變을 드러낼 수밖에 없다. 억지로 기존의 것만 지킨다면 얻지 못하게 된다. 변을 통해 얻는 것이 이치에 맞으면 단연코 그렇게 드러나도록 해야 한다. 옛것에 따르는 것이 상이다."[552] 그래서 그들은 권을 소중히 여기고 변을 받들었다.

리학 사상가들은 경과 권을 체용일원體用一原 즉 본체와 작용이 하나의 근원이라는 관계로 파악한다. 동시에 경과 권의 다름과 같음을 이론적으로 분석하기도 한다. 리학의 권론은 대체로 다음 몇 가지 차원의 내용을 포함한다.

첫째, 일반적으로 경과 권은 체용 관계다. 경이 체이고 권이 용이다. 경은 근본 '대법大法'이고 "항상 행해지는 도리다." "권은 그 상리常理 즉 당연한 리가 적절히 행해지지 못할 때 부득이하게 변통하여 생긴 도리다."[553] 권의權宜의 변화는 '대법'이 항상 존재하도록 지켜내기 위함이며 "권이 중中을 얻으면 이는 경과 다르지 않으니 필경 권은 잠정적인 것이지 항상 그런 것은 아니다."[554] 권은 '중'을 실현하기 위한 것이므로 '경'을 위반해서는 안 된다. "세상의 학자들이 권의 뜻을 잘 모르고 리로 안 되는 것이 있으면 권을 따르라고 말하는데 이는 권을 사기술수로 여기는 것일 뿐이다. 어떤 일에 임하면서 경중을 헤아려 도의에 합치하는 곳을 찾는 것을 권이라 일컫는다. 어찌 경의 도를 떨어내는 것이겠는가?"[555] 권은 경을 위배할 수 없다. 그렇지 않으면 권이라 부를 수도 없다.

둘째, 권은 경이 다다를 수 없는 목적을 완성할 수 있다. 정이는 "권은 경이 미치지 못하는 바"[556]라고 말한다. 주희는 이렇게 생각했다. "이것으로 말은 다한 것이다. 경은 하나의 큰 강령일 뿐이며 권은 그 미묘한 우여곡절이 있는 곳을 말한다. 예컨대 군주는 어질고 신하는 충성하며, 부모는 자애롭고 자식은 효성스럽다는 것은 경상經常의 도인데 어떻게 동요하겠는가! 그 사이에서 다하지 못한 점이 있으면 반드시 권을 사용해야 한다."[557] 이런 말도 했다. "이른바 권이라 함은 미묘한 우여곡절이 있는 곳에서 마땅함을 다함으로써 경이 미치지 못한 바를 구제하는 것이다."[558] 그래서 중화中和의 도는 권을 소중히 여기며 "권은 경의 핵심이자 미묘한 지점이다."[559] 이 의미에서 보면 권은 경의 필요충분조건이라 할 수 있다.

셋째, 권과 경은 병행해도 어긋나지 않는다. 주희는 말한다. "경은 그 자체로 경이며, 권은 그 자체로 권이다. 그러나 경이 행해질 수 없는 곳에 권을 사용하게 된다면 이 권은 그로써 경과 합치한다. 이를테면 탕왕과 무왕의 일, 이윤과 주공의 일이 그렇고 형수가 물에 빠지면 손을 뻗어 구하는 일[560]이 그렇다."[561]『북계자의』「경권」편은 말한다. "권은 경이 미치지 못한 곳에 있지만 실제로 경과 서로 어긋나지 않는다. 경이 궁해지면 반드시 권을 이용하여 통하게 해야 한다."[562] "군주와 신하처럼 정해진 자리가 경이다."[563] 그러나 포악한 독재자에 대해서는 "이때 이미 군신의 의가 다한 것이므로"[564] 경을 지킬 수 없으니 반드시 권을 행사해야 한다. "마땅히 권을 사용하지 않아도 되는데 권을 사용하고" "마땅히 경을 지키지 않아도 되는데 경을 사용하는" 것은 모두 '중'에 배치되는 행위다. 권은 일종의 특수한 상황하의 '중'이다. "중을 안 뒤에 권을 사용할 수 있으며 권으로 말미암은 뒤에 중을 얻는다. 중은 이치상 당연한 것이며 지나침도 모자람도 없는 상태다. 권은 그로써 사물의 이치를 헤아리고 그 당연한 바를 취함이며 지나침도 모자람도 없는 것이다."[565] 경과 권은 각기 다른 조건하에서 '중'을 실현하는 수단에 다름 아니다. 주희는 한나라 유생들이 "경에 반대하고 도道에 합치함"을 권으로 삼았기 때문에 경과 권이 대립하게 되었다고 비판했을 뿐만 아니라 "정이천은 경으로 권을 포용한다면서 양자를 구별하지 않았으나 이 또한 결과를 얻지 못했다"[566]고 주장한다. 그는 "권과 경은 실제로 두 가지 의미를 지니고 있지만 권을 논하면서 완전히 경을 떠나면 그것도 아니다"[567]라고 판단했다. "경은 불변하는 일반적 리이며, 권이 경을 가로막아 제대로 실행이 안 될 때 권을 사용하기 시작한다. 그런데 그때가 오히려 상리常理 즉 일반적인 이치다."[568] 권은 형식상 "비록 경에 반대되긴 해도 도에 어긋나지는 않는다. 비록 경과 다르긴 하지만 그 도는 하나다."[569]

넷째, 경과 권은 도의에서 통일된다. 주희는 말한다. "경은 그 자체가 의이며, 권 또한 의다. 의義라는 글자는 경과 권에 두루 사용할 수 있다."[570] "의가 마땅히 경을 지키는 것이면 경을 지키고, 의가 마땅히 권을 사용하라면 권을 사용한다. 그래서 의라고 말하면 경과 권을 총괄할 수 있다."[571] 그는 의를 저울 눈금에 비유한다. "의는 살아 있는 물건이다. 권은 저울추다. 의는 저울 눈금이므로 의가 있음으로써 권을 사용한다."[572] "의는 바로 때를 따른다는 뜻이다." 경과 권이 의에서 통일되므로 특정한 의미에서는 경이 곧 권이고 권이 곧 경이다. "경은 이미 정해진 권이며, 권은 아직 정해지지 않은 경이다."[573] 그러나 전혀 구별되지 않고 둘이 하나가 될 수는 없다. "그런데 경은 필경 상常 즉 불변이고 권은 필경 변變이다."[574] "경은 만세에 불변하며 행해진 도이고, 권은 부득이하여 사용되는 것으로 대개 사용되지 않을 때가 많다."[575] 결국 "경은 도의 상이고, 권은 도의 변이다. 도는 통체統體이며 경과 권을 관통하고 있다."[576] 경과 권은 각각 도의 영원성과 가변성의 구현이다.

다섯째, 오직 성현만이 권을 행할 수 있다. 권은 필경 일종의 '반상反常' 즉 상에 반대되고 '반경反經' 즉 경에 반대되는 행위다. 때로는 '과過'와 '대과大過'로 드러나기도 한다. "사물에 대하여 권이 경중에 따라 대응하면 적절한 동정動靜이 이루어지고 특정한 일로 인해 이치를 어그러뜨리지 않는다."[577] 권은 기미를 보아 행해져야 하고 때에 맞추어 움직여야 한다. 처리가 적절해야 하며 도리에 부합해야 한다. "권 또한 정당한 도리이지만 언제나 행해질 수 있는 것은 아니며 일상에서 행해지는 것과는 다르다."[578] 따라서 권을 행하기가 경을 지키는 것보다 훨씬 더 어렵다. "천하의 일이 경으로 실행하여 미치지 못하는 데 이르면 사실상 가로막히게 되는 것이다. 반드시 이치를 밝히고 도의를 정밀하게 할 때 권을 사용할 수 있다."[579] 권을 사용하는 사람은 반드시 도리, 인심, 사세事勢에 대해 "그 실마리를 간파해야" 하는데 "그래서 권을 사용하기는 극히 어렵다."[580] 성현이 아니고는 불가능하다. 주희는 말한다. "이른바 경은 민중이고 학자고 모두 따를 수 있다. 하지만 권은 성현이 아니고는 행할 수 없다."[581] 『북계자의』도 "권을 사용하려면 반드시 지위가 높아야 가능하다"[582]고 지적한다. "반드시 성인이어야 이치가 분명하고 도의가 정밀하여 사용해도 차이가 나지 않는다"[583]고 한다. 『맹자집주』는 리학 사상가들의 논의를 채택하여 "순임금은 알리지 않고 결혼을 했다"는 『맹자』「이루상」 편의 기록에 대해 다음과 같이 주해한다. "알리는 것이 예다. 알리지 않은 것은 권이다."[584] "권을 사용하여 중에 맞는다면 올바름에서 벗어난 것이 아니다."[585] 그런데 "권이 도를 체득한 것이 아니면 사용할 수 없다."[586] "아버지가 고수瞽瞍가 아니고 자식이 위대한 순임금이 아님에도 알리지 않고 결혼을 했다면 천하의 죄인이다."[587] 시중時中 즉 때의 중용을 제창하고, 권변權變을 소중히 여기고 숭상하면서도 권을 행사하는 주체를 엄격히 제한하는 것이 바로 리학 경권론의 현저한 특징이다. 이론상으로는 도를 체득하고 중을 이해하는 성현군자만이 권을 행할 수 있다고 규정하며, 실천 과정에서는 반드시 손익, 권변, 혁명의 주체를 제왕과 몇몇 현명한 신하라는 범위로 한정한다.

손익과 혁명은 정치 변혁 과정에서 경권론이 구체적으로 운용된 것으로 리학 정치 조절론의 중요한 구성 부분이다.

손익설의 어원은 『논어』「위정」편 가운데 삼대의 예는 서로 답습하면서도 손익損益 즉 덜어내고 보탠 바가 있으며 "앞으로 혹 주나라를 계승한 경우가 있으면 100세대가 지난다 하더라도 알 수 있다"[588]고 한 사상에서 유래했다. 리학 사상가들은 중화 철학을 근거로 이를 한층 더 발전시켰다. 주희는 말한다. "삼강오상은 예의 대체이며 삼대가 계승했는데 모두 그것을 답습하고 바꿀 수 없었다. 덜어내고 보탠 것은 문장과 제도에 불과했으며 조금 지나치거나 모자란 중간이었다. 이미 그러했다는 자취들은 오늘날에도 그대로 발견할 수 있다. 오늘날 이후로 혹 주나라를 계승하여 왕업을 이룬 자가 있으면 100세대 먼 미래라 하더라도 답습하든 변혁하든 이를 넘어서지 못할 것이니 어찌 그저 10세대로 그치는 것이겠는가!"[589] 주희는 특히 '인因' 자, 즉 인습이란 말을 강조했다. "이 장에서 '인' 자가 가장 중요하다. 이른바 손익 역시 그저 삼강과 오상을 보존하고 유지해야 할 따름이다."[590] 이정은 말한다. "근본이 없으면 서지 못하고 문文 즉 문식이 없으면 실행하지 못한다. 부모와 자식은 은혜가 위주이지만 반드시 엄격하고 순종하는 실체가 필요하며, 군주와 신하는 공경이 위주이지만 반드시 받들고 마주하는 거동이 필요하다. 예양禮讓이 내부에 존재해야 하고 위의威儀를 갖춘 뒤 실행해야 한다. 존비에 차례가 있으며 사물에 광채가 나지 않으면 구별되지 않는다. 문식과 실질은 서로를 필요로 하며 어느 것 하나라도 빠져서는 안 된다. 문식이 너무 승하거나 말절로 흐르게 됨은 근본에서 멀어지고 실질을 잃은 것이니 마땅히 손損 즉 덜어 내야 할 때다."591 손익이라 함은 말절을 덜어내고 보태 근본을 지키는 것이다. 기존의 원칙을 전제하면서 국부적이고 제한적인 변경을 행하는 것이다. 손익은 일종의 끊임없는 자기 조절이다. "덜어내든 보태든, 가득 차든 텅 비든 오직 때에 따를 뿐이다. 지나치면 덜어내고 부족하면 보태며 줄어들면 채우고 가득 차면 비우되 때와 더불어 행한다."592 리학은 강상의 일관성과 손익의 합리성을 강조한다. 이는 한편으로 군주 정치 근본 제도의 안정적 연장을 보장하기 위한 것이며, 다른 한편으로는 때맞춘 적절한 조절을 통해 정치적 과오를 예방하고 감소시키고 교정할 수 있기 때문이다. 손익 관념은 옛 사물을 수호하면서도 시의적절한 개량에 찬성한다. 경직화하는 데 반대하면서도 혁명의 촉발에는 이르지 않는다. 전통을 중시하면서도 기존 규범만을 고수하지는 않는다. 이 사상은 리학의 중화中和, 시중時中, 권변權變 사상의 정수다. 손익을 활용하여 권변에 통달함은 기존 질서를 고수하는 유학으로 하여금 풍부한 탄성을 지니게 만들었다. 이 학설은 자연히 정치적 기득권자들에게 가장 적절히 활용되었다.

리학 사상가들은 변혁과 변법 측면에서 보면 모두 점진론자에 속한다. '북송 오자' 및 그 전수자 대부분은 '희풍신법'의 반대파다. 남송 사상가 가운데 오직 육구연만이 왕안석의 변법 정신에 비판보다 긍정이 많지만 그 또한 예법은 급변해선 안 된다고 생각했다. 변법 문제에 있어서는 주희의 정견이 가장 대표적이다. "금세엔 두 가지 폐단이 있는데 법폐法弊와 시폐時弊가 그것이다. 법폐는 일체를 다 바꿔버리면 오히려 쉽다. 그런데 시폐는 모두 사람에게 달려 있으며 사람은 모두 사심으로 하는데 어떻게 바꾸겠는가!"593 주희는 송대 폐정을 전면적으로 분석하고 격렬하게 비판했다. 법제를 개혁하자는 수많은 주장을 내놓기도 했다. 그러나 북송 개혁의 실패를 거울 삼아 그는 정치사상의 주안점을 '격기심비格其心非' 즉 그 마음의 잘못을 바로잡는 데 투입했다. 이 또한 송대 리학 사상가들의 공통점 가운데 하나다.

손익과는 반대로 혁명은 군주 정치에 대한 격렬한 자기 조절 형식이다. 혁명의 어원은 『역전』에 보이는데 리학의 정치 사전에서는 특별한 함의를 지닌다. 즉 "왕자의 부흥은 하늘로부터 명을 받으므로 세상을 바꾸는 것을 가리켜 혁명이라 한다"594는 것이다. 혁명은 특정한 주체가 폭군을 대체하여 혁신을 실현함을 가리킨다.

이론적으로 리학 사상가들은 '혁革'을 추앙한다. 정이는 "혁이란 옛것을 바꾸는 것"이라고 말한다. "폐단으로 무너진 뒤 그것을 혁한다. 혁하기 때문에 통하게 된다. 그래서 혁함으로써 크게 형통해질 수 있다. 혁하여 정상적으로 이로운 길을 가면 오래 유지할 수 있으니 이것이 옛것을 제거하는 의의다."595 혁이 정치에 드러난 것이 혁명이다. "탕왕과 무왕은 위로 천명에 따르고 아래로 인심에 순응했다. 하늘에 따르고 사람에 순응한 것이다. 천도가 바뀌어 세상도 따라 옮겨지니 혁의 지대함이다."596 어떤 의미에서 보면 리학 사상가들은 교왕과정矯枉過正 즉 잘못을 고치려다 정도를 지나치는 데 반대하지 않는다. 정이는 말한다. "성인이 사람의 도를 다함에 리를 지나치지 않는다. 만사를 제어함으로써 천하를 바른 리로 이끌고 시대의 잘못을 바로잡으면서 조금은 중中을 지나친 경우도 있다. 이를테면 행위에 공손함이 지나치고, 상을 치름에 슬픔이 지나치고, 씀씀이에 검소함이 지나친 경우 등이다. 그 작은 지나침을 바로잡은 뒤 중에 다다를 수 있으니 중을 구하는 데 사용된 것이기 때문이다."597 도의에 합치하기만 한다면 '대과大過'도 합리적이다. "예컨대 비상한 대사를 일으키고, 백세의 위대한 공적을 부흥시키고, 풍속을 없애는 위대한 덕을 이루는 일은 모두 대과에 속한 일이다."598 성왕이 혁명을 실행함은 "도가 중中하지 않는 경우가 없고 상常하지 않는 경우가 없으니 세상 사람들이 자주 볼 수 있는 일이 아니다. 그래서 상常에 대한 대과大過라고 말하는 것이다."599 리학 사상가들은 성인의 소과나 대과는 소인이 "직접 상리常理를 넘어서는 일"과는 다르다고 본다. 권權으로 중中을 취하는 비상한 행동이라는 것이다.

혁명은 "신하의 신분으로 군주를 시해하는" 일이다. "이를테면 탕왕이 걸왕을 몰아내고, 무왕이 주왕을 토벌하고, 이윤이 태갑太甲을 몰아낸 일은 권權이다. 만약 이런 일이 날마다 시시로 운용된다면 심히 지나친 세상이 될 것이다."600 그래서 리학 사상가들은 혁명의 조건에 엄격한 제한을 둔다. 첫째는 혁명의 대상이 반드시 극악무도해야 하며 "시대를 이어 천하를 갖게 된 사람은 그 앞 세대가 모두 백성에게 큰 공덕을 쌓은 것이다. 그런데 거기에 걸왕과 주왕 같은 큰 악이 존재했다면 하늘은 그들을 폐한다."601 이와 같은 이유로 "이윤과 주공은 비록 순임금, 우임금 같은 덕이 있었지만 천하를 가지지 못했던 것이다."602 천명으로 폐하게 된 징표는 "천하가 그를 배반하는" 것이다. "민중이 배반하고 친척들이 멀어지면 다시는 군주가 될 수 없으니"603 전복되고 죽임당한다. 장재는 말한다. "일이 생기는 중에 떠날 수는 없다. 하루 사이라도 천명이 아직 끊이지 않았으면 군신 관계다. 당일 천명이 끊어지면 독부獨夫 즉 아무 도움도 못 받는 사내가 된다."604 천명이 아직 끊이지 않았을 때 혁명을 실행함은 군신 간 대의를 위배한 것이다. 둘째는 혁명의 주체는 반드시 하늘의 성인으로부터 명을 받아야 한다. 정이는 말한다. "변혁은 크나큰 일이다. 반드시 시기가 맞아야 하고, 지위가 있어야 하고, 재능을 갖춰야 한다. 깊이 생각하고 신중하게 움직인 뒤라야 후회가 없게 된다."605 "그런데 신도臣道는 당연히 혁보다 우선하지 않는다."606 혁명의 주체는 더욱 특수하다. "아랫사람으로 탕왕, 무왕 같은 인仁을 갖고 있는데 윗사람이 걸왕, 주왕 같은 포악한 경우라야만 가능하다. 그렇지 않으면 찬탈과 시해의 죄를 면하지 못할 것이다."[607] 왕권의 경질은 역사적 사실이다. 유가 사상 가운데 성왕은 대부분 혁명 행위를 했다. 그래서 리학은 이 사실을 인정하면서 온갖 수단을 동원하여 '탕무 혁명'의 합리성을 논증하고자 했다. 탕무 혁명론의 주지는 도와 덕이 제왕보다 중요함을 증명하는 것이다. 이른바 "사해가 귀순하면 천자가 되고, 천하가 배반하면 독부가 된다"[608]는 것이 그렇다. 이 사상은 이론적으로 정치 조절론의 작용을 강화시켰는데, 재위하고 있는 모든 군주에게 경고를 하거나 간언을 하는 식이었다. 그러나 혁명 주체를 엄격히 제한한 것은 그들 혁명론의 급소가 되었다. 이는 사실상 무수한 민중의 혁명 권리를 박탈한 것이기 때문이다.

"부모가 자애롭지 못하더라도 자식이 불효해서는 안 된다. 군주가 현명하지 못하더라도 신하가 불충해서는 안 된다. 어떻게 군주를 배반한단 말인가?"[609] '군신의 대의'는 리학 정치론의 뿌리다. "태왕太王, 탕왕, 무왕은 고난의 백성을 구하고 포악한 통치자를 징벌한 것이다. 천하를 위해 잔악한 도적을 제거한 이치다."[610] 하지만 필경은 아랫사람으로 윗사람을 범한 것이며 신하가 군주를 시해한 것이다. 공자는 태백과 문왕을 '지덕至德'이라고 칭송하면서 무왕은 "선을 다한 것이 아니다"라고 평했다. 주희의 해석은 이렇다. "태백泰伯[611]과 이제夷齊[612]의 일은 천지의 상경常經이지만 태왕과 무왕의 일은 고금의 통의通義다. 하지만 그 사이에 자식 신분이나 높낮이가 없을 수 없다."[613] 백이숙제는 진지하게 군신대의를 지켰는데 무왕은 주왕을 죽이고 자립했다. 둘의 "도의가 병행하여 서로 어긋나지 않는다"고 할지라도 "필경은 사람의 큰 윤리이니 성인도 이를 지켜야만 한다."[614] 리학 사상가들은 혁명을 제한하려고 했으며 완곡한 비판을 표명했다. 그들은 혁명이라는 기치를 높게 쳐들었지만 그 취지는 신민을 동원한 혁

명이 아니었다. "군대를 움직임에 탕왕, 무왕을 본받지 않으면 이는 난이
다."[615] 리학 사상가들 대부분은 "윗사람을 범하여 난을 일으킨" 정치 활
동을 친히 진압한 경험이 있다. 그들의 심중에는 주나라, 진나라 이래 정
통으로 받아들일 만한 왕조는 극히 드물며 대부분 왕조의 창건은 국기를
범하고 찬탈한 도적 무리의 짓이었다. 그들은 역사적으로 혁명에 가장 찬
성하지 않은 사람들이었다.

리학의 전체 체계 가운데 혁명론은 중요한 이론적 의의가 있다. 혁명의
주체는 성인이고 대상은 폭군이다. 혁명의 실질은 새로운 군주가 낡은 군
주를 대신하는 것이다. 혁명은 어깨에 천명을 걸머진 성인의 특권이다. 이
특정한 개체는 모든 민중의 이익을 실현하는 하늘이 정해준 대표다. 여기
에서 '도의와 덕행'은 특별한 역할을 담당한다. 최고 권력 주체의 조건일
뿐만 아니라 최고 권력의 근거이기도 하다. 군주 전제 제도를 긍정하면서
전제적 폭군은 비판하는 이중적 요소와 기능을 갖고 있다. 혁명론은 제
왕들을 위해 역사적이고 이론적인 거울을 설치한 것이며 제왕들로 하여
금 시시각각 '도덕'으로 스스로를 경계하고 혁명을 방지하도록 노력하라
고 끊임없이 경고한다. 이는 당시의 역사적 조건하에서 사상가들이 찾아
낸 사람을 가장 깜짝 놀라게 만들 수 있는 견제 수단이었다. 혁명론의 기
본 경향은 군왕이 성스럽고 현명해지길 바라는 기대였다.

04

일심—心이 나라를 흥하게 할 수 있고 군심君心의 잘못을 바로잡는다

"군심君心은 정치의 근본이다."[616] 군심의 바름과 군심을 바르게 하는 것은 리학 정치사상의 핵심 명제다.

리학 사상가들은 모두 존군尊君론자다. 존군론은 주로 네 가지 논거를 갖고 있다. 첫째, 군권은 하늘에서 받으며 이른바 "하늘은 백성을 보우하여 군주를 세웠으니" "이 또한 같은 리일 따름이다."[617] 군권이 천리에 부합함은 천리가 그렇게 만들었기 때문이다. "천은 만물의 조상이며 왕은 만방의 조종이다."[618] 둘째, 존군은 인극人極을 세우고 천하를 다스리는 중요한 항목이다. "왕은 천과 마찬가지로 중요하며 인도人道를 세운다."[619] 셋째, 천하를 주재함은 제왕의 천직天職이다. "천지의 도를 만들어내고 천지의 마땅함으로 보좌하여 백성을 좌우하는 것이 군주의 직책이다."[620] "무릇 풍요로운 토지와 수많은 인민이 모두 왕자의 소유인 것이 이치상 올바른 일이다."[621] "땅 위의 모두는 왕의 신하가 아닌 것이 없는데 아랫사람이 어떻게 감히 그것을 전유할 수 있겠는가?"[622] 천하의 토지와 백성은 모두 왕의 소유라는 말이다. 넷째, "군주는 정치의 근본이다". "천하의 민중은 본래 한 사람에게 달려 있다."[623] "한 집안이 인仁하면 한 나라에 인이 흥하고, 한 집안이 사양하면 한 나라에 사양이 흥하고, 한 사람이 탐욕하면 한 나라에 난이 일어난다. 그 기미가 이러하니 이를 가리켜 말 한마디가 일을 뒤집고 한 사람이 나라를 안정시킨다고 말한다."624 기왕 군주는 필연적으로 천리와 강상을 주재하므로 사회 안정과 번영의 관건이다. 그렇다면 존군을 통해 군주에게 최고의 권력을 부여해주었을 때 비로소 "신하가 군주를 시해하고, 자식이 부모를 죽이는" 일을 방지할 수 있게된다. 주희는 말한다. "군주와 신하 사이에 권權은 약중略重 즉 무거운 부분을 빼앗겨선 안 된다. 무거움이 기울면 군주는 무시된다."625 이른바 '약중'이란 신권臣權이 군권君權보다 무거워지는 것을 가리킨다. 군권의 추락은곧 국가의 쇠퇴를 부르며 군신의 자리가 바뀌면 천하가 요동친다. 존군은바로 지고무상한 제왕의 권위를 수호하려는 것이다.

리학 사상가들은 모두 충군忠君론자다. 그들은 '충忠'의 주지가 충군이라고 생각한다. 어떤 사람이 주희에게 물었다. "충은 실제 마음일 뿐입니다. 인륜의 일상 문제에 모두 그대로 적용해야 할 일인데 어째서 유독 군주를 섬기는 일에 충자를 이야기한단 말입니까?"626 주희는 이렇게 대답했다. "부자, 형제, 부부는 모두 천리의 자연스러움이어서 사람이면 모두 저절로 사랑하고 공경할 줄 안다. 군신은 비록 천리이기도 하지만 도의로써합하는 관계다. 세상 사람들이 쉽게 대충대충 넘어가려고 하므로 반드시 충을 말해야 할 필요가 있다."627 그들은 선배 유학자들이 '사군불기事君不欺' 즉 군주를 섬기되 기만하지 않음을 충으로 여긴 데 대하여 불충분하다고 생각했다. 정이는 "진기盡己 즉 자기를 다하는 것을 충이라 한다"고말한 적이 있다. 진순陳淳은 이를 다음과 같이 해석했다. "진기는 스스로의마음 안쪽에서 주재하는 존재를 두고 하는 말인데 반드시 추후라도 다하지 않음이 없는 상태를 충이라 한다. 예를 들어 10할을 두고 말하면 7~8할만 이야기하고 2~3할을 남겨두는 것은 다함이 아니어서 충이라 말할 수가 없다."[628] "군주를 섬기는 충은 또한 진기의 마음으로 군주를 섬기는 것일 따름이다."[629] 온 마음을 다하여 섬기고 안팎으로 철두철미하게 조금도 보류함이 없을 때 비로소 충신이라 부를 수 있다는 것이다. 장재는 『서명西銘』에서 심지어 군주에 대해 "용맹하게 복종하고 명령에 순종하여" "도망갈 곳이 없이 팽 당하기를 기다릴" 정도가 되어야 한다고 주장했다. 리학 사상가들은 '실절失節'을 매우 부끄러워하여 말과 행동으로 표현했다. 이 사람들은 봉건 시대의 충신임에 조금도 의심의 여지가 없다.

리학 사상가들은 또 군권제한론자이기도 하다. 그들은 한편으로 지고 무상의 권력을 제왕에게 헌상하면서도 다른 한편으로 군주가 이 권력을 잘못 사용하여 나라를 망치고 백성을 해칠까봐 시시각각 걱정하기도 했다. 특이한 사유 방식과 가치 지향, 그리고 정치적 입장에 갇혀 있던 그들은 군주 전제 제도를 넘어 세상을 구할 방도를 찾아낼 수가 없었다. 그래서 각종 정치 조절 이론에 안광을 집중할 수밖에 없었다.

리학 사상가들은 진한 이래의 정치 체제와 고도로 권력을 집중시킨 송대의 방식에 대부분 완곡한 비평이나 비판을 했다. 그들은 제왕이라면 현명하고 유능한 사람을 임용하고 간쟁을 받아들여 "여러 정책을 취합하여 일을 성공시키는 데 집중할 것이며" 적절하게 권력을 나누어 무위로 다스리라고 주장한다. 제왕이라면 "위를 덜어내 아래를 보태주고" "겸손하게 아랫사람들을 대하며" "백성과 더불어 이익을 공유하는" 덕치와 인정을 실행하라고 주장한다. 제왕이라면 제도를 수립하고 법도를 분명히 하여 의리와 공도公道로 천하를 다스려야 한다고 주장한다. 역사상 제기되었거나 당시 사람들의 정치적 상상력이 다다를 수 있는 정치 조절 사상은 리학 사상가들의 논저 속에 거의 다 들어 있다. 리학 사상가들은 윤리를 핵심으로 삼고 철리哲理를 방법으로 삼아 봉건 통치에 유리한 모든 정치 조절 이론을 새롭게 해석하고 한데 융합시켜 완벽한 사상 체계를 형성했다.

리학 사상가들의 정치 조절론에는 하나의 공통된 특징이 있다. 권변權
變과 혁명이 반드시 성현을 거쳐 실행되는 것처럼 정치 조절을 행사하는
주체는 반드시 덕이 높고 지위가 존귀한 사람이어야 한다는 것이다. 소
위 성현은 실제로는 이상 속의 혹은 현실 중의 통치자다. 이정은 말한다.
"치도는 근본으로부터 말할 수가 있고, 사건을 두고 말할 수가 있다. 근
본으로부터 말하자면 도에 합당하도록 군주를 이끄는 것보다 큰 일이 없
다. 군주가 바르면 나라가 안정되기 때문이다. 사건을 두고 말하자면 변
화하지 않고 무언가를 해낼 수 있는 경우는 없다. 크게 변하면 큰 이익이
고 작게 변하면 작은 보탬이 된다."[630] 주희는 말한다. "천하의 일에는 큰
근본이 있고 작은 근본이 있다. 군심君心 즉 군주의 마음을 바로잡는 것
은 큰 근본이다."[631] 육구연도 이렇게 생각했다. "사람이 정치의 근본이고,
몸이 사람의 근본이고, 마음이 몸의 근본이다. 근본을 만들지 않고 말절
에만 종사하니 말절도 다스릴 수가 없다."[632] 리학 사상가들은 정체, 법제,
인재, 덕형 등은 정치에서 '작은 근본'이자 '말절'일 뿐이고 군심이야말로
큰 근본이라고 생각했다. 치국의 근본은 정군正君 즉 군주를 바로잡는 데
서 시작한다는 것이 리학 정치사상의 핵심 주제다.

"군주가 정치의 근본"이라는 사상은 옛날부터 있었다. 리학의 특징은
군주의 '심' '심술心術'을 더욱 강조한다는 점이다. 리학의 천리와 인욕, 공
과 사, 의와 이익, 왕도와 패도 논변은 모두 사람의 주관적 의지를 결정적
인소로 본다. "덕德이란 글자가 심을 따름은 그것이 마음으로부터 얻어지
기 때문이다. 예를 들어 효孝라고 하면 마음에서 이 효를 얻은 것이고, 인
仁이라 하면 마음에서 이 인을 얻은 것이다. 그저 외면적으로 그러할 뿐
속마음이 그렇지 못하다면 덕이 아니다."[633] 의식이 행위를 지배하니 '심'
과 '심술'이 관건 중의 관건인 셈이다. 정이는 말한다. "천하의 치란은 군주
가 인하느냐 인하지 못하느냐에 달려 있다. 마음이 그르면 정치를 해치니

외부에서 드러나기를 기다릴 필요도 없다."[634] 주희는 심지어 이렇게 말한다. "천하의 일은 반드시 군주가 모든 것을 꿰뚫어 알고 있어 스스로 나아가 행해야만 성취할 수 있다. 한 가지 일의 8할은 군주가 하고 나머지 1~2할만 재상이 한다고 하더라도 성공할 수 없다."[635] 결국 "일심─心 즉 하나의 마음이 나라를 흥하게 할 수 있고, 일심이 나라를 망칠 수 있으니 오직 공과 사의 사이에 있다"[636]는 것이다. 주희는 "일언─言 즉 한마디 말로 나라를 흥하게 할 수 있다"는 공자의 '언言' 자를 '심心' 자로 바꾸어 리학의 사상적 특징을 충분히 드러내주었다.

정사는 군주의 잘못을 바로잡는 것을 우선으로 삼고 학술은 반드시 군주의 잘못을 바로잡는 것을 임무로 삼아야 한다. "군주의 마음이 바르면 천하의 일은 어느 것 하나 바름에서 나오지 않는 것이 없다. 군주의 마음이 바르지 못하면 천하의 일은 어느 것 하나 바름에서 얻어지는 것이 없다."[637] 정군심正君心 즉 군심을 바로잡고, 조정을 바로잡고, 백관을 바로잡고, 만민을 바로잡고, 사방을 바로잡고 (…) 여기서 저기까지 한 방향으로 배열해보면 리학이 군심을 바로잡는 것을 "천하만사의 근본"으로 여기고 있음이 분명해진다. 리학 사상가들은 자신들의 정치 학설을 한마디로 축약하면 격군비格君非 즉 군주의 잘못을 바로잡는 것이라고 공개적으로 밝힌다. 이를테면 육구연은 "사람들과 어떤 일을 아랑곳한다는 것은 바로 군심의 잘못을 바로잡는 일"[638]이라고 말한다. 그는 "배운 것을 실천하여 군심의 잘못을 바로잡고, 군주를 마땅한 도로 이끌고, 군주와 국가 경영 및 도에 대해 논쟁하고, 음양을 고르게 다스려서 이 도가 천하에 도달하도록 만들겠노라"[639]고 표명했다.

어떻게 군심을 바르게 하고 군주의 잘못을 바로잡을 것인가를 두고 사상가들은 수없이 많은 논의를 했다. 개괄하면 명리明理 즉 리를 밝히고, 극기克己 즉 자신을 이기고, 납간納諫 즉 간언을 받아들이는 것이다. 이른바 명리란 천리와 인욕의 변별을 명확히 하는 것이다. "군주가 천하의 일을 통제하는 까닭은 일심에 근본이 있다. 마음이 주관하는 바는 천리와 인욕의 차이이기도 하다."[640] 명리의 관건은 "공公하고도 정正하여" "천하가 천하의 천하이지 1인의 사유가 아님"[641]을 깊이 아는 데 있다. "군주는 마땅히 천하와 대동大同해야 하며 홀로 1인의 사사로움을 찾는 것은 군도가 아니다."[642] '공'해야 "심술이 공평하고 정대하여 편당을 지어 반목하는 사사로움이 없어질"[643] 수 있다. 이른바 극기란 예로 마음을 바르게 하고 '사욕'을 극복하며, '엄공인외嚴恭寅畏'[644] 즉 엄격한 공경과 숙연한 두려움에 힘쓰며, "음악, 색, 재화, 이익"을 경계하는 것이다. 극기의 핵심은 "인욕을 덜어내어 천리를 회복하는 것"이다. "지붕 높은 집과 아로새긴 담장을 궁실의 근본으로 여기고, 주지육림을 음식의 근본으로 여기고, 혹독하고 잔인함을 형벌의 근본으로 여기고, 궁핍한 군대와 무관을 모독함을 정벌의 근본으로 여긴다. 인욕이 지나친 것은 모두 봉양을 받는 데 근본을 둔 것이니 그렇게 멀리 가면 크게 해로울 것이다."[645] 리학의 정치의식 가운데 제왕이 아들에게 왕위를 물려주고 궁실과 음식을 누리고 형벌과 정벌을 주관하는 것은 공公이자 천리다. 하지만 이를 극복하고 절제하지 못하면 인욕으로 흐르게 될 것이다. 오직 극기하고 자손自損 즉 스스로 덜어내어 음악, 색, 재화, 이익에 빠져들지 않아야 심술을 바르게 만들 수 있다. 납간은 현명한 신하의 힘을 빌려 군주를 바르게 하는 것이다. 리학 사상가는 모두 "도가 군주보다 높으며" "도로써 군주를 섬기기를" 주장한 사람들이다. 그들은 황제를 향해 "도를 강론하고" 의리의 물길을 열어 "성심聖心을 널리 열고자" 했다.

리학 사상가들은 심혈을 기울여 방대한 사상 체계를 만들어냈다. 그들은 철학을 논하고, 윤리를 강론하고, 정치를 평론하고, 정책을 이야기하여 "군심의 잘못을 바로잡고" "민심의 잘못을 바로잡아" 천하 사람들을 궁리窮理하고 진성盡性하고 지명至命하게 하여 지선至善에 다다르게 하고자 절실히 추구했다. 이렇게 도통 전승의 운명을 자임한 사람들은 도가 지시하는 바에 따라 도를 실행할 희망을 성스러운 제왕에게 기탁했는데 실천 과정에서 매번 장벽에 부딪히곤 했다. 도(리)는 이처럼 박대정심博大精深하고 중정인화中正仁和한 것임에도 오래도록 세상에 행해지지 못하고 있다. 다른 방법이 없었던 리학 종사들은 운명을 탓할 수밖에 없었다. 육구연은 말한다. "도가 행해지지 않는 것은 하늘 때문이다. 운명 때문이다."[646] 그들은 도가 행해지지 못한 까닭이 이 도와 리 자체에 존재하는 극복할 수 없는 폐단 때문이라는 생각이 없었으며 상상할 수도 없었다. 리학 사상가들은 정치적으로 도를 실행할 최고 권력을 제왕에게 헌상함으로써 스스로 도의 운행을 주재할 권리를 박탈해버렸다. 개인 및 자기 학설의 운명조차 파악하지 못했는데 어떻게 진정한 정치의 주인이 될 수 있었겠는가!

"도는 천하 만세의 공리公理이니 사람들이 모두 함께 따라야 할 것이다. 군주에겐 군도君道가 있고, 신하에겐 신도臣道가 있고, 부모에겐 부도父道가 있고, 자식에겐 자도子道가 있으니 도가 없는 곳이 없다. 오직 성인만이 도를 갖출 수 있어서 군주를 위해 군도를 다하고, 신하를 위해 신도를 다하고, 부모를 위해 부도를 다하고, 자식을 위해 자도를 다하니 도를 다하지 못한 곳이 한 군데도 없다. 보통 사람들은 도를 갖출 수도 없는데 어떻게 도를 다 망하게 할 수 있겠는가!"[647] 리학 사상가들의 마음속에 가장 이상적인 사회적 역할은 도를 갖추고 도를 다하는 성현이었다. 이 사람이 주인이 되면 마치 좋은 주인인 것처럼 하고, 노예가 되면 마치 좋은 노예인 것처럼 한다. 오늘날의 말로 하자면 마치 한 몸에 주인과 노예를 겸하고 있는 종합적 의식으로 제아무리 역할이 천변만화한다 하더라도 끝내는 닮을 수밖에 없다. 리학은 천리를 논하고, 인성을 변론하고, 중화를 말하고, 경권經權을 강론하고, 도통을 논의하는데 그 모든 것은 결국 이러한 역할을 배양하고 만들어내기 위함이었다. 실제 정치 생활에서 이상화된 성인은 거의 찾아볼 수 없으나 주인-노예 종합 의식을 겸비한 역할은 사람마다 다 그렇다. 리학 사상가들이 보기에 성현이 되는 것은 사실 어렵지 않다. "사람이면 모두 성인이 될 수 있다. (⋯) 효도해야 할 곳에 마땅히 효도하고 공손해야 할 때 마땅히 공손하여 그렇게 미루어가면 그것이 또한 성인일 따름이다."[648] 종법과 윤리 도덕을 체득하고 절실하게 실천하면 바로 성인이다. 종법 윤리는 사회 집단을 하나로 통일시키는 정신적 역량이며 사람들을 성전으로 이끄는 표지이기도 하다. 리학은 한마디로 고도로 철학화한 종법 윤리다. 이 학설은 현실에 의탁하고 있으면서 현실을 승화시키기도 한다. 그래서 급속하게 통치 사상이면서 사회 각 계층의 신앙이 될 수 있었다.

종법 제도와 종법 윤리는 중국 고대 군주 제도의 원형과 본보기, 그리고 이 제도를 지켜주는 사회 규범과 정신적 역량을 제공해주었을 뿐만 아니라 가장 원시적이고 기본적이고 안정적인 일종의 문화적 인자가 되기도 했다. 전통 정치사상이 생성, 부연, 변천, 승화되는 기초이자 본원을 제공해주었던 것이다. 특정한 역사 조건하에서 충효 등 도덕의 부호는 부단히 강제성을 띠며 정치의 내용 속에 새겨졌다. 도덕문화와 정치 문화가 혼연일체가 된 것이다. 본원을 파고들면 유가야말로 효를 본종이자 근거로 하고, 그를 승화시켜 점진적으로 발전하여 마침내 폭넓고 정심한 사상 체계를 구성한다. 제자백가 가운데 효는 어디서든 한자리를 차지하고 있다. 불교와 같은 외래문화조차도 효에 의해 순화되었을 정도다. 전통문화의 여러 요소 가운데 종법과 효도만이 쇠하지 않는 왕성한 생명력을, 그 무엇과도 비교할 수 없는 응집력을, 쉼 없이 낳고 또 낳는 번식력을, 그리고 들어가지 않는 구멍이 없는 침투력을 지녔다. 리학은 바로 '효'에 관한 학문적 결정이자 극치다. 봉건사회 말기에 사람과 사람의 의존 관계를 기본 특징으로 하는 종법적 사회 제도와 사회 규범은 역사가 진보하는 데 질곡이 되었다. 그럼에도 리학의 역사적 작용은 종법 윤리의 지배력과 영향력을 강화하는 것이었다. 리학의 방대한 체계 중에는 확실히 전통문화의 정화가 응결되어 있다. 하지만 그 주체와 내핵은 현대 문명과 전혀 어울리지 않은 구시대의 유물이었다. 리학이 탄생하고 통치 사상이 된 것은 중국 역사가 송명 이래 앞으로 나아가지 못하고 장기적으로 정체하게 된 주된 정신적 요인이었다.

리학은 탄생하는 날부터 끊임없이 다른 학파의 비판을 받았다. 원나라, 명나라 시대 리학의 보급에 따라 그 폐단에 대한 지식인들의 이해도 늘어났다. 동시에 차츰 리학을 비판하는 사조가 형성되었다. 봉건 시대에서 살아간 유가 학자들 가운데 어떤 사람은 리학이 '이리살인以理殺人' 즉 리로써 사람을 죽인다며 비판을 가한 적이 있다. '이리살인'이야말로 리학의 모든 학설 체계의 필연적 귀결이었다.

1　不獨儒者混於佛, 佛者亦混於儒.

2　泛濫於諸家, 出入於老釋.

3　爲天地立志, 爲生民立道, 爲去聖繼絶學, 爲萬世開太平.(『장자어록 중張子語錄中』)

4　寧道周孔誤, 諱言服鄭非.

5　우정십육자虞廷十六字, 즉 '人心惟危, 道心惟微, 惟精惟一, 允執厥中'의 16자로 사람의 마음은 위태로우며 도를 추구하는 마음은 작기만 하니 정신을 한곳으로 모아 중용의 도를 잡도록 노력하라는 뜻이다. —옮긴이

6　이伊는 이수伊水 물가의 학으로 형 정호程顥의 학문을 일컬으며, 낙洛은 낙수洛水 강변의 학으로 동생 정이程頤의 학문을 일컫는다. —옮긴이

7　夫仁禮樂, 治世之本也, 王道所由興, 人倫所由正.(『수양자집보睢陽子集補』)

8　堯舜禹湯文王武王周孔之道, 萬世常行不可易之道也.

9　『조래석선생문집徂徠石先生文集』「괴설하怪說下」.

10　屠姦剪弊, 如快刀健斧, 落手無留.

11　自無極而爲太極.

12　是萬爲一, 一實萬分.

13　一動一靜互爲其根.

14　天下之衆, 本在一人.

15　以政養民, 肅之以刑.

16　君君臣臣父父子子, 萬物得其理然後和.

17　自雄其才, 慷慨欲樹功名, 於書無所不讀.(『송사』「소옹전」)

18　송대의 군대 관련 관직의 일종으로 앞에 해당 주州의 이름이 붙어 함께 사용한다. 방어추관防禦推官, 군사추관軍事推官, 단련추관團練推官이 있었으며 종8품에 해당된다. —옮긴이

19　至大之謂皇, 至中之謂極, 至正之謂經, 至變之謂世.(왕식王植의 『황극경세서해皇極經世書解』 권8에서 재인용)

20　진단陳摶(872~989)은 전설적인 도가 인물로 「자미두수紫微斗數」와 「무극도설無極圖說」이 그의 저작이라고 한다. 잠과 휴식을 강조하여 한번에 며칠씩 잠들어 수선睡仙이라 불렸다. —옮긴이

21　太極不動, 性也; 發則神, 神則數, 數則象, 象則器, 器則變, 復歸於神也.

22　合之爲一, 衍之爲萬.

23 自有易以來, 只有康節說一個物事如此齊整.(『주자어류朱子語類』권100)

24 釋老之書, 累年盡究其說, 知無所得, 反而求之六經.(『횡거선생 행장横渠先生行狀』)

25 合虛與氣, 有性之名.

26 合性與知覺, 有心之名.

27 窮神知化, 與天爲一.(『정몽』「신화神化」)

28 부모나 조상이 음덕으로 벼슬살이를 할 수 있도록 혜택을 주는 제도. ―옮긴이

29 吾學雖有所受, 天理二字却是自家體貼出來.(『하남정씨외서河南程氏外書』권12)

30 『하남정씨유서河南程氏遺書』권18.

31 『하남정씨유서』권11.

32 『하남정씨수언河南程氏粹言』「도론道論」.

33 남송의 효종孝宗은 북방 민족에 대한 효율적 대응으로 40여 년간 전쟁 없는 융성기를
맞았다. 건도乾道는 1165~1173년까지, 순희淳熙는 1174~1189년까지다. ―옮긴이

34 宋乾淳以後, 學派分而爲三: 朱學也, 呂學也, 陸學也. 三家同時, 皆不甚合. 朱學以格物
致知, 陸學以明心, 呂學則兼取其長, 而復以中原文獻之統潤色之. 門庭徑路雖別, 要其
歸宿於聖人, 則一也.(『송원학안宋元學案』「동래학안東萊學案」)

35 禪道文章楚辭詩兵法, 事事要學, 出入時無數文字.(『주자어류』권104)

36 心包萬物, 萬理具於一心.(『주자어류』권9)

37 송 영종寧宗 경원慶元 연간에 주자의 학문이 위학僞學 즉 가짜 학문으로 송두리째 매
도당한 사건. ―옮긴이

38 發揮聖賢蘊奧, 有補治道.

39 宇宙便是吾心, 吾心卽是宇宙.

40 同植綱常, 同扶名教, 同宗孔孟. 卽使意見終於不合, 亦不過仁者見仁, 智者見智.(『송원학
안』「상산학안象山學案」)

41 這個道理, 是天生自然, 不待安排.(『주자어류』권40)

42 這道理自是長在天地間, 只借聖人來說一遍過.(『주자어류』권9)

43 生成覆幬, 天之道也, 亦可謂理.

44 損益盈虛, 天之理也, 亦可謂道.

45 道得之同, 理得之異, 亦可互見.(『장자어록 중』)

46 『하남정씨유서』권22.

47 此理, 天命也. 順而循之, 則道也.(『하남정씨유서』권1)

48 『통서通書』「성상주誠上注」.

49 散之在理, 則有萬殊; 統之在道, 則無二致.(『주역정씨전周易程氏傳』「역서易序」)

50 蓋上下本末內外都是一理也, 方是道.(『하남정씨유서』 권1)

51 道是統名, 理是細目.(『주자어류』 권6)

52 道字宏大, 渾然一致, 而精糟本末內外賓主之分, 粲然於其中.(『태극도설』「부변附辯」)

53 道字宏大, 理字精密.

54 道字包得大, 理是道字裏面許多理脈.(『주자어류』 권6)

55 心在天地前, 天地自我出.(『이천격양집伊川擊壤集』「자여음自餘吟」)

56 『황극경세서』「관물외편觀物外篇」.

57 『장자어록 중』.

58 『하남정씨유서』 권13.

59 在天爲命, 在義爲理, 在人爲性, 主於身爲心, 其實一也.(『하남정씨유서』 권18)

60 心包萬物, 萬理具於一心.(『주자어류』 권9)

61 『육구연집陸九淵集』「여이재與李宰」.

62 人孰無心, 道不外索.(『육구연집』「여증택지與曾宅之」)

63 心, 一心也; 理, 一理也. 至當歸一, 精義無二. 此心此理, 實不容有二.(『육구연집』「여증택지」)

64 天之氣也, 亦可謂道.(『장자어록 중』)

65 由太虛, 有天之名, 由氣化, 有道之名.(『정몽正蒙』「태화太和」)

66 一陰一陽不可以形器拘, 故謂之道.(『횡거역설橫渠易說』「계사상繫辭上」)

67 事無大小, 皆有道在其間.(『성리습유性理拾遺』)

68 『황극경세서』「관물외편」.

69 是無之中有個至極之理.(『주자어류』 권94)

70 太極之義, 正謂理之極致耳.(『주문공문집』「답정가구答程可久」)

71 便是分付命令他一般.

72 萬古不差, 眞實無妄之謂誠.

73 卽這便是大本, 便是太極.

74 天下莫尊於理, 故以帝名之.

75 元亨利貞, 天道之常; 仁義禮智, 人性之網.

76 『장자어록 하』.

77 『하남정씨유서』 권7.

78 天地人只一道也. 才通其一, 則餘皆通.

79 道之大本如何求? 某告之以君臣父子夫婦兄弟朋友, 於此五者上行樂處便是.(『하남정씨유서』권18)

80 道之在天下, 其實原於天命之性, 而行於君臣父子兄弟夫婦朋友之間.(『주문공문집』「휘주무원현학장서각기徽州婺源縣學藏書閣記」)

81 父當慈, 子當孝, 君當仁, 臣當敬, 此義也. 所以慈孝, 所以仁敬, 則道也.(『주자어류』권52)

82 吾儒之道乃天下之常道, 豈是別有妙道? 謂之典常, 謂之彝倫, 蓋天下之所共由, 斯民之所日用, 此道一而已矣, 不可改頭換面.(『육구연집』「여왕순백與王順伯」)

83 天生之物也有序, 物之旣形也有秩.

84 『정몽』「동물動物」.

85 夫天之生物也, 有長有短, 有大有小 (…) 天理如此, 豈可逆哉!(『하남정씨유서』권11)

86 未有君臣, 已先有君臣之理, 未有父子, 已先有父子之理.(『주자어류』권95)

87 『하남정씨유서』권2상.

88 自是亘古亘今常在不滅之物, 雖千五百年被人作壞, 終殄滅他不得耳.(『주문공문집』「여진동보與陳同甫」)

89 此理在宇宙間, 固不以人之明不明行不行而加損.(『육구연집』「여주원회 3與朱元晦三」)

90 其道當然, 誠有不容己處.

91 是夫婦亦天所命, 自然如此.

92 其分固一定而不可亂.

93 必有先者焉, 有後者焉.

94 皆根原於天命之流行, 非人之所強爲.

95 天分卽天理也. 父安其父之分, 子安其子之分, 君安其君之分, 臣安其臣之分, 則安得私!(『주자어류』권95)

96 君臣父子皆定分也.(『주자어류』권63)

97 須着安於定分, 不敢少過始得.

98 且如着鶖鷲而厭藜藿, 是性如此. 然鶖鷲分無可得, 只得且吃藜藿.(『주자어류』권61)

99 萬物皆有此理, 理皆同出一原, 但所居之位不同, 則其理之用不一.(『주자어류』권18)

100 是萬爲一, 一實萬分. 萬一各正, 大小有定.(『통서』「리성명理性命」)

101 合之斯爲一, 衍之斯爲萬.(『황극경세서』「관물외편」)

102 天下之理一也, 塗(途)雖殊而其歸則同, 慮雖百而其致則一. 雖物有萬殊, 事有萬變, 統之以一, 則無能違也.(『주역정씨전』「함괘咸卦」)

103 伊川說得好, 曰: 理一分殊. 合天地萬物言, 只是一個理; 及在人, 則又各自有一個理.(『주자어류』 권1)

104 合天地万物之理而一名之耳.

105 無器與形, 而天地萬物之理無不在是, 故曰無極而太極.(『주문공문집』 「융흥부학염계선생사기隆興府學濂溪先生祠記」)

106 理只是這一個. 道理則同, 其分不同. 君臣有君臣之理, 父子有父子之理.(『주자어류』 권6)

107 本只是一太極, 而萬物各有稟受, 又各自全具一太極爾. 如月在天, 只一而已; 及散在江湖, 則隨處而見, 不可謂月已分也.(『주자어류』 권94)

108 一月普現一切水, 一切水月一月攝.(『주자어류』 권18)

109 장재張載의 『서명西銘』에 "民吾同胞, 物吾與也"라는 말에서 비롯되었다. 세상 모든 사람은 나의 동포이며 만물은 모두 나와 동배라는 뜻으로 무차별의 사랑을 강조한 것이다. ―옮긴이

110 其張之爲三綱, 其紀之爲五常, 蓋皆此理之流行.(『주문공문집』 「독대기讀大紀」)

111 夫所謂綱者, 猶網之有綱也; 所謂紀者, 猶絲之有紀也. 網無綱則不能以自張, 絲無紀則不能以自理.(『주문공문집』 「경자응조봉사庚子應詔封事」)

112 一家有一家之綱紀, 一國有一國之綱紀.(『주문공문집』 「경자응조봉사」)

113 仁莫大於父子, 義莫大於君臣, 是謂三綱之要, 五常之本, 人倫天理之至, 無所逃於天地之間.(『주문공문집』 「계미수공주찰 2癸未垂拱奏札二」)

114 三綱五常, 天理民彝之大節, 而治道之本根也.(『주문공문집』 「무갑연화주찰戊甲延和奏札」)

115 天下事, 有大根本, 有小根本, 正君心是大本.(『주자어류』 권108)

116 合而言之皆道, 別而言之亦皆道也.(『하남정씨유서』 권25)

117 『주자어류』 권24.

118 此人道之大經, 政事之根本也.(『논어집주論語集注』 「안연顔淵」)

119 人之大倫, 夫婦居一, 三綱之首, 理不可廢.(『주문공문집』 「권여도환속방권女道還俗榜」)

120 君臣上下, 兩盡其道, 天下其有不治者哉!(『주자어류』 권25)

121 天下之衆, 本在一人.(『통서』 「순화順化」)

122 人在天地間, 自農商工賈等而上之, 不知其幾, 皆其所當盡者. 小大雖異, 界限截然. (…) 但必知夫所處之職, 乃天職之自然, 而非出於人爲.(『주자어류』 권13)

123 管攝天下人心, 收宗族, 厚風俗, 使人不忘本, 須是明譜系世族與立宗子法.(『경학이굴經學理窟』 「종법宗法」)

124 宗法不立, 則人不知統系來處.

125 無百年之家, 骨肉無統, 雖至親, 恩亦薄.(『경학이굴』「종법」)

126 宗子之法不立, 則朝廷無世臣.

127 如此則家且不能保, 又安能保國家!(『경학이굴』「종법」)

128 宗法不立, 旣死遂族散, 其家不傳.

129 宗法若立, 則人人各知來處, 朝廷大有所益.

130 公卿各保其家, 忠義豈有不立? 忠義旣立, 朝廷之本豈有不固?(『경학이굴』「종법」)

131 '天子建國, 諸侯建宗', 亦天理也.(『경학이굴』「종법」)

132 『좌전』 환공桓公 2년에 나오는 말로 대부가 서자들에게 종실의 관리를 맡기는 이종貳
宗의 관직을 주었다. —옮긴이

133 天子建國, 諸侯立家, 卿置側室, 大夫有貳宗, 士有隷子弟.

134 대부 집안의 관리를 맡은 사람. —옮긴이

135 大君者, 吾父母宗子, 其大臣者, 宗子之家相也.(『정몽』「건칭乾稱」)

136 所以必要封建者, 天下之事, 分得簡則治之精, 不簡則不精. 故聖人必以天下分之於人, 則
事無不治者.(『경학이굴』「주례」)

137 制侯國, 所以制王畿也. 王畿安強, 萬國親附, 所以護衛中夏, 禁禦四夷也.

138 高城深池遍天下, 四夷雖虎猛狼貪, 安得肆其欲而逞其志乎? 此先王爲萬世慮, 禦四夷之
上策也.(『지언知言』「한문漢文」)

139 封建井田, 乃聖王之制, 公天下之法.(『주자어류』 권108)

140 秦之法, 盡是尊君卑臣之事, 所以後世不肯變.

141 根本較固, 國家可恃.

142 君民之情相親, 可以久安而無患.

143 不以天下爲己私, 分與親賢共理.

144 若封建非其人, 且是世世相繼, 不能得他去.

145 一二年輒易, 雖有賢者, 善政亦做不成.

146 如郡縣非其人, 却只三兩年任滿便去, 忽然換得好底來, 亦無定.

147 大抵立法必有弊, 未有無弊之法, 其要只在得人.(이상 『주자어류』 권108 참조)

148 封建固不能待其久而相安, 而爲郡縣亦不旋踵而敗亡, 蓋其利害得失之算, 初不系乎此
而耳.

149 若使秦能寬刑薄賦, 與民休息, 而以郡縣治之, 雖與三代比隆可也.

150 後世之封建, 不能如古之封建, 故其利害, 無異於郡縣耳.

151 不必封建而後爲治也. 但論治體, 則必如是, 然後能公天下以爲心, (…) 若猶病其或自恣而廢法, 或强大而難制, 則雜建於郡縣之間, 又使方伯連帥分而統之. 察其敬上而恤下, 與其違禮而越法者, 以行慶讓之典, 則曷爲而有弊耶.(이상『고사여론古史餘論』「본기本紀」)

152 治天下不由井地, 終無由得平. 周道止是均平.(『경제이굴』「주례」)

153 必制其恒産, 使之厚生, 則經界不可不正. 井地不可不均, 此爲治之大本也.(『하남정씨문집』「논십사찰자론十事札子」)

154 井田者, 聖人均田之要法也.(『지언』「문왕」)

155 公天下之法, 豈敢以爲不然.(『주자어류』 권108)

156 井田而不封建, 猶能養而不能敎; 封建而不井田, 猶能敎而不能養; 封建井田而不肉刑, 猶能敎養而不能使.(『경학이굴』「월령통月令統」)

157 井法行而後智愚可擇, 學無濫士, 野無濫農, 人才各得其所而游手鮮矣.(『지언』「음양」)

158 人皆受地, 世世守之, 無交易之侵謀, 則無爭奪之獄訟.

159 刑罰省而民安, 則禮樂修而和氣應矣.(『지언』「음양」)

160 井田至易行, 但朝廷出一令, 可以不笞一人而定.

161 其多有田者, 使不失其爲富.

162 其他隨土多少與一官, 使有租稅.

163 使之爲田官以掌其民.

164 井田卒歸於封建乃定. 封建必有大功德者然後可以封建. 未當封建前, 天下井邑當如何治? 必立田大夫治之, 今旣未可議封建, 只使守令終身, 亦可也.(이상『경학이굴』「주례」)

165 부자나 관료들의 토지소유를 제한하는 제도로 한나라 때도 있었으나 송대에는 인종 때인 1022년 시행된 적이 있다. 관료에게도 일정한 요역을 가했으며 일반인들이 요역을 피하려 토지를 전매하는 것을 막았다. —옮긴이

166 這個事, 某皆不曾敢深考. 而今只是差役, 尚有萬千難行處; 莫道便要奪他田, 他豈肯!

167 若欲行之, 須是行井田; 若不能行, 則且如今俗. 必欲擧限田之法, 此之謂戲論.(『주자어류』 권98)

168 在今日恐難下手. 設使强做得成, 亦恐意外別生弊病, 反不如前, 則難收拾耳.(『주자어류』 권108)

169 後世不制其産, 止使其力, 又反以天子之貴專利, 公自公, 民自民, 不相爲計.(『경학이굴』「주례」)

170 『정몽』「성명誠明」.

171 仁義禮智, 人之道也, 亦可謂性.(『장자어록 중』)

172 心卽性也, (…) 其實只是一個道.(『하남정씨유서』 권18)

173 道卽性, 性卽道, 固只是一物.(『주자어류』 권5)

174 太極便是性, 動靜陰陽是心, 金木水火土是仁義禮智信, 化生萬物是萬事.(『주자어류』 권94)

175 理之自然謂之天命, 於人爲性, 主於性爲心. 天也, 生也, 心也, 所取則異而體則同.(『맹자설孟子說』 권7)

176 道是泛言, 性是就自家身上說.(『주자어류』 권100)

177 道是在物之理, 性是在己之理.(『주자어류』 권100)

178 性與道相對, 則性是體, 道是用.

179 性是一個渾淪底物, 道是支脉. 恁地物, 便有恁地道.

180 然物之理在我此理之中, 道的骨子便是性.(『주자어류』 권62)

181 理在人心, 是之謂性.(『주자어류』 권98)

182 理也, 性也, 命也, 三者未嘗有異.(『하남정씨유서』 권21)

183 在天爲命, 在義爲理, 在人爲性, 主於身爲心.(『하남정씨유서』 권18)

184 天下之理, 原其所自, 未有不善.(『하남정씨유서』 권22상)

185 自性而行, 皆善也. 聖人因其善也, 則爲仁義禮智信以名之.(『하남정씨유서』 권25)

186 『맹자집주』 「고자상」.

187 人皆有是心, 心皆有是理, 心卽理也.(『육구연집』 「여이재이與李宰二」)

188 大則君臣父子, 小則事物細微, 其當然之理, 元一不具於性分之內也.(『맹자집주』 「진심상」)

189 天地之性, 人爲貴.(『효경』 「성치장聖治章」)

190 『주자어류』 권4, 권59 참조.

191 天性在人, 正猶水性之在冰, 凝釋雖異, 爲物一也.(『정몽』 「성명誠明」)

192 人之剛柔緩急有才與不才, 氣之偏也.(『정몽』 「성명」)

193 『성리습유性理拾遺』.

194 論性不論氣, 不備; 論氣不論性, 不明, 二之, 則不是.(『주자어류』 권4)

195 氣有淸濁, 稟其淸者爲賢, 稟其濁者爲愚.(『하남정씨유서』 권18)

196 極有功於聖門, 有補於後學.

197 故張程之說立, 則諸子之說泯矣.(『주자어류』 권4)

198 論天地之性, 則專指理言; 論氣質之性, 則以理與氣雜而言之.(『주자어류』 권4)

199 性只是理, 然無那天氣地質, 則此理沒安頓處.

200 所謂天命之與氣質, 亦相袞同. 才有天命, 便有氣質, 不能相離. 若闕一, 便生物不得.(『주자어류』권4)

201 人物之生, 同得天地之理以爲性, 同得天地之氣以爲形. 其不同者, 獨人於其間得形氣之正, 而能有以全其性, 爲少異耳. 雖日少異, 然人物之所以分實在於此.(『맹자집주』「이루하」)

202 人之異於禽獸, 是父子有親, 君臣有義, 夫婦有別, 張幼有序, 朋友有信.(『주자어류』권57)

203 則名雖爲人, 而實無以異於禽獸.(『맹자집주』「이루하」)

204 仁義禮智, 人性之綱.(『북계자의』「성성」)

205 人之性皆善. 然而有生下來善底, 有生下來便惡底, 此是氣稟不同.

206 日月淸明氣候和正之時, 人生而稟此氣, 則爲淸明渾厚之氣, 須做個好人; 若是日月昏暗, 事暑反常, 皆是天地之戾氣, 人若稟此氣, 則爲不好底人, 何疑.

207 看來吾性旣善, 何故不能爲聖賢, 却是被這氣質害.(『주자어류』권4)

208 人性雖同, 稟氣不能無偏重. 有得木氣重者, 則惻隱之心常多, 而羞惡辭遜是非之心爲其所塞而不發. 有得金氣重者, 則羞惡之心常多, 而惻隱, 辭遜是非之心爲其所塞而不發. 水火亦然. 唯陰陽合德, 五性全備, 然後中正而爲聖人也.(『주자어류』권4)

209 稟得精英之氣, 便爲聖爲賢, 便是得理之全, 得理之正. 稟得淸明者, 便英爽; 稟得敦厚者, 便溫和; 稟得淸高者, 便貴; 稟得豐厚者, 便富; 稟得久長者, 便壽; 稟得衰頹薄濁者, 便爲愚不肖, 爲貧, 爲賤, 爲夭.(『주자어류』권4)

210 果有物在上面安排分付之

211 後天奉天, 謂知理如是, 奉而行之.

212 天油然作雲, 沛然下雨, 其爲雨則一, 而江河受去, 其流滔滔, 不增不減; 溪澗受去, 則洪瀾暴漲; 溝澮受去, 則朝盈暮涸. 至於沼沚坎窪盆甕罌缶螺杯蜆殼之屬受去, 或有斗斛之水, 或只涓滴之水. 或淸甘, 或污濁, 或臭穢. 隨他所受, 多少般樣不齊, 豈行雨者固爲是區別哉.

213 天之所命則一, 而人受去自是不齊, 亦自然之理, 何疑焉!(이상『북계자의』「명명」)

214 聰明叡智能盡其性者出於其間, 則天必命之以爲億兆之君師, 使之治而敎之, 以復其性. 此伏羲神農黃帝堯舜所以繼天立極, 而司徒之職典樂之官所由設也.(『사서집주』「대학장구서」)

215 人心虛靜, 自然淸明, 才爲物欲所蔽, 復黑暗了.(『주자어류』권4)

216 君子喩於義, 小人喩於利.(『논어』「이인」)

217 何必曰利, 亦有仁義而已矣.(『맹자』「양혜왕상」)

218 『노자』46장.

219 人生而靜, 天之性也, 感於物而動, 性之欲也.

220 天下之事, 惟義利而已.(『하남정씨유서』권11)

221 孔子所謂克己復禮; 中庸所謂致中和, 尊德性, 道學問; 大學所謂明明德; 書曰人心惟危. 道心惟微, 惟精惟一, 允執厥中; 聖賢千言萬語, 只是教人明天理, 滅人欲.(『주자어류』권12)

222 盖天理者, 此心之本然, 循之則其心公而且正.(『주문공문집』「신축연화주찰 2」)

223 人之所以爲人者, 以有天理也. 天理之不存, 則與禽獸何異矣?

224 非禮而視聽言動, 便是人欲.(『주자어류』권40)

225 若是饑則欲食, 嗜則欲飮, 則此欲亦豈能無?(『주자어류』권94)

226 飮食者, 天理也, 要求美味, 人欲也.(『주자어류』권13)

227 食其所當食, 飮其所當飮.

228 合道理底是天理, 徇情欲底是人欲, 正當其界分處理會.(『주자어류』권78)

229 『주자어류』권13.

230 一言一語, 一動一作, 一坐一立, 一飮一食, 都有是非. 是底便是天理, 非底便是人欲.(『주자어류』권38)

231 人之一心, 天理存, 則人欲亡; 人欲勝, 則天理滅. 未有天理人欲挾雜者.(『주자어류』권13)

232 甚矣, 欲之害人! 人爲不善, 欲誘之也. 誘之而不知, 則至於滅天理而不知反.

233 天理人欲, 幾微之間.(『주자어류』권13)

234 蓋鐘鼓苑囿游觀之樂, 與夫好勇好貨好色之心, 皆天理之所有, 而人情之所不能無者.(『맹자집주』「양혜왕하」)

235 循理而公於天下者.

236 縱欲而私於一己者.(『맹자집주』「양혜왕하」)

237 利於身, 利於國, 皆非利也.

238 『장자어록 중』.

239 義者, 天理之所宜, 凡事只看道理之所宜爲, 不顧己私. 利者, 人情之所欲得, 凡事只任私意, 但取其便於己則爲之, 不復顧道理如何.(『주자어류』권27)

240 『정몽』「대역大易」.

241 不遺其親, 不後其君, 便是利. 仁義未嘗不利.(『하남정씨유서』 권19)

242 人無利, 直是生不得, 安得無利?

243 且譬如椅子, 人坐此便安, 是利也. 如求安不已, 又要褥子, 以求溫暖, 無所不爲. 然後奪
     之於君, 奪之於父, 此是趨利之弊也.(『하남정씨유서』 권18)

244 大凡出義則人利, 出利則人義. 天下事, 唯義利而已.(『하남정씨유서』 권11)

245 凡一事便有兩端, 是底卽是天理之公, 非底乃人欲之私(『주자어류』 권13)

246 無所爲而然者, 命之所以不已, 性之所以不偏, 而敎之所以無窮也. 凡有所爲而然者, 皆
     人欲之私而非天理之所存. 此義利之分也. 自未嘗省察者言之, 終日之間, 鮮不爲利矣,
     非特名位貨殖而後爲利也. 斯順之頃, 意之所向一涉於有所爲, 雖有淺深之不同, 而其徇
     己自私則一而已.(『남헌전집南軒全集』「맹자강의서孟子講義序」)

247 謂人欲云者, 正天理之反耳. 謂因天理而有人欲則可, 謂人欲亦有天理則不可. 蓋天理中
     本無人欲, 惟其流之有差, 遂生出人欲來.(『주문공문집』「답하숙경答何叔京」)

248 私欲淨盡, 天理流行.(『논어집주』「안연」)

249 若天是理, 人是欲, 則是天人不同矣.

250 天理人欲之言, 亦自不是至論.(『육구연집』「어록語錄上」)

251 夫所以害吾心者, 何也? 欲也. 欲之多, 則心之存者必寡. (…) 欲去, 則心自存矣.(『육구연
     집』「양심막선어과욕養心莫善於寡欲」)

252 循天理, 則不求利而自無不利.

253 徇人欲, 則求利未得而害已隨之.(『맹자집주』「양혜왕상」)

254 不獨財利之利, 凡有利心便不可.(『하남정씨유서』 권16)

255 凡順理無害處便是利.

256 『하남정씨유서』 권18.

257 公而正者, 逸而日休; 私而邪者, 勞而日拙, 其效至於治亂安危, 有大相絶者, 而其端特在
     夫一念之間而已.(『주문공문집』「신축연화주찰 2」)

258 盡性窮理以至於命.

259 只是道理明, 自然會變.(『주자어류』 권120)

260 盡去人欲而復全天理.

261 道心常爲一身之主, 而人心每聽命焉.(『사서집주』「중용장구서」)

262 愚不肖者之蔽在於物慾, 賢者智者蔽在於意見, 高下污潔雖不同, 其爲蔽理溺心而不得
     其正, 則一也.(『육구연집』「여등문범與鄧文范」)

263 人心有病, 須是剝落. 剝落得一番, 卽一番淸明, 後隨起來, 又剝落, 又淸明, 順是剝落得

淨盡方是.(『육구연집』「어록하」)

264 思而已矣. 學莫貴於思, 惟思爲能窒欲. 曾子之三省, 窒欲之道也.(『하남정씨유서』 권25)

265 不過切己自反, 改過遷善.(『육구연집』「어록상」)

266 窮究磨鍊, 一朝自省.(『육구연집』「어록하」)

267 『장자어록 하』.

268 自誠明者, 先盡性以至於窮理也, 謂先自其性理會來, 以至窮理; 自明誠者, 先窮理以至於盡性也, 謂先從學問理會, 以推達於天性也.(『장자어록 하』)

269 窮理盡性至命, 只是一事. 才窮理便盡性, 才盡性便至命.(『하남정씨유서』 권18)

270 『주자어류』 권15.

271 簡且易者, 又易知易從, 又信足以爲道.(『육구연집』「어록상」)

272 一蔽卽徹, 群疑皆亡.

273 以義制事, 以禮制心.(『육구연집』「어록하」)

274 事外無道, 道外無事.(『육구연집』「어록하」)

275 世之言道者, 以性命爲高遠, 孝悌爲切近, 而不知其一統. 道無本末精粗之別, 酒掃應對, 形而上者在焉.

276 盡性至命, 必本於孝悌. 窮神知化, 由通於禮樂.(『하남정씨유서』「심성편」)

277 聖人敎人, 只是就人日用處開端.

278 眞所謂夫婦之愚, 可以與知.(『육구연집』「어록상」)

279 德是行是道而實有得於吾心者, 故謂之德.

280 如實能事親, 便是此心實得這孝. 實能事兄, 便是此心實得這悌. 大槪德之一字, 是就人做工夫已到處論.(『북계자의』「덕」)

281 不履聖賢之行, 則亦不能入其閫奧.(『하남정씨수언』「인물편」)

282 『주자어류』 권15.

283 物未格, 知未至, 如何殺也是凡人.(『주자어류』 권15)

284 『육구연집』「어록하」.

285 有己則忘理, 明理則忘己.(『육구연집』「어록하」)

286 無我而後大, 大成性而後聖.(『정몽』「신화」)

287 大而化, 則己與理一, 一則無己.(『하남정씨유서』 권15)

288 不勉而中, 不思而得, 從容中道, 聖人也.

289 聖人之德, 渾然天理, 眞實無妄, 不待思勉而從容中道, 則亦天之道也.(『사서집주』「중용장구 제20장」)

290 君子之道, 貴乎有成. 有濟物之用, 而未及乎物, 猶無有也.(『하남정씨수언』「인물편」)

291 夫所謂修身齊家者, 非夫飭小康, 矜小行, 以自托於鄕黨者然也. 顔子視聽言動之間, 曾子容貌辭氣顔色之際, 而五帝三王皐夔稷契伊呂周召之功勳德業在焉. 故大學言明明德於天下者, 取必於格物致知正心誠意之間.(『육구연집』「문덕인공리問德仁功利」)

292 隨此則反彼, 順彼則逆此.

293 上古神聖, 繼天立極.

294 夫堯舜禹, 天下之大聖也. 以天下相傳, 天下之大事也. 以天下之大聖, 行天下之大事, 而其授受之際, 丁寧告戒, 不過如此, 則天下之理, 豈有以加於此哉!

295 歷選前聖之書, 所以提挈綱維開示蘊奧, 未有若是之明且盡者也.(『사서집주』「중용장구서」)

296 太極旣分, 兩儀立矣.

297 是故一分爲二, 二分爲四, (⋯) 合之斯爲一, 衍之斯爲萬.

298 本一氣也, 生則爲陽, 消則爲陰, 故二者一而已矣.(『황극경세서』「관물외편」)

299 一動一靜, 互爲其根, 分陰分陽, 兩儀立焉.

300 五行一陰陽也, 陰陽一太極也.

301 五殊二實, 二本則一.

302 二端故有感, 本一故能合.

303 二不立則一不可見, 一不可見則兩之用息.(『정몽』「태화」)

304 蓋天下無不二者, 一與二相對待, 生生之本也.(『주역정씨전』「손괘」)

305 如天地陰陽, 其勢高下甚相背, 然必相須而爲用也.

306 有一便有二, 才有一二, 便有一二之間, 便是三, 已往更無窮.(『하남정씨유서』 권18)

307 一分爲二, 節節如此, 以至於無窮.(『주자어류』 권67)

308 凡一事, 便有兩端.(『주자어류』 권13)

309 蓋所謂對者, 或以左右, 或以上下, 或以前後, 或以多寡, 或以類而對, 或以反而對. 反復推之, 天地之間, 眞無一物兀然無對而孤立者.(『주문공문집』「답호광중答胡廣仲」)

310 有陰便有陽, 有仁便有義, 有善便有惡, 有語便有默, 有動便有靜.

311 『주자어류』 권95.

312 然就一言之, 一中又自有對. 且如眼前一物, 便有背有面, 有上有下, 有內有外. 二又各自爲對. 雖說'無獨必有對', 然獨中又自有對.(『주자어류』 권95)

313 陽中有陰, 陰中有陽, 錯綜無窮是也.

314 統言陰陽, 只是兩端, 而陽中自分陰陽, 陽中亦有陰陽.(『주자어류』 권94)

315 唯道爲無對, 然以形而上下論之, 則亦未嘗不有對也.(『주문공문집』「답호광중」)

316 太極只是個一而無對者(『주자어류』권100)

317 陰陽有個流行底, 有個定位底. '一動一靜, 互爲其根', 便是流行底, 寒暑往來是也. '分陰
分陽, 兩儀立焉', 便是定位底, 天地上下四方是也.(『주자어류』권65)

318 天尊地卑, 君臣定矣; 卑高以陳, 貴賤位矣.

319 陽常居左, 而以生育長養爲功, 其類則爲剛爲明爲公爲義, 而凡君子之道屬焉. 陰常居右,
而以夷傷慘殺爲事, 其類則爲柔爲暗爲私爲利, 而凡小人之道屬焉.(『주문공문집』「부백
공자서傅伯拱字序」)

320 然以分言, 乾尊坤卑, 陽尊陰卑, 不可幷也. 以一家言之, 父母固皆尊, 母終不可以幷乎父.
兼一家亦只容有一個尊長, 不容幷, 所謂尊無二上也.(『주자어류』권68)

321 故聖人中正仁義, 動靜周流, 而其動也, 必主乎靜.(『태극도설주太極圖說注』)

322 靜者爲主, 而動者爲客, 此天地陰陽自然之理.(『주문공문집』「답서언장答徐彦章」)

323 動有資於靜, 而靜無資於動.(『주문공문집』「답호광중」)

324 凝然不動, 便是聖人.(『하남정씨유서』권6)

325 夫有物必有則, 父止於慈, 子止於孝, 君止於仁, 臣止於敬.(『주역정씨전周易程氏傳』「간
괘艮卦」)

326 父子君臣, 常理不易, 何曾動來?(『하남정씨유서』권2상)

327 『주자어류』권24.

328 『정몽』「태화」.

329 不偏之謂中, 不易之謂庸. 中者, 天下之正道; 庸者, 天下之定理.(『사서집주』「중용장구
제1장」)

330 中庸者, 不偏不倚, 無過不及, 而平常之理, 乃天命所當然, 精微之極致也.(『사서집주』
「중용장구 제2장」)

331 有中必有庸, 有庸必有中, 兩個少不得.

332 『주자어류』권62.

333 中庸天理也. 不極天理之高明, 不足以道乎中庸. 中庸乃高明之極耳, 非二致也.(『하남정
씨수언』「논도편論道篇」)

334 大本者, 天命之性, 天下之理皆由此出, 道之體也; 達道者, 循性之謂, 天下古今之所共由,
道之用也.

335 是其一體一用雖有動靜之殊, 然必其體立而後用有以行, 則其實亦非有兩事也.(『사서집
주』「중용장구 제1장」)

336 中和, 中便是大德敦化, 和便是小德川流. 自古亘今, 都只是這一個道理.(『주자어류』 권4)

337 中庸之中, 實兼中和之義.(『주자어류』 권62)

338 中和以性情言, 是分體用動靜, 相對說. 中庸以德行言, 是兼行事, 相合說.(『북계자의』「중용」)

339 大經, 庸也. 大本, 中也. 化育, 化也. 莫非經也. 親親長長貴貴尊賢其大經歟! 莫非本也. 致公平, 極廣大, 不偏倚, 不繫累, 其大本歟! 莫非化也.(『하남정씨경설』 권8)

340 執其兩端而度量其中.

341 彼兩端者之爲過不及, 而不可行哉!(『중용혹문』 권1)

342 蓋凡物皆有兩端, 如小大厚薄之類, 於善之中, 又執其兩端, 而量度以取中, 然後用之, 則其擇之審而行之至矣.(『사서집주』「중용장구 제6장」)

343 蓋或極厚說得是, 則用極厚之說; 極薄之說是, 則用極薄之說.(『주자어류』 권63)

344 萬物各得其分, 便是利, 君得其爲君, 臣得其爲臣, 父得其爲父, 子得其爲子, 何利如之!

345 利便是義之和處. (…) 義初似不和而却和. 截然不可犯, 似不和; 分別後, 萬物各得其所, 便是和. 不和生子不義, 義則和而無不利矣.(『주자어류』 권96)

346 當與不當, 這便是中. 如何於二者之間酌中做.(『주자어류』 권107)

347 中能度量, 而正在其中.

348 凡是先理會得正, 方到得中. 若不正, 更理會甚中!

349 中無不正, 正未必中.

350 責善, 正也, 父子之間則不中.(『주자어류』 권67)

351 有善則歸之於君, 乃可常而得正.

352 含而不爲, 不盡忠者也.(『주역정씨전』「곤괘」)

353 君得剛中之臣, 臣遇中正之君, 君臣以剛陽遇中正, 其道可以大行於天下矣.(『주역정씨전』「구괘姤卦」)

354 『육구연집』「여주원회與朱元晦」.

355 物物有則, 蓋君有君之則, 臣有臣之則; 爲人君止於仁, 君之則也; 爲人臣止於敬, 臣之則也.(『주자어류』 권18)

356 中者, 和也, 中節也, 天下之達道也, 聖人之事也. 故聖人立敎, 俾人自易其惡, 自至其中而止矣.

357 中無定方, 故不可執一.(『하남정씨수언』「논도論道편」)

358 時中者, 當其可而已, 猶冬飮湯夏飮水而已之謂. 無忌憚, 以無所取則也, 不中不常, 妄行而已.(『하남정씨경설』 권8)

359 蓋中無定體, 隨時而在.(『사서집주』「중용장구 제2장」)

360 然子思之言中, 不獨有大中之說, 而又有時中之論. 蓋中而非其時, 則烏在其爲中也.

361 中之爲德, 言其無適而不宜也.(『육구연집』「황상원길황리원길黃裳元吉黃離元吉」)

362 猶權衡而稱物輕重, 皆得其乎?(『하남정씨경설』권8)

363 守常底固是是, 然到守不得處只著變, 而硬守定則不得. 至變得來合理, 斷然著如此做, 依舊是常.(『주자어류』권62)

364 如君尊臣卑, 分固不易, 然上下不交也不得. (…) 論其體則終是恒. 然體之常, 所以爲用之變; 用之變, 乃所以爲體之恒.(『주자어류』권72)

365 『주자어류』권72.

366 和則交感而萬物育矣.(『주자어류』권62)

367 二端故有感, 本一故能合.

368 以其能合異, 故謂之感.

369 若非有異則無合.(『정몽』「건칭乾稱」)

370 一陰一陽之謂道. 陰陽交感, 男女配合, 天地之常理也.(『주역정씨전』「귀매괘歸妹卦」)

371 陰陽和暢, 則萬物生遂, 天地之泰也.(『주역정씨전』「태괘泰卦」)

372 '感應'二字有二義: 以感對應而言, 則彼感而此應; 專於感而言, 則感又兼應意.(『주자어류』권95)

373 凡物參和交感則生, 離散不和則死.(『하남정씨수언』「인물편」)

374 各得其位, 自然和.(『주자어류』권22)

375 君臣父子夫婦兄弟之義, 自不同, 似不和. 然而各正其分, 各得其理, 便是順利, 便是和處.(『주자어류』권68)

376 尊卑大小, 截然不可犯, 似若不和之甚. 然能使之各得其宜, 則其和也孰大於是!(『주자어류』권68)

377 君子之於小人, (…) 無交和之理.(『주문공문집』「답반창答潘叔昌」)

378 『주자어류』권79.

379 中字大槪因過不及而立名, 如六藝折衷於夫子.

380 是恰好處, 如折衷, 是折兩者之半而取其中.(이상『주자어류』권18 참조)

381 只說他所見一面道理, 却不將聖人言語折衷, 所以多失.(『주자어류』권62)

382 中正平和, 無所偏倚.

383 삼교는 유교, 도교, 불교를 가리키고 구류는 유가, 음양가, 도가, 법가, 명가, 묵가, 종횡가, 잡가, 농가를 지칭하지만 보통 명사로 수많은 사상과 학파 또는 그런 행동을 지칭할

때도 쓰인다. 一옮긴이

384 天下之理, 一而已. 小以成小, 大以成大, 無異事也. 擧斯心以加諸彼, 遠而推之四海而准, 久而推之萬世而准. 故一修身而知所以治人, 知所以治人而知所以治天下國家. 皆出乎此者何? 中庸而已.(『하남정씨경설』 권8)

385 仁義者, 人之本心也.(『육구연집』 「여조감與趙監」)

386 蓋人生而靜, 四德具焉, 曰仁曰義曰禮曰智, 皆根於心而未發, 所謂理也性之德也.(『주문공문집』 「답장흠부우론인설答張欽夫又論仁說」)

387 看仁字當立義禮智字看, 然後界限分明, 見得端的. 今舍彼三者而獨論仁字, 所以多說而易差也.(『주문공문집』 「답장흠부우론인설」)

388 大抵性中只有個仁義禮智四位, 萬善皆從此而生, 此四位實爲萬善之總括.(『북계자의』 「충신忠信」)

389 只仁義禮智之實理便是信.

390 仁是愛之理, 義是宜之理, 禮是敬之理, 智是知之理.

391 則是四個相對底道理.

392 蓋入心所具之天理全體都是仁.

393 擧其全體而言則謂之仁, 而義禮智皆包在其中.

394 有可否從違, 便是義.

395 做得正中恰好, 有個節文, 無過無不及, 此便是禮.

396 做事旣得中, 更無些子私意夾雜其間.

397 從頭至尾皆此心眞實所爲, 便是信.

398 此道理循環無端, 若見得熟, 則大用小用皆宜, 橫說竪說皆通.

399 父子有親便是仁, 君臣有義便是義, 夫婦有別便是禮, 長幼有序便是智, 朋友有信便是信.

400 所謂親義序別信皆莫非此心天理流行, 又是仁.

401 則所以行親義序別信之有節文, 又是禮.

402 有仁之中仁義禮智信, 有義之中仁義禮智信, 有禮之中仁義禮智信, 有智之中仁義禮智信, 有信之中仁義禮智信.

403 元自有脈絡相因, 非是界分截然不相及.

404 五者隨感而發, 隨用而應, 或才一觸而俱動, 或相交錯而互見, 或秩然有序而不紊, 或雜然並出而不可以序言. 大處則大有, 小處則小有, 疏處則疏有, 密處則密有, 縱橫顚倒, 無所不通.

405 禮者, 仁之著; 智者, 義之藏.

406 仁義禮智四者判作兩邊, 只作仁義兩個.(이상『북계자의』「인의예지신」참조)

407 一只是這個道理全體渾淪一大本處. 貫是這一理流出去, 貫串乎萬事萬物之間.

408 從這大本中流出見於用.

409 合聚看得脈胳都不亂.

410 凡日用間微灑掃應對進退, 大而參天地贊化育, 凡百行萬善, 千條萬緒, 無非此一大本流行貫串.(이상『북계자의』「일관一貫」참조)

411 五常之中仁尤爲大.(『주자어류』권51)

412 仁者, 天下之正理, 失正理, 則無序而不和.(『논어집주』「팔일」)

413 『논어집주』「위정」.

414 若謂之中, 則無過不及, 無非禮之禮, 乃節文恰好處也.(『주자어류』권94)

415 『주자어류』권35.

416 경례經禮는 예의 정신을 담은 경문을 말한다. 곡례曲禮는『의례儀禮』를 부르는 별칭이다.『예기』에도 「곡례」편이 있다. 위의에 대한 원칙이 아니라 세세한 거동의 굴곡屈曲을 규정한 것이어서 곡례라 하며 숫자만큼 많다는 뜻이다. ―옮긴이

417 經禮三百, 曲禮三千, 無一事之非仁. 經禮曲禮, 便是與仁爲體.(『주자어류』권36)

418 視聽言動一於禮,謂之仁.(『하남정씨수언』「논도편」)

419 克去己私, 復禮乃見仁. 仁禮非是二物.

420 上下之分, 尊卑之義, 理之當也, 禮之本也.(『주역정씨전』「이괘履卦」)

421 此人道之大經, 政事之根本.(『논어집주』「안연」)

422 小事大事, 無不由之也.(『논어집주』「학이」)

423 禮雖主於嚴, 其用則和.

424 至嚴之中, 便是至和處.(『주자어류』권22)

425 行有不和, 以不由禮故也. 能由禮則和矣.(『육구연집』「어록상」)

426 嚴而泰, 和而節, 此理之自然, 禮之全體也. 毫釐有差, 則失其中正, 而各倚於一偏, 其不可行均矣.

427 禮勝則離, 故禮之用, 和爲貴.(『논어집주』「학이」)

428 禮樂者, 皆天理之自然.

429 禮之誠, 便是樂之本; 樂之本, 便是禮之誠.

430 樂之和, 便是禮之誠, 禮之誠, 便是樂之和.

431 然這天理本是儱侗一直下來, 聖人就其中立個界限, 分成段子; 其本如此, 其末亦如此; 其外如此, 其裏亦如此, 但不可差其界限耳.(『주자어류』권87)

432 禮只是一個序, 樂只是一個和. 只此兩字, 含蓄多少義理. 天下無一物無禮樂.(『논어집주』「양화」)

433 無禮之節, 則無樂之和, 惟有節而後有和也.(『주자어류』 권87)

434 『북계자의』「예악」.

435 則施之政事皆失其道, 故刑罰不中.(『논어집주』「자로」)

436 中庸之行, 孝弟而已.(『하남정씨경설』 권8)

437 孝弟便是仁, 非孝弟外別有仁, 非仁外別有孝弟.(『주자어류』 권124)

438 『서경』「홍범」에 정직正直과 강극剛克과 유극柔克을 군주의 세 가지 덕이라고 말한다. 강극은 강하게 밀어붙여 정사를 처리하는 것이고, 유극은 부드럽게 대처하여 정책을 관철시키는 것이다. ―옮긴이

439 『하남정씨문집』「상인종황제서上仁宗皇帝書」.

440 先王之道, 仁政是也.

441 仁政者, 治天下之法度也.(『맹자집주』「이루상」)

442 有仁心仁聞而不行先王之道.

443 有其心無其政, 是謂徒善; 有其政, 無其心, 是爲徒法.(『맹자집주』「이루상」)

444 『주자어류』 권108.

445 發政施仁, 使四海蒙其惠澤(『하남정씨수언』「군신편」)

446 善政謂立之制度, 善教謂陶以風化. 夫政之未善則民無以自養, 而況得以事其公上乎? 善政則養民有道. (…) 善政立而後善教可行, 所謂富而教之者也.(『맹자설』 권7)

447 無爲而治者, 聖人德盛而民化, 不待其有所作爲也.(『논어집주』「위영공」)

448 爲政以德, 則無爲而天下歸之.(『논어집주』「위정」)

449 政者, 爲治之具; 刑者, 輔治之法. 德禮, 則所以出治之本, 而德又禮之本也. 此其相爲始終, 雖不可以偏廢, 然刑政能使民遠罪而已. 德禮之效, 則有以使民日遷善而不自知, 故治民者不可徒恃其末, 又當深深其本也.(『논어집주』「위정」)

450 尊卑大小之別, 教人知所趨.

451 有德禮, 則刑政在其中.(『주자어류』 권23)

452 專用刑政, 只是霸者事.(『주자어류』 권23)

453 到得刑政少弛. 依舊又不知恥矣.(『주자어류』 권23)

454 天秩天敘天命天討, 皆是實理.(『육구연집』「어록하」)

455 典禮爵刑, 莫非天理. 洪范九疇, 帝實錫之, 古所謂憲章法度典則者, 皆此理也.(『육우연집』「형국왕문공사당기荊國王文公祠堂記」)

456 天討有罪, 不得不然耳.(『육구연집』「여신유안與辛幼安」)

457 性道雖同, 而氣稟或異, 故不能無過不及之差. 聖人因人物之所當行者, 而品節之, 以爲
法於天下, 則謂之敎. 若禮樂刑政之屬也.(『사서집주』「중용장구 제1장」)

458 政, 則有公平正大之體, 綱紀法度之施焉.(『맹자집주』「이루하」)

459 其賞罰皆天理, 所以納斯民於大中, 躋斯世於大和也.(『육구연집』「여오자사與吳子嗣」)

460 政, 謂法度禁令, 所以制其外也. 敎, 謂道德齊禮, 所以格其心也.(『맹자집주』「진심상」)

461 道之而不從者, 有刑以一之也.(『논어집주』「위정」)

462 自古聖王爲治, 設刑罰以齊其衆, 明敎化以善其俗. 刑罰立而後敎化行, 雖聖人尙德而不
尙刑, 未嘗偏廢也. 故爲政之始, 立法居先.

463 立法制刑, 乃所以敎也.

464 旣以刑禁率之, 雖使心未能喩, 亦當畏威以從, 不敢肆其昏蒙之欲, 然後漸能知善道而革
其心非, 則可以移風易俗矣.(『주역정씨전』「몽괘蒙卦」)

465 政刑能使懦者畏, 不能使强者革, 此之謂失其本心.

466 這說亦是偏了, 若專政刑, 不獨弱者怕, 强者也會怕. 到得有德禮時, 非獨使强者革, 弱者
也會革.(『주자어류』권23)

467 聖人亦不曾徒用政刑; 到德禮旣行, 天下旣治, 亦不曾不用刑政.(『주자어류』권78)

468 明刑法以示之本.(『맹자설』권7)

469 權時以用, 嚴刑以威.

470 天下之道, 有正有權, 正者萬世之常, 權者一時之用.(『맹자집주』「이루상」)

471 聖人之法天, 以政養萬民, 肅之以刑.(『주자전서周子全書』「형刑」)

472 今人說寬政, 多是事事不管.

473 緩急予奪之權皆不在我, 下梢却是奸蒙得志, 平民旣不蒙其惠矣, 又反受其殃矣!

474 今必須反之以嚴; 蓋必如是矯之, 而後有以得其當.

475 當以嚴爲本, 而以寬濟之.(이상『주자어류』권108 참조)

476 蓋不究夫寬仁之實, 而徒欲爲容奸庾慝之地, 殆所謂以不禁奸邪爲寬大, 縱釋有罪爲不
苛者也.

477 於其所不可失而失之, 於其所不可宥而宥之, 則爲傷善, 爲長惡, 爲悖理, 爲不順天, 殆非
先王之政也.(『육구연집』「여신유안」)

478 大中之道, 初不偏於剛柔, 沉潛剛克, 高明柔克, 德之中也. 强弗友剛克, 燮友柔克, 時之
中也. 時乎剛而剛, 非剛也, 中也. 時乎柔而柔, 非柔也, 中也. 其爲道也, 內外合, 體用備,
與天地相似, 與神明爲一.

479 蓋剛之中有至柔之德, 而柔之中有至剛之用, 安得以一偏而名之哉?(『육구연집』 「상승지도왈유-론常勝之道曰柔論」)

480 強弗友之世, 至於頑嚚疾狠傲逆不遜, 不可以誨化懷服, 則亦聖人亦必以刑而治之.(『육구연집』 「정지관맹숙선론政之寬猛孰先論」)

481 『서경』 「군진君陳」 편에는 '辟以止辟'이라 하며 앞의 辟 자는 법도와 형벌을 뜻하고 뒤의 辟 자는 사벽邪辟 즉 치우침, 허물 등을 뜻한다. —옮긴이

482 刑罰立則教也行矣, 教化行則刑措矣.(『하남정씨수언』 「논정편」)

483 教之不從, 刑以督之, 懲一人而天下知所勸戒, 所謂'辟以止辟'. 雖曰殺之, 而仁愛之實以行乎中.(『주자어류』 권78)

484 遏惡揚善, 擧直措枉, 乃寬德之行也.(『육구연집』 「여신요안」)

485 『경학이굴』 「주례」.

486 夫殺人者不死, 傷人者不刑. 雖二帝三王不能以此爲治於天下, 而況於其繫於父子之親, 君臣之義, 三綱之重, 又非凡人之比者乎.

487 刑愈輕而愈不足以厚民之俗, 往往反以長其悖逆作亂之心.

488 以下犯上, 以卑淩尊.

489 屠奸剪弊, 如快刀健斧.

490 與其殺不辜, 寧失不經.(『주자어류』 권110)

491 以儒者而暗用申韓之術.

492 後世之爲君子者, 十九而爲申韓.(『독통감론讀通鑑論』 권22)

493 夫以億兆之衆, 發其邪欲之心, 人君欲力以制之, 雖密法嚴刑, 不能勝也.

494 且如止盜, 民有欲心, 則利則動, 苟不知教而迫於饑寒, 雖刑殺日施, 其能勝億兆利欲之心乎!

495 有農桑之業, 知廉恥之道, 雖賞之不竊矣.

496 故止惡之道, 在知其本, 得其要而已.(『주역정씨전』 「대축大畜」)

497 吾之所爲道者, 堯舜禹湯文武周公孔子之道也, 孟軻荀卿揚雄王通韓愈之道也.(『손명복선생소집孫明復先生小集』 「신도당기信道堂記」)

498 원문의 이부吏部는 한유를 가리킨다. 이부는 고대 6부 관제의 최상위 기관으로 관원의 임면, 고과, 승진 등을 주관한 부서였다. 한유는 당나라 때 이부시랑을 역임했기 때문에 한유를 추종한 송대 성리학자들은 한유를 이부라 불렀다. —옮긴이

499 道始於伏羲氏, 而成終於孔子. (…) 伏羲氏神農氏黃帝氏少昊氏顓頊氏高辛氏唐堯氏虞舜氏禹湯氏文武周公孔子者十有四聖人, 孔子爲聖人之至. 噫! 孟軻氏荀況氏揚雄氏王

通氏韓愈氏五賢人, 吏部爲賢人而卓. 不知更幾千萬億年復有孔子; 不知更幾千百數年復有吏部.(『조래석선생문집徂徠石先生文集』「존한尊韓」)

500 周公歿, 聖人之道不行; 孟軻死, 聖人之學不傳. 道不行, 百世無善治; 學不傳, 千載無眞儒. 無善治, 士猶得以明夫善治之道, 以淑諸人, 以傳諸後; 無眞儒, 則天下貿貿焉莫知所之, 人欲肆而天理滅矣.(『하남정씨문집』「명도선생묘표明道先生墓表」)

501 宋德隆盛, 治敎休明, 於是河南程氏兩夫子出, 而有以接乎孟氏之傳.

502 然後古者大學敎人之法, 聖經賢傳之指, 粲然復明於世.(『사서집주』「대학장구서」)

503 集諸儒之大成, 而嗣周程之嫡統, 萃乎洙泗濂洛之淵源者.(『엄릉강의嚴陵講義』「사우연원師友淵源」)

504 古者勢與道合, 後世勢與道離.

505 勢與道合則是治世, 勢與道離則是亂世.(『육구연집』「어록상」)

506 賢者居下, 不肖者居上.(『육구연집』「어록하」)

507 古之聖人致誠心以順天理, 而天下自服, 王者之道也.

508 若夫齊桓晉文, 則假仁義以濟私欲而已. 設使僥幸於一時, 逢得王者之位而居之, 然其所由則固霸者之道也.(『맹자혹문』권1)

509 凡日用常行應接事物之際, 才有一毫利心, 便非王道, 便是伯者之習.(『주자어류』권25)

510 己私旣克, 則廓然大公.(『주문공분집』「답흠부인설答欽夫仁說」)

511 都是自智謀功力中做來, 不是自聖賢門戶來, 不是自家心地義理中流出.(『주자어류』권25)

512 주희는 리일분수理一分殊 즉 하나의 리에서 모든 것이 나뉜다는 사유 방법을 고수했다. 같은 맥락에서 그는 역사를 격물치지의 학문으로 보며, 의리를 잣대로 판단해야 한다고 강조한다. 주희의 제자 이자방李子方은 스승의 이 역사관을 '회귀일리會歸一理'(「자치통감강목후서資治通鑑綱目後序」)라고 표현했다. ─옮긴이

513 氣運從來一盛了又一衰, 一衰了又一盛, 只管恁地循環去.

514 一治必又一亂, 一亂必又一治.(『주자어류』권1)

515 綱常千萬年磨滅不得. 只是盛衰消長之勢, 自不可已, 盛了又衰, 衰了又盛, 其勢如此.(『주자어류』권24)

516 事極則反, 理之常也, (…) 極旣當變.(『주역정씨전』「대축大畜」)

517 以道化民者, 民亦以道歸之, 故尙自然.

518 以德敎民者, 民亦以德歸之, 故尙讓.

519 以功功民者, 民亦以功歸之, 故尙政.

520 以力率民者, 民亦以力歸之, 故尙爭.(『황극경세서』「관물觀物내편」)

521 古者謂三十年爲一世, 豈徒然哉. 俟化之必洽, 敎之必浹, 民之情始可以一變矣. 苟有命世之人, 繼世而興焉, 則雖民如夷狄, 三變而帝道可擧矣.(『황극경세서』「관물내편」)

522 所謂皇帝王霸者, 非獨謂三皇五帝三王五霸而已. 但用無爲則皇也, 用恩信則帝也, 用公正則王也, 用智力則霸也.(『황극경세서』「관물외편」)

523 惜乎時無百年之世, 世無百年之人. 比其有作, 則賢之與不肖何止於相半也. 時之難, 不其然乎! 人之難, 不其然乎!

524 治世少, 亂世多耶, 君子少, 小人多耶.(『황극경세서』「관물내편」)

525 到得一元盡時, 天地又是一番耳辟.

526 便是天地之間都無了.(『주자어류』권24)

527 不會壞. 只是相將人無道極了, 便一齊打合, 混沌一番, 人物都盡, 又重新起.(『주자어류』권1)

528 有五六萬年好, 有五六萬年不好, 如晝夜相似.(『주자어류』권24)

529 陶熔歷代之偏駁, 會歸一理之純粹.(「자치통감강목후서後序」)

530 天下勢而已矣. 勢, 輕重也. 極重不可反. 識其重而亟反之, 可也. 反之, 力也. 識不早, 力不易也. 力而不競, 天也. 不識不力, 人也. 天乎? 人也. 何尤.(『역통易通』「세勢」)

531 所謂勢者, 乃是自然之理勢.(『주자어류』권139)

532 這是事勢必到這裏, 雖有大聖大智, 亦不能遏其沖.(『주자어류』권84)

533 重極, 則反之也難; 識其重之機而反之, 則易.(『주자어류』권94)

534 審微於未形, 禦變於將來.

535 會做事底人, 必先度事勢有必可做之理, 方去做.(『주자어류』권108)

536 紀綱天下, 凡措置許多事, 都是心法從這裏流出, 是多少正大.(『주자어류』권123)

537 凡事求可, 功求成, 取必於智謀之末, 而不循天理之正者, 非聖賢之道.(『주자어류』권108)

538 爲政不法三代者, 終苟道也.(『송사』「장재전」)

539 爲治之大原, 牧民之要道, 則先聖後聖, 豈不同條而共貫哉?(『하남정씨문집』「논십사찰자論十事札子」)

540 窮則變, 變則通, 通則久.

541 居今之世, 若欲盡除今法, 行古之政, 則未見其利, 而徒有煩擾之弊.(『주자어류』권108)

542 今欲建一事, 而必師古, 則將安所適從?(『육구연집』「책문策問」)

543 堯立法, 舜嘗變之; 舜之法, 禹嘗變之. 祖宗法自有當變者.(『육구연집』「어록하」)

544 祖宗之章, 只欲天下安, 我措置得天下安, 便是承祖宗之意, 不必事事要學也.(『여동래문집呂東萊文集』「역설易說」)

545 天下之事向前則有功. 不向前, 百年亦只如此, 蓋往則有功也.(『여동래문집』「역설」)

546 易, 變易也, 隨時變易以從道也.(「역전서易傳序」)

547 中無定體, 惟達權然後能執之.(『하남정씨수언』「논도論道편」)

548 中不可執也. 識得則事事物物皆有自然之中, 不待安排, 安排著則不中矣.

549 執中而無權, 則膠於一定之中而不知變, 是亦執一而已矣.

550 執中者害於時中, 皆擧一而廢百事者也.

551 道之所貴者中, 中之所貴者權.(이상 『맹자집주』「진심상」 참조)

552 守常底固是是, 然到守不得處, 只著變, 而硬守定則不得. 至變得來合理, 斷然著如此做, 依舊是常.(『주자어류』 권62)

553 權, 則是那常理行不得處, 不得已而有所變通底道理.

554 權得其中, 固是與經不異, 畢竟權可暫而不可常.(『주자어류』 권37)

555 世之學者, 未嘗知權之義, 於理所不可, 則曰姑從權, 是以權爲變詐之術而已也. 夫臨事之際, 稱輕重而處之以合於義, 是謂之權, 豈拂經之道哉?(『하남정씨수언』「논도편」)

556 權是經所不及者.

557 此說方盡, 經只是一個大綱, 權是那精微曲折處. 且如君仁臣忠, 父慈子孝, 此是經常之道, 如何動得! 其間有該不盡處, 須是用權.

558 所謂權者, 於精微曲折處曲盡其宜, 以濟經之所不及耳.

559 權者卽是經之要妙處也.(이상 『주자어류』 권37 참조)

560 『맹자』「이루상」 편 "남녀는 손으로 주고받지 않음이 예이지만, 형수가 물에 빠지면 손을 뻗어 구원해주는 것이 권이다男女授受不親, 禮也; 嫂溺援之以手者, 權也"라는 말을 염두에 둔 것으로 보인다. ―옮긴이

561 經自經, 權自權. 但經有不可行處, 而至於用權, 此權所以合經也. 如湯武事, 伊周事, 嫂溺則援事.(『주자어류』 권37)

562 權雖經之所不及, 實與經不相悖, 經窮則須用權以通之.

563 如君臣定位, 經也.

564 此時君臣之義已窮.

565 知中然後能權, 由權然後得中. 中者, 理所當然而無過不及者也. 權者, 所以度事理而取其當然, 無過不及者也.

566 伊川以經包容權, 不將二者區別開來, 亦未得.

567 權與經固是兩義, 然論權而全離乎經, 則不是.

568 經是可常之理, 權是碍著經行不得處, 方始用權. 然當那時却是常理.

569 雖是反那經, 却不悖於道; 雖與經不同, 而其道一也.(『주자어류』권37)

570 經自是義, 權亦是義, 義字兼經權而用之.

571 義當守經則守經, 義當用權則用權, 所以謂義可以總括得經權.

572 蓋義是活物, 權是稱(秤)錘. 義是稱(秤)星, 義所以用權.

573 經是已定之權, 權是未定之經.

574 然經畢竟是常, 權畢竟是變.

575 經是萬世常行之道, 權是不得已而用之, 大概不可用時多.

576 經者, 道之常也; 權者, 道之變也. 道是個統體, 貫乎經與權.(이상『주자어류』권37 참조)

577 權之於物, 隨輕重而應, 則動靜稱宜, 不以一定而悖理也.(『육구연집』「어록상」)

578 權也是正當道理, 但非可以常行, 與日用常行底異.(『북계자의』「경권」)

579 天下事到經行不及處, 實有碍, 須是理明義精, 方可用權.

580 『북계자의』「경권」.

581 所謂經, 衆人與學者皆能循之; 至於權, 則非聖賢不能行也.(『주자어류』권37)

582 然用權須是地位高方可.

583 須聖人理明義精, 方用得不差.

584 告者, 禮也. 不告者, 權也.

585 蓋權而得中, 則不離於正矣.

586 權非體道者不能用也.

587 若父非瞽瞍, 子非大舜, 而欲不告而娶, 則天下之罪人也.

588 其或繼周者, 雖百世, 可知也.

589 三綱五常, 禮之大體, 三代相繼, 皆因之而不能變. 其所損益, 不過文章制度, 小過不及之
     間, 而其已然之迹, 今皆可見. 則自今以往, 或有繼周而王者, 雖百世之遠, 所因所革, 亦
     不過此, 豈但十世而已乎!(『논어집주』「위정」)

590 此一章'因'字最重要. 所謂損益者, 亦是要扶持個三綱五常而已.(『주자어류』권24)

591 無本不立, 無文不行. 父子主恩, 必有嚴順之體; 君臣主敬, 必有承接之儀; 禮讓存乎內,
     待威儀而後行; 尊卑有其序, 非物采則無別; 文之與實, 相須而不可缺也. 及夫文之勝,
     末之流, 遠本喪實, 乃當損之時也.(『주역정씨전』「손괘」)

592 或損或益, 或盈或虛, 唯隨時而已. 過者損之, 不足者益之, 虧者盈之, 實者虛之, 與時偕
     行也.(『주역정씨전』「손괘」)

593 今世有二弊: 法弊, 時弊. 法弊但一切更改之, 却甚易; 時弊則皆在人, 人皆以私心爲之, 如何變得!(『주자어류』권108)

594 王者之興, 受命於天, 故易世謂之革命.(『주역정씨전』「혁괘」)

595 弊壞而後革之, 革之所以致其通也, 故革之而可以大亨; 革之而利於正, 道則可久而得去 故之義.

596 湯武之王, 上順天命, 下應人心, 順乎天而應乎人也. 天道變改, 世故遷易, 革之至大 也.(『주역정씨전』「혁괘」)

597 夫聖人盡人道, 非過於理也, 其制事以天下之正理, 矯時之用, 小過於中則有之, 如行過 乎恭, 喪過乎哀, 用過乎儉是也. 蓋矯之小過, 而後能及於中, 乃求中之用也.

598 如立非常之大事, 興百世之大功, 成絕俗之大德, 皆大過之事.

599 道無不中, 無不常, 以世人所不常見, 故謂之大過於常也.(『주역정씨전』「대과大過괘」)

600 如湯放桀, 武王伐紂, 伊尹放太甲, 此是權也. 若日日時時用之, 則成甚世界了.(『주자어류』 권37)

601 繼世而有天下者, 其先世皆有大功德於民, 故必有大惡如桀紂, 則天乃廢之.

602 伊尹周公, 雖有舜禹之德, 而亦不有天下.(『맹자집주』「만장상」)

603 衆叛親離, 不復以爲君.

604 此事間不容發. 一日之間, 天命未絶, 則是君臣. 當日命絶, 則爲獨夫.(『맹자집주』「양혜왕 하」)

605 變革, 事之大也, 必有其時, 有其位, 有其才, 審慮而愼動, 而後可以無悔.

606 然臣道不當爲革之先.(『주역정씨전』「혁괘」)

607 惟在下者有湯武之仁, 而在上者有桀紂之暴, 則可. 不然, 是未免於篡弑之罪也.(『맹자집 주』「양혜왕하」)

608 四海歸之, 則爲天子; 天下叛之, 則爲獨夫.(『맹자집주』「양혜왕하」)

609 父有不慈, 子不可以不孝; 君有不明, 臣不可以不忠. 豈有君而可叛者乎?(『주자어류』권 79)

610 太王湯武是吊民伐罪, 爲天下除殘賊底道理.

611 태백泰伯은 성이 희姬씨. 장남이었지만 동생 계력季歷에게 자리를 양보하고 떠났다. 계 력의 아들이 주나라 문왕이다. ―옮긴이

612 이제夷齊는 고죽국의 두 아들로 서로 왕위를 양보하다 숨어버린 백이숙제를 말한다. 주 무왕이 은나라에 반기를 들자 군신 간 의리를 내세워 반대하다 수양산에 들어가 아 사했다. ―옮긴이

613 蓋泰伯夷齊之事, 天地之常經, 而太王武王之事, 古今之通義, 但其間不無些子高下.

614 畢竟人之大倫, 聖人且要守得這個.(이상『주자어류』권35 참조)

615 行師不法湯武, 則是爲亂.(『맹자집주』「양혜왕하」)

616 君之心, 政之本.(『육구연집』「정지관맹숙선론政之寬猛執先論」)

617 『주자어류』권1.

618 天爲萬物之祖, 王爲萬邦之宗.(『주역정씨전』「건괘」)

619 王與天同大, 人道立矣.(『하남정씨경설』권4)

620 裁成天地之道, 輔相天地之宜, 以左右民者, 人君之職也.(『육구연집』「여주원회與朱元
晦」)

621 凡土地之富, 人民之衆, 皆王者之有也, 此理之正也.

622 率土之濱, 莫非王臣, 在下者何敢專其有?(『주역정씨전』「대유大有괘」)

623 天下之衆, 本在一人.(『통서通書』「순화順化」)

624 一家仁, 一國興仁; 一家讓, 一國興讓; 一人貪戾, 一國作亂. 其機如此, 此謂一言僨事, 一
人定國.(『하남정씨경설』권5)

625 君臣之際, 權不可略重, 才重則無君.(『주자어류』권13)

626 忠, 只是實心, 人倫日用皆當用之, 何獨於事君上說忠字.

627 父子兄弟夫婦皆是天理自然, 人皆莫不自知愛敬. 君臣雖亦是天理, 然是義合. 世之人便
自易得苟且, 故須於此說忠.(『주자어류』권13)

628 盡己是盡自家心裏面, 以所存主者而言, 順是無一毫不盡方是忠. 如十分底話, 只說得
七八分, 猶留兩三分, 便是不盡, 不得謂之忠.

629 事君之忠, 亦只是盡己之心以事君.(『북계자의』「충신忠信」)

630 治道有自本而言, 有就事面言. 自本而言, 莫大乎引君當道, 君正而國定矣, 就事而言, 未
有不變而能有爲者也, 大變則大益, 小變則小補.(『하남정씨수원』「논정편」)

631 天下事有大根本, 有小根本, 正君心是大本.(『주자어류』권108)

632 人者, 政之本也; 身者, 人之本也; 心者, 身之本也. 不造其本而從事其末, 末不可得而治
矣.(『육구연집』「형국왕문공사당기荊國王文公祠堂記」)

633 德字從心者, 以其得之於心也. 如爲孝, 是心中得這個孝; 爲仁, 是心中得這個仁. 若只是
外面恁地, 中心不如此, 便不是德.(『주자어류』권23)

634 天下之治亂, 繫乎人君之仁與不仁耳. 心之非, 卽害於政, 不待乎發之於外也.(『맹자집주』
「이루상」)

635 天下事, 須是人主曉得通透了, 自要去做, 方得. 如一事八分是人主要做, 只有一二分是爲

宰相了做, 亦做不得.(『주자어류』 권108)

636 一心可以興邦, 一心可以喪邦, 只在公私之間爾.(『논어집주』 「자로」)

637 人主之心正, 則天下之事, 無一不出於正; 人主之心不正, 則天下之事, 無一得由於正.(『주문공문집』 「무신봉사戊申封事」)

638 某與人理會事, 便是格君心之非事.(『육구연집』 「어록하」)

639 行其所學以格君心之非, 引其君子當道, 與其君論道經邦, 燮理陰陽, 使斯道達乎天下也.(『육구연집』 「여주원회」)

640 人主所以制天下之事者, 本乎一心. 而心之所主, 又有天理人欲之異.(『주문공문집』 「신축연화주찰辛丑延和奏札 2」)

641 天下者, 天下之天下, 非一人之私有.(『맹자집주』 「만장상」)

642 人君當與天下大同, 而獨私一人, 非君道也.(『주역정씨전』 「동인同人괘」)

643 心術公平正大, 無偏黨反側之私.

644 『서경』 「무일無逸」 편에 "嚴恭寅畏, 天命自度"에서 나온 말. 채침蔡沈의 집전集傳엔 인寅을 흠숙欽, 외畏를 계구戒懼로 해석했다. ―옮긴이

645 峻宇雕牆, 本於宮室; 酒池肉林, 本於飲食; 淫酷殘忍, 本於刑罰; 窮兵黷武, 本於征討. 凡人欲之過者, 皆本於奉養, 其流之遠, 則爲害矣.(『주역정씨전』 「손損괘」)

646 道之不行, 固天也命也.(『육구연집』 「여유지보與劉志甫」)

647 道者, 天下萬世之公理, 而斯人之所共由者也. 君有君道, 臣有臣道, 父有父道, 子有子道, 莫不有道. 惟聖人惟能備道, 故爲君盡君道, 爲臣盡臣道, 爲父盡父道, 爲於盡於道, 無所處而不盡其道. 常人固不能備道, 亦豈能盡亡其道!(『육구연집』 「논어설論語說」)

648 人皆可以爲聖人, (…) 孝者所當孝, 弟者所當弟, 自是而推之, 是亦聖人而已矣.(『하남정씨수언』 「논학論學편」)

제7장

남송의 사공事功 사상과
등목鄧牧의 이단 사상

남송에서 리학 사조와 대등한 입장에서 대응한 것은 진량陳亮과 섭적葉適으로 대표되는 사공事功 즉 업적주의 사조다. 진량과 섭적 정치사상의 뚜렷한 특징은 실제를 지향하고 실천을 중시하며 사공을 제창하고, 심성을 둘러싼 공리공담에 반대하고, 농업과 상업의 상호 이익을 주장한 점이다. 그들은 강산을 가리키며 금金나라에 항거할 것을 애써 주장했다. 시대 정치를 평론하고 개혁을 창도했으며 사회 현실에 격렬한 비판을 가했다. 리학 사조에 대한 그들의 비평과 비난은 당시 사상계에 매우 큰 영향을 미쳤다. 송말원초 사회는 급격한 혼란에 빠졌으며 수많은 선비는 산림으로 숨어들었다. 그들은 현실을 비판하고 폭정을 폭로하며 이단 사상의 발전을 촉진했다. 등목鄧牧의 정치 이상은 일부 선비들의 소망을 반영하고 있는데, 격렬한 사회비판 사상으로 일정한 가치와 의의를 지니고 있다.

사공事功을 제창한
진량의 정치사상

진량陳亮(1143~1194)은 자가 동보同甫이며 무주婺州 영강永康(오늘날의 저장성 융캉) 사람이다. 사람들은 '용천선생龍川先生'이라 불렀다. 진량의 "사람됨은 재기가 넘치고 군사 이야기를 좋아했으며 세상의 풍상과 삶에 대해 의론한 수천 마디의 말을 기록으로 남겼다".[1] 그의 사상은 특이하여 말에 금기가 없었고 시대의 준걸들과 교제하면서 "패왕의 큰 방략"을 좋아했다. 개혁을 제창하고 금나라에 항거할 것을 힘써 주장했다. 그는 여러 차례 궁궐 앞에 엎드려 상소문을 올렸으며 조정을 평가했다. 무고를 받아 감옥에 갇힌 적도 있으며 하마터면 목숨을 잃을 뻔했다. 소희紹熙 4년(1193), 정책 구상안으로 송 광종光宗으로부터 높은 평가를 받아 진사제일進士第一에 발탁되어 건강군첨판建康軍簽判[2]을 제수받았으나 도착하기 전에 죽었다. 진량의 일생 대부분은 순탄하지 못했으며 "나이 오십이 되어서도 여전히 일개 포의에 불과했다". 다만 여조겸呂祖謙, 섭적葉適 등과 깊이 사귀며 의기투합했고 장식張栻, 주희朱熹와 빈번하게 학문적 논쟁을 벌였다. 저서로는 『용천문집龍川文集』이 있다. 최근 『진량집陳亮集』으로 편찬되었다.[3]

01 진량과 주희의 왕패王覇, 의리義利에 관한 논변

진량과 주희의 왕패와 의리를 둘러싼 논변은 남송 사상계에 중대한 영향을 미친 사건이다. 이 학술 논쟁은 삼대와 한당 정치의 전개를 어떻게 평가할 것인가를 둘러싸고 리理와 욕欲, 의義와 이利, 왕王과 패覇, 도道와 물物 등 일련의 이론 문제들을 섭렵했다. 격렬한 언사로 진행된 이 논쟁은 남송 성리학파와 사공파 간의 같은 점과 다른 점을 드러내주었고 두 사상의 경계를 분명하게 구분해주었다.

진량과 주희, 여조겸, 장식, 육구연 등은 깊게 교제했으며 정치적으로든 학술적으로든 공통된 언어를 사용하고 있어서 그 시대 사람들은 진량을 리학으로 귀속시키기도 했다. 진량은 스스로 이렇게 말했다. "내 자신은 그저 『병법兵法』과 『육도六韜』를 좋아하고, 『중용』과 『대학』은 이미 물리도록 들었다."[4] 의기가 끼어들어가는 학술 논쟁 과정에서 진량과 주희 두 사람은 피차 상대방을 이단이라고 질타했다. 유가의 정치적 가치를 수호하는 측면에서 보면 진량이든 주희든 전혀 다르지 않다. 시대 정치에 대해서 그들은 더더욱 "말이나 논리가 모두 같은 길을 가며 조금도 다른 적이 없었다."[5] 그러나 진량은 맹자를 평가하고 왕통王通을 숭앙하면서 이

정二程을 비난하고 세상의 유생들을 공격하고는 자신은 "사람 중의 용이고 문장 가운데 호랑이"[6]라고 자랑했다. 그는 스스로 "의리 연구"를 달갑게 여기지 않는다고 선언하고 정주학을 "한쪽에 치우친 논의"라고 배척했다. 이는 주희의 비난을 샀다.

순희淳熙 11년(1184), 진량은 무고를 당해 감옥에 들어갔으나 오래지 않아 석방되었다. 주희는 편지를 써서 진량에게 권고했다. "의와 이를 함께 행할 수 있고 왕과 패를 겸용할 수 있다는 주장을 물리칠 것이며, 분함을 누르고 욕망을 막으며 개과천선하는 일에 매진하시어 순수하게 순정한 유학자의 도로 스스로를 규율하면"[7] 화를 면할 수 있을 것이라고 했다. 진량은 분연히 답장을 써서 그가 사실 "의와 이를 함께 행하고 왕과 패를 겸용하는" 사람이 아니라고 힘써 강변했다. 이로 인해 쌍방의 서신이 왕래하며 각자 주장을 펼쳐 서로 양보하지 않은 채 2년여에 걸쳐 변론이 이루어졌다. 진량은 일부 기본적 문제에 있어서 그와 주희가 일치한다고 거듭 밝히고 있다. 이를테면 「우병오추서又丙午秋書」는 "천하에 있어서 도의 존재는 지극한 공公일 따름"[8]이라고 말한다. "공이 있으면 사私가 없으며, 사적인 것이면 다시 공이 될 수 없습니다. 왕패를 섞어서 사용할 수 있으면 천리와 인욕을 병행시킬 수 있습니다. 제가 줄기차게 이야기하는 것은 하나의 길을 더하고 싶어서가 아닙니다. 그로써 대중大中을 개척하고 장황하게 정심한 논리를 풀어 비서祕書(주희를 가리킴)의 바른 학문을 돕고자 하는 것입니다. 어찌 기이한 주장을 펼쳐 비서의 학문 밖에서 무엇을 구해내기를 좋아해서겠습니까?"[9] 천리와 인욕, 공과 사가 양립할 수 없다는 문제에 진량과 주희는 의견 차이가 없다. 다만 주희의 어떤 논점을 반박하는 과정에서 진량은 욕망, 이익, 패도 가운데 합리적 성분을 논증했을 뿐이다.

첫째, 욕欲에 관해서다. 주희는 "삼대 이전에는 이利와 욕欲이 없었는데"

삼대 이후 사람들의 욕망이 횡행했다고 생각했다. 그래서 삼대와 한당의 정치는 천양지차가 있으니 이상적인 정치를 회복하는 방법은 "인욕을 멸하는 것," 이른바 "본연의 묘에 대해 논하자면 오직 천리만 존재하지 인욕은 없는 것이다. 그래서 성인이 사람들을 교화할 때 반드시 인욕을 모두 없애고 천리를 온전히 회복코자 했다"[10]는 것이다.

진량은 욕은 성性과 명命으로부터 오는 것이며 모든 사람이 같다고 생각했다. "귀가 소리를 듣는 것이나, 눈이 색깔을 보는 것이나, 코가 냄새를 맡는 것이나, 입이 맛을 아는 것이나, 사지가 편안함을 찾는 것은 모두 성이며 명이 그렇게 되어 있다. 성에서 나온 것이라면 사람들은 모두 같은 욕을 지니고, 명에 맡겨진 것이면 그것을 억제할 수 있을지언정 위배할 수는 없다."[11] 부귀와 영광은 모든 사람이 욕구하는 바이고 위망과 곤궁은 모든 사람이 욕구하지 않는 바다. 삼대 사람들도 이익과 욕구에 대한 마음이 전혀 없었다고 할 수 없다. 한당 시대 사람들도 순전히 이익과 욕구만을 따져 "반은 죽고 반은 살아 있는 벌레"는 아니었다. 사람과 사람 사이에 차별이 있다면 그 차별은 양에 있는 것이지 질에 있는 것이 아니다. "오직 성인만이 인륜을 다 실천할 수 있는데 인륜의 어떤 부분에 다하지 못함이 있다고 하여 다른 사람을 속여서까지 인륜을 다 실천했다는 것은 아니다. 오직 왕자만이 법제를 다 실천할 수 있는데 법제의 어떤 부분을 다하지 못함이 있다고 하여 나라를 망쳐가면서까지 법제를 다 실천했다는 것은 아니다."[12]

이렇게 진량은 이론적으로 두 가지 문제를 강조하고 또 대답을 했다.

하나는 사람의 감정과 욕망이 "그 바름을 얻으면 도가 되고, 그 바름을 잃으면 욕이 된다"[13]는 것이다. 정치의 목적은 일체의 정욕을 제거하는 것이 아니라 도에 위반되는 욕을 규범화하는 것이다. 욕은 사람의 본성에 근원을 둔다. 일률적으로 욕을 틀어막으라고 강조하는 것보다 상벌을 행하는 것이 차라리 더 낫다. 진량은 주장한다. "천하에 욕을 제멋대로 드러나게 해서는 안 된다. 일체를 오직 군주와 어른의 말을 받아들이도록 할 일이다."[14] 즉 군주는 "욕이 잘못된 것이면 절제하도록 하고" "오전五典[15]을 만들고 오례五禮로 질서를 잡아 천하와 더불어 공유하도록 할 것이며,"[16] 상벌을 행하고 권선징악을 하여 사람들로 하여금 스스로 힘쓰고 경계토록 하면 된다는 것이다. 그가 보기에 "예는 천칙天則이고"[17] "상은 천명이며, 벌은 천토天討 즉 하늘의 토벌이다. 천자는 하늘을 받들어 행하는 사람이다."[18] 이렇게 "공공적인 상벌로 인성을 회복하는" 방법이 "왕자의 상벌"인데 "어떻게 이익으로 그것을 유인하는 것이란 말인가!"[19] 진량은 "정인심正人心 즉 인심을 바로잡는 것"의 중요성을 인정한다. 그는 "정인심하여 국본國本을 세우는 일"[20]을 "이제삼왕이 급선무로 여긴 바"[21]로 열거했다. "일단 인심이 바르게만 되면 각자가 그 근본을 따르게 되니 천하가 안정될 것"[22]이라고 생각했다. 그러나 진량은 실제적 정치 조치를 비교적 중시했다. "예로 민심을 절제시키고 음악으로 백성의 소리를 조화시키되 정책으로 그것을 실천하고 형벌로 그것을 방지해야 한다. 사방에 도달하여 어긋남이 없게 되면 왕도가 이루어지는 것이다."[23] "상벌을 도외시하고 군도君道를 추구하는 것은 우활한 유생들의 논리다."[24] 그는 제왕들이 "군도를 다하여 천하를 다스림에 예, 악, 형刑, 정政을 동시에 드러내 사용할 것"[25]을 주장했다.

둘은 사람을 버리는 것을 도로 삼을 수 없다는 것이다. "삼대가 다 할 수 있었던 것을 한나라와 당나라가 다 할 수 없다"[26]면 그 도는 바로 순수하게 천리를 다하지 못한 사람들이 이어받고 전해주는 것이리라. "사람이 서지 못하면 천지가 홀로 운행될 수 없다. 천지를 버리고는 어떤 것도 도가 되지 못한다."[27] 도는 사람에 의지해 존재한다. "마음의 작용은 다하지 못했다고 해서 언제나 없어지는 것이 아니다. 법의 조문이 갖춰지지 못했다고 해서 언제나 폐기되는 것은 아니다."[28] 한당의 군주가 비록 "조금 소홀하고" "조금 미약한" 차이는 있지만 "끝내는 폭력과 혼란을 금지시켰으며 사람을 아끼고 만물을 이롭게 했다."[29] 그들 모두는 "가까스로 도를 행하여 큰 공을 이룬" 사람들로 그 공적이 "가려져선 안 된다".

둘째, 공리功利에 관해서다. 다른 유학자들과 마찬가지로 진량은 "아주 미세한 경우에 있어서도 도의와 이익에 대한 논변에 엄격해야 한다"[30]고 주장했다. 그가 보기에 "주나라의 도가 쇠약해지면서 왕도의 은택이 고갈되었으며, 이해관계가 흥하면서 사람들의 마음이 동하여 가운데서 계교를 부리고 밖으로는 경영만을 생각하게 되었다. 처음에는 그 계책들 때문에 편안했으나 끝내는 쟁탈과 살육에 이르게 되었고 독이 사해로 흘러 그치지 않고 있다."[31] 이해관계를 따지는 마음이 사회가 동란하고 세상 도의가 쇠패하게 된 근원이라는 것이다. "예에 통달하여 분수가 정해지고 마음에 그치는 바가 생겨야"[32] 비로소 가장 이상적인 정치가 이루어진다. 진량은 진한 이래 "구차한 공리주의 정치가 습관으로 굳어져서 선왕들이 바꾸지 않았던 법제는 버려지고 이야기되지 않으니 인극人極 즉 강상 윤리가 망하지 않는 것이 거의 없다"[33]면서 많이 탄식했다. 그는 또 "관중管仲과 악의樂毅의 공리 사상"을 "사물 전개의 시말을 생각한 것이지만 끝내는 성인의 도를 위배한"[34] 이단으로 취급했다. 진량은 도, 예, 의, 분分에 위배되는 공리와 이해타산을 일절 부정한 것이다. 그렇지만 진량은 의리에 부합하는 공리와 이익은 충분히 긍정했다. 그는 의, 식, 주, 행行은 인류 생활의 필수라고 생각했다. "하나라도 갖추지 못하면 사람의 길에 빠진 것이 있는 셈이다."[35] 의, 식, 주, 행이 본분에 부합하기만 하면 합리적이다. 제왕이 "형세를 잘 선택하여 살면" "궁실의 설비가 넓고 크고 단정하고 화려해도" "이는 제왕이 도에 맞추어 갖춘 것으로서 천하위공과 합치한 것이다."[36] 이러한 공리는 바로 공적인 것과 유덕함의 구현이다. 진량은 한당 제왕이 왕위를 도모하고 천하를 가家로 삼은 것을 '사私'로 귀결시킬 수는 없다고 생각했다. 그는 말한다. "왕위를 즐겁게 여긴 것에 대해서는 그 감정을 좀 헤아려줄 수도 있다. 왕위를 얻지 못했으면 인정을 베풀려는 그 마음이 어디서 왔겠는가! 천하를 자기 소유의 물건으로 여긴 것도 그 감정을 좀 헤아려줄 수 있다. 끝내 한 집안으로 귀속시키지 않았다면 어디에서 멈췄겠는가!"[37] 한 고조와 당 태종이 "천위天位에 급하고" "두루 방비하고 곡진하게 생각한 것이 어찌 사적인 천하 때문이었겠는가! 통일을 하려는 것이었을 뿐이다."[38] 그들이 천하를 쟁취한 것은 '천명'이었다. 어떻게 사적 이익을 위한 것이라고 결론짓는가? 진량은 제왕이 하루에도 만기를 다스리므로 잘못이 없을 수 없다고 생각했다. 그들이 부지런히 정치를 하여 "현자가 자리에 있고 유능한 사람이 직무를 맡게 하여 불안한 백성이 하나도 없고 길러지지 않는 물건이 하나도 없게 되었다면 위대한 공적이 증명된 것이다."[39] 이 공적은 바로 "도를 실천한 공적이다."[40] 진량은 한당의 군주는 "우연한 일치로 공적과 성취를 얻은 경우가 있을 뿐 사실은 이익과 욕망의 현장으로 치달았다"[41]는 주희의 논설에 동의하지 않았다. 그는 "본령이 굉활하고 공부가 지극하면 삼대의 성취를 이루겠지만 본령은 있되 공부가 안 되어 있으면 한당의 성취를 이룰 따름"[42]이라고 보았다. 천위를 바탕으로 큰 공적을 세워 천하를 구하는 공리 행위 자체가 바로 도가 있었고 그를 실천했다는 징표라는 것이다.

셋째, 패霸에 관해서다. 왕도와 패도에 관한 논변은 송대 유학자들 사이에서 의론이 분분했던 이론적 과제였는데 대체로 두 가지 의견으로 나뉘었다. 하나는 왕안석, 이정, 주희가 대표자였다. 정호程顥는 「논왕패찰자論王覇札子」에서 이렇게 말한다. "천리의 올바름을 얻고 인륜의 지극함을 극대화한 것이 요순의 도다. 사심을 운용하며 인의의 편파적인 부분에 의지한 것이 패자의 일이다."[43] 왕과 패는 본질적으로 구별이 되므로 "마음을 참되게 하여 왕도를 걸으면 왕자이고 그것을 가장하여 패도를 걸으면 패자다. 둘은 그 길이 다른데 (…) 패자의 마음을 가지고 왕도가 성공하기를 바란다면 이는 반짝이는 돌을 옥으로 여기는 짓이다."⁴⁴ 왕패를 구별하는 표준은 통치자의 심술心術이다. 왕도는 "천리의 올바름"을 얻는 것이요 패자는 이욕의 사심에 해당된다. 다른 한 가지 의견은 사마광司馬光 등이 대표한다. 사마광은 『우서迂書』「도동道同」 편에서 이렇게 말한다. "천하를 통합하여 그 군주가 된 사람을 왕이라 부르며" 후侯, 백伯은 모두 제후를 부르는 칭호였는데 "백이란 언어가 바뀌어서 패覇가 된 것이다. 패라는 이름은 이렇게 생겨났다. 맹자와 순자 이래 모두 '왕도를 걸으면 왕자이고, 패도를 걸으면 패자'라고 말한다. 도가 어찌 둘이겠는가!"⁴⁵ 왕, 백, 공, 후는 마치 물에 바다가 있고 하천이 있고 계류가 있음과 같다. "크고 작음은 다르지만 물의 성질이 어떻게 다른 것이겠는가!"⁴⁶ 이구李覯, 소순蘇洵 등도 이와 유사한 견해를 제기했다. 이들의 생각은 왕도와 패도에 질적인 구별은 없으며 양적인 차이만 존재한다는 것이다. 육구연은 심지어 왕패 논쟁에 구애받을 필요가 없다고 주장했다. "상앙商鞅은 발로 실제 땅을 밟고서 왕도인지 패도인지 묻지도 않고 일을 성공시키려고만 했으니 오히려 앞서 규모를 정한 경우다. 개보介甫 즉 왕안석은 요순과 삼대의 명성을 흠모하여 실질적인 땅을 밟은 적도 없었으니 그가 성취했다고 하나 왕도도 이루지 못했고 패도에도 이르지 못했다."⁴⁷ 주희는 강학을 하면서 사마광 등 유학 선현들의 논의에 비판을 제기한 적이 한 번도 없다. 진량에 대한 그의 공격은 자기 문호의 견해 혹은 의기에서 비롯한 논쟁적 요소를 다분히 포함하고 있다.

진량은 왕패 겸용론에 반대한다고 분명하게 밝히고 있다. 하지만 그는 "잡패라고 부르는 것은 그 도가 본래 왕도에 근본을 둔 것"⁴⁸이라고 말한다. 여기서의 '패覇'는 곧 "황제, 왕, 백 대략大略"이라고 할 때의 '백伯'이니 사마광의 해석과 같다. 진량은 '왕'이 군주 정치의 근본이라고 생각했다. 삼대의 우禹, 탕湯, 문文, 무武와 한 고조, 당 태종은 모두 왕도와 의리義理로 천하를 다스린 군주다. 삼대의 군주는 왕도와 의리에 완전히 부합했으나 한당의 군주들은 간혹 왕도와 의리에 어긋나게 행동하기도 했다. 하지만 한 고조와 당 태종의 정책 결정은 기본적으로 도심에서 나온 것이지 사심이 반영된 것이 아니었기 때문에 혼란과 폭력을 제거하고 공업을 이룰 수 있었다. 심지어 조조曹操처럼 "오로지 인욕으로 행동한" 집정자들마저 그들의 정치 가운데 왕도의 성분을 함유하고 있다. "간혹 성공한 일이 있었던 것은 그 사이사이에 미세하지만 천리가 행해지고 있었기 때문이다."[49] 진량은 왕과 패에 질적인 구별은 없으며 양적인 차이만 존재한다고 주장한다. 오히려 거꾸로 왕과 패가 확연히 대립한다는 관점을 가리켜 '왕패겸용'의 혐의가 있다고 한다. "여러 유생이 자처하는 바를 의義라 하고 왕王이라 한다. 한당에서 성공했던 바를 이利라 하고 패霸라 한다."[50] "그렇다면 오히려 의와 이를 병행하고 왕패를 겸용하는 것이다. 내 말대로라면 위로 곧장 올라가든 아래로 내려가든 그저 하나의 머리가 만들어지는 것일 따름이다."[51] 의리는 바로 "고금 왕백王伯의 자취" 속에 있다. 이른바 '잡패雜霸'는 그저 온전하게 '왕'의 정도에 다다르지 못한 것일 따름이다. 진량은 "상벌을 운용하여 천하를 다스리는" "패자의 술수"에 반대했으며 "자신의 사적인 희로애락을 가지고 천하를 제어하는"[52] 패도는 극도로 미워했다. 순전하게 도덕과 인의를 가지고 천하에 왕도를 펼치는 삼대의 정치가 진량 마음속의 이상 정치였다.

넷째, 도와 사물에 관해서다. 송대에 이르러서는 "천하에 도 밖의 일도 없고 일 밖의 도도 없다"[53]는 것이 사상가들의 공통된 생각으로 자리 잡았다. 그런데 진량은 주희가 "월인만천月印萬川 즉 달은 하나인데 수많은 냇물에 달이 떠 있다"는 말을 "리일분수理一分殊 즉 리는 하나인데 여러 갈래로 나뉜다"고 해석하는 것에 반대했다. 이단 불교에서 왔다고 배척한 것이다. 그는 "리는 하나인데 여러 갈래로 나뉜다"는 말을 이렇게 해석했다. "이를 가리켜 정분定分 즉 분수를 정한다고 말하는데 한 몸에서 그 나뉨을 결정하는 것이다. 하나의 사물인데 빠진 곳이 있다면 어찌 의義에 견주지 못할 뿐이겠는가. 리가 진실로 완전하지 못한 것이다. 그렇게 리가 하나이기 때문에 여러 갈래로 나뉘는 것이지 리는 하나인데 나눈다고 여러 갈래가 되는 것이 아니다."[54] 둘을 비교해보면 주희는 개체에 대한 일반적인 통제와 유도를 강조하며 정심正心과 성의誠意를 통해 "천리를 완전히 회복하고" 먼저 이해한 뒤 실천할 것을 주장한다. 반면 진량은 일반적으로 개체에 의존하며 개체별로 리를 실천함으로써 일반적인 리를 체험하고 수호할 것을 주장한다. 이른바 "오직 실천을 하는 사람만이 도를 다할 수 있다"[55]는 것이다. 진량은 사공事功 즉 업적을 통한 실천으로 "내 힘을 극대화하고 마침내 내 힘을 사용하지 않아도 되는 데 이르러야만"[56] 비로소 "그 마음이 창졸 간에도 존재하지 않는 경우가 없고, 극히 미세한 가운데도 체현되지 않는 경우 없이 두루 정분定分으로 흘러 하나의 리에 완전하게 갖추어지는"[57] 경지에 다다를 수 있다고 생각했다. 실제로 윤리 도덕에 대한 체인 과정을 보면 진량과 주희의 주장은 같은 결론에 이르면서도 길이 다른, 대동소이한 것이라 할 수 있다.

진량은 사공파의 주장을 논증하기 위해 "도는 사물 가운데 있다"와 "그 어떤 사물이 도가 아니던가"라는 명제를 제기했다. "도는 형기形氣라는 겉면으로 드러나는 것이 아니라 항상 사물 사이에서 실천되는 것이다."[58] "천지간에 어떤 사물이 도가 아니겠는가,"[59] "우주에 가득한 것 가운데 물物이 아닌 것이 없고, 일상에 수용되는 것 가운데 사事가 아닌 것이 없다"[60]고도 말한다. 따라서 "도는 천하 어디에도 존재하며 일상생활 어디에든 펼쳐져 있으니 올바른 성정을 갖춘 존재라면 당연히 그것을 알 수 있을 것이다".[61] 형이상학의 도는 민생의 일상생활 가운데 존재하고, 도는 사물 속에 있으며, 도 밖에는 일이 없으니 도는 사물을 빌려 자신을 드러내고 실현시킨다. 도가 일용의 사물 가운데 존재하므로 "빛나는 태양이 허공을 채워 곳곳이 광명 세계다. 눈을 감고 있던 사람이 눈을 뜨는 것이 그것이다".[62] 실천하는 사람이면 누구나 많게든 적게든 '도'를 파악하고 체험할 수 있다. 도는 성인의 심법을 전수받은 소수 유학자의 손에만 장악되는 것이 아니다. "도가 천하에 존재하니 어떤 물物이 도가 아닐 것인가. 수많은 길이 있고, 일에 따른 원칙이 있으니 진실로 마음을 침잠하여 깊이 성찰해 이미 발한 곳으로부터 체인할 수 있으면 '선생님의 도가 충서忠恕일 따름이다'라는 말이 그냥 하는 말이 아님을 알게 될 것이다".[63] 이는 철학의 높이에서 실천과 사공의 중요한 의미를 논증한 것이다.

중국 고대에서 '물物'은 철학 범주로 주로 세 가지 함의를 지닌다. 첫째는 객관적으로 존재하는 일체의 물체다. 둘째는 사事와 사물事物 즉 행위와 행위 규범을 가리킨다. 이를테면 사군事君, 사친事親을 말하는데 "사군이 바로 하나의 물物이다"가 그렇다. 셋째는 기타 주체를 초월하는 그 밖의 물건들, 예컨대 천, 도, 리, 규율, 원칙 등이다. 대체로 만물 및 만물의 이치, 인류의 각종 제도, 규범 및 그 실천 모두 사물 혹은 물이라고 부를 수 있다.

정치사상의 측면에서 진량이 말하는 물은 주로 윤리, 제도 및 그 실천을 가리킨다. "요순이 천하를 다스린 까닭이 어찌 내 도의 밖에서 나오겠는가! 인의와 효제, 예악과 형정이 모두 그와 같은 물이다."[64] 사실 이와 리학 도물관道物觀과의 차이는 매우 미세하다. 정주의 다음 말을 살펴보자. "도 밖에 물이 없고, 물 밖에 도가 없다. 부모 자식 사이에 있으면 친親이고 군주 신하 사이에 있으면 경敬이다."[65] "본과 말은 하나의 도다. 부자간은 은恩이 위주이며 반드시 엄함과 순종의 예가 필요하다. 군신 간은 경敬이 위주이며 반드시 받들어 이어주는 의儀가 필요하다. 예로 사양하고 절도를 지키며 위의가 갖춰지지 않으면 실천하지 않는다. 존비에 순서가 있으며 물物이 선택한 것이 아니면 구별이 없다."[66] 진량은 도가 만물의 으뜸이며 구체적인 기器나 수數 등은 모두 "도가 그것을 주재한다"는 것을 인정한다. 하지만 그는 도를 체인하고 도를 실천하는 사물의 실천적 의의를 집중적으로 강조했다. 그는 "도가 천하에 존재함에 본말도 없고 내외도 없다"[67]고 생각했다. 이를테면 『예기』는 "무리 지어 그것을 읽어도 실려 있는 것이라곤 일용 음식이나 청소, 응대하는 일 따위인데 성인의 극치가 어디 있단 말인가?"[68] 그렇지만 이러한 예의 규범에 대해 "뜻한 대로 증감을 하려 들면 쉽게 합치하지 않는다. 나의 하루 사이의 일을 되돌아보면 두렵게도 그 가운데 어떤 비밀스러움이 있다"[69]고도 한다. "그래서 세상에서 일컫는 번잡한 꾸밈이나 말절에 대해서도 성인은 사물의 변화를 꿰뚫는다."[70] 이 때문에 그는 구체적인 도덕 실천을 떠나 정심正心을 근본으로 삼아야 한다는 공리공담에 반대했다. 실제적인 공리를 떠나서 궁리진성窮理盡性만을 따지는 데 반대한 것이다. "바르고 큰 리만 파고들어 사물로 인하여 도달하지 않게 하는"[71] 것은 현실에 맞지 않는 실착일 뿐만 아니라 공맹의 본의에도 위배된다. 진량은 한 걸음 더 나아가 이렇게 주장한다. "바람이 움직이지 않으면 들어가지 않고 뱀이 움직이지 않으면 가지 않고 용이 움직이지 않으면 변화할 수 없다. 오늘날의 군자는 편안히 앉아 움직임을 느끼고자 하는데 정말로 부패한 유학자의 담론이다."[72] 그가 보기에는 공허하게 성리만 이야기함으로써 인욕을 멸하고 천리를 보존하여 왕도가 순정해지기를 구하는 것보다 차라리 예법을 몸소 실천하고 도에 합치하는 사공을 추구하는 것이 낫다. 구체적인 도덕 실천과 정치 운용을 통해 "삼대에 비견되는 세상"을 실현하는 것이 더 낫다는 말이다. 진량은 안광을 '행行' 즉 실천에 집중했다. 그래서 그의 정치론은 대부분 시대의 폐단을 제대로 겨냥할 수 있었다.

진량은 사공을 제창하고 공리를 중시했다. 그렇다고 그가 공리주의자는 아니었다. 공리주의의 공통된 특징은 공리와 효용을 시비와 정오 판단의 척도로 삼으며, 가치 표준과 최종 목적을 모두 공리에 두는 것이다. 그런데 진량은 그렇지 않았다. 그의 정치 가치와 정치 목적은 모두 천리, 도, 공公이었다. 공리로 도덕을 취사선택하지 않고 도덕으로 공리를 취사선택했다. 도덕은 반드시 복종해야 할 의무적 원칙이었으며 공리는 도덕의 부속물이었다. 이것이 바로 의와 이利의 기본 관계 문제에 있어서 진량이 주희와 같은 부류에 속하는 까닭이다. 진량은 "덕행, 언어, 정사政事, 문학 어느 것 하나도 폐기되어선 안 되나 덕행이 언제나 그 우선순위에 있다"[73]고 생각했다. 그는 성리학에 반대하지 않고 "의리를 궁구하는" 데 반대했다. 그는 "세상의 학자들은 리를 궁구하는데 수준이 낮으면 본체를 잃고 깊으면 아무 쓸모가 없다"[74]고 보았다. 궁리진성과 경세치용은 유학에 내장된 두 극단이다. 두 극단 사이에서 사공파와 성리파는 단지 강조점과 치중점이 좀 다른 것뿐이다. 진량이 뭇 유생의 성리담론을 공허하다고 본 것은 그것이 중흥 과업을 진작시키고, 군부의 원수를 갚고, 지극히 공정한 도를 실행하는 데 도움이 안 되기 때문이었다. 그래서 온 힘을 기울여 그 치우침을 교정하고 공부를 바르게 이끌려고 한 것이다. 유학이 통치 사상의 위치를 점하던 시대에 이러한 경향은 그 자체로 중요한 이론적, 실천적 의의를 갖고 있었다.

군신론:
위에서 요체를 장악하고 상세한 것은 아래에 나누어준다

진량은 존군론자尊君論者다. 그는 군신 간의 본체를 바로잡는 것은 치란, 흥망과 관련이 있다고 보았다. 그의 글 「중흥론中興論」의 핵심은 군신론이다.

진량은 제왕에 대해 천명이 돌아온 것이요 군사軍師가 합일된 최고의 주재라고 생각했다. "하늘이 백성을 보우하사 군주를 만들었고 스승으로 삼았다. 예악과 형정을 통해 천하를 굳건히 바로잡으니 군주가 되고, 인의와 효제를 통해 천하에 솔선수범하므로 스승이 된다. 둘을 교차해서 잘 닦아 겸용하면 인심이 바르게 되어 사악함이 없어질 것이다. 백성의 운명이 곧게 되어 뒤틀림이 없어질 것이다. 치란과 안위는 이를 통해 구분이 된다."75 군주 제도는 역사의 필연이다. "이제 막 천지가 자리를 잡았던 초기에 무리를 이루고 모여 살면서 구분이 생겨나고 그중 특별한 능력이 있는 사람을 올려 어른 군주로 삼았다. 또 유능한 사람을 받들어 보좌하는 재상으로 삼았다."76 이렇게 하여 황, 제, 후后, 왕, 군, 공公이 생겼다. "그렇게 법도가 이미 만들어지니 군주와 신하가 제자리를 정하게 되었다."77 군신 관계는 일련의 구체적인 제도의 보호를 받게 되었다. "하늘은 한 세대의 사람을 낳음에 반드시 한 세대의 윗사람을 출현시켜 그들을 주재하게 한다."[78] 제왕은 높고 높은 저 위에서 신민을 주재한다. "군주와 신하는 정해진 위치가 있으니 항상 그 자리에서 명령을 들어야지 천하 사람들이 알아서 스스로 제어하는 것이 아니다."[79] 군주 제도와 제왕 권위의 합리적 근원은 하늘과 역사 전통에 있으니 그 합법성에 의심을 둘 여지가 없다. 정치 생활에서 제왕의 직책은 "정체政體를 분명하게 경계하고 권강權綱을 총람하는"[80] 것이다. 진량은 "정체란 정치의 대체大體이고, 권강이란 권력의 대강大綱이다"[81]라고 말한다. 제왕은 중추의 지위에 거하면서 최고 권력을 장악하며 "정치의 대체를 세우고 권력의 대강을 총괄하며 사악함과 올바름을 변별하고 위임권을 전담하여 천하를 주재한다"[82] 신하의 직책은 군주에게 충성하고 국사에 온 마음을 다하는 것이다. "공가公家의 일이면 뭐든지 할 줄 아는 것이 충이다."[83] 진량은 군신 관계 상황이 정치 상황과 직접 연결되어 있다고 생각했다. "상하가 동심이고 군신이 온 힘을 다하면 해결되지 않는 일이 없고, 상하가 서로를 기만하고 군신 간 뜻이 다르면 어떤 공적도 이룰 수 없다."[84] 그래서 그는 군신 간의 정해진 위치에 따라 협조 관계를 유지하는 것을 중흥 대업의 관건으로 여겼다.

진량은 송 태조가 개창한 정치 체제에 높은 평가를 내렸다. "당나라 숙종肅宗, 대종代宗 이후 위에서 권력의 칼자루를 잃으니 번진들이 서로 자웅을 겨루고 토지와 인민을 제멋대로 했다. 독자적으로 군대와 재정을 운용했으며 관작이 그들의 명령으로 이루어지니 인재들 또한 그들이 섬기는 사람에게 마음을 다했다. 그 결과 군주는 약해지고 신하는 강해졌으며 정통이 수차례 바뀌는 재앙을 입었다. 우리 예조藝祖[85] 황제께서 한 번 일어나 사방을 차례로 평정하시니 번진들이 손을 맞잡고 복종을 약속했다. 각 군으로 하여금 각자 수도로 오게 했으며 수도의 관원이 대신 그들을 관장하며 3년에 한 번씩 교체했다. 재정은 조사漕司에 귀속되고 군대는 각기 군에 귀속되었다. 조정은 종이 한 장으로 군국郡國에 명령을 내리면 마치 팔놀림에 손가락이 따라가듯이 아무런 어려움이 없었다. 창고를 관리하는 미관말직이라도 반드시 조정의 명령을 따랐으니 천하의 권세가 통일되었다."[86] 하지만 계승자들이 송 태조의 마음 씀을 헤아리지 못하고 장기간에 걸쳐 관용官冗, 병용兵冗, 비용費冗 즉 관직 낭비, 병력 낭비, 재정 낭비를 불러와 이제 되돌릴 수 없는 지경이 되고 말았다. "오늘에 이르러서 그것을 바꾸어 통하게 할 생각을 하지 않는다면 권력을 유지할 수단이 갈수록 궁해질 것이다."[87] 진량은 남송의 정치적 폐단을 마주하여 어떻게 군신 관계를 바르게 정리할 것인가에 대하여 구체적인 건의를 제출했다.

첫째, "군주는 인仁을 본체로 삼고 신하는 충忠을 본체로 삼는다."[88] "군주와 신하는 천지의 대의다. 군주와 신하의 관계가 끝까지 갈 수 없으면 대의는 폐지되고 사람의 도는 무너질 것이다."[89] 군신대의의 유지는 군신 관계를 조정하는 기초이자 전제다. 진량은 군주와 신하의 본체가 다르다고 생각했다. "군주는 인을 본체로 삼고, 신하는 충을 본체로 삼는다." 구체적으로 말하자면 "군주는 은혜를 실행하고 신하는 명령을 실천하며" "좋은 결과는 군주가 맡고 원망은 신하가 받아야 하며" "군주는 아름다운 임무를 수행하고 신하는 일에 대해 책임을 져야 한다."[90] 그는 "뭇 신하가 녹을 지키고 자리를 보전하며 대부분 은총을 받는 데 힘써서"[91] "순조로운 일에만 움직이려 하고 어려운 일은 막아버리려고 하는" 현상에 직면하여 황제에게 이렇게 주장했다. "대신들에게 분명하게 조칙을 내려 큰 임무를 맡게 하되 작은 원망도 피해가지 말고 큰 어려움도 사양하지 말라고 하십시오. 천하가 폐하의 은덕을 입고 대신들이 잘 지켜내도록 한다면 적들도 폐하의 덕에 복종하고 대신들의 충성과 용기를 꺼리게 될 것입니다."[92]

둘째, "위에서 군주가 핵심을 잡고 있으면 아래에서 신하들이 상세한 일을 나누어 한다". 진량은 원칙적으로 "군대는 모두 천자의 군대이고, 재화는 모두 천자의 재화이고, 관작은 모두 천자의 관작이며, 백성은 모두 천자의 백성"[93]이라는 정치 체제를 긍정했다. 진량은 송 태조가 내린 각종 집권 조치는 군주가 약하고 신하가 강한 현상을 바로잡는 데 그 취지가 있다고 생각했다. "병권과 재정권을 거꾸로 아랫사람들이 쥐고 있는" 폐단을 고쳐 송대 200년의 기업을 열었다고 본 것이다. 그런데 "후세들이 그 원뜻을 새겨 끝없이 단속하지 못하고 군현은 텅 비고 본체와 말절 모두 약화되었으니"[94] 반드시 처음의 길로 되돌아가 실천하여 권력이 과도하게 집중되는 폐단을 고쳐야 한다. 그는 남송 조정의 권력이 과도하게 집중되었다고 지적한다. "한 가지 정책을 펴거나 사람 하나를 쓰는 데도 독단에서 나오지 않는 경우가 없다. 아래로 조정의 작은 신하나 군현의 번잡한 정무에 이르기까지 모두 위로 천자의 생각을 괴롭히고 있다."[95] 조그만 행정 사항이나 위임 사항 대부분이 황제의 비준과 특별 지침을 받는다. 이러한 행위는 제왕으로 하여금 쓸모없이 노심초사하게 만들어 수 없는 실수를 유발하게 한다. 신하들의 재능을 발휘하게 만드는 데도 불리하다. 진량은 말한다. 이런 정치 체제는 "문장 수식이 너무 엄밀하고, 사무 권한이 너무 분화되어 걱정이다. 군현의 일이 아래에서 너무 가볍게 여겨져 자질구레한 일마저 믿을 수가 없으며, 군대와 재정이 위로 황제와 너무 관련이 되어 있어서 자꾸 연기되고 실행이 쉽지 않다."[96] 제왕은 응당 "반드시 잡고 있어야 할 도"에 밝고, 자기에게 딱 들어맞는 권력을 잡고 있으면 된다. "위에서 군주가 핵심을 잡고 있으면 아래에서 신하들이 상세한 일을 나누어 한다. 무릇 하나의 정사나 하나의 위임 사항에 대해 반드시 삼성三省으로 하여금 취지를 받들어 깊이 있게 심의하도록 하고 황제가 직접 비준하거나 특별한 교지를 내리지 않도록 한다. 일체는 조종

祖宗 상하가 서로 지켜야 할 법을 사용하면 된다."[97] 이 때문에 그는 "6경의 권한을 무겁게 하고" "현명하고 유능한 사람을 임용하며" "대간臺諫을 많이 설치하고" "감사監司를 정밀하게 선택하고", 군신 간 권한을 새롭게 다시 배치할 것을 주장한다. 동시에 군현으로 하여금 일정한 재정, 정무, 군사권을 갖도록 하여 지방 정권의 직능을 충분히 발휘토록 하라고 한다. 이렇게 하면 진정으로 상하가 같은 마음이고, 본체와 말절이 모두 강해질 수 있을 것이라고 진량은 생각했다.

셋째, 호걸과 기재를 중용한다. 진량은 말한다. "비상한 사람이 있어야 비상한 공적을 이룰 수 있다. 비상한 공적을 구하면서도 보통의 인재를 쓰고, 보통의 계책을 내고, 보통의 일을 함으로 대응하면 나중에야 지혜로운 사람에게 기대지 않으면 어떤 일도 이뤄지지 않는다는 것을 알게 될 것이다."[98] 그런데 조정의 상하엔 범용한 사람들이 길을 차지하고 이 사람들은 "문장과 법도만 따지고" 변화에 대응하여 지략을 펼칠 줄 모른다. "평소 한가할 때는 어떤 관직이든 못할 것이 없다가, 곤란한 일이 생기면 뒤로 물러서려고 하지 않는 사람이 없다."[99] 진량은 신하들을 그렇게 범용한 존재로 만든 중요한 원인에 대해 다음과 같이 생각했다. 송 왕조가 "유가의 도를 가지고 천하를 다스리고," 과거가 경의經義 즉 경전의 의미만을 상식적인 길로 여기고, 인재 선발에 자격만을 근거로 삼으니 "어렵고 힘든 변고를 만나면 서생의 지모로 어떻게 의론하는 것이 정당하다는 것을 알지만 무엇이 일을 성공시키는지는 모르며, 절의를 지켜야 한다는 것을 알지만 어떻게 형세를 이용할 것인지는 모르며, 문법 속에 전전할 뿐 떨쳐 일어날 수 있는 사람은 하나도 없다."[100] 이와 같은 상황에 직면하여 진량은 "문과 무를 합하여 한 길로 삼고 인재만을 쓰라"[101]고 주장한다. 천하의 선비들에 대하여 "그 도에 반하여 가르치고, 기운을 잘 기르도록 하고, 일을 처리할 때는 인재가 부족한 지경에 이르지 않도록 하고, 각자의 재능에 따라서 모두 쓸 곳이 있어야 한다."[102] 동시에 "진사를 줄여서 유능한 사람을 선발하는 시험으로 대체하고 자제를 임용하는 방법을 개혁하여 천거가 실효를 거두도록 하라"[103]고 주장한다. "순명책실循名責實 즉 이름과 실질이 맞는지를 따지고" "공적과 효율로 사람을 취하라"[104]고 한다. 진량은 누차 상소를 올려 황제에게 "웅지를 품은 영웅호걸"을 임용하라고 간청했다. 그는 호걸이나 비상한 재능을 소유한 사람은 중용되기 어렵다고 생각했다. 그 주된 원인은 제왕이 인재를 식별하는 혜안을 갖고 "마음을 열고 참됨을 볼" 수 없기 때문이다. "큰일이 나면 반드시 집단 토의를 하고, 관직을 줄 때는 반드시 자격을 본다. 인재가 꺾여 버려지면 재능이 없는 사람들이 평온하게 등용된다. 바른말은 우활하다며 폐기되고 유순한 말은 공손하다면서 받아들인다. 기발한 논의는 비난이라면서 지탄을 받고 범용한 논의는 모범적이라고 말해진다."[105] 이렇게 되면 위아래가 구차해져서 공적을 이루기는 매우 어렵다. 이 때문에 진량은 황제에게 기발한 재능이 있는 사람을 불러들여서 의심 없이 쓰라고 간청한다. 그런 신하에게는 "자리를 주고 직무를 빼앗지 않으며 일을 맡기면 중간에 다른 사람의 말에 휘둘리지 말아야 한다. 대신이라면 반드시 그에 합당한 큰 책임을 지도록 하고, 측근 신하는 반드시 세밀한 논의를 더하도록 해야 한다. 재능이 뛰어나지 않으면 제도가 바뀔 때까지 잔류하도록 남겨두지 말 것이며, 재능이 이에 맞으면 오래되었다고 순서대로 이동하도록 하지 말아야 한다."[106] 그렇게 해야 비로소 "군주와 신하 사이가 서로 한 몸처럼 되고 명백하고 통달하여 훤하게 트여 감춤이 없게 된다."[107]

넷째, 군주는 천하위공天下爲公 즉 천하를 공적인 것으로 여겨야 한다. 진량은 기강을 바로잡고, 법도를 닦고, 뭇 신하를 제어하는 주체는 제왕이라고 생각했다. "성인이 법을 만들 때는 본래 공천하公天下 즉 천하를 공적인 것으로 여겼다."[108] "천자는 한 사람의 사적인 것으로 천하를 통제해서는 안 된다."[109] 군주가 "한 번이라도 천하를 사적인 것으로 여기는 마음이 있으면"[110] 군신 관계는 문란해질 것이다. 법은 공의 구현이다. 이른바 '공천하'란 주로 현명하고 능력 있는 사람을 임용하고 "법을 공적인 것으로 여기는"[111] 것을 가리킨다. "기강을 총섭하고 법령을 명확히 갖추는" 것은 군신 관계를 조정하고 중앙 집권을 유지하는 중요한 수단이다. "상하지간이 언제나 법으로 믿음을 사고 정확한 준승이 있음을 즐거워하게 된다."[112] 형벌과 상을 주는 대권은 하늘이 제왕에게 부여한 특권이다. 그렇지만 군주는 오직 공公 한 글자를 장악할 뿐 개인의 호오나 희로에 따라 상을 주거나 형벌을 내려서는 안 된다. 반드시 "사적으로 상을 주어 공적 논의를 꿰맞추려 하지 말 것이며, 사적으로 형벌을 가해 국가 법률을 무너뜨리지 말아야 한다."[113] 진량이 보기에 법 집행과 정심正心은 상부상조하는 통치 수단이었다. "법도가 바르지 못하면 인극人極이 서지 못하고, 인극이 서지 못하면 인의예악이 자리 잡을 곳이 없다. 인의예악이 자리 잡을 곳이 없으면 성인의 작용도 그치게 된다."[114] 이런 통치 수단의 정상적 운용을 보증하는 관건은 군주의 대공大公이다. "그래서 사적인 희로에 따라 처리하면 망국의 상벌이요, 호오의 감정을 공적으로 처리하면 왕자의 상벌이다."[115] 진량의 천하위공론은 중요한 정치 조절 이론의 하나로 제왕들에게 높은 요구를 하고 있는 셈이다. 이른바 공이란 곧 군신의 대의이며 군신의 정분定分이다. 공의 가치 표준은 분명하게 군주를 향해 기울어져 있다. 진량은 말한다. "천하에 두 가지 도가 있는데 하나는 분分이고 하나는 의義다."[116] "의가 행해지면 분이 확립된다."[117] "군신 간 정분은 천지처럼 우뚝 솟아 간여할 수 없다."[118] 이렇게 천지의 도에 의거한 의와 분은 군주와 신하로 하여금 공 앞에서 불평등한 입장에 있도록 만든다.

진량은 정치 체제 개혁과 군신 관계 조정을 통해 뛰어나고 능수능란하며 날카롭고 진취적인 통치 집단을 형성함으로써 국위를 떨쳐야 한다고 주장한다. 그는 평생 조그만 관직이라도 얻기를 기대했다. "한 치의 땅이라도 얻어서" 그의 웅대한 지략을 펼치고 싶었다. 그러나 남송의 정치적 적폐는 이미 뼛속 깊이 파고들어서 공심公心을 제창하고 법제를 엄명하게 하고 몇몇 기재를 임용한다고 해서 구제될 수 있는 것이 아니었다. 영웅은 그의 무예를 쓸 땅이 없었고 진량의 고담준론은 빈 이야기가 되고 말았다.

화이華夷 분별론과
화전和戰에 대한 변

진량은 북송 휘종徽宗, 흠종欽宗의 '북수北狩'[119]를 커다란 치욕으로 여겼으며 남송 군신들이 조그만 땅덩이에 안주하는 데 치를 떨었다. 그는 타협과 화친에 반대하고 금나라에 항거할 것을 견결히 주장했다. 여러 차례 복궐伏闕 상소를 올렸으며 「중흥론」을 진상해 황제가 뜻을 세워 복수를 기본 국책으로 상정할 것을 간청했다. 그는 천명과 인심, 화이의 변별, 군부의 큰 원수, 화친책의 폐단, 적정의 변화 등 다방면에 걸쳐서 자신의 정치적 주장을 논증했다.

진량의 기본 논점은 이렇다. "조그만 땅덩이에 안주하는 것은 천명을 받들었다고 할 수 없다. 군부의 원수를 잊는 것은 사람의 도를 세웠다고 할 수 없다."[120] 진량은 중원이 천명과 인심과 연계되어 있다고 생각했다. "중국은 천지의 바른 기운으로 천명이 정해준 곳이다. 어떻게 천지 밖 이적들의 사악한 기운이 범할 수 있는 곳이겠는가!"[121] 남송 조정이 비록 조그만 땅덩이에 한때 안주할 수는 있지만 "천명과 인심은 변방에 치우쳐 있어서는 안 된다고 생각한 지 오래되었다."[122] 만약 일찌감치 중원을 회복하지 못하면 중원 통치자들이 "중국의 의관과 예악을 닦아" "천하를 통일하게 된다면 결국 천명은 서북에 존재하지 동남에 있지 않을 것이다". 또는 영웅호걸이 분기하여 천명과 인심을 이어받는다면 "천명과 인심 사이에 어찌 두려워하지 않을 수 있겠는가!"[123] 진량은 "중국이 있으면 반드시 이적이 있는 법이다"라고 지적한다. 그렇지만 이적이 중화의 정치를 주재하는 것을 용인해서는 안 된다. "이는 성인께서 중국과 이적이 뒤섞여 구별이 없어진 가운데서도 변별을 잘함으로써 인도人道를 확립하고 황극皇極을 붙들어 후세를 기리도록 했기 때문이다."[124] 그런데 송 왕조는 "매년 황금과 비단으로 그들을 받들고" "그들로 하여금 나란히 황제라 부르게 하니" 마침내 이적들이 "중국을 전횡하는 재앙"을 초래하게 된 것이다. "오늘날 중국은 이미 이적 때문에 변화하게 되었다. 중국의 도를 밝히고 땅을 쓸어 갱신을 해야만 할 일이다. 백성으로 하여금 오랑캐의 도에 전전하며 살도록 두어 그칠 날이 없다면 무엇이 사람에게 소중하단 말인가!"[125] 진량은 삼강을 인도의 대본으로 보았다. "삼강이 끊기면 인도는 이내 금수나 이적이 된다."[126] 송 조정이 화친을 구하고 싸우지 않으며 한 구석에 사는 것을 편하게 여기는 것은 삼강을 위배한 것이다. "지금 한 세대를 통틀어 군부의 큰 원수를 잊어버렸으니 이것이 어찌 인도가 편안하게 된 것이겠는가!"[127] 이적의 재앙은 "천지의 크나큰 변고이고, 국가의 깊은 수치이며, 신하들의 지극한 고통이다".[128] 만일 군부의 큰 원수를 잊어버리고 오랜 세월이 지나면 송 왕조는 이름만 존재할 뿐 실질은 망하게 되고 기강은 문란해질 것이다. 진량은 이렇게 천명과 인심, 명호名號와 정통, 화이의 변별, 군신부자의 대의 등 유가 최고의 정치적 가치들을 내세우며 금나라에 항거하고 국토를 수복해야 한다는 정치적 의의와 윤리적 의의를 논증했다.

진량은 현실에서 출발하여 "오늘날 추악한 오랑캐가 뿌리를 내린 지 오래되어 일거에 몰아낼 수는 없게 되었음"[129]을 잘 알고 있었다. 그러나 그는 화친을 통해 안정을 구하는 데 철저히 반대했다. 그리고 "재화를 모으고 양병하여 때를 기다리는"[130] 방법을 제안한다. 진량은 다양한 층차와 방면으로 화친의 폐해를 분석했다. 화친 추구는 해마다 세폐를 보낸다는 의미다. "남방에 길쌈하는 여자가 베틀에서 한 자씩 짠 것을 해마다 오랑캐에게 보내면 당연히 그 고통을 이겨낼 수 없을 것이다. 산과 연못에서 나는 금은보화는 한계가 있는데 오랑캐들에게 끝없이 바치면 10여 년 후에는 다 말라서 없어지지 않겠는가!"[131] 이렇게 오래가면 국력이 쇠약해지고 민간 재화는 없어질 것이니 어떻게 양병과 재화를 논하겠는가. 국가에서 해를 거듭하며 대량의 자원과 재화를 받들어 보내면 이적들의 세력은 날로 강해져 더더욱 몰아내기 어려울 것이다. 응당 역사로부터 교훈을 얻어야 한다. "이적에 대한 명령권은 주상이 장악하는 것이고, 천자에게 공물을 진상함은 신하의 예다."[132] 북송 왕조는 오히려 이 도와 반대로 행했다. "이적이 끝내 중국을 이긴 것은 그 적폐가 차츰 쌓여서다. 나라를 세운 초기부터 그러한 형세가 있었기에 필경 여기에 이른 것이다."[133] 송 왕조는 반드시 기존 국책을 바꾸어야 중흥하여 나라를 회복할 수 있다. 진량은 화친책이 장수들을 나태하게 하고 신하들을 용렬하게 만들어 뜻 있는 선비들의 마음을 떠나게 한다고 주장한다. "써보면 인재의 능력 유무를 알 수 있다. 편안히 앉아만 있어도 능하다는 것은 있을 수 없다. 군대와 식량은 써보면 찼는지 비었는지 알 수 있다. 편안히 앉아만 있어도 가득 찬다는 것은 있을 수 없다."[134] 구차하게 화친을 구하면 "조정에선 요행히 하루아침 무사하여 용렬하고 어리석고 악착같은 사람이 힘을 얻어 법령을 주무르고 문서를 만드니"[135] "자기들 무리 밖의 인사들은 버려지고 초빙되지 않는다."[136] 그 결과 "창고가 충만하여 재화가 없지 않고, 갑주가 선명하여 무기가 없지 않으나 군대를 한 번 일으키면 바로 패배하게 된다."[137] 진량은 이렇게 생각했다. "조야가 항상 오랑캐의 접경에 있듯이 움직이면 국가의 복이다. 영웅은 이 기회를 이용해 천하를 다툴 기회로 삼는데 어찌하여 집권층은 화친을 구하며 마음을 나태하게 하는가!"[138] 그래서 진량은 효종황제에게 "반드시 복수할 것을 서약하여 신하들을 독려하고 천하의 기를 진작시키고 중원의 마음을 움직이라고"[139] 주장한다. 그렇게 하면 "비록 출병하지 않더라도 인심이 나태해지지 않을 것이고, 동서로 부지런히 내달으니 인재가 드러날 것이다. 차고 비움이 서로를 보완하고 군대와 식량이 드러날 것이다."[140] 진량은 북쪽을 도모하는 것에 시일을 미루어서는 안 되며 빠를수록 좋다고 생각했다. "이렇게 계속 회복하지 못한다면 중원 백성은 자신들이 누구인지 어떻게 알겠는가! 그렇게 되면 아무리 힘을 배가시킨다 하더라도 공은 반도 못 미칠 것이다."[141] 그는 또 적과 아의 형세를 분석하여 형주, 양양 지역을 경영할 방안을 제기하고 이로써 진취를 도모할 구체적 건의를 올리기도 했다.

진량은 당시 군주에게 간곡하게 권고한다. "황천이 온전하게 나에게 왕실을 붙여주었는데 그 반을 이적에게 잃었으니 천하의 군주로서 당연히 부끄러워해야 할 바다."[142] "천하는 가만히 앉아서 얻을 수 없다."[143] 그는 중흥과 광복의 희망을 송 효종의 신상에 걸었다. 그러나 송나라 군대는 군사적으로 패배했고 황제는 금나라에 항거할 마음은 있었던 듯하나 관철할 의지는 없었다. 조야의 상하에 오로지 주화主和의 목소리만 거셌다. "수많은 입이 하나같이 이야기하니 깨뜨릴 수 없었다." 이러한 분위기 아래 항전을 극언하는 진량의 상소는 송 왕조의 기존 국책을 전혀 바꿀 수 없었다.

진량은 도학을 비판하고 사공을 외쳤다. 공리공담의 성리학에 반대했다. 한결같이 '궁리진성窮理盡性'을 읊조리는 소리로 가득한 송대에, 진량의 목소리는 풍부한 생기를 지닌 선율을 보여주었다. 하지만 왕권 수호라는 근본 문제에 있어서 사공사조와 성리사조는 차이가 없었으며 오히려 상호 보완적이고 방법은 다르나 목적은 같은 효과를 보였다. 양자의 결합은 군주 정치를 수호하고 공고히 하는 데 더욱 완전한 방략과 조치를 제공해주었다. 슬프게도 남송 왕조의 퇴세와 구차함은 일대 영웅 지사들이 제기한 "황제를 위한 왕도와 패도의 대략"을 수포로 돌아가게 만들었다. 큰 건물이 무너짐을 나무 하나로 지탱할 수 없다. 위대한 송나라를 중흥시키려는 진량의 이상은 허사가 될 수밖에 없었다.

섭적의 '이의利義 화해' 정치사상

섭적葉適(1150~1223)은 자가 정칙正則이고 호가 수심水心이며 온주溫州 영가永嘉(오늘날의 저장성 원저우溫州) 사람이다. 말년에 영가성 밖 수심촌水心村에서 강학한 적이 있어 수심선생이라 불렸다. 출신이 변변하지 못했지만 순희淳熙 5년(1178) 진사 2등으로 합격하여 지방과 중앙의 여러 관직을 역임했다. 경원당금慶元黨禁144 때 주희 탄핵에 반대하여 한 차례 파면되어 위학僞學의 당적에 이름을 올렸다. 관직에 복귀한 뒤 앞뒤로 병부, 공부, 이부시랑을 역임했다. 반대파들이 한탁주韓侂冑를 상대로 잃은 것을 회복하려고 경솔히 덤비다가 패했는데, 이에 연루되어 개희開禧 3년(1207) 탄핵을 받아 파면되었다. 이후 저술과 강학에 전념했다. 섭적과 진량은 나란히 거명되었는데, 그의 정치사상은 "실질적 정책을 수행할 것" "실질적 덕목을 행할 것" "약함을 강함으로 바꾸어갈 것" 등을 주요 내용으로 한다. 학술적으로 "한 걸음씩 착실하게 다져가고 말은 반드시 실행할 수 있는 것이어야 한다"145면서 '이리화의以利和義' 즉 이익으로 의로움과 화해한다는 특색 있는 주장을 했다. 저술로 『수심문집水心文集』 『별집別集』 『습학기언서목習學記言序目』이 있다. 최근 『섭적집』이 편찬되면서 『수심문집』과 『별집』을 수록했다.146

이利와 의義의 화해,
'도는 물질로 귀결된다'

섭적은 진량과 마찬가지로 공리를 중시하고 사공을 제창했다. 진량의 사상을 이론적으로 한 걸음 더 발전시키기도 했다. 섭적은 '정의正義'와 '모리謀利' 즉 의를 바로 세움과 이익을 도모함을 대립시키고, '명도明道'와 '계공計功' 즉 도를 밝힘과 업적을 헤아림을 대립시키는 데 반대했다. "'정의는 모리하지 않으며, 명도는 계공하지 않는다'는 말은 처음 보기엔 아주 좋으나 자세히 보면 모두 엉성하기 그지없다. 옛날 사람들은 사람들에게 이익을 주고도 자신은 그 업적을 누리지 않았다. 그래서 도의가 밝고 빛났던 것이다. 아무런 공리功利도 없다면 도의는 쓸모없는 말일 뿐이다."[147] 도의와 도의에 부합하는 공리는 사실상 표리를 이루고 있어 어느 한쪽에 치우칠 수 없다는 말이다. 만약 사공事功 즉 업적을 내지 않고 공리의 효과도 보이지 않는다면 도의란 그저 진부한 빈말에 불과할 것이다. 의리는 공리를 떠날 수 없는 것이며 공리는 의리義理의 외화다. 특정 공리는 의리를 드러나게 하고 충실하게 하고 촉진하는 작용을 한다. 그렇다면 정확한 방법은 "이利로써 의義와 화합해야지 의로써 이를 억제하는 것이 아니다."[148] 이에 근거해서 섭적은 사공과 의리를 결합하라고 주장한다. 실천은 항상 대의에 부합해야 하고, 대의는 항상 사공으로 드러나야 한다. 실제 효과야말로 사람들의 사상 행위가 도의에 부합하는지 여부를 헤아릴 수 있는 중요한 표식이다. 이와 의의 화해는 정치적으로 실제를 지향하고 효율을 중시하는 것으로 드러난다. 섭적은 송 영종에게 바친 몇 가지 주찰에서 황제에게 "허를 버리고 실질을 따를 것" "실질적 정책을 수행하고 실질적인 덕을 실천할 것"[149]을 거듭 호소했다.

도와 도의는 섭적에게 최고의 가치였다. '의와 이의 화해'와 경세치용의 중대한 의미를 한층 더 논증하기 위해 섭적은 "도귀어물道歸於物" 즉 도는 물질로 귀결되고, "이기무도離器無道" 즉 기물을 떠나서는 도도 없다는 사상을 제기했다. "옛날 시를 지은 사람은 한 가지 물질로 뜻을 세우지 않는 경우가 없었다. 물질이 존재하는 곳에 도가 존재한다. 도를 아는 것이 아니라면 물질을 갖출 수 없고, 물질을 아는 것이 아니라면 지극한 도에 이를 수 없다. 도는 비록 광대하고 모든 것을 충분히 갖추고 있으나 끝내는 물질로 귀결되니 흩어져 흘러가게 두어서는 안 된다. 이것은 성현들이 세상을 경영하는 일이며 문장 몇 구절 익힌 사람들이 알 수 있는 바가 아니다."[150] 도는 물질 가운데 있으며 물질을 떠나지 않는다. 도가 비록 일체의 사리를 관통하고 있지만 최종적으로는 여전히 물질로 귀결되고 구체적인 물질을 빌려 모습을 드러낸다. 정치를 두고 말하자면 도는 최고의 정치 원칙이지만 반드시 일정한 규정이나 사물을 통해서 구체화된다. 예를 들어보자. "예는 옥이나 비단에 대한 말이 아니지만 끝내는 옥백을 떠날 수 없으며, 악은 종이나 북에 대한 말이 아니지만 끝내는 종고를 버릴 수 없다. (…) 옥백을 떠나고 종고를 버리고 예악이란 헛된 이름에 기탁하니 천하가 예악을 회복하지 못하는 것이다."[151] 예와 악은 옥백이나 종고 등 기물을 통해서만 표현될 수 있다. 이런 구체적인 사물을 떠나서는 분명하게 설명하기 어려우며 실천하기는 더욱 어렵다. 각종 정치 이론 또한 반드시 구체적인 사물 가운데서 그 효율성을 검증해야 한다. "일로 검증 받을 수 없는 것은 그 말이 부합하지 않은 것이며, 기물을 통해 밝힐 수 없는 것은 그 도가 변화하지 않은 것이다. 논의는 고상하나 실질이 어긋나면 이는 안 될 일이다."[152] 사람들의 사상과 언론이 도에 부합하느냐의 여부 또한 구체적인 기물과 사공을 통해 검증해야 한다. 이것이 "안팎으로 서로 성공하는" 과정이다. 섭적은 말한다. "천하의 의리를 절충하고자 하면 반드시 천하의 사물을 상세하게 고찰하고 난 뒤라야 오류가 없을 것이다."[153] 이렇게도 말한다. "여러 기물을 잘 관찰하는 사람이 훌륭한 장인이고, 여러 처방을 잘 보는 사람이 훌륭한 의사다. 온전히 관찰한 뒤 스스로 실천하므로 옛것에 얽매이는 실수가 없이 도에 합치하는 공적을 이룬다."[154] 도란 구체적인 사물 속에서 추상해낸 것이며 반드시 효율로 검증을 해야 하는 것이기도 하다. "성명性命과 도덕"은 "물질을 초월하여 홀로 서 있을"[155] 수 없다. 이 때문에 "상고 시대 성인은 천하를 지극히 잘 다스렸다. 그 도는 기수器數 즉 일정한 규정에 달려 있으며 그 변통은 사물에 달려 있다."[156] 이것이 바로 "이로써 의와 화해하고 의로써 이를 억제하는 것이 아니라는" 주장에 대한 철학적 근거다.

"군주는 덕이 있어서 왕자가 되고, 덕이 없어서 망한다."[157] "세상을 구하고 난을 평정하려면 이익에 뜻을 두어선 안 된다."[158] 진량과 마찬가지로 섭적도 공리주의자가 아니었다. 그는 도는 응당 공리로 드러나 보이고 공리는 도의에 부합해야 한다고 생각했다. '정심正心과 성의誠意'는 정치의 근본이다. 그래서 그는 패도, 잡패를 거듭 비난하고 제 환공桓公, 진 문공文公을 "토지를 탐하고 재화를 긁어모았으며 사기를 행하고 탐학을 즐겼다"[159]고 비판했다. 또한 "관중管仲이 신의를 앞세우고 예를 지켰으나 결국은 그것으로 이익을 챙겼다. 그래서 여러 사람이 음모의 글로 구별하여 신불해, 상앙, 한비의 술과 나란히 놓는다"[160]고 말한다. 심성의 학문을 중시하는 리학 사상가들과 비교할 때 섭적은 그저 사공과 실천을 더욱 강조했을 따름이다.

섭적의 공리관은 공리공담을 일삼는 남송의 풍조에 대한 비판적 의미를 담고 있다. "오늘날 세상은 의론만 승하고 힘을 쓰는 일은 적다. (…) 비록 정밀하고 심오한 논의가 있어 천하의 의리를 더 이상 넘어설 수 없도록 애쓴다 하더라도 이 또한 빈말이다. 이처럼 일대가 숭상하고는 있지만 어찌 천하를 위해 고민한 것이라고 할 수 있겠는가!"[161] "고담준론을 하는 사람들이 멀리 성명性命을 논술하면서 공업功業은 생략해도 된다"[162]고 하는 데 대하여 섭적은 깊이 통절했다. 그 자신은 실질에 힘쓰고 허상에 힘쓰지 않은 인식론에서 출발하여 실제에 잘 부합하는 일련의 정치 주장을 제기했다.

02 권위의 칼자루를 홀로 운용하고, 구획을 나누어 권력을 섬김

섭적은 폐정을 개혁하고 약함을 강함으로 바꾸어갈 근본적인 길은 사건을 하나하나 따지며 "전대의 과실을 교정하는" 데 있는 것이 아니라, 군주 전체 통치 체계의 득실의 도를 세밀하게 분석하고 일반 원칙과 구체적 상황에 근거하여 무언가를 새롭게 수립하는 데 있다고 생각했다. 그가 보기에 천하의 흥망성쇠와 정치적 득실은 그 필연의 이치가 있으니 새로운 정치의 수립은 응당 "무엇이 국가를 위한 것인지가 중요할 뿐이니 선인들의 실수를 응징하는 데 매진하지 말고 바로잡아 반대로 하면 오히려 성공할 수 있다".[163] 그런데 송대 정치는 바로 그 금기를 크게 어기고 있다. 송 왕조의 "입국부터 정해진 법제"는 "모두 오대를 징계하고 당 말의 실책을 교정하는 것을 일삼아서"[164] 결과적으로 "200여 년 동안 수립한 나라가 오로지 실수를 고치는 일에만 전념하고 진정으로 얻어야 할 치국의 도는 버려져 아무도 말하지 않는다".[165] 너무 지나치게 잘못을 고치는 상황을 연출하여 폐해가 난무하고 있다. 그 가운데 가장 엄중한 일은 군신 간 권력 배치가 적절하지 못함이다. 섭적은 말한다. "국가가 당나라와 오대의 극단적 폐해 때문에 번진을 거둬들여 권력을 군주에게 집중시켰다. 병사 한 사람의 군적이나 한 가지 재화의 원천이나 땅 한 떼기의 수호 등 모든 것을 군주가 스스로 처리하도록 하고 있다."[166] 이런 방법은 하나의 극단적 폐해가 또 하나의 극단적 폐해로 치닫는 길이다. "[천하의 권력을] 미세하게 나누어 군주가 조정에서 모두 총람하고, 군주 홀로 조종하고 통제하는 모든 수고를 전담한다면"[167] 내치에는 이로울 수 있으나 외적을 막는 데 잘못될 수 있다. 조정에서 신민을 엄밀하게 감독하면 내부적으로 "교활하고 난을 조장하는 백성이 없고 조그만 쇠붙이를 쓸 번거로운 일도 없이 그저 편안히 지낼 수는 있다."[168] 그렇지만 대외적으로는 오히려 "뜻 있는 백성이나 용감한 장수들이 한 순간도 활용되지 못하게 될 것이다."[169] 군대는 무능하고 백성이 촌철도 갖고 있지 못하다면 "오랑캐들이 말을 탄 채 직접 들어오는 것을 앉아서 쳐다볼" 수밖에 없을 것이다. 조정이 일심으로 "뜻을 굽히고 위엄을 버리면서 화의를 좇는다면" 국가로 하여금 "대외적으로 깎이고 내부는 허약해지게"[170] 만들고 말 것이다. 두 가지 극단적 폐해는 모두 풀어주고 당기는 요령이 잘못되어서 중세重勢 즉 세력 집중과 분권分權 즉 권력 분산의 분촌分寸을 제대로 파악하지 못했기 때문이다.

섭적은 군주가 국가의 최고 정치권력을 굳건히 통제하는 것이 치세를 근본적으로 보장해준다고 생각했다. "세勢는 천하에 지극히 신묘한 것으로 합하면 다스려지고, 떨어지면 어지러워지며, 넓히면 흥성하나 풀어지면 쇠락하며, 이어지면 존속하나 끊어지면 망한다. (…) 이 세를 이해하고 일신이 그것을 행하는 것이 천하를 다스리는 큰 원리다."[171] 이른바 세는 정치에서의 절대적 집중과 통일을 가리키는데, 국가에 권력 중심이 두 개일 수는 없다. 그 중심이 대권이 총애하는 처첩이나 환관, 외척, 권신, 간신의 수중에 떨어져서는 더더욱 안 된다. 그렇지 않으면 권력 찬탈의 재앙이 일어나 사회 동란을 부를 것이다. 제왕은 이와 같은 "난의 문"과 "멸망의 길"을 근본적으로 틀어막아야 한다. "그래서 천하를 잘 다스리는 사람은 비단 이 문들을 막아야 할 뿐만 아니라 문에 조그만 틈도 생기지 않도록 해야 한다. 이 길을 틀어막아야 할 뿐만 아니라 길에 미세한 여지도 남겨두어서는 안 된다."[172] 독존적 지위와 독단의 권력을 차지해야만 정치적으로 하고 싶은 바를 실행할 수 있으며 각종 사공을 이룰 수 있다. "물과 흙을 이끌고 산과 연못을 통하게 하고 배와 수레를 만들고 병장기의 날을 세우고 천지의 도를 수립하여 인의, 예악, 형벌, 상을 베풀어 천하 백성의 기강을 바로잡아야 한다."[173] 섭적은 역사상 큰일을 했던 군주들에게는 권력의 칼자루를 독점했다는 공통된 특징이 있다고 생각했다. "옛날의 군주들, 이를테면 요, 순, 우, 탕, 문, 무, 한 고조, 광무제, 당 태종 등은 모두 일신으로 천하의 세를 장악했다. 공덕에 두텁고 엷음이 있고, 통치 효과상 깊고 얕음이 있긴 하지만 핵심은 천하의 세를 자신에게 두었지 다른 사물에 두지 않았다는 점이다. 자신에게 두고 다른 사물에 두지 않으면 천하의 일은 자기가 하는 대로 되고 아무도 뒤에서 어떻게 할 수 없다."[174] 이는 천하의 세를 제왕의 일신에 집중시키라는 말이다. 이것이 군주 정치의 움직일 수 없는 일반 법칙이고 고금의 통의라는 것이다.

섭적은 세의 집중이라는 전제하에 적당하게 분권하는 것이 치국지도의 중요한 법칙이라고 생각했다. 그는 말한다. "옛날에 국가를 수립한 사람은 권위의 칼자루를 독점할 수 없다는 사실을 잘 알았다. 그래서 반드시 나눔이 있었다. 통제만으로는 다 활용할 수 없음을 잘 알았다. 그래서 반드시 풀어줌이 있었다. (…) 대대로 이를 계승했고 아무도 바꾸지 않았다. 더 엄밀하게 하고자 했으며 트이게 하지 않을 수 없었다."[175] 송대 정치의 실패는 바로 "권위의 칼자루를 모두 거둬들여 한 사람이 일과 권력을 총람하고 커다란 천하를 한집안 일처럼 세세하게 취급했다는"[176] 데 있다. 그래서 끝내 정강靖康의 재앙[177]을 초래했다. 이렇게 "큰 이익을 독점하려는" 방법은 이런 결과를 초래한다. "100년의 근심거리나 하루아침의 걱정이나 모두 군주 한 사람이 혼자 담당하고 신하들에게 임무를 부여해 주지 않는다. 만 리 먼 곳에서 모두 황제가 내린 명령을 듣는 것이 황제에 게 진실로 이로운가? (…) 그 해로움이 이 지경에 이르렀으니!"[178] 섭적은 분권을 주장한다. 이른바 분권의 실질은 '중세重勢' 즉 군주가 최고 권력을 총람한다는 전제하에 황제와 백관, 중앙과 지방의 권력 배치를 조정하는 것이다. 적절하게 권력을 아래에 풀어주어 "구획이 지어지지 않으니 맡길 임무가 없어 천하가 그저 둥둥 떠 있는"[179] 상황을 바꾸어야 한다. 섭적 은 분권을 확보하면서 세를 독점하고도 칼날이 자신을 겨냥하지 않도록 하는 관건은 군주가 사람을 임용하는 대권을 잘 장악하고 있는 것이라고 생각했다. "기강 원칙의 소재는 임무를 맡길 만한 사람이 아닌데도 임무 가 부여되는 것을 걱정하는 데 있으며, 구획을 나눌 공간이 없음에도 구 획을 나누는 것을 걱정하는 데 있다."[180]

섭적의 중세분권重勢分權론은 군주 정치의 기본 원칙 한 가지를 제기했 으며 분권 논의 또한 시대적 폐단을 제대로 지적하고 실제에 부합하는 것이었다. 그러나 역사 경험이 거듭 증명하듯이 적절하게 죄었다 풀어주 고, 적당히 트여주고 엄밀히 관리하는 신하 통제술은 특정 시기 특정 군 주나 제대로 쓸 수 있는 수단일 뿐이다. 권력의 칼자루는 한번 나누어주 면 세가 떠나고, 풀어지고, 끊기는 것을 피할 수 없다. 이는 전제주의 시대 의 필연적 권력 법칙이다. 그래서 군권은 날로 절대화되고 "권위는 가장 나누어지지 않는 것"임이 이 제도의 역사 진행 방향이었다. 송나라 한 시 대만 하더라도 적절한 분권을 외친 지식인이 수없이 많았으나 역사의 커 다란 추세 앞에서 이런 진정한 탁견은 "가련하여 메울 곳 없이 정신만 낭 비하는"[181] 꼴일 수밖에 없었다.

03

덕치를 근본으로 삼고,
현인을 발탁하고
백성을 양육함

실질을 지향한 사상가이자 정치가로서 섭적은 세를 숭상하고, 권력을 논하고, 법을 논의했다. 그러나 유가 학자로서 그는 무엇보다 덕을 먼저 중시하기도 했다. 덕치의 견지를 기본 정치 원칙으로 삼았으며 "행실덕行實德" 즉 참된 덕의 실천을 허약을 강함으로 바꾸고 위망을 구원할 수 있는 중요한 조치로 여겼다.

섭적은 순전히 법치로 임하여 "법으로 천하를 제어하면" 비단 천하를 다스릴 수 없을 뿐만 아니라 오히려 "치도를 거론하지도 못하게" 된다고 생각했다. 그는 송대에 "사람을 없애고 법만을 운용하고, 관원을 없애고 법리法吏만을 쓰고, 미세한 곳까지 금지하고 방비함이 특히 옛날과 다르며 권위의 칼자루를 가장 나누어주지 않는 데"[182] 대하여 여러 차례 비판했다. 섭적의 덕치론은 정치의 모든 방면을 언급하고 있으나 여기서는 핵심적인 것 몇 가지만 거론한다.

첫째, 천하의 마음을 복종시킨다. 섭적은 지적한다. "군주는 반드시 도로써 천하를 복종시켜야지 이름이나 지위를 가지고 천하에 임해서는 안 된다."[183] 제왕은 비록 세가 일신에 집중되고 생사를 주재하지만 "도에 입각해 그것을 실행하지 않으면"[184] "천하의 마음을 복종시킬"[185] 수 없다. 형벌과 정책 명령에만 의지하면 인심을 다스릴 수가 없다. 법도가 지나치게 엄밀하여 사람들의 일거일동 모두가 법의 제약을 받는다면 "업적은 날로 떨어지고 풍속은 날로 무너지게" 될 것이니 "어떻게 백성을 보호하고 오랫동안 변함없이 그들을 지켜줄 수 있단 말인가!"[186] 오직 덕치를 행하고 삼강오륜으로 신민을 교화하는 것만이 사람들을 심리적으로, 의식적으로, 진정으로 군주에게 복종하도록 만들 수 있고 진정으로 오랜 정치적 안정을 실현시킬 수 있다.

둘째, 예로써 훌륭한 정치를 펼친다. 섭적은 "옛날엔 백성과 군주가 하나였으나 후세엔 백성과 군주가 둘이 되었다"[187]고 말한다. 민과 군의 관계는 미묘하여 한편으로 민생은 군주의 시정 방침에 의존하여 "민은 하루라도 군주가 없어서는 안 된다". 그런데 다른 한편으로 민은 정치 중의 불안정 요인이 되기도 하여 "하루도 군주를 편안하게 하지 않는다". 역대 통치자들은 백성으로 하여금 군주의 명령을 듣게 하기 위하여 "모두 형벌로 귀결했다". 섭적은 "민은 삶으로 서로 의존하는 것이지 형벌로 서로 의존하지 않는다"[188]고 생각했다. 그래서 "형벌을 가한 뒤 안정되게 하는 것은 좋은 정치가 아니"[189]라고 보았다. 그는 "군주를 안정시키고 백성을 다스림은 예로써 해야 한다"[190]고 주장한다. 예와 악으로 백성을 다스리는 것만이 '선치善治' 즉 훌륭한 정치의 방안이다. 예로써 훌륭한 정치를 펼친다 함은 곧 예악 교화를 통해 "변화와 개혁을 유도하고" 백성으로 하여금 "화친하고 안락함이 오랜 습성이 되도록" 하여 민풍이 돈후하고 인성이 선량한 사회 환경을 만든다는 말이다. 이것이 바로 "예악의 실질적 의미이고 지극한 정치의 핵심 언설이다."[191] 섭적은 "통일되게 부형과 사우師友의 도로써 백성을 관리함"[192]을 정치 불안정 요소를 없애는 가장 좋은 수단으로 여겼다. 이 점에서 실질을 지향하고 사공을 강구하던 섭적은 진부한 논리의 진흙탕에 발을 들여놓고 말았다.

셋째, 비용을 절감하고 세금을 감면하여 백성을 기르고 민심을 얻는다. 섭적은 정치의 핵심은 득민得民 즉 민심 획득에 있다고 보았다. 득민의 핵심은 인정仁政을 베푸는 데 있다. "선왕의 정치는 백성 양육을 가장 큰 일로 여긴다."[193] "국가를 다스리는 요체는 득민하는 데 있다. 백성이 많아지면 전답은 개간되고 세금이 늘어나며 요역하는 사람이 많아지고 군대가 강해진다."[194] 민은 군주 정치의 기초다. 따라서 통치자는 민을 자식처럼 여겨야 한다. 백성에겐 의식주를 가장 기본적으로 보장해주어야 한다. 그리하여 백성을 불러들이고 민생을 안정시켜야만 비로소 "전답은 개간되고 세금은 늘어나며 요역하는 사람이 많아져 군대가 강해진다. 그러면 군주가 하는 일을 반드시 좇고, 군주가 하고자 하는 바에 반드시 따른다."[195] 섭적은 "참된 덕의 실천"으로 내정을 추스르라고 주장하는데 '행실 덕'의 주요 내용은 "비용을 절감하고 세금을 줄여 백성의 힘을 넉넉하게 해주는" 것이다. 섭적은 인정을 행하지 않은 군주에게 맹렬한 비판을 가한다. 그는 말한다. 사육하는 짐승에게도 음식과 우리를 제공하는데 "백성의 음식과 거처를 군주가 빼앗아서 자신의 이익을 챙긴다면 이는 육축만도 못한 짓이다."[196] 섭적은 명군이라 불리는 한 문제, 당 태종조차도 그 정치는 '박시제중博施濟衆' 즉 널리 민중을 이롭게 하는 인정의 이상과는 상당히 거리가 멀다고 보았다. "기실 폭군 걸주와도 그다지 큰 차이가 없다"[197]고 한다. 그는 국가 재정 지출을 줄이고 국가 비용을 제한하라고 주장한다. 번잡한 명목의 잡비를 없애고 내탕금을 줄여 부족분을 메우고 "수입 액수를 줄이고 지출 비용을 한정하여"[198] "어린 백성이 자활의 이익을 누리도록 하고 힘든 시속에 넉넉한 실리를 주라"[199]고 한다.

넷째, 본과 말을 나란히 거론한다. 경제 발전이야말로 곤궁을 해결하는 근본적인 방법이다. 섭적은 공상업과 농업의 동시 발전을 주장한다.

"사농공상 4민이 교차하여 잘 활용한 뒤라야 정치 교화가 흥한다. 공상의 말절을 억압하고 농업의 근본만 강조하는 것은 정론이 아니다."[200] 본과 말은 한쪽으로 치우쳐선 안 된다. 중농억상론은 잘못된 것이다. 토지문제 해결 측면에서 섭적은 "때를 맞추어 지혜롭게 대처하고 시대를 관찰하여 법을 수립하라"[201]고 주장한다. 그는 겸병을 억제하라고 주장하지 않았을뿐더러 정전井田법이 실행하기에 어렵다고 생각했다. 정전제 실행의 전제는 "천하의 전답이 모두 관부에 귀속되어 있고" 동시에 분봉제가 병행되어야 하는데 이런 조건이 모두 갖춰지지 않았다. "부유한 사람은 주현州縣의 근본이며 상하가 모두 의존하는 바다."[202] 사실상 사회의 중견이자 국가의 근간인데 겸병 억제를 보편적 정책으로 채택하면 이들에게 큰 상처를 줄 수 있다. 섭적은 토지 문제 해결의 가장 좋은 방법을 "협소한 곳을 떠나 넓은 곳으로 나아가는"[203] 것이라고 생각했다. 즉 조정에서 입법을 하여 농민을 불러들여 각 주현의 황무지를 개간하도록 하라는 것이다. 이렇게 하면 빈부 대립을 완화시킬 수도 있고 "전답이 개간되어 세수가 더욱 늘어날"[204] 수 있다고 한다.

다섯째, 현명하고 유능한 사람을 발탁한다. 섭적은 전형적인 인치人治론자다. 그는 덕과 재능이 있는 사람이 자리에 있는 것이 덕정을 실행하고 사공을 세우는 관건이라고 생각했다. 천하에 현능한 사람들이 임용되지 못하고 군신백관이 구차히 인습만 하고 있는데 "이런 상황에 어디서 치도가 나올 것이며 어떻게 정치 업적을 이룰 것인가!"[205] 남송의 국사는 지난했으며 범용한 무리가 조정에 가득했다. 섭적은 이를 깊이 우려했다. 그는 "인재의 결핍"을 만들어내는 근본 원인이 제왕에게 고도로 권력이 집중되어 "미세한 일까지 금지하고 방비하여 특히 옛날과 다르기"[206] 때문이라고 생각했다. 관료 선발과 인사고과 제도의 여러 폐해 또한 현능한 선비들의 임용과 선발을 엄중하게 저해한다. 섭적은 송 왕조 인사 제도 가운데 자격의 해銜, 전선銓選 즉 선발의 해, 천거의 해, 자제 임용의 해, 과거의 해를 깊이 분석했으며 실제 상황에 근거하여 폐정 개혁의 구상을 하나하나 제출했다.

섭적은 진량과 마찬가지로 금나라에 항거할 것을 힘써 주장했다. 그는 남송 조정이 협애한 강절江浙 지역을 차지하고 위축되어 구차한 안녕을 구하고 문무 관료들이 무사안일만을 추구하고 태평성대를 노래하며 군신 상하가 "이하夷夏의 구분을 생각하지 않고 순역順逆의 도리를 변별하지 않으며 원수와 치욕에 대한 정의를 세우지 않은 채 모두 남북 형세가 이미 완성된 것으로 여긴다"[207]고 질타한다. 섭적은 여러 차례 황제에게 상소를 올려 화의에 반대하고 "때를 기다린다"는 구실을 빌려 회복 논의를 꾀하지 않음을 비판했을 뿐만 아니라 적과 아의 상황을 직시하고 구체적인 항금抗金 방략을 제출하기도 했다. 그는 지건강부知建康府 겸 연강제치사沿江制置使에 재임하는 동안 군대를 정비하고 둔전을 실시하고 보루를 수축하여 변방 방어를 강화하고 저주滁州를 수복하는 등 뛰어난 공훈을 세웠다.

섭적은 진량을 계승하여 힘써 사공을 제창했다. 그의 이론은 리학자들의 반대에 부딪혔는데 그와 가장 자주 서신을 왕래했던 주희는 그를 이렇게 비판했다. "육상산의 학문은 비록 치우쳤으나 그래도 사람다워지려고 노력한다. 영가永嘉, 영강永康[208]의 주장은 대체로 학문이 될 수 없으니 도대체 어떻게 이러는지 모르겠다."[209] 그런데 바로 이렇게 리학에서 "대체로 학문이 될 수 없다"는 학설이 남송 사상계에 조그만 생기를 불러왔다. 이것이 바로 사공 사조의 시대적 의의라 하겠다.

등목의 군주 제도 비판의
이단 사상

송말원초 사회 모순과 민족 모순은 왕조의 교체와 더불어 날로 격화되었다. 일부 지식인들은 사회 현실에 대해 강렬한 비판적 입장을 견지하며 태평성세를 희망했다. 그들의 사상과 학설은 통치 사상과 들어맞지 않았으며 이단으로 취급되었다. 등목이 바로 그 대표적 인물이다.

등목鄧牧(1247~1306)은 자가 목심牧心이며 전당錢塘(오늘날의 저장성 항저우杭州) 사람이다. 정사에 열전이 없어 행적을 자세히 알 수 없다. 『동소궁도지洞霄宮圖志』[210] 「등문행선생전鄧文行先生傳」의 기록에 따르면 그는 어려서 『장자』『열자』를 즐겨 읽었다고 한다. 성년이 된 뒤 명리를 천박하게 여기고 명산대천을 편력했다고 한다. 남송이 망한 뒤 여항余杭 대조산大滌山 내 도관인 동소궁洞霄宮에 숨어들어 은거했다. 원 왕조의 통치자들이 사람을 보내 산에서 나와 관직에 오르라고 청했으나 굳게 거절하고 나아가지 않았다. 등목의 별호는 '구쇄산인九鎖山人'이고 자호는 '삼교외인三敎外人'으로 은거하여 유교, 불교, 도교, 정종 어느 것에도 속하지 않음을 드러냈다. 저서로는 『백아금伯牙琴』이 있는데 처음엔 60여 편이었지만 과반이 망실되었다. 중화서국中華書局에서 출판한 『백아금』 한 권에는 등목의 저작과 관련 자

료를 집록했다.[211]

『백아금』의 편장이 온전하진 않지만 언제나 "세상 밖의 일을 담대하게 이야기하고 태초의 머나먼 논의"[212]를 하고 있다는 점에서 노장 출세出世 사상의 색채가 농후하다 하겠다. 그러나 등목은 '세상사 인간의 길'을 잊지 않은 사람이었다. 그가 은거하면서 쓴 작품들 또한 온전히 '산수의 즐거움'에 빠져 있지는 않다. 그 가운데 「견요부見堯賦」「군도君道」「이도吏道」「보설寶說」「이계二戒-학유하동學柳河東」 등편은 현실 정치에 대한 격렬한 비판을 담고 있다.

등목의 정치사상은 군주 전제를 비난하고 평등사회를 지향하는 특색을 지니고 있다. 주로 세 가지 측면에서 당시의 정치 체제와 정치 관계에 비판을 행했다.

먼저 등목은 요순 정치와 진나라 정치를 비교함으로써 진한 이래의 정치 양식을 전체적으로 부정했다.

요순의 치세야말로 등목 마음속의 이상 정치 즉 '지덕至德의 세상'이었다. 이러한 정치 양식의 기본적 특징은 군주가 있고 관리들이 있지만 군주를 세우고 관리들을 둠은 천하의 이익을 위한 것으로 사회 구성원들은 상대적으로 평등한 지위에 있었다는 것이다. "옛날에 성인이 있어 군주를 두고 스승을 두었다. 백성의 곤경을 자신의 곤경처럼 걱정했고, 백성의 굶주림을 자신의 굶주림처럼 걱정했다."[213] 요순의 정치는 "구분이 엄격하지 않았고" "지위가 존엄하지 않았으며" 생활도 지극히 간결하고 소박했다. 군주는 "음식의 사치" "의복의 완비" "궁실의 아름다움"을 추구하지 않았다. 한 번도 위엄을 부리거나 복을 구하지 않았으며 "구실衢室[214]을 찾고, 총장總章[215]에서 민의를 들으면서"[216] 시시각각 민중의 고통에 관심을 갖고 곤경과 위기에서 구했다. 군주와 백성 사이는 "서로 편안하고 아무 일이 없었으며 관리가 없을 수는 없었으나 숫자가 많지 않았고"[217] 어질고 재능 있는 인물들을 선발해 썼다. 군주와 관리들은 모두 이익을 도모하지 않았으며 "향사鄕師, 이서里胥[218]가 천한 역할임에도 사람들에게 도움을 준다. 그러나 천하에 이 역할을 즐겁게 하는 사람은 없으니 이익이 거기 없기 때문이다. 성인은 천하를 이롭게 하는 사람이 아니니 마치 향사, 이서가 그러함과 같다."[219] 군주와 관원 모두 이익이 없음에도 걱정하고 열심히 일하는데 이는 부득이 그렇게 하는 것이다. "옛날에 천하를 가진 사람은 모두 크게 부득이하게 생각했으며,"[220] "백성이 생겨난 태초에 군주가 되는 것을 즐거워하는 사람은 없었다. 불행히 천하가 돌아오면 거절할 수가 없었으니 천하가 나에게서 무언가를 구하기 때문이었다."[221] "그래서 관리들은 언제나 부득이하게 나왔으며 천하는 암암리에 그 혜택을 보았다."[222] 이런 통치자들은 그 공덕을 헤아릴 수 없으니 "때맞춰 내리는 비"나 "빛나는 봄볕"과 같다. 따라서 정치가 화평하니 백성이 떠받들어 모시면서 "그가 자리에서 물러나 아무도 계승할 사람이 없게 되는 것을 두려워한다."[223] 등목은 요순의 정치는 상고 시대에 존재했을 뿐이며 삼대 이하는 모두 이렇게 평등하고 소박한 정치 양식에 부합하지 않는다고 보았다.

역사가 후대로 발전하면서 "불행하게도 천하는 진나라가 되었고" 천하는 통일되어 "천지사방이 하나가 되었다."[224] 제왕은 유아독존으로 "천하의 재물을 다 긁어 자신을 봉양토록 했다". "사람들이 좋아하는 것을 빼앗고 사람들이 다투는 것을 모으고 물건을 쌓아두고 도둑질을 가르치고 얼굴을 꾸며서 음란함을 가르치는"[225] 꼴이어서 결과적으로 "지위를 단단히 하고 존중받기 위해 하지 않는 일이 없을 정도였다."[226] 군주는 천하를 한 개인의 사적인 것으로 여기고 오직 누가 자신의 권력과 지위를 빼앗지 않을까 전전긍긍했다. "덜덜 떨면서 마치 필부가 일금一金을 품고 누가 뒤에서 그것을 빼앗아갈까 두려워하듯"[227] 종일 '도적' 때문에 걱정한다. 군주는 백성에게 포학한데 "난을 일으킬까 두려워 방비를 면밀하게 하지 않을 수 없고, 금지를 상세하게 하지 않을 수 없다. 그런 뒤 크고 작은 관리들을 천하에 배치하니 백성을 착취함이 날로 많아지고 백성에게 해를 끼침이 날로 심해진다".²²⁸ 군주 전제 제도는 인간 사회의 모든 재난과 화란의 근원이다.

다음으로 등목은 군권의 신성성을 부정한다. 등목은 "후세에 군주가 된 사람들은 공덕을 노래하고 요순을 칭송하지만 그들이 하는 짓이라곤 여전히 진나라의 행위에 불과하다"²²⁹고 보았다. 그는 군주나 보통 사람이나 다를 바 없다고 생각했다. 어떤 사람도 군주가 될 수 있다. "저 군주라고 부르는 사람은 눈이 네 개이고 주둥이가 두 개이거나 머리에 비늘이 있고 어깨에 날개가 달린 존재가 아니다. 생김새 모두가 보통 사람과 같으니 사람이면 누구나 될 수 있다."²³⁰ "천하가 어떻게 항상 일정한 사람의 것이겠는가! 패하면 도적이고 성공하면 제왕이며,"²³¹ 일부 성취가 있는 제왕조차 사실상 "난세이니 치세의 군주가 된 것이고, 치세였으면 어지러운 백성이었을"²³² 수도 있다고 말한다. 등목은 이렇게 보았다. 군주의 권력은 신이 준 것이 아니며 군주 본인도 신성한 인물이 아니다. 군주는 조금도 신성한 존재가 아닌데 대체 무엇에 근거해서 위엄을 부리고 복을 지으며 천하를 부린단 말인가! "하늘이 백성을 낳고 군주를 세운 것은 군주를 위함이 아니다. 어찌해서 사해의 넓은 재화를 가져다 한 필부의 재용으로 쓴단 말인가!"²³³

다음으로 등목은 관료 정치를 심각하게 비판한다. 그는 후세의 통치자들은 모두 '해민자害民者' 즉 백성을 해치는 자라고 생각했다. 그들은 대량으로 관리를 임용하여 발톱과 이빨로 삼아 자신의 통치를 실현한다. 이 관리들은 백성을 잔혹하게 착취할 줄만 안다. "큰 관리는 식읍이 수만 호에 이르고 작은 관리는 녹으로 충분히 봉양이 안 되더라도 서로 결탁하여 먹고살며 경작을 하는 대신에 수십 명의 농부들이 온 힘을 다해서도 봉양을 할 수 없다."[234] 군주 전제 통치가 공고해질수록 백성을 해치는 자들이 벼슬길에 들어설 더 좋은 조건이 만들어진다. 관리 대부분은 "본업을 하지 않는 불초한 한량들"이다. 군주가 그들을 임용하는 것은 "호랑이나 승냥이를 이끌고 양과 돼지를 기르는 것"[235]과 같아 백성은 깊은 해독을 입는다. 등목은 관리들의 해로움이 도적보다 심하다고 폭로한다. "도적이 백성을 해치는 것은 일어났다 엎드렸다 하므로" 어떻게 잘 '기피'하기만 하면 감히 제멋대로 망령된 행동을 하지 못한다. 반면 관리들은 권세를 빌려 백성을 속이고 능멸하는 데 아무 거리낌이 없다. "관리들은 기피할 것이 없어 백주에도 멋대로 행동하는데 천하가 감히 원망하더라도 감히 말을 내뱉을 수는 없다. 분노하더라도 감히 주살할 수는 없다."[236] 등목은 관리들이 백성을 핍박하는 것이 천하 동란의 원인이라고 생각했다. "세상이 그렇게 어리석지 않은데 어떻게 치세를 싫어하고 난세를 그리워하겠으며, 편안함을 걱정하고 위태로움을 즐기겠는가!"[237] 백성은 태평을 갈망하고 편안함을 그리워하고 위태로움을 두려워한다. 그런데 왜 천하는 항상 위란이 발생하고 어린 백성이 일어나 모반을 하는 것인가? 바로 탐관오리가 백성을 잔혹하게 해치기 때문이다. 사람들은 그 고통을 이겨내지 못하여 분기하고 항쟁하는 것이다. "음식을 빼앗으니 분노하지 않을 수가 없고, 노동력을 메마르게 하니 원망하지 않을 수가 없다. 사람들이 난을 일으킴은 그 음식을 빼앗겼기 때문이며 사람들이 위태로워짐은 그 힘을 메마르게 했기 때문이다. 백성을 다스린다고 외치는 사람은 백성을 메마르게 하여 위태롭게 만드는 자이며, 백성의 것을 빼앗아 난을 일으키게 만드는 자다!"[238] 관리들은 백성의 부모라는 명분을 내세우나 사실은 백성을 해치는 도적이다. 백성이 모반을 일으키고 천하가 동란에 빠진 책임은 통치자 자신에게 있다.

등목은 폭군과 폭정을 격렬하게 비판하고 진한 이래의 정치 양식을 부정한다. 사회 현실에 직면해서 그는 이상화한 '지덕의 세상'을 동경한다. 이런 '지덕의 세상'은 역시 군주 정치 양식이다. 등목은 마음속으로 "이제 삼왕이 천하를 평정한 도"[239]가 주로 네 가지 특징을 지니고 있다고 생각했다. 첫째는 "성인이 재위하여"[240] "군주가 되고 스승이 된다"는 것이다. 그가 제도를 만들고 인륜을 가르치고 백성의 굶주림과 고통을 걱정하여 널리 덕택을 베풀고 "의상衣裳을 늘어뜨리는 교화[241]를 행했는데"[242] 성왕이 위에 있으니 조야는 군주가 있는지도 모를 지경이었다. 둘째는 군주가 절검하는 생활을 하여 "기장밥을 먹고 콩잎을 씹으며" "여름에는 갈옷을 입고 겨울에는 사슴가죽의 큰 옷을 입으며" "흙 계단을 석 자만 높이고 지붕은 띠풀을 자르지 않는 채 산다"[243]는 것이다. 이렇게 하면 제왕이나 관료 모두가 민중을 착취하지 않아도 될 것이니 "천하 사람들이 그를 부모처럼 여길 것이다."[244] 셋째는 제왕이 현인을 임용하고 간언을 받아들여 "재능 있고 현명한 사람"[245]으로 하여금 관리가 되도록 할 뿐만 아니라 몸소 "황제가 아래 백성에게 청문하는"[246] 정치를 행하는 것이다. 넷째는 천하 사람들, 특히 선비 모두가 '도덕과 인의'를 존숭하는 것이다. "사람들 삶에 한 선비의 도덕과 인의, 문장과 학문이 없으면 만물은 많이 굼뜰 것이다."[247] 일단 "천하의 높은 자리"를 도덕과 인의를 갖춘 사람이 차지하고 있으면 "예악이 흥하고, 교화가 이뤄지고, 천지는 안녕하고, 신명은 제때에 내리고, 백성과 만물은 모두 은성하다. 천하는 지극히 아름다워 소망하지만 얻을 수 없는 것이 있어도 가만히 앉아 있으면 그것이 다다른다."[248] 여기서 쉽게 간파할 수 있듯이 등목은 성현 정치의 문화적 추세에서 전혀 벗어나지 못하고 있다.

군주와 관료의 등급 특권과 정치적 강권에 대한 등목의 비판은 매우 격렬했다. 폭군과 폭정에 대한 그의 비난은 중국 고대 정치사상 발전사에서 매몰되어선 안 될 중요한 가치를 지니고 있다. 하지만 애석하게도 그 또한 고대 정치 문화의 모순으로부터 벗어나지 못했다. 이 때문에 이 '삼교외인'은 성현론을 둘러싸며 결국 다시 군주 정치로 복귀하는 전철에서 벗어날 수 없었다. 등목은 성왕과 현신에 의한 이상 정치의 믿을 만한 길을 찾아낼 수 없었다. 모든 희망을 그저 인력으로 좌우할 수 없는 '수數' 즉 운수에 기탁할 수밖에 없었다. "한 가지 일의 성패와 한 가지 물질의 완전함과 허물어짐 모두 그 사이에 수가 끼어들지 않는 경우는 없다. 어찌 천지의 대운과 치란, 흥폐 가운데 이 수가 만들지 않는 것이 있겠는가."[249] 등목의 이상은 공상일 뿐이었다.

1　爲人才氣超邁, 喜談兵, 論議風生, 下筆數千言立就.(『송사』「진량전」)

2　첨판은 첨서판관簽書判官의 약칭으로 송나라 때 수도에서 각 주나 부로 파견해서 판
　관 대신 공문서를 처리하도록 하는 관직이었다. —옮긴이

3　이하 『진량집陳亮集』의 인용은 편명만 표기.

4　素所自喜, 兵法六韜; 已而飫聞, 中庸大學.(「사조동지계謝趙同知啓」)

5　言論同揆, 未嘗少異.(『송사기사총의宋史紀事總義』)

6　人中之龍, 文中之虎.(「자찬自贊」)

7　絀去義利雙行 王霸竝用之說, 而從事於懲忿窒慾, 遷善改過之事, 粹然以醇儒之道自
　律.(『주문공문집』「여진동보與陳同甫」)

8　道之在天下, 至公而已矣.

9　有公則無私, 私則不復有公. 王霸可以雜用, 則天理人欲可以竝行矣.亮所以爲縷縷者, 不
　欲更添一條路, 所以開拓大中, 張皇幽眇而助祕書之正學也, 豈好爲異說而求出於祕書
　之外乎!

10　至若論其本然之妙, 則惟有天理而無人欲.是以聖人之教人, 必欲其盡去人欲而復全天理
　也.(『주문공문집』「여진동보」)

11　耳之於聲也, 目之於色也, 鼻之於臭也, 口之於味也, 四肢之於安佚也, 性也, 有命焉. 出
　於性, 則人之所同欲也; 委於命, 則必有制之者而不可違也.(「문답問答하」)

12　惟聖爲能盡倫, 自餘於倫有不盡而非盡欺人以爲倫也; 惟王爲能盡制, 自餘於制有不盡
　而非盡罔世以爲制也.(「우을사춘서지 1又乙巳春書之一」)

13　得其正則爲道, 失其正則爲欲.(「면강행도대유공勉強行道大有功」)

14　天下不得自徇其欲也, 一切惟君長之爲聽.

15　오전五典의 의미는 다양하다. 『서경』「순전舜典」에는 오상五常의 가르침으로 아버지의
　의義, 어머니의 자慈, 형의 우애, 아우의 공경, 자식의 효를 말한다. 채침蔡沉은 이를 부
　자유친 등 오륜으로 해석한다. 『좌전』 소공昭公 12년에 등장하는 오전에 대한 두예杜
　預의 주석은 소호少昊, 전욱顓頊, 고신高辛, 당唐, 우虞의 책이라 하고, 오경을 오전이
　라 하기도 한다. —옮긴이

16　因其欲惡而爲之節而已, 敍五典, 秩五禮, 以與天下共之.(「문답하」)

17　『경서발제經書發題』「예기」.

18　夫賞, 天命; 罰, 天討也.天子奉天而行者也.(『경서발제』「춘추」)

19　「문답하」.

20　正人心以立國本.

21　二帝三王之所急先務也.(「정대정대」)

22　惟人心一正, 則各循其本, 而天下定矣.(『경서발제』 「맹자」)

23　禮節民心, 樂和民聲, 政以行之, 刑以防之. 四達而不悖, 則王道成矣.

24　外賞罰以求君道者, 迂儒之論也.(「문답하」)

25　盡君道以幸天下, 禮樂刑政並出而用之.(「정대」)

26　三代做得盡者也, 漢唐做不到盡者也.(「우을사춘서지 2」)

27　人不立則天地不能以獨運, 捨天地則無以爲道.

28　夫心之用有不盡而無常泯, 法之文有不備而無常廢.

29　終歸於禁暴戢亂, 愛人利物.(「우을사춘서지 1」)

30　嚴義利之辨於毫釐之際.

31　周道衰而王澤竭, 利害興而人心動, 計較作於中, 思慮營於外, 其始將計其便安, 而其終至
　　於爭奪誅殺, 毒流四方而未已.

32　禮達分定, 而心有所止.(『경서발제』 「맹자」)

33　功利苟且之政習以爲常, 先王不易之制棄而不講, 人極之不亡者幾希矣.(『경서발제』 「주
　　역」)

34　原始要終, 而卒背於聖人之道.(「자방가생공명위징하이학이단자방가생공명위징하이학
　　異端」)

35　有一不具, 則人道爲有闕.

36　此帝王所以備人道而與天下爲公也.

37　至於以位爲樂, 其情猶可以察者, 不得其位則此心何所從發於仁政哉! 以天下爲己物, 其
　　情猶可察者, 不總之於一家則人心何所底止!(「우을사춘서지 1」)

38　周防曲慮, 豈將以私天下哉! 定于一而已.(「문답상」)

39　賢者在位, 能者在職, 而無一民之不安, 無一物之不養, 則大有功之驗也.

40　「면강행도대유공」.

41　偶有暗合處, 便得功業成就, 其實則是利欲場中走.(「우을사추서지又乙巳秋書」)

42　本領闊闊, 工夫至到, 便做得三代; 有本領無工夫, 只做得漢唐.(「우을사추서」)

43　得天理之正, 極人倫之至者, 堯舜之道也; 用其私心, 依仁義之偏者, 覇者之事也.

44　故誠心而王則王矣, 假之而霸則霸矣. 二者其道不同, (…) 苟以霸者之心而求王道之成,
　　是炫石以爲玉也.

45　'由王道而王, 由伯道而霸.' 道豈有二哉!

46 　大小雖殊, 水之性奚以異哉!

47 　商鞅是脚踏實地, 他亦不問王霸, 只要事成, 卻是先定規模. 介甫慕堯舜三代之名, 不曾
　　踏得實處, 故所成就者, 王不成, 霸不就.(『육구연집』「어록하」)

48 　謂之雜霸者, 其道固本於王也.(「우갑진추서又甲辰秋書」)

49 　而其間或能有成者, 有分毫天理行乎其間也.(「우갑진추서」)

50 　諸儒自處者曰義曰王, 漢唐做得成者曰利曰霸.

51 　如此却是義利雙行, 王霸竝用.如亮之說, 却是直上直下, 只有一箇頭顱做得成耳.(「우갑진
　　추서」)

52 　以其喜怒之私而制天下.(「문답하」)

53 　天下無道外之事, 事外之道.

54 　此之謂定分, 定其分於一體也. 一物而有闕, 豈惟不比乎義, 而理固不完矣. 故理一所以
　　爲分殊也, 非理一而分則殊也.(「서명설西銘說」)

55 　惟踐形者爲能盡其道也.(「서명설」)

56 　極吾之力, 至於無所用吾力.

57 　其心無造次之不存, 無毫釐之不體, 周流乎定分而完具乎一理.(「서명설」)

58 　夫道非出於形氣之表, 而常行於事物之間者也.(「면강행도대유공」)

59 　天地之間, 何物非道.(「우을사추서」)

60 　夫盈宇宙者無非物, 日用之間無非事.(『경서발제』「서경」)

61 　道之在天下, 平施於日用之間, 得其性情之正者, 彼固有以知之矣.(『경서발제』「서경」)

62 　赫日當空, 處處光明, 閉眼之人, 開眼卽是.(「우을사추서」)

63 　夫道之在天下, 何物非道, 千途萬轍, 因事作則, 苟能潛心玩省, 於所已發處體認, 則知
　　'夫子之道, 忠恕而已', 非設辭也.(「여웅중실與應仲實」)

64 　堯舜之所以治天下者, 豈能出吾道之外哉! 仁義孝悌, 禮樂刑政, 皆其物也.(「정대정대對」)

65 　道外無物, 物外無道.在父子則親, 在君臣則敬.

66 　本末, 一道也. 父子主恩, 必有嚴順之禮; 君臣主敬, 必有承接之儀; 禮遜有節, 非威儀則
　　不行; 尊卑有序, 非物采則無別.(『하남정씨수언河南程氏粹言』「논도편論道篇」)

67 　道之在天下, 無本末, 無內外.(『경서발제』「논어」)

68 　羣而讀之, 其所載不過日用飮食`洒掃應對之事要, 聖人之極致安在?

69 　雖欲以意增減, 而輒不合. 返觀吾一日之間, 悚然有隱於中.

70 　故世之謂繁文末節, 聖人之所以窮神知化者也.(『경서발제』「예기」)

71 　夫淵源正大之理, 不於事物而達之.

72　風不動則不入, 蛇不動則不行, 龍不動則不能變化. 今之君子欲以安坐感動者, 是眞腐儒之談也.(「우계묘추서又癸卯秋書」)

73　德行 言語 政事 文學, 無一之或廢, 而德行常居其先.(「정대」)

74　世之學者窮究其理, 淺則失體, 深則無用.(「서명설」)

75　夫天祐下民, 而作之君, 作之師, 禮樂刑政所以董天下而君之也, 仁義孝悌所以先天下而爲之師也. 二者交脩而迶用, 則人心有正而無邪, 民命有直而無枉, 治亂安危之所由以分也.(「정대」)

76　方天地設位之初, 類聚羣分, 以戴其尤能者爲之長君, 奉其能者爲之輔相.

77　及法度旣成, 而君臣有定位.

78　天生一世之人, 必有出乎一世之上者以主之.

79　君臣有定位, 聽命有常所, 非天下之人所得而自制也.(「문답상」)

80　明謹政體, 總攬權綱.

81　政體者, 政之大體也; 權綱者, 權之大綱也.

82　立政之大體, 總權之大綱, 辨邪正, 專委任以幸天下(「논집요지도論執要之道」)

83　公家之事, 知無不爲, 忠也.(「논정체지도論正體之道」)

84　上下同心, 君臣戮力者, 事無不濟; 上下相蒙, 君臣異志者, 功無不隳.(「논여신지도論勵臣之道」)

85　예藝 자는 덕을 지닌 사람의 앞에 붙여 썼으며『서경』「순전舜典」에 보인다. 공영달孔穎達은 문文으로 해석했으며, 그 후 예조는 왕조의 창업주를 지칭하는 말로 쓰였다. ─ 옮긴이

86　唐自肅代以後, 上失其柄, 而藩鎭自相雄長, 擅其土地人民, 用其甲兵財賦, 官爵惟其所命, 而人才亦各盡心於其所事; 卒以成君弱臣强, 正統數易之禍. 藝祖皇帝一興, 而四方次第平定, 藩鎭拱手以趨約束. 使列郡各得自達於京師, 以京官權知, 三年一易財歸於漕司, 而兵各歸於郡, 朝廷以一紙下郡國, 如臂之使指, 無有留難, 自管庫微職, 必命於朝廷, 而天下之勢一矣.(「상효종황제 제1서上孝宗皇帝第一書」)

87　至於今日, 而不思所以變而通之, 則維持之具窮矣.(「상효종황제 제3서」)

88　君以仁爲體, 臣以忠爲體.

89　君臣, 天地之大義也. 君臣不克其終, 則大義廢而人道闕矣.(「문답하」)

90　君任其善, 臣受其責(「논정체지도論正體之道」)

91　群臣持祿固位, 多務收恩.

92　明詔大臣, 使當大任, 不辭小怨, 不辭大艱,使天下戴陛下之恩而嚴大臣之執守, 敵人服陛

下之德而憚大臣之忠果.(「논정체지도」)

93　兵皆天子之兵, 財皆天子之財, 官皆天子之官, 民皆天子之民.(「상효종황제 제1서」)

94　後世不原其意, 束之不已, 故郡縣空虛而本末俱弱.(「상효종황제 제3서」)

95　發一政, 用一人, 無非出於獨斷; 下至朝廷之小臣, 郡縣之瑣政, 一切上勞聖慮.(「논집요지도論執要之道」)

96　正患文爲之太密, 事權之太分, 郡縣太輕而委瑣不足恃, 兵財太關於上而重遲不易擧.(「상효종황제 제1서」)

97　操其要於上, 而分其詳於下. 凡一政事, 一委任, 必使三省審議取旨, 不降御批, 不出特旨, 一切用祖宗上下相維之法.(「논집요지도」)

98　有非常之人, 然後可以建非常之功. 求非常之功而用常才, 出常計, 擧常事以應之者, 不待智者而後知其不濟也.(「무신재상효종황제서戊申再上孝宗皇帝書」)

99　平居則何官不可爲, 緩急則何人不退縮.(「논개성지도論開誠之道」)

100　至於艱難變故之際, 書生之智, 知議論之當正而不知事功之爲何物, 知節義之當守而不知形勢之爲何用, 宛轉於文法之中, 而無一人能自拔者.(「무신재상효종황제서」)

101　合文武爲一涂(途), 惟才是用.(「여서언재대간與徐彦才大諫」)

102　反其道以教之, 作其氣以養之, 使臨事不至乏才, 隨才皆足有用.(「상효종황제 제3서」)

103　減進士以列選能之科, 革任子以崇薦擧之實.(「중흥론中興論」)

104　「전선자격銓選資格」.

105　大事必集議, 除授必資格; 才者以跅弛而棄, 不才者以平穩而用; 正言以迂闊而廢, 巽言以軟美而入; 奇論指爲橫議, 庸論謂有典則.(「무신재상효종황제서」)

106　與其位, 勿奪其職; 任以事, 勿間以言. 大臣必使之當大責, 邇臣必使之與密議. 才不堪此, 不以其易制而姑留; 才止於此, 不以其久而姑遷.

107　君臣之間, 相與如一體, 明白洞達, 豁然無隱.(「논개성지도」)

108　聖人之立法, 本以公天下.(「문답상」)

109　天子不能以一人之私而制天下.

110　「문답상」.

111　「사양시랑계謝梁侍郞啓」.

112　上下之間每以法爲恃者, 樂其有准繩也.(「전선자격」)

113　勿私賞以格公議, 勿私刑以虧國律.(「상광종황제감성잠上光宗皇帝鑑成箴」)

114　夫法度不正則人極不立, 人極不立則仁義禮樂無所措, 仁義禮樂無所措則聖人之用息矣.(「삼선생논사록서三先生論事錄序」)

115　故私喜怒者, 亡國之賞罰也; 公欲惡者, 王者之賞罰也.(「문답하」)

116　天下有二道: 其一分也, 其一義也.

117　義行, 則分立矣.(「여서언재대간」)

118　君臣之定分, 屹然如天地之不可干.(「문답상」)

119　북수北狩는 원래 북쪽으로 사냥을 떠난다, 또는 진군한다는 뜻이지만 송대 휘종과 흠종이 금金나라의 포로가 되어 잡혀간 사건을 완곡하게 표현하는 말로도 쓰인다. ―옮긴이

120　安一隅之地, 則不足以承天命; 忘君父之讎, 則不足以立人道.(「상효종황제 제2서」)

121　中國, 天地之正氣也, 天命之所鍾也, 人心之所會也, 衣冠禮樂之所萃也, 百代帝王之所以相承也, 豈天地之外夷狄邪氣之所可奸哉!(「상효종황제 제1서」)

122　而天命人心固非偏方之所可久系也.

123　天人之際, 豈不甚可畏哉!(「상효종황제 제1서」)

124　是聖人於中國夷狄混然無辨之中而致其辨, 則所以立人道, 扶皇極以待後世也

125　今中原旣變於夷狄矣, 明中國之道, 掃地以求更新可也; 使民生宛轉於狄道而無有已時, 則何所貴於人乎!(「문답하」)

126　三綱旣絶, 則人道遂爲禽獸夷狄.

127　今者擧一世而忘君父之大仇, 此豈人道之所可安乎!(「상효종황제 제1서」)

128　蓋天地之大變, 國家之深恥, 臣子之至痛也.

129　今醜虜植根旣久不可一擧而遂滅.

130　積財養兵以待時也.(「상효종황제 제1서」)

131　南方之紅女積尺寸之功於機杼, 歲以輸敵人, 固已不勝其痛矣.金寶之出於山澤者有限, 而輸諸敵人者無窮, 十數年後, 豈不遂就盡哉!(「무신戊申재상효종황제」)

132　夷狄征令, 是主上之操也; 天子供貢, 是臣下之禮也.

133　夷狄之所以卒勝中國者, 其積有漸也.立國之初, 其勢固必至此.(「상효종황제 제1서」)

134　人才以用而見其能否, 安坐而能者, 不足恃也; 兵食以用而見其盈虛, 安坐而盈者, 不足恃也.

135　朝廷方幸一旦之無事, 庸愚齷齪之人, 皆得以守格令, 行文書.

136　徒使度外之士, 擯棄而不得騁.

137　府庫充滿, 無非財也; 甲胄鮮明, 無非兵也. 使兵端一開, 則其迹敗矣.(「상효종황제 제1서」)

138　使朝野常如敵兵之在境, 乃國家之福, 而英雄所用以爭天下之機也, 執事者胡爲速和以

惰其心乎!

139　誓必復仇, 以勵羣臣, 以振天下之氣, 以動中原之心.

140　雖未出兵, 而人心不敢惰矣; 東西馳騁, 而人才出矣; 盈虛相補, 而兵食見矣.(「상효종황제제1서」)

141　過此以往而不能恢復, 則中原之民烏知我之爲誰! 縱有倍力, 功未必半.(「중흥론」)

142　皇天全付予有家, 而半沒於夷狄, 此君天下者之所當恥也.

143　天下不可以坐取也.(「무신재상효종황제서」)

144　남송 영종寧宗 경원慶元 연간에 발생한 정치 사건. 외척 한탁주韓侂冑가 정적을 제거하는 과정에서 그에 반대한 주희 등의 '도학道學'을 위학僞學 즉 가짜 학문으로 취급하여 당적에 이름을 올리고 과거 시험 응시 및 합격 금지 등을 실시한 사건. 1195년부터 6년간 이어졌다. ─옮긴이

145　步步著實, 言之必使可行.

146　이하 『섭적집』의 인용은 편명만 명기.

147　'正誼不謀利, 明道不計功', 初看極好, 細看全疏闊. 古人以利與人, 而不自居其功, 故道義光明.旣無功利, 則道義乃無用之虛語耳.(『송원학안宋元學案』「수심학안상水心學案上·습학기언」)

148　以利和義, 不以義抑利.

149　「주찰奏札」.

150　古詩作者, 無不以一物立義, 物之所在, 道則在焉. 非知道者不能該物, 非知物者不能至道; 道雖廣大, 理備事足, 而終歸之于物, 不使散流. 此聖賢經世之業, 非習文辭者所能知也.(『송원학안』「수심학안상·습학기언」)

151　禮非玉帛所云, 而終不可以難玉帛; 樂非鍾鼓所云, 而終不可以舍鍾鼓. (…) 離玉帛, 舍鍾鼓, 而寄之以禮樂之虛名, 天下無復禮樂矣.(『송원학안』「수심학안상·습학기언」)

152　無驗於事者其言不合, 無考於器者, 其道不化, 論高而實違, 是又不可也.(「진권進卷·총의總義」)

153　夫欲折衷天下之義理, 必盡考詳天下之事物而後不謬.(「제요령위서계집題姚令威西溪集」)

154　觀衆器者爲良匠, 觀衆病者爲良醫, 盡觀而後自爲之, 故無尼古之失而有合道之功.(「법도총론 1法度總論一」)

155　「대학」.

156　上古聖人之治天下, 至矣.其道在於器數, 其通變在於事物.(「진권·총의」)

157　人主以有德王, 無德亡.

158　夫濟世撥亂, 必不志於利.(『송원학안』「수심학안상·습학기언」)

159　貪土地自封殖行詐謀逞威虐.

160　管仲仗信秉禮, 然以成其利心, 于是諸生又別爲陰謀之書, 申商韓非之術並興.(『송원학
　　안』「수심학안상·습학기언」)

161　今世議论胜而用力寡. (…) 雖有精微深博之論, 務使天下之義理不可踰越, 然亦空言
　　也.盖一代之好尙旣如此矣, 豈能盡天下之慮乎!(「시의始議 2」)

162　高談者遠述性命, 而以功業爲可略.(「상전찰자上殿札子」)

163　惟其猶有自爲國家之意, 而不專以懲創前人之失計, 矯而反之, 遂以爲功.(「법도총론法
　　度總論 2」)

164　皆以懲創五季而矯唐末之失策爲言.

165　夫以二百餘年所立之國, 專務以矯失爲得, 而眞所以得之之道, 獨弃置而未講.(「법도총론
　　2」)

166　國家因唐五季之極弊, 收斂藩鎭, 權歸於上, 一兵之藉, 一財之源, 一地之守, 皆人主自爲
　　之也.(「시론始論 2」)

167　銖分以上悉總於朝, 上獨專操制之勢.

168　無狡悍思亂之民, 不煩寸兵尺鐵, 可以安枕無事.

169　雖聚重兵勇將而無一捷之用.

170　이상 「상전찰자」 참조.

171　故夫勢者, 天下之至神也, 合則治, 離則亂; 張則盛, 弛則衰; 續則存, 絕則亡. (…) 知其
　　勢而以一身爲之, 此治天下之大原也.(「치세治勢상」)

172　是故善治天下者, 不惟闭是门也, 又使其门陋而不足求; 不惟塞是途也, 又使其途微而不
　　足行.(「치세중」)

173　導水土, 通山澤, 作舟車, 刻兵刃, 立天地之道, 而列仁義禮樂刑罰慶賞以紀綱天下之
　　民.(「치세상」)

174　古之人君, 若堯舜禹湯文武漢之高祖光武, 唐之太宗, 此其人皆能以一身爲天下之勢; 雖
　　其功德有厚薄, 治效有深淺, 而要以爲天下之勢在已不在物.夫在已不在物, 則天下之事
　　惟其所爲而莫或制其後.(「치세상」)

175　昔之立國者, 知威柄之不能獨專也, 故必有所分; 控持之不可盡用也, 故必有所縱. (…)
　　歷代相承, 莫之或變, 盖非不欲其密, 而亦不能不使之疏也.

176　盡收威柄, 一總事權, 視天下之大如一家之細.(「응조조진육사應詔條奏六事」)

177 북송 흠종欽宗 정강靖康 2년(1127) 4월 금金 군대가 동경東京(오늘날의 허난성 카이펑開封)에 난입하여 송 휘종徽宗과 흠종 부자 및 황족, 후궁 비빈, 조신 등 3000여 명을 북쪽으로 압송한 사건. ―옮긴이

178 百年之憂, 一朝之患, 皆上所獨當, 而群臣不與也.夫萬里之遠, 皆上所制命, 則上誠利矣, (…) 而其害如之何.(「실모實謀」)

179 無所分畫則無所寄任, 天下泛泛焉而已.(「실모」)

180 紀綱之所在, 患乎授任之非人而不以人爲不當授任, 患乎分畫之無地而不以地爲不當分畫.(「기강紀綱 1」)

181 원문에 인용한 '가련무보비정신可憐無補費精神'은 금나라와 송나라 대치 시기 북방학문을 대표하던 원호문元好問(1190~1257)의 칠언절구에서 빌려온 말이다. 원호문은 이상을 이야기한 한유韓愈 등을 풍자했다. ―옮긴이

182 廢人而用法, 廢官而用吏, 禁防纖悉, 特與古異, 而威柄最爲不分.(「시론 2」)

183 人君必以其道服天下, 而不以名位臨天下.

184 然而不得其道以行之.

185 服天下之心.(「군덕君德 1」)

186 尚安能保其民而與之長守而不變哉!(「군덕 1」)

187 古有民與君爲一, 後世民與君爲二.(「민사民事 상」)

188 民相依以生, 而不相依以刑.

189 刑之而後安, 非善治也.

190 安上治民, 齊之以禮.

191 禮樂之實意, 致治之精說.(이상『습학기언서목』「사기 1」 참조)

192 一以父兄師友之道經紀其民.(『습학기언서목』「한서 1」)

193 先王之政, 以養人爲大.(「동가개하기東嘉開河記」)

194 爲國之要, 在於得民.民多則田墾而稅增, 役衆而兵强.(「민사중」)

195 田墾稅增, 役眾兵强, 則所爲而必從, 所欲而必遂.(「민사중」)

196 而民之飮食居處, 上則奪之以自利, 是不如六畜也.(『습학기언서목』「관자管子」)

197 其實去桀紂尙無幾也.(『습학기언서목』「모시毛詩」)

198 减所入之額, 定所出之費.

199 使小民蒙自活之利, 疲俗有寬息之實.(「상영종황제찰자上寧宗皇帝札子 3」)

200 夫四民交致其用而後治化興; 抑末厚本非正論也.(『습학기언서목』「사기 1」)

201 因時施智, 觀時立法.

202 富人者, 州縣之本, 上下之所賴也.(「민사하」)

203 去狹而就廣.(「민사중」)

204 田益墾而稅益增.(「민사하」)

205 如此, 則治道安從出, 而治功何自成哉!(「전선」)

206 禁防纖悉, 特與古異.(「민사하」)

207 不思夷夏之分, 不辨順逆之理, 不立仇恥之義, 一切聽其爲南北之成形.(「시론 1」)

208 진량은 절강성 영가永嘉 사람이고, 섭적은 절강성 영강永康 사람이어서 지칭한 말이
다. ―옮긴이

209 陸氏之學雖是偏, 尙是要去做個人. 若永嘉永康之說, 大不成學問, 不知何故如此.(『주자
어류』 권122)

210 동소궁洞霄宮은 오늘날 저장성 항저우의 위항구余杭區 다디산大滌山에 있는 도관으
로 등목鄧牧이 은거한 곳이다.『동소궁지』 또는 『동소도지』 등은 등목의 작품으로 알
려져 있다. ―옮긴이

211 이하『백아금』의 인용은 편명만 표기.

212 『사고전서』「백아금제요提要」.

213 古有聖人, 作君作師. 憂民之溺, 由己之溺; 憂民之饑, 由己之饑.(「견요부」)

214 구실衢室은 요임금이 백성의 고충을 들으려고 네거리에 청문하는 건물을 두었다는 데
서 유래했다. 군주들이 백성의 의견을 듣는 장소라는 뜻으로 쓰였다. ―옮긴이

215 총장總章은 천자가 서쪽을 향해 입실하는 장소로서 서방 만물을 총람하고 분명하게
밝혀주는 역할을 했다. 천자가 하늘과 교통하는 명당明堂의 요임금 때 이름이라는 설
도 있다. ―옮긴이

216 爲衢室之訪, 爲總章之聽.(「군도」)

217 相安無事, 固不得無吏, 而爲員不多.(「이도」)

218 이서里胥는 고대 향리의 사무를 담당하는 공무원으로 후대의 이장里長과 비슷하다.
―옮긴이

219 夫鄕師里胥雖賤役, 亦所以長人也; 然天下未有樂爲者, 利不在焉故也.聖人不利天下, 亦
若鄕師里胥然.(「군도」)

220 古之有天下者, 以爲大不得已.

221 生民主初, 固無樂乎爲君; 不幸爲天下所歸, 不可得拒者, 天下有求於我.(「군도」)

222 故爲吏者常出不得已, 而天下陰受其賜.(「이도」)

223 惟恐其一日釋位而莫之肯繼也.(「군도」)

224 六合爲一.(「군도」)

225 奪人之所好, 聚人之所爭, 慢藏誨盜, 冶容誨淫.

226 凡所以固位而養尊者, 無所不至.(「군도」)

227 惴惴然若匹夫懷一金, 懼人之奪其後.(「군도」)

228 而懼其亂, 周防不得不至, 禁制不得小詳; 然後小大之吏布於天下, 取民愈廣, 害民愈深.(「이도」)

229 後世爲君者歌頌功德, 動稱堯舜, 而所以自爲乃不過如秦.(「군도」)

230 彼所謂君者, 非有四目兩喙, 鱗頭而羽臂也; 狀貌誠與人同, 則夫人固可爲也.(「군도」)

231 天下何常之有! 敗則盜賊, 成則帝王.

232 亂世則治主, 治世則亂民.(「군도」)

233 天生民而立之君, 非爲君也; 奈何以四海之廣, 足一夫之用邪!(「군도」)

234 大者至食邑數萬; 小者雖無祿養, 則亦竝緣爲食, 以代其耕, 數十農夫, 力有不能奉者.(「이도」)

235 「이도」.

236 吏無避忌, 白晝肆行, 使天下敢怨而不敢言, 敢怒而不敢誅.(「이도」)

237 天下非甚愚, 豈有厭治思亂, 憂安樂危者哉!(「이도」)

238 夫奪其食, 不得不怒; 竭其力, 不得不怨.人之亂也, 由奪其食; 人之危也, 由竭其力. 而號爲理民者, 竭之而使危, 奪之而使亂!(「이도」)

239 「이도」.

240 「군도」.

241 『주역』「계사繫辭下」 편에 "황제, 요, 순이 의상을 드리우니 천하가 치세를 이루었다"는 구절이 있는데 여기서 연유하여 의상지화衣裳之化는 성현 군주의 교화를 가리킨다. — 옮긴이

242 垂衣裳之化.(「견요부」)

243 「군도」.

244 天下之人戴之如父母.(「군도」)

245 「이도」.

246 「군도」.

247 人無一士之道德仁義 文章學問, 蠢然萬物耳.

248 則禮樂興, 敎化成, 天地淸寧, 神明降格, 民物阜殷, 擧天下至美願見不可得者, 坐而致之.(「보설」)

249 夫一事成敗, 一物完毁, 莫不有數行其間; 豈有天地大運, 治亂興廢, 非是數所爲
者.(「보설」)

제8장

요遼, 서하西夏, 금金의 통치 사상

당 왕조의 멸망에서 원 왕조의 수립까지 300여 년 사이에 요遼(거란契丹), 서하西夏, 금金나라가 북부(동북과 서북을 포함한) 중국에서 앞뒤로 흥기했다. 그들은 피차간 대치하기도 하고 중원의 왕조와 대항하고 경쟁하기도 했던 독립 왕조들이다. 그 가운데 요나라와 금나라는 연이어 북방에 웅거하면서 광활한 강역을 지배하고 극성기를 누렸던 대제국이었다.

요는 거란이라고도 부른다. 거란족이 건립한 왕조로 916년 요 태조 야율아보기耶律阿保機가 황제를 칭한 이래 1125년 천조제天祚帝에 이르러 멸망할 때까지 요 왕조는 210년 동안 9명의 황제를 거쳤다. 종실인 야율대석耶律大石이 부족을 이끌고 서쪽으로 옮겨 중국 서북부에 정권을 건립했는데 역사에서는 이를 서요西遼, 후요後遼, 혹은 흑黑거란이라 부른다. 1218년 서요는 몽고에게 멸망당했다.

서하는 강羌족의 지맥인 당항黨項족이 건립했다. 1038년 이원호李元昊가 건국하여 1227년 몽고에게 멸망당할 때까지 190년을 존속했다.

금은 여진女眞족이 건립한 왕조다. 1115년 금 태조 완안아골타完顔阿骨打가 건국하여 1234년 금 애종哀宗에 이르러 멸망할 때까지 120년 동안 12

명의 군주를 거쳤다.

요금 시기에 중국 북부의 광대한 지역은 장기간 하나의 정권이 직접 관할하게 되었다. 요 왕조 극성기의 판도는 북으로 셀렝가강[1] 유역에 이르렀고, 남으로는 하북河北의 중부와 산서山西의 북부에 이르렀으며, 서쪽으로는 알타이 서쪽에서 동쪽으로는 바다에 닿았다. 동북으로는 외흥안령外興安嶺과 오오츠크해에 이르렀으니 그 강역이 북송의 두 배였다. 금나라는 건국한 뒤 요나라와 북송을 멸했다. 대체로 요 왕조의 판도를 계승한 바탕 위에 강역을 남쪽으로 넓혀 회하淮河 일대까지 진출했다. 장기간 부분적인 통일을 달성함으로써 다민족 국가의 발전을 촉진했다.

거란, 여진, 당항은 모두 중국 역사상 오래된 민족 가운데 하나로 역사적 연원이 역대 사서에 기록되어 있다. 이 민족들은 모두 중화 문화에 탁월한 공헌을 한 적이 있다. 요, 서하, 금은 소수 민족이 건립한 정권이었기 때문에 경제, 문화 및 직면한 정치 상황이 중원과는 차이가 있다. 따라서 통치 사상과 치국 방략에서 일정한 특색을 지니고 있다.

요, 서하, 금은 정치 문화의 변천 측면에서 어느 정도 공통된 특징을 지니고 있기도 하다. 하나하나의 마상馬上 민족이 한漢 민족을 통치하는 과정에 점진적으로 중화의 예법을 받아들이게 되었음이 그렇다. 그들은 문명의 큰길을 향해 치달았다. 왕권이 부단히 강화되어감에 따라 요, 서하, 금 내부의 군신 간 구별도 날로 삼엄해졌다. 군주와 신하가 상대적으로 권력을 나눠 가졌으며, 서로를 제약했던 구체제의 요인들은 이로 인해 모두 사라지게 되었다. 왕권은 또한 부패의 길을 향해 치닫기도 했다. 그리하여 또 하나의 마상 민족이 굴기하여 앞의 것을 대신하고 (…) 역사는 반복하여 비슷한 윤회의 수레바퀴를 보여주었다.

여러 원인으로 요, 서하, 금의 통치자들은 체계적인 정치 논저를 남기지 않았다. 이론화한 정치사상 체계는 더더욱 형성하지 못했다. 하지만 그들의 치국 방략, 정책과 언행을 보면 일부 뛰어난 군주들은 정치 문제에 아주 깊이 있는 사고를 표명하기도 했다. 여기서는 제한된 자료를 바탕으로 공통성의 종합과 전형성의 해부라는 방법을 동원하여 요, 서하, 금의 통치 사상을 소략히 살펴보고자 한다.

겸용과 포괄, 풍습에 따른
통치, 점진 한화의 통치 방략

요, 서하, 금은 모두 본 민족 내부에서 중대한 사회 변혁을 거친 뒤 중원 문화와 충돌하고 융합하면서 발전하고 장대해졌다. 남북 두 종류의 문화의 충돌과 융합 과정에서 거란, 당항, 여진의 사회, 경제, 정치, 문화는 부단히 변화했다. 발전의 전체적 추세는 중원과의 격차를 줄이는 것이었고 최종적으로는 민족 간의 융합을 이루는 것이었다. 역사 발전 과정은 어떤 측면에서 보면 통치자의 주관적 바람이나 처음 소망처럼 되지는 않는다. 하지만 그들의 통치 사상과 치국 방략은 이러한 역사 발전을 추동하는 주관적 요소가 되기도 한다.

요, 서하, 금나라의 최고 통치자 앞에 펼쳐진 정치적 과제는 대체로 비슷했다. 첫째, 어떻게 하면 본 민족의 옛 제도와 습속 중 특정 요소를 걷어내고 왕권을 강화하느냐 하는 것이었다. 둘째, 어떻게 하면 본 민족의 통치 지위와 특권을 유지하느냐 하는 것이었다. 셋째, 어떻게 하면 문화와 습속이 상이한 여러 민족, 특히 한족과 한화漢化 정도가 심한 기타 민족에 대해 효과적인 통치를 실시하느냐 하는 것이었다. 넷째, 어떻게 하면 정치, 경제, 문화적으로 발달한 중원 왕조와의 대결에서 우세한 지위를 차지하느냐 하는 것이었다.

　이러한 문제를 둘러싸고 각 민족 통치 집단 내부에선 장기간 쉼 없이 논쟁했으며 심지어는 죽고 죽이는 정치적 충돌도 있었다. 시간이 지남에 따라 통치 사상에 있어서도 모두 본 민족의 제도를 실시하고 야만적 통치를 행하던 것으로부터 지역 상황에 맞추고 정책을 조정하여 한제漢制를 실시하고 차츰 한화하는 과정을 거쳤다. 요, 서하, 금의 치국 방략을 크게 개괄하자면 겸용과 포괄, 풍습에 따른 통치, 점진 한화라 할 수 있다.

중원 왕권을 모방하여
황제 제도를 건립함

요, 서하, 금 각 민족 내부의 사회경제적 변혁은 정치 체제의 변혁을 가져왔다. 최고 통치자는 왕권과 국가 기능을 강화하기 위하여 분분히 중원의 정치 체제를 모방하고 본보기로 삼았다. 한족의 전장 제도는 각 민족의 새로운 정권에 깊이 영향을 미쳤다.

요 왕조의 문을 연 야율아보기는 당 왕조가 멸망하던 해(907) 한汗의 지위에 올랐다. 그는 선거選舉라는 부락의 전통 습속에 따라 돌아가며 맡던 한위에 오른 뒤 "중국의 왕은 대체하는 법이 없다"는 한족 모사의 권고를 받아들였다. 3년에 한 번 가한可汗을 선거하는 옛 제도를 공개적으로 위배하며 "거기에 더해 힘으로 여러 부족을 누르고 대체를 부정했다".[2] 이는 여러 형제 및 각 부족의 반대를 불러왔다. 아보기는 "여러 형제의 난"을 세 차례 평정하고 계략을 동원하여 "여러 부의 대인大人을 모두 죽이고 자립하여 다시는 대체하지 않게 되었다".[3] 916년 그는 한족 왕조가 건립한 황제 제도를 모방하여 단을 쌓고 즉위하여 국호를 거란(나중에 요로 개칭함)이라 하고 연호를 신책神冊이라 했다. 자신의 칭호를 '대성대명천황제大聖大明天皇帝'라 하고 그의 아내 술률씨述律氏를 '응천대명지황후應天大明地

皇后'라 불렀으며 장남을 태자로 삼아 세습 왕위 제도를 확립했다. 아보기는 또 황도의 건립을 명령하고 문자를 창조했으며 법률을 반포했다. 경내 각 부족을 새로운 편제로 만들고 재상을 임명해 여러 부를 통합하도록 했다. 『신오대사』 「사이부록」은 이렇게 말한다. "아보기가 한인들을 거느리고 농사를 짓고 성곽, 고을 주거, 시전市廛 등을 수습하여 유주幽州[4]의 제도와 같게 하니 한인들이 편안해했다."[5] 거란 왕권이 건립되고 공고화되고 발전한 것은 한족의 정치 제도로 부족의 제도를 개조한 혼성물이었다.

서하는 국가 수립과 규모 등 대부분을 중원 유생의 가르침에 따랐다. 이원호는 칭제 건원하고 국호를 대하大夏로 정했으며 자칭 '세조 시문본무 홍법건립 인효황제世祖始文本武興法建立仁孝皇帝'라 했다. 동시에 "중국을 모방해 문무 반직을 두고 번학蕃學과 한학漢學을 설립하여 중서령中書令, 재상宰相, 추밀사樞密使 이하는 번인과 한인이 나누어 담당하도록 명했으며 의관의 색깔로 사서士庶와 귀천을 구별했다".[6] 그는 또 서하문西夏文을 스스로 창제했는데 "형체의 8할이 매우 비슷하다".[7] 이원호는 자신을 이렇게 자랑했다. "소번小番의 문자를 창제하고 대한大漢의 의관을 고쳤다. 의관이 행해지고 문자가 행해지고 예악이 펼쳐지고 기용器用이 갖춰지니 투루판, 타타르, 장액張掖,[8] 교하交河[9]에서 복종하지 않는 자가 없었다. 왕王이라 칭하면 기뻐하지 않고 제帝에게 조회를 든다고 하면 잘 따랐다."[10] 따라서 반드시 "만승의 국가를 건립할"[11] 필요가 있었다. 서하 왕권은 정치의식이나 정치 체제에 있어서 중원 왕권의 형식에 더욱 가깝게 다가갔다.

금나라는 요나라를 대체하면서 흥기했다. 태조 완안아골타 또한 중원의 제도를 모방하여 왕권을 수립하고 통치했다. 진사 출신의 발해인 양박楊朴은 아골타에게 이렇게 권유했다. "기술자는 다른 사람에게 컴퍼스와 자를 주지만 뛰어난 기교까지 줄 수는 없습니다. 스승은 사람들의 모범이 되지만 모든 사람을 실행하게 만들 수는 없습니다. 대왕께서는 군대를 크게 일으켜 집안을 나라로 바꾸었으며 천하의 패업을 도모하고 만승의 국가를 꾀했으니 천승의 힘이 아니고서는 비교할 수 없습니다. 여러 부의 군대를 모두 대왕에게 귀속시킴으로써 그 힘이 산을 뽑고 바다를 메울 만합니다. 어찌하여 옛것을 고쳐 혁신할 수 없겠습니까? 원컨대 대왕께서 제帝로 호칭하시고 여러 번을 봉하여 전교와 격문에 호응토록 한다면 천리가 안정될 것입니다. 동으로 바다에 접하고, 남으로 대송과 연접하고, 서로 서하와 통하고, 북으로 먼 나라 백성을 안정시켜 만세의 기업을 수립하고 제왕의 사직을 일으켰습니다. 실행하는 데 의심을 둔다면 그 재앙이 시위를 떠난 화살과 같을 것입니다. 대왕께서는 어찌하시겠습니까?"[12] 아골타는 이 건의를 받아들여 한의 제도에 따라 칭제 건원하고 국호를 대금大金이라[13] 했다. 그는 보길레勃極烈 제도를 개조했으며 씨족 군사 조직을 지방 행정 조직으로 개편했다. "명을 내려 300호를 모극謀克으로 삼고, 10모극을 맹안猛安으로 삼으니 마치 군현에 관리를 두는 제도와 같았다."[14] 금 태종太宗은 "이미 중원을 차지하고 봉토와 강역의 경계를 구획하여 각 수령을 나눠 세웠다".[15] 이런 조치들은 사실상 중앙과 지방을 모두 왕권의 직접 통제 아래 두려는 것이었다.

요, 금, 서하는 건국 초기에는 곳곳에서 옛 습속과 유풍의 영향을 만날 수 있었다. 특히 종실과 황후 부족의 권세가 매우 컸으며 내부적으로 왕위 쟁탈을 위한 투쟁이 줄곧 매우 격렬했다. 하지만 정치 체제의 기본 정신과 핵심 내용으로 볼 때 왕권이 일차적으로 확립되었고 중앙 집권 체제가 초보적으로 규모를 갖추었다.

중앙 집권 정치 체제를 공고히 하기 위하여 요나라와 금나라 통치자들은 중원의 예법을 본받아 각종 전장 제도를 완비했다. 예컨대 요 흥종興宗은 예법 제도를 한층 완비하면서 이런 조서를 내렸다. "예로부터 천하를 다스리는 사람은 예의를 밝히고, 법도를 바르게 했다. 우리 왕조가 흥하여 세상에 밝은 덕이 있게 되었고 안팎이 그 덕화를 입었음에도 예서禮書가 아직 만들어지지 않아 후대에 보여줄 것이 없다."[16] 그리하여 대신들에게 명하여 "고금의 것을 잘 참고하여 예전禮典을 만들도록"[17] 했다. 또 이를테면 금나라는 건국 초기 형이 죽으면 동생이 왕위를 잇는 계승 제도를 실행했다. 군신이란 칭호는 있었지만 존비의 차별은 없었으며 관사, 차마, 의복, 음식 등에서 제왕과 아랫사람들의 차이가 없었다. 왕권을 강화하기 위하여 여러 제왕은 전장 제도를 한층 한화시켰다. 금 태종은 요나라를 멸한 뒤 "처음으로 예법 제도를 의론하고, 관명을 바로잡고, 복색을 확정하고, 상서庠序의 학교를 설립하고, 선거 제도를 설치하고, 역법을 정비해 시간을 분명히 했다."[18] 금 희종熙宗은 즉위한 뒤 종묘, 존호, 시법, 관제, 조복, 조참朝參 즉 조회 참배, 의위儀衛 즉 의장 시위, 여복輿服 즉 수레 복장, 제사 등에 대하여 모두 상세한 규범을 만들었으며 "자식을 세움에 적손을 중시하는" 왕위 계승 제도를 확립하기도 했다. 새로운 제도는 번문욕례로 가득하여 곳곳에서 왕권의 존엄을 드러내주었다. 이렇게 되니 황제는 엄연히 한 왕실의 천자와 같아졌다.

풍습에 따른
통치와
두 벌의 관제

풍습에 따른 통치와 두 벌의 관제官制라는 치국 방침은 요나라가 처음 시작하고 서하와 금나라가 본받아 계승했다. 아보기는 농경 위주의 발해국을 정복했고, 요 태종은 연운燕雲 16주를 점거했는데 모두 요의 통치 기제에 중요한 영향을 미쳤다. 요나라 시대의 관제는 간략함에서 번잡함으로 차츰 바뀌어갔으며 북과 남 두 벌의 통치 체계를 형성했다.

풍습에 따른 통치 방침은 요 태종 시기에 형성되었다. 요 왕조 경내의 민족들은 구성이 복잡했는데 대체로 두 가지 상이한 생활 방식으로 나뉘었다. 거란인과 기타 유목 민족은 "목축과 어로를 통해 먹고살았으며 가죽과 털로 옷을 해 입었다. 수시로 이동을 했으며 수레와 말을 집으로 삼았다."[19] 한인과 발해인은 달랐다. "농경으로 먹고살았으며 비단이나 베옷을 입었다. 담이 있는 집을 지어 거주했으며 성곽을 쌓아 다스렸다."[20] 요 태종이 한 차례 남으로 중원을 경략하자 거란 귀족들이 야만적이고 잔혹한 통치 방식으로 대대적인 노략질을 하여 중원 민중의 반항을 불러일으켰다. 이에 태종은 "나는 중국의 인민이 이토록 제압하기 어려울 줄 몰랐다"[21]고 탄식했다. 그리하여 요 태종은 남북의 생산 방식과 생활 습속, 민족 구성의 상이함에 근거해 그에 상응하는 통치 방식을 채택하여 각 민족 고유의 정치 제도와 경제 제도를 유지하도록 했다. 시간이 흐르면서 이 정치 방략은 차츰 기본 제도로 발전했다. 이른바 "태종 대에 이르러 중국을 두루 통제하고 관을 남북으로 나누어 국제國制로 거란을 다스리고, 한제漢制로 한인을 대했다"[22] 함이 그것이다.

풍습에 따른 통치의 기본적 취지는 "번은 한을 다스리지 않고, 한은 번을 다스리지 않으며 번과 한은 각기 다른 방식으로 다스린다"[23]는 것이었다. 구체적으로 말하면 이중 관제의 시행으로 북과 남 두 벌의 관제 체계를 설치하는 것이다. 요나라의 중앙 기구 가운데 "황제와 남반南班 한인 관료는 한복漢服을 입고, 태후와 북반 거란 신료는 국복國服을 입는다."[24] 관제상에도 남북의 차별을 두었다. "북면하여 군영, 부족, 속국들의 정사를 다스리고, 남면하여 한인 주현, 조세, 군마의 일을 다스린다. 풍습에 따른 정치를 적절하게 한다."[25] 이른바 북면, 남면이란 관공서를 황제 막사의 남쪽과 북쪽에 나누어 설치한 것을 가리킨 말이다. 남면관은 당나라 제도를 답습한 것인데 나중에 송나라 제도가 뒤섞이기도 했다. 중앙에는 3성과 6부를 두었고 지방에는 자사와 현령을 두었다. 남면관은 대부분 한인이었으며 거란인이 섞이기도 했으나 모두 '한관漢官'이라 불렀고 한복을 입었다. 북면관은 일률적으로 거란인을 임용했다. 북남추밀원北南樞密院, 북남이대왕원北南二大王院, 이리필원夷離畢院, 선휘원宣徽院, 적렬마도사敵烈麻都司 등을 설치했다. 북면관은 거란 등 유목 민족을 통치하기 위해 설치한 것이지만 제도는 한인의 제도에서 영향을 받은 것이었다. 두 벌의 관제는 지방 행정 제도에도 그대로 통용되었다. 지방에서 거란 등은 부족제를 시행했고, 한인과 발해인은 주현제에 편입시켰다. 법률 또한 번과 한을 구별했다. "네 성姓(거란, 해奚, 발해, 한)이 서로 침범하면 모두 한법漢法을 응용하고, 본래 부류끼리 서로 침범하면 본국법을 응용한다."(『무계집武溪

集』「거란관의契丹官儀) 세수 또한 두 가지 제도를 시행했다. 주현에는 양세兩稅와 요역을 시행하고, 부족에겐 수초輸草 즉 말먹이 공급과 병역을 부여했다. 거란문자와 한문자가 관방에서 사용하는 정식 문자였으며 한문이 위주였다.

풍습에 따른 통치의 방략과 북남 두 벌의 관료 체계는 각 민족을 구별하여 대처했는데 정책상의 획일과 혼돈을 효과적으로 피했으며, 각 민족 지역을 안정시키는 데 유리했고, 전체 국가의 안정에도 유리했다. 역사가 증명하듯이 이는 비교적 성공한 통치 방략이자 민족 정책이었으며 금이나 원 등 여러 왕조의 통치 사상에도 깊이 영향을 미쳤다. 요 왕조가 남긴 중요한 정치 유산이라 할 수 있다.

금 왕조는 건국 초기 새로운 점령 구역에 "맹안모극을 두어 본 왕조의 옛 제도를 일괄 적용했다".[26] 그러나 요의 원래 지역과 송나라 지역을 점령함에 따라 여진의 옛 제도를 계속 실시해서는 더 이상 통치를 할 수 없게 되었다. 이에 남북 두 벌의 관제로 바꾸어 요와 송의 구 지역엔 기본적으로 해당 지역에 원래 있던 제도를 원용했다. 금 희종은 여진의 보길레 제도를 폐지하고 한의 관제를 전면 채용했다. 하지만 여진의 옛 지역엔 여전히 맹안모극을 두었으며 한인이나 발해인은 맹안모극의 호戶가 되지 못하도록 했다. 실질적으로 민족을 구별하는 정책을 실행한 것이다.

동이도 중화를
바꿀 수 있다면서
유교를 특별히 중시함

문화 정책에서 요, 서하, 금은 모두 폭넓은 수용 방침을 채택했다. 각 민족의 문화, 습속, 종교 일반에 행정적으로 간여하지 않았다. 금나라 통치자가 한때 여진 습속의 확산을 강행했으나 나중엔 방침을 바꾸었다. 각 민족 통치자는 한의 문화를 특히 중시했으며 그중 유학을 특별히 중요시했다. 이를테면 금 희종은 "친히 공자묘孔子廟에 제사 지내고 북면하여 재배했는데"[27] 그는 "공자가 비록 왕위는 없었으나 그 도는 존경받을 만하여 만세에 추앙을 받게 되었다"[28]고 생각했다. 그래서 "『서경』『논어』 및 『오대五代』『요사』 등 여러 책을 열심히 읽었으며 밤에도 계속했다."[29]

거란과 여진은 원래 모두 샤머니즘을 신봉했다. 왕권이 강화되고 경제가 발전하고 문화의 전파가 이루어짐에 따라 샤머니즘의 지위에 변화가 생겼다. 샤머니즘에 대한 통치 계층의 신앙은 날로 엷어져 몇몇 제사 의식 가운데 옛 습속을 보존하고 있을 따름이었다.

거란의 최고 통치자는 처음부터 유교, 도교, 불교를 폭넓게 수용하면서 대대적으로 제창하는 정책을 채택했다. 신책神冊 3년(918) 요 태조는 "공자묘, 불사, 도관을 세우라는 조칙을 내렸다."[30] 요 대의 제왕 대부분은 삼교에 두루 통했다. 역사서에는 요 왕조의 군주와 신하가 유학을 좋아하고, 불교의 부도를 중시하고, 도사들을 앙모했다는 사실을 대량으로 기록하고 있다. 그 가운데 요 성종聖宗과 요 도종道宗은 특히 더 전형적이었다. 요 성종은 "마음을 전적에 두고 장구를 나누어 풀이하는 등"[31] 유가 경전에 정통했다. 그는 또한 "도교와 불교의 취지 또한 잘 통찰하고 있었다."[32] 요 도종은 대대적으로 유학을 선양했으며 친히 불경을 강론하고 도사를 총애했다.

요대 제왕들이 가장 중시한 것은 역시 유학이었다. 한번은 요 태조가 신하에게 이렇게 물었다. "천명을 받은 군주이니 응당 하늘과 신을 섬겨야 할 것이다. 짐은 위대한 공덕이 있는 사람에게 제사를 올리고 싶은데 누가 먼저일까?"[33] 뭇 신하가 "모두 부처라고 대답했다". 이에 요 태조는 "불교는 중국의 종교가 아니다"라고 말했다. 황태자 야율배耶律倍는 "공자는 위대한 성인이며 만세가 존경하는 인물이니 마땅히 먼저입니다"[34]라고 주장했다. 요 태조는 곧 명령을 내려 상경上京에 "바로 공자묘를 세우고 황태자에게 춘추로 석전대례를 치르도록 했다."[35] 요 태조는 또 친히 공자묘를 참배하기도 했다. 이로 인해 요대 제왕들이 공묘에 제사하고 참배하는 것은 정기 행사가 되었다. 요 태종은 상경에 국자학國子學을 설치하고 남경에 태학太學을 설립했다. 요 도종은 한 걸음 더 나아가 유학을 크게 진흥시켰다. 그는 조칙을 내려 "학교를 세워 선비를 양성하라"고 했다. 그리하여 "서경학西京學이 있게 되었고 봉성奉聖, 귀화歸化, 운운雲雲, 덕德, 홍弘, 울蔚, 규媯, 유儒 등 팔주학八州學[36]이 성립되었다. 각지에 공자묘를 건립하고 『오경』에 대한 여러 학자의 해설과 주소를 하사했다. 박사와 조교助教들로 하여금 이를 가르치게 했으며 속현들은 그에 따르도록 했다."[37] 말 타고 활 쏘는 거란족의 옛 상무적 풍속을 유지하기 위하여 요 왕조는 거란인들이 과거에 참가하는 것을 금지했다. 하지만 요나라 말기에 이르면 이 또한 해제되었다. 서요를 건국한 거란의 종실 야율대석耶律大石은 바로 진사 출신이다.

서하는 관제든 문화 정책이든 요나라와 극히 유사했다. 관제는 한과 당항 두 벌의 체제였으며, 학교도 '번학(당항학)'과 '국학(한학)' 두 종류를 두었다. 하 의종毅宗 때는 국내에 일률적으로 한례漢禮를 사용할 것이며 당항의 의례를 다시는 사용해선 안 된다는 명령을 하달했다. 하 인종仁宗 때는 정식으로 과거를 실시해 선비를 선발하고 주현에 두루 학교를 설립했다. 태학도 세웠는데 학교 교육은 주로 유학이었다.

금 왕조는 중원에 들어온 뒤 매우 빠르게 중원 문화를 받아들였다. 『대금국지大金國志』「도교道教」는 이렇게 말한다. "금나라는 도교를 숭상하며 불교와 마찬가지로 여긴다. 중주中州를 차지한 뒤로부터 연남燕南과 연북燕北이 모두 그렇게 한다."[38] 도교 전진파全眞派는 금 왕조 통치 구역 내에서 발생했다. 입교하는 사람들은 유경儒經과 도덕경을 강론하고 담박하게 처신하여 전진교는 매우 광범하게 전파되었다. 금 희종은 문치를 중시하여 유학을 숭상했으며 공묘를 건립하고 공자의 후예를 연성공衍聖公에 봉했다. 동시에 불교도 믿었으며 부도를 세우기도 했다. 금 세종은 특히 유학을 중시했으며 유가의 효도와 여진의 구습이 잘 맞아떨어진다고 여겼다. "경전들이 흥하게 된 역사는 오래되었다. 후세에 가르침을 전하니 선하지 않은 곳이 없다. 오늘날 학자들은 그것을 암송할 뿐만 아니라 반드시 실천해야 할 것이다. 그런데 알기만 하고 실천하지 못한 사람이 많다. 실천하지도 못할 것을 외우면 무슨 도움이 되겠는가? 여진의 옛 풍습은 아주 순수하고 곧았다. 책을 알지는 못했으나 천지에 제사를 드리고 친척을 경애하며 노인들을 존중했다. 빈객을 접대하고 친구를 믿었으며 예절 바르고 따뜻한 사랑이 모두 자연에서 나왔다. 그 훌륭함이 옛 책에 실려 있는 바와 하나도 다름이 없다."[39] 금 세종은 경전 번역을 명하고 『오경』

을 여진문자로 번역하라고 하면서 이렇게 말했다. "짐이 『오경』을 번역하라는 명을 내린 것은 바로 여진인에게 인의도덕의 소재가 어디인지 알도록 하려는 것이다."[40] 그는 국자태학과 여진국자학을 설치하고 각지에 한아부학漢兒府學과 여진부학을 설립했다. 그는 또 여진 귀족 중 여진문자로 된 경서를 읽지 못하는 자는 맹안모극을 승계할 수 없도록 규정하기도 했다.

요나라와 금나라 통치자들이 잇달아 공자를 존중하고 유학을 숭상하는 정책을 시행하면서부터 북방 유학은 거의 중원과 보조를 맞추며 발전했다. 리학 또한 북방에 전파되었다. 예컨대 두시승杜時升은 "숭산과 낙양 산중에 은거했는데 그의 학문을 따르는 자가 매우 많았다. 대저 이락지학伊洛之學[41] 즉 정주학으로 사람들을 가르치는 일이 이때부터 시작되었다."[42] 당시 북방에 심성을 다루는 성리학이 없었던 것은 아니다. 다만 영향력에 한계가 있었을 뿐이다. 여기서는 이론적으로 대표성을 지닌 한 가지 예만 들어 그 일단을 보여주고자 한다.

조병문趙秉文(1158~1232)은 북방 유학자 가운데 비교적 많은 영향을 미친 저명한 학자다. 저서로는 『역총설易叢說』『중용설中庸說』『문중자유설文中子類說』『논어해論語解』『맹자해孟子解』『부수집滏水集』 등이 있다. 그의 사상은 북송의 도학 특히 이정二程의 학문을 계승했으며 도와 천리를 '천하의 본체'로 여겼다. "『주역』에 태극이 있는데 극極은 중中이다. (…) 천지를 자리매김하고 만물을 기르며 화육化育을 도외시하거나 인륜을 떠난 이야기는 하지 않는다. (…) 중은 곧 화和이고 화는 곧 중인데 한 가지를 궁구할 따름이다."[43] "천지간에는 대순지화大順至和 즉 크게 순조롭고 지극히 조화로운 기와 자연의 리가 있어서 마음에 뿌리를 두고 본성에서 완성된다"[44]고도 말했다. 또 이런 말도 했다. "순자는 인성이 악하다고 말하고, 양웅은 인성에 선악이 섞여 있다고 말한 것은 그 정情을 말한 것이다. 한유가 인성에 상, 중, 하가 있다고 말한 것은 그 재才를 말한 것이다. 모두 성의 근본이 아니다. 『예기』는 사람은 고요한 상태로 나는데 이것이 하늘의 성이라고 한다. 중中이야말로 천하의 대본이라고도 말한다. 이는 성의 본체를 가리킨 것이다. 희로애락이 아직 발하지 않는 사이의 인욕으로 인한 사사로움은 추호도 없이 순수한 천리일 따름이다."[45] 조병문이 보기에 '천리의 진수'를 얻는 길은 진심지성盡心知性 즉 마음을 다하고 인성을 이해하며, 수도갈욕修道遏欲 즉 도를 닦고 욕심을 제거하는 것이다. "오직 열심히 학문에 힘써서 지식을 궁구함으로써 먼저 의義와 이利의 변별을 분명히 하고 1사1물一事一物이 내 가슴속에서 일목요연해지도록 한다. 익히고 관찰함이 오래되면 천리는 날로 분명해지고 인위人僞는 갈수록 소멸하여 거의 성현의 경지를 만들어갈 수 있을 것이다. 그래서 성인이 도를 닦음으로써 천하를 교화함은 천하로 하여금 인욕을 없애고 천리를 보존케 하려는 것이다. 이것이 바로 도를 닦음이 교화를 말함이라는 것이다."[46] 조병문은 중용을 "백대 내내 영원히 실천해야 할 도"라고 생각했다. 즉 "부모를 친애하고 어른을 섬기고 현인을 존중하고 신분이 귀한 사람을 귀하게 여기며" 오직 '군신, 부자, 부부, 붕우'의 도를 잘 지키고 '시중時中'으로 시대 변화에 대응함으로써만이 영원히 중을 잃지 않는 '화和'에 다다를 수 있다는 것이다.[47] 조병문의 사상은 심성의리 학문의 북방 분파임에 틀림없다.

요, 서하, 금의 문화 정책은 객관적으로 중화 민족 문화의 통일과 발전을 촉진했다. 보존된 요나라와 금나라 문헌과 문물로 볼 때 당시 북방의 문화는 한 문화를 빌렸을 뿐만 아니라 민족적 특색과 지방적 특색 또한 풍부하게 갖고 있었고 게다가 상당히 높은 수준에 도달해 있었다. 요, 서하, 금의 문화는 중화 문화 보고의 중요한 조성 부분이다.

04

중화의 군도君道를 익히고
정통 천자가 됨

한 문화의 영향 아래 요, 서하, 금 최고 통치자들의 민족의식과 정치 심리는 크게 변화했는데 주로 제왕들이 중화의 군도를 보편적으로 익히고 정통 천자가 되는 데 뜻을 두는 형태로 나타났다.

요 성종과 그의 어머니 소蕭 태후는 당나라 때의 정치를 지극히 숭상했으며 당 태종 등을 모범으로 받들었다. 역사 기록에 따르면 요 성종은 당 태종을 "500년 이래 중국의 가장 영명한 군주"라고 불렀다. 그는 "『정관사요貞觀事要』와 태종, 명황明皇 실록을 즐겨 읽었다."[48] 또 다른 기록에 따르면 요 성종은 "고조, 태종, 현종의 세 기紀를 읽었으며" 신하들에게 "그들의 행사를 기록하여 본받을 만한 것은 진행하라"[49]고 명령했다. 대신 마득신馬得臣이 정관과 개원開元의 일에 관해 상소문을 써서 간언을 올리자 성종은 "아주 오랫동안 기쁜 탄식을 하기도"[50] 했다. 소 태후와 요 성종은 또 『정관정요』를 거란문으로 번역하여 여러 왕과 저군儲君 및 신하들에게 읽도록 했다. 당시 당나라 정치에 대한 학습은 한 시대의 풍조가 되었다.

일에는 반드시 짝이 있는 법, 금나라 제왕들도 『정관정요』를 대단히 중시했다. 금 희종은 측근들에게 이렇게 말했다. "짐이 『정관정요』를 읽을 때마다 그 군신 간 의론하는 것을 보니 크게 본받을 만하더라."[51] 한림학사 한방韓昉은 "이 모두 당 태종이 낯빛을 온화하게 하여 찾아가 묻고 방현령房玄齡이나 두여회杜如晦 등은 충성을 다했기 때문이다. 그 책은 비록 간략하지만 충분히 본받을 만하다"[52]고 생각하고 이렇게 주장했다. "당나라는 태종 이래 명황 즉 현종과 헌종憲宗만을 예로 들 수 있다. 명황은 이른바 시작은 있었으되 끝은 없는 경우다. 처음 어려움을 딛고 제위에 올라 요숭姚崇과 송경宋璟 등을 임용하고 오직 올바름만을 실천했다. 그래서 개원의 치를 이룰 수 있었다. 그런데 말년에 만기를 게을리하고 정사를 이임보李林甫에게 맡기니 간사하고 아첨하는 무리만 횡행하게 되어 천보天寶의 난을 불렀다. 진실로 마무리를 처음처럼 신중하게 한다면 정관의 풍토를 어렵지 않게 좇을 수 있을 것이다."[53] 금 희종은 칭찬하며 그의 말을 아름답게 받아들였다.

금 세종은 여러 신하와 사관의 밀의密議 참여 여부를 의론하며 이렇게 말했다. "짐이 『정관정요』를 보니 당 태종은 신하들과 의론하면서 의론의 시작이 어떠하고 나중의 경과가 어떠한지에 관하여 사관을 곁에 두고 기록하고 문서로 만들도록 하더라. 몇 가지 일의 비밀이 샐까 두렵다면 비밀을 잘 지키는 사람을 선택하여 임용하면 될 일이다."[54] 이로부터 "조정에서의 상주나 병풍을 두르고 정사를 의론하는 일 등을 기록하는 관리를 피하지 않게 되었다."[55] 금대 제왕들이 『정관정요』를 인용하는 사례는 그 외에도 아주 많다.

요와 금의 통치자들이 시야를 당대의 정치 양식에만 국한시켰던 것은 아니다. 수많은 제왕은 꾸준하게 중국 고대의 전적 속에서 치국의 도를 빨아들였다. 금 세종이 그 전형적 예다. 금 세종은 한족의 경전과 역사, 특히 역사 서적을 통해 치국 방략을 취하는 것을 대단히 중시했다. "짐은 성경聖經은 깊이 이해하지 못하겠으나 역사서는 펼치면 곧 유익한 것을 얻었다."[56] 정무를 의론하는 와중에도 금 세종은 문득 경전과 역사를 인용하곤 했다. 이를테면 한번은 재신宰臣에게 이렇게 말했다. "짐이 최근 『한서』를 읽으며 광무光武가 하는 행위를 보았는데 사람으로서 하기 어려운 일을 했더라."[57] 이런 말도 했다. "짐이 비록 늙었으나 선을 듣는 데 싫증내지 않는다. '선을 보면 미치지 못한 듯이 하고 불선不善을 보면 뜨거운 물을 대하듯 한다'[58]는 공자의 말은 얼마나 위대한 말씀인가!"[59] 사관史官과 사감史鑑이 충분히 작용을 발휘할 수 있도록 그는 일련의 조치를 취했다. 그는 재신에게 이렇게 말했다. "최근 『자치통감』을 보니 누대의 흥망을 편년의 순서로 써내려갔는데 귀감이 될 만한 것이 아주 많더라. 사마광司馬光이 이처럼 마음을 쓴 것에는 고대의 어떤 훌륭한 사관이라도 무얼 더할 수 없겠더라."[60] 그리하여 경사와 치도에 정통한 "해당 분야의 박사와 노련한 유학자"를 요직에 임용하여 "토론을 준비하라"[61]고 결정했다. 그는 스스로 경사를 애써 읽었을 뿐만 아니라 온갖 계책을 내어 여진인들에게 한인들의 전적을 읽도록 인도했다. 그는 경역소經譯所에 명령하여 "『주역』『서경』『논어』『맹자』『노자』『양자揚子』『문중자』『열자』 및 『신당서』를 번역하게" 했다. 그러고는 "짐이 『오경』 번역을 명한 것은 바로 여진 사람들에게 인의도덕의 소재를 알도록 하고자 함이다"[62]라고 말했다. 그는 또 "맹안모극은 모두 여진문자로 된 경과 사를 먼저 읽은 뒤에 지위를 승계하라"[63]는 명령을 내렸다.

한족의 정치 양식과 정치 이론은 요나라와 금나라 제왕, 장군, 재상들의 정치의식 및 정치 행위에 심각한 영향을 미쳤으며 한 문화가 침투하면서 제왕 관념과 민족 심리에도 큰 변화가 생겼다.

요 왕조의 군주와 신하들 스스로가 거란인은 본래 염황炎黃의 후예로 화하족과 같은 맥에 속한다고 말했다. 그들은 자칭 '북조北朝'라고 부르면서 송나라를 '남조'라고 불렀다. 그래서 구양수가 펴낸 『신오대사』에서 거란을 「사이부록四夷附錄」에 편입시킨 데 대하여 강렬한 분노를 표했다. 요 도종은 「군신동지화이동풍시君臣同志華夷同風詩」, 즉 군주와 신하의 뜻이 같고 중화와 이적의 풍속이 같다는 시를 지어 황태후에게 진상했는데"[64] 스스로 "내가 문물을 닦으니 그 빛남이 중화와 다를 바 없다"[65]고 자랑했다. 그는 일찍이 백금 수백 량으로 불상을 주조하여 뒷면에 "후세엔 중국에서 태어나기를 바랍니다"[66]라는 말을 새기기도 했다. 금대의 몇몇 제왕 또한 이보다 심했으면 심했지 못하지 않았다. 금 희종은 어려서부터 스승 한방韓昉으로부터 한문 경전을 배웠다. 종실 대신들이 이를 보고 "완연히 한 사람의 한나라 집안 소년"[67]이라고 했으며, '한아漢兒'라고 부르기도 했다. 그는 종실 대신들을 "무지한 무리"[68]라고 부르며 천박하게 여겼다. 금 희종이 옛 습속을 고수하는 종실 귀척들을 '이적夷狄'으로 취급한 것은 통치 집단 내부의 특정 구성원들의 민족의식과 정치 심리에 심각한 변화가 생겼음을 반영한 것이다. 금 장종章宗은 "본 왕조 사람과 본 왕조 언어를 '번番'이라고 부르지 못하게 했으며 위반한 사람에게 장형을 가했다"[69] 그는 재위 기간에 "예악을 바로잡고 형법을 수찬하고 관제를 확정하여 전장 문물의 찬연한 일대 통치 규범을 형성했다. 또한 신하들에게 한漢 선제宣帝 시대의 종핵명실綜核名實과 당대의 고과考課법을 문의했는데 이는 요나라와 송나라를 넘어 한나라와 당나라에 필적하고자 함이었다"[70] 그의 정치 심리는 한족 제왕들과 대동소이하다.

제왕 의식의 변화는 용인用人 관념에도 표현되어 민족을 멸시하는 정도가 점차 묽어지게 되었다. 소蕭 태후와 요 성종은 한족 선비를 관료로 대거 임용했다. 임용하면 의심 없이 대권을 부여했다. 금 희종은 이렇게 선포했다. "사해의 안은 모두 짐의 신하다. 차별하여 대우한다면 어찌 하나로 만들 수 있겠는가. 속담에 '의심스러우면 쓰지를 말고 썼으면 의심하지 말라'는 말이 있지 않느냐. 지금부터 본국 사람들과 여러 색의 사람들의 재능을 헤아려 널리 임용한다."[71] 금 해릉왕海陵王은 더욱더 대량으로 한인, 해인奚人을 임용하고 중임을 맡겼다. 요와 금의 여러 황제가 용인 방면에서 보여준 기백은 인재들을 한자리에 모여들게 하고 정치를 생기발랄하게 만들었을 뿐만 아니라 통치의 기초를 확대시켜 민족 간의 교류와 융합을 촉진시키기도 했다.

요와 금의 통치자들은 한과 당을 정치적 모범으로 삼고 자신을 중화의 밖에 위치시키지 않았을 뿐만 아니라 하늘 아래 오직 자신만이 독존적 존재라는 의식 또한 날로 강렬하게 키워갔다. 이를테면 요 성종은 "하늘 아래 오로지 짐만이 가장 존엄하다"[72]고 명확히 선포했다. 그의 근거는 "하늘이 지상의 여러 왕국을 짐에게 하사했으므로, 짐만이 각 민족이 거주하던 지역을 통합할 수 있다"[73]는 것이었다.

어떤 황제는 정통 제왕이 되겠다는 강렬하고 웅대한 뜻을 표출하기도 했다. 금 해릉왕 완안량完顔亮이 이를 전형적으로 대표한다. 한번은 해릉왕이 근신들과 정치를 논의하는데 장중가張仲軻가 이렇게 진언했다. "본 왕조의 강토가 비록 크지만 천하에는 네 명의 주인이 있습니다. 남으로 송이 있고, 동으로 고려가 있고, 서로 하가 있습니다. 이것들을 하나로 할 수 있어야 진정으로 큰 것입니다."[74] 완안량은 깊이 찬성을 표했다. 그는 "자고로 제왕은 천하를 통일한 뒤에야 정통이 될 수 있다"[75]고 생각했다. "천하가 한집안이 된 뒤에야 정통이 될 수 있다"[76]고 말한 적도 있다. 그는 사람을 시켜 시를 지어 자신의 뜻을 말하게 한 적이 있다. "만 리 간 수레와 책이 함께 섞였는데, 강남에 어찌 큰 강역의 봉지가 있을쏜가? 100만 병사를 일으켜 서쪽 호수 옆에 세웠으며 말을 오산吳山[77] 제일봉에 세웠도다."[78] 전국 통일과 정통 제왕이라는 관념은 군대를 일으켜 남침을 강행하는 것을 촉진시키는 중요한 요소가 되었다. 해릉왕이 연경燕京 즉 북경으로 천도하고 정령을 통일시키고 왕권을 강화하고 재정 운용 제도를 강구하는 등 정치적 조치를 취한 것은 모두 그의 제왕 관념과 밀접한 관계가 있다.

05

부단한 개혁 및
중화와의 점진적 대동

요, 금 두 왕조의 정치 체제와 정책 방침은 옛 풍속으로부터 새 체제로 나아가는 부단한 발전 과정이었다. 요대 법제를 예로 들어보면 황제의 부단한 조정을 통해 법전이 차츰 완비되고 통일된 것을 알 수 있다. 요 도종은 "거란과 한인들의 풍속이 다르다고 해서 국법을 다르게 적용할 수는 없다"[79]면서 대신들에게 명하여 "조례를 경정토록 했다. 무릇 율령에 합치하는 것은 모두 신도록 하고, 합치하지 못한 것은 별도로 존치하도록 했다."[80] 국가 건립부터 전성시대에 이르기까지 시종 개혁과 혁신이 정치 활동의 주류였으므로 제왕 대부분은 시의적절한 제도의 개혁 및 변통을 주장했다. 이를테면 금 희종은 '천권신제天眷新制'[81]와 관련된 조서에서 "가하면 따르고 그렇지 않으면 혁신하라. 일을 처리하는 데 바꾸는 것을 꺼리지 말라,"[82] "바꾸면 통하고, 통하면 오래간다. 이 모두가 오늘날의 급선무다,"[83] "한번 바꾸면 거의 도에 다다르게 된다"라고 말했다. 이런 말도 했다. "여기 옛 땅의 풍습으로 인해 선민들의 바탕을 매우 숭상하여 습성으로 굳어지니 바꾸기가 어렵다. 정치는 시대적 요인에 따르면서 옛것 가운데 마땅함을 찾아 점차 똑같은 효과를 거두어 마침내 대동에 이르도록 하는 것이다."[84] 이는 구체제, 구습속을 점진적으로 변화시키는 방법을 통해 부단히 개혁하고 마지막엔 "마침내 대동에 이르는" 목적에 도달한다는 말이다. 금 희종과 그의 후임들은 모두 건국 초기의 제도는 임시방편이었으니 오래 경영하여 이로운 것이 아니라면 없앨 것은 없애고 고칠 것은 고쳐야 한다고 생각했다. 그들의 개혁과 경장은 대체적으로 한번에 해결하려고 하지 않고 상시적으로 중대한 조치를 취하는 방식이었다. 개혁을 주창하는 제왕이 보위에 오를 때마다 단계적인 성과를 얻곤 했다.

개혁의 핵심 내용은 본 민족 '조종의 기성 법제'라는 굴레를 벗어나 더 높은 차원의 문명을 향해 나아가는 것이었다. 개혁은 필경 구정체와 구법률에 대한 변혁과 부정으로 나타난다. 신구의 투쟁과 권력 쟁탈은 함께 엮여 통치 집단 내부에선 수시로 핏물이 낭자한 도살이 벌어진다. 하지만 경쟁을 벌일 때마다 최종적으로는 언제나 중화의 예법을 추진하고 중앙 집권을 강화하려는 측이 유리한 국면을 차지했으며, 언제나 한화의 정도가 비교적 깊은 제왕이 옛 습속을 고집하는 귀족을 압도했다. 그 결과 정치, 경제, 법률 제도와 통치 사상에 있어서 한족의 정치와 날로 가까워지게 되었다. '효를 크게 여기며' 군권을 최고로 여기는 중화 정치 문화가 각 민족에게 받아들여졌으며 사람들의 심리 구조와 가치관의 형성에 중대한 영향을 미쳤다.

북방 각 정권은 "중국 땅을 얻고, 중국 인력을 부렸으며, 중국 지위와 호칭으로 불렀고, 중국 관속을 모방했으며, 중국 인재를 임용하고, 중국 서적을 읽었으며, 중국 수레와 복식을 사용하고, 중국 법령을 행했다."[85] 유학으로 대표되는 전통 정치 문화는 정권을 수호하는 정신적 지주이자 정종正宗의 사상이 되었고 사람들은 공통적인 도덕규범과 가치 지향을 갖게 되었다. 요와 금으로 이어지는 200~300년의 통치를 거치면서 북방 각 민족 간의 차별은 차츰 사라졌으며 한어漢語는 통용되는 언어 교류 수단이 되었다. 원 왕조가 건립된 뒤에는 원래 금 왕조의 통치 아래 있었던 한인, 여진인, 거란인 등을 통칭하여 '한인漢人'이라 부르기도 했다. 이는 황하 상하에서 생활하던 각 민족이 기본적으로 대동大同을 실현하게 되었다는 표식이다.

요, 서하, 금의 정치 문화의 발전과 변화 과정은 한 민족의 생활 구역 내에서 건립한 소수 민족 정권의 발전, 변화와 공통된 특징을 보여준다. 청나라 초 왕부지王夫之가 설파한 논의는 깊은 생각에 잠기게 한다. "이적이 강해진 것은 그들의 법제가 소략하고 거처와 음식이 조악하여 사납고 매서운 기운을 길렀기 때문이며 그들의 습속을 바꾸지 않음으로써 큰 이익이 있었다."[86] "일단 개혁을 하여 중국의 도가 섞이게 되면 저들의 이익과 손해는 반반이 된다. 이익이란 점점 중국을 이기고 성장할 수 있다는 것이며, 손해란 저들 또한 이로부터 약화된다는 것이다."[87] 사실 요, 서하, 금의 통치자들은 여러 방면에서 "그들의 습속을 바꾸지 않으려고" 힘써 노력했으나 효과는 아주 미미했다. 비교적 선진적인 문화를 대대적으로 흡수하는 것이야말로 낙후한 민족이 선두를 따라잡을 수 있는 첩경이다. 하지만 어떤 정치 문화를 받아들일 때면 피치 못하게 그 정치 문화가 내포하고 있는 정치 가치의 오류 또한 많든 적든 받아들일 수밖에 없다. 어떻게 해야 자신의 장점을 유지하면서 타인의 좋은 점을 흡수할 수 있는가? 어떻게 하면 끌어들인 정치 가치의 오류를 최대한 피할 수 있을까? 중국 고대 소수 민족 정권의 통치자들은 그 누구도 이 문제를 잘 해결하지 못했다.

제2절

승천후承天后와
요 성종聖宗의 정치사상

요나라 승천承天 황태후 소작蕭綽(953~1009)은 어려서 자가 연연燕燕이었으며 북부北府 재상 소사온蕭思溫의 딸이다. 그녀는 요 경종景宗의 황후이자 요 성종의 어머니다. 소 태후는 치도에 밝고 군정을 숙지하고 있었다. 좋은 것을 들으면 반드시 좇았으며 신상필벌信賞必罰했다. 일찍이 경종 시기에 황제 스스로 병이 많았기 때문에 황후에게 정사를 맡겼다. 연연황후는 조정에 임하여 큰 정무를 재결했다. 성종 즉위 초년, "어머니는 과부이고 자식은 약하니 족속들이 강대해져 변방이 편안치 못했다."[88] 소작은 태후의 신분으로 국사를 섭정하며 조정에 임하여 27년간 정무를 대리했다. 그녀가 천하를 다스린 40여 년 동안 정치적으로 여러 가지 성과가 있었다.

요 성종聖宗 야율융서耶律隆緖(970~1031)는 어려서 자가 문숙노文叔奴였다. 그는 책을 좋아하고 활 쏘는 법에 정통했다. 음률에 밝았으며 회화도 잘했다. 매우 수준 높은 군정軍政과 문화적 소양을 갖추고 있었다. 요 성종은 어머니의 정치사상과 통치 방략을 계승하여 힘써 정치에 임했다. 그의 통치 시기에 요 왕조는 전성기를 맞았다.

승천 황태후 모자는 요 왕조를 위기에서 구했으며 열성적인 노력을 기울여 청사에 빛나는 정치적 성취를 이루었다. 그들의 정치사상과 통치 방략은 대체로 다음 몇 가지로 귀납할 수 있다.

현인을 임용하고 간언을 받아들이며, 사람을 쓰면 의심하지 않음

"오직 사람을 얻는 데 있다"는 말은 소 태후와 요 성종이 가장 중요하게 여기는 치국 방략 가운데 하나다. 소 태후 모자는 당 태종을 숭배했으며 『정관정요』를 모범으로 받들었다. 사람을 임용하고 간언을 받아들이는 정치 기예를 운용하는 면에 있어서 그들의 기백과 식견은 지나칠지언정 못 미치는 점이 없었다. 역사는 소 태후의 신묘한 기략과 지모, 좌우신하에 대한 뛰어난 제어 등을 칭송한다. "치도에 밝았으며 좋은 일을 들으면 반드시 좇으니 뭇 신하가 온 힘을 다해 충성을 바쳤다."[89] 요 성종은 "원망과 적체를 잘 다스리고, 인재를 잘 선발했으며, 탐욕과 잔혹함을 잘 파악하고, 사치와 참람함을 잘 억눌렀다."[90] 요대 여러 황제 가운데 "영명이 무궁한 사람은 오직 성종뿐이었다!"[91] 『요사』『거란국지』 등 역사 서적은 사람을 임용하면 의심하지 않고, 예를 다해 대신을 공경하고, 물 흐르듯 간언을 좇고, 상벌을 분명하게 하는 등 소 태후와 요 성종의 수많은 일을 기록하고 있다.

한족 인사 한덕양韓德讓을 중용한 것이 전형적인 사례다. 한덕양은 "중후하고 지략이 있었다. 정치의 본체에 밝았으며 공을 세우고 일 처리 하는 것을 좋아했다."[92] 요 경종이 서거하자 소 태후는 "어머니는 과부이고 자식은 약하니 족속들이 강대해져 변방이 편안치 못한" 정치 국면을 맞았다. 한덕양은 야율사진耶律斜軫 등과 함께 "신 등을 신임하시면 무슨 걱정이 있겠습니까"[93]라고 진언했다. 소 태후는 한덕양의 건의를 받아들여 일련의 조치를 취했고 끝내 위험을 극복했다. 소 태후 모자는 한덕양을 더욱 중임했으며 왕에 봉하고 재상으로 모셨다. 야율 성을 하사하고 융운隆運이란 이름도 내렸으며 그로 하여금 군정대권을 총람하도록 했다. 그의 의장과 경호 등은 제왕과 같았다. 한덕양은 온 힘을 다해 나라를 받듦으로 보답했다. 하지 못하는 일이 없음을 알고 "현인을 추천하여 정무를 보좌하는 진정한 대신의 직무를 수행했다."[94] 소 태후 모자는 또 한덕양, 야율휴가耶律休哥, 야율사진, 실방室昉 등 번과 한의 대신들과 온고하고 단결된 통치의 핵심부를 구성했다. 군신 간 뜻이 합치하고 물과 물고기의 관계처럼 잘 어울렸으며 몇 명의 집정 대신도 서로 우호적으로 합심하여 협력했다. 말할 것도 없이 요 왕조의 정치는 쇠약을 벗어나 전성기에 이르렀다.

소 태후는 군사를 잘 알고 있었으며 전쟁터에도 출입했다. "친히 전차를 몰고 삼군을 지휘했으며 상벌에 신뢰가 있어 장교와 사졸들이 목숨을 바쳤다."[95] 그녀는 전선의 앞에서 통솔하는 장수를 비교적 신임했으며 항상 "편의에 따라 일을 처리해도 되는" 권력을 부여했다. 예컨대 야율휴가가 남경을 지킬 때 "편의에 따라 일을 처리해도 된다"고 허락했다. 한덕양이 당항黨項을 정벌할 때 "검을 하사해 편의에 따라 일을 처리하도록 했다". 야율목제耶律穆濟가 남경에 증원병을 갈 때 "검을 하사해 마음대로 죽여도 된다"고 했다. 이 때문에 장수들은 재능과 지모를 다 바쳐 공훈을 세울 수 있었다.

소 태후와 성종이 대신을 임용하면서 보여준 식견과 기백은 제왕과 보신들 또는 보좌하는 신하들 사이에 협조적인 관계를 형성토록 했으며 이

들이 문무도략을 겸비한 통치의 핵심을 구성했다. 이것이 요 왕조 중흥의
정치적 전제이자 주요 원인이다.

이치吏治의 정돈과
탐학의 엄금

이치吏治, 즉 지방 행정의 정돈은 소 태후와 요 성종의 중요한 치국 방략이었다. 소 태후는 섭정이 된 뒤 바로 이치의 정돈에 착수했다. 삼경三京 내소 관원들에게 입무에 임하라는 조칙을 다음과 같이 하달했다. "집행을 공평하고 방정하게 할 것이며 아첨이나 영합을 하지 말라. 각 현령의 보좌는 주관州官이나 조정 사자들의 합리적이지 못한 요구에 부딪혀도 두려움을 보이지 말라."96 이후 누차에 걸쳐 조칙을 하달하여 탐학을 가려내고, 적체된 옥사를 해결했다. 통화統和 9년(991) 한 해에만 두 차례나 대규모의 힘 있는 관원을 각지로 나누어 파견하여 "여러 도道의 적체된 옥사를 해결토록"97 했다. 태평太平 6년(1026) 요 성종은 다시 조칙을 하달했다. "남북 여러 부部는 주현州縣, 석렬石烈. 미리彌里98의 관원을 잘 조사하여 제대로 다스리지 못한 사람은 파면하라. 대소 직관 가운데 탐학하고 백성을 괴롭히는 자가 있으면 즉각 파면하고 종신토록 녹을 주지 말라. 청렴 정직하지 않으면 중임을 맡겼더라도 다른 사람으로 대체하라. 청렴근면하여 자신을 잘 지키는 사람은 지위가 낮더라도 당장 천거해 올리라. 황가 종실에 뇌물 수수 사건이 발각되면 보통 사람의 범죄와 똑같이 처리하라."[99] 법을 잘 지키는 순리循吏를 임용하고 탐관오리를 파면했으며 고루한 규정이나 해로운 폐단은 과감히 없앴다. 그리하여 정치는 비교적 청명해지고 사회는 상대적으로 안정되었다. 역사는 이렇게 칭송한다. "나라에 요행을 바라는 백성이 없고 기강이 모두 잘 닦여 있으며 관리 대부분은 직무를 받들고 사람들은 범법을 무겁게 생각했다. 그래서 통화 연간에 남경南京과 이주易州, 평주平州에는 감옥이 비었다는 소문이 있을 정도였다."[100]

03

과거를 통한 선발과
한인 관리의 중용

개과취사開科取士 즉 과거 시험을 통한 선발은 소 태후와 요 성종이 정치적으로 취한 중대한 조치 중 하나였다. 거란은 건국 이래 중요한 관직에 줄곧 세선제世選制[101]를 실시해왔다. 남북부南北部 재상, 추밀사樞密使 및 기타 중요한 군정 요직은 모두 거란의 귀족들이 맡았다. 통치 영역이 확대되고 민족 성분이 복잡해지고 국가 사무가 늘어나자 세선제에만 의지해서는 인재 수급을 제대로 맞출 수가 없었다. 세선제는 왕권을 강화하는 데도 여러 소극적 요인으로 작용했다. 소 태후는 구시대의 용인 제도를 과감히 개혁하여 각 민족 가운데서 관원을 선발했다. 이를테면 통화 2년 (984) "획리부劃離部가 이제부터 상온詳穩의 관직을 본 부족 내에서 선발하는 것이 마땅하다고 요청하자 주상께서는 '여러 부의 관원은 그 자리에 합당한 인재인가의 여부가 중요한데 어찌하여 본 부족 내부로 한정한단 말인가'라고 말하며 윤허하지 않았다".[102] 소 태후는 재간이 있는 한족 선비들을 중용했다. 그녀는 한덕양 등 한족 대신을 총애하고 신임했을 뿐만 아니라 여러 차례 "조칙을 내려 여러 부의 송인 포로 가운데 관직 경험이 있는 재능 있는 유생이 있거나, 여러 도의 군대에 용감하고 튼튼한 사람이 있으면 모두 그 이름을 보고하라고 했다".[103] 또 "군읍郡邑은 경전에 밝고 재능이 비범한 사람들을 추천하라는 조칙을 내렸다".[104] 통화 7년(989) 송나라 진사 17명이 가솔들을 이끌고 귀순하자 소 태후는 "담당관에게 명하여 급제한 경력을 헤아려 국가 관직에 보하고 나머지는 현의 주부主簿나 위尉를 제수하라고 했다".[105] 망도望都 전투에서 송나라 장수 왕계충王繼忠이 포로로 잡혔는데 "태후는 그의 현명함을 알아보고 호부사戶部使를 제수하고 강묵기康默記[106]의 당질 손녀딸을 그에게 시집보냈다. 계충 또한 대단히 격앙되어 온 힘을 다해 봉사했다".[107] 유학에 정통한 선비를 대규모로 배양하고 선발 임용하기 위하여 소 태후는 정식으로 당나라 때 제도인 개과취사 전통을 채용하여 제도로 만들었다. 요 성종은 사부辭賦와 법률法律로 취사取士하던 것을 차츰 진사進士 인원으로 확대하여 태평太平 연간에는 매년 급제한 사람이 40에서 70여 명에 이르렀다. 소 태후와 요 성종의 통치 시기에 『요사』에 열전이 있는 재보宰輔 일급의 고위 관원만 하더라도 13명이 진사 출신이었다. 실방室昉, 장검張儉, 고정高正, 석용중石用中, 여덕무呂德懋, 두방杜防, 양석楊晰 등 저명한 어진 신하들은 모두 과거 출신이었다. 소 태후와 요 성종은 과거 시험을 실시하고 한인 관리를 임용하는 등 대규모로 유용한 인재를 활용함으로써 통치 기초를 확대했으며 관료들의 질적 수준을 높였다. 이는 북방의 문화와 교육의 발전에도 적극적인 의미를 지닌다.

04

법률 수정과
제도 개혁

요 태조는 "거란 및 여러 이_夷족은 법_法으로 다스리고 한인들은 율령_{律令}으로 단속한다"[108]는 법을 만들었다. 번인과 한인들의 법이 달랐기 때문에 "같은 죄에 대해서도 다른 처벌을 내리는 경우가 많았다". 이에 경종 시기부터 소 태후는 법률 수정에 착수했다. 성종 시대에 이르러 형법은 가혹함에서 관대함으로 바뀌었으며 번인과 한인 두 가지 법률 체계는 차츰 통일된 추세를 보이게 되었다.

『요사』「형법지」의 기록에 따르면 "성종이 충년_{沖年} 즉 어린 나이에 즉위하고 지혜로운 황후(소작)가 섭정을 하면서 옥사 처리에 마음을 기울였다. 항상 황제에게 법률을 관대하게 처리하라고 권했다. 황제가 장성하여 국사에 익숙해지고 영민하게 정치에 임했다. 당시 법령을 경정한 사례가 10여 가지에 이르렀는데 대부분 인심에 부합했고 형벌 운용에도 매우 상세하고 신중했다"[109] 그래서 역사에선 요대 제왕 가운데 "자손이 계승한 그 법에 경중이 있고, 중간에 적절하게 헤아려 변통하고 끝에는 예_禮로 귀결할 수 있었던 것은 오직 경종과 성종 시대가 가장 뛰어났다"[110]고 한다. 이 시기 요대 법률 변혁의 특징은 번율_{蕃律}과 한율_{漢律}이 어떤 부분에서 이미 통일로 나아가고 있었다는 것이다. 요 성종은 말한다. "짐의 국가엔 거란과 한인이 있다. 남북 두 원院으로 나누어 다스림은 잘못된 탐욕을 없애고 번잡한 걱정을 제거하기 위해서다. 귀천에 따라 법을 다르게 적용한다면 반드시 원망이 생겨날 것이다. 소민들이 범죄를 저지르면 반드시 담당관을 움직여 조정에까지 이르게 할 수는 없을 것이다. 그런데 내부 왕족과 외척 대부분은 시혜를 믿고 뇌물을 수수하며 면죄부를 받으려고 한다. 이래서는 법이 무너지고 말 것이다."[111] 이와 같은 사상의 지도하에 소 태후와 요 성종은 법령을 개정하여 수많은 범죄에 대해 동죄동벌同罪同罰제를 실시했다. "먼저 번인 중 한인을 죽인 사람에겐 우마牛馬로 보상하게 했으며, 한인의 경우엔 참형을 가하고 그 친속을 노비로 삼았다. 처첩들은 하나같이 한법漢法으로 논죄했다."[112] "거란인으로 십악十惡을 범한 자는 한율에 따라 처리하라"[113]고 분명하게 명령을 내리기도 했다. 소 태후와 요 성종은 거란 구법 가운데 지나치게 가혹한 부분을 없애기도 했다. 구별하여 처분을 내리던 일이 다시 평형을 되찾고 마침내 "하나같이 한법으로" 논죄한 것은 일부 중요한 측면에서 법의 균일한 적용을 실현한 것이었다.

요 성종은 부족들을 새롭게 재편하고 조세 제도를 개혁했다. 요나라 초 "각 부 대신은 정벌을 통해 포로들을 노획한 뒤 스스로 부곽郛郭을 설치하고 두하군주頭下軍州로 삼았다."[114] 두하군주는 실제로 귀족의 영지에 해당되었으며 두하의 호구는 모두 노비나 농노農奴였다. 성종 시기부터 "시정市井의 세금은 각 두하에 귀속되고 주세酒稅만이 상경으로 납부되었다. 이는 두하군주의 세금을 두 등급으로 나누는 것이다."[115] 두하호의 "조세 수송은 관원이 했으며 그 군주에게 세금을 납부했으니 이를 '이세호二稅戶'라 부른다."[116] 이는 국가에 대한 부세가 두하군주로 확대된 것이니 두하호와 두하주의 신분 예속 관계는 날로 해이해졌다. 요 성종은 새로 부족을 재편했으며 원래 궁장宮帳 소속이던 노예를 부족部族으로 개편하여 부민部民을 삼도록 했다.

소 태후와 요 성종의 정치에 대한 조정과 개혁은 거란 왕권을 대대적으로 강화시켰으며 민족 모순과 계급 모순을 완화시켜주었다. 이로써 사회경제는 회복과 발전을 거듭하게 되었다. 요 왕조는 소 태후, 요 성종의 통치 시기에 강역이 부단히 확장되었고 북송과 화의를 실현했으며 국내 정국은 안정을 찾았다. 이로써 북방에 웅거한 거대한 나라로 성장했다.

금 세종의 이치吏治 사상

금 세종世宗 완안옹完顔雍(1123~1189)은 본명이 오록烏祿이며 금 태조의 손
자다. 1161년 해릉왕海陵王 완안량完顔亮은 군대를 동원해 남침을 했다. 완
안옹은 이 기회를 틈타 정변을 일으켜 요양遼陽에서 즉위하고 연호를 대
정大定으로 바꾸었다. 금 세종은 금 왕조 역사상 대단한 성취를 보인 황제
다. 완안옹은 "오랫동안 바깥 군들을 다스려서 혼란의 원인을 명확히 알
고 있었으며 이치吏治 즉 지방 행정의 득실에 대해 잘 이해했다".[117] 즉위
후 "남북의 화해를 추구하고 백성과 더불어 휴식하는" 정책을 실시했으
며 "몸소 절검하고 효제를 숭상하고 상벌에 신뢰가 있고 농업과 잠업을
중시하고 각 수령의 선발에 신중하고 감찰의 책무를 엄격히 했다".[118] 금
세종 통치 시기에 "뭇 신하는 직무에 충실하고 상하가 편안했으며 집집마
다 풍요롭고 창고는 여유가 있었다"[119]고 한다. 구 역사에선 그를 '소요순小
堯舜'[120]이라 칭송한다.

　뭇 신하를 제어하고 이치를 최적화함은 봉건 제왕이 통치를 실현시켜
주는 근본적 보장이다. 금 세종은 즉위 후 해릉왕 등의 정치적 득실을 거
울 삼고 역사적 경험과 교훈을 흡수하여 지방 관리를 다스리는 일에 정

치의 중점을 두었다. "현인을 구하는 일을 시급한 과제로 여겼으며, 절절한 간언을 추구했고, 끊임없이 훈계의 가르침을 내렸다."[121] 그의 조칙 명령, 정치 논의, 훈화 말씀에는 그의 이치 사상이 명백히 드러나 있으며 실질과 합치하고 운용 가능성이 있는 실천 방안들을 갖추고 있다. 그의 사상과 정책은 성숙한 금 왕조의 통치 사상을 잘 드러내고 있으며, 실천에 따른 결과는 금 왕조의 통치를 전성기로 나아가게 했다.

천자는 전횡이나
독단을 해서는 안 됨

금 세종은 신하들이 정치에서 얼마나 중요한 작용을 하는지 깊이 이해하고 있었다. "천자는 백성을 자식으로 여겨야 한다. 집집마다 돌며 어루만질 수는 없으되 오로지 용인用人 즉 사람을 잘 쓰는 것이 핵심이다."[122] 황제는 응당 주된 정력을 대사를 장악하는 데 써야 한다. "미세한 일을 파고드는 것은 인군의 본체가 아니며"[123] '인군의 본체'를 실현하기 위한 방법은 오직 한 가지, 사람을 잘 임용하는 것이다. 그는 "천자 또한 사람이니"[124] "번쇄한 만기를 다스리는 데 어찌 한 번 실수가 없겠느냐"[125]고 거듭 탄식했다. 그는 해릉왕이 "오로지 자신의 견해에만 의지하고 신하들과 모의하지 않아서 패란에 이르렀다"[126]고 비판하면서 성왕이라 하더라도 응당 "여러 사람과 함께 고민하고 자신을 버리고 다른 사람의 견해를 따라야"[127] 한다고 생각했다. 그는 "묻기를 좋아하면 넉넉해지고 자신의 생각만 응용하면 작아진다"는 주장에 동의하면서 "짐은 천자이나 감히 전횡이나 독단을 해본 적이 없으며 매사를 두루 경 등에게 문의하여 가하면 실행할 것이고 불가하면 그치겠노라"[128]고 거듭 강조했다. 금 세종이 신하의 작용을 중시한 것은 또 하나의 고려 즉 "교화의 실행이 가까운 귀족들부터 시작해야 한다"[129]고 생각했기 때문이다. 군현의 수령은 교화, 민생과 더욱 깊은 관련이 있다. 금 세종은 이렇게 현인 임용, 간언 채납, 교화 등 여러 방면에서 신하의 정치적 지위와 작용을 긍정했다.

군신 관계의 조정이란 측면에서 금 세종은 "인仁을 근본으로 삼을 것"을 비교적 강조했다. 그는 제왕이 "이유 없이 신하를 죽이는"[130] 데 반대했다. 그는 해릉왕이 무고한 사람을 함부로 죽였기 때문에 왕위를 잃었다고 생각했다. "천하의 대기大器는 덕 있는 사람에게 돌아간다. 해릉왕은 도를 잃었고 짐은 그것을 얻었다. 다만 덕을 수양하는 데 힘쓸 뿐 내가 무슨 다른 고려를 하겠는가."[131] 금 세종은 인덕이란 주로 정해진 법률을 지키고 관대함과 엄격함이 타당한 것을 가리킨다고 생각했다. "제왕의 정치는 당연히 관대함과 자애로움을 덕으로 삼아야 한다. 하지만 양梁 무제武帝처럼 관대하고 자애로움에만 힘쓴다면 기강이 크게 파괴될 것이다. 짐은 생각해본 적이 있는데 상벌을 남용하지 않는 것이야말로 관대한 정치인데 내가 더 무엇을 하겠는가."[132] 이와 같은 인식에 기초하여 금 세종은 정해진 법률과 절제를 가지고 군신 관계를 처리했으며 상당한 성과를 거두었다. 금 세종은 당 태종이 신하를 부리면서 실수가 있었다고 비판한 적이 있다. "당 태종은 도의가 있는 군주였는데 그의 아들 고종에게 이렇게 말했다. '너는 이적李勣에게 은혜를 베푼 적이 없다. 이제 일이 있어 그를 내보냈는데, 내가 죽으면 마땅히 그에게 복야僕射 벼슬을 제수하여라. 그러면 그는 반드시 사력을 다하게 될 것이다.' 군주라는 사람이 어떻게 이런 거짓 행위를 했는가."[133] 그는 권모술수를 완전히 부정하지는 않았다. 하지만 권모를 남용하는 데는 반대했다. 그가 생각한 정확한 방법은 "평시에 사람을 쓸 때는 마땅히 공평함과 정직함을 숭상해야 한다. 군직軍職이라면 마땅히 권모술수를 사용하여 다른 사람들로 하여금 예측하기 어렵게 만들어야 하고 일에 집중할 수 있어야 한다"[134]는 것이었다. 당 태종의 실수는 일률적으로 권모술수만을 사용한 데 있다. 결국 군주는 어떻게 해서든지 군신 간에 서로 의심하는 국면을 만들어선 안 된다. "군주와 신하가 아무 의심이 없는 것을 가리켜 가회嘉會 즉 아름다운 만남이라고 부른다."[135]

재상 등 집정대신이 충분한 능력을 발휘하도록 하는 데 중점을 둔 것이 금 세종의 이치 사상의 뚜렷한 특징 가운데 하나다. 구체적 정치 과정에서 금 세종은 관리의 추천, 득실에 관한 의론, 시정을 위한 간언 등 집정 재상의 작용을 십분 중시했다. 그는 "현인을 진출시키고 불초한 사람을 퇴출시키는 것은 재상의 직무"[136]라고 말한다. 이런 말도 했다. "짐은 항상 무슨 인재가 부족한 것인지 두루 알 수가 없다. 이는 재상의 일이기 때문이다. 좌우 측근들이 항상 여러 말을 하지만 짐은 가볍게 그들의 말을 신뢰할 수가 없다."[137] 그는 흘석렬양필紇石烈良弼에게 다음과 같이 거듭 물어본 바 있다. "짐이 관리들의 좋고 나쁨에 대해 두루 알고 싶은데 언제나 관원을 파견하여 취재를 시킨다면 그들이 제대로 된 사람이 아닐까 걱정된다. 그러니 관리들의 좋고 나쁨을 어떻게 하면 알 수 있겠는가?"[138] 양필은 "신 등이 폐하를 위해 마땅히 방문 관찰을 하겠습니다"[139]라고 대답했다. 금 세종은 이에 동의를 표했다. 『금사』의 본기와 열전에는 금 세종이 재상으로 하여금 책임지고 선을 추천하고 악을 물리치게 한 사례가 수없이 기록되어 있다. 금 세종은 집정 재상의 조력과 보필 작용을 강조했으며 큰 정무에 대한 결단을 내릴 때는 자주 폭넓은 자문을 구하며 물 흐르듯 선을 따랐다. 그는 자주 집정 재상에게 이렇게 말했다. "짐이 구중 궁궐에 깊이 살고 있어 경 등의 조력에 크게 의지하고 있으니 각자가 좋은 점을 생각해 들려준다면 짐이 어떻게 싫증을 내겠는가."[140] "경 등은 마땅히 민간의 이해득실을 참고하고 시대적 사무의 가부를 따져서 시시로 상주를 올리시오."[141] 재신宰臣들에게 거듭 다음과 같은 요구를 하기도 했다. "짐은 정사를 논의하면서 그 이해득실을 깊이 탐구할 수 없으니 경 등이 심혈을 기울여 논의를 해주시오. 앞에선 복종하면서 뒤에서 말을 하는 일이 없어야 할 것이오."[142] "오늘부터 짐의 조칙이 나갔다 하더라도 깊이 살펴 실행할 것이며 편하지 못한 점이 있으면 즉시 상주하여 고치시 오."[143] 금 세종이 집정 재상의 선발에 신중을 기하고 믿고 임명했기 때문 에 대신 대부분은 충실히 직책을 다했다.

간언의 기제와 언관言官의 작용을 중시한 것 또한 금 세종의 이치 사 상의 중요한 측면 가운데 하나다. 금 세종은 말한다. "짐이 관찰하니 전대 신하들은 조정에서 간언하며 부모, 처자와 결별하고 반드시 죽음으로 보 여주었다. 마찬가지로 죽음을 목도하면서도 자신을 돌아보지 않고 간언 했다. 이것이야말로 국가에 충성을 다하는 것으로 사람으로서 하기 어려 운 일이다."[144] 그래서 그는 과감히 간언하는 언관에게 상을 주고 발탁했 으며 언로가 제대로 트여 있는지 깊이 관심을 보였다. 금 세종은 가까운 신하들에게 여러 차례 자문을 구했다. "짐이 이전 역사를 보니 하급 지 위에 있으면서도 국가를 위해 마음을 쓰고 백성을 위해 직언하는 사람 이 있더라. 오늘날은 그런 사람이 없으니 어째서인가?"[145] 신하들은 이렇 게 대답했다. "오늘날 어찌하여 그런 사람이 없겠나이까. 올곧은 도를 실 천하면 오히려 훼방을 받고 재앙이 제 몸에 미치기 때문에 그러지 못하 는 것입니다."[146] 하부 상황이 상부로 전달되는 것을 보장하기 위해 그는 다음과 같은 조칙을 내렸다. "모든 관리 가운데 글을 올려 사정을 말하려 는데 혹 관원들이 억압하는 사례가 있으면 내가 들을 수 있게 표를 올리 도록 허락한다. 짐이 친히 열람하여 그것으로 인재의 우열을 판가름하겠 다."[147] 그리고 상서성으로 하여금 신민들의 상소문을 상세히 열람하는 책 임을 맡긴 뒤 "빠르게 구체적인 조항들을 들을 수 있도록 하라"[148]고 했 다. 그는 또 언관의 품계와 지위를 높이고 언관의 임용 대권을 직접 장악했다. 이부상서 양숙梁肅은 "대간臺諫에 대해 논하는 상소문을 올렸다. 그 취지는 '대관臺官은 대부에서 감찰監察에 이르게 하고, 간관諫官은 대부에서 습유拾遺에 이르게 할 것이며 폐하가 친히 선택해야지 재상에게 위임해서는 안 된다. 사사로운 정이 개입되어 언로가 막힐까 저어된다'라는 것이었다."[149] 금 세종은 이 건의를 받아들였다. 그는 한편으로 언관에게 풍문에 입각한 탄핵을 허용하고 어사대御史臺가 상주를 올릴 때 재상은 반드시 물러나 있을 것 등 수많은 특권을 주었으며, 다른 한편으로 "탄핵을 하는 관원이 범법을 알고도 들춰내지 않은 경우가 있으면 범인의 죄를 한 등급 감하여 처리한다"[150]는 규정을 두기도 했다. "대관은 마땅히 인사 문제에서 단절되어 있어야 한다. 간관, 기주관記注官이 더불어 의론을 들을 때도 다른 사람들과 함께 놀아서는 안 된다."[151] 간언 기제와 언관이 충분한 작용을 하게 된 것 또한 금 세종이 정치적 성공을 거두게 된 중요한 원인 중 하나다.

사람을 잘 알아보고
현인만을 임용함

충신과 어진 관리의 선임이야말로 봉건 이치吏治를 개선하는 관건이다. 금 세종은 이에 깊은 관심을 기울여 심사숙고했으며 일련의 기본 원칙과 정책 사상을 개진했다. 금 세종은 "사람을 알아보는 것이 가장 어려운 일"[152]이라고 생각했다. "인심은 산천보다 험하여 참으로 알기가 어렵다."[153] "범인이 아랫자리에 있으면 누구나 승진을 바라서 공정하고 청렴하려고 애쓰니 그가 현인인지 불초한지 어떻게 알겠는가. 현달하게 된 뒤에 그가 한 행위를 보고 나서야 본심을 알 수 있다."[154] 어떤 사람은 원래 청렴하기로 이름을 떨쳤는데 발탁한 뒤에 명불허전인 경우도 있다. 그는 "해릉왕이 인재의 우열을 구별하지 못하고 오직 자기 욕심에 따르는 사람만을 승진시켰다"[155]고 비판하면서 "이를 경계로 삼아 오직 실질적 재능이 있는 사람만을 쓰겠다"[156]고 했다. 금 세종은 "열 고을이면 반드시 충성스럽고 믿음직스러운 사람이 있는 법이다. 오늘날 천하가 이토록 넓고 사람은 많은데 어떻게 사람을 얻을 수 없겠는가"[157]라고 생각했다. 현명하고 유능한 사람을 선임하는 관건은 제왕이 사람들을 얼마나 잘 알아보고 임용하는가와 대신들이 어떻게 현명하고 유능한 사람을 끌어내느

나에 달려 있다.

정치적 실천 과정에서 금 세종은 지도적 의의가 있는 수많은 용인用人 사상을 제기했는데 주된 것은 다음 몇 가지다.

첫째, 사람을 신중히 선발한다. 금 세종은 관직이 다른 사람은 정치 과정에서 다른 작용을 한다는 사실에 근거하여 각기 다른 선택 기준을 제기한다. 먼저, "좌우에는 반드시 충실한 사람이어야 한다"는 것이다. 금 세종은 "근시국近侍局 관원은 반드시 충직하고 물정에 밝은 사람을 선발 임용해야 한다"[158]고 주장한다. 포찰통蒲察通은 사람됨이 재간이 있고 기민하여 꾀가 많았기 때문에 금 세종은 그를 봉강대리封疆大吏[159]로 임명했다. 조정에 인사하고 떠날 즈음에 금 세종은 그에게 상을 더해주면서 이렇게 일렀다. "경은 재주가 뛰어나지만 마음 씀씀이에 꾀가 많다. 짐의 좌우에는 충실한 사람이 필요하다. 그래서 경을 외직에 임명했다. 경에게 금대金帶를 하사하여 경의 오랜 노고에 보답코자 한다."[160] 황제를 좌우에서 모시는 측근은 참언을 올리거나 군주의 시각과 청각을 가리기 십상이다. 충실한 사람을 임용해야만 '근신의 참언'이 귀에 들어가 "한 사람의 사사로운 논의에 치우치게 되는"[161] 지경에 이르지 않을 수 있다. 둘째로 재상은 권모술수가 있는 사람을 써서는 안 된다. 금 세종은 이렇게 생각했다. "수隋 양제煬帝 때 양소楊素가 권력 행사를 전횡한 것은 신중하지 못한 잘못된 위임 때문이다."[162] 군주는 "바른 사람과 함께해야 반드시 바른 도를 알고, 반드시 바른말을 들을 것이니 신중하지 않을 수 없다."[163] 그러므로 일부 중요한 직무는 "마땅히 순수하고 근엄하고 성품이 정직한 사람을 선발해 충당해야지 권모술수가 있는 사람을 써서는 안 된다."[164] 셋째로 조정 관원을 신중하게 선발한다. 금 세종은 말한다. "조정 관원을 신중하게 선발해야 그 나머지를 격려할 수 있다. 부당하면 분에 넘치는 마음을 먹게 된다."[165] 넷째로 지방관으로 현명하고 능력 있는 사람을 뽑아야 한다.

"현령이란 직무는 백성과 가장 친하게 지내야 하므로 마땅히 현명하고 재주 있는 사람을 임용해야 한다."[166]

둘째, 유덕한 사람을 중용한다. 덕과 재才의 문제에 있어서 금 세종은 덕행을 더 중시했다. "사람이 재간과 능력을 갖추기는 물론 어렵다. 하지만 덕행을 갖춘 선비만큼 뛰어날 수는 없다."[167] 이 때문에 그는 유생과 진사의 임용을 훨씬 더 중시했다. 그 근거는 이렇다. "유학자는 행동거지가 청결하고 예가 아니면 행하지 않는다. 이吏 출신은 어려서부터 이吏가 되어서 탐묵에 젖어 있고 관宦에 이르러서도 그 습성을 바꿀 수가 없다. 정치의 흥망은 사실상 이것과 관련이 있다."[168] "출발부터 도필刀筆 즉 하급 관리였던 사람은 재능은 쓸 만하지만 청렴과 절조는 끝내 진사에 미치지 못한다."[169] 극심한 지방관의 부족 문제를 해결하기 위해 금 세종은 과거 합격률을 늘리고 여진진사과女眞進士科를 창설했다. 그는 "오늘부터 문리文理가 괜찮은 사람을 뽑되 인원 제한을 두지 말라"[170]는 명령을 내렸다 어떤 해에는 "인원을 제한하지 않아 586명을 뽑았다".[171] 진사로 급제한 사람은 즉각 관직을 수여했다. 세종 시대에 "유학 풍조가 크게 바뀌고 학교가 날로 흥성했다. 선비들 가운데 과거에 급제하여 지위가 재보에 이르는 자들이 연달아 나타났다".[172] 이러한 조치는 관료 집단의 소양을 높여주었다.

셋째, 사람을 쓰는 데 남북 종족을 구분하지 않는다. 금 세종은 이렇게 생각했다. "남쪽 사람들은 씩씩해서 감히 직간을 하는 사람이 많다. 앞에서 한 사람이 살해당하면 뒤에서 다시 한 사람이 이것을 간하니 실로 받들 만하다."[173] 그는 사람을 쓰면서 지역이나 종족 편견이 비교적 적었으며 오직 덕과 재능에 따라 임용했다. 재위 30년간 금 세종이 앞뒤로 임명한 집정 재상을 계산해보면 종실 7인, 비종실 여진인 15인, 한인 14인, 거란인과 발해인 2인이다. 이런 용인 정책은 금 왕조의 통치 기초를 확장시켜주었다.

넷째, 실용 인재를 발탁한다. 금 세종은 실용 인재의 임용을 중시하고, 언행이 일치하고 정책 업적이 뛰어난 선비 중에서 관리를 선발해야 한다고 주장했다. 실용 인재를 임용하는 관건은 "일로 시험해보는 것"이다. "기국岐國[174]은 사람을 쓰면서 한마디 말이 뜻에 합치하면 바로 임용했고, 한마디 말을 실수하면 바로 책벌을 내렸다. 사람의 말이란 한 번 얻으면 한 번 잃기도 한다. 현자라도 이를 피할 수 없다. 자고로 사람을 쓸 때는 모두일을 가지고 시험해봐야 한다. 상주하는 말과 대책 사이에만 머문다면 어떻게 그가 현명한지 여부를 알 수 있겠는가. 짐은 사람을 뽑을 때 여러 사람과 더불어 의논하여 쓰지 혼자 의견을 옳다고 여기지 않는다."[175] 그는 백관에 대하여 "그 정책 업적을 따져서 잘한 사람은 승진시키고 나중의 정책을 다시 헤아려서 좋으면 다시 승진시키라고"[176] 요구했다. 실용 인재를 발굴하기 위해 금 세종은 "순행한 지역에 가면 반드시 관리들의 능력 여부를 세밀히 취재하라고 명령했다".[177] 그는 백관의 대부분이 구습을 답습하고 평범하게 지내는 데 깊은 불만을 표시했다. 그는 재신들에게 이렇게 말했다. "조정 관원들에 따르면 모두 한 번 시험을 거치면 어떤 관직을 얻어야 하고, 두 번 시험을 거치면 어떤 관직을 얻어야 한다고들 말한다. 그저 옛것을 답습하고 평범하게 지내는 데 힘쓸 따름이다. 지금부터 외직에 근무하는 사람에게도 내직을 제수할 것이다. 공정하고 근면함을 따져서 임용하고 승진시킬 것이며 일에 소홀한 사람이 있으면 만기를 채울 필요 없이 본래 품계 그대로 내보내겠다. 상벌이 분명하지 못하면 어떻게 권면할 수 있겠는가."[178] 금 세종은 백관에게 구차하게 답습하지 않거나 정책 업적이 현저한 경우 중임을 맡기겠노라고 거듭 선포했다. 대정 12년(1172) 금 세종은 일군의 지방관 정책 업적이 뛰어남을 알게 되었다. 그는 즉각 상서성에 지시했다. "이들을 암암리에 살펴보고 취재하니 모두 정책에 대한 명성이 자자하다. 그들의 정책 업적을 헤아려 각각 관직을 올리고 상을 내리도록 하라. 신속히 의론하여 승진 제수하라."[179] 백관의 일 처리 능력과 정치 경험을 높이기 위해 금 세종은 고급 관리들이 응당 "중 앙과 외지를 바꾸어 시험해야" 한다고 주장했다. "조정 관원이 외직 임무 경험이 없으니 그 재능을 알아볼 수가 없다. 외직 관원이 조정에 임한 경 험이 없으니 그 재능을 끌어들일 수 없다. 중앙과 외직을 바꾸어 시험해 봐야 제대로 사람을 얻을 수 있을 것이다."[180] 금 세종은 고시 제도와 강 등 승진 방법을 개혁하고 인사고과와 감찰 제도를 강화했다. 그래서 "이 시기에 이르러 뭇 신하가 직무를 잘 지켰다."[181] 중앙부터 지방까지 모두 실용 인재와 청렴한 관리들이 임직하여 행정을 펼치게 된 것이야말로 '대 정치세大定治世'의 출현에 중요한 작용을 했다.

다섯째, 사람을 쓸 때 자격에 구애받지 않는다. 금 세종은 "현명하고 능력이 있기만 하면 순서를 따지지 않고 써야 한다"[182]고 주장한다. 그는 자격에 맞춰 승진 이동하는 방법은 아니라고 생각했다. "해와 달의 연공 서열에 따르는 것은 범용한 사람을 기다리는 행위다. 재능과 행위가 비상 하다면 어찌 통상적인 예에 구애받을 필요가 있겠는가."[183] 이런 말도 했 다. "장년으로 심신의 정기가 강할 때 쓰는 것이 용인의 방법이다. 자격 에 구애를 받으면 왕왕 다 늙은 사람을 쓰게 되니 이는 생각해보지 않아 도 심한 일이다."[184] 그는 재신들이 파격적으로 인재를 임용하지 않는 것 에 대해 거듭 비판을 가했다. 사람을 쓰는 데 무엇에 구애받을 필요가 없 다고 다그쳤다. 금 세종은 조정 관원에 많은 결원이 생긴 상황에 직면하 여 다음과 같이 거듭 지시했다. "마땅히 진사를 선발하되 자격이 아직 안 되었더라도 정책으로 명성이 있는 사람은 발탁해 임용하라."[185] 관원 선발 에 출신을 중시하지 않고 승진과 이동에 자격과 경력을 중시하지 않았다. 이는 연부역강한 동량을 선발하여 국가의 중추 기구 및 기타 중요한 자리에 앉히는 데 유리하게 작용했다.

여섯째, 모두 갖춘 사람을 찾지 않고 과거의 잘못을 꺼리지 않는다. 금 세종은 "천하가 이렇게 넓은데 어찌 사람을 얻지 못하겠는가"라며 "인재를 구하는 것이 오늘날의 급선무"[186]라고 생각했다. 사람을 쓰는 통로를 개척하고 인재를 널리 가려 뽑기 위해서는 반드시 모든 것을 갖춘 사람을 찾지 말고 과거의 잘못을 꺼리지 말아야 한다. "모든 것이 완벽한 인재를 기다린 뒤 발탁하는 것은 매우 어려운 일이다."[187] 그는 "현명한 군주가 사람을 쓸 때는 반드시 그 그릇에 맞추어 부린다"[188]는 관점에 찬성하며 재능을 헤아려 사람을 쓰라고 주장한다. 이를테면 유생은 "백성을 다스리는 데 뛰어나지만 상점을 열어 장사를 시키거나 술을 팔도록 하면 아무런 능력도 발휘할 수 없다."[189] 봉건 시대 제왕들 가운데 금 세종은 가슴이 열리고 도량이 넓은 부류에 속하여 신하들의 직언과 과실에 대해서 그다지 따지지 않았다. 그는 금 희종과 해릉왕이 반대파를 대대적으로 살육한 데 반대했으며 일찍이 자신을 반대했던 사람들도 과감히 중용했다. 흘석렬지령紇石烈志寧은 해릉왕 수하에서 상서좌승尙書左丞, 우영군대도독右領軍大都督을 역임하며 해릉왕에게 충성을 다했으며 금 세종에 거듭 대항했다. 세종은 지령을 토벌한 후 즉각 중임을 맡기면서 그에게 이렇게 말했다. "너희는 처음에 자신이 섬기는 바에 대하여 충성을 다했다고 말할 수 있다. 이제부터는 짐을 섬기면서 마땅히 충절에 힘쓰라."[190] 나중에 지령은 누차에 걸쳐 공훈을 세웠으며 왕에 봉해지고 재상이 되었다. 해릉왕의 중신으로 상서령과 남경유수南京留守를 역임한 장호張浩 또한 금 세종에 의해 태사太師와 상서령에 봉해졌다. 금 세종은 그에게 이렇게 말했다. "경은 정륭正隆 시기에 수상이 되어 제대로 구원을 하지 못했으니 어떻게 죄가 없다고 하겠는가. (…) 그런데 경은 10여 년을 성찰하며 정무에 통달했으니 다시 경을 재상으로 임용하겠다. 열심히 노력하여 짐의 뜻을 등지지 말라."[191] 석거石琚, 장현소張玄素 등은 모두 해릉왕의 중신이었으며 어떤 사람은 금 세종을 모함한 적도 있었다. 금 세종은 즉위 후 "일체를 불문하고" 오직 재능에 따라 발탁했다. 이 사람들이 실제 정치에서 중요한 작용을 했다.

오직 현인을 발탁하고 재능을 헤아려 사람을 쓰는 일에 있어서 금 세종은 대체로 언행이 일치한 사람이며 시종일관했다. 이런 정책이 군신 관계를 유지하고 이치를 개선하는 데 적극적인 영향을 미쳤다.

엄격한 제도와
법에 의한 신하 제어

금 세종은 제도 건설을 중시했으며 "제도를 상세히 정하여" 이치吏治를 개선시키는 방침과 정책을 법제화하고 규범화하는 데 힘을 기울였다. 금 왕조의 정치 체제, 관제, 법제는 부단한 개혁을 통해 완벽해지는 과정이었다. 금 왕조 건국 초기에는 대체로 낡은 보길레勃極烈 제도를 연용했다. 금 태종 때 차츰 요와 송의 구제도를 참고하고 한족 관원의 명칭을 사용했다. 금 희종은 보길레 제도를 폐지하고 "새로운 관제를 반포하고 관원의 격을 바꾸었다. 내관과 외관을 제수하고 처음으로 공훈에 따라 식읍을 봉지로 주고 재상 반열에 들게 했으며 나중에 제도로 정해졌다".192 해릉왕은 한 걸음 더 나아가 새로운 제도를 완성했으며 "직무에 정해진 자리를 두었고, 관원의 일정한 숫자를 정했으며, 기강을 밝히고 여러 업무를 배정했다. 금나라가 끝날 때까지 이 제도를 지키고 바꾸지 않도록"193 했다. 금 세종은 "해릉왕의 실패를 거울 삼아 여러 차례 개정했다".194 대정 2년(1162) 이부에 명하여 "제도를 상세히 정하도록" 했다. 이로써 금 왕조의 관제와 예제禮制는 처음으로 완비되었다. 금 세종은 이 제도를 점진적으로 법제화했으며 금 장종章宗 때 비교적 완벽한 법제를 갖추게 되었다.

이로써 "전장 문물이 찬란하게 일대의 통치 규범으로 완성되었다".[195]

금 세종은 법으로 신하를 제어하고 상벌을 엄격히 했다. 그래서 재위 기간에 관리들 대부분은 공정하고 법을 지켰으며 정치 또한 청명했다. 탐관오리를 징치하는 그의 방침과 정책은 다음 몇 가지로 정리된다.

첫째, 감찰을 강화하고 선과 악을 나란히 들춘다. 금 세종은 자주 각지에 사자를 파견하여 이치吏治 즉 지방 행정을 살피도록 했다. 감찰관원에 대한 요구도 매우 엄격했다. 한번은 "높은 관직의 귀족이 수없이 비리를 저지르자 감찰이 일일이 탄핵을 하지 못하고"[196] "작은 일"만 가지고 탄핵한 사건이 벌어졌다. 이에 그는 다음과 같이 명령했다. "지금부터 감찰의 직무 결과에 따라 승진, 이동, 발탁을 하여 들어맞지 않으면 큰 경우 벌을 내리고 작은 경우 책임을 물을 것이나 관직에서 내치는 것은 허락하지 않겠다."[197] 상벌을 분명하게 하기 위하여 그는 감찰관에게 선과 악을 동시에 관찰하라고 요구했다. "어사御史는 여러 권원의 그릇됨과 바름을 잘 분별하라. 경 등은 오직 탄핵할 만한 죄가 있다고 할 뿐 잘한 점을 추천하지는 않는다. 의당 감찰로 하여금 선악을 나누어 보고하도록 해야 할 것이다."[198] 이런 말도 했다. "경 등이 따지는 것은 모두 미세하고 작은 일이다. 악을 기록할 뿐 선을 드러내지 않는다. 그런 것만 살핀다면 관리 노릇 하기가 어렵지 않겠는가. 선과 악을 동시에 관찰하여 보고하라."[199] 선악을 두루 관찰하라는 감찰 방침은 탐학을 징치하고 인재를 발견하는 데 유리하며 관대함과 엄격함이 균형을 잃는 것을 방지하는 효과도 있다.

둘째, 관대함과 엄격함에 일정한 한도를 두고 중전中典[200] 즉 일상의 법을 적용한다. 봉건 시대의 이치 부패는 고질병이었으며 뇌물 수수와 법을 어기는 일이 너무 많아 처벌만으로 해결되지 않았다. 이 때문에 금 세종은 정책과 책략의 장악을 대단히 중시했으며 상과 벌을 나란히 적용할 것을 주장했다. 관대함과 엄격함에 일정한 한도를 두되 상을 위주로 하라는 것이다. 징벌 수단을 운용할 때도 금 세종은 방식과 방법에 주의를 기울였다. 첫째는 징벌을 적용할 때 초범에겐 관대하게, 재범에겐 엄격하게 적용한 것이다. "직무를 맡은 관원이 처음 뇌물죄를 범하면 과오가 있었던 것으로 용인할 수 있으나 재범을 했다면 이는 잘못을 고칠 마음이 없는 것이다. 이제부터 재범은 뇌물의 많고 적음에 관계없이 모두 제명시킨다."[201] 둘째는 은혜와 위엄을 병용하고 일벌백계한다. 금 세종은 말한다. "관직에 있는 사람으로 탐오한 자를 골라 내쫓고 뛰어난 청백리를 뽑아 승진시킨다면 사람들 스스로 징계할 바와 권장할 바를 알게 될 것이다. 조정의 정사가 너무 관대하면 사람들이 두려워할 줄 모르고, 너무 사나우면 옥의 티만 있어도 죄를 면하지 못할 테니 응당 중전中典을 적용할 수밖에 없다."[202] 셋째는 같은 직무에 있는 사람들을 서로 묶어 스스로 감독하게 하는 방식이다. 대정 12년(1172) 금 세종은 조칙을 내렸다. "오늘부터 장관이 불법을 저질렀는데 그 막료들이 바로잡지 못하고 또 위에 보고도 올리지 않았다면 똑같이 연좌하겠다."[203] 대정 26년(1186) 정식으로 "직무 장관의 범법 행위에 대해 같은 직무끼리 상호 규찰하는 법을 제정했다."[204] 동료나 수하가 사정을 알고도 들추지 않으면 똑같이 처벌하는 법이다. 이렇게 하면 관료 집단 내부의 자체 감독과 상호 제약 기제를 강화할 수 있다. 넷째는 신중히 처벌하고 가볍게 처분하는 것이다. 군신 간 모순을 완화시키고 관료 귀족을 구슬리기 위하여 금 세종은 작은 죄와 작은 잘못에 대한 처리에 매우 신중했다. "군현의 관리가 죄를 지어 해직되었다 하더라도 한두 해가 지나면 다시 임용할 필요가 있다. 맹안모극은 모두 태조의 창업 시기에 국가를 위해 열심히 일한 공이 있는 사람들이다. 그들의 세습 관직이 일부 작은 죄 때문에 면탈되어서는 안 될 것이다."[205]

금 세종은 나라를 좀먹고 백성을 해치는 탐관오리를 통절히 미워했다.

그래서 탐관오리에 대한 처벌을 가장 매섭게 했다. 탐관오리 대부분은 그저 제명이나 면직을 시킬 뿐이었지만 제명된 탐관오리의 복직을 엄금했다. 그는 상서성에 다음과 같은 조칙을 하달했다. "탐관오리로 이미 탐문 조사를 받았는데 여전히 구 직책에 머물러 있으면 반드시 백성을 또 해칠 것이다. 각 도에 사자를 파견하여 즉각 파면토록 하라."[206] 또한 조서를 내려 "관리가 뇌물죄를 저지르면, 비록 사면을 할 수 있는 사항이라 하더라도 용서하지 않는다"[207]고 했다. 이 점에 있어서 금 세종은 여진 귀족과 측근, 자제에 대해서도 관용을 베풀지 않았다. 그는 거듭 강조했다. "짐은 여진 사람에 대하여 긍휼히 여기지 않은 적이 없다. 하지만 뇌물죄에 관련되면 짐의 자제라 하더라도 용서할 수 없다."[208] 이치를 정돈하고 법기를 엄격히 하기 위하여 금 세종은 탐관오리를 대대적으로 사형시키고 용서 없이 엄한 징벌을 가한 적이 있다.

금 세종은 여진 귀족과 고위 관료들을 특히 엄격하게 통제했다. 그는 관리들이 세도가를 감싸는 행위를 엄금하면서 이렇게 말했다. "세력 있는 집안이 직접 소송 사건을 알게 되면 관할하는 도에 청탁을 넣으니 관리들이 왕왕 법을 어기고 정에 매이게 되니 일절 금지해야 마땅하다."[209] '조정을 바로잡기' 위하여 그는 조신들이 접대나 선물을 받아서는 안 된다고 명확히 규정했다. "조정에서 일을 하면서 스스로 바르지 않다면 어떻게 천하를 바로잡겠는가. 상서성, 추밀원에 생일이나 명절에 접대와 선물이 적지 않다. 이를 불문에 붙이고 작은 관원의 접대나 선물만을 자세히 조사한다면 어떻게 천하의 도를 바로잡겠는가. 오늘부터 집정 재상이나 추밀이 접대나 선물을 받으면 파면시키겠다."[210]

금 세종은 봉건 법제의 수호라는 측면에서도 대단한 식견을 갖춘 황제였다. 그는 봉건 법제의 '팔의八議'[211]에 이의를 제기했다. 대정 25년(1185) 황후의 친족 가운데 범죄를 저지른 자가 있어서 상서성은 '팔의'를 인용하여 상주했다. 금 세종은 이렇게 말했다. "법이란 공공 천하에 평등하게 적용되어야 할 기물이다. 친척이라고 하여 범죄의 형벌을 감해준다면 그들은 이것을 믿고 더욱 방자해질 것이다. 옛날 한漢 문제文帝가 박소薄昭[212]를 죽게 한 것은 충분히 취할 만한 사례다. 20년 전에 황후 친족 제주濟州절도사 오림달초올烏林達鈔兀이 대벽大辟의 범죄를 저지른 적이 있는데 짐은 용서하지 않았다. 그런데 지금 용서한다면 후세에 경중이 들쭉날쭉할 위험이 커지는 것이다."[213] 이에 재신이 그에게 "옛날에 의친議親 즉 친족의 형벌을 감해준 것은 천자를 존중하여 서인과 구별시키기 위함이었다"[214]고 깨우쳐주었다. 세종은 다시 말했다. "외가는 종실과 다르다. 한나라는 외척의 권세가 너무 커서 국가 운명이 바뀌고 말았다. 짐은 그래서 여러 왕이나 공주에게 권력을 갖도록 하지 않는다."[215] 금 세종은 '의현議賢' 즉 현인의 형벌을 감해주는 것에 대해서도 이의를 제기한다. "국가에 공이 있는 사람에 대한 의훈議勳은 가능하다. 그런데 의현은 좀 그렇다. 현인이라고 불리는 사람이 어떻게 법을 다 어기겠는가. 만약 다른 사람 때문에 죄에 연루된 경우라면 물론 감형을 청해야 할 것이다."[216] 대정 26년(1186)에 마침내 법으로 정해졌다. "태자비 대공大功[217] 이상의 친척, 황실 가문으로 복을 입을 사람이 없는 자, 현인으로 사적인 죄를 범한 자 등은 모두 감면 논의에 포함시키지 않는다."[218] 봉건 시대에 등급 제도는 그 자체가 일종의 법제이거나 법제의 원칙이었다. 따라서 금 세종은 정치적 필요에 따라 '팔의'의 범위를 축소하는 데 그쳤을 뿐이다.

"정사가 그다지 어려운 일은 아니다. 마음을 공정하게 쓰고 참언이나 나쁜 말을 받아들이지 않고 오래 지나면 저절로 익숙해진다."[219] 금 세종은 군도의 대강과 요지를 확실히 파악했다. 하지만 그 또한 필경은 봉건 제왕이어서 자신이 확립한 원칙을 자주 위배하곤 했다. 예컨대 종한宗翰의 손자 사가삼차斜哥三次는 뇌물죄를 범해 "마땅히 죽여야 함에도" "사가의 조부인 진왕秦王 종한이 큰 공로가 있었다"[220]는 연유 때문에 사형을 면했을 뿐만 아니라 제명된 지 오래지 않아 새 직책에 임명되었다. 한마디를 하면 그렇게 만드는 것이 제왕들의 고질병이다. 다행히 금 세종은 두뇌가 맑았기 때문에 그의 사상과 정책이 대체로 관철되었던 것이다.

금 세종은 이치의 개선을 시정의 중점으로 삼았다. 그가 행한 일련의 정치적 조치는 금 희종 이래 종실 간의 상호 살육, 군신 관계의 긴장, 이치의 부패, 정국 불안 등의 국면을 끝장냈다. 금 세종의 이치 사상 및 실천은 정치사상사에서 일정한 의의를 지니고 있다.

1 중국어로는 써렁거하色楞格河. 몽고에서 발원하여 몽고를 거쳐 러시아 중동부로 흐르
   다 바이칼호로 흘러들어가는 강. ―옮긴이

2 益以威制諸部而不肯代.(『신오대사新五代史』「사이부록四夷附錄」)

3 盡殺諸部大人, 遂立, 不復代.(『신오대사』「사이부록」)

4 중국의 동북 지역의 일부로 옛날 연燕 지역을 말하기도 한다. 오늘날 허베이성 북부와
   랴오닝성 일부를 지칭한다. ―옮긴이

5 阿保機率漢人耕種, 爲治城郭邑屋廛市, 如幽州制度, 漢人安之.

6 仿中國置文武班, 立藩漢學, 自中書令宰相樞密使以下, 分命蕃漢人爲之, 以衣冠朶色別
   士庶貴賤.(『송사기사본말宋史紀事本末』권30)

7 『송사기사본말』권30.

8 오늘날 간쑤성 서북부 도시로 실크로드의 중요한 경유지였다. 중국에선 감주甘州로 불
   러 감숙성 명칭의 유래가 되기도 했다. ―옮긴이

9 오늘날 신장위구르자치구 투루판吐魯番 일대를 말하며 세계 최고, 최대의 토성이 있
   다. ―옮긴이

10 制小番文字, 改大漢衣冠. 衣冠旣行, 文字旣行, 禮樂旣張, 器用旣備, 吐蕃塔塔張掖交
    河, 莫不從服. 稱王則不喜, 朝帝則是從.

11 『송사기사본말』권30.

12 匠者與人規矩, 不能使人必巧; 師者人之模範, 不能使人必行. 大王創興師旅, 當變家爲
    國, 圖霸天下, 謀萬乘之國, 非千乘不能比者. 諸部兵衆皆歸大王, 令力可拔山塡海, 豈不
    能革故鼎新, 願大王冊帝號, 封諸蕃, 傳檄響應, 千裏而定. 東接海隅, 南連大宋, 西通西
    夏, 北安遠國之民, 建萬世之鎡基, 興帝王之社稷. 行之有疑, 禍如發矢, 大王如何?(『삼
    조북맹회편三朝北盟會編』권3)

13 만주어 보길레(한자어로는 勃極烈)는 씨족장이나 무당을 지칭하는 말이다. 아골타는
    자신을 도都보길레라 하고, 그 아래 태자격인 암반諳班보길레, 재상격인 국론國論보길
    레 등을 두어 집단 의사결정 구조를 가졌다. ―옮긴이

14 命三百戶爲謀克, 十謀克爲猛安, 一如郡縣置吏之法.

15 旣有中原, 申畫封疆, 分建守令.(『금사金史』「순리전循吏傳」)

16 古之治天下者, 明禮義, 正法度. 我朝之興, 世有明德, 雖中外向化然禮書未作, 無以示後.

17 酌古准今, 制爲禮典.(『전요문全遼文』권2 「유소한가노제예전조諭蕭韓家奴制禮典詔」)

18 正官名, 定服色, 興庠序, 設選擧, 治曆明時.(『금사』「종간전宗干傳」)

19 畜牧畋漁以食, 皮毛以衣, 轉徙隨時, 車馬爲家.

20 耕稼以食, 桑麻以衣, 宮室以居, 城郭以治.(『요사遼史』「영위지營衛志」)

21 我不知中國之人難制如此.(『자치통감』권286)

22 至于太宗, 兼制中國, 官分南北, 以國制治契丹, 以漢制待漢人.(『요사』「백관지百官志」)

23 蕃不治漢, 漢不治蕃, 蕃漢不同治.(『선부진지宣府鎭志』권14)

24 皇帝與南班漢官用漢服; 太后與北班契丹臣僚用國服.(『요사』「의위지儀衛志」)

25 北面治宮帳部族屬國之政, 南面治漢人州縣租賦軍馬之事. 因俗而治, 得其宜矣.(『요사』「백관지」)

26 置猛安謀克一如本朝之制.(『금사』「태조기」)

27 親祭孔子廟, 北面再拜.

28 孔子雖無位, 其道可尊, 使萬世景仰.

29 頗讀尙書論語及五代遼史諸書, 或以夜繼焉.(『금사』「희종기」)

30 詔建孔子廟佛寺道觀.(『요사』「태조기」)

31 游心典籍, 分解章句.(『요사』「마득신전馬得臣傳」)

32 道釋二敎, 皆洞其旨.(『거란국지契丹國志』「성종기」)

33 受命之君, 當事天敬神. 有大功德者, 朕欲祀之, 何先?

34 孔子大聖, 萬世所尊, 宜先.

35 卽建孔子廟, 詔皇太子春秋釋奠.(『요사』「의종배전義宗倍傳」)

36 거란의 지명들이며 주州라 부르나 크기가 다 다르다. 봉성奉聖은 오늘의 허베이성 줘루涿鹿, 귀화歸化는 허베이성 장쟈커우 쉬앤화宣化구, 운운雲雲은 산시성山西省 따퉁大同, 덕德은 산시성山西省 여우위右玉, 홍弘은 굉宏이라고도 하며 오늘의 허베이성 양위안陽原, 울蔚은 허베이성 위현, 규嬀는 허베이성 화이라이懷來, 유유는 베이징 엔칭延慶구 지역을 말한다. ―옮긴이

37 有西京學, 有奉聖歸化雲蔚弘嬀懦八州學. 各建孔子廟, 頒賜五經諸家傳疏, 令博士助敎敎之, 屬縣附焉.(『요사습유遼史拾遺』권16)

38 金國崇重道敎, 與釋敎同, 自奄有中州之後, 燕南燕北皆有之.

39 經籍之興, 其來久矣, 垂敎後世, 無不盡善. 今之學者, 旣能誦之, 必須行之. 然知而不能行者多矣, 苟不能行, 誦之何益. 女直舊風最爲純直, 雖不知書, 然其祭天地, 敬親戚, 尊耆老, 接賓客, 信朋友, 禮意款曲, 皆出自然, 其善與古書所載無異.(『금사』「세종기」)

40 朕所以令譯五經者, 正欲女直人知仁義道德所在耳.(『금사』「세종기」)

41 형 정호程顥는 이천伊川에서, 동생 정이程頤는 낙양洛陽에서 주로 강학 활동을 했기

때문에 생긴 말이다. 이락지학은 정주학 즉 주자학을 말한다. —옮긴이

42 隱居嵩洛山中, 從學者甚衆. 大抵以伊洛之學教人自時昇始.(『금사』「두시승전」)

43 易有太極, 極, 中也. (…) 位王地, 育萬物, 非外化育離人倫之謂也. (…) 中則和也, 和則中也, 其究一而已失.(『부수집』「중설中說」)

44 天地間有大順至和之氣, 自然之理, 根於心, 成於性.(『부수집』「도학발원인道學發源引」)

45 苟卿曰人性惡, 揚子曰人性善惡混, 言其情也; 韓子曰性有上中下, 言其才也, 非性之本也. 記曰: 人生而靜, 天之性也. 又曰: 中者天下之大本也. 此指性之本體也. 方其喜怒哀樂未發之際, 無一毫人欲之私, 純是天理而已.(『부수집』「성도교설性道教說」)

46 固當務學以致其知, 以先明乎義利之辨, 使一事一物了然吾胸中, 習察旣久, 天理日明, 人偽日消, 庶幾可以造聖賢之域. 故聖人修道以教天下, 使之遏人欲存天理, 此修道之謂教也.(『부수집』「성도교설」)

47 『부수집』「용설庸說」.

48 好讀貞觀事要, 太宗明皇實錄.(『거란국지』권7)

49 錄其行事可法者進之.

50 『요사』「마득신전」.

51 朕每閲貞觀政要, 見其君臣議論, 大可觀法.

52 皆由太宗溫顔訪問, 房杜輩竭忠盡誠. 其書雖簡, 足以爲法.

53 唐自太宗以來, 惟明皇憲宗可數. 明皇所謂有始而無終者. 初以艱危得位, 用姚崇宋璟, 惟正是行, 故能成開元之治. 末年怠於萬機, 委政李林甫, 姦諛是用, 以致天寶之亂. 苟能愼終如始, 則貞觀之風不難追矣.(『금사』「희종기」)

54 朕觀貞觀政要, 唐太宗與臣下議論, 始議如何, 後竟如何, 此政史臣在側記而書之耳. 若恐漏泄幾事, 則擇愼密者任之.(『금사』「석거전石琚傳」)

55 朝奏屏人議事, 記注官不避.(『금사』「석거전石琚傳」)

56 朕於聖經不能深解, 至於史傳, 開卷輒有所益.(『금사』「세종기」)

57 朕近讀漢書, 見光武所爲, 人有所難能者.(『금사』「세종기」)

58 원문엔 孔子云: '見善如不及, 見善不如探湯'이라 하는데, 이는 『논어』「계씨」 편에 나오는 말로 '見善如不及, 見不善如探湯'이 맞다. —옮긴이

59 朕雖年老, 聞善不厭. 孔子云: '見善如不及, 見不善如探湯', 大哉言乎!(『금사』「세종기」)

60 近覽資治通鑑, 編次累代廢興, 甚有鑑戒, 司馬光用心如此, 古之良史無以加也. 校書郎毛麾, 朕屢問少事, 善於應對, 眞該博老儒, 可除太常職事, 以備討論.

61 『금사』「세종기」.

62 朕所以令譯五經者, 正欲女直人知仁義道德所在耳.(『금사』「세종기」)

63 猛安謀克皆先讀女直字經史然後承襲.(『금사』「세종기」)

64 『요사』「도종기」.

65 吾修文物, 彬彬不異中華.(『송한기문松漢紀聞』)

66 『금요문金遼文』 권2 「은불배명銀佛背銘」.

67 宛然一漢家少年子也.

68 『삼조북맹회편三朝北盟會編』 권166.

69 禁稱本朝人及本朝言語爲'番', 違者杖之.(『금사』「장종기」)

70 正禮樂, 修刑法, 定官制, 典章文物粲然成一代治規. 又數問羣臣漢宣綜核名實'唐代考課之法, 蓋欲跨遼'宋而比跡於漢'唐.(『금사』「장종기」)

71 四海之內, 皆朕臣子; 若分別待之, 豈能致一. 諺不云乎, 『疑人勿使, 使人勿疑』. 自今本國及諸色人, 量才通用之.(『금사』「희종기」)

72 普天之下, 唯朕最尊.

73 上天錫地上諸王國於朕, 故得統有各族所居之地.(『전요문』 권2 「견사사건도아부한길자니지소단마합목서遣使賜建都阿富汗吉慈尼之素丹馬合木書」)

74 本朝疆土雖大, 而天下有四主, 南有宋, 東有高麗, 西有夏, 若能一之, 乃爲大耳.(『금사』「장중가전」)

75 自古帝王混一天下, 然後可以爲正統.(『금사』「누완온돈사충전耨碗溫敦思忠傳」)

76 天下一家, 然後可以爲正統.(『금사』「이통전李通傳」)

77 오늘날 저장성 항저우 서쪽에 있는 산으로 춘추 시대 오나라에 속했으며 명장 오자서伍子胥가 죽은 곳이라서 서산胥山이라고도 불린다. 해릉왕의 이 말은 남송을 멸하여 통일시키고자 한 의지의 표현이다. ─옮긴이

78 萬裏車書已混同, 江南豈有大疆封? 提兵百萬西湖側, 立馬吳山第一峰.(『삼조북맹회편』 권243)

79 以契丹漢人風俗不同, 國法不可異施.

80 更定條例. 凡合於律令者, 具載之; 其不合者, 別存之.(『요사』「형법지」)

81 여진족 고유의 보길레 제도를 폐지하고 중국과 비슷한 삼성三省 제도를 채택하여 태사, 태부, 태보 삼사三師를 두어 다스리는 제도 개혁을 말한다. ─옮긴이

82 可則循, 否則革, 事不憚於改.

83 蓋變則通, 通則久, 皆當今之急務.

84 維茲故土之風, 頗尚先民之質, 性成於習, 遽易爲難, 政有所因, 姑宜仍舊, 漸漸胥效, 翕

至大同.(『금문최金文最』 권4 「답청정관제조答請定官制詔」 「경정관제조更定管制詔」 등
참조)

85 得中國土地, 役中國人力, 稱中國位號, 仿中國官屬, 任中國賢才, 讀中國書籍, 用中國車
服, 行中國法令.(『속자치통감장편』 권150)

86 夷狄之強也, 以其法制之疏略, 居處衣食之粗獷, 養其剽悍之氣, 弗改其俗, 而大利存焉.

87 一旦革而以中國之道參之, 則彼之利害相半矣. 其利者, 可漸以雄任長於中國; 而其害也,
彼亦自此而弱矣.(『독통감론讀通鑑論』 권28)

88 母寡子弱, 族屬雄強, 邊防未靖,(『요사』 「후비전後妃傳」)

89 明達治道, 聞善必從, 故群臣咸竭其忠.(『요사』 「후비전」)

90 理冤滯, 舉才行, 察貪殘, 抑奢僭.

91 令名無窮, 其唯聖宗乎.(『요사』 「성종기」)

92 重厚有智略, 明治體, 喜建功立事.(『요사』 「야율융운전耶律隆運傳」)

93 信任臣等, 何慮之有.(『요사』 「후비전」)

94 進賢輔政, 真大臣之職.(『요사』 「야율융운전」)

95 親御戎車, 指麾三軍, 賞罰信明, 將士用命.(『요사』 「후비전」)

96 當執公方, 毋得阿順. 諸縣令佐如遇州官及朝使非理徵求, 毋或畏徇.(『요사』 「성종기」)

97 『요사』 「성종기」.

98 석렬石烈과 미리彌里는 거란 또는 여진의 지방 행정 단위를 일컫는 고유어였다. 현縣보
다 작은 단위로 우리나라의 읍邑에 해당되는 것이 석렬이고 미리는 그보다 작은 우리
의 면面 또는 중국의 향鄕에 해당한다. —옮긴이

99 詔北南諸部廉察州縣及石烈彌里之官, 不治者罷之. 詔大小職官有貪暴殘民者, 立罷之,
終身不錄; 其不廉直, 雖處重任, 卽代之; 能淸勤自持者, 在卑位亦當薦拔; 其內族受略,
事發, 與常人所犯同科.(『요사』 「성종기」)

100 國無倖民, 綱紀修舉, 吏多奉職, 人重犯法. 故統和中, 南京及易平二州以獄空聞.(『요사』
「형법지」)

101 거란은 매 세대의 부족 회의를 통해 군사 수령과 최고 지도자를 선발하는 일종의 군사
민주주의적 전통을 갖고 있었다. —옮긴이

102 劃離部請今後詳穩止從本部選授爲宜, 上曰: '諸部官惟在得人, 豈得定以所部爲限.' 不
允.(『요사』 「성종기」)

103 詔諸部所俘宋人有官吏儒生抱器能者, 諸道軍有勇健者, 具以名聞.

104 詔郡邑貢明經茂材異等.(『요사』 「성종기」)

105 命有司考其中第者, 補國學官, 餘授縣主簿尉.(『요사』「성종기」)

106 강묵기康默記는 한족으로 계주薊州의 관리였으나 요 태조 야율아보기에 귀순하여 좌상서左尚書 등을 역임하고 율법을 정돈하면서 한족과 거란족의 융화에 힘썼다. —옮긴이

107 太后知其賢, 授戶部使, 以康默記族女女之. 繼忠亦自激昂, 事必盡力.(『요사』「왕계충전」)

108 契丹及諸夷之法, 漢人則斷以律令.(『요사』「형법지」)

109 聖宗沖年嗣位, 睿智皇后稱制, 留心聽斷, 嘗勸帝宜寬法律. 帝壯, 益習國事, 銳意於治. 當時更定法令凡十數事, 多合人心, 其用刑又能詳慎.

110 子孫相繼, 其法互有輕重; 中間能審權宜, 終之以禮者, 惟景聖二宗爲優耳.(『요사』「형법지」)

111 朕以國家有契丹漢人, 故以南北二院分治之, 蓋欲去貪枉, 除煩擾也; 若貴賤異法, 則怨必生. 夫小民犯罪, 必不能動有司以達於朝, 惟內族外戚多恃恩行賄, 以圖苟免, 如是則法廢矣.(『요사』「형법지」)

112 先是蕃民毆漢人死者, 償以牛馬; 漢人則斬之, 仍以眞親屬爲奴婢. 燕燕一以漢法論.(『요사습유遼史拾遺』권19)

113 契丹人犯十惡者依漢律.(『요사』「성종기」)

114 各部大臣從上征伐, 俘掠人戶, 自置郛郭, 爲頭下軍州.

115 凡市井之賦, 各歸頭下, 惟酒稅赴納上京, 此分頭下軍州賦爲二等也.(『요사』「식화지」)

116 輸租爲官, 且納課給其主, 謂之二稅戶.(『중주집中州集』「이안전李晏傳」)

117 久典外郡, 明禍亂之故, 知吏治之得失.(『금사』「세종기」)

118 躬節儉, 崇孝弟, 信賞罰, 重農桑, 愼守令之選, 嚴廉察之責.(『금사』「세종기」)

119 羣臣守職, 上下相安, 家給人足, 倉廩有餘.

120 『금사』「세종기」.

121 擧賢之急, 求言之切, 不絕於訓辭.(『금사』「세종기」)

122 天子以兆民爲子, 不能家家而撫, 在用人而已.(『금사』「세종기」)

123 察事細微, 非人君之體.(『금사』「세종기」)

124 『금사』「세종기」.

125 『금사』「세종기」.

126 專任獨見, 不謀臣下, 以取敗亂.

127 『금사』「고간전高衎傳」.

128 『금사』「석거전石琚傳」.

129 教化之行, 當自近貴始.(『금사』「세종기」)

130 『금사』「세종기」.

131 天下大器歸於有德. 海陵失道, 朕乃得之. 但務修德, 餘何足慮.(『금사』「세종기」)

132 帝王之政, 固以寬慈爲德, 然如梁武帝專務寬慈, 以至綱紀大壞. 朕嘗思之, 賞罰不濫,
卽是寬政也, 餘復何爲.(『금사』「세종기」)

133 唐太宗有道之君, 而謂其子高宗曰: '爾於李勣無恩. 今以事出之, 我死, 宜卽授以僕射,
彼必致死力矣.' 君人者, 焉用僞爲.(『금사』「세종기」)

134 平時用人, 宜尙平直. 至於軍職, 當用權謀, 使人不易測, 可以集事.(『금사』「세종기」)

135 君臣無疑, 則謂之嘉會.(『금사』「세종기」)

136 進賢退不肖, 宰相之職也.(『금사』「세종기」)

137 朕常以不能徧識人材爲不足. 此宰相事也, 左右近侍雖常有言, 朕未敢輕信.(『금사』「석거
전」)

138 朕欲周知官吏善惡, 若尋常遣官采訪, 恐用非其人. 然則, 官吏善惡何以知之?

139 『금사』「홀석렬양필전」.

140 朕深居九重, 正賴卿等贊襄, 各思所長以聞, 朕豈有倦怠.

141 卿等當參民間利害, 及時事之可否, 以時敷奏.(『금사』「세종기」)

142 朕凡論事有未能深究其利害者, 卿等宜悉心論列, 無爲面從而退有後言.(『금사』「세종기」)

143 自今朕旨雖出, 宜審而行, 有未便者, 卽奏改之.(『금사』「세종기」)

144 朕觀前代人臣將諫於朝, 與父母妻子訣, 示以必死. 同列目睹其死, 亦不顧身, 又爲之諫.
此盡忠於國者, 人所難能也.(『금사』「세종기」)

145 朕觀前史, 有在下位而存心國家, 直言爲民者. 今無其人, 何也?

146 今豈無其人哉. 蓋以直道而行, 反被謗毀, 禍及其身, 是以不爲也.(『금사』「홀석렬양필전」)

147 百司官吏, 凡上書言事或爲有司所抑, 許進表以聞, 朕將親覽, 以觀人材優劣.(『금사』「세
종기」)

148 『금사』「세종기」.

149 上疏論臺諫, 其大旨謂'臺官自大夫至監察, 諫官自大夫至拾遺, 陛下宜親擇, 不可委之宰
相, 恐樹私恩, 塞言路也'.(『금사』「양숙전」)

150 糾彈之官知有犯法而不擧者, 減犯人罪一等科之.(『금사』「세종기」)

151 臺官當盡絶人事. 諫官記注官與聞議論, 亦不可與人游從.(『금사』「당괄안례전唐括安禮
傳」)

152 『금사』「석거전」.

153 人心險於山川, 誠難知也.

154 凡人在下位, 欲冀升進, 勉爲公廉, 賢不肖何以知之. 及其通顯, 觀其施爲, 方見本心.(『금사』「세종기」)

155 海陵不辨人才優劣, 惟徇己欲, 多所升擢.

156 以此爲戒, 止取實才用之.(『금사』「세종기」)

157 十室之邑, 必有忠信. 今天下之廣, 人民之眾, 豈得無人.(『금사』「세종기」)

158 近侍局官須選忠直練達之人用之.(『금사』「세종기」)

159 성성省의 최고 장관으로 큰 구역 내의 군정軍政 사무를 책임지는 최고위 관직이었다. ─옮긴이

160 卿雖有才, 然用心多詐, 朕左右須忠實人, 故命卿補外. 賜卿金帶者, 答卿服務之久也.(『금사』「세종기」)

161 『금사』「세종기」.

162 隋煬帝時, 楊素專權行事, 乃不愼委任之過也.

163 與正人同處, 所知必正道, 所聞必正言, 不可不愼也.

164 當選純謹秉性正直者充, 勿用有權術之人.(『금사』「세종기」)

165 朝官當愼選其人, 庶可激勵其餘. 若不當, 則啟覬覦之心.(『금사』「세종기」)

166 縣令之職最爲親民, 當得賢材用之.(『금사』「세종기」)

167 人之有幹能, 固不易得, 然不若德行之士最優也.(『금사』「세종기」)

168 夫儒者操行淸潔, 非禮不行. 以吏出身者, 自幼爲吏, 習其貪墨, 至於爲官, 習性不能遷改. 政道興廢, 實由於此.(『금사』「세종기」)

169 起身刀筆者, 雖才力可用, 其廉介之節, 終不及進士.(『금사』「세종기」)

170 自今文理可採者取之, 毋限以數.

171 以不限人數, 取至五百八十六人.(『금사』「선거지選擧志」)

172 儒風丕變, 庠序日盛, 士繇科第位至宰輔者接踵.(『금사』「문예전文藝傳」)

173 南人勁挺, 敢言直諫者多, 前有一人見殺, 後復一人諫之, 甚可尚也.(『금사』「세종기」)

174 기국岐國(887~923)은 당나라 말 오대십국五代十國 가운데 하나로 오늘날 산시성陝西省 일대에서 할거한 절도사 이무정李茂貞이 세운 나라다. ─옮긴이

175 岐國用人, 但一言合意便升用之, 一言之失便責罰之. 凡人言辭, 一得一失, 賢者不免. 自古用人咸試以事, 若止以奏對之間, 安能知人賢否. 朕之取人, 眾所與者用之, 不以獨見爲是也.(『금사』「세종기」)

176 察其政蹟, 善者升之, 後政再察之, 善又升之.(『금사』「양숙전」)

177 巡幸所至, 必令體訪官吏臧否.(『금사』「세종기」)

178 隨朝之官, 自謂歷一考則當得某職, 兩考則當得某職. 第務因循, 碌碌而已. 自今以外路官
與內除者, 察其公勤則升用之, 但苟簡於事, 不須任滿, 便以本品出之. 賞罰不明, 豈能勸
勉.(『금사』「세종기」)

179 此輩暗察明訪皆著政聲, 可第其政績, 各進官旌賞. 其速議升除.(『금사』「세종기」)

180 朝官不歷外任, 無以見其才, 外官不歷隨朝, 無以進其才, 中外更試, 庶可得人.(『금사』「이
석전李石傳」)

181 『금사』「세종기」.

182 苟有賢能, 當不次用之.(『금사』「세종기」)

183 日月資考所以待庸常之人, 若才行過人, 豈可拘以常例.

184 用人之道, 當自其壯年心力精強時用之, 若拘以資格, 則往往至於耄老, 此不思之甚
也.(『금사』「세종기」)

185 當選進士雖資敍未至而有政聲者, 擢用之.(『금사』「세종기」)

186 天下至大, 豈得無人, 鷹擧人材, 當今急務也.

187 必俟全才而後擧, 蓋亦難矣.(『금사』「세종기」)

188 明君用人, 必器使之.

189 優於治民, 若使坐列肆, 榷酒酤, 非所能也.(『금사』「양숙전」)

190 汝輩初心亦可謂忠於所事, 自今事朕, 宜勉忠節(『금사』「흘석렬지령전」)

191 卿在正隆時爲首相, 不能匡救, 惡得無罪. (…) 而卿在省十餘年, 練達政務, 故復用卿爲
相, 當自勉, 毋負朕意.(『금사』「장호전」)

192 頒新官制及換官格, 除拜內外官, 始定勳封食邑入銜, 而後其制定.(『금사』「백관지」)

193 職有定位, 員有常數, 紀綱明, 庶務擧, 是以終金之世守而不敢變焉.(『금사』「백관지」)

194 鑑海陵之失, 屢有改作(『금사』「양숙전」)

195 典章文物粲然成一代治規.(『금사』「장종기」)

196 達官貴要多行非理, 監察未嘗擧劾.

197 今監察職事修擧者與遷擢, 不稱者, 大則降罰, 小則決責, 仍不許去官.(『금사』「세종기」)

198 御史分別庶官邪正. 卿等惟劾有罪, 而未嘗擧善也, 宜令監察分路刺擧善惡以聞.(『금사』
「이석전」)

199 卿等所廉皆細碎事, 又止錄其惡而不擧其善, 審如是, 其爲官者不亦難乎. 其併察善惡以
聞.(『금사』「세종기」)

200 『주례』「추관秋官·대사구大司寇」는 "신국新國의 형벌엔 경전輕典을 사용하고, 평국平國의 형벌엔 중전中典을 사용하고, 난국亂國의 형벌엔 중전重典을 사용한다"라고 한다. 중전은 일반적으로 행해지는 법을 뜻한다. —옮긴이

201 職官始犯贓罪, 容有過誤, 至於再犯, 是無改過之心. 自今再犯不以贓數多寡, 竝除名.(『금사』「세종기」)

202 凡在官者, 但當取其貪汚與淸白之尤者數人黜陟之, 則人自知懲勸矣. 夫朝廷之政, 太寬則人不知懼, 太猛則小玷亦將不免於罪, 惟當用中典耳.(『금사』「세종기」)

203 自今官長不法, 其僚佐不能糾正又不言上者, 竝坐之.(『금사』「세종기」)

204 定職官犯贓同職相糾察法.(『금사』「세종기」)

205 郡縣之官雖以罪解, 一二歲後, 亦須再用. 猛安謀克皆太祖創業之際於國勤勞有功之人, 其世襲之官, 不宜以小罪奪免.(『금사』「세종기」)

206 贓汚之官, 已被廉問, 若仍舊職, 必復害民. 其遣使諸道, 卽日罷之.(『금사』「세종기」)

207 吏犯贓罪, 雖會赦不敍.(『금사』「세종기」)

208 朕於女直人未嘗不知優恤. 然涉於贓罪, 雖朕子弟亦不能恕.(『금사』「세종기」)

209 形勢之家, 親識訴訟, 請屬道達, 官吏往往屈法徇情, 宜一切禁止.(『금사』「세종기」)

210 朝廷行事苟不自正, 何以正天下. 尙書省樞密院生日節辰饋獻不少, 此而不問, 小官饋獻卽加按劾, 豈正天下之道. 自今宰執樞密饋獻亦宜罷去.(『금사』「세종기」)

211 주나라 때 친親, 고故, 현賢, 능能, 공功, 귀貴, 근勤, 빈賓 등 여덟 가지 특수 신분을 지닌 사람에게 형벌을 감면해주는 특권 제도. —옮긴이

212 한 문제의 외삼촌. 문제의 어머니 박薄 태후의 유일한 친동생이었으나 죄를 지어 기원전 170년 자살했다. —옮긴이

213 法者, 公天下持平之器, 若親者犯而從減, 是使之恃此而橫恣也. 昔漢文誅薄昭, 有足取者. 前二十年時, 后族濟州節度使烏林 達鈔兀嘗犯大辟, 朕未嘗宥. 今乃宥之, 是開後世輕重出入之門也.

214 古所以議親, 尊天於, 別庶人.

215 外家自異於宗室, 漢外戚權太重, 至移國祚, 朕所以不令諸王公主有權也.(『금사』「형법지」)

216 夫有功於國, 議勤可也. 至若議賢, 旣曰賢矣, 肯犯法乎. 脫或緣坐, 則固當減請也.

217 9개월 상복을 입는 관계를 말한다. 당형제, 고모와 자매, 질녀와 질부 등의 상에 적용되었다. —옮긴이

218 太子妃大功以上親及皇家無服者及賢而犯私罪者, 皆不入議.(『금사』「형법지」)

219 政事無甚難, 但用心公正, 毋納讒邪, 久之自熟.(『금사』 「세종기」)

220 斜哥祖父秦王宗翰有大功.(『금사』 「종한전」)

제9장

원元대 '용하변이用夏變夷' 사조와 리학의 관학화

원 왕조는 몽고 귀족이 한족 통치 계급과 연합하여 건립한 봉건 왕조다. 북송과 남송 이래 북방 소수 민족이 연이어 흥기했다. 하夏, 요遼, 금金 왕조를 건립했던 당항, 거란, 여진족 등과 비교할 때 몽고족의 흥기는 비교적 늦었지만 세력은 가장 왕성했다. 남송 개희開禧 2년(1206) 성길사한成吉思汗(칭기즈칸)이 대몽고국大蒙古國을 건립하고 막북漠北을 통일하고는 신속히 외부로 확장했다. 남송 단평端平 원년(1234) 금나라를 멸망시키고 적극적으로 송나라를 도모했다. 남송 도종度宗 함순咸淳 7년(1271) 세조世祖 홀필렬忽必烈(쿠빌라이)이 원元 왕조를 건립하고 얼마 안 있어 남송은 멸망했다. 송원 교체기 화하華夏 전통의 유가 문화는 전대미문의 맹렬한 충격을 받게 되었다. 상대적으로 낙후한 북방 유목 문화와 고도로 발달한 중원 예악禮樂 문명은 격렬한 충돌, 대항을 거치면서 점차 조화와 융합의 과정으로 나아갔는데 이는 원대 정치사상의 발전에 매우 특수한 상황을 제공하게 되었다.

초기 한몽漢蒙 문화 관계와
야율초재耶律楚材의 치국론

원 왕조의 민족 차별 정책과 정치사상 발전의 추세

몽고족은 소수 민족으로 중원의 주인이 되었다. 통치 구역이 매우 광활했으며 경내의 민족 또한 다양했다. 그런데 몽고 본족의 인원은 아주 적어서 전체가 40만에 불과하고 군대가 약 10만여 명이었다. 원 왕조의 정권을 공고히 하고 몽고 귀족의 권익을 보장하기 위하여 몽고 통치자들은 민족 차별 정책을 실시했다. 그들은 사람을 몽고, 색목, 한인(금 왕조 통치하의 한인), 남인(남송 통치하의 한인) 네 등급으로 나누고 몽고와 한인에게 엄격한 제한을 두었다. 중앙 정부의 요직, 군직 및 지방 관부의 최고 집정관은 반드시 몽고인으로 충당했는데 이로써 전국의 군, 정 실권은 몽고족이 확실히 장악하게 되었다. 나머지 세 등급 사람들에 대하여 몽고 통치자들은 분할 사용의 방법을 채택했다. 그 가운데 색목인은 이재理財에 장기가 있으므로 그들을 재정을 관리하는 곳에 임용하여 백성의 재화를 그러모으게 하여 국가 비용을 충당했다. 한인과 남인의 상층부 사대부들은 민정을 다스린 관리 경험이 풍부했으므로 그들을 각급 관청의 부副 직무와 관리 아전 요원으로 보충하여 몽고 장관을 보좌토록 했다. 이러한 민족 등급 정책은 원 왕조의 기본 국책이었다. 이 정책을 실행한 결과 한편으로는 몽고 귀족 통치자들의 정치 주재적 지위와 정치적 특권을 도드라지게 함으로써 몽고 본족의 문화 전통에 고도의 정치적 보장을 해주었다. 다른 한편으로 한인들도 일정한 정치적 지위와 제한적인 정치적 출구가 있음을 인정해준 것인데, 이는 중원의 한법漢法 즉 유가 정치사상과 전통 제도 및 의례가 지속적으로 전파되도록 했고 차츰 몽고족 문화와 교류 융합하는 데 좋은 조건을 만들어주었다.

민족 등급 정책은 원대의 정치 제도와 정치 발전에 영향을 미쳤을 뿐만 아니라 원대 정치사상 발전의 기본 추세에도 엄청난 영향을 주었다. 전체적으로 볼 때 원대는 한법을 배척하지 않았다. 사실상 이 시기에 허형許衡, 유병충劉秉忠, 유인劉因 등 수많은 저명한 유학자가 출현했으며, 그들은 전통 사상 문화의 발전사에서 모두 중요한 자리를 차지한다. 그리고 리학 즉 주자학의 관학화 과정 또한 바로 원대에 완성되었다. 몽고 통치자들이 완고하게 민족 등급 정책을 추진했기 때문에 중원 한법은 통치자들의 인정을 받긴 했지만 절대 주도적 지위를 차지할 수 없었다. 사상 문화상에서 유학의 권위는 사람을 네 등급으로 나누는 민족 장벽으로 인하여 크게 약화되었다. 다시 말해 사상 문화와 정치 관념, 사회의식, 민족 심리 등이 시종 고도의 통일 및 융합, 화해를 할 수 없었다는 것이다. 전통 사회의 소규모 생산 조건하에서 국가적 통일은 주로 군사, 정치, 문화 여러 방면의 통일 여부에 달려 있다. 몽고 귀족은 무력으로 중원을 점거했는데 정권의 지주는 주로 군사와 정치였을 뿐 문화적 통일과 전 사회의 문화적 동의는 부족했다. 몽고족과 한족 문화의 잠재적 충돌 가능성이 시종 존재했는데 이는 원대 정치사상 발전의 전체적 특징이자 원 왕조의 운명이 100년도 가지 못하게 만든 원인 가운데 하나이기도 하다.

원대 정치사상의 발전 추세는 크게 세 단계로 나눌 수 있다. 칭기즈칸의 대몽고국 시기가 첫 번째 단계다. 이 시기의 정치 중심은 막북이었다.

몽고인 스스로 일련의 완벽한 단사관斷事官[1] 제도와 체계적인 체례體例(約孫, yusun),[2] 법규(札撒, zasag)[3]를 갖고 있었으며 한법이나 유학이 어떤 물건인지 알지 못했다. 그들은 사방으로 공격을 진행하며 신속히 세력을 확장했다. 일부 유술에 정통한 망국 금나라의 관원과 유학자들이 몽고에 항복하면서 개별적으로 대칸의 신임을 얻어 보신으로 임용되기도 했는데 야율초재耶律楚材가 그 예다. 그러나 몽고 통치자들은 유가 정치사상의 실질적 가치를 진정으로 이해하지는 못했다. 그들은 통치 과정에서 여전히 본민족의 통치 경험을 활용하여 정복지 백성에게 잔혹한 통치를 행했다. 몽고 정치 세력이 남하함에 따라 유가 정치 학설은 차츰 몽고 통치자들에게 중시되기 시작했다. 쿠빌라이가 중원의 한족 지역을 차지하고 원 왕조를 건립한 것이 두 번째 단계다. 이 시기 몽고 통치자들은 중원 지역을 다스리는 데 한법이 얼마나 중요한 것인지 몸소 느꼈다. 그리하여 널리 유학자 선비들을 초빙하고 치도를 강구했다. 이로써 정치 제도와 정책 방면에서 조정이 이루어졌다. 학경郝經으로 대표되는 유학자들은 적극 협조하면서 이론적으로 '용하변이用夏變夷' 즉 중화 문화로 이민족 문화를 바꾼다는 내용으로 전통 유학과 이민족 통치 사이에 조화의 길을 만들어냈다. 전국이 정치적으로 통일되면서 강남의 주희, 육구연의 학문은 전국에 광범하게 퍼져나갔고 차츰 원 왕조 통치자들의 인정을 받게 되었다. 원 인종仁宗 시기가 세 번째 단계다. 이 시기엔 허형許衡의 노재魯齋[4] 학파가 흥기하고 리학이 제왕의 전당으로 파고들었다. 원 인종은 유술치국儒術治國을 힘써 주장하고 정주학程朱學을 과거 시험의 교재로 세움으로써 리학의 관학화를 완성했다.

원대 정치사상 발전의 세 단계는 점진적 순서에 따라 이루어진다. 중원 한법과 양송 리학이 바로 이 과정을 거쳐서 전파되었으며 순조롭게 명대로 넘어가게 되었다.

02 야율초재의
치국론

야율초재耶律楚材(1190~1244)는 자가 진경晉卿이고 거란 사람이며 요나라 동단왕東丹王의 8세손이다. 그의 아버지 야율리耶律履는 금 왕조에서 관직을 맡은 적이 있으며 가장 높게는 상서우승尚書右丞을 지냈다. 야율초재는 "세 살에 아버지를 잃고" 어머니의 가르침으로 책을 읽었다. "어른이 되어 뭇 책을 널리 읽었으며" 섭렵한 것들이 잡박하여 "천문, 지리, 율력, 술수 및 불교와 도교, 의술과 점복 등에 두루 통했다".[5] 그는 재주와 생각이 민첩하여 "붓을 들어 글을 쓰면 마치 깊이 숙고한 듯 쉽고 빨랐다".[6] 야율초재는 먼저 금 왕조에서 관직을 맡았는데 나중에 칭기즈칸을 따랐고 오고타이칸을 보좌하여 관직이 중서령中書令에 이르렀다. 야율초재는 박학다식하고 점복에도 정통했으며 이재에도 밝았다. 이 때문에 마침내 그의 기교와 지혜로 몽고 통치자의 신임을 얻었고 고위 관직에 올라 기밀에 참여할 수 있었다. 정치 체계의 질서화를 촉진하고 사회 충돌을 완화시키고 중원 정치 문명을 전파하는 등 고난으로 일군 그의 공로는 마멸될 수 없을 것이다. 그는 한족과 몽고족이 문화적으로 한 단계 더 융합할 수 있는 초보적 조건을 제공해주었다. 후인들이 평가했던 것처럼 그는 "가혹한 초기 제도의 혁신을 간언했으며 민물民物의 상처를 어루만져 소생시켰으니 풍성하고 위대한 공적을 쌓은 것이며 그의 따뜻함이 천하를 덮었으니 공신 유병충劉秉忠 등이 바랄 수 있는 바가 아니었다. 유교를 진흥시키고 선비들을 불러들여 임용함으로써 무장이나 색목인들만 편파적으로 임용하던 폐단을 구했으니 요수姚燧와 허형의 선구자적 역할을 한 것이다".7

야율초재의 치국 주장은 대몽고국 시기의 정책과 제도에 고루 큰 영향을 미쳤다. 그 핵심은 다음 네 가지 측면이다.

첫째, 천명을 숭상하여 인사를 논한다. 몽고인의 문화는 낙후하여 '장생천長生天'8 미신이 있었다. 그들은 전쟁을 벌일 때마다 반드시 점을 쳤으며 그것으로 사기를 돋우었다. 야율초재는 천문과 역법의 학문에 정통했으므로 점복을 통해서 혹은 천상天象을 보고 길흉을 결정함으로써 몽고 통치자들의 신뢰를 얻어냈다. 이를테면 "[칭기즈칸이] 서쪽으로 회회국回回國을 토벌할 때 군신에게 제사하는 마기禡旗를 올리는 날 눈비가 세 자나 내렸다"9 등이다. 이때는 한여름이었고 마기를 올리는데 눈이 내렸으니 실로 괴이한 일이었다. 칭기즈칸은 마음속에 의혹이 가득해 화인지 복인지 알 수 없었다. 야율초재가 "현명玄冥 즉 북방 신의 기운이 한여름에 보인 것이니 적을 이길 징조입니다"10라고 말했다. 이듬해 겨울에 하늘에 큰 우레가 일었다. 칭기즈칸이 다시 저쪽 군주에게 어떤 길흉이 생길지 묻자 야율초재는 "회회국 군주가 전장에서 죽게 될 것입니다"11라고 대답했다. 이 두 차례 예언은 모두 증험되었다. 또 한번은 8월인데 장성長星이 서쪽에 나타나자 야율초재는 "여진에 군주가 바뀔 것이다"라고 말했다. 이듬해 "금나라 선종宣宗이 과연 죽었다". 이런 사례들 때문에 칭기즈칸은 예언을 믿지 않을 수 없었다. 그래서 "제께서 매번 토벌 전쟁에 나설 때면 반드시 초재에게 점을 치도록 했고 제 또한 스스로 양의 어깨뼈를 살라 부신에 응했다".12 또한 야율초재를 가리키며 오고타이에게 이렇게 말했다. "이 사람은 (천)왕이 우리 집안에 내려주신 분이다. 이후에 군대와 국가의 여러 정사를 모두 그에게 맡겨야 할 것이다."[13] 야율초재는 점복과 예언에 기대어 몽고 대칸의 신임을 얻었으며 이로써 자신의 정치적 입지와 치국 주장의 추진을 위한 기초를 다질 수 있었다.

야율초재가 몽고 귀족의 권력 핵심부에서 안정된 지위를 누릴 수 있었던 것은 점복에 능해서뿐만 아니라 천명을 이용해서 몽고 통치자들이 강남을 통일하는 것을 논증해주었기 때문이기도 하다. 그는 '원력표元歷表'를 바치는 형식을 빌려 이렇게 말한 적이 있다. "신의 어리석은 생각으로는 중원中元 즉 7월 백중의 세수가 경오庚午에 있을 때 하늘이 제왕의 깊은 뜻을 열어 남쪽 정벌의 뜻을 결정합니다. 신미辛未년 봄에 천병이 남쪽으로 건너면 5년이 되지 않아 천하는 대체로 평정될 것입니다. 이는 하늘이 부여해준 것이지 인력이 미칠 수 있는 바가 아닙니다."[14] 그는 천상天象을 근거로 이렇게 주장한다. "해와 달이 푸른빛을 합하고 다섯 별이 구슬처럼 이어져 함께 허수虛宿 별자리 5도 부근에서 만남으로써 우리 황제 폐하가 천명을 받는 신부에 호응하는 것이다."[15] 이는 한당 유학의 천인관을 이용하여 몽고 귀족이 중원 지역에서 정권을 세우고 전국을 통일하는 정치적 합법성을 논증한 것이다. 야율초재는 선인들의 '군권신수' 사상이 몽고 통치자의 정치적 필요에 부합한다는 것을 거듭 강조했다. 유가의 천인합일론은 몽고인들의 원시적 미신인 '장생천'에 비해 훨씬 더 고명한 것이었다.

어떤 의미에서 보면 야율초재가 천명을 숭상하고 점복에 열중한 것은 주로 이것들을 치도의 수단으로 추진하기 위해서였다. 그는 몽고 통치자들의 문화적 수준이 매우 낮으며 유학의 성도聖道는 그들에게 있어 봄날의 눈에 불과하다는 것을 분명하게 인식하고 있었다. 그래서 몽고 통치자들이 천명이라는 미신을 믿는 특징이 있음을 이용하여 천명을 빌려서 인사를 논하고 기회를 틈타 칭기즈칸에게 공자의 도를 주입시킴으로써 몽고 통치자들이 중원의 한법과 인의의 정치를 받아들이도록 이끈 것이다. 이를테면 이렇다. "삼가 황제 폐하를 생각하면 덕은 하늘과 땅에 부합하고 밝음은 해와 달에 비견되고 신비의 무력은 하늘이 내렸으며 성스러운 지혜는 애초부터 바탕에 깔리셨습니다. 요임금과 순임금의 지극한 어짊을 넘어서고 복희와 황제의 지순한 교화를 따라잡았습니다. 바라옵건대 두루 어질게 하시고 의로 바탕을 삼으십시오. 하늘을 공경하여 받들고 시대에 신중히 대처하십시오. 행대行臺 즉 상서성에 무거운 조칙을 내리시고 곁에는 유학자를 두십시오."16 이 방법은 때로 아주 큰 효과를 거두었다. 『원사』 기록에 따르면 칭기즈칸이 대군을 이끌고 동인도에 도착해 철문관鐵門關에 주둔했는데, "뿔 하나 달린 동물이 있었다. 생김새는 사슴과 같고 말 꼬리를 했다. 초록색이었는데 사람의 말을 했으며 시위들에게 이렇게 말했다. '당신네 주군은 조속히 돌아가야 할 거요.' 황제가 초재에게 묻자 이렇게 대답했다. '이는 상서로운 동물이며 이름을 각단角端이라 합니다. 사방의 말을 할 수 있으며 살리는 것을 좋아하고 죽이는 것을 싫어합니다. 이는 하늘이 부절을 내려 폐하에게 알리려는 것입니다. 폐하께서는 하늘의 원자이시니 천하 사람들은 모두 폐하의 자식인 것입니다. 원컨대 천심을 받들어 백성의 목숨을 보전하소서.' 황제는 당일로 군대를 되돌렸다."17 푸른 동물이 말을 할 수 있다는 것은 괴이한 일이다. 하지만 이러한 재이 현상을 빌려서 정책 결정에 참여하고 군주에게 간하여 권고한 것은 좋은 대책이라 하지 않을 수 없다.

둘째, 질서 있는 정치를 추진하고 혹형과 남살을 억제시킨다. 야율초재는 일찍부터 세상을 구원할 뜻이 있었다. 스스로 "저는 인원수나 채우는 글쟁이여서 군대나 국가 사무는 미리 의론하지 못합니다. 하지만 도를 행하여 백성에게 은택을 주는 일이라면 저 또한 맑은 뜻이 있습니다"18라고 말한 적이 있다. 그는 시종 유도의 실천으로 스스로를 격려하며 "우리 공자 선생님은 박시제중博施濟衆을 치도의 급선무로 삼으셨다"[19]고 했다. 그런데 몽고 통치자들의 조정엔 일정한 제도가 없었으며 잔혹한 살육을 일삼았고 그들의 힘이 미치는 곳의 서민들은 재앙을 피하기 어려웠다. 이런 상황에 직면하여 야율초재는 차근차근 정책과 조치를 제기했다. 먼저 권력의 중심에 의례 제도를 만들어 왕권을 존중했다. 몽고 통치자들은 왕위 계승에도 일정한 제도가 없었으며 의례 제도 또한 없었다. 오고타이칸이 즉위할 때 "종친들이 모두 모여 회의를 하고 논의를 했으나 결정을 내리지 못했다". 야율초재는 "이에 정책을 획정하고 의례 제도를 만들었다". 그리고 친왕 차가타이에게 이렇게 아뢰었다. "왕이 비록 형이지만 지위는 신하입니다. 예에 입각해 절을 하십시오. 왕께서 절을 하시면 감히 절하지 않을 사람이 아무도 없을 것입니다."[20] 책립 의식을 치를 때 차가타이는 "황족 및 신료들을 이끌고 장막 아래에서 절했다".[21] 이렇게 군신의 예가 행해진 것을 역사에선 "국가 조정과 존속들이 배례를 치른 것은 이로부터 시작되었다"[22]고 기록했다. 군신 예법의 제도화는 몽고 통치 집단 내부의 등급 구조를 강화했으며 군주 정치의 질서화에 유리하게 작용했다. 다음으로 지방 행정 제도를 강화하여 폭정과 폐정의 위해를 경감시켰다. 칭기즈칸이 서방 정벌에 나서며 "제도를 확정할 겨를이 없으니" 지방 주군의 장리長吏들이 "제멋대로 살리고 죽이며 타인의 처첩을 종으로 삼고 재화를 탈취하고 토지를 겸병했다".[23] 어떤 지방관은 극히 포학했는데, 이를테면 "연계燕薊 유후留后 장관 석말함득복石抹咸得卜은 아주 탐욕스럽고 포학하여 죽인 사람이 저잣거리에 가득 찼다".[24] 야율초재는 이러한 상황을 전해 듣고 "눈물을 흘리고는 곧장 상주를 올리고 주와 군에 금지할 것을 청했다. 새서璽書를 받지 않고 제멋대로 정벌에 나서서는 안 되며, 죄수를 사형시켜야 할 경우에는 반드시 보고를 기다려야 한다. 이를 어긴 죄는 사형에 처한다고 했다. 그리하여 포학한 풍조는 사뭇 완화되었다".[25] 야율초재는 또 지방에 군민분치제軍民分治制를 실행할 것을 고집했다. "군郡에는 마땅히 장리長吏를 두어 목민하게 하고 만호萬戶를 두어 군사를 총괄하게 한다. 세력이 균형을 이뤄 적에 맞서게 함으로써 무례와 횡포를 막는다."[26] 이 조치들은 지방으로 하여금 "장리들은 민사를 전문적으로 처리하고 만호들은 군정을 총괄하게"[27] 했다. 이는 지방 행정의 합리화를 촉진했으며 군인이 지방을 관리하는 데 간섭하고 백성을 괴롭히는 것을 막는 데 도움이 되었다. 다음으로 남살을 금지했다. 야율초재는 사형 관리를 강화해야 한다고 여러 차례 주장했다. 그리고 지방관은 "죽을죄를 범한 사람에게 응당 그 사유를 상주하여 처분을 기다리고 그 뒤에야 형을 행할 것"[28]을 요구했다. 몽고 세력이 중원을 점거한 뒤 인심이 안정되지 않아 "백성 다수가 금지 사항을 잘못 저촉하게 되었는데 국법엔 사면령이 없었다."[29] 야율초재는 관대한 사면을 청원하면서 이렇게 말했다. "요즘 임명된 목사에 그릇된 사람이 있고, 관직이나 옥사를 돈으로 거래하며, 죄 없는 사람을 가두는 경우가 허다하다. 옛사람들은 말 한마디도 선했으며 이제 형혹熒惑성도 30리를 물러났으니 천하의 죄수들을 사면해줄 것을 청합니다."[30] 몽고군은 예전부터 도성屠城 즉 성안 사람들을 도살하는 제도가 있었다. 감히 저항하고 항복하지 않는 자에 대하여 "정벌하여 반드시 죽였다". 야율초재는 이와 같은 군사 관례는 정면으로 금지하기 어렵다는 것을 잘 알고 있었다. 그래서 교묘한 언어로 간언하고 이익으로 유도했다. 이를테면 변경汴京[31]을 도살하려 하자 야율초재가 상소를 올렸다. "장졸들이 수십 년간 드러낸 결과 바라는 바는 토지와 인민입니다. 땅을 얻었는데 백성이 없다면 무슨 소용이 있겠습니까!"[32] 이렇게도 말했다. "기교 있는 장인, 재물을 많이 쌓은 집안이 모두 여기에 모여 있습니다. 그들을 모두 죽인다면 얻을 것이 아무것도 없을 것입니다."[33] 끝내 오고타이로 하여금 도성屠城을 금지토록 하여 "죄는 완안完顔씨에게만 있을 뿐이니 나머지 모두에겐 묻지 말라는 조칙을 내리게"[34] 했다. 이렇게 하여 백성 가운데 목숨을 살린 사람이 100만여 명에 이르렀다. 야율초재의 질서 있는 정치를 추진하자는 주장이 전면적으로 실시되지는 못했으며 통치자의 탐욕스럽고 잔혹한 본성 및 그것의 실천을 바꿀 수는 없었지만 당시 시대적 조건하에 그의 주청과 간언은 사회 충돌을 완화시키는 데 적극적인 작용을 했다.

셋째, 부세 제도를 수립했다. 몽고인들이 생활 자원을 얻는 전통적 수단은 약탈이었다. 각급 장수들은 모두 봉록이 없었으며 한 지역을 함락시킬 때마다 병사들을 풀어 노략질을 크게 했다. 수확물의 일부를 칸왕에게 봉헌하고 나머지는 관급 순서에 따라 분배했다. 몽고인의 세력이 중원 깊숙이 파고든 뒤 통치자들은 이미 정복한 지역에 약탈을 자행하는 것은 재물을 획득하는 가장 좋은 방법이 아니라는 것을 차츰 느끼기 시작했다. 그리하여 임의로 세금을 걷는 것으로 바꾸었는데 요구에 한도가 없었다. 이외에도 몽고 통치자들은 본 민족의 전통 경험에서 더 좋은 방법을 찾지 못하고 생각해낸 것이 고작 "한인들은 나라에 아무 도움도 안 되니 그들이 사는 곳을 모두 비워서 목장으로 삼아도 된다"[35]는 것이었다. 이는 두 민족 문화 사이의 거대한 차이다. 이러한 상황에 직면하여 야율초재는 통치자들에게 "중원 땅은 재용이 나오는 곳이니 잘 보존하고 그 백성을 구휼해야 마땅하다"[36]고 권고했다. 만약 아무 제한 없이 거둬 가버린다면 사회 생산을 철저히 파괴하게 될 것이고 최종적으로 거둘 물건이 아무것도 없게 된다는 것이다. 그는 한편으로 지방 관부가 제멋대로 과차科差 즉 세금을 거두어선 안 된다는 주청을 올렸다. "주와 현이 상부 명령을 받지 않고 제멋대로 과차하는 자에겐 죄를 물어야 한다."[37] 다른 한편으로 중원의 지세地稅, 상세商稅, 염鹽, 주酒, 야철冶鐵, 산택山澤의 이익 등에 대해 규정을 만들어 군비 수요로 공급해야 한다고 청했다. 그는 연경燕京 등 10로路에 징수과세사徵收課稅使를 설치하라고 주청했다. 과세사는 모두 선비로 옛 관리를 임용한다. "정과 부 모두 선비를 임용해야 한다. 진시가陳時可, 조방趙昉 등처럼 관후한 어른들은 천하의 가장 좋은 인선이다. 참모들도 모두 성부省部의 옛사람을 써야 한다."[38] 부세 징수의 제도화는 몽고 통치자들에게 안정적인 재정 수입을 가져다주었다. 이 조치는 통치자들에게 깊은 환심을 샀다. 오고타이칸은 놀라서 기뻐하며 말했다. "당신이 짐의 좌우를 떠나지 않으니 국용을 충족할 수 있다. 남국의 신하 가운데 경만 한 사람이 다시 있을까?"[39]

세제를 더 완벽하게 하기 위하여 야율초재는 다음 세 가지 조치를 더 취했다. 첫째는 주와 군의 장리長吏 즉 수령이 과세를 관장하여 "권신과 귀족이 침해하지 못하도록 하라"고 주장한 것이다. 종친과 귀족이 멋대로 세금을 거두는 것을 금절한 것이다. 오고타이칸은 친왕과 공신들에게 주와 현의 토지를 하사하는 데 동의했으나 야율초재는 "땅을 쪼개 백성에게 나누어주면 쉽게 간극이 생겨난다. 금은보화를 주는 것만 못하다"[40]고 생각했다. 그는 조정에 관리를 설치하여 "공물과 부세를 거두도록 하고 한 해가 끝나면 그것들을 나누어준다. 멋대로 세금을 거두지 말도록 해야 된다"[41]고 주장한다. 그리하여 천하의 부세 제도가 만들어졌으며 "2호戶마다 비단 1근斤을 내어 국용에 충당하고, 5호마다 비단 1근을 내어 여러 왕과 공신들의 목욕 비용으로 주었다."[42] 이에 상설 부세가 만들어지고 귀족 왕공의 임의 징수를 단속했다. 둘째는 백성을 호 단위로 묶은 것이다. 야율초재는 홀도호忽都虎 등이 주장한 "장정을 호로 삼는 데" 반대했다. "장정이 도망하면 세금을 내지 못하게 되니 호 단위로 정해야 한다"[43]는 것이다. 여러 번 쟁론을 거친 뒤 마침내 호 단위로 정해졌다. 그는 또 당시 "장군이나 대신이 재물을 그러모으기 위해 자주 여러 군에 머무는 것"[44]을 보았다. 그래서 호구를 묶어 점검하고 "동시에 백성 가운데 점유한 바를 은닉한 사람은 사형에 처한다는 명령을 내렸다."[45] 백성 입장에서 보면 호 단위로 세금을 내는 것이 "장정을 호로 삼는 것"보다 세금 부담이 상대적으로 가벼웠다. 그래서 이 주장은 백성에게 이익이 없지 않았다. 은닉 인구를 묶어 점검하는 것은 귀족 왕공의 사적 이익에 타격을 주고 제약을 가했다. 셋째는 부호들의 조세 청부를 막는 것이었다. 부호였던 유홀독마劉忽篤馬, 섭렵발정涉獵發丁, 유정옥劉廷玉 등이 은 140만 냥을 내어 "천하의 세금을 박매撲買 즉 도급을 맡아 처리하고자" 했다. 야율초재는 "이들은 탐욕스러운 무리로 위를 기만하고 아래를 학대하는 짓이니 그 해가 심각하다"[46]고 질타하며 주청을 올려 파기했다. 그는 항상 이렇게 말했다. "한 가지 이익을 흥하게 하는 것보다 한 가지 손해를 없애는 것이 더 낫다. 한 가지 일을 만들어내는 것보다 한 가지 일을 줄이는 것이 더 낫다."[47] 바로 이러한 사상의 기초하에 그는 부세 제도의 안정에 진력했다. 이는 국가 재용을 보장해주었을 뿐만 아니라 민중의 경세적 부남을 줄여주고 모순을 완화시켜 정치가 질서화를 향해 매진해가도록 하는 데 일정한 역할을 했다.

넷째, 공자와 유학을 존중했다. 야율초재는 학술적으로 순수한 유학자에 속하지 않는다. 유학과 불교를 두루 배웠다. 그가 자신의 호를 담연거사湛然居士라고 부른 것은 불교의 선도禪道를 익혀 성취한 결과다. 동시에 유학도 깊이 연구하여 스스로 "멀리는 주공과 공자의 유풍을 받았고 가까이는 안연과 맹자의 자취를 따랐다"[48]고 말했다. 대체로 그는 사람으로서의 처세, 개인의 생활, 자아 내면세계 방면에서는 선도로 조정하고, 정치 생활에서는 유도로 이끌었다. 이에 그의 선문 스승 만송노인萬松老人은 이렇게 말했다. "유교로 치국하고 불교로 치심했다."[49] 청나라 말 방곽무명인芳郭無名人 또한 다음과 같이 평했다. "거사의 행위를 보면 자취는 불교이나 마음은 유교였다. (…) 방법은 불교였으며 정치는 유교였다."[50] 따라서 정치사상 방면에서 그는 공자의 도를 추종했으며 기회를 보아 문치를 중흥시키고자 했다. 오고타이칸 때 몽고군이 변경汴京을 점령하자 야율초재는 사람을 파견하여 성으로 들어가 공자의 후예를 찾도록 했다. 공자 51세손 공원조孔元措를 찾아내자 위를 계승하여 연성공衍聖公에 봉하자는 주청을 올렸다. 그리고 "사당을 세울 땅을 주어" 공자에 대한 존중을 표했다. 그런 뒤 그는 다음과 같은 명령을 내렸다. "태상太常을 두어 예악을 관장하게 하고 저명한 유생인 양척梁陟, 왕만경王萬慶, 조저趙著 등을 불러들여 9경을 직접 해석하고 동궁에 들어 강의하라"[51]고 했다. 또한 친히 대신의 자손을 이끌고 "경전의 의의를 해석해주면서 성인의 도를 알도록 했다."[52] 연경에 편수소編修所를 설치하고, 평양平陽에 경적소經籍所를 설치하기도 했는데 "이로써 문치가 부흥하게 되었다."[53]

공자를 존중하고 성도를 선양한 것 외에도 야율초재는 과거 시험을 치러 선비들을 임용할 것을 주청했다. "그릇을 만드는 곳에는 반드시 훌륭한 장인을 씁니다. 수성守成하는 사람은 반드시 유신儒臣을 씁니다. 유신의 사업은 수십 년 공력을 들이지 않고는 아마도 성공하기 쉽지 않을 겁니다."[54] 오고타이칸의 긍정을 얻어낸 뒤 야율초재는 선덕주宣德州의 선과사直科使 유중劉中에게 명하여 군별로 시험을 보게 했다. "경의經義, 사부詞賦, 논論 등 3과로 나눈다. 유생들 가운데 붙잡혀 노예가 된 자에게도 시험을 치르게 한다. 그 주인이 은닉하여 보고하지 않는 자는 사형에 처한다."[55] 이 과거 시험을 역사에선 '무술선시戊戌選試'라고 부른다. 노예로 전락했던 수많은 유생이 신분과 처지를 바꿀 수 있었으며 역사서엔 "선비 4030명을 얻었으며 노예를 면한 사람이 넷 중 하나였다"[56]고 기록하고 있다.

한 가지는 지적할 필요가 있는데, 이 시기 몽고 통치자들이 절실한 이익 때문에 유생들이 전혀 쓸모없지는 않다는 것을 느끼긴 했지만 이것이 치국평천하 하는 데 있어 유학의 중요성을 이미 인식하고 있었다는 이야기는 아니다. 그들은 소위 유학과 한법漢法을 한인들을 관리해 재부를 획득하는 일종의 수단으로 보았을 뿐이다. 몽고 통치자들은 정치 생활을 하면서 여전히 본 민족의 전통 경험과 전통 행위를 주된 근거로 삼았다. 유학과 한법은 몽고 통치자들의 강대한 군사적 압력과 폭력적 통치하에 발걸음을 내딛기가 참으로 어려웠다.

학경을 대표로 한
'용하변이用夏變夷' 사조와 예치 사상

원대의 저명한 유학자 요추姚樞는 이렇게 말한 적이 있다. "태조(칭기즈칸)의 개창은 과거를 뛰어넘는 것이어서 제대로 질서를 잡을 겨를이 없었다. 그 후 여러 조정을 거치면서 관료들이 극성을 부리고 형벌이 범람하여 백성의 재물이 모두 소진되고 말았다."[57] 몽고 통치자들은 무력으로 중원을 휩쓸었으며 일반 백성은 재난을 당해 도탄에 빠졌다. 상대적으로 낙후한 유목 문화의 충격으로 유생들의 운명은 극도로 비참해졌다. 몽고인들은 대대로 장인, 의사, 점복 등 기술 인재를 중시해서 유생들은 아무짝에도 쓸모가 없었다. 포로로 잡힌 뒤 살해당하지 않으면 고된 노역을 해야 했으며 몽고인의 가노로 전락하기도 했다. 야율초재조차도 한때 장인들에게 무시당한 적이 있었다. 야율초재가 이 정도였으니 일반 유생들의 운명은 쉽게 짐작할 수 있다. 전통 유학의 출구는 어디에 있을까? 유생들은 생과 사의 선택의 기로에 놓였다. 그리하여 어떤 사람은 관념적으로 특정한 정치적 가치를 동원해 한몽漢蒙 문화를 조화시키고자 했다. 이를 통해 몽고 통치자들이 유학의 가치와 유생의 정치적 지위를 어느 정도 인정하도록 유도했다. 그 대표적인 인물로는 학경郝經, 요추, 두묵竇默 등이 있다.

그 가운데 학경이 제기한 '용하변이用夏變夷' 즉 한족 문화를 이용해 이민족 문화를 변화시킨다는 사상이야말로 가장 전형적이다.

용하변이:
한몽 문화 소통의
가치 매개

　학경(1223~1275)은 자가 백상伯常이며 택주澤州 능천陵川(오늘날의 산시山西 성에 속함) 사람이다. 집안 대대로 유학을 했다. 금 왕조가 멸망할 무렵 천하가 혼란에 빠지자 학씨 일가는 순천順天으로 이사했다. 집안이 가난하여 학경은 "낮에 나무와 쌀을 운반하여 생계를 잇고 밤에 독서를 했다."[58] 차츰 조금씩 이름이 나게 되면서 순천의 수사守師[59]인 장유張柔와 가보賈輔에게 알려져 "상객으로 불려 갔다". 장씨와 가씨 두 집안에는 모두 만 권의 장서가 있었으며 학경은 이를 "널리 읽어 통하지 않는 곳이 없었다."[60] 가보의 장서각을 '만권루萬卷樓'로 불렀는데 학경은 「만권루기萬卷樓記」를 써서 이 일을 기록한 바 있다. 글 가운데 "만권루의 책들에 붙어 살면서 마음대로 모든 것을 관람했다"[61]는 기록 등이 있는데 그가 얼마나 열심히 공부했는지를 알 수 있다. 쿠빌라이는 금련천金蓮川[62]에 다다른 뒤 학경의 명성을 듣고 불러들여 "경국과 안민의 길에 대해 자문했으며" 심히 중용했다. 쿠빌라이는 즉위한 해에 학경을 한림시독학사翰林侍讀學士에 임명하고 금호부金虎符를 패용하고 남송에 사신으로 가서 화의를 확정짓게 했다. 예기치 못하게 남송의 권신인 가사도賈似道에게 연금을 당해 진주眞州에서 무려 16년을 지냈다. 이것이 바로 역사상 유명한 '학경의 구류'다. 학경은 진주에 있는 동안 "오랜 세월을 풀려나지 못하고 외롭고 무료하게"[63] 지냈다. 또한 "후세에 남길 말을 고민하며"[64] 경전과 역사서에 온 힘을 기울여 수백 권의 저술을 남겼다. 『독후한서讀後漢書』『역춘추외전易春秋外傳』『태극연太極演』『원고록原古錄』『통감서법通鑑書法』『옥형진관玉衡眞觀』 및 문집 등이 있다. 정치사상적으로 그는 유가 전통의 화이지변華夷之辨을 연속시키고 '용하변이'를 선양했으며 유학의 예의기강을 진작시킴으로써 지극히 광범한 영향을 미쳤다.

학경은 지극히 중요한 정치적 가치 원칙을 제기했는데 "중국의 도를 실행할 수 있어야 중국의 주인이 된다"[65]고 말한 것이다. 그는 도야말로 천지 만물의 근원이며 천하를 다스리는 주요 원칙이자 근거라고 생각했다. 도의 특징은 다음과 같다. 첫째, 도는 천지 만물과 사람의 마음속에 간직되어 있으며 천지 만물을 통괄하기도 한다. 학경은 말한다. "도는 천지의 형기形器 즉 형체가 있는 기물을 통괄하며 형기는 그 자체로 도를 갖추고 있다. 이 물질에 대하여 이 도가 존재하고, 이 일에 대하여 이 도가 존재한다. (…) 도는 만물에서 떨어져 있지 않으며 천지를 벗어나 있지도 않고 결국은 사람에게 모여든다." "천지 만물은 도의 형기다."[66] 도는 흩어져서 천지 만물 속에 포함되어 있으면서도 만물을 통괄하므로 황극皇極이라 부른다. "천극天極을 받들어 어긋나지 않고, 지극地極을 따르며 거역하지 않는다. 5행行과 5사事가 차례대로 이루어지게 하고 8정政과 5기紀가 잘 닦이게 한다. (…) 만물에 가득하여 발육시키고 주인으로 그것을 제어하는 존재가 황극이다."[67] "형기로 말미암아 도를 회복하면 황극에 다다르게 된다."[68] 도와 천지 만물의 관계로 볼 때 도의 지위가 지존이라는 것이다. 둘째, 도는 영원성을 갖추고 있다. 학경은 말한다. "우리 사람이 변하지 않으면 도 또한 변하지 않는다. 도가 변하지 않으면 천하 또한 변하지 않는다."[69] 이렇게도 말했다. "하늘은 사람에 대하여 한편으론 끝을 두기도 하나 끝내 끝을 두지 않기도 한다. 끝을 두는 것은 시간이며 끝을 두지 않는 것은 도다."[70] 예로부터 오늘날에 이르기까지 변하는 것은 왕조의 교체일 뿐이며 세월이 흘러도 도의 원칙은 천하와 더불어 여전히 하나로 관통되고 있다는 것이다. 셋째, 도의 기본적 특징은 "평상시의 쓰임새"에 있다. 학경은 말한다. "천하에 쓸모없는 도는 없다. 비상시에만 쓰는 도 또한 없다. 도는 쓰임새로 드러나며 언제나 쓰이기 때문에 오래간다. 그래서 천지의 끝까지 가고 만세까지 영원하다."[71] 그는 또 이렇게 말했다. "한 사물에 하나의 도가 있다. 그래서 도 밖에는 아무 사물도 없는 것이다. 하나의 도에는 한 가지 쓰임새가 있다. 그러니 쓰임새의 밖에는 도가 없는 것이다. 하루의 항상성은 천만 년의 항상성이고 천만 년의 항상성은 하루의 항상성이다. 따라서 도 밖에는 쓰임새도 없다."[72] 조금 더 정확한 표현으로 이른바 평상시의 쓰임새란 바로 군신 간 기강을 가리킨다. "부자유친, 군신유의, 부부유별, 장유유서 및 몸을 세워 자신을 실천하는 방법, 사물에 대처하고 타인을 다스리는 길 등을 보면 모두 각자 그 항상성을 지니고 있다. 그렇다면 사람의 쓰임새와 사람의 도를 알게 된다."[73] 이와 같은 인식의 기초 위에서 학경은 권력의 귀속은 도의 귀속에 의해 결정된다고 주장했다. 도의 원칙을 실천하고 유가의 기강과 예의를 준수할 수만 있다면 천하를 통치하는 합법적 근거를 갖추었다는 것이다. 이른바 "하늘은 반드시 주는 것이 아니라 오직 선한 사람에게만 주며"[74] "하늘이 주는 것은 땅에 있는 것이 아니라 사람에게 있다. 사람에게 있는 것이 아니라 도에 있다."[75] 학경은 중국의 주인이 어떤 종족에 속한 것인지는 그다지 중요하지 않으며 관건은 도를 봉행하느냐의 여부를 관찰하는 것이라고 생각했다. "중국이 이미 망했는데 어찌하여 반드시 중국 사람들이 다스려야만 잘 다스린다는 것인가? 성인께서 이夷도 중국中國에 들어

오면 또한 중국이라고 말하지 않았던가. 선을 실천하기만 하면 그들과 함께할 수 있고 그를 따를 수도 있다. 어찌하여 중국이 따로 있고 이가 따로 있단 말인가."[76] 민중이 정권의 합법성을 인정하는 것 또한 종족에 근거한 것이 아니라 유가가 추종하는 도에 근거한다. 이른바 "백성은 무엇이든 반드시 따르는 것이 아니라 오직 유덕한 사람을 좇는다"[77]는 것이다. 역사적으로 볼 때 용하변이用夏變夷한 이적夷狄의 군주가 적지 않았다. 그들은 몸은 이적이었지만 기강과 예의를 열심히 실천했다. 사실상 요, 순, 문, 무왕과 어깨를 나란히 할 훌륭한 성군이 되기도 했다. "옛날 원위元魏[78]는 처음 대代 지역을 차지하게 되면서 한법漢法을 참고하고 응용했다. 효문제에 이르러 낙양으로 천도하여 한법 하나로 정사를 베풀고 제도와 문물을 정비하여 앞 시대와 비견되는 찬란한 성취를 이루었다. 천하는 오늘날까지도 그를 현군이라 칭송한다."[79] 학경은 송나라 진덕수眞德秀의 관점에 찬동했다. "금나라는 천하를 얻고 전장 제도와 문물과 명성은 원위를 숭상했는데" 이를 '불간지론不刊之論' 즉 반박할 수 없는 견해라고 생각했다. "금나라는 천하를 얻고 요나라와 송나라의 왕성한 성취를 깔고 용하변이했다. 8주를 끌어안고 남해를 정벌하여 위엄을 외부로 크게 떨쳤으며 정치 또한 훌륭하여 안이 잘 다스려졌다."[80] 이 때문에 "세상 사람들은 지금도 현군으로 칭송한다"는 것이다. 학경은 쿠빌라이가 바로 이렇게 도를 갖춘 현군이라고 생각했다. 쿠빌라이는 "관저를 열어 천하의 선비를 대우하고 정벌 전쟁이 끝없이 이어지고 분주하게 들판을 치닫는 삶을 살면서도 부지런히 치도를 구했으니 탕왕과 무왕을 기대할 만하다"[81]고 했다. "기대에 부응하여 운이 열리고 자질이 영명하며 의관을 갖추고 예악을 숭상하고 현인과 선비들을 몸을 낮춰 예의로 대접함으로써 중원 사람들의 마음을 깊이 얻었다. 오래지 않아 여러 왕이 추대하여 그 앞에 머리를 조아리니 그 덕의 깊이를 헤아리면 한 고조, 당 태종, 위 효문제의 흐름이다."[82] 이와 같은 "이적의 군주"가 중국을 통치하는 것이야말로 분명히 '용하변이'의 도에 부합하는 것이다. 분명코 하늘의 인정과 민중의 추대를 받게 될 것이다.

학경의 '용하변이' 사상은 유가 전통의 화이지변의 발전이자 응용이다. 춘추 시대에 공자는 가장 먼저 화하華夏 여러 민족과 주변 소수 민족을 구분하는 표준에 관한 문제를 제기했다. "이적에게 군주가 있는 것이 여러 하 민족에게 군주가 없음만 못하다."[83] 그 후 맹자는 이 구별의 주종 관계에 대하여 더욱 명확하게 규정했다. "나는 중화 문화로 이적의 문화를 바꾸었다는 말은 들었지만 이적 문화에 의해 중국이 바뀌었다는 말은 들어보지 못했다."[84] 공맹의 인식은 유학 경전 가운데 『춘추공양전』에서 얻은 것을 한 단계 더 발전시킨 것으로 "국도를 안으로 하고 여러 화하 민족을 바깥에 두며, 화하 민족을 안으로 하고 이적들을 바깥으로 한다"[85]는 공식을 만들어냈다. 이는 후세 유학을 준칙으로 받드는 통치자들이 민족 관계 문제를 해결하는 기본적 정치 원칙이 되었다. 전통적 화이지변은 두 가지 핵심적 특징이 있다. 첫째, 화와 이를 판명하는 표준은 유가의 예의 문명이지 다른 것이 아니다. 둘째, 화이와 내외의 구별은 유가 예의 문명이 주도적 기위를 차지하고 있음을 긍정한 것으로 유가 문화의 응집력을 드러낸 것이다. 학경은 전통 화이지변의 기초 위에서 "중국의 도를 실행할 수 있으면 중국의 주인이 된다"고 주장했다. 그는 화와 이를 판명하는 기준을 정치에 그대로 적용시켜 정권을 세우고 천하를 통치하는 합법적 근거로 삼았다. 그의 인식에 따르면 어떤 종족이든지 유가 예의 문명의 세례를 받아들이고 한법을 받들 수만 있다면 중국 토지 위의 통치자가 될 자격이 있다. 바꾸어 말하면 그는 '이적 군주'의 정치적 권위의 합법성을 인정한 것이다. 이 합법성은 '도(즉 유가의 기강예의)'를 지킨다는 전제하에만 성립할 수 있다. 이로써 이론적으로 심리적으로 한몽 문화의 소통이 가능해지고 몽고족과 한족의 통치 계급 간 정치 협력의 길이 열리게 되었다.

학경의 '용하변이' 사상의 인식론적 근거는 유가의 전통적인 권변관權變觀이다. 권변의 기본 정신은 원칙을 견지한다는 전제하에 구체적인 시時, 세世, 사事에 근거하여 변화에 응하는 것이다. 이른바 "시時 즉 때에 맞추어 옮기고, 세世 즉 세상과 더불어 오르내리고, 천변만화의 일 가운데 도는 오직 하나인 것이다."[86] 학경은 권변의 기본 정신을 깊이 이해하고 있었다. 지혜로운 통치자는 응당 "때에 맞추어 진퇴하고 건곤을 장악하고 기미를 파악해야 한다"[87]고 생각했다. 유생들은 흉포하고 낙후되었음에도 힘으로 도저히 감당할 수 없는 몽고 통치자들을 만나 그저 "진퇴와 존망의 이치를 알고" 처신할 따름이었다. 임시방편의 계책을 성도聖道를 연속시키고 안심입명 즉 편하게 마음을 안정시키고 사는 방법으로 변화시켰다. 이는 학경이 북에 리학을 전수한 조복趙復에게 했던 말과 같다. "선생은 일찍이 상常 즉 불변함을 따르셨을 뿐 변變 즉 변화를 따르지 않았습니다. 그것은 한 나라에만 실천된 적이 있을 뿐 천하에는 실천된 적이 없었습니다. (…) 옛날의 공부는 일신을 풍요롭게 하는 것이었을 뿐이나 오늘날은 다른 문화에도 바른 맥락이 전해지고 다른 지역에도 바른 학문이 넘쳐흐릅니다. 우리 백성의 우활한 심술을 지적해주고 우리 백성의 막혀 있는 이목을 뚫어주어야 합니다. (…) 『육경』의 의의와 성인의 도를 해와 별처럼 빛나게 하여서 (…) 크게 북방에 풀어주어야 합니다. 그러면 궁해지지 않고 통달하게 될 것입니다."[88]

학경은 '용하변이'의 취지에 근거하여 유생들에게 이민족 통치자들에게 적극 협력하라고 한다. 그는 "선비들이 이 시기에 스스로 쓰이지 않으면 우리 민족은 무기의 재료가 되거나 들판의 똥이 되어 하나도 살아남지 못할 것"[89]이라고 생각했다. 그는 자신이 쿠빌라이의 명을 받들어 남송에

사신으로 가는 목적을 이렇게 해석했다. "오랜 세월의 분쟁을 현명하게 해
결하고, 백만 군대의 예봉을 둔화시키고, 억조창생의 성명을 보존하고, 삼
광오악三光五嶽[90]의 기운을 합체시키고, 사분오열된 마음을 통일시키고, 4
해와 9주의 인仁을 추진하여 (…) 인극人極을 바로 세우고 천명의 아름다움
을 바르게 하고자 함이다."[91] '용하변이' 사상은 한몽 문화를 소통시키는
데 중개자로서의 가치를 제공했다. 이 사상이 정치에 적용됨으로써 한
족들은 살육의 재앙을 면했고 유가 예의 문명은 특수한 역사적 조건하
에 지속적으로 전승되어 출로를 찾을 수 있었다. 동시에 염황炎黃의 자손
이고 성인의 문도를 자처하면서도 이민족 통치에 굴종할 수밖에 없었던
한족 통치 계급과 지식인들에게 어느 정도 심리적인 평형을 가져다주기
도 했다.

한법漢法의 보급과
예의치국

　학경의 '용하변이'는 송원 시기 유생들의 정치 심리의 주된 경향을 아주 잘 구현하고 있는 대표적인 사상이다. 유생들은 화하 정치 문명의 선진성과 권위성을 한 치의 의심도 없이 깊이 믿고 있었다. '용하변이'의 구체적인 절차는 바로 한법을 적극적으로 추진하는 것이다. 어떤 사람은 흔쾌히 공자의 도를 실천하고 온 마음을 다해 글을 가르치고 제자를 받아 풍속을 바꾸고자 했다. 이를테면 저명한 성리학자인 허형許衡은 이렇게 말한다. "강상 윤리는 세상에서 단 하루도 없을 수 없다. 윗사람이 그런 일을 하지 않으면 아랫사람이 한다."92 어떤 사람은 상소를 올려 한법을 실행할 것은 권했다. 유학의 예의 문명을 밝힐 희망을 이민족 통치자에게 건 것이다. 원나라 초의 저명한 유생 관료들, 이를테면 야율초재, 유병충, 장덕휘, 요추, 두묵, 허형 등은 모두 상주하여 한법을 청원한 적이 있다. 그들은 한법의 실행이 중국을 통치하는 데 반드시 가야 할 길이라고 강조했다. 예컨대 야율초재는 이렇게 말한다. "삼강오상은 성인의 가르침이다. 하늘에 해와 달이 있듯이 국가를 가진 사람은 이로 말미암지 않을 수 없다."93 허형은 역사 경험을 끌어다 증명하기도 했다. "앞 시대를 헤아려

보니 중원을 차지하면 반드시 한법을 행해야 오래갈 수 있었다. 그래서 후위後魏, 요遼, 금金나라의 연수가 아주 많았다. 그 외 한법을 실행하지 못한 나라는 모두 혼란과 멸망이 이어졌다. 역사책에 모두 기록되어 확연히 알 수 있는 일이다. (…) 국가가 저 멀리 사막에 있다면 더 이상 논할 것도 없지만 오늘날의 형세로 보건대 한법을 써야 마땅하다."[94] 그들은 수많은 구체적인 제도와 정책을 제기하기도 했는데 이런 것들이다. 인재를 쓰고 선발을 신중히 하고 숨은 인재를 발탁한다. 법률을 확정하고 상벌을 더한다. 봉록을 나누고 감사를 설치하고 군정軍政을 엄숙히 한다. 아래 사정을 살피고 두루 경청하며 군자와 친하게 지낸다. 농업과 잠업을 중시하고 세금을 관대하게 하고 요역을 줄여주며 놀면서 나태하게 지내는 것을 금지하고 재물을 절약한다. 호구戶口를 단속하고 둔전을 펴며 조운漕運을 통하게 하고 평준법을 확립하고 저축을 넓힌다. 궁핍한 사람을 돌아보고 홀아비와 과부를 구휼한다. 학교를 세우고 경전을 숭상하며 절개와 효도를 표창한다. 그들은 제도화의 길을 통해 공자의 도가 확산되고 전승되기를 희망했다.

이론적으로 그들은 예의 교화와 예의치국을 중시했다. 학경을 대표로 하여 그들은 예치禮治의 필요성 등을 집중적으로 거론했다. 학경은 예의야 말로 치국의 근본이라고 주장한다. "기강과 예의는 천하의 원기元氣다. 문물과 전장 제도는 천하의 명맥이다. 이것들이 아니면 천하의 기물은 안정될 수 없다. 조금 막히면 조금 무너지고 크게 막히면 크게 무너진다. 조금 잘 닦으면 소강小康하고 크게 잘 닦으면 태평太平하다. 그러므로 천하에 뜻을 둔 사람은 반드시 이를 닦고 버리지 않는다."[95] 이렇게도 말한다. "예악은 왕도 정치의 큰 강령이다. 얻으면 다스려지고 그렇지 않으면 어지러워진다. 성인의 최고의 정치는 반드시 여기서 비롯한다."[96] 그는 역사적 경험을 총괄하여 '최고 정치의 길'을 두 가지로 나누었는데 하나는 자치自治이고 다른 하나는 치인治人이다. 양자를 비교하면 "자치가 위이고 치인은 다음이다". 전자가 근본이고 후자는 말절이다. "근본이 단단하면 말절이 융성하다." 여기서 자치를 근본으로 삼는다는 말은 곧 "인의를 닦고 기강을 바르게 하며 법도를 세우고 인재를 판별하는"[97] 등의 예의 교화를 가리킨다. 이를테면 한나라 유방劉邦과 유수劉秀, 당나라 이세민李世民 등 역사상 성공한 제왕은 모두 예치를 힘써 실천하여 국태민안에 이른 사람들이다. "그래서 한 왕조는 400년을 갔고 당나라 또한 거의 300년을 갔다."[98] 학경은 이렇게 생각했다. "[오늘날] 국가는 온 천하를 다 소유했다. 땅은 넓고 군대는 강하며 백성은 많고 힘은 크니 나라를 열면 오래가야 할 것이다. 대대로 이어지면서 멀리 교화의 은혜를 입지 못했던 곳까지 복종시켰고 한나라와 당나라 때도 칭신하지 않았던 자까지 신하로 두었다. 그런데 애석하게도 기강이 다 서지 못하고 법제가 다 확정되지 못하고 교화가 다 행해지지 못하고 있다."[99] 이렇게 된 까닭은 주로 전란으로 인한 파괴와 제도의 쇠퇴, 법규의 훼손 때문이다. 학경은 이런 것들이 예치를 회복하는데 장애가 될 수 없다고 생각했다. 왜냐하면 근본적으로 "예악은 성정에 근거한다. 문리와 기물이 망하더라도 사람의 성정은 망하지 않는다. 훌륭한 군주가 이끌어 실천하기만 하면 예치는 곧 회복될 수 있기"[100] 때문이다. "치세를 바라는 군주"와 "정치의 본체를 이해하는 신하"가 공동으로 노력하여 "국가 조정의 기존 법에 의거하고 당나라와 송나라의 옛 법전을 끌어오고 요나라와 금나라의 옛 제도를 참고하여 관직을 나누어 설치하는 등 정책을 통해 백성을 안정시키기"만 하면 "통일된 제왕의 법을 성취할"[101] 수 있다는 말이다. 학경은 예치의 추진이 단지 "기강예의를 세울수 있으면 천하를 통일할 수 있기"[102] 때문은 아니라고 생각했다. 더욱 중요한 것은 예치를 통해서만이 "문리로 태평성대를 이루어" 몽고 귀족들의 제국이 오래오래 편안히 다스려질 수 있다고 믿었던 것이다. "그래서 예악으로 다스리는 것이야말로 왕자의 최고의 다스림이다."[103]

실제 정치 생활에서 원대 유생들은 예법과 의례의 구축을 촉진하고 강화하는 것 외에 공자에 대한 존중과 학교 교화를 더욱 중시하고 제창했다. 이를테면 학경은 이렇게 말한다. "공자는 덕을 세운 만세의 스승이다. 그래서 하늘은 그 신성을 극진히 했으며 공자는 그 성스러움을 극진히 했다. 하늘에 제사 지내고 공자의 사당에 제사 지내 예로써 온갖 신을 높이는 것이 마땅하다."[104] 장덕휘는 세조 쿠빌라이에게 이렇게 말했다. "공자는 만대 왕자의 스승입니다. 나라를 가진 사람은 그를 존중하여 사당을 엄격히 관리하고 때에 맞추어 제사를 지냈습니다. 그를 숭상하느냐의 여부는 성인에게 더하고 덜 일이 아닙니다. 다만 이로써 이 시대 군주가 유학을 숭상하고 도를 중시한다는 뜻이 어떠한가를 보여줄 따름입니다."[105] 그들이 보기에 공자를 받드는 것이야말로 유학을 숭상하고 도를 중시하는 표식이었다. 그렇게 유학 경전으로 학교를 열고 제자를 모아 가르치며 민중을 교화하는 것으로 유학을 숭상하고 도를 중시함을 구체적으로 드러냈다. 유학 경전이야말로 공자의 도의 매개체이기 때문에 경전을 받들고, 경전을 읽고, 경전으로 교화하는 것이 곧 성도聖道를 널리 떨치는 길이다. 학경은 말한다. "복희씨 이래로 도는 성인에게 있으며, 공자 이래로 도는 『육경』에 있다."[106] "경이란 성인이 온 마음을 다하여 이룬 바이며 순일하게 의리義理를 추구하여 이루어진 말씀이다."[107] 경전을 세워 후세에 전한 공적이 성인에게 있으며 성도를 후세에 이어지도록 전파할 책임은 유생에게 있다. 학경은 이렇게 말한다. "문리를 크게 이루고 위대한 경전을 후세에 전했으며 명교名敎의 극치를 세운 것은 공자의 힘이었다. 이 문리를 더욱 크게 만들고 명교를 무너지지 않게 하고 이단이 해치지 못하도록 한 것은 여러 현인의 공로다."[108] 그래서 그들은 학교 교육을 적극적으로 제창한다. 두묵은 말한다. "삼대의 풍속이 돈후하고 오래 유지될 수 있었던 이유는 모두 학교를 세우고 선비를 길러냈기 때문이다. 이제 마땅히 학교를 세우고 스승을 두어 귀족 자제들을 널리 선발하여 가르침으로써 풍속 교화의 근본을 보여야 마땅하다."[109] 허형은 세조에게 올리는 상소문에서 이렇게 주장했다. "도읍으로부터 주현에 이르기까지 모두 학교를 설립하고 황자皇子 이하 서인의 자제에 이르기까지 모두 학교에 입학하게 하여 부자, 군신 간 대륜을 분명히 해야 합니다. 청소하고 응대하는 작은 일에서부터 천하를 평정하는 큰 도에 이르기까지 10년 뒤면 윗사람은 아랫사람을 부리는 까닭을 알고 아랫사람은 윗사람을 섬기는 까닭을 알게 되어 상하가 화목할 것이니 오늘날과 비교될 수도 없을 것입니다."[110] 그들의 노력으로 원대에 학교를 세우고 교화하는 풍토가 차츰 형성되었다. 이를테면 얼마 후 여궐余闕은 이런 말을 한다. "대원大元이 흥기하고 100여 년이 흘렀다. 열성조가 잘 계승하여 날마다 학교를 세워 교육하는 데 힘썼으며 당黨과 상庠과 숙塾과 서序[111]가 중국에 두루 설치되었다. 주나라 때 크게 융성했다 하지만 이것에 불과했을 것이다."[112] 이 가운데는 물론 과장된 표현이 있겠지만 학교를 세워 교화함으로써 유가 예의도덕을 널리 전한 것은 분명히 한몽 통치자들에게 공통된 인식으로 자리했던 일이다. 공자를 존중하고 학교를 세워 교화하는 것은 예치의 보급을 위한 사회심리와 문화 조건을 제공해주었다.

여기서 주의를 기울여볼 점은 원대 유생들이 제창한 교화의 대상에 몽고 제왕들을 포함하고 있다는 사실이다. 그들은 리학의 정심正心과 성의誠意 개념을 군주에게 적용하여 그들로 하여금 『대학』의 도를 따라 "수신을 근본으로 삼으라"고 요구한다. 두묵은 말한다. "제왕의 도는 성의와 정심에 있다. 심이 바르면 조정의 원근이 모두 감히 바름으로 통일되지 않을 수 없다."[113] 그들은 몽고의 통치자들이 유학의 정치적 가치관을 받아들여 한족 통치 계급에게 이익을 가져다주는 정치적 대표가 되게 하기 위해 적극적으로 노력했다.

몽고 귀족의 통치 집단 가운데 진정으로 몽고족과 한족 통치자 쌍방의 공동 이익을 함께 생각한 첫 번째 인물은 원 세조 쿠빌라이였다. 그는 한법을 받아들였을 뿐만 아니라 한법을 중요한 정책적 근거로 삼기도 했다. 역사 기록에 따르면 쿠빌라이는 일찍이 "천하에 무언가 큰일을 할 생각이 있었는데" 한법의 가치와 작용을 잘 이해하지 못했다. 그래서 널리 "각 번부의 옛 신하들과 사방의 학문하는 선비들을 불러들여 치도에 대해 물었다."[114] 그는 유학자 장덕휘를 불러서 이렇게 물은 적이 있다. "어떤 사람이 말하길 요나라는 불교 때문에 무너졌고 금나라는 유학 때문에 망했다고 하던데 그런 일이 있소?"[115] 덕휘가 대답했다. "요나라 일은 신이 아직 두루 알지 못합니다만 금나라 일은 친히 본 바가 있습니다. 집정 대신 가운데 한두 명의 유신儒臣을 쓰긴 했지만 나머지는 모두 무관으로 세습을 했습니다. 군사와 국가 대사를 논할 때도 미리 청문을 하지 않았으며 대체로 유생으로 나아간 사람은 30분의 1 정도였습니다. 나라의 존망은 스스로 책임을 지는 사람이 있어야 하는데 유생이 무슨 허물이 있었겠습니까!"[116] 세조에게 깊이 중용된 유병충 또한 정중하게 "말 위에서 천하를 얻지만 말 위에서 다스릴 수는 없다"[117]고 지적했다. 그는 쿠빌라이에게 한법을 도탑게 실천하라고 요구하면서 이렇게 알렸다. "공자는 뭇 왕의 스승이며 만세의 법을 만들었습니다. (…) 마땅히 각 주에 명하여 제사를 올리도록 하십시오."[118] "마땅히 옛 제도를 따라 삼학三學을 건립하고 교수를 두고 인재를 잘 선택해야 합니다."[119] "전장典章, 예악, 법도, 삼강오상의 교육 등이 요순시대에 갖추어졌는데 삼왕은 이를 따랐으나 오패는 이를 무너뜨렸습니다."[120] 유생들이 반복적으로 권유하자 쿠빌라이는 한법의 정치적 작용을 갈수록 중시하게 되었다. 장덕휘가 쿠빌라이에게 '유교대종사儒教大宗師' 직을 맡으라고 하자 쿠빌라이는 "기쁘게 그 건의를 받아들였다". 제왕의 존엄에다가 유교의 종사를 겸한 것은 역사상 처음 있는 예다. 쿠빌라이는 즉위 후 유병충 등의 건의를 더욱 적극적으로 받아들여 중통中統으로 연호를 삼고 유학자들을 임용하여 일련의 제도 및 정책의 조정을 행했다. 후세 통치자들은 쿠빌라이가 추진한 한법에 극찬을 아끼지 않았다. "세조는 도량이 크고 넓었으며 사람을 알아보고 임무를 잘 안배했다. 유술을 믿고 따랐으며 능히 중화 문화로 이민족 문화를 바꾸어 원칙과 기강을 수립했다. 그로써 일대의 제도를 만들었으니 그 규모가 넓고 아득하다."[121]

그런데 특별히 주의를 기울여야 할 사항은 몽고족과 한족 문화의 차이와 종족 멸시 정책 때문에 원대에 실시된 한법의 범위와 몽고 통치자들이 받아들인 정도가 모두 제한적이었다는 사실이다. 학경이 말한 것은 그저 "글로 잘 꾸며서 한법을 견강부회한" 것이었을 뿐이다. 유학과 종교를 비교해보면 몽고 통치자들은 후자를 더욱 중시했다. 그들은 도교道와 라마교, 선종을 신앙했다. 파스파八思巴, 구처기丘處機, 해운海雲선사 등 종교적 영수들은 지극히 높은 예우와 존중을 받았다. 원나라 시대를 통틀어 승려와 도교 신도의 지위 또한 유생들보다 훨씬 높았다. 몽고 통치자들의 눈에 유학은 다만 모종의 신비한 기능을 가진 '준종교'에 불과했다. 쿠빌라이가 흔쾌하게 받아들인 '대종사' 칭호가 바로 '유교儒敎'라는 이름의 모자를 쓰고 있다. 특정한 관점에서 보면 이 점이 곧 몽고 통치자들이 한법을 받아들인 더욱 중요한 원인인 듯하다. 유병충의 사례가 이를 가장 잘 설명해준다. 유병충은 쿠빌라이의 중요한 모신이 되었으며 수많은 한법의 실행은 모두 그의 덕이었다. 그가 죽은 뒤 쿠빌라이는 이렇게 말했다. "병충이 짐을 섬긴 지 30여 년이다. (…) 음양 술수에 정밀하여 점을 쳐서 미래를 알고 부신과 잘 합치했다. 오직 짐만이 그것을 알 뿐 다른 사람은 들을 수가 없었다."[122] 이 한마디로 유병충이 깊은 신임을 얻게 된 진짜 원인이 드러났다. 유학에 대한 몽고 통치자들의 인식은 끝끝내 매우 얕았으며 게다가 일부 몽고 권신들은 일부러 한족 문화를 억제하고자 했다. "누차에 걸쳐 한법을 훼손했고" 국자감의 "여러 생도의 음식 공급이 이어지지 못하는" 현상까지 발생하게 되었다. 유학과 몽고 통치자들 간의 관계가 융합의 단계에 이르렀다고 할 수는 없다. 한법은 그저 "이적의 군주"가 고도로 발달된 경제와 정치 문명을 지닌 중원 지역을 통치하기 위해 어쩔 수 없이 채택한 통치 수단에 불과했다. 유가 정치사상은 원대에도 전승되었으나 절대적 주도권을 차지할 수는 없었다.

전체적으로 볼 때 하나의 정치적 가치 기준으로서의 '용하변이'는 몽고와 한이라는 두 민족, 두 문화, 두 정치 전통을 결합시켜주는 모종의 교량 역할을 했다. 일반적으로 문화의 전승과 발전은 여러 조건에 의해 결정되는데 특히 중요한 것은 변화에 대응하고 조절하는 문화 자체의 기제다. '용하변이' 사상은 바로 유가 문화의 포용성, 응변 역량, 조절 기제가 구현된 것이다. 이는 유가 문화의 자아보존 의식의 성숙도를 의미한다. 송원 사이 역사 변동의 과정에서 '용하변이'라는 정치적 가치의 선전과 실천으로 인해 유학을 주체로 삼는 군주 전제주의 정치사상 체계는 이민족 문화 충돌의 장애를 극복하고 벗어나 전승해갈 수 있었다.

제3절

리학의 관학화

'용하변이用夏變夷' 이론의 제기는 원대에도 리학 사조가 계속 발전할 수 있는 인식론적 근거를 제공해주었다. 리학은 본래 민간 학술 사조였으나 남송 말년 정권과 결합하면서 크게 발전했다. 이 발전 추세는 원대에도 계속 이어졌으며 마침내 리학의 관학화 과정을 완성했다.

정주 리학의 북방 전파와
'유용한 학문'의 제창

송나라와 금나라 때는 남북이 단절되어 천자의 교화가 통하지 못했다. 강북에도 처사와 은거 선비들이 이락伊洛 즉 정호와 정이의 학문을 전승했지만 영향력은 매우 제한적이었으며 강남의 유생들은 주희와 육구연의 변론에 심취해 있었다. 북방 학생들은 여전히 장구 해석을 고수하면서 "과거 시험에 쓰이는 문장과 외워 쓰는 공부"만을 알고 있었다. 대다수 사람은 리학의 오묘한 취지를 전혀 이해하지 못했다. 이를테면 나중에 리학의 위대한 스승이 된 허형조차도 어려서 공부를 시작할 때는 "장구를 전수받는" 데 불과했다.

1235년 몽고군은 송나라를 대거 정벌했다. 쿠빌라이는 양유중楊惟中과 요추姚樞에게 명하여 "유학자, 도사, 승려, 의사, 점술가" 등을 찾아내도록 했다. 마침내 호북 덕안德安에서 저명한 유생 조복趙復을 포로로 잡고 북으로 호송하여 돌아갔다. 이로부터 주희 등의 학설이 북으로 전파될 수 있었다.

조복은 호북 덕안(오늘날의 후베이성 안루安陸) 사람이며 자가 인보仁甫다. 사람들은 강한선생江漢先生이라 불렀다. 생몰 연도는 확실히 알려져 있지 않으며 저작의 대부분은 망실되었고 사승 관계도 상세하지 않다. 학경邪經은 그를 "주자의 문인이 되어 진전을 얻었으며 그 도를 모아서 북방 사람들에게 전수했다"[123]면서 주자 일맥에 속한다고 말한 바 있다. 조복이 연경燕京에 도착한 뒤 양유중과 요추는 특별히 태극서원太極書院을 세워 그를 초빙해 리학을 강학하게 했는데 "따르는 학생이 100여 명이나 되었다".[124] 학경, 요추, 두묵, 유인劉因, 조욱趙彧, 양추梁樞, 허형 등 북방의 저명한 학자는 모두 그의 학문을 따랐다. 조복은 남북의 학술 차이가 큰 것을 보고 리학이 "주돈이와 이정으로부터 책들이 아주 광범한데도 학인들이 아직 관통하지 못하고 있다"[125]고 판단하여 『전도도傳道圖』『이락발휘伊洛發揮』『사우도師友圖』『희현록希賢錄』 등 전문서를 편찬했다. 이를 통해 이정과 주자 리학의 사승 관계, 학설의 원류 및 기본 이론에 대해 전면적으로 소개했다. 조복의 노력을 통해 리학은 북방에 널리 전파되었으며 "진옹秦雍 즉 섬서 서안西安 일대에 이르러 자제들이 나시 이정의 학문에 몰입하게 되었으며 삼진三晉 지역과 제노齊魯의 많은 사람이 몰리더니 연운燕雲과 요하, 발해에까지 이르렀다".[126] 조복이 "우뚝 서서 사도師道를 자처하니 학자들이 구름처럼 따르고 받들었다".[127] 당시 사람들과 후학들로부터 많은 칭송을 받았다. 동시대 사람인 학경은 이렇게 말한다. "도가 북방에 다시 전해진 것은 운수가 좋은 까닭도 있겠으나 취지를 제대로 밝혀주고 구전심수할 수 있게 된 것은 선생으로부터 시작되었다. 오호라, 선생이 우리의 도에 세운 공로와 북방 학자들에게 베푼 덕은 그보다 두터울 수 없을 것이다."[128] 후세엔 조복을 북방 리학의 제1인이라고 더욱 칭송했다.

조복은 본래 남송의 유민이다. 성학聖學을 밝히는 데 뜻을 두긴 했으나 끝내는 마음을 조趙 왕실에 두고 있어서 이민족 통치자를 섬기는 것을 원치 않고 차라리 홀로 도를 지키며 살고자 했다. 그는 강학을 시작한 이듬해(1237) 서원을 떠나 진정眞定(오늘날의 허베이성 바오딩保定)에 은거했다.

북방 전파 후 리학의 이론 형태는 독특한 풍격을 보인다. 이런 풍격이 만들어진 주된 문화적 배경은 북방 유생들이 제창한 '유용한 학문'이다. 그 대표 인물은 '용하변이'를 창도하여 유명해진 학경 및 정옥鄭玉, 유악劉幾 등이다. 그들은 극심한 사회 변동과 정치 불안의 와중에 공리공담에 깊이 느낀 바 있어 "공부를 하면 쓸모가 있어야 한다"고 주장하기에 이르렀다. 그들은 다음 세 가지 견해를 제기했다. 우선, 도의 가치는 '유용有用'에 있다는 것이다. 학경은 말한다. "도는 용用을 소중히 여긴다. 무용한 것은 도로 볼 수 없다. 하늘이 덮고 땅이 싣고 있는 것, 해와 달이 비추고 있는 것 모두가 유용하다. 『육경』이 내려준 교훈이나 성인의 가르침 또한 모두 유용한 것이다. 그래서 겉으로는 인仁을 드러내고 속으로는 용用을 감추고 있어서 풍성하고 유덕한 대업을 이루게 된다."[129] 다음으로 선비들이 공부하는 목적은 배워서 쓰려는 데 있다고 말한다. 학경은 말한다. "선비가 머리를 묶고 뜻을 세워 책을 외고 도를 배웠는데 끝내 아무 쓸모가 없다면 가당키나 하겠는가!"[130] "가까이는 한 몸에, 작게는 한 집안에, 크게는 한 나라에, 더 크게는 천하에 반드시 쓸모가 있어야 한다."[131] 그보다 조금 뒤의 정옥은 이렇게 말한다. "어려서 공부하지 않으면 천하의 리를 궁구하여 정확한 지식에 이를 수 없다. 장년이 되어서 용도를 궁구하지 않으면 어떻게 배웠다고 하겠는가."[132] 유악도 말한다. "선비는 공부하여 쓸모가 있기를 바란다. 쓸모를 기대하여 배우는 것인데 배워도 아무 쓸모가 없다면 할 일이 무엇인지 안다고 말할 수 있겠는가!"[133] 다음으로 '유용'이 가리키는 바는 세상과 백성을 구제하고 공적을 세우는 것이다. 학경은 말한다. "처음 『육경』을 얻어 읽었는데 비록 경지에 들어서지는 못했지만 성인의 학문과 도의 용도를 알게 되었다. 이제삼왕의 최고 정치가 거기 사라지지 않고 다 갖추어져 있었다. 정말로 유용한 학문이었다."[134] 선비들의 학문은 군주를 경지에 오르게 하고, 백성을 유족하게 하고, 자신을 실천하고, 현재를 변화시키고, 후세에 전파하는 데 쓸 수 있어야 한다. 천하의 혼란을 구제하고 민생의 피폐함을 다스려야 한다. "그리하여 천하의 대사를 변별하고 천하의 큰 절개를 세우고 천하의 큰 어려움을 구제하는 것"[135]을 가리켜 유용이라고 말한다. [반대로] 책을 외고 도를 배웠다는 선비가 한 가지 직무를 시험하면 순서가 뒤집혀 가닥이 없고, 한 가지 일을 맡기면 오그라들어 서지도 못하고, 허둥거려 끝내추위와 굶주림으로부터 제 몸 하나 건지지 못하거나 이익과 세력만 좇아 절의를 잃는 것은 무엇 때문인가? 무용한 공부를 한 것이다."[136] 학경은 세상을 구하고 도를 실천하려는 뜻을 세우고는 "무용한 학문을 배우지 않고, 성인의 책이 아니면 읽지 않고, 외관이나 차림새에 힘쓰지 않고, 장구나 따지는 유생이 되지 않으리라"[137]고 스스로 다짐했다. 그들은 정치에 관심을 기울이고 적극적으로 벼슬길에 나섰으며 공리공담을 일삼고 앉아서 도를 논하는 데 반대했다. 강렬한 사회적 책임감과 정치 참여의 정신을 드러냈으며 "백성이 무너지는 것을 보고도 어떻게 구할 생각을하지 않을 수 있겠는가"[138]라고 했다.

이렇게 "공부하며 쓸모가 있어야 한다"는 학술 풍토는 원나라 일대에 영향을 미쳤다. 특히 우환 의식을 지닌 유생들에게 더 큰 영향을 주었다. 강남 리학이 북으로 전파된 뒤 어쩔 수 없이 그 학풍의 제약을 받았는데, 북방 학문은 성격상 의리 분석에는 약했으나 학문의 실용성에는 강했다. 도덕 수양의 실천성을 중시한 북방의 특징은 리학을 전파시키고 사람들이 보편적으로 받아들이게 하는 데 오히려 유리했다.

허형과
리학의 관학화

원대 저명한 리학자로는 유인, 오징吳澄, 허형 등이 있다. 그 가운데 리학과 원 왕조의 정권을 결합시키는 데 중요한 역할을 한 사람으로는 당연히 허형이 최고다.

허형許衡(1209~1281)은 자가 중평仲平이며 호가 노재魯齋다. 회지懷地 하내河內(오늘날의 허난성 친양沁陽) 사람이다. 그는 어려서부터 공부를 좋아했고 "조금 자라서는 기갈이 들린 듯 공부에 심취했다". 그는 북방의 "구문이나 읽고 훈고 해석하는" 가르침에 불만이 많았다. 나중에 휘주輝州 요추의 집에서 『이천역전伊川易傳』『사서집주四書集注』『소학小學』『대학혹문大學或問』 등 정주의 경전을 찾아 읽은 뒤에야 리학의 요지를 알게 되었다. 그는 이렇게 탄식했다. "내가 그동안 보고 배운 것은 모두 잘못이다. 오늘에야 처음으로 학문으로 나아가는 순서를 듣게 되었다."[139] 머지않아 허형은 소문蘇門산으로 가서 요추, 두묵과 서로 강습했다. "경전, 자사子史, 예악, 명물名物, 성력星曆, 병형兵刑, 식화, 수리水利 등 담론하지 않는 것이 없었으며 흔연히 도를 자신들의 임무로 삼았다."[140] 허형의 명성은 날로 높아졌다. 쿠빌라이는 막남의 한족 지역을 관할할 때 그의 이름을 듣고 특별히 불러들여 경조제학京兆提學을 맡겼다. 각 군현에 학교를 세우게 했더니 "백성이 크게 교화되었다". 중통中統 원년(1260) 쿠빌라이는 즉위하자마자 허형을 경사로 불러들여 조정의례와 관제의 제정에 참여시키고 중서좌승中書左丞의 지위에 올렸다. 지원至元 8년(1271) 집현대학사集賢大學士 겸 국자좨주國子祭酒에 임명하고 태학의 일을 주관토록 했다. 쿠빌라이는 "친히 몽고안 자제들을 선택하여 교육을 받도록 했다".[141]

허형의 학파는 제노齊魯 학파로 불린다. 그의 학문에는 두 가지 특징이 있다. 첫째는 주자학의 틀을 엄격히 지키지 않는다는 것이다. 특히 허형은 천리의 체득과 본성의 수양 방법에 있어 마음은 명경지수와 같아 사물이 다가와도 혼란스럽지 않고 사물이 떠나가도 아무것도 남지 않는다고 주장한다. 마음을 가라앉히고 스스로 일념으로 선을 세심하게 살피면 차츰 마음이 참되고 뜻이 바르게 되는 경지에 이를 수 있다. 사私를 씻어내고 공公에 이르게 하여 천리가 마음속에서 명확해지면 사람의 본성과 천지가 한 몸으로 합해져 도덕적으로 성현의 경지에 진입하게 된다는 것이다. 이 방법은 직접 본심을 구하는 육구연 학문의 흔적이 보인다. 주희 문하의 '격물치지'의 '하학下學' 공부와는 일치하지 않는다. 둘째는 "군명을 실천해 풍속을 교화하고" "도를 통해 유용한 일을 하는" 것을 중시한다. 허형은 '유용한 학문'을 제창하는 학술 풍토의 영향을 받아 "공부는 몸소 실천하는 것이 급하며 언어와 문자 사이에서 일을 헛되이 하지 않아야 한다. 도는 유용한 일을 하는 것이 우선이며 성명의 오묘함 따위를 헛되이 따지지 않아야 한다"[142]고 주장한다. 그는 성도聖道의 보편성을 특별히 강조했다. "본성을 이끄는 도는 군신, 부자, 부부, 장유, 붕우 사이에 존재할 따름이다. 보통 사람들이 능히 알고 능히 실천할 수 있는 것이므로 언제든지 사람에게서 멀리 있지 않다."[143] "크게는 군신과 부자 관계로부터 작게는 소금과 쌀과 관련된 작은 일까지 모두 문文이라 부른다. 아주 적절하면 또한 의義라고 말한다. 일상에서 쓰이고 움직이는 것들 또한 도道라고 부른다. 문이든 의든 도든 그저 일반적인 것이다."[144] 천리의 요지는 일상생활과 소금, 쌀과 같은 작은 일 안에 존재한다. "숨겨져 있는 이치를 깊이 강구할" 필요가 없다. 이 이론적 특징은 두 가지 결과를 만들어냈다. 첫째, 허형의 후학들을 점점 쇠미하게 만들었다. 청나라 사람 전조망全祖望은 사산謝山의 「제문정집후題文正集後」를 인용하여 이렇게 말한다. "[허형은] 끊어진 학문을 북방에서 흥하게 했으니 그 공로가 사라지지 않을 것이다. 그런데 평생 조예가 깊은 것은 그저 선한 사람의 일상의 일일 뿐이었다. (…) 그래서 몇 번 전해지다 쉽게 쇠미해졌다."[145] 노재의 후학들은 왕왕 형식적 수양에 빠지고 말았다. "덕성의 함양을 꾀할 필요가 없다고 말하고 용모를 깊고 두텁게 꾸미는 것을 기질의 변화라고 말했다."[146] 이론이 빈곤하니 자연히 학문적 논의를 크게 벌이기 어려웠다. 둘째, 허형의 학문이 실생활에 가깝고 이해하기 쉬우며 실천을 중시했기 때문에 문화적 소양이 비교적 낮은 몽고 귀족들이 받아들일 수 있었다. 허형은 태학에서 몽고 귀족들을 가르치며 "주자의 『소학』을 앞세워 표창하고 청소나 응대하는 일로 그 밖의 일을 갈무리했다. 출입과 행동거지를 엄격히 하여 충성심을 길러주었다."[147] 주자의 『소학』은 '수신제가치국평천하의 근본'이다. 청소, 응대 및 진퇴의 예절 등을 포함하고 있으며 부모와 친하고, 윗사람을 공경하고, 스승을 높이고, 벗과 친하게 지내는 도 등 여러 내용을 간명하고 쉽게 학습시킨다. 허형은 몽고인 제자들에게 날마다 반복하여 배궤拜跪, 읍양揖讓, 진퇴, 응대의 실제 행동을 연습하게 하여 차츰 성도의 취지를 깨치도록 했다. "오래되니 여러 학생이 모두 깨쳐서 스승을 존경하고 일을 존중했다. 아래로 동자에 이르기까지 삼강오상이 사람됨의 도라는 것을 알게 되었다."[148] 유가 예의 교화를 거친 몽고의 학생 가운데 어떤 사람은 나중에 중요한 관원이 되기도 했다는 점에서 몽고 통치자들이 한화되어가는 데 적극적인 역할을 한 셈이다. 이 때문에 어떤 의미에서 보면 허형이 심오하고 난해한 정주 리학을 간단하게 풀고 조작 가능하게 만든 것은 유학의 보급을 촉진했으며 리학의 영향력을 확대시킨 것이라 볼 수 있다. 이는 일정 정도 리학의 관학화를 가속시켰다.

허형은 유학을 보급하기 위해 온갖 고심을 다했다. 하지만 여전히 몽고 귀족들의 강렬한 저항에 부딪혔고 2년 후에는 물러나 고향으로 돌아갈 수밖에 없었다. 그렇다고는 하지만 리학은 끝내 국가 최고 학부에 진입했으며 리학 경전들은 국자감 학생들의 교과서가 되었다. 그렇게 "수십 년이 흘러 명망 있고 유능한 경대부라 불리는 우아한 사람이 모두 그 문인들이었다."[149] 허형이 태학에 들어간 것은 원대 리학이 관학화의 길을 걷기 시작했다는 중요한 지표다.

지대至大 4년(1311) 원 인종仁宗 아유르바르와다愛育黎拔力八達가 즉위했다. 원 인종은 어려서 명유 이맹李孟을 스승으로 삼아 유학의 영향을 크게 받았다. 이맹의 자는 도복道復이며 노주潞州 상당上黨(오늘날의 산시성山西省 창즈長治) 사람이다. "폭넓게 공부하고 기억력이 강해 경전과 사서에 통괄했으며 고금의 치란에 훌륭한 논의를 했다."[150] 항상 인종에게 "옛 제왕들의 득실과 성패 및 군군, 신신, 부부, 자자의 의미를 강론했다."[151] 인종으로 하여금 치국평천하를 하는 데 유술이 얼마나 중요한 것인지 알게 했으며 "유학자를 중시하고 강상을 확실히 파악하고 있으면 더없이 단단해진다"[152]는 것을 깨닫게 했다. 원 인종은 즉위 후 유신들을 중용했으며 유술치국을 적극 추진했다. 즉위하던 해에 바로 국자좨주 유갱劉賡을 파견하여 "곡부에 가서 태뢰太牢[153]의 예로 공자 제사를 올리라"[154]고 했다. 또한 국자감 생원을 300명으로 늘리도록 했다. 황경皇慶 2년(1313)엔 "송나라 유학자 주돈이, 정호, 호의 동생 이, 장재, 소옹, 사마광, 주희, 장식張栻, 여조겸 및 옛 중서좌승 허형을 공자의 사당에 배사하도록 하여"[155] 유학을 숭상한다는 사실을 보여주었다. 같은 해에 과거를 시행하는 조칙을 내리기도 했는데 조서엔 이렇게 말하고 있다. "짐이 원하는 바는 백성을 안정시켜 최고의 정치를 도모하는 것이다. 그런데 유생 선비를 활용하지 않는다면 어떻게 여기에 이르겠는가. 과거를 열어 선비를 취하라. 활용할 수 있는 진정한 유생을 몇몇 얻게 된다면 치도가 크게 흥할 것이다."[156] 그리고 선발 표준을 명확히 규정했다. "사람을 뽑을 때는 덕행을 우선으로 삼아야 한다. 기예를 시험할 때는 경술經術을 우선으로 삼고 사장詞章은 다음으로 하라. 겉만 화려하고 실속이 없는 사람을 짐은 취하지 않겠다."[157] 이정과 주희가 주석한 『사서』『시경』『주역』 등 경전이 과거 시험장의 표준 답안으로 정해졌다. "정주학이 아니면 담당관에서 시험을 치를 수 없었다."[158] 그리하여 리학은 마침내 관방학술로 상승했다. 유일한 최고의 정치적 지위를 갖게 되었으며 정주의 저작은 인식의 최고 권위가 되었다. "나라 안의 선비들은 정주의 책이 아니면 읽지 않았다."[159] 리학은 선비들이 관록을 받는 필수 경로가 되었다. 원 인종이 과거 시험 실시 조칙을 내리고 그 방식을 흠정한 것은 원대 리학 관학화의 완성을 의미한다.

여기서 깊이 생각해봐야 할 것이 있다. 송대에 기회가 있었는데 왜 리학이 오히려 "문헌이 일실된" 뒤의 원대만 못했는가? 리학 사조와 정치의 결합이 왜 오히려 유목민 풍속이 심한 '이적 군주'에 의해 완성되었는가? 리학은 비록 학술 사조이긴 하지만 본질적으로는 정치 철학에 속한다. '성리 논쟁'은 한족 통치 계급이 장기적으로 쌓아온 정치 경험과 정치 인식을 내포하고 있다. 몽고 통치자들은 중원의 통치를 공고히 하기 위하여 한법을 빌리지 않을 수 없었다. 동시에 유생 선비들은 정치적 출로를 모색하기 위하여 왕권에 붙을 수밖에 없었다. 몽고 통치자들이 리학을 받아들인 것은 유학 성도를 인정한다는 의미다. 이는 '용하변이'가 구체적으로 구현된 것이며 권력의 합법성을 극대로 높여주었다. 몽고 통치자들에게 리학을 인정하도록 적극적으로 유도하는 것이야말로 유생들의 출세, 관직, 행도의 유일한 첩경이었다. 이렇게 각자의 특수한 이익을 위해 협력이 이루어졌으며 몽고와 한 통치 계급 및 유생들의 공동 노력하에 마침내 리학의 관학화 과정이 완성되었다. 원대에 실시된 민족 등급 정책 때문에 과거를 통해 벼슬길에 들어선 실제 인원수는 당나라나 송나라에 비해 크게 감소했다. 유생들의 정치적 지위 또한 시종 높지 않았다. 그렇다고 이 때문에 리학의 관학화의 중대한 의미를 약화시킬 수는 없다. 북송에서 흥기한 리학 사조는 바로 원대라는 고리를 거치고서야 비로소 관방 정치사상이란 보좌에 오를 수 있었다. 이로써 명대 정치사상의 영역을 계속 제어하기 위한 기초가 다져졌다.

1 몽골어로는 darugachi로 지키는 자라는 뜻. 원대에 중서성과 추밀원에 모두 단사관斷事官을 두어 형사 소송 사건을 맡게 했다. 정원은 정해지지 않았다. ―옮긴이

2 몽골어로 yusun이라 부르며 습관, 관습법 등을 일컫는다. 이를 음역하여 중국어로 약손約孫이라 하며 원나라 당시 중국어로는 체례體例로 번역했다. ―옮긴이

3 몽골어 뜻으로는 호령, 군법 등을 뜻하며 몽골 수령이 부하들에게 내리는 명령체계를 뜻한다. 성문법이 아니라 관습적 규범체계를 뜻한다. ―옮긴이

4 조복趙復에서 시작되어 남방에서 북방으로 옮겨진 원대 유학은 허형許衡에 이르러 크게 유행했다. 노재魯齋는 허형의 호. 주자학의 관학화에 크게 기여했다. ―옮긴이

5 旁通天文地理律曆術數及釋老醫卜之說.(『원사元史』 「야율초재전」)

6 下筆爲文, 若宿搆者.

7 諫革初制之苛猛, 蘇息民物之瘡痍, 豐功偉烈, 衣被天下, 非劉秉忠諸人所能望; 振興儒教, 進用士人, 以救偏任武夫及色目種人之弊, 亦開姚許之先聲.(『담연거사문집湛然居士文集』 「후서後序」)

8 몽골어로 monke tengri이며 초원 유목부락의 주신이다. 몽골인들은 하늘을 영원한 주재신으로 여기며 최고의 권력은 이 천신에서 온다고 생각했다. ―옮긴이

9 西討回回國. 禡旗之日, 雨雪三尺.

10 玄冥之氣, 見於盛夏, 克敵之徵也.

11 回回國主當死於野.(『원사』 「야율초재전」)

12 帝每征討, 必命楚材卜, 帝亦自灼羊胛, 以相符應.

13 此人, 天賜我家. 爾後軍國庶政, 當悉委之.(『원사』 「야율초재전」)

14 臣愚以爲中元歲在庚午, 天啓宸衷, 決志南伐. 辛未之春, 天兵南渡, 不五年而天下略定. 此天授也, 非人力所能及也.

15 日月合璧, 五星聯珠, 同會虛宿五度, 以應我皇帝陛下受命之符也.(『담연거사문집』 「진정서경오원력표進征西庚午元歷表」)

16 恭惟皇帝陛下, 德符乾坤, 明並日月, 神武天錫, 聖智夙資. 邁唐虞之至仁, 追羲軒之淳化, 冀咸仁而底義, 敬奉天而謹時. 重敕行臺, 旁求儒者.(『담연거사문집』 「진정서경오원력표」)

17 有一角獸, 形如鹿而馬尾, 其色綠, 作人言, 謂侍衛者曰: '汝主宜早還.' 帝以問楚材, 對曰: '此瑞獸也, 其名角端, 能言四方語, 好生惡殺, 此天降符以告陛下. 陛下天之元子, 天下之人, 皆陛下之子, 願承天心, 以全民命.' 帝卽日班師.(『원사』 「야율초재전」)

18　僕備員翰墨, 軍國之事, 非所預議. 然行道澤民, 亦僕之素志也.

19　且吾夫子之道, 以博施濟衆爲治道之急.(『담연거사문집』「기조원수서寄趙元帥書」)

20　王雖兄, 位則臣也, 禮當拜. 王拜, 則莫敢不拜.

21　率皇族及臣僚拜帳下.

22　國朝尊屬有拜禮自此始.(『원사』「야율초재전」)

23　生殺任情, 至羿人妻女, 取貨財, 兼土田.

24　燕薊留後長官石抹咸得卜尤貪暴, 殺人盈市.

25　請禁州郡, 非奉璽書, 不得擅徵發, 囚當大辟者必待報, 違者罪死, 於是貪暴之風稍
　　戢.(『원사』「야율초재전」)

26　設萬戶總軍, 使勢均力敵, 以遏驕橫.(『원사』「야율초재전」)

27　長吏專理民事, 萬戶總軍政.

28　應犯死罪者, 具由申奏待報, 然後行刑.

29　民多誤觸禁網, 而國法無赦令.

30　今任使非人, 賣官鬻獄, 囚繫非辜者多. 古人一言而善, 熒惑退舍, 請赦天下囚徒.

31　북송의 수도였으며 송나라의 동경東京. 변량汴梁이라고도 부른다. 오늘날 허난성 카이
　　펑開封. —옮긴이

32　將士暴露數十年, 所欲者土地人民耳. 得地無民, 將焉用之!

33　奇巧之工, 厚藏之家, 皆萃于此, 若盡殺之, 將無所獲.(이상 인용은 『원사』「야율초재전」
　　참조)

34　詔罪止完顔氏, 餘皆勿問.

35　漢人無補於國, 可悉空其人以爲牧地.(『원사』「야율초재전」)

36　中原之地, 財用所出, 宜存恤其民.

37　州縣非奉上命, 敢擅行科差者罪之.

38　凡長貳悉用士人, 如陳時可趙昉等皆寬厚長者, 極天下之選, 參佐皆用省部舊人.

39　汝不去朕左右, 而能使國用充足, 南國之臣, 復有如卿者乎?(『원사』「야율초재전」)

40　裂土分民, 易生嫌隙. 不如多以金帛與之.

41　收其貢賦, 歲終頒之, 使毋擅科徵, 可也.(이상 인용은 『원사』「야율초재전」 참조)

42　每二戶出絲一斤, 以給國用; 五戶出絲一斤, 以給諸王功臣湯沐之資.

43　丁逃, 則賦無所出, 當以戶定之.

44　將相大臣有所驅獲, 往往寄留諸郡.

45　立令爲民, 匿占者死.

46 此貪利之徒, 罔上虐下, 爲害甚大.

47 興一利不如除一害, 生一事不如省一事.(이상 인용은 『원사』 「야율초재전」 참조)

48 遠襲周孔風, 近追顏孟迹.(『담연거사문집』 「자주생조윤지이시위수여인계기운이유지子
鑄生朝潤之以詩爲壽予因繼其韻以遺之」)

49 以儒治國, 以佛治心.

50 觀居士之所爲, 迹釋而心儒, (…) 術釋而治儒.(『담연거사문집』 「후서」)

51 收太常禮樂生, 及召名儒梁陟王萬慶趙著等, 使直釋九經, 進講東宮.

52 執經解義, 俾知聖人之道.

53 由是文治興焉.(『원사』 「야율초재전」)

54 制器者必用良工, 守成者必用儒臣. 儒臣之事業. 非積數十年, 殆未易成也.

55 以經義詞賦論分爲三科, 儒人被俘爲奴者, 亦令就試, 其主匿弗遣者死.

56 得士凡四千三十八, 免爲奴者四之一.(『원사』 「야율초재전」)

57 太祖開創, 跨越前古, 施治未遑. 自後數朝, 官盛刑濫, 民困財殫.(『원사』 「요추전」)

58 畫則負薪米爲養, 暮則讀書.

59 수사守師는 정식 관명이 아닌데 후한 시절부터 비문 등에 직함처럼 관례적으로 써왔
다. 문헌이나 유적의 관리자를 뜻한다는 주장도 있다. —옮긴이

60 『원사』 「학경전」.

61 盡以樓之書見付, 使肆其觀覽.(『학문충공집郝文忠公集』 「만권루기」)

62 금련천金蓮川은 오늘날 허베이성에서 내몽고와 경계를 이루는 구위안沽源에 있으며
이로부터 중국과 하북평원이 연결되었다. 쿠빌라이는 번왕 시절 여기에 이르러 천하의
선비들을 불러 유명한 '금련천 막부幕府'를 이루었다. —옮긴이

63 『학문충공집』 「옥형진관서玉衡眞觀書」.

64 『원사』 「학경전」.

65 能行中國之道, 則中國之主也.(『학문충공집』 「여송국양회제치사서與宋國兩淮制置使
書」)

66 道統天形器, 形器所以載夫道. 卽是物而是道存, 卽是事而是道在, (…) 道不離乎萬物,
不外乎天地, 而總萃於人焉. (…) 天地萬物者, 道之形器也.(『학문충공집』 「도道」)

67 奉天極而不違, 因地極而不逆, 五行五事俾之敍, 八政五紀俾之修, (…) 洋洋乎發育萬
物, 主而制之者, 皇極也.

68 有形器以復道, 則皇極爲至焉.(『학문충공집』 「황극도원기皇極道院記」)

69 吾民不變則道亦不變, 道旣不變則天下亦不變.(『학문충공집』 「시무時務」)

70 天之於人, 有所窮而後有所不窮. 窮者其時也, 不窮者其道也.(『학문충공집』「춘추외전서
    春秋外傳序」)

71 天下無無用之道, 亦無非常之用. 蓋道以用而見, 用以常而久, 所以窮天地, 亘萬世.

72 一物一道也, 故道外無物; 一道一用也, 則用外無道. 一日之常也, 亦千萬世之常也, 千萬
    世之常亦一日之常也. 故道外無用.

73 觀父子之親, 君臣之義, 夫婦之別, 長幼之序, 立身行己之方, 處物治人之道, 亦各有其常
    也, 則知人之用與人之道矣.(『학문충공집』「용재기庸齋記」)

74 天無必與, 唯善是與.

75 天之所與, 不在於地而在於人, 不在於人而在於道.

76 中國而旣亡矣, 豈必中國之人而後善治哉? 聖人有云, 夷而進於中國則中國之, 苟有善者,
    與之可也, 從之可也, 何有於中國於夷.(『학문충공집』「시무」)

77 民無必從, 唯德是從.

78 남북조 시기 북방의 첫 왕조인 북위北魏(386~534)를 가리킨다. 선비족 탁발규拓拔珪
    가 세운 나라로 한화漢化 정책을 실시하여 여러 가지 제도적 성취를 이루었다. ―옮긴
    이

79 昔元魏始有代地, 便參用漢法. 至孝文遷都洛陽, 一以漢法爲政, 典章文物, 燦然與前代
    比隆, 天下至今稱爲賢君.(『학문충공집』「입정의立政議」)

80 蓋金有天下, 席遼宋之盛, 用夏變夷, 擁八州而征南海, 威旣外振, 政亦內修.(『학문충공
    집』「산주형통부서刪注刑統賦序」)

81 開邸以待天下士, 征車絡繹, 賁光邱園, 訪以治道, 期於湯武.

82 應期開運, 資賦英明, 喜衣冠, 崇禮樂, 樂賢下士, 甚得中土之心, 久爲諸王推戴, 稽諸氣
    數, 觀其德度, 漢高祖唐太宗魏孝文之流也.(『학문충공집』「재여송국양회제치사서再與
    宋國兩淮制置使書」)

83 夷狄之有君, 不如諸夏之亡(無)也.(『논어』「팔일」)

84 吾聞用夏變夷者, 未聞變於夷者也.(『맹자』「등문공상」)

85 內其國而外諸夏, 內諸夏而外夷狄.

86 與時遷徙, 與世偃仰, 千擧萬變, 其道一也.(『순자』「유효儒效」)

87 『학문충공집』「반사의班師議」.

88 先生嘗蹈夫常矣, 而未蹈乎變也; 嘗行夫一國矣, 而未行乎天下也. (…) 昔之所學者, 富
    一身而已, 今也傳正脈於異俗, 衍正學於異域. 指吾民心術之迂, 開吾民耳目之蔽. (…) 俾
    六經之義, 聖人之道煥如日星, (…) 大放於北方. 如是, 則先生之道非窮也, 達也.(『학문

89 上於此時而不自用, 則吾民將膏鐵鉞, 糞土野, 其無子遺矣.

90 삼광은 해와 달과 별, 오악은 중원 오악인 동악 태산泰山, 서악 화산華山, 남악 형산衡山, 북악 항산恒山, 중악 숭산崇山을 가리킨다. ―옮긴이

91 將以慧積年之凶崒, 頓百萬之鋒銳, 存億兆之性命, 合三光五嶽之氣, 一四分五裂之心, 推九州四海之仁, (…) 以正人極, 以正天休.(『학문충공집』「여송국양회제치사서」)

92 綱常不可一日而亡於天下, 苟在上者無以任之, 則在下之任也.(『원사』「허형전」)

93 三綱五常, 聖人之名教, 有國家者莫不由之, 如天之有日月也.(『원사』「야율초재전」)

94 考之前代, 北方奄有中夏, 必行漢法, 可以長久. 故後魏遼金歷年最多. 其他不能實用漢法, 皆亂亡相繼. 史冊具載, 昭昭可見也. (…) 國家仍處遠漠, 無事論此. 必如今日形勢, 非用漢法不宜也.(『원문류元文類』권13「시무오사時務五事」)

95 夫紀綱禮義者, 天下之元氣也; 文物典章者, 天下之命脉也. 非是則天下之器不能安, 小廢則小壞, 大廢則大壞. 小爲之修完則小康, 大爲之修完則太平. 故有志於天下者, 必爲之修而不棄也.(『학문충공집』「입정의立政議」)

96 禮樂者, 王政之大綱也. 得則治, 否則亂. 聖人致治之功必於此乎.(『학문충공집』「예악禮樂」)

97 修仁義, 正綱紀, 立法度, 辨人材.

98 故漢祚四百, 而唐亦幾三百年.(『학문충공집』「이리변二履辨」)

99 國家光有天下, 以土則廣, 以兵則強, 以民則衆, 以力則大, 以開國則久, 以世傳則遠服聲教之所不被, 臣漢唐之所未臣. 惜乎綱紀未盡立, 法制未盡定, 教化未盡行也.(『학문충공집』「이리변」)

100 禮樂根於性情. 文與器雖亡, 而生民之性情未亡也. 有明主擧而行之, 禮樂之治可復矣.(『학문충공집』「예악」)

101 以國朝之成法, 援唐宋之故典, 參遼金之遺制, 設官分職, 立政安民. (…) 成一王法.(『학문충공집』「입정의」)

102 能擧綱紀禮義者, 能一天下者也.

103 故禮樂之治, 王者之極治也.(『학문충공집』「예악」)

104 孔子立德, 萬世師焉. 故天極其神, 孔子極其聖. 郊祀天, 廟祀孔子, 禮冠百神, 宜矣.(『학문충공집』「순천부공자신묘비順天府孔子新廟碑」)

105 孔子爲萬代王者師, 有國者尊之, 則嚴其廟貌, 修其時祀, 其崇與否, 於聖人無所損益, 但以此見時君崇儒重道之意何如耳.(『원사』「장덕휘전」)

106 自伏羲而下道在聖人, 自孔子而下道在六經.

107 經也者, 聖人之所盡心, 醇乎義理而爲言者也.(『학문충공집』「취경기醉經紀」)

108 斯文之大成, 大經之垂世, 名教之立極, 仲尼之力也. 斯文之益大, 名教之不亡, 異端之不害, 衆賢之功也.(『학문충공집』「원고록서原古錄序」)

109 三代所以風俗淳厚歷數長久者, 皆設學養士所致. 今宜建學立師, 博選貴族子弟教之, 以示風化之本.(『원사』「두묵전」)

110 自都邑而至州縣, 皆設學校, 使皇子以下至於庶人之子弟, 皆入於學, 以明父子君臣之大倫, 自洒掃應對以至平天下之要道, 十年已後, 上知所以御下, 下知所以事上, 上下和睦, 又非今日之比矣.(『원사』「허형전」)

111 『주례』에는 향鄉에 상庠를 두고, 주州에 서序를 두고, 당黨엔 교校를 두고, 여閭엔 숙塾을 둔다고 한다. 하지만 『예기』「학기學記」편에는 "古之教者, 家有塾, 黨有庠, 術有序, 國有學"이라 하여 집안에서 국가에 이르는 규모에 따른 학교 시설을 말한다. ─옮긴이

112 大元之興, 百有餘年, 列聖丕承, 日務興學以爲教, 黨庠塾序遍於中國. 雖成周之盛, 將不過是.(『귀양선생문집貴陽先生文集』「양현학기穰縣學記」)

113 帝王之道, 在誠意正心, 心旣正, 則朝廷遠近莫敢不一於正.(『원사』「두묵전」)

114 藩府舊臣及四方文學之士, 問以治道.(『원사』「세조기」)

115 或云, 遼以釋廢, 金以儒亡, 有諸?

116 遼事臣未周知, 金季乃所親睹, 宰執中雖用一二儒臣, 餘皆武弁世爵, 及論軍國大事, 又不使預聞, 大抵以儒進者三十之一, 國之存亡, 自有任其責者, 儒何咎焉!(『원사』「장덕휘전」)

117 以馬上取天下, 不可以馬上治.

118 孔子爲百王師, 立萬世法; (…) 宜令州郡祭祀.

119 宜從舊制, 修建三學, 設教授, 開選擇才.

120 典章禮樂法度三綱五常之教, 備於堯舜, 三王因之, 五霸敗之.(『원사』「유병충전」)

121 世祖度量弘廣, 知人善任使, 信用儒術, 用能以夏變夷, 立經陳紀, 所以爲一代之制者, 規模宏遠矣.(『원사』「세조기」)

122 秉忠事朕三十餘年, (…) 其陰陽術數之精, 占事知來, 若合符契, 惟朕知之, 他人莫得聞也.(『원사』「유병충전」)

123 及朱子之門而得其傳, 哀然傳道於北方之人.(『학문충공집』「여한상조선생논성서與漢上趙先生論性書」)

124 『원사』「조복전」.

125 周程而後, 其書廣博, 學者未能貫通.

126 至於秦雍, 復入子伊洛, 泛入三晉齊魯, 遂至燕雲遼海之間.

127 巍然以師道自處, 學者雲從景附.

128 道之復北, 雖存乎運數, 其倡明指示, 心傳口授, 則自先生始. 嗚呼, 先生之有功於吾道,
德於北方學者, 抑何厚耶.(『학문충공집』「여한상조선생논성서」)

129 夫道貴乎用, 非用無以見道也. 天地之覆載, 日月之照臨, 皆有用也; 六經之垂訓, 聖人之
立教, 亦皆有用也. 故曰: 顯諸仁, 藏諸用, 盛德大業至矣.(『학문충공집』「여한상조선생
논성서」)

130 士結髮立志, 誦書學道, 卒至乎無用, 可乎哉!

131 邇焉而一身, 子焉而一家, 大焉而一國, 又大焉而天下, 必有所用也.(『학문충공집』「상자
양선생논학서」)

132 幼而不學, 則無以窮天下之理而致其知; 及其壯也, 不究之用, 則亦何以爲學哉.(『사산선
생문집師山先生文集』「양회산방기養晦山房記」)

133 夫士學以待用, 因待用而學, 而學又皆無用, 可謂知務乎!(『유실집惟實集』「제안하남삼서
원훈사약齊安河南三書院訓士約」)

134 始取六經而讀之, 雖亦無自而入, 而知聖之學, 道之用, 二帝三王, 致治之具在而不亡也.
眞有用之學也.(『학문충공집』「상자양선생논학서」)

135 乃辨天下之大事, 立天下之大節, 濟天下之大難.

136 吾誦書學道之士, 試之一職, 則顚蹶而不支; 委之一事, 則齟撓而不立, 汲汲遑遑, 終其身
不能免於凍餒, 而趨利附勢, 殞義喪節, 何也? 事無用之學也.(『학문충공집』「상자양선생
논학서」)

137 不學無用學, 不讀非聖書, 不務邊幅事, 不作章句儒.

138 安忍視天民之弊而莫之救也.(『학문충공집』「답풍문백서答馮文伯書」)

139 曩所授受皆非, 今始聞進學之序.(『원사』「요추전」)

140 凡經傳子史禮樂名物星曆兵刑食貨水利之類, 無所不講, 而慨然以道爲己任.(『원사』「허
형전」)

141 親爲擇蒙古弟子俾教之.(『원사』「허형전」)

142 學以躬行爲急, 而不徒事於言語文字之間; 道以致用爲先, 而不徒極乎性命之奧.(『허문
정공유서許文正公遺書』「부록附錄」)

143 率性之道只在君臣父子夫婦長幼朋友之間, 衆人之所能知能行者, 故常不遠於人.(『허문
정공유서』「중용직해中庸直解」)

144 大而君臣父子, 小而鹽米細事, 總謂之文; 以其合宜, 又謂之義; 以其可以日用常行, 又謂之道. 文也, 義也, 道也, 只是一般.(『허문정공유서』「어록상語錄上」)

145 興絕學於北方, 其功不可泯. 而平生所造詣, 則儘在善人有恒之間, (…) 故數傳而易衰.(『송원학안宋元學案』「노재학안魯齋學案」)

146 謂無猶爲爲涵養德性, 謂深中厚貌爲變化氣質.(『송원학안』「노재학안」)

147 表章朱子小學爲先, 灑掃應待以折其外, 嚴之出入游息而養其忠.

148 久之, 諸生人人自得, 尊師敬業, 下至童子, 亦知三綱五常爲生人之道.(『원사』「허형전」)

149 數十年, 彬彬然號稱名卿材大夫者, 皆其門人矣.(『원문류元文類』권35「송이확서送李擴書」)

150 博學强記, 通貫經史, 善論古今治亂.

151 講論古先帝王得失成敗, 及君君臣臣父父子子之義.(『원사』「이맹전」)

152 所重乎儒者, 爲其握持綱常, 如此其固也.(『원사』「이맹전」)

153 소, 양, 돼지 세 가축을 제사용 고기로 사용하는 제사 형식으로 천자가 제사를 지낼 때만 사용했다. ―옮긴이

154 詣曲阜, 以太牢祠孔子.

155 以宋儒周敦頤程顥顥弟頤程張載邵雍司馬光朱熹張栻呂祖謙及故中書左丞許衡從祀孔子廟廷.(『원사』「인종기」)

156 朕所願者, 安百姓以圖至治, 然匪用儒士, 何以致此. 設科取士, 庶幾得真儒之用, 而治道可興也.(『원사』「인종기」)

157 擧人宜以德行爲首, 試藝則以經術爲先, 詞章次之. 浮華過實, 朕所不取.(『원문류』권9「행과거조行科擧詔」)

158 非程朱學, 不試於有司.(『구양문공규재집歐陽文公圭齋集』「조충간공사당기趙忠簡公祠堂記」)

159 致海內之士, 非程朱之書不讀.(『구양문공규재집』「허선생신도비명許先生神道碑銘」)

제10장

명대 통치자들의
전제집권 강화 정치사상

1368년 주원장朱元璋은 힘으로 군웅들을 꺾고 남경南京에서 칭제하더니 연호를 홍무洪武로 정했으며 국호를 대명大明이라 했다. 머지않아 그는 군대를 보내 북벌을 단행해 대도大都를 함락시키고 원元 순제順帝를 축출함으로써 통일 대업을 완수했다.

명明 태조太祖, 명 성조成祖, 장거정張居正을 대표로 하는 명대 통치자들은 중앙 집권과 전제를 강화하고 관리에 대한 통제와 안민安民을 동시에 주목하는 치국 방침을 받들었으며, 제왕의 권력을 한층 더 절대화했다. 절대 군권을 유지하기 위하여 그들은 중앙 집권 체제의 완성에 부단한 노력을 기울이는 한편 정치 이론의 건설 또한 중시하여 일련의 치국 사상을 마련했는데, 이는 명대 정치의 발전에 깊은 영향을 미쳤다. 특히 주의를 끄는 것은 절대 군권을 옹호하는 이 정치 이론이 군권君權을 조정하려는 전략을 완전히 배제하지는 않았다는 점이다. 구준丘濬의 '제왕학帝王學'은 군권을 위한 활동 범위를 명확히 획정했으며, 최고 통치자들로부터 인가를 받았는데, 이는 명대의 통치 사상과 정치 사조를 이해하는 데 전형적인 재료를 제공해준다.

주원장의 절대 군권 수호의 정치사상

명 태조 주원장朱元璋(1328~1398)은 안휘安徽 봉양鳳陽 사람이다. 그는 출신이 변변치 못했으며 생계 때문에 어쩔 수 없이 중이 되었다. 원元나라 말 천하에 대란이 일고 군웅들이 일어나자 그도 '자신을 보선自全'하고자 곽자흥郭子興이 이끄는 홍건군紅巾軍에 참가했다. 그런데 책이라곤 본 적도 없는 유랑 걸인으로 일을 벌인 주원장이 10여 년 만에 힘으로 군웅들을 꺾고 명 왕조를 창건하여 일대의 제왕 대업을 성취했다. 그의 정치사상은 절대 군권의 수호를 특징으로 한다.

혁명의 발흥과
혁명의 금지

혁명의 발흥으로부터 혁명의 금지까지는 한편으로 원나라 폭압 정치에 반대하던 투사 주원장이 봉건 전제 군주로 변해가는 과정을 반영하는 동시에 '포의布衣 천자' 주원장의 정치사상의 중요한 측면이기도 하다.

원나라 말 거사를 한 호걸 가운데 주원장은 혁명의 정당성과 필요성에 대한 이론적 논증을 가장 중요시한 인물이다. 그는 유가 전통의 화이華夷 관념과 천명天命 관념을 빌려다 자신이 원나라 조정을 뒤엎고 새로운 정권을 창건한 것에 대한 합리성을 밝혔던 적이 있다. "자고로 제왕이 천하의 통치에 임하면 중국이 안을 차지하여 이적을 통제하고, 이적은 밖에 거처하며 중국을 받드는 것이다. 이적이 중국을 차지하고서 천하를 다스린다는 말은 들어본 적이 없다."[1] 원나라 통치자들은 "북적北狄으로 중국에 들어와 주인이 되었는데,"[2] 이는 비록 천명이 그렇게 시킨 것이라 할지라도 필경은 화이 간의 주인과 부속 질서를 위배한 것이어서 달통한 지사들로부터 "모자와 신발이 도치되었다는 한탄을 불렀다".[3] 그래서 그는 전통적 화이 관념에서 출발하여 "호족 오랑캐를 물리치고 중화를 회복하며" "한족 관청의 위의를 회복하고" "중국의 치욕을 설욕한다"[4]는 구호를 선명하게 제창했다. 동시에 주원장은 국운의 흥망성쇠는 하늘의 뜻에 달려 있음을 제기하도록 했다. "원나라가 삭방에서 일어나 세조世祖 때 처음 중화를 점유한 것은 왕성한 기운을 탄 것으로 이치상 저절로 흥했다. 그런데 이제 기운이 갔으므로 이치상 쇠약해짐이 마땅하다. 그 성공과 실패는 모두 하늘에 달려 있다."[5] 그는 원 왕조가 100여 년의 발전을 경과하며 이미 국운이 다했다고 생각했다. 군신 상하가 황음하고 혼약하여 기강이 크게 쇠패하니 "인심이 이반하고 천하에 전쟁이 일어, 우리 중국 백성으로 하여금 죽어서는 시신이 도랑에 굴러다니게 하고 살아서는 골육이 서로를 지켜주지 못하게 하는"[6] 지경에 이르렀다. "[이는] 비록 인간사가 만들어낸 결과이긴 하지만 사실상 하늘이 그들의 행위를 싫어하여 그들을 버리려 하기 때문이다."[7] 그리하여 원나라 말 "호걸들이 여기저기서 일어나고 강역 내부가 쪼개지고" "원나라 군대가 사방에서 나왔으나 난을 구제할 수 없었으니, 이는 하늘의 뜻이었다."[8] 그는 또 여러 차례 이렇게 말했다. "짐은 본래 농사짓는 집에서 태어나 원나라 세상에서 즐겁게 살려고 했으며" "본래 천하를 점거하려는 뜻은 없었는데, 어쩔 수 없이 삶이 난세를 만나게 되었고" "여기저기 배회하며 피난했으나 끝내 편안히 머물지 못해"[9] 부득이하게 "난에 기인해 군대를 일으켰으니", 취지는 "향리의 안전을 보장하고" "스스로를 보호하고자 함"[10]에 있었으며, 포의로써 "하늘을 받들어 토벌을 하고" "난을 다스려 정도를 되돌리고" 마침내 "군웅들을 삭평하고 한 처마 아래 혼합시켰다."[11] 그는 거듭 원 왕조의 천하를 도모할 의사가 없었으며 천명이 돌아온 것이었음을 밝혔다. "짐은 천하에 마음을 두지 않았으나 백성을 구제하려는 마음을 가지고 있었으므로 하늘이 특별히 명을 내린 것이 어찌 아니었겠는가?"[12] 이렇게 주원장은 바로 유가 전통의 화이 구분과 천명 관념을 가지고 명나라가 원나라를 대체하는 혁명에 합법성의 겉옷을 입혔다. 그리고 애써 사람들의 의식 속에 주씨 왕조의 정통성 지위를 수립하려 했다.

그러나 주원장이 보기에 진정한 정당성과 필요성을 갖춘 것은 그 자신이 이끈 혁명뿐이었다. 그는 서주徐州의 관리와 백성에게 이런 하교를 내린 적이 있다. "근래 오랑캐 원나라의 실정으로 군대가 여汝와 영潁[13] 지방에서 일어났는데, 천하 사람들은 호걸들이 분연히 흥기하여 태평 시대가 온 것처럼 생각한다. 하지만 그건 요언으로 민중을 현혹시키는 것일 뿐이다. 위로 하늘의 뜻에 따르고, 아래로 민심에 순응한 것이 아니라서 결국은 멸망에 그치게 되었다. 그리고 원나라 군대가 운집하여 노장과 옛 신하들이 비록 군사 대권을 장악했지만 모두 난을 평정할 모략이나 군대를 움직일 여지가 없음이 뭇 도적보다 심했으니, 중원 땅이 분탕질을 당하고 성곽은 무너지게 된 것이다. 그렇게 10여 년 만에 환난은 극에 이르렀다."[14] 또한 장사성張士誠에게 "성곽을 분탕질하고, 선비와 장부들을 살육하고, 온갖 생령들에게 해독을 끼치는 행위가 천 가지 만 가지다"[15]라고 질타한 적이 있다. 이러한 주원장이야말로 물론 당연하게 하늘을 받들어 토벌을 하는 사람으로 "죄인들을 쳐 백성을 안정시키는" 이른바 "왕자의 군대"로서, 그와 같은 시기에 원 조정의 통치에 반대해 일어난 혁명가들의 목숨을 제거해버렸다.

주원장은 칭제 후 혁명을 더욱 엄금했다. 그는 그의 전제 통치를 위태롭게 하는 일체의 언행을 철저히 진멸시켰다. 백련교白蓮教에 대한 그의 태도가 바로 이 점을 잘 설명해준다. 백련교는 본래 반원反元 조직으로 강렬한 혁명 성향을 지녔었다. 원나라 지정至正 12년(1352)부터 오吳[16] 원년(1367)까지 주원장은 홍건군과 백련교 안에서 16년에 걸친 긴 시간을 보내며 구부장九夫長, 진무鎭撫, 총관總管, 원수元首로부터 줄곧 오국공吳國公, 오왕吳王에 이르렀다. 이러한 경력은 그로 하여금 농민 봉기군의 힘, 특히 백련교가 제기한 "미륵불이 응당 천하를 갖게 되리라彌勒佛當有天下"와 "명왕明

王이 세상에 나오리라明王出世"라는 구호가 일으키는 선전 작용 및 고취 작용을 깊이 체득하게 했다. "원나라 정치에 기강이 없어 하늘이 장차 그들의 운명을 바꾸려 하니 어리석은 백성 가운데 난을 일으키기 좋아하는 자들이 흥했다. 처음엔 본래 몇 사람뿐이었는데, 나머지 어리석은 자들이 이 풍문을 듣고 그들과 합할 생각을 했으며, 공모하여 난을 창도했다. 이와 같은 사람들을 나는 친히 목도했다."[17] 그래서 명 왕조 건립 전야에 그는 백련교가 "우민들을 불러 모아 그릇된 요술에 중독되게 하고, 게언偈言의 황당무계함을 해득하지 못하게 하고, 미륵이 진짜 있는 것인 양 강제로 믿게 하고, 치세가 이루어지길 기도하면 곤고한 삶이 해소될 것이라며 모여서 향을 피우는 도당이 여汝, 영潁 지역에 근거지를 두고 하河, 낙洛 지역에 만연해 있다"[18]고 힐난했다. 홍무洪武 원년(1368) 주원장은 황제가 되자 즉각 명령을 내려 백련교 등 일체의 '사교邪教' 활동을 금지시켰다. 백련교는 핍박을 받아 지하로 들어갔으며 민간의 비밀 종교가 되었다. 그 후 주원장은 명나라 조정의 전제 통치를 공고히 하기 위해 시종 "걱정과 두려운 마음을 간직했으며", 진지하게 역사의 교훈을 총결하여 이렇게 지적했다. "진秦나라의 진승陳勝과 오광吳光, 한漢나라의 황건黃巾, 수隋나라의 양현감楊玄感과 승려 향해명向海明,[19] 당唐나라의 왕선지王仙芝, 송宋나라의 왕칙王則 등의 무리는 모두 유언비어를 만들어 난을 창도한 수괴들이라 (…) 창칼을 제멋대로 휘두르더니 물자와 인명의 손상이 아주 많았다."[20] 그리하여 "법도에 어긋난 요언"의 진압을 가장 중요한 임무로 삼았다. 그는 또 대신들과 20년의 시간을 들여 『대명률大明律』을 제정했는데, 그 가운데 「예율禮律」 '금지사무사술禁止師巫邪術' 조는 다음과 같이 명확히 규정했다. "무릇 무당으로 사신邪神이 강림한다고 거짓을 부리고, 부적을 써 병이 낫는다는 물의 주문을 외고, 부란도성扶鸞禱聖[21]을 행하며, 스스로를 단공端公, 태보太保, 사파師婆라 일컫고, 망령되게 미륵불, 백련사白蓮社, 명존교

明尊教, 백운종白雲宗을 칭하는 모임은 하나같이 좌도左道로써 정도를 어지럽히는 술수이며, 혹 도상을 감춰두었다가 향을 태워 군중을 모아 밤에 집회하여 새벽에 해산하거나, 선한 일을 하는 체하여 인민을 선동하고 유혹하는 자는 그 수괴를 교수형에 처하고, 따르는 자들도 각각 장 100대와 3000리 유배형에 처한다."[22] 주원장은 백련교의 명의로 자신의 통치에 대한 반항을 호소하는 민중의 사정을 조금도 봐주지 않고 가차 없이 체포하여 죽였다.

주원장은 어떤 형식의 혁명도 엄금했을 뿐만 아니라 "마음속의 사념을 없애고 정도로 돌아오는"[23] 백성을 매우 중시했다. 이러한 목적에 기초하여 그는 불교의 추존에 크게 힘썼다. 예컨대 경성 안팎에 두루 승도아문僧道衙門을 설치하고 그들에게 매우 큰 권한을 부여하는가 하면, 명승들을 경성에 소집하여 각종 대규모 법회를 거행하고 친히 문무백관을 거느리고 불조를 향해 무릎 꿇고 엎드려 큰절을 올리기도 했으며, 사람을 조직하여 불교대장경을 간각했는데 이것이 그 유명한 『홍무남장洪武南藏』이다. 또 도첩을 발행해 출가하여 승려가 되는 사람들에게 편의를 제공했으며, 승려들의 결단설법結壇說法을 윤허해주고, 온 힘을 다해 불교 사원의 재산을 보호해주는 등 불교를 추존했다. 불교 숭상을 막으려는 간언을 올리는 관료에게 그는 권력을 남용했다. 이를테면 대리시大理寺 경경卿이었던 이사로李仕魯가 그런 간언을 하여 구속되었는데, 고향으로 돌아가길 청원했으나 주원장은 당장에 명령을 내려 대전의 계단 아래에서 그를 때려 죽였다. 그 당시 사람이 "불법에 대해 보인 존중과 봉양이 이 지경에 이른 것은 역사를 통틀어 들어본 적이 없다"[24]고 평할 정도였다. 이와 같이 한 까닭은 주원장이 불교를 "흉악하고 완고한 무리를 선하게 변화시키고, 묵묵히 세속의 나라를 돕는다. 또한 그 공이 크고 넓으며,"[25] "암암리에 국왕의 강령을 처리하여"[26] '치도'를 돕고 있다고 생각했기 때문이다. 주원장의 불교 존숭은 절대로 그가 초년에 승려였기 때문에 불교에 특별한 감정이 있어서 그런 것이 아니다. 이를 통해 백련교 등 민간의 종교를 진압하기 위함이었다. "마음속의 사념을 없앤다" 함은 혁명을 이끌 가능성이 있는 그 어떤 요소도 근본적으로 잘라버려 그가 개창한 명 왕조의 일통대업이 영원히 존속하도록 한다는 말이다.

중민重民과
군주 전제

주원장은 사회 하층에서 일어났고, 원나라 말의 전란을 친히 경험하기도 해서 민간의 고난을 깊이 체험한 바 있다. 원나라가 망한 데 대한 교훈도 충분히 인식하고 있었으므로 천하를 쟁탈하고 정권을 창건해가는 과정에서 '안민安民' '휼민恤民'을 중요한 정책 전략으로 생각했다. 그는 전쟁 기간에 "성은 무력으로 이기지만, 난은 인의로 평정한다"[27]는 원칙을 가지고 부대와 약속했다. 정벌 전쟁에 나설 때마다 그는 항상 남살의 금절과 부녀자들의 옥백을 탐하지 말 것을 분명하게 명령했다. 원나라 조정 종실 친척이라 하더라도 함부로 죽이는 것을 허락하지 않았다. 원나라 지정至正 27년(1367) 서달徐達은 군대를 이끌고 북벌에 나섰다. 출행 전 주원장은 이렇게 하유했다. "원나라 조종의 공덕이 사람들에게 있었으나, 그 자손들이 백성의 그늘을 돌보지 않아 하늘이 그들을 싫어하고 버린 것이다. 임금이라면 죄가 있겠으나 백성이 또 무슨 죄가 있겠느냐. 옛날 혁명의 시기에 함부로 도륙을 하여 하늘을 어기고 백성을 학대했는데, 짐은 실로 참을 수가 없다. 제장들은 성을 정복하되 함부로 불태우거나 노략질하거나 살인하지 말라. 원나라 종실 친척도 모두 생명을 보전시켜라. 원컨대 위로 천심에 답하고 아래로 사람들의 바람을 위무함으로써 죄를 벌하고 백성을 안정시키려는安民 짐의 뜻에 따르기 바란다."28 그가 통솔했던 제 장령들 또한 대다수가 이 점에 주의했다. 예컨대 호대해胡大海는 이렇게 말한 바 있다. "나는 무인으로서 책을 모르지만, 오직 세 가지 일을 알 따름이다. 살인하지 않고, 부녀자를 약탈하지 않으며, 집을 불태우지 않는다."29 주원장은 '안민', '휼민'을 중시함으로써 비교적 광범한 지지를 얻을 수 있었는데, 특히 지방 사신士紳들의 지지를 받게 되었다.

명 왕조 건립 후 주원장은 백성 지지세가 흥하느냐 쇠하느냐에 따라 국가 정권의 안위가 결정된다는 것을 알고 있었다. 그래서 그는 "민생을 두텁게 하고 백성의 생명을 중시했으며", '안민', '휼민'을 생산력의 회복과 발전을 통해 국력을 증강시키는 기본 정책으로 삼았다. 그는 이 방면에 일련의 구체적인 조치를 취했을 뿐만 아니라 지방 관원들에게 여러 차례 훈계를 하기도 했다. "천하가 이제 안정되었으므로 백성의 재물과 힘이 모두 곤핍하다. 휴양과 생식이 중요하니 검소한 사람만이 스스로 절약하고 타인을 이롭게 할 수 있으리니 그에 힘쓰도록 하라."30 동시에 '휼민'과 '경천敬天'을 서로 연관시켜 이렇게 말하기도 했다. "이른바 하늘을 공경함敬天은 단지 엄격하게 예를 갖추는 것만이 아니라 당연한 그 실질이 있다. 하늘은 어린 백성을 돌보는 임무를 군주에게 부여했으니, 군주가 하늘을 섬기려고 한다면 반드시 먼저 백성을 구휼해야恤民 할 것이다. 휼민이 바로 하늘을 섬기는 실질이다. 그런즉 예컨대 국가의 어떤 사람에게 수령의 임무를 맡겼는데, 만약 백성에게 복을 가져다줄 수 없다면 이는 곧 군주의 명을 저버리는 것으로 그 불경함이 참으로 큰 것이다."31 이렇게도 말한다. "군주가 된 사람은 하늘을 아버지로, 땅을 어머니로, 백성을 자식으로 삼아 모두가 자신의 직분을 다할 수 있도록 해야 한다. 하늘과 땅에 제사를 올리는 일이 자신의 복을 기원해서가 아니라 사실은 천하 창생을 위해서여야 한다."[32] 그는 '휼민'과 '사천事天'을 함께 논했을 뿐만 아니라 더 나아가 '휼민'을 '사천의 실질'로 삼고 있는데, 이는 '휼민'을 해야만 진정으로 '사천', '경천'의 참된 의의를 구현할 수 있다고 생각했기 때문이다. 물론 봉건 전제 군주로서 주원장이 지키려 한 것은 통치 계급 전체의 이익이었다. 그가 통치의 기초로 의존하고 있는 것은 바로 탐욕과 포학을 본질적 특성으로 하는 봉건 관리들이었다. 이것이 그의 '중민重民', '안민', '휼민' 사상이 결코 진정한 실천을 이룰 수 없도록 결정지었다. 사실상 "관대하다는 소문만 있었을 뿐 관대한 실질은 보이지 않았다."[33] 농민들의 조세와 요역은 여전히 매우 번잡하고 무거웠으며, "혹자는 재산을 팔아 세금을 충당하여 재산이 없어졌는데도 세금은 그대로였고, 혹자는 돈을 물어주고 요역을 충당했는데도 여전히 요역이 무거워 곤핍해진"[34] 상황이 출현하기도 했다. 이는 이상한 일이 아니다. 정책 원칙과 정치적 실천 사이에 엄중한 괴리가 발생하는 것이 본래 군주 정치의 근본적 특징 가운데 하나이기 때문이다.

중국 역사상 주원장은 봉건 군주 전제 통치를 극단으로 발전시킨 제왕이었다. 동시에 그는 유가의 중민重民, 인정仁政 학설 및 공자의 "덕은 천지와 나란하고, 도는 사시와 합치하며, 경전을 정돈하고 서술한 공로가 만세의 영원한 의지가 됨"[35]에 대해서도 충분히 긍정했다. 주원장에 대해서 말하자면, 그런 논의는 그가 무슨 민중의 이익을 출발점이나 입각점으로 삼아 그 문제를 사고한 것이 아니다. 모든 일에 대한 그의 사고는 그저 전제 군주 및 통치 계급 전체의 이익이라는 굳건한 뿌리 위를 맴돌며 이루어졌을 뿐이다. 그랬기 때문에 그가 맹자의 '민귀군경民貴君輕'설에 비상식적인 불만을 드러낼 수 있었던 것이다. "군주에 대한 불손함이 괴상하다며 화를 내고 '이걸 오늘날에도 계속 그렇게 두느니 차라리 어떻게 뺄 수 없겠는가?'"[36]라고 했다. 홍무 5년(1372) 수도의 문묘文廟가 낙성되자 주원장은 조서를 내려 맹자에 대한 배향을 파하라고 명하면서 이에 간언하는 자가 있으면 큰 불경죄로 다스리겠다고 말했다. 형부상서 전당錢唐은 항의성 상소문을 들고 들어가 간언하며 "신이 맹가를 위해 죽는다면 죽어서도 영광이 남을 것입니다"[37]라고 개탄했다. 조정의 신하 누구도 그의 위험을 부정하지 못했다. "[주원장이 비록] 그 정성스러움을 감안하여 그에게 죄를 내리지 않고 맹자의 배향 또한 되돌렸지만, 그러나 끝내는 유신儒臣들에게 명하여 『맹자절문孟子節文』을 수찬하라고 말했다."[38] 홍무 27년 (1394) 한림학사 유삼오劉三五가 책임 편수를 맡아 완성한 『맹자절문』은 『맹자』 가운데 군주 전제에 불리한 곳 85조목을 모두 삭제했다. 예컨대 「양혜왕梁惠王」 편 중 '나라의 군주가 현인을 들인다國君進賢'는 장, 「만장萬章」 편 중 '하늘이 현자에게 주려고 하면 현자에게 준다天與賢則賢'는 장 및 "하늘은 우리 백성의 시각을 통해 보며, 하늘은 우리 백성의 청각을 통해 듣느나,"[39] "필부 한 명을 죽였다는 말은 들었어도, 군주를 시해했다는 말은 들어보지 못했다,"[40] "군주에게 큰 과오가 있으면 간언하고, 반복해 간언해도 듣지 않으면 왕위를 바꿔버린다"[41]는 조항 등 기타 각 편 각 장에 산재해 있는 구절 등이다. 『맹자절문』이 편찬된 후 주원장은 조서를 내려 "중앙과 지방의 학교 및 관청에 배포하고, 이 책을 읽어 근본 취지를 알도록 하라"고 명령하는 한편, 삭제한 곳은 "공무원 시험에 제목으로 삼아서는 안 되고, 과거에 그로써 선비를 선발해도 안 된다"[42]고 규정했다.

맹자의 민귀民貴설은 본래 그의 인정 사상의 한 부분이다. 주원장은 인정 사상을 긍정하면서도 그 가운데 민귀설은 극도로 싫어했다. 이는 힘써 군주 절대 전제 통치를 실행하려던 주원장에게는 당연한 일이었다. 사실 '민귀군경民貴君輕' '천여현天與賢' '주일부誅一夫' 등의 사상은 유가로 대표되는 통치 사상의 조성 부분들이다. 이 사상들이 군권을 조정할 필요성이 있음을 강조하고 있다고는 하지만 군주 전제 제도를 부정하는 의미는 전혀 갖고 있지 않았다. 주원장이 이런 논의들마저 용인하지 않았던 것은 그가 비단 제도상 군주 집권을 강화하려 했을 뿐만 아니라 제왕의 존엄과 권세에 해를 끼치는 일체의 사상, 언론을 금절함으로써 절대 군권을 유지하고자 했음을 나타낸다. 주원장의 정치사상은 황제 제도가 날로 극단으로 치달아가는 역사와 맥락을 같이한다. 이는 최고 통치자가 각종 정치 조절 이론에 갈수록 흥미를 잃어갔으며, 황제 제도 또한 날로 그 생기와 활력을 잃어갔음을 나타낸다. 봉건사회가 말기에 가까워져감에 따라 중국 역사 또한 발전 지체 단계에 들어선 것이다. 통치 사상의 이러한 변화는 명, 청 이래 중국 사회 발전 지체의 주관적 요인 가운데 하나다.

03

유학 경전의 존중과 우민愚民

주원장은 유가를 존숭하고 공자를 후대했다. 원나라 지정 15년(1355) 태평太平[43]을 함락하고, 응천應天에서 승리한 뒤 먼저 공자의 묘에 고했다. 지정 16년(1356) 진강鎭江에 들어가서는 먼저 공자묘에 고했다. 명나라 홍무 원년(1368) 즉위 초에 그는 바로 국자학國子學에서 태뢰太牢[44]의 제사로 공자를 모셨으며, 전문 사신을 곡부曲阜로 파견하여 공자에게 제사토록 했다. 그는 정중하게 사신에게 이런 유지를 내렸다. "중니의 도는 광대하고 유구하여 천지와 나란하다. 천하를 소유한 사람들 가운데 경건하게 제사를 모시지 않은 경우가 없었다. 짐이 천하의 주인이 되었는데, 크게 교화가 밝혀지고 선대 성인의 도가 행해지기를 기대한다. 이제 벌써 성균관에서 석전釋奠을 했으니 이에 그대를 파견하여 궐리闕里의 제사 일을 닦도록 하는 것이니 그대는 공경을 다하라."[45] 홍무 3년(1370) 연성공衍聖公[46]의 세습 봉작 및 곡부 지현知縣의 수여에 공씨의 자손을 우대했다. 홍무 7년(1374) 곡부에 공묘성孔廟成을 수축하고 공자, 안연, 맹자 3씨의 학을 설치하여 그들의 동족을 교수하게 했다. 홍무 15년(1382) 조서를 내려 온 천하가 통용하는 공자의 제사를 지내도록 명령했고, 온 천하에 석전 대례를 반포했으며, 또 태학성太學成을 지어 친히 태학에 행차해 공자를 향해 석채례釋菜禮[47]를 행했다. 그는 "공자를 백대 제왕의 스승"으로 여겼으므로 "오늘날 짐이 천하를 가지고 온갖 신들에게 공경의 예를 올리는데 선사에 대해서는 더욱 숭앙함이 마땅하다"[48]고 말했다.

주원장은 유가 경전을 숭봉하며 유가 사상의 이해와 학습을 중시했다. 그 스스로 "매번 궁중에서 일이 없으면 문득 공자의 말을 취하여 관찰했다".[49] 또한 황태자를 교육시키면서 유가 경전을 학습하게 하여 군주가 되는 도리를 익히도록 했다. 그는 또 송렴宋濂에게 "제왕에 관한 공부는 어떤 책이 중요하냐"고 물은 적이 있었는데 "송렴이 『대학연의大學衍義』를 추천하자 이를 크게 써서 궁전의 양 처마 밑에 게시해두라고 명했다. 언젠가 서쪽 처마로 어가가 갔을 때 여러 대신이 모두 있는데 황제는 『대학연의』 중 사마천이 황로黃老의 일에 관해 논한 부분을 가리키며 송렴에게 그것을 강론하라고 명했다".[50] 유가 사상에 대한 이해와 학습을 이토록 중시했다는 점에서 이는 주원장의 정치사상에 당연히 중요한 영향을 미쳤다.

왕조의 창건 과정에서 주원장이 유학을 추숭하고 유가 학자들이 발휘하는 작용을 중시한 것은 주로 민심을 얻기 위함이었다. 특히 유생 문사들의 지지를 얻어내기 위해서였다. 그리고 명 왕조가 건립된 뒤에도 주원장이 여전히 유가 경전을 존숭한 것은 완전한 군주 전제 통치를 지키기 위함이었다. 바꿔 말하면 사실상 그는 유학을 우민愚民의 통치술로 삼았다. 주원장은 유가가 창도한 강상 윤리에 "백성의 기쁨과 걱정이 달려 있고, 또한 국가 치란의 관건"[51]이라고 생각했다. 그래서 이를 특별히 중시하여 시종 삼강오상을 견지하고서 천하를 바라보았다. 그는 신민들에게 자주 이런 조서를 내렸다. "신하는 반드시 충忠해야 하고, 자식은 반드시 효孝해야 한다."[52] 신민들에게 다음과 같은 윤상 규범을 훈계하기도 했다. "자신을 수양하고 인의를 행함은 그로써 시대의 군주에게 쓰이기 위함이다."[53] "첫째는 부모에게 효순할 것이며, 둘째는 윗사람을 존경할지어다."[54] 그는 충효의 도를 특히 중시했다. "성현의 가르침이 세 가지 있다. 하늘을 공경하고, 임금에 충성하고, 어버이에 효도하는 것이다"[55]라고 말하며 대학사 오침吳沉 등에게 특별히 명하여 '경천敬天' '충군忠君' '효친孝親'을 강령으로 하고, 유가 경전의 말들을 주로 채납하여 『정성록精誠錄』을 편찬케 하고, 이를 신료들에게 판시하여 행동 지침으로 제공하도록 했다. 그가 보기에 '효'는 '충'의 기초였다. "효도하지 않으면 충성하지 못하고, 충성하지 않으면 효도하지 못한다." "군주에게 충성하면서 간악한 사람으로 바뀌지 않는 것은 효를 근본으로 삼기 때문이다."[56] 주원장은 또 예법을 강화함으로써 군신의 기강을 정돈했다. 그는 '예법禮法'이야말로 "나라의 기강"인데, 원나라 말 "민심이 흩어지고" "천하가 소란한" 그 중요한 원인은 바로 "기강이 서지 않아 군주는 거칠고 신하는 전횡하여 위엄과 복락이 아래로 옮겨갔기" 때문이라고 여겼다. 그래서 "건국 초엔 응당 기강을 먼저 바로 잡아야 한다"고 강조하며, "예법이 서면 사람의 뜻이 정해지고 상하가 안정된다. 건국 초엔 이를 선결 업무로 삼아야 한다"[57]고 지적했다. 그는 예법 규정에 의거하여 군신 간 등급과 명분을 명확히 하고, 호칭과 명령을 엄격히 밝혀, 군주가 "예법으로 신하를 제어해야, 신하는 위를 본받아 관리들과 병졸들을 통제할 수 있다"[58]고 생각했다. 그리하여 상하가 일관된 행정 체계가 형성되었다. 이는 바로 군주 권력의지의 관철과 집행을 제도적으로 보장했으며, 군주로 하여금 절대 권위를 갖도록 해주었다.

주원장은 정치 제도상으로 재상宰相을 폐지하고 군주에게 고도로 권력이 집중되는 통치를 행했을 뿐만 아니라 사상문화상으로도 유학을 빌려 전제 군주의 권위를 수호했다. "[그는] 즉위 초 가장 먼저 태학太學을 설립하고 허존인許存仁을 좨주祭主[59]로 임명하여 주자의 학설을 유일한 으뜸으로 삼도록 했으며, 학자들로 하여금 『오경』과 공자, 맹자의 책이 아니면 읽지 못하도록 하고, 염濂, 낙洛, 관關, 민閩의 학설[60]이 아니면 강론하지 못하도록 했다."[61] 홍무 6년(1373) 그는 국자박사國子博士 조숙趙俶 및 조교助教 전재錢宰, 패경貝瓊 등에게 이런 조서를 내려 훈계했다. "너희는 유일하게 공자가 정한 경서로만 교육을 하고, 조심하여 소진蘇秦, 장의張儀 등 종횡가의 주장을 뒤섞지 말라." 조숙이 이에 "청하여 『십삼경十三經』을 구분하여 천하에 바르게 확정하고 『전국책戰國策』 및 음양, 참위, 복서 등을 제거하여 학궁에 개설하지 못하게 했다."[62] 그는 또 과거 시험은 반드시 흠정의 『사서』 『오경』만을 그 내용으로 하고, 정주 리학을 표준으로 삼도록 명확히 규정했다. "그 문장들은 대략 송나라 경전의 의의를 잘 본받고 있으면서도 고대인들의 어감을 대변해주고 있으니, 그 본체와 쓰임體用이 짝을 잘 이루고 있는 것을 팔고八股라고 부르며, 통칭하여 제의制義라고 말한다."[63] 이는 바로 정치적 출로를 모색하는 지식인들로 하여금 부득불 "밤낮으로 다른 신경을 끄고 오직 그 공부에만 정력을 쏟게 했으니 『사서』 한 경전 외의 것들은 모두 높은 누대 속에 묶인 채로 있었다. 비록 각종 도서와 역사책들이 앞에 가득 놓여 있어도 모두 눈을 둘 겨를이 없이 자기가 할 일을 방해하는 것으로 여겼다. 그리하여 천하의 책들은 태워지지 않으면 저절로 타버리고 말았다."[64] 진시황의 분서와 비교했을 때 주원장이 확립한 팔고취사八股取士 제도는 확실히 한 수 높은 것이었다. 그 자신도 조금도 꺼리지 않고 직접 이렇게 말했다. "나에게 천하를 주무르는 방법이 있다면 그것은 과거 제도의 회복만 한 것이 없다."[65] 주원장은 유가 사상과 군주 전제 통치를 유기적으로 함께 결합시켜 민중을 우롱하고 인민을 통제하는 사상적 효과를 거두었던 것이다.

주원장은 특히 생도들에 대한 사상 통치와 행위 통제를 중시했다. 홍무 2년(1369) 조서에선 천하에 학교를 세울 때 예부禮部에 금약禁約 12조를 수정 확정하라는 특명을 내렸다. 이를 천하에 밝혀 학궁에 비석을 세우고 부녀자와 아이들까지 모두 알게 하여 누구나 따를 수 있도록 하라고 요구했다. 제1조의 규정은 이렇다. "국가는 경전에 밝은 선비를 선발하니, 경전을 말하는 사람은 송나라 유학자들의 전傳과 주注를 으뜸으로 삼을 것이며, 글을 행하는 사람은 전아하고 순정한 사실만을 위주로 해야 한다. 금후 힘써 『사서』『오경』『성리性理』『통감강목統鑑綱目』『대학연의大學衍義』『역대명신주의歷代名臣奏議』[66]『문장정종文章正宗』[67] 및 역대 조서, 법률, 전장 제도 관련 서적 등을 반포하여 생도들을 엄격하게 독려해야 한다. 이단 사설을 표절했거나 기이한 일을 세워 자랑하는 경우는 문장이 공교하더라도 기록하지 않도록 한다."[68] 제2조의 규정은 이렇다. "천하의 이익과 폐단에 대한 논의는 모두 직언을 허여한 데서 비롯하니 오직 생원들에겐 이를 허여하지 않는다. 금후 생원은 스스로 자신에게 절실한 일이 있을 경우 집안사람들이 대리 재판을 받도록 허락한다. 자신과 상관이 없는 일이면 문득 관청에서 들고나도록 하여 자신의 행동거지에 제거해야 할 요소를 줄여야 한다. 만약 무리를 이루어 분규를 일삼고, 관장을 꾸짖거나 욕하면 그 주모자는 죄를 물어 유배하고 나머지 모두는 평민으로 강등한다."[69]

여기서 주의를 기울여야 할 점은 두 가지다. 첫째, 생도들에게 유가의 정통을 지키라고 요구했으며, 그렇지 않으면 '이단 사설'이라고 한 점이다. 게다가 또 향후에 『사서』『오경』『성리』 등 책을 힘써 반포하라고 주장했다. 이로써 유학 특히 정주 리학이 사람들의 생각을 통일하고, 사람들의 행위를 지배하게 되었다. 나중에 해진解縉은 주원장에게 "위로 요, 순, 하, 상, 주, 공자로 거슬러 올라가고 아래로 관關 즉 장재, 민閩 즉 주희, 염濂 즉 주돈이, 낙洛 즉 정호와 정이에 이르기까지 뿌리가 실하고 정명하니 일에 따라 종류를 구별하고 하나의 경전으로 만듦으로써 위로 경전 사서와 연결시키자"[70]고 건의했다. 이 일은 홍무 조정에선 실행되지 않았으나 성조

成祖 주체朱棣 때인 영락永樂 13년(1415)에 최종 완성되었다. 주체는 유신들에게 명하여『오경대전五經大全』『사서대전』『성리대전』을 수찬케 하고 이를 인재 등용의 법령으로 걸어두어 모든 사람으로 하여금 바른길로 가야지 다른 갈림길에 미혹되어선 안 된다고 했다. 둘째로 생원들이 "천하의 이익이나 병폐"에 대해 의론하는 것을 엄금했다. 즉 당시의 정치에 대해 그 어떤 평론도 하지 못하게 한 것이다. 이는 생원들로 하여금 모든 정력을 해야 할 업무나 팔고문八股文에 대해 서로 참관하고 평론하는 일에만 집중하게 한 것이다. 육세의陸世儀는 말한다. "법령의 첫 조항이 과거 과목으로 사람을 취하게 되니 제의制義 즉 팔고문이 처음으로 중시되었다. 선비들은 그 일을 매우 중요하게 생각하니 모두 열심히 연마하여 인재 등용 법령에 따라야 한다고 생각했다. 이 때문에 함께 공부하는 친구들과 벗하는 것을 높게 여겼으며 많으면 수십 명, 적으면 수 명으로 구성했는데 이를 문사文社라 불렀다. 즉 옛날의 이문회우以文會友, 이우보인以友輔仁의 유풍이라 하겠다. 수양이 잘된 선비는 이를 학문의 바탕으로 여겼고, 세상을 질주하고 싶은 무리 또한 이를 공명을 얻는 문으로 삼았다. 그리하여 모든 것이 그것으로 귀결되었다."[71] 계동計東은 더 정확하게 말한다. "결사하는 일이 흥했다고 하지만 여러 생도의 문자 모임에 불과했다. 아침부터 조용히 쳐다보는 것이라곤 어린아이들이 제사상을 진설하고 예의를 익히며 유희하는 것과 다름이 없었다. 또한 명나라 생도들은 금기가 매우 삼엄해 한, 당, 송의 태학생들이 집단을 이루어 서울에 모여 수십 명 혹은 수백 명씩 복궐 상소하며 국가 존망의 큰 계책을 의론하던 것과는 사뭇 달랐다."[72] 생도들은 소중한 시간과 정력을 "어린아이들이 제사상을 진설하고 예의를 익히는" "유희"에 소모하고 말았던 것이다. 이는 "명나라 생도들의 금기가 매우 삼엄한" 필연의 결과였다.

04

관속을 다스리는 술

주원장은 일찍이 민간에 있을 때 "주, 현의 관리 대다수가 백성을 구휼하지 않고 왕왕 재물을 탐하고 여색을 좋아하는 것을 보았는데,"[73] 백성의 고통을 돌보지 않는 것에 대단히 통분했다. 그래서 그는 황제가 된 뒤항상 임용된 지방 관리들이 청렴하게 백성을 다스림으로써 민심을 안정시키고, 생산을 회복·발전시키며, 사회 통치 질서를 정돈시키는 작용을할 수 있기를 바랐다. 그러나 홍무 초기에 임명된 관리들은 "재능이 없는사람이 많았으며, 왕왕 오랑캐 원나라의 폐단을 답습하곤 했다."[74] "[그들은] 일단 임지에 도착한 뒤 아전, 하속, 재능 없는 명망가들 및 일체의 왈패, 무뢰배와 연을 맺고 못된 짓을 일삼아 우리 양민을 해치는 경우가 허다했다."[75] 주원장이 아무리 백관들에게 자주 "행정을 잘 이끌어 일신과집안이 무너지지 않도록 하라"[76]고 훈계를 했지만 그들 "재능 없이 등록된" 관리들은 "왕왕 짐의 말에 따르지 않고" 예전처럼 나쁜 짓을 저지르니 "돈과 곡식을 관장하는 자는 돈과 곡식을 도둑질하고, 형벌을 다루는자는 형벌에 출입을 두었다."[77] 심지어 황제를 대표하여 백관을 감찰하는어사조차도 공공연히 법을 어겼다. 이것이 바로 주원장으로 하여금 부득불 "엄격히 법으로 금지하여 백성에게 해독을 끼치는 탐관오리가 걸릴 경우 절대로 용서하지 않도록 했다."[78] 여기서는 다음 네 가지로 간략하게 그의 관속에 대한 통치술을 열거하고자 한다.

첫째, 법제를 엄밀하게 하고 "형벌의 운용을 엄격히 규정했다".『대명률 大明律』은『당률唐律』에 비해 관속에 대한 통제에 더욱 엄격한 특징을 나타냈다. 그럼에도 주원장은 여전히 그 형전이 너무 가벼워 "어리석고 완악한 무리를 경계하는" 작용을 제대로 하기 어렵다고 생각했다. 그래서 "관민 중 잘못을 범한 사례들을 모아서" 조항별로 형률을 예시한『어제대고』 및『어제대고속편御制大誥續編』『어제대고삼편』 등을 창제하여 홍무 18년과 19년을 선후로 전국에 반포했다. 이로써 불법을 저지른 신민을 징치하고 특히 탐관오리를 징치하는 근거로 삼았다. 그런데 그 형률이『대명률』보다 더욱 엄혹해서 '법 외의 법'과 '형 외의 형'을 채택하도록 허용하고 있었기에 판결이 특히 무거웠다. 이를테면 제한을 어기고 양식을 거둔 경우,『대명률』은 장형杖刑에 처했으나,『어제대고』에 따르면 능치처참을 할 수 있었다. 관리를 통제하는 형벌이 이렇게 혹독한 경우는 역사적으로 거의 없었다.

둘째, 관리들에 대한 통제를 징계성 교육 위주로 했다. 주원장은 말한다. "예전엔 천하 신민들이 가르침에 따르지 않는 경우가 많았다. 짐은 중요한 사무를 보는 틈을 이용해 특별히 신민들의 범법에 대하여 조항별로 경계하는 두 '고誥'를 지어 중외에 반포하노니 집집마다 사람마다 이를 암송하도록 하고 징계할 바를 알아서 그를 지키도록 하라."[79] 형벌의 운용을 엄격히 규정함은 백관과 민중을 교육시켜 "길함을 좇고 흉함을 피하는 길을 알도록 하고, 하나를 죽여 백을 경계하는 것이니" "그 뜻은 사람들로 하여금 경각심을 갖게 하여 감히 가벼이 범법하지 못하도록 하는 데 있다"[80]고 분명히 말하기도 했다. 그는『대고』를 교재로 삼아 "모두 학궁에 배포하여 이로써 선비들을 시험하고, 마을에 숙사塾師를 두어 이를 가르치도록"[81] 하며 전 사회에 법제 교육을 진행했다. 관속과 아전들이 백성을 해치는 것을 막기 위하여 그는 특별히 아전의 가속들에게 다음과 같이 권유하기도 했다. "양심은 부모에게서 발원하고, 훌륭한 말은 처자에서 기원하며, 선행은 형제에게 소문이 난다. 군졸들이나 관문서를 다루는 집안에서 이 세 가지를 경계로 삼으면 백성을 해치는 경우가 드물 것이다."[82] 어쨌든 주원장은 엄격한 형률을 수단으로 삼았다. "일시적으로 경정한 것을 어떤 규칙으로 삼지는 않았는데,"[83] 목적은 전국의 신민들로 하여금 법을 알고, 법을 두려워하고, 법을 지키도록 하려는 것이었으며, 이를 통해 양호한 정치 질서와 사회 분위기를 형성하고자 했다.

셋째, 탐관오리는 반드시 엄하게 징계하되 느슨하게 다루지 않았다. 주원장은 조정 법률을 무시하고 직접 '무뢰배無籍之徒'들을 신뢰하는 범죄를 저지르거나, 공문을 적체시키고 질질 끌며 처리하지 않거나, 교묘한 명목을 만들어 백성의 재물을 거둬들이거나, 시비를 분명히 하지 않아 아래 백성을 억울하게 만들거나, 조정을 비방하고 군주가 나쁘다고 거짓 소문을 퍼뜨리는 등 죄를 저지르는 관리 등에게 모두 엄격한 징계를 내리라는 명령을 내렸다. 뇌물을 받은 관리에 대해서는 "위협과 협박을 받아 재물을 거둔 백성에겐 죄를 삼지 않지만, 그 외 관리에게 뇌물을 주는 사람, 받는 사람을 모두 같은 죄로 다스렸다."[84]

넷째, 민중이 서울에 올라와 간악함을 고발하는 것을 장려했다. 주원장은 민중의 힘을 빌려 불법을 저지른 관리를 징치하고자 했다. 민중의 감독을 통해 "탐관오리들이 끝내 어진 관리로 바뀌도록"[85] 강요했다. 그래서 『어제대고』는 성지를 어기고 민중을 교란시키는 관리나, 서로 작당하여 소송을 유리하게 만들고 타인에 대한 모함을 교사하는 자에 대하여 민중이 "연명으로 서울에 올라와 상주할" 수 있도록 했으며, 심지어 백성을 해치는 관리를 "결박하여 서울로 올라올" 수 있다고 명확히 규정했다. 각지의 관청은 고발장을 들고 서울로 와 상주하려는 백성을 가로막아서는 안 되었는데, 그렇지 않을 경우 관리 "가족을 모두 죽였다族誅". 이러한 규정은 중국 역사상 실로 보기 드문 경우였다. 고발장을 소지한 수많은 민중이 서울로 올라와 간악함을 고발했는데, 이는 민중이 관청을 통제할 수 있는 일정한 권력을 가지도록 어느 정도 인정해준 것이며, 또 이런 권력을 법률로 보장해준 것이기도 했다. 하지만 주원장이 이렇게 한 것은 왕권의 절대 권위를 전제로 한 것이며, 왕권이 민중의 이익을 비호하고 있다는 것을 강조하기 위함이었다. 그 실질은 여전히 군주에 의한 신민의 제약이지 절대로 민중 자신의 권리를 구현시키자는 것이 아니었다. 끝을 파보면 비교적 고명한 관리 통제술에 불과한 것이었다.

관리 통제를 엄정하게 한다는 주원장의 사상이나 그가 취한 여러 조치들은 적극적인 점이 있기는 했으나, 부패와 탐오라는 현상의 존재는 군주 전제와 관료 정치라는 조건하에서는 필연의 산물이었다. 주원장은 이 점을 인식하지 못했으며, 또한 이런 현상은 절대로 없어질 수 없었다. 그는 엄혹한 형법을 통해 관리 통제를 깨끗이 하려 했으나 관리들은 "양민들을 가혹하게 해쳤으며, 수많은 간교한 수단이 횡행하여 형벌이 있어도 다스릴 수가 없었다."[86] 그 또한 대단히 한탄했다. "이졸들의 뇌물과 탐욕을 어떻게 능히 다 혁파한단 말인가."[87] 주원장은 법 이외의 형벌 시행이 가져오는 효과를 대단히 신뢰했다. 혹형으로 탐관오리를 중징계해야만 "눈으로 보고 두려운 마음을" 갖게 하여 경각심을 불러일으킬 수 있다고 생각했다. 그러나 결과는 오히려 소망과는 아주 거리가 멀게 나타났다. 탐오와 부패 현상이 사라지지 않았을 뿐만 아니라 형벌 시행의 남용으로 법제가 문란해져 "폐단이 벌떼처럼 일어나고 제 몸과 집안을 망치는 사람들이 이루 헤아릴 수 없을 지경이었다."[88] 탐관오리의 무리는 기회를 틈타 더욱 간악해지고 더 왕성하게 백성을 해쳤다. 이렇게 볼 때 정부와 관원들의 청렴결백을 보장하는 진정한 통제 역량은 엄격한 의미의 정규 법제를 통하고, 이러한 법제에 기초하여 충분한 권리를 향유한 민중에 의해서만 가능하다는 것을 알 수 있다.

주체의 정치사상:
도통 숭배와 리학 존중

연왕燕王 주체朱棣는 조상의 유훈을 빌려 '정난靖難'을 명분으로 기병하여 그의 조카 건문제建文帝 주윤문朱允炆의 수중에서 제위를 탈취했다. 그는 칭제 후 건문 정권에 충성한 문신을 대대적으로 주살했으며, 온 힘을 다해 군주 전제 통치를 강화하는 동시에 공자를 존숭하고 유학을 받들어 매우 체계적인 유학 치국의 정치사상을 제기했다.

주체는 '도통道統'의 입장에서 출발하여 공자는 "위로 요堯, 순舜, 우禹, 탕湯, 문文, 무武왕의 전통을 계승하고, 아래로 후세를 위한 강상을 수립해 무궁한 태평 시대를 열었다. 세상이 그에 대해 지극한 존숭의 예를 올리는 것은 공자에게 무언가를 더 보태고 늘리려는 것이 아니라, 그 도가 지대하여 천하에 하루라도 없어서는 안 됨을 뚜렷이 밝히기 위해서다. 오직 우리 황실의 조상만이 제왕의 적통을 계승하고, 공자를 스승으로 드높이고, 천하를 통틀어 모두 그것을 따르고 이 도로 말미암게 했으니, 이로써 정치 교화가 성대해졌도다. 주위에 두루 침투하여 국내외에서 이 풍조를 숭앙하지 않는 경우가 없게 되었다. 짐은 그 심원한 계책을 앙모하여 밤낮을 가리지 않고 공경하면서 오직 그 도를 계승할 것만 생각하며 감히 태만하지 못했다."[89] 그는 거듭 이렇게 이야기한다. "『육경』은 성인의 도로 해와 별처럼 밝게 걸려 있으며 만세에 드리워진 법칙이다."[90] "공자는 과거의 성인을 계승하고, 미래의 학문을 개척했으니 그 공이 요, 순보다 어질며" "사람이 생겨난 이래 공자보다 위대한 사람은 아직 없었으며" "천하의 후세들이 그 은택을 입었으니 사실상 그 의의가 천지와 마찬가지로 원대한 것이다."[91] "공자는 만세 제왕의 스승이다. 그의 도가 천하에 펼쳐져 있으며『육경』에도 실려 있다. 천하에 하루라도 백성이 없을 수 없으며, 백성에겐 하루라도 공자의 도가 없을 수 없다."[92] 그가 보기에 공자는 "만세 제왕의 스승"이었으며, 만세 제왕은 공자를 공경하여 받들지 않은 경우가 없었다. 그 자신이 유가의 '도통道統'을 신봉했으며 공자를 존숭하여 "밤낮을 가리지 않고 공경하며 오직 그 도를 계승할 것만 생각했고 감히 태황追皇하지 못했다". 주체는 이렇게 하여 군주를 죽이고 왕위를 찬탈한 유가 윤상대의에 어긋났던 자신의 행동을 포장하고자 했다. 영락永樂 조정의 일부 대신은 주체의 이 심리를 꿰뚫어보고는 유도儒道의 입장에서 주체를 칭송했는데, 이를테면 호광胡廣은 이렇게 말했다. "폐하께서 유신儒臣들을 대하시며 진퇴의 경계에 은혜로움과 예법을 다 갖추셨으니 유도의 영광스러움이 많사옵니다."[93] 양사기楊士奇는 심지어 주체의 마음을 공자의 마음과 비교하기도 했다. "문文황제의 마음은 공자의 마음이다. 한결같이 천하 모두가 순하고 너그러운 풍속을 지니고, 그 백성 모두가 성실하고 돈독한 마음을 가지길 바랐으니 하물며 좌우에서 받드는 신하들에 있어서랴!"[94] 그들 군신이 이렇게 화합하여 외친 주지는 '도통' '치통治統' 합일론을 고취시켜 주체가 칭제한 것이 합법적임을 논증하려는 데 있었다.

주체는 유학을 치국의 기술로 삼았다. 그는 "공자가 천지에 간여하고 화육을 이끌었으며, 왕도를 밝히고 인륜을 바로잡았다. 군주는 군주답고, 신하는 신하답고, 부모는 부모답고, 자식은 자식답고, 남편은 남편답고,

아내는 아내답도록 하여 각자 제 본분을 다하도록 하여 하늘의 도와 진실로 아무 차이도 없게 만들었다"[95]고 생각했다. 유술儒術로 나라를 다스리면 "도덕을 숭상하고, 교화를 넓히고, 인심을 바로잡고, 천하의 근본을 성취시켜 천하의 치세에 도달하는"[96] 목적을 이룰 수 있다고 생각했다. 그리하여 그는 불교와 도교를 버리고 오로지 유술을 사용해 치국하며 "짐이 천하를 다스리는 데 쓰는 것은 오직 『오경』뿐이다"[97]라고 선언했다. 영락 2년(1404), 그는 태자에게 시봉 신하들이 편찬한 『문화보감文華寶鑑』을 주면서 이렇게 훈계했다. "수기치인의 핵심은 이 책에 모두 갖춰져 있느니라. 예로 요임금, 순임금부터 전해온 것으로 오직 '진실로 그 중용을 지키라'고 말하고 있다. 제왕의 도는 핵심을 아는 것이 중요하다. 핵심을 아는 것이 바로 통치하는 것이니 너는 열심히 힘쓰도록 하여라."[98] 영락 7년(1409), 그는 친히 "성현의 말씀들을 채취하여"『성학심법聖學心法』이란 책을 편찬했다. 이 책은 모두 네 권으로 권1은 「군도君道」, 권2는 「신도臣道」, 권3은 「부도父道」, 권4는 「자도子道」다. 이 책을 만들면서 지은 장장 5000자에 달하는 서문 가운데서 주체는 일련의 관념들을 제기하고 있는데, 요약하면 다음 네 가지다. 첫째, 군주되는 사람은 우선 응당 열심히 공부해야 한다. "군주는 존엄하게 구중궁궐에 살며 만물의 위에 군림한다. 천하의 일을 두루 안 연후 천하의 임무에 응할 수 있는데, 학문에 의거하지 않으면 어떻게 성스러운 공적을 이룰 수 있겠는가? 그러므로 제 몸에 도를 쌓고 오직 공부에 부지런해야 한다. 가르침을 배워 자기 몸에 덕을 쌓고, 앞시대의 기록을 많이 알려면 반드시 스승을 존중하고 전통을 중시해야 한다. 강론을 잘 꿰어 견문을 넓히고, 마음을 다스리고 수신 함양하여 자신의 기량을 살찌워야 한다. 무릇 『주역』으로 질문과 분석을 수렴하는 법을 배워 덕을 쌓는 머리로 삼고, 『중용』으로 사변하는 학문을 배워 최선을 선택하는 공력으로 삼는다. 이 모두 경전의 명언들이고 성현의 떳떳한 가르침들이니 그 극치에 이르게 되면 천지에 간여하고 화육을 이끌 수 있다. 사해에 순정한 복을 내리고, 만세의 태평을 열려면 어찌 이에 근본을 두지 않을 수 있겠는가? 그렇게 하질 못하여 고요히 수양함이 없고, 움직여 베푸는 바도 없으며, 뜻과 용기를 상실하고 마음이 물질에 유혹당한다면 이는 자신에게 부여된 중임을 망치는 것이며, 품부받은 어짊을 잃은 것이며, 눈이 어두워져 아는 바도 없을 것이며, 땀을 흘리고도 얻는 바가 없을 것이니 천하의 치란이 그에 달려 있다. 제왕의 계통을 잇는 자가 어찌 배움에 더욱 힘쓰지 않을 수 있겠는가?"[99] 둘째, 군주되는 사람은 마음을 고요히 하고 욕심을 줄여야 한다. "군주는 한마음으로 천하를 유지하는 것이니 마음의 호오好惡를 신중하게 하지 않으면 안 된다. 다른 사람들에게 자신의 호오를 제대로 보여주지 못하게 되면, 아첨하고 모함을 일삼는 간신배들과 이익과 자신의 행복만을 도모하는 무리가 기회를 틈타 투기하고, 훼예와 애증을 구분하지 못하게 된다. 그래서 군주가 좋아하는 것은 천하와 그의 좋아함을 일치시키고, 싫어하는 것은 천하와 그의 싫어함을 일치시킨다. 민중이 좋아하는 것을 자기 홀로 싫어하고, 민중이 싫어하는 것을 자기 혼자 좋아하는 것은 천하의 공적인 것을 추켜올려 부인들이나 원하는 사적인 것으로 드러내는 꼴이다. 그렇게 되면 은폐가 고착되고 깊은 물에 빠진 형국이니 위태로워지지 않으려 해도 그럴 수가 있겠는가?"[100] 셋째, 군주되는 사람은 유술로 나라를 다스려야 한다. 그는 인의예악으로 천하를 교화시키라고 강조하며 이렇게 말한다. "도덕과 인의는 교화의 근원이다. 천하를 잘 다스리는 사람은 도덕을 외곽으로 삼고 인의를 주 무기로 삼는다. 백성을 인의로 도야시키고, 백성을 도덕으로 거두니 목소리와 낯빛을 움직이지 않고도 천하가 교화되어 마치 흐르는 물이 골짜기를 우렁차게 타고 흘러 아무도 막을 수 없는 것과 같다."[101] 이렇게도 말한다. "무릇 예禮는 치국의 법칙이고, 악樂은 인정의 큰 줄기다. 그래서 선왕은 예를 만듦으로써 상하의 질서를 짓고, 악을 지음으로써 백성의 풍속을 화합시켰다. 예가 아니면 무슨 질서도 수립할 수 없고, 악이 아니면 어떤 화합도 이룰 수 없다. 백성에게 공경을 가르침에 예보다 좋은 것이 없고, 백성에게 화합을 가르침에 악보다 좋은 것이 없다. 예악이 서면 천지가 편안해지고 군신들이 바르게 되며, 형벌이 치우치지 않고 양육이 잘 이루어진다. 그래서 예악형정 넷에 통달하여 어긋남이 없으면 왕도라고 말한다. 천하를 다스리는 자는 반드시 먼저 예악을 닦아야 한다."102

넷째, "정치를 할 때는 반드시 정명正名부터 먼저 해야 한다". "무릇 천지에는 존비의 자리가 있고, 군신에는 귀천의 등급이 있다. 존비의 뜻을 밝히고, 귀천의 등급을 구분하면 천지의 자리가 정해지고 음양이 화합하며, 인륜에 질서가 생기고 명분이 바르게 된다. 그러므로 성왕이 천하를 다스릴 때는 낮은 사람이 높은 사람을 넘지 못하게 했고, 천한 사람이 귀한 사람을 부리지 못하게 했으며, 작은 것이 큰 것을 처하지 못하게 했고, 서자가 적자보다 앞서지 못하게 했다. 군주는 군주답고, 신하는 신하답고, 부모는 부모답고, 자식은 자식답게 하여 각자가 제자리를 얻어 예의가 서도록 했다. 공자는 이에 정치를 함에 반드시 정명부터 먼저 하라고 말씀하셨다. 『춘추』에 왕도의 법을 기술하며 그 구분을 반드시 엄격하게 했다. 천하를 다스리는 사람이 반드시 이를 분명하게 밝히면 군신 간은 정의롭고, 부자간은 친밀하고, 부부간은 구별 있고, 장유 간은 순조로우며, 윗사람이 아랫사람을 통솔하고, 큰 것이 작은 것을 이끌며, 낮은 자는 높은 자를 받들고, 천한 자는 귀한 자를 섬기게 될 것이다. 그러면 조정의 의가 분명해져서 화란의 근원이 막힐 것이다."103

군대를 일으켜 왕위를 탈취하려는 준비를 하면서 주체는 처음부터 "민심의 향배가 과연 어찌 될까"104를 걱정했다. 그래서 칭제 후 민심을 다잡는 것을 대단히 중시했으며, 이를 전제 통치의 뿌리를 굳건히 하는 것으로 여겼다. 그는 유가의 '애민愛民' 주장을 천명하면서 이렇게 말했다. "짐은 오직 하늘을 섬김에 참된 공경을 근본으로 삼고, 백성을 사랑함에 실질적 혜택을 우선으로 삼는다. 『서경』은 '오직 하늘만이 백성에게 은혜를 베푼다'고 말하고, '백성을 편안하게 만들어주면 곧 은혜다'라고도 말한다. 그러니 하늘이 보고 듣는 것은 모두 백성에게 기인한 것이며, 백성을 사랑할 수 있다는 것은 곧 그로써 하늘을 좇는다는 것이다."[105] 그는 또 유가 인정仁政 주장에 대해 이렇게 논했다. "백성은 나라의 근본이다. 근본이므로 그들을 안정시키려면 곤고하게 만들어선 안 된다. 그러므로 성왕들은 백성에 대하여 항상 어린아이 보호하듯 했으며, 음식을 먹기 전에 먼저 그들의 배고픔을 생각했고, 옷을 입기 전에 먼저 그들의 추위를 생각했다. 백성의 마음이 살기를 도모하면 나는 그들을 그렇게 하도록 하고, 백성의 뜻이 노역을 싫어하면 나는 그들을 쉬게 해줄 것이다. 농사를 짓는 백성을 부리면서는 때를 놓치지 않도록 하고, 세금을 직세 거둬 쓰되 반드시 절약을 하겠다. 이렇게 하면 교화가 행해지고 풍속이 아름다워질 것이며, 천하가 서로 권면하여 민심이 돌아올 것이다. 어진 정치를 행하고도 천하가 다스려지지 않는 경우는 아직 없었다."[106] 그는 또 각급 관리들에게 이렇게 훈계했다. "군주 나라의 도는 백성을 근본으로 삼는다. 그래서 관직을 나누어 설치하고 현인을 골라 쓰는 것은 오직 백성의 안녕을 추구하기 때문이다. 신하된 사람은 백성을 사랑하는 군주의 마음을 잘 체득하여 미루어 실천함으로써 천하의 백성이 모두 제자리를 얻도록 해주어야 한다. 너희 문무 신하들은 국가의 중임을 받았으니 마땅히 절조를 지키며 열심히 실천하고 온 성심을 다해야 한다. 백성을 다스리는 사람은 오로지 백성의 구휼에 힘써야 하고, 군대를 다스리는 사람은 오로지 군대를 근심하는 데 힘써야 한다. 그들이 굶주리는지 추운지 살피고, 그들이 힘들게 일하는지 철저히 헤아리고, 그들을 위해 해를 없애고 이익이 생기게 해주어야 한다. 본업에 힘쓰고, 효제孝悌하고 충신忠信하고, 군주를 존중하고 윗사람에 친밀하고, 예의를 돈독히 실천하고, 그릇된 잘못을 저지르지 않도록 가르쳐 태평의 복락을 영원히 누릴 수 있도록 해주어야 한다."[107]

주원장은 유학을 추존하며 유학, 특히 정주 리학으로 사람들의 사상과 행동의 통일을 시도했다. 주체는 왕위를 빼앗아 칭제한 뒤『오경대전五經大全』『사서대전四書大全』『성리대전性理大全』을 수찬하고 반포하여 아버지가 일찍이 이루지 못한 임무를 완수했다.

학술적으로 볼 때 호광, 양영楊榮, 김유자金幼孜 등 유신들이 찬수하여 완성한 3부『대전』은 적잖은 문제를 안고 있으며 학자들로부터 심한 비난을 받고 있다. 이 3부『대전』은 '임금의 조서를 받아 급하게 이루어진' 것이다. 주체는『대전』을 수찬하라는 조서를 내리면서 찬수하는 유신들에게 대단히 두터운 대우를 해주었으며, 누차에 걸쳐 수찬을 재촉하기도 했다. 호광 등 찬수하는 유신들에게 9개월 내에 편수하여 총계 260권에 달하는 3부『대전』을 완성하라고 했으니, 이는 절대로 학술적인 고려에서 나올 수 없는 것으로 그 자신의 정치적 목적을 지닌 것이었다. 그가『대전』을 위해 지은 서문[108]으로 볼 때, 주체가 3부『대전』을 편수하라는 조서를 내린 목적은 주로 다음 세 가지였다. 첫째는 자신이 "통치와 교육의 막중한 임무를 맡은 군주요 스승"이며, '도통'을 드날리고 '치통治統'을 수호하는 성왕이자 교주라는 것을 표방한 것이다. 둘째는 흠정 표준으로 천하의 학술을 통일시키고 정주 리학의 사상적 통치 지위를 강화하기 위함이었다. 셋째는 "일용하는 인륜의 이치로 처음부터 그 밖의 다른 예외가 있을 수 없는" '도' 즉 유가 강상 윤리로 천하를 다스리려는 것이다. "집집마다 다른 정치를 하지 않도록 하고, 나라에 다른 풍속이 생기지 않도록 하여" 질서 잡힌 사회의 통치 질서를 형성하려는 것이었다. 호광 등 책을 찬수하던 유신들은 주체의 의도를 마음 깊이 이해하고 있었다. 그래서 「진서표進書表」는 주체의 '제작'과 '공적'을 특출하게 선양하며, 이분 '위대한 일을 하신 군주'께서 "능히 『육경』의 도를 뚜렷이 밝히시어 선대 성인의 적통을 이어받아" 역사상 모든 군주를 뛰어넘었다고 말한다. 또한 주체가 『대전』 편수의 조서를 내려 "비단 경연經筵[109]에 대비했을 뿐만 아니라 사실상 천하에 반포함으로써 사람들 모두가 바른길을 걷게 되었고 다른 길에 현혹되지 않고 배우게 되었다. 공자, 맹자를 집으로 삼고 정자, 주자를 문으로 삼아 필경 진짜 유학의 쓰임을 얻게 되었다"[110]고 주장한다.

주체는 3부 『대전』을 통하여 정주 리학으로써 사람들의 사상을 통일했다. 정자, 주자의 학설을 위배하는 경우는 모두 이단으로 선포되었다. "요주饒州의 유생 주계우朱季友가 대궐에 올라와 상소를 올리며 주자周子(주돈이), 정자, 장자張子(장횡거), 주자의 학설을 전적으로 비난했는데, 주상이 이를 보고는 노하여 '이자는 유학의 도적이다!'라고 말했다. 그리고 관리에게 명하여 죄를 되뇌게 하고 장형杖刑를 가한 뒤 유배시키고, 그가 저술한 모든 책을 불사르라고 명하면서 '후인들을 오도하지 말라'고 말했다."[111] 그리하여 200여 년 이래 학교 교육의 교재와 과거 시험의 출제는 모두 정주 리학을 기준으로 삼게 되었다. 학자들은 주자학의 범주에서 감히 단 한 걸음도 넘어설 수 없었다. 조단曹端, 설선薛瑄, 호거인胡居仁 같은 대유들도 "돈독히 실천하고, 삼가 법도에 따르고, 선유들의 정전正傳을 지킬 뿐 어느 것도 감히 고치지 못했다."[112] 3부 『대전』, 특히 과거 시험에서 가장 중시되었던 『사서대전』은 명대 사대부 학문의 근저가 되었다. 이는 정주 리학으로 하여금 공전의 성황을 이루게 만들었는데, "세상의 유생들이 습성이 붙어 감히 공자, 맹자를 업신여길지언정 필경 정자, 주자는 감히 등지지 못했다."[113] 그러나 학문 발전은 이에 따라 오히려 날로 쇠잔해 갔으며, 통치 지위에 있던 정주 리학은 차츰 생기를 잃고 굳어져갔다. 이 또한 절대적 사상 전제의 통치가 낳은 필연의 결과였다.

정주 리학의 사상 통치가 가져온 사회적 영향력을 낮게 평가해선 더더욱 안 된다. 홍무 연간 태조 주원장은 조서를 내려 얼음에 눕거나 허벅지를 베거나 목숨을 상하게 하는 따위의 행위를 금지했으나, 영락 연간 성조 주체는 정주 리학의 사상 통치를 강화하여 봉건 윤리 도덕의 실천을 일반 민중에게 요구했다. 그는 해진에게 명하여 『열녀전烈女傳』을 편수케 하고, 친히 서문을 지었으며, 이 책을 천하에 반포하여 "선생들에게 무엇을 가르쳐야 할지 알게 하여 규방의 여자들이 배우는 까닭을 알도록 하고, 수신을 하는 여러 사람이 집안 때문에 스스로 힘들어지지 않도록 하여 안팎이 서로 돕도록 하며, 이렇게 전체를 경륜한 공으로 순임금 시절이나 주나라 때의 번성을 크게 회복하라"[114]고 했다. 또 유신들에게 명하여 『효순사실孝順事實』을 편찬케 하고, 이 책에 기재된 각각의 일에 대하여 친히 논단하는 시를 짓고 또 친히 서문을 지어 책의 머리에 올렸다. 또한 조서를 내려 이 책을 문무군신 및 두 서울의 국자감과 천하의 학교에 반포하라고 명령했다. "보는 자들로 하여금 주의를 기울이게 하면 효도를 하는 도리를 다하게 될 것이며, 부모를 친애하는 마음이 뭉게뭉게 피어오르고, 기쁨으로 자식된 도리를 다하게 될 것이다. 그러면 인륜이 밝아지고 풍속이 아름다워질 것이니 어찌 세상을 가르치는 데 보탬이 되지 않겠는가?"[115] 이외에도 주체는 주희의 『가례家禮』를 천하에 반포하라는 조칙을 내렸다. 최고 통치자의 대대적인 창도 아래 이른바 효자와 열부가 샘솟듯 출현했다. 『명태종실록』과 『명사』 중 「효의전孝義傳」「절부전節婦傳」에는 간을 자르고 허벅지를 베어 아버지나 어머니의 병을 치료한 효자 및 "일찍 남편을 여의고 지조를 지켜 개가하지 않거나" 남편이 죽은 뒤 자진하여 뜻을 보전한 절부와 열녀의 일을 아주 많이 기록하고 있다. 지방 역사 기록에 기재된 비슷한 사례는 헤아릴 수 없을 정도로 더욱 많다.

이렇게 볼 때 주체가 정주 리학의 사상 통치를 강화하고, 이러한 사상 통치를 사람들의 사회생활 깊숙이 침투시킨 목적은 바로 군주 전제 통치에 순종하는 우민을 만들기 위함이었다는 것을 알 수 있다.

구준의 '제왕학'

구준丘濬(1421~1496)은 자가 중심仲深이며 경산瓊山(하이난성) 사람이다. 『명사明史』「구준전丘濬傳」의 기록에 따르면 그는 어려서 아버지를 잃고 "어머니 이李씨의 가르침으로 책을 읽었는데, 눈으로 한 번 보면 외워버렸다. 집안이 가난하여 책이 없자 수백 리를 걸어가 책을 빌리곤 했는데 반드시 체득하고 끝마쳤다. 향시鄉試에 1등으로 뽑혀 경태景泰 5년 진사가 되었다".116 구준은 "경세제민을 자부했으며" "특히 국가의 전장 제도와 조례 등에 익숙했다". 시강학사侍講學士, 국자좨주國子祭主, 예부상서禮部尙書 등의 직을 역임했다. 홍치弘治 4년(1491) 태자태보太子太保 겸 문연각대학사文淵閣大學士가 더해져 정무에 참여했다. 사후 태부太傅로 추증되었다. 저서로는 『대학연의보大學衍義補』가 있다.

구준은 학자와 정치가를 겸했으며 리학과 치도에 정통했다. 『대학연의보』는 그가 수십 년의 학력과 경험을 쌓은 뒤 제왕의 치국평천하를 위해 전문적으로 저술한 책이다. 명대 제왕들은 이 책을 대단히 중시했다. 명 효종孝宗은 "근거가 매우 정밀하고 상세하며 논의가 해박하여 정치에 큰 도움이 됨을 가상히 여겨 간행하여 널리 보급시키라고 특별히 명했다".117

명明 신종神宗은 이렇게 말했다. "짐이 장차 그 자세한 의미를 궁구하여 시행할 것이다. 위로 조종 성학聖學의 연원까지 거슬러 올라가고, 천하의 모든 집안으로 하여금 이를 알도록 하여 이로써 치국평천하에 다다르고, 명덕明德, 신민新民으로 정치를 도모하는 짐의 뜻을 널리 알리고자 한다. 이에 중각重刻을 명하니 이로써 그 전傳을 넓히도록 하라."[118] 그 밖에 『명사』 「구준전」의 기재에 따르면 구준이 "『연의보』에 기록된 모든 것은 실천할 수 있는 것들이라 그 요점을 가려서 폐하께 상주를 올리오니 내각에 하달하여 그 실행을 의논케 하라"[119]고 말했다고 한다. 명 효종은 이 건의를 받아들였다. 이렇게 볼 때 『대학연의보』가 비록 사적인 저술이긴 했지만 오히려 명대 중기 통치 사상의 대표작 역할을 했다고 볼 수 있다. 거기에 표명한 정치 원칙은 당시 제왕의 사상과 언행 및 조정의 행정 방침에 영향력을 발휘했으니 정치사상사에서 상당한 의의를 지닌다고 할 수 있다.

『대학연의보』는 리학의 정치 이론과 왕조의 구체적인 정책을 하나로 결합시켜 치국평천하 정책을 논술하는 데 주안점을 두고 있다. 이 책은 '천하를 치평治平하는 요체'라는 강령하에, 「정조정正朝廷」 「정백관正百官」 「고방본固邦本」 「제국용制國用」 「명예악明禮樂」 「질제사秩祭祀」 「숭교화崇教化」 「비규제備規制」 「신형헌慎刑憲」 「엄무비嚴武備」 「어이적馭夷狄」 「성공화成功化」를 총목으로 삼고 있다. 각종 구체적인 정책을 조리로 삼아 고금의 정론을 광범하게 채택하여 유가 경전과 선유들의 언사를 증명하고 있다. 책 전체는 160여 권으로 내용은 군주 정치의 각종 면면을 모두 섭렵하고 있다.[120] 여기서는 『대학연의보』 내의 제왕의 행위 규범과 관련이 있는 주요 논점들을 중심으로 소개하고자 한다.

만세 제왕 천덕왕도天德王道의 표준을 세움

『대학연의보』는 송나라 유학자 진덕수眞德秀가 지은 『대학연의』의 보충이자 의미의 확장이다. 『대학연의』는 또 『대학』의 확충이자 발휘다. 이 세 책은 연결된 일련의 저작이다. 구준과 당시의 제왕 및 조정 대신들이 보기에 『대학』과 두 부의 후속 작품은 완벽하고도 상세하게 '제왕지학帝王之學'을 공동으로 구성하고 있는 것이었다. 즉 『대학』은 기본 정치 원칙을 규정하고 있으며, 『대학연의』는 수신제가의 도를 발휘하는 데 중점을 두고 있으며, 『대학연의보』는 치국평천하의 정책을 충실히 하는 데 중점을 두고 있다. 삼위일체로서 체용體用을 겸비한 것이었다.

송명 리학은 『대학』을 추숭하고 이를 공자의 뜻에 따라 증자曾子가 지은 것으로 이해한다. 주희는 『대학』을 『사서』의 하나로 배치해 경전 중의 경전으로 신봉했다. 송유 진덕수는 주희를 근본으로 삼아 서술하며 '정학正學의 대종'으로 받들었다. 그는 특히 『대학』을 중시해 제왕이 통치하고 학문할 때 반드시 먼저 본원을 밝히고 우선 심신을 바로 해야 한다고 생각했다. 그가 쓴 『대학연의』의 큰 취지는 군주의 마음을 바로잡고, 궁중과 내전을 엄숙하게 하고, 권신과 총행을 억제하는 데 있다. 이 책은 역대 제왕들에게 매우 중시되었다. 송宋 이종理宗은 『대학연의』가 "군주의 궤범을 갖추었다"고 칭찬했다. 원元 무종武宗은 "천하를 다스리는 데 이 책 하나면 족하다"고 말했다. 명 태조는 사람을 시켜 이를 제왕학의 핵심 전적으로 받들어 이를 전당의 처마 벽에 큰 글자로 써놓으라고 명령했다. 명明 성조成祖는 친히 『대학연의찬문大學衍義贊文』을 지었다. 명대 제왕들은 모두 이를 경연과 진강進講의 교재로 배치했다. 『대학연의』는 이로써 제왕들이 필독해야 할 정치 교과서가 되었다.

구준과 명 신종 등은 『대학』과 『대학연의』를 대단히 높게 평가했다. 구준은 말했다. "오직 『대학』 한 권만이 유학 전체를 통틀어 크게 소용되는 학문이다. 한 사람의 마음에 근원을 두고, 세상만사의 이치를 갖추고 있으며, 억조 인민의 삶과 관계를 맺고 있다. 그 근본은 몸에 있고, 그 규칙은 집안에 있으며, 그 효용은 온 천하의 거대한 구석구석에 다 미친다. 성인은 이를 세워 교화하고, 군주는 이에 바탕을 두고 다스리며, 선비는 이를 기초로 삼아 공부하여 군주를 보좌하는 데 사용한다."[121] "무릇 상하 고금이 백천만 년 근거해 배우고, 가르치고, 다스리는 도는 모두 이것을 벗어나지 않기" 때문에 『대학』은 "『육경』 전체의 핵심이며 만세의 대전大典이고", 『대학연의』는 "천하에 군림하는 자의 율령격식律令格式이다."[122] 명 신종은 『대학』이 "요, 순, 우, 탕, 문, 무의 일을 천명한 정전이며 만세 제왕의 천덕天德과 왕도를 세우는 표준"이라 하고, 『대학연의』가 "경전과 자서子書의 말들을 가려 모아서 실증한 것"[123]이라고 칭송했다. 그러나 그는 또 이렇게 말했다. "오로지 제왕의 학문은 체體도 있고 용用도 있는데,"[124] 『대학연의』는 오직 "격물치지"와 성의정심, 수신제가만 이야기하고, 치국평천하의 방책은 결핍하고 있어 공용功用(효용)을 갖추지 못했으며 본체 또한 완전하지 못한데, 『대학연의보』는 "계속 의미를 확장하여 미비한 부분을 널리 취했으며" "치국평천하와 신민의 요체를 높이 치켜세움으로써 명덕의 공을 수렴하고 있으므로" "체와 용을 두루 갖추었다. 이는 진真씨의 책을 완성시킨 것이며 공자, 증자에 날개를 달아준 것으로 『대학』을 깊이 있게 만드는 데 공로가 있다".125

구준이 『대학연의보』를 지은 뜻은 "천하에 군림하는 자의 율령격식"을 완비하고 보충하는 데 있었으며, 치국평천하가 정치에서 갖는 의의를 강조하는 데 중점을 두었다. 그는 유학 자체가 곧 제왕학이라고 생각했다. 제왕은 반드시 "유학을 스승으로 숭상하여 도를 중시할" 것이며, "도학을 분명히 하여 교화를 완성할" 것이며, "도덕을 통일해 풍속을 같게"126 해야 한다. 이러한 학문이라야 "체도 있고 용도 있어, 한 가지 이치에 근본을 두지만 쓰임은 세상만사에 산재하게 된다". 그래서 『대학』에서 열거하고 있는 '강령綱領' '조목條目' '절목節目'은 하나라도 빠져서는 안 되며, "그 순서가 어지러워지면 안 되며, 그 효용이 빠져서는 안 된다. 한 가지 효용이 빠지면 한 가지 일이 줄어든 것이고, 하나의 마디가 빠지면 그 쓰임을 크게 완성할 수가 없으니 본체로 삼고 있는 본체 또한 온전하지 못한 것이다".127 따라서 '본체體'가 당연히 중요하며 '효용用' 또한 마찬가지로 중요하다. "그런데 용이 그렇게 크게大 됨에 있어서 무수한 작음들이小 합쳐지지 않았다면 어떻게 그렇게 이루어질 수 있겠는가."128 '대'는 '소'가 모여서 이루어진 것이다. 예컨대 그물은 "그물코가 하나만 있는 것이 아닌데, 그 물코 하나가 풀렸다고 해서 그물 전체가 펼쳐지는 것은 아니다".129 수신 제가와 치국평천하는 본말이자 내외 관계다. 제왕의 통치는 "몸과 집안을 뿌리로 삼아 천하에 도달하는 것이지만" "치국평천하의 효과에 다다르고, 격물, 치지, 성의, 정심, 수신, 제가의 효용을 수렴해야만" 한다. 그래서 '제왕학'은 "그 근본을 앞세우고 말절은 뒤로하며, 안으로부터 말미암아 밖에 미치도록 하며, 끝내는 성스럽고 신령한 효용의 궁극으로 귀결한다. 그래서 본말을 겸하고 내외를 합침으로써 전체 대용의 궁극적 효용을 달성하는 것이다."[130] 이는 곧 수신제가와 치국평천하 어느 것 하나 빠져서도 안 되며, 두 가지가 겸비되어야 비로소 "그 효용을 온전히" 할 수 있다는 말이다.

"좋은 법은 단순히 본이나 말에만 입각하지 않고 두루 겸비함을 중요시한다."[131] 수신제가와 치국평천하가 본말겸비의 관계에 있을 뿐만 아니라 치국평천하 자체에도 체가 있고 용이 있어 체용을 겸비하고 있다. "치국평천하의 체란 그 이치를 말함이요" "치국평천하의 정치란 그 일을 말함이다."[132] '치평의 체'와 '치평의 정'은 체와 용의 관계이며, 이理와 사事의 관계다. "하나는 앎에 중심이 있고, 하나는 행함에 중심이 있다. 반드시 먼저 알고 난 후 나중에 행할 수 있다. 나중에 행하는 것은 이전에 안 것을 실천하는 것이다. 이와 사, 지와 행은 기실 서로의 바탕이 되는 것이다."[133]

『대학연의보』의 내용으로 볼 때 리학 가운데 현실 정치에 관심을 두거나 열심히 치세를 추구하는 쪽에서는 도나 심성 등 빈말을 하지 않았고, '공용功用', '공리功利' 등 언사를 꺼리지도 않았다. 구준은 「제국용」이란 항목에서 이재의 방법을 대대적으로 강론한다. 구체적인 내용에는 '공물과 부세貢賦의 일반' '경리와 절제經制의 의의' '시장과 식량 구매市糴 명령' '동과 종이 화폐' '산과 연못의 이권' '관영전매 세금榷權의 부과' '계산 장부' '매물 계산鬻算의 실수' '수운과 육운漕挽의 적절성' '둔영屯營의 전답' 등이 있다. 그는 일정한 범위 내에서 이재의 정치적 효용과 이익 조정의 정치적 의의를 충분히 긍정했으며, 재물로 백성을 취합시키는 것을 군주 정치의 가장 중요한 조치 가운데 하나로 간주했다.

결국 구준은 "천하가 크지만 그 근본은 한 몸에 있으며, 인심은 미묘하나 그 효용은 만사에 산재해 있다. 하나의 물질은 한 물질의 효용을 갖고 있다"고 생각했다. 제왕의 학문, 교육, 통치는 "반드시 일마다 모두 그 적절성을 확보해야" 비로소 "본과 말을 통틀어 시작도 있고 끝도 있게 되며, 내외가 합쳐져 남김도 흠결도 없게"[134] 될 수 있다고 생각했다. 그는 심성의 학설을 충분히 긍정하는 전제하에 주요 정력을 군주 정치의 '효용'과 '공리' 위에 투입했다. 『대학연의보』는 바로 그가 처음 열거한 "크거나 작거나 정밀하거나 조악하거나 그 곡절이 두루 상세하고, 전후좌우 어디든 골고루 가지런하고 방정한"[135] 전문적으로 제왕의 언행을 규정하는 '율령격식'이었다.

『대학연의보』가 열거한 제왕의 규범과 치국평천하의 방책은 매우 상세하고 구체적이다. 이를테면 「비규제」 항목은 16조목을 14권에 담고 있는데, 그 구체적인 내용은 대부분 성인의 말씀, 선왕의 제도, 뭇 유학자의 논의로부터 가져오고 있으며 선택하고 발전시키긴 했지만 창조적인 견해는 없었다. 그는 삼대의 정치를 지향하며 명대의 정치를 찬양하고 있지만 정책과 책략에 대한 사유에 있어서는 텅 빈 심성을 이야기하는 뭇 유생과 비교할 때 어느 정도 현실감도 갖고 있었다. 여기서 한 예만 들어보면 이렇다. 구준은 "삼대가 멸망함으로써 진秦나라에 이르러 옛 제도를 모두 바꾸게 되었고變古", 그 이후 역대 제도는 "일체가 진나라의 것에 따랐는데" 약간의 가감은 있었지만 "대체로 거칠고 간략한 데 안주할 뿐이었다". 그는 이렇게 주장한다. "후세의 거칠고 간략한 정책들을 통쾌히 혁신하여 반드시 예악을 근본으로 삼도록 해야 한다. 무릇 간략하게 시행된 정치에다 혹 삼대 예악의 뜻을 그 가운데 머물도록 하여, 오늘날 거의 옛날 융성했던 치세를 다시 보게 되었으니 이 어찌 만세의 행운이 아니겠는가!"[136] 하지만 그는 단순한 복고에는 반대했다. "정책은 옛날부터 내려오는 제도에 꼭 구애받을 필요는 없다"고 생각했다. 이를테면 정전제井田制를 회복하자는 주장에 대해서는 "옳다고 할 수 있다. 하지만 옛날과 지금의 사정이 다르니 다 받아들일 수는 없다"[137]고 대답한다. 옛 제도를 오늘날 행하기는 어렵다. "시대에 따라 적절하게 제정하여 인정에 합치하고 풍속에 맞도록 함이 더 나으며, 이는 선왕의 뜻을 어기는 것이 아니다."[138] 또 한전법限田法[139]을 예로 들면, 그 취지가 빈부 불균형의 모순을 해소하는 데 있으므로 "한전에 대해 논의, 균전均田의 제도, 구분세업법口分世業法[140] 등이 있지만 모두 충분히 논의하여 결과적으로 시행하지는 않았고, 시행했더라도 오래가지 않았다. 왜인가? 그 법마다 각각 취할 만한 부분이 있었지만 인정과 동떨어지고 풍속에도 합치하지 않았기에 잠시는 가능했지만 고정불변할 수는 없었던 것이다. 종래는 무엇이 백성에게 편안한 방향인가를 보아 정하는 것이 낫다". 그래서 "부득이하게 제도를 만들게 되더라도 그것은 반드시 기왕의 풍속에 따라야 하고 미연의 한계를 두어야 한다. 과거의 잘못된 부분을 따르지 않고 미래의 것을 제한하면 되는 것이다!"[141] 이를테면 하나의 시한을 규정하여 그 이전엔 점유한 토지재산이 "비록 100경頃에 이를 정도로 많아도 관청은 그를 심문하지 않는다". 동시에 명문으로 "한 정장은 오직 1경의 전답만을 점유하도록 허락한다"고 규정한다. 그리고 이 제한을 넘어서는 사람이 새로 출현하는 것을 엄격히 금지한다. 이렇게 하여 세월이 흐르면 정장의 수는 증가하고, 토지 매매가 이루어져 점차 한전의 목표가 전면적으로 실현될 것이고, "정전제를 갑자기 회복할 수는 없으나 겸병의 우환은 다달이 차츰 사라질 것이다."[142]

기왕 치국평천하의 정책을 말하는 것이라면 반드시 응당한가 그렇지 않은가, 가능한가 그렇지 않은가를 언급해야 할 것이다. 그리하여 제왕의 권력을 위해 일련의 제한 조치를 두면서 '천덕, 왕도의 표준'을 확립했다. 이것으로 군권을 논증하고 방략을 기획하는 동시에 군권의 활동 범위를 규정하게 했다.

조정을 바로잡고
나라의 근본을
굳건히 함

　『대학연의보』가 제기한 치국평천하 정책은 예악禮樂과 형정刑政, 문치文治와 무공武功, 중국의 사이四夷를 언급하고 있다. 하지만 가장 중요한 것은 '조정을 바르게 하는正朝廷' 것과 '나라의 근본을 굳건히 하는固邦本' 것이었다. 다른 분절 항목은 그 속에 귀납시킬 수도 있고, 연대 관계에 있기도 했다. 그중 '정조정'은 가장 중요한 임무다. 이른바 "먼저 조정을 바로잡아 이를 치국평천하의 근본으로 삼았다"143는 것이 이를 드러낸다.

　이 풍성한 100여 권의 저작 가운데 구준은 제왕의 사고와 언행에 일련의 금지 구역을 제기했는데, 주로 다음 몇 가지 점에서였다.

　첫째, 독단적 통치는 안 된다. 구준은 권력의 배치에 있어 반드시 "군주는 위에서 전체를 다스리고, 신하들이 아래에서 나누어 다스리게"144 해야 한다고 주장한다. 권력이 비록 중앙에 "으뜸 종실로 모여들어야" 하고 군주의 수중에 집중되어야 한다고 하지만 천하는 크고 민중은 많으며 사무는 번잡하니 "관직을 세워 나누어 처리하지 않으면 해결할 수 없다."145 그 이치는 매우 간단하다. "군주는 한 사람의 몸이라 비록 지존으로 비속들에게 군림하고 있다고는 하지만 실제로 많은 대중을 상대하기엔 부족하다. 이치로 말하자면 분명히 한 사람의 말로 만인을 통제할 수 있지만 세력으로 말하자면 한 사람의 영향력이 골고루 미칠 수 없다." 따라서 반드시 관직을 분리 설치하고 군과 읍을 구획지어 "나누어 다스려야 한다."146 제왕은 특히 "대신을 공경하는 예"를 중시해야 한다. 구준은 이렇게 비판했다. "후세의 군주들은 신하들에 대하여 과도히 엄격하거나 지나치게 가벼이 여긴다. 이것이 상하의 정을 미덥지 않게 하여 통치가 항상 옛날만큼 성공하지 못한 것 같다." 그는 "군주와 신하의 도는 가깝고 서로에 기대어 성취한다"고 생각했다. 그래서 삼대처럼 "군신이 일심이고 상하가 권세를 잊어버리는"147 군신 관계를 회복하길 기대했다.

둘째, 간언을 듣지 않으면 안 된다. 구준은 네 가지 방면에서 팍간復諫 즉 간언을 듣지 않는 위험성을 설명한다. 하나는 이렇다. "군주가 행한 일이 인심에 합당하지 않을 경우 천하가 들고일어나 의론이 분분해진다. 어찌 필부 한 명을 죽인다고 하여 주둥이 하나에 차꼬가 채워지겠는가? 모두를 막고 없앨 수 있겠는가!"148 말하는 사람을 죽이는 것으로는 천하의 비난을 없앨 수 없다는 것이다. 둘은 "간언하는 신하를 죽이는 나라는 반드시 멸망한다"는 것이다. "군주의 형벌이 가혹하면 모두 인심을 잃게 되어 나라가 망한다. 그러나 일단 그 마음을 바꾸기만 하면 더 좋은 훗날을 기대할 수 있다. 하지만 간언하는 사람을 죽이는 경우는 망하지 않은 경우가 한 번도 없었다."149 간언을 듣지 않고 비리를 덮어주거나 병이 싫으면서 의사를 꺼리는 경우는 스스로 조정할 수 있는 기회를 철저히 상실하는 것뿐이다. 그는 한 걸음 더 나아가 이렇게 말한다. "간언하는 신하를 죽이는 데는 분명한 명분이 있으나 간언하지 않는 자를 꼭 죽이는 것은 아니다. 오직 비방과 요언으로 사람을 주저앉히는 죄를 지었을 경우 조정에 있는 재야 인사든, 관직이 있든 없든 일체를 죽여 천하의 입에 차꼬를 채운다면 그 나라가 망하더라도 무엇을 의심하겠는가!"150 셋은 "조정의 정치 가운데 무엇보다도 큰 폐단은 옹폐壅蔽 즉 가려서 막힌다는 것이다. 이른바 옹폐란 뛰어난 재능을 지닌 사람이 스스로 나아갈 길이 없는 것이며, 아래의 뜻이 위로 통할 수 없는 것이다. 뛰어난 재능을 지닌 사람이 스스로 나아갈 길이 없다면 국가의 정사를 더불어 처리할 수 없고, 천하의 인민을 더불어 다스릴 수 없게 된다. 아래의 뜻이 위로 통할 수 없다면 민간의 이익과 병폐를 알 길이 없고, 관리의 부패 여부를 들을 길이 없게 되어 천하는 날로 혼란에 빠질 것이다".151 넷은 "간언에 따름은 군주에겐 성인의 업을 짓는 것이요, 신하에겐 진언의 기회를 갖는 것"을 말한다. 군주가 간언을 긍정하고 받아들이면 "군주는 덕을 잃지 않게 되고 일 처리는 지나침이 없게 된다".152 간언을 따르지 않는 것은 천명을 어기는 짓이다. 구준은 말한다. "하늘이 뭇사람 가운데서 한 사람을 세워 만민의 관장으로 삼음으로써 백성의 본성을 잃지 않도록 했다. 이는 그에게 임시로 숭고하고 부귀한 지위를 수여하여 백성 위에 멋대로 군림하며 제 욕구를 즐기라고 그런 것이 아니다." 허심으로 간언을 받아들이지 않는 것은 "천지가 사람을 낳은 본성을 버리는 짓이며, 천명으로 군주를 세운 뜻을 저버리는 짓이며, 하늘이 백성을 사랑하는 마음에 어긋나는 짓이다".153 구준은 간언을 치국평천하의 가장 중요한 정책으로 취급했기 때문에 책 전체의 수많은 부분에서 간의諫議 문제를 언급하고 있을 뿐만 아니라 간언을 받아들이지 않는 언사에 대해서는 특히 격렬하게 비판을 가한다. 제왕에게 간언을 받아들이라고 간청하는 언사는 아주 포괄적이고 상세하다. 그는 군주에게 간절히 기대했다. "선을 권장하는 문을 열고, 간언을 받아들이는 마음을 넓히고, 참됨을 받드는 아름다움을 권장하십시오. 아랫사람을 마주할 때는 항상 예의로 대하고 화합으로 따뜻하게 맞으십시오. 마음을 비워 할 말을 다하도록 하고 뜻을 단정히 하여 이치를 상세히 이야기하도록 하십시오. 사람을 부려서 무얼 건네지 말고, 스스로 현명하다고 자랑하지 말고, 먼저 깨쳤다고 잘난 체하지 말고, 억측을 지혜로 여기지 말고, 호오를 드러내어 아첨을 초래하지 말고, 큰소리와 무서운 낯빛으로 위엄을 보이려 하지 마십시오."[154] 간언하는 사람은 좋게 여기고, 용납해주고, 용서해야 한다. 그는 "여기에 언급한 하나하나가 모두 성덕이며" "치세와 안녕의 근원이자 태평의 기초는 여기에 있다"[155]고 보았다.

셋째, 개인의 사심으로 상과 벌을 시행해선 안 된다. 구준은 형벌과 상의 정치에서의 작용을 중시했다. 그는 "군주가 통치하는 데 사용하는 가장 큰 칼자루는 상과 형벌뿐이며" "군주는 상과 형벌을 둔 뒤에 군주의 도를 완성한다"[156]고 생각했다. 하지만 그는 동시에 "군주의 상과 벌은 응당 천하의 공론公論에 합치해야지 한 개인의 사심을 드러내서는 안 된다"고 지적했다. 그 주요 논거는 이랬다. "군주가 작위와 상을 내리고 형벌을 가하는 것은 모두 하늘을 받들어서 행사하는 것이지 자신이 갖고 있는 사심을 충족하는 것이 아니다." "군주의 형과 상은 한 개인의 형과 상이 아니라 하늘의 형과 상인 것이다." 그래서 상벌은 반드시 민의에 부합해야 한다. 그렇지 않으면 "민심을 떨어내는 행위이자 하늘의 뜻을 거역하는 것이다."[157] 구준은 한 걸음 더 나아가 이렇게 주장한다. "제왕의 도는 중中보다 큰 것이 없다. 중용이란 마음에 그 어떤 치우침도 기댐도 없는 것이고, 일에 그 어떤 지나침도 모자람도 없는 것이다. 제왕은 심법을 전수함에 이를 전도의 핵심으로 삼고, 이를 통치의 준칙으로 삼는다."[158] 예악과 형정 모두 '중용'에 부합했을 때 비로소 왕도 정치를 만들어갈 수 있다.

넷째, "백성을 괴롭혀 자신을 키우면" 안 된다. 구준은 민본론에서 출발하여 "천하의 성쇠는 뭇 백성에게 달려 있다"고 주장한다. 그는 군주는 지극히 존귀하고 지극히 강하고 어린 백성은 지극히 비천하고 지극히 약하지만, 군주는 백성에게 기대고 의지하므로 진정으로 두려워해야 할 사람은 백성이라고 생각했다. "산이 땅에서 높이 나와 있지만 오히려 땅에 의지해 붙어 있듯이, 군주는 백성의 위에 군림하지만 오히려 백성에게 의지하고 기댄다. 왜 그런가? 군주가 군주일 수 있는 까닭은 백성이 있기 때문이다. 백성이 없다면 군주가 무엇에 의지해 군주가 되겠는가!" 따라서 "민생이 안정되면 군주는 기대고 의지하는 바를 얻게 되어 그 자리가 편안해진다".[159] 구준은 "'백성이 나라의 근본이니, 근본이 단단해야 나라가 안녕하다'는 말을 만세의 군주가 마땅히 옥좌의 귀퉁이에 써 붙여놓고 각골명심해야 할 사항으로"[160] 보았다. 그는 하늘이 군주를 세우거나, 군주가 관직을 두는 목적은 모두 '양민養民'과 '목민牧民'이라고 생각했다. "신하의 일은 곧 군주의 일이고, 군주의 일은 곧 백성의 일이며, 백성의 일은 곧 하늘의 일이다." "무릇 조정에서 행해지는 백관의 여러 임무 가운데 어느 것 하나 백성을 위하지 않는 것이 있던가!"[161] 구준은 "진, 한 이래 세상의 군주들은 다만 백성을 괴롭혀 자신을 키울 줄만 알았지 정책을 세워 백성을 키울 줄은 몰랐다"[162]고 비판하며, "난에 이르는 길은 많지만 특히 두터운 세금보다 심한 것은 없다"[163]고 생각했다. 그는 군주가 『주역』의 "위를 깎아 아래를 두텁게 하고剝上厚下"[164] "위를 덜어 아래를 보태는損上益下"[165] 철리를 따라야 한다고 주장한다. "진정 두려워해야 할 존재는 백성이라는 것을 잘 아는 군주라면 반드시 그들을 어떻게 키울 것인지, 어떻게 편안하게 해줄 것인지를 생각하며, 감히 그들의 곳간을 비우거나 그들을 고통에 몰아넣어 곤궁한 데 이르게 만들지 않는다." 그렇게 했을 때 비로소 "하늘이 준 녹봉"[166]을 영구히 보존할 수 있다.

다섯째, 이익을 독점해서는 안 된다. 이 금칙은 "백성을 괴롭혀 자기를 키우지 말라"와 일정한 관계가 있으며 "국가 비용의 통제制國用"라는 기본 원칙 가운데 하나이기도 하다. 더욱 중요한 것은 군주의 이익 독점 여부를 의리義利 논쟁과 '평균천하平均天下'와 직접 연계시킨 점이다. 구준은 "하늘이 천하의 백성, 천하의 힘, 천하의 재물로 한 사람을 받들어 군주로 삼은 것은 그에게 사적으로 무엇을 하라는 것이 아니었다. 장차 그것들에 의지하여 백성을 다스리고 가르치고 키우라는 것이었다. 군주가 되어 천하의 수발을 받으면서 그 힘을 못 쓰게 하고 그 재물을 동나게 하여 스스로 일신의 안락만 키우면서 백성을 돌보지 않는다면, 이 어찌 하늘이 군주를 세운 뜻이겠는가!"[167]라고 생각했다. 그러므로 제왕은 "하늘을 위해 재물을 지키고" "백성을 위해 재물을 모으고" "한 사람의 쓰임새를 잘 통제해야지 오로지 한 사람을 받드는 데만 사용해선 안 된다".[168] 군주는 토지에서 생산되는 재물은 유한하며 상하가 모두 그것을 얻기 바란다는 사실을 깊이 알고 있어야 한다. "내가 무엇을 취하려고 하는 마음은 곧 백성이 그것을 주지 않으려는 마음이다. 부득이하여 그것을 취했다면 취한 사람은 모두 천리의 공공성公에 합치해야지 인간 성정이 바라는 바에 어긋나서는 안 된다. 그렇게 하여 취한 것이라면 들어올 때도 의義로써 해야 할 뿐만 아니라 나갈 때도 마찬가지로 반드시 도에 입각해야 한다."[169] 구준은 제왕이 "백성의 이익을 독점하여 그것을 겁탈하지" 않는 것이 "치국평천하의 요체"라고 생각했다. "『대학』에서 치국평천하의 의의를 풀어 차분히 이재에 대해 이야기한 것이 어찌 성현이 이익을 흥기시키도록 사람들을 가르친 것이겠는가! 평平이라고 말한 것은 피차간 각자가 분수와 소망하는 바에 맞춰 얻어야 함을 말한 것이다." 오직 군주와 백성 상하가 "사람마다 각자 제 분수에 맞게 얻고, 사람마다 각자 제가 바라는 바에 따라 얻었을 때" 비로소 "천하의 평平"[170]을 실현할 수 있다. 구준은 '평천하'를 '평균천하'[171]하여 군주가 이익을 독점하지 않는 것으로 해석한다. '평균천하'의 관건은 제왕이 "근본을 숭상하고 비용을 절약하며" "분수 이외의 더 많은 것을 추구하지 않고, 극단적 욕망으로 사치를 부리지 않는"172 것이다. 구준은 또 '절節'이라는 글자를 중점적으로 강조했다. "이른바 '절'이라는 한 마디야말로 만세의 군주가 참으로 비용을 통제하고 재화를 풍성하게 만드는 핵심이다. 절약하느냐 절약하지 않느냐는 군주가 덕을 수행했는지 여부를 가늠하는 증거이며, 창고가 차느냐 비느냐를 가르는 이유이며, 백성이 쉬느냐 힘드냐를 가르는 근본이며, 국가가 치세냐 난세냐를 가르는 기초다."173 위衞 문공文公, 한漢 문제文帝, 당唐 태종太宗과 진시황, 한漢 무제武帝, 수隋 양제煬帝의 구별은 두 종류의 정치 행위 및 그 결말을 보여주는 전형이다. 그는 한 걸음 더 나아가 의義, 이利 논쟁이라는 각도에서 '이익 독점 불가'의 필요성을 천명했다. 군주가 재물을 취하고 재화를 사용하는데 "천도의 공공성公에 합치하면" 바로 '의'이고, "사사로운 욕망에서 나오면" 이이지 의가 아니다. "이롭게 한다는 이는 의로 볼 때는 하급에 위치하며 해롭다는 측면에선 상급에 해당된다. 한 등급 나아가면 의가 되고 적절한 경영 관리經制가 이루어지면 무궁한 복락을 누리게 된다. 한 등급 물러서면 해가 되고 적절한 경영 관리에 실패하면 무궁한 재앙을 맞게 된다."174 결과적으로 "하늘이 만물을 낳고 사람을 키움은 오로지 군주를 위한 것만이 아닌데 군주가 그 이익을 독점하는 것은 이미 하늘의 뜻을 어긴 것이다".175

여섯째, 윤리를 위배해선 안 된다. 한 사람의 유학자로서 구준은 예를 군주의 큰 칼자루, 정치의 근본, 교화의 방략으로 여겼다. "조정을 바로잡으려면" 무엇보다 먼저 "고정불변의 기강을 바로 세워야 하고" "명분의 등급을 확정해야 한다". "예와 악을 밝히고" "제사의 질서를 잡아" 각종 구체적 의례에서 벗어나지 못하도록 해야 한다. "교화를 드높일" 때도 도덕과 예교를 귀착점으로 삼아야 한다. "그런데 이른바 기강에는 여러 가지가 있는데 그 가운데 인륜이 특히 중요하다. 그래서 군주는 통치를 하면서 천하의 기강을 바로잡으려면 먼저 한 집안의 기강을 바로잡아야 한다. 집안의 기강이란 윤리를 말한다. 윤리가 바로잡히면 천하의 일은 그물을 추켜들듯이 한 법칙이 펼쳐지면 수많은 그물코가 정연해지고 각각 그 조리를 갖추게 된다." 이런 의미에서 '집안의 윤리'가 "기강의 우두머리"[176]다. 위에서 행하니 아래가 본받고, 불어오는 바람에 풀이 눕듯이 "군주의 한 몸은 교화의 본원이 된다". 그러므로 제왕은 반드시 "몸으로 가르침을 보여 천하의 선두가 되어야 한다".[177] 구체적으로 말하면 반드시 예를 따르고, 덕을 수양하고, 도를 지키고 "친히 효도하고 공경하여 두텁게 교화하라"[178]는 것이다. 구준은 만승의 존귀함과 사해의 부를 가진 천자가 부모에 효도하고 어른을 공경하는 예를 다함으로써 부모를 사랑하고 어른을 공경하는 천하 사람들 모두로 하여금 군주의 애경愛敬을 그 방법과 준칙으로 삼도록 해야 한다고 주장한다. "이것이 소위 건중建中[179]이요 건극建極[180]이다." 이렇게 함으로써 한 몸으로부터 천하 전체로 미루어 옮겨갈 수 있다. "천하 사람들 모두가 우리 군주 한 사람이 수립한 것으로 인해 감화될 것이다." 이 의미에서 "효도와 공경이 통치의 핵심 요체라고는 하지만 사실은 군주의 지극한 덕인 셈이다."[181] 종법 윤리에 따르면 부모와 자식, 어른과 아이 사이의 형상은 주인과 노예와 같다. 이른바 "효도하고 공경하라" 함은 바로 일정한 조건하에서 지존인 군주라도 자子 문화, 신臣 문화, 노奴 문화를 익히고 조심하는 마음으로 정중하게 지켜야 한다는 이야기다.

"군주는 통치하며 백성을 얻는 것得民은 어렵지 않을지 모르나 하늘을 얻는 것得天은 어렵다."[182] 구준은 제왕이 인사를 처리하면서 지켜야 할 일련의 계율을 열거하면서, 군주는 반드시 예로 신하를 대하고, 백성을 키우고, 부모에 효도해야 한다고 말한다. 그러나 이는 군주가 다른 사람들에 대하여 반드시 책임을 져야 한다는 말은 아니다. 군주가 이런 계율을 지키는 것은 '덕'을 위해서이며, '덕'은 본질적으로 '득천' 즉 하늘의 명을 영원히 보전하기 위해서다. "천명으로 군주를 세웠으니" 군주는 "하늘의 도를 받들고 따르는 것"만이 하늘에 대해 책임을 지는 것이다. 구준이 세운 일체의 계율은 최종적으로 모두 하늘에 근원을 두고 있다. 군주는 천하의 주재자이고, 하늘은 군주의 주재자다. 군주가 따르고 받들어야 할 상술한 규율들은 말하자면 하늘을 향해 덕을 펼쳐 보이라는 것이다. 하늘을 어겨선 안 되는 것, 이것이야말로 군주의 최고 계율이다. 이러한 사유 방식과 논리 구조로는 감독, 계율, 집행의 최종 권력을 군주 이외의 그 어떤 사람에게도 위탁할 수 없으며, 오직 그것들을 군주 한 사람의 마음에 기탁할 수밖에 없다.

군심君心을 바로잡고 기미幾微를 헤아림

구준은 다른 모든 리학 전수자들과 마찬가지로 "일심이 나라를 일으키고, 일심이 나라를 망친다"는 논의를 했다. 그가 보기에 군주의 마음, 즉 군심이야말로 지국평천하의 본원이었다. "마음을 바로잡음으로써 조정을 바로잡고, 조정을 바로잡음으로써 백관을 바로잡고, 백관을 바로잡음으로써 만민을 바로잡고, 만민을 바로잡음으로써 사방을 바로잡는다는 동중서董仲舒의 말[183]은 바로 이를 가리킨 것이다."[184]

구준은 일체의 방략과 계율의 관철 및 집행 모두를 군주의 덕과 연계시킨다. 이를테면 "고정불변의 기강을 바로잡는 것"이 치국평천하의 근본인데 "덕이로다! 덕이로다! 기강을 세우는 근본이니" "도를 세우고 기강을 유지하는 까닭은 덕을 닦음이 또한 그 근본이다. 군주가 참되게 덕을 닦아 도를 세우고, 도를 세워 천하의 기강을 바로잡을 수 있으면 조종의 기업을 보존할 수 있으며, 자손 대대로 원대한 지모를 전할 수 있다."[185] 또한 "대신들을 예로 공경하는" 것이 "백관을 바로잡는" 요결 가운데 하나인데 "대신에 대한 공경은 현인 존중에 뿌리가 있고, 현인 존중은 수신에 뿌리가 있으며, 수신은 또한 참됨誠에 뿌리가 있다."[186] 또한 폭군으로 백성을 학대함은 "백성을 흙먼지로 여기는 것이니 재앙이 닥치지 않는 곳이 없게 되는 까닭이다". "그 출발의 근원을 찾아보면 백성을 돌보지 않는다는 한 생각에서 비롯된 것이다."[187] 군주의 생각 하나면 충분히 흥하게도 망하게도 할 수 있으니, 이른바 "군주의 기호는 사사로이 치우친 한 생각에서 나오거나 고르고 순조로운 한 순간에 기원하는데 천하 사람들이 그 바람을 따라 어디로 쏠릴지는 알 수 없다. 그것을 좋아하여 풍속이 되기도 하고 혹은 그것으로 인해 혼란에 이르기도 한다"[188]는 것이다. 그러므로 어떻게 제왕으로 하여금 "천리의 지극함을 다하게 하고, 한 치의 사사로운 욕망도 없게"[189] 할 것인가는 구준이 가장 관심을 둔 과제였다.

구준은 군주의 마음을 바로잡는 일, 즉 '정군심正君心'에 품은 희망을 군심 스스로가 바르게 되는 것과 신하들이 "군심의 잘못을 바로잡아주는" 데 기탁했다. 그는 『대학』의 '혈구지도絜矩之道' 및 격물, 성의, 수신, 제가의 술을 찬탄해 마지않는다. 그는 이렇게 생각했다. "평천하란 오직 한 사람의 마음으로 천하의 마음을 체득하는 것이며, 천하 사람들의 마음으로 한 사람의 마음을 삼는 것이다. 미루어서 헤아리고 개괄하여 취한다면 각각이 제자리를 얻을 것이며 천하는 태평할 것이다. 나를 미루어 남을 헤아리는 혈구絜矩가 평천하의 요체가 되는 것은 이 때문이다."[190] 결국 군주가 마음을 바로잡으면 국정에 흠이 없어지고 천하는 균평해진다. "이렇게 군주가 통치를 하면서 정심正心을 소중히 여기면 대신들이 군주를 섬길 때도 반드시 먼저 군심의 잘못을 바로잡으려 하게 된다."[191] 어떻게 '성의, 정심'할 것인가에 대해서 구준은 이러저러한 말을 끝없이 하고 있지만 신선한 사유를 제기하지는 못했다.

『대학연의』와 비교할 때 구준은 낌새(기미)를 자세히 살핌 즉 '심기미審幾微'를 중점적으로 강조했다. 더구나 그것을 『대학연의』에서 제기한 '경외심을 높이고崇敬畏' '안일과 욕망을 경계하는戒逸欲' 것과 더불어 삼자를 병렬하며 "성의, 정심의 핵심"으로 삼았다. "천하를 덮고 있는 이치는 두 가지 즉 선과 악뿐이다. 선은 천리의 본연이며, 악은 인욕의 사악함이다. 이른바 경외심을 숭상한다 함은 천리를 보존한다는 말이고, 안일과 욕망을 경계한다 함은 인욕을 끊는다는 말이다. 그런데 일을 열심히 하여 효과가 드러나게 하려면 첫 낌새를 자세히 살펴 쉽게 힘을 쓰는 것이 최고다."[192]

'심기미'의 구체적인 내용은 다음 네 가지다.

첫째, "천리와 인욕의 첫 구분을 엄격히 한다". 구준은 '기미'는 "인심의 리理와 욕欲이 처음 구분되는 곳으로" 한 생각이 처음 생겨나 "움직이되 아직 형태는 없어 유有와 무無 사이에 존재하는데" "미약하여 아직 드러나지는 않고 있는 상태이며" 이 생각에 바로 선악의 구분이 있는데 "다른 사람은 보지도 듣지도 못했지만 그 자신은 본 바가 있고 들은 바가 있는 것"[193]이라고 생각했다. 이때에 맞추어 군주는 응당 "처음 본 것을 경계하고, 처음 들은 것을 두려워하면서 그 욕구가 움직였는지 움직이지 않았는지의 틈과 이미 싹이 텄는지 갓 트기 시작하는지의 사이를 자세히 살펴서 그것을 구별하고, 악은 제거하고 선은 보존해야 한다". "반드시 자신으로 하여금 한 치의 틈이나 염려의 사이에 털끝만큼의 인욕도 절대로 없도록 하고 순전히 의리義理만 발하도록" 해야 한다. 그래야 비로소 "치국평천하의 근본이 여기에 서는 것이며, 성인이 되는 공업이 여기에 존재할"[194] 수 있게 된다.

둘째, "일의 낌새가 싹터 움직임을 살핀다". 구준은 군주가 천하를 다스리는 일은 하루에 만기를 다루므로 응당 '일의 낌새'에 대해 "유와 무의 틈에 있는지, 숨음과 드러남의 사이에 있는지 살펴서 실마리가 드러나기 시작하면 미리 공들여 연구를 진행하고, 싹이 처음 트면 더욱 힘써 자세히 관찰해야 한다. 그렇게 함으로써 천하의 업무를 처리하고, 천하 사람들을 제어하고, 천하의 변화에 응할 것이며 사전에 자세히 관찰하고 쉽게 도모해야 한다".[195] 오직 진중하고 열심히 "한 생각을 일으키고, 한 일을 하며, 한 물건을 취하고, 한 사람을 쓰더라도 반드시 아직 행하기에 앞서, 또는 막 시작하려고 할 때 마음속에 되돌아보고, 두서를 반복해보길 두 번 세 번 해야" 비로소 "화란이 생기지 않고 천명의 영원한 보존"을 보증할 수 있다. 그렇지 않고 "제멋대로 왜곡된 행동을 하고 일시적 쾌락만을 취하여 다른 날을 도모하지 못한다면 하루아침에 뒤집히고 무너지는 화란을 당해 어떻게 할 수 없는 지경에 이를 것이니 성인이라도 이를 어떻게 하지 못할 것이다!"[196]

셋째, "간악의 싹이 차츰 자라나는 것을 막는다". 구준은 "대저 국가 화란의 이변이나 시역의 변고는 그 원인이 모두 소인에게서 기원한다. 진실로 일찍부터 그것을 분별하고 미약할 때 신중히 살펴" 일찌감치 "억누르고 막고 끊어버릴" 수 있을 때 비로소 "힘은 덜 쓰고 화란은 생기지 않게"[197] 할 수 있다고 생각했다. 그러지 않으면 소인들의 "권력을 거두어들일 수도 세력을 막을 수도 없는 지경에 이르게 될 것이다". 그가 보기에 "간악의 싹이 차츰 자라는 것을 막는" 일이야말로 "군주가 악을 통제하는 중요한 수단이었다".[198]

넷째, "치란의 기선을 잡는다". 구준은 "아주 미세하게 시작되었을 때 백성의 원한을 풀어주고" "혼란이나 위기가 아직 닥치기 전에 통제를 하고 나라를 보호하라고" 주장한다. 이는 "국가가 무사할 때 먼저 낌새를 잘 살피고, 신중하고 열심히 항상 치란과 안위를 생각하고, 반드시 두루두루 헤아리고, 반드시 원대하게 생각할 수 있어야 한다"[199]는 군주에 대한 요구다. 그는 "천자의 고귀함과 사해의 부유함"이 충분히 믿고 의지할 것은 못 된다고 생각했다. 수많은 역사적 사실이 증명하듯이 화란이 한번 생기면 천자도 권력, 군대, 먹을 것을 잃을 수 있다. 그는 장황하게 군주에게 이렇게 훈계했다. "사물이 극에 이르면 되돌아가고, 세력이 지극하면 위태로워진다. 천리가 극에 이르러 바뀌는 것은 필연의 이치다." 따라서 군주는 반드시 시시각각 "아직 싹트기 전의 우환을 생각하고, 아직 번지기 전의 재앙을 염려하여 늘 가슴속에 굴리고 생각 속에 담고 있어야 한다. 미연에 잘 살피고, 자라는 것을 막아야 한다. 온갖 정성을 다해 그것을 방지하는 수단을 마련하고, 폭넓게 그것을 해소하는 방법을 찾아야 한다. 하루아침에 도저히 구제할 수 없고, 어떻게 할 수도 없는 지경에 이르지 않도록 해야 한다".200 우환을 미연에 방지하는 관건은 천하의 인심을 몸소 헤아리는 것이다. 이를테면 세금을 징수하기 전에 응당 먼저 "재화가 궁하면 원망하는 것이 백성의 마음"이라는 것을 생각하고, 백성의 원망이 언표의 형태로 드러나길 기다리지 말고 주동적으로 "그들의 유무를 헤아려 취할 건 취하고 버릴 건 버려야 한다".201

이른바 '심기미'는 주로 군주가 '신독愼獨'해야 한다는 데 대한 강조다. 수신과 치국은 살얼음판을 밟는 것과 같으니 오만 가지 계책으로 한 가지 사사로운 생각, 한 가지 잘못된 일도 미연에 방지해야 한다. '심기미'는 공경, 신중함, 두려움, 경계를 극한까지 밀어올려 군주로 하여금 신중하고 또 신중하게, 경계하고 또 경계하게 만들고자 한 것이다. 이 학설은 확실히 제왕들에게 경계를 보여 스스로 절제하고 조정하도록 만들 수는 있었다. 하지만 군주 전제 제도의 고질병을 근절시킬 수는 없었다. 역사가 거듭 증명했듯이 천하의 태평이 군주의 일언, 일념, 일심에 달려 있다는 것은 정말 믿을 수 없다. 삼대 이래 "천리에 순응한" 군심이란 단 한 톨도 찾아볼 수 없다. 구준이 '정군심'을 한 번 떠오르는 생각이나 미약한 한 가지 일까지도 자세히 헤아리고 예방하는 데까지 추적한 그 마음 씀씀이는 참으로 대단한 것이었다고 하겠다. 하지만 공교롭게도 이 치국평천하 방책을 "상세히 궁구하여 즐기고 시행해 보이겠다고" 공개적으로 선언했던 만력萬曆황제는 어리석고 무능하여 조정을 다스리지 못했고 마침내 명 왕조는 쇠락으로 치닫게 되었다.

『대학연의보』가 "정치에 도움을 주었을 법한" 작용은 극히 제한적이다. 하지만 거꾸로 그것은 사람들이 전통 정치사상의 한계를 보는 데 큰 도움을 주었다. 『대학연의보』는 최고 통치자의 수긍을 완전히 얻어냈다. 이는 당시 제왕들이 거기에 열거하고 있는 여러 계율을 인정했다는 뜻이고, 군주 권력이 반드시 일정한 범위 내에서만 움직여야 함을 인정했다는 표시이며, "군주가 인심을 잃으면 독부獨夫에 불과하고, 독부라면 어리석은 백성 한 사람이라도 그보다 나을 수 있음"[202]을 인정했다는 의미다. 바꾸어 말하면, 일정한 조건하에서 신하나 백성이 군주에게 죄를 묻거나罪君 군주를 바로잡을 수 있고正君, 그에 군왕은 응당 스스로를 책망하고 스스로를 바로잡아야 함을 제왕들이 통상적으로 인정했다는 이야기다. 이는 곧 봉건 통치자 스스로 편찬한 정치 교과서 속에 신민의 '존군尊君-죄군罪君'과 군주의 '자존自尊-자죄自罪'라는 문화 논리 구조가 내재해 있었다는 말이다. 이러한 정치 문화는 한편으로 군권을 제한하는 일부 예시를 나열하고 있으면서도, 다른 한편으론 지극히 존귀한 지상의 권력을 군주에게 부여하고 있는, 그 자체로는 해결이 안 되는 모순을 이루는 일종의 문화적 패러독스다.

만약 사람들이 시야를 다시 한번 펼쳐본다면 어렵잖게 발견할 것이다. 이러한 문화 역설은 제왕 및 왕권을 논증하고 정치를 치장하는 구준 같은 사상가들뿐 아니라 고대의 절대다수 사회비판 사상가들과 정치 반대파들에게도 존재한다는 것을. 그들과 구준이 구별되는 것은 주로 더 따끔한 일침을 놓아 폭로했다거나 더 격렬한 언사로 비판을 가했다는 점이다. 이 점에 관해서는 피차 제왕을 위해 열거한 금칙과 계율을 일목요연하게 볼 필요가 있는데, 그들의 군권에 대한 제한이란 대동소이한 것이었다.

『대학연의보』는 사람들에게 또 한 가지 사실을 알려준다. 즉 송명 이래 삼대를 지향하고, 진나라 정치를 비판하며, 군심의 잘못을 바로잡는다는 등의 사항이 광범하게 사상 조류에 영향을 주었다는 것이다. 통치자들은 이러한 사조의 기본 논점을 인정했는데, 군주 정치로 볼 때 정치 조절은 매우 필요한 일이었으며 송명 이래 통치자들은 바로 이 점을 잘 인식하고 있었다. 물론 이러한 인식이 민주 정치의 내용을 포함하는 것은 아니었다.

장거정의
'존주비민尊主庇民' 정치사상

장거정張居正(1525~1582)은 자가 숙대叔大이고 호가 태악太岳이며 호북湖北 강릉江陵(오늘날의 후베이성 장링) 사람이다. 소년 시절부터 "영민하고 절륜했고" 가정嘉靖 26년(1547) 진사시에 합격했으며 서길사庶吉士로 바뀌었다가 한림원편수翰林院編修에 제수되었다. 융경隆慶 원년(1567) 목종穆宗이 즉위하면서 이부좌시랑吏部左侍郎 겸 동각대학사東閣大學士로 옮겨 정무에 참여했다. 명 신종神宗 즉위 후 고공高拱을 대신해 수보首輔 즉 수석대학사가 되어 10여 년 동안 실권을 장악하며 일대의 권력 재상이 되었다. 장거정은 집권 기간에 일련의 정치 및 경제 제도의 개혁을 추진했는데, 조정의 기강을 떨쳐 일으키고 재정의 곤란을 완화시키는 데 어느 정도 적극적인 작용을 했다. 하지만 그의 개혁 조치가 수많은 귀족 관료의 이익에 저촉되었기 때문에 불만을 야기하기도 했다. 특히 그는 성격이 강퍅하고 자기중심적인 데다가 권력을 과도하게 전횡했기 때문에 더더욱 조야의 '청의淸議'를 불러일으켰다. 사후에 끝내 참소를 당해 작위와 시호를 삭탈당하고 가산이 적몰되었다. 그의 큰아들은 스스로 목숨을 끊었으며, 작은 아들과 남동생은 "모두 서남 변방203 지대에 수자리를 서도록 유배 보내졌다".204 숭정崇禎조에 와서야 비로소 복권되었다. 저작으로는 『장문충공전집張文忠公全集』 47권이 있는데 일명 『장태악집張太岳集』으로 불린다.

명대 가정, 융경 연간에 사회 모순이 급격히 격화되었다. 황족, 관료 및 지방 호족들은 서로 토지를 겸병하려고 다투었으며, 대량의 농민이 소작농佃戶으로 전락했다. 게다가 국가의 부역이 극단적으로 무거워져 농민들은 고통을 이겨내지 못하고 왕왕 타향으로 흘러 다니며 "토지 생산을 포기하고 사방으로 벗어나 이주했다."[205] 이에 사회적 생산은 심각하게 파괴되었고 국가의 재정 수입은 날로 줄어 수입이 지출을 충당하지 못했다. 정치적으로 권력자들 사이에 암투가 치열했으며 정치는 매우 부패했다. 민간의 불만 정서가 날로 높아지면서 여기저기서 봉기도 끊이지 않았다. 대외적으로도 변방 방어가 무너지고 느슨해졌다. 어쨌든 대단히 심각한 형세였다. 이런 국면을 맞아 장거정은 갱신과 변화를 통해 출로를 모색했다. "근래 풍속과 인정에 적폐가 생겨나고 퇴패와 부진이 갈수록 심해져 돌이키기 어려운 심각한 기미를 보이고 있다. 변화와 개혁을 더하지 않으면 천하의 이목을 새롭게 하거나 천하의 마음을 통일시키기 어려워질 것이다."[206] 실권을 장악한 한 정치가로서 장거정의 치국 사상은 중앙 집권을 강화하고, 이치吏治를 엄정히 하고, 호족을 억제하면서 문화 전제를 추진하는 것을 주요 내용으로 삼았다.

기강의 진작:
중앙 집권의
강화

장거정은 "위기를 살피고 시세를 헤아려" '시대를 구원할' 한 세트의 처방을 제기했다. 그 가운데 가장 먼저 해결해야 할 것은 어떻게 중앙 집권을 강화하고 기강을 다시 진작시킬 것인가였다. 장거정은 목전에 드러난 위기 가운데 가장 엄중한 것은 군주의 위세가 쇠락하고, 정무 처리는 해이해지고, 정국이 통제를 잃고 있는 것이라고 생각했다. 현재 "나라의 위엄은 진작하지 못하고 있고, 사람들에겐 업신여기는 마음까지 있다". "사람들은 낡은 인습에 따르는 것을 즐기고, 사무 처리는 뒤틀리고 왜곡되어 있다."[207] 군신 간 기강이 엄숙하지 못하고 법도가 행해지지 않아 "상하가 당장의 편안함에만 힘쓰고, 만사는 모두 왜곡된 주장에 따르고 있으며"[208] "조항들이 잘 갖추어져 있음에도 그 좋은 의미가 갈수록 황당해지고 있으며, 명령의 발포가 부지런히 이루어짐에도 실효를 거두지 못하고 있다."[209] 왜 이런 현상이 나타나는 것일까? 장거정은 그 원인이 주로 오랜 기간에 걸친 관리들의 나태와 타성이 만들어놓은 적습 때문이라고 생각했다. "법이 행해지지 못하고 사람들은 힘을 쓰지 않는다."[210] 각급 관리들은 조정과 군주의 군위를 무시하고, 질질 끌거나 부연을 일삼으며,

공무를 그릇 지연시켜 상하가 막혀 통하지 못하게 만들고 있다. 군주의 명령은 아래에 미치지 못하고 통치의 효율은 극단적으로 어긋나고 있다. 이 점에 대하여 장거정은 상세하게 진술했다. "신이 가만히 살펴보니 근일 이래 조정의 조서나 성지 대부분이 방치되어 시행되지 않고 있으며, 베껴서 각 부로 보내지만 대체로 그 자리에 머물고 만다. 혹은 이미 공경해 받들었다는 표제를 붙인 채 모든 것을 낡은 문서로 취급해버리고 있다. 금지시켜도 그치지 않고, 명령해도 따르지 않는다. 마땅히 조사하고 보고해야 하며, 성지를 받들어 아래에 행해야 하는 자들이나 각 지방관들은 특히 지체가 심해 한 사건을 조사하면서 수십 년을 쓰고도 끝내지 못한 경우가 있다. 문서가 가득 쌓여서 많은 경우 깊이 묻어버리기도 한다. 간증했다는 사람의 반은 저승의 명부에 있고, 세월이 너무 흘러 일의 태반은 진실을 잃었으며, 이에 수사망을 벗어난 범인들이 도망하게 내버려두었다."[211] 장거정은 군주 정치에 기대서 운영하고 있는 방대한 관료 기구가 거의 못쓰게 되었으며, 이는 대명 왕조의 안위와 직접 관련된다고 보았다. '기강의 진작'이야말로 이러한 위기를 맞아 제기한 구제 방안이었다.

장거정은 말한다. "군주는 억조 백성의 위에 군림하여 사해의 넓은 곳을 통제한다. 천하 모두가 그의 교화와 명령에 복종하고 가지런히 정리되어 혼란을 일으키지 않도록 만들 수 있는 것은 기강뿐이다."[212] 그가 말하는 기강이 가리키는 것은 군신 통치 집단의 권력자들의 법률 기강이었으니, '기강의 진작'이란 곧 군신 간 복속 관계를 강화하고, 전체 관료 체계에 대한 군주의 통제를 강화하라는 것이었다. 다음 세 가지를 주 내용으로 한다. 첫째, 군주가 친히 법률 기강 및 형벌과 상을 통괄한다. "법률 기강을 크게 바로잡아 뭇 신하를 숙정시키고, 권력의 대강령을 손에 쥐고 온갖 법도를 단정케 하고, 형벌을 내리고 상을 주는 것이 한결같이 공도公道로 귀결되게 해야 한다."[213] 법률 기강 및 형벌과 상에 대한 권한은

"태아太阿[214] 칼자루"와 같아서 군주가 "하루라도 거꾸로 쥐고 있어서는 안 된다."[215] 그렇지 않으면 권위를 상실할 것이며, 효과적으로 휘하 군신백관을 통제하지 못할 것이다. 둘째, 군주 조칙과 명령의 절대적 권위를 강화한다. "군주는 명령을 주관하는 사람이고, 신하는 군주의 명령을 시행하여 그것이 백성에게 미치도록 하는 사람이다."[216] 정령政令은 군주의 정치적 권위의 실질적 운용이자 구체적 구현이다. 전제 정치라는 조건하에 정치 전체의 운용은 주로 군주가 반포한 조서나 명령에 따라 위로부터 아래에 이르기까지 그를 추동해가는 형식을 띤다. 그래서 "천자의 호령은 바람과 천둥에 비유된다." "바람이 움직이지 않는다면 천둥이 칠 수 없다."[217] 군주의 조서와 명령이 유효하고도 철저히 집행되지 않는다면 어디에 군주의 권위가 서겠는가! 군주는 또 어떻게 군신백관을 통제할 수 있겠는가? 이 때문에 장거정은 군주가 내린 조서와 명령의 최고 권위를 더욱 드높여야 한다고 분명히 요구한다. 그는 『고성법考成法』을 제정하여 각 부와 원院이 거듭 아뢰어 순무巡撫와 순안巡按에게 조사를 행하도록 해 모두 "대소와 완급을 제한하고, 그르친 자에게 죄를 물게 했다."[218] 만일 "제한을 어기고도 보고를 올리지 않는 자가 있으면 실사를 진행하여 금제를 어긴 죄로 다스린다."[219] 더욱 엄격한 관리를 통해 "이로부터 감히 비리를 위장하는 일이 일절 없도록 하여 정체政體를 엄숙하게 한다."[220] 셋째, 군주는 법제를 엄격하고 명확하게 해야 한다. 장거정은 군주가 "권위가 없으니" 신하들이 "법을 지키지 않는" 것이라며 법제를 엄격하고 명확하게 하는 것이야말로 군주의 권위를 강화하는 제도적 보장이라고 생각했다. 그는 사사로운 정에 얽매인 순정徇情과 인정에 따르는 순정順情, 분발을 뜻하는 진작振作과 협박을 의미하는 조절操切의 차이를 상세히 분석하고는 순정徇情과 조절에 결연히 반대했다. "순정徇情과 순정順情은 이름은 같지만 실질은 다르며, 진작과 조절은 일을 하는 건 비슷하지만 사용 방법은 완전히 다르다." 그는 순정順情은 "사람의 성정 가운데 다 같이 원하는 바에 따라 베푸는 것"을 가리키고, 순정徇情하면 "이치의 옳고 그름이나 일이 되는지 여부를 돌아보지 않고 다만 인정에 끌려 편한 대로 할 뿐이다". 진작은 "정제되고 엄숙하게 법을 뚜렷이 드러내 백성에게 보여주고 감히 어기는 사람이 없도록 만드는 것"을 가리키고, 조절은 "엄한 형벌과 준엄한 법으로 모질게 백성을 부리는 것일 뿐이다".[221] 분명하고도 쉽게 순정徇情과 조절이 기강에 대한 극도의 파괴임을 알 수 있다. 장거정은 "인정에 순조롭게 응해야지 사적인 감정을 드러내선 안 되며, 법은 마땅히 엄격하되 잔혹해선 안 되도록" 하는 것이 정확한 방법이라고 생각했다. 법제를 엄격하고 명확히 하는 관건은 법 집행이 공평무사하고 불편부당하여 "법이 가해져야 할 바라면 귀척이나 측근이라도 용서하지 않고, 사건이 잘못 처리된 경우가 있으면 소원하고 천한 사람이라도 반드시 신원을 하도록"[222] 해야 한다. 이렇게 해야 법제의 권위를 제고할 수 있고, 나아가 군주의 권위도 진작시킬 수 있다.

장거정이 '기강의 진작'을 애써 주장한 목적은 "공실公室을 강하게 하고 사문私門을 막아"[223] 중앙 집권을 강화하고 군권을 공고히 하는 것이었다. 이 목적을 실현하기 위해 장거정은 전통적인 덕치 교화와 법치 형살을 양손에 그러쥐었으나 약간 치우쳐서 법치를 주요 수단으로 삼았다. "성왕은 사형을 통해 사형을 그치게 하고, 형벌을 통해 형벌이 없음을 기대한다고 들었지 죄지은 사람을 풀어주는 것을 인仁으로 삼는다는 말은 들어보지 못했다."[224] 그는 "법제를 창립했으며 지금도 그것을 지키면 이익이 된다"며 진시황을 칭찬했다. 또 "고황제高皇帝(주원장)께서 신적인 무력으로 천하를 평정하셨는데 주로 위엄과 강력함으로 통치했다"[225]고도 말한다. 그는 "군자가 나라를 다스릴 때는 그 근본을 강화하고 기강을 진작시키는 데 힘쓴다"[226]고 보았다. 법치 수단을 통하여 군신의 기간을 강화하고,

중앙 집권의 정치 체제를 공고히 하는 것이야말로 가장 이상적인 통치 형식이며, 이외엔 적폐를 없앨 다른 방도가 없다고 본 것이다. 이야말로 전형적인 군주 전제 정치사상이다.

명실의 종합 고찰 및
이치吏治의 정비

장거정은 이치吏治의 불분명함이 대명천하의 "국가와 국민 빈곤"을 가져온 주요 원인 가운데 하나임을 분명하게 인식하고 있었다. 그는 한마디로 정곡을 찌른다. "가정嘉靖 이래 나라를 담당한 자들의 정무는 뇌물로 이루어지고, 관리들은 백성의 기름을 짜서 권문에 아부하고 있으며, 국정을 이어받은 사람들은 또한 모든 일을 당장의 편안함에 힘쓸 뿐으로 "사사로이 겸병하는" 일이 날로 엄중해지고 있는데 "국가와 국민 빈곤이란 병증은 사실상 여기에 있다".[227] 그는 관리야말로 군주와 백성 사이를 소통시키는 나루터이자 다리이며, 관리들이 군권을 받들어 뭇 백성을 다스리는 것이므로 이치의 좋고 나쁨이 천하의 안위와 정치 질서의 안정에 직접적으로 영향을 미침을 잘 알고 있었다. 이 때문에 장거정은 "다스리는 최고의 도는 민생 안정보다 급한 일이 없고, 민생 안정의 핵심은 오직 이치를 면밀히 살피는 데 달려 있다"[228]고 주장하며 이치의 정돈을 시정의 핵심으로 삼았다.

장거정은 지금 천하에 인재가 없는 게 걱정이 아니라 문제의 관건은 인재의 명분과 실질이 부합하지 않고, 군주가 간택을 정밀하게 하지 못하여

"급하지 않은데 데려다 쓰고, 얻은 사람이 구하고자 한 사람이 아닌 경우가"[229] 생겨 현명한 사람과 어리석은 사람이 함께 뒤섞여 있고, 진짜와 가짜를 가리기 힘든 것이라고 말한다. 그 결과 지방의 관리들은 왕왕 적절한 사람이 아닌 경우가 많고, 이것이 이치吏治 파괴의 주요 원인 가운데 하나가 되었다고 한다. 그래서 장거정은 이치 정비의 최우선 과제는 인재의 명실名實을 살피는 것이라고 주장한다. "군주가 신하를 부릴 수 있는 수단은 상과 벌을 운용하느냐 방기하느냐에 달려 있을 따름이다. 상과 벌의 운용과 방기를 타당하게 하려면 명분과 실질을 종합 고찰하는綜核名實 수밖에 없다."[230] 그는 잘못된 인사를 상세하게 분석했는데 주로 다음 세 가지다. 첫째, 독학督學[231]관에 잘못된 사람을 임용하고 있다. "선비를 양성하는 근본은 학교에 있다. 올곧은 교육과 단정한 모범은 독학의 신하에 달려 있다." 조정에선 대대로 독학관의 인선을 지극히 중시하여 "경전에 밝고 수양이 잘되었으며, 단정 돈후하고 방정하지 않은 선비에겐 가볍게 이 직책을 주지 않았다. 청송을 받지 못하면 차라리 다른 직무로 바꾸어줄 뿐 함부로 충원하지 않는다."[232] 그런데 지금의 학정學政 가운데 직무에 맞는 사람은 적으며, 그중 대다수는 "탁월한 행위나 튼실한 학문"이 없이 그저 "공허한 이야기로 명예를 돈으로 사는 행위"만 할 줄 안다. 심지어 "공공연하게 요행수로 진입하는 문을 열어두기도 하고, 청탁을 받는다고 명시하기도 했으며"[233] 고기잡이나 사냥한 물건들을 몰래 표절하는 등 하지 않는 짓이 없다. 학정이 이같이 견디기 어려울 정도이니 어떻게 인재를 선발해낼 수 있겠는가. 둘째, 관리의 인사고과가 엄격하지 않다. "기물은 반드시 시험을 해본 뒤에야 그것이 예리한지 둔한지 알 수 있고, 말은 반드시 타본 뒤에야 그것이 노둔한지 뛰어난지 알 수 있다."[234] 관리에 대한 고과考課는 진정한 인재를 선발하는 제도적 보장이다. 그런데 관계의 적폐가 이미 심해져서 왕왕 일을 부연하기 일쑤이고, 고과 제도는 내용보다 형식만 중시하는 모양이다. 관리들은 감찰 부문에 대하여 "분주히 윗사람의 말에 순종할 뿐이다". 그 결과 "잘못에 대한 탄핵이 들쭉날쭉하고 훼방이나 칭찬이 일정하지 않다. 뇌물을 많이 쓰는 자는 등급이 높아지고 아첨을 잘하는 사람의 녹이 올라가고 있다".[235] 관리들에 대한 고과에 명실이 부합하지 않은 현상이 지극히 엄중한 것은 필경 이치吏治의 부패를 격화시킨다. 셋째, 관리들이 직무에 충실하지 않은 분위기가 되었다. 관리들의 교체와 전근이 너무 빈번하기 때문에 관리들 대다수가 승진과 전근을 위하여 "자리를 벗어날 것만 생각하여 주장과 이유를 담은 기나긴 문장을 수없이 나열하고" 있으며, 본직의 수칙에 대해서는 오히려 아득히 모르고 있다고 장거정은 지적한다. "화폐와 곡물을 주관하는 자가 출납 숫자를 맞출 줄 모르고, 형명刑名을 관장하는 자가 율례의 문장들도 기억하지 못한다."[236] 관리들이 이렇게 직무를 지키지 않으니 어떻게 다스려질 수 있겠으며, 사무 처리는 어떻게 이루어질 수 있겠는가! 이런 관원들은 사실상 자리만 차지하고 앉아 있는 쓸모없는 무리에 불과하다. 이상의 여러 사항은 모두 인사의 부당함 때문이며, 그 근원을 따져보면 관리에 대한 명실이 부합하지 않아서 나타난 현상이다.

장거정은 이상의 폐단에 상응하는 대책을 내놓았다. 첫째, 독학관의 인선을 엄격히 하여 반드시 덕과 재능을 겸비할 수 있도록 한다. 그는 각 성의 제학관提學官에게 학교를 전적으로 감독하고, 책임을 다해 국가를 위한 유용한 인재를 선발해 보내는 데 힘쓰라고 요구했다. 그는 또 각지의 순안어사巡按御史에게 독학관에 대한 감찰을 강화하라고 요구했다. 권한을 가지고 행동거지가 단정하지 못하고 직무 수호에 소홀한 자의 "실상을 적시해 탄핵하라"고 했다. 둘째, 고과의 법을 엄격히 하고 명실의 귀착을 살핀다. 장거정은 관리의 고과에 "하나같이 실제 공적을 기준으로 삼는다"고 규정했다. 공적과 재능을 물을 뿐 "자격에 구속받지 않으며", 또한 훼방이나 명예 따위를 묻지 않고 오직 실제 공적을 고과의 유일한 근거로 삼는다고 했다. 그는 관리들을 칭직稱職(직무에 적합함), 평상平常(보통), 불칭직不稱職(직무에 적합하지 않음) 세 등급으로 나누어 각각 상을 주고 징계를 내렸다. 불칭직자에 대해서는 즉각 퇴출시켰다. 장거정은 특히 다음과 같이 지적하기도 했다. 관리에 대한 고과는 실제 공적에 대한 분명한 조사 위에서 이루어져야 하고 전면적으로 평가해야지 "한 가지 일을 가지고 그의 평생을 개괄하지 말 것이며, 한 가지 허물 때문에 큰 절조를 엄폐하지 말아야 한다".[237] 셋째, 관원들을 가까운 곳으로 승진, 전근시키되 "서로 이동시켜 쓰지 않도록 한다". 예컨대 각지 순무관巡撫官은 "그 지방에 서로 마땅한가를 따져 오래된 사람은 그에 맞추어 녹을 더해주되, 꼭 다른 성으로 또다시 이동시키지 않는다." 또 "참의參議를 오래 한 사람은 즉각 참정參政으로 승진시킬 수 있고, 첨사僉事를 오래 한 사람은 즉각 부사副使로 승진시킬 수 있되, 꼭 전근시켜 여러 차례 바꿈으로써 힘들고 번거롭게 할 필요는 없다". 이렇게 각급 관원들로 하여금 편안하게 직무를 맡을 수 있게 하면 "사람마다 직무에 전문가가 되고 책임을 지고 사무를 처리하게 될 것이고, 인재들이 결핍되는 일을 걱정하지 않아도 될 것이다".[238]

명분과 실질에 대한 종합 고찰綜核名實과 상응하여 장거정은 탐관오리에 대한 엄한 징계를 주장하기도 했다. 명나라 이래 국내의 봉기는 시종 끊이지 않았다. 장거정은 이것이 백성이 군주에 도전해서 난을 일으키는 것이 아니라 그 근본 원인은 관리들이 백성을 핍박하여 반기를 든 것이라고 이해했다. "이치吏治가 깨끗하지 못하고 탐관오리가 해악을 끼치는 데 그 뿌리가 있다."[239] 그는 백성이 관가로부터 심각한 피해를 입는 것은 주로 다음 두 경우에 일어난다고 생각했다. 하나는 황친귀척 및 종실과 그 일가들이 "모두 겉으로 주상에게 가까운 총애를 구하여 이로써 그들의 세력을 넓히고, 안으로는 사실상 황음무도한 탐학으로 관리들을 억압하고 어린 백성을 잡도리하여 멋대로 제 욕심을 채우고 있어서"[240] 그 위해가 대단히 심각하다. 또 하나는 지방 관리 대다수가 "헛된 문장을 왜곡해 꾸미고" "아랫사람들의 것을 박탈하여 위에 받치면서 명예를 희구하고있으며", 진정으로 능히 "실심으로 백성을 사랑하고, 관의 일을 집안일처럼 돌보며, 백성 보기를 자제들 보듯이 하는 사람은 실로 많이 보이지 않는다."[241] 그가 보기에 소위 '도적'은 별로 걱정할 게 못 되고 진정 근심해야 하는 것은 "이치吏治가 깨끗하지 않고 기강이 진작되지 못함이었다."[242] 그래서 그는 반복해서 "피곤한 백성을 구제하고, 탐관오리를 주멸해야"[243] 한다고 강조한다. "탐오가 현저한 자들"에 대해서는 징벌을 더 엄격히 해야 하고, "엄격하게 장물로 거둔 것을 추징하고 각 변방으로 압송해야"[244] 한다. 또한 지방의 말단 관리부터 현달한 고관대작까지 일률적으로 법으로 다스리며, 법제 앞에서 귀천의 평등을 시도했다.

관리들을 통제해야 한다는 장거정의 주장은 명조 정부의 행정 효율을 높이는 데 아주 유리했으며, 정치 질서를 맑고 깨끗하게 하고 사회 갈등을 완화시키는 데 적극적인 역할을 해주었다. 그는 관료 통제의 최대 수혜자는 대명 왕조임을 깊이 이해했으며 이렇게 이야기한다. "고금의 치란과 흥망의 연유를 연구해보면, 관이 깨끗하고 백성이 편안하며 토지세가 균평한데도 혼란에 이른 경우가 일찍이 있었던가!"[245] 하지만 군주 정치라는 조건하에 정치적 조절과 제약의 기제는 주로 통치 집단 내부로 제한되었다. 집권자 집단 스스로의 통제에 의지하는 것이어서 그 유효성은 지극히 제한적이었다. 탐욕과 착취를 속성으로 하는 봉건 관리들에게 "스스로 삭감하도록" 한다는 것은 호랑이에게 가죽을 달라고 상의하는 것에 다름 아니었으며, 부패가 피부 깊숙이 파고든 관료 체계에 의지해서 스스로를 정비한다는 것은 연목구어와 같은 짓이다. 그리고 『고성법』을 추진하여 행정 업적을 고과함으로 인해 관리들은 벌을 두려워하며 상을 바라는 마음에 완급을 가리지 않고 일거에 엄격한 형벌로 부세의 납부를 재촉하니 "백성의 원성이 자자하고, 시름겨운 탄식이 집안에 가득하게 되어 모두 조정의 과세 재촉이 너무 급하다고 말하며 편안한 삶을 누릴 수가 없었다."[246] 그 결과 장거정은 좋은 일을 도모했지만 결과적으로는 오히려 아주 엉망이 되고 말았다.

03

호족을 억압하고
나라의 근본을
굳건히 함

장거정은 이렇게 말한다. "무릇 백성이 편안하면 더불어 의를 행할 수 있지만 백성이 위태로우면 쉽게 잘못을 저지르게 된다." "백성은 나라의 근본이니 근본이 튼튼해야 나라가 편안하다."[247] 백성은 국가와 정권의 근기이므로 민생의 안정 여부는 곧 세상의 치란 및 국가 운명의 장단과 관계가 있다. 그는 자고이래 치세에도 "이적과 도적의 우환"을 피할 수 없었다고 생각했다. 만약 민생이 안락하고 집집마다 넉넉하다면 비록 재앙이 닥치더라도 "나라의 근본이 아주 튼튼하므로 저절로 걱정거리가 없어질 것이다."[248] 반대로 백성이 "수심과 고통으로 변란을 생각하고 제대로 삶을 누리지 못한다면"[249] 일단 "이적과 도적"의 재앙이 일어날 경우 천하는 반드시 혼란에 빠지고 왕조는 필경 위태로워질 것이다. 이 때문에 장거정은 "치세에 다다르는 길은 안민보다 중요한 일이 없다"고 주장하며 민생 안정을 통하여 나라의 근본을 튼튼하게 하고 민심이 충심으로 군주를 옹호하게 만드는 것이 "곧 항구적인 정치 안정을 가져오는 방법"[250]이라고 덧붙였다.

그런데 장거정의 면전에 놓인 난제는 "국가의 비용은 부족한데 변방 방어 비용은 증대하여 안 금고가 텅 비어버렸다"[251]는 것이었다. 국가 재정은 위기에 빠졌고 백성의 부담은 엄청나게 무거워졌다. 이 모순을 완화시키고 위기를 구원하기 위해 장거정은 그에 상응하는 다음과 같은 조치를 취할 것을 주장했다.

첫째, 민정을 깊이 살펴서 부세를 경감시킨다. "안민의 길은 그들의 질고를 살펴주는 데 있다."[252] 명대엔 부세가 무거웠으며 그중 "돈과 곡식의 합동 징수帶徵"가 가장 큰 "백성의 고통"이었다. 이른바 '대징帶徵'이란 "수년 동안 갚지 못한 채무를 적당한 비율의 숫자로 나누어 합산한 뒤 같은 해에 돈과 곡식으로 함께 재촉하여 징수하는 것이다"[253] 장거정은 여러 차례 상소를 올려 신종神宗 황제에게 누적된 미납 세금을 감면하는 조칙을 내려 민생을 안정시키라고 간청했다. "백성의 재력에는 한계가 있으므로, 풍년이 든 해라면 1년의 수확을 거두어들여도 그해의 징수액을 겨우 맞출 수 있을 뿐입니다. 불행하게도 흉년을 만나게 된다면 부모는 얼고 굶으며, 처자식은 흩어집니다. 당해의 돈과 곡식도 처리할 수 없는데, 무슨 여력이 있어 수년간 누적된 체납을 완납할 수 있겠습니까?"[254] 장거정은 소위 '대징의 숫자'가 그 명목은 "옛 빚에 대한 청산"이지만 사실상 "새로운 수입을 줄이는" 것이라고 지적한다. 올해의 감소분은 곧 내년의 연체가 되므로 이와 같은 부족이 갈수록 많아져 결국 "백성은 목숨을 부지할 수 없게 될 것이다". 그는 그해 '정당한 부담正供의 숫자'만 규정대로 완납하면 나머지 모자란 모든 수량을 면제시켜주자고 주장한다. 이렇게 하여 백성의 부담을 완화시켜야 민심이 안정된다는 것이다. 둘째, 호족을 억제하고 백성의 힘듦을 완화시킨다. 장거정은 백성의 힘을 곤핍하게 하고 국가 재정을 부족하게 만든 중요한 원인 가운데 하나가 "호족의 겸병과 백성의 빈곤으로 인한 상실"[255]이라고 주장한다. 부호와 호족들은 재물과 세력에 의존해서 토지를 대량으로 겸병하고 사적으로 인구를 점유하고 있으며, 또한 "토지를 남의 명의로 등록해놓고 세금을 피하거나花分詭寄 완악함을 믿고 생산되는 곡식을 납부하지 않고 백성에게 부당한 부담을 지우고 있다."[256] 그들은 또 공공연히 뇌물을 건네고 관부와 결탁하여 "관리의 명령이 어린 백성에게만 통용될 뿐 호족들에겐 통용되지 않도록 만들어서 오직 백성만이 과세 독촉의 고통을 당하도록 하고 있다."[257] 호족 세력에 심대한 타격을 입히고 백성을 어루만져 봉건 국가의 이익을 지키고 부세 수입을 증대시키기 위하여 장거정은 전국 토지에 대한 상세한 측량 방침을 제기했다. 호족들이 사사로이 점거한 토지를 상세히 조사함으로써 "토지세를 증가시키지 않고 경중을 균등하게 하면 장차 국가 부세를 쉽게 납부할 수 있고 백성은 갱생을 얻을 수 있으리라"[258] 기대했다. 이어서 '일조편一條鞭'의 세법을 추진했는데, 각종 국가 부세와 잡세를 "다 일조一條로 병합하고, 모두 무畝 단위로 계산하여 은銀을 징수하고 그 계산 판단은 관청에서 주관하도록"[259] 했다. 번잡한 부세의 징수를 간편하게 하고, 세액을 농지의 무 단위 위주로 함으로써 부세 부담의 균등을 지향한 것이다. 장거정은 또 공신들이 하사받은 "곡식을 생산하지만 납세는 하지 않는" 사전賜田을 제외하고 나머지 관료와 귀족은 모두 "스스로 토지를 측정하여 다른 백성과 마찬가지로 토지세의 차이 부분을 납부해야 하며 더 이상 혜택과 면제의 수치에 포함시키지 않도록"[260] 했다. 장거정은 이런 조치를 통하여 호족 세력을 억압하고 "빈민들은 곤궁에 빠지지 않고, 호민들은 겸병할 수 없도록"[261] 함으로써 백성의 힘듦을 완화시켜주고자 한 것이다. 셋째, 절약하고 재정 지출을 줄여 백성에게 휴식을 준다. 장거정은 오늘날 국가의 원기가 크게 상해서 강제로 세금을 징수하는 조치를 취한다 하더라도 그저 임시방편일 따름이라고 생각했다. 하물며 어떤 지역은 백성의 빈곤이 극에 달해서 근본적으로 부세 징수가 불가능하다. 각 방면의 어사들은 세액을 완납하기 위해 "관청 창고에 저장된 것들을 그저 재촉해서 풀어주는"[262] 수밖에 없었고 이에 각 성 창고가 텅 비게 되었으며 위기가 더욱 가중되었다. 장거정은 말한다. "하늘이 만들어준 재물은 관에 있거나 민간에 있으며 항상 그 숫자를 유지한다. 사람에 비유해볼 때 하늘로부터 강약을 품부받아서 저절로 구분이 되는 것과 같다."[263] 억지로 수색하려 들면 갈수록 상황이 악화될 뿐이다. 그는 한漢 소제昭帝 때 곽광霍光이 백성에게 휴식을 주는 정책을 추진하여 "수년을 시행하니 백성이 크게 안정되고 이에 국가 재정이 풍족해진"[264] 사례를 거론하며, "징구할 방법을 만들어 유한한 재물 수량을 색출해서 백성을 병들게 하기보다는 절약에 더욱 뜻을 두고 백성이 자족해진 가운데 거둠으로써 아래를 두터이 해야 한다"[265]고 생각했다. 장거정은 절검 정책의 관건은 군주에게 달려 있다고 분명하게 주장했다. 바로 군주가 "입맛은 달고 말랑한 것에 싫증을 낼 정도이고" "몸은 희고 광택 나는 비단에 싫증을 낼 정도이고" "거처는 넓고 화려한 데 싫증을 낼 정도로" 사치가 극에 이르기 때문에 민간의 세금 징수가 과도해지고 백성의 생활은 곤궁해져 "명아주 콩잎으로도 배가 부르지 못하고" "짧은 갈옷으로도 몸을 가리지 못하고" "밤 짐승 울음소리를 들으며 노숙하는 사람"이 있는 것이라고 그는 말한다. 군주가 하는 행동이 하늘의 뜻에 엄중히 배치되는데 원래 "하늘이 군주를 세운 것은 백성을 위하라는 것이었다". 천하에 군주가 없을 수 없는데, 없으면 "누구와 더불어 다스리겠는가!" 더더욱 백성이 없을 수 없는데, 없다면 "누구와 더불어 지키겠는가!"[266] 군주의 호칭을 천자라 하고 천하를 소유한 것은 바로 "혼란을 바로잡아서 백성의 욕구를 골고루 만족시키고, 의복과 식량으로 그들의 굶주림과 추위를 없애 그들의 질고를 어루만지게 하려는 것이며, 그런 뒤에야 하늘의 뜻이 기탁되는 것이다."[267] 이 때문에 장거정은 군주에게 "천하의 거대한 산물로 한 사람의 몸을 봉양해서는" 절대로 안 되며, 응당 욕구를 절제하여 "물자가 궁하다고 생각할 정도로 욕심을 내서는 안 된다. 물자가 욕구에 굴하지 않을 정도가 된다면 그 욕구는 절제가 있는 것이다"[268]라고 훈계한다. 군주는 "고통스럽게 절약을" 해야 하고, "급하지 않는 공사나 무익한 부세 징수를 모두 멈추거나 면제해야 한다. 검소함을 숭상하여 천하 사람들의 앞장을 서야 한다"[269] 그렇지 못하고 계속 횡포하게 세금을 거둬들여 군주 개인의 사적인 욕망을 만족시키려 든다면 전체 사회는 끝내 "마음이 떠나고 해체되어 수습할 수 없는"[270] 지경에 이를 것이다.

장거정의 "나라의 근본을 굳건히 해야 한다"는 주장은 유가 전통 인정仁政 사상의 연속이다. 그 목적은 날로 격화되고 있는 사회 갈등을 완화시키고 봉건 왕조를 유지시키는 데 있었다. 장거정에겐 백성의 피통치자 지위를 바꾸고 싶은 생각은 없었다. "부세를 내 윗사람을 공양하는 것은 아랫사람이 행할 의義다. 그들의 곤궁함을 가련히 여겨 면제시켜주는 것은 윗사람의 은혜다."[271] 민징을 헤아리고, 호족을 억누르고, 새정 지출을 절약하는 등은 모두 통치자가 은혜를 베푸는 행위이며, 군주의 호생지덕好生之德을 구현하는 것이다. 어린 백성은 그 은덕에 감격하여 더욱 근면하게 일해야 한다. 이렇게 볼 때 "나라의 근본을 굳건히 함"이 백성에게 이롭긴 하지만 군주에게는 더욱 이로운 것이 된다. 그래서 군주 정치를 유지하려는 좀더 고명한 수단에 불과한 것이다.

04

사학私學 금지와
문화 전제의 실행

장거정은 정무의 각종 폐단에 대해 논했는데, 그 가운데 하나가 "병폐는 의론에 있다"는 말이다. 그는 요즘 대신들이 공리공담에 치우치고 항상 "아직 하나의 사무가 시작도 하기 전에 의론이 조정에 가득하고, 아직 한 가지 이익도 생기지 않았는데 평의하는 사람들이 문전성시를 이룬다"272고 지적했다. 그들은 오로지 강개하고 격앙되어 조정을 질타할 뿐 실무에 힘쓰지 않거나 아무 일도 하지 않는다. 장거정은 이런 불량한 정치 풍토가 형성된 근원은 학풍이 바르지 못한 데 있으며, 그 뿌리를 파고들어가면 유래가 아주 오래되었다고 생각했다. 공자가 몰한 뒤 미언微言은 중단되었다. 후세 학자들은 자기가 들은 바에 빠져서 "사람마다 이견을 갖고 각자 자기주장을 믿으며, 천하에 수신 정심하고 진실하고 돈독한 학문은 사라지고 훈고訓詁, 사장詞章273의 풍습만 흥하게" 되었다. 얼마 후 "송나라 여러 유생이 힘써 그 폐단을 비판했지만, 의론들은 날로 자심해졌다".274 그렇다면 어떻게 이를 바꾸어갈 것인가? 장거정은 총체적 방침을 제기했는데, 쓸모 있는 학문 즉 '학이치용學以致用'이었다.

장거정은 말한다. "성명性命에 관해 궁구하지 않는 학문은 학문이라고 할 수 없다. 경제에 관해 두루 언급하지 않는 도는 쓸모가 없다."[275] 그는 송원 이래 성리학의 '하학下學'[276] 공부를 긍정했으며, "학문이 마음에 근본을 두지 않고 외부에만 가탁하면서 스스로 이로움을 찾는 행동은 노력을 하면 할수록 폐단이 늘어갈 따름"[277]이라고 생각했다. 그러나 성리학은 반드시 '경제經濟'와 서로 관통하여 읍양하고 응대하고 심성을 바르게 보는 '하학' 공부가 사회정치적으로 쓰였을 때 비로소 학문의 근본적인 가치가 존재한다고 보았다. 장거정은 이른바 '경제' '치용'이야말로 유생들의 입장에서 군주에 충성하는 것이고, 군주에게 쓸모가 있는 것이지 이외의 다른 길은 없다고 생각했다. "무릇 학문이란 관료에겐 일이 먼저이고, 선비에겐 뜻이 먼저다. 사군자가 때를 만나지 못하면 수기치인의 까닭을 서로 분명히 강론하면서 다른 날 쓸모가 있기를 기대한다. 그러다 관직에 봉사하며 일을 맡게 되면 그 일을 학문으로 삼아 조심스레 직무에 충실하며 잘못을 저지르지 않으려 노력함으로써 군주의 명령에 함께해야 한다. 자신의 본 직무를 버리고서 다른 분야를 찾아 학문으로 삼는 경우는 있을 수 없다."[278] 선비들이 책을 읽고 학문을 할 때는 마땅히 "실지實地를 밟아 공을 세우고, 본질을 숭상해 행동하고, 기존 헌장의 준수를 준거로 삼고, 성심으로 군주를 따라 충성해야" 한다. 절대로 제멋대로 천박하게 굴거나 전날의 현인들을 비방해서는 안 되며, 특히 "서로 공허한 담론을 만들어내거나 억측에 기대어 군주의 법을 어지럽혀선"[279] 안 된다. 여기서 분명히 보이듯이 장거정은 문화 교육과 학술 연구에 엄격한 범위를 규정하고 있다. '학이치용'의 진면목은 선비들이 반드시 군주의 정치 규범과 국가의 정령 및 법규와 일치성을 유지하는 것이며, 사상 문화 발전 그 자체가 반드시 통치 계급의 정치적 수요 및 근본적 이익에 부합하는 것이어야 한다.

이러한 인식의 지도 아래 장거정은 문화 전제文化專制를 적극적으로 추진했다. 사학의 금지를 힘써 주장하며 세 가지 규정을 만들었다. 첫째, 유학 경전에 관한 연구와 학습만을 허용하며 사적인 서원 설립을 불허한다. 송나라 이래 민간에 서원을 설립하여 강론하고 유학하는 분위기가 매우 흥성했는데, 장거정은 이 서원들을 당파를 지어 공리공담을 일삼는 장소로 취급하여 결연히 반대했다. "성현께서 경술經術로 가르침을 내렸으니 국가는 경술로 사람을 만든다. 경서를 체인할 수만 있으면 바로 학문을 강론하고 밝히는 것이 된다. 어찌하여 다시 다른 문호를 표방하여 당을 지어 공허한 이야기를 할 필요가 있겠는가."[280] 그는 명확히 다음과 같은 규정을 명했다. "금후 각 제학관은 교관과 유생들을 바로 이끌어 평일에 학습한 경서의 의리에 따라 착실히 강구하고 궁행 실천하여 다른 날 소용에 대비하도록 힘쓰라. 따로 서원을 창설하여 도당을 불러 모으거나 일없이 놀고먹는 타 지역의 무리를 불러 모아 공허한 이야기를 일삼고 본업을 폐하는 것을 불허한다."[281] 이를 위반하는 경우 제학관과 '노는 선비들' 모두 엄하게 처벌한다. 둘째, 선비의 채용을 엄격히 하고 이단 사설을 금지한다. 장거정은 태조의 성스러운 유훈을 거듭 들먹였다. "국가에서 경전을 밝히고 선비를 채용할 때 경서를 서술하는 경우 송유宋儒의 전傳과 주注를 으뜸으로 삼고, 문장을 쓰는 경우 전거를 갖춘 순정한 것을 최고로 삼는다."[282] 생원들이 학습해야 할 교과서는 국가에서 반포한 『사서』 『오경』 『성리대전』 『통감강목』 『대학연의』 『역대명신주의』 및 "당대의 형률과 전장 제도 등에 관련된 책"[283]으로 제한했다. 과거 시험의 내용 또한 이것들에 대한 독서를 기준으로 삼았다. 이단 사설이 생기는 경우, "기이한 학설을 세워 자랑하는 자는 문장이 아무리 공교롭더라도 임용하지 않는다."[284] 셋째, 유생들의 정치 간여를 엄금한다. 장거정은 유생들이 기탄없이 정치에 직언하며 인심을 교란시키는 것을 두려워하여 이렇게 규정했다. "천하의 이해득실에 대하여 여러 사람이 모두 직언을 허용하더라도 오직 생원들에겐 불허하니, 앞으로 생원들은 분명한 금칙을 따르도록 힘쓰라."[285] 유생 "본인과 밀접히 관련된 일"에 연관되어 있으면 그 가족들이 "담당 관리에게 포고抱告[286]하고 공적인 심문에 따르되, 혹시 억울함이 있으면 설욕을 하도록 한다."[287] 이 밖에 자기와 관련 없는 일인데도 "문득 아문에 출입하며 민정을 진술해가면서 관원이 현명하다는 등 아니라는 등 의론을 일삼는 자"[288]는 제학관이 마땅히 그를 퇴출시키도록 했다. 만약 열 사람 이상을 불러 모아 관원을 욕하고 매도하는 무례를 자행하는 등 정황이 엄중하다면 반드시 엄격한 징벌을 내려야 한다. "앞장선 자는 조례에 따라 유배를 보내고, 그 나머지는 사람 수가 많고 적음에 따라 퇴출시켜 서민으로 강등토록 한다."[289] 의심할 바 없이 이런 규정은 전형적인 문화 전제 정책이다.

전제 권력은 어떤 형식의 반대 의견도 용인하지 못한다. 특히 이런 비판이 통치 집단 내부에서 나온 것이 아니라 민간에서 나왔을 경우 더욱 그렇다. 그로 인해 정치 전제는 필연적으로 문화 전제로 나아가게 된다. 명나라 초부터 군주 전제의 정도는 부단히 강화되어왔다. 가정嘉靖 시대에 사학을 금지시켜야 한다는 의론이 적잖이 등장했다. 장거정은 이런 문화 전제를 더욱 극단으로 몰고 갔다. 만력 7년(1579) 그는 "상주常州의 지부知府 시관민施觀民이 백성의 재물을 거둬들여 사사로이 서원을 창건했음"을 구실 삼아 신종에게 "천하의 서원들을 헐라는 조칙을 내리고" 사사로이 건립한 서원의 토지 재산은 "조사하여 이갑里甲[290]에 귀속시키고" 서원은 "공관이나 아문으로 바꾸도록"[291] 요청했다. 장거정은 신하가 곤도坤道에 속한다고 생각했다. "곤도는 순종이 중요하니" 신하된 사람이 지켜야 할 직무는 "뜻과 힘을 다 바쳐 공가公家의 일을 구제하는 것이며 위로 군주의 마음을 얻는 데 한 치라도 자신을 아껴서는 안 된다"[292]는 것이다. 이는 행위에서뿐만 아니라 사유 속에도 관통되는 것이어야 한다. 선비들이 학문에 놓고 사적으로 모임을 갖는 것은 분명히 그의 주장과 배치되는 것이었다. 장거정은 학술이나 문화 교류의 와중에 생기는 아주 조그만 임의성도 용인하지 않았다. 그가 추진한 문화 전제 정책은 바로 천하의 사인士人들을 오직 군주의 명령에 따르는 충순한 신하로 배양하려는 것이었다.

05

치체용강 治體用剛

장거정 정치사상의 이론적 특징은 두 가지인데 하나는 변혁을 주장한 것이며, 하나는 치체용강, 즉 강력한 수단을 사용하여 통치한다는 원칙을 견지한 것이다.

장거정은 말한다. "천하의 일이란 극에 이르면 반드시 바뀌고, 바뀌면 처음으로 돌아간다. 이것이 자연을 조화시키는 이치다."293 극에 이르면 반드시 바뀌는 왕복 순환의 과정 가운데 가장 어려운 것은 이미 추세가 정해져 반대 방향으로 바뀌어가는 것이다. "천하의 추세 가운데 가장 어려운 것은 정해진 것이다. 정해지면 더 이상 반대로 치닫게 할 수가 없다. 치세의 추세가 정해지면 그것을 난세로 바꾸려 해도 어려우며, 난세의 추세가 정해지면 그것을 치세로 바꾸려 해도 어렵다."294 장거정의 집정 시기에는 마침 대란의 추세가 정해져 "위로 군주는 도를 잃고, 백성은 아래서 흩어지고, 탐관오리의 학정이 또 거기에 더해져 그들을 구박하니", 일단 제방이 붕괴되자 "제아무리 지혜로운 사람이 나타나더라도 어찌할 수 없게 되었다."295 그래서 그는 난세를 끌어올려 치세로 돌아가게 하려고 힘썼다. 치국에 관련된 그의 모든 주장은 바로 이 변혁 사상을 인식의 준거로 삼고 있다.

어떤 방식을 채용해 난세를 치세로 바꿀 것인가? 장거정은 치체용강治體用剛, 즉 강력한 수단을 사용하여 통치하는 방법을 채택했다. 전통 유가 사상이 강구한 것은 중中과 화和의 채용이었다. 정책을 제정하고 추진하면서 애써 중용의 길을 가려고 노력했고, 어느 한쪽에 치우치지 않으려고 했다. 장거정은 이렇게 생각했다. "크게 잘못된 시대를 만나 큰 잘못 그대로 일을 처리하면 지나치게 강경해지는 문제를 피할 수 없다. 그러니 부족하더라도 기울어가는 것을 안정시켜 나라를 편안하게 하는 것이 더 낫다."[296] 예컨대 이윤伊尹과 주공周公이 바로 이와 같이 해서 "은나라와 주나라의 기업이 그에 힘입어 생존했다". 이렇게 볼 때 "강경하더라도 중용을 잃은 것은 아니다". 역사적으로 장거정은 권력을 전횡하고 멋대로 정치를 한 사람으로 평가받는데, 이는 바로 그가 이치吏治의 정비와 세금 체제를 바꾸는 경제 정책 등을 추진하면서 강경하고 결단력 있었다는 반증이기도 하다. 또한 그 자신이 밝히고 있는 바와 같이 "수많은 의론을 힘써 배격하고 많은 사람이 꺼려해서 돌아보지도 않는 일을 덤벼서 처리했다".[297]

장거정이 추진한 조정 정책은 "권문세가나 귀척들로 하여금 법령을 받들어 준수하고 고개 숙이고 귀 기울여 감히 방자하지 못하도록 하고, 교활하고 강력한 이적들로 하여금 공물을 받쳐 들고 무릎을 꿇고 머리를 조아려 두려움에 떨도록"[298] 했으니, 그건 바로 그의 집중된 권력과 엄한 명령으로 금지를 시키는 것이었다. 그는 이렇게 하면 원망이 끝없이 쌓일 것임을 분명히 알고 있었다. 하지만 그는 자신의 행위가 사직에 유익할 것이라고 굳게 믿었다. "어찌 자애할 줄 모르겠으며, 그렇게 함으로써 제 몸에 원망이 서리리라는 것을 어찌 모르겠는가!" 그러나 그는 "군중에 거스르는 죄는 작지만, 나라를 어긋나게 하는 죄는 크다. 일시적인 비방은 가볍지만, 후일의 견책은 무겁다"[299]고 생각했다. 이를 통해 장거정이 자신의 문제를 분명히 알고 있었음을 알 수 있다. 그의 개혁, 이를테면 '일조편'의 세법은 사회 질서 안정에 이익이 없었던 것은 아니다. 하지만 실질을 따져볼 때 그의 정치사상 전체는 명대 통치 계급 전제 사상의 주류를 대표하고 있으며, 군주에의 권력 집중을 강화하려는 명 초 주원장의 주장의 연속이라고 할 수 있다.

1 自古帝王臨御天下, 中國居內以制夷狄, 夷狄居外以奉中國, 未聞以夷狄居中國, 治天下
   也.(『명태조실록明太祖實錄』권26)

2 以北狄入主中國.(『명태조실록』권26)

3 冠履倒置之嘆.(『명태조실록』권26)

4 驅逐胡虜, 恢復中華, (…) 復漢官之威儀, (…) 雪中國之恥.(『명태조실록』권26)

5 元起朔方, 世祖始有中夏, 乘氣運之盛, 理自當興. 彼氣運旣去, 理固當衰. 其成其敗, 俱
   繫於天.(『명태조실록』권32)

6 人心離叛, 天下兵起, 使我中國之民死者肝腦塗地, 生者骨肉不相保.(『명태조실록』권
   26)

7 雖因人事所致, 實天厭其德而棄之之時也.(『명태조실록』권26)

8 豪傑並起, 海內瓜分, (…) 雖元兵四出, 無救於亂, 此天意也.(『명태조실록』권53)

9 朕本農家, 樂生於有元之世, (…) 本無意據有天下, 無奈生逢亂世, (…) 盤桓避難, 終
   不寧居.(『명태조실록』권53)

10 因亂起兵, (…) 保障鄉里, (…) 欲圖自保.(『명태조실록』권25)

11 奉天征討, (…) 撥亂反正, (…) 削平群雄, 混一區宇.(『명태조실록』권53)

12 豈非朕無心於天下而以救民爲心, 故天特命之乎?(『명태조실록』권255)

13 여주汝州와 영주潁州는 오늘날 안후이성 푸양阜陽으로 주원장과 한산동韓山童 및 그
   의 아들 한림아韓林兒 등이 기병한 곳이다. ─옮긴이

14 近自胡元失政, 兵起汝潁, 天下之人以爲豪傑奮興, 太平可致. 而彼惟以妖言惑衆, 不能
   上順天意, 下順民心, 是用自底滅亡. 及元兵雲集, 其老將舊臣, 雖有握兵之權, 皆無戡
   亂之略, 師行之地, 甚於群盜, 致使中原板蕩, 城郭丘墟, 十有餘年, 禍亂極矣.(『명태조실
   록』권20)

15 焚蕩城郭, 殺戮士夫, 茶毒生靈, 千端萬狀.(『평오록平吳錄』)

16 주원장은 황제가 되기 전 자칭 오국공吳國公이었으며, 진우량陳友諒을 격파한 뒤 오왕
   을 칭했다. ─옮긴이

17 元政不綱, 天將更其運祚, 而愚民好作亂者興焉. 初本數人, 其餘愚者聞此風而思爲之合,
   共謀倡亂. 是等之家, 吾親目睹.(『어제대고삼편御制大誥三編』「조언작난造言作亂」)

18 致使愚民, 誤中妖術, 不解偈言之妄誕, 酷信彌勒之眞有, 冀其治世, 以蘇困苦, 聚爲燒香
   之黨, 根據汝潁, 蔓延河洛.(『평오록』)

19 수나라 때 부풍군扶風郡에서 미륵불의 현현을 내세워 봉기한 승려 출신으로 수만 명

을 운집시키고 칭제했다. ―옮긴이

20 秦之陳勝吳光, 漢之黃巾, 隋之楊玄感僧向海明, 唐之王仙芝, 宋之王則等輩, 皆繫造言倡亂首者 (…) 致干戈橫作, 物命損傷者旣多.(『어제대고삼편』, 「조언호란」)

21 모래 위에 글자나 부호를 써놓고 기도를 올려 성신聖神이 하강한다고 믿는 행위. ―옮긴이

22 凡師巫假降邪神, 書符呪水, 扶鸞禱聖, 自號端公大保師婆, 及妄稱彌勒佛白蓮社明尊教白雲宗等會, 一應左道亂正之術, 或隱藏圖像燒香集衆夜聚曉散, 佯修善事扇惑人民, 爲首者絞, 爲從者各杖一百流三千里.(『명태조문집明太祖文集』, 「심경서心經序」)

23 去心之邪念以歸正道.

24 佛法之見尊奉至此, 振古所未聞也.(『소평중문문집蘇平仲文集』, 「보은광효천녕선사대불전기報恩光孝天寧禪寺大佛殿記」)

25 化凶頑爲善, 黙祐世邦. 其功浩瀚.(『명태조문집』, 「발유승문발유승문」)

26 暗理王綱.(『명태조문집』, 「석도론釋道論」)

27 克城以武, 戡亂以仁.(『명사明史』, 「태조기太祖紀」)

28 元祖宗功德在人, 其子孫罔恤民隱, 天厭棄之. 君則有罪, 民復何辜, 前代革命之際, 肆行屠戮, 違天虐民, 朕實不忍. 諸將克城, 毋肆焚掠妄殺人, 元之宗戚, 咸俾保全. 庶幾上答天心, 下慰人望, 以副朕罰罪安民之意.(『명사』, 「태조기」)

29 吾武人不知書, 唯知三事而已: 不殺人, 不掠婦女, 不焚毁廬舍.(『명사』, 「호대해전」)

30 天下始定, 民財力俱困, 要在休養生息, 惟廉者能約己而利人, 勉之.(『명사』, 「태조기」)

31 所謂敬天者, 不獨嚴而有禮, 當有其實. 天以子民之任付於君, 君者欲求事天, 必先恤民. 恤民者, 事天之實也. 卽如國家命人任守令之事, 若不能福民, 則是棄君之命, 不敬敦大焉.(『명사』, 「태조기」)

32 爲人君者, 父天母地子民, 皆職分之所當盡, 祀天地, 非祈福於己, 實爲天下蒼生也.(『명사』, 「태조기」)

33 有寬宥之名, 未見寬宥之實.(『명사』, 「섭백거전葉伯巨傳」)

34 或賣産以供稅, 産去而稅存; 或賠辦以當役, 役重而民困.(『명사』, 「해진전解縉傳」)

35 德侔天地, 道合四時, 删述之功, 萬世永賴.(『명태조실록』, 권168)

36 怪其對君不遜, 怒曰: '使此老在今日, 寧得免乎?'(『길기정집鮚埼亭集』, 「변전상서쟁맹자사辨錢尚書爭孟子事」)

37 臣爲孟軻死, 死有餘榮.

38 鑑其誠懇, 不之罪, 孟子配享亦旋復. 然卒命儒臣修『孟子節文』云.(『명사』, 「전당전錢唐

傳」)

39 天視自我民視, 天聽自我民聽.

40 聞誅一夫矣, 未聞弒君也.

41 君有大過則諫, 反復之而不聽, 則易位.

42 頒之中外校官, 俾讀是書者知所本旨, (…) 課試不以命題, 科擧不以取士.(『남옹지南雍
志』권18)

43 태평太平은 오늘날의 안후이성 당투當涂, 응천應天은 오늘날의 장쑤성 난징南京이다.
—옮긴이

44 소, 양, 돼지 세 가지를 희생으로 사용하는 큰 제사. —옮긴이

45 仲尼之道, 廣大悠久, 與天地竝. 有天下者莫不虔修祀事. 朕爲天下主, 期大明教化, 以行
先聖之道. 今旣釋奠成均, 乃譴爾修祀事於闕里, 爾其敬之.(『명사』「예지禮志」)

46 공자의 후예들 봉작의 칭호. 한나라 때는 포성후褒成侯라 하여 후작이었으나, 수나라
때 추국공鄒國公으로 공작으로 추증하고, 당나라 때 문선공文宣公으로 부르다가 송
인종仁宗 이래 연성공이라 불렀다. 1935년에 폐지되었다. —옮긴이

47 입학할 때 선대 성인이나 스승에게 올리는 제사 의식. 봄의 생 채소를 사용했기에 붙은
이름이다. —옮긴이

48 孔子百世帝王之師, (…) 今朕有天下, 敬禮百神, 於先師禮宜加崇.(『명사』「유중질전劉
仲質傳」)

49 每於宮中無事輒取孔子之言觀之.(『명태조실록』권20)

50 帝王之學, 何書之要, (…) 濂擧大學衍義. 乃命大書揭之殿兩廡壁. 頃之御西廡, 諸大臣
皆在, 帝指衍義中司馬遷論黃老事, 命濂講析.(『명사』「송렴전」)

51 生民之休戚繫焉, 國家之治亂關焉.(『궐리광지闕里廣志』권14)

52 爲人臣必忠, 爲人子必孝.(『명태조문집』「술비선생사述非先生事」)

53 修己行仁, 以爲時君之用.(『명태조문집』「사한림편수장미화치사賜翰林編修張美和致
仕」)

54 一曰孝順父母, 二曰尊敬長上.(『훈행록訓行錄』「교민방教民榜」)

55 聖賢之教有三: 曰敬天, 曰忠君, 曰孝親.(『명사』「오침전吳沉傳」)

56 非孝不忠, 非忠不孝, (…) 所以忠於君而不變爲奸惡者, 以其孝爲本也.(『명태조문집』
「상감현신전서相鑑賢臣傳序」)

57 紀綱不立, 主荒臣專, 威福下移. (…) 建國之初, 當先定紀綱, (…) 禮法立, 則人志定, 上
下安. 建國之初, 此爲先務.(『명통감明通鑑』권3)

58 馭臣下以禮法, 臣能馭吏卒以體上.(『명태조문집』「유복건승선포정사사참정위감구장조諭福建承宣布政使司參政魏鑑瞿莊詔」)

59 오늘날 대학의 총장에 해당한다. 『주역』「진괘震卦」에 나오는 말로 원래 제사를 주관하는 사람이란 뜻에서 유추한 것으로 보인다. 왕립 아카데미였던 춘추 전국 시대 제齊나라 직하학궁稷下學宮의 수장을 좨주라 했다. 참고로 조선의 성균관 좨주는 종3품 관직이었다. ―옮긴이

60 염濂, 낙洛, 관關, 민閩의 학문이란 송나라 성리학의 성립에 절대적 역할을 한 학자들 및 그 학풍을 일컫는 말이다. 염은 주렴계周濂溪(주돈이), 낙은 정명도程明道(정호)와 정이천程伊川(정이) 형제, 관은 장횡거張橫渠(장재), 민은 주회암朱晦菴(주희)을 말한다. ―옮긴이

61 卽位之初, 首立太學, 命許存仁爲祭酒, 一宗朱氏之學, 令學者非五經孔孟之書不讀, 非濂洛關閩之學不講.(『동림렬전東林列傳』「고반룡전高攀龍傳」)

62 汝等一以孔子所定經書爲教, 愼勿雜蘇秦張儀縱橫之言. (…) 請頒正定十三經於天下, 屛戰國策及陰陽讖卜諸書, 勿列學宮.(『명사』「조숙전」)

63 其文略仿宋經義, 然代古人語氣爲之, 體用排偶謂之八股, 通謂之制義.(『명사』「선거지選擧志」)

64 日夜竭精敝神以攻其業, 自四書一經外, 咸束高閣. 雖圖史滿前, 皆不暇目, 以爲妨吾之所爲, 於是天下之書不焚而自焚矣.(『이십칠송당문집二十七松堂文集』「명태조론明太祖論」)

65 吾有法以柔天下, 則無如復擧制科.(『죄유록罪惟錄』「과거지총론科擧志總論」)

66 명대 황준黃準 등의 저작. ―옮긴이

67 남송南宋 진덕수眞德秀의 시문 선집. ―옮긴이

68 國家明經取士, 說經者以宋儒傳注爲宗, 行文者以典實純正爲主. 今後務須頒降四書五經性理統鑑綱目大學衍義歷代名臣奏議文章正宗及歷代詔律典制等書, 課令生徒講解. 其勦竊異端邪說炫奇立異者, 文雖工, 弗錄.

69 天下利病, 諸從皆許直言, 惟生員不許. 今後生員本身切己事情, 許家人抱告. 其事不干己, 輒便出入衙門, 以行止有虧革退. 若糾衆扛幇, 詈罵官長, 爲首者問遣, 餘盡革爲民.(『송하잡초松下雜鈔』권하)

70 上溯唐虞夏商周孔, 下及關閩濂洛, 根實精明, 隨事類別, 勒成一經, 上接經史.

71 令甲以科目取人而制義始重. 士旣重於其事, 咸思厚自濯磨以求副功令, 因共尊取友, 多者數十人少者數人, 謂之文社; 卽古以文會友以友輔仁之遺則也. 好修之士, 以是爲學問

之地; 馳鶩之徒, 亦以是爲功名之門: 所以來歸矣.(『명계복사기략明季復社紀略』권1)

72 社事之興, 不過諸生文字之會. 自朝寧視之, 無異童子之陳俎豆習禮義, 爲嬉戲耳. 且明祖(朝의 오류로 보인다―옮긴이)諸生之禁甚嚴, 非若漢唐宋之太學生得群聚京師, 伏闕百十八, 橫議存亡大計也.(『정지거시화靜志居詩話』권21 첨부 인용)

73 見州縣官吏多不恤民, 往往貪財好色.(『명태조실록』권38)

74 不才者衆, 往往踏襲胡元之弊.(『어제대고御制大誥』 「호원제치胡元制治」)

75 一到任後, 卽與吏員皂隷不才耆宿及一切頑惡潑皮, 夤緣作弊, 害我良民多矣.(『어제대고삼편御制大誥三編』 「민나해민해리民拿害民該吏」)

76 導引爲政, 勿陷身家.(『어제대고』 「유관지임諭官之任」)

77 往往不依朕言, (…) 掌錢穀者盜錢穀, 掌刑名者出入刑名.(『어제대고』 「유관무작비위諭官無作非爲」)

78 嚴立法禁, 凡遇官貪吏汚蠹害百姓者, 決不寬恕.(『명태조실록』권38)

79 曩爲天下臣民不從教者多, 朕於機務之隙, 特將臣民所犯, 條戒二誥, 頒示中外, 使家傳人誦, 得以懲戒而遵守之.(『어제대고속편』 「후서後序」)

80 使知趨吉避凶之道, 殺一儆百, (…) 意在使人知所警懼, 不敢輕易犯法.(『명태조실록』권239)

81 皆頒學宮以課士, 里置塾師教之.(『명사』 「형법지」)

82 良心發於父母, 嘉言起於妻子, 善行詢於弟兄. 凡走卒簿書之家, 有此三戒, 害民者鮮矣.(『어제대고속편』 「계이졸친속戒吏卒親屬」)

83 取決一時, 非以爲則.(『명사』 「형법지」)

84 除民人被其威逼科斂不罪外, 官吏與者受者罪同.(『어제대고』 「행인수장行人受贓」)

85 貪官汚吏盡化爲賢矣.(『어제대고삼편』 「민나해민해리」)

86 酷害良民, 奸狡百端, 雖刑不治.(『어제대고』 「이속동악吏屬同惡」)

87 吏卒贓貪, 豈能盡革.(『어제대고속편』 「이졸장사吏卒贓私」)

88 弊若蜂起, 殺身亡家者, 人不計其數.(『어제대고삼편』 「도수도수逃囚」)

89 上以承堯舜禹湯文武之傳, 下以後世植綱常, 開太平於無窮. 而世之極其尊崇之禮者, 非於孔子有所增益, 特以著明其道之至大, 天下不可一日而無也. 惟我皇考繼統帝王, 尊師孔子, 擧天下皆約之, 使由於斯道, 是以治化之盛, 淪浹周遍, 薄海內外罔不向風慕義. 朕景仰宏謨, 夙夜祇敬, 思惟繼承之道, 不敢迨遑.(『명태종실록明太宗實錄』권52)

90 六經, 聖人之道, 昭揭日星, 垂憲萬世.(『명태종실록』권5)

91 繼往聖, 開來學, 其功賢於堯舜, (…) 自有生民以來未有盛於孔子者也, (…) 天下後世

之蒙其澤者, 實與天地同其義遠矣.(『명태종실록』 권192)

92 孔子, 萬世帝王之師. 其道之在天下, 載於六經. 天下不可一日無生民, 生民不可一日無孔子之道.(『천부광기天府廣記』 권43 호광胡廣의 『시학시서視學詩序』 인용)

93 陛下待儒臣, 進退之際, 恩禮俱至, 儒道光榮多矣.(『명태종실록』 권57)

94 文皇帝之心, 孔子之心也, 固欲天下皆純寬之俗, 斯民皆誠篤之心, 而況左右供奉之臣哉!(『동리문집東里文集』 「박재기朴齋記」)

95 孔子參天地贊化育, 明王道正彝倫, 使君君臣臣父父子子夫夫婦婦各得以盡其分, 與天道誠無間焉.(『명태종실록』 권192)

96 崇道德, 弘敎化, 正人心, 成天下之才, 致天下之治.(『명태종실록』 권52)

97 朕所用治天下者, 五經耳!(『명태종실록』 권27)

98 修己治人之要, 俱於此書. 昔堯舜相傳, 惟曰'允執厥中'. 帝王之道貴乎知要, 知要便是爲治, 爾其勉之.(『명태종실록』 권30)

99 夫君人者尊居九重之上而統臨萬物之表, 智周乎天下, 然後能应天下之务, 不由學問, 則聖功何成? 是故积益於躬, 惟勤於學. 教學, 畜養於己, 多识於前言, 必也尊師重传, 讲贯以廣其见闻, 治心修身涵養以充分其器量. 夫易以學聚问辨爲修德之首, 中庸以學问思辨爲择善之功, 是皆经传之名言, 聖贤之彝教. 循至其極, 則可以参天地而赞化育, 锡四海之纯福, 开萬世之太平, 何莫不本於斯? 苟爲不然, 静無所養, 动無所施, 志爲氣奪, 心爲物诱, 喪其賦予之重, 失其禀受之良, 眩瞀而無所知, 汗漫而無所得, 天下之治亂繫焉. 承帝王之绪者可不加勉於學问乎?(『명태종실록』 권92)

100 君人者以一心而维持天下, 心之好惡不可以不慎也. 苟爲不顺示其好惡於人, 則逸诤邪佞喜利樂福之徒得以投其隙矣, 而毁誉爱憎莫得而辨. 是故人君之所好與天下而同其好, 所惡與天下而同其惡. 群情之所好而己独惡, 群情之所惡而己独好, 是拂天下之公而徇夫人欲之私, 則所蔽者固而所溺者深, 雖欲勿殆, 其可得乎?(『명태종실록』 권92)

101 道德仁義, 教化之源. 善治天下者, 以道德爲郭郭, 以仁義爲干橹, 陶民於仁義, 纳民於道德, 不动聲色而天下化, 如流水之赴壑, 沛然莫之能御也.(『명태종실록』 권92)

102 夫禮者, 治國之纪也; 樂者, 人情之统也. 是故先王制禮, 所以序上下也; 作樂, 所以和民俗也. 非禮則無以立, 非樂則無以和. 教民以敬莫善於禮, 教民以和莫善樂. 禮樂則天地泰而君臣正, 刑罰中而長養逸, 故曰禮樂刑政四達而不悖則王道矣. 治天下者必先於修禮樂.(『명태종실록』 권92)

103 夫天地者, 尊卑之位也; 君臣者, 贵贱之等也. 尊卑之義明, 贵贱之等辨, 則天地定而阴阳和, 人伦序而名分正. 是故聖王之於天下也, 不使卑逾尊, 贱役贵, 小加大, 庶先嫡, 君君

臣臣父父子子, 各得其所而禮義立. 孔子论爲政必先於正名, 春秋纪王法, 必严於謹分. 治天下者, 必明乎此, 則君臣正, 父子亲, 夫妇別, 長幼順, 上以维小, 大以维小, 卑以承尊, 贱以事贵, 則朝廷之義明而禍亂之源塞矣.(『명태종실록』 권92)

104　民心向彼, 奈何?(『명사明史』「요광효전姚廣孝傳」)

105　朕惟事天以誠敬爲本, 愛民以實惠爲先. 書曰: '惟天惠民', 又曰: '安民則惠', 然天之視聽皆因於民, 能愛人卽所以使天.(『명태종실록』 권27)

106　民者, 國之根本也. 根本, 欲其安固, 不可使之凋敝. 是故聖王之於百姓也, 恒保之如赤子, 未食則先思其飢也, 未衣則先思其寒也. 民心欲其生也, 我則有以逐之; 民情惡勞也, 我則有以逸之. 樹藝而使之, 不失其時; 薄其稅斂而用之, 必有其節. 如此則教化行而風俗美, 天下勸而民心歸. 行仁政而天下不治者, 未之有也.(『명태종실록』 권92)

107　君國之道, 以民爲本, 故設官分職, 簡賢用人, 惟求安民而已. 爲臣能體其君愛民之心, 推而行之, 斯天下之民擧得其所. 爾文武群臣受國家重任, 宜操節勵行, 盡誠竭慮. 治民者專務恤民, 治軍者專務恤軍, 察其飢寒, 體其勞勤, 爲之除害興利, 教之務本力業, 孝悌忠信, 尊君親上, 敦行禮義, 無作慝非, 庶幾永享太平之福.(『명태종실록』 권87)

108　전문은 『명태종실록』 권168 참조.

109　군주에게 경전을 가르치는 제도로서 중국은 한나라 때부터 시행되었고, 조선과 일본 도쿠가와 막부에도 이 제도를 채택했다. —옮긴이

110　非惟備於經筵, 實欲頒布於天下, 俾人皆由於正路而學不惑於他歧, 家孔孟而戶程朱, 必獲眞儒之用.(『황명문형皇明文衡』 권5)

111　饒州儒士朱季友詣闕上書, 專詆周程張朱之說, 上覽而怒曰: '此儒之賊也!' 命有司聲罪杖遣, 悉焚其所著書, 曰: '毋誤後人.'(『동림열전東林列傳』「고반룡전高攀龍傳」)

112　篤踐履, 謹繩墨, 守儒先之正傳, 無敢改錯.(『명사』「유림전儒林傳, 서론序論」)

113　世儒習氣, 敢於誣孔孟, 必不敢倍程朱.(『진확집陳確集』「여황태충서與黃太冲書」)

114　俾爲師民知所以爲教, 而閭門知所以爲學, 庶修身者不致以家自累, 而內外有以相成, 全體經綸之功, 大復虞周之盛.(『명태종실록』 권26)

115　俾觀者屬目之頃, 可以盡得爲孝之道, 油然興其愛親之心, 歡然盡其爲子之職, 則人倫明, 風俗美, 豈不有裨於世教者乎?(『명태종실록』 권226)

116　母李氏教之讀書, 過目成誦. 家貧無書, 嘗走數百里借書, 必得乃已. 擧鄉試第一, 景泰五年成進士.

117　嘉其考據精詳, 論述該博, 有補政治, 特命刊而播之.

118　朕將細繹玩味, 見諸施行. 上溯祖宗聖學之淵源, 且欲俾天下家喩戶曉, 用臻治平, 昭示

朕明德新民圖治之意. 爰命重梓, 以廣其傳.(「어제중간〈대학연의보〉서御制重刊〈大學衍義補〉敍」)

119　以行義補所載皆可見之行事, 請摘其要者奏聞, 下內閣議行之.

120　이하『대학연의보』의 인용은 편명만 명기.

121　惟大學一書, 儒者全體大用之學也. 原於一人之心, 該夫萬事之理, 而關系乎億兆人民之生. 其本在乎身也, 其則在乎家也, 其功用極於天下之大也. 聖人立之以爲教, 人君本之以爲治, 士子業之以爲學, 而用於輔君.

122　凡夫上下古今百千萬年所以爲學爲教爲治之道, 皆不外乎是, (…) 六經之總要, 萬世之大典, (…) 君天下者之律令格式.(「〈대학연의보〉서」)

123　闡堯舜禹湯文武之正傳, 立萬世帝王天德王道之標準. (…) 掇取經傳子書之言, 以實之.

124　惟帝王之學, 有體有用.

125　繼續引申, 廣取未備, (…) 揭治國平天下新民之要, 以收明德之功, (…) 體用具備. 成眞氏之完書, 爲孔曾之羽翼, 有功於大學不淺.(「어제중간〈대학연의보〉서」)

126　崇師儒以重道, (…) 明道學以成教, (…) 一道德以同俗.

127　其序不可亂, 其功不可闕. 闕其一功, 則少其一事, 欠其一節, 則不足以成其用之大, 而體之爲體, 亦有所不全矣.

128　然用之所以爲大者, 非合衆小又豈能以成之哉.

129　不止乎一目, 然一目或解, 則罔有不張.

130　本之身家以達之天下, (…) 以致治平之效, 以收夫格致誠正修齊之功. (…) 先其本而後末, 由乎內以及外, 終歸於聖神功化之極, 所以兼本末, 合內外, 以成夫全體大用之極功也.(이상 「〈대학연의보〉서」 참조)

131　善法不能以徒擧本末, 則貴乎兼該.(「진〈대학연의보〉표進〈大學衍義補〉表」)

132　治平之體, 言其理也. (…) 治平之政, 言其事也.

133　一主於知, 一主於行. 蓋必知於前而後能行於後, 後之行者, 卽所以實其前之知者也. 理與事, 知與行, 其實互相資焉.(「총론조정지정總論朝廷之政」)

134　惟天下之大, 其本在於一身; 人心之微, 其用散於萬事. 一物有一物之用, (…) 必事事皆得其宜, (…) 擧本末而有始有終, 合內外而無餘無欠.(「진〈대학연의보〉표」)

135　鉅細精粗而曲折周詳, 前後左右而均齊方正.

136　三代以亡, 遭秦變古, (…) 大抵安於苟簡而已, (…) 痛革後世苟簡之政, 而必以禮樂爲本. 凡其所施於政治之簡者, 或寓三代禮樂之意於中, 庶幾今世復見古昔之盛治, 豈非萬世之幸哉!(「총론예악지도總論禮樂之道」)

137 政不必拘於古之遺制也. (…) 可謂正矣. 其於古今事宜, 容未有盡焉.

138 不若隨時制宜, 使合乎人情, 宜於土俗, 而不失乎先王之意也.

139 개인이 점유하는 토지의 수량을 제한하는 법. —옮긴이

140 사람 수에 따라 분배하는 토지 제도로 『신당서新唐書』 「식화지食貨志 1」에 따르면 18
    세 이상 정남丁男은 1경頃을 받되 80무畝는 구분전口分田으로 죽은 뒤 반환하고, 20
    무는 영업전永業田으로 세습했다. 과부 등 특수한 경우까지 차이를 두어 세세하게 나
    누었다. —옮긴이

141 於是有限田之議, 均田之制, 口分世業之法, 然皆議之而不果行, 行之而不能久. 何也?
    其爲法雖各有所取, 然不免拂人情而不宜於土俗, 可以暫而不可以常也, 終莫若聽民自便
    爲之得也. (…) 必不得已創爲之制, 必也因其已然之俗, 而立爲未然之限, 不追求其咎
    往, 而惟限制其將來, 庶幾可乎!

142 雖多至百頃, 官府亦不之問, (…) 一丁惟許占田一頃, (…) 雖井田之制不可猝復, 而兼竝
    之患月漸銷矣.(이상 「제민지산制民之産」 참조)

143 先正朝廷以爲治平之根本.(「총론조정지정」)

144 君總治於上, 臣分治於下.(「정직관지품定職官之品」)

145 統宗會元, (…) 非立官以分理之不能得也.(「정직관지품」)

146 夫人君以一人之身, 雖曰居尊以臨卑, 然實以寡而御衆, 以理言固可以以一人統, 以勢言則
    不能以一人周也. (…) 以分理之,(「분민지목分民之牧」)

147 後世人君之於臣下, 不過於嚴, 則過於瀆, 此上下之情所以不孚, 而治功之成恒不若於古
    歟! (…) 君臣道近, 相須而成, (…) 君臣一心, 上下忘勢.(「경대신지례敬大臣之禮」)

148 人君行使不當於人心, 天得而議之. 豈有戮一夫, 鉗一喙? 而能沮弛之哉!(「계남종지실
    戒濫縱之失」)

149 殺諫臣者, 其國必亡. (…) 人君之酷刑, 皆足以失人心而亡國. 一旦苟有革心, 猶足以善
    其後. 惟殺諫者, 則無不亡之理.(「계남종지실」)

150 然殺諫臣猶有定名, 不諫者, 未必殺也. 惟用誹謗妖言坐人之罪, 則不分在朝在野, 有官
    無官, 一切誅之以鉗天下之口, 其國之亡也, 又何疑哉!(「계남종지실」)

151 朝廷之政其弊端之最大者, 莫大乎壅蔽. 所謂壅蔽者, 賢才無路以自達, 下情不能以上通
    是也. 賢才無路以自達, 則國家政事無與共理, 天下人民無與共治. 下情不能上通, 則民
    間利病無由而知, 官吏藏否無由而理, 天下日趨於亂矣.(「총론조정지정」)

152 從諫者, 人君作聖之功, 人臣進言之機也. (…) 君無失德, 事無過擧.

153 上天於衆人之中, 立其一人以爲萬民之牧, 使不失其性焉, 非固假是崇高富貴之位以畀之,

使其恣肆於民上, 以快其所欲也. (…) 棄天地生人之性, 負天命立君之意, 悖上天愛民之心.(이상 「광진언지로廣進言之路」 참조)

154 開獎善之門, 弘納諫之懷, 勵推誠之美. 其接下也, 待之以禮, 煦之以和, 虛心以盡其言, 端意以祥其理. 不御人以給, 不自炫以明, 不以先覺爲能, 不以臆度爲智, 不形好惡以招謟, 不大聲色以示威.

155 有一於斯, 皆爲盛德, (…) 治安之原, 太平之基在此.(이상 「광진언지로」 참조)

156 人君爲治之大柄曰慶賞刑罰而已. (…) 君有慶賞刑罰然後以成君之道.

157 人君賞罰, 當合天下之公論, 不可徇一己之私心. (…) 人君之爵賞刑罰, 皆承無以從事, 非我有之得私也. (…) 則人君之刑賞, 非一己之刑賞, 乃上天之刑賞也. (…) 拂民心而天意.(이상 「공상벌지시공賞罰之施」 참조)

158 帝王之道莫大於中. 中也者, 在心不偏不倚, 在事無過不及. 帝王傳授心法, 以此爲傳道之要, 以此爲出治之則.(「총론제형지의하總論制刑之義下」)

159 山高出於地而反附着於地, 猶君居民之上而反依附於民. 何也? 蓋君之所以爲君者, 以其有民也, 君而無民, 則君何所依以爲君哉! (…) 民生安, 則君得所依附, 而位安矣.

160 '民有邦本, 本固邦寧'之言, 萬世人君所當書於座隅, 以銘心刻骨者也.(이상 「총론고본지도總論固本之道」)

161 臣之事卽君之事, 君之事卽民之事, 民之事卽天之事. (…) 凡夫朝廷之間, 百官庶務, 何者而非爲民者乎!(「총론임관지도總論任官之道」)

162 秦漢以來, 世主但知厲民以養己, 而不知立政以養民.(「총론조정지정」)

163 致亂之道多矣, 而尤莫甚於厚斂.(「공부지상貢賦之常」)

164 『주역』 스물세 번째 간艮 상 곤坤 하 산지박山地剝괘에 대한 상전象傳 참조. ─옮긴이

165 『주역』 마흔두 번째 손巽 상 진震 하 풍뢰익風雷益괘에 대한 단전象傳 참조. ─옮긴이

166 君誠知民之眞可畏, 則必思所以養之安之, 而不敢虛之苦之, 而使之至於困窮矣. (…) 天祿之奉.(「총론고본지도」)

167 天以天下之民之力之財, 奉一人以爲君, 非私之也. 將賴之以治之教之養之也. 爲人君者, 受天下之奉, 乃憚其力, 竭其財, 以自養其一身而不恤民焉, 豈天立君之意哉!(「경제지의하經制之義下」)

168 蓋以一人而制其用, 非專用以奉一人也.(「총론이재지도하」)

169 吾之欲取之心, 是卽民之不欲與之心. 不得已而取之, 所取者皆合乎天理之公, 而不咈乎人情之欲, 如是而取之, 則入之旣以其義, 而出之亦必其道矣.

170 專民之利而劫奪之, (…) 治平之要. (…) 大學釋治國平天下之義, 諄諄以理財之言, 豈

聖賢教人以興利哉! 蓋平之爲言, 彼此之間各得其分願之謂也. (…) 人人各得其分, 人人各得其願, (…) 天下平.(「총론이재지도상」)

171 「진〈대학연의보〉)표」.

172 崇本節用, (…) 不分外多求, 不極欲以侈用.(「총론이재지도상」)

173 所謂節之一言, 誠萬世人君制用豐財之要道也. 節與不節是蓋君德修否之驗, 府庫盈虛之由, 生民休戚之本, 國家治亂之基.(「총론이재지도하」)

174 合乎天道之公, (…) 出於人欲之私, (…) 利之利, 居義之下, 害之上. 進一等, 則爲義, 經制得其宜, 則有無窮之福; 退一等, 則爲害, 經制失其宜, 則有無窮之禍.(「경제지의하」)

175 天生物養人, 非專爲君也, 而君專其利, 已違天意矣.(「계남종지실」)

176 然所謂紀綱者, 蓋亦多端, 而在人倫者尤爲重焉. 是故人君爲治, 欲正天下之紀綱, 先正一家之紀綱. 家之紀綱, 倫理是也. 倫理旣正, 則天下之事如挈網然, 一網旣張, 萬目之井然者, 各得其理矣. (…) 家之倫理, (…) 紀綱之首.(「정강기지상正綱紀之常」)

177 人君一身, 爲風化之本原焉. (…) 以身示教, 爲天下先.(「근호상이솔민謹好尙以率民」)

178 躬孝弟以敦化.

179 중정의 도를 세워 공통의 준칙으로 삼는다는 말로 『서경』 「중훼지고中虺之誥」 참조. — 옮긴이

180 지극한 중도를 수립한다는 뜻으로 『서경』 「홍범洪範」의 "황건유기극皇建有其極"에서 유래했다. — 옮긴이

181 天下之人皆由吾君一人植立以感化之也. (…) 孝弟雖曰爲治之要道, 其實人君之至德也.(이상 「궁효제이돈화躬孝弟以敦化」 참조)

182 人君爲治, 不難於得民, 而難於得天.(「성신공화지극상지하聖神功化之極上之下」)

183 동중서董仲舒의 『천인삼책天人三策』 「제일책第一策」 참조. — 옮긴이

184 董子所謂正心以正朝廷, 正朝廷以正百官, 正百官以正萬民, 正萬民以正四方者, 正謂此也.(「총론조정지정」)

185 德乎德乎, 其立紀綱之根本, (…) 所以立道而維持紀綱者, 修德又其本也, 人君誠能修德以立道, 立道以正天下之紀綱, 則可以保祖宗之基業, 詒子孫之遠謀矣.(「정강기지상」)

186 敬大臣本於尊賢, 尊賢本於修身, 而修身則又本於誠.(「경대신지례」)

187 視民如土芥, 凡所以禍之者無所不至, (…) 推原所自, 起於一念之不恤民.(「총론고본지도」)

188 人君之好尙, 起於一念之偏私, 頃刻之順適, 而不知天下之人, 從風而靡, 遂因好之而成風俗, 或以之而致亂.(「근호상지솔민」)

189 盡夫天理之極, 而無一毫人欲之私.(「성신공화지극중」)

190 平天下者, 惟以一人之心體天下之心, 以天下人之心爲一人之心. 推而度之, 槪而取之, 則
各得其所, 而天下平矣. 此絜矩所以爲平天下之要道也.(「성신공화지극중」)

191 此人君之爲治所以貴乎正心, 而大臣之事君, 所以必先格君心之非也.(「성신공화지극하」)

192 蓋天下之理二, 善旅惡而已矣. 善者, 天理之本然; 惡者, 人欲之邪穢. 所謂崇敬畏者, 存
天理之謂也; 戒逸欲者, 遏人欲之謂也. 然用功於事爲之著, 不若審察於幾微之初, 尤易
爲力焉.(「심기미」)

193 人心理欲初分之處, (…) 動而未形, 在乎有無之間, (…) 微而未至於顯. (…) 人雖不睹
不聞, 而己則有所睹所聞矣.

194 戒愼乎其所初睹, 恐懼乎其所初聞, 方其欲動不動之間, 已萌始萌之際, 審而別之, 去其
惡而存其善, (…) 必使吾方寸之間, 念慮之際, 絕無一毫人欲之萌, 而純乎義理之發,
(…) 治平之本於是乎立, 作聖之功於是乎在矣.(이상 「근이욕지초분謹理欲之初分」 참
조)

195 察於有無之間, 審於隱顯之際, 端倪始露, 豫致其研究之功, 萌芽始生, 卽加夫審察之力,
由是以釐天下之務, 御天下之人, 應天下之變, 審察於其先, 圖謀於其易.

196 興一念, 作一事, 取一物, 用一人, 必於未行之先, 欲作之始, 反之於心, 反復紬繹, 至再至
三, (…) 禍亂不興而永保天命. (…) 率意枉行, 徒取一時之快而不爲異日之圖, 一旦馴致
於覆敗禍亂, 無可奈何之地, 雖聖人亦將奈之何哉!(이상 「찰사기지맹동察事幾之萌動」
참조)

197 大凡國家禍亂之變弑逆之故, 其原皆起於小人. 誠能辨之於早, 愼之於微, (…) 抑遏壅
絕, (…) 用力小而禍亂不作.

198 將馴致於權不可收勢不可遏之地, (…) 防奸萌之漸長, (…) 人君制惡之要術也.(이상
「방간맹지점장防奸萌之漸長」 참조)

199 弭民怨也, 於涓涓之始, (…) 制治保邦, 於未亂未危之前. (…) 能於國家無事之時, 審其
幾先. 兢兢然, 業業然, 恒以治亂安危爲念, 謀之必周, 慮之必遠.

200 物極則反, 勢至則危, 理極而變, 有必然之理也, (…) 思其未萌之患, 慮其未流之禍, 展
轉於心胸之間, 圖謀於思慮之際. 審之於未然, 遏之於將長, 曲盡其防閑之術, 旁求夫消
弭之方, 毋使一旦底於不可救藥, 無可奈何之地.

201 財窮則怨, 民之心也. (…) 量其有無而取舍.(이상 「병치란지기선炳治亂之幾先」 참조)

202 君失民心則爲獨夫, 獨夫則愚夫愚婦一能勝我矣.(「총론고본지도」)

203 원문의 연장烟瘴은 깊은 숲에서 뿜어져 나오는 독기를 말하며, 중대한 범인을 유배 보

내는 중국 서남쪽 삼림 지대를 일컫는다. —옮긴이

204 俱發戌烟瘴之地.(『명사』 「장거정전」)

205 抛荒田產, 避移四方.(『명만력실록明萬曆實錄』 권32)

206 近來風俗人情, 積習生弊, 有頹靡不振之漸, 有亟重難返之幾. 若不稍加改易, 恐無以新天下之耳目, 一天下之心志.(『장태악집』 「진육사소陳六事疏」, 이하 같은 책의 인용은 편명만 표기함)

207 國威未振, 人有侮心. (…) 人樂於因循, 事趨於苦窳.(「여이태복점암논정체與李太僕漸庵論政體」)

208 上下務爲姑息, 百事悉從委徇.(「진육사소陳六事疏」)

209 科條雖具, 而美意漸荒; 申令雖勤, 而實效罔獲.(「신미회시정책辛未會試程策」)

210 法之不行也, 人不力也.

211 臣竊見近日以來, 朝廷詔旨, 多廢格不行, 抄到各部, 槪從停閣. 或已題奉欽, 依一切視爲故紙, 禁之不止, 令之不從. 至於應勘應報, 奉旨行下者, 各地方官尤屬遲慢, 有查勘一事而數十年不完者, 文卷委積, 多致沉埋, 干證之人, 半在鬼錄, 年月旣遠, 事多失眞, 遂使漏網終逃.(「진육사소」)

212 人主以一身而居乎兆民之上, 臨制四海之廣, 所以能使天下皆服從其敎令, 整齊而不亂者, 紀綱而已.(「진육사소」)

213 張法紀以肅群工, 攬權綱而貞百度, 刑賞予奪, 一歸之公道.(「진육사소」)

214 춘추 시대 구야자歐冶子와 간장干將이 만들었다는 보검의 이름. 권력의 칼자루를 쥔다는 뜻으로 의미가 확장되었다. —옮긴이

215 不可一日而倒持也.

216 君者, 主令者也; 臣者, 行君之令, 而致之民者也.(「진육사소」)

217 天子之號令, 譬之風霆. (…) 風不能動, 而霆不能擊.

218 大小緩急爲限, 誤者抵罪.(『명사』 「장거정전」)

219 違限不行奏報者, 從實查參, 坐以違制之罪.(「진육사소」)

220 自是一切不敢飾非, 政體爲肅.

221 徇情之與順情, 名雖同而實則異; 振作之與操切, 事若近而用則殊. (…) 因人情之所同欲者而施之, (…) 不顧理之是非, 事之可否, 而惟人情之是便而已, (…) 整齊嚴肅, 懸法以示民, 而使之不敢犯, (…) 嚴刑峻法, 虐使其民而已.(「진육사소」)

222 情可順而不可徇, 法宜加而不宜猛. (…) 法所當加, 雖貴近不宥; 事有所枉, 雖疏賤必申.(「진육사소」)

223 強公室, 杜私門.(「여이태복점암논치체與李太僕漸庵論治體」)

224 蓋聞聖王殺以止殺, 刑期無刑, 不聞縱釋有罪以爲仁也.(「답헌장주우산언미도비전재불욕答憲長周友山言彌盜非全在不欲」)

225 創制立法, 至今守之以爲利. (…) 高皇帝(朱元璋)以神武定天下, 其治主於威强.(「잡저雜著」)

226 君子爲國, 務强其根本, 振其紀綱.

227 自嘉靖以來, 當國者政以賄成, 吏朘民膏以媚權門, 而繼秉國者又務一切姑息之政, (…) 兼幷之私, (…) 國匱民貧, 病實在此.(「답응천순무송양산논균량족민答應天巡撫宋陽山論均粮足民」)

228 致理之道, 莫急於安民生; 安民之要, 唯在於核吏治.(「청정면장렴능의주소請定面獎廉能儀注疏」)

229 所用非其所急, 所取非其所求.(「진육사소」)

230 人主之所以馭其臣者, 賞罰用舍而已. 欲用舍賞罰之當, 在於綜核名實而已.(「진육사소」)

231 학교에 대한 시찰과 감독을 책임지는 관료로 제독학정提督學政 또는 독학사자督學使者의 약칭이었다. 명청대는 학교 행정과 시험을 관리 감독하는 전문 관료를 일컫는다. ─옮긴이

232 養士之本在於學校, 貞教端範在於督學之臣. (…) 非經明行修, 端厚方正之士不以輕授. 如有不稱, 寧改授別職, 不以濫充.(「청신구장칙학정이진흥인재소請申舊章飭學政以振興人才疏」)

233 公開幸門, 明招請托.

234 器必試而後知其利鈍, 馬必駕而後知其駑良.(「진육사소」)

235 奔走承順而已. (…) 擧劾參差, 毁譽不定. 賄多者階崇, 巧宦者秩進.(「논시정소論時政疏」)

236 出位是思, 建白條陳, 連編累牘. (…) 主錢穀者, 不對出納之數, 司刑名者, 未諳律例之文.(「진육사소」)

237 毋以一事, 槪其平生; 毋以一眚, 掩其大節.(「진육사소」)

238 果於地方相宜, 久者或就彼加秩, 不必又遷他省. (…) 參議久者卽可升參政, 僉事久者卽可升副使, 不必互轉數易, 以玆勞擾. (…) 人有專職, 事可責成, 而人才亦不患其缺乏矣.(「진육사소」)

239 本於吏治不淸, 貪官爲害耳.(「답양광유응재조경략해구사사答兩廣劉凝齋條經略海寇四事」)

240 皆外求親媚於主上, 以張其勢; 而內實奸貪淫虐, 陵轢有司, 搏刻小民, 以縱其欲.(「논시정소」)

241 虛文矯飾, (…) 剝下奉上以希聲譽, (…) 實心愛民, 視官事如家事, 視百姓如子弟者, 實不多見.(「청택유사견포적이안민생소請擇有司躅遣賊以安民生疏」)

242 吏治之不淸, 紀綱之不振.(「여은석정논이치與殷石汀論吏治」)

243 拯罷困之民, 誅貪賊之吏.(「잡저」)

244 貪汚顯著者, (…) 嚴限追贓, 押髮各邊.(「진육사소」)

245 究觀古今治亂興亡之故, 曾有官淸民安, 田賦均平而致亂者乎!(「답응천순무송양산논균량족민」)

246 以致百姓嗷嗷, 愁嘆盈閭, 咸謂朝廷催科太急, 不得安生.(「청택유사견포적이안민생소」)

247 蓋安民可與行義, 而危民易與爲非. (…) 民爲邦本, 本固邦寧.(「진육사소」)

248 而邦本深固, 自可無虞.

249 愁苦思亂, 民不聊生.

250 致理之道, 莫要於安民. (…) 則長治久安之術也.(「청택유사견포적이안민생소」)

251 國用不足, 又邊費重大, 內帑空乏.

252 安民之道, 在察其疾苦而已.(「청견적포이안민생소請躅積逋以安民生疏」)

253 將累年拖欠, 搭配分數, 與同見年錢糧一竝催徵也.

254 百姓財力有限, 卽年歲豐, 收一年之所入, 儘足以供當年之數. 不幸遇荒歉之歲, 父母凍餓, 妻子流離, 見年錢糧尙不能辦, 豈復有餘力完累歲之積逋哉?(「청견적포이안민생소」)

255 豪强兼竝而民貧失所.

256 花分詭寄, 恃頑不納田粮, 偏累小民.(「진육사소」)

257 有司之令, 但能行於小民, 不能行於豪右, 故催科之苦, 小民獨當之.(「청견적포이안민생소」)

258 糧不增加, 而輕重適均, 將來國賦卽易辦納, 小民如獲更生.(「답산동순무하래산언균전량핵이치答山東巡撫何來山言均田糧核吏治」)

259 悉竝爲一條, 皆計畝徵銀, 折辦於官.(『명사』「식화지食貨志」)

260 自置田土, 自當與齊民一體辦納糧差, 不在優免之數也.(「답산동순무양본암答山東巡撫楊本庵」)

261 貧民不致獨困, 豪民不能兼竝.

262 官庫所儲, 盡行催解.

263 天生之財, 在官在民, 止有此數. 譬之於人, 稟賦强弱, 自有定分.(「진육사소」)

264 行之數年, 百姓阜安, 國用逢足.(「진육사소」)

265 與其設法徵求, 索之於有限之數以病民, 孰若加意省儉, 取之於自足之中以厚下乎.(「진육사소」)

266 藜藋不飽者, (…) 短褐不完者, (…) 宵啼露處者, (…) 天之立君, 以爲民也. (…) 孰與治之, (…) 孰與守之.(「인주보신이보민신미정론人主保身以保民辛未程論」)

267 齊一其亂, 而均適其欲, 衣食其飢寒, 而拊循其疾苦, 然後天之意有所寄焉.

268 以天下之大, 奉一人之身, (…) 使欲不窮於物, 物不屈於欲, 則其欲有節矣.

269 痛加省節, (…) 於凡不急工程, 無益徵辦, 一切停免. 敦尙儉素, 以爲天下先.(이상 「진육사소」)

270 離志解體而不可收拾.(「인주보신이보민신미정론」)

271 夫出賦稅以供上者, 下之義也; 憐其窮困量行蠲免者, 上之恩也.(「청택유사견포부이안민생소」)

272 病在議論, (…) 一事未建, 而論者盈庭; 一利未興, 而議者踵至.(「신미회시정책辛未會試程策」)

273 의미나 사회적 효용보다 시구나 문장 자체만을 탐닉하는 학풍. ―옮긴이

274 人持異見, 各信其說, 天下於是修身正心眞切篤實之學廢, 而訓詁詞章之習興. (…) 有未諸儒力祇其廢, 然議論乃日以滋甚.(「의도현중각유학기宜都縣重刻儒學記」)

275 學不究乎性命, 不可以言學; 道不兼乎經濟, 不可以利用.(「한림원독서설翰林院讀書說」)

276 인정과 사리의 기본 상식에 대한 학습. 『논어』 「헌문憲問」 편에 근원하며, 송명의 심학心學 논자들이 많이 언급했다. ―옮긴이

277 學不本諸心, 而假諸外以自益, 只見其愈勞愈弊也矣.(「의도현중각유학기」)

278 凡學, 官先事, 士先志. 士君子未遇時, 則相與講明所以修己治人者, 以需他日之用. 及其服官有事, 卽以其事爲學, 兢兢然求所以稱職免咎者, 以共上之命. 未有舍其本事, 而別問一門以爲學者也.(「답남사성도평석논위학答南司成屠平石論爲學」)

279 以足踏實地爲功, 以崇尙本質爲行, 以遵守成憲爲準, 以誠心順上爲忠. (…) 相與造爲虛談, 逞其胸臆, 以擾上之法也.(「답남사성도평석논위학」)

280 聖賢以經術垂訓, 國家以經術作人. 若能體認經書, 便是講明學問, 何必又別標門戶, 聚黨空談.(「청신구장칙학정이진흥인재소」)

281 今後各提學官督率教官生儒, 務將平日所習經書義理, 着實講求, 躬行實踐, 以需他日之用, 不許別創書院, 群聚徒黨, 及號招他方遊食無行之徒, 空談廢業.

282 國家明經取士, 說書者以宋儒傳注爲宗, 行文者以典實純正爲尙.

283 當代誥律典制等書.

284 炫奇立異者, 文雖工弗錄.

285 天下移病, 諸人皆許直言, 惟生員不許, 今後生員務遵明禁.(「청신구장칙학정이진홍인재소」)

286 명청 시대의 제도로서 원고가 친족이나 집안사람에게 위탁하여 법정에 대리 출석하는 것을 일컫는다. ─옮긴이

287 本身切己事情, (…) 抱告有司, 從公審問, 倘有冤抑, 卽爲昭雪.

288 輒便出入衙門(門 자로 의심됨), 陳設民情, 議論官員賢否者.

289 爲首者, 照例問遣; 其餘不分人數多少, 盡行黜退爲民.(「청신구장칙학정이진홍인재소」)

290 명나라 때 州州나 縣縣에 소속된 말단 행정단위. ─옮긴이

291 詔毁天下書院, (…) 查歸里甲, (…) 改爲公廨衙門.(『명신종실록』 권83)

292 坤道貴順, (…) 畢志竭力以濟公家之事, 而不敢有一毫矜己德上之心.(「잡저」)

293 天下之事, 極則必變, 變則反始, 此造化自然之理也.(「잡저」)

294 天下之勢, 最患於成, 成則未可以驟反. 治之勢成, 欲變而之亂, 難; 亂之勢成, 欲變而之治, 難.(「잡저」)

295 上失其道, 民散於下, 貪吏虐政, 又從而驅迫之. (…) 雖有智者, 無如之何矣.(「잡저」)

296 當大過之時, 爲大過之事, 未免有剛過之病. 然不如是不足以定傾而安國.(「답봉상육오대논치체용강答奉常陸五臺論治體用剛」)

297 而商周之業, 賴之以存. (…) 雖剛, 而不失爲中也. (…) 有力排群議, 明犯衆忌而不顧者.(「답진절추제십팔서答陳節推第十八書」)

298 權璫貴戚, 奉法遵令, 俛首貼耳不敢肆, 狁夷強虜, 獻琛修貢, 蹶角稽首而惟恐後.(「답봉상육오대논치체용강」)

299 豈誠不知自愛, 而故以其身爲怨府哉! (…) 違衆之罪小, 負國之罪大; 一時之謗輕, 異日之譴重也.(「답진절추제십팔서」)

제11장

왕양명王陽明의 심학 및 그 후학들의 정치사상

원대 이래 정주학이 일세를 풍미했다. 그 철학, 정치론, 도덕관념이 인심에 깊이 파고들면서 거의 학계의 주류가 되었다. 명대 중엽에 이르러 이 국면에 변화가 생기기 시작하더니 학술계에 정주학을 비판하는 사조가 출현했다. 심학의 굴기는 일시에 폭넓은 인정을 받게 되었으며 이데올로기 영역에서도 광범한 영향을 미쳤다.

왕양명은 위로 공맹을 계승하고 "주희와 육구연을 범위로 하여 나아가거나 물러섬으로써"[1] 심학心學의 집대성자가 되었다. 그는 송·명 리학 가운데 정인심正人心 사상 및 그와 관련된 철학적 사변을 집중적으로 발전시켰으며 정주학의 폐단을 교정하는 데 힘을 기울였다. 정程·주朱와 육陸·왕王의 기본적인 정치 가치관은 다르지 않지만 심과 리를 결합시킨 왕양명의 철학적 사변은 심의 본체성 및 그 윤리도덕적 속성을 강화시켰다. 격민심지비格民心之非, 즉 민심의 잘못을 바로잡고, 파심중지적破心中之敵, 즉 마음속의 적을 깨뜨리라는 말은 심학이 특별히 관심을 기울인 이론 문제다. 왕양명과 그의 후학들은 이 사유의 길을 따라 서민을 교화하고 사회를 안정시킬 구세의 방안을 탐색했으며 이로써 유학은 더욱더 세속화하게 되었다.

유학의 다른 유파와 비교해볼 때 심학 일파는 사람의 주체의식과 자아의식 및 도덕 인격의 자아 완성을 더더욱 강조한다. 그의 후예들 가운데 "대부분이 맨손으로 용사龍蛇와 싸울 수 있었는데"[2] 그들은 아주 파격적으로 시대 조류에 반하는 정신을 가졌다. 그래서 왕양명과 그의 후학들에게서는 학문적으로 창조적인 견해가 많이 나오며 세상을 놀라게 하는 논의도 있다. 어떤 사람은 심지어 공자와 경전이 갖고 있는 지고무상의 권위를 부정하는 이단으로 치닫기도 했다.

왕양명과 그의 후예들은 '천부적인 양지良知', 범성가일凡聖可一, 즉 성인은 하나일 수 있음, 인개성현人皆聖賢, 즉 사람이 모두 성현임 등의 인식에서 출발하여 전통 유학 가운데 인류 도덕 인격의 평등과 관련된 사상을 극한까지 발전시켰다. 존리멸욕存理滅欲, 즉 리를 보존하고 욕망을 없애라는 논의가 널리 유행하던 시대에 이 주장은 귀머거리의 귀를 틔워주는 작용을 하곤 했다. 하지만 도덕 인격 평등론이 정치 인격 평등론과 같지는 않다. 그건 언제나 '성인의 치' '지인至人의 치'를 위한 이론 기초였다. 아무리 경전과 도를 벗어난 의미 있는 심학의 전승자라 하더라도 이상적인 정치 형식은 여전히 군주 제도의 틀을 벗어나지 못하고 있었다. 이는 이들 사상가의 평등관과 근대의 정치 평등관 사이에 상당히 먼 거리가 있음을 나타낸다.

제 1절

왕양명의 심학과
'파심중적破心中賊'

왕양명王陽明(1472~1529)은 이름이 수인守仁이며 자가 백안伯安이고 절강 여
요余姚 사람이다. 양명동陽明洞[3]에 집을 짓고 살았기 때문에 세상 사람들이
양명선생이라 불렀다. 그는 소년 시절에 "책을 읽어 성현을 배우겠노라"
는 뜻을 세웠으며 군사에 대한 이야기를 좋아하고 말타기와 활쏘기를 잘
했다. 홍치弘治 12년(1499) 진사에 올라 벼슬길에 들어섰다. 정덕正德 원년
(1506) 권력을 장악한 환관 유근劉瑾[4]에게 죄를 얻어 귀주貴州 용장龍場의
역승驛丞으로 좌천되었다. 4년 후 유근이 붙잡혀 죽자 왕양명의 시운은
달라졌다. 1년에 세 번이나 승진하여 형부刑部 및 병부주사兵部主事, 병부상
서兵部尙書, 도찰원좌첨도어사都察院左僉都御史 등의 직을 역임했다. 정치적으
로 그는 군주에게 충성했고 일생 동안 수차례나 농민 및 소수 민족 봉기
를 진압했으며 영왕寧王 주신호朱宸濠의 반란을 평정하기도 했다. 공을 인
정받아 광록대부주국光祿大夫柱國으로 특진했고 추가로 신건백新建伯에 봉해
져 자손이 세습했다. 학술적으로 그는 앞으로 육상산陸象山과 진백사陳白沙
를 계승했고 뒤로 왕간王艮, 이지李贄를 계몽시켰다. '심즉리心卽理' '치양지致
良知' '지행합일知行合一'을 강구하는 주장이 특징이며 리학 사조 가운데 심

학 일파의 집대성자다. 그의 저작으로는 『왕문성공전서王文成公全書』(일명 『양명전서』) 38권이 있다. 중국 정치사상사에서 왕양명의 사상은 대단히 중요한 위치를 차지한다.

01

'심즉리心卽理'와
'천하일가天下一家'의
정치 이상

송명 리학에는 원래부터 리학과 심학 두 파가 존재했다. 남송 시기에 주희는 천리론을 핵심으로 삼아 사상 체계를 구축하며 리학을 집대성했다. 육구연은 '격물궁리格物窮理'의 방법론에서 주희와 다른 길을 가면서 "우선 그 큰 것을 세울 것"을 제기하고 '명심明心(입심立心)'을 근본으로 삼아야 하며 나머지는 모두 지엽이라고 주장했다. 그는 '심즉리'설을 기초로 자신의 이론 관념을 천명함으로써 리학 진영 가운데 심학의 개창자가 되었다. 주희와 육구연은 생전에 돌아가면서 논변을 거듭했으며 제자들 또한 물과 불의 관계가 되었다. 하지만 사실을 따져보면 양자 모두 자기 학설의 이론 내용과 근본 목표가 봉건 윤리 및 정치 제도의 수호와 긴밀하게 연계되어 있다는 것을 매우 잘 알고 있었다.

원대에 주자학은 "국시로 정해져서 학자들이 존중하고 믿었으며 감히 다른 의심을 둘 수 없었다."5 그래서 육학陸學, 즉 육구연의 학설은 통치자의 관심을 얻을 수 없었다. 명대 중엽에 이르러 왕양명은 원대를 계승하고 주희, 육구연을 절충함으로써 "두 학파의 미비한 점을 보완했다."6 "주희와 육구연을 범위로 삼아 나아가고 물러선 것이다."7 심학은 갑작스레 당시 사상 문화 영역의 대종이 되었다.

심학을 집대성한 사상가로서 왕양명의 심학 사상 체계는 육구연에 비해 훨씬 더 정교하고 치밀했으며 완벽했다. 간단히 말하면 양명 심학은 '심즉리'설과 '치양지'설을 주지로 삼아 '지행합일'이라 일컫는 실천의 길을 걷는다. 삼자는 서로 연계되어 있으며 그로 인해 양명 심학은 다음과 같은 특징을 보이게 되었다. "지知가 곧 행行이며, 심心이 곧 물物이며, 동動이 곧 정靜이며, 체體가 곧 용用이며, 공부工夫가 곧 본체本體이며, 하下가 곧 상上이니 아무것도 하나가 아님이 없다."[8] 학문적으로 볼 때 왕양명이 제기한 이 사상 체계는 정주 리학의 폐단을 보완하기 위함이었다. 그는 정주 리학의 '지리파쇄支離破碎', 즉 지리멸렬하고 산산조각이 나 있음을 비판하면서 이렇게 말한 적이 있다. "이정과 주자 등 대유가 몰한 뒤로부터 사우師友들의 도 또한 따라서 망했다. 『육경』은 훈고의 지리멸렬함으로 분열되었고 사장업거辭章業擧, 즉 장구 해석이나 일삼아 과거 시험에 들기 위한 학습이 잡초 덩굴마냥 우거졌으니 성학聖學이 거의 질식하게 되었다."[9] '지리파쇄'한 정주 리학 사상에 의한 통치는 사람으로 하여금 '순장적구循章摘句', 즉 장절을 빙빙 돌면서 몇 구절만 절취하거나 '훈고경문訓詁往文', 즉 경전 문구의 글자 해석만 하는 나쁜 습관을 만들어냈다. 그가 보기에 천리를 지키기 위한 공부를 하지 않고 온갖 정력을 나쁘게 허비하여 "책자 위에서 연찬하고, 사물의 명칭이나 고찰하고, 형상이나 자취를 통해 비교하니 지식은 날로 늘지만 인욕은 날로 더해지며 재주와 힘은 날로 많아지나 천리는 날로 가려지게"[10] 되고, 그 결과 사람들의 생각은 대부분 "1자1구에 의해 가려지고" "일종의 사이비 학술이 투구를 둘러쓴 채 말고삐를 끌고 있는"[11] 형국이 되었다는 것이다. 이 때문에 정주 리학이 중시하는 '격물치지'나 경전에 대한 정밀한 연구와는 다르게 왕양명은 직지인심直指人心, 즉 사람의 마음을 직접 겨냥하고 실천을 강조함으로써 학자들의 지리멸렬한 현란함과 화려함을 추구해 뿌리가 끊긴 병폐를 구원하고자 했다. 그래서 심학이 한번 제기되자 사람들은 벼락을 맞은 듯 무지몽매함에서 깨어난 느낌을 받은 것이다.

여기서는 왕양명의 '심즉리'설과 그의 '천인일가天人一家' 정치 이상과의 관계에 대해 집중적으로 논술하고자 한다.

왕양명의 '심즉리'설은 "사람은 모두 이 심을 갖고 있으며, 심은 모두 이 리를 갖추고 있으니 심이 곧 리"[12]라는 육구연의 관점에 의거하여 제기되었다. "사람은 천지 만물의 심이다. 심은 천지 만물의 주인이다. 심이 곧 천이니 심을 말하면 천지 만물이 모두 그를 거든다."[13] "물리物理, 즉 사물의 리는 오심吾心, 즉 내 마음 밖에 있지 않다. 오심을 도외시하고 물리를 구하면 물리를 찾을 수 없다. 물리를 버리고 오심을 구하면 오심은 또 어떤 물건이란 말인가? 심의 본체는 성性이니 성이 곧 리다. 그래서 부모에게 효도하는 심이 있으면 곧 효의 리가 있는 것이고, 부모에게 효도하는 심이 없으면 곧 효의 리가 없는 것이다. 군주에게 충성하는 심이 있으면 곧 충의 리가 있는 것이고, 군주에게 충성하는 심이 없으면 곧 충의 리가 없는 것이다. 리가 어떻게 오심의 바깥에 있단 말인가?"[14] 이른바 '심'은 "살덩어리가 아니다". 즉 인체 내의 심장이 아니라 "사람의 주재자이고" "사람의 지각이다". 사람의 감관 및 운동 기관을 지배, 통제, 통솔하는 중추이며 사람의 각종 지각의 종합이다. 이 '심'은 우주 간 만사와 만물의 본체다. 그는 말한다. "심이 곧 리이다. 천하에 또 어떤 심 밖의 일이 있으며 심 밖의 리가 있겠는가?"[15] "천하의 일이 비록 천변만화하지만 모두 이 심의 하나의 리를 벗어나지 않는다. 여러 갈래 길이 있으나 하나로 돌아가며, 온갖 생각이 있으나 하나로 나아감을 알게 된다."[16] 그가 보기에 '심'은 세계가 탄생하고 존재하는 근원일 뿐만 아니라 발전과 변화의 귀결점이기도 했다. 천지간 모든 강상 윤리, 언행거지, 성패, 번영과 화초와 나무,

만사 만물에 이르기까지 오심에 뿌리를 두지 않는 것은 없다. 한번은 왕양명이 남진南鎮을 여행한 적이 있었다. "한 친구가 바위 가운데 꽃나무를 가리키며 이렇게 물었다. '천하에 심 밖에는 아무 사물도 없다. 그러나 꽃나무가 심산에서 저절로 피었다가 저절로 떨어지는데 나의 심과 무슨 상관이 있단 말인가?' 선생이 말했다. '그대가 아직 이 꽃을 보지 않았을 때는 이 꽃과 그대의 심이 모두 고요한 상태에 있었다. 그대가 와서 이 꽃을 보았을 때 이 꽃 색깔이 일시에 명백해진 것이니 이 꽃이 그대 심 밖에 있지 않음을 알 수 있다.'"[17] 이 일은 '심즉리'설에 대해 생동감 넘치는 주해를 해주고 있다.

의심할 바 없이 '심'은 왕양명 사상 체계에서 핵심적 위치를 차지한다. 그러나 그가 물物, 사事, 리理, 의義를 모두 오심으로 귀결시켰다고 해서 '심'과 외재 세계와의 관계를 부정하고 단절시키려는 것은 아니었다. 왕양명이 생각한 그 목적은 '심'이 곧 사람의 주관적 정신의 본체로서 지위임을 확립하려는 것이었다. 그리하여 '심'과 외물의 동일성을 무한히 확대하고 이로써 어떤 의미에서 외부 세계와 사람의 주관 세계와의 차별을 부정했다. 이러한 인식에 기초하여 그는 '만물일체'설을 제기하며 이렇게 말했다. "천지 만물과 사람은 원래 일체였는데 발규發竅, 즉 두루 미치는 것 가운데 가장 정밀한 부분은 인심이 조금 영명하다. 바람, 비, 이슬, 우레, 일월, 성신星辰, 금수, 초목, 산천, 토석土石과 사람은 원래 일체일 따름이었으므로 오곡과 금수 등이 모두 사람을 기를 수 있고 약석藥石 등이 모두 질병을 치유할 수 있다. 하나의 기氣로 함께할 뿐이므로 서로 통할 수 있는 것이다."[18] "사람의 양지良知가 바로 초목과 와석의 양지다. 초목과 와석에 사람의 양지가 없다면 초목과 와석이 될 수가 없다. 초목과 와석만 그러하겠는가. 천지에 사람의 양지가 없으면 또한 천지가 될 수 없는 것이다."[19] 이렇게 "인심의 조금 영명함"과 "사람의 양지"에 의한 소통을 통해 천지 만물은 사람과 일체로 융합된다. 하나의 근원에서 나오므로 아무런 구별이 없다. 그는 이러한 인식으로 사회를 고찰했으며 '천하일가'라는 이상적 정치 모델을 만들어냈다.

왕양명의 '만물일체' '천하일가'라는 이상적 정치 모델은 '명명덕明明德'을 체體로 삼고 '친민親民'을 용用으로 삼는다. "명명덕, 즉 밝은 덕을 밝히는 것은 그 천지 만물 일체의 체를 세우는 것이다. 친민 즉 백성과 친함은 그 천지 만물 일체의 용에 다다른 것이다. 그래서 명명덕은 반드시 친민에 있으며 친민은 곧 명덕을 밝히려는 까닭이다."[20] 이는 유기급인由己及人, 즉 나로부터 남에게 이르는 과정이며 또한 맹자가 말한 '추인推仁', 즉 인을 미루어 사해에 이르는 과정이기도 하다. 왕양명은 이에 대해 매우 상세한 해석을 제기한다. "나의 부모에 대한 친함이 다른 사람의 부모에게까지, 그리고 천하 사람들의 부모에게까지 미치게 된 뒤에야 내 인仁의 실질이 나의 부모, 다른 사람의 부모, 그리고 천하 사람들의 부모와 일체가 된다. 실질이 그들과 더불어 일체가 된 뒤에야 효孝의 밝은 덕이 비로소 밝아진다. 나의 형에 대한 친함이 다른 사람의 형에게까지, 그리고 천하 사람들의 형에게까지 미치게 된 뒤에야 내 인의 실질이 나의 형, 다른 사람의 형, 그리고 천하 사람들의 형과 일체가 된다. 실질이 그들과 더불어 일체가 된 뒤에야 제悌의 밝은 덕이 비로소 밝아진다."[21] 이 방법을 모든 사회 정치 관계와 자연 관계로 넓히면 "군신, 부부, 붕우로부터 산천, 귀신, 조수鳥獸, 초목에 이르기까지 친함의 실질을 갖지 않는 경우가 없다. 그리하여 나와 일체가 되는 인仁에 다다르게 된 뒤 나의 밝은 덕은 비로소 밝지 않음이 없게 되니 진정으로 천지 만물과 일체가 될 수 있다"[22]는 것이다. 다시 말해 사람마다 모두 이 방법에 의거하여 '명덕'을 밝히고 오심吾心의 양지를 넓힐 수 있으면 모든 사람이 친애하고, 각자 분수대로 안주하며, 각자 제 일에 열심인 이상 사회를 이룰 수 있다는 것이다. 왕양명은 이를 다음과 같이 묘사한다. "천하 사람들이 화목하고 밝게 모두 한 집안 사람처럼 친하게 바라본다. 재질이 낮은 사람은 농, 공, 상업의 직분에 안주하여 각자 제 일을 열심히 하여 서로를 먹여 살리고 그 밖의 다른 일을 흠모하여 희망하는 마음을 가지는 일이 없다. 고요皐陶, 기지夔夔, 후직后稷, 설契처럼23 특이한 재능을 가진 사람은 나와서 각자의 재능을 발휘한다."24 그가 제기한 '만물일체' '천하일가'의 이상적 정치 모델은 명대 중엽이란 특정한 사회조건하에서 유가 전통의 인정仁政 이상을 재구성하고 있는 것임을 분명히 알 수 있다.

왕양명의 이와 같은 이상적 정치 모델은 분명히 현실을 겨냥해 제기한 것이다. 그는 관료들이 권력 쟁탈전을 벌이고 백성을 도탄에 빠뜨리는 당시 현상에 아주 불만이었다. 집권자들은 성인의 가르침을 준수하고 "시비를 공정하게 가리고, 좋고 나쁨을 함께 고려하고, 다른 사람을 자신처럼 보고, 나라를 집안처럼 보라"25고 했다. 인정을 실시하여 어린 백성을 불쌍히 여기고 "백성의 곤고함과 해독을 어떻게 내 몸의 고통보다 더 절실하게 여기지 않겠는가?"26라며 진정으로 느끼라고 했다. 그리하여 "집안이 다스려지고 나라가 다스려지고 천하가 다스려지는" 안정된 정치 국면을 실현하라는 것이다. 그가 제기한 이상 정치 모델은 일정한 사회비판적 의의를 지니고 있다.

그러나 이런 이상적 정치 모델이 정치 평등의 청사진은 아니었으며 자연과 사회에 관통하는 친소 등급을 전제로 한 것이었다. 왕양명은 말한다. "금수와 초목은 같이 아끼는 것인데 초목을 잘라 금수를 먹임은 잔인한 것인가? 사람과 금수는 같이 아끼는 사이인데 금수를 죽여서 부모를 봉양하고 제사 공양을 하고 빈객을 접대함은 심心이 잔인한 것인가? 지친과 행인은 같이 아끼는 사이인데 한 그릇의 밥과 국이 있어 먹으면 살고 얻지 못하면 죽는데 둘 다 건질 수 없다면 분명 지친을 구하지 행인을 구하지 않는 것은 심이 잔인한 것인가? 이는 도리가 응당 그렇기 때문이다."27 엄격한 친소 등급의 규정이 그의 이상 정치의 기초임을 알 수 있다. 또는 그 자신의 말을 빌리자면 그러한 이상 정치를 달성하는 근본 원칙은 다만 "부자유친, 군신유의, 부부유별, 장유유서, 붕우유신 다섯 가지뿐이다."28 이 때문에 이러한 정치 사회에서 농부, 노동자, 상인은 단지 자신의 직분에 안주하여 각자 제 일을 열심히 해야지 조금이라도 "그 밖의 다른 일을 흠모하여 희망하는 마음을 가져서는" 안 된다. 더욱이 "난을 일으켜 윗사람을 범할" 수는 없다. 바꿔 말하면 "조정의 어린 자식"으로서 백성은 반드시 "조심하여 국법을 받들고 열성을 다해 국가가 부여한 과업을 수행해야"29 한다. 이를 거역하는 행위를 할 경우 엄한 징벌을 받게 된다.

치양지와
파심중적

'치양지致良知', 즉 타고난 지혜에 다다름은 왕양명이 제기한 중요한 명제다. 이른바 '양지'는 "시비지심是非之心일 따름이며"[30] '천리天理' '천칙天則' '도道'이기도 하다. "무지렁이가 저절로 옳고 그름을 아는 것이 바로 그 본래의 천칙이다."[31] "양지가 바로 도이다."[32] "양지가 바로 천리다."[33] 그는 '양지'를 인류 사회의 보편적 도덕 원리로 삼았을 뿐만 아니라 우주의 존재와 운동의 보편 법칙으로 여겼다. "천지간에 이 리가 팔팔하게 살아 움직이고 있다는 것은 바로 나의 양지가 쉼 없이 돌고 있다는 것이다."[34] "천지 만물은 모두 나의 양지가 발휘되고 움직이는 과정에 있다. 어떤 사물이 양지를 초월한 바깥에 있으면서 장애를 일으킨 적이 있었던가?"[35] "양지는 조화를 일으키는 정령이다. 이 정령이 천지를 낳고 귀신이 되는 것도 모두 이로부터 나온다. 참으로 상대할 사물이 없다."[36] 그는 이렇게 도덕 준칙과 객관 규율 모두를 심으로 내재화하는데 그것이 '양지'가 된다. 그가 보기에 사람들이 '양지'를 체인하고 확충하기만 하면 천리를 밝게 깨칠 수 있고 소위 만물과 일체가 된 성인이 될 수 있다. "양지와 양능良能은 평범한 사람이나 성인이나 같다. 그러나 성인만이 그 양지에 다다를 수 있으며 평범한 사람은 다다를 수 없다. 이것이 성인과 범인이 나뉘는 까닭이다."³⁷ 이런 말도 했다. "심의 양지를 성聖이라 일컫는다. 성인의 공부는 오직 이 양지에 다다르는 것일 뿐이다. 자연스럽게 다다른 사람은 성인이며, 열심히 하여 다다른 사람은 현인이며, 스스로 막히고 우매하여 다다르려고 하지 않는 사람은 어리석은 자다. 어리석은 자는 지극히 막히고 우매하지만 양지가 존재하지 않았던 것은 아니다. 거기에 다다를 수만 있으면 성인과 다름이 없다. 이는 양지가 성인이든 우인이든 함께 갖춰져 있기 때문인데 사람이면 모두 요순처럼 될 수 있다는 것은 이 때문이다. 그래서 치양지 외에 다른 공부는 없는 것이다. 공자와 맹자가 몰하고 이 공부는 몇천 년을 전해지지 못했다. 하늘의 영령으로 우연히 다시 이 견해를 갖게 되었으니 천고의 즐거움이라 하겠다. 백대가 지나 성인이 나타나더라도 헷갈리지 않을 것이다."³⁸

왕양명의 '치양지'설의 의의가 단순히 "오심吾心의 지혜에 다다르려고"³⁹ 만은 아니다. 즉 인식론적으로 '양지'를 체인하면 더욱 중요한 일은 '양지'에 의거해 행하는 것, 즉 자발적으로 '양지'를 실천하는 것이다. "성의誠意, 즉 뜻을 참되게 하는 근본 또한 치지致知, 즉 정확한 앎에 이르는 데 있다. 이른바 사람들이 비록 모르더라도 자기 홀로 아는 것, 이것이 바로 오심의 양지가 있는 곳이다. 그런데 선을 알고도 이 양지에 의거해 행하지 않거나 불선을 알고도 이 양지에 의거해 행한다면 그 양지는 가려져서 치지할 수가 없다. 오심의 양지를 끝까지 확충할 수 없다면 선이 비록 좋은 것임을 알지만 실질적으로 좋아질 수 없고, 악이 비록 나쁜 것임을 알지만 실질적으로 나빠질 수 없으니 어떻게 뜻이 참되게 되겠는가!"⁴⁰ 오직 알고 행동함이 있어야 비로소 진정으로 심의 양지가 "끝까지 확충되어" 이상적 인격의 경지에 다다를 수 있다. 이 때문에 그는 제자들에게 이렇게 훈계했다. "너의 그 점 양지는 네 스스로의 준칙이 된다. 네 의념이 드러난 곳에 그가 옳으면 바로 옳음을 알고, 그르면 바로 그름을 알아 더욱 그를 속일 수 없다. 네가 그를 속이지 않을 거면 정말로 솔직하게 그에 의거해서 행동을 해라."[41] 문제의 관건은 '지知'에 있지 않고 "정말로 솔직하게 그에 의거해서 행동하는" 데 있다. "사람이면 누가 이 양지가 없겠는가? 오직 그에 다다를 수 없을 뿐이다. (…) 양지라는 것은 이른바 '천하의 대본'이다. 이 양지에 다다르고 실천하는 것이 이른바 '천하의 달도達道'다."[42] 왕양명의 '치양지'설이 강렬한 비판 정신으로 충만해 있다는 것을 이로써 어렵지 않게 알 수 있다.

'치양지'설에 대해 왕양명은 대단히 자부했다. 그는 드러내놓고 말했다. "내 평생 강학한 것은 단지 '치양지' 세 글자였다."[43] 심지어는 '치양지'설을 "천고의 성인들로부터 전해 내려오는 뼛속의 피 한 방울"로 "성문聖門의 정법이 함장된 것"[44]이라고 칭송했다. 왕양명은 강렬한 실천 정신을 지닌 '치양지'설을 현실 사회의 질병을 치유할 묘책으로 보았다.

왕양명은 사회 위기가 충분히 드러난 명대 중엽에 살았다. 그는 이를 분명하게 알고 있었으며 당시 여러 사회 문제의 원인이 "양지의 학문이 밝혀지지 못했기" 때문이라고 생각했다. "후세에 양지의 학문이 밝혀지지 않아 천하 사람들이 사사로운 지혜를 가지고 서로 알력을 일으켰다. 사람마다 각자의 심心이 있어서 치우치고 비루한 견해나 거짓되고 사악한 술수를 부려서 헤아릴 수 없는 지경에 이르렀다. 겉으로는 거짓 인의의 명분을 내걸면서 안으로는 이기적인 실질을 챙긴다. 궤변으로 세속에 아부하고 속임수로 명예를 간취한다. 다른 사람의 선을 엄폐하여 자신의 장점으로 만들어버린다. 다른 사람의 사생활을 들춰내서 자신의 정직함으로 연결시킨다. 분노 때문에 상대를 이기려 들면서 마치 정의를 행사한 듯 말한다. 험담으로 상대를 넘어뜨려놓고는 마치 악을 미워해서 그런 듯이 말한다. 현능한 사람을 투기해놓고는 마치 자신이 시비를 공정하게 가린 것처럼 말한다. 제멋대로 하고 싶은 대로 하고는 자신은 호오를 동일시한다고 말한다. 서로 능멸하고 상대를 도적시하며 일가 피붙이 전체가 당신과 나 사이에 승부의 뜻이 없을 수 없다면서 피차간 울타리를 쳐놓은 형국이다. 천하는 이렇게 넓고 사람과 사물은 이렇게 많은데 어떻게 일체의 입장으로 바라볼 수 있겠는가! 어지럽게 뒤섞여 있음이 조금도 이상하지 않고 화란이 연이으며 끊임이 없다. 내가 참으로 하늘의 영령에 기대어 우연히 양지의 학문을 발견하게 되었으니, 반드시 이를 통해야만 천하가 다스려질 수 있을 것이다."[45] 왕양명은 '기강 해이'의 현상이 사회생활의 각 방면에 그대로 투영되고 있다고 보았다. "오늘날의 학자들이 인의를 배울 수 없는 것으로 취급하고 성명性命을 무익한 것으로 봄"[46]은 보편적으로 존재하는 '기강 해이'라는 보편적 사회 현실이 사람들의 관념 형태에 그대로 반영된 것이다. 이 모든 근원은 바로 "양지의 학문이 밝혀지지 못했기" 때문이다. 따라서 '양지의 학문'만이 "천하가 다스려질 수" 있도록 만들 수 있다. 이로써 일체의 사회 모순은 윤리 문제로 녹아들게 되었다. 현실 사회 위기의 해결 방법은 윤리 규범 및 정치 제도가 사회정치의 변화에 맞추어 필요한 조정을 행하는 데 있는 것이 아니다. 사람들의 도덕 실천을 강상 규범과 더 잘 일치시켜 현실 체제를 효과적으로 유지시킴으로써 객관적으로 존재하는 사회 위기를 와해시키는 데 있다. 이는 논리적으로 인과가 도치된 폐단이 있지만 정주 리학의 공허한 담론과는 확실히 다르게 왕양명의 '치양지'설이 대단히 분명한 정치 실천의 의의를 갖도록 했다.

이와 같은 인식에 기초하여 왕양명은 "심과 리를 둘로 가르는" 정주 리학의 폐단을 애서 교정하며 '격물格物'의 의의를 새롭게 해석했다. "격格이란 바름이다. 바르지 못함을 바르게 하여 바름으로 돌아가게 한다는 말이다."[47] 격물은 곧 정물正物인데 사물은 심의 밖에서 변화하는 것이다. "심

밖에는 물이 없으므로" "천하의 사물은 본래 격格할 수가 없다. 격물의 일은 오직 신심身心 위에서만 행해진다."[48] 정물은 곧 정심正心이며 '치양지'이기도 하다. "모든 사물에 대하여 오심의 양지가 천리에 다다르고 모두가 리를 얻는다. 오심의 양지에 다다름이 치지致知다. 모든 사물이 리를 얻는 것이 격물이다. 이는 심과 리가 합하여 하나가 된다는 것이다."[49] 동시에 그는 오직 '정좌'함으로써 "정좌를 통해 어떤 단초를 길러내려"[50] 시도하는 데 반대했으며, 아주 오래오래 정좌를 한 "연후에 이 심의 본체를 발견하는"[51] 방법에도 반대했다. "인욕을 없애고 천리를 보존하는 것만이 바로 공부다. 고요할 때 인욕을 없애고 천리를 보존하겠다는 생각을 거듭하고, 움직일 때 인욕을 없애고 천리를 보존하겠다는 생각을 거듭한다. 고요하든 고요하지 않든 상관하지 않는다. 고요함에 의존한다면 차츰 고요함만 좋아하며 움직임을 싫어하는 폐단이 생길 우려는 하지 않으니, 수많은 병통이 잠복하고만 있다가 끝내는 일을 만나면 예나 다름없이 자라나게 된다. 순리循理, 즉 리를 따름을 위주로 하면 고요하지 않은 적이 있었던가? 고요함을 위주로 하면 반드시 리를 따른다고 할 수 없다."[52] 그가 진정으로 중시한 것은 아주 확실하게 양지에 의거해 행동하라는 것임을 알 수 있다. 이렇게 그는 봉건 강상 윤리를 외재적 천리로부터 내재의 주관적 '양지'로 변화시키고 있다. 이 기초 위에서 도덕 실천을 강조하고 심지어는 더 나아가 인식론상의 시비를 도덕 실천의 범주에 편입시키기도 한다. 그리하여 주관적인 호오와 서로 같게 만든다. "양지는 시비지심일 뿐이다. 시비는 호오일 따름이다. 호오만 표시하면 시비를 다하는 것이고, 시비만 가리면 만사만변을 다하는 것이다."[53] 이는 바로 '양지'가 내포하는 봉건 도덕규범을 사람들의 선택 및 행위의 표준으로 만들고 있다. 사람들이 진정으로 '양지'에 의거해 생활하기만 하면 사상이든 행위든 봉건 통치자의 요구와 고도의 통일을 유지할 수 있다.

왕권에 충실한 봉건 관료로서 왕양명은 일생 동안 민중의 '위를 범하는 반란'을 적극적으로 진압하며 '산중의 도적을 깨뜨리는' 데 온 힘을 기울였다. 하지만 그는 무력 진압이 민중 반란을 근본적으로 두절시킬 수는 없다고 생각했다. "백성은 모습을 바로잡을 수 있으나 심을 바로잡을 줄은 모른다."[54] '산중의 적'보다 더 무서운 것은 '심중의 적'이다. 왕양명의 '치양지' 학설은 딱 '심중적'을 깨뜨리는 효과를 지니고 있다. 왜냐하면 아무리 평범한 사람이라도 "이 양지의 비결을 알 수 있으면 그의 잘못되고 나쁜 생각들이 이 한 번의 각성으로 모두 저절로 녹아 없어질 것이다. 참으로 영단 한 알을 삼키고 한 번의 손짓으로 쇠를 황금으로 만들"[55] 수 있는 것과 같다. '치양지'설이 이와 같은 효과를 갖는 까닭은 '치양지'가 무슨 심오한 이론이어서가 아니라 사람들이 "차심此心의 인욕을 없애고 오심吾心의 천리를 보존하기만"[56] 하면 되기 때문이다. 바꿔 말하면 '치양지'의 목적은 리를 보존하고 욕망을 없애는 것이다. 왕양명이 사람들에게 '양지'를 환기시키고 사람들로 하여금 각자 '양지'에 다다르도록 노력한 것은 이로써 사람마다 추호라도 사욕에 관련되지 못하도록 하고 심중에 오로지 천리만을 존재하게 하려는 것이었다. 그리하여 진정으로 '심중적'을 무너뜨릴 수 있으면 봉건 통치를 오래오래 안정적으로 유지할 수 있다는 것이다.

존리멸욕存理滅欲을 실현하는 길은 '극기'다. 왕양명은 '극기'는 진짜 공부를 해야 한다고 생각했다. "사람이 만약 참으로 자기에게 절실하여 열심히 공부하기를 그치지 않으면 차심此心에 천리의 정미함이 날로 더 보일 것이다. 사욕의 미세함이 날로 더 보일 것이다."[57] 그렇지 않으면 천리와 인욕이 "끝내 스스로 드러나지 않는다". '극기'는 또 끝까지 게으르지 말아야 한다. 길을 가는 것에 비유하면 "의심이 생기면 물어보고 묻고는 다시 걸어야 차츰 도달하고자 하는 곳에 다다를 수 있다."[58] 구체적으로 말하면 '극기' 공부는 네 가지 경지를 포함한다. 첫째는 '정좌식려靜坐息慮', 즉 정좌하여 숨을 고르고 생각하는 것이다. 이는 '극기' 공부의 첫걸음이다. 왕양명은 말한다. "[사람들이] 처음 공부를 할 때는 마음이 원숭이나 말과 같아 묶어놓을 수가 없다. 생각하는 것도 대부분 인욕 쪽에 있다. 그래서 정좌식려하도록 가르쳐야 한다."[59] 오심을 '현공정수懸空靜守' 즉 공중에 걸어두고 고요히 지키는 상태에 머물도록 하고 잡념을 배제한 연후에야 한 단계 더 '극기'할 수 있다. 둘째는 '성찰극치省察克治' 즉 성찰하여 사욕을 극복하는 것이다. 이 공부는 사람들에게 진지하게 오심 중 개인의 사私를 안으로 성찰하고 그것을 극복하려고 한층 더 노력한다. "예컨대 도적을 없애려면 반드시 깡그리 쓸어버리겠다는 뜻이 있어야 한다."[60] "[언제 어디서든] 여색, 재물, 명예를 좋아하는 등의 사사로움을 끝까지 쫓아가 찾아내 반드시 병근을 뽑아버리고 다시는 일어서지 못하게 해버려야 비로소 즐겁게 될 것이다."[61] 셋째, "아직 싹트기 전에 방지하고" "이세 싹이 날 무렵에 극복한다". 왕양명은 오심을 "순수한 천리의 상태에" 있게 하려면 반드시 심중에 "털끝만큼이라도 인욕의 사사로움이 없도록" 해야 한다고 생각했다. 이 경지에 다다르려면 "싹트기 전에 방지하고 싹이 날 무렵에 극복하지 않으면 안 된다".[62] 비유하자면 "고양이가 쥐를 잡듯이 한 눈으로 보고 한 귀로 듣고서 생각이 일어나면 바로 제압하러 나아가 쇠를 끊는 단호함으로 조금도 풀어주지 않고 편한 대로 처리한다. 숨어들어갈 구멍을 놔두지 않고 달아날 길도 열어주지 않는다. 이렇게 정말로 열심히 공부해야 깡그리 쓸어버릴 수 있다".[63] 그리하여 "더 이상 극복할 사私가 없이" "순수한 천리만 있는" 심의 본체만이 잔류한 경지에 이르게 된다.[64] 넷째, '생사의 염두'를 헤아려 무너뜨린다. 이는 '극기'의 최고 경지다. 사람들이 "일체의 이해타산이나 기호 등을 모두 철저히 탈락시켜버릴 수 있게 된"[65] 후 생사에 대한 염두를 잘 헤아려 깨뜨릴 필요가 있다. 왕양명은 말한다. "사람의 생사에 대한 염두는 본래 태어나면서부터 운명적으로 가지고 온다. 그래서 없애기가 쉽지 않다."[66] 이러한 염두를 "아주 조금이라도 걸치고" 있으면 사욕의 극복은 철저한 것이 못 되어서 "전체적으로 아직 완전히 풀린 경지에 이르지 못한 것이다."[67] 사람들이 생사의 염두를 투철하게 볼 수 있을 때 비로소 심의 전체를 "아무런 막힘없이 흐르게" 할 수 있고, 최종적으로는 "봄도 없고 들음도 없고 생각도 없고 행동도 없는 담담한 평정심"[68]의 최고 경지에 다다라 지선至善한 본성으로의 철저한 복귀를 실현하게 된다. 일단 진정으로 여기에 다다르게 되면 "부모를 보면 자연스레 효도할 줄 알고, 형을 보면 자연스레 공경할 줄 알고, 어린아이가 우물에 빠지는 걸 보면 자연스레 측은함을 안다."[69] 보고 듣고 말하고 행동하는 것이 '양지'에 근본을 두면서 천리에 합치하지 않음이 없다. 이렇게 사람들이 저절로 '도적' 생각이 생기지 않게 되니 자연스레 온순하고 공손한 미덕을 지닌 상태로 군주 전제 정치라는 죽은 골목으로 들어가 성인 치하의 겸손한 군자와 군주 치하의 순한 양민이 되는 것이다. 이것이 바로 '치양지'설의 최종 목적이자 가장 근본적인 정치 의의다.

왕양명이 제기한 '치양지'의 목적은 봉건 도덕률을 심화하려는 것이다. 이로써 봉건 통치 계급을 위해 새로운 정신적 채찍을 제공해주고 더욱 효과적으로 민중을 노역시키고 통치하게 된다. 그러나 그가 '양지'를 인식 주체의 절대적 권위로 극력 강조했기 때문에 그 결과 '오심'은 절대 진리라는 성격을 갖게 되었다. 그는 사람들에게 "오직 양지를 믿고" "오직 양지에 따라 행동하라"고 한다. 오직 양지만을 "투철하게 보면 천언만어가 이르더라도 옳고 그름, 참됨과 거짓이 그 앞에서 분명해진다"[70]고 한다. '양지'는 일체의 이론적 권위를 검증하는 시금석이 된다. 이는 언뜻 마치 '양지'가 내포하는 천리 즉 유가 윤리 정치 원칙의 지위를 무한히 끌어올리는 것으로 보인다. 하지만 실제로는 '성인으로 이어져오는' 유가의 구체적 권위를 보기 좋게 내쫓고 있을 뿐만 아니라 성인, 경전 등 구체적 권위를 매개로 한 유가 윤리 정치 원칙이 원래부터 갖고 있던 그 지고무상의 신성성을 잃게 만들기도 했다. 왕양명은 말한다. "도는 천하의 공도公道다. 학은 천하의 공학公學이다. 주자를 통해 얻는 것이 아니면 사私이며, 공자를 통해 얻는 것이 아니면 사私다. 천하는 공이며 공적인 말이 있을 따름이다. 따라서 말이 옳으면 자기와 다르더라도 자기에게 도움이 되며, 말이 그르면 자기와 같더라도 자기에게 손해를 가져온다."[71] 이렇게도 말한다. "공부는 얻어지는 심이 중요하다. 심으로부터 구하여 아닌 것은 비록 공자에게서 나온 말이라 하더라도 감히 옳다고 할 수 없다. 하물며 공자에 미치지도 못하는 것들은 무엇이겠는가?"[72] 이는 객관적으로 명대 관학의 권위에 대한 충격이자 부정이었으며 지식계의 사상 해방에도 일정한 분위기를 형성했다. 그 후 태주 학파泰州學派의 흥기를 표식으로 출현한 유학 세속화 사조, 특히 안균安鈞, 하심은何心隱, 이지李贄 등이 제기한 이단 색채를 띤 정치사상은 왕양명 심학의 영향을 깊게 받았다. 따라서 왕양명은 주관적으로 본래 '치양지'설로써 봉건 윤리 도덕을 강화하려는 것이었지만 '양지'라는 이 채찍은 오히려 객관적으로 봉건 도덕을 후려치는 것이었으며, 심지어 어느 정도 개인의 인식 주체성이 전통 사유와 대립하기에 이르렀다. 고염무顧炎武는 말한다. 왕양명은 "절세의 자질로 새로운 학설을 창도해 온 나라를 흔들었다. 가정嘉靖 이후 왕씨를 좇아서 주자를 비난하는 사람이 세상에 꼬리를 물고 나타났다."[73] 왕간王艮 및 그 후학들이 바로 양명 심학을 계기로 삼으면서 정종 유학 발전이 궤도를 벗어나 관방 의식과 서로 다른 일련의 이단 사상을 제시했다. 왕양명으로서는 전혀 예상하지 못한 일이었다.

03

'지행합일'과
정치 도덕의 실천

송나라 유생들은 '지知'와 '행行'을 논하면서 대부분 '지선행후知先行後'설, 즉 앎이 먼저이고 행동은 나중이라는 설을 주장했다. 이를테면 정이程頤는 이렇게 말했다. "치지致知, 즉 앎에 이르지 않고 어떻게 행동이 생길 수 있는가? 억지로 행동하는 것이 어떻게 오래갈 수 있겠는가?"[74] 육구연은 말한다. "내가 아는 이 리가 곧 건乾이고 행동하는 이 리가 곧 '곤坤'이다. 앎이 행동에 앞서므로 '건은 태시太始를 안다'고 말하고, 행동은 나중에 있으므로 '곤은 완성물을 만든다'고 말한다."[75] 주희 또한 "선후를 논하자면 앎이 먼저"[76]라고 말한다. 왕양명은 송유들의 이 견해에 동의하지 않고 이렇게 생각했다. "하나의 앎만 하더라도 이미 그 자체에 행동이 내재한다. 하나의 행동만 하더라도 이미 그 자체에 앎이 내재한다." "지와 행을 어떻게 나눌 수 있단 말인가?"[77] 그는 그의 '심즉리'설을 이론 전제로 하여 주희가 "물리物理와 오심吾心은 끝내 둘로 갈린다"고 함이 "지와 행을 둘로 만든" 원인이라고 비판한다. 만약 사람들이 "지와 행을 나누어서 두 가지로 나간다면" 필경 이론적으로 "지와 행의 본체"를 잃게 될 것이며, 실천적으로 "종신토록 행동하지 못하거나 또는 알지 못하는"[78] 폐단에 이를 것이라고 한다. 그래서 왕양명은 현실을 직시하면서 '지행합일'설을 주장한다. "참된 앎이 있으니 그로써 행동하게 된다. 행行하지 않으면 부족함을 가리켜 지知라고 한다."[79] 지와 행의 본체는 본래 한가지이며 "성현이 지와 행을 가르침은 바로 그 본체를 잘 회복한 것"[80]이라고 주장한다. "행동함에 분명히 자각하고 정밀히 관찰하는 지점이 바로 지知이며, 앎에 진정하고 독실한 지점이 바로 행行이다. 행동을 함에 정밀한 관찰과 분명한 자각이 없으면 명행冥行, 즉 어두운 행동이니 바로 학이불사즉망學而不思則罔 즉 책만 읽고 생각하지 않으면 헛된 일인 것이다. 그래서 반드시 지知를 말할 필요가 있다. 앎에 진정하고 독실하지 못하면 망상妄想이니 사이불학즉태思而不學則殆, 즉 생각만 하고 책을 읽지 않으면 위태해지는 것이다. 그래서 반드시 행行을 이야기할 필요가 있다. 원래는 단지 하나의 공부일 따름이다."[81]

왕양명이 말하는 '지'는 주로 '양지' 본체에 대한 내재적 체인과 깨달음을 가리키고, '행'은 주로 이 '양지'의 실천을 가리키거나 '양지'가 밖으로 드러난 것을 가리킨다. "그것이 선하다는 것을 알면 선하다는 것을 아는 지知에 다다라서 반드시 그렇게 한다면 지知에 이르는 것이다. (…) 지는 물과 같다. 사람의 마음에 부지不知가 없음은 물이 아래로 흐르지 않는 경우가 없는 것과 같다. 터서 가게 하면 아래로 가지 않는 경우가 없다. 터서 가게 하는 것이 바로 치지致知다. 이것이 내가 말하는 '지행합일'이다."[82] 그는 또 구체적으로 이렇게 말한다. "'온청정성溫淸定省,[83] 즉 부모님 잠자리를 따뜻하고 시원하게 해드리고 새벽에 안부인사 드리는 것이 효라고 말하는데 누가 그것을 모르는가?' 그런데 능히 이 지知에 다다르는 사람은 드물다. 만약 온청정성의 예절을 거칠게 알고 있다고 말하면서 능히 그 지에 다다를 수 있다고 한다면, 군주가 어질어야 한다는 것을 아는 사람은 모두 그 어짊에 다다를 수 있는 지知를 말할 수 있고, 신하가 충성해야 한다는 것을 아는 사람은 모두 그 충성에 다다를 수 있는 지를 말할 수 있다는 것이다. 그렇다면 천하에 치지致知 아닌 것이 무엇이 있겠는가? 이것으로 말하자면 치지는 반드시 행行에 달려 있으며 행하지 못하면 치지가 될 수 없다는 것이 분명함을 알 수 있다. 지행합일의 본체를 더 비교할 필요가 있겠는가?"[84] '지행합일'이 중시한 것은 '행'이다. 이른바 "치지는 반드시 행에 달려 있으며, 행하지 못하면 치지가 될 수 없다"는 것이다. 바꾸어 말하면 왕양명은 사람들에게 '지행합일'의 공부를 통하여 '심즉리'와 '양지'에 대한 인식을 심화시키고 이러한 인식을 구체적인 행동으로 드러나게 하라고 요구한 것이다.

범주의 사용으로 보면 송유가 말하는 '지'와 '행'은 지식과 실천을 구별할 뿐만 아니라 구지求知와 궁행躬行이라는 두 가지 다른 행위를 분별하여 가리킨다. 그런데 왕양명이 말하는 '지'는 주관 형태의 '지'만을 가리킨다. 그 범위는 분명히 송유宋儒보다 작다. 왕양명이 말하는 '행'은 사람의 실천 행위와 심리 행위를 포괄하는데 그 범위는 분명히 송유보다 크다. 이렇게 보면 '지'와 '행'의 이해와 사용에 차별이 있기 때문에 송유에 대한 왕양명의 비판은 학문적으로 그다지 큰 힘을 발휘하지는 못했다. 그러나 송유들이 주장하는 '지선행후知先行後'설은 확실히 공론空論을 숭상하고 실천을 중시하지 않는 폐단을 쉽게 조성한다. 이런 폐단은 사회생활에 그대로 반영되어 허위 인격과 도덕 수준의 하락을 불러온다. 왕양명은 말한다. "후세에 이르러 공리功利 학설이 날로 성행하면서 명덕明德과 친민親民의 실질을 더 이상 알지 못하게 되었다. 선비들은 모두 교묘한 문장과 화려한 글로 속임수를 부리며, 거짓으로 서로 규제하고 이익으로 서로 갈등한다. 겉으로 의관을 갖췄으나 속은 금수이고 스스로는 마치 성현의 학문에 종사하는 것처럼 한다. 이를 구제하여 삼대로 되돌리고 싶으나 오호라! 어려운 일이다. 나는 이 두려움 때문에 '지행합일'설을 밝혀 치지격물致知格物의 오류를 수정했고, 인심을 바르게 하고 사악한 주장을 없애겠다는 생각으로 선성先聖의 학문을 밝히고자 한 것이다."85 이렇게도 말한다. "요즘 사람의 학문은 지와 행을 두 가지로 나누어 하기 때문에 한 생각이 발동하면 비록 불선한 것이라도 그것을 하지 못하도록 행동으로 금지할 수가 없다. 내가 지금 말하는 '지행합일'은 사람들에게 한 생각이 발동하면 바로 행동할 것을 깨우치려는 것이다. 발동하는 곳에 불선이 있으면 바로 이 불선한 생각을 극복해내고 철두철미하게 노력하여 그 불선한 생각이 가슴속에 잠복하지 못하도록 한다. 이것이 내 주장의 종지다."86 여기서 알 수 있듯이 왕양명이 제기한 '지행합일'은 "긴박하게 폐단을 구하려고 발동한"87 것이고, "병에 대한 약"88이며, 당시 부박한 선비들의 풍조를 전환시키려는 것이었다. 사람들에게 "불선한 생각을 극복하고" 사상부터 행위에 이르기까지, 특히 행동을 봉건 도덕규범에 부합하도록 하여 '성현의 학문'이 진정으로 천하에 크게 밝혀지기를 바란 것이다.

왕양명은 나아가 '지행합일'이 시대의 폐단을 겨냥해 발한 것이긴 하지만 절대로 계산에 입각한 견해가 아니라고 주장한다. "내가 오늘 말하는 지행합일은 비록 이 시대의 폐단을 구하기 위한 말이지만 지와 행의 본체는 본래부터 그와 같았다."89 또 말한다. "이것은 비록 긴박하게 폐단을 구하고자 시작했으나 지와 행의 본체가 본래 이와 같았으니 자기 의사로 그 사이를 누르거나 찬양하여 고식적으로 일시적 효과만 노린 말은 아니다."90 그는 사람들이 사회에서 통용되는 도덕 준칙을 이해하고 있으면서도 이 준칙에 의거해 행동하지 않고, 도덕 율령이 금지하는 바를 분명히 알고 있으면서도 여전히 금령을 위배하며 행동하는데, 이는 송유 특히 정주 리학자들의 지행관이 잘못 이끌었기 때문이라고 생각했다. "오늘날 사람들은 지와 행을 나누어 두 가지 일로 처리하며 반드시 지知가 우선한 뒤 행동할 수 있다고 생각한다. 내가 최근 강습하고 토론하면서 지知의

공부에 전념하여 참된 지를 얻고 나서 行의 공부를 했더니 평생토록 행
行도, 지知도 안 되더라. 이는 작은 병통이 아니며 유래가 하루 이틀이 아
니다. 내가 지금 지행합일을 이야기하는 것은 바로 병에 대한 약이지 공
허하게 지어낸 말이 아니다. 지와 행의 본체는 원래 이와 같았다. 지금 지
知가 종지를 얻었다면 두 개를 말해도 무방하며 그래도 한 개일 따름이
다. 만약 종지를 깨칠 수 없으면서 한 개를 말하면 또 무슨 일을 해결한
단 말인가!"[91] 그는 또 다음과 같이 강조하면서 말한다. "지행합일설은 전
적으로 근세 학자들이 지와 행을 두 가지 일로 나누어 반드시 먼저 지知
를 통해 공을 이룬 뒤 行하고자 하는 데 대한 것이다. 그러면 종신토록
행동할 수 없으므로 내 부득이하게 그 폐단을 보완하고 구제하는 말을
한 것이다."[92] 왕양명이 더욱 중시한 것은 송유 특히 정주 리학자의 '지선
행후'설에 대한 이론적 비판임을 알 수 있다. 그는 이 비판을 통하여 사람
들이 진정으로 '지행본체知行本體'의 종지를 이해하고 알고도 행하지 못하
는 폐단을 교정하길 바랐다.

　왕양명은 '지'와 '행'의 개념이 자체적으로 연결되어 있음을 중시하면서
도 '지행합일'이 내포하고 있는 실천 정신을 더욱 중시했다. 그는 "성학은
하나의 공부일 따름이다. 지와 행은 두 가지 일로 나눌 수 없다,"[93] "지와
행 공부는 근본적으로 떨어질 수 없다"[94]고 반복해서 강조한다. 그는 '지'
와 '행'이 한 번의 일이라고 말하지 않았다. 이는 "行하지 않으면 지知했
다고 말할 수 없음"을 강조하기 위함이었다. 바꿔 말하면 이른바 '하나의
공부'라 함은 사람들에게 언제든지 중단 없이 의식적으로 도덕 수양을 하
고 윤리 활동에 종사하는 실천을 행하라는 요구다. 확실히 왕양명의 '지
행합일'설은 사람들에게 언제 어디서든 실천을 통하여 의향의 도덕성을
현실의 도덕성으로 전환하라고 요구한다. 「전습록하」 편엔 이렇게 기록하
고 있다. "문이가 물었다. '지와 행이 어떻게 합일될 수 있습니까? 『중용』

을 보면 박학博學, 즉 넓게 공부하라고 말하고 또 독행篤行, 즉 돈독히 실행하라고 말하면서 지와 행을 두 가지로 나누어 밝히고 있습니다.' 선생이 대답했다. '박학은 일마다 천리를 보존함을 배우라는 것일 뿐이다. 독행은 배움을 멈추지 말라는 뜻일 뿐이다.' 다시 물었다. '『주역』은 공부하여 모으라고 하고 또 인仁으로 행하라고 말합니다. 이는 어떻습니까?' 선생이 말했다. '이것도 마찬가지다. 일마다 배워서 이 천리를 보존하면 차심此心이 때를 놓치고 방종하는 일이 없어지므로 공부하여 모으라고 말한 것이다. 그런데 항상 이 천리를 보존함을 배우고 더욱이 사욕으로 인해 중단되는 일이 없으면 차심이 언제나 머물러 있지만은 않으므로 인으로 행하라고 말한 것이다.' 다시 물었다. '공자께서 지知는 거기에 미치지만 인仁은 그것을 지킬 수 없다고 말했는데 지와 행은 둘인 것이지요.' 선생이 말했다. '거기에 미친다고 말한 것이 이미 행했다는 것이다. 그러나 언제나 행할 수는 없고 이미 사욕에 의해 중단되었기 때문에 인으로 그것을 지킬 수 없다고 한 것이다.'"95 일이 있든 없든 언제나 천리를 보존하고 사욕을 극복하며, 일이 없을 때 존천리 멸인욕을 생각하는 것이 바로 행行이자 지知이다. 이렇게 조금도 중단 없는 존천리 멸인욕의 과정에서 지와 행은 합일을 실현한다. 이 공부가 바로 성학 공부다. 왕양명은 이 '지행합일' 설로 도덕 요구, 실제 행위, 이상 인격을 현실의 인생과 서로 소통하도록 했다. 이로써 유가 윤리는 실질적 활용성을 갖추게 되었다.

'지행합일'의 입장에서 보면 선한 동기는 선을 완성하는 행위의 시작일 뿐이지 선의 완성은 아니다. 심지어는 실천이 따르지 않고 의향만 있는 선은 진정한 선이 아니다. 문제의 관건은 '행'에 달려 있다. 이 정신에 근거하면 통치자는 응당 '양지良知'를 정치 활동의 실천으로 관철시켜야 한다. 예를 들어 '소송 옥사'를 처리하면서 개인의 사념으로 인해 '분노의 마음' '기쁜 마음' 등이 있어선 안 된다. "촉탁이 있다고 해서 더하여 징치하면 안 되고, 청구가 있다고 해서 그에 따라서는 안 된다."⁹⁶ 응당 '양지'의 입장에서 법을 집행하고 하나같이 공公에서 나와야 한다. 그래서 왕양명은 "소송 옥사 사이에 실학實學이 아닌 것이 없다. 실제 사물을 떠나서 공부하는 것은 모두 공허한 것"⁹⁷이라고 생각했다. 이 인식에 근거하면 군주 정치에 참여하는 구체적인 활동이 바로 천리와 '양지'를 체인하는 이상적인 길이다. 그 자신이 농민 봉기와 소수 민족의 기의를 진압하고 민병을 훈련시켰으며 '10가패법十家牌法'을 행하고 '행약行約'을 반포한 것 등은 바로 "실제 일을 통해 연마"한 것이자 군주 정치를 수호하는 도덕 원칙을 실천으로 관통시킨 것이다. 하층 민중의 입장에서 볼 때 '지행합일'은 사람들에게 언제 어디서든 자발적으로 봉건 도덕규범을 준수하고 이로써 양호한 도덕 풍조와 엄격한 사회 질서를 형성해야 한다는 요구를 의미한다. "[사람들은] 공경과 검소함으로 가업을 지키고, 겸손과 화합으로 향리에 살아간다. 마음은 바르고 용서하여 가벼이 분쟁을 일으켜선 안 되고, 일을 할 때는 인내하여 갈등으로 인한 소송을 일으켜선 안 된다. 선을 보면 서로 권하고 악을 보면 서로 징계하며, 예의양보의 풍토를 일으키는 데 힘씀으로써 돈후한 풍속을 만들어야 한다."⁹⁸ 이를 통해 우리는 왕양명이 밝힌 '지행합일'의 취지가 봉건 윤리를 강화하는 정치 도덕의 실천을 더욱 효과적으로 강화하여 군주 전제 정치의 영원한 안정을 기대한 것임을 알 수 있다.

왕간, 하심은의
세속화한 유학 정치사상

왕양명의 심학과 경전의 중시는 경원經院[99]식의 현학적 사고를 강구하는 정주 리학과는 달리 일종의 세속화 경향을 띠었다. 청대 학자 초순焦循은 다음과 같이 말했다. "자양紫陽[100]의 학문이 천하의 군자를 가르쳤다면 양명陽明의 학문은 천하의 소인을 가르쳤다."[101] 양명의 후학 가운데 왕기王畿와 그가 개창한 절중파浙中派 및 왕간王艮과 그가 개창한 태주파泰州派가 가장 중요하다. 전자는 철학적으로 양명 심학을 발전시키는 데 치중했고, 후자는 주로 세속화의 각도에서 양명 심학을 한 단계 더 발전시켰다. 바꿔 말하면 중국 사상사 내에서 왕간과 그가 개창한 태주파의 특색은 양명 심학을 계기로 삼아 유학을 묘당廟堂의 학문에서 민간의 학문으로 전환시키고, 경원의 학문에서 대중의 학문으로 변화시켰다는 데 있다. 여기서는 정치사상사의 관점에서 왕간과 하심은의 세속화한 유학 사상에 대해 분석하고자 한다.

왕간의
'백성일용百姓日用의 학'

왕간王艮(1483~1541)은 자가 여지汝止이고 호는 심재心齋이며 태주泰州 안풍장安豊場(오늘날의 장쑤성 둥타이東臺) 사람이다. 저작으로는 그의 자손과 문인들이 연속해서 수집 정리하여 펴낸 『심재왕선생전집心齋王先生全集』[102]이 있다. 청 가경嘉慶 연간에 왕씨의 후예들이 유판을 찾아내어 그의 족제族弟이자 문인인 왕동王棟과 그의 아들인 왕벽王襞의 저작을 합쳐서 『회남왕씨삼현전서淮南王氏三賢全書』로 모아 인쇄했다. 청나라 말 민국 초 둥타이의 위안청예袁承業가 이 기초 위에 새롭게 편집하여 『명유왕심재선생유집明儒王心齋先生遺集』[103]을 만들어 출판했다.

왕간은 황해黃海 바닷가의 대대로 조호竈戶, 즉 소금 생산을 하던 집안 출신이다. 그것으로 장사를 하여 돈을 번 뒤 나아가 공부를 한 포의의 유학자였다. 그는 27세에서 37세 사이에 스스로 10년을 공부하여 초보적인 자기 사상을 형성했다. 38세에서 46세까지 그는 왕양명을 스승으로 따랐다. 양명 심학의 영향하에 그의 이론 수준은 빠르게 높아졌으며 왕양명 문화의 중요한 구성원이 되었다. 그러나 그와 왕양명 사이엔 분명한 차이가 존재한다. 이는 그가 왕양명을 처음 만났을 때부터 드러나기 시작했다. 당시 천하 국가의 대사에 대해 의론을 해야 하느냐 말아야 하느냐의 문제를 두고 왕양명은 "군자는 자리에 나설 생각을 하지 않는다"고 말했는데 왕간은 오히려 "제가 초야의 필부이지만 백성을 아끼는 요순 같은 마음이 있어 단 하루도 잊은 적이 없습니다"[104]라고 말했다. 왕양명이 "순임금은 역산歷山에서 밭을 갈며 흔연히 즐거워하며 천하를 잊었다"[105]고 반대하자 왕간은 "당시엔 요임금이 위에 계셨습니다"[106]라고 따졌다. 왕양명이 보기에 왕간처럼 아무 정치적 지위도 없는 포의의 선비는 천하 대사를 생각해선 안 되고 순임금이 역산에서 밭을 갈았던 것과 마찬가지로 성실하게 생산 노동에 종사하여 흔연히 스스로 즐거워해야 한다는 것이었다. 하지만 왕간은 자기가 바로 '초야의 필부'이기 때문에 더욱더 적극적이고 주동적으로 천하 국가의 대사에 관심을 가지고 요순시대의 이상 정치를 추구해야 한다고 생각했다. 순임금이 역산에서 밭을 갈며 즐거워하고 천하의 일을 잊을 수 있었던 까닭은 요임금과 같은 군수가 위에 있었기 때문이라고 생각한 것이다. 여기엔 하나의 반명제가 포함되어 있다. 즉 현실 정치에 요임금과 같은 군주가 없기 때문에 '초야의 필부' 또한 순임금처럼 안심하고 생산 노동에 종사할 수 없다는 것이다. 이는 왕간과 왕양명의 정치사상의 차이를 반영하고 있다. 이 차이는 왕간이 양명을 따라 배우면서 시종 해소되지 못했다. 끝까지 왕간은 "시시로 스승의 학설에 불만이었고"[107] "때때로 스승의 학설 위에 올라타기도 했다."[108] 가정嘉靖 8년(1529) 왕간은 회계會稽에서 왕양명의 장례에 참여하고 "동지들과 회합을 가지고 서원에 모여 강론하며 돌아갈 것을 서로 맹약했다."[109] 이후 그는 고향에 정주하며 제자를 거두어 가르치고 스스로 문파를 세웠다. 독특한 색깔을 지닌 태주 학파를 개창한 것이다.

정치사상으로 볼 때 왕간의 가장 독특한 점은 그가 제창한 '백성일용百姓日用의 학'이다. 이론 형식상 왕간의 '백성일용의 학'은 전통 유학에 근원을 두고 있지만 새로운 함의도 갖고 있다. 그의 '백성일용의 학'('백성일용의 도' 혹은 '백성일용 즉 도'라고 부르기도 함)은 '백성'을 근본으로 삼는다. 그가 말하는 '백성'은 광의로 사, 농, 공, 상을 포괄하고, 협의로 광대한 하층 군중 즉 이른바 '우부우부愚夫愚婦'를 가리킨다. 그가 말한 '도' 또한 『역경』 내의 그 이해하기 어려운 '군자의 도가 아니라 보통 백성이 일상에서 행하는 도다. 「연보」의 기록에 따르면 "선생은 백성일용이 도라고 말했다. 처음 듣는 사람은 대부분이 믿지 않았다. 선생은 어린 하인이 오가는 것, 보고 듣는 것, 지키는 행동, 응대하는 동작 등을 가리키며 거짓으로 안배한 것도 아닌데 모두 자연의 법칙에 순응한다. 없는 데 이르면 있고, 가까운 데 이르면 보인다."[110] 왕간은 '도의 신성성을 부인하고 "우부우부가 앎, 능력, 행동이 함께함이 바로 도"[111]라고 강조한다. 그는 '백성일용'이 '도의 중심 내용이며 '도'를 검증하는 표준이기도 하다고 보았다. 성인의 도 또한 반드시 '백성일용'을 중심 내용으로 삼아야 한다. "성인의 경세는 가정의 일반사일 뿐이다."[112] "백성의 일용에 조리가 있는 곳이 바로 성인의 조리가 있는 곳이다."[113] "성인의 도는 백성의 일용과 다름이 없다. 차이가 있는 것은 모두 이단이라 일컫는다."[114] 왕간은 이렇게 '백성일용의 학'으로 범인과 성인을 소통시켜버렸다. 더욱이 그는 이를 기초로 다음과 같은 자신의 이상을 피력했다. "인자仁者는 천지 만물을 일체로 여긴다. 1물이 제자리를 얻지 못하면 자신이 제자리를 못 얻은 것이니 제자리를 얻도록 힘쓴 후에야 끝난다. 그래서 사람마다 군자가 되어 훌륭한 인재들이 즐비하며 천지가 자리를 잡고 만물이 잘 길러진다. 이것이 나의 뜻이다."[115]

왕간은 어려서 오랫동안 빈곤했던 생활을 경험했다. 그는 빈곤 탈출이야말로 '존신입본尊身立本', 즉 몸을 지키고 근본을 세우는 데 필요한 물질적 조건이라고 생각했다. 그래서 그의 '백성일용의 학'은 도덕 정신의 내용이 포함되어 있긴 하지만 사람들의 기본적 물질 생활에 대한 필요 또한 포함하고 있다. "일이 곧 학이고 도다. 추위와 굶주림에 떨고 빈곤에 찌든다면 그 근본을 잃은 것이며 학學이 아니다. 공자님께서도 '내 어찌 뒤웅박이겠느냐, 어떻게 매달린 채 먹지 않을 수 있겠는가?'[116]라고 하셨다."[117] 이는 빈곤 탈출을 갈구하는 민중의 소망을 반영한 것이다. 이와 같은 인식에 기초하여 왕간은 리학자들이 '인욕'으로 취급한 수많은 활동을 모두 '백성일용의 학'으로 받아들였다. 이를테면 그는 가난해서 벼슬하는 데 반대하지 않았다. 심지어 거업擧業, 즉 과거 응시 준비도 다 잘못된 일은 아니라고 생각했다. "이 학學을 알면 나아가는 곳과 진퇴하는 바에 각자 도가 있게 된다. 도를 행하기 위해 벼슬하는 사람이 있다. 도를 행하려고 벼슬하면 공경하고 신뢰하고 존중하면 된다. 가난 때문에 벼슬하는 사람이 있다. 가난해서 벼슬하면 직무를 다하고 계산이 맞는지 소나 양이 제대로 건강하게 자라고 있는지 확인하며 제대로 일을 하면 된다."[118] "학자들은 거업擧業의 학을 손가락질하는데 마치 증점曾點이 세 사람의 뜻을 취하지 않았던[119] 것과 같다. 거업이 어찌하여 모두 잘못일 수 있는가? 다만 군자의 안신입명이 여기에 없는 것뿐이다."[120] 그는 정주 리학의 금욕주의 수양 방법에 대해 더욱 적극적으로 반대한다. "일용日用으로 양지良知가 가리키는 것이 무엇인지 보여주었으며"[121] 현실 생활과 결합하여 사람들 스스로 고유한 가치를 인식하도록 계발시켰다. 그리하여 자존감과 자신감을 가지고 자유자재로 행해야 하는 것이면 하고 그쳐야 하는 것이면 그치게 함으로써 심체心體로 하여금 활발하고 유쾌한 상태를 영원히 유지하도록 했다. 이는 그의 사상이 광범한 군중의 지지를 얻도록 만들어주었다. 그의 후학들은 왕간의 이 사상을 더욱 발전시켰다. 하심은은 물욕을 사람의 자연 본성으로 여겼으며, 이지는 "옷을 입고 밥을 먹는 것이야말로 인륜이고 물리"[122]라고 크게 외쳤다. 그들의 사상은 하층 민중에게 큰 흡인력을 발휘했다. 왕간 등이 세속화한 유학은 정통 유학의 배척과 비판을 받았다. 예컨대 고헌성顧憲成은 다음과 같이 지적한 바 있다. "(하)심은 무리는 이익과 욕망으로 아교칠을 한 세숫대야에 앉아 있었기 때문에 사람들을 흔들어놓을 수 있었다."[123]

왕간의 '백성일용의 학'은 또 서민에 대한 문화 교육을 발전시켜 보통 민중의 정신생활 수준을 높이자는 요구를 포함하고 있다. 왕간은 이렇게 생각했다. "양지良知는 곧 성性이니 본성대로 편안하면 성聖이라 부른다. 선하지 못한 행동을 알아 반복하여 그것을 지키면 현賢이라 부른다. 다만 '백성이 일용하면서도 모르기' 때문에 '먼저 안 사람이 나중에 안 사람을 깨우쳐주는' 것이다. 하나를 알고 하나를 깨우쳐주니 더 간직할 것이 없다. 이는 배우는 데 싫증내지 않고 가르치는 데 게으르지 않았다는 공자의 말씀과 안팎에서 합치하는 도다."[124] 그는 '우부우부'는 '알고 행동할 줄 아는' 사람들인데 "일용하면서도 알지 못하는" 원인은 학습하지 않아서라고 보았다. 성인의 책임은 바로 "먼저 아는 사람이 나중에 아는 사람을 깨우쳐" "우부우부로 하여금 모두 공부를 해야 하는 이유"[125]를 알도록 하여 "사람마다 군자가 되어 집집마다 뛰어난 사람이 있는" 이상 사회를 실현하는 데 있다. 왕간은 청년 시대에 "의연하게 선각자를 자임하고 사람들이 무지한 것을 참지 못했다."[126] 그는 일생 동안 시종일관 "나이와 귀천과 현우를 가리지 않고 배울 뜻이 있는 사람에게 전수해주었다."[127] 그는 이를 강학과 전도傳道의 종지로 삼았다. 그의 학생 중에는 서월徐樾처럼 관료 사대부도 있었지만 더 많은 사람은 포의의 평민이었다. 이를테면 임춘林春은 임금 노동자 출신이고, 주서朱恕는 나무꾼이었으며 한정韓貞은 도기 기술자였다. 경정향耿定向은 말한다. "선생이 후학들을 이끔에 오직 갓끈을 맨 시서를 읽는 선비만을 훈련시켜 빠르게 깨치도록 하지 않고 모두 거둬들이는 풍토가 만들어졌다. 아래로 더벅머리 나무꾼에서 도공에 이르기까지 한번 기침소리를 들으면 하얀 눈으로 가슴을 씻어 내린 듯 천기天機를 이끌어 계발시켰다."[128] 왕간은 "우부우부 모두가 공부를 해야 하는 까닭을 이해시키는 데" 필생의 노력을 기울였다. 경전을 강구하는 유학의 '경생문사經生文士'와 달리 왕간이 제창한 것은 '백성일용의 학'이었으며 '우부속자愚夫俗子'를 대상으로 삼았다. 강학을 통해 "모두 자신의 본성과 영혼을 이해하고 스스로 완성하고 자족할"[129] 수 있도록 힘썼다. 사실 왕간만이 이런 것은 아니었다. 그의 후학 대부분이 이러했다. 이를테면 서월은 "경서는 읽되 구문 독해를 못하고 대부분의 글자도 모르는"[130] 안균顏鈞을 제자로 삼았다. 주서와 한정은 평생 향촌 교육에 종사하여 "농, 공, 상인으로 그를 따라다니는 사람이 1000여 명이었다."[131] 나여방羅汝芳은 "목동과 나무꾼, 낚시꾼과 어부, 시정의 소년, 공문의 장령, 행상이나 좌판, 길쌈하는 여자나 농부, 신발이나 훔치는 유생,[132] 의관을 갖춘 도둑에 이르기까지 단지 마음만 가져오면 받아주고 이유를 묻지 않았다. 하물며 포의로 책을 든 시람, 물이나 바위에서 사는 사람, 백면서생, 청금의 자제, 누런 갓에 흰 깃을 꽂은 도사, 검은 옷의 승려, 자단 예복의 선생, 상아 홀대를 들고 붉은 신발을 신은 사람들에 있어서랴! 그리하여 수레가 이르면 분주히 나가 맞이했다. 선생은 그 사이에 손뼉을 치며 앉아서 담소했다. 사람들이 풍채를 보니 선비들은 간편함을 즐기면서 혁대를 풀고 옷깃을 열어젖히는 등 온갖 모습으로 수시로 몰려들었다."[133] 이 때문에 중국 정치사상사에서 왕간과 그의 후학들이 창도한 '백성일용의 학'은 '경생문사'가 독점한 학술 문화를 타파했다는 데 의의가 있다.

왕간은 사상 체계에서 왕양명과 같은 점도 있고 다른 점도 있다. '백성일용의 학'이란 왕간의 명제는 유학의 세속화에 한 걸음 더 나아갔다. 그가 제기한 견해들은 일정한 개조를 거친 뒤 여러 정치 성향을 가진 사상가들에 의해 이용되었으며 그들의 사상을 탄생시키는 데 영향을 미치기도 했다. 예컨대 하심은, 이지 등은 왕간 학설의 영향을 받아 한 걸음 더 이단으로 발전했다.

그러나 기본적인 가치관에서 왕간은 왕양명과 근본적인 차이를 보이지는 않는다. 왕간의 사상 체계 가운데 성인의 도와 '백성일용의 도'는 같은 것이며 도, 중中, 양지, 성은 동일한 개념이다. 이른바 '백성일용 즉 도'는 평민 백성에게도 천부적인 양지가 있음을 집중적으로 강조하는 것에 다름 아니다. 즉 "양지와 천성은 사람마다 갖추고 있으며 인륜과 일용 사이에 어디다 놓느냐는 것일 따름"[134]이라는 것이다. 이 관점은 왕양명의 관점과 거의 구별할 수 없을 뿐만 아니라 "사람이면 누구나 요순이 될 수 있다"는 사상을 고취시킨 사맹思孟 학파와도 근본적인 차이가 없다. '백성일용의 도'의 사회정치적 내포는 여전히 종법화한 사회윤리와 정치 윤리다. 평민 백성이 손발을 움직이는 사이 종법 윤리에 부합하지 않으면 양지나 도가 아닌 것이다. '우부우부'가 "풍속을 망치거나" "군주를 해치고 어버이를 버리면" 이는 당연히 더더욱 도가 아니다. 왕간은 말한다. "온 고을을 통틀어 우부우부들이 공부를 해야 하는 까닭을 어찌 아는가! 배부르게 먹고 따뜻하게 입고 편안히 살면서 가르침이 없으면 금수에 가까워진다. 그리하여 풍속을 망치고 생명을 가벼이 여겨 윤리를 무너뜨리거나 군주를 해치고 어버이를 버리는 등 못하는 일이 없어 오형五刑을 범하게 되니 아무리 죽여도 끝이 안 나며 형벌이 그칠 날이 없게 되는 것이다."[135] 왕간은 '백성의 일용' 가운데 오직 종법 규범에 부합하는 것만이 비로소 '도'이며 그렇지 않으면 '도'가 아니라고 본 것이다. 왕동王棟이 일찍이 다음과 같이 해석한 적이 있다. "군자께서 백성일용이 도라고 말한 것은 특히 일시의 순응과 사사로운 지모가 싹트지 않음을 가리켜 한 말이다."[136] 백성 가운데 이렇게 "그윽하게 합치되는" 비율은 그다지 높지 않다. 보통의 경우 눈 깜짝할 사이에 "홀연히 금수의 지역에 들어가고도 스스로 알아차리지 못한다. 그래서 도와 합치한 자는 10분의 1 정도이며 도에 어긋나는 경우가 언제나 10분의 9를 차지한다"[137] 왕간의 취지와 잘 부합하는 말이다.

왕간의 인생 사상은 "나가면 반드시 제왕의 스승이 되고 머물면 반드시 천하 만세의 스승이 된다"[138]는 것이다. 여러 원인으로 "제왕의 스승이 되어" "군심君心의 잘못을 바로잡는" 소망을 실현할 수 없었기 때문에 그는 "머물면 반드시 천하 만세의 스승이 되어" 민심의 잘못을 바로잡는 일에다 주된 정력을 전부 투입했다. '양지학良知學'을 통속화했고, "먼저 안 사람이 나중에 안 사람을 깨우쳐주는" 형식으로 "일용하면서도 스스로 모르는" 백성을 교화시켜 우부우부로 하여금 정신적으로 저절로 종법 도덕에 귀의하도록 했다. 이것이 왕간 치학의 종지였다.

하심은의
'비명교非名敎로 통제 가능한'
도덕평등관

하심은何心隱(1517~1579)은 이름이 양여원梁汝元이며 자는 주건柱乾, 호가 부산夫山이고 강서 길주吉州(오늘날의 장시성 지안吉安) 사람이다. 저작으로는 『사서구정주해四書究正注解』『중경회고重慶會稿』『취합당자신기聚合堂自新記』 등이 있었으나 모두 망실되었으며 『찬동집爨桐集』『양부산유집梁夫山遺集』 등이 전해진다. 중화서국中華書局에서 출판한 『하심은집何心隱集』[139]이 있다.

하심은은 악을 원수처럼 미워했으며 풍부한 개성의 소유자다. 가정 25년(1546) 강서의 성시省試에 수석으로 합격했다. 그는 왕간의 '양지의 학'을 앙모했으며 왕간의 재전 제자인 안균을 사사했고 이로부터 과거 시험을 도모하지 않았다. 가정 38년(1559)[140] 편지를 써서 읍령邑令이 정식 세금 외의 세금을 강제로 걷는 것을 조롱하다 영어의 신세가 되었다가 친구의 도움으로 석방되었다. 이듬해 수도로 북상하여 세도가 엄숭嚴嵩을 파면시키려는 활동에 적극적으로 참여함으로써 권문귀족들의 원한을 샀다. 이에 억지로 이름과 성을 바꾸고 재앙을 피하여 남쪽으로 갔다. 장거정張居正이 사학私學을 금지시키자 하심은은 『원학원강原學原講』을 지어 그와 날카롭게 대결했다. "반드시 배우고 반드시 강론"할 것을 힘써 주장하고 "시대의 폐단을 풍자하여" 장거정의 '전정專政'을 질타했다.[141] 이로써 권문귀족들에 의해 반역자로 몰렸고 '요인妖人' '간범奸犯'으로 무고당해 체포되었으며 옥중에서 참사했다.

하심은의 사상은 왕간, 안균 등의 영향을 깊이 받았다. 안균은 자가 산농山農이며 왕간의 수제자인 서월徐樾을 사사했으며 왕간에게서 가르침을 받은 적도 있다. 그는 왕양명과 왕간의 학문을 극구 칭송했으며 계명성啓明星에 비유하기도 했다. 자신을 공자의 정통 전인이라고 명명하기도 했다. 안균은 태주 학파의 전통을 계승해 유학의 세속화를 대대적으로 추진했다. 이론적으로 심학의 '어천조명御天造命', 즉 운명을 자신이 만드니 천명 앞에 위축되지 않았고, '자아주재自我主宰' '인인군자人人君子'라는 사상 요소를 한 단계 발전시켜 사람들이 '내재하는 양지' 앞에서 서로 평등하다는 것을 고취했다. 하심은은 이 사유를 따라 계속 앞으로 나아가면서 왕간의 '만물일체' '인인군자' 사상과 안균의 '자아주재' 사상을 발전시켰다. 이로써 '사우師友'설은 군신과 부자, 사농공상이 도덕인격적으로 평등하다는 것을 논증했다. 이러한 사상은 유학의 주류파가 보기에 '소인의 거리낌' 정도에 속한다. 황종희도 태주 학파가 "안 산농山農과 하심은 일파에게 전해지면서 명교의 온갖 굴레를 거듭 비난하게 되었다"고 평가했다.(『명유학안』 「태주학안」)

하심은은 '만물일체'의 도덕철학 명제에서 출발하여 사람과 사람 사이에 친소와 귀천의 구분 혹은 상하와 존비의 차별을 과도하게 강조해서는 안 된다고 생각했다. "인仁은 친애하지 않음이 없는데 오직 어버이와의 친애함이 가장 크다. 그런데 부모와 자식 간의 친친親親만 있는 것이 아니다. 친애할 만한 사람들에게 두루 친애하고 혈기血氣를 가진 모든 존재를 친애하지 않음이 없는 데 이르러야 가장 위대한 친애라 할 수 있다. 친함이 자신의 거처를 넓혀 천하의 거처를 모두 덮을 수 있다면 충분히 인仁

을 닮았다고 하겠다."[142] "의義는 존중하지 않음이 없는데 오직 현인을 존중함이 가장 크다. 그런데 군주와 신하 간의 존현尊賢만 있는 것이 아니다. 존중할 만한 사람들을 두루 존중하고 혈기血氣를 가진 모든 존재를 존중하지 않음이 없는 데 이르러야 가장 위대한 존중이라 할 수 있다. 존중이 자신의 길을 바르게 하여 천하의 모든 길에 다다를 수 있다면 충분히 의義를 닮았다고 하겠다."[143] 그는 '친친'과 '존현'을 중시했다. 그러나 '친친'은 자기 친인척만 친애하는 데 머물러선 안 되고 모든 사람을 친애해야 한다. 그래야 "제 사는 곳을 넓혀 천하 사람들이 사는 곳을 모두 덮을" 수 있고, 비로소 "충분히 인을 닮았다고 할 수 있는" 최대의 친애가 된다. 존현 또한 군신 관계에만 한정되선 안 되고 모든 사람을 존경해야 한다. 그래야 "자신의 길을 바르게 하여 천하의 모든 길에 다다를" 수 있고, 비로소 "충분히 의를 닮았다고 할 수 있는" 최대의 존중에 이를 수 있다. 결국 "혈기를 지닌 존재라면 친애하지 않음이 없고 존중하지 않음이 없음"[144]을 실천해 친친과 존현을 시작으로 피아에 간극이 없고 타인과 내가 일체가 되는 데 이르러야 한다. 이것이 하심은이 이상으로 삼은 최고의 도덕적 경지였다.

이 사상에 의거하여 하심은은 오륜 관계를 새롭게 배열했다. 그는 사람과 사람 사이는 응당 '상교이우相交而友', 즉 서로 교류해서 벗이 되고, '상우이사相友而師', 즉 서로 벗이면서도 스승으로 삼아야 한다고 생각했다. 오륜 가운데 오직 사우師友의 윤상만이 평등의 의미에 부합하니 최고 층차의 사회도덕 관계다. 군신, 부자, 형제, 부부의 네 가지 윤상은 "교류가 아님이 없다". 하지만 혈연이나 정치, 경제 요소가 간섭하여 "혹 교류를 하면서 맞서고, 혹 교류를 하면서 허물이 없어지고, 혹 교류를 하면서 능멸하기도 하고 무작정 주기도 하여"[145] 평등한 교류가 아니다. 실천 범위 또한 과도하게 협소하여 "교류 가운데 작은 것"에 속한다. 그는 사우의 도로써 인간관계를 통솔하라고 주장한다. 전통적인 군신, 부자, 형제, 부부 관계를 개조하여 사우 관계로 융합시켜야 한다. 이로써 사회생활을 하는 각 부류의 사람들로 하여금 서로 교류하고 서로 친애하도록 해야 한다. "사람이 태어난 이래 몸도 집도 없었다"[146]는 그의 이상적 조직 형태 가운데 "신민은 또한 군주이며, 군주는 균均이고, 군주는 군群이다. 신민은 군주의 군群이 아닌 경우가 없다. 반드시 군주가 있고 난 뒤 군群할 수 있고, 균均할 수 있다. 한 몸으로 말하면 심心이 군주다. 군주는 사지와 온갖 뼈로 드러나니 원수元首가 군주다."[147] "군주와 신하는 서로 스승이 되고, 군주와 신하는 서로 벗이 된다."[148] "군주와 신하는 친구이며 서로 표리 관계다."[149] 그래서 이지는 하심은을 이렇게 평론했다. "인륜에 다섯 가지가 있는데 공께서는 넷을 버렸다. 오직 사우와 성현 사이에 몸을 두었을 따름이다."[150] 이는 전통 윤리 도덕관과 그것으로 유지되고 있는 삼엄한 등급 제도에 대해 어느 정도 충격을 주는 작용을 했다.

하심은은 나아가 사회생활 과정에서 사농공상士農工商이 모두 서로 평등해야 한다고 생각했다. "농공農工, 즉 농민과 노동자는 상인을 만나서 상인에 기대지 않으면 주체를 세울 수 없으며 평생 농공으로 끝날 것이다. 그런데 상인을 만나서 그에게 기대면 농공을 넘어서 상인이 될 것이니 상인에 주체가 없다고 말할 수 있겠는가? 상인이 사士를 보지 않고 사에 기대지 않으면 주체를 세울 수 없으며 평생 상인으로 끝날 것이다. 그런데 사를 만나고 그에게 기대면 상인을 넘어서 사가 될 것이니 사에 대해서 주체가 없다고 말할 수 있겠는가? 사가 성현을 만나서 성현에게 기대지 않으면 주체를 세울 수 없으며 평생 사로 끝날 것이다. 그런데 성현을 만나서 그에게 기대면 사를 넘어서 성현이 될 것이니 성현에 대해서 주체가 없다고 말할 수 있겠는가? 사람의 뜻은 언제나 보지 않는 것에 가려져 있으며 보면 넘어서지 못할 것이 아무것도 없다. 농공을 넘어서 상인이 되고, 상인을 넘어서 사가 된 것은 사람들이 넘어선 것이고 그렇게 한 것이다. 사를 넘어서 성현이 됨은 누가 실제로 그렇게 넘어서고 실제로 그렇게 되는가? 농공이나 상인이 넘어서는 것과 같은 것인가? 상인이 위대하고 사가 위대한 것은 모두가 알고 있으나 성현이 위대함은 잘 드러나지 않는다."[151] 농공과 상인이 아래에 있는 존재는 아니다. 모두 사가 될 수 있고 성현이 될 수 있다. 도의 앞에서 사회적 지위가 낮은 농공이나 상인도 사, 성현과 평등한 지위로 올라가게 된다. 이 사상은 왕간의 '만물일체' '체용일원體用一源'론 및 '자아'를 강조한 안균의 사상을 발전시켜 도출해낸 결론이다. 다만 하심은은 그들보다 한 걸음 더 나아갔다. 왕간은 이론적으로 '백성일용의 학'이야말로 성인의 도이며 "성인의 도는 백성의 일용과 다름이 없다"고 주장했을 뿐이다. 안균 또한 이론적으로 '자아'에 갖추어진 주체 정신 및 그 능동적 작용을 강조했을 뿐이다. 그런데 하심은은 이론적으로 농공과 상인이 사, 심지어 성현과 평등할 수 있다고 논증했을 뿐만 아니라 농공과 상인이 사나 성현과 평등한 지위를 얻고 싶으면 응당 "사람들의 의론이나 요구에 기대지 말고"[152] 스스로 쟁취하라고 분명하게 주장하기도 했다. 스스로 "작은 데 사로잡혀" 쟁취하지 않는다면 평등을 얻을 수 없을 뿐만 아니라 잘못하면 죽음의 재앙을 초래할 수도 있다는 것이다. 그래서 하심은은 농공과 상인들에게 자기 생존의 권리를 수호하고 자신의 사회적 지위를 쟁취하기 위해 투쟁하라고 호소한다. 그는 다음과 같이 강조한다. "농공은 자주적으로 주체이고자 하나 상인에게 주체를 기댈 수밖에 없다. 상인은 자주적으로 주체이고자 하나 사士에게 주체를 기댈 수밖에 없다."[153] 쟁취를 해야만 농공은 자신을 넘어서서 상인이될 수 있고, 상인은 넘어서서 사가 될 수 있고, 사는 넘어서서 성현이 될 수 있다고 주장한다. 이래야 "반드시 실제로 넘어서고 실제로 된다"[154]는 것이다.

공자 이래 역대 유학자들은 인애仁愛를 강구하지 않은 사람이 없었다. 하심은의 사상도 분명히 이런 유학 전통의 영향을 받았다. 그는 선배 유학자들의 추기급인推己及人, 즉 자신을 미루어 남을 다다르게 하는 정신을 계승하고 발전시켰다. 인애를 모든 인류의 '인仁'으로 미루어 다다르게 한다는 논의를 펼쳤다. "천하에 혈기를 가진 존재라면 존중하고 친애하지 않음이 없어야 한다"[155]는 왕간의 사상을 계승하고 발전시켜 친친, 존현을 "혈기를 지닌 존재는 친애하지 않음이 없고" "혈기를 지닌 존재라면 존중하지 않음이 없는" 데까지 확산시켰다. 더욱이 한 걸음 더 나아가 인간의 도덕 관계 가운데 '붕우朋友'의 지위와 작용을 특별히 강조했으며 이로써 유가의 인仁론과 사회관계론을 일정한 방향으로 극단까지 밀고 갔다. 이 사상은 당시 날로 절대화되어가던 왕권과 삼엄한 예법 제도, 그리고 정주 리학의 윤리관에 대한 비판이었고 충격이었으며 대항이었다. 이 점에서 정치사상 발전사에서 중요한 위치를 차지한다.

그렇다고 하심은이 군신, 부자 등 사회정치 관계의 가치를 완전히 부정한 것은 아니다. 이 점에 관해서는 다음 세 가지 방면으로 고찰해볼 수 있다.

첫째, 하심은이 말하는 평등은 주로 인성의 평등, 도덕 인격의 평등을 가리킨다. 즉 사람들이 '도' 앞에서 평등하다는 것이다. 그러나 사람들은 도 앞에서 차이가 있기도 하다. 도는 사회관계를 유지하는 준칙이고, 학문을 하고 도를 실천하는 것은 붕우의 도를 유지하는 기본 경로라고 그는 생각했다. "스승이 도는 아니나 도는 스승이 아니면 주疇, 즉 범주가 정해지지 않는다. 스승이 학문은 아니나 학문은 스승이 아니면 약約, 즉 규제가 이루어지지 않는다. 범주가 정해지지 않고 규제가 이루어지지 않으면 교류가 안 된다."[156] 이렇게도 말한다. "스승은 최고의 선이다. 도가 아님에도 도를 다함이 최고의 도다. 학문이 아님에도 학문을 다함이 최고의 학문이다."[157] 이렇게 "인仁은 곧 사람의 마음"이라는 점을 두고 말하자면 사람의 도덕적 본질은 동일하다. 사람은 도덕 추구라는 점에서 평등하므로 서로 붕우 관계다. "도를 다하느냐"의 여부를 가지고 말하자면 사람들이 다하느냐와 다하지 못하느냐, 이르렀느냐와 이르지 못했느냐의 구별이 있다. 그러니 스승은 도를 실천하고 학문을 하는 데 최고의 권위가 된다. 사람들은 반드시 스승을 존경하며 도를 실천하고 성현과 사생師生 관계를 맺어야 한다. 사생과 붕우는 각각 종과 횡으로 전체 사회를 연계시킨다. 이렇게 보면 도덕 인격의 평등이 끌어낸 정치적 결론은 오히려 정치상의 통속統屬 관계가 된다.

둘째, 군주 제도는 여전히 하심은의 설계의 기본적 정치 모델이었다. 군신 관계는 사생 종적 관계가 정치적으로 구현된 것이다. 하심은은 사람들이 서로 교류하여 붕우가 되고 학문을 하고 도를 실천하여 사생이 되고 "인仁으로 정책을 펼쳐서" 군신이 된다고 보았다. "달도達道, 즉 도에 다다르는 것은 군신에서 시작하는 것이 최상이다. 끝내 붕우에게 종속되는 것이 최하다."[158] "오직 군신이 된 뒤 천하의 호걸을 모을 수 있고 인으로 정책을 펼쳐 천하에 저절로 인仁이 회복된다. 천하가 군신으로 통합되지 않으면 어떻게 되겠는가? 그래서 당우唐虞 시대엔 도통道統으로 요순에게 통합되었다. 오직 붕우만이 천하의 영재를 모을 수 있고 인으로 교화를 베풀어 천하가 저절로 인으로 돌아간다. 천하가 붕우로 통합되지 않으면 어떻게 되겠는가? 그래서 『춘추』는 도통으로 공자에게 통합되었다."[159] 붕우, 사생, 군신은 모두 '달도'의 여러 표현 형식이다. 군신과 붕우는 서로 표리를 이루며 정치와 교화는 상호 보완한다. 즉 "군신의 도는 붕우를 통한 교화가 이루어지지 않으면 밝지 못한다. 붕우의 도는 군신을 통한 정책이 위로부터 나오지 않으면 실행되지 못한다."[160] 말하지 않아도 알 수 있듯이 군君과 사師의 합일이야말로 가장 이상적인 정치다. 그래서 하심은의 정치론 가운데 군주는 성인으로 전수되어온 '도심道心'의 인격화다. 이른바 "군주는 중中이다", "그 중中을 붙들고 있는 사람이며, 군주는 도로써 그 심을 붙들고 있다"[161]는 것이다. '중'은 또한 '군群'과 '균均'을 통해 운용되고 실현된다. "군신 관계에서 군주가 심心이 되어야 군신君臣을 군群, 즉 모이게 할 수 있고, 군신은 균均, 즉 고르게 조화할 수 있다. 그렇지 않으면 군주는 군주답지 않고 신하는 신하답지 않게 되어 모이지도 고르지도 못하게 된다."[162] 같은 논리에 의해 부자, 부부, 형제, 붕우 사이의 '군'과 '균' 또한 "도에 대한, 중中에 대한 군주의 심이 아닌 것이 없다."[163] 하심은의 '붕우'론이 군주에 대한 조정에 더욱 중점을 두고 있긴 하지만 기본적인 사유는 도통론, 군사합일君師合一론, 군주는 도가 있는 신하를 친구로 삼는다는 등 전통 정치 사유 방식을 벗어나지 못하고 있음을 이로써 알 수 있다.

셋째, 하심은의 이상 사회는 기껏해야 『예기』 「예운禮運」 편의 대동大同 세계다. 그는 안균을 모방하여 영풍永豐 하何씨 가문 내에 '취화당聚和堂'을 창건했다. "『대학』으로 먼저 제가齊家를 하고 취화당을 만들어 일족을 모았으며 친히 일족의 정사政事를 처리했다. 관혼상제와 부역 일체를 그것을 통하여 하게 하여 성공을 거두었다."[164] 하심은의 '취화당'은 스승의 '췌화회萃和會'에 비해 한 걸음 더 나아간 것이다. '췌화회'는 유학으로 교육 활동을 하는 장소로만 기능했으나 '취화당'은 모든 가족이 함께 생활하도록 했다. 이로써 더욱 농후한 종족 유토피아의 색채를 띠었다. 이 점은 하심은의 이상을 반영한 것이다. 하심은은 심학의 전인이었다. 그의 저작 가운데는 왕양명이나 왕간 등 종사들의 종법 관념에 대해 비판을 제기한 것이 없다.

군신사우君臣師友설은 오래된 명제이며 현실적으로 존재했던 사조다. 이 사상은 선진 시대에 발단했으며 역대 대유들의 저작 속에서도 수없이 언급되었다. 송명 이래 군권이 날로 절대화되면서 군신사우론은 조야 위아래에서 보편적으로 관심을 받았다. 리학 사상가들이 여러 차례 논증했을 뿐만 아니라 '제왕학'이라 불리는 『대학연의보』조차도 이 문제를 대서특필하면서 제왕은 응당 보신輔臣을 사우師友로 여겨야 한다고 주장한다. 이 명제의 기본 논리는 도덕 앞에 군주와 신하가 평등하다는 것이다. 하지만 군신 간 정치적 평등은 포함하지 않는다.

도덕 인격의 평등을 제창함이 필연적으로 정치 인격의 평등을 인정하고 선양함을 의미하지는 않는다는 것을 정치사상사는 거듭 증명해주었다. 하심은이 사우론을 통해 이상화한 군주 제도를 논증한 것 또한 그 예증의 하나다.

하심은의 사상은 격렬했고 인격은 고상했다. 과감히 권문귀족에 대항했으며 여러 차례 핍박을 받았으나 조금도 굴하지 않았다. 이는 중국 고대에 정견이 다른 사람들이 가진 전형적인 태도다. 그는 붕우 관계를 일체의 사회관계에 주입시키려고 노력했다. 그리하여 군신 관계, 부자 관계의 지배성과 예속성을 약화시키고자 했다. 이는 봉건 통치자들의 명교名敎와 예법에 거대한 충격으로 작용했으며 당시 사회정치 상황에 대한 심각한 비판이기도 했다. "맨손으로 이무기를 때려잡는" 하심은의 이러한 정신은 존경할 만하다. 사우론 같은 명제 또한 군주 정치를 비판하는 후세 사람들에게 소중한 사상적 재료를 제공해준다. 이 모두는 충분히 긍정할 만한 것이다.

제3절

이지의 정치사상:
평등의 추구와 개성의 선양

이지李贄(1527~1602)는 자가 탁오卓吾, 독오篤吾이며 호는 온릉거사溫陵居士다. 천주泉州 진강晉江(오늘날의 푸젠성 취안저우泉州) 사람으로 상인 출신이다. 4 대조 할아비지가 색목인과 인친 관계를 맺었으며 할아버지와 아버지 모두 이슬람교를 신봉했다. 이지는 어려서 『오경』을 두루 꿰뚫었으며 가정嘉靖 31년(1552) 거인擧人에 합격했다. 현교유縣教諭, 남경南京 국자박사國子博士 등을 역임했다. 가정 45년(1566) 서울로 가서 예부禮部의 사무를 맡았으나 지위는 미미하고 봉록은 박했다. 그러나 이지는 소박한 삶을 편안하게 여기고 일심으로 학문과 도를 배우고자 했다. "도를 듣지 못한 것보다 궁한 것은 없다. 스스로 만족하는 것보다 즐거운 것은 없다. 나는 10여 년간 남북을 바쁘게 다녔는데 오직 집안일에 대해서만은 따뜻한 살림이나 편안하게 즐기겠다는 생각을 완전히 잊어버렸다. 나는 서울에 인물들이 모여 있다고 들었으니 장차 방문하여 배우고자 한다."[165] 이해에 처음으로 왕수인의 학설을 익히고 "오묘한 도에 침잠했다". 나중에 왕간의 아들 왕 벽을 사사했으며 태주 학파의 진전을 얻었다.

만력萬曆 5년(1577) 운남 요안姚安의 지부知府로 전근을 갔으나 오래지 않아 벼슬살이에 염증이 나서 가솔을 이끌고 호북 황안黃安의 경정리耿定理 집으로 가 그의 자제들을 가르쳤다. 만력 12년(1584) 정리가 죽자 식솔들은 천주로 돌려보내고 홀로 마성麻城 용담호龍潭湖 위의 지불원芝佛院으로 가서 근 20년간 전심으로 학문에 열중했다. 그동안에 마성에서 강학을 했는데 영향이 매우 커서 "[마성] 일대가 미친 듯했다". 그의 저작은 통치자들에 의해 금서가 되었지만 "어리고 높은 기개를 지닌 선비"들은 그를 앙모했다. 만력 27년(1599) 『장서藏書』의 간행으로 더더욱 권력자들의 기피 대상이 되었다. 급사중給事中 장문달張問達이 이지를 탄핵했으며 명 신종神宗은 "엄히 치죄하라"는 조서를 내렸다. 만력 30년(1602) 봄, "어지러운 도를 제창하고 혹세무민했다"는 죄명으로 체포되었고, 3월 15일 면도칼로 목을 베어 옥중에서 죽었다.

이지는 개성이 무척 강하고 굳세서 타협을 몰랐다. 도학의 허위를 극도로 싫어했으며 세속을 받아들이지 못했다. 그는 20년 벼슬살이를 청산하면서 한 글자 '촉觸' 즉 부딪혔다는 말을 했다. "현縣의 박사가 되니 곧 현령, 제학提學과 부딪혔다. 태학의 박사가 되니 곧 좨주祭酒, 사업司業과 부딪혔다. (…) 마지막으로 군수가 되니 순무왕巡撫王과 부딪히고 수도락守道駱과 부딪혔다."[166] "나는 다만 구속을 받기 싫어해서 온갖 어려움을 당했다. 일생이 평탄치 못해 대지를 먹으로 삼아도 내 이야기를 다 써낼 수 없다."[167] 그는 사상이 급진적이고 심오했으며 평범하지 않았다. "말은 진실하면서도 지극했고 글은 천지를 놀라게 했다."[168] 만년에 머리가 빠지면서 뜻은 더 분명해져 과감히 이단을 자처했다. "요즘 견식이 없는 사람들 여럿이 나를 이단으로 바라본다. 그래서 나는 그에 맞추어 이단이 되어 저 풋내기들의 이름을 완성시켜주겠다."[169] 이지 사상의 주요 내용은 동심설童心說과 평등관을 제창한 것으로 선명한 반역 정신을 내포하고 있다. 그의 저작은 매우 풍부하며 주요 저서로는 『장서』 68권, 『속장서續藏書』 27권, 『분서』6권, 『속분서』5권 및 『사강평요史綱評要』『사서평四書評』『이씨문집李氏文集』 등이 있다.

01 천지본원설과 평등관

이지의 학술은 당연히 태주 학맥에 귀속된다. 그는 "심재心齋의 아들 동애공東崖公이 지贄의 스승"[170]이라고 분명히 말한 적이 있다. 심재는 태주 학파의 창시자인 왕간王艮이며 그의 아들인 왕벽王襞(동애공)의 학은 "사실상 정훈庭訓 즉 가정의 교훈에서 나온 것이다". 이지는 왕벽을 스승으로 모시면서 양명 심학의 4대 전승자가 되었다. 그는 도학道學의 위선을 배척하고 모든 성인이 평등하다고 주장했다. 개성을 선양하고 동심으로 돌아갈 것을 제창하기도 했다. 이는 왕양명의 '양지良知'설과 심재의 평등관의 영향을 받은 매우 분명한 흔적이다. 그렇다고 이재가 단순히 선인들의 견해를 계승한 것만은 아니며 사설師說에 고착된 것은 더더욱 아니다. 그는 특유의 담력으로 자신의 견해를 직설적으로 내세웠으며 선인들의 논의를 바탕에 깔고 인식론을 크게 진전시켰다.

첫째, 이지는 리학이 공인하고 있는 천리-태극이 만물의 본원이라는 설에 대하여 이의를 제기했다. 송대 정주程朱의 리학과 육문陸門의 심학, 명말 왕문王門의 심학은 문파가 달라 수많은 이론 문제를 둘러싸고 논쟁이 그치지 않았지만 그들 모두는 대체로 천리 혹은 태극이 천지 만물의 본

원임을 인정한다. 이지는 이 통설을 극력 배척하고 천지가 만물의 본원이라고 거듭 천명했다. "최초에 사람이 생겨날 때는 오직 음과 양 이기二氣, 남과 여 이명二命뿐이었다. 처음에 이른바 일一과 리理가 없었는데 어떻게 태극이 있었겠는가."[171] 이지는 남녀가 합하여 부부가 된 것이 인류 사회의 기원이며 자연스러운 과정이라고 생각했다. "부부는 인류의 시작이다. 부부가 있고 난 뒤 부자가 있고, 부자가 있고 난 뒤 형제가 있고, 형제가 있고 난 뒤 상하가 있다."[172] 한 걸음 더 나아가 근원을 찾아본다면 "극단적으로 말해 천과 지가 하나의 부부다. 그러므로 천지가 있고 난 뒤 만물이 있다."[173] 그리하여 이지는 "그런즉 천하 만물 모두가 둘에서 생겨나지 일一에서 생기지 않음이 분명하다"[174]는 결론을 얻었다. 천지가 만물의 본원이라는 이지의 주장은 『역전易傳』의 '천지부자생성설天地父子生成說' 즉 "천지가 있고 난 뒤 만물이 있고, 만물이 있고 난 뒤 남녀가 있다. 남녀가 있고 난 뒤 부부가 있고, 부부가 있고 난 뒤 부자가 있다"[175]는 주장을 중복한 것 같다. 하지만 그가 이로부터 강조한 "천하 만물은 모두 둘에서 생겨난다"는 말은 큰 의의를 지니고 있다. 한대 이래 유가 사상에서는 천지 만물의 본원을 언급할 때마다 언제나 하나로 귀결됨을 중시했으며 이는 기본적으로 사유의 정형화를 가져왔다. 이를테면 한대 유생들은 "도의 대원大原은 천天에서 나온다"면서 천으로 일一을 삼고 천으로 원元을 삼을 것을 강조했다. 위진 현학에서의 유有와 무無 논쟁은 '무를 소중히 여기든' '유를 존숭하든' 언제나 만물의 본원을 일로 귀결시키려고 했다. 송대 리학의 "무극無極으로부터 태극이 된다"는 주장은 천지 만물의 근본을 더더욱 일一로 귀결시키는 것이었다. 더구나 이와 같은 인식이 합리성을 지녔는지 여부는 차치하고 사유 방식만 놓고 볼 때 만물 본원의 유일성을 강조하는 것은 정치적인 왕권의 '대일통' 및 사상 문화에서 유학의 독존獨尊과 너무도 닮아 있음을 쉽게 알 수 있다. 특히 리학 사조는 천리를 우주의 근본으로 삼고 천리의 내용은 "효제충신孝悌忠信과 인의예지"를 벗어나지 않는다. 그리하여 도덕과 윤상이 본체의 지위로 상승하게 되고 전통 정치의 가치와 사회적 행위 규범의 절대성과 유일성을 강화하기에 이른다. 그런데 이지의 사상적 심연에는 다양화를 추구하는 인식론적 경향이 있었다. 그는 "도란 길이며 한길만이 아니다"[176]라고 말한 적이 있다. 리학자들이 천리-태극으로 만물의 근본을 개괄하는 것을 그는 받아들이기 어려웠다. 그는 이렇게 질문한다. "오늘날에 이른바 일一이란 과연 무슨 물건이며, 이른바 리란 과연 어디에 존재하며, 이른바 태극이란 과연 무엇을 가리키는 것인가? 둘이 일一에서 생겼다고 한다면 일은 또 어디에서 생겨난 것인가?"[177] 그는 이른바 천리, 태극, 또는 일을 모두 경험 밖의 물건으로 말로 분명하게 설명할 수 없는 것으로 보았다. "그래서 만물의 시작을 궁구하여 부부가 창조의 실마리임을 알게 되었다."[178] 그는 '부부 둘'에서 유추하여 "일과 이는 둘이고, 리와 기는 둘이고, 음양과 태극은 둘이고, 태극과 무극은 둘이다. 반복하여 끝까지 따지면 둘이 아닌 것이 없다"[179]고 한다. 천과 지 또한 부부와 마찬가지로 둘이다. "그래서 다만 부부 둘만을 말할 뿐 일一은 더욱 말하지 않고 리 또한 말하지 않는다."[180] 이지가 "둘을 근본으로 삼은" 것을 논리적으로 퇴고하기는 어렵다. 하지만 그가 부부로 천지를 비유하고 천지를 본체로 삼은 점은 매우 의미가 있다. 이는 세계의 본원을 자연으로 환원시켰을 뿐만 아니라 이지가 "천하 만물은 모두 둘에서 생긴다"는 명제를 가지고 '만물귀일萬物歸一'이라는 고정된 전통적 사유의 틀을 벗어나려고 했다는 점에서 더욱 중요하다. 이는 천리가 곧 윤상 도덕이라는 절대 권위를 부정한 것이며 이로써 인식론적으로 어느 정도 자유를 얻은 것이다. 실제로 이지는 과감히 관학官學과 경쟁을 벌이고 일一을 근본으로 삼는 것을 '망언妄言'이라고 공격했다. 이는 바로 그의 강렬한 회의 정신과 자유사상이 표현된 것이다. 이러한 인식은 그의 평등사상이 한 단계 더 발전하도록 길을 놓아주었다.

둘째, 이지는 '대도大道'의 내용이 인륜이나 물리物理 밖의 것이 아니라고 생각했다. "사람에게 있는 도는 땅에 있는 물과 같다. 사람이 도를 구하는 것은 땅을 파서 물을 구하는 것과 같다. 그러니 물은 땅에 없는 것이 아니며 사람이 도를 담지 않고 있지 않음이 분명하다."[181] 이지는 기왕 세간의 사물이 천지에 뿌리를 두고 자연에 근원하는 것이라면 '도'의 참된 본질 또한 세간의 풍진 세속에서 찾을 수밖에 없다고 보았다. '대도'는 물이 땅에 존재하듯이 사람의 마음속에 간직되어 있다는 것이다. "도는 본래 사람에게서 멀리 있지 않다. (…) 사람이 곧 도이며 도가 곧 사람이다. 사람 밖에 도는 없으며 도 밖에 사람 또한 없다."[182] 사람과 도가 서로 통한다는 것은 도의 내용에 일정한 제한을 가하게 된다. 도에 관한 경계는 기본적으로 인간사에 한정되며 이는 "인륜이나 물리" 밖의 것이 아니라는 표현이다. 이지는 말한다. "옷을 입고 밥을 먹는 것이 바로 인륜이자 물리다. 옷 입고 밥 먹는 일을 없앤다면 윤리도 물리도 없다. 세간의 여러 일은 모두 옷 입고 밥 먹는 일이다. 따라서 옷을 입고 밥을 먹으면 세간의 여러 일이 자연스레 그 가운데 있게 된다. 옷과 밥 외에 백성의 일과 전혀 다른 여러 일이 있는 것이 아니다."[183] 이 생각은 "일용日用이 도다"라는 왕간의 사상과 일맥상통한다.

정주학과 육왕학 대부분은 대도의 신성성과 영원성을 강조한다. 예컨대 주희는 천리 "자체가 고금에 걸쳐 영원히 존재하는 불멸의 물질"[184]이라고 말하고, 육상산은 "이 리의 위대함을 어떻게 헤아릴 수 있단 말인가?" "우주에 가득 찬 것은 하나의 리일 따름이다"[185]라고 말한다. 이지는 태주 학파를 이어받아 도의 세속성을 강조했다. "옷 입고 밥 먹는 일이 곧 인륜이자 물리"라는 주장은 만들어진 도의 신화를 무너뜨렸다. 성인끼리 전수되어온 천도가 그렇게 오를 수 없을 정도로 높은 것이 아니며 일상생활 중 손발을 움직이는 사이에 통찰하고 깨칠 수 있다고 주장한다. "그래서 '뭇 사물을 밝히고 인륜을 살피라'고 말한다. 윤리와 물리의 기초 위에서 밝히고 살피면 근본에 도달하여 참된 근원을 알게 된다."[186] 도의 세속화는 성인의 신비성을 약화시키고 범인과 성인 간 거리를 없애는 데 인식론적 전제를 제공해주었다.

셋째, 이지는 범인과 성인 간 차별이 없다는 평등관을 제기했다. 그는 사람은 천지가 만들어낸 존재로 수많은 면에서 공통성을 갖고 있다고 주장한다. "천하에 생지生知, 즉 나면서부터 알지 못하는 사람은 아무도 없다. 나면서부터 알지 못하는 사물은 아무것도 없다. 나면서부터 알지 못했던 적도 없다. 다만 자신이 모를 뿐인데 그렇다고 알지 못하도록 만들 수는 없는 것이다."[187] 이렇게도 말한다. "이 명덕이란 것은 위로 하늘과 같고 아래로 땅과 같으며 가운데로 천만 성현과 같다. 누가 덧붙일 수도 없으며 내가 덜어낼 수도 없는 것이다."[188] 사람의 '생지'와 '명덕'을 아는 데 있어서 나와 남 사이에 어떠한 본질적인 차별도 없다. 구체적으로 성인과 '범민凡民'에 대해서 이지는 양자 사이에 아무런 구분도 없다고 주장한다. "성인의 뜻은 이렇게 말하는 것이다. 너는 존덕성尊德性, 즉 덕성을 드높인 사람을 특이한 사람으로 여기지 말라. 그가 하는 바는 보통 사람들이 능히 하는 일에 불과할 따름이다."[189] "성인이 할 수 있는 일은 필부필부 중 어리석은 사람도 할 수 있다. 세간의 필부필부를 낮춰 보지 말라. (…) 만약 필부필부가 할 수 없는 일이라면 성인이라도 반드시 할 수 없을 것이다. 일체의 성인이 하는 일을 높여 보지 말라."[190] 그는 '하학상달下學上達', 즉 낮은 것을 공부하여 높은 이치를 깨친다는 주장에 반대하며 이렇게 질문한다. "공부해서 높은 이치를 깨친다고 하는데 성인이라도 모르는 것이 있으면 범인이 알게 해줄 수 있는가? (…) 성인이라도 할 수 없는 일이 있으면 범인이 하게 해줄 수 있는가? (…) 그러니 낮은 것을 공부하는 것은 성인이든 범인이든 같다. 범인이 성인과 마찬가지로 공부한다면 온 세상이 모두 성인이라고 말한들 무엇이 불가한가?"[191] 이지의 안중엔 성인과 범인이 능력이나 도덕 수양 방면에서 아무런 차이가 없었다. 그래서 그는 이렇게 단언한다. "요순과 길거리 사람들은 한가지다. 성인과 범인은 한가지다."[192]

"사람은 모두 요순이 될 수 있다"는 것은 유가 사상의 전통적 명제다. 이러한 범인 성인 평등론이 강조하고 있는 바는 본성의 덕을 수양하는 길목에서 범인과 성인의 기점이 평등하다는 이야기일 따름이다. 그리고 범인에서 성인이 되는 과정에 어떤 필연성도 존재하지 않으며 오직 성인이 될 가능성만 존재하는 것이다. 이지의 인식은 이러한 전통적 '기점 평등'론을 넘어선 것이었다. 그는 우부우부와 성인이 본성이나 능력 면에서 동일하다고 공공연히 주장한다. 그의 평등관은 전통적 인식보다 더 철저한 것으로 범인 성인 평등의 필연성을 돌출시켰나. 이지의 능력 평등론은 선명한 반전통 색채를 띠고 있다. 삼강오상이나 군신 등급 제도를 분명하게 부정한 것은 아니었지만 그는 등급 규범과 전통 예법의 무정함을 멸시하고 조롱했다. 그가 중년 이후 관직과 집을 버리고 머리를 깎고 뜻을 세워 세상 사람들이 신처럼 받드는 강상 예법을 일절 돌아보지 않은 것이야말로 그의 범인 성인 평등사상을 드러낸 것이었다.

마지막으로 이지는 범인 성인 평등사상을 기초로 정치 실천 과정에서 '치일致一의 도'를 제기했다. "후왕侯王들은 치일의 도가 서민과 동등함을 알지 못하기 때문에 신분의 귀함을 자신의 지위가 높은 것으로 생각한다. 높은 사람은 꼭 아랫사람을 짓밟는 걸 기본으로 여기고, 귀한 사람은 꼭 천한 사람을 짓밟는 걸 기본으로 여긴다. 무엇 때문인가? 치일의 이치에 따르면 서민은 아랫사람이 아니며 후왕은 높은 사람이 아니다."[193] 이지는 범성평등凡聖平等, 즉 범인과 성인이 평등하다는 것으로부터 군민君民

평등을 도출해냈다. 그가 말한 '치일의 도'는 통치자와 민중의 신분과 지위가 평등하다는 것이다. "그 언제 소위 고하高下와 귀천이 존재했었단 말인가!"[194] 그가 보기에 인류 사회는 범인과 성인의 구별이 없을뿐더러 귀천의 구분도 없다. 인심은 언제나 호흡이 맞아 고금이 한결같기 때문이다. "한때의 민심은 곧 천만세의 인심이니 고금은 다 하나의 마음이다."[195] 통치자가 이 이치를 잘 알기만 하면 전체 사회 구성원과 심리적 소통을 하고 등급 간 간극을 해소할 수 있다. 통치자의 정치적 표준이 민중의 정치적 요구와 일치될 수 있기 때문이다. "[마치] 위대한 순임금은 중中이 없었으나 백성의 중으로 중을 삼았고, 위대한 순임금은 선善이 없었으나 백성의 비근한 말을 선으로 삼았다. 그런즉 위대한 순임금은 지智가 없었음에도 천하와 합치하고 고금을 관통하는 지智를 성취했다."[196] 이러한 인식은 "하늘은 우리 백성의 눈을 통해 본다"는 맹자의 생각보다 한 차원 높다. 맹자의 논의는 유학자들이 지극히 받드는 주제이지만 사실을 따져보면 중민重民 사조의 범위를 벗어나지 못하며 통치자로 하여금 민심의 향배를 중시하라고 촉구하는 데 뜻이 있다. 그런데 이지는 고금이 한마음이며 상하는 동체이고 사람에겐 귀천이 없다고 주장한다. '치일의 도'의 논리를 그대로 따라가면 평등을 특징으로 하는 이상 사회가 형성될 수밖에 없다. 전통 유학과 대응하여 생각하면 이지의 평등사상은 일종의 인식론적 초월임에 틀림없다. 등급 관념이 뿌리 깊고 군주 전제가 날로 강화되어가던 명대에 세상을 놀라게 하고 귀머거리를 깨우기에 충분했다. 이론 자체는 지나치게 애매모호한 점이 있지만 확실히 계몽적 의미를 지니고 있었다.

동심설과
전통 가치 비판

이지는 평생 도학道學의 허위를 가장 미워했으며 무정한 폭로와 비판을 가했다. "[도학자들은] 평소 아무 일 없이 살면서 공손히 읍양하는 일만 이야기한다. 종일 바른 자세로 마치 진흙 인형처럼 앉아 잡념이 일지 않는 것이 바로 진실로 위대한 성현이라고 생각한다. 그중 간사함을 조금 배운 사람들은 다른 사람의 양지良知에 기대어 강석할 줄 알고 몰래 고관과 결탁하여 일단 놀라게 할 만한 지위에 오르면 면면이 상대를 노리며 결코 사람의 낯빛이 아니다. 심지어 서로를 밀어주면서 유능한 명철明哲이라고 자랑하기도 한다."197 관학화한 리학이 교조에 빠지고 경직화되어 세상을 바로잡거나 구제할 수 없었을 뿐만 아니라 거꾸로 부끄러움을 모르는 무리가 되어 세상을 속이고 이름을 훔쳐 부귀를 추구하는 도구로 삼았다. 배우지 못하고 기술도 없는 무리가 "성인이나 도학의 이름으로 요지를 말하지 못하면 평생 가난하고 천한 것을 부끄럽게 여겼다."198 이는 성학聖學 모독이다. 이지는 이를 극도로 미워했으며 "겉으론 도학을 한다면서 속으론 부귀를 바라고 유생의 우아한 복장을 하고 행동은 개나 돼지와 다름없다"199고 직설적으로 질타했다. 그리하여 이지는 동심설童心說을 제기함으로써 이 오류를 바로잡고자 했다.

이지는 "동자, 즉 어린아이는 인간의 시초이고 동심은 마음의 시초다,"[200] "동심은 거짓 없는 순진함이며 최초의 일념이 생겨난 근본 마음이다"[201]라고 생각했다. 동심은 인생 초기의 순진무구한 본질이 드러난 것이며 진심眞心이라 부르기도 한다. 사람에게 진심이 있으면 진인眞人이다. 그런데 나이가 들어가면서 경력이 늘어나고 사람들은 "이목을 통해 들어온 견문을 갖게 되고" "견문을 통해 들어온 도리를 갖게 되고" 차츰 아름다움과 추함이란 이름을 알게 되고 아름다움은 자랑하고 추함은 감추고 싶은 욕심이 생기게 된다. 그리하여 동심에 가림막이 쳐지고 "바깥에서 들어온 견문과 도리를 심心으로 삼게 된다."[202] "동심에 이미 장애가 생겼는데 그에 발출하여 언어가 되었다면 언어는 충심衷心에서 나온 것이 아니다. 그에 드러나서 정사政事가 되었다면 정사는 뿌리가 없는 것이다. 그에 뚜렷해져 문사文辭가 되었다면 문사는 통달할 수 없는 것이다."[203] 사람들이 순진무구한 본질을 잃으면 인격의 허위를 부른다. "사람이 이미 거짓되면 거짓되지 않는 것이 없다."[204] 행위는 비천하고 면목은 가증스럽다. 이지는 동심으로부터 저절로 나오는 것이 진실이라고 강조한다. 그렇다면 일체의 견문이나 도리는 동심이라는 저울 위에서 다시 새롭게 재보아 진위를 판단하고 가치를 결정해야 한다. 이러한 인식에 기초하여 이지는 전통 유학의 정치적 가치에 대하여 체계적으로 첨예한 비판을 가했다.

먼저 이지는 공자의 성인 형상에 이의를 제기한다. 그는 사람들 모두가 공자를 '대성大聖'이라 하고 노자와 부처를 이단이라고 하지만 "사람들이 대성과 이단을 진짜로 알지는 못한 것"[205]이라고 말한다. '부사父師', 즉 아버지나 스승으로부터 들은 것이고, 부사는 또 '유선儒先', 즉 유학자 선조에게서 들은 것이다. "유선 또한 대성과 이단을 진짜로 아는 것은 아니며 공자에 대해 그런 말이 있었다는 것"[206]일 따름이다. 사람들이 공자를 받드는 까닭은 수백 수천 년 이래 이 사람 저 사람이 이야기를 해와서다. "유선이 억측으로 말한 것을 어버이와 스승들이 답습하여 그대로 암송하고 어린아이들은 몽롱한 상태로 그렇게 듣는다. 모든 사람이 같은 말을 하니 깨뜨릴 수 없고, 1000년이 한결같으니 스스로 알지를 못한다."207 이는 절대로 "동심 자체에서 나온 것"이 아니다. 이지는 공자 스스로 성인을 자처한 적이 없으며 사람들에게 자기를 배우라고 가르친 적도 없다고 주장한다. "공자가 사람들에게 공자를 배우라고 가르쳤다면 어찌하여 안연이 인仁에 대해 묻자 '인의 실천은 자기로부터 비롯해야지' 타인으로부터 비롯하는 것이 아니라고 대답했겠는가! 어찌하여 '옛날 학자들은 자기를 실천했다'고 말하고 또 '군자는 자기로부터 구한다'고 말했겠는가!" 이렇게 볼 때 "공자 스스로 문인들에게 학술을 전수하지 않았음"208을 알 수 있다. 그러므로 후인들이 공자를 만세의 사표로 받드는 것은 맹목적 숭배이며 마치 "난쟁이 굿 구경하듯 사람들이 하는 말에 따라 그렇게 부화뇌동하는 것일 뿐이다."209 이지는 성인으로서 공자의 형상은 사람들이 지어낸 것이라고 생각했다. "보고 듣는 도리"에 속하는 모든 것은 응당 보통 사람의 본래 모습으로 되돌려야 한다고 주장한다. 어떤 도학자가 "하늘이 공자를 낳지 않았으면 만고가 긴 밤과 같았을 것"210이라고 말하자 유해劉諧란 이름을 가진 사람이 이렇게 풍자했다. "어쩐지 복희 이상의 성인들이 온종일 초와 종이를 태우며 다니더라니!"211 이지는 이 말을 듣고 옳다고 여기며 이렇게 말했다. "이 말은 간결하면서 적당하고 소략하면서 여유가 있다. 의문의 그물을 깨뜨리고 중천을 밝게 비출 수 있다. (…) 비록 한 때를 조롱하면서 내민 말이지만 그 지극함은 백대를 지나도 바뀌지 않을 것이다."212

한나라 이래 공자는 유가 문화와 봉건 통치 사상의 상징으로 전제 통치자들이 사상 문화의 전제를 추진하는 도구가 되었다. 이지는 역사를 본래 모습으로 되돌리고자 애써 노력했으며 "공자는 사람들에게 공자를 배우라고 가르친 적이 없다"고 거듭 강조했다. "공자는 공자를 배우라고 다른 사람에게 가르친 적이 없었기 때문에 뜻을 얻었어도 친히 천하를 반드시 가르치려고 하지 않았다. 그래서 성인이 위에 있어 만물이 제자리를 잡음은 자연스레 그렇게 되는 것이다."[213] 사실상 이지는 스스로 학자가 된 공자를 십분 존경했으며 이렇게 칭송했다. "출류발췌出類拔萃 즉 같은 무리 가운데 출중하게 뛰어난 사람이고, 온갖 인물 가운데 처음으로 튀어나온 사람이며, 노나라의 유학자 중 일등 인물이며, 천하의 유학자 중 일등 인물이며, 만세의 유학자 중 일등 인물이다."[214] 그가 규탄한 것은 역사상의 공자가 아니라 정치적으로 우상화되고 통치도구화된 공자였다. 그가 비판하고 부정한 것은 공자라는 형상에 응결된 '사상 대일통'의 정치적 가치였다. 그가 바라는 "성인이 위에 있어 만물이 제자리를 잡는" 세상은 자유로운 사유를 향한 그의 동경을 담아낸 것이며 사상문화적 전제에 대한 비판을 드러낸 것이다.

다음으로 이지는 유가 경전의 신성성에 의문을 제기했다. 그는 유가에서 신봉하는 경전인 『육경』『논어』『맹자』 등은 대부분 성인의 말씀이 아니라고 말한다. "사관史官들이 과도하게 포장한 말이 아니면 신하나 자식들이 극단적으로 찬미한 말이다."[215] 그것도 아니면 "우활한 문하생이나 몽매한 제자들이 스승의 말을 기억해 머리만 있고 꼬리는 없으며, 뒤만 있고 앞은 빠뜨린 채 자기 생각에 따라 책에 써놓은 것들이다."[216] 후대 학자들은 이런 속사정을 모른 채 "성인의 입에서 나온 것이라고 말하며"[217] 경전으로 존중한다. 혹은 그 가운데 성인의 논의도 의미 있는 발명도 있을 수 있으나 "병에 따라 약을 주는 데 불과하며 수시로 처방을 내려 이 몽매한 제자들과 우활한 문하생들을 구원하는 것뿐이다."[218] 이런 성인의 말씀은 마치 "약으로 거짓 병을 치료하듯 어떤 결정도 내리기 어려운데 어떻게 만세를 관통하는 지극한 의론이 될 수 있단 말인가?"[219] 그런데도 도학선생들은 경전을 신명처럼 숭상하며 "모두 공자의 시비是非를 시비로 삼은 것"[220]이라고 말한다. 유학 경전의 신성화는 시비에 대한 가치 판단 표준을 농단하는 것이다. 이지로서는 당연히 받아들일 수 없는 사항이었다. 그는 이렇게 힐문한다. "앞 삼대는 내가 논하지 않겠다. 뒤 삼대인 한나라, 당나라, 송나라를 보자. 그 중간 1100여 년 동안 유독 시비가 없었는데 어떻게 사람들 사이에 시비가 없을 수 있는가?"[221] 바로 '1100여 년 동안'의 사람이 "모두 공자의 시비를 시비로 여기며 시비를 가른 적이 없었기"[222] 때문에 그런 것이다. 이지는 시와 비의 가치 표준은 시대성을 갖는다고 생각했다. "세월과 시간에 따르는 것이니 밤낮만 바뀌어도 서로 일치하지 않는다. 어제의 시是가 오늘의 비非일 수 있고, 오늘의 비가 후일에는 시가 되기도 한다."[223] 공자의 시비는 그가 살았던 그 시대의 시비 판정일 뿐이다. "비록 공자가 오늘날 다시 살아난다고 해도 어떻게 시를 비라고 할지 모를 것이며 무엇을 근본으로 정하고 상과 벌을 행할 것인지 군색할 것이다."[224] 이지는 또 시비 판정의 표준에는 개성이 있다고 생각했다. "사람의 시비는 처음부터 정해진 바탕이 없다. 사람이 다른 사람을 시비 판단하는 것도 정론定論이 없다."[225] 기왕 시비를 판정할 수 없는 것이라면 사람들의 인식에는 차이가 생길 수밖에 없다. "피차간 시비"가 병행하기도 하고 함께 육성해주기도 하여 서로 해를 끼치지 않는다. 이지는 말한다. "하늘이 한 사람을 낳으니 저절로 한 사람의 쓰임새가 있는 법이다. 반드시 공자를 취급한 뒤에 충족되는 것은 아니다. 반드시 공자로부터 무엇을 얻어야 충족되는 것이라면 천고 이전 공자가 없었을 때는 끝내 사람이 될 수 없었다는 것인가?"[226] 그는 시비 판정의 다양화는 합리적이라고 생각했다. 무릇 태어나서 사람이 된 존재는 응당 시비에 관한 자기의 인식을 형성해야 한다. 그렇지 않으면 사람이 되지 못한 것이라고 생각했다. 그는 본인 스스로 힘써 실천했으며 시비 판정에 있어 자주성과 자신감으로 충만했다. 그는 「답경중승答耿中丞」에 "학술이 없을 수 있음을 배운 것"은 "공자의 말이지 나의 말이 아니다"라고 쓰고 있다. 『장서』 「세기열전총목전론世紀列傳總目前論」에는 "오늘날의 시비는 나 이탁오 한 사람의 시비라고 말해도 괜찮다. 천만세 위대한 현인들의 공적인 시비라고 말해도 괜찮다. 내가 천만세의 시비를 뒤집었으며 내가 시가 아니라고 한 것을 다시 시가 아니라고 말해도 괜찮다. 그러니 나의 시비는 그 괜찮음을 믿는 것이다"[227]라고 쓰여 있다. 이지가 살았던 시대는 리학이 사상 영역을 통치하고 선비들은 『육경』 『논어』 『맹자』를 받들고 벼슬살이의 명리만 추구했는데 시비 판정의 자주성을 생각할 겨를이나 있었겠는가! 오직 이지만이 초인적인 담력으로 "나 이탁오 한 사람의 시비"를 말하며 그 시대의 가장 강한 목소리를 냈을 따름이다.

유가 경전에는 군주 정치의 도덕 및 정치 가체 체계가 모여 있는데 이는 역대 통치자들이 정책을 결정하고 천하를 다스리는 이론적 근거이자 인식론적 근거를 찾는 표준이기도 했다. 이지는 유가 경전의 신성성에 의문을 제기하고 나아가 시비 가치 판정의 시대성과 자주성을 강조했다. 이는 전통 사상의 속박에서 벗어나길 갈망한 그의 자유로운 사유 경향을 충분히 드러내주었다.

다음으로 이지는 도통설道統說을 배격하고 학술의 평등을 주장했다. 당나라 한유가 도통을 제기한 이래 송, 명 시대에 이르러 그 주장이 더욱 성행하고 도학선생들은 도통을 제창함으로써 자기 학술의 정통적 지위를 표방했다. 도통은 사실상 통치자들이 이단을 공격하고 문화 전제를 실행하는 수단이 되었다. 이지는 도통설에 반대하고 성인으로 서로 전수되는 서열 따위는 존재하지 않는다고 생각했다. 그는 리학자들이 흥미진진하게 이야기하는 맹자 이후 대도가 끊겼다는 것은 "정말 큰 오류"라고 질타했다. "진나라로부터 한나라, 당나라로 그 후 송나라에 이르렀는데 중간에 진晉나라 및 오대五代를 거치는 등 천수백 년은 고려하지 않은 것이다. (…) 만약 사람들이 모두 도를 얻지 못했다면 인도가 끊긴 것인데 어떻게 그토록 긴 세대를 이어갈 수 있었겠는가.[228] 만약 "송나라 사람들이 염락관민濂洛關閩 즉 주돈이, 이정, 장재, 주희가 직접 맹자의 진전을 이었다고 주장한다면" "어찌하여 송나라 왕실은 갈수록 경쟁력이 없이 간당간당 숨넘어가는 사람의 모습이며 반대로 전승하지 못했다는 저들만도 못하단 말인가?"[229] 도통은 순전히 후인들이 만들어낸 망설이며 도학자들이 다른 주장을 압제하려고 이용하는 수단임을 알 수 있다. 이지는 스스로 "비록 머리를 깎아 중이 되었으나 사실은 유학자"[230]라고 말했다. 사실 이지는 불교와 도교에 두루 통달한 데다 섭렵하고 있는 것들도 잡박했다. 그는 유학의 독존에 반대하고 제자백가의 학문에 각자 장점이 있다고 생각했다. "각각 일정한 학술을 갖추었고 각각 반드시 이를 만한 업적을 갖고 있다." "각자 두루 쓰임새가 있으며 전체적으로 충분히 일을 판별할 수 있다."[231] 이는 일종의 학술 평등사상이다. 이지가 도통을 배격하고 학술 평등을 주장한 것 또한 시대에 대한 저항이었으며 사상문화적 전제의 질곡으로부터 벗어나려는 시도였다.

학술 원류로 볼 때 이지의 동심설은 왕간의 '양지良知'설이 특정 이론으로 발전한 것이다. 이지는 도학의 허위를 통한해 마지않았으며 이에 동심을 표준으로 삼아 성인 공자와 『육경』 등을 새롭게 재단했다. 이는 사실상 군주 정치가 건립되고 생존하는 데 밑거름이 된 정치적 가치 체계를 새로 가늠하려는 것이었다. 그 사상의 촉각은 사상과 문화 방면의 전제 제도와 정책을 직접 겨냥했다. 동심설은 인식론적으로 개인의 주체적 지위를 돌출시켰으며 성인이라는 외투를 과감히 벗기고 시비 가치 판정의 자주성을 용감하게 밝혔다. 이러한 인식은 개성과 자유사상을 선양하는 선명한 특징을 지녔으며 세상을 놀라게 하고 동지들을 계몽시키기에 충분했다.

03 사리설私利說

이지는 "옷 입고 밥 먹는 일이 바로 인륜이자 물리"라는 인식에서 출발하여 사리私利, 즉 사적 이익과 물질에 대한 추구야말로 인간 삶의 필수요건이라고 주장한다. "사私는 사람의 심이다. 사람은 반드시 사가 있은 뒤그 심이 나타난다. 사가 없다면 심도 없다."[232] 사심私心은 태어나면서부터 갖고 있는 사람의 본심이다. 광의의 개념으로는 식욕과 색욕으로 표현된다. 이를테면 "배고프면 반드시 먹을 것을 생각하고, 목마르면 반드시 마실 것을 생각한다. 천하에 어떻게 먹고 마실 것을 생각하지 않는 사람이 있겠는가!"[233] 구체적으로 말하면 밭을 갈고, 집안을 다스리고, 공부를 하고, 관직에 나아가는 것 모두 이익을 도모하는 행위다. "이를테면 밭을 소유한 사람은 사적으로 가을의 수확을 기대하여 밭가는 데 온 힘을 기울인다. 집안을 거느린 사람은 사적으로 창고가 가득 차길 바라서 집안을 다스리는 데 온 힘을 기울인다. 공부하는 사람은 사적으로 더 나은 걸 얻기 위해서 학업 도모에 온 힘을 기울인다. 관직에 있는 사람이라도 사적으로 봉록을 주지 않는다면 부름을 받아도 가지 않을 것이다."[234] 한마디로 사리야말로 사람들의 모든 경제 및 정치 활동 또는 행위의 원동력이라는 것이다. 그렇다면 이익을 추구하고 손해를 피하는 것은 사람들의 본능이 된다. 전통 유학에서 신봉하는 "정의正義, 즉 의를 바르게 세울 뿐 이익을 도모하지 않으며 명도明道, 즉 도를 밝힐 뿐 공적을 계산하지 않는다"[235]는 주장은 허위를 크게 드러낸 것에 불과하다. 이지는 날카롭게 지적한다. "사사로움을 없애라는 주장은 모두 그림 속 떡에 관한 이야기이거나 멀리서 유희를 구경하는 것에 불과하다."[236] 정의의 목적은 이익 도모이며 명도는 딱 그 공적을 계산하는 것이다. "의를 바르게 세우려는 것은 이롭게 해주는 것이다. 이익을 도모하지 않는 것이면 바르지 않아도 괜찮다. 내 도가 밝혀지면 내 공적이 완성되는 것이다. 공적을 계산하지 않는다면 도가 어느 때 밝혀질 수 있겠는가?"[237] 이를테면 동중서董仲舒가 "재이災異를 밝히려고 한 것은 이익을 계산하여 손해를 피하고자 함이었다."[238] 그렇지 않으면 하필 재이를 말했겠는가? 동씨는 손해를 피하고자 하면서도 어진 사람은 이익을 계산하지 않는다고 말했는데 사실상 모순에 다름 아니다. 인의는 외표이고 이해관계는 리理임을 알 수 있다. "진실로 나에게 이익이 됨을 알아서 내가 큰 공적을 이룰 수 있는 것이 아니라면 무엇 때문에 의를 바로 세우고 도를 밝히는 행위를 하겠는가?"[239] 이지는 "천하에 어떻게 공적을 계산하고 이익을 도모하지 않는 사람이 있겠는가!"라고 생각했다. 성인조차도 권세와 이익에 마음이 없을 수 없다. 공자도 보통 사람과 마찬가지로 높이 날아 멀리 가버릴 수 없어서 식량이 끊어지고 풀로 옷을 지어 입었다. 그는 노나라 국정을 도운 지 석 달 만에 "지극히 부귀를 누렸다". 공자는 자신이 이익을 좋아했을 뿐만 아니라 "사람들이 명예를 좋아한다는 것을 알고는 명예로 사람들을 가르치고 유인했다."[240] 이러한 인식은 곧 수백 수천 년의 전통 유학과 대립하는 것이었다. 바로 이러한 인식에 기초하여 이지는 전통 도덕이 길러낸 보편적 허위 인격을 무정하게 폭로했다.

이지는 말한다. "지식이 있은 이래 오늘날까지" 사람들의 "여러 일용은 모두 자기 몸과 가족을 위해 계산된 것이며 단 한 푼도 다른 사람을 위해 도모한 것은 없다."241 그런데도 "입을 열고 학문을 말하기만 하면 너는 자기를 위하지만 나는 타인을 위한다. 너는 자사自私 즉 이기적이지만 나는 이타적이다. 나는 동쪽 사람들의 굶주림을 가련하게 여기고 서쪽 사람들의 추위 또한 걱정되어 참기가 어렵다"242고 한다. 입으로는 조금도 자신이 아니라 전적으로 타인을 이롭게 한다고 말하지만 사실은 어느 것 하나 자기를 이롭게 하지 않는 것이 없다면서 말과 행동이 어긋나게 나가는 것을 표현한 말이다. 사람을 가르치는 사람들은 대대적으로 "오로지 도덕에 뜻을 두고 공명을 구하지 말 것이며 자리와 녹을 탐해선 안 되고, 득실을 걱정해선 안 된다"243고 선전한다. 하지만 이런 의론을 전개하는 사람들이 그 말이 진정으로 우러난 말이 아님을 모르지 않는다. 이지는 "다른 사람의 스승이 되어 부득불 이러한 논의를 세워 사람들을 가르치는 것"244이라고 생각했다. 말과 마음이 다른 이런 식의 도덕 교화가 오래오래 진행되면서 차츰 보편적 허위 인격이 형성되었다. "[사람들은] 입으로는 도덕을 말하나 마음은 고관에 있고 뜻은 거부巨富에 있다. 그리고 고관과 거부를 얻고도 계속 도덕을 말하며 스스로 인의를 지킨다고 자처한다."245 이런 사람들이야말로 사실상 세상을 가장 어지럽히고 망치는 존재들이다. "[그들은] 이름은 산인山人이라 하면서 마음은 장사치와 같다. 입으론 도덕을 말하나 뜻은 도둑질하는 데 있다."246 "거꾸로 시정의 어린 사내보다 못하다. 그는 몸으로 이 일을 하면서 입으로 이 일을 말한다. 장사하는 사람은 그저 장사만을 이야기하고, 힘써 밭을 가는 사람은 힘써 밭가는 일을 말할 뿐이다. 확실하고 의미도 있어서 정말로 유덕한 말들이다."247 도학의 허위 인격에 대한 이지의 분석은 참으로 예리하다.

이지는 이利의 합리성을 긍정한다. 정치에서도 실제로 이익을 강구하고 실질적 효과를 정치 도덕을 판정하는 표준으로 삼아야 한다고 본다. 이를테면 오대 시대의 풍도馮道는 네 왕조를 거치면서 다섯 성씨를 섬긴 것으로 인해 도학자들로부터 최대의 비난을 샀다. 군신 간 대의를 저버린 자로 가장 부끄러움을 모르는 존재로 취급당했다. 그런데 이지는 오히려 그를 칭찬한다. "차라리 제기를 안고 진晉에 귀순했다는 비방을 듣고 세월 따라 다섯 성씨를 섬겼다는 치욕을 받더라도 무고한 백성이 날로 도탄에 빠지는 것을 차마 보지 못했으니 모두 일정한 학술이 있다는 입장에서 그는 그리 구차한 사람이 아니다."248 여기서 이지는 '이민利民'을 잣대로 삼음으로써 세상 사람들의 견해와 크게 차이를 보이게 되었다. "맹자는 '사직이 중하고 군주는 가볍다'고 말한다. 이 말을 믿는다면 풍도는 그것을 안 것이다. 사社는 그것으로써 백성을 편안케 하고, 직稷은 그것으로써 백성을 기른다. 백성이 편안히 길러진 뒤에야 군신 간 책망이 막히기 시작한다. 군주가 백성을 편안히 기를 수 없어서 나중에 신하 홀로 백성을 편안히 길렀으니 그런 뒤 풍도에 대한 책망이 다하기 시작한다. 지금 오대 왕조들이 서로 선양했던 일을 돌아보니 점진적으로 이동했고 고요히 빼앗았다. 군사의 움직임이 있다고 하더라도 성을 공략하는 쟁탈전은 듣지 못했다. 50년간 비록 네 성이 바뀜을 경험하고 열두 명의 군주와 야율耶律씨의 거란 등을 섬겼으나 백성이 끝내 창끝과 살촉의 고통을 면한 것은 풍도가 편안히 기르는 데 힘썼기 때문이다."249 이런 인식은 분명히 유가의 전통적인 중민 사조의 한계를 넘어선 것이다. 전통 중민 사상은 군리君利와 민리民利의 일치성을 강조하고 안민은 곧 군권을 공고히 하는 전제였다. 이지는 오히려 민리의 가치가 군리보다 높다고 생각했는데 안민이 최종 목적이었다.

사리설로부터 민리의 중시에 이르기까지 이지는 유가의 전통적인 중의경리重義輕利와 충효절의 등 윤리적 가치 준칙을 새롭게 저울질하고 선택했다. 이러한 인식은 군주 정치의 근본 이익을 직접 건드리는 것이었으니 자기 견해를 직설적으로 드러내는 이지의 초인적 담력이 한층 더 드러난 것이다.

04

다양화된
이상 사회의 발전

이지의 사람됨은 개성이 극도로 선명하다. 그는 일찍이 「고결설_{高潔說}」이란 문장을 지어 이렇게 자술했다. "나는 성격이 고_高, 즉 높음을 좋아한다. 높음을 좋아하면 오만해져 내려갈 수가 없다. (…) 나는 성격이 결_潔, 즉 깨끗함을 좋아한다. 깨끗함을 좋아하면 기량이 좁아져 포용할 수가 없다."[250] 하지만 그가 "내려갈 수 없고" "포용할 수 없는" 것은 그 "세력과 부에 의지하는 사람" 혹은 "세력을 좇고 부에 아첨하는 사람"이었다. 그 "아주 조금이라도 좋은 점을 지닌" 사람에 대해서는 졸개든 노예든 대인이든 왕공이든 모두 내려갈 수도 있고 용납할 수도 있었다.[251] 이지의 고백은 두 가지 정보를 전달하고 있다. 첫째는 그의 개성이 고고하여 세상에 대한 분노와 속물에 대한 미움이 극도에 다다르고 있다는 것이고, 둘째는 그가 여전히 이상적인 도덕 또는 이상 사회를 품고 있다는 점이다. 그래서 우리는 이지의 신상으로부터 두 가지 대비점을 발견하게 된다. 한편으로는 추악하고 타락한 세상 풍토에 대한 통렬한 배척이다. "세간에 굴러먹는 사람들이 무슨 제한을 받는가. 주야로 쉴 때도 없이 수많은 대중 속에서 권문귀족을 아첨으로 섬기며 하루의 영광을 지키려 든다. 어두운 방비 새는 실내에서 노비의 안색으로 무릎을 꿇고 일시의 총애를 기다린다. 그러지 않는 사람이 없고 그러지 않을 때가 없다."[252] 세속에 대한 이지의 격분은 일종의 정의감과 비판 정신을 형성하게 만들었다. "그래서 당당하게 진을 치고 바른 깃발을 올리고 날마다 세상과 교전하면서 패하지 않는 것은 바른 병기가 나에게 있기 때문이다."[253] 이지는 거의 사회적 양심의 화신이 되었다. 다른 한편으로는 이상적인 도덕 사회를 향한 추구다. 이지는 스스로 "오늘날 나는 효제충신을 말하지 않은 적이 없다"[254]고 한 적이 있다. 주가朱嘉를 평론하면서 이런 말도 했다. "도학 자체는 좋으나 가짜 도학은 참으로 원망스럽다."[255] 그는 「충의수호전서忠義水滸傳序」라는 문장을 지어 수호전에 나오는 사람들이 "모두 충의하다"고 주장한 적이 있다. 그런데 무엇 때문에 충의지사가 수호로 귀순한 것인가? 주로 "오늘날 덕이 작은 사람이 덕이 큰 사람을 부리고 소현小賢이 대현을 부림이 리理가 되었기"[256] 때문이다. 이지가 기리는 충의의 전형은 송공명宋公明이다. 송강宋江만이 "몸은 수호 가운데 살면서도 마음은 조정 위에 있고 일념으로 안녕을 구하고 오로지 국가에 보답하는 길을 도모했기"[257] 때문이다. 이지가 책을 쓰고 주장을 세운 것은 바로 그의 도덕 이상을 선전하려는 것이었다. 그는 체포된 뒤 심문 과정에서 이렇게 말했다. "어찌하여 망령되이 책을 썼는가?" 답하길 "죄인의 저서는 매우 많은데 모두 성인의 가르침에 도움이 될지언정 손해는 없을 것입니다"[258]라고 했다. 원중도袁中道 또한 그의 저작이 "지나치게 잘못을 바로잡으려 하여 경중에 치우침이 없지 않다"고 말하고, 만약 "비판과 희롱하는 말을 버리고 세심하게 읽으면 중간의 빈 곳들을 깨고 있어서 세도와 인심에 큰 도움이 될"[259] 수 있다고 했다. 이지의 도덕 이상은 그로 하여금 깊은 '구세救世', 즉 세상에 대한 구제의 염원을 품도록 만들었으며, 그의 강렬한 개성과 비판 정신은 또 그로 하여금 '분세憤世' 즉 세상에 대한 분노의 감정을 품도록 만들었다. 구세와 분세가 이지의 마음속에서 충돌한 뒤 성장과 변화를 거치며 개성의 발전을 존중하는 일종의 이상 사회를 형성하게 되었다.

이지는 사람의 능력과 욕구는 각기 다르며 각자 특징을 갖고 있다고 생각했다. "[만약] 힘으로 할 수 있는 것, 마음에서 욕구하는 것, 추세에 따라 반드시 하는 것만을 들어보면 천만인 각자 천만인의 마음이 있는 것이고, 천만 개의 마음은 각자 천만인의 욕구에 따른다."[260] 인류 사회의 본래 모습은 바로 다양한 개성이다. 따라서 이상 정치는 반드시 개인의 선택을 존중해야 하며 개성의 발전을 허락해야 한다. 이를테면 "하늘과 땅은 각각의 자질에 따르기 때문에 도탑다. 만물은 평등하게 길러지며 서로를 해치지 않는다. (…) 평등하게 길러진다는 것을 받아들이기만 한다면 큰 것은 크게 되고 작은 것은 작게 될 것이니 천하에 제자리를 차지하지 못한 사물이 어디 있겠는가?"[261] 그런데 현실 사회는 '군자의 정치'다. 이런 정치 형태의 특징은 "자신에 뿌리를 두고" "반드시 자기의 기준에서 취한다". 통치자들은 자기의 가치 표준에 따라 타인을 재량하고 "자기에게 있는 것은 다른 사람들에게도 있기를 바라고, 자기에게 없는 것은 다른 사람들에게도 없기를 바란다".[262] 그리고 또 "일체의 유무 관련 규범이 가지런해지길 바란다".[263] 그리하여 일련의 규범 조항들이 만들어지고 "조항의 가르침이 빈번해지면서 형법이 시행되니 백성은 날로 일이 많아지게 된다".[264] '군자의 정치'를 추진하는 통치자는 근본적으로 사람의 개성을 존중해야 한다는 것을 모른다. 반대로 강제로 획일화하여 '유덕한 군주'라도 "형정刑政의 사용을 면할 수 없다"고 한다. 그들은 덕과 예를 이용해 "마음을 가두고" 정책과 형벌을 이용해 "사지를 묶어" 사람으로 하여금 제자리를 잃게 만들고 인도를 크게 위배하니 잘 다스려질 수가 없다. 이지는 '군자의 정치'에 맞서는 일종의 이상 정치 모델을 제기하고 '지인至人의 정치'라 부른다. 그의 구상에 따르면 이 이상적인 정치사회의 근본적 특징은 인간 개성의 발전을 존중하는 것이다. "사람에 기인하며" "언제나 사람에 순응한다"고 부르는데 "정치가 풍속을 바꾸지 않으므로 본성을 따르고 제 능력을 떨어내지 않는다."[265] 사람마다 주체 정신을 충분히 발휘하며 '자율' 도덕규범을 형성하면 속박하는 어떤 형식의 규정도 모두 없어질 것이다. "다시 말해 사람으로 사람을 다스리는 어떤 조항의 교조적 금기도 모두 불필요하다." "사람들이 저절로 다스릴 수 있어 금지하기 전에 미리 그친다."[266] 그리하여 사람들이 "각자 좋아하는 것을 따르고 각자 잘하는 일을 구하게 되니 중용되지 않은 사람이 하나도 없게 된다."[267] 천하 백성은 "각자 제 삶을 좇고 각자 제 원하는 것을 얻으니 마음을 바로잡아 감화되지 않는 경우가 없다."[268] 이러한 이상적인 정치사회에서 사람들은 나면서 평등하지만 능력과 욕구의 차이 때문에 실제로는 반대로 불평등하게 된다. 이지는 이것을 "하늘의 소위"라고 생각했다. "천하는 지극히 크고 사람은 지극히 많아서 만물이 가지런하지 않은데 이는 물정이 그런 것이다."[269] 이치상 차이는 자연스레 형성된다는 것이다. "식물을 재배하고 뒤집어엎는 것도 하늘이 반드시 그 재질에 따라 행하는데 하물며 사람에 있어서겠는가? 강약과 다과는 그 재질에 따라 정해진다. 약자는 강자에게 귀부하는데 붙지 않으면 필경 병탄된다. 소수는 다수에 귀부하는데 귀의하지 않으면 필경 병탄된다. 이것이 하늘의 도다."[270] 그러나 인위적으로 강한 것이 약한 것을 능멸하고 다수가 소수를 폭압하는 것은 불합리하다. 물론 약자가 강자에 귀속되고 강함이 약함을 능멸하는 것 사이에 어떤 차별이 있는지에 대해 이지는 한 걸음 더 나아가 구분하지는 못했다. 하지만 그가 묘사한 이상 사회는 사람을 존중하고 인심에 순응함을 특징으로 하며 개인의 다양한 발전을 존중하는 것이 목표였다. 이른바 "각자가 제 삶의 방식대로 살고 각자 원하는 바대로 얻는" 것이었는데, 이것만 보더라도 이지의 인식 속에는 일종의 계몽사상적 요소가 있었던 것이다.

전체적으로 볼 때 이지의 인식은 동시대 사람들로부터 멀리멀리 벗어나 있다. 그의 수많은 관점은 근본적으로 유학의 교훈과 경전에 어긋난다. 이를테면 진시황에 대해 "조룡祖龍[271]으로 천고의 영웅이며 열심히 노력해 천하를 하나로 만들었다"[272]고 말한다. 맹자를 "어찌하여 양혜왕이 이익을 말하는 것을 불허했는가"[273]라고 평가했다. 또 "공자의 시비를 충분한 근거로 삼을 수 없다" 등의 이야기를 했다. 이 때문에 수많은 저명한 학자가 이지를 끊임없이 질타했다. 동림당의 거두인 고헌성顧憲成조차도 이렇게 말했다. "이탁오는 대체로 사람들이 그르다고 하는 것을 옳다고 하고 사람들이 옳다고 하는 것을 그르다고 한다. 이는 성패를 시비라고 하는 것일 뿐이다. 학문이 여기에 이르면 참으로 도탄에 빠지게 되니 오직 앙옥절탄仰屋竊嘆, 즉 지붕마루 쳐다보며 탄식을 할 수 있을 뿐 다른 방도가 없다. 어찌하나! 어찌하나!"[274] 이 말은 곧 이지가 사상적 이단의 선구자임을 설명해주는 것이기도 하다. 사상의 선구자는 왕왕 가장 고독하며 때로는 전체 사회의 박해를 받기도 한다. 그러나 인류 사회는 바로 이와 같은 사상적 선구자의 인도하에 그의 몸을 밟고 앞으로 나아간다. 이는 인류 문명의 대가다. 이지의 비극은 곧 중화 민족이 문명으로 나아가는 대가 중 하나였다.

1   範圍朱陸而進退之.(『明儒學案』卷首「師說」)

2   多能赤手以搏龍蛇.(『명유학안』「태주학안泰州學案」)

3   왕양명이 용장역승龍場驛丞을 하던 1508년 수문현修文縣(오늘날의 구이저우성 구이
     양貴陽 동쪽)의 서하산棲霞山 기슭에 집을 짓고 치양지致良知의 깨침을 얻고 지행합
     일知行合一을 주장하기 시작한 곳. 현재 구이저우성에서는 이 근처에 거대한 유학아카
     데미 공학당孔學堂을 지어 기념하고 있다. ─옮긴이

4   어려서 태감太監이 되었으며 홍치제弘治帝의 총애를 등에 업고 사례감장인태감司禮監
     掌印太監으로 '서 있는 황제'로 불렸다. 나중 체포된 뒤 집에서 당시 세계 최고의 재산
     에 해당되는 황금 수백만 량이 나왔다고 한다. ─옮긴이

5   定爲國是, 學者尊信, 無敢疑貳.(『도원학고록道園學古錄』「발제령이장소각'구경''사서'跋
     濟寧李章所刻九經四書」)

6   以補兩家之未備.(『청용거사집淸容居士集』「공씨사서주육회동서龔氏四書朱陸會同書」)

7   範圍朱陸而進退之.(『명유학안』권수「사설」)

8   『명유학학』권수「사설」.

9   自程朱諸大儒沒, 而師友之道遂亡. 六經分列於訓詁支離, 蕪蔓於辭章業擧之習, 聖學幾
     於(저지의 子는 于의 오기─옮긴이)息矣.(『양명전서』「별삼자서'정묘'別三子序丁卯」)

10   冊子上鑽硏, 名物上考索, 形迹上比擬, 知識愈廣而人欲愈滋, 才力愈多而天理愈蔽.(『양
     명전서』「전습록상」)

11   一字一句所牽蔽, (…) 被一種似是而非之學兜絆羈靡.

12   人皆有是心, 心皆具是理, 心卽理也.(『육구연집』「여이재서與李宰書 2」)

13   人者, 天地萬物之心也; 心者, 天地萬物之主也. 心卽天, 言心則天地萬物皆擧之矣.(『양명
     전서』「답계명덕答季明德」)

14   夫物理不外於吾心. 外吾心而求物理, 無物理矣; 遺物理而求吾心, 吾心又何物邪? 心之
     體, 性也. 性卽理也. 故有孝親之心卽有孝之理, 無孝親之心卽無孝之理矣; 有忠君之心
     卽有忠之理, 無忠君之心卽無忠之理矣. 理豈外於吾心耶?(『양명전서』「전습록중」)

15   心卽理也. 天下又有心外之事, 心外之理乎?(『양명전서』「전습록상」)

16   天下之事雖千變萬化, 而皆不出於此心之一理, 然後知殊途而同歸, 百慮而一致.(『양명전
     서』「박약설博約說」)

17   一友指巖中花樹問曰: '天下無心外之物. 如此, 花樹在深山中自開自落於我心亦何相關?'
     先生曰: '你未看此花時, 此花與汝心同歸於寂; 你來看此花時, 則此花顏色一時明白起

來, 便知此花不在你心外.(『양명전서』「전습록하」)

18 蓋天地萬物與人原是一體, 其發竅之最精處, 是人心一點靈明. 風雨露雷日月星辰禽獸草木山川土石與人原只一體, 故五穀禽獸之類皆可以養人, 藥石之類皆可以療疾, 只爲同此一氣, 故能相通耳.

19 人的良知, 就是草木瓦石的良知. 若草木瓦石無人的良知, 不可以爲草木瓦石矣. 豈惟草木瓦石爲然, 天地無人的良知亦不可爲天地矣.(『양명전서』「전습록하」)

20 明明德者, 立其天地萬物一體之體也; 親民者, 達其天地萬物一體之用也. 故明明德必在於親民, 而親民乃所以明其明德也.(『양명전서』「대학문大學問」)

21 親吾之父以及人之父, 以及天下人之父, 而後吾之仁實與吾之父, 人之父, 與天下人之父而爲一體矣. 實與之爲一體, 而後孝之明德始明矣. 親吾之兄以及人之兄, 以及天下人之兄, 而後吾之仁實與吾之兄, 人之兄, 與天下人之兄而爲一體矣. 實與之爲一體, 而後弟之明德始明矣.(『양명전서』「대학문」)

22 君臣也, 夫婦也, 朋友也, 以至於山川鬼神鳥獸草木也, 莫不實有以親之, 以達吾一體之仁, 然後吾之明德始無不明, 而眞能以天地萬物爲一體矣.(『양명전서』「대학문」)

23 왕양명이 특이한 재능을 가진 사람으로 언급한 고皋는 순임금 때 놀라운 옥사 처리 능력을 지닌 고요皋陶를, 기夔는 요임금과 순임금 시절에 놀라운 청각을 지닌 악사를, 직稷은 요임금 때 놀라운 농업 성취를 보인 주나라 시조 후직后稷을, 설契은 요임금의 신하로 불을 다루는 놀라운 실력과 역법을 제정한 은나라 시조를 말한다. —옮긴이

24 天下之人, 熙熙皓皓, 皆相視如一家之親. 其才質之下者, 則安其農工商賈之分, 各勤其業以相生相養, 而無有乎希高慕外之心; 其才能之異, 若皋夔稷契者, 則出而各效其能.(『양명전서』「답고동교서答顧東橋書」)

25 公是非, 同好惡, 視人猶己, 視國猶家.(『양명전서』「전습록중」)

26 生民之困苦荼毒孰非疾痛之切於吾身者乎?(『양명전서』「전습록중」)

27 禽獸與草木同是愛的, 把草木去養禽獸, 又忍得? 人與禽獸同是愛的, 宰禽獸以養親與供祭祀燕賓客, 心又忍得? 至親與路人同是愛的, 如簞良豆羹, 得則生, 不得則死, 不能兩全, 寧救至親不救路人, 心又忍得? 這是道理合該如此.(『양명전서』「전습록하」)

28 所謂父子有親, 君臣有義, 夫婦有別, 長幼有序, 朋友有信, 五者而已.(『양명전서』「답고동교서」)

29 小心以奉官法, 勤謹以辦國課.(『양명전서』「십가패법고유각부부로자제十家牌法告諭各府父老子弟」)

30 『양명전서』「전습록하」.

31 鄙夫自知的是非便是他本來天則.(『양명전서』「전습록하」)

32 『양명전서』「전습록중」.

33 『양명전서』「여마자행旅馬子莘」.

34 天地間活潑潑地無非此理, 便是吾良知的流行不息.(『양명전서』「전습록 하」)

35 天地萬物具在我良知的發用流行中, 何嘗又有一物超於良知之外, 能作得障碍?

36 良知是造化的精靈. 這些精靈生天生地成鬼成帝, 皆從此出, 眞是與物無對.(『양명전서』「전습록하」)

37 良知良能, 愚夫愚婦與聖人同. 但惟聖人能致其良知, 而愚夫愚婦不能致, 此聖愚之所由分也.(『양명전서』「전습록중」)

38 心之良知是謂聖, 聖人之學, 惟是致此良知而已. 自然而致之者, 聖人也; 勉然而致之者, 賢人也; 自蔽自昧而不肯致之者, 愚不肖者也. 愚不肖者, 雖其蔽昧之極, 良知又未嘗不存也, 苟能致之, 卽與聖人無異矣. 此良知所以爲愚愚之同具, 而人皆可以爲堯舜者, 以此也. 是故致良知之外無學矣. 自孔孟旣沒, 此學失傳幾千百年, 賴天之靈, 偶復有見, 誠千古之一快, 百世以俟聖人而不惑者也.(『양명전서』「서위사맹권書魏師孟卷」)

39 『양명전서』「답고동교서」.

40 誠意之本又在於知知也. 所謂人雖不知而己所獨知者, 此正是吾心良知處. 然知得善却不依這個良知便做去, 知得不善却不依這個良知便不去做, 則這個良知便遮蔽了, 是不能致知也. 吾心良知旣不能擴充到底, 則善雖知好, 不能著實好了; 惡雖知惡, 不能著實惡了, 如何得意誠!(『양명전서』「전습록하」)

41 爾那一點良知是爾自家底準則. 爾意念著處, 他是便知是, 非便知非, 更瞞他一些不得. 爾只不要欺他, 實實落落依着他做去.(『양명전서』「전습록하」)

42 人孰無是良知乎? 獨有不能致之耳. (…) 良知也者, 是所謂'天下之大本'也. 致是良知而行, 則所謂'天下之達道'也.(『양명전서』「서주수건권 을유書朱守乾卷乙酉」)

43 吾平生講學, 只是致良知'三字.(『양명전서』「기정헌남수묵 2권寄正憲男手墨二卷」)

44 千古聖聖相傳一點滴骨血也. (…) 聖門正法眼藏.(『양명전서』「연보 2년譜二」)

45 後世良知之學不明, 天下之人用其私智以相比軋, 是以人各有心, 而偏鎖僻陋之見狡僞陰邪之術至於不可勝說, 外假仁義之名而内以行其自私自利之實, 詭辭以阿俗, 矯行以干譽, 掩人之善而襲以爲己長, 訐人之私而竊以爲己直, 忿以相勝而猶謂之徇義, 險以相傾而猶謂之疾惡, 妒賢忌能而猶自以爲公是非, 恣情縱欲而猶自以爲同好惡, 相陵相賊, 自其一家骨肉之親已不能無爾我勝負之意彼此藩籬之形, 而況于天下之大, 民物之衆, 又何能一體而視之?則無怪於紛紛籍籍, 而禍亂相尋於無窮矣!僕誠賴天之靈, 偶有見

於良知之學, 以爲必由此而後天下可得而治.(『양명전서』「답섭문위답聶文蔚」)

46　今之學者以仁義爲不可學, 性命之爲無益.(『양명전서』「별담감천서別湛甘泉序」)

47　格者, 正也, 正其不正以歸於正之謂.(『양명전서』「대학문」)

48　天下之物本無可格者. 其格物之功只在身心上做.(『양명전서』「전습록하」)

49　致吾心良知之天理於事事物物, 皆得其理矣. 致吾心之良知者, 致知也; 事事物物皆得
　　其理者, 格物也. 是合心與理而爲一者也.(『양명전서』「답고동교서」)

50　從靜坐中養出個端倪來.

51　然後見吾此心之體.(『명유학안』「백사학안白沙學案」)

52　只要去人欲存天理, 方是功夫. 靜時念念去人欲存天理, 動時念念去人欲存天理, 不管寧
　　靜不寧靜. 若靠那寧靜, 不惟漸有喜靜厭動之弊, 中間許多病痛只是潛伏在, 終不能絶去,
　　遇事依舊滋長. 以循理爲主, 何嘗不寧靜? 以寧靜爲主, 未必能循理.(『양명전서』「전습록
　　상」)

53　良知只是個是非之心, 是非只是個好惡. 只好惡便盡了是非, 只是非就盡了萬事萬變.(『양
　　명전서』「전습록하」)

54　民雖格面, 未知格心.

55　知這良知訣竅, 隨他多少邪念枉念, 這里一覺, 都自消融. 眞個是靈丹一粒, 點鐵成
　　金.(『양명전서』「전습록하」)

56　去此心之人欲, 存吾心之天理耳.(『양명전서』「전습록상」)

57　人若眞實切己, 用功不已, 則於此心天理之精微日見一日, 私欲之細微亦日見一日.

58　有疑便問, 問了又走, 方漸能到得欲到之處.(『양명전서』「전습록상」)

59　初學時心猿意馬, 拴縛不定. 其所思慮多是人欲一邊, 故且敎之靜坐息慮.(『양명전서』
　　「전습록상」)

60　如去盜賊, 須有個掃除廓淸之意.

61　將好色好貨好名等私, 逐一追究搜尋出來, 定要拔去病根, 永不復起, 方始爲快.(『양명
　　서』「전습록상」)

62　非防於未萌之先, 而克於方萌之際不能也.(『양명전서』「답육원정서答陸原靜書」)

63　猫之捕鼠, 一眼看着, 一耳聽着, 才有一念萌動, 卽與克去, 斬釘截鐵, 不可姑容, 與它方
　　便; 不可窩藏, 不可放它出路, 方是眞實用功, 方能掃除廓淸.(『양명전서』「전습록상」)

64　『양명전서』「전습록상」.

65　一切聲利嗜好俱能脫落殆盡.

66　人於生死念頭本從生身命根上帶來, 故不易去.(『양명전서』「전습록하」)

67 便於全體未融釋處.

68 無視無聽, 無思無作, 淡然平懷.

69 見父自然知孝, 見兄自然知弟, 見孺子入井自然知惻隱.(『양명전서』「전습록상」)

70 看得透徹, 隨他千言萬語, 是非誠僞, 到前便明.(『양명전서』「전습록하」)

71 夫道, 天下之公道也; 學, 天下之公學也. 非朱子可得而私也, 非孔子可得而私也. 天下之
公也, 公言之而已矣. 故言之而是, 雖異於己, 乃益於己也; 言之而非, 雖同於己, 適損於
己也.

72 夫學, 貴得之心. 求之於心而非也, 雖其言之出於孔子, 不敢以爲是也. 而況其未及孔子者
乎?(『양명전서』「답나정암소재서答羅整庵少宰書」)

73 以絕世之資, 倡其新說, 鼓動海內. 嘉靖以後, 從王氏而詆朱子者始接踵於人間.(『일지록
日知錄』「주자만년정론朱子晚年定論」)

74 不致知, 怎生行得? 勉强行者, 安能持久?(『하남정씨유서』권18)

75 吾知此理卽乾, 行此理卽坤. 知之在行, 故曰'乾知太始'; 行之在後, 故曰'坤作成物.'(『육구
연집』「어록상」)

76 論先後, 知爲先.(『주자어류』권9)

77 只說一個知, 已自有行在; 只說一個行, 已自有知在. (…) 知行如何分得開?(『양명전서』
「전습록상」)

78 終身不行, 亦遂終身不知.

79 眞知卽所以爲行, 不行不足謂之知.(『양명전서』「답고동교서」)

80 聖賢教人知行, 正是安復那本體.(『양명전서』「전습록상」)

81 行之明覺精察處便是知, 知之眞切篤實處便是行. 若行而不能精察明覺, 便是冥行, 便是
學而不思則罔, 所以必須說個知; 知而不能眞切篤實, 便是妄想, 便是思而不學則殆, 所
以必須說個行, 元來只是一個工夫.(『양명전서』「답우인문答友人問」)

82 如知其爲善也, 致其知爲善之知而必爲之, 則知至矣. (…) 知猶水也, 人心之無不知, 猶
水之無不就下也. 決而行之, 無有不就下者. 決而行之者, 致知之謂也. 此吾所謂'知行合
一'者也.(『양명전서』「서주수해권書朱子守諧卷」)

83 『예기』「곡례」에 나오는 말로 동온하청冬溫夏淸, 즉 부모를 모심에 겨울엔 따뜻하게溫,
여름엔 시원하게淸 해드린다는 뜻. 정정은 이부자리를 펴는 행위, 성성은 조석으로 문
안을 여쭙는 행위를 말한다. ─옮긴이

84 '語孝於溫淸定省, 孰不知之?', 然而能致其知者鮮矣. 若謂粗知溫淸定省之儀節而遂謂
之能致其知, 則凡知君之當仁者皆可謂之能致其仁之知, 知臣之當忠者皆可謂之能致其

忠之知, 則天下孰非致知者邪? 以是而言, 可以知致知之必在於行, 而不行之不可以爲致知也, 明矣. 知行合一之體, 不益較然矣乎?(『양명전서』「답고동교서」)

85 　逮其後世, 功利之說日浸以盛, 不復知有明德親民之實. 士皆巧文博詞以飾詐, 相規以僞, 相軋以利, 外冠裳而内禽獸, 而猶或自以爲從事於聖賢之學. 如是而欲挽而復之三代, 嗚呼其難哉! 吾爲此懼, 揭知行合一之說, 訂致知格物之謬, 思有以正人心, 息邪說, 以求明先聖之學.(『양명전서』「서임사훈권書林司訓卷」)

86 　今人學問, 只因知行分作兩件, 故有一念發動, 雖是不善, 然却未嘗行使去禁止. 我今說個'知行合一', 正要人曉得一念發動處便卽是行了, 發動處有不善, 就將這不善的念克倒了, 須要徹根徹底, 不使那一念不善潛伏在胸中. 此是我立言宗旨(『양명전서』「전습록하」)

87 　『양명전서』「답고동교서」.

88 　『양명전서』「전습록상」.

89 　某今說知行合一, 雖亦是就今時補偏救弊說, 然知行體段亦本來如是.(『양명전서』「답우인문」)

90 　此雖吃緊救弊而發, 然知行之體本來如是, 非以其意抑揚其間, 姑爲是說以苟一時之效者也.(『양명전서』「답고동교서」)

91 　今人却就將知行分作兩件事去做, 以爲必先知了, 然後能行, 我如今且去講習討論, 做知的工夫, 待知得眞了, 方去做行的工夫, 故遂終身不行, 亦遂終身不知. 此不是小病痛, 其來已非一日矣. 某今說個知行合一, 正是對病的藥, 又不是某鑿空杜撰. 知行本體原是如此, 今若知得宗旨, 卽說兩個亦不妨, 亦只是一個. 若不會宗旨, 便說一個亦濟得甚事!(『양명전서』「전습록상」)

92 　知行合一之說, 專爲近世學者分知行爲兩事, 必欲先用知之之功而後行, 遂致終身不行, 故不得已而爲此補偏救弊之言.(「왕양명답주충서지王陽明答周冲書之 4」, 『중국 철학』 제1집)

93 　聖學只一個工夫, 知行不可分作兩事.(『양명전서』「전습록상」)

94 　知行工夫本不可離.(『양명전서』「답고동교서」)

95 　門人問曰: '知行如何得合一? 且如中庸言博學之, 又說個篤行之, 分明知行是兩件.' 先生曰: '博學只是事事學存此天理, 篤行只是學之不已之意.' 又問: '易學以聚之, 又言仁以行之, 此是如何?' 先生曰: '也是如此. 事事去學存此天理, 則此心更無放失時, 故曰學以聚之; 然常學存此天理, 更無私欲間斷, 此卽是此心不息處, 故曰仁以行之.' 又問: '孔子言知及之, 仁不能守之, 知行却是兩個了.' 先生曰: '說及之已是行了, 但不能常常行, 已爲私欲間斷, 便是仁不能守.

96 不可惡其囑託, 加意治之; 不可因其請求, 屬意從之.

97 簿書訟獄之間, 無非實學. 若離了事物爲學, 却是著空.(『양명전서』「전습록상」)

98 恭儉以守家業, 謙和以處鄉里. 心要平恕, 毋得輕意忿爭; 事要含忍, 毋得輒興詞訟. 見善
    互相勸勉, 有惡互相懲戒, 務興禮讓之風, 以成敦厚之俗.(『양명전서』「십가패법고유각부
    부로자제」)

99 중세 기도교 철학의 한 흐름인 스콜라철학Scholasticism을 중국에선 경원經院철학이
    라고 부른다. 이성적 사유를 중심으로 학교와 번쇄한 공부를 통해 논증에 주력했다는
    점에서 저자는 정주 리학을 경원철학이라 부르고 있다. ─옮긴이

100 주희朱熹의 원적은 안휘성 무원婺源이며 그의 아버지 주송朱松이 공부했던 자양산紫
    陽山이 있다. 주희는 고향을 그리워하여 책에다 스스로를 '자양 주희'라고 자주 썼다.
    ─옮긴이

101 紫陽之學所以敎天下之君子, 陽明之學所以敎天下之小人.(『조고집雕菰集』「양지론良知
    論」)

102 이하 『전집』으로 간칭.

103 이하 『유집』으로 간칭.

104 某草莽匹夫, 而堯舜君民之心, 未能一日而忘.

105 舜耕歷山, 欣然樂而忘天下.

106 當時有堯在上.(『전집』「왕간별전王艮別傳」)

107 時時不滿其師說.(『명유학안』「태주학안泰州學案」)

108 往往駕師說上之.(『명사』「왕간전」)

109 大會同志, 聚講於書院, 訂盟以歸.(『전집』「연보」)

110 先生言百姓日用是道. 初聞多不信. 先生指僮僕之往來視聽持行泛應動作處, 不假安排,
    俱是順帝之則, 至無而有, 至近而視.(『전집』「연보」)

111 愚夫愚婦, 與知能行便是道.(『유집』「어록」)

112 聖人經世, 只是家常事.

113 百姓日用條理處卽是聖人之條理處.

114 聖人之道, 無異於百姓日用. 凡有異者, 皆謂之異端.(『전집』「어록」)

115 夫仁者以天地萬物爲一體, 一物不獲其所, 卽已之不獲其所也, 務使獲所而後已. 是故人
    人君子, 比屋可封, 天地位而萬物育, 此予之志也.(『전집』「면인방서벽시제생勉仁方書壁
    示諸生」)

116 『논어』「양화陽貨」편에 보인다.

117 卽事是學, 卽事是道. 人有困於貧而凍餒其身者, 則亦失其本而非學也. 夫子曰: '吾豈匏瓜也哉, 焉能繫而不食?'(『유집』「어록」)

118 知此學, 則出處進退各有其道. 有爲行道而仕者; 行道而仕, 敬焉信焉尊焉可也. 有爲貧而仕者; 爲貧而仕, 在乎盡職, 會計當, 牛羊苗壯長而已矣.

119 『논어』「선진先進」편에 나오는 공자와 네 제자와의 대화를 염두에 둔 발언이다. 국가를 위해 도의를 실현하겠다는 세 제자와 달리 증점은 성장하고 기하沂河 물가에서 유유자적하겠다고 말하고 공자 또한 이에 찬동한다. 원문은 다음과 같다: 子路, 曾晳, 冉有, 公西華侍坐. 子曰: "以吾一日長乎爾, 毋吾以也." 居則曰: '不吾知也! 如或知爾, 則何以哉?' 子路率爾而對曰: '千乘之國, 攝乎大國之間, 加之以師旅, 因之以饑饉; 由也爲之, 比及三年, 可使有勇, 且知方也.' 夫子哂之. '求! 爾何如?' 對曰: '方六七十; 如五六十; 求也爲之, 比及三年, 可使足民. 如其禮樂, 以俟君子.' '赤! 爾何如?' 對曰: '非曰能之, 願學焉. 宗廟之事, 如會同, 端章甫, 願爲小相焉.' '點! 爾何如?' 鼓瑟希, 鏗爾, 舍瑟而作. 對曰: '異乎三子者之撰.' 子曰: '何傷乎? 亦各言其志也.' 曰: '莫春者, 春服旣成. 冠者五六人, 童子六七人, 浴乎沂, 風乎舞雩, 詠而歸.' 夫子喟然歎曰: '吾與點也!' 三子者出, 曾晳後. 曾晳曰: '夫三子者之言何如?' 子曰: '亦各言其志也已矣.' 曰: '夫子何哂由也?' 曰: '爲國以禮, 其言不讓, 是故哂之.' '唯求則非邦也與?' '安見方六七十如五六十而非邦也者?' '唯赤則非邦也與?' '宗廟會同, 非諸侯而何? 赤也爲之小, 孰能爲之大?' —옮긴이

120 學者指摘擧業之學, 正與曾點不取三子之意同. 擧業何可盡非? 但君子安身立命不在此耳.(『유집』「어록」)

121 以日用見在指點良知.

122 穿衣吃飯, 卽是人倫物理.(『분서焚書』「답등석양答鄧石陽」)

123 (何)心隱輩坐在利欲膠漆盆中, 所以能鼓動得人.(『명유학안』「태주학안」에서 인용)

124 夫良知卽性, 性焉安焉之謂聖; 知不善之動, 而復焉執焉之謂賢. 惟'百姓日用而不知', 故曰'以先知覺後知'. 一知一覺, 無餘蘊矣. 此孔子學不厭而教不倦, 合內外之道也.(『전집』「답서자직答徐子直」)

125 愚夫愚婦皆知所以爲學.(『유집』「왕도론王道論」)

126 毅然以先覺爲己任而不忍斯人之無知也.

127 不以老幼貴賤賢愚 有志願學者, 傳之.(『전집』「왕간별전」)

128 先生誘進後學, 非獨纓綉詩書士炙而速省, 斂風興起; 下逮蓬竪陶工一聞謦欬, 若澡雪其胸臆, 而牖發其天機.(『전집』「왕간전」)

129 皆知自性自靈, 自完自足.

130 讀經書不能句讀, 亦不多識字.(『엄주사료후집弇州史料後集』 권35 「가융강호대협전嘉隆江湖大俠傳」)

131 農工商賈從之游者千餘.(『명유학안』 권32)

132 절리竊屨는『맹자』「진심하」 편에 나오는 말로 맹자가 등나라에 가면서 어느 여관의 주인이 맹자의 제자가 신발을 훔쳤다고 의심하는 대목이 있다. 아무나 제자로 거두니 공부하는 사람 가운데 좀도둑도 있을 수 있다고 말한다. —옮긴이

133 至若牧童樵豎, 釣老漁翁, 市井少年, 公門將健, 行商坐賈, 織婦耕夫, 竊屨名儒, 衣冠大盜, 此但心至則受, 不問所由也. 況夫布衣書帶, 水宿巖棲, 白面書生, 青衿子弟, 黃冠白羽, 緇衣大士, 縉紳先生, 象笏朱履者哉! 是以車轍所至, 奔走逢迎. 先生抵掌其間, 坐而談笑. 人望風采, 士樂簡易, 解帶披襟, 八風時至.(『분서』「나근계선생고문羅近溪先生告文」)

134 良知天性, 人人具足, 人倫日用之間擧而措之耳.(『유집』「답주은재명부答朱恩齋明府」)

135 窮鄉下邑, 愚夫愚婦, 又安知所以爲學! 所以飽食暖衣, 逸無居教而近於禽獸, 以至傷風敗俗, 輕生滅倫, 賊君棄父, 無所不至, 而冒犯五刑, 誅之不勝其誅, 刑之無日而已.(『유집』「왕도론」)

136 君子謂百姓日用是道, 特指其一時順應, 不萌私智者言之.

137 忽入禽獸之域而亦不自知也. 故與道合者才什一, 而背於道者恒什九矣.(『왕일암선생전집王一庵先生全集』「회어정집會語正集」)

138 出則必爲帝者師, 處則必爲天下萬世師.(『유집』「어록」)

139 이하 이 책의 인용은 편명만 표기.

140 원문의 1669년은 저자의 오류. —옮긴이

141 『명사기사본말明史記事本末』 권51.

142 仁無有不親也, 惟親親之爲大, 非徒父子之親親已也, 亦惟親其所可親, 以至凡有血氣之莫不親, 則親又莫大於斯. 親斯足以廣其居, 以覆天下之居, 斯足以象仁也.

143 義無有不尊也, 惟尊賢之爲大, 非徒君臣之尊賢已也, 亦惟尊其所可尊, 以至凡有血氣之莫不尊, 則尊又莫大於斯. 尊斯足以廣其居, 以覆天下之居, 斯足以象義也.(「인의仁義」)

144 凡有血氣之莫不親莫不尊.(「인의」)

145 或交而匹, 或交而昵, 或交而陵而授.(「논우論友」)

146 生民以來未有之身之家.

147 臣民亦君也. 君者, 均也; 君者, 群也. 臣民莫非君之群也, 必君而後可以群而均也. 一身,

則心爲君也. 君呈象於四體百骸, 則元首爲君也.(「논중論中」)

148 君臣相師, 君臣相友.(「종지宗旨」)

149 君臣友朋, 相爲表裏.(「여애냉계서與艾冷溪書」)

150 人倫有五, 公舍其四, 而獨置身於師友賢聖之間.(『분서』「하심은론」)

151 農工不見商賈而商賈之憑, 是無主也, 猶愈於農工以終其身者也. 況見商賈而憑之, 是將超農工而爲商賈也, 可謂之無主於商賈乎? 商賈不見士而士之憑, 是無主也, 猶愈於商賈以終其身者也. 況見士而憑之, 是將超商賈而爲士也, 可謂之無主於士乎? 士不見聖賢而聖賢之憑, 是無主也, 猶愈於士以終其身者也. 況見聖賢而憑之, 是將超士而爲聖賢也, 可謂之無主於聖乎? 人情恒蔽於所不見, 見之未有不超之者也. 農工之超而爲商賈, 商賈之超而爲士, 人超之矣, 人爲之矣. 士之超而爲聖賢, 孰實超之而實爲之, 若農工商賈之超之爲者耶? 商賈之大, 士之大, 莫不見之, 而聖賢之大則莫之見也.(「답작주答作主」)

152 不憑人之議論, 不憑人之求.(「답작주」)

153 農工欲主於自主, 而不得不主於商賈. 商賈欲主於自主, 而不得不主於士.

154 必實超之而實爲之.(「답작주」)

155 天下凡有血氣者莫不存親.(『전집』「명철보신론明哲保身論」)

156 師非道也, 道非師不傳. 師非學也, 學非師不約. 不傳不約則不交.

157 師也, 至善也. 非道而盡道, 道之至也. 非學而盡學, 學之至也.(「사설師說」)

158 達道始於君臣, 以其上也. 終屬於朋友, 以其下也.

159 惟君臣而後可以聚天下之豪傑, 以仁出政, 仁自復天下矣. 天下非統於君臣而何? 故唐虞以道統統於堯舜. 惟友朋可以聚天下之英才, 以仁設教, 而天下自歸於仁矣. 天下非統於友朋而何? 故春秋以道統統於仲尼.(「여애냉계서」)

160 君臣之道, 不有友朋設教天下, 不明. 友朋之道, 不有君臣出政於上, 不行.(「여애냉계서」)

161 允執乎中者, 允執君以道其心也.(「논중論中」)

162 君其心於君臣, 可以群君臣, 而君臣可均也. 不然則君不君, 臣不臣, 不群不均矣.

163 莫非其君其心於道也, 中也.(「논중」)

164 謂大學先齊家, 乃構萃(聚)和堂以合族, 身理一族之政, 冠婚喪祭賦役, 一切通其有無, 行之有成.(『명유학안』「태주학안 서」)

165 窮莫窮於不聞道, 樂莫樂於安汝止. 吾十餘歲奔走南北, 只爲家事, 全忘却溫陵百泉安樂之想矣. 吾聞京師人士所都, 蓋將訪而學焉.(『분서焚書』「탁오논략卓吾論略」)

166 爲縣博士, 卽與縣令提學觸; 爲太學博士, 卽與祭酒司業觸. (…) 最後爲郡守, 卽與巡撫王觸, 旅守道駱觸.

167　余唯以不受管束之故, 受盡磨難, 一生坎坷, 將大地爲墨, 難盡寫也.(『분서』 「예약豫約·감
　　　개평생감개平生感慨平生」)

168　言語眞切至到, 文辭驚天動地.(「속각이씨서서續刻李氏書序」)

169　此間無見識人多以異端目我, 故我逡爲異端以成彼竪子之名.(『속분서續焚書』 「여증계천
　　　與曾繼泉」)

170　心齋之子東崖公, 贄之師.(『속분서』 「지관儲瓘」)

171　夫厥初生人, 唯是陰陽二氣, 男女二命, 初無所謂一與理也, 而何太極之有.

172　夫婦, 人之始也. 有夫婦然後有父子, 有父子然後有兄弟, 有兄弟然後有上下.

173　極而言之, 天地一夫婦也, 是故有天地然後有萬物.(이상 인용은 『분서』 「부부론夫婦論」
　　　참조)

174　然則天下萬物皆生於兩, 不生於一, 明矣.

175　有天地然後有萬物, 有萬物然後有男女. 有男女然後有夫婦, 有夫婦然後有父子.(『역전』
　　　「서괘序卦」)

176　道者, 路也, 不止一途.(『분서』 「논정편論政篇」)

177　以今觀之, 所謂一者果何物, 所謂理者果何在, 所謂太極者果何所指也? 若謂一生於一,
　　　一又安從生也?(『분서』 「부부론」)

178　故吾究物始, 而見夫婦之爲造端也.

179　一與二爲二, 理與氣爲二, 陰陽與太極爲二, 太極與無極爲二. 反復窮詰, 無不是二.

180　是故但言夫婦二者而已, 更不言一, 亦不言理.(『분서』 「부부론」)

181　道之在人, 猶水之在地也. 人之求道, 猶之掘地而求水也. 然則水無不在地, 人無不載道
　　　也審矣.(『장서』 「덕업유신전론德業儒臣前論」)

182　道本不遠於人, (…) 人卽道也, 道卽人也, 人外無道, 而道外亦無人.(『이씨문집李氏文
　　　集』 「도고록道古錄」 권하)

183　穿衣吃飯, 卽是人倫物理; 除却穿衣吃飯, 無倫物矣. 世間種種皆衣與飯類耳, 故擧衣與
　　　飯而世間種種自然在其中, 非衣飯之外更有所謂種種絶與百姓不相同者也.(『분서』 「답등
　　　석양」)

184　自是亘古亘今常在不滅之物.(『주문공문집』 「여진동보與陳同甫」)

185　此理之大, 豈有限量? (…) 塞宇宙一理耳.(『육구연집』 「여조영도지與趙詠道之 4」)

186　故曰: '明於庶物, 察於人倫.' 於倫物上加明察, 則可以達本而識眞源.(『분서』 「답등석양」)

187　天下無一人不生知, 無一物不生知, 亦無一刻不生知者, 但自不知耳, 然又未嘗不可使之

知也.(『분서』「답주서암答周西巖」)

188 是明德也, 上與天同, 下與地同, 中與千聖萬賢同, 彼無加而我無損者也.(『속분서』「여마력산與馬歷山」)

189 聖人之意若曰: 爾勿以尊德性之人爲異人也. 彼其所爲, 亦不過衆人之所能爲而已.(『이씨문집』「도고록」상)

190 聖人所能者, 夫婦之不肖可以與能, 勿下視世間之夫婦爲也. (…) 若說夫婦所不能者, 則雖聖人亦必不能, 勿高視一體聖人爲也.(『이씨문집』「도고록」하)

191 夫學至上達, 雖聖人有所不知, 而凡民又可使知之乎? 雖聖人有所不能, 而凡民又可使能之乎? (…) 然則下學者, 聖凡之所同. 夫凡民旣與聖人同其學矣, 則謂滿街皆是聖人, 何不可也?(『분서』「비하학상달어批下學上達語」)

192 堯舜與途人一, 聖人與凡人一.(『이씨문집』「도고록」상)

193 侯王不知致一之道與庶人同等, 故不免以貴自高. 高者必蹶其基也, 貴者必蹶其本也. 何也? 致一之理, 庶人非下, 侯王非高.(『이씨총서』「노자해老子解·하편」)

194 曷嘗有所謂高下貴賤者哉!(『이씨총서』「노자해·하편」)

195 一時之民心, 卽千萬世之人心, 而古今同一心也.(『이씨문집』「도고록」하)

196 大舜無中, 而以百姓之中爲中, 大舜無善, 而以百姓之邇言爲善. 則大舜無智, 而唯合天下通古今以成其智.(『이씨문집』「도고록」하)

197 平居無事, 只解打恭作揖, 終日匡坐, 同於泥塑, 以爲雜念不起, 便是眞實大聖大賢人矣. 其稍學奸詐者, 又攙人良知講席, 以陰搏高官, 一旦有警, 則面面相覷絶無人色, 甚至互相推委, 以爲能明哲.(『분서』「곤기왕사困記往事」)

198 若不以講聖人道學之名要之, 則終身貧且賤焉, 恥矣.

199 陽爲道學, 陰爲富貴, 被服儒雅, 行若狗彘也.(『속분서』「삼교귀유설三教歸儒說」)

200 童子者, 人之初也; 童心者, 心之初也.

201 夫童心者, 絶假純眞, 最初一念之本心也.(『분서』「동심설童心說」)

202 而以從外入者聞見道理爲之心也.

203 童心旣障, 於是發而爲言語, 則言語不由衷; 見而爲政事, 則政事無根柢; 著而爲文辭, 則文辭不能達.(『분서』「동심설」)

204 蓋其人旣假, 則無所不假矣.

205 人人非眞知大聖與異端也.

206 儒先亦非眞知大聖與異端也, 以孔子有是言也.(『속분서』「제공자상어지불원題孔子像於芝佛院」)

207 儒先億度而言之, 父師沿襲而誦之, 小子朦朧而聽之. 萬口一詞, 不可破也; 千年一律, 不自知也.(『속분서』「제공자상어지불원」)

208 使孔子而教人以學孔子, 何以顏淵問仁, 而曰'爲仁由己'而不由人也歟哉! 何以曰'古之學者爲己', 又曰'君子求諸己'也歟哉! (…) 孔子自無學術以授門人.(『분서』「답경중승답耿中丞」)

209 矮子觀場, 隨人說研, 和聲而已.(『속분서』「성교소인聖教小引」)

210 天不生仲尼, 萬古如長夜.

211 怪得羲皇以上聖人盡日燃紙燭而行也!

212 斯言也, 簡而當, 約而有餘, 可以破疑網而昭中天矣. (…) 蓋雖一時調笑之語, 然其至者百世不能易.(『분서』「찬유해贊劉諧」)

213 夫唯孔子未嘗以孔子教人學, 故其得志也, 必不以身爲教於天下. 是故聖人在上, 萬物得所, 有由然也.(『분서』「답경중승」)

214 爲出類拔萃之人, 爲首出庶物之人, 爲魯國之儒一人, 天下之儒一人, 萬世之儒一人也.(『분서』「하심은론」)

215 非其史官過爲褒崇之詞, 則其臣子極爲贊美之語.

216 其迂闊門徒, 憒憒弟子, 記憶師說, 有頭無尾, 得後遺前, 隨其所見, 筆之於書.(『분서』「동심설」)

217 便謂出自聖人之口也.

218 不過因病發藥, 隨時處方, 以救此一等憒憒弟子, 迂闊門徒云耳.

219 藥醫假病, 方難定執, 是豈可遽以爲萬世之至論乎?(『분서』「동심설」)

220 咸以孔子之是非爲是非.

221 前三代, 吾無論矣. 後三代, 漢唐宋是也. 中間千百餘年, 而獨無是非者, 豈其人無是非哉?

222 咸以孔子之是非爲是非, 故未嘗有是非耳.(『장서』「세기열전충목전론世紀列傳總目前論」)

223 如歲時然, 晝夜更迭, 不相一也. 昨日是而今日非矣, 今日非而後日又是矣.

224 雖使孔夫子復生於今, 又不知作如何非是也, 而可遽以定本行罰賞哉!(『장서』「세기열전충목전론」)

225 人之是非, 初無定質; 人之是非人也, 亦無定論.

226 夫天生一人, 自有一人之用, 不待取給於孔子而後足也. 若必待取足於孔子, 則千古以前無孔子, 終不得爲人乎?(『분서』「답경중승」)

227 今日之是非, 謂予李卓吾吾一人之是非, 可也. 謂爲千萬世大賢大人之公是非, 亦可也. 謂予顚倒千萬世之是非, 而復非是予之所非是焉, 亦可也, 則予之是非, 信乎其可矣.

228 自秦而漢而唐, 而後至於宋, 中間歷晉以及五代, 無慮千數百年, (…) 若謂人盡不得道, 則人道滅矣, 何以能長世也.

229 宋人直以濂洛關閩接孟氏之傳 (…) 何宋室愈以不競, 奄奄如垂絕之人, 而反不如彼之失傳者哉?(이상 인용문은 『장서』「덕업유신전론」참조)

230 雖落髮爲僧, 而實儒也.(『초담집初潭集』「서序」)

231 則各各有一定之學術, 各各有必至之事功. (…) 各周於用, 總足辦事.(『분서』「공명위후주사신한관자육도孔明爲後主寫申韓管子六韜」)

232 夫私者人之心也. 人必有私而後其心乃見; 若無私則無心矣.(『장서』「덕업유신후론德業儒臣後論」)

233 飢定思食, 渴定思飲. 夫天下曷嘗有不思食飲之人哉.(『분서』「답유방백서答劉方伯書」)

234 如服田者, 私有秋之獲而後治田必力; 居家者, 私積倉之獲而後治家必力; 爲學者, 私進取之獲而後舉業之治也必力. 故官人而不私以祿, 則雖召之, 必不來矣.(『장서』「덕업유신후론」)

235 正其義不謀其利, 明其道不計其功.

236 爲無私之說者, 皆畫餠之談, 觀場之見.

237 夫欲正義, 是利之也; 若不謀利, 不正可矣. 吾道苟明, 則吾之功畢矣. 若不計功, 道又何時而可明也?(『장서』「덕업유신후론」)

238 欲明災異, 是欲計利而避害也.

239 若不是眞實知其有利益於我, 可以成吾之大功, 則烏用正義明道爲邪?(『분서』「가의賈誼」)

240 如人之好名也, 故以名敎誘之.(『분서』「답경사구答耿司寇」)

241 自有知識以至今日, (…) 種種日用, 皆爲自己身家計慮, 無一厘爲人謀者.(『분서』「답경사구」)

242 開口談學, 便說爾爲自己, 我爲他人; 爾爲自私, 我欲利他; 我憐東家之飢矣, 又思西家之寒難可忍也.(『분서』「답경사구」)

243 專志道德, 無求功名, 不可貪位慕祿也, 不可患得患失也.

244 但爲人宗師, 不得不如此立論以敎人耳.(『분서』「답등명부答鄧明府」)

245 口談道德而心存高官, 志在巨富; 旣已得高官巨富矣, 仍講道德, 說仁義自若也.

246 名爲山人而心同商賈, 口談道德而志在穿窬.(『분서』「우복초약후又復焦弱侯」)

247 反不如市井小夫, 身履是事, 口便說是事, 作生意者但說生意, 力田作者但說力田. 鑿鑿

有味, 真有德之言.(『분서』「답경사구」)

248   寧受祭器歸晉之謗, 歷事五季之恥, 而不忍無辜之民日遭涂炭, 要皆有一定之學術, 非苟
       苟者.(『분서』「공명위후주사신한관자육도」)

249   孟子曰: '社稷爲重, 君爲輕.' 信斯言也, (馮)道知之矣. 夫社者, 所以安民也. 稷者, 所以
       養民也. 民得安養而後君臣之責始塞. 君不能安養斯民, 而後臣獨爲之安養斯民, 而後馮
       道之責始盡. 今觀五季相禪, 潛移嘿奪, 縱有兵革, 不聞爭城. 五十年間, 雖經歷四姓, 事
       一十二君並耶律契丹也, 而百姓卒免鋒鏑之苦者, (馮)道務安養之之力也.(『장서』「풍도」)

250   余性好高, 好高則倨傲而不能下. (…) 余性好潔, 好潔則狷隘而不能容.

251   『분서』「고결설」.

252   夫世間打滾人何限, 日夜無休時, 大庭廣衆之中, 詔事權貴人以保一日之榮; 暗室屋漏之
       內, 爲奴顏婢膝事以倖一時之寵. 無人不然, 無時不然.(『분서』「답주류당答周柳塘」)

253   是以堂堂之陣, 正正之旗, 日與世交戰而不敗者, 正兵在我故也.(『속분서』「여주우산與
       周友山」)

254   今我未嘗不言孝悌忠信也.(『분서』「기답유도寄答留都」)

255   道學自好, 假道學可恨耳.(『사강평요史綱評要』「남송기南宋紀」)

256   今夫小德役大德, 小賢役大賢, 理也.

257   身居水滸之中, 心在朝廷之上, 一意招安, 專圖報國.

258   若何以妄著書? (…) 罪人著書甚多, 具在, 於聖教有益無損.

259   矯枉之過, 不無偏有重輕. (…) 舍其批駁諧笑之語, 細心讀之, 其破的中窾之處, 大有
       補於世道人心.(「이온릉전李溫陵傳」)

260   只就其力之所能爲, 與心之所欲爲, 勢之所必爲者古以聽之, 則千萬人其人者, 各得其千
       萬人之心, 千萬其心者, 各遂其千萬人之欲.(『이씨문집』「도고록」 상)

261   天地之所以因材而篤也. 所謂萬物並育而不相害也. (…) 若肯聽其並育, 則大成大, 小
       成小, 天下更有一物之不得所者哉?(『이씨문집』「도고록」 상)

262   有諸己矣, 而望人之同有; 無諸己矣, 而望人之同無.

263   欲爲一切有無之法以整齊之.

264   於是有條教之繁, 有刑法之施, 而民日以多事矣.(『분서』「논정편」)

265   因其政不易其俗, 順其性不拂其能.(『분서』「논정편」)

266   旣說以人治人, 則條教禁約皆不必用, (…) 人能自治, 不待禁而止之也.(『이씨문집』「도
       고록」 하)

267   各從所好, 各聘所長, 無一人之不中用.(『분서』「답경중승」)

268 各遂其生, 各獲其所願有, 不格心歸化者, 未之有也.(『이씨문집』「도고록」상)

269 夫天下至大也, 萬民至衆也, 物之不齊, 又物之情也.(『이씨문집』「도고록」상)

270 夫栽培傾復, 天必因材, 而況於人乎? 強弱衆寡, 其材定矣. 強者弱之歸, 不歸必竝之; 衆者寡之附, 不附即吞之, 此天道也.(『이씨문집』「도고록」하)

271 『사기』「진시황본기」에 "금년조룡사今年祖龍死"란 말이 나온다. 배인裴駰의 집해集解 엔 소림蘇林의 말을 인용하여 조祖는 시작이란 뜻이며, 용龍은 군주의 상이니 시황을 일컫는다고 한다. —옮긴이

272 祖龍千古英雄, 挣得一個天下.(『사강평요』「후진기後秦紀」)

273 何故不許梁王說利.(『사강평요』「주기周紀」)

274 李卓吾大抵是人之非, 非人之是, 又是成敗爲是非而已. 學術到此, 眞成涂炭, 唯有仰屋竊嘆而已. 如何! 如何!(『경고장고涇皋藏稿』 권5)

제12장

동림당인東林黨人의 시폐 관심 정치 사상과 충군忠君의 정치 심리

명 왕조 중기 이후 국세의 점진적 쇠퇴는 주로 정치 혼란과 이치吏治 부패로 드러났으며 사회 갈등은 심화되었다. 만력萬曆 초기 장거정張居正이 재상을 맡던 시기엔 정치적으로 중앙 집권을 강화하고 경제적으로 일조편一條鞭 세법을 시행하며 개혁에 힘씀으로써 퇴세가 늦춰지기는 했다. 그러나 오래되고 깊은 적폐 때문에 그의 조치들은 겉만 다스렸을 뿐 근본적인 전환을 가져올 수 없었다. 장거정은 권력을 쥐고 국정을 담당하면서 독단을 하고 친신만을 임용하며 자기와 다른 사람을 배척하고 언론을 억눌렀다. 이로써 통치 집단 내부의 권력 충돌은 더욱 격화되었다. 장거정이 병사한 후 권력 충돌은 아주 빠르게 격렬한 붕당 투쟁으로 바뀌었다. "당론黨論의 흥기는 이로부터 시작되었다." 명나라 말엔 당쟁이 흥기했을 뿐만 아니라 발생할수록 수습이 불가능했다. "정사를 논하는 사람들은 갈수록 집정자를 심하게 재단하고 집정자는 날마다 그들과 맞서며 물불처럼 서로 용납하지 못하면서 명나라가 망할 때까지 이어졌다."[1]

명 말 붕당의 이름은 절당浙黨, 제당齊黨, 초당楚黨, 곤당崑黨, 선당宣黨 등 아주 많았다. 동림당東林黨은 그 가운데 하나였다. 그들은 '쟁국본爭國本'이

궁移宮·'정격안梃擊案'[2] '홍환안紅丸案'[3] '과장안科場案' '북왕지국福王之國' 및 계리計吏, 경찰京察[4] 등 정치 문제를 둘러싸고 공공연히 암투를 벌이고 쟁송을 그치지 않았다. 다른 붕당 집단과 비교할 때 동림당이 가장 특색이 있었다. 그들의 정치 주장은 시대의 폐단과 깊이 관련이 있어서 특정 사회 계층의 광범한 지지와 호응을 얻었으며 명대 정치사상 발전상 특별한 내용을 포함하고 있다.

동림당은 고헌성顧憲成, 고반룡高攀龍 등이 창립한 동림대회東林大會에서 시작되었다.

명 신종神宗 만력 22년(1594) 이부吏部 문선랑중文選郎中 고헌성은 쟁국본爭國本 즉 나라의 근본이 무엇인가를 둘러싼 논쟁과 추각원推閣員과의 회합 등으로 "황제의 뜻을 어겼기" 때문에 관직을 잃고 고향인 무석無錫으로 돌아갔다. 고헌성은 "어려서부터 성학聖學에 뜻을 두었다. 삭탈관직 후 향리에 살면서 갈수록 정심한 연구를 거듭하고"[5] 많은 사람을 모아 강학을 하면서 명성이 날로 치솟았다. 무석 성 밖 궁계弓溪 물가에 동림東林 서원이 있었다. 송대 리학자 양시楊時(구산龜山)가 강학하던 장소였는데 오래되어 황폐해져서 승려들의 객사가 되었다. 만력 32년(1604) 고헌성과 그의 동생 윤성允成의 창의하에 상주常州 지부知府 구양동봉歐陽東鳳과 무석 지현知縣 임재林宰가 공동으로 자금을 모아 건물을 수복했다. 낙성 후 헌성 형제는 "동지 고반룡, 전일본錢一本, 설부교薛敷敎, 사맹린史孟麟, 우공겸于孔兼 등과 함께 그곳에서 강학을 했다."[6] 동년 10월 동림대회 소집을 발기했으며 「동림회약東林會約」을 제정하고 오吳와 월越 지역 사우士友 및 천하의 선비들을 널리 초청했다. 모임에 참여한 대부분은 통치 집단 내부에서 권력을 장악한 내각 대신 및 환관들과 정견이 다른 사람이거나 이른바 "관직에서 파면된" 사람들이었다. "이때 사대부들 가운데 도를 지키며 시세에 거역하는 사람들이 물러나 산림에 살고 있었는데 소문을 듣고 호응하여 서원 숙소로 다 수용할 수 없을 만큼 몰려들었다."[7] 그들은 학문이 서로 통하고 취지가 같았으며 "대다수가 인물들을 재단하고 국정에 대해 신랄하게 의론하면서"[8] 강렬한 정치 참여 경향을 드러냈다. 「동림회약」에 따르면 동림대회는 정기적으로 열리는데 "매년 큰 대회가 한 번 있고 때로 봄이나 가을에 임시로 결정해 모이되 반달 전에 청첩을 돌려 알린다"[9]고 되어 있다. 작은 모임도 있었는데 매월 1회, 회기 3일로 열렸다. 동림대회는 또 문적門籍 제도를 두었다. "일. 회의 참석의 소밀을 헤아려 현재의 근태를 증명한다. 일. 회의 참석 인원을 헤아려 다른 날 어디서 할 것인지 정한다."[10] 강학 외에 정치에 대해서도 담론했다. "조정에 대해 풍자 의론하곤 했다." 이는 이미 동림대회가 학술 단체의 굴레를 벗어나 있었음을 나타낸다. 학술과 정치 성향을 두루 지닌 엄연한 사대부 정치 집단을 형성하여 명 말 사회, 정치, 여론의 중심이 되었다는 뜻이다. "조정 관원들도 그 풍토를 흠모하여 멀리서 대부분이 서로 호응했다. 그리하여 동림이란 이름이 크게 알려졌으며 꺼리는 사람 또한 많아졌다."[11]

『명사』에 따르면 동림당 사람들은 만력 중엽부터 성세를 떨치기 시작하여 천계天啓 초년 한차례 득세하여 정권을 잡았다. 천계 5년(1625) 권당權璫 즉 권력을 장악한 환관 위충현魏忠賢 일파와의 투쟁에서 패배하여 잔혹한 진압을 당했다. 고헌성은 일찍이 만력 40년에 병으로 죽었고 고반룡은 물에 투신해 자살함으로써 "굴평屈平 즉 초나라 굴원의 유지를 따랐다."[12] 양련楊漣, 위대중魏大中, 이응승李應升, 좌광두左光斗, 주순창周順昌, 주기원周起元, 무창기繆昌期, 황존소黃尊素, 주조서周朝瑞; 원화중袁化中, 고대장顧大章, 왕지채王之寀 등은 모두 온갖 박해를 받다 원통하게 옥사했다. 숭정崇禎 초년에 위충현이 세력을 잃자 동림당인들이 복권되어 단기간 입각하기도 했다. 동림당의 흥망성쇠는 분명히 구체적인 정치 사건 및 당쟁과 관련이 있다. 하지만 그 속에는 그들의 정치적 주장과 명 말 정국의 변화가 아주 밀접하게 관련되어 있음을 의미하기도 한다. 그들의 정치사상 분석은 명대 정치사상의 이론적 특징과 명대 선비들의 정치적 품격을 한 걸음 더 분명히 하는 데 깊은 의의가 있다.

동림당의 주요 인물로는 위의 몇 사람 외에도 이삼재李三才, 조남성趙南星, 추원표鄒元標, 안희범安希範, 유원진劉元珍, 서여가徐如珂 등이 있다. 그 가운데 조남성, 추원표는 고헌성과 합해 '삼군三君'이라 불리는 영수들이다.

동림당의 중요 인물은 모두 문집이 세상에 전해지고 있으며 일부 중요한 편장들은 청나라 사람 고원顧沅이 『건곤정기집乾坤正氣集』에 수록했다.

제1절

군권 수호의 이상 선택과
현실과의 충돌

존군尊君과
군권 제한

만력 연간의 당쟁 가운데 동림당 사람들이 독보적이고 기세가 웅장할 수 있었던 까닭은 주로 그들 대부분이 우국우민의 사회적 책임감을 가지고 있었기 때문이다. 그들은 시국의 폐해를 보고 "시국의 여러 걱정거리가 장작을 안고 불속에 뛰어드는 형세지만 아직 불이 붙지는 않은"[13] 상태임을 깊이 공감했다. 그래서 그들은 "나라를 걱정하고 시대를 걱정했다". "어느 한 가지 생각도 군부君父에게 기울지 않은 적이 없었고, 어느 한 가지 일도 세상을 위한 예방을 생각하지 않은 적이 없었다."[14] 그들 사상의 심연을 들여다보면 모두 군권과 군주 정치의 확고한 수호자이며 인식론에서 그들은 군권지상을 적극적으로 숭상하고 전통 정치의 신조들을 거듭 중복하고 있다. 양련은 "가만히 보면 생살여탈은 제왕이 세상을 제어하는 대권"[15]이라고 말하고, 이응승은 "황상은 원수元首이며 신하들은 그의 복심이거나 수족"[16]이라고 말한다. 군주의 지위는 지극히 존엄하며 권력은 지극히 커서 이치상 당연히 천하 신민의 주재자가 된다. 예컨대 조남성은 이렇게 말한다. "황상은 하늘의 자식이며, 만방 백성은 모두 황상의 자식이다. 자식만이 부모를 감동시킬 수 있으며 부모만이 자식을 거느릴 수 있다."[17] 막대한 권력을 지닌 군주의 의지는 군주의 특수한 권력과 지위가 결정짓는다. "군심君心은 치란의 근원이다." "황상의 일심은 특히 천심과 인심의 근본이다."[18] 마치 공자가 일찍이 말했듯이 군주의 한마디는 나라를 흥하게 할 수도 있고 나라를 망하게 할 수도 있다는 것과 비슷하다. 동림당인들 또한 군주 개인의 의지가 치란 및 흥망성쇠와 관련이 있다고 생각한다. "일념이 바르면 귀신도 두려워하고 존경하며, 일념이 그릇되면 재앙이 끝이 없다."[19] 이 생각에 따라 군주가 정치 생활에서 절대적 주도권을 갖고 있다고 보면 폐해가 우후죽순 솟아나는 오늘날의 위태로운 국면에는 바로 군주가 그 주된 책임을 져야 한다. 섭향고葉向高의 말은 대단히 직설적이다. "오늘날 천하가 어지럽고 위태롭게 된 이유는 여러 가지가 있다. (…) 조정이 공허한 것이 하나다. 상하 간 소통의 단절이 둘이다. 사대부들이 다툼을 좋아하는 것이 셋이다. 재물을 두터이 긁어모음에 반드시 부당한 거래의 다툼이 있게 되는 것이 넷이다. 풍문이 퍼져 날마다 세상에 오르내리고 도저히 만회할 수 없는 것이 다섯이다. 폐하가 분연히 떨치고 일어나 노련한 사람을 임용하고 조정 부서를 잘 정돈하여 오랫동안 해이해진 정사를 일거에 새롭게 하지 않으면 종묘사직이 위태로워지는 상황은 적국의 외환 때문이 아니라 묘당 위에서 생겨나게 될 것이다."[20] 동림당인은 "선비들 가운데 뜻이 있다고 외치는 사람으로 적극적인 구세 의지가 없는 경우는 없다"[21]는 사회적 책임감에 기초하고, 군권지상을 견지하고 숭배한다는 전제하에 군권에 모종의 제약을 가함으로써 현명하지 못한 군주가 치우쳐 듣고, 치우쳐 믿고, 권세를 가진 간신들 때문에 나라를 망치는 일을 방지해야 한다고 주장한다. 그들의 인식은 대체로 다음 두 차원을 포함한다.

첫째, 군주는 도의 원칙을 따르고, 조종의 법을 준수하고, 엄격히 자기를 이기며, 사욕과 사의私意를 없애고, 정책 입안은 공공적이어야 한다. 양련은 말한다. "천하는 조종의 천하다. 법도는 조종의 법도다. 황상 또한 조종과 법도 가운데 있으니 사사로이 한 사람을 좋아하거나 사사로이 한 사람에게 분노해서는 안 된다."[22] 고헌성은 "황상은 성조聖祖를 법으로 삼아야 한다"[23]고 말한다. 서여가는 말한다. "천하는 지극히 크고 억조인민은 지극히 많다. 하늘은 백성을 위해 군주를 세우며 군주는 또한 천하를 위해 재상을 세운다. 이는 군주가 천하를 법도로 삼되 천하를 사욕에 따라 호령해서는 안 된다. 따라서 사욕이 있는 군주와 더불어 왕도를 행할 수는 없다."[24] 그들은 군주에게 전통의 이상적인 정치 원칙에 따라 천하를 다스리고 용감하게 극기하고 심성을 수양하고 역사를 귀감으로 삼을 것을 요구했다. 조남성은 "군주가 어떻게 극기하지 않을 수 있겠는가"[25]라고 말하고 황존소는 "말은 겸손이나 거역을 따지지 않고 대체로 도의 궤적에 따른 뒤 그쳐야 한다"[26]고 말한다. 이응승은 말한다. 군주는 응당 "마음을 맑게 하고 생각을 고요히 하여 사방의 어려움에 대해 시유해야 한다. 책과 역사를 두루 살펴서 전대의 성패를 귀감으로 삼아야 한다."[27] 이러한 인식들에는 공통점이 하나 있는데 그들은 모두 군권과 나란히 혹은 군권 밖에 또 하나의 권위 즉 '조종의 법도' '성조聖祖' '도 혹은 '왕도'라 불리는 것들이 존재한다고 생각했다. 명칭은 다르지만 내용은 서로 통한다. 그 뜻은 군주의 생각, 소원, 행위는 반드시 일정한 규칙을 따라야 하며 군주의 위세와 지위가 지극히 존귀하긴 하지만 하고 싶은 대로 해서는 안 된다는 것이다. 이러한 인식은 "도고어군道高於君" 즉 도가 군주보다 높다는 선진 이래 유가 사상의 연속이다. 모종의 원칙과 표준을 가지고 군권을 제약하려는 시도는 군주에게 무조건 순종해야 한다는 주장과 비교할 때 확실히 더 다양한 정치적 능동성을 갖게 된다. 이는 정치 과정 중 조정이 필요한 메커니즘이 인식론적으로 구현된 것이다. 동림당인들은 유가 전통 정치사상 가운데 가장 가치 있는 내용을 계승했으니 실로 보기 드문 일이다.

둘째, 군주는 반드시 폭넓게 간언을 받아들여야 하며 치우쳐 듣거나 치우쳐 믿거나 한 가지 생각만 가지고 홀로 행동해서는 안 된다. 조남성은 "군주가 비록 지존이지만 백을 흑이라 하면 신하들이 복종할 수 없다"[28]고 말한다. 군주 정치 시대에 군위의 지존을 지키려 하면서도 까만 것을 하얀 것으로 만들려 할 경우 이러한 군주에게 합리적 결단을 내리도록 이끌어주는 가장 좋은 방법은 진간進諫 즉 간언을 올리는 것이다. 그런데 군주들은 왕왕 납간納諫 즉 간언을 받아들이지 않으려 한다. 특히 군주 자신의 소망을 어기는 귀에 거슬리는 말을 더욱 싫어하고 배척하여 거의 받아들이지 않는다. 동림당인들은 이렇게 생각했다. "권력을 갖추고서 군주는 명령을 행할 수 있고, 의로움을 갖추고서 필부는 뜻을 행할 수 있다."[29] 간언을 올려 군주를 바로잡는 것이 신하의 직책이자 의무다. 군주는 간언을 잘 받아들여야 하며 다른 정견을 과감히 수용해야 한다. 신종 황제가 간언을 거부한 데 대한 그들의 비판은 때로 대단히 매서웠다. 이를테면 "대학사 왕가병王家屛이 책립을 둘러싼 의견을 개진하려고 들어가자"[30] 우공겸은 이렇게 간언했다. "폐하께서 안으로 총애하는 정만 드러내고 주창主鬯의 기물[31] 즉 정통 태자의 자리를 흔들고 계십니다. 보신輔臣의 말을 받아들이지 않고 오히려 간언하는 관리에게 벌만 무겁게 내리십니다. (…) 훌륭한 사람들에게 차갑게 하시고 그릇된 신하들에게 박수를 보내십니다. 장차 반드시 기교를 부려 군주의 뜻에 영합할 것이니 교화를 기약할 수 없지 않을까 예상되옵는데……."[32] 고헌성은 정치적 소통이라는 측면에서 군주가 여론의 제약을 받아야 할 필요성이 있다고 주장했다. "국가의 재난은 옹壅 즉 막힘보다 큰 것이 없다. 옹이란 위아래가 각각 떨어져 있는 모양새다. 대신들은 녹 때문에 말을 하려 하지 않고, 소신小臣들은 죄가 두려워 말하지 못하게 된다면 아래에서 막힌 것이다. 다행히 말을 하려 하지 않는 사람이 말을 하고, 말하지 못하는 사람이 과감히 말을 해도, 그 격식만 따지고 회보하지 않으면 위에서 막힌 것이다. 아래에서 막히면 위가 외롭고 위에서 막히면 아래가 외롭다. 이 둘 모두 대란에 이르는 길이다."[33] 그는 신하가 간언을 올리지 않고 군주가 간언을 받아들이지 않으면 상하 간극이 생길 것이라고 생각했다. 이를테면 장거정의 집권 당시가 바로 "상하가 막혀 간극이 생겨서 수많은 잘못이 더불어 일어났다"고 할 수 있는 때다. 이 때문에 고헌성은 군주에게 간언을 폭넓게 받아들이라고 요구했다. "대신이든 소신이든 근신이든 원신遠臣이든 모두 한 몸처럼 여겨야 한다. 풍간諷諫이든 직간이든 법언法言이든 손언巽言 즉 유순한 말이든 모두 선택하여 적절히 활용해야 한다. 대소 신료들에게 시기나 질투를 하지 말고 스스로 책임지고 수양하도록 훈시해야 한다. 원망을 하지 않는다는 명분으로 은근히 군주의 욕구에 영합하는 행위를 하지 말아야 하고, 말을 잘 따르는 듯이 하면서 자신의 사적인 편의를 도모하지 말아야 한다."[34] 군주가 오직 허심으로 뭇 신하의 다양한 정견을 채납했을 때 비로소 "천자로부터 서인에 이르기까지 한결같이 모두 수신을 근본으로 삼는"[35] 유가의 도덕적 훈계에 부합할 수 있으며 정치적으로 폐정을 제거하고 소인을 멀리하며, 군자와 친하고 조정 기강을 진작시킬 수 있다. "인재를 변화시키고 세상의 도를 전환시키는 기회는 사실상 여기에 있다."[36]

'이도광군以道匡君'과
군권의 충돌

동림 인사들은 본래부터 군주를 침범할 그 어떤 의사도 없었다. 그들은 예의를 잘 알고 있었으며 군신 간 구분을 편안해했다. "권력이란 군주가 잡고 있는 칼자루다. 신하가 맡는 것은 직장職掌 즉 직무라 부른다."[37] 하지만 그들은 군신 관계에 대한 이상으로 충만하여 도의 원칙에 따라 군권을 제약할 수 있다고 생각했다. 충직한 곧은 말로 군주의 잘못을 바로잡아주는 것을 신하의 직무로 보았다. "말이 옳으면 기쁘게 받아들이고, 말이 그르더라도 큰마음으로 용서한다. 장점은 기록하고 단점은 나무라지 않는다. 곧음을 기리고 경솔함에 성내지 않는다. 성실함에 기뻐하고 속을까 걱정하지 않는다. 내가 그의 말을 쓰는데 어찌하여 그 사람의 득실을 따지겠으며, 내가 그의 말을 쓰지 않는데 어찌하여 그 사람을 미워하겠는가."[38] 훌륭한 군주가 응당 가져야 할 품덕을 말하고 있다. 그들의 눈에 국가 치란의 희망은 완전히 군주의 신상에 달려 있었다. "신 등이 아무리 노심초사한들 황상의 한 생각이 창천을 올바로 위치시킴만 못합니다. 신 등이 아무리 입술이 부르트고 혀가 마른들 황상의 한마디가 사해를 고무시킴만 못합니다. 신 등이 아무리 허리를 숙여 힘을 다한들 황상의 한 거동이 우주를 유신시킴만 못합니다."[39] 그들이 누누이 바른말로 군주에게 간언한 것은 바로 "황상이 분연이 반성하여 열심히 정무를 처리한 뒤 신하 등이 직무를 다한다면 모든 일이 해결될 것"[40]이라고 기대했기 때문이다. 그러나 군권의 지고무상을 인정하면서도 군권을 제약하고자 했던 동림당인들의 이러한 이상적 선택은 비극을 초래할 수밖에 없었다. 전제 권력은 노예라는 본질적 규정만을 돌아보기 때문이다. 다시 말해 군권을 제약하고 바로잡겠다는 그들의 시도는 실제 정치 과정에서 군권과의 충돌을 피할 수 없었으며 군주의 권위를 건드리지 않을 수 없었다.

그 표현 가운데 하나는 왕왕 지나치게 격렬한 언사로 군주를 비판한 것이다. 이를테면 전일본錢一本은 '국본國本'에 대해 간언하면서 신종이 질질 끌고 있다고 비판했다. "신은 폐하께서 사람을 지극히 교묘하게 부린다고 생각하는데 그 꾀가 매우 서투십니다. 이런 기지로는 필부필부도 얽을 수 없는데 천하 만세를 속이려 하십니까!"[41] 또 풍종오馮從吾는 신종이 정치에 소홀하고 간언을 거부한다고 질책했다. "폐하께서는 종묘 제사를 친람하지 않으시고 조정 강석을 제어하지 못하시며 상소문들을 안에 두시고 내보내지 않으십니다. (…) 폐하께서는 매일 밤 반드시 마시고, 매번 마시면 반드시 취하며, 매번 취하면 반드시 화를 내십니다. 좌우에서 한마디라도 조금 어긋나게 하면 바로 곤장을 쳐 죽이는 것을 바깥 조정에서 모르는 사람이 없습니다. 천하 후세를 속일 수 있겠습니까!"[42] 이 밖에도 주종건周宗建은 객씨客氏가 "이미 출궁했음에도 다시 들인 것"을 간언하면서 "천하에서 말하기를 마치 애들 놀이 같다고 합니다"[43]라고 했다. 이와 유사한 말은 수두룩하다.

유가 전통 사상 중에는 일찍부터 어떻게 간언을 올리고 또 군주의 권위를 건드리지 않을 것인지에 대한 가르침이 있었다. 이를테면 공자는 "안

색을 보지 않고 하는 말을 고瞽 즉 분별력이 없는 사람이라 부른다"[44]고 했다. 자하子夏는 "신임을 얻은 뒤 간언해야 한다. 신임을 얻지 못하고 하면 자신을 비방한다고 생각한다"[45]고 말한다. 순자 또한 "비유를 들어가며 말하고" "완곡하게 주장하라"[46]고 가르쳤다. 하지만 동림 인사들은 조상들의 유훈을 크게 어기고 공공연히 군주를 질책했다. 신성불가침한 군주의 군위를 어디에 위치시킬 것인지 생각하지 않았을 뿐만 아니라 "바른말을 과격하게 하지 않으면 군주의 마음을 움직일 수 없다"[47]고 당당하게 말하기도 했다. 이렇게 되니 그들의 최종 목적이 제아무리 대명 왕조의 근본적 이익을 위한 것이라 하더라도 군권과의 충돌을 피하기 어려웠다.

두 번째, 동림 인사들이 간언을 올리는 사항들은 군주 개인의 뜻에 어긋나는 것이 많았다. 이를테면 신종이 밀지를 주어 재상 왕석작王錫爵에게 황장자皇長子를 왕으로 삼으라고 지시했는데, 고윤성顧允成은 장납폐張納陛, 악원성岳元聲을 대동하고 공동으로 간언을 올렸다. 상소문에는 이런 말이 들어 있다. "천하의 일은 한 집안의 사적인 의론일 수 없습니다. 원자를 왕으로 봉하셨는데 조종 이래 이러한 예법은 없었습니다. 왕석작이 어떻게 그렇게 전담할 수 있으며 폐하께서 어떻게 그것을 창조할 수 있겠습니까."[48] 전일본 또한 신시행申時行, 장거정 등 재상이 전권을 행사하는 것에 대하여 상소를 올려 비판하면서 "비밀스럽게 일을 처리하는 데" 반대하고 "선거選擧 즉 공개적 선발을 통해 공적으로 천하의 일을 처리"[49]할 것을 주장했다. 군주 정치의 본래 모습은 권력의 사유이고 국가는 군주와 통치 집단의 사유 재산이며 정치는 군주 및 총신들의 일이다. 동림 인사들도 물론 이 점을 분명히 이해하고 있었다. 그럼에도 그들은 정치가 일정한 공개성을 지녀야 한다고 주장하면서 '사의私議' '사계私啓'에 반대했다. "묵칙사봉墨勅斜封[50] 즉 황제가 사사로이 임명하는 제도는 전 시대의 우환이었으며 밀계密啓 즉 비밀스레 올리는 언사는 선대 신료들이 하지 않은 행위였다"[51]고 한다. 그들은 군주와 총신 사이의 비밀스러운 왕래를 공개하라고 요구했다. "마땅히 천하와 더불어 공적으로 말해야 한다"[52]는 것이다. 이런 행위는 논리적으로 그들이 신봉하는 군권의 지고무상 관념과 서로 배치되는 것이었을 뿐만 아니라 군권과의 직접적인 충돌을 일으키는 일이었다. 신비성과 비밀성을 강화하는 것이야말로 권력을 사유하는 데 필연적으로 요구된다. 이른바 "군주가 기밀을 지키지 않으면 신하를 잃고, 신하가 기밀을 지키지 않으면 몸을 잃으며, 일에 기밀이 지켜지지 않으면 큰 손해가 생겨나기"[53] 때문이다. '기사幾事' 즉 기밀의 일이 일단 공개되면 군주의 권위가 어디 있겠는가! 동림 인사들의 행위가 군주의 이익을 해쳤기 때문에 명 신종은 그들의 관직을 파면해야 했다.

세 번째, 동림당인들은 여론을 통제하여 정부를 좌우하려고 했다. 사맹린史孟麟은 말한다. "신이 통적通籍[54] 즉 관직에 들어선 이래 얼핏 내각 신료들이 부원部院[55]의 권한을 침범하고 언로가 내각 신료들의 지시에 따르는 것을 보았습니다. 관원이 직무를 지키지 못하고 언로가 책무를 잃은 지 오래되었습니다."[56] 그는 명나라 초 태조가 승상을 폐지하고 6부를 승격시킨 것은 간신들이 정무를 농단하는 것을 막고 각 관료로 하여금 직무를 갖도록 하기 위해서였으며 "한 가지 일에 하나의 관원을 임용하면 전념하게 되어 해가 없을 것"[57]이라고 생각했다. 그런데 오늘날은 "사건에 대해 비록 위에서 결재는 하지만 그 취지는 내각을 본뜨고 있다". 내각 대신이 정권을 멋대로 농단하고 "사사로운 의견으로 그 사이에서 간악을 저지르며 안으로는 주상의 교지라고 밀고 밖으로는 조정의 언론을 핑계로 삼으니 누구에게 그 죄를 물을 것인가?"[58] 그래서 그는 "정사政事는 6부에 돌려주고 공론公論은 언관에게 주어야 한다"[59]는 정치 체제의 설계를 제기했다. 권력의 분배나 제도 방면에서 군주의 총신들을 단속하려는 것으로 사실상의 군권 제약이었다. 유일경劉一燝 또한 이와 유사한 견해를 제기했다. "천하를 잘 다스리는 사람은 6관六官에게 일을 맡기고 여론에 그 허물이 얽히면 언관들이 일을 서술해 정부가 그에 제재를 가한다. 그러면 천하는 잘 다스려질 것이다."[60] 그러나 전제 정치의 특징상 권력을 갖는다는 건 곧 이익을 점유한다는 뜻이고 권력에 접근하는 건 곧 이익을 나눌 수 있다는 뜻이었다. 그래서 군주 신변에는 언제나 소수의 총신들이 있게 마련이다. 혹은 재상이나 내각 대신으로 혹은 중간 관료나 권세 있는 환관으로 그들은 권력을 쥐고 멋대로 정치를 했는데 이는 사실상 전제 군권의 변이된 형식이었다. 군주 정치 시대에 권력과 이익의 분배가 모든 권력 투쟁의 궁극적 원인이라면 동림당인들의 정치 체제 설계 또한 예외가 아니었다. "정사는 6부에 돌려주고 공론은 언관에게 주어야 한다"는 그들의 주장은 곧 행정권과 여론감찰권 두 방면에서 군권을 나눠 갖자는 것이다. 이로써 그들 위주의 사대부 집단이 응당 누려야 할 이익을 지키려는 것이었다.

어떤 사람은 여론 통제 방면에서 더 멀리 나아갔다. 예컨대 고헌성은 이렇게 말한다. "외인外人이 옳다고 하는 바를 조정에서는 기필코 그르다고 한다. 외인이 그르다고 하는 바를 조정에서는 기필코 옳다고 한다."[61] '외인'의 시비와 조정 즉 군주의 시비를 공공연히 대립시킨 것이다. 또 "시비란 천하의 시비이니 당연히 천하의 말을 들어야 할 것"[62]이라고도 말한다. 이는 분명히 공공연하고 대담하게 군주와 경쟁적으로 맞서는 것으로 동림당인들의 정치적 담력과 천진함을 드러내준다. '천하의 말을 들어야 한다' 운운한 것은 시비 판단을 독점하겠다는 기백이지만 필경 전제 제왕의 경각심과 혐오감을 일으킬 수밖에 없다.

동림 인사들은 "도로써 군주를 바로잡는다"는 의식에서 출발하여 권력 분할에 열중하는 모습으로 발전했다. 여론을 통제하고 싶어했을 뿐만 아니라 정부를 좌지우지하려고 했다. 군주와 6부와 여론 감찰 삼자 사이에서 정치적 균형의 실현을 구상한 것이다. 하지만 권력이 사유화된 정치적 환경하에서 그들의 구상은 필경 군권과의 격렬한 대항을 피할 수 없었다. 한 개인의 의지가 전체 집단 위에 군림하던 시대에 동림 인사들은 과감히 원칙을 선택하고 자기 견해를 직접 밝히고 군주를 비판했다. 관직에서 파면당하고 재앙을 초래하는 것도 불사했으니 그 용기는 가상하고 덕은 기릴 만하다. 비록 그들의 정치적 목적이 봉건 왕조 전체를 수호하는 것이었다 하더라도 이와 같은 점에서 그들은 유가 정치사상 가운데 가장 뛰어난 부분을 계승했다고 할 수 있다.

제2절

도덕 구세

예의도덕에 의한
천하 통치

　명대에는 예의덕화를 지극히 중시했다. 명나라 통치자들은 전대의 통치 경험을 총결하고 계승하면서 예의도덕으로 천하를 다스린다는 원칙을 견지했다. 건국 초기 태조 주원장은 천하에 이런 조칙을 내렸다. "천하가 크게 안정되었으니 의례와 풍속을 바로잡지 않을 수 없다."[63] 그는 총괄하여 이렇게 말했다. "성현의 교화 원칙은 세 가지다. 경천敬天과 충군忠君과 효친孝親을 말한다."[64] 그는 신민들에게 자주 조서를 내려 삼강오상, 수신제가, 충효지도 등을 강조하기도 했다. 주원장의 행위는 이내 '조종의 법도'가 되어 후대 군주들도 예의와 덕화를 중시하지 않는 사람이 없었다. 유가의 전통적인 예의도덕은 명대의 정치 생활에서 반드시 지켜져야 할 정치적 가치 준칙으로 자리를 잡았으며 통치자들이 정치적 난제를 판단하는 중요한 근거가 되기도 했다. 예컨대 가정嘉靖 초기의 '대례의大禮議' 즉 대례를 둘러싼 의론이 그렇다.

　'대례의'의 핵심 문제는 명 세종世宗 주후총朱厚熜의 친부모의 존호 문제였다. 『명사』에 따르면 무종武宗은 아들이 없어 임종 때 이런 유언을 남겼다. "황고皇考 효종께서는 황제의 친동생을 공경하셨다. 흥헌왕興獻王의 장자 후총은 총명하고 어질고 효성스러우며 일찍부터 덕기德器를 이뤘으니 차례에 따라 마땅히 세울 만하다. 형이 죽으면 아우가 이어간다는 조상의 유훈을 받들어 (…) 황위를 계승시키도록 하라."65 주후총은 번왕의 신분으로 들어와 대통을 승계했는데 친부모를 추존하는 의례 문제에서 권신 양정화楊廷和와 격렬한 논쟁이 발생했다. 명대의 모든 의례 관련 논쟁과 마찬가지로 '대례의'의 배후엔 권력 쟁탈전이 있었다. 그런데 논변 과정에서 쌍방은 모두 예의도덕을 근거로 삼았다. 양정화, 장면蔣冕, 모기毛紀 일파는 효종을 황고로 받들고 생부인 흥왕을 숙叔으로 받들 것을 주장했다. 장총張璁, 계악桂萼, 석서席書, 방헌부方獻夫 등은 굳세게 반대했다. 양정화 일파는 한漢 애제哀帝와 송宋 영종英宗의 사례를 증거로 들었고, 장총 일파는 효도라는 유가의 신조를 근거로 삼았다. 이를테면 장총은 이렇게 주장한다. "예에 따르면 장자는 타인의 후사가 될 수 없습니다. 하물며 흥헌왕은 황상 한 사람만을 낳았습니다. 천하를 이롭게 한다고 타인의 후사가 되어 자식 스스로 부모의 의를 끊을 수는 없는 것 아니겠습니까. (…) 신이 삼가 오늘의 예로 말씀드리면 마땅히 별도로 흥헌왕을 위한 묘당을 서울에 세우시고 존친尊親의 효도를 드높여야 할 것입니다. 아울러 자식이 귀하게 되었으니 모친도 부친과 함께 받들어야 합니다."66 계악은 이렇게 상소했다. "신이 듣기에 옛 제왕들은 아버지를 효도로 섬기기에 하늘을 밝게 섬겼고, 어머니를 효도로 섬기기에 땅을 잘 살폈다고 합니다. 부자의 윤리를 폐하고도 하늘과 땅을 잘 섬기고 온갖 신들을 주재할 수 있다는 말은 들어보지 못했습니다."67 양정화 일파는 '계통繼統' 즉 정통의 계승을 이유로 들어 효종을 황고로 삼아야 한다는 입장을 견지했다. 반대파들은 '계통'과 '계사繼嗣' 즉 후사를 잇는 일은 구별해야 한다고 변론했다. "계통은 천하의 공적인 일이며 삼왕의 도다. 계사는 한 사람의 사적인 일이며 후세의 일이다."68 "따라서 황상이 대업을 이음은 효종의 정통을 이은 것이 아니라 무종의 정통을 이은 것이다. 무종의 정통을 이은 것이 아니라 조종의 정통을 이은 것이다."[69] 그들은 주장한다. "효종을 황백皇伯이라 부르고 흥헌제興獻帝를 황고라 불러야 한다. 별도로 사당을 세우고 제사 지내야 한다. 그런 후에야 인정에 합치하고 명실에 마땅하다."[70] 변론하는 쌍방은 온 힘을 다해 서로를 공격하며 수년을 보냈다. 최종적으로 대례를 재론한 사람들, 즉 세종을 지지하던 일파가 승리했다. 이 결론은 물론 군권이라는 방패가 있었기 때문에 가능했다. 재론에 반대했던 양정화 일파에게는 큰 타격을 가하는 조치들이 내려졌다. 예컨대 가정 3년(1524) 세종은 좌순문左順門 복궐 논쟁 사건[71]을 과감히 처리했다. 복궐하며 성지에 대항한 사람으로 "처벌을 기다리는 사람이 220명이었다." 그 가운데 "4품 이상 관원은 모두 녹봉을 몰수하고, 5품 이하는 장으로 다스렸다. 그리하여 편수編修 왕상王相 등 180여 명이 각각 차등 있게 장형을 받았다."[72] 사후 병이 도져 죽은 자가 19명이었다. 그러나 한편으로 대례의 재론을 주장했던 장총 등이 이론적으로 절대적 우세를 차지했던 것 또한 그들이 승리하게 된 중요한 원인이었다. 예를 재론한 신하들은 효도라는 원칙을 굳게 쥐고 양정화의 논의가 '부자간 천륜'에 어긋나는 것이라고 질책했다. 적자는 타인의 후사가 될 수 없다는 『예기』의 원칙을 인용해가며 예를 근거로 힘써 논쟁하기도 했다. 예법 제도와 효도는 모두 군주 정치의 문화적 기반이었다. 예컨대 주후총 또한 "요순의 도는 효제일 따름"이라고 말한 바 있다. 예를 재론했던 신하들의 이론적 근거는 흔들리기 어려운 것이었다. 그리하여 장총 등 예를 재론한 일파는 이중으로 우세를 차지하게 되었다. 이론적 지지가 없거나 결핍된 권력은 왕왕 허약하거나 고립되기 일쑤여서 정당한 이유가 없이 싸우게 되고 정치적으로 인정받는 호소력이나 감염력이 부족하게 된다. 권력이 일단 이론과 결합하게 되면 양자는 서로 근거가 되어준다. 이론은 정치적 권위를 갖게 되어 시비를 판정하는 최고의 표준이 되고 권력은 강력한 기세와 설득력을 갖추게 된다. 권력 투쟁의 과정에서 이론적 근거가 충분한 쪽은 왕왕 정당한 이유를 갖고 싸우게 되고 군권의 지지까지 더하여 역전승을 거두게 되고 어떤 것도 이를 막을 수 없다. 가정 시대의 '의례議禮' 일파의 승리야말로 가장 좋은 예증이다. '대의례'는 예의도덕의 정치적 가치가 충분히 드러난 전형적 사례다.

동림당인들의 예의도덕 중시는 선인들보다 더했으면 더했지 못하지 않았다. 그들은 예의도덕을 정사를 재단하는 중요한 표준으로 삼았을 뿐만 아니라 퇴락한 세상을 구할 둘도 없는 법문으로 여겼다. 그들은 명 왕조의 정치적 위기가 갈수록 심각해지고 있다는 것을 분명히 인식하고 있었다. "상하가 불통하고 체통이 무너지고 위엄은 날로 쇠패해져 조정의 존엄이 있는지조차 거의 모를 지경이다."[73] "근래 선비들 습속이 날로 하락하고 지지 않으려는 세력 다툼만 유행한다."[74] "백성이 편안히 살지 못하고 장차 대란이 일어날 것이다."[75] 여러 폐정을 구원하기 위해 동림 인사들이 기본적으로 갖고 있는 생각은 바로 기강의 진작이었다. 이를테면 이응승은 "신 등은 삼가 천하의 치란 문제는 기강에 달려 있다고 생각합니다"[76]라고 말한다. 기강이란 무엇인가? 조남성은 "기강이란 인간 집단을 통틀어 거느리는 것을 가리키는 명사다"[77]라고 해석한다. 즉 군신 간의 예나 군신 간의 등급과 명분을 말한다. 그들은 등급과 명분이야말로 통치 질서의 총강이며 군신의 예가 바르면 천하에 바르지 않은 것이 없게 된다고 생각했다. "그래서 강綱 즉 큰 그물을 한번 끌면 수많은 그물눈이 모두 펼쳐지고, 기紀 즉 작은 그물을 한번 끌면 수많은 그물눈이 모두 일어난다고 말한다."[78] 그렇다면 어떻게 해야 군신 간 등급과 명분을 강화하고 왕조의 통치 질서를 정돈할 수 있는가? 유일한 첩경은 예의도덕의 강화다. 이를테면 조남성은 이렇게 말한다. "인간 집단의 기강은 반드시 도덕으로 말미암아야 한다. 도에 반하고 덕에 어긋나는 텅 빈 명분을 내세워 아랫사람들을 떨게 한다면 끝내는 깨지고 무너져 수습할 수 없게 될 것이다."[79] 이러한 인식에 기초하여 동림당인들은 끝내 예의도덕을 백성을 구제하는 가장 중요한 선택지로 삼았다.

동림 인사들은 일반적으로 예법 제도와 덕화를 창도하는 것 외에 이론적으로 충효의 도를 특히 강조했다. 전통적 윤상 도덕 체계 가운데 충과 효의 지위는 줄곧 대단히 중요한 사항이었다. 동림 인사들은 예의도덕의 핵심은 군신 간 기강이며, 군신 기강을 지키는 관건은 충효의 도라고 생각했다. 논리적으로 군신 등급 질서를 유지하는 기본 도덕의 요구는 충군忠君이며 충군을 실현하는 출발점은 효친孝親이다. 이른바 "집안에 들어오면 효성스러운 자식이자 우애 있는 형제가 되고 나가면 신뢰를 갖춘 벗이 되고 벼슬길에 나가면 충신과 어진 관리가 된다"[80]는 것이다. 그런데 시대 풍조가 날로 퇴락하여 "세속의 효는 오로지 봉양에만 관심을 두고" 군주를 충성으로 섬기지 않음을 불효로 여기지 않게 되었다. 이러한 이유로 동림 인사들은 충효 일통一統과 효를 충으로 옮길 것을 대대적으로 주장했다. 고반룡은 『경』을 인용하여 이렇게 말한다. "효는 부모를 섬기는 데서 시작하여 군주를 섬기는 과정으로 간다." "군자는 행동하고 생각함에 감히 부모를 잊지 않으며 내가 한 번 보고 한 번 듣고 한 번 말하고 한 번 움직임에 모두 부모의 몸을 생각한다. 행동하고 생각함에 감히 군주를 잊지 않으며 내가 한 번 마시고 한 번 씹고 한 번 눕고 한 번 일어나는 데 모두 군주의 은혜를 생각한다"[81]는 것이다. 그는 "사람마다 모두 군주와 어버이에 대한 윤리를 갖고 있으면 사람마다 모두 군주와 어버이를 섬기는 일을 하며 이로써 입신한다"[82]고 보았다. 효친과 충군은 인생에서 반드시 거쳐야 할 길이다. 충군은 효친과 마찬가지로 모두 입신의 근본이 된다. 조남성도 말한다. "천하는 모두 자식이며 모두 어버이에게 효도하고자 한다면 모두 군주를 향한 충성을 생각하는 것이다. 천하의 모두가 충과 효를 다하면 윤상의 질서가 수립된다. 나라 안이 함께 효도하니 충은 그 가운데 있게 된다."[83] 그들은 전통적인 충효의 도를 계승하여 천하의 신민들이 모두 집안에서는 부모에게 효성을 다하고 조정에 들어가면 군주에게 충성을 다하기를 기대했다. 이러한 기대와 현실 사이에 거리가 있다는 것을 그들은 분명히 알았으며 "충효의 도를 겸하기가 어렵다는 것을 세상 사람들이 언제나 이야기하는" 것도 잘 알고 있었지만, 그 외에 다른 좋은 대책이 없었다. 충효의 제창은 동림당인들이 군주 정치의 질서를 다시 진작시키려는 중요한 길이자 희망의 소재였다.

유학 부흥을 통한 구세

동림 인사들은 유학의 도는 넓고 깊으며 『육경』이 그 매개체이고 군신 기강은 그 요지라고 생각했다. 유학의 도를 널리 보급하고 잘 교화할 수만 있으면 위로 왕도 정치를 실시하여 기강을 떨칠 수 있고 아래로 풍속을 단속하여 인심을 순화시킴으로써 안정된 정치 질서를 이룰 수 있다고 보았다. 고헌성 등은 동림대회를 소집하여 회칙을 만들면서 유학이야말로 가장 훌륭한 구세의 처방임을 분명히 했다. 고반룡은 말한다. "삼대 이후 성왕이 나타나지 않으니 공자가 출현했다. 『육경』으로 천하를 다스리고 시비를 결정하고 호오를 정하여 천하로 하여금 그렇게 하는 것이 일상의 도임을 분명히 알게 했다."[84] 「동림회약」은 말한다. "경은 불변의 도다. 공자는 『육경』을 제창하고 정주程朱는 『사서』를 제창했다. 이로써 과거와 미래를 환히 밝히고 세상 교화의 동아줄로 삼고 인심을 깨우친다. 천하를 위해 이 불편의 도를 남긴 것이다."[85] 그들의 신념 속에 유도儒道는 곧 학문의 종가이며 치세의 영원한 법규였다. "해와 달에 비유할 수 있다. 이것이 아니었으면 만고가 어둠이었을 것이다. 비와 이슬에 비유할 수 있다. 이것이 아니었으면 만고가 바짝 말랐을 것이다."[86] "이 『육경』은 하늘의 법률이다. 그에 순응하면 살고 그를 거역하면 죽는다. 천하는 이로써 잘 다스려지고 혼란이 없으며 난세가 곧 치세가 되는 것도 『육경』이 존재하기 때문이다."[87]

그런데 어떻게 해야 유학을 중흥시키고 널리 퍼뜨릴 수 있겠는가? 동림당인들은 집회 강습과 선전을 가장 좋은 방법으로 여겼다. "자고로 문을 닫아걸고 독자적으로 만들어진 성현은 없었다. 자고로 성현 가운데 사회를 떠나 고립무원의 학문을 한 사람은 없었다."[88] 그들은 "선비는 모름지기 강학을 꺼린다"고 말하는 데 코웃음을 치며 "선비가 공부하는 것은 농부가 농사짓는 것과 같다"[89]고 강조한다. 유도의 확대 발전은 반드시 뜻과 도가 합치하는 사람끼리 함께 강습에 참여하는 것이다. 그들은 특별히 '동지同志'라는 두 글자를 중시했다. 이 때문에 오륜 가운데서도 붕우지도를 가장 중요하게 여긴다. 그들은 오륜 가운데 군신, 부자, 부부, 형제는 "각기 오롯이 주인이 있으나" 오직 붕우 관계만은 "통섭하지 않는 것이 없다"고 했다. 세상사는 천변만화하는데 그중에는 "위로는 군주나 부모에게 말할 수 없는 것이 있고, 가운데로 형제간에도 말할 수 없는 것이 있고, 아래로 처자식에게 말할 수 없는 것이 있다. 오직 붕우 사이만이 여유롭게 제안을 할 수 있다". 그래서 "붕우가 아니면 군신, 부자, 부부, 형제 관계가 이루어질 수 없다"[90]고 말한다. 붕우 관계를 맺는 조건은 나머지와 다르다. 붕우 사이는 권력이나 혈연인친 관계가 아니다. 학술과 도의를 통한 사귐이니 "강습이 아니면 붕우가 될 수도 없다".[91] 강학으로 결사하여 만들어진 붕우의 도는 군신, 부자 등 사회정치적 관계를 유지하고 조절하는 중요한 조건이다. "군신 간은 서로 공경으로 이기고 부자, 부부, 형제 사이는 서로 사랑으로 이긴다. 이기면 치우치고 치우치면 폐단이 생긴다. 붕우의 도로써 그 가운데를 조화롭게 만들어야 비로소 구제할 수 있다."[92] 따라서 유학 연마를 본업으로 삼는 선비들이야말로 기강을 진흥시키고 질서를 수호하여 세상을 구할 핵심 동량이 된다. 그들은 도의로 서로 만나고 결사하여 강학한다. "한 동네의 훌륭한 선비들이 집단을 이루어 강습하면 곧 한 동네의 훌륭함이 모두 수렴되어 나의 훌륭함이 될 것이며 정신이 한 동네에 충만해질 것이다. 한 나라의 훌륭한 선비들이 집단을 이루어 강습하면 곧 한 나라의 훌륭함이 모두 수렴되어 나의 훌륭함이 될 것이며 정신이 한 나라에 충만해질 것이다. 천하의 훌륭한 선비들이 집단을 이루어 강습하면 곧 천하의 훌륭함이 모두 수렴되어 나의 훌륭함이 될 것이며 정신이 천하에 충만해질 것이다."[93] 유학의 도가 이런 모습으로 천하에 유행하게 되면 풍속이 달라질 것이니 치세를 기대해도 될 것이다.

수신을 근본으로 삼고
사람들은 모두 선을 지향함

동림당인들의 정치적 입장과 관점은 대체로 일치한다. 학문 유파가 어디에 귀속되느냐에 따라 약간의 구별이 있을 따름이다. 고헌성, 고반룡 등은 동림에서 강학했고 학문적으로 영수였으며 스스로 학문이 민락閩洛94을 근본으로 삼았다고 말했다. 추원표鄒元標는 장강 서쪽의 왕학王學에 속하고 풍종오는 관학關學의 영향을 받았다. 그런데 고헌성 등이 비록 정주를 정통으로 존중하는 입장을 견지하면서 한때 유행했던 왕양명 심학을 배척하긴 했지만 그렇다고 그들이 문파 간 주장만을 고집했던 것은 아니다. 이를테면 고헌성은 "무선무악의 심이 본체'라는 왕수인의 주장을 힘써 나무라며"95 "성학聖學은 성선설을 근본으로 삼고 이학異學은 무선무악을 으뜸으로 삼는다"96고 말한 바 있다. 그렇지만 다른 한편으로 그는 주자학과 양명학 각자의 장점을 인정하면서 "같음 속에 다름이 있고 다름 속에 같음이 있다"고 말하기도 했다. 그는 공자의 도를 수양하는 방법 면에서 주자는 "수양을 통해 깨침으로 나아갔고" 왕양명은 "깨침을 통해 수양으로 나아갔다"고 하면서 모두 "공자의 분신으로 하나이면서 둘이다. 수양을 통해 깨침으로 나아감은 실實을 잘 활용한 것으로 그 맥락은 천하의 지성至誠으로 통한다. 깨침을 통해 수양으로 나아감은 허虛를 잘 활용한 것으로 그 맥락은 천하의 지성至聖으로 통한다"[97]고 한다. 양자는 길은 다르지만 목적은 일치한다. 그래서 "돈화敦化 즉 도타운 교화야말로 공자의 온전한 몸이며 둘이면서 하나인 것이다"[98]라고 말한다. 고헌성은 이정과 주자의 같은 점과 다른 점을 분석하면서도 자신의 견해를 굳건히 유지하며 선을 지향하는 수신을 학문의 주요 목표로 삼았다. 한번은 감사개甘士介가 "근자의 학문은 모두 깨침을 중시하는데 동림은 특별히 수신을 중시한다고 들었습니다. 무슨 까닭입니까?"[99]라고 묻자 고헌성은 이렇게 대답했다. "수신을 중시함은 그로써 깨침을 중시하기 때문입니다. 아직 수신을 거치지 않고 깨침에 들어선 적은 없었습니다. 하학下學으로 상달上達한다는 말이 있지 않습니까? 하학이 수신이고 상달이 깨침입니다. 하학을 버리고 상달을 말하는 그런 경우는 없습니다."[100] 여기서 말하는 '중수重修' 즉 수신의 중시와 하학상달은 유가의 도덕 수양을 가리킨다. 사람들에게 리학의 '심전心傳' 즉 마음으로의 전수를 좇아서 분노를 억제하고 욕망을 참아 인심人心을 없애고 도심道心으로 나아가 일심으로 선을 지향하라고 요구하는 것이다. 고헌성은 이렇게 해석한다. "중中이 잣대이고 심心은 머리털이나 구멍이다. 중은 본래 선천先天인데 한번 머리털이나 구멍에 이르게 되면 후천後天으로 떨어지게 되어 인심과 도심으로 나뉘게 된다. 그래서 잣대는 유상有常하나 심은 무상하다. 도심은 유상하나 인심은 무상하다. 유상한 것은 따라도 되지만 무상한 것은 따라선 안 된다. 되고 안 되고의 거리는 얼마 안 된다. 반드시 정밀하게 살펴보고 도심으로 하여금 인심에 뒤섞이지 말도록 해야 한다. 한결같이 그것을 지켜서 인심으로 하여금 도심과 둘로 나뉘지 않도록 해야 한다. 그런 뒤 심은 곧 잣대가 되고 잣대는 곧 심이 된다. (…) 그렇게 나아가 따라선 안 되는 것이 없게 된다."[101] 동림 인사 가운데 어떤 사람은 도덕 수양의 관건이 '성誠'이라고 생각했다. 이를테면 조남성은 이렇게 말한다. "군자는 쉼없이 스스로를 강화하며 성誠 즉 참됨을 구할 따름이다. 한 생각이라도 참되지 못하면 성이 아니다. 하나의 행위라도 수양이 안 되어 있으면 성이 아니다. 한 가지 일이라도 마땅하지 않으면 성이 아니다." 그리하여 최종적으로 "자신을 성취하고 사물을 성취하여 천지의 일을 참여하여 돕는다."[102] 고헌성은 정주의 정통을 이어받아 거욕去欲 즉 욕망의 제거를 수신의 근본으로 삼았다. "이 욕망은 사람이 태어나 땅에 떨어지면서 함께 가지고 나온 것으로 온갖 병은 모두 여기서 시작된다. 나는 선해지려고 하는데 이것이 나타나서 원수가 되어서는 당신이 굴복하지 않을까 걱정도 하지 않는다. 나는 악을 저지르고 싶지 않으나 이것이 나타나 앞잡이가 되어서는 당신이 순종하지 않을까 걱정도 하지 않는다."[103] 사람은 나면서부터 욕망을 지니고 있기 때문에 성인은 "인심은 위태롭고 도심은 미약하다"고 말한 것이다. "오직 정밀하고 한결같이 하여" 사람이 도심을 잘 살피고 사사로운 욕망을 없애야 한다. "반드시 명백하게 판별하고 한칼에 잘라내서 자신의 그 몸 하나를 완전히 뽑아버려야 한다. 그런 뒤에 선하고자 하면 정말로 선해질 수 있고, 악을 저지르지 않고자 하면 정말로 악을 저지르지 않을 수 있다. 인이 진짜 인이 되고, 의가 진짜 의가 되고, 예가 진짜 예가 되고, 지가 진짜 지가 되어 딱 한 글자 신信을 만들어내게 된다."[104] 개인으로 말하자면 사욕을 제거하고 도심을 세심히 헤아림으로써 도덕적으로 군자나 성인의 경지에 다다르게 되어 인생의 의미를 실현시킬 수 있다. 그리하여 동림 인사들은 고헌성, 고반룡 등의 창도하에 몸소 스스로를 꾸짖어가며 바른 삶을 살고 정주의 학문적 유훈을 엄격히 지켜서 "오직 도의를 서로 갈고닦아 성의誠意, 정심正心으로 수신에 이르게 하여" "윤리는 반드시 돈독하고, 언어에는 반드시 믿음이 있고, 행동에는 반드시 공경이 따르고, 분노는 반드시 뉘우치고, 욕망은 반드시 틀어막고, 선은 반드시 옮겨가고, 잘못은 반드시 고치고, 논의는 반드시 옳고, 도는 반드시 밝히고, 내가 바라지 않는 것은 반드시 남에게도 베풀지 않으며, 얻지 못하면 반드시 되돌아 구함으로써" "성현의 경지"[105]에 다다르길 바랐다.

그러나 개인적인 도덕의 제고와 완성만을 추구하는 것이 최종 목적은 아니었다. 동림 인사들이 분투한 목표는 모든 사람이 선을 지향하게 하는 것이었다. 고반룡은 「동선회강어同善會講語」에서 이 문제를 충분히 기술하고 있다. "선은 사람의 본심이다. 선을 실천하는 것은 사람의 본분에 따른 일이다. 마치 옷을 입고 밥을 먹는 것처럼 사람마다 좋아서 하는 것이다."[106] 이런 말도 했다. "이 몸이 태어날 때는 하나의 물건도 갖고 오지 않았다. 오직 이 선만을 처음부터 가지고 왔다. 죽을 때도 하나의 물건도 갖고 갈 수 없다. 오직 이 선만을 그대로 가지고 간다."[107] 기왕 본래부터 선한 인심이 태어나면서부터 갖고 온 것이라면 이 세상에서의 삶이 "100년을 다하더라도" 응당 선을 지향하여 좋은 사람이 되도록 노력해야 할 것이다. 일반 민중으로 말하자면 그들에게 도의를 갈고닦으며 선비들의 수양 방법에 따라 정심正心 수신하라고 요구하기가 매우 어렵다. 고반룡은 더욱 간단한 방법을 취했다. 행동을 하면서 몇 가지 규범만 지킬 수 있다면 원만한 공덕을 이룬 셈이라고 했다. "우리와 같은 현에 사는 사람들이 모두 선을 지향하여 살려면 사람마다 고조황제의 여섯 마디를 따르면 된다. 부모에게 효순할 것, 웃어른을 존경할 것, 향리에서 화목할 것, 자손을 교화할 것, 각자 생리대로 편안히 살 것, 비위를 저지르지 말 것이다. 이렇게 하면 지극히 좋은 풍속이 만들어지게 된다. 집집마다 훌륭하게 선을 이루고 사람마다 훌륭하게 선을 이룰 것이다. 이 현의 한 무더기 화기和氣가 천지의 한 무더기 화기를 감화시켜 비가 와야 할 때 비가 오고 맑아야 할 때 맑을 것이다. 시절은 평화롭고 해마다 풍년이 들고 집집마다 풍족한 삶을 살 것이니 어찌 사람마다 태평의 복을 누리지 않는다고 하리."[108] 동림 인사들은 선의 정신을 한 사람 한 사람의 심령에 주입시킴으로써 풍속이 돈후하게 되고 천하는 크게 다스려지기를 기대했다.

우리가 주의를 기울일 필요가 있는 것은 모든 사람이 선을 지향해야 한다는 동림 인사들의 바람에 담긴 더 깊은 함의다. 그것의 표층은 도덕 정신의 보편적 승화와 윤상 행위의 사회 규범화이나, 그것의 심층적 가치는 절대적 군주의 권위에 대한 숭배와 군권에 대한 복종을 요구하고 있다. 고반룡은 말한다. 고조 황제는 "우리 왕조를 개업한 성스러운 군주이시다. 그로부터 오늘날까지 250년의 태평천하를 만드셨다. 우리가 편안하게 밥을 먹고 차를 마시며, 따뜻한 의복을 입고 살며, 안온하게 단잠을 자는 것은 모두 고조 황제의 크나큰 은혜다."[109] 이 때문에 수많은 백성에게 "고조 황제는 바로 하늘이며" 고조 황제의 육언六言은 "바로 하늘의 언어다. 하늘의 언어에 따르면 천심은 자연히 기뻐할 것이고, 하늘의 언어를 거역하면 천심은 자연히 진노할 것이다. 우리 무리가 어떻게 위로 하늘의 진노를 감당할 수 있겠는가".[110] 모든 사람이 선을 지향하게 한다는 것은 원래 사람들로 하여금 황은에 감격하여 규칙과 법도를 따르라는 요구다. 동림당인들의 '도덕구세'는 넓디넓은 황은에 흠뻑 젖은 순민順民 사회를 건설하는 것이었다.

제3절

탐관오리의 징치

이치吏治의 붕괴
현상과 그 원인

동림당인들은 유가의 정치 이상주의 전통을 계승하여 중민重民하고 인仁으로 백성을 다스릴 것을 주장했다. 조남성은 인으로 백성을 다스리는 관건은 '관寬' 즉 너그러움에 달려 있다고 주장한다. "정치를 한다는 것은 인仁으로 백성을 껴안는 것이다."[111] "백성을 다스리는 도는 인을 근본으로 삼는다. 인자는 반드시 너그러우며 관寬이란 무지한 백성에게 너그러운 것이다."[112] 그는 "민은 나의 적자赤子이니" 통치자에게는 "백성을 아끼는 진심"이 있고 "너그러움과 성실함으로 백성을 사랑할"[113] 수 있어야 한다고 강조한다. 고헌성은 인으로 백성을 다스리는 것은 '자慈' 즉 사랑에 달려 있다고 생각했다. "백성을 다스리는 사람은 백성에 대한 사랑에 힘써야 한다. (…) 백성의 성정은 훤히 뚫린 것을 이롭게 여기고 꽉 막힌 것을 해롭게 여긴다. 그래서 거기에 마땅히 순응하는 형태로 다스려야 한다."[114] 유종주劉宗周는 백성을 다스리려면 백성의 목숨을 중시하고 민생을 도탑게 해야 한다고 주장한다. "하늘의 위대함을 본받는 일 중 백성의 목숨을 중시하는 것보다 나은 일은 없다. 그러려면 형벌이 마땅하고 공평해야 한다."[115] "하늘의 위대함을 본받는 일 중 민생을 도탑게 하는 것보다 나은 일은 없다. 그러려면 세금이 느슨하고 가벼워야 한다."[116] 고반룡은 통치자가 왜 중민을 해야 하는지 분석했다. "천자로부터 아래로 한 고을의 벼슬아치에 이르기까지 농산물은 모두 백성이 힘들인 것을 먹고, 베나 비단은 모두 백성이 힘들인 것을 입고, 집은 모두 백성이 힘들인 것에서 거처한다. 눈을 한번 들어 보면 백성의 힘이 아닌 것이 없다. 그래서 군자는 눈을 한번 들어도 백성을 잊지 않으며 그들의 고생을 생각한다."[117] 통치자의 의, 식, 주, 행行 모두 백성의 힘이 만든 것이니 응당 민정을 구휼하고 어진 정치를 베풀어야 한다. 그런데 동림 인사들의 면전에 펼쳐지고 있는 모습은 전혀 다른 그림이었다. 집권자는 "재정 운용의 다급함만을 알 뿐 민생의 다급함을 생각할 겨를이 없다".[118] 백성의 생활이 어려움에 처해 있고 "민생은 극도로 초췌해 있다".[119] 이응승은 오늘날 백성에게 있는 열 가지 폐해를 열거했다. 이를테면 요역이 많고 무거운데 간악한 아전이 속이고 감추며, 고위 관리들이 탐욕스럽고 잔인하여 혹독한 형벌이 가해지고, 마호馬戶[120]와 하부河夫[121]들이 패가탕진하고, 무능한 관리들이 농사를 방해하여 때에 맞지 않은 일을 시키고, 백역白役[122] 즉 심부름꾼들이 고을에 내려가며 배와 말을 타고, 세력에 의지해 투기하고 사채가 침탈하는 등이 그렇다. 이런 재앙이 생겨난 근원은 "이치吏治 즉 지방 행정이 날로 구차해지고 풍속이 쇠패하고 기강이 해이해졌기"[123] 때문이다. 그래서 어떻게 이치를 수습할 것인가가 동림당인들의 주요 정치 주장 가운데 하나가 되었다.

먼저 동림 인사들은 이치 부패의 "여러 모습"을 열거한다. 예를 들어 관리들의 사욕을 보자. "오늘날 천하의 신하들은 절약에 앞장서지 못하고 선비들의 마음은 탐심에 사로잡혀 있다. 예의염치의 기개가 부귀공명을 바라는 마음을 꺾지 못하고 주군과 나라를 위해 몸을 바친다는 참된 정신이 제 몸이나 처자식을 보전하려는 생각을 꺾지 못한다."[124] "대체로 오늘날 사람들은 부귀와 이익을 구하는 마음이 대부분을 차지하고 국가를 위하는 사람은 찾아볼 수 없다. (…) 각자 자기가 옳다고 하고 각자 사적인 행동을 한다."[125] 예를 들어 관리들의 탐욕을 보자. "오늘날 선비들이 일단 관원이 되면 왕왕 한 달도 안 되어서 치부를 한다. 모두 채찍으로 법을 집행하며 돈과 곡식이 관원들의 손을 거치므로 무겁게 거두어 나머지들을 취하는 데다가 더하여 그 가운데를 갈라 먹는다."[126] 예를 들어 관리들의 뇌물을 보자. "오늘날 벼슬길은 시장과 같다. 벼슬길에 들어서는 것은 시장에 가서 무역을 하는 것과 같다."[127] "적게는 인끈을 풀고 순안巡按 어사의 동정을 살피며 많게는 날짜를 헤아리고 순무巡撫로 발령받기를 기다린다. 수레 가득 뇌물을 싣고 촘촘히 왕래를 한다."[128] "힘으로 권력을 농락할 수 있으니 모두 이부吏部로 몰린다. 재물로 관작을 살 수 있으니 곳곳이 곁가지 방법으로 가득하다. 세상에 두터운 면상을 하고 책 보따리에 뇌물을 가득 싸서 서울로 간다."[129] 이 밖에 어떤 사람은 체계적으로 이치의 폐해를 정리하기도 했다. 이를테면 조남성은 이렇게 탄식한다. "어찌하여 세상의 도는 날로 퇴락하고 사람들은 모두 시대를 좇아 부귀만 바라는가. 분주히 다투는 것이 일상사가 되고 사욕을 드러내도 지장이 없고 순종의 비겁함이 노련함이 되고 애매모호함을 묘수로 여긴다."[130] 구체적으로 말하면 네 가지 큰 폐해가 있다. 하나는 벼슬만 바라는 폐해, 둘은 간교함의 폐해, 셋은 수령의 폐해, 넷은 향관鄕官의 폐해다. 그는 "네 폐해를 없애지 않으면 공자가 인재 선발을 한다 하더라도 소득이 없을 것"[131]이라고 말한다.

다음으로 동림 인사들은 이치의 부패를 초래하는 원인을 분석하기도 했다. 위대중魏大中은 "풍속이 날로 나빠지고 벼슬길이 더러워지며 탐관오리가 군읍에 가득한"[132] 주요 원인은 지방 관원이 당지 향신鄕紳이나 상급관리들과 서로 결탁하고 지원하기 때문이라고 생각했다. "신은 삼가 백성이 공고해짐이 모두 외부 관리들의 탐욕과 잔인함 때문이라고 생각합니다. 탐욕을 부리고 거리낌 없이 잔인한 까닭은 아첨하며 살아가는 별 볼 일 없는 향신들이 명예를 꾸며주고 알아서 대속해주고 생일을 경축하고 절기를 축하하며 상급 관리들의 환심을 사서 인연을 맺고자 하는 데서 비롯됩니다."133 그 결과 "백성을 고통에 시달리게 한 탐욕스럽고 잔인한 사람의 관직은 더욱 높아지고 내몰리는 것을 요행히 면할 뿐만 아니라 과거에도 선발되고 원하는 벼슬에 선택되기도 한다".134 조남성은 이치가 부패하는 주된 근원은 사정私情과 사리私利가 과중하여 생긴다고 생각했다. "신은 일찍이 이치가 날로 부패해진 것은 결국 사사로운 정을 너무 중시하고 돈에 너무 민감하기 때문이라고 말한 적이 있습니다."135 이응승은 이치 파괴의 뿌리는 '교제交際'에 있다고 지적한다. 즉 관리들이 공명과 이록을 위해 집단을 이루어 서로를 비호해준다는 것이다. "탐욕스러운 자들이 공명을 이루고 탐욕을 비호해주는 사람도 공명을 이룬다. 탐욕스러운 자들은 자신과 집안을 위하고 탐욕을 비호해주는 사람도 자신과 집안을 위한다."136 일부 관원들은 처음에 이치의 탐학을 청산하고 싶은 뜻을 비치다가도 일단 '그들의 범주에 들어가면' 이내 함께 더럽혀져서 빠져나오지 못한다. "몸이 그런 국면의 밖에 있을 때는 매번 비분강개하여 탐욕과 잔인함을 없애려고 한다. 그러다가 일단 그 국면 안으로 들어가면 모두 그에 따라서 방탕해지고 만다. 그래서 순행을 함에 항상 초심을 유지하지 못한다. 몇 차례 되돌아가면 차츰 그 지방에서 원하는 것이 무엇인지 잊어버리게 되고 아래로는 친구라서 폐할 수가 없고 위로는 군부에게 아뢰지 못하게 된다. 들어가면 부지불식간에 처자식으로 옮겨가고 나가면 백성에게 사양하지 않게 되니 모두 교제 때문이다."137 이러한 인식은 참으로 예리하다 하겠다. 물론 명대 동림 인사들이 현대적 지식을 가질 수는 없었다. 그들은 전제 왕권 통치하의 관료 집단이 특수한 정치적 이익 집단임을 인식할 수 없었다. 이 집단 내에서는 공동의 이익과 그로부터 형성되는 가치나 행위 준칙이 강렬한 배타성과 친화력을 지닌다. 그들은 자기와 다른 사람을 배척하며 같은 부류를 받아들인다. 이른바 '정면情面' 즉 사사로운 정으로 만나는 것과 '교제'야말로 관료 집단이 받아들이거나 배척하는 과정을 드러내주고 있다. 그러나 동림 인사들은 관리들의 부패와 탐욕이 집단으로 세력을 이루고 있음을 확실히 의식하고 있었다. 벼슬길에 들어선 사람은 공명과 이록은 '정면'과 '교제'로 인해 물리칠 수가 없으며 이 때문에 이치의 폐해는 돌이킬 수 없을 정도로 심각해져 치유가 어렵다는 것을 깊이 느끼고 있었다. 이를테면 조남성은 이렇게 말한다. "원래 조정에 충성했던 사람도 외로운 투쟁을 이어갈 수 없고 부귀에 대한 생각도 다 끊어낼 수가 없어서 차츰 그들과 어울려 따라서 변하게 된다."[138] "한 사람의 올바름은 뭇사람의 그릇됨을 이길 수 없으며, 1년의 공公이 누년의 사私를 구할 수 없다."[139] 믿을 만한 말이다. 애통한 말이다!

02 관리를 다스리는 방법

  동림당인들은 관료사회의 부패가 이미 습관화되었고 전통 도덕은 권력과 사리의 충격으로 이미 산산조각이 나 사실상 흑과 백이 뒤바뀌고 도덕이 상실되었음을 분명히 인식하고 있었다. 예컨대 조남성은 이렇게 말한다. "오늘날의 선비들은 관작을 성명性命으로 여기며, 빌붙어 이익을 취함이 풍속이 되었고, 뇌물로 교제하고, 촉탁을 당연시하며, 사사로운 정에 매이는 것을 두터운 후의라고 생각하고, 가르침을 청하는 것을 겸손함으로 생각한다."[140] 이런 상황을 바꾸기 위해 동림 인사들은 두 가지 방안을 제기했다. 한 가지는 강제적 방법이다. 예컨대 위대중은 이렇게 말한다. "어린 백성을 안정시키려면 반드시 엄정한 큰 계획을 세워야 한다. 엄정한 큰 계획을 세우려면 반드시 물건 건네는 일을 끊어야 한다. 물건 건네는 일을 끝장내면 공도公道가 출현한다. 정말로 불초한 사람은 쫓겨나고 정말로 현명한 사람은 특별함이 드러나기 시작할 것이다."[141] 그런 뒤에야 "이치는 청명하고 백성은 즐겁게 생업에 종사하고 천하는 다스려지게 된다".[142] 다시 조남성의 말을 들어보자. "원컨대 황상께서 각 순무와 순안 관료들에게 칙서를 내려서 향관으로 집에 있으면서 세력에 의지해 백성에게 해를 끼치지 말도록 엄히 금지시키십시오. (…) 특히 끝까지 회개하지 않는 사람은 즉시 심문을 하십시오. 임직에 있는 관리의 집안사람이나 자제가 횡포하면 함께 처결하십시오."[143] 그들은 혹 제도에 의지해서 혹은 왕권에 기대서 위로부터 아래로 이치의 정돈을 강행하라고 주장한다. 다른 한 가지는 교화적 방법이다. 즉 청렴한 정치를 제창하고 선비 풍조를 고무시키는 것이다. 이응승은 국가의 치와 난은 사파 세력이 줄고 정파 세력이 늘어나는 데 달려 있다고 생각했다. "줄고 느는 숫자는 대신에게 달려 있다. 대신의 길은 다른데 이로써 시비를 명백히 하고 진퇴에 예가 있으며 염치를 중시하고 작록을 가벼이 여기며 청의淸議를 두려워하고 기강을 아끼도록 해야 한다."[144] 조남성도 "성주成周[145] 시대는 여섯 가지 계책으로 관부를 다스리고 뭇 관리들을 근절시키는 데"[146] 모두 염廉한 글자를 덧붙였다. "관리가 된 사람이 여러 장점을 겸비했더라도 반드시 염을 근본으로 삼았다는 말이다. 청렴하지 않으면 장점을 쓴다 하더라도 빼앗아 갖는 도구이며 헛된 이름만 거두고 실제로는 재앙을 퍼뜨리는 것으로 민생은 위태로워진다."[147] 그는 공경대부 및 각급 관원 모두가 선비에서 출발한다고 생각했다. "선비가 선비인 까닭은 사기士氣가 있기 때문이다."[148] 사기는 '고무'할 수 있을 뿐 '훼절'할 수는 없다. "사기를 고무시키는 길은 염치를 중시하고 부귀를 가볍게 여기도록 가르치는 데 있다."[149] 염치를 중시하면 염정廉政 즉 청렴한 정치를 할 수가 있다. "이에 선비가 될 수 있고, 공경대부가 될 수 있고, 더불어 어린 백성을 안정시킬 수 있다."[150] 이 두 가지 방안은 하나는 강하고 하나는 부드러워 서로 보충되기도 한다. 그런데 방안의 구상과 실천은 결국 다른 문제다. 강제든 교화든 그것의 실천은 관료 체계를 벗어날 수 없다. 다시 말해 이치의 정돈은 이미 골수까지 부패에 빠진 관료 대오에 의존해서만 집행되는 것이었으니 그 결과는 도적에게 도적을 잡으라고 외치는 꼴이었고 큰 탐욕으로 작은 탐욕을 붙들라는 데 불과했다. 예컨대 조남성이 알려준 바에 따르면 관리들이 시험을 봄에 "대소 갑과甲科의 관은 모두 대단한 현인이고, 향공鄕貢의 관은 약간의 결점이 있으며, 낮고 쓸모없는 작은 관리들은 대부분 열등한 시험을 통했다."[151] 효과적인 감독 기제가 없었던 전제 정치 환경에서 권력을 가진 관리의 '자사自査' 즉 자체 조사에 의거해 정돈을 행하면 그 실효성이 도대체 어떻겠는가? 어쩌면 역사는 일찍부터 해답을 주었다. 동림 인사들이 관리를 다스리는 방법은 공상은 아니었을지라도 정치적으로 낮은 식견이었다. 그들의 태도가 아무리 엄숙하고 진지한 것이었다 하더라도 그렇다.

광감세사에 대한
엄한 징계

이치吏治의 잔악함과 병행하여 광감세사礦監稅使[152]들이 "백성에게 큰 손해를 입혔다". 만력 중기에 신종은 환관을 광감, 세사로 임명하여 각지로 파견해 백성의 재물을 수탈함으로써 '국용國用'을 충당했다. 이들 세사들은 호랑이나 승냥이처럼 지극히 탐욕스럽고 포악했다. 본래부터 혼란스럽고 부패했던 이치는 이로써 더욱 심해졌다. 동림당인들은 광감세사의 탐욕과 포학한 행태를 극도로 미워했으며 단호하게 폭로하고 규탄했다. 이를테면 고헌성은 '세곤稅棍' 즉 세금 몽둥이 유우兪愚, 김양金陽 등이 "가는 곳마다 제멋대로 행동하고 견디기 힘들게 백성을" 핍박하여 죽음에 이를 정도로 악행을 저지른다고 폭로하면서 이렇게 질문한다. "세금을 탈루했다는 말이 공적인 것인가 사적인 것인가? 아니면 공을 빙자한 사적인 행동인가? 몰래 관원이란 이름을 얻어서 그것으로 실질을 누리며 백성은 그 손해를 감당하고 저들은 그 이익을 차지한다."[153] 주순창도 세금 감독이 "호랑이, 늑대의 심보를 지녀 그 해독이 끝이 없으며" 위세를 믿고 어린 백성의 곡식과 재물을 갈취한다고 질책했다. "아프게 생각하니 어린 백성은 본래 힘이 약하고 힘이 없으며 조석으로 무엇을 팔아 입에 풀칠을 한다. 온 집안 늙은이, 어린아이가 먹이를 달라고 울어댄다. (…) 부득이하여 각자 몸소 찾아와 불쌍히 여겨달라고 애걸을 하는데 오히려 심기를 건드렸다고 문을 닫아걸고 흉악한 짓을 한다."[154] 세금 감독에게 살해당한 것이다. 민중의 고통을 아파하는 뜻이 말 속에 넘쳐난다. 동림 인사들은 여러 차례 상소를 올려 광감세사의 피해를 힘써 진언했다. 백성을 대표하여 청원을 하고 그들을 없앨 것을 간청했다. 전형적인 예가 이삼재李三才다. 그는 상소문에서 이렇게 말한다. "폐하께서 주옥을 아끼듯 백성 또한 배부르길 바랍니다. 폐하께서 자손을 사랑하듯 백성 또한 처자식을 사랑합니다. 어찌하여 폐하께서는 재물을 모으고 싶어서 어린 백성에게 필요한 한 되 한 말의 곡식도 못 가지게 하십니까. 황실을 만세까지 이어가고 싶어서 어린 백성이 즐기는 하루 저녁의 즐거움도 못 가지게 하십니까."[155] 그는 "함부로 많은 것만 바라며 폐하의 뜻이 재화에 빠져 있는 것이 지금 대궐의 병의 근원입니다"[156]라고 날카롭게 지적했다. 그는 신종 황제에게 "천하의 광산 세금을 혁파하시고 욕심을 없애신 후에 정사가 잘 다스려질 것"[157]이라고 정중히 요청했다. 이삼재는 연못을 비우고 고기를 잡는 집권자들의 황당한 행태에 단호히 반대했다. 조정에서 "내부 창고가 궁핍하다"는 평계로 강제로 세금을 징수하는 행위에 특히 불만이었다. 그는 "폐하께서 말하는 궁핍은 황금이 온 땅에 가득 차지 않고 주옥이 하늘가까지 닿지 않은 것인데"[158] 이와 반대로 "어린 백성은 배불리 먹지도 못하고 무거운 세금을 징수당하며 무시로 채찍질을 당하고 있습니다. (…) 백성은 오직 죽음을 청하니 폐하께서 두려운 생각이 들지 않으십니까!"[159]라고 말한다.

동림당인들이 광감세사에 반대하는 주장은 탐관오리에 대한 엄한 징치와 마찬가지로 모두 민중의 이익에 비교적 부합하는 것이어서 민중의 지지를 받았다. 바로 그 때문에 그들이 환관 위충현에게 정치적 박해를 받을 때 민중은 그들을 강렬하게 지지했던 것이다. 하지만 그들의 착안점은 민중의 근본 이익을 위해서가 아니라 사회적 충돌이 격화되어 대명 천하에 불리하게 되는 것을 막기 위함이었다. 이를테면 주순창은 이렇게 지적한다. 세금 감독이 백성의 재물을 약탈함은 "백성의 우환일 뿐만 아니라 사실은 백성을 다스리는 사람들의 걱정이기도 하다. 세금 감독이 민중의 분노를 사서 하루아침에 격변이 일어나면 어떻게 할 수 있겠는가?"160 이삼재도 신종에게 이렇게 경고했다. "[광업 세금을 혁파하는 일은] 종묘사직의 존망과 관련이 있습니다. 하루아침에 민중의 반발로 붕괴하면 어린 백성은 모두 적이 될 것입니다. 번개처럼 빠르게 민란이 일어나면 폐하께서 망연자실 홀로 서서 황금이 상자에 가득하고 주옥이 집안에 가득한들 누가 그것을 지켜주겠습니까."161 이러한 관점에서 볼 때 관리들을 다스리고 광감세사를 혁파하는 문제에 있어서 동림 인사들의 언사는 격렬하고 태도는 진지했지만 그들의 인식의 깊이는 시종 전통 중 민重民 사상의 한계를 벗어나지 못하고 있음을 알 수 있다. 그들의 인식의 가치는 말하지 않아도 자명하다.

군자와 소인의 변별

군자,
소인과 치란

유가의 전통적 인식론에서 군자와 소인은 도덕을 두 계층으로 나누는 대칭 개념으로 사람들에게 보편적으로 받아들여져왔다. 공자는 "군자는 의義에 밝고 소인은 이利에 밝다"[162]고 말한다. 『주역』 「건괘·문언文言」은 "군자는 덕업을 수양한다"고 말하고, 『주역』 「계사하」는 "소인은 어질지 못함을 부끄러워하지 않으며, 의롭지 못함을 두려워하지 않으며, 이익이 보이지 않으면 힘쓰지 않는다"[163]라고 한다. 군자나 소인을 평가하는 기준은 의리지변義利之辨 즉 의와 이의 변별이다. 이러한 인식은 구체적인 신분이나 사회 계층을 이미 넘어선 것으로 특정한 가치에 기초하여 판정하는 것이다. 한당 이래 사상계는 대부분 군자와 소인을 변별했고 대부분은 군자와 소인을 정치적 인격 유형으로 삼아서 토론했다. 명조 만력 연간의 당쟁 과정에서 동림당인들은 군자와 소인을 열심히 변별했다. 그들은 군자의 가치에 대한 동일시를 통해 정치 집단을 결성했으며 소인이라는 가치 판단에 근거하여 정적을 배척했다. 이로써 정치 투쟁 과정에서 그들의 당파 의식을 강화했다.

군자와 소인에 대한 동림당인들의 인식은 매우 강한 특색을 지니고 있다. 그들은 정치 치란 과정에서 군자와 소인이 일으키는 작용을 대단히 중요하게 생각했다. 조남성은 말한다. "크다. 재임할 때 하루라도 군자가 없어서는 안 된다. 군자만이 천하를 망하지 않게 할 수 있다."[164] 군자의 몸에는 여러 미덕이 응결되어 있기 때문이다. "그는 항상 바르게 몸을 움직이고, 아랫사람을 자애로 감싸며, 사람을 제재할 때도 관대하고, 항상 근면하게 일에 임한다. 이치吏治의 인재를 구하고자 신경을 쓰는 것을 즐거워한다."[165] 그래서 군자는 천하의 치란을 결정하는 결정적 요인이 된다. "천하가 안정되게 다스려지는 것은 군자의 기운이 항상 뻗쳐 있기 때문이며, 천하가 위태로운 혼란에 빠진 것은 군자의 기운이 항상 침울하기 때문이다."[166] 조남성의 인식은 보편성을 지닌 것으로 동림 일파 가운데 이런 관점을 지닌 사람이 적지 않았다. 이를테면 고헌성은 말한다. "군자가 조정에 있으면 천하는 반드시 다스려질 것이며, 소인이 조정에 있으면 천하는 반드시 혼란스러워질 것이다."[167] 황존소는 "예로부터 천하의 치란은 군자와 소인의 진퇴를 보면 된다"[168]고 말한다.

군자가 천하 대치의 요인이라면 소인은 천하 대란의 싹이다. 이응승은 천하에 세 가지 우환이 있다고 생각했다. "하나는 이적으로 목 뒤의 우환이며, 둘은 도적으로 겨드랑이의 우환이며, 셋은 소인으로 뱃속의 우환이다."[169] 세 가지 우환 가운데 소인의 우환이 모든 것의 근본이다. "이적이나 도적의 우환은 사실상 소인에게서 배태된다."[170] 소인은 이익에 급급하기 때문에 정치적으로 끼어들지 않는 곳이 없으며 쉽게 들어가서 어렵게 나간다. 황존소는 말한다. "군주에게 사람을 알아보는 밝음이 없으니 군자와 소인이 나란히 들어간다. 따져보면 들어간 사람은 소인들뿐이다. 소인이 들어갔으니 천하가 어지럽지 않을 수 있겠는가?"[171] 왜 소인이 "쉽게 들어가는가?" 조금 뒤의 유종주가 해답을 준다. 그는 간악과 아첨이 소인의 특질인데 "큰 간악은 충忠처럼 보이고, 큰 아첨은 신信처럼 보이며", 특히 위장을 잘하여 군주가 좋아하는 바에 영합한다고 생각했다. "폐하께서 사사로운 교류를 미워하면 신하들 대부분은 탄핵을 통해 들어갈 것이며, 폐하께서 맑은 절개를 표창하면 신하들 대부분은 신중한 낯빛으로 왜곡할 것이며, 폐하께서 분투노력을 숭상하면 신하들은 공손한 태도로 순종하기 바쁠 것이며, 폐하께서 종합 고찰을 높이면 신하들은 자질구레한 일들을 들춰 보여주려 할 것입니다. 이와 같은 것들이 바로 신信처럼 보이고 충忠처럼 보이는 것들입니다. 그 마음 씀을 따져보면 제 몸이나 집안의 이록에서 비롯하지 않는 경우가 없습니다."[172] 군주가 이를 잘 알아차리지 못하면 소인들이 권력을 장악하게 되고 필경 온 국민이 그 재앙을 받고 선한 사람들은 큰 손해를 입게 된다. 양련楊漣은 이렇게 지적한다. "예로부터 소인이 사람, 집안, 나라를 망치려면 반드시 중관中官 즉 내시에게 먼저 빌붙는다. 내시가 권력을 어지럽게 전횡할 때는 반드시 먼저 언관을 몰아내고 대신을 제거한다."[173] 동림 인사들은 원시교元詩教, 위충현魏忠賢, 최정수崔呈秀 등과 격렬한 투쟁을 벌이면서 소인들이 뛰어난 재간을 부리고, 음험하고 독하여 대단히 해로운 존재임을 뼈저리게 느끼고 있었다. 이응승은 놀라서 외쳤다. "오호라! 승냥이 무리가 길을 막아서니 호미로 향기로운 난을 쳐내게 되고 귀신처럼 활을 펼쳐드니 봉황은 이미 아득하다. 소인들의 재앙은 사나운 불보다 세차다."[174]

군자,
소인의 절대화와
당파 의식

동림당인들은 군자와 소인은 얼음과 숯처럼 도저히 조화를 이룰 수 없다고 생각했다. 고헌성은 군자와 치세, 소인과 난세가 왜 그토록 필연의 관계가 있는지 해석하면서 이렇게 말한다. "군자는 바르다. 바르면 하는 말이 모두 바른말이고 하는 행동이 모두 바른 행동이다. 함께하는 사람들이 모두 바른 부류이니 모두 치세의 형상이다. 비록 그들을 혼란으로 몰아가려고 해도 난세가 되지 않는다." "[반면] 소인은 간사하다. 간사하면 하는 말이 모두 간사한 말이고 하는 행동이 모두 간사한 행동이다. 함께하는 사람이 모두 간사한 부류이니 모두 난세의 형상이다. 비록 그들을 질서로 몰아가려고 해도 치세가 되지 않는다."[175] 고헌성은 군자든 소인이든 절대성을 갖고 있는 존재로 보았다. 인식론적으로든 실재하는 정치 생활에서든 군자이기만 하면 이는 곧 정치와 도덕의 화신이 된다. 반면 소인으로 지목된 사람은 곧 사악함의 화신이다. 고헌성과 비슷하게 인식한 사람으로 좌광두는 한 걸음 더 나아가 군자와 소인은 구별될 뿐만 아니라 바뀌지 않으며 서로를 받아들일 수도 없다고 설명한다. "군자와 소인은 맑음과 탁함으로 구별될 뿐이다. 군자가 소인을 용납할 수 없음은 소인이 군자를 받아들일 수 없음과 같다. 맑음과 탁함이 다르기 때문에 좋아하고 싫어함이 다르지 않을 수 없다." 군자와 소인이 바뀔 수 없음은 마치 "까치가 끝내 까마귀가 될 수 없고, 오리가 끝내 학이 될 수 없음"[176]과 마찬가지로 절대성을 지니고 있다. 이러한 생각은 동림당인들의 당파 의식 형성에 근거를 제공해주었다.

동림 인사들은 실재 정치 생활을 하면서 군자와 소인을 판정하는 일이 매우 복잡하다는 것을 알았다. 황존소는 군자와 소인의 표준은 쉽게 장악할 수 있으나 구체적인 개인에 이르게 되면 분명하게 말하기 어렵다고 지적한다. "군자와 소인의 품덕은 흑과 백처럼 분명하게 판별이 된다. 그런데 군자와 소인의 이름은 붉은색과 자주색처럼 뒤섞이는데" 이는 "군자가 소인을 가리켜 소인이라 하고 소인도 군자를 가리켜 소인이라고 하기"[177] 때문이다. 쌍방의 공방이 그치지 않아 일시적으로 분명히 알기가 어렵다. 고반룡은 군자와 소인이 뒤섞여 사는 것은 역사의 필연이라고 생각했다. "천하가 생긴 지 오래다. 한 번은 치세이고 한 번은 난세이며 한 번은 바르고 한 번은 사악함이 서로 교차한다. 지극한 치세에도 소인이 없을 수 없고 지극한 난세에도 군자가 없을 수 없다."[178] 기왕 사물의 본성 가운데 하나가 "부류끼리 만나는 것"이라면 군자와 소인은 자연스럽게 파를 형성하게 되고 혹자는 이를 당黨이라고 부른다. "당은 부류다." 소위 붕당은 바로 군자와 소인이 부류끼리 서로를 나눈 필연적인 현상이다. "천하에 당이 없으려면 반드시 군자와 소인의 부류가 없게 된 뒤에 가능할 것이다. 어찌하여 당이란 말을 꺼리는가."[179] 붕당이 존재하기 때문에 군자와 소인을 분명하게 변별할 수 있으며 군주라면 "당을 분명하게 변별해야 할 것이다". 근본적으로 말하면 당의 결성은 군자의 본의가 아니다. 공자는 일찍이 "군자는 당을 짓지 않는다"고 가르쳤다. 하지만 이익과 권세 추구에 급급한 무리가 기어코 군자를 가리켜 당을 만든다고 모함한다. 양련은 "송나라의 사마광, 범중엄, 정이, 주희 등이 바로 당시의 당인들로 모함을 당한 사람들 아닌가. 그리고 후세의 공론公論은 어떠했는가"[180]라고 열거한다. 또 신종神宗 때 "입국의 근본에 대한 논쟁"을 사례로 들면서 이렇게 말한다. "심지어 선제께서 동조東朝 즉 수렴청정하던 태후 아래 있을 때 책립을 다투며 당을 만든 적이 있습니다. 선제의 당이 아니었다면 누가 당인이었겠습니까?"[181] "[만약 이런 충의의 신하들이 세 왕을 나란히 봉하는 데 견결히 반대하지 않았다면] 폐하께서 어떻게 오늘이 있었겠습니까! 그러니 당인이란 이름이 어찌하여 나라에 부담을 주는 것이라고 하십니까. 오직 간사한 사람들만이 이를 빌려 헛된 선량이라고 군주를 속입니다."[182] 이른바 붕당이란 사실상 소인들이 군자를 음해하는 무기임을 모든 사람이 다 아는 사실이라고 한다. 이를테면 유원진劉元珍은 이렇게 말한다. "예로부터 소인들 가운데 붕당이란 말을 앞세워 헛된 선량이라고 하지 않는 사람이 없었다."[183] 고빈룡은 말한다. "군자에게 무슨 당이 있겠는가? 위에서 당을 미워하니 소인들이 그것에 반목하여 당을 만들고 한꺼번에 잡아들여 군자가 사라진 것이다."[184] "이들은 저들을 당으로 삼고, 저들은 또한 이들로 당을 삼는"[185] 정치 투쟁을 거치면서 동림 인사들의 당파 의식은 날로 강해졌다. 그들은 군자로서 스스로를 자랑하면서 당파를 짓는 것을 잘못이라고 하지 않고 오히려 서로를 끌어들여 자칭 '오당吾黨' 즉 우리 당이라 했다. 고헌성은 말한다. "모이면 참됨을 소중히 여기는 사람이 많음을 싫어하지 않고, 사귐에 정밀함을 소중히 여기는 사람이 적음을 싫어하지 않는다. 정밀하고도 참되니 우리 당이 흥하게 된 것이라!"[186] 그들은 명확한 분파 의식을 가졌을 뿐만 아니라 명확한 영수 관념도 갖고 있었다. 고헌성은 이렇게 말한다. "군자가 조정에 있고 군자가 아니어도 스스로 조정에 있을 수 있다. 군자를 영수 삼고 그 뿌리에 따라 서로 딸려서 나아가게 된다."[187] 그 자신이 동림을 처음 창도하고 천하의 선비들을 널리 불러 모아 학술을 강론하는가 하면 조정에 대해 의론하기도 했다. 바로 군자들의 영수를 자처하고자 했으며 군자의 당을 결성함으로써 정치적 포부를 펼쳤다. 비록 고헌성이 설명하지는 않았지만 쉽게 알아볼 수 있는 사실은 동림 인사들의 군자, 소인에 대한 변론이 도덕 구분을 둘러싼 인격적 토론을 이미 넘어서 정치성을 지닌 당파 사상으로 가는 과도기를 보인다는 점이다.

군자, 소인에 대한 변론은 동림 인사들의 집단적 구심력을 높이고 강화하여 명나라 말 정계의 중요한 정치 세력을 형성하게 했다. 그런데 그들이 인식론적으로 군자와 소인의 표준 및 내용을 절대화시킴으로써 자신들을 단결시키고 상대에게 타격을 주며 관료 임용의 지도 원칙이 되기도 했지만 반대로 당파 간 알력을 심화시키기도 했다. 동림 일파는 당의 의견이 과도히 깊고 장벽이 과도히 엄해서 중간파들을 광범하게 단결시킬 수가 없었다. 천계天啓 초기 동림당인은 권력을 장악했다. 그들은 대량으로 같은 당 사람들을 임용하고 누락된 사람들을 찾아냈으나 다른 부류는 배척했다. "그래서 중립을 지킨 사람은 소인이라는 욕을 당하지 않을 수 없었고 인품이 고매한 사람도 오직 동림에서 두텁게 대하느냐 박하게 대하느냐에 따라 경중이 달라졌다."[188] 이는 당쟁을 스스로 제어할 수 없는 지경에 빠뜨려 본래부터 혼란스러웠던 정국을 더욱 요동치게 했고 끝내는 상대 여러 당의 연합 공격에 패배하고 말았다.

사유 방식으로 볼 때 동림 인사들은 군자와 소인에 내재하는 규정을 절대화했고 양자 간은 절대 서로를 용납할 수 없고 바뀔 수도 없다고 강조했다. 이는 이것 아니면 저것이라는 사유 방식으로 유가의 전통적인 선악 이분법에 연원을 둔다. 실제 정치 생활 과정에서 정치 관계는 권력의 분배와 이권 다툼에 따라 언제나 복잡다단해지며 다양한 정치 세력과 파벌 간의 연합, 분화, 공격, 대항으로 인해 천변만화한다. 이러한 정치 관계를 처리하기 위해서는 민첩한 정치적 분별 능력과 일정한 임기응변의 조절 능력이 필요하다. 다수를 단결시키고 적수를 고립시키는 일 등은 동림당인들이 잘하는 일이 아니었다. 이것 아니면 저것이라는 사유 방식이 지배하면서 동림당인들은 자신의 정견을 동료 선발의 유일한 표준으로 삼고 다른 것은 묻지 않았다. 결과적으로 동림이라고 해서 모두 군자인 것은 아니다. 가슴이 편협했다기보다 정치를 너무 간단하게 생각했다고 말하는 편이 낫다. 복잡다단한 정치 관계와 정치 문제를 간단하게 여기고 공식적으로만 여기는 것은 사유의 유치함을 드러낸 것에 다름 아니다. 이것이 바로 동림 군자들의 비애였고 동시에 유가 사상의 비애였다.

제5절

동림당인의 정치 심리

동림당인의
정치적 선택

　동림당인들의 정치적 선택은 대단히 명확했다. 한마디로 요약하면 사회 갈등을 완화시키고 명 왕조의 근본 이익을 지킨다는 전제하에 군주와 백성 양방의 이익과 요구를 두루 살피는 것이다. 물론 그들이 추구하는 최종적 가치는 여전히 군주와 군주 정치를 위한 것이었다. 그들이 당쟁에 참여한 까닭은 특히 간악한 환관 위충현을 힘써 공격하기 위함이었다. 그들의 목적은 황존소의 고백에 잘 드러나 있다. "어찌 위충현에게 원한이 있어서겠는가? 황상을 위해 권위를 찾아주고, 조종을 위해 원래의 법제를 찾아주고, 종묘사직을 위해 넓고 긴 길을 마련해주는 것에 불과하다. 반드시 군주의 곁을 깨끗하게 한 뒤에 황상이 편안해지고 그런 뒤에 천하가 편안할 것이다."[189] 다른 당파 집단과 비교할 때 동림당 사람의 대다수는 백성을 사랑하고 청렴한 행정을 펼쳤으며 직언을 하고 과감히 간언했으며 공적으로 행동하고 사사로운 행동을 하지 않았다. 이를테면 고헌성은 조남성에 대해 "남성은 한뜻으로 공을 받들고 사적인 정으로 비호하지 않으며 위세를 떨지도 않는다"[190]고 평가했다. 조남성 스스로도 이렇게 말한다. "윗사람이 되어서 천하 백성 누가 굶주리고 누가 추운지 묻지 않고, 이치_{吏治} 즉 지방 행정의 누가 맑고 누가 흐린지 묻지 않고, 소송을 다루는 사람이 누가 틀리고 누가 곧은지 묻지 않고 (…) 자기 마음대로 추측하고 혼자의 좁은 생각만으로 처리한다면 다스림에 뜻이 없는 사람일 것이다."[191] 그는 「양심어_{良心語}」를 쓴 적이 있는데 이렇게 말한다. "현자와 불초자의 진퇴는 민생의 고락, 사직의 안위와 관련이 깊다. 자신의 사적인 일을 하고 인정을 취하여 녹과 지위를 보존하는 것은 절대로 양심이 없는 자다. 천지와 귀신도 그들을 용납할 수 없을 것이다."[192] 이응승은 가서_{家書}에서 이렇게 말했다. "조정에 들어가 벼슬을 함에 품덕을 중시해야 한다. 소인의 길을 걷거나 공명을 바라는 것이 어찌 아버지가 현철을 흠모하는 마음이겠느냐!"[193] "자기 집안의 공명을 위한다면 안 될 것도 없지만 침묵을 하고 입을 닫는 언관_{言官}이어서는 안 될 것이다."[194] 실제 치적을 보더라도 그들 대부분은 청관_{淸官}이었다. 예컨대 고헌성은 일찍이 임직했던 지방에서 "공정하고 청렴한 제1인자에 올랐고" 양련은 상숙_{常熟}의 지현_{知縣}을 맡았을 때 "청렴한 관리 제1인자로 올랐다". 주기원_{周起元}의 치적은 탁월했으며 "청렴하고 은혜로운 사람으로 칭송받았다". 이응승이 남강_{南康} 추관_{推官}을 맡았을 때 "무고한 열아홉 사람을 죽음에서 꺼내주고 크게 교활한 여러 사람에게 중형을 내리자" 백성이 노래를 부르며 "비할 수 없이 청렴하고 온화하다"고 칭송했다.[195] 하지만 예외도 있었다. 예컨대 이삼재는 "성격상 청렴을 유지할 수 없었는데" 고헌성은 그를 "큰 절조는 뛰어난데 미세한 행동에서 거친 부분이 없지 않았다"[196]고 평했다. 하지만 이삼재가 "우첨도어사_{右僉都御史}로 조운을 총감독한" 기간에는 세감_{稅監}들을 엄히 징계할 수 있었다. "세감들을 꺾음으로써 민심을 얻었다. 회_淮와 서_徐 지방에 흉년이 들었을 때 구휼을 잘하고 말 값을 바로잡았다. 회 사람들이 그의 덕에 매우 감사했다."[197] 그가 이직하여 회 지역을 떠나는 날 백성 "남녀노소가 손을 잡고 나와 골목과 거리를 막고 가마를 에워싸며 못 가게 했다. 서로 가마 머리를 붙들고 울부짖으며 한 걸음 뗄 때마다 탄식을 했다. 나루터까지 따라와 배를 막으며 다시 양쪽 기슭을 끼고 울부짖고 닻줄을 빼앗고 못 가게 했다".198 이렇게 볼 때 동림 인사 가운데 절대다수는 전통사회의 '청관淸官'에 속함을 알 수 있다. 그들은 군주에게 충성을 다했을 뿐만 아니라 백성을 아낄 줄 알았다. 세태가 날로 쇠퇴하던 명나라 말기에 그들은 어둡고 썩은 정계에 다소나마 활기를 불어넣었다.

그렇지만 동림당인들의 사상적 실질을 살펴보면 조금의 민주 사상 요소도 찾아볼 수 없다. 그들은 유학 성도聖道의 숭배자이자 실천자들이었다. 그들이 계승한 것은 전통적인 정통 유학이었다. 고헌성은 이렇게 말한 적이 있다. "우리는 염濂, 낙洛, 관關, 민閩 즉 주돈이, 이정, 장재, 주희의 청의淸議를 견지할 뿐 '고顧' '주廚' '준俊' '급及'199의 청의를 견지하지 않는다."200 팔고八顧, 팔주八廚, 팔준八俊, 팔급八及은 후한 말 '청의'의 영수들이다. 고헌성은 동림당과 한 말 여러 인사의 취지는 다르다고 생각했다. 동림의 학문적 종지는 "공자를 조사로 받들고 안연과 증삼을 종사로 여기며, 자사와 맹자를 칭송하며 자양紫陽 즉 주희를 스승으로 섬기는"201 것이다. 엄연히 정주程朱의 도학을 정통으로 자처한 것이다. 엄격히 말하면 동림당은 하나의 정치 단체이며 학문적 종지도 획일적이지 않다. 그러나 동림에서 강학을 한 여러 영수의 인물로 볼 때 모두 정주를 으뜸으로 삼는다. 이를테면 고반룡은 이렇게 말한다. "학문이란 공자를 배울 따름이다. (…) 주자의 학문만을 으뜸으로 삼아 만세에 전해야 폐단이 없다."202 "학문은 반드시 공맹과 정주를 으뜸으로 삼아야 한다. 선비들은 반드시 효제와 충렴忠廉을 소중하게 여겨야 한다. 이렇게 하는 것을 옳다고 하고 이렇게 하지 못하는 것을 잘못이라고 한다."203 그들이 학문적으로 정주를 으뜸의 종사로 삼았기 때문에 정치적으로는 군주를 높이고 도의를 중시하며 강상의 수호를 목적으로 삼았고, 행위에서는 군신 간 예의를 준수하고 충효와 윤상을 지켰으며, 관념적으로는 정주의 학문을 진리처럼 여기고 『오경』과 『사서』를 "천지의 국면을 결정짓는" 것으로 보았다. 이러한 사상적 제약 때문에 동림 인사들은 전통적 의미의 효자와 충신이 되는 것 외에 다른 선택을 할 수가 없었다.

동림당인의
정치 심리 특징

    심리 상태로만 보면 동림 인사들은 분명히 평범한 명대 관료들과 달랐다. 그들은 가슴속에 강렬한 사회적 책임감을 품고 있었으며 도를 위해 장렬히 목숨을 바칠 정신을 갖추고 있었다. 조금 더 해부해보면 동림당인들의 정치 심리는 주로 다음 두 가지 측면으로 나눌 수 있다.

    첫째, 목숨을 바쳐 세상을 구하려는 뜻을 가졌다. 동림 인사들 대다수는 숭고한 정치적 이상을 지니고 질서정연하고 인애로 충만한 이상 사회를 소망했다. 이 이상 사회는 하나의 큰 가정에 비유할 수 있다. "군주는 몸소 부모로서의 책임을 맡으며, 신하는 몸소 어른으로서 책임을 맡고, 만민을 자제로 삼아 정전井田으로 양육하고 그들을 모아서 학교 교육을 실시한다. 늙으면 다 함께 노인 대접을 해주고, 어리면 다 함께 어린아이처럼 길러주고, 어질면 다 함께 어진 사람으로 대우한다. 만국은 한 나라와 같으며, 한 나라는 한 고을과 같으며, 한 고을은 한 가정과 같다."[204] 그런데 그들 앞에 펼쳐진 모습은 관료의 부패, 탐관오리의 횡행, 소인의 승진, 군자의 퇴각, 서민 조세 부담의 과중, 날로 무너져가는 세태라는 국면이었다. 이러한 이상과 현실의 강렬한 대비는 그들의 마음속을 목숨 바쳐 세상을 구하고픈 절박한 심정으로 용솟음치게 했으며, 나라와 백성을 걱정하고 도의 실천을 의무로 여기게 했다. 이를테면 이응승은 "나라의 걱정거리는 관직에 있는 사람이다. 민원을 해결할 길이 없으니 매번 저보邸報[205]를 볼 때마다 문득 젓가락을 던지고 일어서고 싶어진다"[206]고 말했다. 고헌성도 이렇게 말한다. "궁궐의 관리들은 군부를 염두에 두지 않고, 국경의 관리들은 백성을 염두에 두지 않는다. 깊은 산림에 이르면 삼삼오오 서로 성명性命에 대해 강구하고 덕업을 절차탁마하면서 세도世道를 염두에 두지 않는다. 다른 아름다움이 있음에도 군자는 염두에 두지 않는다."[207] 그들은 군부와 백성과 세도를 위하여 적극적이었고, 자신을 잊으면서 끈질기게 추구했다. "이는 필경 낮에는 밥 먹는 것도 잊고 밤에는 잠자는 것도 잊어버린 참된 정신이다. 이는 필경 아무것도 두려워하지 않는 독립된 참된 힘이다. (…) 이는 필경 요절과 장수를 구분하지 않는 참된 골격이다. 이는 필경 천지를 위해 마음을 세우고 백성을 위해 목숨을 내걸고 옛 성왕을 위해 끊긴 학문을 잇고 만세를 위해 어리석은 군중을 계몽시키는 참된 기백이다."[208] 이 얼마나 높은 뜻인가! 동림의 우수한 자들이 시대 폐단에 일침을 놓고, 악을 원수처럼 미워하고, 죽음을 무릅쓰고 과감히 간언하고, 군주에 대해 이러쿵저러쿵 평론하고 심지어 마구 질책할 수 있었던 까닭은 바로 그들 내심 깊숙이 뜻을 위해 목숨을 버려도 아깝지 않다는 충동이 응결되어 있었기 때문이다. 구세는 본래 유가 전통의 심리적 특징이었다. 의儀의 봉인封人이 공자에게 "하늘이 장차 선생님을 목탁으로 삼으시려는 것"[209]이라고 말한 적이 있으며, 공자는 스스로 "만약 나를 써주는 사람이 있으면 나는 그곳을 동쪽의 주나라로 만들겠노라!"[210]고 말했다. 이때 이미 구세의 씨앗이 심어졌다. 그 후 맹자는 선각자를 자처했으며 "천하를 다스리려 한다면 오늘날 나를 빼고 누가 있단 말인가?"[211]라고 소리 높여 외쳤다. 모두 이러한 심리 상태의 공공연한 표현이다. 선진 시대부터 명나라 말까지 유가 사상 문화의 교화로 동림 인사들은 내심 깊은 곳에서 구세를 선비의 본색으로 여겼으며 실제 정치 생활 과정에서 목숨을 바쳐 세상을 구제하겠다는 생각이 그들로 하여금 정치에 적극적으로 참여하고 행동을 선택하게 만드는 심리적 동인이 되었다.

둘째, 도에 목숨을 바치고 군주에게 충성한다. 여기서의 도는 유가가 일관되게 숭상하는 예의 등급과 충효 윤리 등을 포괄하는 이상적 정치 원칙을 가리킨다. 군신 등급 규범을 엄격히 지키고 존군尊君하고 충군忠君 하는 것 모두가 도의 기본 규정으로 동림 인사들은 이에 대해 조금도 의심하지 않고 받들었다. 천계天啓 5년(1625) 위충현, 최정수崔呈秀 등은 웅정필熊廷弼 수뢰 안건을 빌미로 동림 인사들을 모함하여 동림당을 일망타진하고자 했다. 양련, 좌광두, 위대중, 주순창, 고대장顧大章, 이응승 등 10여 인이 선후로 모함을 당해 체포되고 하옥되어 장물을 추징한다는 조칙하에 모진 혹형을 당했다. 당시 장물 추징은 5일로 제한을 두어 제한 기일이 이를 때마다 심한 매질을 하여 피와 살이 흘러내리고 듣는 이들의 머리칼이 솟구칠 정도였다. 그 결과 모진 고문을 당해 많은 사람이 죽고 말았다. 그런데 크나큰 굴욕을 당하고 성명이 경각에 달린 위태로운 상황에서도 그들은 여전히 절대적 충군을 생각했다. 그들 마음속에서 조칙 명령이 맞든 그르든 모두 이치에 복종할 따름이며 항거하거나 배반할 수 없는 것이었다. 그들에게는 하나의 공통된 신념이 있었으니 "뇌성벽력이나 비와 이슬 모두 천은이 아닌 것이 없다"는 것이었다. 예컨대 주순창은 "이른바 뇌성벽력이나 비와 이슬 모두 성은에 속한다. 신하들은 그저 기쁘게 받아들여야 한다. 신하가 죄를 지으면 죽어 마땅하며 천왕은 언제나 성스럽고 밝다"[212]고 말한다. 양련은 이렇게 말한다. "이제 체포되어 가지만 장검張儉[213]처럼 도망하지 않으며, 양진楊震[214]처럼 약을 기다리지도 않는다.

뇌성벽력이나 비와 이슬도 천은이 아닌 것이 없다는 말이다. (…) 몸이 살든 죽든 조정에 맡기고자 한다."[215] 이 얼마나 깊은 충성인가! 그들은 내심 깊은 곳에 유가의 이상적 정치 가치에 대한 돈독한 믿음을 감추고 있었으며 이것이 관념적으로 흔들리지 않는 깊은 충군 신념을 형성했다. 양련이 가장 대표적이다. 양련은 일찍이 위충현의 24대 죄악을 들어 탄핵을 상주했다. 환관들은 이를 통한해 마지않았고 양련은 옥에 갇힌 뒤 가장 무거운 형벌을 받은 사람 중 하나가 되었다. 그러나 그는 환관들이 "봉토를 구실로 삼고 장물 추징을 이유로 들며 제멋대로 신하들을 잘못 죽이고는 그 명분을 황상에게 돌린다"[216]고 원통해할 뿐이었다. 그의 충군 신념은 비할 수 없이 굳건하고 선명했다. 그는 "충신과 효자가 되는 것이 대신이 되는 것보다 백배는 훌륭하며"[217] "충의는 천추에 썩지 않으니 설마 세상의 도가 혼탁하다고만 할 수는 없지 않는가?"[218]라고 말한다. 절대적 충성은 두려워하지 않고 도를 위해 목숨을 바치는 정신을 응결시켰다. "스승이 내려준 밝은 교훈과 선철들의 충성을 다한 모범을 지킬 뿐 스스로 성패와 이해관계를 계산하지 말아야 한다."[219] 충 한 글자를 굳건히 지킬 뿐만 아니라 전심전력을 다해 충성하며 조금치의 넋두리도 하지 않는다. "범방范滂[220]은 형벌을 당하면서도 상대가 선해지길 바랐으며, 내가 악을 저지르지 않았기에 부모 자식이 결별했다고 생각했다. 누군가 왜 더한 충의로 권면하지 않았느냐고 하면 이를 격분시키는 말로 여겼다."[221] 이는 또 어떤 심경일까? 자신의 행위가 도의 원칙에 완전히 부합한다는 굳건한 믿음 때문에 생사의 문턱에 서서도 탁월한 용기와 거리낌 없는 심정을 드러낸 것이다. "곧은 절개를 후회하지 않고 혹독한 형벌을 두려워하지 않으며 참혹한 죽음을 슬퍼하지 않는다. 다만 이 마음에 털끝만큼의 희망도 없으니 대낮이든 어둠이든 나에게 무슨 관계가 있겠는가!"[222] 양련으로 대표되는 겁난을 당한 사람들은 충군과 순도殉道를 통일시켜 내심으로 군주에 대해 성냄도 원망도 없었으며, 속이지 않고 정성을 다하고 온몸을 바치는 충군 심리를 형성했다. 이것이 동림당인들이 이권 경쟁을 하는 과정에서 왕왕 명리를 따지지 않고 권세를 두려워하지 않으며 지위를 갖지 않았음에도 기어이 정치를 도모하려는 심리적 동인이었다.

명 말 당쟁 가운데 동림당인들은 선비들의 정치 단체 중 가장 풍부한 이상을 갖고 원칙을 견지하면서도 대단한 희생정신을 지닌 사람들이었다. 그들은 순지구세殉志救世 즉 세상의 구원을 위해 목숨을 바칠 뜻을 지니고 순도충군殉道忠君 즉 도에 목숨을 걸고 군주에게 충성하는 정치 심리에 기초하여 군주와 사회 각계각층의 인정과 비호를 얻고자 했다. 하지만 소망과는 달리 그들의 결말은 지극히 비참했다. 역사의 겉모습이 보여준 것은 동림 일파가 환관 위충현 일파의 공격과 음해를 받았으며 마치 붕당 투쟁 가운데 쌍방의 세력이 커지고 줄어든 결과라고 한다. 그런데 사실상 역사의 진실은 이렇게 담백하지 않다. 환관이든 동림이든 모두 전제 왕권의 파생물이자 기생물이고 부속물이었다. 천계 초 동림이 정권을 잡았을 때 군주의 수긍을 얻었는데 그 후 환관이 동림을 박해한 것 또한 군주의 뜻을 받들었거나 부추긴 것이다. 따라서 결국 동림당인들은 그들이 절대적으로 충성을 다하고 적극적으로 옹호한 군주에 의해 직접 액살을 당한 것이다. 그들이 추구하고 분투한 정치적 가치는 거꾸로 그들 자신을 질곡에 빠뜨리는 포승줄이 되었다. 이는 일장의 비극이다. 왜 이렇게 되었을까? 그 자초지종을 찾는 것은 어렵지 않다. 선비들이 필요한 학문적 자유와 정치적 독립성을 결여하고 있는 한, 선비들이 어쩔 수 없이 권력의 부속물이 되는 한, 그들의 뜻과 행동이 아무리 높고 고결하다 하더라도 노예의 운명을 벗어나기 어려우며 주인은 그의 노예에 대해 언제나 마음대로 상벌을 주고 뜻대로 처치를 할 수 있다.

1 言事者益裁量執政, 執政日與枝拄, 水火薄射, 訖於明亡云.(『명사明史』 「조용현전趙用
   賢傳」)

2 명 만력萬曆 43년(1615) 신종神宗이 총애하던 정귀비鄭貴妃의 아들을 태자로 삼으려
   했으나 '장자를 후사로 잇는다'는 조상의 유훈을 어긴 것이라며 동림당의 맹렬한 반대
   에 부딪혔다. 이에 부득이 장자 주상락朱常洛을 태자를 삼았으나 장차張差라는 인물
   이 태자궁에 난입해 문지기를 몽둥이로 때려죽인 정격梃擊 사건이 터지고 큰 정치적
   안건으로 비화했다. ─옮긴이

3 명 태창泰昌 원년(1620) 만력제 사후 즉위한 주상락은 한 달도 못 되어 큰 병을 얻었
   는데 재상 만종철萬從哲의 만류에도 불구하고 천하의 선단仙丹이라는 이가작李可灼
   의 홍색 환약을 먹고 죽었다. 재상 책임론 등을 둘러싸고 정귀비의 음모론까지 섞이며
   수많은 사람이 죽은 정치적 안건이 되었다. ─옮긴이

4 명대에 이부吏部에서 경관京官 즉 수도에 근무하는 관리들을 시험하여 승진과 좌천을
   결정하던 제도. 정무능력 등을 보는 4격四格과 질병 등을 따지는 8법八法으로 홍무洪
   武 연간에는 3년에 한 번, 홍치弘治 연간에는 6년에 한 차례씩 시험을 보았다. 나중 자
   기 세력의 진퇴와 연관되어 붕당정치의 온상이 되었다. ─옮긴이

5 幼卽有志聖學, 暨削籍里居, 益覃精研究.

6 偕同志高攀龍錢一本薛敷教史孟麟于孔兼輩講學其中.(『명사』 「고헌성전」)

7 當是時, 士大夫抱道忤時者, 率退處林野, 聞風響附, 學舍至不能容.(『명사』 「고헌성전」)

8 亦多裁量人物, 訾議國政.(『명유학안』 「동림학안」)

9 每年一大會, 或春或秋, 臨期酌定, 先半月遣帖啓知.

10 一以稽赴會之疏密, 驗現在之勤惰, 一以稽赴會之人, 他日何所究竟.(『동림서원지東林書
   院志』 권2)

11 朝士慕其風者, 多遙相應和. 由是東林名大著, 而忌者亦多.(『명사』 「고헌성전」)

12 『명사』 「고반룡전」.

13 時局種種可憂, 眞如抱薪於郁火之上, 特未及然(燃)耳.(『경고장고涇皐藏稿』 권4)

14 無一念不於君父傾注, 無一事不思於世路堤防.(『고자유서高子遺書』 권5)

15 竊惟生殺與奪, 帝王御世之大權也.(『양충렬공문집楊忠烈公文集』 권1)

16 皇上元首也, 臣子其腹心手足也.(『낙낙재유집落落齋遺集』 권1)

17 皇上爲天之子, 萬邦黎民皆皇上之子. 惟子爲能感父, 惟父爲能率子.(『조충의공문집趙忠
   毅公文集』 권12)

18 皇上一心, 尤天心人心之本.(『낙낙재유집』권1)

19 一念之正, 鬼神畏敬; 一念之邪, 其禍无涯.(『조충의공문집』권11)

20 今天下必亂必危之道, 蓋有數端, (…) 廊廟空虛, 一也. 上下否隔, 二也. 士大夫好勝喜
爭, 三也. 多藏厚積, 必有悖出之釁, 四也. 風聲氣習日趨日下, 莫可挽回, 五也. 非陛下奮
然振作, 簡任老成, 布列朝署, 取積年廢弛政事一擧新之, 恐宗社之憂, 不在敵國外患,
而卽在廟堂之上也.(『명사』「엽향고전」)

21 士之號爲有志者, 未有不呱呱於救世者也.(『경고장고』권8)

22 夫天下者, 祖宗之天下; 法度者, 祖宗之法度也. 皇上亦在祖宗法度之中, 卽欲私喜一人,
私怒一人, 不可得.(『양충렬공문집』권1)

23 『경고장고』권1.

24 夫天下至大, 億兆人至衆. 天爲民作之君, 君又爲天下立之相, 是君以天下爲度, 不得以
天下徇其欲也. 故有欲之君不可與行王道.(『서염양공집徐念陽公集』권3)

25 人主何可以不克己也.(『조충의공문집』권11)

26 夫言不論遜逆, 大略軌諸道而後止.(『황충단공집黃忠端公集』권1)

27 澄心靜濾, 以思維四方之艱難. 左圖右史, 以鑑觀前代之善敗.(『낙낙재유집』권1)

28 君雖至尊, 以白爲黑, 臣不能從.(『조충의공문집』권11)

29 權之所在, 人主可以行令; 義之所在, 匹夫可以行意.(『양충렬공문집』권1)

30 大學士王家屛以爭冊立求去.

31 창창은 종묘제사에 쓰이는 향기로운 술의 이름. 이에 연유하여 제사를 주관하는 자리
로서 주창지기主鬯之器란 옹립한 정통성 있는 태자를 지칭하는 말이다. ―옮긴이

32 陛下徇内嬖之情, 以搖主鬯之器. 不納輔臣之言, 反重諫官之罰. (…) 而善類寒心, 邪臣
鼓掌. 將來逢君必巧戾, 豫敎無期.(『명사』「우공겸전」)

33 國家之患, 莫大於壅. 壅者, 上下各判之象也. 是故大臣持祿不肯言, 小臣畏罪不敢言, 則
壅在下. 幸而不肯言者肯言矣, 不敢言者敢言矣, 究乃格而不報, 則壅在上. 壅在下則上
孤, 壅在上則下孤, 之二者, 皆大亂之道也.(『경고장고』권7)

34 無論大臣小臣近臣遠臣, 而皆視之爲一體; 無論諷諫直諫法言巽言, 而皆擇之以用中.
仍諭大小臣工無猜無忌, 自責自修. 勿惜任怨之名, 以逢君欲; 勿希將順之美, 以便己
私.(『경고장고』권1)

35 自天子以至於庶人, 壹是皆以修身爲本.

36 蓋變化人才, 轉移世道之機, 實在於此.(『경고장고』권1)

37 夫權者, 人主之操柄也. 人臣所司謂之職掌.(『경고장고』권1)

38 其言是, 怡然而受之, 其言非, 廓然而容之. 錄其民, 不疵其短. 褒其直, 不嗔其狂. 欣其誠, 不虞其矯. 我用其言, 何必計其人; 我不用其言, 何必疾其人.(『경고장고』 권1)

39 蓋臣等雖焦心若思, 不如皇上之一念足以孚格蒼穹; 臣等雖敝吻燥舌, 不如皇上之一言足以鼓舞四海; 臣等雖鞠躬殫力, 不如皇上之一擧動足以維新宇宙.

40 皇上惕然猛省, 勤理庶政, 然後臣等之盡職, 有濟於事.(『조충의공문집』 권12)

41 臣以爲陛下之馭人至巧, 而爲謀則甚拙也. 此等機智不可以罔匹夫匹婦, 顧欲以欺天下萬世耶!(『명사』 「전일본전」)

42 陛下郊廟不親, 朝講不御, 章奏留中不發. (…) 陛下每夕必飲, 每飲必醉, 每醉必怒. 左右一言稍違, 輒斃杖下, 外庭無不知者. 天下後世, 其可欺乎!(『명사』 「풍종오전」)

43 天子成言, 有同兒戲.(『명사』 「주종건전」)

44 未見顔色而言謂之瞽.(『논어』 「계씨」)

45 信而後諫; 未信, 則以爲謗己也.(『논어』 「자장」)

46 『순자』 「비상」.

47 正謂不激切不足以動人主之心.(『황충단공집』 권1)

48 夫天下事非一家私議. 元子封王, 祖宗以來未有此禮, 錫爵安得專之, 而陛下安得創之.(『명사』 「고윤성전」)

49 『명사』 「전일본전」.

50 당나라 때 있었던 제도로 황제가 직접 붓으로 칙령을 써서 조정의 논의를 거치지 않고 중서성에 바로 주어서 인사명령을 집행했다. 정식 관인을 찍지 않은 명령이므로 묵칙사봉墨勅斜封 관리는 무시당하기 일쑤였다. ―옮긴이

51 墨敕斜封, 前代所患; 密啓言事, 先臣弗爲.

52 『명사』 「전일본전」.

53 君不密則失臣, 臣不密則失身, 幾事不密則害成.(『주역』 「계사상」)

54 적적籍은 대개 두 치 반 정도의 대나무 편을 말하며 관직에 들어선 사람의 성명과 신분을 기록한 표다. 이를 소지해야 궁궐에 출입하고 각의에 출석할 수 있었다. ―옮긴이

55 6부六部와 도찰원都察院을 일컫는다. 청대에는 각 지방 순무巡撫가 병부兵部와 도찰원 우부도어사右副都御史를 겸하여 부원이라 불리기도 했다. ―옮긴이

56 自臣通籍以來, 竊見閣臣侵部院之權, 言路希閣臣之指, 官失其守, 言失其責久矣.(『명사』 「사맹린전」)

57 蓋以一事任一官, 則專不爲害.

58 脫有私意奸其間, 內託上旨, 外誘廷言, 誰執其咎?

59 政事歸六部, 公論付言官.(『명사』 「사맹린전」)

60 善治天下者, 俾六官任事, 言路得繩其愆, 言官陳事, 政府得裁其是, 則天下治.(『명사』 「유일경전」)

61 外人所是, 廟堂必以爲非: 外人所非, 廟堂必以爲是.(「고단문공연보」 상)

62 是非者, 天下之是非, 自當聽天下(「고단문공연보」 하)

63 天下大定, 禮儀風俗不可不正.(『명사』 「태조기太祖紀」)

64 聖賢立教有三: 曰敬天, 曰忠君, 曰孝親.(『명사』 「오침전吳沈傳」)

65 皇考孝宗敬皇帝親弟, 興獻王長子厚熜聰明仁孝, 德器夙成, 倫序當立. 遵奉祖訓兄終弟及之文 (…) 嗣皇帝位.(『명사기사본말明史紀事本末』 권50)

66 禮, 長子不得爲人後, 況興獻王惟生皇上一人, 利天于而爲人後, 恐子無自絶父母之義 (…) 臣竊謂今日之禮, 宜別爲興獻王立廟京師, 使得隆尊親之孝, 且使母以子貴, 尊與父同.(『명경세문편明經世文編』 권176)

67 臣聞古者帝王事父孝, 故事天明; 事母孝, 故事地察. 未聞廢父子之倫, 而能事天地, 主百神者.(『계문양공주소桂文襄公奏疏』 권1)

68 繼統者, 天下之公, 三王之道也繼嗣者, 一人之私, 後世之事也.

69 故皇上嗣續大業, 非繼孝宗之統, 繼武宗之統; 非繼武宗之統, 繼祖宗之統也.

70 稱孝宗曰皇伯, 稱興獻帝曰皇考, 別立廟祀之. 夫然後合於人情, 當乎名實.(『명사기사본말』 권50)

71 좌순문左順門은 명나라 영락제永樂帝 때 궁궐 동쪽에 만들어진 문인데 '대례의大禮議' 논쟁 때 수많은 대신이 집단으로 문 앞에서 정통론을 주장하며 소요를 일으키자 18세의 가정제는 금의위錦衣衛를 동원하여 피로써 일단락 지었다. —옮긴이

72 四品以上者俱奪俸, 五品以下杖之. 於是編修王相等一百八十餘人各杖有差.(『명사기사본말』 권50)

73 上下否膈, 體統頹怡, 威嚴日成陵替, 幾不復知有朝廷之尊.(『양충렬공문집』 권1)

74 邇來士習日下, 奔競成風.(『경고장고』 권4)

75 民不聊生, 大亂將作矣.(『고자유서』 권8)

76 臣等竊惟天下之治亂, 繫於紀綱.(『낙낙재유집』 권1)

77 紀綱者, 統領人群之名也.

78 故曰一引其綱, 萬目皆張; 一引其紀, 萬目皆起.(『조충의공문집』 권12)

79 紀綱人群, 必由道德, 若反道悖德, 而挾空名分以讐其下, 卒致決裂橫潰而不可收拾.(『조충의공문집』 권12)

80 　入則爲孝子悌弟, 出則爲信友, 仕則爲忠臣良吏.(『조충의공문집』권1)

81 　夫孝始於事親, 中於事君, (…) 君子擧念而不敢忘其親, 念吾之一視一聽一言一動者, 皆親身也; 擧念而不敢忘其君, 念吾之一飮一啄一臥一起者, 皆君恩也.

82 　人人有君親之倫, 則人人有君親之事, 所以立身也.(『고자유서』권1)

83 　天下皆子也, 皆欲孝其親乎, 則皆思忠其上. 天下而皆忠孝, 則倫常敍矣, 海內同孝, 忠在其中矣.(『조충의공문집』권3)

84 　三代而後聖王不作, 於是夫子出, 以『六經』治天下, 決是非, 定好惡, 使天下曉然知如是爲經常之道.(『고자유서』권1)

85 　經, 常道也. 孔子表章『六經』, 程朱表章『四書』, 凡以昭往示來, 維世敎, 覺人心, 爲天下留此常道也.(『동림서원지東林書院志』권2)

86 　譬諸日月焉, 非是則萬古晦冥, 譬諸雨露焉, 非是則萬古枯槁.(『동림서원지』권2)

87 　是『六經』者, 天之法律也. 順之則生, 逆之則死. 天下所以治而無亂无亂, 亂而卽治者, 以『六經』在也.(『고자유서』권1)

88 　自古未有關閉門戶獨自做成的聖賢, 自古聖賢未有離群絶類, 孤立無與的學問.

89 　夫士之於學, 猶農之於耕.(『동림서원지』권2)

90 　上不可言於君親, 中不可言於兄弟, 下不可言於妻子, 而獨可從容擬議於朋友者, (…) 非朋友無以成其君臣父子夫婦兄弟.(『동림서원지』권3)

91 　非講習亦無以成其朋友也.

92 　君臣之相與也以敬勝, 父子夫妇兄弟之相與也以愛勝. 勝則偏, 偏則弊. 亦必以朋友之道爲主調燮於其間, 乃克有濟.(『동림서원지』권3)

93 　群一鄕之善士講習, 卽一鄕之善皆收而爲吾之善, 而精神充滿乎一鄕矣. 群一國之善士講習, 卽一國之善皆收而爲吾之善, 而精神充滿乎一國矣. 群天下之善士講習, 卽天下之善皆收而爲吾之善, 而精神充滿乎天下矣.(『동림서원지』권3)

94 　민민閩은 복건성 일대로 주희가 활동했던 지역이고 낙洛은 정호와 정이가 활동했던 낙양 지역을 말한다. 이정과 주자의 맥을 잇는다는 뜻이다. —옮긴이

95 　力辟王守仁'無善無惡心之體'之說.(『명사』「고헌성전」)

96 　聖學以性善爲宗, 異學以無善無惡爲宗.(『경고장고』권12)

97 　孔子之分身也, 一而二者也. 由修入悟, 善用實, 其脈通於天下之至誠; 由悟入修, 善用虛, 其脈通於天下之至聖.(『경고장고』권11)

98 　敦化也, 卽孔子之全身也, 二而一者也.

99 　邇時論學率重悟, 聞東林特重修, 何也?

100 重修所以重悟也夫悟未有不由修而入者也. 語不云乎, 下學而上達下學修也; 上達, 悟也. 舍下學而言上達, 無有是處.(『경고장고』 권11)

101 中者, 矩也; 而心者, 其髮竅也. 中本先天, 一至髮竅便落後天, 而人心道心歧焉. 是故矩有常, 心無常, 道心有常, 人心無常. 有常者可從, 無常者不可從也. 可不可之間, 相去幾何. 其必精以察之, 而不使道心或混於人心; 一以守之, 而不使人心或二乎道心. 然後卽心是矩, 卽矩是心. (…) 無往而不可從矣.(『경고장고』 권9)

102 君子自強不息, 凡以求誠而己. 一念不真, 非誠也; 一行不修, 非誠也, 一事不當, 非誠也. (…) 成己成物, 參贊天地.(『조충의공집』 권2)

103 這個欲自人生落地時便一齊帶下, 千病萬病皆從此起. 我要爲善, 這個却出來做個對頭, 不愁你不屈伏. 我不肯爲惡, 這個却出來做個牽頭, 不愁你不依順.

104 須辨取明白, 一刀斬斷, 撥出自家一個身子來. 然後要爲善便真能爲善, 要不爲惡便真能不爲惡. 仁真仁, 義真義, 禮真禮, 智真智, 恰好鑄成個信字也.(『경고장고』 권4)

105 專以道義相切磨, 使之誠意正心修身, (…) 倫必敦, 言必信, 行必敬, 忿必懲, 欲必窒, 善必遷, 過必改, 誼必正, 道必明, 不世必勿施, 不得必反求 (…) 聖賢之域.(『동림서원지』 권1)

106 善是人的本心, 爲善是人的本分事, 如著衣吃飯, 人人喜歡做的.

107 這個身子生的時節, 一物不曾帶來, 惟有這個善是原帶來的. 死的時節一物不能帶去, 惟有這個善是原帶得去的.

108 我等同縣之人, 若是人人肯向善, 人人肯依着高皇帝六言: 孝順父母, 尊敬長上, 和睦鄉里, 教訓子孫, 各安生理, 毋作非爲. 如此便成了極好的風俗. 家家良善, 人人良善. 這一縣一團和氣便感召得天地一團和氣, 當雨便雨, 當晴便晴. 時和年豐, 家給人足, 豈不人人享太平之福.(『고자유서』 권6)

109 我朝的開基聖主, 到今造成二百五十年太平天下. 我等安穩吃碗茶飯, 安穩穿件衣服, 安穩酣睡一覺, 皆是高皇帝的洪恩.

110 高皇帝就是天 (…) 便是天的言語, 順了天的言語, 天心自然歡喜; 逆了天的言語, 天心自然震怒. 我輩豈能當得上天震怒.(『고자유서』 권6)

111 夫爲政者, 仁所以懷民也.

112 治民之道, 以仁爲本. 仁者必寬, 寬者, 寬於無知之民也.

113 『조충의공문집』 권3.

114 夫爲人牧者, 將務慈於民者也. (…) 民之情, 以徹爲利, 以壅爲害, 是故當順而治之.(『경고장고』 권8)

115　法天之大者, 莫過於重民命, 則刑罰宜當宜平.

116　法天之大者, 莫過於厚民生, 則賦斂宜緩宜輕.(『명사』 「유종주전」)

117　自天子下至一邑之宰, 稼穡焉而食民主力, 布帛焉而衣民之力, 宮室焉而寢處民之力, 一擧目靡非民力也. 是以君子擧目而不敢忘民, 思其艱也.(『고자유서』 권3)

118　但知急財用, 而不暇急民生.

119　『낙낙재유집』 권1.

120　관청의 말을 기르는 것으로 세금과 부역을 대신하는 민호民戶. ─옮긴이

121　물길의 수리와 관리를 맡은 사람. ─옮긴이

122　관청에 딸려서 정식 편제 밖에서 심부름을 하는 사람. ─옮긴이

123　吏治日偷, 風俗凋夷, 紀綱凌替.(『낙낙재유집』 권1)

124　今天下臣節薄於依回, 士心蠱於貪戀, 禮義廉恥之槪, 不能奪其功名富貴之心, 而報君殉國之誠, 不能脫其全軀保妻子之念.(『주충의공주의周忠毅公奏議』 권1)

125　大率今日之人, 求富貴利達之心多上之, 爲國家者固不可見.(…) 各執其是, 各行其私.(『주충개공신여집周忠介公爐餘集』 권2)

126　今士人一爲有司, 往往不期月而致富. 問其所以, 率由條鞭法行, 錢糧經有司之手, 重收而取羨餘, 加派在其中矣.(『조충의공문집』 권14)

127　方今仕途如市, 入仕者如往市中貿易.(『주충개공신여집』 권2)

128　少望風解綏之巡按, 多計日待遷之巡撫. 而輦轂略遺, 往來如織.(『장밀재집藏密齋集』 권4)

129　力可弄權, 人人皆爲吏部, 財能買爵, 處處俱是傍門, 面皮世界, 書帕長安.(『조충의공문집』 권14)

130　奈何世道日頹, 人皆趨時以苟富貴, 以奔競爲常事, 以狥(徇)私爲無傷, 以巽懦爲老成, 以模棱爲妙用.

131　四害不除, 雖使孔子典選, 亦無所益.(『조충의공문집』 권13)

132　風尚日非, 仕路穢濁. 貪官汚吏, 布滿郡邑.

133　臣竊惟百姓窮苦, 皆由外吏貪殘. 其所以敢於貪殘而無忌者, 由詔笑居間求田問舍之鄕紳爲之延譽擬贖慶生賀節, 投歡之上司與之作緣.

134　民苦貪殘者官稱卓異, 不但幸免計黜, 尋且選科選道.(『장밀재집』 권4)

135　臣嘗謂吏治所以日壞者, 總由情面太重, 錢神太靈.(『조충의공문집』 권13)

136　貪者爲功名, 庇貪者亦爲功名; 貪者爲身家, 庇貪者亦爲身家.

137　身在局外, 每慷慨以除貪殘. 一入局中, 率因循而隨波蕩. 故巡方行事, 常不如其持議之初

心; 及回道數時, 又漸忘其地方之所愿. 蓋有下不能廢於朋友, 而上不可告君父, 入不覺移於妻孥, 而出無以謝百姓者, 則交際是也.(『낙낙재유집』 권1)

138 卽有原忠朝廷者, 孤力難施, 兼以富貴之念不能盡割, 旋且化而從之矣.

139 一人之正不能勝衆人之邪, 一年之公不能勝累年之私也.(『조충의공문집』 권13)

140 今之士人, 以官爵爲性命, 以鑽刺爲風俗, 以賄賂爲交際, 以囑託爲當然, 以徇情爲盛情, 以請教爲謙厚.(『조충의공문집』 권14)

141 欲安小民, 須嚴大計. 欲嚴大計, 須絕饋遺. 饋遺絕, 公道出. 始得真不肖者而黜汰之, 真賢者而表異之.

142 吏治清明, 民生樂業, 而後天下可爲也.(『장밀재집』 권4)

143 願皇上勅下各撫按官, 嚴禁鄕官在家者, 勿倚勢害民 (…) 其怙終之尤者, 卽行參問. 卽見任之官, 其家人子弟暴橫, 一體參處.(『조충의공문집』 권13)

144 而消長之數繫於大臣. 大臣之道不同, 要以是非明白, 進退有禮, 重廉恥而輕爵祿, 畏清議而惜紀綱.(『낙낙재유집』 권1)

145 성주成周는 주공周公이 성왕成王을 보좌하여 주나라 정치의 기틀을 마련한 융성한 시대를 일컫는다. 한편 지명으로 종주宗周는 수도 서안西安을, 성주는 동쪽 낙양洛陽을 지칭하기도 한다. ―옮긴이

146 成周以聽官府之六計, 斷群吏之治.

147 言爲吏者雖兼有衆長, 必以廉爲本. 非廉則用其所長以爲攫取之具, 收虛名而播實禍, 民生殆矣.(『조충의공문집』 권3)

148 士之所以爲士者, 有士氣也.

149 鼓舞士氣之道, 在教之以重廉恥而輕富貴.

150 乃可以爲士, 乃可因爲公卿大夫, 而與之共安小民.(『조충의공문집』 권14)

151 大小甲科之官皆大賢也, 鄕貢之官間有疵議, 其卑冗小吏, 乃多劣考耳.(『조충의공문집』 권14)

152 특히 명대 만력제萬曆帝 때 재물을 모으기 위해 환관을 파견하여 광감礦監 즉 각지의 광산 개발을 감독하도록 하고 세사稅使 즉 세금을 거두는 일을 맡게 했다. 이들의 부패와 타락이 심각했다. ―옮긴이

153 凡爲漏稅之說者, 公乎私乎? 抑亦假公行私乎? 竊恐官受其名, 彼享其實, 民受其害, 彼叨其利.(『경고장고』 권4)

154 痛思小民本微力薄, 朝夕販賣以糊口. 擧家老幼, 嗷嗷以待 (…) 不得已, 各自踵門告哀乞憐, 反觸其怒, 閉戶逞凶.(『주충개공신여집』 권1)

155 陛下愛珠玉, 民亦慕溫飽; 陛下愛子孫, 民亦戀妻孥. 奈何陛下欲崇聚財賄, 而不使小民享升斗之需; 欲綿祚萬年, 而不使小民適朝夕之樂.

156 今闕政猥多, 而陛下病源則在溺志貨財.

157 罷除天下礦稅, 欲心旣去, 然後政事可理.(『명사』「이삼재전」)

158 陛下所謂匱乏者, 黃金未遍地, 珠玉未際天耳.

159 小民饔飧不飽, 重以徵求, 箠楚無時 (…) 民惟請死, 陛下寧不惕然警悟邪!(『명사』「이삼재전」)

160 匪直民憂, 實長民者之憂. 稅監犯衆怒, 一旦激變, 可若何?(『주충개공신여집』 권1)

161 此宗社存亡所關, 一旦衆畔土崩, 小民皆爲敵國, 風馳塵驚, 亂衆麻起, 陛下塊然獨處, 卽黃金盈箱, 明珠填屋, 誰爲守之.(『명사』「이삼재전」)

162 君子喻於義, 小人喻於利.(『논어』「이인」)

163 小人不恥不仁, 不畏不義, 不見利不勸.

164 甚哉, 在位不可一日無君子也. 惟君子爲能不亡天下.

165 故其操身也正, 眞畜下也慈, 其繩繩人也恕, 其莅事也勤, 其究心於吏治人才也豫.(『조충의공문집』 권3)

166 天下之所以治安者, 君子之氣恒伸也; 天下之所以危亂者, 君子之氣恒郁也.(『초충의공문집』 권1)

167 君子在朝, 則天下必治; 小人在朝, 則天下必亂.(『경고장고경고장고』 권2)

168 從來天下之治亂, 視君子小人之進退.(『황충단공집』 권1)

169 一曰夷狄, 吭背之患, 二曰盜賊, 肘腋之患, 三曰小人, 腹心之患.

170 臣愚以爲夷狄盜賊之患, 實胚胎於小人.(『낙낙재유집』 권1)

171 人主無知人之明, 使君子小人並進. 究則進者, 唯小人而已. 小人進而天下有不亂乎?(『황충단공집』 권3)

172 陛下惡私交, 而臣下多以告訐進; 陛下錄淸節, 而臣下多以曲謹容; 陛下崇勵精, 而臣下奔走承順以爲恭; 陛下尙綜核, 而臣下瑣屑吹求以示察. 凡若此者, 正似信似忠之類, 究其用心, 無往不出於身家利祿.(『명사』「유종주전」)

173 從來小人誤人家國, 必先比附中官. 中官專權亂政, 必先馳逐言官, 擯除大臣.(『양충렬공문집』 권1)

174 嗟乎, 狼當道而蘭是鋤, 鬼張弧而鳳已冥. 小人之禍, 烈於猛火.(『낙낙재유집』 권1)

175 君子, 正也. 正則所言皆正言, 所行皆正行, 所與皆正類, 凡皆治象也. 雖欲從而亂之, 不可得而亂也. (…) 小人, 邪也. 邪則所言皆邪言, 所行皆邪行, 所與皆邪類, 凡皆亂象也.

雖欲從而治之, 不可得而治也.(『경고장고』 권2)

176 君子之別於小人者, 清與濁而已矣. 君子之不能容小人, 猶小人之不能容君子也. 其清濁
異則其好惡不得不異也. (…) 鵲終不可以爲烏, 梟終不可以爲鶴.(『좌충의공집』 권2)

177 君子小人之品, 判若黑白; 君子小人之名, 淆若朱紫. (…) 君子指小人爲小人, 小人亦指君
子爲小人.(『황충단공집』 권3)

178 天下之生久矣, 一治一亂相尋, 一正一邪相錯. 極治之世不能無小人, 極亂之世不能無君
子.

179 欲天下無黨, 必無君子小人之類而後可, 如之何諱言黨也.(『고자유서』 권6)

180 宋之司馬光范仲淹程頤朱熹等, 豈非當時皆誣以黨人者哉, 後世之公論何如也.

181 甚而先帝在東朝, 且有以爭冊立爲黨者, 夫不黨先帝, 將黨何人乎?

182 陛下安得有今日乎! 然則黨人之名亦何負於國, 唯奸人借之以欺主空善類耳.(『양충렬공
문집』 권1)

183 從古小人未有不以朋黨之說先空善類者.(『명사』 「유원진전」)

184 夫君子何黨之有? 上惡黨, 故小人之黨反目之爲黨, 一網而君子盡矣.(『고자유서』 권6)

185 此以彼爲黨, 彼亦以此爲黨.

186 會不厭多貴其眞, 友不厭少貴其精, 旣精且眞, 吾黨其有興乎!(『경고장고』 권13)

187 君子在朝, 非君子自能在朝也, 本之君子之領袖, 爲之連茹而進也.(『경고장고』 권2)

188 於是中立者, 類不免蒙小人之玷; 核人品者, 乃專以與東林厚薄爲輕重.(『명사』 「최경영전
찬최경영傳贊」)

189 夫豈有仇於忠賢? 不過爲皇上惜威權, 爲祖宗愛成憲, 爲宗社計靈長. 必欲淸君側而後皇
上安, 而後天下安耳.(『황충단공집』 권1)

190 南星一意奉公, 不以情庇, 不以勢撓.(『경고장고』 권1)

191 爲人上者, 於天下之目不問其孰飢孰寒, 吏治不問其孰淸孰濁, 獄訟者不問其孰曲孰直,
(…) 而恣其胸臆, 狹其獨見以自用, 是無意於求治者也.

192 賢不肖之進退, 乃民生體戚社稷安危所關, 而行己之私, 或收取人情, 以保祿位, 是絶無
良心者, 天地鬼神必不能容.(『조충의공문집』 권11)

193 立朝居身, 品識爲重, 走小人之路, 爲功名之計, 豈父親鄕慕賢哲之心!

194 若爲自家功名, 則無所不可, 獨不能容容默默, 作寒蟬結舌之言官.(『낙낙재유집』 권5)

195 出無辜十九人於死, 置大猾數人重辟, (…) 淸和無比.(이상 인용은 『명사』 해당 전을 참
조)

196 大節卓然, 而細行不無疏闊.(『경고장고』 권5)

197 以折稅監得民心. 且淮徐歲侵, 又請賑恤, 躅馬價. 淮人深德之.(『명사』「이삼재전」)

198 老幼提携, 塡街塞巷, 擁輿不得行. 已而相與頂輿號泣, 一步一吁. 比抵舟, 又夾兩岸號泣, 奪纜不得行.(『경고장고』 권5)

199 후한 시대 환관의 횡포에 대항하여 태학생들이 일으킨 반대투쟁의 지도자들을 말한다. 팔고八顧는 곽임종郭林宗, 종자宗慈, 파숙巴肅, 하복夏馥, 범방范滂, 윤훈尹勛, 채연蔡衍, 양척羊陟 등 여덟 사람을 말하고, 팔준八俊은 유표劉表, 장은張隱, 설욱薛郁, 공서공公緒恭, 유지劉祇, 전림田林, 왕방王訪, 선정宣靖 등 여덟 사람을 말하고, 팔주八厨는 도상度尙, 장막張邈, 왕고王考, 유유劉儒, 호모반胡母班, 진주秦周, 번향蕃向, 왕장王章 등 여덟 사람을 말하고, 팔급八及은 진상陳翔, 곽초翟超, 공욱孔昱, 원강苑康, 단부檀敷, 장검張儉, 유표劉表, 잠질岑晊 등 여덟 사람을 말한다. 이 중 명칭 등이 뒤섞인 경우도 있다. ─옮긴이

200 吾輩持濂洛關閩之淸議, 不持'顧' '厨' '俊'及之淸議也.(『경고장고』 권5)

201 祖孔子, 宗顔曾, 稱思孟, 而師紫陽.(『경고장고』 권11)

202 夫學者, 學爲孔子而已. (…) 惟朱子之學得其宗, 傳之萬世無弊.

203 學必以孔孟程朱爲宗, 士必以孝弟忠廉爲貴. 如此之謂是, 不如此之謂非.(『고자유서』 권1)

204 君人者, 身任父母之責; 臣人者, 身任長上之責. 以萬民爲子弟, 養之以井田, 群之以學校. 老則共老之, 幼則共幼之, 賢則共賢之. 萬國猶一國也, 一國猶一鄕也, 一鄕猶一家也.(『조충의공문집』 권2)

205 저보邸報는 저초邸抄(鈔)라고도 불린다. 일종의 신문으로 황제의 유지나 대신들의 논의 사항을 지방 및 민간에 알리는 기능을 했다. 언제부터 시작되었는지는 논쟁 중이며 송대에 손으로 쓴 것이 있고 명대부터는 활자조판본으로 만들었다. ─옮긴이

206 國之憂則居官者之憂也. 叩閽無路, 每見邸報, 輒欲投箸而起.(『낙낙재유집』 권5)

207 官韰韰, 念頭不在君父之上; 官封疆, 念頭不在百姓之上; 至於山間林下, 三三兩兩, 相與講求性命, 切磨德業, 念頭不在世道上, 卽有他美, 君子不齒也.(『고단문공유서』 권1)

208 是必有日忘食, 夜寢之眞精神焉; 是必有獨立不懼之眞力量焉; (…) 是必有夭壽不貳之眞骨格焉; 是必有爲天地立心, 爲生民立命, 爲往聖繼絶學, 爲萬世開群蒙之眞氣魄焉.(『경고장고』 권10)

209 天將以夫子爲木鐸.(『논어』「팔일」)

210 如有用我者, 吾其爲東周乎!(『논어』「양화」)

211 如欲平治天下, 當今之世, 舍我其誰也?(『맹자』「공손추하」)

212 所謂雷霆雨露, 均屬聖恩. 在臣子只應歡喜順受. 臣罪當誅兮, 天王聖明.(『주충개공신여
   집』권2)

213 후한의 올곧은 명사로 환관의 죄목을 상소하여 당고黨錮의 난을 당했으나 도망하여
   살아났으며 조위曹魏 때는 어쩔 수 없이 벼슬을 수락했으나 출근하지는 않았다. ―옮
   긴이

214 후한의 명사로 쉰이 넘어 벼슬길에 나갔으며 권문세가의 폐단을 지적하다 파면을 당했
   다. 고향으로 돌아가는 길에 독을 마시고 죽었다. ―옮긴이

215 日前赴逮, 不爲張儉之逃亡, 楊震之仰藥, 亦謂雷霆雨露, 莫非天恩. (…) 欲以身之生死
   歸之朝廷.(『양충렬공문집』권5)

216 借封疆爲題, 追贓爲由, 徒使枉殺臣子之名, 歸之皇上.(『양충렬공문집』권5)

217 做忠臣孝子者勝於爲大官百倍.

218 忠義千秋不朽, 難道世道只是昏濁的?

219 守吾師致身明訓, 先哲盡忠典型, 自當成敗利害不計.

220 후한 시대 절개와 효렴으로 유명한 관원으로 환관의 죄업을 고발하다 하옥되자 그를
   막아선 수레가 천여 대였다고 한다. 어머니가 충의열사로 이름을 나란히 하면 죽음도
   원통하지 않다고 결별訣別했으며 옥사했다. ―옮긴이

221 卽范滂臨刑, 欲汝爲善, 則我不爲惡, 父子相訣某謂何不更勉以忠義, 而作此憤激之
   語.(『양충렬공문집』권5)

222 不悔直節, 不懼酷刑, 不悲慘死. 但令此心毫無奸欺, 白日冥冥於我何有哉!(『양충렬공문
   집』권5)

제13장

청 초 봉건 사대부 집단의 자아비판 사조

명청 교체기 인재와 천재가 무참히 이어지면서 사회 모순은 전례 없이 격화되었다. 명나라 조정 내부의 당쟁은 그치지 않았고, 부패는 견디기 어려울 정도였다. 북방에선 만주족滿洲族이 발흥하여 대청大淸 정권을 수립하고 누차 명나라 군대를 패퇴시키며 중원을 압박했다. 하층 민중은 방법이 없이 모험을 할 수밖에 없었다. "어느 사내가 장대를 높이 쳐드니 천하가 그에 호응했다."[1] 복잡하게 뒤얽힌 사회 모순들이 한꺼번에 터짐으로써 "하늘이 무너지고 땅이 갈라지게" 되었으며, 국왕의 기강은 해체되었다. 1644년 이자성李自成의 봉기군이 북경을 점령하자 숭정제崇禎帝는 매산煤山에서 스스로 목을 매었다. 머지않아 청군이 산해관山海關으로 들어와 중원을 쟁탈하니 대순大順,[2] 대서大西,[3] 남명南明[4]이 연이어 패망했다. 중국 역사상 최후의 왕조인 대청제국이 천하통일을 실현했다.

극렬한 사회 혼란과 나라와 군주를 잃은 정치 대변동은 수많은 사대부로 하여금 명대의 정치적 병폐를 반성하게 만들었고, 송명 리학을 반추하게 했으며, 전통 정치사상과 정치 체제에 대하여 새로운 인식을 하도록 했다. 비판과 성찰의 기초 위에서 그들은 도를 밝혀 세상을 구제하고, 실용을 숭상하고, 군권을 조정하고, 체제를 개혁해야 한다고 분분히 주장하고 나섰으며 사회에 깊은 영향을 미친 정치 사조를 형성하기에 이르렀다. 이 사조를 대표하는 인물로는 주로 황종희黃宗羲, 고염무顧炎武, 왕부지王夫之, 여유량呂留良, 당견唐甄 등을 꼽는다.

황종희, 고염무, 왕부지는 청나라 초의 삼대 유학자다. 그들은 대체로 비슷한 인생을 살았다. 어려선 과거에 뜻을 두고 시대적 책무에 유념했으며, 송명 리학의 본지를 깊이 체득했다. 청년 시절엔 풍랑을 겪으며 결사에 참여했고, 군주를 바로잡고 백성을 구제하는 데 뜻을 두었다. 청의 군대가 남하할 즈음엔 붓을 던지고 군대에 갔고, 거병하여 청에 항거하며 위망에 처한 종실과 국가를 구하고자 했다. 남명이 멸망한 후에는 산천에 숨어들어 피난하면서 "새벽이 와 다시 울기를 기다리는 데" 뜻을 두었다. 그들은 강한 충절과 의기를 지니고 시종 청조 통치자와의 협력을 거부했으며, 모든 정력을 사상 문화의 영역에 투입했다. 강산의 거대한 변화와 살면서 만난 불행은 그들을 딘련시켜 사상적으로 깊이 천착하고, 학식이 넓으면서도 현실을 지향하는 철학자요, 학자요, 투사로 만들었다. 그들의 깊이 있는 성찰과 종합은 전국, 진, 한 이래 군주 정치의 구석구석까지 언급했으며, 그들의 정치적 사유는 비판성, 종합성, 창조성을 갖추어 전통 정치사상의 최고 성취를 대표한다. 여유량과 당견 등의 폭군, 폭정에 대한 비판은 특히 격렬한 언사로 가득했고, 혹자는 심지어 "패역과 광기 어린 언사"로 취급될 정도였는데 이는 이 사조의 비판성을 더욱 강화시켜주었다.

황종희, 고염무, 왕부지 등이 대표하는 사회비판 사조는 전통 정치 문화 가운데 적극적인 요소를 거의 극단까지 발전시켰으며, 어느 정도 시대적 맥박을 반영하고 있기도 하다. 하지만 그들 또한 전통 정치 문화의 울타리를 벗어나지 못했다. 성인의 도가 그들의 정치 이론의 이론 기초였고, "군주가 정치의 근본"이라는 생각이 그들의 정치 이론의 뿌리였다. 이 사조의 정신적 성과는 청대의 학술 풍토와 일부 통치 계급 정치가들에게 중대한 영향을 미쳤을 뿐만 아니라 근대 계몽사상에 중요한 사상적 재료를 제공했다.

황종희의 진한秦漢 이래 정치 체제에 대한 비판

황종희黃宗義(1610~1695)는 자가 태충太沖, 호는 남뢰南雷 또는 이주梨洲이며, 절강浙江 여요餘姚 사람이다. 그의 아버지 황존소는 명나라 천계天啓 조정의 어사御史였으며 동림당東林黨 사람으로 죽임을 당했다. 황종희는 19세에 긴 송곳을 소매에 넣고 서울로 올라와 원통함을 호소했는데, 그 기세가 대단히 씩씩했다. 죽임을 당한 동림당 후예들의 영수가 되어 명사들과 복사復社[5]를 만들었으며, 조정 환관들로 구성된 엄당閹黨의 잔존 세력들과 절대로 공존할 수 없었다. 당시 이학의 큰 스승이었던 유종주劉宗周를 스승으로 섬겨 학술적으로는 "염락濂洛[6]의 도통을 잇고 여러 학파를 종합했으며" "장횡거張橫渠의 예교, 소강절邵康節의 수학, 여동래呂東萊의 문헌, 설간재薛艮齋와 진부량陳止齋[7]의 경전 제도, 섭수심葉水心의 문장에 대하여 옆으로 교통하지 않는 곳이 없었고 그 뛰어난 성취들을 하나로 모았다"[8] 명나라가 망한 뒤 그는 전숙락錢肅樂[9]과 거병하여 청에 항거하면서 이를 세충영世忠營이라 불렀다. 실패한 뒤에도 여러 차례 항청 투쟁에 참가했으며, 만년에는 청 조정의 부름을 거절하고 저술에 전념하여 "저서가 여러 수레였으나 9할이 사라져버렸다". 오늘날까지 고증 가능한 저작은 모두 120종, 1300권,

2000만 자에 이른다. 그 가운데『명유학안明儒學案』과『송원학안宋元學案』은 독창성을 갖춘, 학술사적으로 대단히 의미가 깊은 거작이며,『명이대방록明夷待訪錄』은 중국 고대 정치사상사의 불후의 명작이다. 황종희의 정치사상은 그 밖에도『맹자사설孟子師說』『파사론破邪論』『태존록太存錄』등에 보이며, 저장고적浙江古籍 출판사가 편찬한『황종희전집黃宗羲全集』이 있다.

'천하가 주인이고, 군주는 객'이라는 주장

황종희는 명대의 실패를 뉘우치고 교정 방법을 구하면서 폭정을 황제 제도 탓으로 돌렸다. 그는 『명이대방록』(이하 이 책의 인용은 편명만 명기)가 운데서 고대 사회비판 사상의 정화를 계승 발전시키고 있는데, '옛날의 군주'와 '오늘날의 군주', '옛날의 법'과 '오늘날의 법'을 상호 대조시키면서 진, 한 이래의 정치 체제, 법제 및 정치 관계를 비판하고 부정하기까지 한다. 황종희는 황제 제도의 치명적인 부분은 '대사大私'를 '대공大公'으로 여기는 것이며, 이로 말미암아 일련의 폐정弊政을 불러온 것이라고 생각했다. 그는 "군주가 주인이 되고, 천하는 객이 되는" 사회 현실을 겨냥하면서 "천하가 주인이고, 군주는 객天下爲主, 君爲客"이라는 저명한 사상적 명제를 제기했다.

황종희는 삼대 이래 난세만 있고 치세는 없었다고 생각했다. "주周 경 왕敬王 갑자甲子에서 시작하여 오늘날에 이르기까지 모두 일란一亂의 운세에 놓여 있었으며" 청대에 이르러서도 "난세의 운은 아직 끝나지 않았다"[10]는 것이다. 그가 보기에 전국, 진, 한 이래 천하가 오랫동안 난세에 빠져 치세를 이루지 못하는 근본 원인은 제왕과 천하의 관계에서 객이 거꾸로 주인이 된 역전이 발생했기 때문이다. "옛날엔 천하가 주인이 되고, 군주는 객이어서 군주가 평생을 바쳐 경영한 것은 모두 천하를 위해서였다. 그런데 지금은 군주가 주인이 되고 천하는 객이 되어서 천하가 땅도 없이 안녕을 얻을 수 없음은 군주를 위하기 때문이다."[11]

황종희는 「원군」에서 인류 역사를 세 단계로 나누었다. 제1단계는 무군無君 시대다. "생명을 가진 최초의 사람들은 각자 자기 자신만 생각하고, 각자 자기 이익만 추구했다. 천하에 공적 이익公利이 있어도 아무도 그것을 일으키지 않았으며, 공적 손해公害가 있어도 아무도 그것을 없애지 않았다."[12] 군주가 없으면 천하의 이익을 일으키지 못하고, 해를 없애지 못하고, 천하 사람들은 그저 사적 이익私利에만 급급하게 된다. 황종희는 리理와 욕欲, 의義와 이利, 왕王과 패覇에 대해 논변한 리학의 전수자였다. 그의 정치의식 가운데 무군 시대는 의심할 바 없이 난세였다. 제2단계는 군주가 천하이던 시대다. 황종희는 "하늘이 백성을 낳고 군주를 세웠다" "백성이 소중하고 군주는 가볍다"는 유가 사상을 계승하여 최초의 군주는 천하를 위해 이익을 일으키고 손해를 없애려고 탄생했다고 생각했다. "어떤 사람이 출현했는데 자신의 이익을 이익으로 여기지 않고, 천하로 하여금 그 이익을 받게 했으며, 자신의 손해를 손해로 여기지 않고 천하로 하여금 그 손해에서 벗어나게 했다. 이 사람은 천하 사람 그 누구보다 훨씬 더 부지런히 노력했다." 수없이 고생을 하고서도 "자신은 그 이익을 누리지 못하므로"[13] 사람들은 모두 군주가 되는 것을 좋아하지 않았다.[14] 황종희가 보기에 이 군주는 "손님이 되어" "천하를 위해" 일했다. 이 대공무사大公無私의 시대야말로 인류 사회의 태평성세였다. 그의 전체 정치론으로 볼 때 이 시대는 요, 순, 우, 탕, 문, 무 등 성왕의 시대였다. 황종희는 『명이대방록』 『맹자사설』에서 삼대 성왕 시대 제왕의 심술心術과 정치 체제, 치국 방략, 도덕윤리 등에 대해 상세하게 기술하고 있는데, "더 이상 덧붙일 것이 없는" 이러한 '선왕의 법도'는 모두 『육경』 가운데 들어 있다. 제3단 계는 군주가 천하의 대해大害가 되는 시대다. 그 주요 특징은 "군주 자신의 대사大私를 천하의 대공大公으로 삼는"[15] 것이다.

황종희는 천하의 일이 근본적으로 역전된 것은 전국 시대에 발생했다고 생각했다. "맹자로 하여금 그의 도를 실천하게 했더라면 삼대의 정치가 다시 부활했을 것이고 진나라는 필경 천하를 얻을 수 없었을 것이다. 그런데 성왕의 법통이 그렇게 끊기게 되었으니 고금을 통틀어 일대의 액운이 모여든 것이다."[16] 진시황은 삼대의 제도를 모두 고쳐 군주의 마음, 군주의 도, 군주의 법에 따르게 했으니 완전히 타락하여 수습할 수 없게 되었다. 진 이래 제왕들은 모두 "왕자의 마음"이 없이 "패자의 정사"를 펼쳤다. "한나라, 당나라의 치세에 태평 시대를 맞아 백성이 스스로 환오했지만 끝내 잡패를 면하지는 못했다." 사천하私天下의 정치 체제는 "후세의 백성으로 하여금 처참한 울음만 있게 했을 뿐이며 환오를 구해도 얻을 수 없었다."[17] 황제 제도는 '주인'과 '객'의 관계를 완전히 뒤집어버렸다. 군주가 천하의 주인으로 바뀌고 천하의 사람들은 거꾸로 객이 되고 노예가 되었다. 일체의 죄악은 모두 여기서 비롯되었다. "그런즉 천하에 큰 손해大害가 된 것은 오직 군주 때문이다."[18]

황종희는 천하는 공적인 것이고天下爲公 한 사람은 사적인 존재라는一人爲私 가치 척도를 통해 황제 제도하의 제왕 의식, 정치 관계 및 정치 체제에 대하여 깊이 있는 재인식을 행했다.

황종희는 진, 한 이래 제왕들 모두가 왕자의 마음이 없었다고 생각한다. "왕패의 구분은 업적에 있는 것이 아니라 심술心術에 달려 있다. 업적이 심술에 뿌리를 두고 이른바 '인의로부터 실천하는' 것이 왕도이고, 그저 모방할 생각만 하고 사건마다 왕자의 사업이라고 하면서 이른바 '인의를 행한다고' 말하는 것이 패도다."[19] "왕자라고 반드시 패자의 사업을 하지 않는 것은 아니나, 패자는 왕자의 마음을 갖고 있지 못하다." 삼대 군주의 말류는 "오히려 왕자의 기상이 있었지만"[20] 한, 당의 성세라 하더라도 제왕들의 심술은 그저 '패霸' 한 글자가 있었을 뿐이다. "한, 당의 군주는 삼대와 같을 수 없었지만 한, 당의 신하들은 삼대의 인물이 없지 않았다." 진, 한 이래 정치가 비교적 괜찮은 시기가 있었지만 모두 "천리로써 천지를 관리한"[21] 특정 신하의 보좌에 의존한 것이었다. 결과적으로 "전국 시대에 이르러 사람들 마음에 기지機智가 무수히 생겨나고, 군주들이 강구하는 바나 책사들이 연구하는 것은 그저 '이해利害' 두 글자뿐이었으니 인의는 거꾸로 객이 되었다". 이로부터 "온 세상이 다만 이익과 욕심에 찰싹 달라붙어 살게 되었으며"[22] 제왕들은 특히 심했다.

황종희는 "후대에 군주가 된 사람들"의 심술을 한마디로 요약하면 오직 "천하 이해利害의 권력"뿐이었다고 날카롭게 지적한다. "[후세의 제왕들은] 천하 이해의 권력이 모두 자신으로부터 나오며, 천하의 이익은 모두 나에게 귀속시키고 천하의 손해는 모두 타인에게 귀속시켜도 안 될 것이 없다고 생각했다. 천하 사람들로 하여금 감히 사적 소유를 못하게 하고, 감히 사적 이익을 챙기지 못하게 하면서 왕 자신의 대사大私를 천하의 대공大公으로 삼았다. 처음엔 부끄러워했으나 세월이 지나면서 편안해했으며, 천하를 막대한 산업으로 보고 이를 자손에게 전해주며 무궁무진 누리도록 했다."[23] 제왕의 "이익을 좇는 성정"은 언제나 그의 언표에 넘쳐난다. 그들은 부지런히 천하를 다투고 기업을 창건하면서 "그에 아직 얻지 못했을 때는 천하의 간과 뇌에 해독을 끼치고 천하의 자녀들을 이산시킴으로써 자기 한 사람의 산업을 넓히는 것이니 참혹하지 않은 적이 있었던가! 그러면서 '나는 오직 자손들을 위해 창업한다'고 말한다. 이미 그것을 얻고서는 천하의 골수를 착취하고 천하의 자녀를 이산시켜가며 자기 한 사람의 음락을 받들게 하고서는 그걸 당연하게 여긴다. 그러면서 '이

것은 내 산업의 이자'라고 말한다".[24] 이러한 제왕의 의식은 "군주를 세운 도"에 어긋나는 것이다. 따라서 군주가 있어도 오히려 군주가 없는 것만 못하다. "가령 군주가 없다면 사람들은 각자 사적 소유를 할 수 있고, 사람들 각자 사적 이익을 챙길 수 있을 것이다." 이렇게 볼 때 제왕은 "천하의 대해다".[25]

황제를 천하의 대해로 보는 첫 번째 표현은 군주와 백성 사이를 대립적이고 상호 원수 관계로 악화시킨 존재라는 것이다. 황제 제도의 특징 가운데 하나는 바로 "천하를 가지고 한 사람을 양육하는"[26] 것이다. 이 때문에 군주가 백성을 양육하는 고대의 상태가 일변하여 백성이 군주를 양육하는 오늘의 상태가 되었다. "선왕 시절엔 백성이 군주에 의해 양육되었다. 그 후 백성은 스스로를 양육했는데, 다시 세월이 흐른 뒤엔 횡포한 세금 징수가 백성으로 하여금 스스로를 양육할 수 없게 만들었다."[27] 왕도의 인정仁政이 일변하여 패도의 폭정이 되었으니, 이 때문에 "백성이 그에 대응하는 것도 확연히 달라졌다".[28] "옛날 천하 사람들은 제 군주를 아껴서 아버지처럼 따랐고, 하늘처럼 비견하여 정말 지나치지 않았다. 그런데 오늘날 천하 사람들은 제 군주를 원망하여 원수처럼 여기고 독부獨夫라고 부르며 제 입장을 고수했다."[29] 황종희가 보기에 사람들이 걸, 주 같은 부류의 폭군을 원수로 여기고 죽이기까지 한 것은 합리적이고 정의로운 것이었다. "어찌 이 크나큰 천지를 억조창생과 만 가지 성 가운데 유독 그 한 사람과 하나의 성만이 사유한단 말인가?" 그는 나아가 "소인배 유생들이 천박하게 군신의 의를 천지간에 숨길 수 없는 것이라고 하고" "후세 군주들이 아버지와 같고 하늘과 같다는 빈 명분으로 사람들이 암중모색하는 것을 금지하고자 한 데"[30] 대하여 질의를 제기하고 질타했다.

황제를 천하의 대해로 보는 두 번째 표현은 군신 관계를 주인-노예 관계로 악화시켜 군주는 신하를 노비로 보고, 신하 또한 스스로를 노비로 여기게 된 것이다. 이러한 군신 관계 양식은 신하들의 정치의식에 심각한 영향을 주었으며 정치 부패를 불러왔다. 황종희는 전국 시대 이래 "천자는 신하들을 먹여 살린다고 생각하고, 신하는 스스로를 노복으로 다룸으로써 하는 일이란 그저 환관이나 궁첩들의 일이었으니 군신 간의 예는 거의 끊어졌다"[31]고 생각했다. 후세에 이르러 "군주는 교만해지고 신하는 알랑거리는 것이 습관으로 굳어지니 대체로 신하를 개나 말처럼 여기고, 군주를 보통 국인國人처럼 보는 경우가 7~8할을 차지했다"[32] 이러한 상황은 군주에 대한 신하의 태도에 영향을 주었을 뿐만 아니라 백성에 대한 신하의 태도에도 영향을 미쳤다. 그들은 한편으로 "일시적으로 추위와 굶주림을 면하면 이에 군주가 잘 대우해주었기 때문이라고 감동할 뿐, 예를 갖추었는지 갖추지 못했는지 등은 다시 따지지 않고 자신을 노복들 사이에 위치시키며 당연하게 생각한다"[33] 다른 한편으론 "신하가 군주를 위해 설치된 것으로 말한다. 군주가 나에게 천하를 나누어준 뒤 그것을 다스리게 했고, 군주가 나에게 인민을 주어 그들을 부리도록 했다고 하며, 천하와 인민을 군주 주머니 속의 사유물로 본 것이다"[34] 이러한 정치의식이 지배하는 상황에서 신하는 그저 군주를 위해 "분주히 봉사"하고, 군주에 대해 책임을 져야 하는 줄만 안다. 혹자는 군주를 부모처럼 섬기고, 혹자는 군주를 보좌해 흥하고 군주를 따라 망하고, 혹자는 제 몸을 희생해 군주를 섬기고, 혹자는 심지어 "군주의 한 몸과 한 성씨로 착상을 하고, 군주가 형태도 소리도 없이 즐기고 바라는 바가 있어도 나는 그것을 보기도 하고 듣기도 한다"[35] 황종희가 보기에 이런 행태는 "진정한 신도臣道와는 완전히 배치되는 것이었다"[36] 이러한 신하는 민중의 반란으로 군주에게 위기가 닥치는 것을 피하기 위해 치민, 목민의 술수를 강구하기도 한다. 하지만 "사직의 존망에 관계가 없는 일이라면 사방이 힘들어하고 민생이 초췌할지언정 비록 참된 신하라 하더라도 이를 검부러기 질병

쯤으로 여긴다".37 더욱 심한 경우는 "벼슬하는 것을 사적 이익을 도모하는 장소로 여겨 부유해지지 못할까 두려워하고 존귀해지지 못할까 두려워한다".38 그리하여 군주와 신하가 손을 맞잡고 백성을 학대하며, 군신 모두 민생의 질고에는 관심도 없다.

황종희는 주인-노예 양식의 군신 관계를 비판하는 동시에 이상적 군신 관계 양식을 제기했다. 그는 "신하와 군주는 이름은 다르지만 실질은 같다"39고 한다. 모두 천하를 다스리기 위하여 만들어졌다는 것이다. "원래 군주를 만든 뜻은 천하를 다스리도록 하기 위함이었다. 천하는 한 사람만으로 다스릴 수가 없으므로 관직을 설치하여 다스리게 했으니, 관직이란 군주의 분신이다." 천자와 공公, 후侯, 백伯, 자子, 남男, 군주와 경卿, 대부大夫, 사士는 상하의 구분은 있지만 같은 일련의 계통에 속하는데 "유독 천자에 이르러서만 분명하게 계급이 없어지는 것은 아니다".40 황종희는 "큰 나무를 끄는 일"을 비유로 들며 이름은 다르지만 실질은 같은 군주와 신하의 노리를 설명한다. "천하를 다스리는 일은 큰 나무를 끄는 것과 같다. 앞사람이 야邪(ye)라고 외치면 뒷사람이 호응하여 허許(hu)라고 외친다. 군주와 신하는 함께 나무를 끄는 사람이다."41 이렇게 볼 때 신하란 군주를 위해 설치된 것이 아니라 "천하가 크기 때문에 한 사람이 다 다스릴 수가 없어서 나누어 다스림으로써 여럿이 작업을 하는 것이다. 그러므로 내가 나가 벼슬을 하는 것은 천하를 위해서이지 군주를 위해서가 아니며, 만민을 위해서이지 한 성씨를 위해서가 아니다".42 천하 만민의 걱정과 즐거움이 한 집안 한 성씨의 흥망보다 높은 가치를 지니니 신하는 응당 도의를 중시하고, 천하를 중시하고, 만민을 중시해야 한다. "나는 천하 만민으로 모든 착상을 하고, 도가 아니면 군주가 유형, 유성의 것으로 나를 강압해도 감히 그에 따르지 않아야 한다."43

전통 정치 문화 가운데서 군주는 부모이고, 신하는 자식이어서 군주를 섬김은 부모를 섬기듯 했다. 황종희는 이에 대해 그렇지 않다고 생각했다. 그는 군주를 섬김은 부모를 섬기는 것과 다르다고 생각했다. "자식과 부모는 원래 한 사람의 몸이었으니" 부모 자식은 혈연관계다. 그러므로 "그 누가 부모를 섬기지 않겠으며, 어버이를 섬기는 것은 섬김의 기본'이므로 부모를 위해 일생의 힘을 쓰지 못할 경우란 조금도 없다. 군주를 섬기고 어른을 섬기는 것은 모두 부모를 섬기는 데 없어서는 안 될 일이기 때문이지 부모 섬기는 마음을 옮겨서 그들을 섬기는 것이 아니다."[44] 효가 충을 내포하고 있을 때 충효의 기능은 둘 다 발휘될 수 있다. 그러나 "군주와 신하라는 이름은 천하로부터 있게 된 것이다. 내게 천하에 대한 책임이 없으면 나에게 있어 군주는 그저 길 가는 사람일 뿐이다. 나아가 군주에게 벼슬을 하면서 천하를 위해 일하지 않음은 곧 군주의 노복인 것이고, 천하를 위해 일하게 되면 군주의 스승이나 벗인 것이다."[45] 군주를 섬김은 부모를 섬기는 것과 같은 일이 아니다. "천하 만민을 위해 일을 해야 하는" 절대적 의무가 군신 관계의 유대를 맺어주는 핵심이다. 만약 신하가 천하를 중시하지 않고 한마음으로 제왕의 뜻만 받들고 영합한다면 "이는 환관이나 궁첩의 마음이다."[46] 신하와 군주는 천하 만민의 면전에서 같은 일을 하는 일종의 스승이나 벗의 관계다. 따라서 "신안新安 진陳씨가 군신 간의 윤리야말로 인류 가운데 가장 위대하다고 말한 것은 잘못이다". "군주가 신하를 예로 부리면, 신하는 군주를 충성으로 섬기는' 것이 군신의 바른길이다. 처음부터 시혜에 보답하는 마음이 있어야 하는 것이 아니다."[47] 황종희는 후세 군주들이 천하의 이익을 독점하는 것을 비판했을 뿐만 아니라 후세 신하들이 "빈곤 때문에 벼슬에 나서는" 것도 폭로했다. 군주와 신하 사이의 이해관계와 교역 및 왕권이 관료들에게 내려주는 부귀와 특권도 비판했다. 그는 "후세에 군주가 교만하고 신하는 아첨을 하면서부터 천자의 지위가 처음으로 경, 대부, 사와 같은 계열 선상에 존재하지 않게 되었고", 뭇 신하들이 군주를 부모처럼 섬기는 정치 현실에 깊은 불만을 드러냈다. 그가 보기에 군주를 섬기는 이러한 방법은 "군신 간의 의로움이 아직 온전히 되기도 전에 부자간의 은혜를 벌써 끊어버리는 짓이다".[48] '충'은 우선 천하에 충성하는 것이다.

황제를 천하의 대해로 보는 세 번째 표현은 제왕이 "법이 아닌 법"을 시행하여 천하 대란을 초래했다는 것이다. 황종희가 말하는 법은 "천하의 법"을 가리키며, 제도, 법률, 정책, 윤리를 포괄한다. 그가 보기에 "삼대 이상은 법이 있었으나 삼대 이하는 법이 없었다".[49] 이제삼왕二帝三王[50]은 정전井田, 봉건, 학교, 졸승卒乘,[51] 즉 군대 등 제도를 실시했는데, "이것이 삼대 이상의 법으로 한 개인을 위하여 세워진 것은 하나도 없었다".[52] 그런데 진, 한 이래의 제도, 법률, 의례는 모두 제왕이 영원한 복락을 자손 대대로 물려주기 위하여 "미리 걱정하여 만든 법이었다. 그런즉 그들의 법은 한 집안의 법일 뿐 천하의 법이 아니다".[53] 이러한 법은 "법이 아닌 법이며" 법이라 부를 수도 없다. 황종희는 심각하게 지적한다. "후세의 법은 천하를 광주리에 숨겨놓는 것이었다. 이익이 아랫사람들에게 남겨지기를 바라지 않았고, 복은 반드시 위에서 거두어가려고 했다. 한 사람을 임용하면 혹시 그가 사적인 것을 챙기지 않을까 의심하여 또 한 사람을 임용함으로써 그 사적인 것을 통제하려 했다. 한 가지 일을 행하면 혹시 속지 않을까 걱정하여 또 한 가지 일을 벌려 그 속임을 방지하려 했다".[54] 처처에 방지 장치를 두고 엄격하게 방비했으므로 "그 법이 엄밀하지 않을 수 없었다. 법이 엄밀해질수록 천하의 혼란은 그 법의 가운데서 생겨나게 되었으니 이른바 법이 아닌 법 때문이었다".[55] 이는 바로 진, 한 이래 제도, 법률, 의례, 정책의 합리성과 정당성을 근본적으로 부정하고, 봉전 전제주의 중앙 집권 정치 체제를 천하 혼란의 근원으로 본 것이다.

황종희는 전통 정치사상 가운데 "법이 중요하고 사람은 그다음"이라는 생각을 계승 발전시켜, "다스리는 법이 있은 뒤 다스리는 사람이 있다"[56]
고 명확하게 주장했다. 그는 "천하의 치란은 법의 존망과 관련이 없다고
말하는" 관점을 "속된 유생들의 그릇된 표절"[57]이라고 비판한다. "무릇 법
이 아닌 법은 전 왕들이 자기의 사사로운 이욕을 이기지 못하고 만들었
는데, 혹 후대의 왕이 또한 자기의 사사로운 이욕을 이기지 못하고 그것
을 무너뜨리기도 했다. 무너뜨린 사람은 물론 천하에 해를 끼치는 자였지
만, 그걸 만든 사람도 처음에 천하에 해를 끼치지 않았다고 할 수 없다."[58]
이를테면 진나라가 군현 제도를 시행하고, 한나라가 서얼庶孼 제도를 만들
고, 송나라가 방진方鎭[59]의 군대를 해산한 것은 모두 한 집안 한 성씨의 사
적인 이익을 지키기 위함이었다. 물론 변천 과정에 더하거나 보태진 점도
있지만 궁극적으로 이것들은 법이 아닌 법이다. 황종희는 "다스리는 사
람이 있지 다스리는 법은 없다有治人無治法"[60]는 논의를 겨냥하여 "다스리
는 법이 있은 뒤 다스리는 사람이 있다"는 사상을 제기했다. "법이 아닌
법이 천하 사람들의 수족에 쇠고랑을 채우고부터, 다스리는 능력이 있는
사람이라 하더라도 끝내는 혐의에 연루될지 모른다는 걱정을 이기지 못
하고, 무슨 일인가를 벌인다고 해도 나누어가질 소득에 따라 거칠고 간
략한 데 안주해버려 기대 이상의 공명을 이룰 수가 없었다."[61] 따라서 진,
한 이래의 법률 제도를 근본적으로 폐지해야만 천하의 혼란을 평정시킬
수 있다. 황종희는 진, 한 이래 각종 제도의 폐단에 대해 분석한 기초 위
에서 "정전, 봉건, 학교, 졸승의 옛것으로" 모두 복귀해 옛 성왕의 제도를
실행해야 한다고 주장한다.

　황제를 천하의 대해로 보는 네 번째 표현은 최고 권력을 둘러싸고 도
살과 전쟁을 일으키게 된다는 것이다. 천하를 사재로 보는 군주의 최종
결과는 왕조의 멸망이고 자손의 몰락이다. "기왕 산업으로 보았다면 사
람들이 산업을 얻고자 함에 그 누가 나만 못하겠는가? 새끼줄을 당기고

빗장걸쇠를 단단히 매어도 한 사람의 지력으로는 천하에 그것을 얻고자 하는 무리를 이길 수가 없으니 멀리는 수 세대에 걸치고 가깝게는 제 몸에 미치게 되어 혈육이 그 자손 대에서 붕괴하게 된다."[62] 한 권의 고대 정치사 위엔 적잖은 왕자 왕손들이 "대대로 제왕의 집안에서 태어나지 않기를 바라는" 슬픈 원망들을 기록하고 있다. 다투면 필경 살인을 하게 되니, 예컨대 "원과 명의 개창자들이 살인을 즐기지 않았다고 말할 수 없으며, 천하가 그 위세에 겁을 먹어 하나로 나아간 것이니 진나라나 수나라와 다를 바가 없다."[63] 중원 정권을 다투는 정벌 전쟁의 와중에 도탄에 빠진 것은 천하 만민이다. 황종희는 "천하의 치란은 한 성씨의 흥망에 달려 있는 것이 아니라 만민이 근심하느냐 즐거워하느냐에 달려 있다"[64]고 생각했다. 한 사람 한 성씨가 사사로이 장악하면 왕조의 흥망 여부와 관계없이 천하는 끝내 혼란에 빠지게 된다. 따라서 한 성씨의 흥망을 가지고 천하 치란의 표준으로 삼을 수가 없다. 황종희는 특정한 왕조의 치란이나 흥망을 넘어서서 천하의 치란과 흥망을 논설한 것인데, 전통문화 가운데 천하가 공적인 것이고 군주는 사적인 것이라는 사상이 극단까지 발전한 것이라고 할 수 있다.

황종희는 정치 구조, 정치 관계, 정치 체제 등 핵심 문제를 꽉 틀어쥐고서 황제 제도를 분석하고 비판했다. 그는 2000년간의 죽음의 혼란을 제왕과 법통의 탓으로 돌렸을 뿐만 아니라 세상을 구원할 근본적인 출로는 황제 제도를 부정하고 정치 관계를 개조하는 것이라고 분명하게 주장했다. 그의 수많은 사유가 전통 정치 문화로부터 왔고, 수많은 구체적 정견 또한 반드시 타당하다고 할 수는 없지만 그가 군, 신, 법 등 여러 각도에서 진나라의 제도를 철저하게 부정하고 있는 것은 오히려 후인들에게 충분한 깨우침을 준다. 그는 주인-손님을 가지고 천하와 제왕을 논했고, 동료 또는 스승과 벗으로 군주와 신하를 논했으며, 만민의 근심과 즐거움으로 법을 논했고, 정치 제도의 개혁과 정치 관계의 개조를 주장했다. 이 명제들의 조합은 확실히 새로운 사상적 요소들을 잉태하고 있다. 당시 조건하에서 황종희의 사상은 천하의 귀머거리들을 일깨우는 외침으로 작용했으며 "흙덩어리를 깨는 계몽적" 요소를 갖추었다. 이러한 사유 방식에서 다시 한 걸음만 더 발전했다면 이는 바로 근대 민주 사상이 되었을 것이다. 하지만 황종희가 발을 딛고 있는 곳은 종법 제도와 군주 제도라는 사회적 토양 위였고, 등에 기대고 있는 것은 유가 경전과 송명 리학의 이론 틀이었으며, 어깨에는 전통 정치 문화라는 침중한 보따리를 짊어지고 있었고, 삼대 성왕의 태평성대를 이상으로 지향하고 있었다. 그는 어떻게 민의를 민권으로 변화시킬 것인지, 어떻게 '천하로 말미암아 대공大公의 법을 제정할 것인지, 어떻게 군주의 대사大私를 천하의 대공 앞에 무릎을 꿇도록 하고 천하로 하여금 진정한 '주인'이 되게 할 것인지를 생각하지도 설계하지도 못했다. 반대로 그는 현행 제도를 변혁시키는 구체적인 방안을 설계하면서 여전히 그 희망을 어떤 특정한 개체에 기탁했고, 이 사람의 내심으로부터 발하는 '공公'으로 말미암아 '천하의 대공'이 실현되기를 희망했다.

황종희는 유군有君론자였다. "천지가 만물을 낳은 것은 인仁 때문이다. 제왕이 만민을 양육하는 것은 인 때문이다. 우주의 한 덩어리 생기가 한 사람에 모여서 천하가 그에 귀의하게 되는데, 이는 상리常理[65]다."[66] 이 말은 곧 한 사람이 만민을 양육함이 상리이고 합리란 뜻이다. 그는 이렇게도 이야기한다. "천하가 비록 크고, 만민이 비록 다수지만 오직 '욕欲'과 '악惡'이 있을 뿐이다."[67] 군주가 친히 인서仁恕의 정치를 행하여 "자신의 호오를 잘 헤아려 천하의 호오로 삼으면" 큰 치세를 실현시킬 수 있다. "따라서 군주가 된 사람은 붙잡고 있는 바가 아주 적어야 하는데, 소위 '역간易簡'하면 천하를 다스리는 이치를 얻는다."[68] 이는 곧 제왕이 왕도, 인정을 받드는 것이 가장 이상적인 정치라는 말이다. 그는 또 부모에 대한 효도와 군주에 대한 충성을 크게 강조하기도 한다. 그는 "어질면서 제 부모를 버리는 사람은 없으며, 의로우면서 제 군주를 뒤에 두는 사람은 없다"고 보았는데, 이 말은 『맹자』의 정수다. "부모를 버리고 군주를 뒤에 두는 것은 인의가 아니다."[69] 이는 곧 종법 윤리관계가 손상을 입는 것을 용납할 수 없다는 말이다. 이 때문에 황종희는 "성현의 도는 근원으로부터 출발하지 않는 것이 없다"고 보았다. 이 근원은 바로 '군주의 마음'이다. "군심은 적석산積石山[70]이나 민산[71]과 같다. 이곳이 소통되지 않으면 강물이 옆으로 흘러 범람하게 된다."[72] 군주를 섬기는 사람은 간쟁을 하여 "군심이 스스로 깨치도록 만들고", 그로 하여금 "마음을 바로잡고" "덕을 밝히도록"[73] 만들어야 비로소 천하를 평정하는 출발점이 된다. 그의 정치적 이상은 궁극적으로 덕과 도를 갖춘 일종의 군주 정치였는데, 이러한 정치 양식은 삼대로부터 온 것이고, 『육경』으로부터 온 것이다.

재상의 정무 관리,
방진의 변방 방어,
학교의 청의

황종희의 정치 이상은 삼대의 정치였다. 그가 보기에 "『육경』은 모두 선왕의 법이었다. 그것이 세상에 드리운 바는 성인 한 사람의 심사가 아니며, 성인 한 사람의 애씀도 아니다."[74] 정전, 봉건, 학교, 의례 등은 모두 성인이 만든 것이다. "성인은 더 이상 무어라 할 수 없을 정도로 먼 곳을 밝게 보고, 우환에 대해 깊이 고민한다."[75] 진, 한 이래의 제도는 도라고 부를 만한 것이 아무것도 없다. "요행히 한 집안의 부귀를 지켜줄 뿐으로, 사해의 곤궁함은 아무리 전성시대를 맞이해도 면할 수가 없다." 그러므로 "삼대의 정치를 정치로 삼지 않는 사람은 모두 일시적인 구차함만 있다."[76] 그러나 황종희는 명석한 두뇌를 지니고 현실을 마주한 정치가였기 때문에 완전한 원본 그대로의 옛 제도를 회복하자고 주장하지는 않았다. 서주, 한, 당의 제도 가운데 일부 합리적인 부분을 가지고 폐단과 병폐로 뒤범벅된 송, 명의 제도를 조정하길 기대했다. 그 핵심을 이야기하면 재상의 정무 관리宰相理政, 방진의 변방 방어方鎭御邊, 학교의 청의學校淸議다.

황종희는 "명나라가 좋은 정치를 하지 못하게 된 것은 고조 황제가 승상을 없앤 데서 시작한다"[77]고 날카롭게 지적한다. 그는 재상을 없애는 것이 세 가지 큰 병폐를 가져온다고 생각했다. 하나는 군신 관계가 주인-노예와 같아진다는 것이다. 고대의 군주와 신하는 마주할 때 서로 절을 했으며, 진, 한 이후 군주는 예로 승상을 만났다. 그런데 "재상이 없어지고 천자는 예를 행할 상대가 더욱 없어졌다. 그러고는 백관을 두는 까닭은 나를 섬기게 하려는 것이며, 나를 잘 섬기는 사람은 내가 그를 현명하게 여기고, 나를 잘 섬기지 못하는 자는 내가 부정한다고 말한다."[78] 재상을 없앤 실질적 결과는 군신 간의 거리를 확대했으며, 일인지하 만인지상이라는 재상 또한 노복으로 떨어지고 말았다. 명 태조가 재상을 없앤 본의는 확실히 군권을 강화하고 조정 신하들을 지배하기 위함이었다. 명대에 권력은 고도로 집중되어 내각대학사內閣大學士는 그저 고문 역할을 했을 뿐이며, 황제는 임의로 대신들을 고문, 구타하거나 주살했으며, 극단적인 전제 독재를 실행해 정치는 극도의 암흑 상태였다. 두 번째 병폐는 정권이 자식에게 전수되는 폐단을 보완하거나 구제할 수 없다는 것이다. "옛날엔 자식에게 전수하지 않고 현인에게 선수하여, 천자의 자리를 보면 그 떠남과 남음이 마치 재상과 같았다. 그런데 나중에 천자는 자식에게 전수하고 재상은 자식에게 전수하지 않았다. 천자의 자식이 모두 현명하지는 않으니 현인에게 전수되는 재상에 의존해 서로 보완하고 구제할 수 있었다. 그렇게 함으로써 천자 또한 현인전수라는 의미를 잃지 않았다. 재상이 없어지고 천자의 자식이 한번 현명하지 못하다면 현자와 함께할 일은 더욱 없게 된다."[79] 이렇게 천자가 일단 어둡고 어리석을 때 보완해줄 사람조차 없게 된다. 세 번째 병폐는 조정이 온전히 환관에게 돌아가게 된다는 것이다. 황종희는 이렇게 지적한다. "환관들의 재앙은 한, 당, 송에 걸쳐 끝없이 찾아볼 수 있지만 명나라처럼 세찬 적은 없었다."[80] 이런 재앙을 초래한 원인은 무엇보다도 먼저 "군주의 많은 욕심 때문이다."[81] 재상 제도의 폐지는 환관 권력 전횡의 위해성 정도를 더욱 가중시켰다. "무롯 대권은 어딘가에 위탁을 하지 않을 수가 없는데, 저 궁중 노복들이 재상에 의한 정사가 땅에 떨어져 수습할 수 없음을 간파하고 각종 조례를 만들어 자신들의 직무를 늘리고, 재상으로부터 나오던 생살여탈권을 순서대로 모두 자신들에게 귀속시켰다." "그러므로 공중 노복들로 하여금 재상권의 실질을 갖게 한 것은 승상을 없앤 잘못 때문이다."[82] 환관의 전횡은 한편으로 조정 신료들 사이에 군주를 섬기는 환관의 술수를 본받는 풍토를 불러와 "차츰 스승과 벗의 도를 버리고 노비들의 비굴한 굽실거림의 길을 서로 좇게 되었다."[83] 그리하여 세상의 풍기가 크게 무너졌다. 다른 한편으로 군주가 환관에게 의존하는 형국을 불러와 "군주의 천하는 이 궁성 몇 리 이내에 불과하게 되었다."[84] 황종희가 보기에 명대에 환관 도당의 재앙이 특히 거셌던 근원은 바로 재상을 없앤 데 있었다.

환관의 권력 전횡을 방지하고, 조정의 분위기를 정화시키기 위해 황종희는 재상 제도를 회복하고, 재상 한 사람을 두어 정무를 주재하되 정규 관원은 두지 말 것을 주장했다. 재상, 공경公卿, 간관諫官과 천자가 공동으로 국가대사를 의논하고, 각종 사무 인원은 모두 사인士人을 임용하라고 한다. "각종 장주가 올라오면 육과급사중六科給事中[85]이 그것들을 주관하고, 급사중이 이를 재상에게 보고하면, 재상은 다시 이를 천자에게 보고하여 같이 가부를 의논한다. 천자가 붉은 글자로 비답을 내리지만, 천자가 다할 수 없을 때는 재상이 비답을 하여 육부에 내려 시행토록 한다."[86] 일체의 권력 운용은 조정 위에서 이루어지며, 환관의 정치 간여 가능성을 배제했다.

중앙과 지방의 관계에서 황종희는 군현과 방진方鎭 두 가지 체제를 참작하여 시행할 것을 주장한다. 황종희는 "삼대 이후 천하를 혼란스럽게 만든 존재는 이적夷狄만 한 것이 없었다"고 생각했다. 변강의 민족이 빈번히 침탈하고 중원에 들어와 주인 노릇을 하게까지 된 것은 "봉건封建을 폐지한 죄과 때문"[87]이라고 한다. 그러나 "오늘날 봉건의 일은 너무도 멀기 때문에 시대 추세에 따른다면 방진은 회복할 수 있다". 그는 당대의 성쇠를 분석해보고 "당나라가 망한 까닭은 방진이 약해졌기 때문이지 방진이 강해졌기 때문이 아니"[88]라고 주장한다. 그는 또 봉건과 군현의 장단점을 분석하고는 이렇게 지적한다. "봉건의 폐단은 강자가 약자를 병탄하고 천자의 정치 교화가 가해지지 못한 곳이 있다는 점이다. 군현의 폐단은 변경의 피해와 고통이 그칠 때가 없다는 점이다."[89] 장점을 살리고 폐단을 없애기 위해서는 변방을 공고히 해야 하는데, "양자의 폐단을 없애려면 그것들을 어긋나지 않도록 병행해야 하는데"[90] 연변의 방진이 가장 취할 만하다고 그는 생각했다. 구체적인 방법으로는 변강 각 지역에 모두 방진을 설치하고 "토지세와 상세의 징수를 잘 결정하여 전쟁 방어 비용으로 충당할 것이며, 모든 정치 교화의 긴장과 이완이 중간에 통제되지 못하도록 할 것이며, 소속 관원들 또한 스스로 징집과 소집에 응한 연후에 이름을 드러내도록 한다". 때에 맞추어 소공을 바치게 하고 어느 방方을 다스리는 사람에겐 "후세에게 상속하도록 허용해준다".[91] 이른바 방진이란 실질적으로 자주권을 향유하는 봉군封君에 가까운 지방 행정의 실체를 말한다.

재상과 방진 권력을 회복, 강화하는 것이 제왕과 조정 대신, 공경 및 봉강封疆의 대관 사이의 정치 관계 및 권력 배치를 조정하기 위한 것이라면, 학교의 기능을 완벽하게 하고 강화하는 것은 여론에 의한 통제를 강화하여 정부와 재야 사대부들과의 관계를 조정하기 위함이었다.

명청 교체기의 '청의清議'는 일종의 사회적 분위기였을 뿐만 아니라 하나의 정치 사조였다. 동림당 희생자의 후예이자 복사의 골간으로서 황종희는 '청의'가 의연한 중류지주中流砥柱[92]와 같으며, 소인의 악을 억제시킬 수 있고, 정교의 실패를 구제할 수 있다고 생각했다. 그는 삼대 학교의 의

정議政과 후한, 북송의 학생들이 "위태로운 언사로 깊은 논의를 하고, 강대한 호족들을 감추지도 않으며, 공경이라도 그들의 폄하된 논의를 피할 정도로" 나서서 "당시 조정에 있는 사람들은 그들의 시시비비를 가지고 시시비비를 구분했던" 역사 경험을 빌려서 학교의 의정 기능을 강화코자 했다. 그럼으로써 "도적, 간사한 자들이 서릿발 같은 바른 기운 아래 두려운 마음을 가져" "군주는 편안하고 나라는 보전될 수 있는"[93] 정치가 실현될 것으로 여겼다.

황종희는 "선비 양성은 학교의 한 가지 일이지만 학교가 단순히 선비 양성을 위해서만 설립된 것은 아니"[94]라고 생각했다. 삼대에 학교는 조정을 평론하고 여론을 만들어내는 중요한 장소였다. "천자가 옳다고 하는 바가 반드시 옳은 것은 아니며, 천자가 그르다고 하는 것이 반드시 그른 것은 아니니, 천자 또한 감히 스스로 생각한 옳고 그름을 가지고 학교에서의 공공적인 시비를 삼을 수 없었다."[95] 그는 오직 학교만이 선비 양성과 여론이라는 두 가지 기능을 겸비할 수 있다고 보았다. "반드시 천하를 다스리는 수단이 모두 학교로부터 나오도록 한 뒤라야 학교를 설립한 의의가 비로소 갖추어진 것이다." 그런데 "삼대 이래로 천하의 시비는 하나같이 조정에서 나왔다."[96] 한편으로 "이른바 학교라는 것이 과거 시험의 시끄러운 경쟁의 장이 되고 부귀영화가 마음에 들끓어" "선비들 가운데 학술에 재능이 있는 사람들조차도 왕왕 초야에서 벗어나곤 하니"[97] 학교는 선비 양성의 기능을 상실하게 되었다. 다른 한편으로 조정이 곳곳에서 여론과 부딪히며 "위학僞學을 금한다느니 서원을 헐겠다느니 하면서 반드시 조정의 권력으로 그들과 승리를 다투려고 하니"[98] 학교는 의정 기능을 상실했을 뿐만 아니라 선비들을 해치는 장소가 되었다.

선비 양성과 의정이라는 학교 기능을 충분히 발휘토록 하기 위해서 황종희는 체계적인 개혁 방안을 제기했다. 그 가운데 가장 중요한 것은 다음 네 가지다. 첫째, "군현의 학관學官은 선발 임용하지 말아야 한다. 군현의 공론에 따라 명유를 초청해 주관토록 한다". "그 사람이 약간이라도 청의에 오르내리면 여러 유생이 다 같이 일어나 그를 바꾸도록 한다."99 학관을 국가의 위탁 파견으로부터 공론에 따른 추대 방식으로 바꾸는 목적은 재능과 덕을 갖춘 명유로 하여금 학무를 담당하도록 하려는 것이다. 둘째, 천자 및 공경이 정기적으로 친히 태학太學에 왕림해서 간언을 듣도록 한다. 구체적인 방법은 이렇다. "태학의 좨주祭酒는 당세의 대유를 추대하고 재상과 동등하게 중시하며, 혹은 재상이 퇴직하여 담당하도록 한다. 매월 초하루에 천자는 태학에 왕림하되 재상, 육경, 간의諫議 관료가 함께 따르도록 한다. 좨주는 남면하여 강의하고 천자 또한 제자의 대열에 선다. 정치에 잘못이 있을 경우 좨주는 꺼리지 말고 직언을 한다."100 이 개혁의 목적은 강의를 듣고, 간쟁을 받아들이고, 여론을 채납하던 역대 제왕들의 행위를 제도화하려는 것이며, 거기서 한 걸음 더 나아가 학교의 지위를 높이고 그 의정 기능을 확대하려는 것이었다. 셋째, 지방관으로 하여금 정기적으로 여론의 감독을 받도록 한다. 구체적인 방법은 이렇다. "군현의 초하루와 보름에 한 고을의 지위가 높은 유지 및 선비들이 대거 회합을 한다. 학관이 강의를 하고 군현관은 제자의 반열에 서서 북면하고 재배한다." "군현관의 정무에 잘못이 있으면 작은 경우 그 잘못을 바로잡고, 큰 경우 북을 쳐서 대중에게 호소한다."101 즉 학교를 통하여 사대부 집단의 청의 작용 및 지방관원과 정무에 대한 감독 기능을 충분히 발휘토록 하는 것이다. 넷째, 학교의 인재 추천 기능을 강화한다. 국가는 "명유를 선택하여 학교 행정을 제독提督케 하되 학관이 제학提學에게 예속되지는 않도록 한다". "3년마다 학관은 빼어난 학생을 제학에게 보내어 시험을 받도록 하고, 박사제자로 보한다. 박사제자를 제학에게 보내어 시험을 받도록 함으로써 예부禮部에 해명하여 달리 별도의 시험관을 파견하지 않도록 한다. 시험 성적 발표에서 빠진 선비 중 평소 학행이 우수한 자가 있으면 학관이 제학에게 자문하여 보궐로 들어가게 한다."[102] 이는 학교의 추천에 의해 벼슬길에 나갈 수 있음을 제도화하는 것이다.

「학교」「원군」「원신」「원법」 등 여러 편은 『명이대방록』의 정화를 담고 있는 글들이다. 황종희는 역대 군주 정치 가운데 향교의 의정, 뭇 신하들의 간의, 처사들의 어긋난 논의, 태학생의 정치 간여, 서원의 올곧은 의론, 사대부의 '청의' 및 제왕들이 경서에 대한 강의를 듣고 민의를 채납하는 그런 일들처럼 적극적인 요소들은 좋은 점을 더 수집하고 아울러 그것들을 제도화하고 상설화하자고 한다. 그 가운데 태학의 좨주와 군현의 학관은 사인들이 공적으로 추천하도록 했으니, 이는 그들로 하여금 민의를 대표하라는 구상이다. 이는 어느 정도 근대의 민주주의적 요소를 내포하고 있다. 하지만 전체적으로 보았을 때 황종희의 사상은 전통의 틀을 벗어났다고 할 수 없다. 그의 기본 주장들은 여전히 전통적인 정치 가치들과 서로 잘 부합한다. 그가 기대한 바는 이런 정치 가치들이 전면적으로 구현되어서 명대와 같은 극단적 전제의 폐단이 바로잡히는 것이었다. 이 때문에 그는 만약 의론을 해도 받아들여지지 않는 경우, 간언을 해도 고쳐지지 않는 경우, 제왕과 관료들이 조정에서 옳고 그름에 대한 한 가지 입장을 고집할 경우 이들을 도대체 어떻게 처치할 것인가? 어떠한 정체, 규범, 과정을 채택하여 최고 통치자를 견제하고 "공적으로 이루어진 시시비비"가 위반되지 않게 할 것인가? 등에 대한 이야기도 구상도 할 수 없었다. 그래서 황종희가 말하는 "의議"는 여전히 '간의'이고 '청의'이고 '처사들의 어긋난 논의'였으며, 많이 봐줘야 일종의 여론에 의한 제약이었다. 단순히 여론에 의한 제약만으로는 군주 정치의 전횡과 포학함을 피하거나 저지할 수 없다. 이 점은 역사에서 반복하여 증명해왔다.

황종희는 또 명대의 선발 제도와 관료 행정의 실패를 겨냥하여 다음과 같은 개혁을 구상했다. 그는 삼대 및 한, 당의 특정 방법들을 채택하여 사인들을 널리 취하되 엄격히 임용하라고 주장한다. 그가 보기에 "널리 취하면 잘못된 인재가 없게 되고, 엄격히 임용하면 요행이 나아간 자가 없어진다."[103] 구체적인 방법은 과거 시험 외에도 벼슬길을 널리 열어두는 것이다. "내가 생각한 선비들을 널리 취하는 방법으로는 과거가 있고, 천거가 있고, 태학이 있고, 공신 자제의 임용이 있고, 군읍의 보좌가 있고, 징집 소집이 있고, 뛰어난 학문이 있고, 상소하는 문서가 있다. 그런데 그들을 임용할 때는 엄격한 부가 사항에 입각해야 한다."[104] 그는 또 각종 벼슬을 널리 취하고 엄격히 임용하는 법에 대해 매우 구체적인 설계를 했다. 황종희는 명대 과거의 실패에 대해 많은 비판을 하고 과거 시험에 "묵의墨義[105]의 옛 법을 회복하여" 학인들로 하여금 경전의 학설을 암송하도록 하고 또 "자신의 뜻을 펼쳐 보이도록"[106] 하라고 주장한다. 그리하여 오늘날과 소통하고 쓸모 있게 함으로써 공허하고 부박한 학풍을 바꾸자고 한다. 황종희는 육부, 원院, 시寺 및 고현의 시리胥吏는 반드시 모두 사인들이 담당해야 한다고 생각했다. 서리를 범죄자나 무뢰배가 담당하게 되면 더 복잡하고 어려운 상황이 벌어질 것이고 부자가 서로 물려주므로 세습 형태와 같아진다. 특정한 의미에서 보면 이런 사람들이 거꾸로 진정한 실권파일 것이다. 일체의 법망과 조례가 혹은 그의 손에서 나오고, 혹은 그에 의해 집행되니 "그래서 천하는 관리들의 법만 있지 조정의 법은 없고" "그래서 오늘날 천하는 봉건의 국가는 없고 봉건의 관리들만 있다."[107] 이 때문에 그는 서리 선발 제도를 바꿔 오직 사인들이 하도록 해야 한다고 주장한다.

상술한 황종희의 정치 설계는 군주와 조정 신하, 중앙과 지방, 조정과 재야 사대부 등과의 정치 관계 및 권력 배치에 관한 온갖 방면의 것들을 언급하고 있다. 그의 설계 하나하나는 모두 명확히 겨냥하는 바가 있으며, 비판과 건설이라는 두 측면을 내포하고 있다. 그의 일부 주장은 상당히 정교하며 정확히 시폐를 꿰뚫고 있지만, 다른 일부 주장은 진부하고 수구적이며 잘못된 것들도 있다. 우리는 그의 사유로부터 스스로 이해하기 힘든 군주 정치의 여러 난제와 이런 정치의 암흑에 대해 간파할 수 있다. 하지만 황종희의 구체적인 정치 설계는 또한 그의 정치적 시야와 사유의 한계를 그대로 반영하고 있기도 하다.

천하 부세의
재정립과
'공업, 상업 모두 근본'

군주 제도하에서 토지와 부세 문제는 군민 관계, 정치 안정, 국가 경영 및 민생과 관계되는 큰일이다. 황종희는 진, 한 이래 토지 제도든 세법이든 모두 폐단이 있어서 민생을 곤고하게 만들어왔다고 생각했다. 그래서 전제田制의 개혁과 세법의 재정립을 주정한다.

황종희는 이렇게 생각했다. "옛날엔 정전井田으로 양민을 했는데, 그 토지는 모두 군주의 토지였다. 진나라 이후 백성은 스스로 토지를 소유하게 되었는데, 군주는 백성을 양육할 수 없어서 백성 스스로 양육하게 했으며, 그에 따라 부세를 하게 되었다. 그런데 30분의 1의 세금을 받았음에도 옛날과 비교해서 결코 가볍다고 할 수 없었다."[108] 정전은 제왕이 백성에게 토지를 주는 제도로 군주가 백성을 양육하는 형태다. 그런데 후세의 서민들은 사실상 자신의 토지를 가졌으니 이는 백성 스스로 양육하는 형태다. 민중은 자신의 사전을 경작했는데 옛 제도에 따라 가장 가벼운 세법으로 부세를 징수하더라도 여전히 너무 무거운 것이었다. 민생을 곤고하게 만든 원인은 정전을 회복하지 못한 데 있을 뿐만 아니라 세법이 고르지 못한 데도 있다. "진나라가 천맥阡陌[109]을 개시해 정전을 모두 폐지했는데, 이것이 첫 번째 변화다. 진에서 당에 이르기까지 백성에게 취한 것은 곡식과 비단뿐이었으나, 양염楊炎[110]에 의해 양세법이 시행되면서 처음으로 바뀌어 돈으로 징수하게 되었으니, 이것이 또 하나의 변화다. 명나라 이래 다시 돈을 폐지하고 은으로 징수했다. 구하는 바가 소출한 것이 아니므로 황하 이북에선 풍년이 들어도 곡식이 천대받아 백성은 구렁텅이로 떨어지게 되었으니 또 하나의 변화다. 이 세 번의 변화를 거치며 민생은 오래갈 수가 없게 되었다."[111] 강남 일부 지방에선 심지어 수확한 것을 "모두 관청에 들여도 부족했다".[112] 횡포한 세금 징수는 민중으로 하여금 더 이상 스스로를 양육할 수 없는 지경에 이르게 했다. 이런 상황을 겨냥해서 황종희는 둔전屯田을 추진해 "천하의 부세를 재정립해야" 한다고 주장했다.

황종희는 정전제의 회복이 가능하다고 생각했는데, 둔전제가 바로 실질적으로는 일종의 정전제다. "나는 위소衛所[113]의 둔전을 개괄해보고 정전제의 회복이 이것에 다름 아님을 알았다. 세상의 유생들은 둔전이라면 시행할 수 있다고 말하면서 정전제는 시행할 수 없는 것이라고 말하는데, 이는 2 곱하기 5가 10임을 모르는 처사다."[114] 그는 '한민명전限民名田'[115]법의 시행에 반대했으며, 부유한 백성의 토지를 빼앗아 다시 분배하는 일에도 반대했다. 황종희는 명대 둔전 및 관전의 수량에 대해 계산을 해본 뒤 "실재 토지로 그것을 조화시키자"고 주장한다. 그 밖에 부민의 점유 토지를 그대로 두자며 "왜 하필 한전, 균전均田을 분분히 이야기하며 유독 부민을 곤고히 만드는 일에 매진하는가!"[116]라고 한다. 하지만 황종희는 정전의 회복이나 둔전의 시행이 얼마나 어려운 일인지 분명히 알고 있었다. "나는 정말 그렇게 함으로써 백성을 양육할 수 있다고 감히 말하진 못하겠고 그저 후세에 기대할 뿐이다. 하지만 양세법만큼은 전 시대로 복귀하여 토지에서 소출되는 것으로 징수하고 은으로 처리하지 않으면 백성이 거의 스스로를 양육할 수 있게 될 것이다."[117] 그래서 그는 관심을 부세 개혁에 집중했다.

이른바 "천하의 부세를 재정립하자" 함은 네 가지 측면의 함의를 지닌다. 첫째, "실지의 무畝 수를 헤아려서 과세한다". 황종희는 "옛날의 부세는 토지를 어머니로 여기고 사람을 자식으로 여겼다. 사람은 떠나기도 하고 오기도 하지만 땅은 바뀌지 않는다. 따라서 실지 무의 수를 헤아려 과세하면 문밖까지 와서 세금을 독촉하는 번거로움이 없을 것이다."[118] 그는 토지에 번호를 매기고 호장號長을 설립해 "번호에 따라 세금을 독촉함"으로써 호구에 따라 징세하는 현행 방법을 바꾸자고 주장한다. 그는 이렇게 함으로써 "기괴한 술수가 막히고" "비쇄飛灑[119]의 길이 끊기고" "9등급이 전이되지 않게 되고" "서리들이 위아래를 쫓아다닐 필요가 없고" "증감이 있을 수 없고" "권한이 다른 사람 수중에 떨어지지 않게"[120] 할 수 있다고 보았다. 둘째, "토지에 부과하고 용도에 부과하지 않는다".[121] 그는 진, 한 이래 "천하의 부세가 날로 증가했는데" 그 근원은 봉건 국가에서 "토지에 부과하지 않고 용도에 부과하여 일시적인 용도로 천하의 부세를 제정한"[122] 데 있다고 생각했다. 옛 부세를 답습한 데다 다시 새로운 부세를 가하니 부세가 날로 증가하여 번잡하고 가혹하게 되었다는 것이다. 그는 토지에 부과하고 용도에 부과하지 않는다는 원칙에 근거하여 천하의 부세를 재정립하라고 주장한다. "오늘날 세금을 확정하려면 반드시 누적된 이전의 것으로 되돌아가 제정해야 한다. 백성에게 준 토지는 10분의 1 세금을 원칙으로 하며, 아직 주어지지 않은 토지는 20분의 1 세금을 원칙으로 한다. 호구는 출병出兵과 양병養兵의 부세로 삼는다."[123] 셋째, "땅에 맞추어 공물을 낸다". 즉 "반드시 그 땅에 맞추어 마땅한 물품으로 내야 하는데, 백곡을 생산하는 자는 백곡으로 세금을 내고, 뽕나무나 삼베를 생산하는 자는 베나 비단으로 세금을 내게 하며, 기타 잡물은 모두 자신들의 소출에 맞추어 내도록 한다".[124] 오직 돈과 은으로 부세하여 민생을 고달프게 만드는 세법을 폐지하라는 것이다. 넷째, 세액이 가지런하지 않은 문제를 해결한다. 구체적인 방법은 이렇다. 토지를 5등급으로 나누어 각기 1무를 240보, 360보, 480보, 600보, 720보로 구분하고 "어린책魚鱗冊에 번호를 기록하되 한 번호는 1무畝를 표준으로 삼는다". "토지의 등급 순서는 세액의 경중에 따라 정하지 않고 측량의 넓고 좁음에 따라 정하도록 하면 가지런하지 않은 부분은 이를 따라 가지런해질 것이다."[125]

황종희는 또 명나라 말 민생의 곤란과 지가의 하락, 공상업의 쇠퇴, 통치자의 부패라는 실제 상황에서 출발하여 "공업, 상업 모두 근본이니" "근본을 숭상하고 말절을 억누르라는" 주장을 제기했다. 그는 전통적 본말론에 중요한 수정을 제기하여 예교, 농경, 공상을 근본으로 삼고 사치와 고혹蠱惑을 말절로 보았다. 황종희는 말한다. "천하를 다스리는 자가 거둬들이는 세금을 가벼이 했음에도 민간의 습속이 사라지지 않고, 고혹이 제거되지 않고, 사치가 혁신되지 않는다면 백성은 여전히 부유해질 수 없을 것이다."[126] 그는 무당을 섬기는 것, 불교에 대한 미신, 가무에 종사하는 것, 술집 운영, 기이한 재주와 무익한 기예 등을 고혹, 사치 행위로 보았다. 그리고 그것들과 관련 있는 공업, 상업에 반대했다. 이른바 "불교 일을 하거나 파는 행위, 무당 짓을 하거나 파는 행위, 가무를 하거나 파는 행위, 기이한 재주와 무익한 기예를 하거나 파는 행위 등은 모두 백성이 살아가는 데 절실한 것이 아니므로 한꺼번에 확실히 끊어버려야 한다".[127] 그는 "세상의 유생들이 자세히 살펴보지도 않고 공업, 상업을 말절로 보고 망령되게 억제하려고만 든다고"[128] 비판하며, 농업이 근본이고 공업, 상업은 말절이라는 전통 관점에 반대하고 "공업, 상업 모두 근본"이라는 사상을 선명하게 제기했다. 황종희가 보기에 "공업은 분명 성왕이 챙기고자 한 바였으며, 상업 또한 길 위에 출현하여 작용을 하기를 바란 것으로 모두 근본적인 것이었다".[129] 그는 관부에서 광산을 독점하는 데 반대했다. "그사이 한 번 채광을 하고 또 환관들이 그것을 주관하게 하여 황궁으로 들이고 민간에는 전혀 제공하지 않고 있다".[130] 그는 금은 등 귀금속 화폐를 폐지하고 동전으로 화폐를 통일하자고 주장한다. "돈을 주조함으로써 있는 곳과 없는 곳을 소통시키고" "모든 재화의 가치 판단을 모두 돈으로 하게 하고" "토지세로 내는 곡식과 비단을 제외하고 소금과 술에 대한 세금과 전매는 모두 돈으로 납세하게 한다".[131]

황종희의 "천하 부세의 재정립"과 "공업, 상업 모두 근본"이라는 사상은 군민 관계를 조정하는 데 착안한 것이며, "백성의 생활에 절실한" 사업을 발전시킴으로써 천하의 안녕과 부에 도달할 수 있다는 데 착안한 것이다. 정전제의 회복이나 금은화폐의 폐지처럼 그의 일부 구체적 주장들이 비록 현실적이지 못하고 유치하기도 하지만 전체적으로 볼 때 황종희의 재정 경제 사상과 주장은 시폐를 정확히 꿰뚫고 있었으며 시대 조류에도 맞는 것이었다. 특히 "실시 무의 숫자를 헤아려 과세하라는" 주장은 청대 세제개혁의 방향과 일치했다. "공업과 상업이 모두 근본"이라는 사상은 더욱더 적극적인 가치와 의의를 지니고 있다.

현실과 역사에 대한 황종희의 비판은 매우 격렬하고 치밀하며 깊이가 있다. 근대 유신 사조가 형성되고 발전하는 과정에서 『명이대방록』은 적극적인 작용을 한 적이 있다. 량치차오梁啓超는 『청대학술개론淸代學術槪論』에서 이렇게 말한다. "량치차오, 담사동譚嗣同의 무리가 민권과 공화의 학설을 제창하면서 그 책을 베끼고 수만 권을 인쇄하여 비밀리에 배포했으니, 청 말 사상의 변화에 매우 큰 영향력을 끼쳤다".[132] 이것만으로도 중국 고대 정치사상사에서 『명이대방록』의 지위를 충분히 세울 수 있으며, 그것의 역사적 가치와 의의를 증명할 수 있다.

그러나 주관적이고 객관적인 원인 때문에 황종희의 사상과 언론은 역사상 특정 형세하에서 나타난 비분강개의 진술에 불과한 것일 수밖에 없었다. 주관적 요인으로 보면 황종희의 이상은 비교적 개명한 군주 전제 제도의 일종이다. 그가 보기에 "공자의 도는 한 집안의 학문이 아니며, 한 시대의 학문이 아니며, 천지가 항상 그에 의존해 쉬지 않고 운용하고, 인간 세계의 기강이 그에 의존해 계속 이어가며 잃어서는 안 되는 것이었다".[133] 그는 진나라 제도 및 그에 상응한 정치 관계를 비판하고, 군주-신하를 인륜의 꼭대기에 놓는 데 반대했다. 그러나 그가 주장한 사회관계와 정치 관계는 여전히 종법 전제의 범주 내에 엄격히 제한되어 있다. 이른바 "'군주를 섬기고' '백성을 다스리는' 일은 반드시 요, 순으로부터 위로 내려온 것으로 거기에 본령이 있다. 그런데 지금 사람들은 진, 한 이래의 견식만 가지고 부스러기들로 보완하고 있으며 그저 세속을 좇는 행위만을 하고 있다".[134] 전통으로부터 벗어날 수 없었기 때문에 폭군, 폭정에 대한 황종희의 비판은 그저 말로만 제한되고 실천을 보여주지 못했다. 그는 인내심을 가지고 기다렸다. 한 분의 성명하신 주체가 와서 "강상 윤리의 준칙"을 전혀 새롭게 규범지어주기를 기다렸다. 그리하여 인의로 인심을 바로잡고, 천리를 홍하게 하고, 인욕을 제거하여 이른바 "내 비록 늙었지만 기자箕子의 방문을 받는다면 혹 가까워질 것"[135]이라고 기다렸다.

객관적으로 말해서 황종희는 평생에 걸쳐 명군의 방문을 기다렸지만 결국 방문을 받지 못했다. 오히려 그가 맞은 것은 더욱 성숙하고 한층 더 강대해진 대청제국이었다. 황종희로 대표되는 이 사조는 오랫동안 깊이 가라앉아 있었다. 그의 사상이 다시 한번 사람들의 주목을 받기 시작했을 때는 새로운 정치 사유 방식이 이미 중국의 대지에 뿌리를 내려 발아했고, 파란을 일으키며 웅장한 사조를 형성하는 중이었다. 이것들이 황종희의 정치 이상과 구체적 설계들을 더 이상 현실화할 수 없게 만들어버렸다.

기실 살아생전에 일찍이 황종희는 벌써 절망을 했다. 『명이대방록』을 쓰던 초기엔 황종희는 '십이운十二運'설을 믿어 20년 뒤가 되면 "비로소 치세를 만날 것이니 삼대의 성대함이 절망적인 것만은 아니다"[136]라고 예상했다. 그러나 30년 세월이 흐른 뒤 세상의 도는 여전히 변화의 흔적을 찾을 수가 없었고, 모든 것이 예나 다름없었다. 황종희는 부득불 이렇게 탄식했다. "십이운이란 말이 사람을 속일 리는 없을 텐데."[137]

황종희는 중국 고대의 가장 위대한 정치사상가 중 한 사람이다. 그의 성취에는 고대 사회비판 사상의 정화가 응집되어 있다. 그럼에도 그의 개인적인 비극은 바로 전통 정치 문화 고유의 극단적 한계가 만들어낸 것이었다.

고염무의 군주 집권

정치 체제 개혁에 대한 구상

고염무顧炎武(1613~1682)는 원래 이름이 강絳이고 자는 충청忠淸이었다. 나중에 국가의 변란을 만나 이름을 염무炎武로 바꾸고 자를 영인寧人이라 했다. 사람들은 정림亭林선생이라 부른다. 강소江蘇성 곤산昆山 사람으로 유학의 명문 세가에서 태어났다. 일찍이 복사復社에 참가하여 엄당閹黨 즉 환관의 정치 활동에 반대하는 일에 몸을 던졌다. 향시에 수차례 낙방한 뒤 27세 때 과거에 뜻을 접었다. 청나라 군대가 남하하자 명 복왕福王을 좇아 청나라에 항거했다. 실패한 뒤 북방 각 지역을 돌아다니며 지사와 호걸들과 교류하고 산천의 형세를 관찰하며 강산의 회복에 뜻을 두었다. 고염무는 "다른 나라의 신하가 되지 말라"는 양어머니의 교훈을 굳게 지켜 청나라 조정의 부름을 여러 차례 단호히 거절했다. 그는 일생 동안 어렵게 도처를 떠돌았으나 쉼 없이 열심히 공부했다. 만 권의 책을 읽고 만 리를 떠돈 대학자였다. 고염무는 "실용을 숭상했으며" "군자는 공부를 하여 도를 밝히고 세상을 구해야 한다"[138]고 생각했다. "빈말을 일삼느니 차라리 실제 행동을 하느니만 못하기"[139] 때문에 "문장 가운데 『육경』의 취지나 당세의 임무와 무관한 것은 일체 하지 않는다"[140]고 했다. 그는 역사, 지리,

음운, 고증, 금석 등의 방면에서 독자적인 성취를 이루었으며 질박한 학문 분위기를 이끄는 선구자가 되었다. 그는 건가한학乾嘉漢學의 "위대한 창시자"다. 고염무의 저술은 매우 넓고 풍부한데, 40여 종 400여 권을 헤아릴 정도다. 주로 『천하군국이병서天下郡國利病書』『일지록日知錄』『음학오서音學五書』가 있다. 그의 일부 구체적인 정치론은 『정림시문집亭林詩文集』에 집중되어 있다. 오늘날 중화서국에서 새로 편집하여 『고정림시문집』이라 했다.

고염무는 황종희와 마찬가지로 역대 왕들의 폐단을 들어 삼대의 융성함으로 되돌리는 "책을 써서 후대에 다시 왕도를 실천하는 왕이 출현하기를 기대하고 그를 스승으로 삼아야 한다"[141]는 뜻을 세웠다. 그는 황종희에게 보내는 편지에서 이렇게 말했다. "염무가 좁은 소견으로 『일지록』이란 책을 썼는데 그 가운데 논한 내용들을 보니 선생님의 주장과 같은 곳이 6~7할은 됩니다."[142] 황종희도 이렇게 말했다. "내 일찍이 『대방록待訪錄』을 써서 삼대 정치의 복원을 생각했습니다. 곤산의 고영인께서 이것을 보고 우활하다고 여기지 않으실지."[143] 이것으로 볼 때 두 사람의 성견은 대동소이하여 격렬한 정도가 다를 뿐이고 구체적인 정치 설계가 조금 다를 뿐이다.

'사천하私天下' 정치 체제에 대한 비판

고염무는 진한 이래 정치 체제를 격렬하게 비판했다. 전제 군주 한 몸에 모든 권력이 집중되는 것이 '역대 왕들의 폐단'을 만들어내는 근본 원인이라고 생각한 것이다. 그가 보기에 삼대 태평성대와 후세 정치 폐단의 차이는 전자가 '공천하公天下'이고 후자가 '사천하'라는 데 있었다. 고염무는 말한다. "옛날의 성인은 공심公心으로 천하 사람을 대했으며 사士에게 녹을 주고 나라를 나누어 다스렸다. 그런데 오늘날의 군주들은 사해 안의 모든 것을 자신의 군현을 위해 다하도록 만들고도 모자란다고 한다."¹⁴⁴ 전제 군주는 "큰 이익을 독점하려는" 목적에서 나온다. 그는 천하를 사재私財로 보고 대권을 한 몸에 집중시키기 때문에 사천하를 옹호하는 법률 제도와 관료 제도가 만들어졌다고 생각했다. 군주가 일체의 권력을 일신에 집중시키는 것이야말로 각종 정치 폐단의 근원이다. 우선 군주 한 사람의 재능으로는 천하 모두를 최고의 정치로 이끄는 책무를 수행하기가 근본적으로 어렵다. "후세에 잘 다스리지 못하는 사람들이 출현했는데 천하 모든 권력을 다 위에서 수렴하게 되었다. 그런데 만기의 폭넓은 일을 한 사람의 힘으로 조종할 수는 없는 것이다."¹⁴⁵ 군주는 "큰 이익을 독점하려 하고 큰 손해를 입으려고 하지 않는다. 그래서 사람을 버리고 법을 운용하며, 관직을 폐기하고 관리들을 활용한다".146 그 결과 "병사 한 명의 기록, 한 가지 재물의 근원, 땅 한 평을 지키는 일까지 모두 군주 스스로 하고"147 "안팎과 위아래서 작은 일 한 가지, 미미한 죄 한 가지까지 모두 먼저 법을 만들어 대처하기에"148 이르렀다. 게다가 "앞사람들이 법을 만들었던 초기에 사세를 상세히 규명할 수 없어서 미리 변통의 여지를 남겨 두었는데 후인들은 기존의 폐단을 이어받고 옛 규정에 묶여서 변혁을 하지 못하고 다시 하나의 법을 만들어 이를 구원하려고 한다. 그리하여 법은 갈수록 번잡해지고 폐단 또한 갈수록 많아지게 되었다".149 번잡한 형벌과 가혹한 법이 일단 "법이 무너지고 법이 사람을 좇는" 지경에 이르게 되면 시비를 가릴 수 없고 상벌이 공정하지 못한 상황을 초래하여 "일의 효과는 갈수록 떨어지고 풍속은 날로 파괴된다".150 다음으로 군주가 뭇 신하를 시기하여 법으로 권력을 이동시킴으로써 이치吏治 즉 지방 행정의 파괴를 부른다고 한다. "군주들 대부분은 법을 만들어 이를 방지하고 큰 악당도 법을 넘을 수 없고 아무리 현명한 신하라도 법 밖에서는 조금의 융통성도 발휘할 수 없다. 서로 법을 받드는 데 전전긍긍하며 잘못하지 않기를 구할 따름이다. 그리하여 천자의 권력은 신하들에게 위임되지 않고 집행하는 서리胥吏들에게 맡겨진다".151 과거 시험 출신의 대신이나 수령들은 법 때문에 손발이 묶이고 세세한 법령 조례의 무엇을 따라야 하는지 몰라 그저 서리의 힘을 빌리지 않을 수 없다. 군주는 "모든 사람을 의심하고 모든 일을 통제하니 관련 조항과 문건들이 하루하루 늘어나고 이 때문에 감사監司를 두고 독무督撫를 설치하기도 한다. 이렇게 하면 수령들이 백성을 해치지 못할 것으로 생각한다. 담당관이 있어서 꿋꿋하게 잘못된 부분들을 구원하여 대신 처리할 수 있음을 알지 못하고 백성을 위해 하루라도 이로운 일이 생기는 것을 인정하지 못하니 백성이 어떻게 궁해지지 않을 수 있고, 나라가 어떻게 약해지지 않을 수 있겠는가?"[152] 결과적으로 제왕은 백관에 의지하면서도 백관이 권력을 농락할까봐 두려워한다. 권력이 군주에게 있으면서 구속이 너무 심해 현자들은 그저 시키는 일만 하고 불초한 사람들이 그 사이에서 손을 쓴다. 탐관오리는 법을 거래 수단으로 여기고 실제에선 승냥이 같은 서리들이 나라의 칼자루를 쥔다는 것이다. 이는 진한 이래 정치와 법률 제도를 '비법非法의 법'으로 본 황종희의 관점과 정확히 일치한다.

고염무는 역대 제도와 정치의 득실에 대한 평가를 합쳐 군주 정치의 포학성과 관료 사대부의 부패에 대해 의미심장한 폭로를 했다. 그는 명대 중엽 이래 정치적인 여러 흑막, 특히 이치의 부패가 당송 시대의 몇 배에 이른다고 지적한다. "신종 이래 뇌물 수수 풍조가 날로 심해져서 국가 기강이 서지 않고 인심이 크게 나빠진 것이 수십 년에 이른다."[153] "오늘날 수령들 가운데 사적인 이익을 따르지 않고 백성의 편의를 헤아려주는 사람을 나는 아직 보지 못했다."[154]

고염무는 또 이론적으로 절대 군권을 부정하고자 했다. 그는 천자나 군주 모두 일종의 직위일 뿐이며 신성불가침한 칭호는 아니라고 지적한다. 고대에 '군君'은 상하의 통칭이었으니 천자를 '군'이라 불렀고 신하, 제후, 경대부 또한 '군'이라고 불렀다. 심지어 노예가 주인을 부르거나 여자가 아버지를 부를 때, 며느리가 시아버지를 부를 때도 모두 '군'이라 했다. 천자는 그저 군주 가운데 한 가지일 뿐이다. "백성을 위해 군주가 만들어진 것이므로 반작班爵 즉 작위라는 의미인데 천자와 공후백자남公侯伯子男이 다 마찬가지다. 세상에 없는 고귀함이 아닌 것이다. (…) 그러므로 천자가 하나의 지위라는 의미를 이해하면 백성 위에 군림하며 스스로를 존엄하게 여기지 못할 것이고, 농사 대신에 봉록을 받는다는 의미를 이해하면 백성의 재물을 많이 취하여 스스로를 받들지 못할 것이다."[155]

군권의 절대성을 증명하기 위해 고염무는 국가와 천하라는 두 개념을 분석했다. 『일지록』 「정시正始」 편은 이렇게 말한다. "망국이 있고 망천하가 있다. 망국과 망천하는 어떻게 구별되는가? 성과 연호가 바뀌는 것을 망국이라고 하고 인의가 막혀서 금수가 사람을 먹고 사람들이 서로 잡아먹는 지경에 이르는 것을 망천하라고 한다. (…) 그러므로 천하를 보존할 줄 안 뒤에 국을 보존할 줄 안다. 국을 보존하는 것은 군주나 신하 등 육식하는 사람들이 도모하는 것이지만 천하를 보존하는 것은 천한 필부도 모두 함께 그 책무를 져야 한다."156 고염무가 보기에 '국가國家'는 한 집안이나 한 성씨의 왕조이고, '천하'는 천하 사람들의 천하였던 것이다. 군주가 포학하고 도덕이 타락하고 사람들끼리 서로를 살상하는 것이 바로 '망천하'다. 천하 보존은 국가 보존의 전제이자 기초다. 국가 보존은 조정의 일이지만 천하 보존은 필부필부 모두의 책무다. '천하'는 '국가'보다 높고 '군주나 신하'보다 훨씬 더 높다. 이는 천하관의 관점에서 "백성이 귀하고 사직이 다음이며 군주는 가볍다"는 맹자의 사상을 새로운 경지로 발전시킨 것이다.

량치차오는 일찍이 고염무의 이 사상을 "천하의 흥망은 필부에게도 책임이 있다"는 말로 개괄했다. 사실 고염무의 본의에는 량치차오가 덧붙인 민권 관념은 포함되어 있지 않다. 그 근거는 다음 세 가지다. 첫째, 『일지록』 「정시」 편 중의 이 말은 『맹자』 「등문공」 편에 등장하는 단락을 종합하여 변환시킨 것이다. 맹자는 '무군무부無君無父'를 '금수'라고 부르고 도덕의 타락과 폭군, 폭정을 "인의가 막히면 금수가 사람을 먹는다"고 말했다. 고염무도 이렇게 말한다. "위진 시대 사람들의 청담清談이 어찌하여 망천하인가? 맹자가 말하는 양주와 묵자의 말이 천하를 무군무부의 상태로 만들어 금수와 같은 상태로 들어섰기 때문이다."157 민족의 멸망을 구원하는 '천하 보존'과 군부에게 충성하는 '국가 보존'은 내재적으로 일치한다. 둘째, 이 말은 민중에게 일상의 정치적 권리를 부여하는 내용을 포함하지 않고 있다. '국가 보존'은 필경 '육식하는 사람들'의 특권일 뿐이며 망천하에는 필부필부 모두 책임이 있다는 말은 기껏해야 민중의 비난이 백성을 해치는 포악한 독재를 뒤집어엎는 것이 합리적이고 정의롭다는 것을 긍정할 따름이다. 명 말 농민 봉기에 대한 고염무의 구체적 태도로 보면 이 점 또한 언행이 불일치함을 알 수 있다. 따라서 소위 '필부의 책무'란 말은 주로 재야 사대부들을 가리킨다. 셋째, 고염무의 모든 정치론은 봉건적 정치 관계와 정치 윤리에 대한 충분한 긍정을 기본 전제로 삼고 있다. "인간 사회의 가장 큰 윤리는 군신이고 부자다."[158] "영원한 것은 오래간다. 천하에서 가장 오래되고 변하지 않는 것으로 군신과 부자만 한 관계는 없다. 그래서 이를 위해 세금을 거두어 나르는 것이며 힘든 노역으로 받드는 것이다. 이것이 토지와 집이 오래도록 유지될 수 있는 까닭이다."[159]

고염무의 천하관은 "인민을 도탄에서 구하고 만세의 태평성대를 열려는" 그의 웅대한 포부를 반영한 것이며, 폐정을 개혁하고 난세를 바로잡아 올바른 세상으로 되돌리려는 그의 강렬한 소망을 드러낸 것이었다. 당시 사회 현실은 제왕에게 고도로 권력이 집중되고 관리들은 청렴하지 못하고 부끄러움도 몰랐으며 민중은 극심한 고통에 시달리고 있었다. 이렇게 되돌리기 어려운 누적된 악습을 고치기 위하여 고염무는 비판의 칼날을 군주 정치의 곳곳에 들이댔다. 하지만 그의 목적과 처방은 오히려 군주 전제의 사회 구조와 정치 제도를 수호하고 조정하는 것이었다.

02

적절한 분권의 정치 체제론:
'봉건적 의미가 담긴 군현'

고염무는 과도한 군주 집권의 폐해를 고치는 데 주력했다. 권력의 배치를 개혁함으로써 천하 국가의 영원한 안정을 실현하고자 했다. 그는 '독치獨治', 즉 홀로 하는 정치를 '중치衆治', 즉 여럿이 하는 정치로 바꾸어 천하의 대권과 지방의 분권을 힙리적으로 배치힐 것을 주장했다. "이른바 천자란 천하의 대권을 장악한 사람이다. 그가 장악한 대권은 어떠한가? 천하의 권력으로 천하 사람들에게 맡기는 것이며 권력은 천자에게 귀속된다. 공경대부로부터 100리 땅의 읍재 등 한번 임명을 받은 관리는 모두 천자의 권력을 나누어 각자 맡은 일을 하는 것이며 천자의 권력은 더욱 존엄해지게 된다."[160] 천자는 천하 일체 정치권력의 귀결점이지만 천자와 공경대부, 100리 땅의 읍재 등에게 권력을 합리적으로 배치하여 조신들과 각급 정치 단위에서 충분히 권한을 발휘할 수 있을 때 비로소 천하의 대권이 진정으로 천자에게 모이고 그 지위는 갈수록 존경을 받을 수 있게 된다는 이야기다. 또한 이런 말도 했다. "군주는 천하를 다스림에 독치를 해선 안 된다. 독치하면 형벌이 번잡해지고 중치하면 형벌이 그치게 된다."[161] 고염무가 말하는 분권의 중치는 권력 분산을 통한 균형이 아니다. 군주와 신하 여럿이 일을 나누어 다스림으로써 권력이 과도하게 집중되지 못하도록 하는 것이었다.

고염무는 지방 권력을 적절히 강화시키는 것이 밖으로 외환을 막고 안으로 내란을 평정하는 데 유리하다고 생각했다. "당나라가 약해진 것은 하북河北이 강해졌기 때문이고 당나라가 망한 것은 하북이 약해졌기 때문이다."[162] "오호라! 세상에선 번진 때문에 당나라가 망했다고 말하지만 중엽 이래 토번吐蕃과 위구르를 병합하지 못하고 황소黃巢에게 멸망당한 것은 반드시 번진이 힘을 지니지 못한 것과 관련이 없지 않다."[163] "명대의 환난은 대체로 송나라와 같다"[164]고도 말한다. 송대는 "오대십국의 난에 혼이 나서 번진을 없애 일시적으로 꼬리가 커지는 폐해를 교정할 수 있었지만 끝내는 나라가 약해지고 말았다. 그래서 적이 한 주州에 오면 한 주가 무너지고, 한 현縣에 오면 한 현이 허물어졌다."[165] 이는 변방 방어와 치안의 각도에서 지방 권력 강화의 중요한 의의를 논증한 것이다. 황종희의 방진론方鎭論과 같은 맥락의 주장이다.

고염무는 당장의 급선무로 군현 수령들의 권력을 강화해야 한다고 주장했다. "그래서 천하에 가장 급한 일은 수령과 목민관이다. 그런데 오늘날 수령들만큼 아무 권한이 없는 사람도 없다. 수령들에게 권한이 없어 백성의 질고가 위로 전달되지 않으니 어떻게 태평성대에 이르고 국가의 운명이 이어지기를 기대하겠는가!"[166] 이렇게도 말한다. "벽관辟官, 즉 관리의 임용, 이정莅政 즉 정책의 관장, 이재理財, 치군治軍, 즉 군대의 관리가 군현의 네 가지 권한인데 오늘날 모든 것이 이루어지지 못하고 있다. (…) 그래서 일을 처리하라고 말하나 처리 권한이 군현에 없고, 이익을 창출하여 부흥시키라고 하나 이익 창출의 권한이 군현에 없고, 병사를 관리하라고 말하나 병사의 권한이 군현에 없다. 어떻게 더 국가와 백성을 부유하게 만드는 도를 논할 수 있겠는가!"[167] 확실하게 권력을 아래로 풀어서 지방으로 하여금 일정한 자주권을 갖도록 만들어야만 이러한 폐단을 없앨 수 있다.

"봉건의 실패는 아래에서 독점하는 데 있고, 군현의 실패는 위에서 독점하는 데 있다."[168] 고염무는 삼대 성왕의 제도를 존중했지만 간단히 군현을 폐지하고 '봉건'을 회복할 수는 없다고 생각했다. 첫째, '봉건'은 "아래에서 독점을 하는" 폐단이 있기 때문이고, 둘째, 역사 발전 과정에는 사람들의 의지로 바꿀 수 없는 "고유한 필연의 추세"[169]가 있기 때문이다. 그는 '봉건'을 이미 오래된 역사의 흔적일 뿐이라고 인정했다. "봉건의 폐지는 하루아침에 이루어진 일이 아니다. 성인이 나온다 하더라도 군현제로 바꿀 것이다."[170] "진나라가 비록 복고적인 제도를 만들고 일일이 봉지를 주고자 했어도 불가능했을 것이다."[171] 고염무는 진한 이래의 군현제 또한 막다른 길에 이르렀다고 보았다. "요즘 군현의 폐단은 극에 이르렀으니" 반드시 변혁이 있어야 한다는 것이다. 그는 "봉건을 바꾸어야 할 줄 알아서 군현제를 만들었듯이 군현에 폐단이 있음을 알았으니 또다시 바꾸어야 할 것이다"[172]라고 말한다. 그래서 그는 "군현에 봉건의 의미를 담아내자"[173]는 정치 설계 방안을 제기했다.

"군현에 봉건의 의미를 담아내자"는 말은 곧 봉건제의 일부 장점을 군현제에 주입시켜 군권이 너무 과중하고 관료 부패가 생기는 폐단을 없애자는 것이다. 기본적인 구상은 이렇다. 중앙으로부터 지방에 이르기까지 층층이 권력을 나눈다. 군현은 중앙의 권력을 분할하며, 향정鄕亭은 군현의 권력을 분할하고, 종족宗族이 종족 무리를 다스린다. 그 핵심 고리는 "수령의 녹을 높여주고 재물의 생산과 사람들을 다스리는 권한을 부여해주며, 감사監司의 임무를 줄여주고, 세습 관직을 장려하고, 수하 관료를 채용하는 법을 실시하여 군현 속에 봉건의 의미를 담아내는 것이다. 이로써 2000년 이래의 폐단을 없애고 다시 진작시킬 수 있을 것이다."[174] 이에 대해 고염무는 자신감에 충만했다. "후대 군주 가운데 민생을 도탑게 하고 국력을 강화하고자 하는 사람이 있다면 반드시 내 주장을 응용할 것이다."[175]

고염무는 이 구상을 구체화하기도 했다. 첫째, 영장令長의 직위를 높여줄 것, 즉 7품 지현知縣을 5품 현령으로 만들고 풍토와 인정을 모두 숙지하고 있는 사람을 선발하여 맡기라고 말한다. 현령의 초임 3년간은 시험 기간이며 3년의 시험 기간과 12년의 관찰 기간을 거쳐 직무에 맞는 사람임이 확인되면 녹봉을 올려주고 종신직으로 임명할 수 있다. 나이 들어 퇴임하면 아들에게 물려주거나 현인을 추천하여 새로운 현령을 삼는다. 여러 현을 묶어서 하나의 군郡을 만들고 태수를 두며 태수는 3년에 한 번씩 바꾼다. 조정에선 어사御史를 파견하여 사방을 순시하고 1년에 한 번씩 바꾼다. 둘째, 향리鄕里에 대한 통치를 신중히 할 것, 즉 주周나라와 진秦나라의 향리 제도를 본받아 향鄕과 정亭의 행정 조직을 완비하고 향리의 교화, 소송, 세수 및 치안을 책임지게 함으로써 군현 권력이 과도하게 집중되는 것을 막는다. 셋째, 종족宗族 제도를 복원할 것, 즉 지방 수령들의 전횡을 방지하기 위해 고대 종족 제도를 복원한다. "천하의 종손들로 하여금 제 종족을 다스리도록 함으로써 군주의 통치를 보완하고 옥사에 더불어 걸려들지 않도록 하면 백성 스스로 관원들에게 걸려들지 않을 것이다. 풍속이 순화되고 처벌 조항이 간결해지는 효과가 저절로 이루어질 것이다."[176] 이른바 "종법이 서면 형벌이 맑아진다"[177]는 것이다. 고염무는 이렇게 함으로써 중앙이 군을 다스리고 군은 현을 다스리고 "현은 향을 다스리고, 향은 보保를 다스리고, 보는 갑甲을 다스릴"[178] 수 있을 것이라고 생각했다. 이러한 체제는 "그물의 벼리처럼 조리를 갖추어 꼬이지 않게 되어" 한쪽에 치우치지 않는 효과를 거둘 수 있다는 것이다.

"군현에 봉건의 의미를 담아내자"는 주장의 실질은 현령을 종신제, 세습제로 하자는 것이다. 고염무는 말한다. "세상 사람들은 모두 제 집안을 그리워하고 제 자식을 사적으로 아끼는 것이 상정이다."[179] 한편으로 종신의 임기와 세습의 직위로 격려하고 상을 주며, 다른 한편으로 고과를 강화한다. "직무에 충실하지 못한 사람은 유배 보내고, 탐관오리는 죽인다."[180] 이렇게 하면 현령들은 자신의 사적인 일에 관심을 갖는 것처럼 현의 정사에 관심을 갖게 될 것이다. '자위自爲'하는 마음으로 자식들인 백성을 아낄 것이며 전답을 잘 추스르고 성곽을 잘 수선할 것이다. 현령은 작은 나라의 봉군封君이 아니다. 그는 황제에 대해 책임을 져야 하며 정치 업적으로 고과를 받아 수시로 파면될 수 있다. 고염무는 이러한 체제가 "아래에서의 독점"과 "위에서의 독점" 두 가지 폐단을 동시에 방지할 수 있다고 보았다.

고염무는 송명 이래 사대부 집단과 마찬가지로 황제에의 과도한 권력 집중이 현행 제도의 폐단 때문임을 인식하고 적절한 분권을 통해 제왕의 권력을 제한하고 시대 폐단을 교정하고자 했다. 그는 당송 이래 군현 제도와 봉건 제도의 장점을 두루 받아들이려는 사상을 계승하고 발전시켜 자신의 정치적 설계를 제기했다. 하지만 고염무는 진정한 출구를 찾아내지 못했다. 황제가 천하를 한 집안의 사적 재산으로 여기는 것은 법의 폐단과 백성의 곤궁을 불러온다. 현령이 현을 한 집안의 사적 재산으로 여기게 되면 진정으로 이치吏治를 개선시킬 수 있단 말인가? 봉건 시대 정치사는 이미 이에 대해 명확한 대답을 내렸다. 고염무의 비판은 심각했으나 그의 설계는 여전히 전통 정치의 사유 방식에 갇혀 있었다.

03 명도구세와
'천하의 생원을 폐지하라'

　사풍士風은 명청 교체기 사대부들이 보편적으로 관심을 기울인 문제였다. 사대부는 봉건 문화의 매개체이자 군주 정치의 골간이며 중견이고 기초였다. 사대부 집단의 자질은 군주 정치의 흥망성쇠와 일정 정도 관계가 있다. 당시 시대 정치를 비판하는 사람들 대부분은 심성에 대해 공리공담을 일삼고 팔고문으로 선비를 선발하는 데 비판을 제기했다. 학문 풍토를 바꾸고 과거 제도를 개혁하자는 것이 사람들이 열정적으로 논의하는 문제 가운데 하나였다. 사람들은 보편적으로 사풍이 퇴패하고 "세상의 도가 진흙구덩이로 추락한" 것을 명나라가 망하게 된 교훈 가운데 하나로 여겼다. 황종희, 고염무, 왕부지 등은 이에 대해 많은 비평을 했다. 고염무의 명도구세明道救世, 즉 도를 밝혀 세상을 구한다는 주장과 "천하의 생원을 폐지하자"는 주장이 이를 대표한다.

　고염무는 심성에 대해 공리공담을 일삼고 팔고문으로 선비를 선발하는 제도의 폐해가 극히 크며 학문 및 인재에 대한 손실이 진시황의 분서갱유보다 심하다고 생각했다. 당시 관료, 서리胥吏, 생원들의 권력 남용과 부패가 부른 여러 폐단에 직면하여 고염무는 「생원론生員論」에서 이렇게 주장한다. "천하의 생원을 폐지함으로써 관부의 정치가 맑아지고, 천하의 생원을 폐지함으로써 백성의 곤경이 해소되고, 천하의 생원을 폐지함으로써 문호 간 적습이 없어지고, 천하의 생원을 폐지함으로써 세상을 운용한 재목이 드러날 것이다."[181] 그는 유가의 경학을 다시 진흥시키고 생원 제도를 폐지하는 것이 부패한 이치와 사풍을 개혁하여 발본색원하는 효과를 보게 될 것이라고 생각했다.

고염무는 황종희, 왕부지 등과 함께 청나라 초의 경세치용 사조의 저명한 대표 인물이다. 그들은 모두 송명 리학의 폐단에 대해 반성하고 비판했다. 다른 점이라면 황종희는 심학을 스승으로 삼아 왕학王學을 숭상하고 기화론氣化論과 심체론心體論을 조화하여 심학의 치우침을 교정하려고 했고, 왕부지는 정주程朱를 스승으로 삼아 장재張載를 숭상하고 리학 가운데 선학禪學 성분을 버리고 기화론을 기초로 삼아 송명 리학을 개조하고자 했으며, 고염무는 주학朱學과 왕학에 고루 비판적 태도를 취하여 학문적 관심을 실학實學에 두었다는 점이다.

고염무는 '옛날 리학'과 '오늘날 리학'을 구별하고 전자를 빌려 후자를 비판했다. 그가 보기에 "옛날에 말하는 리학은 경학"[182]이었으나 "오늘날 말하는 리학"은 송명 이래의 리학을 가리킨다. 경학은 통경치용通經致用, 즉 경전을 통해 실용성을 넓히고, 명리구세明理救世 즉 리를 밝혀 세상을 구함을 종지로 삼으나 송명 리학은 심성과 천도에 대한 공리공담을 일삼고 자신의 표고를 높인다. 고염무는 리학의 말류가 '공허한 학문'을 숭상하고 청담淸談으로 나라를 그르쳐 유학의 전통에 위배된다고 보았다. 그는 『일지록日知錄』 권7의 '부자夫子의 성性과 천도天道에 대한 언급' 조에서 이렇게 쓰고 있다. "공 부자는 사람들에게 문행충신文行忠信을 가르쳤으며 성과 천도는 그 가운데 있었기 때문에 얻어 들을 수가 없었던 것이다."[183] 또 다음과 같이 쓰고 있다. "오늘날의 청담은 전대보다 심하다. 옛날의 청담은 노장을 담론했으나 오늘날의 청담은 공맹을 담론한다. 그 정밀함을 얻지 못했으면서도 거침을 잃고 있으며, 근본을 궁구하지 못했으면서도 말절을 먼저 말하고, 육예六藝의 문화를 익히지 못하고 백왕의 전범을 헤아리지 못하고 당세에 힘쓸 일을 종합하지 못한 채 학문과 정치의 큰 실마리에 관한 부자의 논의를 거론하며 일체를 불문한다. 그리고 일관一貫이라 말하고 무언無言이라 말하면서 명심견성明心見性의 빈말로 수기치인修己治人의 실학을 대신한다. 팔다리는 게으르고 만사는 황폐해졌으며 발톱과 이빨은 사라지고 사방은 혼란스러우며 신주神州는 뒤집히고 종묘사직은 폐허가 되었다."184 그는 『고정림시문집顧亭林詩文集』「여우인논학서與友人論學書」에서 한 걸음 더 나아가 이렇게 주장한다. "좁은 소견으로 볼 때 성인의 도는 하학상달下學上達의 방법이며 그 실천은 효제충신孝悌忠信에 있고 그 임무는 쇄소灑掃, 응대, 진퇴에 있으며 그 문장은 『시경』『서경』, 삼례三禮,185 『주역』 『춘추』에 있다고 생각한다. 나아가고 머물고 사양하고 받고 얻고 주는 등 스스로에게 활용되는 것이고 정령, 교화, 형법 등으로 천하에 베풀어지는 것이다. 저술한 책들은 모두 난을 다스려 바르게 되돌리고 풍속을 바꿈으로써 사람들을 순화시켜 치국평천하에 활용하는 것이니 무익한 것은 담론하지 않았다."186 『일지록』「내전內典」편에서 그는 이에 대해 더 나아간 설명을 덧붙이고 있다.

고염무는 말뿐만 아니라 행동도 했다. 그의 대표작인 『일지록』은 "학술을 밝히고 인심을 바로잡고 난세를 다스려 태평 시대의 사업을 일으키는 것"187을 종지로 삼고 있다. 내용은 정치, 경제, 군사, 교육, 철학, 종교, 역사, 법률 및 천문지리, 언어문학, 과학기술 등 거의 포함하지 않는 것이 없을 정도다. 이 책의 학술적 가치에 대해 『사고전서총목제요四庫全書總目提要』는 이렇게 말하고 있다. "사건마다 반드시 그 시말을 자세하게 밝히고 증거를 가지고 대조한 뒤 책에 썼다. 그래서 인용 근거가 엄청나게 많으면서

도 모순된 곳이 적다."[188] 그의 또 다른 대표작 『천하군국이병서天下郡國利病書』에 수집된 자료는 모두 "민생의 이해와 관련 있는 것으로" 전국 각지의 농전農田, 부역, 수리, 광산, 교통 및 변방 요충지, 군사적 방어 등을 언급하고 있다. 이 두 학술 명저에는 국가 경제와 국민 생활과 관계되는 각종 실용적 자료를 망라하고 있을 뿐만 아니라 저자의 정치론과 이상, 도를 밝히고 세상을 구할 실사구시 정신을 포함하는 등 고염무 사상 전체를 꿰뚫고 있다.

고염무는 「생원론生員論」에서 명나라 말 생원 제도 문제를 폭로하고 비판했다. 그는 명대의 수재들 대부분이 경서를 암송하고 팔고문을 지을 줄만 알지 경세치용의 실제 학문에 대해서는 조금도 모른다고 지적한다. 이러한 과거 제도 때문에 "천하의 인재를 파괴하여 선비는 선비가 되지 못하고, 관원은 관원이 되지 못하고, 병사는 병사가 되지 못하고, 장수는 장수가 되지 못하는 지경에 이르렀다"[189]는 것이다. 천하의 생원은 수십만 명을 헤아리는데 이들은 내량의 토지를 점유하고 세금과 부역을 면제받는다. 그 결과 "잡범차역雜泛差役[190]의 일이 모두 평민 백성에게 부과되었다."[191] 따라서 "읍인邑人들에게 생원은 조금도 이익이 안 될 뿐만 아니라 산더미 같은 부담만 안겨주었다".[192] 수많은 생원이 지방에서 거리낌 없이 제멋대로 행동하니 "요즘 천하에 공문에 출입하면서 관청의 정무를 흔드는 사람이 생원이고, 위세에 기대 향리에서 무단으로 행동하는 사람이 생원이고, 서리들과 인연을 맺거나 심지어는 자신이 서리가 되는 사람이 생원이고, 관청에서 털어낼 의향이라도 보이면 집단으로 일어나 떠드는 사람이 생원이다"[193]라고 한다. 이러한 원인들 때문에 고염무는 생원 제도의 폐지를 큰 소리로 외쳤다.

고염무는 국가의 인재 육성과 관료 선발 제도를 대대적으로 개혁해야한다고 주장했다. 그 요점은 두 가지였다. 첫째는 시험 내용을 개혁하고 생원 숫자를 제한하는 것이다. 구체적인 방법은 이러했다. "반드시 『오경』에 두루 통달한 사람을 선발하고 『이십일사二十一史』와 당대의 임무를 가지고 시험을 본 뒤 승진시킨다. 여전히 수재秀才와 명경明經 두 과로 나누되 각 학당에서 길러진 사람은 20명을 초과하지 못하게 하고 없으면 보궐을 실시한다. 담당 선생은 주현에서 예를 다해 초빙하고 중앙 각 부에서 선발하지 못하도록 한다. 이렇게 하면 국가에는 실용적인 사람이 있게 되고 각 읍에는 경전에 능통한 선비가 있을 것이니 그 인재들이 반드시 오늘날의 문제를 해결할 수 있을 것이다."194 둘째는 '벽거辟擧', 즉 천거 제도로 현행 생원 제도를 대체하는 것이다. 구체적인 방법은 이러했다. "선비 등용 제도는 천거를 통한다. 고인들이 향리에서 천거 선발하던 의미를 되살리는 것이다. (…) 천하의 선비들 가운데 도덕성을 갖추었으나 벼슬을 원하지 않는 사람을 교사로 삼아야 한다. 학문적 재능을 갖추고 세상에 드러내 보일 생각이 있는 사람을 현령이 천거하면 중앙 기구인 삼부三府가 그를 추천하도록 한다. 이 또한 선비들을 잃지 않을 수 있다."195

명대 과거제에 대한 고염무의 비판은 정곡을 찌르는 치밀함이 있다. 그러나 그가 제기한 개혁 방법은 일찍이 역사적으로 수없이 실행되어왔다. 그 실천들이 증명하듯 이 방법은 사대부 집단의 여러 악습을 근본적으로 없앨 수 없다. 고염무는 또 매작買爵, 즉 작위를 사들이는 법의 실행을 건의했다. 돈으로 명예를 사고 지위를 사는 것을 허용하자는 것이다. 이 모든 것을 볼 때 고염무는 그저 전통적인 제도가 허용하는 범위 내에서 겉만을 치유하는 개량 방법을 찾아내고 구상했을 따름이다.

고염무는 '청담清談'은 반대하지만 '청의清議'는 찬성했다. 그는 '청의'의 작용을 충분히 발휘함으로써 관료 부패를 다스리고 관료들의 탐학과 수령들의 도적질이라는 퇴폐 풍조를 바로잡을 수 있다고 주장한다. 그는 "풍속이야말로 천하의 큰일이며" "치와 난의 관건은 필경 인심과 풍속에 달려 있는데" 사대부 집단의 '청의'가 "인심을 바로잡고 풍속을 돈후하게 하는" 관건 가운데 하나라고 보았다. 그는 "천하에 풍속이 가장 나빠진 곳이라도 청의가 존재하면 한둘이라도 건질 수 있으나 청의가 사라지면 전쟁이 벌어지게 될 것이다"[196]라고 말한다. 그는 역대 풍속의 변화와 사대부의 '청의'는 밀접한 관계가 있다고 생각했다. 그래서 "여사閻師[197]를 세우고 향교鄕校를 설치하여 주리州里에 청의가 있게 함으로써 형벌이 막힌 곳에 도움을 주라"[198]고 주장한다. 이른바 '청의'는 사대부들이 정치 교화와 풍속의 득실을 평가하는 것으로서 그 역할은 여론 감독을 통하여 "군자로 하여금 형벌에 대한 두려움을 품게 하고 소인으로 하여금 잘못을 부끄러워하는 풍속을 지키게"[199] 하는 것이다. 고염무는 말한다. "천하에 도가 있으면 백성이 의론하지 않는다. 그런데 정치 교화와 풍속 모두가 좋지 못하면 많은 백성의 의론이 일어나게 된다. 그래서 『서경』에서 반경盤庚은 '백성이 경계하는 바를 무시하지 말라'는 경고를 내리고 나라에 큰 의문이 생기면 백성이 따르는지 거역하는지를 점치라고 한다. 자산이 향교를 허물지 못하게 하고 한 문제가 가마를 멈추고 말을 들은 것은 모두 이 때문이다."[200] 이 사상과 황종희의 학교 청의론은 통하는 점이 있다.

'청의'를 제창함으로써 뇌물을 탐해 법을 어기는 것을 막으려 함은 효과적인 작용을 하기도 하지만 한계도 있다. 그래서 고염무는 사유四維가 펼쳐지고 명교名敎가 부흥하는 데 두터운 희망을 걸었다. 그는 "예의염치禮義廉恥는 나라의 사유 즉 네 기둥이다. 사유가 펼쳐지지 못하면 나라는 멸망한다"[201]고 말한다. 이렇게도 말한다. "중국인들은 명교로 다스렸으므로 인재가 무성했다. 그런데 오늘날은 법으로 다스리므로 인재가 줄어들었다."[202] 결국 고염무는 '천하 보전'에 대한 기대를 예의 교화로써 봉건 도덕의 퇴락을 구원하는 데 걸었던 것이다. 이 교화의 최고 준칙은 성인의 도이며 최고의 주체는 성군聖君이다.

고염무는 일찍이 황종희에게 편지 한 통을 보내 서로를 권면했다. "천하의 일을 잘 알고 있는 사람끼리 반드시 그 시대에 서로 알고 지내는 것은 아닙니다. 해당 시대에 어쩌면 알지 못할 수도 있습니다. 그래서 옛 군자들은 책을 써서 훗날을 기약했는데 왕도를 행하는 군주가 나오면 이것으로 스승을 삼습니다."[203] 고염무가 "하늘이 무너지고 땅이 꺼지는" 시대에 정치에 투신하여 용감하게 "난세를 극복하고 태평성대를 열려는" 정신을 견지했다는 점은 참으로 탄복할 일이다. 그의 폭정에 대한 폭로와 망해가는 세상에 대한 분석에는 빛나는 이성적 사유가 반짝이고 있다. "천하의 흥망은 필부도 책임이 있다" 등의 명제는 후배들을 일깨운 더 큰 공로가 있다. 그렇지만 그는 필경 제왕의 스승이 되길 바라는 봉건 사대부일 뿐이었다.

왕부지의 유가 정치 철학에 대한 반추와 재구성

왕부지王夫之(1619~1692)는 자가 이농而農이고 호는 강재薑齋이며 호남성 형양衡陽 사람이다. 만년에 형양 석선산石船山에 은거하며 자칭 '선산유로船山遺老'라 했다. 이 때문에 사람들은 그를 선산선생이라 부른다. 유학 가문에서 태어났는데 부모 형제 모두 "리理의 요체를 끝까지 파고들고 염락濂洛, 즉 주돈이와 이정의 바른 전통을 으뜸으로 삼았다."[204] 왕부지는 가학의 연원이 깊었다. 그는 예민하게 읽고 잘 기억했으며 호방하여 무엇에든 걸림이 없었고 어려서부터 천재성을 드러냈다. 그는 시대적 책무에 관심을 기울이고 경세에 뜻을 두었다. 역대 제도와 강산의 요충지, 군대 및 재화의 운용 등 모든 일을 남김없이 연구했다. 24세에 거인擧人에 합격하여 같은 해 서울의 회시會試를 보러 가는 중 중원에 변고가 많고 도로가 막혀서 작파했다. 왕부지는 정권의 잘잘못을 지적하고 일편단심 충성과 의리를 다했다. 그는 막역한 친구들과 광사匡社[205]를 조직하여 시정을 논한 적이 있으며, 농민군과는 불공대천의 원수임을 서약하고 형산衡山에서 거병하여 청나라에 무장투쟁을 전개한 적도 있다. 남명南明이 실패한 뒤 왕부지는 "물러나 깊이 숨어들었으며 새벽이 와 닭이 울기를 기다렸다". 가난하게 도처를 떠돌았으며 산간벽지에 40여 년을 은거하면서 청나라에 굳건히 반대하고 끝내 "머리를 깎지 않은 채 생을 마감했다". 그는 명나라가 망한 교훈을 되돌아보고 도를 밝혀 세상을 구제하겠다는 뜻을 세우고 일생 동안 풍부한 저술을 남겼다. 왕부지의 저작은 기록에 100여 종 800만여 글자가 보인다. 그 가운데 오늘날까지 세상에 전해지는 것이 73종 401권 470만여 자다. 정치와 철학에 관한 주된 저작으로는 『장자정몽주張子正蒙注』『주역외전周易外傳』『상서인의尙書引義』『독사서대전설讀四書大全說』『사서훈의四書訓義』『시광전詩廣傳』『사문록思問錄』『독통감론讀通鑑論』『사해俟解』『황서黃書』『악몽噩夢』 등이 있으며 대다수는 『선산유서船山遺書』에 수록되었다.

왕부지는 사상사의 거인이다. 그는 "실패를 슬퍼하고 비극의 원인을 규명함"을 목적으로 삼아 "『육경』이 나에게 새로운 길을 열라는 책임을 맡겼다"는 기백을 가지고 전통 경학과 사학 등에 대해 "기존의 주장들에 도끼를 휘둘렀으며" "옛것을 미루어 독특하고 새로운 것을 끌어냈다". 대체로 철학, 정치, 법률, 군사, 경제, 교육, 문사文史, 종교 및 자연과학 등 다루지 않은 것이 없었다. 왕부지는 "천고의 지혜를 모아" 거의 모든 전통 철학 범주와 명제들에 대하여 정화를 모으거나 전인들을 뛰어넘는 견해를 제기했다. 왕부지의 반추와 재구성을 통해 전통 정치 철학은 "앞에도 그런 사람이 없고 뒤에도 따를 사람이 없는" 새로운 경지로 발전했다. 왕부지의 학설 체계는 전통 철학 사변에 온존하던 각종 이성적 성분을 모으고 강화했는데 이는 철학적으로 새로운 사유를 하고 동시에 한계도 지니고 있는 청나라 초 사대부 집단의 자아비판 사조를 대표한다. 어떤 의미에서 왕부지의 철학적 사변은 중국 봉건 문화 최고의 성취를 대표한다고 할 수 있으며 고전 철학 발전의 최고봉을 상징한다고 할 수도 있다.

왕부지의 정치사상은 철학, 역사비평, 정치 이론을 하나로 융합시키고 있다. 특히 정치 철학 방면에서 여러 장점을 널리 받아들이고 홀로 그윽한 향기를 내뿜는다. 그는 "세상의 가르침이 쇠락하고 바른 학문이 훼절되는" 것을 안타까워하며 『육경』에 의거하여 이단을 배척하고 가짜 유학자들을 비판하고 '정학正學'을 제창하며 "고금의 공허하고 기묘한 학설들을 모두 폐기하고 실질로 되돌아가는 데"206 온 힘을 기울였다. 그는 왕충王充을 드높이고, 오직 장재張載를 숭상하고, 정주程朱를 수정하고, 육왕陸王을 버렸으며, 불로佛老를 개혁한 후 역리易理를 정밀하게 연구하고, 경사經史를 깊이 관통하고, 백가를 참고 논박하며 옛것을 버리고 그 정화를 취해 새것을 만들어냈다. 전체적으로 볼 때 왕부지의 '정학'이 유학 및 리학 고유의 틀을 뛰어넘지는 못했지만 대폭적인 개조와 확충을 거친 뒤 '파괴계몽破塊啓蒙', 즉 묵은 덩어리를 깨뜨리는 계몽적 요소를 일부 갖고 있기도 했다. 어느 정도 시대정신을 반영하고 있었던 것이다. 왕부지는 철학적 사변과 역사에 대한 분석, 그리고 시대 정치에 대한 품평을 유기적으로 한데 결합시키면서 비판, 조정, 개조, 긍정을 일체화시킨 정치사상 체계를 형성했다. 비판하면서 긍정하고, 긍정하면서 조정하는 방법으로 현행 군주 체제를 개혁하려는 일련의 구상을 만들어냈다. 이것이 정치에 관한 왕부지의 사유 방식의 기본적 특징이다.

'천하의 공公에 따를 것'과 고진누송孤秦陋宋에 대한 격렬한 비난

왕부지는 명나라가 망한 실패를 뉘우치며 '공천하公天下'론을 제창했다. "천하에 관해 논하려면 반드시 천하의 공公을 따라야 할 것이다. 천하는 이적이나 도적이 사사로이 할 수 있는 바가 아니며 한 성씨의 사적인 것도 아니다."[207] 그는 '공천하'란 깃발을 높이 들고 '고진누송孤秦陋宋' 즉 외로운 진나라와 초라한 송나라, 원과 명의 정치 및 삼대 말년 이래 역대 왕조의 폐정을 격렬히 비난했다. 왕부지는 『황서黃書』「재제宰制」편에서 이렇게 주장한다. "한 사람 때문에 천하를 의심해서는 안 되고, 천하를 한 사람의 사적인 것으로 여겨서는 안 된다."[208] "진나라의 어리석음을 썻고 송나라의 부끄러움을 털어낼 것"을 큰 소리로 부르짖으며 "외로운 진나라와 초라한 송나라의 수많은 재앙을 끊어내라"고 주문한다. 그는 "외로운 진나라, 초라한 송나라에 대해 크게 반성하지 않으면 세상을 이어갈 수 없다"[209]고 보았다. 이른바 '진나라의 어리석음'이란 곧 "한 사람이 천하를 사적인 것으로 여긴" 절대 군권 체제를 말한다. 이른바 '송나라의 부끄러움'이란 곧 이민족에 의해 뒤집힌 치욕을 말한다. 명나라는 사실상 진의 어리석음과 송의 부끄러움을 다 갖고 있다. 왕부지는 삼대 이래 나라가 망하고 천하가 혼란스러워진 근본 원인을 제왕이 천하를 한 성씨의 사유 재산으로 삼고 극단적인 전제를 실행하며 "천하를 공적이지 못하게 다스리고" 나아가 "천하에 크게 막아야 할 것"이 혼란에 빠진 데서 찾았다. 왕부지의 정론政論과 사론史論에는 이러한 비판 정신이 관통하고 있다.

황종희, 고염무와 마찬가지로 왕부지는 천하위공天下爲公, 군위사君爲私, 즉 천하는 공적인 것이고 군주는 사적인 존재라고 생각했다. 그는 "한 성씨의 흥망은 사私이고 백성의 생사가 공公이다"[210]라고 말한다. 왕위는 한 성씨의 사유물이 아니며 천하는 인간 집단의 공유물이다. 제왕은 하늘을 대신해 백성을 기르는 군주이자 스승일 따름이다. 신민은 제왕이 존재하는 조건이다. "내가 신하가 돼주었기에 군주가 있고"[211] "그래서 군주는 백성을 기초로 삼으며" "백성이 없으면 군주가 서지 못한다."[212] 만약 제왕이 한 사람이나 한 성씨의 사사로움만을 도모하고 "족류族類 전체를 보존할" 조건을 갖추지 못한다면 "선양을 할 수도, 계위를 할 수도, 혁명을 할 수도 있다."[213] 왕부지는 "폭군을 몰아내어 비상시국을 정리하는"[214] 것을 충분히 긍정한다.

왕부지는 '공천하'를 잣대 삼아 진시황 및 역대 제왕들의 사사로움을 폭로했다. "나라의 운명이 길지 않다고 함은 한 성씨만을 두고 하는 말이지 공의公義가 아니다. 진나라가 만세에 죄를 얻게 된 까닭은 개인만을 추구했기 때문이다. 진나라의 사사로움을 배척하면서 그의 자손이 오래 보존되기를 바란다면 이 어찌 천하의 대공大公이겠는가?"[215] 왕부지는 한편으로 진의 제도가 동주東周를 바꾼 이래 "교전으로 백성을 죽이고 이상한 정치로 풍속이 달라지고 제멋대로 거둬들이고 형벌이 번잡해져 백성을 벗겨낸 지 수백 년이 지났음에도 그치지 않는"[216] 상황이 만들어졌다고 긍정한다. 다른 한편으로 이러한 정치 체제가 제왕의 사심에서 만들어진 것이라고 지적한다. "진나라로 내려오면서 봉건이 폐지되고 부와 귀는 한 사람에 의해 멋대로 차지하게 되었다. 그렇게 멋대로 된 것은 지력智力으로 천하를 굴복시켰기 때문이다."[217] "천하의 지력을 없애버리고 유약한 백성에게 고루 나누어주려 했으나 홀로 9주의 위에 멋대로 군림하며 날마다 살육을 하여 원망이 늘어나도 강력한 토호와 과격한 궤변가들이 유약한 백성을 협박하여 농사일을 괴롭게 만들었다."[218] 그는 제왕들이 사사로이 심술을 부려 법을 법답지 않게 만들고 있다는 입장에서 진 이래의 폭정과 폐정을 맹렬히 비난했다. 왕부지는 주로 다음 몇 가지 방면에서 폭정을 비판했다.

첫째, 제왕들의 가혹한 세금 징수가 민생 질고의 근원이다. 왕부지는 "왕은 천하 사람들을 신하로 삼을 수는 있으나 천하의 선비들을 제멋대로 할 수는 없다"[219]고 생각했다. 토지는 원래부터 천지에 존재하는 것으로 백성은 이를 기반으로 생존을 한다. 왕조가 교체되었다고 해서 바뀔 수는 없다. "왕은 어떻게 그것을 얻었으며 또 어떻게 거기에 세금을 매기는가!"[220] 그는 『악몽噩夢』에서 이렇게 지적한다. 사람들은 진한 이래 폐정의 원인을 포악한 토호의 토지 겸병 때문이라고 하지만 사실은 그렇지 않다. 겸병이 이루어진 주된 원인은 "일정하지 않은 세금" "탐관오리의 교활함" 때문이다. 민중은 무겁고 번잡한 부역에 시달리다 부득불 "스스로 알아서 전답을 토호에게 넘기고는 그들이 아픔을 대신해줄 것으로 여기게 되었다"[221]는 것이다. 이 때문에 왕부지는 진한 이래의 토지 및 부세 제도에 대하여 기본적으로 부정하는 태도를 취한다. 그는 한 걸음 더 나아가 현행 제도하에서는 부역이 많고 가혹할 뿐만 아니라 황친국척, 고가대족, 탐관오리가 무리로 일어나 백성의 고혈을 빨아댄다고 지적한다. "천하를 이끌어 백관을 기르는 것도 모자라 백관을 조종해 천하를 먹어치우고도 남으니 이 어찌 굶주린 매를 풀어 꿩과 토끼를 노획하는 것과 다르랴!"[222] 왕부지는 불균不均과 불공不公을 천하의 가장 큰 폐해라고 보았다. 그는 다음과 같이 예리하게 지적한다. "천자는 대공大公의 덕이 없이 사람들 위에 서서 홀로 어린 백성을 지리멸렬하게 만들고 이를 공公으로 삼는다. 이는 인의중정仁義中正이 제왕을 위해 천하를 질곡에 빠뜨리는 수단이다."[223] 이러한 폐정을 바로잡기 위해 그는 "천자 홀로 부유하지 못하게 하고 농민 홀로 가난하지 못하게 하여 서로 비슷하면서 서로 차이가 있으며 각자 제 영역을 지키도록 하는"[224] 제도를 시행하자고 주장했다.

둘째, 제왕의 독존獨尊이야말로 군신 관계를 악화시키는 근본적인 이유다. 왕부지는 군주와 신하가 비록 차등이 있으나 모두 "하늘이 내린 관직"이라고 생각했다. "옛날의 천자는 지극히 존귀했음에도 하늘로부터 받은 공후公侯, 경대부卿大夫, 사士의 관직은 균등했는데"[225] 제왕은 본래 "사대부를 귀하게 여김으로써 스스로 귀해지고 사대부를 존중함으로써 스스로 존중을 받았다."[226] 진한 이래 이러한 군신 관계는 파괴를 당했으며 "군현의 천하는 다섯 등급을 소멸시키고 천자 홀로 높다랗게 위에 있으면서 모든 신하를 동등하게 취급했다. 가의賈誼는 이에 대해 너무 나그쳐 욕을 보이고 대신들이 부끄러움을 모른다고 탄식했다. 오호라! 진나라 정치의 변법이 천하의 선비들에게서 염치를 잃게 한 것이 5~6할은 될 것이다."[227] 이러한 정치 체제하에서 한편으로 제왕은 신하들을 개나 말 혹은 초개처럼 여긴다. "사대부 신분임에도 순식간에 무릎 밑에 기게 되고 순식간에 연못에 추락하여 야만 맞는 것이 습관이 되고 쇠고랑을 경험하고 옷이 벗겨진 채 노예처럼 능욕을 당하게 되었다."[228] 다른 한편으로 사대부들이 공명을 탐해서 향원鄕愿, 즉 위선자나 교환巧宦, 즉 아부하는 벼슬아치가 된다. "한마음으로 수많은 군주를 섬기기도 하고" "공과 사를 뒤섞어 국사를 논의하지 않는 경우가 없을 정도가 된다."[229] 이렇게 되면 "천하의 공리公理는 사私로 인해 혼란스러워지고 공리는 사라지게 된다. 군신 간 도의가 무너지니 당송 시대 대신들이 스스로를 해친 것이다. 그래서 정장

廷杖[230]과 조옥詔獄[231] 같은 재앙이 생겨 그 맹렬한 기세에 더 이상 대들 수 없게 되었다".[232] 군신 관계의 악화야말로 일련의 폐정을 불러오기도 한다.

셋째, 법제의 폐단이 정치 부패를 만든다. 왕부지는 황종희와 마찬가지로 진한 이래의 '법'에 대해 격렬한 비판을 가했다. 그가 보기에 "군현의 천하는 9주를 다스림에도 천자가 한 사람이어서 출납에 대해 폭넓게 논박하거나 비판하는 경우가 없으며 절충을 해도 도를 논하는 관리가 없다. 한 사람의 이목과 생각으로 6부의 번잡하고 쓸모없는 여러 일까지 맡게 되었으며 유능한 대리자가 있다 하더라도 한두 사람의 대신에 불과하니 어떻게 법조문에 구속된 채 업무를 수행하고 위축된 채로 천하의 일을 하지 않을 수 있겠으며, 크게 교활한 서리들이 그 법조문으로 종묘사직과 백성의 목숨을 해치지 않을 수 있겠는가?"[233] 그러나 왕부지는 역사 발전의 관점에서 삼대의 제도와 한당 제도의 이해득실에 대해 전면적으로 살펴보고 비교한 뒤 전자로부터 후자에 이르는 변화 과정이 역전될 수 없는 대세이며 역사의 진보라고 긍정했다. 이 점에서 왕부지의 인식 수준은 동시대의 다른 사상가들보다 분명히 뛰어났다.

02

역설을 내포한 역사관:

리세상성과 예유정상

왕부지는 스스로 "땅이 갈라지고 하늘이 뒤집히고" "바다와 산이 옮겨지는" 대변화의 시대를 거치고 "험한 곳을 드나들면서" '관변자觀變者', 즉 변화를 관찰하는 사람이 되었다고 생각했다. 그래서 일생 동안 "물리와 인간사의 변화를 파고드는" 역리易理 연구에 종사했다. 그는 전통 사상 가운데 "세상이 단절되면 도 또한 달라진다"는 세수도이世殊道異론을 흡수하고 유종원柳宗元, 유우석劉禹錫의 수數·세勢론과 주희의 리세理勢론을 계승 및 조정하여 리세상성理勢相成, 즉 리와 세의 상호 보완 및 예유정상禮惟貞常, 즉 예만이 곧고 불변한다는 역사관을 제기했다. 왕부지는 또 '기화일신氣化日新', 즉 기의 변화는 날로 새로워지고, '건곤병건乾坤並健', 즉 하늘과 땅이 두루 강건하며, '동정호함動靜互涵', 즉 움직임과 고요함은 서로를 받아들인다는 등 철학적 명제를 가지고 한 걸음 더 나아가 그의 역사 변화관을 논증했다. 왕부지는 주희와 마찬가지로 역사의 변화 원인을 리와 세에 귀결시킨다. 일반적으로 리는 "당연當然의 관할"이고 세는 "자연自然의 기능"[234]이라고 말한다. 리는 "당연하여 그러한" 것이며 세는 "부득불 그러한" 것이다. "리를 얻으면 자연스레 세를 이루고" 세에 순응하면 곧 리에 합치한다. "세의 필연"이 "리의 당연"을 구현하고 있으며 "세의 우연"이라 하더라도 "리의 고연固然"을 내포하고 있다. 따라서 "리와 세는 둘로 갈라져 따로 존재할 수 없다".[235] 왕부지는 "총괄하여 리와 세가 하나로 합친다는 설을 만들었다. 굽혀서 분석하는 것은 취지를 잃는 것"[236]이라고 주장한다.

왕부지는 사회 발전과 역사 변화 과정에서 리와 세의 작용에 대한 사론史論들을 결합하여 깊이 있는 분석을 행했다.

첫째, "세는 리로 인해 이루어지며" 리를 얻으면 자연히 세를 이룬다. "세에 대해 말하는 사람은 모두 순응하여 거역하지 않음을 일컫는다. 높은 곳에서 낮은 곳을 쫓고, 큰 것으로 작은 것을 포용하며 어기고 막힘을 용납하지 않는다는 말이다. 그렇다면 어떻게 리가 아닌 것으로 진행이 되겠는가?"[237] 또 "이미 얻어진 리에 이르면 자연히 세를 이루고" "세가 이미 그러하여서 부득불 그러하다면 이것이 곧 리가 된다"[238]고도 말한다. 따라서 "세가 필연인 곳에서 리를 보는 것이다".[239]

둘째, "리는 세에 기인하고" 리는 세를 통하여 자신을 드러낸다. 왕부지는 "리는 본래 한번 이루어져 잡을 수 있는 사물이 아니며"[240] "세가 필연인 곳에서만 리를 볼 수 있다"[241]고 생각했다. 이를테면 탕무湯武 혁명은 하늘에 순응하고 도의에 부합하는 것으로 "정해진 리"에 속하며, 조조曹操가 북방을 통일하여 약자를 괴롭히고 권모술수를 부린 것은 마치 '비리非理'처럼 보이지만 세에 순응하여 성공을 거둠으로써 "썩어 문드러지고 뒤숭숭한 독을 그치게 만든"[242] 것은 또한 '합리合理'이며 "정해지지 않은 리"에 속한다. "치治의 리에서 이루어진" 것이든 "난亂의 리에서 이루어진" 것이든 "모두 리를 이룬 것이다". "모두 리를 이룬 것이라면 모두 세에서 이루어진 것이다."[243] 세는 사람의 주관적 의지로 인해 전이되는 것이 아니다. "세가 다르면" "리는 통일되지 않는다."[244] "이미 이루어진 세는 끌어당길 수 없다."[245] 따라서 리는 왕왕 세로 인해 이루어지고 "세는 서로를 격발시키고 리는 그에 따라서 바뀌기도 한다". 군현제가 봉건제를 대신하게 된 것이 전형적 사례다. 등급이 응고된 '세국世國', 즉 세습 국가와 '세관世官', 즉 세습 관직 제도는 "세가 반드시 남용되므로" 백성 가운데 뛰어난 사람이 나타나 항쟁하게 될 것이니 "세가 반드시 격발을 시키는" 것이다. 그 결과 "봉건이 무너지고 선거選擧가 행해지게 되었다". "군현의 법은 선진先秦 시대에 이미 있었다."[246] 이 제도는 "어질고 빼어난 사람들로 하여금 모두 군자의 지위를 가지고 장려하여 백성의 수장이 되게"[247] 함으로써 "천하의 공"을 구현했다. '세'가 사람의 의지에 따라 바뀌지 않음은 다음 두 가지 측면에서 드러났다. 첫째, "진나라는 사천하私天下의 마음으로 제후를 없애고 수령을 두었다. 그런데 하늘은 그 사私를 빌려서 대공大公을 실천했다. 귀신에게나 있을 법한 헤아리기 어려움이 이와 같을지니!"[248] 둘째, "양 극단이 경쟁하면서 오직 무익한 논의만 일삼는데 봉건에 대한 논변이 그렇다. 군현 제도는 2000년을 내려오며 바뀌지 않았다. 고금 상하를 통틀어 모두 편안해하니 세가 좇는 방향이 그렇다. 리가 아니라면 어떻게 그럴 수 있겠는가?"[249] 진시황의 사심이 대공의 제도를 성취시킨 것이다. 뭇 유생이 봉건의 회복을 열심히 주장하는데 군현은 바뀔 수 없다. 세가 좇는 방향이 리의 필연을 구현한 것이다.[250] 결론적으로 "봉건은 회복할 수 없으며 그것이 세다".[251]

셋째, "때가 달라지면 세도 달라지고, 세가 달라지면 리 또한 달라진다".[252] '관변자'가 된 왕부지는 정론政論과 사론史論 분야에서 시기와 시세를 더욱 중시했다. 그는 "도는 때를 실천하는 것이며" "때는 변화를 이어받는 것이니" "도는 때로 인해서 만 갈래로 나뉜다"[253]고 생각했다. 그는 맹목적으로 왕도를 존중하고 패도를 천시하며, 삼대의 법제를 지나치게 아름답게 받드는 데 반대했다. 역사는 발전하고 변화한다고 생각했으며 한 시대엔 그 시대의 법제가 있으니 치국하는 데 꼭 옛것을 본받아야 할 필요는 없다고 생각했다. 왕부지는 문헌 기록에 의거해서 이렇게 주장한다. 당唐, 우虞, 즉 요임금, 순임금 이전에는 "털이 있는 고기를 먹고 피를 마시고 살아서 인간의 도에 대해서는 아무것도 몰랐다."[254] 삼대 때는 "나라는 작고 군주는 많았으며 포악한 왕들의 착취가 심해 오늘날 천광川廣 지역의 토사土司[255]와 다름이 없었다."[256] 하물며 걸桀이나 주紂 같은 난세의 군주에 있어서겠는가. "춘추 시대에 이르러 군주를 시해한 자가 33명이고 아버지를 죽인 자가 3명이며, 경대부 간 부자가 서로 원수가 되고 형제가 서로를 죽이며 사돈 집안을 서로 없애는 경우가 어느 나라든 어느 시절이든 없는 적이 없었다. 기탄없는 보복과 거리낌 없는 뇌물 수수가 날로 조야에 성행했다."[257] 공자가 『시』 『서』 『예』 『악』을 편찬하여 "도술이 밝아지기 시작할"[258] 때까지 그러했다. 진한 이래 "군현마다 한 명의 왕을 두었으나 이에 따라 차츰 대동大同을 향해 나아가다가 나중엔 풍속 교화가 날로 한가지로 모아졌으며 민생의 곤경도 약간 줄어들었다."[259] 한당의 치적과 풍속 교화는 일시에 성황을 이루어 옛것을 뛰어넘었다고 할 수 있다. 당나라 초에 "윤리는 선명하고 예의는 고정되고 법제는 정상이었다."[260] "태종이 군주가 되고 위징魏徵이 재상이 되어 인의의 문화가 잘 갖춰지고 천하는 순종적으로 통치를 받아들이고 주변의 사이四夷에 영향을 미쳐 변발을 풀고 진심으로 귀순했다. 요, 순, 탕, 무를 기다릴 필요가 없었다."[261] 이렇게 볼 때 수많은 유생이 입만 열면 삼대를 이야기하며 "옛것을 너무 높게 숭상하고 오늘날의 것을 보잘것없이 여기는"[262] 것은 취할 만하지 못하다. 왕부지는 이렇게 생각했다. "아득한 고대엔 읍양의 도가 없었으며 당우 시대엔 조벌弔伐, 즉 고통받은 백성을 위로하고 죄 있는 통치자를 처벌하는 도가 없었다. 한당 시대엔 오늘날의 도가 없었다. 그러니 오늘날은 다른 해에 없었던 도가 많은 것이다."[263] 따라서 치국평천하의 법제는 한번 만들어지면 불변하는 것이 아니다.

왕부지는 통변通變과 개제改制의 적극적 창도자다. 그는 반복적으로 철학과 역사 귀감의 관점에서 개혁의 필요성을 논증했다. 철학적으로 말하면 "도는 시대를 쫓는 것보다 세찬 것이 없다."[264] 역사 귀감으로 말하면 "법제는 얻지 못하는 것이 없으며 잃지 않는 것도 없다."[265] 역대 구체적인 제도와 정책은 모두 손익과 득실이 있었다. "법이 낡으면 반드시 고쳐야지 되돌려선 안 된다."[266] "삼대가 일어나고 양한이 흥성한 것"으로부터 "한 가지 일의 효과나 한 시대의 마땅함이나 한마디 말을 전하는 것"[267] 모두 정확한 대응을 해야지 맹목적으로 숭상하거나 본받아서는 안 된다. 왕부지는 주장한다. "한 시대의 정치는 각각 그 시대 사정에 따르며 한 시대의 규모에 맞게 건설하여 떠받쳐야 치세를 이룰 수 있다."[268] 그 방략, 제도, 법령, 정책은 "하나같이 순수함을 이루어 서로를 제약하는"[269] 체계이지 "옛사람이 행했던 한 가지 일이 마땅함을 흠모하여 그 한 가지 일만을 기행하는 것이 아니라 옛것을 오늘날의 것에 쉬움으로써 이치에 맞을 수 있다"[270]는 것이다. "100가지를 들어 올렸는데 그중 하나가 못쓰게 되었다면 100가지 모두 병폐이고, 100가지가 폐기되었는데 그중 하나가 올릴 만하다면 그 하나를 실행해도 되는가?"[271] 이를테면 왕망王莽은 삼대의 일부 제도를 회복하고자 했고 왕안석은 "『주례』 한 구절만을 치우치게 들어 올려 송나라 법제 속에 뒤섞었다."[272] 이러한 방법은 "돌팔이 의사가 겉과 속을 섞어서 진맥하고는 따뜻한 약과 서늘한 약을 동시에 사람에게 먹여 건강한 사람은 위독하게 만들고 약한 사람은 죽게 만드는"[273] 것과 같다. 결과적으로 "왕자는 왕도를 이루지 못하고 패자는 패도를 이루지 못하여"[274] 천하 대란을 부르게 된 것이다. "뜬구름 잡듯이 전인들의 한 가지 체득을 흠모하여 시대 정치 과정 속에 뒤섞고는 복고復古했다고 스스로 자랑하니 얼마나 기막힐 노릇인가."[275] 삼대의 제도가 설령 완전하다고 해도 회복할 수는 없다. 왕부지는 그의 각종 저술에서 봉건, 정전 井田, 육형肉刑, 향리선거鄉里選擧, 병농합일, 장상將相합일, 한전직전限田職田 등 고대의 제도가 이미 존재의 현실적 근거를 잃었다고 반복해서 강조한다. 그는 이렇게 보았다. "정전, 봉건, 육형을 행할 수 없다고 말하는 사람은 도를 모른다. 반드시 행할 수 있다고 말하는 사람은 덕을 모른다. 덕에 용감하면 도가 굳어지고, 도에 용감하면 도는 천하의 병폐가 된다."276 따라서 제도와 정책이라는 구체적 설계에서 왕부지는 "그 시대 문제에 기인하여 마땅한 바를 참작해야" 한다고 강조한다. "하나만 붙들고서 도를 해치는" 것은 절대로 피해야 한다. 즉 이른바 "옛 제도는 옛 천하를 다스리는 것이어서 오늘날의 일을 개괄할 수 없으므로 군자는 그것으로 일을 처리하지 않는다. 오늘날의 마땅함은 오늘날 천하를 다스리는 것이어서 반드시 후일에 영향을 미칠 수는 없으므로 군자는 그것으로 법제를 늘어뜨리지 않는다."277 이상 왕부지의 관점은 풍부한 역사 감각뿐만 아니라 현실 감각도 갖추고 있다. 입을 열면 반드시 삼대를 예기하던 역대 유생들이나 황종희, 고염무 등과 비교하면 왕부지의 사유는 훨씬 더 역사 발전의 추세에 부합한다. 시대가 다르면 세가 다르고, 세가 다르면 리가 다르니 시세에 순응하고 개혁을 해야 한다는 이러한 정치 사유 방식은 적극적인 의미를 띠고 있다고 하겠다.

넷째, 리와 세는 합일하며 예유정상禮惟貞常, 즉 예만이 곧고 불변하는 것이다. 왕부지는 리세상성理勢相成, 즉 리와 세의 상호 성취를 주장한다. 어떤 의미에서 리와 세는 피차 상즉相卽278이며 리와 세는 합일한다는 이야기다. "리와 세를 말하는 사람은 리의 세를 말하는 것과 같다."279 "'세' 자는 정미精微하고 '리' 자는 광대하다. 합하여 하나로 이름하면 '천天'이라고 말한다."280 인류의 역사 운동을 지배한 천명, 리세理勢, 리, 세는 실질적으로 서로 상대를 해석해줄 수 있는 철학적 범주다. "천은 리일 따름이다. 리는 세에 순응할 따름이다."281 반대로 "필연의 세에 순응하는 것이 리이며, 리가 스스로 그러한 것이 천이다."282 전체적으로 말하면 "천은 리이고, 명命은 리가 유행流行한 것이다."283 "천의 명은 리는 있으나 심心이 없는 것이다."284 세는 사회 역사의 곡절과 변화가 사람의 의지에 따라 바뀌는 것이 아님을 강조하는 데 중점이 있다. 천명이 리에 미치면 일종의 주재자이자 필연이며 혹은 끝내 실현해야 할 가치가 된다. 리세합일의 이론적 가치는 '대변大變'에 대한 순응과 '대상大常'에 대한 준수를 논설한 데 있다. 리와 명은 체인하기가 쉽지 않으나 세는 리를 내포하고 있거나 끝끝내 리를 실현한다. 그래서 왕부지는 천명과 리세에 대응하는 적극적인 태도를 취하라고 주장한다. 그는 "군주와 재상이 명을 만들 수 있다"는 당나라 때 이필李泌의 말을 숭상했다. "군주와 재상이 되어서는 하늘과 권력을 다투는데 옛것과 다르게 명을 기다리는 사람이라고 말한다. 오직 명을 만들 수 있는 사람이 된 후에 명을 기다릴 수 있고 명을 받을 수 있는 사람이 된 후에 명을 만들 수 있다. 이를 끝까지 유추하면 어찌 군주와 재상만이 그렇게 되는 것이리오!"285 그는 또 이렇게 말한다. "사람에겐 온 힘을 다하게 되는 성취 능력이 있다. 그래서 하늘이 죽인 것도 살리고, 하늘이 어리석게 만든 것도 현명하게 만들고, 하늘이 없앤 것도 있게 하고, 하늘이 난세로 만든 것도 치세로 만든다."286 "하늘을 도와 명을 만든다"는 이 명제는 진리의 빛줄기를 번쩍이고 있다. 하지만 천변만화에도 결국은 범위가 있다. 이른바 "『역』은 상常과 변變을 겸하고 예만이 곧고 불변한다."287

왕부지의 역사관과 정치관은 강렬한 진화적 색채와 변혁의 경향을 띠고 있다. 그러나 그 철학적 사변과 정치적 가치의 한계 때문에 왕부지의 역사관은 그의 다른 철학적 명제들과 마찬가지로 여전히 처음과 끝이 오묘하게 결합하는 이론적 사유의 동그라미를 노정시킨다. 철학 논리 구조에서 왕부지는 '리'의 주재성, '화和'의 보편성, '정靜'의 절대성, 양존음비陽尊陰卑를 근본적으로 부정하지 않는다. 이 때문에 그는 유가 통변通變의 사상을 극한까지 발전시키고 있지만 소위 변變은 그저 순환에 불과하다. 왕부지의 역사 순환론은 주로 두 가지로 표현된다. 하나는 세에 의해 결정되는 '1합1리—合—離' '1치1란—治—亂' '1성1쇠—盛—衰'의 순환이다. 이른바 "천하의 세는 순환하면 극에 이르고, 극에 이르면 되돌아간다."288 "천하의 세는 1리1합, 1치1란일 따름이다."289 또 하나는 리에 의해 결정되는 강상 성쇠의 순환이다. 왕부지는 이렇게 생각했다. "태호太昊 이전 중국인들은 매와 새가 모이듯 했으며 반드시 해가 비치고 달빛이 깃든 곳에 사는 것은 아니었다. 반드시 하나의 일방—方이 있었으니 당우 삼대의 중국이 그러했다."290 화하華夏가 문명 시대에 진입한 뒤 "중국 문화는 밝아졌다 사라졌다 했다. 다른 날은 문화가 없다고 멸시를 하다가"291 마지막엔 "다시 태호 이전으로 되돌아가 금수만도 못하다고 무시당했다."292 인류의 역사는 화하에서 드러나듯 야만에서 문명으로, 문명에서 야만으로 가는 대순환일 뿐만 아니라 세계의 범위 내에서 "여기가 혼돈이면 저기는 문명"293인 것이다. 이런 사상은 주희의 강상 대윤회론과 방법은 다르나 효과는 매한가지다.

리세합일과 예유정상론은 왕부지의 사관과 정론이 모순 상태를 드러내게 만든다. 한편으로 역사의 진보를 칭송하면서 공자의 출현으로 도술이 밝아졌으며 한당에 이르러 문물이 창성하게 되었다고 하다가 다른 한편으로 이렇게 말하기도 한다. "삼대 이래 정통은 갈수록 혼란하고 세상은 갈수록 하강하고 도는 갈수록 미약해지고 도적이 군주를 증오하고 이적이 화하를 어지럽혔는데 조금도 이상할 것 없이 이를 편안히 여기며 오늘날까지 이어지고 있다."294 한편으로 관변, 통변을 말하고 시대에 순응하고 세에 기인하고 사람에 응하라고 큰소리를 치면서 다른 한편으로

"변화가 만 가지라도 상常은 하나도 바뀌지 않는다"295고 규정하기도 한다. "변화는 상 즉 불변 중에 있다"고 하며 이른바 "성인은 변을 되돌려 상을 다한다. 상이 확립되면 변은 그 범위를 벗어나지 않는다"296고 한다. 이러한 역사관과 상변관常變觀의 귀결은 "변해도 상을 잃지 않은 연후에 대상大常이 곧다"297고 할 수밖에 없다. 왕부지는 이렇게 보았다. "그래서 성인은 상에서 변을 다스리고 변에서 상을 찾는다. 모두 때와 더불어 실천함으로써 우환에 대처한다. 그 작용은 예만 한 것이 없다."298 이른바 '대상'은 곧 천리이거나 예禮다. 이는 봉건 종법 제도가 관념적으로 승화한 것이다.

왕부지의 리세상성, 예유정상의 역사관은 이론적으로 유학의 변역變易 사상을 극치까지 발휘한 것이다. 하지만 끝내는 유학 고유의 틀을 벗어날 수 없었다. 이는 한편으로 왕부지의 정치론으로 하여금 진취성과 민활성을 갖도록 하고 특정 교조를 고집하지 않도록 만들었지만 다른 한편으로 그의 정치 변혁 사상을 여전히 선통의 경권經權, 손익, 혁명론의 범위 내에 국한되도록 결정지어버리기도 했다. 왕부지는 말한다. "공자께서는 '은나라는 하나라의 예에 기인했으므로 그 손익을 알 수가 있다'고 말했다. 기인했다 함은 인의가 쌓이고, 중화가 간직되고, 인륜 도덕이 순서를 따랐음이다."299 그는 사실을 열거하며 역대 인륜 도덕과 제도 관련 대폭의 손익에 대해 증명했을 뿐만 아니라 "손익에 혐의를 둘 수 없다" "손익의 기준이 맞다" "현자로 하여금 나아가게 하고 불초자가 따르게 함으로써 잘못을 방지하고 금수를 구별하여 중화中和의 극을 세우고 만민에게 베풀라"300고 주장하기도 한다. 하지만 한 가지 원칙은 영원히 고치지 말고 따라야 하는데 바로 『오경』의 정밀한 의미를 얻는 것이다'. 이 원칙을 위배하는 개혁과 손익은 "사람이면서도 금수에 빠지는 짓이다"301라고 질타한다.

03

리욕합일과
이적夷狄, 소인, 서민 금수론

명청 교체기엔 심성에 대해 공리공담을 일삼고 욕구를 틀어막고 없애야 한다고 주장하는 리학의 '이리살인以理殺人'의 폐단을 비판하고 리理와 욕欲의 변별을 새롭게 조정하고 수정하며 경세, 일의 성과, 실천 행위를 중시하는 사조가 광범하게 영향을 끼쳤다. 왕부지의 리욕합일理欲合—론은 그 대표적 주장 가운데 하나다.

왕부지는 본성은 비슷하나 습관 때문에 멀어지고 "천명을 성性이라 일컫는다"는 선대 유학의 사상을 계승하고 기화론氣化論을 철학적 기초로 삼고 주희의 리욕동체理欲同體, 동행이성同行異性[302]이라는 명제와 육구연, 왕양명의 도심道心과 인심人心이 합일한다는 명제를 발전시키는 데 역점을 두었다. 그리고 '성명일수性命日受' '리욕합일' 등 일군의 조합 명제를 제기했으며 유가의 인성론과 리욕, 공리公利, 의리義理의 변별론을 발전시켰다.

왕부지는 '기화일신氣化日新' 즉 기는 날마다 새롭게 바뀐다는 관점에 인성론을 적용시키고 "명命은 날마다 받고 성性은 날마다 생긴다"[303]는 성명일수의 명제를 제기했다. 그는 송대 리학 사상가들이 성을 천지지성과 기질지성으로 나누는 데 반대했다. 천지를 성을 가지고 말할 수 없다고 생각한 것이다. "사람과 사물이 없는 곳이면 명이 없는데 하물며 성이 있겠는가!"[304] "'천명을 성이라 일컫는다'는 말 또한 사람과 사물 위에서 적용할 수 있다"[305]는 것이다. 성은 전적으로 사람을 두고 하는 말이라는 주장은 리학이 선학禪學의 영향을 받아 만물에 모두 성이 있다는 병폐를 해소해버렸다. 왕부지는 기氣와 질質과 리理가 확연히 셋으로 나뉠 수 없다고 주장한다. "리는 기 가운데서 행해지며 기와 함께 조절을 주재하는 것이다. 그래서 질이 있어 기를 담고 기가 있어 리를 담는다."[306] "이 기질 가운데의 성은 여전히 하나의 본연의 성이다."[307] 만약 인성을 둘로 나눈다면 "사람에게 악이 있음"은 기로부터 품부받은 것으로 귀결되어 인성은 "한번 받으면 형태가 완성되어 바뀔 수 없게 될 것이다".[308] 그렇다면 "완성하는 것'은 도가 완성하는 것이고 선善이 완성하는 것이라는 시종일관된 『역』의 말씀은 조화롭게 어울릴 수 없는 것"[309]이 된다. 왕부지가 보기에 성과 명은 "처음 생기면서 명으로 기울어질" 뿐만 아니라 "날마다 성과 명을 받는" 존재이기도 하다. 전자가 없으면 "인, 의, 예, 지는 뿌리가 없으며" 후자가 없으면 "해가 가면서 성 또한 날로 잊히게 된다".[310] 그래서 성과 명은 "막 생기면서 받는 것이니 하루에 생기면서 하루에 그것을 받는다".[311] 이 관점은 왕부지가 처음 만들어낸 것으로 "그 주장은 선대 유학과 합치하지 않는 듯하다".[312] 이 인성론의 이론적 가치는 첫째, "태생부터 근본적 명이 있다"는 등의 '술수나 작은 도' 및 숙명론을 반박했으며, 둘째, "오직 명은 끝남이 없으며 고정불변한 것도 아니므로 성은 여러 차례 옮겨 바뀐다"[313]는 것을 증명했다는 데 있다. 성은 "한번 받으면 형태가 완성되어 손익을 받지 않는 것"이 아니라 "미완성을 완성하게 할 수 있고 이미 완성된 것을 개혁할 수도 있다".[314] 이렇게 하여 바로 사람들이 반드시 도덕이성을 부단히 유지하고 확충해서 "반드시 정확하게 선을 선택하고 반드시 견고하게 중용을 지키는"[315] 이론적 근거를 찾아낸 것이다.

왕부지는 리와 욕의 관계에 대해 새로운 분석을 해냈다. 그는 "성이 곧 리이며 이는 곧 기질의 리다"[316]라고 말한다. 성이 태어나면서부터 생긴 리이기 때문에 사람의 형체와 함께 존재한다. 그래서 리와 욕은 동체이며 "사사로운 욕 가운데 천리가 깃들어 있고"[317] "사람의 정情과 천리는 합일한다."[318] 그는 다음 몇 가지 차원에서 이 명제에 대해 이론적으로 논증했다. 첫째, "리와 욕 모두 자연이다."[319] 기가 천지를 완성하고 나무에 뿌리와 줄기가 있고 사람에게 부모 자식이 있듯이 "옳음이 있으므로 그름이 있고 욕이 있으니 리가 있는 것이다."[320] 리와 욕은 태어나면서부터 갖고 있으므로 모두 생生의 리에 속하는데 이것이 바로 성性이다. 둘째, 일정한 범위 안에서 리, 성, 욕은 같은 값이다. 도덕이성과 감관욕망은 모두 인류의 생존에 필수적이다. "그래서 인, 의, 예, 지의 리는 하우下愚도 완전히 없앨 수 없으며 소리, 색, 냄새, 맛에 대한 욕구는 상지上智라도 그만둘 수 없다. 모두 성이라 부를 수 있다."[321] "소리, 색, 냄새, 맛이 도에 따르는 것이면 인, 의, 예, 지와 서로 어긋나는 것이 아니다. 양자가 합하여 서로 몸을 만든다."[322] "음식 남녀 모두가 성이고 리는 모두 그 가운데서 행해지는"[323] 것이므로 일정한 규범에 부합하는 욕은 천리와 인성에 필연적인 것이고 소리, 색, 냄새, 맛 가운데 '만물의 공욕公欲'에 속하는 것이면 "곧 만물의 공리公理가 된다."[324] "따라서 재화를 좋아하고 색을 좋아하는 것이 불선이 될 수는 없다."[325] 셋째, 인심과 도심 "이 둘은 서로 한집에 머물면서 교대로 작용을 발휘한다."[326] 천리는 왕왕 인욕을 빌려서 자신을 드러낸다. 예를 들어보자. "예는 순전히 천리의 예절 규범이지만 반드시 인욕에 깃들어서 드러난다."[327] "그래서 끝내 사람을 떠나 따로 하늘이 있는 것이 아니며 끝내 욕을 떠나 따로 리가 있는 것이 아니다."[328] "욕을 떠나서 별도로 리가 있다는 것은 오직 불교만이 그렇다. 만물의 법칙을 버리는 것은 사람의 대륜大倫을 버리는 것이다."[329] 넷째, 성인의 욕이 곧 리이고 공맹의 학은 욕에서 리를 본 것이다. 왕부지가 보기에 "성인은 욕이 있으며 그 욕이 곧 하늘의 리이다. 하늘이 욕이 없다는 그 리가 곧 사람의 욕이다. 학자들은 리도 있고 욕도 있다. 리가 다하면 사람의 욕에 합치하고 욕을 미루면 곧 하늘의 리에 합치하는"[330] 것이다. 천리는 지선至善의 본체이고 성인은 지선의 인격화이며 본체 가운데 인욕을 내포하고 있으며 성인은 '인욕의 대공'의 구현이자 모범이다. 결국 '만물의 공욕'이 바로 '만물의 공리'이고 "천리의 충만은 원래 인욕과 서로 대치하는 것이 아니다."[331] 공자와 맹자는 학문을 하고 정치를 논하는 과정에서 "언제든 인욕을 보이고 어디서든 천리를 드러내지"[332] 않을 때가 없었다. 왕부지는 천리와 인욕을 일정한 조건하에서 등호를 그었는데 이는 바로 천리와 인욕이 확연히 대립한다는 정주 일파의 존리멸욕存理滅欲관을 어느 정도 부정한 것이었다.

그러나 왕부지는 또한 주희의 리욕동체, 동행이정론을 발전시켜 모든 사람이 똑같은 '공욕公欲'과 한쪽에 이로운 '편욕偏欲'을 구분해야 한다고 주장하기도 했다. 이른바 '공욕'은 곧 사람마다 "각자 제 분수를 지키는 것"이다. 등급 명분과 예의 규범에 맞추어 각자 "리가 마땅히 얻어야 하는"[333] 몫을 얻는 것이다. 예나 리에 위배되는 일체의 욕은 모두 편욕에 속한다. "자기가 욕구하는 바만 추진하여 리에 합치하지 않으면 타인과 자신의 이해관계 때문에 서로를 용납하지 못할 것이다."[334] 왕부지의 리욕 구별은 이성의 빛이 번득이고 시대정신을 드러내고 있다. 하지만 전체적으로 리욕과 의리의 구별이라는 유학의 기본 틀을 벗어나지는 못했다. 예는 여전히 지고무상의, 절대로 저촉할 수 없는 최고의 가치였다.

왕부지는 여전히 예를 가치 척도로 삼아 리와 욕에 대해 분석했다. 그러나 그는 욕 가운데에 리에 합치하는 성분이 있으며 리는 욕에서 완전히 떨어져나갈 수 없다고 보았다. 즉 "천리와 인욕은 이정異情이면서도 또한 동행同行한다"335는 것이다. 사람의 몸에는 리와 욕이 병존하고 욕 가운데 일부분은 예의 윤리에 합치하기도 하므로 욕을 틀어막고 없애는 것은 논리적으로 통하지 않는다고 한다. "리는 성에서 생겨나고 욕은 형形으로 열린다. 어쩌다 욕이 다하고 리가 홀로 행해지기를 바라는 경우도 비슷하다. 그런데 천리와 인욕은 동행하고 이정한다. 이정이란 변화의 기미가 다름이고 동행이란 형색의 실질이 같음이다."336 그는 한편으로 "인욕이 완전히 깨끗하니 천리가 유행하고" "반드시 먼저 마음을 교화해 직접 무욕을 얻어야 한다"337는 논점을 긍정하면서도 다른 한편으로 "반드시 인욕이 완전히 깨끗해진 연후에야 천리가 자연히 유행할 것이다"338라는 견해를 비판했다. 그는 무턱대고 멸욕滅欲을 주장함은 통할 수 없을뿐더러 잘못하면 비리非理를 부를 수도 있다고 생각했다. "체體로 말하자면 천리가 가운데 충실해 있지 않은데 무엇을 위주로 하여 인욕이 발하는 것을 막는단 말인가? 용用으로 말하자면 천리가 행해지지 않는 곳에 인사를 계속하지 않을 수 없어서 한번 처리한다면 반드시 인욕으로 접근할 것인데 그러고도 인욕이 다 깨끗해지기를 바라는 것 또한 반드시 해결할 수 없는 방법이다."339 왕부지는 "분노가 폭발하지 않았으면 징벌을 가할 수 없고"340 "욕이 이미 넘치지 않았으면 틀어막을 수 없다"341고 날카롭게 지적한다. 무턱대고 "분노를 징벌하고" "욕구를 틀어막기"를 강조함은 사람의 "재능을 폐하여" 소나 말처럼 되라는 것이고, "성정을 없애서" 나무나 돌처럼 되라는 것이다. 이는 불교나 도교의 이단들의 논조이며 공맹의 정학을 그르친 것이다. "그 변화를 만난 연후에 징벌이나 틀어막는 일이 생겨난다. 아직 변하지 않았음에도 변할 것이라 억측하여 조기에 깎아내려 의외로 흐르는 것을 예방함은 자라 보고 놀란 가슴 솥뚜껑 보고 놀라는 것이며342 쇠북 소리가 무서워 수레 밑으로 기어들어가는 꼴이니 얼마나 어리석은가!"343

왕부지의 리욕 변별은 그의 사회정치사상의 중요한 이론 기초 가운데 하나다. 교화론에서 그는 이렇게 주장한다. "군자는 천리와 인정이란 측면에서 오직 공평하고 방정한 잣대 하나만을 내걸고 한 나라 전체를 모두 그에 따르게 한다."[344] 백성에게 "인욕을 없애라" "인욕을 등한시하라"고 쉴 새 없이 재잘거리기보다 차라리 일정한 범위 내에서 사람들의 욕망을 만족시키는 것이 낫다. "차례대로 나누어주고" "적합하게 안정시키는" 것이다. 이를테면 "자식에게 효도하라고 단속하기보다 자식들을 안정시키는 것이 낫고, 아우에게 우애하라고 단속하기보다 아우를 잘살게 하는 것이 낫고, 아내에게 순종하라고 단속하기보다 아내를 편안하게 해주는 것이 낫다. 혼백이 안정되어 신神이 성性에 순응하면 말하지 않더라도 말한 것처럼 된다."[345] 수양론에서 그는 '격물格物' '치지致知' 양자가 서로를 구제한다고 주장한다. 왕부지는 리에 대한 인식에서 정주의 '선지후행先知後行'론이 지와 행을 갈라놓고 행을 떠나 지를 추구하는 것으로 그 말류는 "마음을 없애고 사물과 설연하는" 것이며 육왕의 '지행합일'론은 "지로써 행을 삼는데" 실질적으로는 "행하지 않음으로 행하는" 것으로 그 말류는 "행을 닫아걸고 지로 돌아가는" 것이라고 생각했다. 왕부지는 『서경』의 지이행난知易行難론 즉 알기는 쉬우나 행동하기는 어렵다는 논의를 재차 천명하며 '지행병진知行並進'을 주장했다. 또 "행은 지를 겸할 수 있으나 지는 행을 겸할 수 없다"[346]고 하고 "지는 반드시 행을 통해 공을 이룬다"[347]고도 했다. 그는 성인 또한 "형이하의 것을 실천하지 형이상의 것을 실천하지 않으며"[348] 실천 행동 가운데서 윤리와 물리를 몸으로 인식한다고 보았다. 이렇게 하여 유학의 승화 과정에서 인성론과 지행론 가운데 불교와 도교의 영향을 비교적 깊이 받았던 성분을 없애버렸으며 송명 이래 "허공을 딛고 빈말하던" 폐단을 해소해버렸다. 정치론에서 왕부지는 실제를 대면하고 공리를 중시하라고 주장한다. 그는 "왕도는 인정人情에 근본이 있으며" "맹자가 말한 왕정은 천리이고 인정이 아닌 것이 없다"[349]고 말한다. 또한 이런 말도 했다. "무릇 소리, 색, 냄새, 맛 모두 리가 드러난 것이다. (…) 만약 반드시 인욕을 모두 깨끗이 한 뒤 천리가 유행하는 것이라면 단지 병, 농, 예, 악의 공리에 관한 모든 일이 천리에 방해되는 것이라고 여기면서 실제를 얻고자 함은 어찌 '모든 것이 텅 빈' 사설邪說이 아니겠는가?"[350] 바로 이와 같은 관점에 기초해서 왕부지는 정론과 사론에서 구체적인 방략, 제도, 정책에 대한 분석, 품평, 채택 등을 비교적 중시하고 한당 성세 및 진 이래 정치 체제의 합리적 성분을 충분히 긍정한다.

그렇지만 예와 리, 즉 이른바 천리와 인심이 여전히 왕부지 정치론의 근본이다. 왕부지는 "삼강오상이 예의 본원"[351]이라고 보았다. 윤리 도덕이 바로 '중中'이며 "중을 말하는 것은 모두 본체이지 작용이 아니"[352]라고 한다. "천하의 리는 중에 통합되는데 인의예지를 합하여 하나의 중이 되고 인의예지를 나누어서 하나의 중이 된다." 인의예지는 "합해도 잡박하지 않고" "떨어져도 고독하지 않다"[353] 이른바 중용이란 중을 본체로 용庸을 작용으로 삼는다. "천지의 지극히 참된 도"에 완전히 부합하고 "인륜의 극치에 이를 때까지 줄곧 이어간다. 요임금처럼 백성을 다스리고 순임금처럼 군주를 섬긴다. 방금 중을 얻으면 어찌 잘못을 저지를 수 있겠는가?"[354] 강상은 바로 예다. 예는 강상이 드러난 것이다. "천도, 인성, 중화, 화육化育의 덕이 모두 예에 드러나 있다."[355] 따라서 "예는 군주의 칼자루다". "군주가 그것으로 스스로 바르게 되고 다른 사람을 바르게 할 수 있는 것은 오직 예뿐이다. 예로써 정政을 다스려 예가 있는 정치를 할 때의 정은 곧 예다. 그래서 혹은 정을 말하고 혹은 예를 말하는데 그 실질은 하나다."[356] 왕부지는 '잡패의 술'로 나라를 다스리는 데 반대한다. 그는 '예가 있는 정치'는 "정政이 다스려지고 군주가 안정되며 형벌을 쓰지 않아도 저절로 복종할"[357] 뿐만 아니라 "대대적으로 순응하는 대동"[358]이

되어 인류는 이상 속의 대동사회에 진입할 수 있다고 한다.

왕부지는 정치적인 인위의 조절과 도덕률의 절제를 강조한다. "의식이 풍족한 뒤 염치가 일어나고 재물이 많아진 뒤 예악이 만들어진다 함은 말절을 붙들고 근본을 구하는 것이다."[359] 그는 "인仁이 이르지 않고 의義가 서지 않고 화和가 퍼지지 않고 도가 갖춰지지 않아 풍족한 데 마음을 쓰면 부족해지고 부족한 데 마음을 쓰면 더욱 부족해진다"[360]고 보았다. 이적, 소인, 속류들이 바로 무도하고 불의한 금수들이다.

왕부지는 사람과 금수를 구별하는 유가를 계승했으며 그것을 정치론의 주요 근거로 삼기도 했다. "존경할 만한 사람은 의가 모인 사람이고 사랑할 만한 사람은 인이 쌓인 사람이다. 이는 선악의 중추이고 생사의 기틀이고 치란의 담당이며 군자와 야인을 구별하는 일이다. 특히 사람과 금수를 구별하는 것보다 큰일은 없다."[361] 사람과 금수의 근본적인 차이는 도덕 속성 및 그에 상응하는 사회 규범을 갖추고 있느냐의 여부에 달려 있다. 이른바 "천도는 금수에게는 전해지지 않으며 인도는 사람에게만 있는 것이다."[362] '인극人極' '인기人紀' '인유人維' '인도人道' 내지 '천리天理' '인심人心' '예禮'는 동일한 차원의 범주에 속한다. 왕부지는 이렇게 생각했다. "명륜明倫, 즉 윤리를 밝히고 찰물察物, 즉 사물을 관찰하고, 거인居仁, 즉 인에 입각하고 유의由義, 즉 의로 말미암는 것 네 가지는 금수가 얻어 가질 수 없는 것이다. 만길 절벽에 우뚝 서서 일거에 분쟁을 종식시키니 두려워하지 않을 수 있겠는가!"[363] '인극'의 의의는 "스스로 동류를 경계 짓는" 데 있다. 그는 『황서黃書』「원극原極」 편에서 이렇게 말한다. "사람이 스스로 경계를 짓고 동물과 절연하지 않으면 천유天維 즉 하늘의 강상이 끊어질 것이다. 화하華夏가 스스로 경계를 짓고 이적과 절연하지 않으면 지유地維, 즉 땅의 강상이 끊어질 것이다. 천지가 사람에게 경계를 짓도록 했는데 사람들이 스스로 경계를 지어 당파와 절연하지 못한다면 인유人維, 즉 사

람의 강상이 끊어질 것이다."³⁶⁴ 왕부지는 사론과 정론에서 "삼대 이하로
는 태평성대의 정치가 없었으며" 국가는 혼란하고 천하는 망했으며 세상
의 도는 쇠약해졌는데 모두 인극이 제대로 서지 못한 데서 기인한다고 생
각했다. 구체적으로는 이적이 화하를 혼란에 빠뜨리고 소인이 윗자리를
차지하고 도적이 군주를 배반했다고 말한다. 송명 이래에 특히 심했다고
한다. 이 때문에 왕부지는 이렇게 말한다. "천하에 크게 막아야 할 것이
둘 있다. 중국에게는 이적이고 군자에게는 소인이다. (…) 그건 하나로 귀
결한다. 하나가 무엇이냐? 의義와 이利의 구분이다."³⁶⁵ 이적과 소인은 이욕
利欲이 마음에 가득하여 "인도는 거의 영원히 사라지고 없다". "그래서 모
두 사람이지만 이적과 화하를 강토로 나누고 군자와 소인을 부류로 나누
어 엄격하게 막지 않을 수 없다"³⁶⁶고 한다.

　왕부지의 이적 금수론의 주지는 세 가지다. 첫째, 금수로부터 사람에
이르고 이적으로부터 화하에 이르는 것이 역사 발전의 서열이다. 화하족
자체는 "태호太昊 이전에는 금수와 같았다!"³⁶⁷ "헌원軒轅 이전에는 이적과
같았다!"³⁶⁸ "문화가 갖춰지지 않았기" 때문에 이전의 중국인들은 "직립
하는 금수일 뿐이었다."³⁶⁹ 둘째, "문명과 야만은 변할 수 있고" 화이華夷는
"피차간 서로 바뀌기도 한다". 이를테면 "오吳, 초楚, 민閩, 월越은 한나라 이
전엔 이적이었으나 오늘날은 문명 교화가 무성하게 되었다."³⁷⁰ 또한 "제齊,
진晉, 연燕, 조趙는 당나라와 수나라 이전에는 중하中夏였으나 오늘날은 어
리석게 뒷걸음쳐서 열 가운데 아홉은 금수의 마음을 품고 산다."³⁷¹ 셋째,
화하와 이적은 일정한 지역적 경계를 이루고 산다. "천기가 달라 태어난
바탕이 다르고 지기가 달라 습속이 다르기"³⁷² 때문에 이적 사람들은 금
수와 가까이 사는 '다른 부류'로 정해졌다. 그래서 중화로 들어와 주인이
되는 것은 "자신의 땅이 아닌 곳에 난입한 것이니" 화하족은 그들을 "속
여도 불신이라고 하지 않으며 죽여도 불인이라고 하지 않으며 빼앗아도

불의라고 하지 않는다."373 결국 화이 구별의 근본은 예의에 있고 이적은 금수라는 것이다.

이른바 소인은 화하족 내 의를 버리고 이익을 탐하거나 사욕이 마음에 가득한 사람을 포함한다. 주로 사대부 중 타락한 사람과 서민을 가리킨다. 서민은 "부지런히 이익을 챙기고" 종일 "음식을 구하고, 배필을 구하고, 편히 살 곳을 구하느라"374 바쁘며 예의를 모른다. 그래서 "서민은 세속적이다. 세속적인 사람은 금수다."375 왕부지는 서민이면서 '도적'이 되면 그 재앙이 특히 심하다고 보았다. "소인은 금수이니 사람들이 그를 죽이려 든다. 서민은 금수인데 죽일 수 없을 뿐만 아니라 그가 나쁜 짓을 해도 알 수가 없다."376 그는 심지어 이렇게 생각했다. "단지 열 가지 성씨와 백 개 집안의 언행만 조사해봐도 금수와 다른 사람은 백 가운데 하나도 안 된다."377 왕부지는 농민 봉기를 혹독하게 진압해도 인仁의 가치를 다치게 하는 것이 아니라고 생각했다.

금수라는 말은 강상을 위배한 사람을 질타할 때 쓰는 유가의 상용구다. 왕부지는 유학의 일대 종사로서 종주국이 멸망한 데 격분하고 이민족이 중원에 들어와 주인이 되고 가짜 학문이 해독을 끼치고 강상이 무너진 데 대하여 걸핏하면 '금수'라고 질타했다. 그의 저술에는 도처에 '금수'라는 두 글자가 등장한다. 이적, 소인, 서민, 속류俗流, 상인, 이단이학異端異學, 여자 모두가 금수다. 삼강오륜을 무너뜨리고 음으로 양을 침범하는 모든 것은 금수의 행위다. "그래서 음양과 동정動靜의 리는 위대한 것이고 그 변화는 빈번하며 그 변별은 엄격하다. 사람을 세우는 도로써 세상을 구하는 가르침으로 삼으니 어느 것 하나도 구차할 수가 없다."378 금수가 된다는 논변의 주지는 예교禮敎 중심론의 긍정이다. "예를 가르침으로 삼는 것은 지극하고 위대하다. 천지가 스스로 자리를 잡는 것이고 귀신이 저절로 안심하게 되는 일이다. 인의를 본체로 삼고 효제를 작용으로 삼는 것이다. 오륜을 날줄과 씨줄로 삼고 사람과 금수를 변별하고 치와 난을 관리하는 것은 현명한 자와 불초한 자를 가르는 일이다. 이를 버리고 도는 아름다워질 수 없다. 그래서 이적이 업신여기고 도적이 싫어하며 불교와 도교가 버린다. 이것이 끊어짐은 진실로 두려운 일이다."[379] 종법과 예법 제도를 수호하는 것이야말로 왕부지의 전체 정치론의 기본이자 핵심이다.

리욕理欲과 의리義利에 관한 변론 역시 왕부지의 전체 정치론의 기초다. 왕부지는 "사邪와 정正의 구분은 공사公私로 인해 나뉘고 공과 사의 구별은 의리義利로 인해 구별된다"[380]고 말한다. "공리公理는 있으나 공욕公欲은 없다. 사욕이 깨끗이 없어지고 천리가 유행하면 공이다."[381] 이 때문에 그는 "반드시 먼저 교화의 마음이 있고 곧장 무욕으로 나아간다"는 주희의 주장을 숭상하면서 이렇게 말한다. "이 문구는 정말 정밀하고 엄격하게 고찰한 것으로 다른 부분보다 세밀하다."[382] 일정한 범위 내에서 인욕의 합리성과 공리적 가치를 긍정한 것이며 송명 리학의 폐단을 조정하고 규정한 것이다. 다만 여전히 리와 욕, 공과 사, 의와 리를 대립시키면서 리, 예, 중, 공, 의를 최고의 가치로 받들고 있는데 이는 명청 교체기 사대부들의 자아비판 사조의 공통적인 주장이다. 리욕과 의리의 합일 문제에 있어서 왕부지는 그의 앞뒤 수십 명의 저명한 학자의 견해와 대체로 일치한다. 이 기본적인 정치 가치 문제에 있어서 송명 정치를 비판하고 송명 리학을 반추한 사람들의 한계를 드러낸 것이다.

04

도기 통일론과
임법임인任法任人의 병행

당송 이래 도기道器론은 줄곧 유가 정치론의 이론 기초 가운데 하나였다. 형이상의 도와 형이하의 기에 대한 철학적 사변은 규율과 사물, 본질과 현상, 본체와 작용, 추상과 구체, 일반과 개별 등 일군의 철학적 문제를 내포하고 있으며 정치론에 있어서 정치 원칙, 윤리 도덕규범과 사회 제도, 정치 관계 간의 관계 문제 등을 집중적으로 다루고 있다.

당, 송, 원, 명의 유생들은 도기 관계를 자신의 철학 논리 구조 가운데로 끌어들였다. 유학자들의 도기론은 천차만별이지만 도와 기가 상호 의존적이며 도와 기는 통일성을 갖고 있다는 것이 유학의 일반적 결론이다. 유학이 불교와 도교를 따라 도론을 승화시키는 과정에서 도의 주도성을 강조하고 또 과대화하는 관점이 주류 지위를 차지했다. 이를테면 공영달의 선도후기先道後器론, 왕안석의 도산위기道散爲器론, 주희의 도본기용道本器用론이 그렇다. 그런데 송대 리학 사상가들은 물질인 기의 작용을 완전히 부인하거나 경시하지 않았다. 이를테면 이정에겐 "도가 또한 기이며 기가 또한 도이다"는 주장이 있고, 장식張栻은 도기의 동체설을 주장했으며, 육구연은 도기가 일체라고 생각했다. 주희 또한 도는 기를 떠나지 않음, 기는 도를 떠나지 않음, 도는 기 가운데에 있음, 도가 본체이고 기가 작용임 등의 조합 명제를 통해 도와 기의 관계를 논의했다. 그러나 정주는 정신적 도의 주재자로서의 작용을 과장했고 그 도기론은 도와 기는 서로 나뉘고, 도가 형기形器를 낳고, 도가 기에 앞선다는 경향을 띠게 되었다. 그 폐해는 정치적으로 도리에 대해 빈말을 하는 것으로 나타났다. 송명 이래 유학 내부에서 철학적인 기화론氣化論파와 정치적인 사공事功파가 정주의 기화론을 부단히 비판하고 도기가 둘이 아님을 역설했다. 명청 교체기 도기통일론으로 정주의 학설을 조정하고 수정하는 주장들이 모여 일련의 사조를 형성했다. 왕부지는 그 가운데 뛰어난 대표자다.

왕부지는 유가의 도기론을 집대성했다. 그는 편면적으로 도와 기의 작용을 과장하는 데 반대했다. "기를 다하여 도를 밝히는 일"과 "도를 다하여 기를 환히 아는 일"을 결합시킴으로써 도기통일론이 유학의 주류를, 성명性命에 대해 고담준론하고 도리에 대해 공리공담하는 송명 리학으로부터 무실역행하고 경세치용하는 방향으로 나아가야 한다고 강조했다.

왕부지는 도와 기를 갈라놓고 간단히 체용, 본말, 선후, 주차主次를 나누는 선유들의 방법을 극복하고 더 나아가 리기, 도기, 지행을 한데 통일시키고 호체호용互體互用과 "체로써 용에 이르고 용으로써 체를 준비한다"는 철학적 논리 구조를 만들어냈다. 그는 한편으로 "도가 기의 근본이고 기가 도의 말절"383임을 긍정하면서 다른 한편으로 '무형무상無形無上'과 "도는 기의 도다"라는 주장을 제기했다. 그는 "도가 없으면 기가 없다고 사람이면 누구나 말할 수 있으나"384 "기가 없으면 도가 없음은 아주 드물게 말할 수 있다"385는 상황에 직면하여 기의 보편성과 도기의 상호 필요성을 집중적으로 토론했다. 왕부지는 "천하는 오직 기器일 따름"386이라고 생각했다. 이 때문에 "도와 기는 서로를 필요로 하고" "도는 기에 붙어서 빛나며"387 "기에 의거하여 도가 존재하고 기를 떠나면 도는 사라진다"[388]고 한다. 왕부지는 비록 "도가 근본이고 기는 말절이며" "도는 기를 떠나지 않으며" "도와 기는 서로 의존하며" "도는 기 가운데 존재한다" 등의 명제를 원용했지만 그는 도와 기의 범주는 상대적이라고 생각했다. 피차 절대적 한계나 크게 동떨어진 차이는 없다는 것이다. 하늘과 사람을 예로 들면 "하늘이 도이고 사람이 기임은 사람이면 다 알지만 하늘이 기이고 사람이 기임은 덕을 아는 사람이 아니고서는 누가 그것을 알 수 있겠는가!"[389] 하늘이 일반성, 공통성, 규율성을 나타낼 경우 도이지만 대상을 주체적으로 인식하는 객체일 경우는 기다. 송명 리학의 폐단에 직면하여 왕부지는 도를 체득하기는 쉬우나 기를 알기는 어렵다고 생각했다. "성인이 할 수 없음을 알지 못하는 것이 기(器)다. 필부필부도 더불어 할 수 있음을 함께 아는 것이 도다. 그래서 기를 다함은 어려우며 기를 다하면 도가 관통하지 못하는 곳이 없다. 도를 다함으로써 기를 훤히 알 수 있고 기를 다하는 데 이르렀음을 알게 된다. 능히 실천에 이를 수 있으니 덕이 왕성하도다!"[390] 인식론적으로 기를 다해 도를 밝히고, 도를 다해 기불을 훤히 아는 것은 상호 보완관계다. 왕부지의 도기론은 전통적 변증법 사상을 새로운 높이로 발전시켰다.

"예가 기로 인하여 도를 담아낼 때 그 작용이 최고에 다다른다."[391] 왕부지는 도와 기의 관계를 철학 영역으로부터 정치 영역으로 끌어감으로써 정치 원칙, 윤리규범과 사회 제도, 정치 설정과의 관계를 논의했다. 그는 예악의 도가 희생(牲), 술體, 옥(璧), 예물幣, 편종(鍾), 편경(磬), 관악기(管), 현악기(弦) 등을 통해 구현된다고 생각했다. 구체적인 군신, 부자 등 인간관계를 떠나서는 그에 상응하는 윤리 도덕규범이 존재하지 않는다고 생각했다. 동시에 사회정치 제도와 인간관계는 변화하며 도덕규범과 가치관도 변화하고 있다고 생각했다. "총명하게 하는 것은 눈과 귀이며, 예지가 있게 하는 것은 심사이며, 어질게 만드는 것은 사람이며, 의롭게 실천하는 것은 일이며, 중화中和에 이르는 것은 예악이며, 크게 공정해야 할 것은 형상刑賞이며, 이용하게 되는 것은 물, 불, 쇠, 나무이며, 생활을 도탑게 해주는 것은 곡식, 열매, 실, 삼이며, 덕을 바르게 하는 것은 군신 관계와 부자 관계다. 만약 이것을 버리고 아직 기가 있기 전으로부터 고금에 영원하고 천변만화에 통하고 하늘과 땅을 다하고 사람과 사물을 모두 다하는 무엇을 구해서는 그 이름도 지을 수 없을 텐데 어떻게 그 실질을 얻을 수 있겠는가?"392 왕부지는 이렇게 보았다. "그래서 옛 성인은 기를 다스릴 수 있지 도를 다스릴 수는 없었다. 기를 다스리는 것을 도라고 일컫고 도가 얻어지는 것을 덕이라 일컫는다. 기가 이루어지는 것을 행行이라 일컫고 기가 넓게 작용하는 것을 변통變通이라 일컫고 기가 뚜렷하게 본받는 것을 사업事業이라고 일컫는다."393 기器를 다스리고, 기를 다하고, 기를 훤히 아는 것은 도를 알고, 도를 얻고, 도를 행해서 위대한 공을 세우는 관건이다.

도와 기는 하나로 합하고 도는 기에서 빛난다는 철학적 사변은 왕부지로 하여금 정치에서 '법'과 '변법'의 작용을 중시하게 했다. 그는 중앙 집권 정치 체제의 이해득실을 따져보고 정치 체제를 조정하고 개혁하려는 구상을 피력했다. 관료 제도를 건전하게 만들고 재상권을 강화하며 등급을 나누어 통치할 것을 주장했다.

왕부지는 역대 재상들이 권한을 잃고 있었다는 사실에 대하여 이렇게 지적한다. "재상이 권한이 없으면 천하에 기강이 없다. 천하에 기강이 없는데 혼란이 발생하지 않는 경우는 아직 없었다."394 정무를 보좌하는 대신에게 권한이 없으면 "조례를 받들고 조칙에 따라 그대로 행동하면서 그저 규정을 어기지 않을 만큼만"395 행동할 것이다. 각급 관료들이 충충이 이를 모방하면 반드시 "변방의 군대는 약해지고 조정의 정무는 해이해지고 간특함이 곁에서 생기고 백성은 들판에서 곤경을 당하는데 책임질 사람이 없고 재앙이 생기지 않는 곳이 없을 것이다."396 대신에게 권한이 없을 때의 또 하나의 후과는 "위에서 권력을 남용하면 아래에서 권력을 피하게 되어 권력이 밤도둑에게 돌아가게 된다"397는 것이다. 결국 "천하에 재상이 없어도 된다면 또한 군주가 없어도 된다는 것이다. 재상이 새털보다 가볍다면 군주도 태산보다 무거울 수 없다".398

왕부지는 소위 천하통일은 바로 등급을 나누어 다스리는 것이라고 생각했다. 그는 한편으로 "천하를 다스리는 것은 천자에게 통제되는 것"399임을 긍정하고 다른 한편으로 천자가 등급을 넘어서 권한을 행사하는 데 반대하면서 "상통上統, 즉 위에서 모든 것을 통제하면 난세이고 분통分統, 즉 나누어 통제하면 치세"400임을 강조했다. 그는 '일통'이 곧 '분통'이라고 보았다. "따라서 봉건의 천하는 국國으로 나누어 통제함이요, 군현의 천하는 각 주州로 나누어 통제함이다."401 주는 또 "군郡으로 나누어 통제하고" 군은 또 "현으로 나누어 통제함이다". "통統이란 어떤 단서를 가지고 서로 답습하여 관리하는 것을 말한다. 아주 여러 차례 늘려서 아득히 멀리 메달아놓은 것이 아니다."402 "그래서 천자의 명령이 군에서 행해지지 않고, 주목州牧과 자사의 명령이 현에서 행해지지 않고, 군수의 명령이 백성에게 행해지지 않는데 이것을 가리켜 일통이라 한다."403 "천자가 아래로 천하를 통제한다면 천하는 혼란에 빠질 것이다."404 만약 등급을 나누어 다스리는 원칙을 위배하고 천자가 등급을 넘어서 다스린다면 천하는 혼란에 빠지고, 주관州官이 등급을 넘어서 다스리면 한 주가 혼란에 빠지고, 군수가 등급을 넘어서 다스린다면 한 군이 혼란에 빠질 것이다. 결국 "위에서 침해하여 아래가 옮겨가는 것은 대란으로 가는 길이다".405 왕부지는 한편으로 당송 시대 군현에서 멋대로 살인을 못 하게 하고 멋대로 군대를 일으키지 못하게 하여 천하의 이익을 도모하고, 군현제가 국경을 지키는 큰 관리들이 사적으로 토지와 백성을 갖지 못하게 한 것은 역사의 진보라고 생각했다. 다른 한편으로 송 왕조가 지방 권력을 너무 심하게 삭탈한 것에 대해서 맹렬하게 규탄했다. "천하에 강한 것을 꺼리고 약한 것을 장려한다면 스스로 약해져서 천하를 잃게 되니 조씨 송나라가 그렇다."[406] 제왕이 권력을 과도하게 집중시킨 결과 스스로 멸망의 길에 들어섰다는 것이다.

왕부지는 정치 체제 개혁을 체계적으로 설계했다. 첫째는 중앙 기구 내부에 등급에 따른 책임제를 시행하는 것이다. 제왕은 독단에 맡기지 말고 주된 정력을 재상의 선택에 사용하고, 재상은 "독자적으로 제어하는 권한" 없이 사무는 백관이 나누어 맡으며, "관원이 상수는 정해두고 관련 기관에 소속시키고 법률 기강은 미리 세워두어"[407] 직관별로 각자의 책임을 다하게 한다. 천자는 무위無爲하여 다스리고 "육경의 수많은 집무의 가부에 대해서는 삼공이 참작하며, 삼공은 가부를 참작할 뿐 육경이 수많은 집무를 통해 자신의 뜻을 실천하는 것을 통제하지 않는다."[408] 이렇게 하면 제왕은 무위해도 안 되는 일이 없게 될 것이다. "전장典章을 지키면서 백공으로 하여금 각자 직무를 존중하게 하면 하는 일마다 하나같이 무위를 실천할 것이다. 진실로 무위하게 되면 천자가 있어도 없는 것 같고, 천자가 있어도 없는 것 같으면 천자가 없어도 있는 것과 같다."[409] 군주가 어리든 나이 들었든 현명하든 어리석든 조정은 언제나 인재로 가득 찰 것이며 모든 정치 활동은 정상적으로 운영될 것이다. "중앙과 외부가 스스로 모여서 협치協治할 것이다."[410] 둘째는 지방에 등급을 나누는 통치를 시행하는 것이다. 그는 "천하는 크고 전부田賦는 많고 인민은 많아서 일체를 아우르는 법만으로는 다스릴 수 없다"[411]고 생각했다. 정확한 방법은 "중앙과 변방, 산림소택의 기름짐과 메마름, 인민의 많고 적음, 풍속의 돈후함과 완고함 등을 참작하고 전통 습속의 편의에 따라 백성 스스로 진술하도록 하고 읍의 현명한 사대부가 그것을 참작하고 어진 관원이 그것을 재단하고 공경이 그것을 결정하고 천자가 그것을 제어하도록 하는"[412]

것이다. 그런 뒤 등급에 따라 책임을 지도록 하고 실행을 관철하면 이러한 '일통'은 믿을 수도 있고 효과도 있어 "수백 년을 시행해도 무너지지 않을 수 있다"[413]고 한다. 왕부지는 또 관제官制의 건전화, 세법의 개혁, 간의諫議 기제의 강화 등에 대해서도 구체적인 구상을 내놓았다. 그는 수당의 재상 제도, 회의會議 제도, 봉박封駁 제도 등 각종 구체적인 제도를 추앙하여 그것을 제도 조정의 본보기나 참고로 삼자고 주장한다. 왕부지의 정치 설계는 송명 제도에 대한 비판 내지 부정이었다.

왕부지의 철학적 논리 체계와 정치적 가치 체계에는 도가 여전히 가장 높은 범주이고 최고의 가치였다. 법은 필경 원칙으로서 도와 도를 넓히는 존재로 사람에게 종속된 것이었다. 왕부지는 어떠한 법도 치우친 폐단이 있다고 보았다. "관직 설치에 관한 법"을 예로 들어보자. "관직을 줄여서 백성을 편하게 하고자 하면 선비들 가운데 임용을 기다리는 사람은 진출이 적체될 것이고 사람들에게 선을 권장할 수 없을 것이다. 줄이지 않으면 일군의 선비들이 각자 자신의 재능을 시험하려고 할 텐데 노역이 많아져 백성이 힘들고 급여를 다 주기도 힘들며 의론도 분분하고 규정과 법도 번잡해지고 책임을 나누어도 권한이 일치하지 못해 일을 맡은 사람은 어려워하고 많은 일이 견제를 받아 가로막힐 것이다."[414] 관직을 줄이거나 줄이지 않거나 둘 다 선택하기 어려운 일이다. "그래서 일으키고 폐지하고 번잡하고 간결한 그 사이사이를 어떻게 할 것인지 참으로 말하기 어렵다."[415] 이에 근거해서 왕부지는 "천하엔 정해진 이치가 있으나 정해진 법은 없다"[416]고 생각했다. "정해진 법이 없다는 것은 한번 일으키고 폐지하고 번잡하고 간결한 그 사이사이에 시대가 개입되어 고집할 수가 없기 때문"[417]이라고 한다. 왕부지는 역대 제왕들이 법이 아닌 법으로 신민을 통제한 폐단에 대해 통감하고는 한편으로 법의 중요성을 강조하면서 제왕은 법으로 이치吏治를 정돈해야 한다고 주장하고 "치도의 균열은 법이 없는 데서 무너진다"[418]고 생각했다. 다른 한편으로는 이렇게 말한다. "통치의 폐단은 법에 맡기고 사람에게 맡기지 않는 것이라. 천자 한 사람이 법을 가지고 어떻게 모든 신하를 다 헤아린단 말인가?"[419] 이 때문에 왕부지는 임인任人과 임법任法, 즉 사람과 법을 두루 중시하되 임인이 임법보다 중요하다고 주장한다. "사람을 임용하는 것과 정책을 집행하는 것 둘 다 통치에 도움이 된다. 하나만 높이고 하나를 폐지하면 반드시 피해가 발생한다."[420] "임인과 임법 모두 통치에 대한 언급이다. 통치에 대해 언급하는 사람들은 임법이 임인만 못하다고 말한다."[421]

왕부지가 보기에 지고무상의 도, 도를 넓히는 존재로서 인人, 도를 드러내주는 법은 비록 서로를 필요로 하는 상보적 관계이지만 정치에서의 가치는 순차적으로 내려간다. 왕부지는 공자가 치도, 군심君心, 인애 등 "만세의 대경大經"을 말하면서도 삼대의 구체적인 제도를 말하지 않은 데 대해 추앙해 마지않았다. 그는 "도로써 천하를 다스리는 것이지 법으로 다스린다는 말은 들어보지 못했다"[422]고 한다. "선왕을 본받는 일은 도로써 하는 것이며 법을 본받는 것은 도를 떨어내는 일이다. 명분 즉 명名을 본받는 것은 법에 따르는 일이 아니다. 도는 하늘에 기인하고 법은 사람에 기인하며 명은 사물에 기인한다. 도는 마음에서 생겨나고 법은 일에서 생겨나며 명은 말에서 생겨난다."[423] 도를 넓히는 정책을 펴는 사람의 '마음'이 바로 정치에서 가장 중요한 요소다. 이러한 정치적 사유 방식의 일반적 결론은 이렇다. "법으로는 천하를 다스릴 수가 없으나 법이 없게 되면 백성은 살아갈 수가 없고 위에선 다스릴 백성이 없게 된다. 그래서 천하를 잘 다스리려면 먼저 법을 만드는 군주가 있어서 백성으로 하여금 위로 천자가 있고 아래로 관리들이 있음을 알게 하고 자기 또한 그것을 지킴으로써 삶을 도모할 수 있도록 해야 한다."[424] 정치적으로 도기통일론의 결론은 일체를 군주에게 통괄하게 하는 것이다. 군주는 도를 넓히는 사람인 동시에 법을 만드는 사람이기도 하다. "천자는 교화의 원천이다."[425] 군주야말로 정치의 근본이다.

05

도통, 치통과
존군尊君

왕부지 등 지식인들은 "찬 기운에 뜨거운 피로 천지를 씻어내려는" 뜻을 품고 사회를 바꾸고 정치를 정화시키고자 했다. 그들의 사상은 격렬하고 예민하며 깊이가 있어 사람들을 일깨워준다. 그러나 그들은 윤리로 천리를 논하고, 예교禮教로 공사를 논하고, 성인으로 도통을 논하고, 심술心術로 정치를 논하는 사람들이어서 정치적 희망을 반드시 어떤 특정 주체에게 기탁한다. 폭군과 폭정, 법이 아닌 법을 비판하는 귀결점은 언제나 '천리와 인심'에 합치하는 군주 제도를 건립하는 것이다. 왕부지의 도통道統과 치통治統 또한 전형적으로 이 방면을 대표한다.

송명 리학의 전승자로서 리(도), 기, 심은 왕부지의 철학 논리 구조에서 가장 중요한 범주였다. 삼자의 논리 관계에서 왕부지는 천고의 지혜를 모아 선배들을 크게 뛰어넘는 논증을 했지만 기본 틀은 전통을 넘어서지 못했다. 기, 천 등의 범주에서 여전히 신비적 요소와 윤리적 요소를 포함하고 있으며 선악, 등급, 존비, 강상을 내포하고 있다. "그 사람이 아니라면 도는 헛되이 행해지지 않는다."[426] 도, 리, 정政, 술術 모두 인심과 관련이 있다. 왕부지는 말한다. "사람에게 있으면 심이고 하늘에 있으면 리이다. 그래서 천지의 사이, 사해의 안, 고금의 아득함, 어두움과 밝음과 위아래, 다스림과 교화와 행정과 형벌, 답습과 혁신과 손익 모두 이 리가 드러나지 않는 경우가 없다."427 심은 하늘과 사람의 다리이고 리는 사람의 마음속에 깃들어 있으니 천리와 인심을 연결시키는 것이 바로 정치의 근본이다. 치국평천하를 하면서 유일하게 믿을 수 있는 효과적인 방법은 기강윤리를 움켜잡는 것이다. 예를 붙잡고, 기강에 합치시키고, 리에 따를 수 있는 존재는 이적, 소인, 속류, 서민, 여자 내지 일반적 관료 유학자가 아니라 성인과 제왕이다. 왕부지는 한 생각으로 나라를 일으키기도 하고 한 생각으로 나라를 망치기도 한다는 주장을 믿는 사람이었다. 그는 "다스리는 데 바탕으로 삼아야 할 것은 일심一心뿐이다. 심으로 정치를 제어하면 모든 정치는 백성에게 마땅하게 될 수 있다"428고 생각했다. 반면 "군주의 한 생각이 가혹하면 사해의 심이 와해된다"429고 한다. 군심이야말로 천하의 심을 유지하는 관건이다. 그는 제왕의 심술에 희망을 걸었다. 즉 황제에게 "천하의 군주가 되는 심"이 있어 "대공大公으로 시작하여 지정至正으로 끝나기를"430 바랐다. 바꾸어 말하면 도통과 군통君統의 합일이다.

왕부지는 말한다. "천하에 지극히 중요하면서도 도저히 탈취할 수 없는 것이 둘 있는데 치통이라 불리는 천자의 지위와 도통이라 불리는 성인의 가르침이 그것이다."431 이른바 도통은 예인禮仁 정치의 기본 원칙이다. 왕부지는 말한다. "수많은 왕이 바꾸지 않았으며 수많은 성인이 다 같이 근원으로 삼는 것 가운데 큰 강령은 인륜을 밝히고 사물을 관찰하는 것이요, 실제 정책으론 가르침을 펴고 인을 베푸는 것이요, 정밀한 뜻은 나를 공경하고 올려 받드는 것이며 조상의 음덕을 받아 싫증내지 않고 보존하는 것이다.432 이것이 성인의 도통으로 탈취할 수 없는 것이다."433 이른바 치통은 곧 군통이고 제통帝統이다. 군통 혹은 치통은 일종의 도통이 전이된 형식이다. "제왕이 일어나 치세를 이어가는 데 있어서 어찌하여 반드시 손으로 서로 주고받겠는가! 도로 서로 계승하는 것이다."434 도통과 군통은 구별이 된다. 도통은 천하를 다스리는 일반 원칙의 전승이며 그 전승자는 반드시 큰 자리에 있을 필요가 없다. 군통은 천하를 다스리는 일반 원칙의 시행과 운영이며 그 전승자는 반드시 천자라는 지위에 있어야 한다. 그래서 왕부지는 이를 '유자儒者의 통'과 '제왕의 통'으로 나누어 부르기도 한다.

도통과 군통은 분이합일分二合一, 즉 둘로 나뉘지만 하나로 합해지는 관계다. 그 분과 합은 치세와 난세를 결정한다. 왕부지는 말한다. "유자의 통과 제왕의 통은 천하에 병행하며 교대로 흥하고 쇠퇴한다. 합하면 천하는 도에 입각해 다스려지며 도를 갖춘 천자여서 현명하다. 쇠하면 제왕의 통이 끊어지고 유자들은 외로운 실천으로 도를 지키나 기대할 곳이 없다. 사람이 도를 보존하므로 도는 망하지 않는다."435 일부 왕조에선 "천하에 도가 없고" "천하에 군주가 없어" "위로 가르침이 없고 아래로 배움이 없으니 천하에 두 가지 통이 모두 끊기게 된다."436 다행히 "유자들이 통을 갖추고 있어서" "이 도가 천지간에 드리워지고 없어지지 않는다".437

왕부지가 도통과 치통의 분이합일론을 제기한 것은 "천하의 도를 버리고 한 성씨의 흥망만을 논하는"438 전통 사론과 정론을 부정하는 데 그 취지가 있다. 그는 각종 '정통론'을 비판하고 사설邪說이라고 배척한다. 왕부지는 "통이란 합하여 떨어지지 않고 연속되어 끊이지 않음을 일컫는 말"439이라고 한다. 수천 년 이래 일리일합—離—合하고 일치일란—治—亂한 역사 사실이 표명하듯 이른바 '정통'은 존재하지 않는다는 것이다. 왕부지는 '대공지정大公至正'을 준칙으로 삼아 중립론을 논박하고 역사론, 정치론, 군주론의 네 가지 원칙 즉 정正과 절竊, 합合과 이離, 치治와 난亂, 덕德과 공功을 제기했다. 이 네 가지 원칙에 의거해 왕부지는 역사상 대부분 왕조 및 대다수 제왕들을 비판, 규탄 내지 부정의 대상으로 열거한다.

왕부지의 도통과 치통론은 농후한 비판적 색채를 띠고 있다. 한편으로 도의 지고무상함과 영원함을 강조하고 다른 한편으로 '정통'을 부정한다. 즉 도의상 절대다수의 제왕을 제왕으로 인정하지 않으며 그들이 "계승한 바도 없고 정통이랄 것도 없다"고 생각했다. 왕부지는 "치통이 혼란에 빠져 소인이 그것을 훔치고 도적이 그것을 훔치고 이적이 그것을 훔쳤다"[440]고 말한다. 이렇게 나라를 수립하면 "천지는 청정함을 보존할 수 없고 인민은 수명을 보전할 수 없으며"[441] 군주도 "영원히 세대를 이어가며 제 몸을 보전할 수 없게 된다."[442] 이렇게 일체의 소수 민족 정권과 왕위를 찬탈한 군주를 치통 밖으로 배제시켰다. 합과 이의 구별은 전자의 경우 천하에 "공주共主가 있으나" 후자의 경우 천하에 "공통의 군주가 없다"는 것이다. 삼대 시기는 "만국에 각자 군주가 있으나" "왕이 의義를 통해 정명을 함으로써 합했으므로"[443] '합'의 범위에 들어간다. 이러한 표준에 따르면 춘추, 전국, 삼국, 남북조, 오대五代는 모두 이란離亂의 세상에 속하고 진秦, 진晉, 수隋는 '구합苟合' 즉 구차스러운 합 또는 '사합乍合', 즉 잠깐의 합에 속한다.[444] 이런 왕조는 각기 치적이 있다 하더라도 치통의 반열에 들 수는 없다. 왕부지는 치와 불치不治의 표준에 입각해 역대 왕조의 정치에 대해 매우 정밀한 품평을 했는데 대체로 삼대 이하로 한, 당, 송, 명만을 "합으로 다스려진" 나라라고 한다. "내가 알기로 삼대 이하로 진秦나라와 수나라는 난세였고 한나라와 당나라는 치세였다. 내가 알기로 육대六代와 오계五季는 이離였고 당과 송은 합合이었다."[445] 여기서 말하는 치는 이 왕조들의 전성시대를 가리키기도 한다. 이를테면 또 다른 장면에서 송나라는 '누송陋宋', 즉 누추한 송나라라 불리기도 한다. 도와 덕이야말로 최고의 가치다. 도와 덕의 척도하에서는 치통에 들어섰다던 한, 당의 제왕들도 격에 맞지 않는다. 왕부지는 당 태종, 당 현종, 당 헌종憲宗이 "스스로 능력으로 치세를 도모했다"는 차원에서 성취가 있다고 칭찬을 했지만 동시에 다음과 같이 지적하기도 했다. "당나라 정치에서 종극에 다다르지 못한 경우가 셋 있는데 정관貞觀, 개원開元, 원화元和가 그렇다."446 "당나라는 공적으로 나라를 세웠으나 도덕의 취지에서 보면 천자로부터 학사 대부에 이르기까지 말할 거리가 없다. 세 군주가 종극에 다다르지 못한 것은 이 때문이다!"447 '도덕 수양'이 "공적을 세우는 것"보다 높은데 이들 치세의 군주들은 덕이란 문제에 있어서 시작은 있었으나 끝이 없었다는 것이다. 이렇게 보면 요, 순, 우, 탕, 문, 무 외에 역사상 도덕적으로 완전히 격에 맞는 군주는 거의 찾아볼 수 없다. 전체적으로 한나라는 "삼대를 스승으로 삼을 수 없었고", 당나라는 "양한에도 미칠 수 없었고", 송나라는 "성당盛唐을 넘어설 수 없었다". 한, 당, 송, 명의 법은 여전히 '불선不善'448에 속한다. '불선'의 근원은 '사私' 한 글자에 있다. 왕부지는 말한다. "천하를 갖고 있으면서도 사재를 쌓게 되면 나라는 가난을 걱정하다 마침내 패망하게 된다. 마음을 닫고 자손까지 이어가며 아주 단단히 그것을 지켜내어 천지를 관리하고 만물을 담아내는 대용大用을 마치 자기와 친하지 않는 것처럼 하고 마음대로 채우거나 비운다."449 한, 당, 송, 명나라를 "개창했던 뛰어난 군주는 모두 습관처럼 굳어져서 자손에 전하는 유훈들이 그다지 좋지 못했다."450 결국 "충량을 해치고 제 몸에 재앙이 이르렀음에도 백성에게 끝없이 요구하며 자신의 사적인 것을 지키려 한다. 그렇게 망해가는데 이르러서도 도적질을 한다."451

왕부지의 정치사상은 도와 치를 합일시키고 있다. 그는 "천하의 군주가 되는 것은 도 때문이지 세 때문이 아니"452라고 생각했다. "덕이 선 연후에 도가 그에 따르고 도가 선 연후에 정政이 그에 따라야"453 비로소 제왕이 되었다고 말한다. 이러한 제왕은 도, 덕, 공功, 법을 한데 결합시킨다. "인의를 기리고 덕화德化를 중시하고 성명性命을 이끌고 천지의 순수함을 찾는다."454 동시에 "공력을 들여 단단히 하고 법을 두어 금지시킨다."455 이런 정치적 사유 방식은 왕부지 정치론으로 하여금 비판을 기점으로 삼고 긍정을 종점으로 삼도록 만들었다. 모든 희망을 "성인이 내려주신 유훈과 천자의 법 집행" 위에 두었다. "천하를 다스리는 것은 군주의 일심에 달려 있다. 심을 통해 도를 세운다."[456] 이것이 바로 왕부지 전체 정치론의 귀결점이다. 다른 유학자들과 비교할 때 왕부지가 '대공大公의 도'와 '제왕의 통'이 한 문제, 한 광무제, 당 태종, 당 현종, 송 태조, 송 인종, 명 태조 등 제왕의 몸에 존재한다고 긍정한 점은 대체로 합치한다. 그러나 어떻게 해야 도와 치의 영원한 합일을 보장하고 천하가 일리일합—離—合, 일치일란의 윤회를 피할 수 있을 것인가? 왕부지는 서민들의 정치 논의를 배제했다. 심지어 민귀군경民貴君輕 주장을 비판했다. 그는 그저 전통적인 조절 이론 속에서 빙빙 돌다가 끝내는 "힘써 다툴 수 있는 것이 아닌" 신비주의적인 천명으로 귀결될 수밖에 없었다.

"풍성한 풀밭에 떨어지는 꽃잎도 많고 무성한 수풀에 마른 가지도 많다."[457] 왕부지 정치론의 내용은 풍부하고 방법은 변증법석이며 사상은 심원했다. 하지만 그의 철학관, 역사관, 정치관은 비교적 복잡했고 그 가운데 뛰어난 정화도 많지만 조악한 것도 많다. 왕부지의 사상은 전체적 틀에서 전통의 울타리를 벗어날 수 없었으나 일부 명제는 후인들을 계발시키기에 충분했다. 그의 저술은 근 200년 가까이 순탄치 못한 가시밭길을 걷고 매몰된 후 엄연한 현학顯學이 되었다. 각양각색의 정치 성향을 지닌 사람들이 왕부지의 저술을 대량으로 판각하고 추앙했다. 근대에 증국번曾國藩, 증국전曾國荃, 곽숭도郭嵩燾 등 봉건 사대부들이 그를 리학의 정종으로 받들었으며 담사동, 량치차오, 장타이옌章太炎 등 유신 사상가들은 그를 사상의 선구자로 받들었다. 현대에 이르러 일부 마르크스주의 학자들은 그를 계몽사상가로 부르고 현대 신유가들은 그를 "몽매함을 계몽시키는 힘"이었다고 칭송한다. 이러한 평가가 온당한 것인지는 차치하고 적어도 한 가지 분명한 것이 있는데 왕부지가 원명 이래 가장 큰 성취를 이룬 위대한 사상가라는 점이다.

제4절

여유량의
'군주 천하일통'에 대한 규탄

여유량呂留良(1629~1683)은 이름이 광륜光輪이라고도 하며 자는 용회用晦이고 호가 만촌晩村이며 숭덕崇德(오늘날의 저장성 통상桐鄉) 사람이다. 조부가 회부淮府의 의빈儀賓[458]이어서 집안이 매우 넉넉했다. 그는 재능이 많고 호방했으며 8세에 문장을 지을 수 있었다. 12세에 학우들과 결사를 맺고 국세가 무너져가는 데 비분강개하며 경세에 뜻을 두었다. 명 왕조가 멸망하자 부모의 상을 당한 것처럼 극심하게 비통해했다. 가산을 풀어 호걸과 장사들을 모으고 산천을 왕래하면서 반청복명을 기획했다. 순치順治 10년(1653), 그는 과거에 응시하여 수재秀才의 공명을 이뤘지만 청나라와의 항거를 고집하는 장황언張煌言[459] 등과 줄곧 연락을 했다. 여유량은 황종희 등과 오랫동안 교유했으며 화이대방華夷大防, 즉 화이 간 큰 방비의 의미를 마음에 새기고 있었으므로 강희康熙 5년(1666)의 시험[460]을 피하고 응시하지 않았다. 강희 19년(1680), 산림에 은거한 사람들을 징집하려는 청나라 조정의 방침을 가흥嘉興 군수가 시행하려고 하자 머리를 깎고 승복을 입었다.

여유량은 정주학을 정종으로 받들었으며 『사서四書』를 제외하고 가르칠 만한 학문이 없다고 생각했다. 이하지방夷夏之防과 군신지의君臣之義가 여유량 정치론의 주지다. 그는 진한 이래 폭군과 폭정을 규탄하고 청 왕조의 제왕과 정치를 질타했는데 언사가 매우 거칠고 방자했다. 그의 사상은 제자들의 전수를 거쳐 후학 증정曾靜에게 이어졌는데 증정과 그의 문도들이 청나라 조정의 전복을 도모하다 발각된 후 청대의 대대적인 문자옥文字獄이 단행되었다. 여유량 및 그의 아들 여보중呂葆中은 부관참시되었고 여의중呂毅中은 즉결 참형을 당했으며 손자 무리는 영고탑寧古塔461에 유배되어 노예가 되었다. 그의 제자 엄홍달嚴鴻達과 재전 제자 심재관沈再寬 등은 부관참시를 당하거나 능지처참되었으니 9족을 멸하는 형벌을 당한 셈이다. 증정 등도 나중에 살해되었다. 여유량 등이 쓴 서적은 거의 모두 불태워졌다. 여유량은 천고의 대역죄인이 되어 부관참시되거나 멸족을 당했지만 그의 사상은 오히려 이로 인해 청사에 이름을 남기게 되었다.

여유량이 쓰고 평하고 기술한 책은 50여 종에 가까웠지만 대부분이 청대의 금서 목록에 들어갔으며 현존하는 것으로는 『여만촌문집呂晩村文集』『여만촌속집呂晩村續集』『사서강의四書講義』(『문인진총편門人陳鏹編』)가 있다. 『동화록東華錄』에 기재된 옹정雍正 황제의 유지와 증정의 공술서 및 『대의각미록大義覺迷錄』에도 그의 단편적인 말들이 존재한다.

여유량은 청 조정을 원수로 여겼다. "과감히 성조 인仁 황제에 대해 임의로 질타하고"462 "그릇된 책을 쓰고 반역의 주장을 세우고 마음이 병들고 미쳐서 아무 거리낌이 없었다."463 이러한 질책은 냉정함이 부족한 듯 보이지만 기본 인식 측면에선 오히려 황종희, 고염무, 왕부지 등과 거의 한입에서 나온 듯 일치한다. 이렇게 볼 때 당시 이와 유사한 질책들이 광범위한 집단 행위로 존재했음을 알 수 있다. 이러한 질책은 왕왕 청나라로부터 명나라로, 다시 전국 시대와 진, 한으로 올라가 봉건 전제주의 중앙 집권 정치 체제 내의 거의 모든 제왕까지 언급하게 된다. 황제 제도에 대한 규탄이라는 점만 놓고 본다면 여유량의 정치론은 매우 소중한 가치를 지니고 있다. 여기서는 황제 제도를 비판한 여유량의 일부 논점과 그에 대응하는 구세救世의 주장만을 소개하고자 한다.

여유량은 진, 한 이래 세상의 도가 쇠패하고 민생이 질곡에 빠진 것은 군주의 마음이 공정하지 못하고 제도적 폐단이 많고 비루한 유생들이 곡학을 했기 때문이라고 한다. 그는 "진이 천하를 겸병한 이후 사리사욕의 마음으로 사리사욕의 정치를 했는데 역대가 그것을 따랐다"[464]고 말한다. "한, 당 이래 군주는 천하를 자기의 장원처럼 여기고 백성을 자기의 소작농처럼 여긴다. 그저 이익이 거기서 난다고 생각하는 데 불과하다. 감히 제도를 무너뜨리고 모두 빼앗지를 못하는 것은 그렇게 계속했다가는 이롭지 못하다고 생각하기 때문이다. 깊이 애통해하거나 관심을 기울인 적은 한 번도 없었다."[465] 제왕의 마음이 편협하고 사사로워 천하를 한 집안의 사유 재산으로 여기기 때문에 일련의 제도적 폐단이 만들어졌다. "진, 한 이후 수많은 제도는 그 본심이 절대적인 사리사욕이었으며 집안의 부를 잃을까 두려워할 따름이었다."[466] "봉건과 정전의 폐지는 세勢 때문이지 리理 때문이 아니다. 난세여서이지 치세여서가 아니다. 후세의 군주들이 이를 답습하여 구차하게 사적 이익을 키우는 마음을 길렀기 때문에 다시는 삼대로 돌아갈 수 없었던 것이다."[467] 제도의 변경은 군신 관계의 붕괴를 부른다. "후세에 봉건이 폐지되고 군현이 되면서 천하는 군주에게 일통되었을 따름이며 이로써 진퇴만 있을 뿐 거취를 정할 수 없게 되었다. 영嬴씨의 진秦나라가 무도하여 존군비신尊君卑臣의 예를 만드니 상하가 더욱 현격하게 단절되었으며 진퇴 또한 군주에게 통제되어 달아날 곳이 없게 되었다. 이렇게 천고의 군신의 의가 한 번 바뀐 것이다."[468] 이런 상황 아래 관료들은 사사롭고 어질지 못한 군주의 마음을 헤아려 거기에 영합하는 방식으로 섬기고, 유학자들은 제왕을 위해 잘못된 일을 잘 분석하여 지나가게 하느라 고심참담한 공부를 했으며, 비루한 선비나 독학하는 사람들은 공맹의 가법을 변화시켜 오직 이익만을 도모하게 되었다. "후세 군주를 섬기는 사람들이 처음 과거에 응시할 때는 원래 가문의 풍요를 염두에 둔다. 아름다운 전답과 집을 갖고 자손 대대로 무궁한 향락을 누리려는 사사로움이 먼저 그 사이에 있다. 나중에 어떻게 군주를 섬길 것인가에 이르면 공경하는 일에 대해 이야기하되 그저 군건한 총애만 기대할 뿐 학문을 잃어버린다."[469] 이러한 사대부에게 군주가 "그저 10만민緡[470]을 주어 무너진 집을 막아주면 몸이 국은을 입은 것으로 칭송한다. 간언하고 실천하는 등 백성에게 은혜를 베푸는 일은 이제 그들과는 아무 관계도 없게 된다."[471] 황제에게 고도로 집중된 권력은 군신의 의를 파괴할 뿐만 아니라 백성에게 재앙을 미치며 그 해독은 끝내 화이 간의 방어선을 무너뜨리게 한다. 사대부들은 염치를 모두 잃어버렸고 군주를 존중하고 이익을 탐한 결과 이민족 군주를 모시고 그 발아래서 노예의 얼굴로 섬기는 지경에 이르고 말았다는 것이다.

여유량은 천하가 파괴된 근본 원인이 성왕의 제도와 공맹의 도리에 완전히 어긋났기 때문이라고 주장한다. 그는 군심君心의 잘못을 바로잡고 삼대의 제도를 회복하는 것이 치국평천하의 유일한 길이라고 생각했다. "공자, 맹자, 정자, 주자가 걱정하여 반드시 논쟁했던 것은 바로 이 때문이었다. 비록 영원히 행할 수는 없는 것이라 하더라도 유학자들은 이 이치를 지켜서 성왕이 다시 등장하기를 바라지 않을 수 없다."[472] 그가 제기한 치국평천하의 도리, 즉 정치 이상은 다음 몇 가지다.

첫째, 군주를 세움은 백성을 위해서이며 군심은 공정해야 한다. "하늘이 백성을 낳고서 군주를 세웠다. 군주와 신하는 모두 백성을 위해 일해야 한다."[473] "하늘이 백성을 낳고서 군주를 세웠다. 반드시 이 백성을 충분히 구제한 뒤에 백성의 봉양을 누려야 한다. 그래서 천자로부터 최하급 봉록을 받는 사람까지를 모두 가리켜 천록天祿이라고 한다."[474] 이는 황종희가 「원군原君」에서 한 말과 매우 유사하다. 여유량은 '대경지의代耕之義,'[475] 즉 농경 대신 봉록을 받는 의의라는 데서 한 걸음 더 나아가 군주와 신하 모두 '천록'을 받는다는 사상을 논술했다. "대경지의는 위로 군공君公에 통하고 직접 천자까지 이르니 농경을 대신하는 일을 다 하는 데 불과하다. 하늘이 백성을 낳고 장정 한 사람당 100무畝의 농지에 합당하게 했으며 특별한 사람은 각자 능력을 다하여 살아가도록 했다. 그래서 군, 경, 대부, 사의 봉록이 있게 된 것이다. 군, 경, 대부, 사는 모두 한 농부가 먹고 사는 것에 합당해야 하며 특별히 공이 큰 사람은 그 배를 먹도록 했는데 이것이 이른바 대代, 즉 대신한다는 말이다."[476] 이에 근거해서 그는 군신 특히 제왕에게 천하의 대의를 굳게 지켜야 한다고 주장한다. 삼대의 제왕들은 모두 이와 같은 사람들이었다는 것이다. "삼대 이상 성인들은 제산制産, 즉 경제 입법과 명륜明倫, 즉 인륜 교화 및 봉건, 병사, 형벌 등 관련된 수많은 배치를 함에" "모두 천하의 훗날을 위해서 조처를 취했는데" "한 가지 일, 한 가지 법이라도 자신의 부귀나 자손들의 영원한 복락을 출발점으로 삼아 획정한 적이 없었으며 사람들의 마음을 빼앗지 않을까 두려워했다"[477]고 한다.

둘째, 의로써 만나는 군신 관계를 회복해야 한다. 여유량은 삼대 시절엔 "군주와 신하가 의義로써 합치했으며" 열국이 병존하고 신하들이 군주를 선택할 자유가 생기면서 "뜻이 다르거나 도가 행해지지 않으면 떠날 수 있었는데"[478] '봉건'제는 이러한 군신 관계를 보장해주는 기본 제도라고 생각했다.[479] 이에 여유량은 삼대의 등급 군주 제도를 회복하여 천하 일통으로 군권이 절대화되어가는 정치 국면을 바꿔야 한다고 굳세게 주장했다. 여유량과 그의 후학들이 '봉건'의 실행을 주장한 또 하나의 의도는 화하華夏의 정통을 수호하기 위함이었다. 예컨대 증정曾靜은 이렇게 말한다.

"이적夷狄과 함께하면 군주와 신하의 구분이 없다." "봉건은 성인이 천하를 다스리는 대도이니 이것이 바로 이적을 제어하는 위대한 법이다."[480]

셋째, 공맹과 정주의 정학을 빛내야 한다. 여유량은 군신 간 의로움, 이하夷夏 간 방비를 천하에서 가장 중요한 일로 여겼으며 특히 후자를 전자보다 더 중시했다. 공자가 관중이 규糾의 환난[481]에 죽지 않음을 책망하지 않고 오히려 "관중이 아니었으면 우리는 머리를 풀어헤치고 왼쪽으로 옷깃을 여몄을 것"이라고 칭찬한 까닭은 바로 이러한 가치관에 의거한 것이라고 여유량은 지적한다. "군신지의야말로 우주에서 첫 번째 일이며 인륜 가운데 지극히 큰일이다. 이 절의를 한번 잃으면 아무리 위대한 공적을 쌓았다 하더라도 속죄할 방법이 없다."[482] 그런데 "춘추의 대의야말로 특히 군신 간 윤리보다 큰 것이어서 우주 가운데 첫 번째 일이 된다. 그래서 관중은 죽지 않을 수 있었던 것이다. 원래 절의의 크고 작음을 논한 것이지 공명을 중시한 것이 아니다."[483] 여유량은 원, 명 이래 정주학이 숭앙을 받긴 했으나 애석하게 "주자를 따랐던 사람들이 오로지 이름만 좇았을 뿐 참을 얻지는 못했다"[484]고 보았다. 원나라의 허형許衡과 오징吳澄은 굽혀서 몽고를 섬겼고 "몸을 욕보이고 자신을 굽혔음에도 입을 벌려 도를 자임하고 천하가 그를 잘못되었다고 생각하지 않았다. 도가 밝혀지지 않아 덕우德祐[485]에서 명 홍무洪武 사이의 여러 유생 가운데 실족한 경우가 적지 않았다."[486] "그래서 자양紫陽의 학, 즉 주자학이 오징, 허형 이래로 실전되어서 본받을 만하지 못하다"[487]는 것이다. 같은 논리에 근거해서 추론해낸 그의 결론은 필경 다음과 같았다. 청나라 조정이 비록 정주程朱를 정종으로 받들며 뭇 유생이 도통을 가지고 청대의 정치를 분식하고 있지만 이적이 중원에 들어와 군신의 대의가 다시는 존재하지 않게 되고 이와 하 사이의 큰 방어선이 붕괴되어 도통의 단절이 임박했다는 것이다. 여유량은 『사서』를 강해하고 팔고문을 교감하며 당세에 이름을 날렸는데 그가 가장 앞세운 정치 목적은 중화를 으뜸으로 삼고 이적을 배척하는 논리를 선양하는 것이었다.

여유량의 구세 방법은 진부했으며 공맹과 정주의 범위를 조금도 넘어서지 못했다. 선유들과 비교할 때 그는 그저 당시의 정치 현실과 '시중時中의 의義'에 근거하여 '군신의 도합道合'과 '내외의 의義'를 더욱 강조하는 것뿐이었다. 그의 이상은 여전히 종법 등급 군주 제도였다. 그의 수많은 의론은 분명히 '패역광서悖逆狂噬', 즉 미친 듯 물어대는 패역의 혐의가 있으나 그렇다고 그가 강상의 도치를 주장했다는 뜻은 아니다. 여유량은 중화의 선비들과 이적의 군주 모두 군신 간 명분이 없을 뿐만 아니라 좌임左衽, 즉 옷깃을 왼쪽으로 여미는 원망스러움이 있다고 보았다. 그는 이것을 질타하고 그것을 전복시켜 거꾸로 도통과 강상이라는 절의를 수호하고자 한 것이다. 이러한 정치론으로 세상을 구하기는 역부족이지만 사람들에게 청나라 조정에 반항하고 중화를 회복시켜야 한다는 정신을 고취시키기엔 충분했다. 절대 군권과 천하일통에 대한 여유량의 규탄은 근대 계몽 사조에 사상적 재료를 제공해주었다. 이 때문에 여유량 및 그 후학들의 사상과 언행은 청대의 사회정치 의식에 광범하고도 심원한 영향을 미쳤다.

제5절

당견의 폭군 배격,
왕권 조정의 사상

당견唐甄(1630~1704)은 원명이 대도大陶, 자는 주만鑄萬, 호가 포정圃亭으로
사천四川 달주達州(오늘날의 쓰촨성 다저우 퉁촨通川구) 사람이다. 대대로 관직
을 하던 집안으로 아버지는 숭정崇禎 시대 조정대신이었으나 명나라가 망
한 뒤 강남江南에 은거했다. 당견은 어려서부터 아버지를 따라 관직을 이
어가다 아버지를 따라 은거했다. 순치順治 14년(1657) 과거에 합격해 거인擧
人이 되고 산서山西 장자현長子縣의 지현知縣을 지냈으나 단 10개월 만에 파
직되어 평민이 되었다. 그 후 관직을 구했으나 길이 없었고 장사를 해도
상술이 부족해 곤궁한 처지로 전락했다. 만년엔 당견으로 이름을 바꾸고
소주蘇州에서 강학을 하고 글을 팔며 생계를 유지했다. 저서로는 『잠서潛
書』가 있다.

　『잠서』의 원명은 『형서衡書』이며 당견이 30년간 심혈을 기울여 만든 저
서로 그의 정치사상과 학술 사상이 집중적으로 반영되어 있다. 『잠서』는
백성을 걱정하고 하늘을 돕는 당견의 대표작이다.(이하 이 책의 인용은 편명
만 명기) 이 책의 창작 동기는 이랬다. "세상이 나를 알아주지 않음을 걱
정하는 것이 아니라 천하의 백성이 삶을 영위하지 못함을 아파한 것이다.

가슴속에 응어리가 맺혀 끝낼 수 없어서 언어로 기록해둔다."[488] 당견은 이렇게 자신했다. "나를 현명한 군주의 곁에 세워 마음대로 자문할 수 있게 한다면 (…) 관원을 임명할 수 있고, 백성을 풍족하게 할 수 있고, 난을 진정시킬 수 있다. 10년이 안 되어 천하는 크게 다스려질 것이다."[489]

당견의 학술 사상은 심학에 연원을 두고 있다. 그는 심성에 대해 담론하면서 사공事功을 강조하고 정치를 논하면서 실효를 중시했다. 그는 정주학에 대하여 약간 비판적이었다. 진한 이래의 폭군, 학정에 대한 당견의 규탄은 언사가 매우 격렬하고 날카롭다. 청나라 사대부 집단의 비판 사조 가운데 저명한 인물을 대표한다.

당견의 모든 정치론의 기초는 "천하를 다스리는 사람은 오직 군주이고, 천하를 혼란에 빠뜨리는 사람도 오로지 군주다"[490]라는 데 있다. 이러한 정치적 사유 방식은 사회 동란의 책임을 전적으로 군주에게 돌리는 것이며 동시에 군주를 천하 국가의 최고 정치적 주체로 받들기도 한다. 존군尊君과 죄군罪君이 한데 뒤섞여 있으며 격렬하게 제왕을 규탄한 결론은 오직 어떻게 왕권을 조정하고 개선하고 공고히 할 것이냐는 것이었다. 당견의 사상은 전통 정치사상 중의 역설을 이해하는 데 전형적인 실례를 제공해주기도 한다.

진한秦漢 이래 제왕은
모두 도적이다

당견은 대담하게 선언했다. "진나라 이래 제왕이 된 자는 모두 도적이다."491 선진 시대에 성왕의 치세가 있긴 했으나 역시 "무도한 군주가 많았다." "위로 고대를 보면 요임금, 순임금, 우임금과 우의 아들 계啓의 시대엔 치세가 아주 길었다. 하, 은, 서주, 전한 시대엔 치세가 난세보다 많았다."492 "그 나머지는 한 시대에 치세가 열 가운데 한둘이라면 난세는 열 가운데 여덟아홉이었다."493 결과적으로 고금을 통해 난세는 많고 치세는 적었으며 대다수 제왕은 어리석고 황음무도했다. 그들이 하는 짓은 도적과 같았다. 그래서 당견은 정치를 해부하는 칼로 제왕을 겨눴다.

왜 진한 이래의 제왕을 모두 도적이라고 말하는가? 당견의 주장은 이렇다. "한 사람을 죽이고 그들의 베나 곡식을 빼앗는 것을 가리켜 도적이라고 부른다. 천하 사람들을 죽이고 그들의 베나 곡식의 부를 모두 가진 사람을 도적이라고 부르지 못하겠는가!"494 그는 한 걸음 더 나아가 역사 기록에 근거하여 제왕의 천당은 서민의 피눈물과 백골 위에 세워지는 것이라고 지적한다. 군웅이 일어나 천하를 다툴 때는 사방 곳곳에 노략질과 겁탈이 자행되고 죽은 사람이 삼실처럼 뒤엉킨다. 한 고조는 성양城陽

을 도륙하고[495] 한 광무제는 수백 개의 성을 도륙했는데 이와 같은 '현주賢主'도 그러했거늘 그 나머지는 생각만 해도 알 수 있다. 천하가 평정된 뒤에도 민중은 "뼈도 수습하지 못하고 곡성이 끊이지도 않았으며 눈자위가 아직 마르지도 않았는데"[496] 제왕들은 권세를 이용해서 잔혹한 통치를 시작한다. 그들은 스스로 "곤룡포 면류관을 걸치고 드높은 가마를 타고 대전에 앉아 조신의 경하를 받을"[497] 뿐만 아니라 "궁실을 드높이고 사냥터를 넓히며 처첩들을 부귀하게 해주고 자식들을 살찌운다."[498] "천하를 소유한 자로 무고하게 사람들을 죽이니 제 몸이 100개라 하더라도 한 사람을 죽인 죄를 감당할 수 없을 것이다."[499] 이러한 군주에 대하여 당견은 분개하면서 이렇게 말한다. "만약 상제가 나에게 살인자의 옥을 다스리게 한다면 나는 그렇게 처벌할 것이다."[500] 이 말의 의미는 도적과 같이 잔인한 제왕들에 대하여 살인 절도 죄목을 씌워 전부 극형에 처하겠다는 것이다.

왜 역사에는 난세가 많고 치세는 적으며 폭군은 많고 명주는 적은가? 왜 진한 이래 문제가 더욱 심해졌는가? 당견은 그 주된 원인을 두 가지로 꼽는다. 첫째는 왕위 세습제가 현명한 군주는 적고 어리석은 군주는 많도록 결정지었다는 것이다. "하늘이 현인을 만들어내기는 참으로 어렵다. 널리 도읍에서 세금을 거둬들이는 세습 귀족들의 자손 가운데 현자는 매우 드물다. 하물며 왕실의 부귀로 나면서부터 오만방자함만 익힌 사람들이 어떻게 현인이 될 수 있겠는가! 그래서 한 시대 가운데 열몇 세대만에 두셋의 현군이 나오는 것도 적다고 할 수 없다. 그 나머지는 포악하지 않으면 어둡고, 어둡지 않으면 편벽되고, 편벽되지 않으면 나약하다. 이 또한 사람 사는 곳에 언제나 있는 일로 그다지 이상할 것도 없다."[501] 왕위를 계승한 절대다수 군주는 잔포하지 않으면 혼용이고, 혼용하지 않으면 사벽하고, 사벽하지 않으면 나약하다. 이러한 패가망신의 자식은 구할 약도 없다. "오직 나약한 군주는 난을 쌓고 편벽한 군주는 난을 만들고 어두운 군주는 난을 부르고 포악한 군주는 난을 격화시키니 이러한 군주는 구할 방도가 없다. 그 백성은 어떻게 할 것인가!"[502] 둘째는 진한 이래 "군주는 날로 존엄해지고 신하는 날로 비천해졌다."[503] 그래서 위는 교만하고 아래는 아첨하게 되어 군주는 더욱 무도해졌다. 당견은 말한다. "군주의 존엄함은 하늘 위에 있는 것과 같아 상제와 동체다. 공경대신은 드물게 나아가 뵐 수 있다. 낯빛이 바뀌면 감히 쳐다볼 수 없으며, 무릎을 꿇고 응대함이 엄한 집안의 노비는 비교도 안 된다."[504] "그래서 군주가 신민을 천시함은 우리에게 개나 말, 벌레 등을 달리 보는 것과 같다."[505] 이러한 군민君民, 군신君臣 관계는 필경 "현인은 물러나고 치도는 멀게 되는"[506] 경우를 초래한다.

당견은 군권 신성론에 대해 그렇지 않다고 생각했다. 그는 "천자가 존엄하지만 마찬가지로 사람"[507]이라고 보았다. 제왕은 신도 아니고 성인도 아니다. 그저 사람 가운데 하나다. 태산이 아무리 높아도 "모두 흙인 것"과 같으며, 강과 바다가 아무리 광활해도 "모두 물인 것"과 같다. "천자가 존엄하지만 천제나 위대한 신이 아니며 모두 사람이다."[508] 따라서 군, 신, 민 사이에 "존비의 구분"이 존재하지만 같은 부류에 속하며 그들 간의 차별은 정치 지위가 다르다는 것뿐이다. 제왕은 응당 제멋대로 스스로를 존엄하고 위대하게 생각해선 안 되며 반대로 "존엄을 억눌러야" 한다.

당견은 '관官'에 대해서도 맹렬한 공격을 퍼부었다. 그는 대다수 관리는 백성을 해치는 도적이라고 생각했다. 관료가 많고 탐관오리가 존재함을 군주 정치의 가장 큰 폐단이라고 보았다. "관원 숫자가 많으니 봉록을 적게 주지 않을 수 없고, 녹이 적으면 위를 침탈하거나 아래에 포학해져 도신盜臣이 되거나 민적民賊이 된다."[509] 당견은 관을 다스리기가 민을 다스리는 것보다 어렵다고 생각했다. "천하는 다스리기 어렵다. 사람들은 모두 민을 다스리기 어렵다고 생각하지만 다스리기 어려운 것은 민이 아니라 관인 것을 모른다."[510] 그들 가운데 "민을 배척한 사람은 많지 않으나 민을 잊어버린 사람은 천하에 가득하다."[511] 관이 되면 "마음이 백성에 있지 않으며" "백성을 망각의 대상으로 들풀과 같은 존재로 여긴다." 그리하여 정책 명령을 수행하는 데 저해되면 "천하의 백성을 들어서 모두 버린다."[512]

당견은 이치吏治가 잘 안되는 궁극적 원인을 제왕이 잘못된 사람을 임용하고 통치술이 결핍되었기 때문이라고 생각한다. "치와 난은 다른 사람이 어떻게 할 수 있는 일이 아니다. 군주 때문이다. 소인이 천하를 혼란스럽게 만드는데 소인을 쓰는 사람이 누구인가? 여자와 내시가 천하를 혼란스럽게 만드는데 여자와 내시를 총애하는 사람이 누구인가? 간웅과 도적이 천하를 혼란스럽게 하는데 간웅과 도적의 혼란을 초래한 사람이 누구인가? 거꾸로 천하에 도가 있으면 천하가 다스려지는데 도가 있는 상태로 되돌리는 사람이 누구인가?"[513] 그는 「원간遠諫」 편에서 한 걸음 더 나아가 이렇게 지적한다. "사람에게 현명하거나 현명하지 못함은 없다. 현명하고 현명하지 못하고는 오직 군주에게 달려 있다. 정책이 잘되고 못되고는 없다. 잘되고 못되고는 오직 군주에게 달려 있다. 군주에게 도만 있으면 그만한 재능과 평상의 법만 있어도 치세를 이룰 수 있고, 군주가 무도하면 위대한 현인이나 훌륭한 법제가 있더라도 혼란이 일어난다."[514] 패가하고 망국한 역대 사례는 모두 군주가 무도했기 때문이다. "신하가 감히 간언하지 않고, 간언하더라도 정직하지 못하며, 정직하더라도 다하지 않는다. 군주가 간언을 받아들이지 않고, 받아들이더라도 따르지 않으며, 따르더라도 고치지 않는다."[515] 그래서 "환관이나 첩이 뜻을 미혹시키고 권신이나 간신이 뜻을 가리며 상벌을 남용하고 선악이 도치됨은 어리석은 군주에게 항상 발생하는 일이라 이상할 것도 없다. 하지만 주의해야 할 한 가지 일은 비록 즉각 망하진 않더라도 재앙이 차츰 쌓여서 제 몸엔 미치지 않으나 자손에게 영향을 준다는 것이다."[516] 이렇게 볼 때 "치와 난은 군주에게 달려 있지 신하와 무슨 관련이 있겠는가!"[517]

폭군과 폭정을 배격하는 당견의 언사는 황종희 등과 비교할 때 더욱 격렬하다. "제왕은 모두 도적이다"라는 명제는 한마디로 정곡을 찌르며 군주의 본질을 폭로한다. 봉건 제왕들은 군권신수라는 외투를 걸친 절대 권력의 화신이었다. 그들은 국가와 인민을 사가의 재산으로 여기며 독단과 전횡을 일삼고 멋대로 유린하여 천하의 동란과 민생의 질고를 부른 근원이었다. "제왕은 모두 도적이다"라는 논의는 후인들을 일깨워준다.

언뜻 보면 "제왕은 모두 도적이다"라는 명제는 봉건 전제주의 정치 제도에 대한 부정을 이끌어내야 마땅하다. 그런데 사실은 그렇지 않았다. 『잠서』의 논리 구조 가운데 "천하를 혼란에 빠뜨린 사람은 군주이고" "천하를 치세로 만드는 사람은 군주다"라는 말은 병렬적이고 상호 보완적이다. 양자가 한데 통일된 '군위정본君爲政本', 즉 군주가 정치의 근본이라는 논의다. "나라가 잘되지 못함에 오직 나 한 사람이 벌을 받아야 한다"[518]는 오래된 제왕 관념으로부터 온 이러한 견해는 그 자체로 전제주의 정치 문화의 산물이다. 당견의 "제왕은 모두 도적이다"라는 논의는 이러한 제왕 관념의 대립물이 아니라 전통 군주론 및 '죄군罪君-존군尊君' 의식의 확장이고 연장이다. 『잠서』는 곳곳에서 정치 비판의 칼날을 드러내고 이성적 사유의 불꽃을 피우고 있긴 하지만 시종 정치에 대한 전통적 사유 방식을 벗어나지는 못했다. "제왕은 모두 도적이다"라는 명제는 군주 제도에 대한 부정에서 나온 것이 아니라 군권에 대한 긍정과 동조에서 나온 것이다. 죄군의 목적은 군주에 대한 훈계이며 나아가 군주가 되는 도리를 논증하려는 것이다. "내가 이를 두려워하게 되면 백 세대 앞에서 백 세대 이후 군주들을 가르치는 것이다. 내 말을 듣고 두려워서 고칠 줄 안다면 중간 재능의 군주라도 천하를 보존할 수 있을 것이다."[519] 죄군의 취지는 존군에 있다. 이것이 당견 정치사상의 비극이며 청나라 초 사대부 집단의 비판 사조의 비극이기도 하다.

　당견은 민본론의 고취자였다. 명청 교체기 사회가 들끓으며 민의 문제가 다시 한번 보편적인 관심을 받게 되었다. 당견은 정치에서 민의 역량과 작용을 간파했으며 민중을 군주 정치의 근본으로 여겼다. "국경은 백성이 수비하고 정부 창고는 백성이 충당하고 조정은 백성이 존중하고 관직은 백성이 기른다. 어찌하여 정책만 보이고 백성은 보이지 않는가!"[520] 그는 "천하의 관은 모두 민을 버리는 관이고 천하의 일은 모두 민을 버리는 일이니 천하의 부형과 자제들을 모두 구렁텅이로 밀어넣고 치세를 얻겠다는 것인가!"[521]라고 비판한다. 그는 통치자에게 거듭 경고한다. 만약 "백성에게 무도하면" "9주를 집으로 삼고 9천을 제방으로 삼고 9산을 방어막으로 삼아도"[522] 필경은 죽창을 들고 봉기하는 민중에 의해 "방망이 앞의 새알처럼 깨질 것이며" "허약한 아이 넘어지듯 밀쳐날 것이다."[523] 그리하여 그는 「달정達政」 편에서 열거한 '양민養民 선정善政 18조'처럼 '보민保民' '양민' '부민富民' '교화'를 위한 일련의 방안을 제기했다. 그러나 민본론 속에서 민권 관념을 도출해내지는 못했다. 그래서 당견은 '보민' '양민'의 희망을 모두 군주 및 관료의 신상에 걸었다. 그의 정치론 가운데 민은 그저 피치자일 뿐이었다.

　당견은 정치에서 현신賢臣의 작용을 중시했다. 하지만 그 작용은 대단히 제한적이기도 했다. 소위 "사람에게 현명하거나 현명하지 못함은 없다. 현명하고 현명하지 못하고는 오직 군주에게 달려 있다. 정책이 잘되고 못되고는 없다. 잘되고 못되고는 오직 군주에게 달려 있다."[524] "천하의 치세는 신하가 능히 치세를 만드는 것이 아니다."[525] "천하의 난세는 신하가 능히 난세를 만드는 것이 아니다."[526] 그는 심지어 이렇게 주장한다. "공명을 이루는 것은 위험한 길이고 군주와 신하는 위험한 교류다. 반드시 직간을 하지 않으면 위험하고 직언을 해도 위험하다. 반드시 전투에 임하지 않으면 위험하고 조정에 서 있어도 위험하다. 반드시 폭군을 섬기지 않으면 위험하고 현명한 군주를 섬겨도 위험하다."[527] 군주 제도하에서 군주는 시기를 일삼고 권신과 간신은 제멋대로 명령을 내리고 붕당을 지어 서로 헐뜯는다. "중대한 임무를 맡은 사람은 공과 죄가 동시에 드러나고 믿음과 참소가 서로 엇갈린다. 꼭 그렇게 한다고 해서 문득 위험해지는 것이 아니다. 어쩌면 만 가지 가운데 하나만 위험해도 위험한 것이다."[528] 이는 신하가 응당 해야 할 작용을 발휘하느냐 여부는 전적으로 군주의 손에 달려 있다는 말이다.

당견은 '군주'라는 정치 배우를 굳게 붙들고 정치를 평론하고 설계했으며 "군주가 정치의 근본이다"라는 사상을 한층 더 심화시켰다. 하지만 그의 시야와 사유가 전통 정치 문화의 틀을 뛰어넘을 수 없었기 때문에 오히려 자신을 절대 군권을 배격하는 동시에 절대 군권을 긍정하는 역설 속으로 떨어지게 만들었다. "현명한 군주는 적고 어리석은 군주는 많음"을 명백히 알고 있고 "제왕이 모두 도적이다"라고 생각했으며, "하늘이 현인을 낳기는 대단히 어렵다"는 것을 분명히 알고 있으면서도 여전히 군주의 신상에 희망을 걸었다. "무도한 군주는 많고 백성이 인생을 즐기지 못한 지 오래되었다. 군주가 저와 같은데 어쩔 것인가!"[529] 군주의 권위 앞에 백성은 어쩔 수 없는 존재다. "군주가 치국에 재능이 있는 사람을 언제 업신여긴 적이 있었는가?"[530] 애석하게도 "세상에 군주가 없으면 어찌 신하가 있겠는가!"[531] 현명하고 능력 있는 선비가 "군주를 만나 도를 행하는" 기회가 몇 번이나 있었던가? 당견은 현군을 기대하면서도 현군이 세상에 탄생하기는 매우 어렵다는 것을 잘 알고 있었다. 결과적으로 글을 드높이는 일과 어쩔 수 없는 현실을 함께 진행할 수밖에 없었다. "오호라!

많은 군주가 편벽됨은 사람의 힘으로 어떻게 할 수 있는 일이 아니라 하늘 때문이다. 하늘이 하는 일이 없어서가 아니라 하늘이 어떻게 할 수 있는 일이 아니라 사람 때문이다. 사람이 하지 못하는 일이 없어도 어떤 일은 해서는 안 된다. 이는 고금이 모두 한탄하는 바이지만 또한 어떻게 할 수 없을 따름이다."[532] 비록 "어떻게 할 수 없다"고 말하지만 당견은 오히려 그 희망을 군주에게 걸었다. 그가 보기에 서민은 사회정치의 주체가 아니고 사대부 또한 독립된 정치 주체가 아니었기 때문이다. 그래서 현군 賢君주의를 다시 내세우는 것 외에 다른 대책이 없었다.

절대 군권 조정에 관한
구체적 구상

"천하의 중심은 군주에게 있고 군주의 중심은 마음에 있다."[533] 당견은 비록 "현군은 쉽게 얻을 수 없고 난세는 피할 수 없다"[534]는 것을 잘 알고 있었다. 혼군이 정치를 하면 "비록 고요皐陶, 기夔, 후직后稷, 설契이 그 시대에 태어난다 하더라도 빈궁하게 아랫자리에 있을 것이며 농토나 시장터의 필부에 불과할 것이다. 현달하여 자리를 얻었더라도 명령을 받드는 평범한 관리가 되었을 것"[535] 역시 잘 알고 있었다. 하지만 그는 여전히 "도에 뜻을 두고" "미관말직이라도 임용되면 사양하지 않겠노라"[536]고 했다. 『잠서』에서 그는 보천補天, 즉 하늘을 보좌하려는 소망에서 출발하여 정치 개혁을 위한 일련의 설계를 제기한다. "천지가 비록 크지만 도는 오직 사람에게 있다. 사람이 비록 많지만 근본은 오직 마음에 있다. 사람의 마음이 비록 다르지만 작용은 오직 정情에 있다."[537] 천하를 다스리는 관건은 "성도聖道가 밝게 드러나는 것이다. 이것으로 군주를 바르게 하고 이것으로 직무를 바르게 한다."[538] 그 가운데 군주의 마음이야말로 관건 중의 관건이다. 그래서 『잠서』 전체 정치론의 핵심은 제왕이 어떻게 '수제치평修齊治平'을 하느냐는 것이다.

당견이 제기한 군주의 도리, 치국의 도리는 기본적으로 전통적 군도론君道論으로부터 나왔다. 주로 '억존抑尊' '절검' '용현用賢' '납간納諫' '중민重民' '상벌' 등으로 그 가운데 대부분의 구상은 분명히 겨냥하는 바가 있다.

당견은 제왕들이 반드시 자발적으로 존엄을 억제하고 비용을 절약하고 권한을 내려놓고 간언을 채납해야 한다고 생각했다. "열 사람의 윗자리에 있는 사람은 반드시 열 사람의 아랫자리에 머물러야 한다. 백 사람의 윗자리에 있는 사람은 반드시 백 사람의 아랫자리에 머물러야 한다. 천하의 윗자리에 있는 사람은 반드시 천하의 아랫자리에 머물러야 한다."[539] 군주가 "존엄한 위세로 자신을 가리는" 것이 군신 간의 소통을 가로막고 방해한다. "그래서 군주의 걱정거리는 자존自尊보다 큰 것이 없고 자존하면 신하가 없으며 신하가 없으면 백성이 없고 백성이 없으면 독부獨夫에 불과하다."[540] 정확한 방법은 "미천한 선비를 만날 때도 공경公卿을 보듯 하고 필부를 대할 때도 상제上帝를 대하듯 하는"[541] 것이다. 조신을 대할 때는 더욱 예우를 갖추어 받들어야 한다. 마치 고대 제왕들이 다른 성씨의 신하들을 대할 때처럼 "외삼촌을 만나듯 낮추고 생질을 만나듯 친근하게 한다. 자문하러 방문할 때도 보고, 상주를 올리러 왔을 때도 보고, 한가롭게 지낼 때도 보고, 연회나 술자리가 있을 때도 본다."[542] 군주와 신하는 물과 물고기의 형상이다. 제왕은 널리 언로를 열어두고 신민을 스승으로 삼아야 한다. "선비들이 학교에서 의론하는" 것을 윤허해 "서민들이 도에 입각하여 비방을 하게" 두어 경상으로부터 서민에 이르기까지 모든 신민이 "다 간관이 되도록" 해야 할 뿐만 아니라 "선비들이 바친 시, 악사들이 올린 곡, 역사가가 올린 책, 사부의 잠언, 소경이 외워주는 시, 장님이 암송하는 구절, 백공의 간언, 서인들의 전언, 가까운 신하들이 올린 규정들 모두 스승으로 삼을 수 있다."[543] 어쨌든 군주는 "공손하게 자신을 허허롭게 하며 자신이 옳다고 주장하지 않아야 한다. 총재家宰를 스승으로 삼고 오경을 벗으로 여기며 사직을 들어 따라야 한다."[544] 그리하여 "대중의 밝음을 한 사람의 밝음으로 삼고 대중의 총명을 한 사람의 총명으로 삼게"[545] 되면 "힘들이지 않고도 천하가 크게 다스려질 것이다."[546] 제왕은 또 몸소 절검을 실천해야 한다. "비록 천자의 귀한 신분이고 사해를 다 가진 부자이지만 어린아이 같은 마음을 갖고 농부처럼 처신하고 궁전을 농가처럼 하고 의식은 가난한 선비처럼 하고 온 나라를 가정으로 삼아야 한다."[547] 당견이 보기에 "군주가 검약하면 백관이 그에 따라 바뀌고 서민이 바뀔 것이다. 그리하여 관은 백성을 괴롭히지 않고 백성은 재물을 허비하지 않을 것이다. 군주가 검약하면 생긴 것만큼 수취하게 되고 수취한 만큼 사용하게 될 것이다. 10이 생기면 1을 수취하고 3을 수취하면 1이 남을 것이니 백성은 수취를 모르게 되고 국가는 사용한 바를 모르게 될 것이다. 이로써 곡식이 물불처럼 많아지고 금전이 흙처럼 많아지게 되니 천하가 크게 다스려질 것이다."[548]

당견은 관료 집단의 소질과 작용이 천하의 대치大治를 실현하는 데 중요한 작용을 한다고 보았다. "정책과 관련된 일이 아주 많아서 현인을 쓰는 것만이 국가에서 가장 큰일이다. 치와 난은 반드시 여기에 달려 있고, 흥과 망이 반드시 여기게 달려 있다. 이로 말미암지 않은 다른 일은 없으며 모두 이 하나로 모아질 따름이다."[549] 『잠서』에서 당견은 조정의 체제, 선발, 임용, 시험과 평가, 관리의 상벌에 대해 구체적인 의견을 제기한다. 그는 현명하고 능력 있는 사람을 받드는 관건은 군주가 어떻게 사람을 알아보고 잘 임용하는지에 달려 있다고 생각했다. 특히 현인을 선발해서 직위와 권한을 갖춘 재상을 맡게 하는 것이라고 한다. 당견은 고대를 본받을 것을 주장한다. "반드시 사보師保[550]의 예법을 드높이고 재형宰衡[551]의 권한을 무겁게 한다. 궁중으로부터 외조에 이르기까지 모두를 그들이 재단하게 하고 방국에서 변방에 이르기까지 모든 조치를 그들이 내리게 한다. 참소하는 자는 죽이고 훼손하는 자는 죄를 준다. 대권을 갖지 못하면 무슨 일도 할 수 없을 것이다."552 육경大卿에 대해서는 "전담의 임무를 맡기고 텅 빈 마음으로 받아들이고 어버이처럼 대하고 공경으로 예우해야 한다."553 "군주의 은혜나 권위는 헤아릴 수 있어야 하고 신하의 재앙이나 복은 예측할 수 있어야 한다."554 그럼으로써 "군주와 경들이 위에서 서로 화합하고 낮은 신료들끼리 아래에서 서로 화합하고 서민들은 들녘에서 서로 화합하게 될 것이다. 아름다운 풍토가 뒤덮을 것이고 천하는 대치할 것이다."555 그는 또 심관審官 즉 관직 심사, 정직定職 즉 직무 획정, 성관省官 즉 쓸모없는 관직을 줄이는 일, 제록制祿 즉 녹봉 규정 등 조치를 취할 것을 주장했다. 그렇게 하여 사람들로 하여금 재능을 다하게 하고 직책을 명확히 해주고 인원과 기구를 간소화하여 민중의 부담을 덜어주어야 한다는 것이다.

당견은 간녕奸佞과 붕당을 군주 정치의 가장 큰 폐해로 보았다. "군주는 이익의 원천이고 간사함의 과녁이다. 사람들은 모두 그 과녁을 향하고 그것이 적중하기를 바란다."556 이익을 도모하는 헤아릴 수 없는 무리가 "둘러싸고 틈을 노린다". "아첨이 충성이 되어 나아가고 속임수가 참됨이 되어 나아가게 되니 공과 죄가 도치되고 벌을 주고 상을 주는 것이 세상을 놀라게 한다."557 해결 방법은 이렇다. 첫째, 군주가 사람을 잘 알아보고 임용하는 것이다. "천자가 총재冢宰를 잘 써서 사람을 얻고 총재는 오경을 총괄하여 사람을 얻고 이로써 모든 지방관과 함께 노력하여 사람을 얻을 수 있다. 그물의 씨줄에 달린 줄들처럼 모두 조리가 정연하면 그 어떤 직책에 있는 사람도 간사함을 부릴 수 없게 될 것이다. 간사한 사람이 있더라도 어질게 바뀔 것이니 현인이 임용되지 못하고 불초한 사람이 물러나지 못하게 됨을 걱정할 필요가 무엇이겠는가!"558 둘째, 간의諫議와 감찰 기제를 강화시키는 것이다. 제왕은 공경대신의 지위와 권력을 확실히 높여주어 그들로 하여금 과감하게 직언하도록 해야 한다. "군주의 잘못을 공격하고" "궁정의 잘못을 공격하고" "황제의 친족, 황후의 친족, 총애하는 귀척의 잘못을 공격"[559]하도록 한다. 이렇게 하면 뭇 신하가 두려움에 떨며 감히 나쁜 짓을 못 저지르게 된다. "아무리 아첨꾼이라 하더라도 올곧은 신하가 될 것이고, 아무리 간사한 사람이라도 어진 신하가 될 것이다."[560]

간사한 사람을 구별하고 아첨꾼을 없애는 문제에 대하여 당견은 "군주가 현명하고 신하는 정직해야 한다"는 전통적 사유 방식에서 벗어나지 못했다. 그는 일체의 희망을 현군이 "현인을 임용함으로써 천하의 현인에 미칠 수 있는"[561] 데 걸었다. 그가 보기에 "군주가 먼저 제 몸을 바르게 함으로써 천하의 징표가 되면 온갖 관직에 종사하는 경사卿士 모두가 바른 사람이 아닐 수 없게 되어 천하에 샛길을 통해 인연을 맺는 자가 없어질 것이다. 또 대신들 가운데 사람을 알아보는 자에게 현인을 추천하여 능력을 발휘하게 할 임무를 맡기면 천하의 어진 선비가 아니고 어떻게 요행히 자리에 오를 수 있겠는가!"[562] 당견은 사람을 알아보고 잘 임용하는 일을 제왕이 "어리석은지 현명한지를 가르는 근본"이라고 크게 외치면서 현군에 의한 현신의 임용을 간절히 기대했다. 하지만 애석하게도 제왕에게 "자기에게서 떨어지고 사람들을 따르며 시작을 신중히 하고 중용을 좇고 성취를 기대하고 분별을 잘하라"[563]고 호소하는 것 외에 더 현실적이고 믿을 만한 조치를 제기하지는 못했다.

군권을 조정하려는 당견의 주요 설계가 모두 전통 사상으로부터 온 것이며 창조적인 면이 부족하다는 것을 어렵지 않게 알 수 있다. 이 점에서 당견은 황종희, 고염무, 왕부지에 약간 못 미친다.

공평하면 만물이
제자리를 찾는다

균평均平은 당견이 제기한 사회 개조의 중요한 구상 가운데 하나다. 명청 교체기에 균평 문제는 보편적인 관심을 끌었다. 엄중한 겸병과 빈부가 불균등한 사회 문제를 어떻게 해결할 것인가에 관해 사람들이 분분히 자신의 구성을 제기했다. 당견의 사상은 일정한 내표성을 지니고 있다.

사대부들이 균평 문제를 다시 한번 중시하게 된 것은 명나라 말의 농민 전쟁과 직접적인 관계가 있다. 숭정 13~14년(1640~1641) 사이 이자성李自成은 '균전均田'과 '면량免糧'의 구호를 명확히 제기했다. 이 구호는 명나라 말 고도로 집중된 토지와 대단히 가혹한 부세라는 양대 폐단을 겨냥해 만들어졌다. 토지를 얻고 부세를 감면받으려는 광대한 농민의 요구와 갈망에 부합했기 때문에 민중에게 충분히 호소력을 지녔다. 이자성의 기의군은 신속하게 수십만 무리로 발전하여 대순大順 정권을 건립하고 북경을 공격했다. 그들이 제기한 균전의 구호는 봉건 생산 관계를 건드렸으며 사상사적으로 매우 중요한 의의를 지닌다.

당견은 명나라 말 사해가 곤궁하여 민중이 농민군을 환영하고 "도적을 좇아 귀순하고 충의를 잊어버리며" "군주를 원수로 여기고 도적을 부모로 삼았던" 교훈으로부터 통절히 느낀 바가 있어서 제왕에게 명나라를 귀감으로 삼으라고 큰 소리로 호소했다. 그가 보기에 명 말의 난의 원인은 "군대는 잔인하고 정치는 포악하여 천재보다 무서운데 백성이 도망할 곳도 없으니 군도群盜가 이를 바탕으로 난을 일으킨"564 것이었다. "이자성은 실패하여 흩어졌지만 수십만 군중은 열흘이면 또 일어설 것이다. 그래서 섬서陝西 민요에 이런 내용이 있다. '어깨 팔을 밀치며 틈왕闖王565을 기다리네. 틈왕이 오시니 3년은 양식을 올려 바치지 않아도 되네.' 백성이 이처럼 돌아서고 있다."566 '간웅'과 '군도'가 민중의 불만을 틈타서 왕권을 훼멸시키는 것을 면하기 위하여 당견은 "군주가 백성을 사랑하기를 마음이 몸을 사랑하듯 해야 한다"567고 주장한다. 그는 왕조의 각종 정치적 조치는 반드시 백성을 위해 구상되어야 한다고 주장한다. "비단 농업에 종사하거나 조세를 면제받는 사람만이 백성이 아니라 천지의 위아래 구이팔만九夷八蠻, 뭇 사무를 보는 관리들, 내명부나 바깥 조정에서 일하고 있는 모든 사람이 백성이다."568 오직 민중으로 하여금 "초가집이라고 걱정하지 않게 하고" "도롱이 삿갓이라도 잃지 않게 하고" "콩국이라도 모자라지 않도록" 해야 제왕은 비로소 "보위를 지킬 수 있고" "곤룡포 면류관을 쓸 수 있고" "하늘이 준 녹을 누릴 수 있다"569는 것이다.

당견은 사회적 불평등이 민생을 질곡에 빠뜨린 중요한 원인이라고 분명하게 지적한다. 빈부 차이가 심하고 고락이 균등치 못한 것 또한 인간 세상의 가장 큰 불평등이라고 한다. 당시에 "왕공의 집안에서 한 번 차리는 연회의 비용이 상농上農의 1년 수확에 버금가는데도 잘 먹었다고 하지 않는다. 오서吳西의 백성은 흉년이 아님에도 보릿가루 죽을 먹고 메밀 짚 태운 재를 섞어서 먹는데 못 먹는 사람이 보면 이를 세상에서 가장 아름다운 음식이라고 한다. 사람이 태어날 때는 누구나 같은데 이 지경이니 불평등이 너무 심하다."570 그는 이렇게 지극히 불평등한 현상 속에서 왕권의 위기를 예감했다.

균평은 당견의 정치적 이상이었다. "천지의 도는 예부터 평등했다. 평등하면 만물이 제자리를 얻는다."[571] "그래서 순임금, 우임금은 천하를 소유했음에도 추한 옷을 입고 보잘것없는 음식을 먹으며 방자하게 굴지 않았다. 어찌 즐기는 것이 다른 사람과 달라서였겠는가? 불평등하면 천하가 기울어질 것이 두려웠기 때문이다."[572] 고유의 사유 논리에 의거하여 당견은 균평의 이상을 군주에게 기탁했다. 그는 개명한 제왕이 스스로 줄이고, 스스로 억제하고, 검소와 소박을 실천함으로써 천하의 균평을 구하고 균평 정책으로 백성을 기를 것을 간절히 바랐다.

전체적으로 볼 때 당견은 종법 관계를 떠나 더욱 합리적인 사회관계 및 정치 관계를 찾아내지 못했다. 하지만 그의 사상 가운데엔 새로운 사상적 인소가 길러지고 있기도 했다. 이를테면 그는 인간이 모두 같다는 관점에서 출발하여 남자를 중시하고 여자를 경시하는 데 반대했다. 그는 전통적 편견에 반대하여 "부모는 하나이며" "남녀는 하나"[573]라고 생각했다. 그는 남편이 처자를 학대하는 비열한 행위를 통렬히 배척했으며 전통적인 '여화女禍'론에 대해 그렇지 않다고 생각했다. 당시의 역사적 조건으로 볼 때 이러한 사상은 결코 쉽지 않은 대단한 것이다. 그는 남존여비나 부위부강夫爲婦綱이란 강상 윤리에 어느 정도 충격을 주었다.

황종희의 "천하가 주인이고 군주는 객이다"라는 논의와 진나라 정치는 "법이 아닌 법이었다"는 논의, 왕부지의 '리욕합일론理欲合一論', 고염무의 "천하의 흥망엔 필부도 책임이 있다"는 논의, 당견의 "제왕은 모두 도적이다"라는 논의는 모두 청나라 초의 비판 사조 가운데 가장 뛰어나고 가장 대표성을 지닌 명제였다. 이러한 명제는 각 사상가의 개성을 드러내줄 뿐만 아니라 당시 사회 사조의 전체적 특징과 풍모를 어느 정도 대표하기도 한다. 이는 모두 시대의 정화였다. 이러한 명제를 제기한 사람들의 차원에 선 조건이 있고 제한이 있고 각자 특정의 내포를 지니기도 하지만, 그것들 모두 후학들을 위해 소중한 사상적 자료를 제공해주었다. 이들 명제는 사람들의 사유를 절대 군권에 대한 비판으로 이끌었을 뿐만 아니라 새로운 함의를 부여하고 새로운 내용을 첨가할 수만 있었다면 한 글자도 고치지 않고 바로 근대 민주 사상 명제로 전환될 수 있었다. 이런 의미에서 청나라 초의 사회비판 사조는 확실히 계몽 작용을 했다.

그런데 청 초 사대부 집단이 군주 전제 제도를 비판했다고 말하기보다는 차라리 그들이 극단적 군주 집권과 폭군, 폭정에 대한 비판의 길을 걸은 것이라고 말하는 것이 옳다. 부자자효父慈子孝 즉 부모는 자애롭고 자식은 효도를 하며, 군례신충君禮臣忠 즉 군주는 예를 다하고 신하는 충성을 다하는 것이 여전히 그들의 사회관, 정치관, 도덕관의 기초이자 종지였다. 종법 제도와 군주 제도는 여전히 그들의 정치 이상이었다. 그들은 군, 신, 민의 정치적 등급 관계를 부정하지 않았으며 특히 인민 주권 관념을 이끌어내지 못했다. "군주가 정치의 근본"이라는 명제가 여전히 모든 정치론의 기본 출발점이었다. 그들은 정치 구조를 개혁하고 정치 관계를 조정하여 군, 신, 민 사이의 화해를 유지하고 군권을 상대적으로 약화시켜야 한다고 분분히 주장했다. 그들의 설계에 따르면 제왕은 신민, 도덕, 여론의 제약을 받아야 한다. 하지만 전체 정치 체계 내부에 군주의 의지를 부정하고 군주의 거취를 결정지을 만한 제도화된 절차와 기제는 없었다. 이론적으로 포악한 독재자는 쫓아낼 수도 죽일 수도 있다. 하지만 그들 중 어느 한 사람의 예외도 없이 폭군에 저항하는 민중을 '도적'이나 '금수'로 질타했다. 그러면 이상 정치는 그저 성군과 현신賢臣을 통해 실현될 수밖에 없다. 그래서 그들은 한 사람의 예외도 없이 성현주의의 깃발을 높이 들었으며 성군명주가 출현해 백성이 처한 곤경을 해결해주리라 기대했다. 그들은 모두 '일심흥방一心興邦', 즉 하나의 마음이 나라를 흥하게 할 수 있다는 논의를 한 사람들이다. 그래서 책을 써서 주장을 세우고 시대 정치를 평론한 목적은 '대방待訪', 즉 성군을 기다리고 군주를 바르게 만들어 도를 실천토록 하는 것이었다. 결국 그들의 정치 설계가 모두 실현되었다 하더라도 기껏해야 개명한 군주 전제 제도에 불과했을 것이다. 소위 전제專制는 곧 군주가 유일한 최고의 정치 주체이며, 소위 개명開明이란 군주가 반드시 백성을 사랑하고 공을 행하고 간언을 받아들이고 현인을 임용하고 적당히 권한을 나누어주는 것을 말한다. 따라서 본질로 볼 때 황종희 등의 정치사상은 여전히 봉건 통치 계급의 자아 인식이자 자아 조정이었다.

1   一夫揭竿而天下響應.

2   명말 이자성이 무창武昌에서 정권을 수립하고 서안西安에 도읍하여 국호를 대순大順,
    연호를 영창永昌이라 했다. 한편 1644년 장헌충張獻忠이 성도成都에서 수립한 정권의
    연호도 대순大順이었다. —옮긴이

3   명말 농민 봉기군 장헌충이 성도에서 수립한 국가의 이름. —옮긴이

4   숭정제의 자진 후 복왕福王 주유숭朱由崧 등 주朱씨 번왕들이 남경南京에 도읍하고
    수립한 여러 정권의 총칭. —옮긴이

5   명나라 말 중국 강남의 사대부들이 고학의 부흥과 정치 개혁을 주장하며 만든 문학文
    學 결사 가운데 하나. —옮긴이

6   염계濂溪 주돈이周敦頤의 학문과 낙양洛陽 출신인 정호程顥와 정이程頤의 학문을 통
    칭한 말. —옮긴이

7   송대 공리주의를 숭상한 사공事功파 학자인 설계선薛季宣과 진부량陳傅良을 일컫는
    다. —옮긴이

8   橫渠之禮敎, 東萊之文獻, 艮齋上(원저자의 오류인 듯하다. 止가 맞음—옮긴이)齋之經
    制, 心水之文章, 莫不旁推交通, 連珠合璧.(「이주선생신도비문梨洲先生神道碑文」)

9   전숙락(1606~1648)의 호는 지정止亭이며 학자 출신으로 강동江東에서 1만의 의용군
    을 모집하여 청나라에 항거한 것으로 유명하다. —옮긴이

10 起周敬王甲子以至於今, 皆在一亂之運. (…) 亂運未終.(「제사題辭」)

11 古者以天下爲主, 君爲客, 凡君之所畢世而經營者, 爲天下也. 今也以君爲主, 天下爲客,
    凡天下之無地而得安寧者, 爲君也.(「원군原君」)

12 有生之初, 人各自私也, 人各自利也, 天下有公利而莫或興之, 有公害而莫或除之.(「원군」)

13 有人者出, 不以一己之利爲利, 而使天下受其利, 不以一己之害爲害, 而使天下釋其害. 此
    其人之勤勞必千萬於天下之人. (…) 而己又不享其利.

14 「원군」.

15 以我之大私爲天下之大公.(「원군」)

16 使孟子得行其道, 則三代之治當復見, 而秦必不得志於天下. 顧聖王之統遂絕者, 古今之
    一大厄會也.(『맹자사설』 권2)

17 就如漢唐之治, 當其太平之時, 民自虖虞, 終不免於雜覇之事, (…) 後世之民, 但有啼號
    愁慘, 求虖虞亦無矣.(『맹자사설』 권7)

18 然則爲天下之大害者, 君而已矣.(「원군」)

19 王霸之分, 不在事功而在心術: 事功本之心術者, 所謂'由仁義行', 王道也; 只從迹上模仿, 雖件件是王者之事, 所謂'行仁義'者, 霸也.(『맹자사설』권1)

20 王者未必不行霸者之事, 而霸者不能有王者之心. (…) 尙有王者氣象.(『맹자사설』권7)

21 漢唐之君, 不能如三代; 漢唐之臣, 未嘗無三代之人物. (…) 以天理把捉天地.(『파사론』「종사從祀」)

22 及至戰國, 人心機智橫生, 人主之所講求, 策士之所揣摩, 只在'利害'二字, 而仁義反爲客矣. (…) 舉世盡在利欲膠漆之中.(『맹자사설』권1)

23 以爲天下利害之權皆出於我, 我以天下之利盡歸於己, 以天下之害盡歸於人, 亦無不可. 使天下之人不敢自私, 不敢自利, 以我之大私爲天下之大公. 始而慚焉, 久而安焉, 視天下爲莫大之産業, 傳之子孫, 受享無窮.(「원군」)

24 是以其未得之也, 屠毒天下之肝腦, 離散天下之子女, 以博我一人之産業, 曾不慘然! 曰 '我固爲子孫創業也.' 其旣得之也, 敲剝天下之骨髓, 離散天下之子女, 以奉我一人之淫樂, 視爲當然, 曰'此我産業之花息也.'(「원군」)

25 嚮使無君, 人各得自私也, 人各得自利也. (…) 天下之大害.(「원군」)

26 以天下而養一人.(『맹자사설』권6)

27 先王之時, 民養於上. 其後民自爲養. 又其後橫徵暴斂, 使民無以自養.(『파사론』「부세賦稅」)

28 民之應之, 亦截然不同.(『맹자사설』권7)

29 古者天下之人愛戴其君, 比之如父, 擬之如天, 誠不爲過也. 今也天下之人怨惡其君, 視之如寇仇, 名之爲獨夫, 固其所也.

30 豈天地之大, 於兆人萬姓之中, 獨私其一人一姓乎? (…) 後世之君, 欲以如父如天之空名禁人之窺伺者.(「원군」)

31 天子而豢畜其臣下, 人臣而自治以備隷, 其所行者皆宦官宮妾之事, 君臣之禮, 幾於絶矣.(『맹자사설』권2)

32 君驕臣諂, 習而成故, 大略視臣如犬馬, 視君如國人者, 居其七八.(『맹자사설』권4)

33 一時免於寒餓, 遂感在上之知遇, 不復計禮之備與不備, 躋之僕妾之間而以爲當然.(「원신原臣」)

34 以謂臣爲君而設者也. 君分吾以天下而後治之, 君授吾以人民而後牧之, 視天下人民爲人君囊中之私物.(「원신」)

35 以君之一身一姓起見, 君有無形無聲之嗜欲, 吾從而視之聽之.(「원신」)

36 其於臣道固未嘗不背也.(「원신」)

37 苟無繫於社稷之存亡, 則四方之勞擾, 民生之憔悴, 雖有誠臣, 亦以爲纖芥之疾也.(「원
신」)

38 以仕爲營私之地, 則惟恐不富, 惟恐不貴矣.(『맹자사설』 권5)

39 臣之與君, 名異而實同.

40 原夫作君之意, 所以治天下也. 天下不能一人而治, 則設官以治之; 是官者, 分身之君也.
(…) 非獨至於天子逢截然無等級也.(「치상置相」)

41 夫治天下猶曳大木然, 前者唱邪, 後者唱許. 君與臣, 共曳木之人也.(「원신」)

42 緣夫天下之大, 非一人之所能治, 而分治之以群工. 故我之出而仕也, 爲天下, 非爲君也;
爲萬民, 非爲一姓也.

43 吾以天下萬民起見, 非其道, 卽君以形聲強我, 未之敢從也.(「원신」)

44 人子於父母原是一人之身, (…) '孰不爲事, 事親, 事之本'者, 一生之力, 無一毫不爲父母
用, 其事君事長, 皆事父母所不可缺之事, 非移此心以事之也.(『맹자사설』 권4)

45 君臣之名, 從天下而有之者也. 吾無天下之責, 則吾在君爲路人. 出而仕於君也, 不以天下
爲事, 則君之僕妾也; 以天下爲事, 則君之師友也.(「원신」)

46 以天下萬民爲事, (…) 此宦官宮妾之心也.(「원신」)

47 新安陳氏以爲君臣之倫於人倫爲尤大, 非也. (…) '君使臣以禮, 臣事君以忠', 爲君臣之
正道, 初非有心於報施也.(『맹자사설』 권4)

48 後世君驕臣諂, 天子之位始不列於卿大夫士之間. (…) 君臣之義未必全, 父子之恩已先
絕矣.(「치상」)

49 三代以上有法, 三代以下無法.

50 이제는 요임금과 순임금, 삼왕은 하 우왕, 은 탕왕, 주 문왕 또는 무왕을 가리킨다. —옮
긴이

51 사병과 전차를 아우르는 말로 넓게 군대를 가리킨다. —옮긴이

52 此三代以上之法也, 因未嘗爲一己之立也.

53 思患於未然以爲之法. 然則其所謂法者, 一家之法, 而非天下之法也.(「원법原法」)

54 後世之法, 藏天下於筐篋者也. 利不欲其遺於下, 福必欲其斂於上; 用一人焉則疑其子私,
而又用一人以制其私; 行一事焉則慮其可欺, 而又設一事以防其欺.

55 故其法不得不密. 法愈密而天下之亂卽生於法之中, 所謂非法之法也.(「원법」)

56 法爲要, 人次之. (…) 有治法而後有治人.

57 謂天下之治亂不繫於法之存亡, (…) 俗儒之剿說.

58 夫非法之法, 前王不勝其利欲之私以創之, 後王或不勝其利欲之私以壞之. 壞之者固足

以害天下, 其創之者亦未始非害天下者也.(「원법」)

59　당나라 때 변방에 설치했던 군사요충지. ―옮긴이

60　『순자』「군도君道」편에 나오는 유명한 명제로 인치人治와 법치法治에 관한 고도의 논쟁. 법의 제정자가 사람이라는 데 착안하여 좋은 법이 있어도 어지러운 나라는 있으나, 군자가 다스리면 혼란이 없다는 예를 들어 순자는 인치를 강조했다. 후대 유학자 대부분이 이 설을 따랐으나, 황종희는 반대하고 있다. ―옮긴이

61　自非法之法桎梏天下人之手足, 卽有能治之人, 終不勝其牽挽嫌疑之顧盼, 有所設施, 亦就其分之所得, 安於苟簡, 而不能有度外之功名.(「원법」)

62　旣以産業視之, 人之欲得産業, 誰不如我? 攝緘縢, 固扃鐍, 一人之智力不能勝天下欲得之者之衆, 遠者數世, 近者及身, 其血肉之崩潰在其子孫矣.(「원군」)

63　願世世無生帝王家. (…) 元明之開倉者, 不可稱不嗜殺人, 而天下爲威勢所劫, 亦就於一, 與秦隋無異.(『맹자사설』 권1)

64　天下之治亂, 不在一姓之興亡, 而在萬民之憂樂.(「원신」)

65　항상 같은 양상을 드러내는 떳떳하고 당연한 이치. ―옮긴이

66　天地之生萬物, 仁也. 帝王之養萬民, 仁也. 宇宙一團生氣, 聚於一人, 故天下歸之, 此是常理.(『맹자사설』 권4)

67　天下雖大, 萬民雖衆, 只有‘欲’‘惡’而已.

68　以我之好惡, 絜而爲天下之好惡, (…) 故爲君者, 所操甚約, 所謂‘易簡’, 而天下之理得矣.(이상 『맹자사설』 권4)

69　未有仁而遺其親者也, 未有義而後其君者也. (…) 遺親後君, 便非仁義.(『맹자사설』 권1)

70　중국 칭하이성靑海省 동남부에서 간쑤성甘肅省 남부로 연접한 산으로 황허黃河강이 이를 둘러싸고 동남쪽으로 흐른다. ―옮긴이

71　중국 쓰촨성四川省의 북부 간쑤성과의 경계에 있는 산으로 황허강과 창장강이 갈리는 분수령. ―옮긴이

72　聖賢之道, 未有不從源頭做起, (…) 君心猶積石岷山也, 此處不通, 則橫流汎濫矣.

73　令君心自悟, (…) 格心, 明德.(『맹자사설』 권4)

74　六經皆先王之法也. 其垂世者, 非一聖人之心思, 亦非一聖人之竭也.

75　聖人明見遠, 慮患深, 蓋不可以復加矣.

76　幸而保守一家之富貴, 其四海之困窮, 雖當極盛之世, 未之能免也. (…) 不以三代之治爲治者, 皆苟焉而已.(『맹자사설』 권4)

77　有明之無善治, 自高皇帝罷丞相始也.(「치상」)

78　宰相旣罷, 天子更無與爲禮者矣. 遂謂百官之設, 所以事我, 能事我者我賢之, 不能事我
　　者我否之.(「치상」)

79　古者不傳子而傳賢, 其視天子之位, 去留猶夫宰相也. 其後天子傳子, 宰相不傳子. 天子之
　　子不皆賢, 尙賴宰相傳賢足相補救, 則天子亦不失傳賢之意. 宰相旣罷, 天子之子一不賢,
　　更無與爲賢者也.(「치상」)

80　奄宦之禍, 歷漢唐宋而相尋不已, 然未有若有明之爲烈也.(「엄환 상奄宦上」)

81　由於人主之多欲也.(「엄환 하」)

82　蓋大權不能無所寄, 彼宮奴者, 見宰相之政事墜地不收, 從而設爲科條, 增其職掌, 生殺
　　與奪出自宰相者, 次第而盡歸焉. (…) 故使宮奴有宰相之實者, 則罷丞相之過也.(「치상」)

83　亦遂舍其師友之道而相趨於奴顔婢膝之一途.

84　使人主之天下不過此禁城數里之內.(「엄환 상」)

85　명, 청의 제도로 육과六科라고도 약칭한다. 시종侍從, 규간規諫 및 이, 호, 예, 병, 형,
　　공 등 육부의 일을 살펴 그 폐단이나 과오를 규찰했다. ―옮긴이

86　凡章奏進呈, 六科給事中主之, 給事中以白宰相, 宰相以白天子, 同議可否. 天子批紅. 天
　　子不能盡, 則宰相批之, 下六部施行.(「치상」)

87　自三代以後, 亂天下者無如夷狄矣. (…)　則是廢封建之罪也.(『명이대방록明夷待
　　訪錄未刊文』, 「봉건」)

88　今封建之事遠矣, 因時乘勢, 則方鎭可復也. (…)　唐之所以亡, 由方鎭之弱, 非由方鎭之
　　强也.(「방진」)

89　封建之弊, 强弱呑幷, 天子之政敎有所不加; 郡縣之弊, 疆場之害苦無已時.

90　欲去兩者之弊, 使其竝行不悖.

91　田賦商稅, 聽其徵收, 以充戰守之用; 一切政敎張弛, 不從中制; 屬下官員亦其聽其自行
　　辟召, 然後名聞. (…) 許以嗣世.(이상 「방진」에 보임)

92　황하 중류에 의연히 솟아 있는 지주砥柱산이라는 말. 난세의 온갖 역경에도 곧은 절개
　　와 의연함을 지키고 사는 사람을 비유한다. ―옮긴이

93　危言深論, 部隱豪强, 公卿避其貶議, (…)　使當日之在朝廷者, 以其所非是爲非是, (…)
　　盜賊奸邪懾心於正氣霜雪之下, (…)　君安而國可保.(「학교」)

94　養士爲學校之一事, 而學校不僅爲養士而設也.

95　天子之所是未必是, 天子之所非未必非, 天子亦遂不敢自爲非是, 而公其非是於學校.(「학
　　교」)

96 必使治天下之具皆出於學校, 而後設學校之意始備. (…) 三代以下, 天下之是非一出於朝廷.

97 其所謂學校者, 科擧囂爭, 富貴熏心, (…) 而士之有才能學術者, 且往往自拔於草野之間.

98 僞學之禁, 書院之毁, 必欲以朝廷之權與之爭勝.(「학교」)

99 郡縣學官, 毋得出自選除. 郡縣公議, 請名儒主之. (…) 其人稍有干於淸議, 則諸生得共起而易之.(「학교」)

100 太學祭酒, 推擇當世大儒, 其重與宰相等, 或宰相退處爲之. 每朔日, 天子臨幸太學, 宰相六卿諫議皆從之. 祭酒南面講學, 天子亦就弟子之列. 政有缺失, 祭酒直言無諱.(「학교」)

101 郡縣朔望, 大會一邑之縉紳士子. 學官講學, 郡縣官就弟子列, 北面再拜. (…) 郡縣官政事缺失, 小則糾繩, 大則伐鼓號於衆.

102 擇名儒以提督學政, 然學官不隸屬於提學, (…) 每三年, 學官送其俊秀於提學而考之, 補博士弟子; 送博士弟子於提學而考之, 以解禮部, 更不別遣考試官. 發榜所遺之士, 有平日優於學行者, 學官咨於提學補入之.(「학교」)

103 寬於取則無枉才, 嚴於用則少幸進.(「취사 하取士下」)

104 吾故寬取士之法, 有科擧, 有薦擧, 有太學, 有任子, 有郡邑佐, 有辟召, 有絶學, 有上書, 而用之之嚴附見焉.(「취사 하」)

105 당나라 이래 시험제도의 하나로 경전의 내용을 외워 답하게 하는 방법. ─옮긴이

106 復墨義古法, (…) 申之以己意.(「취사 상」)

107 是以天下有吏之法, 無朝廷之法. (…) 是以今天下無封建之國, 有封建之吏.(이상 「서리胥吏」에 보임)

108 古者井田養民, 其田皆上之田也. 自秦而後, 民所自有之田也. 上旣不能養民, 使民自養, 又從而賦之, 雖三十而稅一, 較之於古亦未嘗爲輕也.(「전제田制 1」)

109 진秦 효공孝公 때 개혁 정치가 상앙商鞅에 의해 시작된 것으로 알려진 토지 제도의 하나. 세금 징수의 편의를 위해 자연 경계에 따라 남북이랑을 천阡, 동서이랑을 맥陌이라 불렀다. ─옮긴이

110 당나라 덕종德宗 때 양염의 건의로 기존의 조용조租庸調 법을 폐지하고 재정 충실을 꾀했으나 성공하지는 못했다. ─옮긴이

111 秦開阡陌, 井田盡廢, 此一變也. 自秦以至於唐, 取於民者, 粟帛而已, 楊炎兩稅之法行, 始改而徵錢, 此又一變也. 自明以來, 又廢錢而徵銀, 所求非其所出, 黃河以北, 年豐穀賤, 而民轉溝壑, 又一變也. 經此三變, 民生無幾矣.(『맹자사설』 권3)

112 盡輸於官, 然且不足.(「전제 1」)

113 명 건국 후 원나라 제도를 고쳐 수도에서 각 군현에 이르기까지 몇 개의 부府 단위로 위소衛所를 설치했다. 그 아래 천호소千戶所와 백호소百戶所를 두어 각 성 도사都司의 지휘를 받게 하고, 도사는 다시 중앙 오군五軍도독부의 통솔을 받게 했다. ―옮긴이

114 余蓋於衛所之屯田, 而知所以復井田者亦不外於是矣. 世儒於屯田則言可行, 於井田則言不可行, 是不知二五之爲十也.(「전제 2」)

115 토지 겸병이 심해져 세수가 어렵게 되자 한漢 무제武帝가 동중서董仲舒의 건의를 받아들여 시행한 세법. 사인의 토지 점유, 즉 명전名田의 수량을 일정한 범위로 제한하는 제도를 말한다. ―옮긴이

116 以實在田土均之, (…) 又何必限田均田之紛紛, 而徒爲困苦富民之事乎!(「전제 2」)

117 吾誠不敢以養民者, 望之後世, 但使兩稅之法, 復於前代, 徵其田土所自出, 不以銀爲事, 庶幾民得以自養耳.(『파사론』 「부세」)

118 夫古之賦稅, 以田爲母, 以人爲子: 人有去來, 而田無改易. 故履畝而稅, 追呼不煩.

119 명, 청대에 지주들이 관부와 결탁하여 자신들의 토지세를 영으로 만들고, 이를 농민들에게 흩뿌려 거두게 했던 수단이다. ―옮긴이

120 詭奇之術窮, (…) 飛麗之路絶, (…) 九等不得那移, (…) 胥吏無從上下, (…) 不可增減, (…) 權不旁落.(『파사론』 「부세」)

121 任田不任用.

122 不任田而任用, 以一時之用制天下之賦.(「전제 1」)

123 今欲定稅, 須反積累以前而爲之制. 授田於民, 以什一爲則; 未授之田, 以二十一爲則; 其戶口則以爲出兵養兵之賦.(「전제 3」)

124 任土作貢, (…) 其必任土所宜, 出百穀者賦百穀, 出桑麻者賦布帛, 以至雜物皆賦其所出.(「전제 3」)

125 魚鱗冊字號, 一號以一畝準之, (…) 使田土之等第, 不在稅額之輕重而在丈量之廣狹, 則不齊者從而齊矣.(「전제 3」)

126 治天下者旣輕其賦斂矣, 而民間之習俗未去, 蠱惑不除, 奢侈不革, 則民仍不可使富也.(「재계財計 3」)

127 有爲佛而貨者, 有爲巫而貨者, 有爲倡(娼)而貨者, 有爲奇技淫巧而貨者, 皆不切於民用, 一槪痛絶之.(「재계 3」)

128 世儒不察, 以工商爲末, 妄議抑之.

129 夫工固聖王之所欲來, 商又使其願出於途者, 蓋皆本也.(「재계 3」)

130 間一開采, 又使宮奴主之, 以入大內, 與民間無與.(「재계 1」)

131 鑄錢以通有無, (…) 使貨物之衡盡歸於錢, (…) 除田土賦粟帛外, 凡鹽酒酒微一, 一切以 錢爲稅.(「재계 2」)

132 梁啓超譚嗣同輩倡民權共和之說, 則將其書節鈔, 印數萬本, 秘密散布, 於晚清思想之驟 變, 極有力焉.

133 孔子之道, 非一家之學也, 非一世之學也, 天地賴以常運而不息, 人紀賴以接續而不墜.

134 '事君'治民須從堯舜以上來, 方有本領. 今人只將秦漢以來見識, 零星補湊, 所以頭出頭 沒.(『맹자사설』권4)

135 吾雖老矣, 如箕子之見訪, 或庶幾焉.(「제사題辭」)

136 始得一治, 則三代之盛猶未絶望也.(「제사」)

137 十二運之言, 無乃欺人.(『과사론』 「제사」)

138 君子之爲學, 以明道也, 以救世也.

139 載之空言, 不如見諸行事.

140 凡文之不關於六經之指, 當世之務者, 一切不爲.(『顧亭林詩文集』 「與人書二」)

141 著書待後有王者起, 得而師之.

142 炎武以管見爲『日知錄』一書, 竊自幸其中所論, 同於先生者十之六七.(『黃宗羲全集』 「思舊 錄」)

143 余嘗爲『待訪錄』, 思復三代之治. 昆山顧寧人見之, 不以爲迂.(『黃宗羲全集』 「破邪論」)

144 古之聖人, 以公心待天下之人, 胙之士而分之國, 今之君人者, 盡四海之內爲我郡縣猶不 足也.(『顧亭林詩文集』 「郡縣論一」)

145 後世有不善治者出焉, 盡天下一切之權, 而收之在上. 而萬幾之廣, 固非一人之所能操 也.(『日知錄』 「守令」)

146 欲專大利, 而無受其大害, 遂廢人而用法, 廢官而用吏.

147 一兵之籍, 一財之源, 一地之守, 皆人主自爲之.

148 內外上下, 一事之小, 一罪之微, 皆先有法以待之.

149 前人立法之初, 不能詳究事勢, 豫爲變通之地. 後人承其已弊, 拘於舊章, 不能更革, 而復 立一法以救之, 於是法愈繁而弊愈多.

150 事功日墮, 風俗日壞.(이상 『日知錄』 「法制」 참조)

151 多爲之法以禁防之, 雖大奸有所不能逾, 而賢智之臣亦無能效尺寸於法之外, 相與兢兢奉 法, 以求無過而已. 於是天子之權不寄之人臣, 而寄之吏胥.(『日知錄』 「守令」)

152 人人而疑之, 事事而制之, 科條文簿日多於一日, 而又設之監司, 設之督撫, 以爲如此, 守 令不得以殘害其民矣. 不知有司之官, 凜凜焉救過之不給, 以得代爲幸, 而無肯爲其民興一日之利者, 民烏得而不窮, 國烏得而不弱?(『顧亭林詩文集』「郡縣論一」)

153 自神宗以來, 贖貨之風日甚一日, 國維不張而人心大壞, 數十年於此矣.(『日如錄』「貴廉」)

154 今之牧守, 其能不徇於私而計民之便者, 吾未見其人矣.(『日知錄』「州縣賦稅」)

155 爲民而立之君, 故班爵之意, 天子與公侯伯子男一也, 而非絕世之貴. (…) 是故知天子
一位之義, 則不敢肆於民上以自尊, 知祿以代耕之義, 則不敢厚取於民以自奉.(『日如錄』
「周室班爵錄」)

156 有亡國, 有亡天下. 亡國與亡天下奚辨? 曰, 易姓改號, 謂之亡國, 仁義充塞, 而至於率獸
食人, 人將相食, 謂之亡天下. (…) 是故知保天下, 然後知保其國. 保國者, 其君其臣, 肉
食者謀之, 保天下者, 匹夫 之賤, 與有責焉耳矣.

157 魏晉人之清談, 何以亡天下? 是孟子所謂楊墨之言, 至於使天下無父無君, 而入於禽獸者
也.(『日知錄』「正始」)

158 人之大倫曰君臣, 曰父子.(『顧亭林詩文集』「子胥鞭平王之屍辨」)

159 恒者久也, 天下之久而不變者, 莫若君臣父子, 故爲之賦稅以輔之, 力役以奉之, 此田宅
之所以可久也.(『顧亭林詩文集』「萊州任氏族譜序」)

160 所謂天子者, 執天下之大權者也. 其執大權奈何? 以天下之權, 寄之天下之人, 而權乃歸
之天子. 自公卿大夫, 至於百里之宰, 一命之官, 莫不分天子之權, 以各治其事, 而天子之
權乃益尊.(『日知錄』「守令」)

161 人君之於天下, 不能以獨治也, 獨治之而刑繁矣, 衆治之而刑措矣.(『日知錄』「愛百姓故刑
罰中」)

162 唐之弱者, 以河北之強也. 唐之亡者, 以河北之弱也.

163 嗚呼! 世言唐亡於藩鎮, 而中葉以降, 其不遂幷於吐蕃, 回紇, 滅於黃巢者, 未必非藩鎮之
力.

164 明代之患大略與宋同.(『日知錄』「藩鎮」)

165 懲五季之亂, 削除藩鎮, 一時雖足以矯尾大之弊, 然國以浸弱. 故敵至一州則一州破, 至
一縣則一縣殘.(『日知錄』「藩鎮」)

166 是故天下之尤急者, 守令親民之官, 而今日之尤無權者, 莫過於守令. 守令無權, 而民之
疾苦不聞於上, 安望其致太平而延國命乎!

167 夫辟宮, 莅政, 理財, 治軍, 郡縣之四權也, 而今皆不得專之, (…) 是以言莅事而事權不
在於郡縣, 言興利而利權不在於郡縣, 言治兵而兵權不在於郡縣, 尙何以復論其富國裕
民之道哉!(『日知錄』「守令」)

168 封建之失, 其專在下, 郡縣之失, 其專在上.(『顧亭林詩文集』「郡縣論一」)

169 固其勢之所必.(『日知錄』「郡縣」)

170 封建之廢, 非一日之故也, 雖聖人起, 亦將變而爲郡縣.(『顧亭林詩文集』「郡縣論一」)

171 秦雖欲復古之制, 一一而封之, 亦有所不能.(『日知錄』「郡縣」)

172 知封建之所以變而爲郡縣, 則知郡縣之弊而將復變.

173 寓封建之意於郡縣.(『顧亭林詩文集』「郡縣論一」)

174 尊令之秩, 而予之以生財治人之權, 罷監司之任, 設世官之獎, 行辟屬之法, 所謂寓封建
之章於郡縣之中, 而二千年以來之弊可以復振.

175 後之君苟欲厚民生, 強國勢, 則必用吾言矣.(『顧亭林詩文集』「郡縣論一」)

176 天下之宗子各治其族, 以輔人君之治, 罔攸兼於庶獄, 而民自不犯於有司, 風俗之醇, 科
條之簡, 有自 來矣.

177 宗法立而刑清.(『日知錄』「愛百姓故刑罰中」)

178 以縣治鄉, 以鄉治保, 以保治甲.(『日知錄』「里甲」)

179 天下之人各懷其家, 各私其子, 其常情也.(『顧亭林詩文集』「郡縣論五」)

180 不職者流, 貪以敗官者殺.(『顧亭林詩文集』「郡縣論二」)

181 廢天下之生員而官府之政淸, 廢天下之生員而百姓之困蘇, 廢天下之生員而門戶之習除,
廢天下之生員而用世之材出.

182 古之所謂理學, 經學也.

183 夫子之教人文行忠信, 而性與天道在其中矣, 故曰不可得而聞.

184 今日之淸談, 有甚於前代者. 昔之淸談談老莊, 今之淸談談孔孟, 未得其精而已遺其粗,
未究其本而先辭其末, 不習六藝之文, 不考百王之典, 不綜當世之務, 舉夫子論學, 論政
之大端, 一切不問, 而曰一貫, 曰無言, 以明心見性之空言, 代修己治人之實學, 股肱惰而
萬事荒, 爪牙亡而四國亂, 神州蕩覆, 宗社丘墟.

185 『주례周禮』『예기禮記』『의례儀禮』를 말한다. —옮긴이

186 竊以爲聖人之道, 下學上達之方, 其行在孝弟忠信, 其職在灑掃應對進退, 其文在『詩』
『書』, 三禮, 『周易』『春秋』, 其用之身, 在出處, 辭受, 取與, 其施之天下, 在政令, 教化, 刑
法, 其所著之書, 皆以撥亂反正, 移風易俗, 以馴致乎治平之用, 而無益者不談.

187 明學術, 正人心, 撥亂世, 以興太平之事.(『日知錄自序』)

188 每一事必詳其始末, 參以證佐, 而後筆之於書, 故引據浩繁, 而抵牾者少.

189 敗壞天下之人才, 而至於士不成士, 官不成官, 兵不成兵, 將不成將.(『日知錄』「生員額
數」)

190 잡범차역雜泛差役은 원나라와 명나라 때 시행하던 요역의 일종. 관청을 짓거나 도로

건설, 하천의 토목 공사 등에 인부를 동원하는 것을 가리킨다. —옮긴이

191 雜泛之差, 巧盡歸於小民.

192 生員之於其邑人無秋毫之益, 而有丘山之累.

193 今天下之出入公門以撓官府之政者, 生員也, 倚勢以武斷於鄕里者, 生員也, 與胥史爲緣, 甚有身自爲胥史者, 生員也, 官府一拂其意, 則群起而哄者, 生員也.(『顧亭林詩文集』「生員論中」)

194 必選夫『五經』兼通者而後充之, 又課之以『二十一史』與當世之務而後升之. 仍分爲秀才, 明經二科, 而養之於學者, 不得過二十人之數, 無則闕之. 爲之師者, 州縣以禮聘焉, 勿令部選. 如此而國有實用之人, 邑有通經之士, 其人才必勝於今日.(『日知錄』「生員額數」)

195 取士之制, 其薦之也, 略用古人鄕擧里選之意, (…) 夫天下之士, 有道德而不願仕者, 則爲人師, 有學術 才能而思自見於世者, 其縣令得而擧之, 三府(中央機構)得而碎之, 其亦可以無失士矣.(『日知錄』「保擧」)

196 天下風俗最壞之地, 淸議尙存, 猶足以維持一二, 至於淸議亡, 而幹戈至矣.

197 여려는 『주례』에 나오는 관직 이름으로 향향보다는 작으나 조금 큰 마을을 뜻하는 교육 기관의 담당자라는 설이 있고 세금 징수를 담당한 관원이었다는 주장 등도 있다. —옮긴이

198 立閭師, 設鄕校, 存淸議於州里, 以佐刑罰之窮.(『日知錄』「淸議」)

199 君子有懷刑之懼, 小人存恥格之風.(『日知錄』「淸議」)

200 天下有道, 則庶人不議. 然則政敎風俗苟非盡善, 卽許庶人之議矣. 故盤庚之誥曰 '無或敢伏小人之攸箴', 而國有大疑, 卜諸民之縱逆. 子産不毁鄕校, 漢文止輩受言, 皆以此也.(『日知錄』「直言」)

201 禮義廉恥, 國之四維, 四維不張, 國乃滅亡.(『日知錄』「廉恥」)

202 漢人以名爲治, 故人材盛, 今人以法爲治, 故人材衰.(『日知錄』「名敎」)

203 天下之事有其識者, 木必遭其時, 而當其時者或無其識, 古之君子所以著書待後, 有王者起得而師之.(『黃宗羲全集』「思舊錄」)

204 根極理要, 宗濂洛正傳.

205 광사匡社는 왕부지가 21세 무렵에 친한 친구인 관사구管嗣裘, 곽풍천郭風跅, 문지용文之勇 등과 형주衡州에서 조직한 결사다. —옮긴이

206 盡廢古今虛妙之說且而返之實.

207 以天下論者, 必循天下之公, 天下非夷狄盜逆之所可尸, 而抑非一姓之私也.(『讀通鑑論』권말)

208 不以一人疑天下, 不以天下私一人.

209 非大反孤秦, 陋宋之爲不得延.

210 一姓之興亡, 私也, 而民之生死, 公也.(『독통감론』 권17)

211 以我爲臣而乃有君.(『周易外傳』 「咸卦」)

212 是故君以民爲基, (…) 無民而君不立.(『주역외전』 「大過」)

213 可禪, 可繼, 可革.(『黃書』 「原極」)

214 放君伐暴, 成非常之事.(『張子正蒙注』 「動物」)

215 國祚之不長, 爲一姓言也, 非公義也. 秦之所以獲罪於萬世者, 私己而已矣. 斥秦之私, 而
     欲私其子孫以長存, 又豈天下之大公哉!(『독통감론』 권1)

216 交兵毒民, 異政殊俗, 橫斂繁刑, 艾削其民, 迄之數百年而不息.(『독통감론』 권1)

217 降及於秦, 封建廢而富貴擅於一人. 其之擅也, 以智力屈天下也.

218 乃欲芟夷天下之智力, 均之於柔愚, 而獨自擅於九州之上, 雖日殺戮而只以益怨, 强豪且
     詭激以脅愚柔之小民而使困於田.(『독통감론』 권5)

219 王者能臣天下之人, 不能擅天下之土.

220 王者惡得有之, 而抑惡得稅之!(『독통감론』 권14)

221 自樂輸其田於豪民, 而若代爲之受病.

222 率天下養百官而不足, 縱百官食天下而有餘, 此何異饑鷹以攫雉兔乎!(『황서』 「大正」)

223 天子無大公之德以立於人上, 獨減裂小民而使之公, 是仁義中正爲帝王桎梏天下之
     具.(『독통감론』 권5)

224 天子不獨富, 農民不獨貧, 相仿相差而各守其疇.(『독통감론』 권5)

225 古之天子雖極尊也, 而與公侯卿大夫士受秩於天者均.

226 貴士大夫以自貴, 尊士大夫以自尊.(『독통감론』 권8)

227 郡縣之天下, 夷五等, 而天子孤高於上, 舉群臣而等夷之, 賈生所以有戮辱太迫, 大臣無
     恥之歎焉. 嗚呼! 秦政變法, 而天下之士廉恥喪者五六矣.(『독통감론』 권2)

228 身爲士大夫, 俄加諸膝, 俄墜諸淵, 習於詞斥, 曆於桎梏, 梲衣以受隸校之凌踐.(『독통감
     론』 권2)

229 未有不雜公私以議國事者.

230 명 태조 주원장朱元璋에게서 시작된 제도로, 대신들이 죄를 지었을 때 궁정에 불러들
     여 직접 장형을 가해 모욕을 줬던 형벌이다. —옮긴이

231 명나라 때 구경九卿이나 군수郡守 등 2000석 이상의 고급 관원들의 죄목에 대하여 황
     제가 직접 조서를 꾸며 심문하는 제도다. —옮긴이

232 天下之公理, 以私亂之, 則公理奪矣. 君臣之道喪, 唐宋之大臣自喪之也. 於是而廷杖詔獄之禍, 燎原而不可撲矣.(『독통감론』권22)

233 夫郡縣之天下, 其治九州也, 天子者一人也, 出納無諷議之廣, 折中無論道之司, 以一人之耳目心思, 臨六典分司之煩冗, 即有爲之代理者, 一二相臣而止, 幾何不以拘文塞責, 養天下於痿痺, 而大奸巨猾之胥吏, 得以其文亡害者, 制宗社生民之命乎?(『독통감론』권20)

234 自然之氣機.(『四書訓義』권31)

235 理勢不可以兩截溝分.(『讀四書大全說』「離婁上」)

236 總將理勢作一合說. 曲爲分析, 失其旨矣.(『독사서대전설』「이루상」)

237 凡言勢者, 皆順而不逆之謂也, 從高趨卑, 從大包小, 不容違阻之謂也. 夫然, 又安往而非理乎?

238 勢旣然而不得不然, 則卽此爲理矣.

239 在勢之必然處見理.(『독사서대전설』「이루상」)

240 理本非一成可執之物.

241 只在勢之必然處見理.

242 以戢其麋爛鼎沸之毒.

243 均成其理, 則均成乎勢矣.(『독사서대전설』「이루상」)

244 理之不一.(『독사서대전설』「양혜왕하」)

245 已成之勢不能製.(『春秋家說』권1)

246 郡縣之法, 已在先秦.

247 賢而秀者, 皆可以獎之以君子之位而長民.

248 秦以私天下之心而罷侯置守, 而天假其私以行其大公, 存乎神者之不測, 有如是夫!

249 兩端爭勝, 而徒爲無益之論者, 辨封建者是也, 郡縣之制, 垂二千年而費能改矣, 合古今上下皆安之, 勢之所趨, 豈非理而能然哉?

250 이상 『독통감론』권1 참조.

251 夫封建不可復也, 勢也.(『독통감론』권2)

252 時異而勢異, 勢異而理亦異矣.

253 道因時而萬殊.(『周易外傳』「雜卦傳」)

254 茹毛飮血, 茫然於人道.(『독통감론』권20)

255 천광川廣은 오늘날 중국의 서남부 낙후한 지역을 가리키는 말이며 원나라 이래 이 지역 소수 민족의 수장들에게 토사土司라는 관직을 수여해 지역을 책임지게 했다. —옮긴이

256 國小而君多, 而暴王橫取, 無異於今川廣之土司.

257 至於春秋之世, 弑君者三十三, 弑父者三, 卿大夫之父子相夷, 兄弟相殺, 姻黨相滅, 無國無歲而無之, 蒸報無忌, 瀆貨無厭, 日盛於朝野.(『독통감론』권20)

258 而道術始明.(『독통감론』권20)

259 郡縣一王, 亦緣此以漸統壹於大同, 然後風教日趨於畫一, 而生民之困亦以少衰.(『독통감론』권20)

260 倫已明, 禮已定, 法已正.

261 以太宗爲君, 魏徵爲相, 聊修仁義之文, 而天下已帖然受治, 施及四夷, 解辮歸誠. 不待堯舜湯武也.(『독통감론』권20)

262 泥古過高, 而非薄當今.(『독통감론』권20)

263 洪荒無揖讓之道, 唐虞無弔伐之道, 漢唐無今日之道, 則今日無他年之道者多矣.(『주역외전』「繫辭上傳 제12장」)

264 道莫盛於趨時.(『思問錄』「內篇」)

265 法無有不得者也, 亦無有不失者也.

266 法弊而必更, 不可復矣.

267 一事之效, 一時之宜, 一言之傳.

268 一代之治, 各因其時, 建一代之規模以相扶而成治.

269 以一成純而互相裁制.

270 未有慕古人一事之當, 獨擧一事, 雜古於今之中, 足以成章者也.

271 擧其百, 廢其一, 而百者皆病, 廢其百, 擧其一, 而一可行乎?

272 偏擧周禮一節, 雜之宋法之中.

273 庸醫雜表里, 兼溫凉以飮人, 强者篤, 弱者死.

274 王不成王, 霸不成霸.

275 浮慕前人之一得, 夾糅之於時政之中, 而自矜復古, 何其窒也.(『독통감론』권21)

276 謂井田封建肉刑之不可行者, 不知道也. 謂其必可行者, 不知德也. 勇於德則道凝, 勇於道則爲天下病矣.(『思問錄』「內篇」)

277 以古之制, 治古之天下, 而未可槪之今日者, 君子不以立事, 以今之宜, 治今之天下, 而非可必之後日者, 君子不以垂法.(『독통감론』「권말」)

278 『화엄경탐현기華嚴經探玄記』에 나오는 불교 용어로 상즉相卽은 본체론에서 개체와 전체가 불가분의 관계가 있음을 일컫는 말이다. 상입相入과 대비되는 용어다. —옮긴이

279 言理勢者, 猶言理之勢也.

280 '勢'字精微, '理'字廣大, 合而名之曰'天'.(『독사서대전설』「이루상」)

281 天者, 理而已矣, 理者, 勢之順而已矣.

282 順必然之勢者, 理也, 理之自然者, 天也.(『宋論』권7)

283 天者, 理也, 其命, 理之流行者也.

284 天之命, 有理而無心者也.(『독통감론』권24)

285 進君相而與天爭權, 異乎古之言俟命者矣. 乃唯能造命者, 而後可以俟命, 能受命者, 而後可以造命, 推致其極, 而豈徒君相爲然哉!(『독통감론』권24)

286 人有可竭之成能, 故天之所死, 猶將生之; 天之所愚, 猶將哲之; 天之所無, 猶將有之; 天之所亂, 猶將治之.(『續春秋左傳博議』권하)

287 易兼常變, 禮惟貞常.(『주역외전』「계사하전 제7장」)

288 天下之勢, 循則極, 極則反.(『春秋世論』권4)

289 天下之勢, 一離一合, 一治一亂而已.(『독통감론』권16)

290 太昊之前, 中國之人若麕聚鳥集, 非必日照月臨之下而皆然也. 必有一方焉, 如唐虞三代之中國也.

291 中國之文乍明乍滅. 他日者必且陵蔑以之於無文.

292 又返乎太昊之前, 而蔑不獸矣.

293 此混沌而彼文明.(『思問錄』「外篇」)

294 三代以下, 統愈亂, 世愈降, 道愈微, 盜憎主, 夷猾夏, 恬不知怪, 以垂至於今.(『尙書引義』「泰誓牧誓」)

295 變萬而常未改一.(『주역외전』「說卦傳」)

296 聖人反變以盡常, 常立而變不出其範圍.(『주역외전』「계사하전 제7장」)

297 變而不失其常, 而後大常貞.(『주역외전』「雜卦傳」)

298 故聖人於常治變, 於變有常, 夫乃與時偕行, 以待憂患. 而其大用, 則莫若以禮.(『주역외전』「계사하전 제7장」)

299 子曰: '殷因於夏禮, 所損益可知也.' 因者, 仁義之蘊, 中和之藏, 彝倫之敍耳.(『독통감론』권7)

300 使賢者可就, 不肖可及, 以防淫辟, 以辨禽獸, 而建中和之極, 用錫萬民.(『독통감론』권7)

301 人之且淪於禽獸也.(『독통감론』권7)

302 동행이정同行異情이라고도 한다. 주희는 인간이면 누구나 욕망이 있으며 성인이든 소인이든 같다는 동행同行을 긍정한다. 하지만 성인은 이 욕망에 함몰되지 않으나 소인은 함몰되어버린다는 이성異性을 주장했다. ―옮긴이

303　命日受則性日生.(『尚書引義』「太甲 2」)

304　無人物處則無命也, 況得有性!

305　'天命之謂性', 亦就人物上見得.(『독사서대전설』「陽貨」)

306　理, 行乎氣之中, 而與氣爲主持分劑者也. 故質以函氣, 而氣以函理.

307　是氣質中之性, 依然一本然之性也.(『독사서대전설』「양화」)

308　一受之成侀而莫能或易.

309　則於易言'成之者'卽道成之, 卽善成之, 其始終一貫處, 未得融浹.(『독사서대전설』「滕文公上」)

310　則年逝而性亦日忘也.

311　方生而受之, 一日生而一日受之.(『상서인의』「태갑 2」)

312　其說似與先儒不合.(『독사서대전설』「大學傳 제1장」)

313　惟命之不穷也而靡常, 故性屢移而異.

314　未成可成, 已成可革.

315　擇善必精, 執中必固.(『상서인의』「태갑 2」)

316　蓋性卽理也, 卽此氣質之理.(『독사서대전설』「양화」)

317　私敬之中, 天理所寓.

318　人情天理合一.(『四書訓義』권26)

319　理與欲皆自然.(『張子正蒙注』「誠明」)

320　有是故有非, 在欲斯有理.(『주역외전』「復卦」)

321　故仁義禮智之理, 下愚所不能減, 而聲色臭味之欲, 上智所不能廢, 俱可謂之爲性.

322　聲色臭味, 順其道則與仁義禮智不相悖害, 合兩者而互爲體也.(『장자정몽주』「성명」)

323　飲食男女, 皆性也, 理皆行乎其中也.(『장자정몽주』「乾稱下」)

324　卽爲萬物之公理.(『독사서대전설』「양혜왕하」)

325　故好貨, 好色, 不足以爲不善.(『독사서대전설』「滕文公上」)

326　斯二者, 互藏其宅而交發其用.(『상서인의』「大禹謨一」)

327　禮雖純爲天理之節文, 而必富於人欲以見.

328　故終不離人而別有天, 終不離欲而別有理也.

329　離欲而別爲理, 其唯釋氏爲然. 蓋厭棄物則, 而廢人之大倫矣.(『독사서대전설』「양혜왕하」)

330　聖人有欲, 其欲卽天之理. 天無欲, 其理卽人之欲. 學者有理有欲, 理盡則合人之欲, 欲推卽合天之理.(『독사서대전설』「里仁」)

331 天理充周, 原不與人欲相爲對壘.

332 隨處見人欲, 卽隨處見天理.(『독사서대전설』「양혜왕하」)

333 理之所應得.(『독사서대전설』「大學傳 제10장」)

334 若只推其所欲, 不盡乎理, 則人己利害, 勢相扞格.(『독사서대전설』「里仁」)

335 天理人欲, 雖異情而亦同行.(『독사서대전설』「盡心上」)

336 理自性生, 欲以形開. 其或冀夫欲盡而理乃孤行, 亦似矣. 然而天理人欲同行異情, 異情
者異以變化之幾, 同行者同於形色之實.(『주역외전』「屯卦」)

337 須先敎心直得無欲.

338 須是人欲淨盡, 然後天理自然流行.(『독사서대전설』「先進」)

339 以體言之, 則苟天理不充實於中, 何所以爲主以拒人欲之發? 以用言之, 則天理所不流行
之處, 人事不容不接, 才一相接, 則必以人欲接之, 如是而望人欲之淨盡, 亦必不可得之
數也.(『독사서대전설』「先進」)

340 忿非暴發, 不可得而懲也.

341 欲非已濫, 不可得而窒也.(『주역외전』「損卦」)

342 원문의 징갱취제懲羹吹齏의 齏는 제蠫로도 쓰며 굴원屈原의 『구장九章』「석송惜誦」에
등장하는 고사다. 뜨거운 국물에 덴 사람이 나중 찬 나물만 보아도 불어 없앤다는 뜻
이다. —옮긴이

343 處其變矣, 而後懲, 窒之事起焉. 若夫未變而億其或變, 早自貶損以防意外之遷流, 是懲
羹而吹齏, 畏金鼓之聲而自投車下, 不亦愚乎!(『주역외전』「損卦」)

344 君子只於天理人情上絜著個均平方正之矩, 使一國率而由之.(『독사서대전설』「대학전 제
10장」)

345 督子以孝, 不如其女子; 督弟以友, 不如其裕弟; 督婦以順, 不如其綏婦. 魄定魂通, 而神
順於性, 則莫之或言而若或言之.(『詩廣傳』권1)

346 行可兼知, 而知不可兼行.

347 知必以行爲功.(『尙書引義』「說命中二」)

348 踐其下, 非踐其上.(『주역외전』「계사상전 제12장」)

349 孟子所言之王政, 天理也, 無非人情也.(『四書訓義』권26)

350 凡諸聲色臭味, 皆理之所顯. (…) 儻須淨盡人欲, 而後天理流行, 則但帶兵農禮樂一切
功利事, 便於天理窒碍, 叩其實際, 豈非‘空諸所有’之邪說乎?(『독사서대전설』「先進」)

351 三綱五常, 是禮之本原.(『독사서대전설』「爲政」)

352 凡言中者, 皆體而非用也.

353 離者不孤.(『독사서대전설』「中庸名篇大旨」)

354 一直到人倫之至, 治民如堯, 事君如舜, 方是得中, 則豈有能過之者哉?(『독사서대전설』
「선진」)

355 天道人性中和化育之德皆於禮顯之.

356 君之所以自正而正人者, 則惟禮而已矣. 禮所以治政, 而有禮之政, 政卽禮也. 故或言政,
或言禮, 其實一也.

357 政治而君安, 不待刑而自服.

358 大順斯大同.(『禮記章句』권9)

359 衣食足而後廉恥興, 財物阜而後禮樂作, 是執末以求其本也.

360 仁不至, 義不立, 和不浹, 道不備, 操足之心而不足, 操不足之心而愈不足矣.(『詩廣傳』
권2)

361 可敬者義之府也, 可愛者仁之緼也. 是善惡之樞也, 生殺之機也, 治亂之司也, 君子野人
之辨也. 而尤莫大乎人禽之別焉.(『주역외전』「계사하전 제2장」)

362 天道不遺於禽獸, 而人道則爲人之獨.(『思問錄』「內篇」)

363 明倫察物居仁由義, 四者禽獸之所不得與. 壁立萬仞, 止爭一線, 可弗懼哉!(『俟解』)

364 人不自畛以絶物, 則天維裂矣. 華夏不自畛以絶夷, 則地維裂矣. 天地制人以畛, 人不能自
畛以絶其黨, 則人維裂矣.

365 天下之大防二: 中國夷狄也, 君子小人也. (…) 而其歸一也. 一者, 何也? 義, 利之分也.

366 故均是人也, 而華夷分以其疆, 君子小人殊以其類, 防之不可不嚴也.(『독통감론』권14)

367 太昊以上, 其猶禽獸乎!

368 軒轅以前, 其猶夷狄乎!

369 亦植立之獸而已矣.(『사문록』「外篇」)

370 吳楚閩越, 漢以前夷也, 而今爲文教之藪.

371 齊晉燕趙, 唐隋以前之中夏也, 而今之椎鈍駤戾者, 十九而抱禽心矣.(『사문록』「외편」)

372 天氣殊而生質異, 地氣殊而習尙異.(『독통감론』권2)

373 欺之而不爲不信, 殺之而不爲不仁, 奪之而不爲不義.(『독통감론』권28)

374 求食, 求匹偶, 求安居.

375 庶民者, 流俗也. 流俗者, 禽獸也.

376 小人之爲禽獸, 人得而誅之. 庶民之爲禽獸, 不但不可勝誅, 且無能知其爲惡者.

377 但取十姓百家之言行而勘之, 其異於禽獸者, 百不得一也.(『俟解』)

378 故陰陽動靜之理大矣, 其變繁矣, 其辨嚴矣. 立人之道以匡扶世教, 無一而可苟焉者

也.(『독통감론』 권5)

379 夫禮之爲教, 至矣大矣, 天地之所自位也, 鬼神之所自綏也, 仁義之以爲體, 孝弟之以爲
用者也, 五倫之所經緯, 人禽之所分辨, 治亂之所司, 賢不肖之所裁者也, 舍此而道無所
麗矣. 故夷狄蔑之, 盜賊惡之, 佛老棄之, 其絕可懼也.(『독통감론』 권17)

380 蓋邪正之分, 分於公私, 公私之辨, 辨於義利.(『사서훈의』 권6)

381 有公理, 無公欲. 私欲淨盡, 天理流行, 則公矣.(『사문록』 「내편」)

382 此字却推勘的精嚴, 較他處爲細.(『독사서대전설』 「선진」)

383 道爲器之本, 器爲道之末.(『독사서대전설』 「子張」)

384 無其道則無其器, 人類能言之.

385 無其器則無其道, 人鮮能言之.

386 天下惟器而已矣.(이상 『주역외전』 「계사상전 제12장」 참조)

387 道器相須, (…) 道麗(附著)於器. (『張子正蒙注』 「三十」)

388 據器而道存, 離器而道毀.(『주역외전』 「大有」)

389 天者道, 人者器, 人之所知也; 天者器, 人者道, 非知德者其孰能知之!(『사문록』 「내편」)

390 聖人之所不知不能者, 器也. 夫婦之所與知與能者, 道也. 故盡器難矣, 盡器則道無不貫,
盡道所以審器, 知至於盡器, 能至於踐形, 德盛矣哉!(『사문록』 「내편」)

391 禮因器以載道, 其用上達.(『주역외전』 「계사상전 제7장」)

392 故聰明者耳目也, 睿智者心思也, 仁者人也, 義者事也, 中和者禮樂也, 大公至正者刑賞
也, 利用者水火金木也, 厚生者穀蔬絲麻也, 正德者君臣父子也. 如其舍此而求諸未再器
之先, 亘古今, 通萬變, 窮天窮地, 窮人窮物, 而不能爲之名, 而況得有其實乎?(『주역외
전』 「계사상전 제12장」)

393 故古之聖人, 能治器而不能治道. 治器者則謂之道, 道得則謂之德, 器成則謂之行, 器用
之廣則謂之變通, 器效之著則謂之事業.(『주역외전』 「계사상전 제12장」)

394 宰相無權, 則天下無綱, 天下無綱而不亂者, 未之或有.

395 奉行條例, 畫敕以行, 莫違其式而已.

396 兵瘵於邊, 政弛於廷, 奸匿於側, 民困於野, 莫任其咎, 咎亦弗及焉.

397 上攬權則下避權, 而權歸於宵小.(『독통감론』 권26)

398 天下可無相也, 則亦可無君也. 相輕於鴻毛, 則君不能重於泰山也.(『독통감론』 권28)

399 天下之治, 統於天子者也.

400 上統之則亂, 分統之則治.

401 故封建之天下, 分其統於國; 郡縣之天下, 分其統於州.

402 統者, 以緒相困而理之謂也, 非越數累而遙繫之也.

403 故天子之令不行於郡, 州牧刺史之令不行於縣, 郡守之令不行於民, 此之謂一統.

404 以天子下統乎天下, 則天下亂.

405 上侵焉而下移, 則大亂之道也.(『독통감론』권16)

406 忌天下之強, 而獎之以弱, 則以自弱而喪其天下, 趙宋是已.(『독통감론』권19)

407 官常數定, 官聯相屬, 法紀豫立.

408 六卿百執之可否, 三公酌之; 而三公唯參可否, 不制六卿百執以行其意.

409 守典章以使百工各欽其職, 非不爲而固無爲也. 誠無爲矣, 則有天子而若無, 有天子而若無, 則無天子而若有.

410 中外自輯以協於治.(이상『독통감론』권13 참조)

411 天下之大, 田賦之多, 人民之衆, 固不可以一切之法治之也.

412 酌腹里邊方, 山澤肥瘠, 民人衆寡, 風俗淳頑, 因其故俗之便, 使民自陳之, 邑之賢士大夫酌之, 良有司裁之, 公卿決之, 天子制之.

413 可以行之數百年而不敝.(이상『독통감론』권16 참조)

414 省官將以息民, 而士之待用者, 滯於進而無以權人於善. 不省, 則一行之士, 可自試以交獎於才能, 然而役多民勞, 苦於不給, 且也議論滋多, 文法滋繁, 責分而權不一, 任事者難而事多牽制以疑沮.

415 故一興一廢一繁一簡之際, 難言之也.

416 天下有定理而無定法.

417 無定法者, 一興一廢一繁一簡之間, 因乎時而不可執也.(『독통감론』권6)

418 治道之裂, 壞於無法.(『독통감론』권17)

419 治之弊也, 任法面不任人. 夫法者, 豈天子一人能持之以遍察臣工乎?(『독통감론』권6)

420 用人與行政, 兩者相扶以治, 舉一廢一, 而害必生焉.(『독통감론』권11)

421 任人任法, 皆言治也, 而言治者曰: 任法不如任人.(『독통감론』권10)

422 治天下以道, 未聞以法也.(『독통감론』권5)

423 法先王者以道, 法其法, 有拂道者矣; 法其名, 竝非其法矣. 道者因天, 法者因人, 名者因物. 道者生於心, 法者生於事, 名者生於言.(『독통감론』권17)

424 法不可以治天下者也, 而至於無法, 則民無以有其生, 而上無以有其民. 故天下之將治也, 則先有制法之主, 以使民如上有天子下有吏, 而已亦有守以謀其生.(『독통감론』권30)

425 天子者, 化之原也.(『독통감론』권12)

426 苟非其人, 道不虛行.(『독통감론』권5)

427 在人爲心, 在天爲理, 故天地之間, 四海之內, 古今之遙, 幽明上下, 治教政刑, 因革損益, 無非此理之著而已矣.(『禮記章句』권24)

428 治之所資者, 一心而已矣. 以心馭政, 則凡政皆可以宜民.(『독통감론』권말)

429 人君一念之煩苛, 而四海之心瓦解.(『독통감론』권26)

430 始於大公, 終於至正.

431 天下所極重而不可竊者二, 天子之位也, 是謂治統, 聖人之教也, 是謂道統.(『독통감론』권13)

432 원문의 不顯之臨, 無射之保는 문왕의 음덕을 칭송하는 『시경』「주송周頌·淸廟之什」의 "不顯不承, 無射於人斯"에서 유추해서 해석했다. —옮긴이

433 若夫百王不易, 千聖同原者, 其大綱, 則明倫也, 察物也; 其實政, 則敷教也, 施仁也; 其精意, 則祇台也, 躋敬也, 不顯之臨, 無射之保; 此則聖人之道統, 非可竊者也.(『독통감론』권13)

434 帝王之興, 以治相繼, 奚必手相授受哉! 道相承也.(『독통감론』권22)

435 儒者之統, 與帝王之統並行於天下, 而互爲興替. 其合也, 天下以道而治, 道以天子而明; 及其衰, 而帝王之統絕, 儒者猶保其道以孤行而無所待, 以人存道, 而道不可亡.

436 上無教, 下無學, 是二統者皆將斬於天下.

437 斯道亘天垂地而不可亡者也.(『독통감론』권15)

438 舍天下之道而論一姓之興亡.

439 夫統者, 合而不離, 續而不絕之謂也.(『독통감론』권말)

440 治統之亂, 小人竊之, 盜賊竊之, 夷狄竊之.

441 天地不能保其清寧, 人民不能全其壽命.

442 不可以永世而全身.(『독통감론』권13)

443 王者以義正名而合之.

444 『독통감론』권말 참조.

445 三代而下, 吾知秦隋之亂, 漢唐之治而已; 吾知六代五季之離, 唐宋之合而已.(『독통감론』권16)

446 唐政之不終者凡三: 貞觀也, 開元也, 元和也.

447 唐以功立國, 而道德之旨, 自天子以至於學士大夫置不講焉, 三君之不終, 有以夫!(『독통감론』권22)

448 不善.(『독통감론』권30)

449 有天下者而有私財, 則國患貧以迄於敗亡, 錮其心, 延及其子孫, 業業然守之以爲固, 而官天地府萬物之大用, 皆若與己不相親, 而任其盈虛.

450 開創之英君, 皆席以爲常, 而貽謀不靖.

451 禍切剝床, 而求民不已, 以自保其私, 垂至其亡而爲盜資.(『독통감론』권2)

452 君天下者, 道也, 非勢也.(『독통감론』권15)

453 德立而後道隨之, 道立而後政隨之.(『독통감론』권16)

454 稱仁義, 重德化, 引性命, 探天地之素.

455 功力以爲固, 法禁以爲措.(『黃書』「後序」)

456 夫平治天下在乎人君之一心, 心以立道.(『사서훈의』권31)

457 豐草多落英, 茂林多枯枝.

458 명나라 때 각종 사위를 부르던 통칭. 종실 친왕과 증손, 현손의 사위에게 모두 적용되었다. —옮긴이

459 장황언張煌言(1620~1664)은 정성공鄭成功 등과 연계하여 20여 년간 청나라 조정에 항거했다. 남명南明의 병부상서에 오르고 후일 노왕魯王에 추증된다. 「절명시絶命詩」로 유명하다. —옮긴이

460 강희 5년(1666) 황제의 칙명으로 명나라 유민 독서인들에게 반드시 과거에 참여하여 시험을 보게 했다. —옮긴이

461 오늘날 헤이룽장성 닝안寧安에 있는 청나라 때 정치범 유배지. 여섯 명의 황자가 머물렀다는 만주어의 음을 따서 영고탑이라 불린다. —옮긴이

462 敢於聖祖仁皇帝任意指斥.

463 著邪書, 立逆說, 喪心病狂, 肆無忌憚.(『東華錄』雍正 7년 4월)

464 自秦竝天下以後, 以自私自利之心, 行自私自利之政, 歷代因之.(『四書講義』권34)

465 漢唐以來, 人君視天下如其莊肆然, 視百姓如其佃賈然, 不過利之所從出耳, 所以不敢破制盡取者, 亦惟慮繼此之無利耳, 未嘗有一念痛癢關切處也.(『사서강의』권27)

466 本心卻絕是個自私自利, 惟恐失卻此家富.(『사서강의』권29)

467 封建井田之廢, 勢也, 非理也; 亂也, 非治也. 後世君相因循苟且以養成其私利之心, 故不能復三代.(『사서강의』권34)

468 只爲後世封廢爲郡縣, 天下一統於君, 遂但有進退而無去就. 嬴秦無道, 創爲尊君卑臣之禮, 上下相 隔懸絕, 竝進退亦制於君而無所逃. 而千古君臣之義爲之一變.(『사서강의』권37)

469 後世事君, 其初應擧時, 原爲門戶溫飽起見. 一片美田宅, 長子孫無窮嗜欲之私先據其中, 而後講如何事君, 便講到敬事, 也只成一種固寵患失學問.(『사서강의』권18)

470 민緡은 고대 동전꾸러미를 지칭하는 말이다. 보통 1000文文을 한 꾸러미로 꿰었으므로 1민은 1관貫이라고도 불렸다. 시대에 따라 가치가 다르나 1민은 은자 1량兩의 가치이고 은자 10량은 황금 1량이란 주장도 있다. ―옮긴이

471 只多與十萬緡塞破屋子, 便稱身膺國恩矣. 諫行言聽, 膏澤下民, 與彼卻無干涉.(『사서강의』 권77)

472 孔孟程朱之所以憂而必爭者正爲此耳. 雖終古必不能行, 儒者不可不存此理以望聖王之復作.(『사서강의』 권34)

473 天生民而立之君, 君臣皆爲生民也.(『사서강의』 권6)

474 天生民而立之君, 必足以濟斯民而後享斯民之養. 故自天子以至於一命之奉, 皆謂之天祿.(『사서강의』 권37)

475 대경代耕은 농사일 대신 다른 일을 한다는 뜻으로 고대엔 관직에 종사하는 것을 뜻했다.『예기』「왕제王制」편에 따르면 "제후들의 하사下士를 상농부上農夫로 취급해 농경에 대신하는 충분한 녹을 준다"고 한다. ―옮긴이

476 代耕之義上通於君公, 直至天子, 亦不過代耕之盡耳. 天生蒸民, 俱合一夫百畝, 特人各致其能以相生, 故有君卿大夫士之祿. 君卿大夫士俱合一夫之食, 特其功大者其食倍耳, 皆所謂代也.(『사서강의』 권39)

477 三代以上聖人制産明倫及封建兵刑許多布置, (…) 都只爲天下後世區處, (…) 不曾有一事一法從自己富貴及子孫世業上起一點永遠占定, 怕人奪取之心.(『사서강의』 권29)

478 志不同, 道不行, 便可取.

479 『사서강의』 권37.

480 封建是聖人治天下之大道, 亦卽是禦戎狄之大法.(『大義覺迷錄』 引―)

481 춘추 시대 제나라 권력 투쟁을 일컫는다. 관중管仲은 형인 규糾를 섬기며 동생 소백小白을 공격했으나 끝내 소백이 이기고 관중은 감옥에 갇혔다가 친구 포숙鮑叔의 도움으로 풀려나 끝내 재상에 올랐다. ―옮긴이

482 君臣之義, 域中第一事, 人倫之至大. 若此節一失, 雖有勳業作爲, 無足以贖其罪者.

483 一部春秋大義, 尤有大於君臣之倫, 爲域中第一事者. 故管仲可以不死耳. 原是論節義之大小, 不是重功名也.(『사서강의』 권17)

484 從來尊信朱子者徒以其名而未得其真.

485 송나라 공제恭帝의 연호. 1275년부터 1276까지의 2년을 말한다. ―옮긴이

486 辱身枉己, 而猶哆然以道自任, 天下不以爲非. 此道不明, 使德祐以迄洪武, 其間諸儒失足不少.

487 故紫陽之學, 自吳許以下已失其傳, 不足爲法.(『呂晚村文集』「復高彙旃書」)

488 不憂世之不我, 而傷天下之民不逢其生. 鬱結於中, 不可以已, 發而爲言.

489 使我立於明主之側, 從容咨詢, (…) 可以任官, 可以足民, 可以弭亂, 不出十年, 天下大治矣.(「潛存」)

490 治天下者惟君, 亂天下者惟君.(「鮮君」)

491 自秦以來, 凡爲帝王者皆賊也.(「室語」)

492 上觀古昔, 堯舜禹啓, 治世惟久, 夏殷西周西漢, 治多於亂.

493 其餘一代之中, 治世十一二, 亂世十八九.(「鮮君」)

494 殺一人而取其匹布鬪粟, 猶謂之賊; 殺天下之人而盡有其布粟之富, 而反不謂之賊乎!(「室語」)

495 성양城陽은 오늘날 산둥성 허쩌菏澤의 동쪽으로 진나라 말 유방劉邦과 항우項羽가 함께 이곳에 침공하여 잔인하게 성을 도륙했다. —옮긴이

496 暴骨未收, 哭聲未絕, 目眦未乾.

497 服袞冕, 乘法駕, 坐前殿, 受朝賀.

498 高宮室, 廣苑囿, 以貴其妻妾, 以肥其子孫.

499 有天下者無故而殺人, 雖百其身不足以抵其殺一人之罪.

500 若上帝使我治殺人之獄, 我則有以處之矣.(「室語」)

501 天之生賢也實難. 博征都邑, 世族貴家, 其子孫鮮有賢者, 何況帝室富貴, 生習驕恣, 豈能成賢! 是故一代之中, 十數世而二三賢君, 不爲不多矣. 其餘非暴卽暗, 非暗卽辟, 非辟卽懦. 此亦生人之常, 不足爲異.(「鮮君」)

502 惟是懦君蓄亂, 辟君生亂, 暗君召亂, 暴君激亂, 君罔救矣, 其如斯民何哉!(「鮮君」)

503 君日益尊, 臣日益卑.(「抑尊」)

504 人君之尊, 如在天上, 與帝同體. 公卿大臣, 罕得進見; 變色失容, 不敢仰視; 跪拜應對, 不得比於嚴家之僕隸.

505 是以人君之賤視其臣民, 如犬馬蟲蟻之不類於我.

506 賢人退, 治道遠矣.(이상 「抑尊」 참조)

507 天子雖尊, 亦人也.(「善游」)

508 天子之尊, 非天帝大神也, 皆人也.(「抑尊」)

509 官多, 則祿不得不薄; 祿薄, 則侵上而虐下, 爲盜臣, 爲民賊.(「省官」)

510 天下難治. 人皆以爲民難治也, 不知難治者, 非民也, 官也.

511 攘民者不多人, 忘民者遍天下.

512 擧天下之民委棄之也.(「梚政」)

513 治亂非他人所能爲也, 君也. 小人亂天下, 用小人者誰也? 女子寺人亂天下, 寵女子寺人者誰也? 奸雄盜賊亂天下, 致奸雄盜賊之亂者誰也? 反是於有道, 則天下治, 反是於有道者誰也?(「鮮君」)

514 人無賢不賢, 賢不賢惟君, 政無善不善, 善不善惟君. 君惟有道, 雖恒才常法, 可以爲治, 君惟不道, 雖有大賢良法, 亦以成亂.

515 臣不敢諫, 雖諫不直, 直亦不盡. 君不納諫, 雖納不從, 從亦不改.

516 奄妾蠱志, 權奸蔽聰, 濫賞洼刑, 善惡倒置, 似亦庸君之常, 未足大異. 然有一於此, 雖不即亡, 禍成於漸, 不及其身, 在其子孫.

517 治亂在君, 於臣何有!(「遠諫」)

518 邦之不臧, 唯予一人有佚罰.(『尙書』「盤庚」)

519 吾爲此懼, 於百世之上, 訓百世以下之爲君者. 若聞吾言, 懼而知改, 雖中才之主, 可以保天下.(「遠諫」)

520 封疆, 民固之; 府庫, 民充之; 朝廷, 民尊之; 官職, 民養之, 奈何見政不見民也!(「明鑑」)

521 天下之官皆棄民之官, 天下之事皆棄臣之事, 是擧天下之父兄子弟盡推之溝壑也, 欲治得乎!(「考功」)

522 九州爲宅, 九川爲防, 九山爲阻.

523 推之如蹴弱童.(「遠諫」)

524 人無賢不賢, 賢不賢惟君, 政無善不善, 善不善惟君.

525 天下之治, 非臣能治之也.

526 天下之亂, 非臣能亂之也.(「원간」)

527 功名, 險道也; 君臣, 險交也. 不必直諫而險, 直言亦險; 不必臨戰而險, 立朝亦險; 不必事暴君而險, 事賢君亦險.(「利才」)

528 夫任重者, 功罪同迹, 信讒相參. 非必爲之而輒危也, 或出於萬有一危, 則危矣.(「이재」)

529 君之無道也多矣, 民之不樂其生也久矣, 其如彼爲君者何哉!

530 匡君治國之才, 何世蔑有?

531 世無君矣, 豈有臣乎!

532 嗚呼! 君之多辟, 非人之所能爲也, 天也. 天無所爲者也, 非天之所爲也, 人也. 人之無所不爲也, 不可以有爲也, 此古今所同歎, 則亦莫可如何也已矣.(이상「鮮君」참조)

533 天下之主在君, 君之主在心.(「良功」)

534 賢君不易得, 亂世無所逃.

535 雖使皐夔稷契生於其時, 窮而在下, 亦不過爲田市之匹夫, 達而在位, 亦不過將承之庸
吏.(「鮮君」)

536 竊有微用, 不敢讓焉.(「潛存」)

537 天地雖大, 其道惟人; 生人雖多, 其本惟心; 人心雖異, 其用惟情.(「尙治」)

538 聖道昭明, 以之正君, 以之正職.(「상치」)

539 位在十人之上者, 必處十人之下; 位在百人之上者, 必處百人之下; 位在天下之上者, 必處
天下之下.(「抑尊」)

540 是故人君之患, 莫大於自尊, 自尊則無臣, 無臣則無民, 無民則爲獨夫.(「任相」)

541 接賤士如見公卿, 臨匹夫如對上帝.(「善施」)

542 下之苦舅, 親之若甥, 咨訪時見, 敷奏時見, 暇豫時見, 燕飮時見.(「善任」)

543 列士獻詩, 瞽獻曲, 史獻書, 師箴, 瞍賦, 矇誦, 百工諫, 庶人傳語, 近臣盡規, 皆可師
也.(「得師」)

544 恭己虛衷, 不敢自是, 師冢宰而友五卿, 擧社稷以從.

545 以衆明爲一明, 以衆聰爲一聰.

546 不勞而天下大治.(「用賢」)

547 雖貴爲天子, 富有四悔, 存心如赤子, 處身如農夫, 殿陛如田舍, 衣食如貧士, 海內如室
家.(「尙治」)

548 人君能儉, 則百官化之, 庶民化之, 於是官不擾民, 民不傷財. 人君能儉, 則因生以制取,
因取以制用, 生十取一, 取三餘一, 於是民不知取, 國不知用, 可使菽粟如水火, 金錢如土
壤, 而天下大治.(「富民」)

549 爲政亦多務矣, 唯用賢爲國之大事. 治亂必於斯, 興亡必於斯, 他更無所於由也, 一於斯而
已矣.(「主進」)

550 제왕을 보필하고 왕실 자제들을 교육시키는 관직. 사師가 있고 보保가 있었는데 통칭
하여 사보師保라 부른다. ―옮긴이

551 한漢 평제平帝 때 왕망王莽에게 수여한 관직. 은나라 명 재상 이윤伊尹을 아형阿衡이
라 부르고 주나라 최고 재상 주공周公을 태재太宰라 부른 것을 합하여 재형宰衡이라
한다. 후세에 이를 원용하여 재상을 재형이라 칭했다. ―옮긴이

552 必隆師保之禮, 重宰衡之權. 自宮中至於外朝, 惟其所裁, 自邦國至於邊陲, 惟其所措. 讒
者誅之, 毁者罪之. 盖大權不在, 不可以有爲也.(「任相」)

553 任之專, 受之虛, 待之親, 禮之敬.

554 君無不測之恩威, 臣無不虞之禍福.

555 君無卿和於上, 小臣和於下, 庶民和於野, 休風所被, 天下大治.(「善任」)

556 君者, 利之源也, 奸之的也. 人皆的之, 皆欲中之.

557 功罪倒置, 誅賞駭世.(「임상」)

558 若天子用冢宰事得人, 冢宰總五卿得人, 以共攝群牧, 皆得其人. 如網在綱, 無一綸之不就理, 則百職無所容其奸. 雖有奸者, 亦化爲良, 而何患賢者不用, 不肖者不去!(「用賢」)

559 攻帝族, 攻后族, 攻寵貴.

560 雖有佞人, 化爲直臣, 雖有奸人, 化爲良臣.(「抑尊」)

561 能用賢以及天下之賢.

562 惟君先正其身以爲天下表, 卿士百職, 罔非正人, 天下不得其徑而緣之. 又於諸大臣之中得知人者, 委以推賢進能之任, 非天下之良士, 孰得而幸至哉!(「主進」)

563 違己, 從人, 慎始, 循中, 期成, 明辨.(「六善」)

564 兵殘政虐, 重以天災, 民無所逃命, 群盜得資之以爲亂.

565 명나라 말 농민 봉기군의 수령 이자성李自成을 말한다. 섬서陝西 연안延安 사람인 고영상高迎祥을 부르던 말이었으나 나중에 그를 계승한 이자성을 틈왕闖王이라 불렀다.
—옮긴이

566 李自成雖嘗敗散, 數十萬之衆, 旬日立致. 是故陝民之謠有之曰, '挨肩膊, 等闖王. 闖王來, 三年不上糧.' 民之歸之也如是.(「明鑑」)

567 君之愛民, 當如心之愛身也.(「명감」)

568 非獨農桑蠲貸爲民也, 上天下地, 九夷八蠻, 諸司庶事, 內宮外庭, 凡所有事, 皆爲民也.

569 天祿可享.(「명감」)

570 王公之家, 一宴之味, 費上農一歲之獲, 猶食之而不甘. 吳西之民, 非凶歲爲覼粥, 雜以蕎稈之灰, 無食者見之, 以爲是天下之美味也. 人之生也, 無不同也, 今若此, 不平甚矣.(「大命」)

571 天地之道故平, 平則萬物各得其所.

572 是以舜禹之有天下也, 惡衣菲食, 不敢自恣. 豈所嗜之異於人哉? 懼其不平以傾天下也.(「대명」)

573 男女, 一也.(「備孝」)

청淸대 전기 제왕들의 정치사상: 절대 군권의 수호

1644년 청나라 군대가 북경을 점령함으로써 전국을 통치한 중국 역사상 최후의 봉건 왕조가 그 서막을 열었다. 청조의 최고 통치 계층은 만주족 귀족이 핵심이었는데 입관入關 전과 입관 후 상당 기간 동안 문화적 소양이 비교적 낮았다. 청조 원래의 정치권력 체제는 내지에 대한 통치에 적응하기 위해 개혁이 필요했다. 청나라 초의 순치順治, 강희康熙, 옹정雍正, 건륭乾隆 네 황제는 정치적으로 아주 열심히 정무에 종사했으며 정치사상적으로도 각자 나름대로의 견해를 밝히고 탐구했다. 청조 황제의 정치사상에 대한 분석은 중국 고대 정치사상사를 연구하는 데 없어서는 안 될 부분이다.

절 대 군 주 전 제 의 정 치 이 론

청 조정은 역대 왕조의 흥망성쇠에 대한 역사적 교훈을 총결하며 정치권
력 체제상 군주 일인 전제를 극단적으로 강화했다. 동시에 청조 황제들
또한 그에 상응하는 정치적 견해를 제기했다. 가장 잘 드러난 점은 군주
전제 사상을 한 단계 절대화한 것인데 그 가운데 주의를 기울여볼 만한
가치가 있는 내용을 다음 몇 가지 방면으로 나누어 논술하고자 한다.

군위君位의 독존과 신하에 대한 강한 억압

전통 유가 학설은 군권을 십분 존숭하지만 동시에 능력 있는 신하나 현명한 재상의 작용을 강조하기도 하고 백성이 사직의 근본임을 강조하기도 한다. 이를 군주 전제주의 이론의 보완으로 삼았던 것이다. 강희 황제가 쓴 「군신일체론君臣一體論」은 대체로 이러한 관념을 따르고 있다. 그는 한편으로 "하늘이 높고 땅이 낮은 것은 자연의 정해진 자리다. (…) 군주가 높고 신하가 낮은 것은 역사상 성왕들의 대원칙이었다"[1]라고 말하면서도 다른 한편으로 군주와 신하를 사람 신체의 각 부분과 비교하면서 신하에게도 상당히 중요한 지위를 주고 있다. 하지만 이것은 강희제가 초기에 유학을 익히면서 얻은 인식일 뿐이었으며 군신 관계 문제에 대한 청조 황제들의 주도적 관념은 아니었다. 옹정제에 이르러 둘도 없는 지존으로서 군주의 지위가 절대적으로 강조되었다. 그는 이렇게 생각했다. "사람이 금수와 다른 까닭은 윤상의 이치를 갖고 있기 때문이다. 그래서 오륜을 인륜이라고 일컫는데 하나라도 빠지면 사람이라 할 수 없다." 그 가운데 "군신 관계가 오륜의 머리를 차지한다".[2] 이 원칙에 따르면 사람이 사람다운 근거는 먼저 군신 관계를 인정하는 것이다. 어떤 사람이든지 반드시 군주에게 머리를 숙이고 복종해야 한다. "신하된 사람은 마땅히 오직 군주가 있음을 알아야 하며, 군주가 있음을 알면 정이 연결되어 흐트러지지 않을 것이니 군주와 호오好惡를 함께할 수 있을 것이다."3 신하는 행동에서, 사상에서, 감정에서 모두 군주의 괴뢰가 되라는 것이다. 검은 머리 백성의 경우는 더욱더 그래야 한다. "군주가 백성을 어루만지지 않더라도 백성은 그 임금을 받들지 않을 수 없다."4 군주 전제 제도는 여기에서 절대화되고 있으며 조금도 되돌아설 여지가 없다. 건륭제는 역사서를 읽다가 왕안석王安石이 송宋 신종神宗을 향해 항의 표시를 하고 이치를 따져 송 신종으로 하여금 회개하고 공손히 사죄하게 만든 대목에 이르러 즉각 비판하면서 이렇게 말했다. "왕안석의 항의 문서에 신종이 공손히 사과하는 따위가 어떤 정치 체제란 말이냐?! 왕안석이 바른 사람이라 하더라도 아니 될 일인데 하물며 바르지 못함에랴!"5 이 말의 뜻은 군주가 문제를 처리하며 오류가 있더라도 고쳐서는 안 된다는 것이다. 만약 고치더라도 군주가 나중에 스스로 알아서 고칠 필요가 있다고 말한다. 이는 군주를 향해 충언을 올리고 쟁신諍臣이 되어 폐단을 구원해야 한다는 기왕의 주장들을 모두 포기하고 적나라한 일인 전제만을 남겨놓는 짓이다.

　봉건 정치에서 군주와 신하의 작용을 어떻게 볼 것인가는 군주 전제주의 정치 이론의 중요한 문제 가운데 하나다. 전통 유가 학설과는 다르게 청초의 몇몇 황제는 강희 전기를 제외하고 정치적 치적과 명망 방면에서 대부분 신하들을 억눌렀으며 어떤 사람은 심지어 대신을 노예로 취급했다. 순치 10년(1653) 3월 순치제는 대신들을 향해 다음과 같은 칙서를 반포했다. "너희가 삼가 짐의 뜻을 따라서 실심實心으로 실정實政을 하여 여럿이 함께 화평의 복락을 누린다면 짐은 직급과 녹봉을 후하게 하는데 조금도 인색하지 않겠다. 만약 짐의 뜻을 겉으로만 따르는 척하고 마음으로 거짓을 품어 위에 아첨하고 아래에 포학하며 정치에 태만하고 절조를 무너뜨리면 국헌에 비추어서 반드시 자신과 집안에 재앙이 닥치게 하겠다. 면하고 싶다고 되겠는가!"[6] 말뜻이 위협으로 가득하다. 나중에 순치제는 『어정인신경심록御定人臣儆心錄』이란 책의 편찬을 주재했는데 역대 간신과 죄관罪官이 어떻게 황제의 근본 이익을 위반하고 최후에 징벌을 받았는지 그 사례를 전문적으로 뽑아서 의론을 덧붙였다. 그리고 '식당植黨' 즉 당파 수립, '호명好名' 즉 허명의 추구, '영사營私' 즉 사리 도모, '순리徇利' 즉 이익 탐구, '교지驕志' 즉 뜻이 교만함, '작위作僞' 즉 사기 행각, '부세附勢' 즉 세력에 빌붙음, '광관曠官' 즉 직무 부적합 등 각 유형으로 나눈 뒤 조신들에게 나누어주고 이를 거울로 삼도록 했다. 강희제는 한때 유학 연구에 열중했으며 웅사리熊賜履, 이광지李光地, 탕빈湯斌 등은 경연을 열어 날마다 강의하며 온갖 힘을 다 바쳤다. 이들을 세상에선 '리학 명신'이라 불렀다. 그러나 강희제는 이 봉건 사상 체계를 기본적으로 장악하고 난 뒤 공공연하게 이 대신들을 힐책했고 그들 하나하나를 깎아내렸다. 예컨대 강희 33년(1694) 윤5월 초나흘 강희제는 여러 한림관에게 친히 시험을 치렀는데 시제를 「리학진위론理學眞僞論」으로 삼았다. 이는 사실상 조정의 일부 대신들을 에둘러 공격한 것이다. 며칠 지나지 않아 강희제는 장편의 유지를 하달하여 위상추魏象樞, 이광지, 웅사리, 탕빈, 왕홍서王鴻緖, 고사기高士奇 등의 행위가 황당무계하며 그들이 표방하는 리학의 말씀과 전혀 부합하지 않는다고 질책했다. 이들이 가짜 도학道學을 한다고 질타함이 일리가 없는 것은 아니나 더욱 깊이 숨어 있는 뜻은 오직 강희제만이 진짜 도학을 한다는 것이다. 청대 황제들은 대신들에게 부단히 훈계했다. 옹정제는 즉위하자마자 각급 관료들을 향해 따로따로 교유敎諭성 지시를 하달했다. 대신을 접견하면 '훈도訓導'하는 말을 싫증내지도 않고 계속했다. 예컨대 그 스스로 이렇게 말한 적이 있다. "짐이 등극하고부터 문무 대소 관원들이 진견할 때 반드시 잘 타일러 가르쳤으며 국가 대계와 민생의 핵심 임무에 대해 훈시하고 (…) 짐은 그들이 확연히 깨우치고 스스로 식견이 비천함을 알도록 해주고자 교지를 내릴 때도 상세하게 반복했으며 번거롭고 힘듦을 꺼려하지 않았다."[7] 조정엔 여전히 간언을 하는 언관이 있었으나 간언을 올리면서 조금이라도 주의를 기울이지 않으면 징계를 받았다. 이를테면 건륭제는 언관들이 "명나라 말 간원諫垣[8] 사람들의 악습을 본받는다"[9]고 질책한 적이 있다. 그들의 상소가 "문체가 아주 잘못되고" "공경과 근엄의 도를 전혀 모르고 있다"[10]고 질타한 것이다.

강희제는 우선 역사를 들어 오늘날을 증명하는 방식으로 군주가 얼마나 존엄하고 중요한 지위인지를 강조했다. "대대로 서생들이 역대 제왕을 논하면서 대부분 과실을 지적하고 편안하게 부귀를 누리면서 일락을 탐했다고 말한다. 짐이 역사서를 읽으며 고래의 제왕들을 관찰해보니 군주가 얼마나 어려운 일인지 깊이 알겠더라. 짐이 60년을 늦은 밤까지 힘써 일하다보니 금석으로 된 몸이라도 닳았을 텐데 하물며 기혈로 이루어진 몸임에랴!"[11] 그는 고대로부터 대신이라는 사람들 가운데 오직 제갈량 한 사람만이 친히 무거운 임무를 담당할 만하여 "몸이 완전히 부서지고 죽은 뒤에야 끝이 났다"[12]고 생각했다. 그런데 군주는 거의 모두 이렇게 국사를 위해 온몸이 완전히 부서진다는 것이다. 강희 60년(1721) 그는 정중하게 명령을 발포했다. "짐은 역사책을 열람하며 전대의 제왕들에 대해 매번 유의했다. 서생들은 지난 일을 풍자 비판할 줄만 알아 전대 제왕이 과실이 없음에도 반드시 억지로 지적을 해대고 길고 짧음을 논하는데 모두 공적인 시시비비는 없었다. 짐이 보니 역대 제왕들 가운데 묘당이 숭사崇祀, 즉 숭배 제사를 지내는 경우는 왕조마다 한두 분에 불과하더라. 혹은 그 자식의 묘에 제사를 지내면서도 아버지까지는 미치지 못하는가 하면 혹은 신하를 배향하면서도 군주에게까지는 미치지 못하는데 모두 서생들이 제멋대로 논의해서 정해진 것으로 심히 윤당하지 못하다. 하물며 전대 제왕은 일찍이 천하의 주인이었으니 후세 사람들은 모두 신하에 속하는데도 가볍게 의론하고 숭사를 하느니 숭사를 하지 않느니 하다니! 송나라, 명나라의 여러 유생에 대해서는 사람들이 받들어서 마땅히 공묘 孔廟에 부가해야 한다고 주청을 올리는데 전대 제왕들은 후예가 없더라도 후세에 천하의 군주가 된 사람은 그 계통을 이어서 응당 숭사를 해야 한다. 짐은 우주에 군림하면서 부득불 앞선 사람들을 위해 이 말을 하는 것이다. 짐의 뜻은 무릇 재위한 적이 있는 사람은 무도하거나 시해당하거나 나라를 망친 군주를 제외하고는 응당 묘당에 들어가 숭사를 다해야 한다는 것이다. 너희는 짐의 이 취지를 기록해놓고 공적으로 다 함께 여유를 갖고 상의하여 주청을 올려라."13 이 구절의 요점은 이렇다. 첫째, '서생 무리'가 역대 제왕들에 대해 길고 짧음을 논하는 것을 불허한다. 둘째, 개별적으로 무도하거나 나라를 망친 군주를 제외하고 절대다수의 제왕은 영원한 존숭받아야 마땅하다.

옹정제는 강희제의 사상을 이어받아 구체적인 역사 사실을 찾아내 발전시켰다. 전한 문제文帝는 가의賈誼를 불러서 만나고는 "창생에 대해 묻지 않고 귀신에 대해 물었다". 대대로 사람들은 가의가 중용되지 못한 것을 애석하게 여긴다. 하지만 옹정제는 오히려 한 문제가 결코 인재를 버릴 군주가 아니라고 보았다. 문제는 가의가 자유분방한 소년으로 임용하기에 적합하지 않음을 알아보았고 한가로이 귀신에 대해 물어보고 자세히 부연했던 것이다. "한 사람이 사적 의견을 설정해두고 멋대로 기록한다. 범용한 군주가 아니라면 해부할 이유가 없는데 명철한 군주였음에도 어디서부터 온 소문을 듣고 그 시시비비를 바로잡으려 한다! 유언비어로 전해져 사실성을 잃은 채 후세에 모함을 당한 경우가 몇인지를 모르겠다."14 결국 역사책에서 제왕을 깎아내리고 신하를 높이는 기록 모두가 크게 의심된다는 것이다. 건륭제에 이르면 역대 황제를 존숭하는 방법이 더욱 자세해지고 형식화됐다. 『사고전서』를 편찬하면서 송 왕조 이치李廌의 『제남집濟南集』에 나오는 시 가운데 한 무제의 이름을 직접 부른 대목을 발견하고는 이를 큰 사건으로 만들었다. "너희 조상 가운데 그의 신하가 아닌 사람이 없었을 텐데" "이렇게 이치를 거스르고 이름을 부르는 오류를 범했으니 어찌 개정해서 바로 보이도록 하지 않을 수 있겠는가!"[15] 그리하여 『사고전서』관의 신하들에게 지령을 내렸다. "서적들을 교정하여 간행하면서 이런 경우를 만나면 반드시 표시를 하고 고칠 것이며 공개적으로 올리되 조금도 생략하거나 빠뜨리지 말라."[16] 군주와 신하의 역사적 작용에 관한 문제에 대해 건륭제는 리학의 창시자 가운데 한 사람인 정이程頤의 "천하의 안위는 재상에게 달려 있다"는 논점을 애써 배척했다. 그리고 이렇게 주장한다. "재상을 임용한 사람이 군주가 아니면 누구란 말인가? 군주가 되었지만 높은 곳에 깊이 거처하며 스스로 덕을 닦고 천하의 치란은 재상에게 맡겨둔 채 스스로 물어보지도 않는다면 요행으로 한기韓琦나 범중엄范仲淹을 임용했어도 대전에서 서로 다툼을 면하기 어려운데 불행하게 왕王이나 여呂를 임용한다면 천하가 혼란에 빠지지 않을 수 있겠는가? 이는 안 될 일이다. 재상이 되어서 과연 천하의 치란을 자신의 임무로 여긴다 하더라도 눈앞에 군주가 없다면 이는 더더욱 안 될 일이다."[17]

역사 평론은 현실에 봉사하기 위함이다. 건륭제는 종인부宗人府와 내각이 함께 편찬한 『종실왕공공적표전宗室王公功績表傳』에서 어느 왕공이 "태어날 때부터 신력이 있었다"고 칭송한 부분을 읽고는 그 "언어가 너무 불경하다"[18]고 엄하게 질타했다. 그리고 이 책을 고쳐서 국사관國史館에서 다시 편찬하도록 명령했다. 건륭 46년(1781) 3월 벼슬에서 물러난 대신 윤가전尹嘉銓이 상소를 올려 그의 부친 윤회일尹會一과 탕빈, 범문정范文程, 이광지, 고팔대顧八代 등을 공묘에 배향할 것을 청했다. 건륭제는 벌컥 성을 내고는 이렇게 서면으로 지시했다. "이 방자한 미친개는 용서할 수가 없다."[19] 그래서 윤가전은 체포되고 가산을 몰수당했다. 또한 그가 손수 쓴 『황조명신언행록皇朝名臣言行錄』이란 책을 찾아냈는데 청조가 건립된 이래 수많은 대신들을 '명신'으로 열거하며 그들의 언행을 기술한 것이었다. 그리하여 사안은 더욱 엄중해졌다. 윤가전은 교수형에 처해졌으며 그의 책은 전국에서 찾아내 금지시켰다. 건륭제는 이 안건에 대해 연속으로 유지를 하달하면서 탕빈, 범문정, 이광지 등의 행위를 지적하고 "본래부터 행동이 옳거나 다른 사람을 뛰어넘는 점이 없었다"[20]고 했다. 그리고 나서 또 이렇게 주장했다. "명신이란 칭찬을 받으려면 반드시 그 업적과 공훈이 사직을 안정시킬 정도는 되어야 부끄럽지 않을 것이다. 그런데 사직이 명신을 기다려서 안정된다면 이미 국가의 복이 아니다. 하물며 앞 시대를 두루 살펴보니 충량은 손가락으로 꼽을 수 있을 정도이고 간신과 아첨꾼은 끊임없이 잇따르는 걸 보면 명신을 얻기가 쉽지 않음을 알 수 있다. 짐은 본 조정의 기강을 엄숙히 하여 명신도 없고 간신도 없게 하겠다. 어째서 그런가? 하늘의 강령이 군주에게 있어서 조정에 명신이나 간신이 있도록 두지 않음이 또한 사직의 복이다. 윤가전이 감히 본 조정의 '명신언행록'을 표방하고 멋대로 나열하며 그릇된 품평을 늘어놓으니 그 잘못됨을 분명히 가르지 않는다면 장차 유행처럼 표방을 할 것이고 심지어 문호를 만들고 붕당을 지을 것이다. 어찌 국가의 해악이자 청류淸流[21]의 재앙이 아니겠는가! 결국은 군주가 과감히 하늘을 공경하고 백성을 아끼고 정사에 부지런하게 될 때 저절로 모든 일은 화합을 이루고 백관은 온갖 능력을 발휘할 수가 있다. 그렇지 않으면 아무리 현명한 재상을 두었다 하더라도 어떻게 정사를 보좌하겠는가? 우리 국가는 세세손손 짐의 마음을 마음으로 여기고 기강을 정돈하고 밤늦도록 부지런히 일하니 그 아름다운 이름이 영원히 빛나고 만년을 이어가게 될 것이다. 나라 어느 곳도 아름답지 않은 곳이 없고 나라 어느 곳도 구휼되지 않는 곳이 없으니 꿋꿋하지 않을 수 있겠는가! 이를 널리 중외에 알리도록 해야 한다."[22] 여기서 명신도 없고 간신도 없음을 사직의 복으로 여기고 군주에게 친히 부지런히 정사에 임하라고 요구하는 관점은 군신 관계라는 측면에서 볼 때 군주 일인 전제의 이론을 최정상까지 확장한 것이다. '선현選賢' 즉 현인을 선발하고 '임능任能', 즉 능력 있는 사람을 임용하라는 논의는 모두 망령된 견해로 배척당한다. 오직 군주만이 권력의 칼자루를 움켜쥐고 뭇 신하를 억눌러 명신도 없고 간신도 없게 만들어 하나하나가 모두 평범한 심부름꾼이나 종이 되도록 한다. 이것이 바로 치국의 근본이고 사직의 복이라는 것이다. 이는 건륭제 정치사상의 두드러진 특징이다.

붕당의
배척과 근절

청조 황제들은 명나라 말 대신들이 붕당을 형성한 것이 명조 멸망의 주요 원인이라고 생각했다. 강희제는 말한다. "환관이 해롭다는 데 대해서는 역대에도 있었던 일이다. (…) 다만 명나라의 멸망이 태감 때문에 망했다고 말하는 데 대해서 짐은 그렇지 않다고 여긴다. 명 말 붕당의 분쟁은 조정 대신들로 하여금 변강과 사직을 치지도외하고 오직 문호의 승부만을 염두에 두었으니 지혜로운 사람이 아니더라도 반드시 망할 것을 알았다."[23] 그래서 그는 대신들이 붕당을 맺지 못하도록 방지하는 것을 정치 정돈의 가장 중요한 문제 중 하나로 삼았다. 같은 해의 문하생들이 서로를 끌어들여 삼삼오오 모여서 서로 교제를 맺는 등의 현상에 대해 일단 발각이 되면 바로 금지 명령을 내리는 등 붕당을 맹아 때부터 금절시켰다. 강희 만년에 여러 황자가 후계자 자리를 다투며 각자 조신들과 당우를 짓고 왕권 전제에 위해가 되었다. 이에 대해 청 세종은 친히 경험을 하고 깊게 느낀 바가 있어서 옹정 2년(1724) 7월 「어제붕당론御制朋黨論」 한 편을 지어 종실 귀족과 만주족, 한족 문무대신에게 나눠주며 이렇게 지시했다. "너희는 반드시 마음과 생각을 깨끗이 씻고 자세히 본체를 알도록 하라. 만약 스스로 깨끗하여 붕당에 참여한 적이 없는 사람은 마땅히 더욱더 노력하고, 만약 스스로 지킬 수 없었다면 마땅히 전날의 잘못을 통렬히 고치도록 하라."[24]

「어제붕당론」은 주로 네 가지 논점을 담고 있다. 첫째, "오직 군주가 있음을 깨닫고" 군주와 호오를 함께할 것을 요구한다. "마음에 두세 가지를 품고 군주와 호오를 함께하지 못하고 상하의 정이 어긋나고 존비의 구분을 거스르는 지경에 이르면 모두 붕당의 악습이 그렇게 해친 것이다."[25] 이는 대신들이 만약 애증의 감정에서 군주의 예속물이 되지 않으면 붕당의 악습에 전염되었다는 말이다. 둘째, 붕당의 해로움은 사회 여론을 조성해 군주의 상벌과 출척을 거부하고 군주의 전제적 권위를 잃게할 수 있다는 데 있다. 옹정제는 이렇게 생각했다. "신하들이 감히 사심에 빠지고 붕당을 만들어 각자 자기의 호오에 따라 시시비비를 가린다. (…) 조정의 상벌과 출척은 경중을 헤아리지도 않고 당인들의 탄식과 애석해함만을 영광으로 여기고 당인들에게 지적당하고 명예가 실추되는 것만을 모욕으로 여긴다. 천하의 공적 시시비비를 어지럽히고 호오를 만들어 군주의 생살여탈의 칼자루를 교란시킨다. 붕당의 해로움은 일시에 여기에 이르게 된다."[26] 이는 붕당의 주요 죄상을 밝혀준 것인데 군주 일인 전제의 정치 체제에 손해를 입힌다는 것이다. 셋째, 신하가 되면 군신의 의만이 존재하며 공으로 사를 없애야 한다. 송 왕조 때 구양수가 「붕당론」을 쓰고 "군자는 같은 도를 지닌 사람끼리 벗을 삼는다"고 주장했는데 일정한 영향을 미쳤다. 옹정제는 이에 대해 구양수를 통렬히 배척하며 이렇게 말한다. "윗사람을 기망하고 사를 행했는데 어디서 '도'를 일컫는가! 구양수가 말하는 '도'는 소인의 도일 따름이다! 이 논의가 있고부터 소인들이 붕당을 지어 모두 거짓으로 같은 도를 지닌 사람이란 명분하에 실제로는 같이 이익을 나누었다. 짐은 군자는 붕당이 없으며 오직 소인만이 있다고 생각한다."[27] 그렇다면 우정과 충군忠君 사이의 관계는 어떻게 인식할 것인가? 옹정제는 이렇게 주장한다. "붕우는 오륜 가운데 하나다. 붕당은 있어선 안 되겠지만 붕우의 도는 없어서는 안 된다. 그런데 야인으로 엎드려 살 때는 항상 배우고 익히며 서로를 도와야 하지만 이제 조정에 나가 관직에 있으면 군신 관계가 공의公義다. 붕우는 사정私情이니 신하는 응당 공으로 사를 없애야 한다. 어떻게 조금이라도 사정을 돌아보고 공의를 어길 수 있겠는가!"[28] 이는 일단 관원이 되면 친구조차 돌아보지 않는 것이 최고이며 공으로 사를 없애고 오직 군신의 의만을 남겨두어야 한다는 말이다. 넷째, 군주가 번잡한 작은 일까지 피하지 않고 직접 사무 처리를 하는 것이 붕당을 억제하는 중요한 조치다. 옹정제는 이렇게 썼다. "무지한 소인들이 문득 짐이 번쇄한 작은 일까지 처리한다고 의론하고 군주는 직접 사무 처리를 하지 않아야 한다고 말한다. (…) 이는 모두 붕당의 누습이 사라지지 않았기 때문이다. 군주가 영명하여 이목을 가리고서 자신들의 호오에 따라 편의를 도모하지 못하게 될 것이 두려운 것이다."[29] 그래서 붕당을 배척하려는 목적에서든 아니면 붕당을 금절하려는 방법에서든 모두 군주가 일체의 정무를 총람하는 것으로 귀결시키고 군주의 일인 전제를 강화시킨다. 다섯째, 붕당을 결성하면 절대로 결말을 좋게 두어선 안 된다. "오늘날 붕당을 만들기 좋아하는 사람들을 보면 그것을 타고 올라 출세를 하고 완급을 믿을 수 있기를 바랄 뿐 그것이 무익하다는 것을 모른다. 무리가 하늘의 뜻에 어긋나서 멸절을 당할 죄에 떨어지게 되니 참으로 가련한 일이다."[30] 한 편의 논문이어서 위협하는 말투가 좀 절제되긴 했으나 「어제붕당론」을 반포하는 유지 가운데서 청 세종은 분명히 말하고 있다. "붕당의 악습을 잇는 사람은 모두 완전히 없애는 데 힘쓰라. 너희는 반드시 마음을 가다듬어 자문해보고 겉으로는 받드는 척하고 뒤로는 거스름으로써 군주를 기만하고 천리를 어겨서는 안 된다. 짐의 은혜가 관대하고 죄를 무리에게 덮어씌우지 않을 것이라 말하지 말라. 혹여 국법을 범한다면 절대로 용서할 수 없을 것이다. 짐이 비록 모두 다 주륙을 하지는 않겠지만 혹 1000명 중의 100명, 100명 중의 10명은 당할 것이다. 너희가 그 100명이나 10명의 범위에 들지 않을 것이라고 장담할수 있겠는가! (…) 위로는 조정에서 임용해준 은혜를 생각하고 아래로는 몸과 집안 자손들을 위해 헤아려 각자 근면하고 신중해야 한다."[31] 이 살기등등한 표현에는 일체의 붕당을 근절시키겠다는 결심이 보인다.

건륭제는 "문호門戶의 해로움은 함정보다 심하다. 그 가운데 한번 빠지면 빠져나오려고 해도 되지 않는다!"[32]라고 생각했다. 명나라 동림당東林黨을 평론하면서 그는 붕당의 형성 원인에 대해 새로운 견해를 제기했다. 그리고 더 깊은 비판을 가하고 배척했다. "한 왕실이 당인黨人들을 앞에 내세우고 차츰 격화되더니 재앙을 초래했다. 송나라의 주돈이周敦頤, 정이程頤와 정호程顥, 장재張載, 주희朱熹는 수사洙泗, 즉 공자의 학문을 마음으로 전승했다고 친명했는데 물론 공이 진혀 없는 것은 아니다. 그렇지만 군주를 위해 힘쓰고 백성에게 혜택을 가져다준 실적으로 보건대 향向이 열거했던 사람들[33]과 어떻게 어깨를 나란히 견줄 수 있겠는가! 촉蜀학과 낙洛학의 문호 다툼,[34] 주희와 육구연陸九淵의 빙탄불상용은 일찍부터 서로를 공격하는 문을 열었다. 강학을 함에 반드시 표방하는 바가 있을 것이고, 표방하는 바가 있으면 반드시 문호가 있을 것이니 꼬리가 커져 떨어지지 못하고 마침내 국가의 멸망을 초래할 것이다. 한, 송, 명이 전형적 예다."[35] 이 논설은 리학의 창시자들을 하나하나 지적하고 있으며 사학私學이야말로 붕당 간 상호 공격의 화근이니 없애야 한다고 주장하고 있다. 이는 학자들의 강학을 제창하고 학교를 통해 정치를 의론해야 한다고 주장한 황종희의 사상과 정확히 반대되며 명대의 역사적 교훈에 대한 총결이기도 하다. 결론은 완전히 다르며 건륭제는 극단적 전제주의로 치달았다.

03

문화 영역에서의
숭정척사론崇正斥邪論

강희제는 신민들을 향해 16조의 훈유를 반포하여 사회생활의 준칙으로 삼은 적이 있다. 그 가운데 하나가 "이단을 몰아내고 정학을 숭상한" 것이다. 이 훈유에 대해서 옹정제는 "풍속을 도탑게 하려면 먼저 인심을 바로잡고, 인심을 바로잡으려면 먼저 학술을 바로잡아야 한다"[36]고 해석했다. 건륭제는 『사고전서』 편집을 주재하면서 전서관 신하들에게 이렇게 지시했다. 감별에 주의하고 서적에 대해 혹은 수록하고, 혹은 버리고, 혹은 없애고, 혹은 고치되 "반드시 상세하고 신중하게 선택할 것이며 뭇 언어를 모두 아정雅正으로 귀납시켜 옛것을 거울 삼아 삿된 것을 배척하려는 짐의 뜻에 부합토록 하라".[37] 문화 영역에서 '숭정척사崇正斥邪', 즉 정을 숭상하고 사를 배척하는 것은 청나라 황제들의 일관된 사상이자 문화 정책이었다.

강희 53년(1714) 4월, 강희제는 전국에 "성인의 책이 아닌 것을 엄히 근절하라"는 유지를 하달하면서 특별히 지적했다. "근래 항간에서 소설과 음사가 많이 팔린다는데 황당하고 비루하여 모두 바른 도리가 아니다. 어리석은 백성을 유혹할뿐더러 진신縉紳의 선비들도 눈길을 주고 마음이 잠식되기도 하여 관련된 풍속이 그릇되니 응당 즉각 엄금토록 하라. 어떻게 만들어진 책이든 불태워 없애고 시중에서 파는 사람은 어떤 연유든 죄를 물어라. 구경九卿, 첨사詹事, 과도科道[38]는 의론을 모아 상주하라."[39] 그리하여 인쇄, 판매 및 조사와 금지에 힘쓰지 않는 관원에 대한 징치 방법을 규정했다. 나중에 가경제嘉慶帝에 이르기까지 청조 황제들은 모두 소설을 금절하라는 지시를 내렸다. 서적 가운데 청 조정이 금기시하는 정치적 내용을 언급하고 심하게 폄하하거나 청 조정의 통치에 대항하는 자들에 대해서는 더욱 큰 문자옥을 일으켜 끝까지 색출하고 널리 연좌시켰다. 숫자를 셀 수 없을 정도의 참혹한 사안이 만들어졌는데 극단화된 청대 전제 통치를 잘 보여주었다.

옹정제는 청조에 처음으로 전국을 대상으로 주동적 출격 방식으로 문자옥을 크게 일으킨 황제다. 옹정 6년(1728) 증정曾靜이 관료 악종기岳鍾琪를 선동한 반청反淸 사건이 발생했다. 이는 본래 정치적 사건이었지만 옹정제는 의도적으로 이를 사상 문화 영역으로 끌고 가서 주요 칼끝을 이미 고인이 된 학자 여유량呂留良의 문자옥에 겨냥했다. 옹정 11년(1733) 절강浙江 총독 정원장程元章이 서생 오무육吳茂育의 『구지편求志編』이란 책에서 "언어에 광패한 부분이 많고" 서문의 날짜 부분에 간지만을 쓰고 '옹정'이란 연호를 쓰지 않았음을 찾아내어 청 조정에 상주했다. 옹정제는 상주문에 결재를 하면서 이렇게 말했다. "사설邪說을 물리치고 풍속을 바로잡았으며 간비奸匪를 징치하여 인심을 경각시켰다. 능히 이런 소견을 보인 것은 모두 참으로 아름다운 일이다."[40] 그리고 일부 지방관들이 규찰에 힘을 기울이지 않는다고 비판했다. 온 힘을 다해 찾아내고 징치해야 한다는 것이다. "'다사가구多事苛求', 즉 너무 많은 일을 엄격하게 요구한다는 네 글자를 멀리하여 세도世道와 민생에 잘못된 영향을 미쳐서는 절대로 안 된다. 과단성 있게 이 절조를 실천하여 확실히 뿌리를 뽑는 것이 형명刑名이나 전곡錢穀 관련 안건을 잘 처리한 공보다 크다. 열 배 백배와 같은 것이니 경들은 뜻을 삼가서 막힘없이 봉행하라."[41] 이는 사상 문화 영역에서 '사설을 물리치고' '간비를 징치하는' 일을 지극히 중요하고 큰일로 간주하여 기타 일반 안건보다 위에 둔 것이다.

건륭 시기의 문자 그물은 더욱 엄밀했다. 반청 정서를 띠거나 반청 혐의가 있는 서적과 시문은 반드시 추적 조사하여 찾아냈을 뿐만 아니라 봉건 강상 윤리 원칙에 조금이라도 합치하지 않는 자구만 있어도 조사 대상에 들었다. 건륭 37년(1772) 『사고전서』를 편집하면서 역대 문헌과 전적에 대한 막바지 총정리를 전후하여 금지, 소각시킨 책이 3100여 종 15만1000여 부나 되었다. 모든 문자옥 관련 처리 및 서적에 대한 금지, 소각 여부는 모두 건륭제가 친히 결재했다. 그가 더 강력한 권력을 휘두르고자 했을 때는 안건 처리에 힘쓰지 않거나 죄가 가벼운 관원에 대해서도 처벌을 내렸다. 이를테면 거인擧人 왕석후王錫侯가 『자관字貫』을 편집하고 『강희자전』을 고치고 수정하자 강서江西 순무 해성海成이 거인이란 공명을 없애자고 주청했다. 그런데 건륭제가 『자관』을 살펴보고는 그 가운데 강희, 옹정의 묘호와 자신의 어명을 피휘避諱하지 않는 곳이 있음을 발견했다. 그리하여 해성에게 성지를 내려 "두 눈에 눈알이 없어 아무것도 보이지 않더냐"고 크게 질타하고 "대역을 범상하게 취급했으며 군주를 존중하고 윗사람을 친애하는 의를 전혀 모르고 있으니 실로 양심이 조금도 없다"[42]고 했다. 그 결과 왕석후는 참형을 당했을 뿐만 아니라 순무 해성 또한 직위를 박탈당하고 체포되어 심문을 받았다. 그가 문자옥을 완화시키고자 했을 때는 또 적극적으로 안건을 처리하는 관원에 대해서도 질책을 했다. 이를테면 건륭 47년(1782) 광서廣西에서 각 성을 돌아다닌 적이 있는 회민回民이 휴대한 서적 가운데 "광패하고 황당한" 말이 들어 있는 장물을 압수했는데 태만할 수가 없어 급히 추적 조사하여 상주했다. 그런데 건륭제는 오히려 이렇게 작은 일에 대해서 군대를 동원해 추적하면 "걱정이 이만저만이 아닐 것이다"라고 말하며 지방관을 질책했다. "이와 같이 과장하여 일을 처리함은 대신들이 실심으로 일에 임하는 도리가 아닐뿐더러 비루한 웃음거리가 될 수 있다."[43] 이렇듯 완전히 자기 마음대로 손을 휘저어 대신들이 아무리 바싹 따르더라도 미치지 못하게 만드는 방법이야말로 군주 일인 전제의 절대적 권위를 충분히 드러내 보여주는 것이었다.

건륭제는 당시 문화계의 일 가운데 '광패'와 관련된 안건에 대해서는 친히 판결을 내렸다. 또 봉건 사상 체계에 대해 깨끗하게 정리를 하려고 했으며 군권지상, 군신대의와 관련된 원칙이란 측면에서 역대 명유 학자들의 논술에 대해 모두 검열을 했다. 그 비판의 창끝은 때로 맹자와 정주를 직접 겨냥하기도 했다. 그는 각종 서적의 편집을 친히 주재했으며 경학 사상, 사학적 관점 등에 대해 일일이 관방의 판정을 내렸는데 특히 사학 방면에 가장 많은 힘을 쏟았다. 건륭제는 친히 읽고 편집을 주재했던 『이비통감집람御批通鑑輯覽』에서 상고 시대부터 명나라 말까지의 역사 사건에 대해 모두 다시 한번 평가를 내렸는데, 나중에 그 가운데 임금이 비평한 문장을 추출하여 『평감천요評鑑闡要』라는 책으로 모아서 편찬했다. 이는 당시 역사를 논단하는 데 어겨서는 안 되는 유일한 표준이 되었다. 『사고전서총목제요四庫全書總目提要』는 이 책을 "만세에 드리우는 가르침"으로 칭송하며 "천고의 시비는 역사학자의 포폄에 달려 있으며, 역사학자의 시비는 성인의 절충에 의지한다"[44]고 말했다. 여기서의 성인은 자연히 건륭제를 가리킨다. 이런 칭송도 했다. "우리 황상께서 고금을 총괄하고 중론을 절충하여 『평감천요』 및 전운시全韻詩를 흠정하고 여기에 명시하셨다. 이에 해와 달처럼 뚜렷이 빛나니 모든 횃불이 사라지고 백가의 그릇된 언어들은 모두 존재할 수 없게 되었다."[45] 이는 건륭제의 판정으로 역대 왕조의 모든 의론들은 다 폐기되었다는 뜻이다. 군주가 역사 인식을 재단하는 최고의 권위가 된 것이다. 건륭제 스스로 역사서를 편집하고 평론을 발표하면서 만세를 위해 "강상을 수립하고" "표창할 것과 잘못된 것을 보여주었다"고 반복적으로 언명했다. 국사 편찬을 지시하면서는 이렇게 말했다. "이제 모두 사실을 근거로 전승할 표준을 세워라. 총재와 대신이 공동으로 상의하면 짐이 다시 친히 판정을 내릴 터이니 만세에 전하도록 하라. 그리하여 선악이 나란히 나타나고 포폄이 명백하지 않아 역사 집필자들의 소문과 이견에 따라 넘나들고 애증에 따라 훼예가 생겨나는 일이 다시는 없도록 하라!"[46] 『사고전서총목제요』는 건륭제가 친히 선정한 『명신주의明臣奏議』를 소개하면서 이렇게 말한다. "이에 훈시를 받들어 편찬을 하니 (…) 중론이 하나로 귀결되었다. 예컨대 동요나 부녀자들의 노래가 니산尼山, 즉 공자의 산정을 거쳐 『육경』에 편입되고 일대 득실이 모여들게 되었듯이 천고 정치의 귀감이 되었다."[47] 이렇게 건륭제는 공자 이후를 계승한 사상적 교주로 드높여졌다. 건륭제 스스로도 이에 대해 조금도 사양하지 않고 자기가 편찬한 『명기강목明紀綱目』을 "감히 말하건대 『춘추』의 도를 계승했다"[48]고 칭송했고, 『어비통감집람』을 "이 편의 체제는 하나의 근본으로 지극히 공정하여 만세 군신의 법계法戒로 삼을 만하다"[49]고 칭송했다. "그런즉 만세의 군주를 가르치게 될 것이고 그로써 만세의 신하된 사람을 가르치게 될 것이다."[50] 시대를 뛰어넘는 영원한 사상적 견해를 제기하여 만세의 군신을 가르칠 수 있다면 이는 당연히 가장 위대한 성철이자 가장 걸출한 이론적 권위일 것이다. 건륭제는 스스로를 이런 신분을 자처했다.

결국 청 왕조가 실행한 문화 전제주의인 '숭정척사'는 전제 제도의 팽창이었다. 건륭 시대에 이르러 황제는 지고무상의 권위였을 뿐만 아니라 최고의 사상적 교주 신분으로 서적, 문헌 및 모든 문화 현상을 심사하여 자신의 의지와 견해대로 문화 영역에서 '정'과 '사'의 표준을 판별했다. 나아가 그 사상이 만세의 가르침으로 드리워지길 기도했다. 이는 군주 전제주의 사상의 극단적 확장이며 사회 각 영역에서 개인 전제의 제왕 관념을 전면적으로 관철시키는 것이었다. 군주의 전면적 전제주의야말로 건륭제 정치사상의 중요한 특징이다.

04

비밀건저의
이론과 실질

　청 왕조는 맨 처음 왕위 계승 문제에 있어 정해진 제도가 없었다. 강희제가 처음으로 전통 유가 정치 학설이 제창한 방식에 따라 공개적으로 적자 윤잉胤礽을 책립하여 황태자로 삼고 특별히 주의를 기울여 배양했다. 문무에 통달하고 공무를 잘 처리하도록 했다. 그런데 태자가 성인으로 자라나자 저군儲君 즉 태자와 왕권 사이에 엄중한 모순이 발생했다. 강희제는 부득불 태자를 폐했다. 그 결과 여러 황자 모두 마음에 희망을 품고 분분히 작당하여 사욕을 꾀하고 태자 자리를 차지하려고 복잡하게 뒤엉킨 궁정 투쟁을 전개했다.

　옹정제 즉위 후 태자 책립의 폐단에 대해 깊이 깨달은 바가 있어서 비밀건저秘密建儲, 즉 비밀스럽게 태자를 세우는 방법을 만들어냈다. 구체적인 방법은 이렇다. 황제가 계승할 사람의 이름을 비밀리에 쓴 뒤 건청궁乾淸宮의 '정대광명正大光明'이란 편액 뒤에 감춰두고 다시 한 장을 써서 밀봉하여 상자에 넣은 뒤 자신의 몸에 보관하든지 비밀리에 내부에 감춰둔다. 황제가 죽은 후 대신들이 꺼내 둘을 대조해보면 제위 계승의 대사가 결정된다. 건륭제는 바로 이러한 비밀건저를 통해 제위에 오른 사람이다. 그러나 중국 고대 2000년 이래 저군의 책립과 '국본國本'의 조기 확립에 관한 정치 관념이 뿌리 깊게 박혀 있었으며 저군의 선택에 대해 적자와 장자를 옹립한다는 원칙도 있었다. 이러한 사상 관념은 경전이나 역사 전적을 가득 채우고 있으며 실제 영향력도 매우 컸다. 태자 책립에 관한 새로운 정치 이론을 수립하지 않고는 비밀건저라는 방법이 제도의 하나로 보존될 수 없었다. 사실상 건륭제는 왕위를 계승한 초기에 비밀건저에 대해 "이것은 권력을 취하고 원칙을 조절하는 도이지 후세 자손들이 이를 받들어 법칙으로 삼아야 한다는 말은 아니다"[51]라고 생각한 적이 있다. 건륭제의 정치 경험과 역사 지식이 한 걸음 더 성장하자 그는 특히 궁정의 현실과 황자들의 태도를 자세히 관찰하고 비밀건저를 실행하기로 결심했다. 뿐만 아니라 정치이론적으로 상세히 밝히고 세세손손 견지해야 할 제도로 만들었다.

건륭 18년(1753) 건륭제는 이렇게 제기한다. "옛날엔 건저建儲 즉 태자 책봉을 국본의 대계라 불렀다. 짐은 옛것을 참작하고 오늘날을 비교해보아 그 이치와 기세가 실행하기 어려움을 깊이 알았다."[52] "건저의 일은 봉건이나 정전과 마찬가지로 근세에 실행할 수는 없다."[53] 건륭 43년(1778) 건륭제는 장편의 유지를 내려 저군 책립에 관한 고래의 방법에 대해 날카롭게 비판하고 역사 사실을 열거하여 그 해로움을 밝히고 본 왕조의 비밀건저 제도가 옛날을 초월하는 가장 훌륭한 것이라고 적시했다. 이후 그는 기회가 있을 때마다 이 정치 이론을 명백히 밝혀 날이 갈수록 성숙하게 만들었으며 건륭 48년(1783) 10월에는 『고금저이금감古今儲貳金鑑』을 편집하도록 명령했다. 여기엔 저군 책립으로 인해 초래된 역대의 변란에 관한 역사적 사실을 전문적으로 수록했으며 그 경위를 서술하고 평론을 덧붙여 비밀건저 제도의 우월성을 고취했다. 그리하여 비밀건저 이론은 기본적으로 성숙했고 건륭 시대 후기 이론 건설의 큰 사건이 되었다.

비밀건저 이론의 기본 내용은 다음을 포함한다. 첫째, "건저 책립은 국가의 복이 아니다. 혼란과 배반은 대부분 이로부터 초래되었다."[54] 『고금저이금감』은 서주로부터 명 왕조에 이르기까지 저군 책립으로 인해 생겨난 30여 가지 변란을 열거하고 저군 책립이 일찍이 폐기되었어야 할 방법임을 증명하고 있다. 둘째, 강희제의 저군 책립 실패 또한 역사적 교훈이다. "황조皇祖 때 이밀친왕理密親王[55] 또한 황태자로 책립된 적이 있으며 특별히 탕빈湯斌과 같은 공정한 대신을 선발하여 보좌하고 인도하게 했다. 그런데 책립 후 성정이 괴이하여 탕빈도 어떻게 구원할 수가 없었다. 군소 인물들이 거듭 따르니 거기에 미혹되어 수차례 사단이 발생하게 되었다."[56] 건륭제는 여기에 근거하여 다음과 같이 지적했다. "후대 사람들은 황조처럼 인자하고 영단을 내릴 수 없다. 그런데 태자가 되어서는 소심하게 겸손하고 근면할 수만은 없기 때문에 반드시 차츰 불만스러운 간극이 생겨나게 된다. 시종 모든 것이 완벽한 이치를 확보할 수 있는 경우는 드물다. 이러니 건저 책립은 단연코 행해져선 안 되는 것임을 알 수 있다."[57] 셋째, 왕위 계승 문제에서 "현명하지 않더라도 장자로 승계하고, 장자는 아니더라도 적실의 자식으로 승계한다"[58]는 옛 주장을 비판한다. 적자를 세우고 장자를 세우는 것은 대를 이을 왕위 계승이라는 일반 원칙과 전통 습관으로 역대 왕조에서 저군을 책립하는 규칙 가운데 하나가 되었다. 강희제가 태자 윤잉을 책립한 것은 바로 이 원칙에 의거한 것이다. 건륭제는 태자를 공개적으로 책립하는 옛 제도를 부정했다. 왕위 계승 문제에 있어 적장자를 세우는 틀을 타파했으며 이론적으로도 분명히 밝혔다. 그는 「독공양讀公羊」이란 글에서 적장자를 책립해야 한다는 『춘추공양전』의 잘못된 주장을 간명하게 핵심을 찌르며 비판했다. 그는 요임금, 순임금이 현인에게 왕위를 물려준 일을 언급한다. 이는 비록 후세에 실행되지는 못했지만 만약 "여러 아들 가운데 현명한 아들을 선택해 물려줄 수 없고 반드시 장자나 정실의 아들이라는 작은 규칙에만 매여서 결정한다면 천하 만민을 위해 현군을 선택해 세우는 일이 아니다. 이는 곧 종묘사직은 가벼이 여기고 자기 잉첩 처가만을 중시한 것으로 천금千金의 집안에서도 안 되는 일인데 하물며 천하 만민이란 큰일에 있어서겠는가!"[59] 건륭제는 또 역사적 실례를 논거로 삼아 제위 전승에 적장자를 세우고 현인을 세우지 않는 폐단에 대해 설명한다. 그가 보기에 "주紂가 적장자로 책립되었기 때문에 상商나라가 망했다. 만약 미자微子라는 서자를 세웠더라면 상이 꼭 망하지는 않았을 것이다".[60] 한 고조가 만약 제위를 직접 서자인 유항劉恒(한 문제)에게 물려주었다면 여태후 권력 전횡의 재앙을 불러오지 않았을 것이다. 당 고조와 명 태조가 만약 빠르게 곧바로 최고 권력을 재간이 가장 출중했던 차자인 이세민李世民(당 태종)과 넷째 아들 주체朱棣(명 성조)에게 주었다면 "어찌 골육이 상잔하고 충량이 참살을 당하는 지경에 이르렀겠는가! 이는 적장자 책립이 가져온 폐해이니 그다지 드러내 밝히지 못할 게 분명하지 않는가!"[61] 이 때문에 그는 왕위는 응당 황자 가운데 가장 현명한 사람에게 전하고 그가 적자인지 장자인지는 따지지 말아야 한다고 주장한다. 넷째, 태자 책립이 변란을 초래하는 까닭은 "태자가 있고 난 뒤 문호門戶가 생기기" 때문이다. "태자가 한번 세워지면 정권이 어디에 속할지 모두 보이므로 거기에 홀려 여러 사단이 생겨난다. 형제들은 대부분 시기와 질투를 하며 악인들은 이로부터 짐작을 하며 나약한 자는 아첨을 떨며 그에 영합해 비리를 무고하고, 강한 자는 기회를 틈타 모함하여 죄에 빠뜨리고 잘못을 무고하여 변란을 만들어내기 일쑤다."[62] 이 때문에 태자 책립은 종실과 조신들의 당파 결성과 상호 쟁탈을 불러일으킬 수 있으며 모함, 무고, 음모의 발생이라는 정치적 후유증을 만들어낸다. 그리고 신하들이 태자 책립을 주청하는 것은 "겉으로는 국가 근본에 대한 논의라고 하지만 속으로는 사실상 거기에 결탁하여 사사로운 이익을 챙기려는 것이다".[63] 이는 작당을 하여 사적인 이익을 도모하려는 계기를 일찍부터 마련해놓은 것으로 궁정과 국가 변란의 근원이 된다. 다섯째, 태자 책립은 더더욱 군주와 태자 사이에 시기와 투쟁을 불러일으킬 수 있다. 이를테면 한 무제와 여戾태자 사이의 투쟁[64]이나 당 태종이 형을 죽이고 아버지를 핍박했던 사례가 그렇다. 건륭제는 또 당명황唐明皇이 하루 아침에 태자 영瑛 등 세 아들을 죽여 부자간 자애와 효도가 둘 다 무너지고 소인으로 귀결된 것은 "태자 자리로 인해 기회를 틈탄 선동 때문에"[65] 생긴 일이니 태자를 책립하면 반드시 "부자, 형제 사이에 차츰 시기가 생겨나서 큰 재앙을 키우게"[66] 될 것이라고 생각했다. 저군은 예정된 장래의 황제다. 그 특수한 지위는 당금 황제의 권위에 바짝 다가서기 때문에 뭇 신하가 그를 꺼리지 않을 수 없다. 문제 해결의 유일한 방법은 비밀건저다. 여러 아들 가운데 하나를 선정하지만 공개하지는 않고 오직 황제 한 사람만 알고 있다. 추후에 만약 그가 맡길 수 없는 존재임을 알게 되면 수시로 소리 소문 없이 바꾸어도 된다. 건륭제는 성명을 발표했다. "짐이 태자를 세우지 않겠다는 것이 아니다. 특별히 태자 책립이란 허명을 수긍하지 못해서인데 여러 사람이 살펴보면 알겠지만 부자지간에 '선을 책망하면 사이가 멀어지는' 불상사가 생기지 않는가."[67] 여섯째, 비밀건저가 태자 책립이란 옛 예법보다 우월하니 이치상 만세불변의 제도로 삼아야 한다. 건륭제는 말한다. "만약 자자손손 모두 짐의 마음을 마음으로 삼을 수 있다면 우리 대청은 억만년을 영원히 그 큰 은혜를 입어 끝이 없을 것이다. (…) 억만년 후 짐의 자손이 옛 제도에 더럽혀져 허명을 사모하고 다시 책립을 하는 일이 있다면 또한 금지하지는 못할 것이다. 하지만 인심이 오래지 않아 강산이 날로 하락하는 추세일 것이고 부자지간에 반드시 소인들의 모함으로 간극이 생겨 또 사단이 발생할 것이다. 그때 짐의 말을 명백히 믿지 못한 것을 후회해도 이미 늦으리라."[68]

비밀건저 제도는 궁정의 정치 모순을 조화시키고 통치 질서를 안정시키는 작용을 한다. 하지만 이러한 효과는 군주 일인 전제의 강화를 통해서만 실현된다. 비밀건저 이론의 관건은 '밀密' 자에 달려 있다. 비밀스러워 황제는 그 어떤 사람과도 상의하지 않고 그 어떤 사람이 알아서도 안 되며 심지어 비밀리에 선정된 계승인 자신도 전혀 모르고 있어야 한다. 종실 귀족, 황후 비빈, 조정 중신 등 그 어떤 사람도 계위 문제에 대해 일언반구도 할 수 없으며 완전히 군주 한 사람이 독단한다. 선정된 사람이 뜻에 맞지 않으면 황제는 수시로 비밀리에 다른 사람으로 대체할 수 있다. 모든 황자는 그저 고분고분할 수밖에 없으며 자기를 내세우면 내세울수록 선발될 수가 없다. 조신들 또한 장래 왕위 계승자의 신상에 결탁을 할 수가 없으니 붕당이 생길 요인이 하나 없어진 것이다. 이 때문에 비밀건저 이론의 실질은 군주의 권위에 대한 저군의 대항을 없애고 계승인의 선발과 교체를 완전히 군주 한 사람의 의지에 귀속시킨 것이며 동시에 극난적으로 설대화된 군주독재를 재위하는 마지막 순간까지 굳게 유지하는 것이다.

제 2 절
'신절臣節'을 부각시킨
정 치 관

신하가 군주에 대해 충정忠貞과 대절大節을 지켜야 한다는 요구는 봉건 강
상 윤리의 기본 원칙이었다. 청조 황제들도 역대 제왕들과 마찬가지로 군
주에 대한 신하의 충성을 십분 중시했는데 이와 관련된 훈유가 역사책에
수두룩하다. 건륭제는 더욱이 군주의 신분으로 역사서 편집을 주재하고
의론을 발표했는데 역사로부터 현실까지 일관하면서 '신절臣節', 즉 신하의
절개라는 정치관을 강조했다.

『어비통감집람』은 건륭제의 역사 평론을 집대성한 작품이다. 여기에선
군신 간의 의에 대해 매우 엄격한 태도로 평론을 하고 있는데 명성이 자
자한 현신賢臣이나 능신能臣은 물론이고 공적이 탁월한 제왕들도 '신절'이
란 문제에 있어 의론할 만한 곳이 있으면 조금도 관대하게 다루지 않는
다. 이를테면 안영安嬰과 거백옥蘧伯玉은 고루 춘추 시대의 명신이고 역사
적 칭송이 자자한데 건륭제는 최저崔杼가 군주를 시해하는 난을 당해 안
영이 죽지 않은 것을 질타하고, 위나라 군주가 나라를 잃었다 다시 얻는
출입 과정에서 피신을 하여 '장락로長樂老'[69]의 행위를 보였다고 비꼬았다.
진평陳平과 주발周勃이 여呂씨들을 몰아내고 한 왕조 유劉씨의 천하를 회복

시킨 것에 대해 역대 사서는 호평을 하고 있다. 그러나 건륭제는 진평과 주발이 여후가 살아 있을 때 여러 차례 참으면서 바르지 않은 거취를 보였다면서 진평과 주발 모두 "겉은 부드러우나 속은 간사하며 자기만 보전하려는 부류"라고 지적했다. 여후가 죽고 나서야 유씨 천하를 안정시켰으니 그 잘못을 가릴 수 없으며 "고조의 죄인"[70]이라는 것이다. 양표楊彪는 한나라에서 삼공의 지위에 있었는데 조위曹魏가 한을 대체한 뒤 태위太尉의 직책을 주고자 했으나 사양하고 받지 않자 광록대부光祿大夫에 임명했다. 건륭제는 이를 지극히 사납게 꾸짖었다. "참으로 부끄러움을 모른다. 십만을 사양하고 일만을 받았으니 절개를 온전히 보전했다고 말할 수 있는가! 목숨을 탐하고 명성도 좋아했으니 천추 이래 정론으로부터 벗어나지 못할 것이다."[71] 촉한의 유선劉禪이 위나라에 항복한 뒤 강유姜維 등이 거짓 항복으로 구조하려 한 것에 대해서도 건륭제는 용서하지 않았다. "강유 이하 여러 장수는 평시에 모두 회복을 사명으로 삼았다가 풍문을 듣고 복종하여 더 이상 인심을 온전히 하지 못했으니 나라를 팔아먹은 초주譙周만도 못하여 그 죄가 죽음으로도 용서되지 않는다."[72]

건륭제는 나라가 망할 때 신하는 항쟁하다 죽는 수밖에 없다고 보았다. 그래야 큰 절개를 보전한 것이며 어떠한 곡절도 용납하지 않는다. 두 왕조에서 벼슬을 산 사람은 대절이 땅에 떨어져 사람도 아니라는 것이다. 예컨대 남당南唐이 망하자 송宋나라에 항복한 서현徐鉉이나 원래 송나라 장수였다가 원나라에 항복한 유정劉整 모두 건륭제에 의해 "사람으로 언급할 가치도 없다"[73]고 배척되었다. 무측천武則天 때 높은 지위를 차지했던 적인걸狄仁傑이 역사학자들에 의해 대대로 칭송받은 데 대해 건륭제는 특별히 주의를 기울였다. 그는 『어비통감집람』에서 연속으로 여섯 조항의 비평을 써가며 성토했다. 적인걸은 본래 당나라 신하인데 무주武周 때 재상의 지위를 누렸음에도 "후세엔 거꾸로 당나라를 회복시킨 공을 그에게 귀결시키니 이는 모두 명철보신과 관유이교寬柔以敎에 기탁해 생긴 논의다. (…) 시비가 뒤바뀐 것이 이보다 심할 수는 없다"[74]고 한다. 적인걸이 장간지張柬之를 추천하고 장간지는 마침내 이씨 당나라를 회복했는데 이것으로는 적인걸이 당나라 회복의 예비 모의를 했다고 증명할 수 없다는 것이다. "장간지가 추천을 받았을 때 나이가 거의 여든이었고 재상에 이르기 전에 죽었는데 그런 일이 어떻게 가능한가?"[75] 그래서 건륭제는 주희가 『통감강목通鑑綱目』에서 적인걸을 높이 평가하여 당나라 회복의 공이 있다고 한 잘못된 견해를 비판했다. 이어 『통감강목』의 내용을 바꾸어 적인걸을 일괄적으로 '주신周臣'으로 쓰고 "신하의 신분으로 두 성씨를 섬긴 사람으로 경계를 삼아야 한다"[76]고 했다. 당 현종 때 진현례陳玄禮가 마외파馬嵬坡에서 금군을 움직여 양국충楊國忠을 죽인 일을 두보杜甫는 시에서 찬양을 했고, 주희는 『통감강목』에서 긍정했다. 그런데 건륭제는 오히려 제왕의 입장에서 다시 평가했다. 그는 당 현종 자신은 양국충을 주살하고 양귀비를 사사할 의사가 없었는데도 진현례가 "군중을 움직여 군주를 겁박한" 결과라고 생각했다. 만약 양씨가 죄가 있어 죽어야 했다면 "응당 안녹산이 반란을 일으키기 전과 양씨들 세력이 왕성해졌을 때 자신을 버리면서 싸웠어야 충신이라 말할 만하다. (…) 진현례는 곧 난신적자이며 안녹산과 한 칸 떨어진 데 불과하다"[77]는 것이다. 건륭제는 금나라의 원호문元好問이나 원나라의 위소危素가 나라가 망했을 때 모두 역사를 편찬하는 임무를 맡아서 순국하지 않은 데 대해서도 비판을 가했다. "역사 기록을 자신의 임무로 삼으면서 글에 의탁하여 죽지 않은 부끄러움을 덮는 것은 사실 비열한 짓"[78]이라는 것이다. 특히 위소는 명나라가 『원사元史』 본말을 편수하면서 그를 임용해 썼는데 "이 위소는 문헌으로 증명을 할 수가 없다. 오직 절의 중들 이야기를 글로 써서 죽지 않은 것을 꾸며댔으니 심히 천박한 것 아닌가!"[79]라고 한다. 장유張柔는 원래 금나라 장수였는데 양친이 몽고의 손에 떨어지자 금나라를 배반하고 몽고에 투항했다. 건륭제는 이 일을 이렇게 비판했다. "스스로 충성을 다할 수만 있다면 사실상 효에 어긋나지 않는다."[80] 그리고 "역사에선 장유를 당시의 명신이라 칭송하는데 대절이 이미 떨어졌는데 다시 그의 무엇을 논하겠는가!"[81]라고 지적한다. 이 말은 신하로서 일단 충절을 잃으면 공로와 정치적 업적이 아무리 많더라도 별로 중시할 것이 없다는 것이다.

역사적으로 대단한 일을 한 제왕이라 하더라도 '신절'을 위배한 적이 있으면 건륭제는 그가 잘못되었다고 직설적으로 언급하는 것을 피하지 않았다. 그는 당 태종을 평론하면서 이렇게 지적한다. "당 태종은 부친을 따라 군주를 배반했고 형을 죽이고 아버지를 핍박했으니 충효의 도가 없는 사람이다. 후세에 명예를 얻을 만한 것이 없음을 스스로 알았기 때문에 즉위 후 명예에 좋은 일을 모두 다 했다."[82] 송 태조 조광윤趙匡胤이 후주後周 정권을 탈취한 데 대하여 건륭제는 "그가 나라를 얻는 데 도에 따르지 않았으니 어떻게 굽혀서 용서받을 수 있겠는가!"[83]라고 지적했다. 명나라의 연왕燕王 주체朱棣가 군대를 일으켜 궁궐을 치고 제위를 탈취한 일은 그가 더욱 맹렬하게 배척한 대상이었다. 이 모든 것은 신하라면 응당 군주에게 절대 충성을 해야 한다는 건륭제의 주장을 드러낸 것이다. 어떤 상황에서든 반드시 '신절'을 지켜야 하며 한 치라도 어긋나서는 안 된다. 결국 건륭제는 드높은 지위의 기세를 가지고 천고를 살펴보고 가장 엄격한 '신절'의 표준으로 관련된 역사 인물들을 비판했다. 그리하여 '신절'을 중심으로 한 정치관을 한층 더 강화시켰다.

이렇듯 '신절'이란 준칙을 엄격히 붙들고 있는 정치관을 끝까지 관철시키기 위해 건륭제는 명청 교체기의 역사 문제에 대해서도 크게 문제 삼았다. 건륭 41년(1776) 건륭제의 직접 창도와 주재하에 청 조정에서 대대적으로 명나라에서 순절하고 대의를 위해 목숨을 바친 대신들에 대해 시호를 내리는 일을 의론했다. 그 범위에는 건문제建文帝 때 연왕 주체에게 저항하며 순절했던 신료들과 명나라 말 '구란寇亂' 중에 순절한 신료들 및 청나라 군대에 저항하며 굴하지 않고 죽음에 이른 문무대신이 포함되었다. 이 시호의 전당에 이름이 오른 명신이 3600여 명에 달했는데 거기엔 청나라 군대에 굳건히 저항해 죽은 사가법史可法, 유종주劉宗周 등이 심상치 않게 표창되었다. 사후에 한 권의 책으로 편찬되어 정해진 이름이 『승조순절제신록勝朝殉節諸臣錄』이다. 여기엔 명나라를 위해 순절한 여러 신하의 사적을 분류해 서술했는데 그 목적은 "충정을 높게 권면함으로써 신절을 장려하기"[84] 위함이었다. 역사와 현실이란 정치적 필요가 한데 결합된 것이다. 이어서 건륭제는 또 국사 가운데 특별히 「이신전貳臣傳」을 만들라고 명령했다. "명나라에서 이미 관료의 명부에 올랐으면서도 본 왕조에 다시 벼슬을 한"[85] "대절이 어그러진" 인물들에 대해 열전을 만들고 모두 여기에 귀속시켜 수록하되 그 취지를 밝히면 이렇다. "짐은 이들 대절이 어그러진 인물들에 대해 그들이 세운 공적이 생전에 양해된 것을 봐줄 수가 없다. 또한 후인들에 있어서 벌써 죽은 사람들이니 이제 정상을 참작해야 한다는 논리에도 따를 수가 없다. 응당 국사 안에 따로 「이신전」이란 부문을 두어 신하들 가운데 명나라에도 벼슬하고 본 왕조에도 벼슬한 각 사적들에 대해 사실에 근거해 바르게 써서 선을 밝히고 악을 드러내 보여주어야 한다. 작년에 이미 나라를 위해 죽은 신하들에 대해 시호를 더하여 그 빛나는 품덕이 밝혀졌으니 중벌을 받아야 할 사항 한쪽만 소홀해서는 안 될 것이다. 이 「이신전」을 지금 조사 결정하지 않을 수 없으니 이로써 이전 역사서의 열전에 언급되지 않은 부분들을 보완토록 하라."[86] 청군에 항거하고 청나라에 항복하지 않을 것을 맹세한 명신들이 찬양을 받고 청조에 투항한 명신들이 폄하되었다. 이는 '신절' 사상을 관철시키려는 건륭제의 철저한 정신이 충분히 드러난 일이었다.

봉건 정치에서 왕권 전제와 신민충절은 상호 보완적이다. 절대적 군주 전제는 절대화된 충절을 요구한다. '신절'을 강조한 건륭제의 정치관은 바로 절대 군주 전제주의 사상으로부터 파생되어 나온 것이다.

제3절
경천법조敬天法祖의 정치 원칙

만주족은 관내에 들어오기 전 일찍부터 천天에 대해 존중하고 경외하던 의식이 있었다. 청 태조 누르하치 시기에 이르러 천에 대한 숭배는 이미 군사 정치 활동 속으로 들어왔으며 큰 출정이나 맹서를 할 때는 언제나 천을 향해 제를 올려 천으로부터 신임을 받고 천의 보우를 받고자 했다. 청 태조는 나라의 흥망은 "결국 천에 의해 주재가 되고"[87] "대국이 소국이 되고, 소국이 대국이 되는 것은 모두 천의天意로 말미암는다"[88]고 생각했다. 청 태종은 기본적으로 이러한 천명관을 계승했고 "천운은 순환하며 되돌아오지 않는 경우는 없다. 천자가 폐위되어 필부가 되거나 필부였다가 일어나 천자가 되는 것은 모두 천의이며 사람이 어떻게 할 수 있는 바가 아니다"[89]라고 생각했다. 청나라 조정은 관내에 들어온 뒤 한 걸음 더 나아가 군권은 천수天授이며 군은 천자天子라는 등 전통 의식을 받아들여 경천敬天의 정치 원칙을 형성하고 축적했다.

청이 관내에 들어오기 전 문화적 수준이 비교적 높은 한족 지역으로 세력 범위가 확장됨에 따라 사회조직 구조와 정권 체제 모두 점진적 개혁 과정 속으로 들어가게 되었다. 청 태종 시기 개혁의 속도가 확실히 빨라지면서 수많은 제도가 명대의 방식을 모방하여 수립되었다. 숭덕崇德 원년(1636) 국호를 청으로 바꾸고 황제의 등극 의식이 치러지고 청 태종은 정식으로 황제를 칭했으며 군주 독존과 일인 전권의 제도가 실행되었다. 그런데 청 태종은 한편으로 개혁을 진행하면서도 다른 한편으로 만주족의 일부 전통을 반드시 보존할 필요가 있다는 데 주의했다. 이해 11월 그는 친왕 이하 관원들을 소집하여 내원內院의 대신으로 하여금 「금세종본기金世宗本紀」를 읽도록 하고 금 세종이 한족 풍속의 모방을 금지하여 금나라가 나중에 따를 수가 없어서 국가가 쇠망하게 된 교훈에 대해 논술했다. 그리고 후세 자손은 모두 만주족의 복식과 언어를 지켜야 하며 말을 잘 타고 활을 잘 쏘는 전통을 떨쳐야 한다고 주장했다. 또한 한족들의 의관을 따라 바꾸자는 수많은 문신의 건의를 반박했다. 이후 청 조정은 만주족의 전통을 지키는 문제를 대단히 중시했으며 '조제祖制', 즉 조상의 제도를 고도로 유지하고 정치적으로 법조法祖, 즉 조상을 본받는다는 관념을 제기했다.

청조 황제들은 항상 경천과 법조를 함께 연결시켰다. 이를테면 강희제는 "짐의 등극 이래 오직 만국이 평안하기를 바랐으며 위로 경천법조하고 아래로 후세에 좋은 명성을 드리우고자 한다"[90]고 말했다. 옹정제는 경천법조를 마음에 두고 잊지 않았으며 조서를 남길 때조차도 "경천법조를 첫 번째 임무로 삼고" "경천법조는 모두 지성스러운 마음에 근본을 두며 일순간도 틈을 두어선 안 된다"[91]고 했다. 건륭제는 "천에 대해서는 오로지 공경하고 조상을 본받음에 오로지 성의를 다하라"[92]는 말을 자신의 좌우명으로 삼았다. 그 후 역대 청나라 황제들은 모두 경천법조를 반복적으로 강조했으며 이는 의심의 여지가 없는 정치 원칙이 되었다.

경천의 전제는 천의 지고무상의 주재자로서의 지위를 인정하는 것이다. 또한 일정 정도 천의를 이해할 수 있어야 한다. 그래야 자기반성과 공경의 유지가 가능하다. 강희제는 비교적 많은 자연 지식을 파악하고 있는 봉건 군주였으나 오히려 천명, 천의 및 전통 유학 중의 천인감응설을 믿어 의심치 않았다. "일식은 사람들이 미리 계산할 수 있으나 예로부터 제왕들은 이로 인하여 경계하고 두려워했다. 이로써 천의 변화를 공경하고 인간사를 닦는 것인데 평범한 군주라면 운명의 탓으로 돌릴 것이다. 작년에 큰비와 지진이 있고 올해 또 일식이 있으니 필경 음이 성하여 그렇게 된 것이다. 어떻게 인간사와 아무 관련이 없다고 말하겠는가!"[93] 그는 또 이렇게 말했다. "군주는 오직 덕을 공경하고 수양할 것이며 이로써 천의와 서로 교감한다. 반드시 어떤 일을 가리켜 어떤 덕에 감응한다고 할 필요는 없다. 결국 화기和氣는 상서로움에 이르고 괴기乖氣는 잘못을 부르는 것이 고금에 바뀌지 않는 영원한 이치다. 상서로움을 만나면 공손하고 재앙을 만나면 경계할 줄 아는 것이 군주가 천에 감응하는 실제 일이다. 그리하여 어느 때이고 근엄하고 꿋꿋할 따름이다."[94] "반드시 어떤 일을 가리켜 어떤 덕에 감응한다고 할 필요가 없다"는 말은 구체적으로 왕왕 맞지 않는 오류를 구체적으로 설명하는 데 도움이 된다. 동시에 뭇 신하에게 이 문제에 대해서 더 이상 왈가왈부하지 말라는 경고이기도 하다.

전한 동중서董仲舒 등이 천인감응설을 힘써 제창한 이래 천변과 재이 현상은 불시에 군주에 의해 신하를 압제하는 수단으로 이용되었다. 그러나 아주 큰 정도로 신하가 이를 이용해 군주의 행위를 견제하는 수단이 되기도 했다. 군주가 제멋대로 혼자 행동하는 것을 제한하는 작용을 했다. 사리에 밝은 적잖은 대신들은 모두 이를 분명하게 인식하고 있었다. 이를테면 북송 신종神宗 희령熙寧 2년(1069) 어떤 사람이 황제에게 재이는 인간사와 무관하다고 진언했다는 말을 부필富弼이 듣고는 이렇게 개탄했다. "군주는 오직 천을 두려워할 뿐이다. 만약 천을 두려워하지 않는다면 무슨 일인들 못 저지르겠는가! 이는 필시 간인이 사악한 주장을 올려서 군주의 마음을 흔들고 보필간쟁輔弼諫爭 하는 신하들이 힘을 발휘하지 못하도록 하기 위함일 것이다. 치와 난의 중요한 계기이니 속히 고치지 않으면 안 된다."95 그리하여 "즉시 수천 언의 상소를 올려 힘써 논했다".96 뭇 신하가 천변과 재이라는 기회를 이용하여 군주와 간쟁하는 사례가 역사서에 끊이지 않는다. 그런데 청조에 이르러 '경천'이라는 기치를 내건 최고 통치자들은 신하에게 이를 빌미로 군주를 구속하는 기회를 주지 않았을 뿐만 아니라 거꾸로 이를 빌려서 신하들을 가르치고 나무랐다. 강희 9년(1670) 3월 오래 가물고 비가 오지 않자 강희제는 중신들을 엄하게 신칙했다. "때가 이미 여름에 들어섰는데 빗님이 때를 넘기는 것은 모두 부원部院의 대소 신하들이 구습만 따르며 마음을 깨끗하게 하지 않고 공정하고 청렴하게 직무를 다하지 못하기 때문에 정무가 마땅함을 잃고 천화天和를 범해서다. 너희 당관堂官97은 마땅히 수양과 성찰에 힘쓰고 직무에 충실하라. 소속 사관司官들을 엄히 감독하여 범사에 공정하고 근면할 것이며 적폐를 없애고 사사로운 사정을 돌아보아선 안 될 것이다."98 이외 시진이든 수재든 다른 무슨 재이가 발생해도 결국은 성지를 내려 신하들을 꾸짖었다. 그 개인의 기도나 감선減膳99 등은 모두 천지를 감동시키는 자격이 있다고 자신했다.

옹정제는 상서로운 일은 듣기 좋아하고 재이에 대해서는 듣고 싫증을 냈다. 그래서 각지 대신들은 상서로운 일이 생기면 그걸 주청하는 표장을 분주히 들어 날랐다. 그런데 어떤 일을 진정 상서로운 일로 칠 수 있느냐는 반드시 옹정제 스스로의 판단에 따라야 했다. 옹정 2년(1724) 7월 송강松江 제독이 갈까마귀가 나타나 메뚜기를 잡아먹어 가을 벼가 풍년이 들었다고 주청을 올렸다. 상서로운 일로 여긴 것이다. 그런데 옹정제는 성지를 내려 반박했다. "만약 갈까마귀가 메뚜기를 잡아먹는 것이 상서롭다면 메뚜기가 처음 나타났을 때 그런 일이 없었단 말이냐?"100 상당히 미신적인 이 황제는 오히려 다른 사람들에게 엄하게 경고했다. "예로부터 참위, 도참, 길상화복 등과 같은 좌도左道의 요언은 모두 혹세무민하는 것이었으니 인심과 풍속의 큰 근심거리였다. 자고로 제왕들은 모두 이것들을 심히 미워하고 엄하게 금지했다. 이를 범하는 자가 있으면 반드시 무거운 벌로 다스려라."[101]

건륭제는 옹정조에 이미 재이에 대한 담론을 금지시킨 기초 위에 다시 명령을 내려 상서로운 일을 주청하는 일을 금지시켰다. "앞으로 경사스러운 구름이나 아름다운 곡식 따위 일체의 상서로운 일에 대해 주청을 올리는 것을 불허한다."[102] 그는 "망령되게 화복을 이야기하면 명왕은 반드시 그를 죽인다"[103]고 선포했다. 신하들이 천변을 이야기하고 재이와 상서를 담론하는 일을 완전히 금지시켰다. 건륭제는 재난이나 이변과 인간사와의 연계성을 가장 낮은 정도까지 떨어뜨렸다. 『어비통감집람』 내에서는 재난이나 상서로움의 증험 문제를 다룬 역사책들의 과장됨을 매번 비판했다. "재이는 비속하고 잘못 전해진 것들이며 성인은 신이니 괴이함 따위는 말하지도 않았다. 진위 유무는 더욱 깊이 따질 가치도 없는 것이다."[104] 북송 초기 역사서엔 "다섯 별이 규奎성에 모이는" 상서로움에 대해 칭송하고 있다. 건륭제는 이렇게 비판한다. "오성이 규성에 모인 것이 송조의 첫 번째 상서로움이라는데 몇 달 못 가 일식이란 변괴가 찾아왔다. 천의는 과연 어디에 있는 것인가? 아첨을 좋아하는 사람은 상서로움을 자랑하고 재앙은 숨기며 튀어보려는 사람은 재난을 떠들고 상서로움을 각하시킨다. 비록 오십보는 이겼다고 느끼겠지만 경천과 근민勤民을 근본으로 하는 입장에서 볼 때는 잃은 것이 훨씬 더 많다."[105] 건륭제의 인식 수준이 강희제와 옹정제보다 높아졌다. 그러나 그 또한 상서를 완전히 부인하지는 않았다. 특히 천도에 대해서는 흥미진진하게 이야기했다. "나라가 흥기함에는 반드시 좋은 징조가 나타난다. 좋은 징조는 하늘로부터 내려

온다. 하늘로부터 하사를 받게 하는 것은 사람으로 말미암아서다."[106] 무측천 시대에 혹리 주흥周興과 내준신來俊臣이 피살된 것은 "천도의 베풂이 명쾌하지 않아서이며" 당나라와 송나라의 국운이 길어진 것은 전 왕조인 양楊씨와 시柴씨에 대해 시종 은혜와 예의로 대했기 때문에 "스스로 두터운 보답을 받아 천도가 환히 보여준 것이다!"[107]라고 주장하기도 했다. 그 귀결점은 반드시 경천이었다. 천은 인간 세상에 보응하는 위력을 지니고 있으며 "군주는 천을 대신해 백성을 다스리기 때문에 경천하지 않고 천위天位를 누릴 수 있는 사람은 아직 없었다"[108]고 한다. 그는 심지어 눈 가리고 아웅 하는 격으로 이렇게 선언했다. "군주는 천의 자식이다. 천은 군주의 어버이다. 어버이가 자식에게 사랑을 다하지 않을 수는 없고 자식은 어버이에게 공경을 다하지 않을 수 없다."[109] 군주가 천에 대해 공경을 좀 잃었다고 하더라도 천의 부성애는 즉각 바뀌지 않는다. 예컨대 명조를 보면 "영락永樂의 찬탈" "정통正統의 북방 사냥" "정덕正德의 황음무도" 등은 모두 천에 대해 공경을 잃은 행위로 이치상 멸망해야 마땅하지만 "천이 그들을 망하지 않게 했으니 이는 자비로운 어버이가 그 죄를 면제시켜준 것이 아니라 여전히 불쌍히 여겨서 돌봐줬다!"[110]는 것이다. 이는 경천이 곧 군주의 집안일이라는 말과 같다. 다른 사람들은 천의를 군주와 대립시킬 생각도 하지 말라는 이야기다. 그렇다면 군주는 어떻게 경천을 하는가? 전통 규칙대로 정해진 시기에 천지에 제사를 올리는 것 외에 더욱 중요한 일은 "천명을 공경하고, 조상의 기업을 지키고, 근면성실하게 맡은 일을 열심히 하고, 치와 난이 순환하는 기미를 두려워하며"[111] 그렇게 열심히 정무에 종사함으로써 본 왕조의 통치 지위를 공고히 하는 것이다. 결국 청조 통치자들의 경천 사상은 하나의 발전 과정을 거쳤으나 전체적인 추세는 신민들이 천의 문제에 대하여 말을 늘어놓는 것을 갈수록 더 금지하는 것이었다. 건륭제에 이르면 경천은 황제 한 개인의 일로 돌아갔다.

황제는 경천이란 원칙하에 스스로를 단속하고 인간사를 성찰하며 이로써 후에 왕위를 계승할 사람에게 교훈을 남긴다. 이러한 발전 방향을 만들어낸 근본 원인은 절대 군주 전제주의 정치사상이 날로 엄밀해지고 전면화되었다는 데 있다. 경천 문제에 있어서 반드시 이와 서로 협조하도록 요구함으로써 신하들이 천변을 이용해 군주를 향해 간쟁할 수 있었던 예부터의 관념을 없애버리는 것이었다.

법조法祖, 즉 조상을 본받는다는 관념은 본 민족이 완전히 한화되는 것을 방지하려는 청 조정의 의도에서 비롯되었다. 하나의 정치 원칙이 되었으며 그 내용은 원래 만주의 복식과 습속을 유지하고 전대 황제의 정치 체제를 본받는다는 것이다. 순치제는 관내에 들어온 뒤 10여 년간 대체로 입관 전의 전장 제도를 유지했다. 하지만 그 후 개혁을 진행하여 광대한 한족 지역에 대한 통치의 필요에 적용하려고 했다. 순치조의 개혁은 만주족 상층 보수 세력의 극단적인 불만을 야기했다. 순치제가 죽을 무렵 보정대신을 대표로 하여 복고의 물결이 일어났다. 그들은 순치제의 유언을 조작하여 순치제가 스스로 검토한 방식으로 "기강과 법도, 용인과 행정에서 태조와 태종의 지략과 공적을 우러러 본받지 못하고"[112] "점차 한인들의 습속에 젖으며 순박했던 옛 제도는 날로 바뀌게 되었다"[113]고 공격했다. 그리고 "조상의 법제를 그대로 따라 모두 옛 제도를 회복할 것"[114]을 결정했다. 강희 8년(1669) 5월 16세의 강희제는 발호하던 보정대신 오배鰲拜를 일거에 체포하고 그 당우들을 징치하며 조정대권을 굳게 장악했다. 그리고 정치 체제의 개혁을 진행했다. 그러나 그는 법조의 정치 원칙을 부정하지 않았다. "치세에 이르는 도는 법조를 지나쳐선 안 되며 기존 헌장을 거울로 삼아야 허물이 없을 것이다"[115]라고 생각했다. 그런데 그가 "기존 헌장을 거울로 삼은" 것 가운데는 그의 아버지의 수많은 개혁 조치도 포함되어 있었다. 법조와 개혁은 이 점에서 일치되었다.

강희, 옹정, 건륭 세 황제는 입만 열면 법조를 말했지만 그들은 정치적으로 대단한 성과를 거둔 사람들로 개혁을 멈추지 않았다. 옹정제는 말한다. "제도엔 손익이 있는 법이니 수시로 적절한 중도로 대처해야 한다. 『서경』은 '오직 정밀하고 오직 한결같이 하여 그 중을 잡으라'고 말하고, 『주역』은 '변통은 때를 따르는 것이다'라고 말한다. 중은 고정된 실체가 없으며 움직임은 때에 맞추어야 한다. 이것이 성조 인ᵣ 황제께서 강건한 천덕天德으로 일신함으로써 만세를 위해 극을 세우신 뜻이다."[116] 건륭제는 이렇게 말한다. "천은 불변하고 도 또한 불변한다. 이것이 근본이다. 제도, 품행 절조, 복식 물건, 채색 기물 등은 때에 맞추어 더하거나 덜고 누차의 변화로 적절히 마땅함을 찾아가는 것이 예의 형식이다."[117] 따라서 만주족의 복식을 유지하고 만주어와 말타기, 활쏘기를 제창하는 것 외에 법조는 그저 추상적 원칙에 불과했으며 더 구체적인 내용은 없었다.

건륭 중기 청 조정의 통치는 전성기를 맞았다. 그러나 해가 중천을 지나면 기울듯이 사회 위기가 날로 드러났는데 그 가운데 일난은 만주족 귀족과 팔기八旗 자제들의 부패와 타락이었다. 수많은 사람이 한가롭게 기생을 했으며 무도 안되고 문도 안되는 지경으로 떨어졌다. 건륭제는 이에 대해 십분 우려를 금치 못했다. 그래서 일장의 법조 교육을 전개했는데 그 주된 방식은 두 가지로 나누어볼 수 있다. 첫째, 『어비통감집람』을 중심으로 관련 유지를 반복적으로 반포하고 시문을 찬술하여 역사상 변법 개제 사례에 대해 비판하고 부정한다. 둘째, 본 왕조의 개국 역사를 다시 편찬하여 조상 기업의 간난신고를 기술함으로써 충국과 애국의식을 고취시키고 만주족의 옛 규범과 습속의 유지를 제창한다. 건륭제는 역대 소수 민족 정권이 구 습속을 바꾸고 구제도를 개혁한 데 대하여 폄하하고 배척했다. 이를테면 북위 효문제孝文帝에 대해 이렇게 비난했다. "위 효문은 북방의 언어를 끊어버렸고 성을 원元으로 바꾸었으니 조상을 멸망시킨 것이다. 덕을 잃었을 뿐만 아니라 사실 좋은 징조도 아니었다."[118] 또 "효문은 조종의 법을 바꾸어 남조南朝를 따라 명문거족의 전철을 밟았으니 특히 부덕이 심하다"[119]고 말했다. 금 장종章宗을 이렇게 질책했다. "금나라의 원래 구풍을 모두 바꾸니 국세는 날로 약해져서 크게 안정되었던 기업이 쇠퇴하게 되었다. 말하는 사람들은 모두 장종이 수성을 잘한 영주라고 하지만 자손들이 조부의 터를 이어받지 못하고 가법家法은 이로 인해 추락했으니 비록 선정을 베풀었던들 어찌 말할 가치가 있겠는가!"[120] 이는 곧 후세 황제들에게 가장 중요한 일은 조상의 기업을 이어받고, 가법을 지키고, 구풍을 존치시키는 것이란 이야기다. 그렇지 않고 구제를 바꾸면 성공을 했다 하더라도 말할 가치가 없다는 것이다. 이에 대해 그는 어떤 유지 가운데서 이렇게 말하고 있다. "요즘『통감집람』을 펼쳐보니 북위, 금, 원 등 여러 왕조의 정사가 수구守舊, 즉 옛것을 지킴은 본받을 만하고 바꾸는 것은 경계해야 마땅함을 성실하게 변론하고 있으니 이를 거울로 삼아라."[121] 여기서 건륭제는 이미 "수구를 본받을 만하고 변경은 경계해야 마땅하다"는 사고방식이 형성되었다. 그리하여 북송 왕안석의 변법에 대해 극력 공격하고 그것을 "송 왕실이 병들게 된 이유"[122]로 취급했다. 건륭 39년(1774) 건륭제는『곡유구문曲洧舊聞』[123]이란 책을 읽고는 네 수의 시를 지었는데 그 가운데 이런 구절이 있다. "두 황제의 파천이 스스로 취했다지만, 재앙의 연원은 신법의 변경이 일으킨 분란이라"[124] "자손들이 조상의 제도를 지키게 만들면, 어찌 만세에 이어받지 못할까 걱정하랴"[125] 북송 멸망의 책임을 변법에 돌리고 있으며 자손만세가 모두 조상의 제도를 지켜야 한다는 보수적 관념을 제기하고 있다.

건륭 38년(1773) 청 조정은『황청개국방략皇淸開國方略』을 편찬하기 시작했다. 이에 따라 본국의 개국사를 새롭게 정리하는 활동을 개시했다. 이 활동은『만문노당滿文老檔』을 베끼고,『성경사적도盛京事迹圖』를 편집 제작하고, 『만주원류고滿洲源流考』를 수찬하고, 『만주실록滿洲實錄』을 다시 그려서 베껴 쓰고, 『성경통지盛京通志』를 재편집하는 등이었다. 그 종지는 건륭제가 지은 시구가 드러내고 있듯이 "간난신고를 통해 조상의 덕을 생각하고, 자손이 이어서 계속해가기를 독려하라"[126]는 것이다. 조상의 업을 계승하는 중요한 원칙은 바로 만주족의 옛 습속을 지키고 재편집한 개국사 저술 가운데에 만주족이 원래부터 가지고 있던 순박한 풍속을 돌출시키는가 하면 청 태조와 청 태종을 십분 점잖고 우아하게 묘사한 강희제 때 실록을 재편할 때의 방법을 버리는 것이다. 『만주원류고』는 만주족의 연원을 위로 거슬러 올라가 자칭 본 민족은 자고로 "훌륭한 품질이 두텁고 습속이 순정했으며 말 타고 활 쏘는 것 외에 다른 일을 바라지 않아서 수천 년 역사는 달라도 말은 같았고, 용솟음하는 굴강한 기운을 믿었다. 대종이 여기에 모여 왕업이 열리니 왕의 군대는 무적이었으며 국가가 억만년 이어지며 이제 태평성대가 열린 듯 잘 다스려지는 것은 그런 이유 때문"[127]이라고 한다. 청 태종이 만주족의 의관과 말 타고 활 쏘는 조상의 유훈을 지킨 것에 관하여 건륭제는 전 조대보다 훨씬 더 숭상했다. 일찍이 건륭 17년(1752) 와비를 하나 세웠는데 그 위에 태종의 유지 전문을 새겨넣었다. 건륭 43년(1778)에 쓴 『전운시』 가운데 한 수는 이 일만을 기술하고 있는데 "빛나는 조상의 가르침이 빛나니, 대대로 지켜서 그 침이 없어야 하리"[128]라고 한다. 삼통관三通館[129]에서 『속문헌통고續文獻通考』 「가례고嘉禮考」를 올렸을 때 건륭제는 이렇게 지시했다. "요, 금, 원의 의관은 처음에 그 나라 풍속을 따르지 않은 적이 없었는데 나중에 고쳐서 한당의 의식儀式을 운용했다. 그 변혁의 순서가 원래 일시에 나온 것이 아니다. (…) 그 차례를 상세히 고찰하여 구전舊典이 폐기된 이유를 증명해야 할 것이며 부연 설명을 끼워넣어 후인들이 본보기로 삼도록 하라."[130] 이는 요, 금, 원이 한인들의 의관으로 바꾸게 된 발전 과정을 살펴서 역사의 귀감으로 삼으라는 이야기다. 이를 통해 본 민족의 습속과 체제를 견지하는 데 방해가 되는 것은 싹부터 잘라버리려 했다. 이로써 건륭제가 이를 얼마나 중시했는지를 알 수 있다.

고대에 법조는 비교적 특수한 정치 원칙이었다. '법고法古' 즉 옛것을 본받거나, '법선왕法先王' 즉 선왕을 본받는 등 구호와는 달랐다. 법조는 정치적 탐색이나 개혁을 계속 진행하는 것을 허락하지 않으며 본조 조종의 구제도를 기준으로 삼아 머물고 바꾸지 않는다. 이 때문에 법조는 본질적으로 대단히 보수적인 사상이다. 청나라 초 몇 명의 황제는 비교적 능력이 있어서 법조가 청조 정치 제도의 개혁과 보완 과정에 방해가 되지 않았다. 그러나 건륭 중기 이후 법조의 원칙 안에 변법에 반대하는 내용을 분명하게 더해둠으로써 그 보수적 본질을 뚜렷하게 드러냈다. 이는 사회가 전진하는 데 큰 사상적 장애가 되었다. 건륭 이후 날이 갈수록 형편이 악화되었다. 예컨대 가경제嘉慶帝는 이렇게 말한다. "한, 당, 송, 원, 명의 일을 기록한 역사책을 쭉 관찰하면 모두 중간의 군주가 창업 대의 간난신고를 생각하지 않고 스스로 총명하다고 잘난 체하며 멋대로 기존의 법을 바꾸곤 했다. 군주가 개혁을 할 마음이 있으면 공을 탐하고 요행으로 승진하길 바라는 신하들이 그것을 부추기고 분분히 일어나 바꾸고 여러 법률 조문을 설치하여 옛 장정들은 반드시 모두 잃게 될 것이다. 새로운 법제도 성공하지 못하여 집안과 나라는 분탕질될 것이니 경계하지 않을 수 있겠는가!"[131] 이는 법조 사상의 보수적 측면을 완전히 답습하고 발전시키고 있다. 사회, 정치, 경제와 문화를 꼭꼭 묶어버려서 제도가 낙후하고 국력이 쇠퇴하게 된 중요한 원인 가운데 하나가 되었다. 청 말에 이르러 최고 통치 계층 가운데 보수 세력은 법조의 원칙을 정치 개량 활동을 공격하는 무기로 삼았다.

제 4 절

대일통론과 정통론

중국 고대에 '대일통大一統' 사상의 기원은 아주 이르다. 『공양전』은 공자 『춘추』 가운데 '춘왕정월春王正月'을 '대일통'으로 해석한다. 그리하여 '대일 통' 관념이 공자 『춘추』 정의의 중요한 조성 부분이라고 생각하게 되었다. 동중서는 "『춘주』의 대일통은 천지의 상경常經이며 고금의 통의通誼다"[132] 라고 말한다. 이러한 '대일통' 사상의 특징은 이렇다. 첫째, 군주가 통치의 핵심이 되어 세력이 미치는 범위 내에서 "육합六合이 같은 풍속이고, 구주 九州가 한 꾸러미"[133]임을 실천한다. 이를테면 『예기』 「방기坊記」 편은 "하늘 엔 두 태양이 없고 땅엔 두 왕이 없으며 집엔 두 주인이 없고 존중의 대 상엔 두 윗사람이 없으니 이로써 군신이 구별됨을 백성에게 보이는 것이 다"[134]라고 말한다. 이러면 반드시 군주의 절대적 지존으로서 지위를 초 래하게 된다. 둘째, 화이華夷의 구별을 엄격히 지키면서 "귀중한 중화와 천 한 이적"을 주장한다. '존왕양이'의 깃발을 내걸고 소수 민족이 내지로 침 입하는 것을 막아내며 그들이 중국을 통치하는 합법적 지위를 부정한다. 심지어 예의를 실천하지 않는 소수 민족을 금수로 취급한다. 역사가 진보 하고 민족이 융합함에 따라 중국 고대 '대일통' 관념은 변하지 않았지만 화이지변華夷之辨은 차츰 느슨해졌다. 예컨대 당 태종은 "이적도 사람이며 그 성정은 중화와 다르지 않다"[135]고 말했다. 일부 소수 민족 정권의 통치자들은 더욱이 "백성은 부둥켜안고 이적을 합쳐야 융합이 섞여서 한집안이 되고 같은 형상의 아이를 갖게 된다"[136]고 주장한다. 그런데『춘추』및 경전의 해석과 연역이란 특수한 지위 때문에 '춘추대일통'의 "중화를 안으로 들이고 이적을 밖으로 내치며" '존왕양이'하는 사상은 여전히 대단히 중요한 영향을 미치고 있었다. 명청 교체기에 천지가 붕괴되듯 청 왕조가 소수 민족으로 중원의 주인이 되었다. 수많은 한족 관료와 사인士人들은 청조의 통치를 인정하지 않고 다시 한번 화이지변이란 사상적 무기를 집어 들었다.『춘추』'존왕양이'의 대의 및『춘추』대일통' 학설의 의발을 이어받아 하층 사인들 사이에 반청 정서를 전파하고 끓어오르게 했다. 이는 사상 문화 영역에서 청조의 크나큰 적대 여론이 되었다.

옹정 6년(1728) 증정曾靜 등이 섬서 총독 악종기岳鍾琪를 부추긴 반청 사건이 불거졌다. 증정 등은 이미 고인이 된 학자 여유량의 '화이 분별' 사상의 영향을 깊게 받은 하층 지식인들이었다. 옹정제는 이런 사안은 형벌로만 처치해선 해결되지 않으며 반드시 '화이 분별' 사상의 도전을 똑바로 쳐다보고 이론적으로『춘추』대일통' 중의 '존왕양이' 관념을 깨뜨려야 한다고 생각했다. 그는 청조의 관방 대일통 이론을 제기했다. 친히 장편의 유지를 써서 여유량 등의 관점에 반박했으며 자신의 견해를 체계적으로 밝혔다. 그의 유지를 핵심으로 삼아 이 사안을 심리한 문건 자료를 모아 편찬하여『대의각미록大義覺迷錄』이란 책이 만들어졌다. 이를 넓게 반포하여 사상 여론상의 진지를 점령하고자 했다.

옹정제의 '대일통' 이론의 요점은 다음 몇 가지 단계로 나눌 수 있다.

첫째, 덕을 갖춘 사람이 천하의 대통大統을 얻을 수 있다. 옹정제는『상서』의 "황천은 친함이 없고 오직 덕 있는 사람만을 돕는다"는 말을 끌어다가 "오직 덕을 갖춘 사람만이 천하의 군주가 될 수 있다"[137]고 주장한다. 이것이 "예로부터 오늘날까지 만세에 불변하는 영원한 원칙"[138]이라는 것이다. 하늘은 덕에 근거해서 군주를 선택할 뿐 절대로 어느 땅 사람인가에 의거해 취사선택하지 않는다. 민심의 향배 또한 덕을 논하지 땅을 가리지 않는다고 한다. 이 원칙에 의하면 어느 땅 사람, 어느 민족이든 모두 천하에 군림하는 합법적 자격이 있다. 역사적으로 볼 때 "순임금은 동이東夷 사람이며 문왕文王은 서이西夷 사람인데 성덕에 무슨 손실이 있었던가!"[139] 청조의 중국 통치 또한 천명을 받은 것이니 훼방해선 안 된다. "천지의 마음은 인애仁愛이며 사사로움이 없는 제왕의 은덕으로 가늠한다. 그래서 내근內近한 사람에게 덕이 있으면 대통은 내근한 사람에게 모아지고 외원外遠한 사람에게 덕이 있으면 대통은 외원한 사람에게 모아진다. (⋯) 하늘이 내지의 덕 없는 사람을 포기하고 이제 우리 외이에게 내지의 주인이란 무거운 임무를 맡기셨다."[140] 따라서 '화이 구별' 관념으로 청조 통치에 대항하는 것은 천을 거스르는 행위이며 그 죄악이 지극히 크나는 것이다.

둘째, 청조가 천하의 가장 올바름을 얻었다. 옹정제는 청나라 초 이래 유행하던 말을 이어받았다. 청이 관내에 들어오기 전 "우리 왕조는 명나라에 있어서 이웃 나라였다. 그런데 명 천하가 도적들의 손에 망했고 (⋯) 우리 왕조는 만방을 통일하고 뭇 도적을 평정하고 온 누리 안팎의 사람들을 타는 물불에서 끌어내 침상 위로 올라오게 했다. 우리 왕조가 중국에 미친 은혜가 얼마나 위대한가!"[141] 이는 명나라 조상이 원 왕조 신민들을 위해 천하를 탈취한 일과 비교할 때 훨씬 더 명분도 있고 이치에도 맞는다. 청조의 통치는 중국을 만들어냈다. "우주가 평안해졌고 정치 교화가 흥성하고 문명이 날로 성하고 만민이 생업을 즐기고 중외中外가 안락하며 어린아이부터 백발노인에 이르기까지 일생 동안 전쟁을 만나지 않게 되었다. 오늘날 천지가 맑고 고요하며 만백성이 왕의 은혜를 입음이 명대를 뛰어넘는 것은 삼척동자라도 모두 잘 알고 있다."[142] 이를 명조 가정嘉靖 이후 민생이 도탄에 빠지고 변강이 편하지 못했던 상황과 대비해 보면 우열이 분명한데 반청복명의 의지를 가진 사람들은 정말 사람의 마음이 없다는 것이다. 그래서 "천도를 헤아리든 인망으로 검증하든 바닷가 해 뜨는 마을로부터 천하의 모든 민중은 대일통이 우리 왕조에서 이루어졌음을 모르는 사람이 없다"[143]고 한다.

셋째, 역사적으로 화이 문제를 고찰한다. 옹정제는 화이의 구별을 완전히 부인하지는 않으며 이른바 이적 문제를 역사적으로 고찰한다. "자고로 중국은 일통의 세상을 이루었을 때 영토가 광활하지 못했다. 그 가운데 교화되지 않는 곳을 이적이라고 배척했다. 예컨대 삼대 위로는 유묘有苗, 형초荊楚, 험윤玁狁이 그랬는데 지금의 호남湖南, 호북湖北, 산서山西의 땅이다. 오늘날도 그들을 이적으로 볼 수 있는가?"[144] 말뜻은 역사 과정 속에 이른바 이적이 영원불변한 것이 아니라는 것이다. 화이 구별을 사람과 금수의 구별로 여기고 제멋대로 헐뜯는 것은 천리를 위배하는 짓이다. 옹정제는 말한다. "오늘날 몽고 48기旗, 할하Khalkha[145] 등에서도 군주를 존중하고 법도를 지키고 도적이 없고 살인 사건이 드물고 사기와 도둑질하는 습속이 없으며 화락하고 고요한 풍속을 가졌는데 어떻게 금수로 그들을 볼 수 있는가!"[146] 따라서 청조가 천하일통을 하고 있는 시기엔 다시는 제멋대로 화이와 중외를 판별해서는 안 된다. 이른바 화이의 분별은 그저 지역의 다름일 뿐이다. 그래서 "본 왕조가 만주임은 중국에 본관이 있음과 같다"[147]고 말한다. 나중에 옹정제는 이러한 관점에 대해 더욱 상세한 설명을 덧붙였다. "우리 왕조는 동해 가에서 터를 세우고 여러 나라를 통일하여 천하에 군림했다. 이어받은 통統은 요순 이래 중외 일가中外一家의 통이다. 임용한 사람은 대소와 문무 모두 중외 일가의 사람들이다. 실천하는 정책은 예악정벌 등 중외 일가의 정책이다. 안으로 각 성의 신민을 중앙에 직속시키고 밖으로 몽고 극지 변경의 여러 부락 및 바닷가와 산모퉁이 모두 육상과 해상으로 공물을 바친다. 이역의 먼 지방에서도 받들고 친애하지 않는 곳이 없이 모두 군주로 받들고 있다. (…) 맹자는 '순은 동이 사람이고 문왕은 서이 사람이다'라고 말한 적이 있다. 순은 옛날의 성스러운 제왕인데 맹자는 이夷라 했고, 문왕은 천명을 받은 주 왕실의 선조인데 맹자는 주나라의 신하이면서도 문왕을 이라 했다. 그렇다면 '이'라는 글자는 지역의 이름에 불과하다. 자고로 성현들은 아무도 꺼리지 않았다. (…) 만주인과 한인의 명색이란 그저 성별로 각 본관이 있는 것과 같지 중외가 분별되는 것은 아니다."[148] 여기서 옹정제는 지역적 개념으로 민족적 구별을 대체한다. 민족적 압박을 덮으려는 속임수가 있긴 하지만 역사 발전의 눈으로 볼 때 민족을 융합하고 구별을 축소함으로써 중외 일가를 강조하고 민족 간 상호 멸시를 부정하여 그것을 '대일통'의 기초로 삼은 것은 사상이론적으로 진보적 의미를 갖는다고 하겠다.

넷째, 군신이 오륜의 첫머리를 차지한다. "화이의 분별은 군신 윤리보다 중요하다"는 증정 등의 논점에 대하여 옹정제는 '인人'의 본의로부터 분석해 들어가며 봉건주의 강상 윤리 학설을 교묘하게 이용했다. 그는 주장한다. "사람이 사람다워지고 금수와 다른 점은 이 윤리의 강상이 있기 때문이다. 그래서 오륜을 인륜이라고 말하며 하나라도 빠지면 사람이라고 일컬을 수 없다. 군신은 오륜의 첫머리를 차지한다. 천하에 군주가 없는 사람을 사람이라고 부를 수 있는가! 사람이면서 군주가 없어야 한다는 마음을 품으면 금수라고 불러야 하지 않는가! 인륜을 다하면 사람이라 하고 천리를 없애면 금수라고 말한다. 화와 이로 인하여 사람과 금수를 구별하는 것이 아니다."[149] 이렇듯 군신 대의는 사람이 되는 최고의 준칙이다. 신하는 군주에게 충성을 다해야만 사람으로서 부끄럽지 않은 것이다.

'『춘추』 대일통'의 옛 관념 가운데엔 본래부터 군주가 통치의 핵심이며 지존무상의 지위를 누린다고 강조한다. 그러나 화이 분별이라는 또 하나의 이론적 기둥의 제약 아래 통치의 핵심이 되는 군주는 중화 민족의 군주일 수밖에 없다. 옹정제는 『춘추』 대의를 다시 해석하며 『춘추』에 '존왕양이'의 취지가 있음을 부인한다. 『춘추』 대의는 강상을 키우고 명분을 판정하는 데 있다고 생각한 것이다. 그래서 "공자가 『춘추』를 만들자 난신적자들이 두려워했다"[150]고 말한다. 이렇게 '『춘추』 대일통' 가운데서 화이 분별의 내용을 꺼내버리고 사해 안은 다 함께 하나의 군주를 섬겨야 한다는 전제적 대일통 관념으로 개조했다. 무슨 민족이든 덕을 갖추면 천명을 받아 군주가 될 수 있고 모든 천하의 신민은 반드시 군주에 대해 절대적으로 충성해야 한다. 그렇지 않으면 사람으로서 부끄러운 일이다. 이것이 옹정제의 '대일통'론의 근본적 특징이다.

다섯째, 분봉 제도를 주장하는 정견을 배척한다. 고대 중국에서는 서주 시대의 분봉 제도를 실행하느냐 아니면 진 왕조의 중앙 집권 정치 체제를 모방하느냐를 두고 이론적으로 반복적인 논쟁이 있어왔다. 각 왕조의 정책 또한 반복적으로 실행하거나 폐기하곤 했다. 그런데 정치 이론이든 현실 체제든 분봉제를 제한하고 취소하는 것이 고대 역사 발전의 방향을 주도했다. 하지만 청조에 이르러서 분봉을 실행해야 한다는 정치적 견해들이 불시에 용솟음쳤다. 이는 사실상 군주의 극단적 독재와 전제에 대한 일종의 굴절된 사상적 저항이었다. 여유량, 증정은 모두 분봉제의 실행을 주장했다. 동시에 군주의 극단적 전제에 반대했다. 바로 증정 사건을 심리하는 과정에 육생남陸生楠이 쓴 『통감론通鑑論』이 발견되었는데 거기엔 분봉제를 이렇게 고취시키고 있다. "성인 만세에 폐단이 없는 훌륭한 규정으로 폐지하면 손해이고 그 제도에 따르지 않는 것도 손해다. 오늘날에 이르니 말할 수 없이 손해가 막심하고 재앙이 세차다."[151] 옹정제는 이에 대해 친히 글을 써서 대대적으로 성토하며 이렇게 주장했다. "옛날에 봉건을 실행했던 것은 원래 그 제도가 완벽해서가 아니라 특별히 이를 만들어서 천하를 제어하려고 했던 것이다. 태고 시대에 교화가 통하지 못하고 각각 제 군주를 섬기고 제 백성을 자식으로 여겼다. 성인이 처음 나오니 천하의 대중이 존중하고 친애하지 않는 사람이 없었다. 성인은 세습적으로 지켜온 그들의 땅에 그들을 봉했다. 또한 무리가 친족 중 현인을 세워서 그 가운데 어지러이 뒤섞어 세웠다. 시세가 이와 같으니 통일을 하려고 해도 할 수 없었다."[152] 여기서는 분봉제가 탄생한 역사적 배경에 대해 분석하고 있다. 상당히 깊이가 있으며 분봉제를 상고 시대 "교화가 통하지 않았을" 때, 즉 역사 발전이 비교적 낮은 단계에서 부득이하게 실행했던 제도로 본 것으로 역시 탁견이다. 이에 근거해 그는 중앙 집권의 일통적 제도가 필연의 추세라고 생각했다. 공자는 "천하에 도가 있으면 예악정벌이 천자로부터 나온다"고 말한 적이 있다. 맹자는 "천하가 어떻게 징해질 것인가? 하나로 평정될 것이다"라고 말한 적이 있다. 이는 "공자와 맹자가 춘추 전국 시대의 제후 전쟁의 폐단을 깊이 관찰한 것이니 그들의 말이 일통의 앞선 기미를 열어준 것이다".[153] 이어서 옹정제는 역사상 일통 정치의 형성과 발전에 대해 분석하며 이렇게 주장한다. "중국의 일통은 진나라에서 시작했다. 새외 지역의 일통은 원나라에서 시작되었는데 우리 왕조에서 극성기를 맞게 되었다. 자고로 중외가 일가를 이루고 폭원이 극히 넓은 사례가 우리 왕조만 한 경우는 없었다."[154] 이렇듯 육합이 '대일통'을 이룬 형세하에서 분봉을 고취하려 들고 일통천하를 공격하는 것은 "손해가 막심하고 재앙이 심하며" 대역부도한 일에 속한다. 옹정제는 이렇게 생각했다. "대저 여유량, 증정, 육생 등의 반역자들은 모두 봉건을 회복해야 마땅하다고 말한다. 이렇게 어긋난 사람들은 스스로 간악하고 삿됨을 알고 이 나라에 받아들여지지 않으니 책사와 유세의 풍토를 본받아 봉건이 행해져 이 나라에 등용되지 않으면 다른 나라로 갈 수 있다는 뜻을 보인 것이다."[155] 결국 분봉제의 주장은 군주 전제 '대일통' 정치의 적대적 사상일 뿐만 아니라 반역자의 음모와 궤계라는 것이다.

옹정제의 '대일통' 사상은 청조 국력이 날로 강성해져가던 형세하에 반청 사상을 지닌 한족 사인들과의 투쟁 과정에서 만들어진 것이다. 그가 의거한 사상 체계는 여전히 전통 유학의 봉건주의 강상 윤리였으며 여론을 통해 청조의 통치자적 지위를 유지하려는 동기를 포함하고 있다. 그러나 이것이 사상적으로 '양이攘夷'의 강조를 특징으로 하는 『춘추』 대일통 관념보다 우월했던 것은 분명하다. 청조는 자신의 대일통 정권을 "천하일가, 화이일가"로 취급했으며 옹정제는 누차에 걸쳐 자신은 신하들에게 "진심으로 대우하며 만주인과 한인을 다르게 본 적이 없다"[156]고 말한다. 이것이 물론 실제로 완전히 관철되었다고 할 수는 없지만 공공연히 민족 적대를 책동하는 사상보다는 더 이지적 정신을 갖고 있다고 하겠다.

이 새로운 '대일통' 이론은 청조의 정치에 매우 큰 영향을 미쳤다. 청나라 제왕은 천하의 주인을 자처했으며 어떠한 분열, 할거 현상도 용인하지 않았다. 변강 지역에 대한 관리를 강화했을 뿐만 아니라 청조 전기에 벌써 중국의 통일을 전에 없이 공고히 하여 중국 영토와 강역의 기초를 다졌다.

건륭제는 새로운 '대일통' 이론을 응용하여 역대 정권의 정통성 문제를 고찰하고는 일련의 역사 정통론 사상을 제기했다. "『춘추』 대일통의 대의는 존왕출패尊王黜覇, 즉 왕도를 높이고 패도를 없애는 것이다. 그리하여 만세의 강상을 수립하고 바른 명분과 조리 있는 말이 올바른 천명과 인심으로부터 나오도록 하는 것이다. 주희의 『강목綱目』의 대의는 정통正統에 있다. 그래서 시황 26년 진나라는 주나라를 계승하기 시작했으며, 한나라는 고조 5년에 시작된 것이지 진이 항복한 해에 시작된 것이 아니다. 삼국은 위나라와 오나라가 한나라의 정통을 강탈한 것이 아니다. 『춘추』의 대의를 보니 그렇다. (…) 정통은 이전의 통을 계승하고 새로운 명을 받는 것이다. 동진 이후 송, 제, 양, 진이 비록 강동에 치우쳐 자리했으나 진의 정통을 계승했다. 그 시기 탁발拓拔 위魏씨의 땅은 크고 세력은 강했으나 (…) 중화의 정통은 송, 제, 양, 진에 속할 수밖에 없었다. 그들이 계승한 통이 정正인 것이다. (…) 송이 남천한 후 임안臨安에 치우쳐 있었지만 (…) 송이 비록 금에 대해 조카를 칭했지만 그들이 계승하고 있는 것은 여전히 북송의 정통이었다. 요나라와 금나라가 그것을 빼앗아 가질 수는 없는 것이다. 원 세조가 송을 평정하면서 처음으로 송의 통이 마땅히 단절되고 정통이 마땅히 이어가야 한다는 말이 시작되었다면 통서統緖의 정이 무르익었다는 점을 원 세조는 알고 있었던 것이다."[157]

여기서 다음 몇 가지에 주의를 기울여볼 만하다. 첫째, 건륭제는 다시 『춘추』 대일통'의 깃발을 내걸면서도 오히려 '존왕양이'를 '존왕출패'로 바꾸었다. 이로써 할거에 반대하고 번속의 참람함에 반대헌다는 함의를 주입시켰다. 둘째, 정통 문제에서 '대일통'의 정권을 추존한다. '대일통'의 정권을 어떤 민족이 세웠든 어떤 방식으로 건립되었든 모두 정통으로 보며, 계통을 이어받는 사람은 한쪽에 치우친 작은 규모만 가졌다 하더라도 여전히 정통의 지위를 차지한다. 만약 새로운 '대일통'의 국면이 출현하지 않는다면 그 정통 지위는 계속 이어져 내려간다. 이러한 계통 전승을 갖지 못한 다른 정권은 전국을 통일하여 '대일통'의 업적을 이루었을 때 비로소 정통 정권이 될 수 있다. 결국 역사상 정통 명분의 존속과 전이는 모두 '대일통' 정권의 건립에 달려 있는 것이다. 셋째, 점거하고 통치하는 지리적 구역이야말로 정통 지위의 득실을 판정하는 근거 가운데 하나이며 원래 정통 정권의 황족 혈통을 중요한 참고 요소로 보기도 한다. 이 관점은 기왕의 각종 정통론을 개조한 것이기도 하고, 융합한 것이기도 하고, 흡수한 것이기도 하다. 게다가 『춘추』 대의와 『강목』 대법'이란 기치를 포기한 것도 아니다. 그 이론적 특징은 전통 '정통론' 가운데 민족에 대한 편견의 성분을 전체적으로 없애고 '대일통' 정권에 대한 중시를 핵심으로 삼고, 정권 승계관계를 기본선으로 삼으며, 화이 분별의 취소를 특징으로 삼는 정통론을 형성했다는 데 있다. 그리고 역사의 평가 속에 그 것을 관철시켜서 청조의 정치 통치와 사상 통제에 더욱 유리하게 만들려는 데 있었다.

청조 전기의 강희, 옹정, 건륭제는 온 힘을 다하여 나라를 다스리고, 근면 성실하게 공부하고, 문학 역사에 널리 정통했다. 그들은 한편으로 전체 봉건 시대 중 몰락의 시기에 살았으며 다른 한편으로 이른바 '강건성세康乾盛世'를 개창했다. 이 특수한 정치적 위치, 개인적 소질과 시대적 배경이 그들의 정치사상의 수많은 특징을 결정지었다.

청나라 황제들의 정치사상은 왕왕 구체적인 정치 활동 과정에서 직접적으로 형성되었다. 따라서 걸출한 학자나 사상가처럼 완정한 정치 이론체계를 구축하지 않고 일에 맞춰 적절한 조치를 취하는 방식으로 개별 문제에 대해 돌파하고 실제 사무의 해결과 총결에 착안점을 두었다.

청나라 황제들의 정치사상은 항상 유지를 발하는 방식으로 전국에 반포했으며 한번 반포되면 지고무상의 율령이자 반드시 받들어야 할 훈육이 되었다. 이러한 유지의 반포는 항상 문자옥 사건을 불러일으켰다. 심지어 선혈이 낭자한 공포를 동반하기도 했다. 특히 옹정, 건륭 두 황제는 그들의 정치사상이 매번 한 걸음 나아갈 때마다 동시에 신민들의 머리가 땅에 떨어졌다. 문자옥은 청나라 황제들의 정치사상 '영감'의 지렛대 역할을 했다.

청조 황제들은 정치사상과 이론에 있어 전대미문 혹은 전인들의 논술을 심화시킨 견해를 제기했다. 그들은 개별 문제에 있어 새로운 관념을 뒤집기도 하고 뛰어난 창조를 하기도 했다. 이를테면 '대일통'론, 비밀 건저 이론 등이 그렇다. 이는 중국 정치사상사에서 모두 일정한 위치를 차지한다. 그렇지만 청조는 필경 중국 봉건 시대의 말기에 처했으며 전체 봉건 정치 체제와 사상 체제가 이미 썩었기 때문에 몰락의 추세를 역전시킬 수는 없었다. 청나라 황제들의 정치사상은 군주 전제주의를 절대화로 밀고 갔으며 일부 새로운 주장을 만들어내기도 했다. 그 동기와 효과는 모두 봉건 전제주의의 그물을 공고히 하는 것이었으며 본질적으로 보수적이었고 왕성한 활력과 발전의 전망을 결핍했다. 아무리 일부 관점이 새롭고 당시 큰 파문을 일으킨 효과가 있었으며 조정의 정치와 사인들의 사상에 적지 않은 영향을 미쳤다 하더라도 손질을 거친 새로운 모양새란 끝내 다할 때가 있는 법이다. 건륭조 이후 청조의 최고 통치자는 더 이상 정치사상에서 무언가를 해내기 어려웠고 보수적 정치 제도와 진부한 이데올로기에 따라 중국을 통치함으로써 중국 사회의 진보를 크게 저해했다.

1 　天尊地卑, 自然之定位也, (…) 君尊臣卑, 百王之大經也.(淸 聖祖 『御制文初集』 권19
　「君臣一體論」 참조)

2 　夫人之所以爲人而異於禽獸者, 以有此倫常之理也. 故五倫謂之人倫, 是闕一則不可謂之
　人矣. (…) 君臣居五倫之首.(『大義覺迷錄』 권1)

3 　爲人臣者, 義當惟知有君; 惟知有君, 則其情固結乎可解, 而能與君同好惡.(『淸世宗實
　錄』 권22)

4 　君卽不撫其民, 民不可不戴其后.(『대의각미록』 권2)

5 　安石抗章, 神宗遜辭, 成何政體?! 卽安石果正人, 猶尙不可, 而況不正乎!(『評鑑闡要』
　권8)

6 　爾等如恪遵朕旨, 以實心行實政, 庶己共享和平之福, 朕顯秩厚祿自不吝惜. 如貌承朕
　旨, 心懷詐僞, 媚上虐下, 慢政隳操, 昭昭國憲, 必貽身家之災. 雖欲免, 得乎!(『淸世祖實
　錄』 권73)

7 　朕自御極以來, 凡文武大小官員進見時, 必諄諄訓誨, 諭以國計民生爲之要務, (…) 蓋
　朕意欲使其人曉然明白自知識見之淺鄙, 是以降旨之時, 周詳往復, 不憚煩勞.(『청세종실
　록』 권85)

8 　간언관들이 사무를 보는 장소. —옮긴이

9 　效明末諫垣門戶惡習.(『淸高宗實錄』 권1023)

10 　全不知敬謹之道.(『청고종실록』 권1227)

11 　從來書生論歷代帝王, 多指摘過失, 謂其安享富貴, 耽於逸樂. 朕披閱史書, 歷觀古來帝
　王, 因深知爲君之難. 卽朕六十年宵旰勤勞, 雖金石爲質, 亦應消耗, 況氣血之身乎!(『청
　성조실록』 권284)

12 　鞠躬盡瘁, 死而後已.(『청성조실록』 권275)

13 　朕披覽史冊, 於前代帝王每加留意. 書生輩但知議評往事, 前代帝王雖無過失, 亦必刻意
　指摘, 論列短長, 全無公是公非. 朕觀歷代帝王廟所崇祀者, 每朝不過一二位, 或廟享其
　子而不及其父, 或配享其臣而不及其君, 皆因書生妄論而定, 甚未允當. 況前代帝王曾爲
　天下主, 後世之人俱分屬臣子, 而可輕肆議論, 定其崇祀與不崇祀乎! 今宋明諸儒, 人尙
　以其宜附孔廟奏請, 前代帝王旣無後裔, 後之君天下者繼其統緒, 卽當崇其祀典. 朕君臨
　宇內, 不得不爲前人言也. 朕章以爲凡曾在位, 除無道被弒亡國之主外, 應盡入廟崇祀.
　爾等將朕此旨錄出, 公同從容詳議具奏.(『청성조실록』 권292)

14 　設有一夫私議, 妄自記載, 非惟庸主無由剖析, 雖明哲之君亦何從聞見而正其是非! 其流

傳失實受誣後世者, 不知凡幾矣.(『청세종실록』권87)

15 此等背理稱名之謬, 豈可不爲改正以昭示方來!

16 於校刊書籍內, 遇有似此者俱加簽擬改, 聲明進呈, 毋稍忽略.(『청고종실록』권1042)

17 夫用宰相者非人君其誰爲之? 使爲人君者但深居高處自修其德, 惟以天下之治亂付之宰相, 己不過問, 幸而所用若韓范, 猶不免有上殿之相爭, 設不幸而所用若王呂, 天下豈有不亂者? 此不可也. 且使爲宰相者, 居然以天下之治亂爲己任, 而目無其君, 此尤大不可也!(청 고종『御制文二集』권19「書程頤論經筵札子後」)

18 語尤不經.(『國朝宮史續編』권88「史學 1」)

19 竟大肆狂吠, 不可恕也!

20 本無行誼過人之處.(『청고종실록』권1127)

21 본래 도덕과 명망이 높은 사대부를 지칭하는 용어. 청나라 때는 조정에 청류淸流라고 부르는 정치 파벌이 존재하기도 했다. ─옮긴이

22 至名臣之稱, 必其勳能安社稷方爲無愧, 然社稷待名臣而安之, 已非國家之福. 況歷觀前代, 忠良屈指可數, 而奸佞則接踵不絕, 可見名臣之不易得矣. 朕以爲本朝綱紀整肅, 無名臣亦無奸臣. 何則? 乾綱在上, 不致朝廷有名臣奸臣, 亦社稷之福耳. 尹嘉銓竟敢標列本朝'名臣言行錄', 妄爲臚列, 謬致品評, 若不明辟其非, 則將來流而爲標榜, 甚而爲門戶爲朋黨, 豈不爲國家之害淸流之禍乎! 總之人君果能敬天愛民勤政, 自能庶事惟和, 百工熙載. 否則雖有賢相, 亦何神政事? 我國家世世子孫, 能以朕心爲心, 整綱維而勤宵旰, 庶幾永凝庥命垂裕萬年. 所謂無疆惟恤, 可弗凛歟歇! 將此申論中外知之.(『淸代文字獄檔』제6집)

23 至于宦官爲害, 歷代有之, (…) 但謂明之亡亡於于太監, 則朕殊不以爲然. 明末朋党紛爭, 在廷諸臣置封疆社稷於度外, 惟以門户勝負爲念, 不待智者知其必亡.(『청성조실록』권154)

24 爾等須洗心滌慮, 詳玩熟體. 如自信素不預朋黨者, 則當益加勉勵, 如或不能自保, 則當痛改前非.(『청세종실록』권22)

25 乃有心懷二三, 不能與君同好惡, 以至於上下之情睽, 而尊卑之分逆, 則皆朋党之習爲之害也.

26 人臣乃敢溺私心樹朋黨, 各徇其好惡, 以爲是非, (…) 是朝廷之賞罰黜陟不足爲輕重, 而轉以黨人之咨嗟歎惜爲榮, 以黨人之指摘詆訾爲辱. 亂天下之公是公非, 作好惡以陰撓人主予奪之柄. 朋黨之爲害, 一至是哉!

27 夫罔上行私, 安得謂'道'! 修之所謂'道', 亦小人之道耳! 自有此論, 而小人之爲朋者, 皆得假同道之名, 以濟其同利之實. 朕以爲君子無朋, 惟小人則有之.

28 夫朋友亦五倫之一, 朋黨不可有而朋友之道不可無. 然惟草茅伏處之時, 恒資其講習以
相佽助. 今旣登朝莅官, 則君臣爲公義, 而朋友爲私情, 人臣當以公減私, 豈得稍顧私情
而違公義!

29 而無知小人, 輒議朕爲煩苛瑣細, 有云人君不當親庶務者. (…) 此皆朋黨之錮習未去, 畏
人君之英察而欲蒙蔽耳目, 以自便其好惡之私焉耳.

30 今之好爲朋黨者, 不過冀其攀援扶植緩急可恃, 而不知其無益也, 徒自逆天悖義, 以陷於
誅絶之罪, 亦甚可憫矣.(이상『청세종실록』권22 참조)

31 嗣後朋黨之習, 務宜盡除, 爾等須捫心自問, 不可陽奉陰違, 以致欺君罔上悖理違天. 毋
謂朕恩寬大, 罪不加衆, 儻自於國法, 萬不能寬. 朕雖未必盡行誅戮, 然或千人之中百人,
百人之中十人, 爾等能自保不在百人十人之列乎! (…) 上念朝廷任用之恩下爲身家子孫
之計, 各勉之慎之.(『청세종실록』권22)

32 門戶之爲害, 甚於陷阱, 一溺其中, 卽欲自拔亦不可得矣!(『평감천요』권7)

33 원문에 열거한 적이 있는 이윤伊尹, 여망呂望, 소하蕭何 등을 가리킨다. ―저자주

34 촉蜀 지역에 활동했던 소순蘇洵, 소식蘇軾, 소철蘇轍의 학풍과 그들 문호를 촉학蜀學
이라 부르고 낙양 일대에서 활동했던 정이와 정호의 학풍과 그들 문호를 낙학洛學이
라 부른다. ―옮긴이

35 漢室黨人已開標榜之漸, 激而致禍. 卽宋之周(敦頤)程(程頤程顥)張(載)朱(熹), 其闡洙
泗心傳, 固不爲功, 然論其致君澤民之實迹, 如向之所擧而人者(指原文列擧過的伊尹呂
望蕭何等人―筆者注)安能並肩齊趨乎! 而蜀洛之門户朱陸之冰炭, 已啓相攻之漸. 蓋有
講學必有標榜, 有標榜必有門户, 尾大不掉, 必致國家破亡. 漢宋明, 其殷鑑也.(청 고종
『어제문이집』권18 및 '비어批语, 「題〈東林列傳〉」)

36 欲厚風俗, 先正人心; 欲正人心, 先端學術.(『聖諭廣訓』참조)

37 務須詳愼抉擇, 使群言悉歸雅正, 副朕鑑古斥邪之意.(『청고종실록』권997)

38 명청 시기 이호예병형공吏戶禮兵刑工 6과科의 급사중給事中과 도찰원都察院 13도道
감찰어사監察御使를 총칭한 말이다. ―옮긴이

39 近見坊間多賣小說淫辭, 荒唐俚鄙, 殊非正理. 不但誘惑愚民, 卽縉紳士子, 未免遊目而
蠱心焉, 所關於風俗者非細, 應卽行嚴禁. 其書作何銷毀, 市賣者作何問罪, 著九卿詹事
科道會議具奏.(『청성조실록』권258)

40 辟邪說以正風俗, 懲奸匪以警人心, 能見及此, 殊屬可嘉.

41 切不可因遠'多苛求'四字之嫌, 而貽誤於世道生民也. 果能於斯一節, 汲汲鏟除, 勝於治

理刑名錢穀案件之功, 不啻什百相倍, 卿其謹志, 奉行勿替.(『朱批諭旨』雍正 11년 11월 程元章奏折批語)

42 視大逆爲泛常, 全不知有尊君親上之義, 實屬昧盡天良.(『掌故叢編』 제5집, 乾隆 42년 10월 26일 諭)

43 如此矜張辦事, 殊非大臣實心任事之道, 實屬可鄙可笑.(『청대문자옥당』 제7집)

44 蓋千古之是非繫於史氏之褒貶, 史氏之是非則有待於聖人之折衷.(『四庫全書總目提要』 권88)

45 我皇上綜括古今, 折衷衆論, 欽定《评鉴阐要》及全韵詩, 昭示來玆. 日月著明, 爝火可息, 百家瀾言, 原可無存.(『사고전서총목제요』 권88)

46 今悉據事核實, 立爲表傳. 總裁大臣公同商榷, 朕復親爲裁定, 傳之萬世, 使淑慝立昭而袞鉞不爽, 不更愈於自來秉史筆者之傳聞異詞, 而任愛憎爲毀譽者耶!(『국조궁사속편』 권88)

47 是編槀承訓示 (…) 以衆論歸於一是. 譬諸童謠婦唱, 一經尼山之删定而列在六經, 一代得失之林, 卽千古政治之鑑也.

48 敢曰繼春秋之翼道.(『청고종실록』 권178)

49 此編體例一本至公, 以爲萬世君臣法戒.(『閱通鑑輯覽作』(詩)自注, 『국조궁사속편』 권89 참조)

50 則所以敎萬世之爲君者, 卽所以敎萬世之爲臣者.(『어비통감집람』 권수 「御制書」)

51 此乃酌權劑經之道, 非謂後世子孫皆當奉此以爲法則也.(『청고종실록』 권22)

52 古稱建儲爲國本大計, 朕酌古准今, 深知於理勢有所難行.

53 建儲一事, 亦如封建井田, 固不可行之近世也.(『청고종실록』 권435)

54 建儲冊立, 非國家之福, 召亂起釁, 多由於此.(『古今儲貳金鑑』 권수, 乾隆 48년 9월 30일 上諭)

55 강희제에 의해 두 차례 태자로 책봉되었다가 두 차례 폐위된 인물. 봉지의 이름에 따라 이理친왕이라 불렸으나 나중 시호가 밀密이어서 이밀친왕이라 부른다. ―옮긴이

56 皇祖時理密親王亦嘗立爲皇太子, 且特選公正大臣如湯斌者爲之輔導. 乃旣立之後, 情性乖張, 卽湯斌亦不能有所匡敎. 群小復從而蠱惑, 遂致屢生事端.(『고금저이금감』 권수, 건륭 48년 9월 30일 상유)

57 後之人主未能如皇祖之仁慈英斷, 而爲太子者又不能小心謙謹, 必致漸生嫌隙, 鮮有能始終獲保萬全之理. 可見建儲冊立之斷不可行也.(『고금저이금감』 권수, 건륭 49년 12월 초6일 상유)

58 以長不以賢, 以貴不以長.

59 顧於諸子中獨不可擇賢而與之, 必拘於'以長'以貴'之小节, 而不爲天下萬民擇賢君而立之, 是直以祖宗社稷爲輕, 而以已妻媵娣爲重, 千金之家有所不可, 而況天下萬民之大乎!

60 紂以嫡立而喪商, 若立微子之庶, 商未必亡也.

61 何至骨肉相殘, 忠良慘戮! 此立嫡立長之貽害, 不大彰明較著乎!(『청고종실록』권1067)

62 蓋一立太子, 衆見神器有屬, 幻起百端, 弟兄旣多所猜嫌, 宵小且從而揣測, 其懦者獻媚逢迎以陷於非, 其強者設機媒孽以誣其過, 往往釀成禍變.(『청고종실록』권1067)

63 陽爲國家根本之論, 而陰實遂其鑽營結納之私.(『고금저이금감』권수, 건륭 49년 12월 초6일 상유)

64 한 무제는 衛衛씨를 황후로 올리고 그 소생인 유거劉據(시호는 여戾)를 태자로 삼았으나 정책상 여러 차례 충돌하다 간신들이 꾸며낸 '무고巫蠱'의 변란으로 군대가 동원된 전투를 치렀다. ─옮긴이

65 以儲位之故, 構煽交乘.(『고금저이금감』권수, 건륭 48년 9월 30일 상유)

66 父子兄弟之間, 猜疑漸生, 釀成大禍.(『고금저이금감』권수, 건륭 48년 9월 30일 상유)

67 朕非不立儲, 特不肯效立儲之虛名, 俾衆人有所窺伺, 致父子之間有'責善則離'之不祥爾.(『고금저이금감』권수, 건륭 49년 12월 초6일 상유)

68 若子子孫孫皆能以朕此心爲心, 則我大淸億萬年可永承鴻貺於無疆也. (…) 卽億萬年後朕之子孫有泥古制而慕虛名, 復爲建立之事者, 亦所不禁. 但人心不古如江河日下之勢, 父子之間必有爲小人構成釁隙, 復啓事端. 彼時始信朕言之不爽, 然悔已晩矣.(『고금저이금감』권수, 건륭 49년 12월 초6일 상유)

69 장락로長樂老는 오대五代 시절의 재상인 풍도馮道(882~954)를 일컫는다. 후당後唐, 후진後晋, 후한後漢, 후주後周 네 왕조 총 10명의 황제를 섬겼으며 나중에 요遼 태종에게도 칭신했다. ─옮긴이

70 乃高祖之罪人.(『御批通鑑輯覽』권13)

71 恬不知恥, 辭十萬而受萬, 尚得謂無虧全節耶! 旣貪生復好名, 千秋以下, 正論難逃.(『評鑑闡要』권3)

72 姜維以下諸將士平日咸以恢復自命, 乃俱聞風而靡, 無復具人心者, 不啻譙周鬻國罪不容誅矣.(『평감천요』권3)

73 已不足齒於人類.(『어비통감집람』권94)

74 後世反以復唐之功歸之, 是皆托於明哲保身寬柔以教之論, (…) 是非顛倒, 莫甚于此.

75 束之被薦時年幾八十, 使不及相而死, 事當奈何?

76 以爲爲人臣而事二姓者戒.(『어비통감집람』 권53)

77 當於祿山未叛, 楊氏方盛之時舍身固爭, 方可謂之忠臣. (…) 若玄禮者, 直亂臣賊子, 其去祿山蓋一間耳.(『평감천요』 권5)

78 以史事爲己任, 托文詞以蓋其不死之羞, 實堪鄙棄.(『어비통감집람』 권92)

79 是素於文獻皆無足徵, 徒飾寺僧之言以文其不死, 不深可賤乎!(『어비통감집람』 권100)

80 苟能自盡其忠, 實亦無虧於孝.

81 史稱柔爲當日名臣, 顧大節已隳, 他復何論!(『어비통감집람』 권90)

82 唐太宗要父以叛君, 殺兄以逼父, 忠孝之道泯矣. 自知無以取譽於後世, 故卽位之後, 凡好名之事無所不爲.(청 고종 『御制文二集』 권34 「讀歐陽脩縱囚論」)

83 其得國之不以道, 又豈能曲爲原諒哉!(『어비통감집람』 권71)

84 崇奬忠貞, 所以風勵臣節.

85 在明已登仕版, 又復身仕本朝.

86 朕思此等大節有虧之人, 不能念其建有勳績諒於生前, 亦不能因其尙有後人原於旣死, 今爲准情酌理, 自應於國史內另立《貳臣傳》一門, 將諸臣仕明及仕本朝各事迹據實直書, 使不能纖微隱飾, (…) 此實朕大中至正之心, 爲萬世臣子植綱常, 卽以是示彰癉. 昨歲已加諡勝國死事諸臣, 其幽光旣爲闡發, 而斧鎖之誅不宜偏廢, 此《貳臣傳》之不可不核定於此時, 以補前世史傳所未及也.(『淸高宗實錄』 권1022)

87 總之主宰在天.(『太祖武皇帝實錄』 권4)

88 大國變小, 小國成大, 皆由天意.(『滿文老檔』 太祖朝 제4책 乙卯년 6월)

89 大運循環, 無往不復, 有天子而廢爲匹夫者, 亦有匹夫而起爲天子者, 此皆天意, 非人之所能爲也.(『청태종실록』 권5)

90 朕御極以來, 惟欲萬國乂安, 上則敬天法祖, 下則垂令名於後世.(청 聖祖 『御制文四集』 권2 「諭禮部」)

91 敬天法祖皆本於至誠之心, 不容一息有間.(청 世宗 『어제문집』 권4 「遺詔」)

92 對天惟敬, 法祖惟誠.(청 高宗 『어제문초집』 권27 「座右銘」)

93 日食雖人可預算, 然自古帝王皆因此而戒懼, 蓋所以敬天變修人事也, 若庸主則諉諸氣數矣. 去年水潦地震, 今又日食, 章必陰盛所至, 豈可謂無與人事乎!(『청성조실록』 권180)

94 人君惟敬修其德, 以與天意相感孚, 不必指何事爲何德之應. 總之相氣致祥乖氣致戾, 乃古今不易之恒理. 遇祥則謙, 遇災知徹, 乃人君應天之實事, 亦無時不致其謹凜而已.(청 성조 『어제문초집』 권26 「講筵緖論」)

95 人君所畏惟天, 若不畏天, 何事不可爲者! 此必奸人欲進邪說以搖上心, 使輔弼諫爭之臣無所施其力. 是治亂之機, 不可以不速救.

96 則上書數千言, 力論之.(『續資治通鑑』권66)

97 명청시대 상서尙書나 시랑侍郎 등 각부 장관을 통칭한 말. 각 부서의 큰 대청에서 담당 사관司官들의 업무를 주재한 데서 비롯된 말이다. 각 지방의 장관도 당관堂官이라 부른 경우가 많다. —옮긴이

98 時已入夏, 雨澤愆期, 皆由部院大小臣工因循舊習, 不能精白乃心公廉盡職, 以致政務失當, 有干天和. 爾等堂官, 宜力圖修省, 靖共職業, 嚴督所屬司官, 凡事秉公勤勵, 革除積弊, 毋得瞻徇情面(…).(『청성조실록』권32)

99 임금이 수라상에 올리는 반찬 가짓수를 줄이는 일. —옮긴이

100 若以飛鴉食蝗爲瑞, 則起蝗之初, 得無有由乎?(『청세종실록』권22)

101 從來左道妖言, 如讖緯圖記祅祥禍福之屬, 皆足以惑世誣民, 爲人心風俗之大患. 自古帝王皆深惡而嚴禁之, 苟有犯者, 必置重典.(『청세종실록』권90)

102 嗣後凡慶雲嘉穀, 一切祥瑞之事, 皆不許陳奏.(『청고종실록』권2)

103 妄言禍福, 明王所必誅.(『평감천요』권6)

104 災異率庸俗謬傳, 而神怪尤聖人不語, 眞僞有無更無庸深辨矣.(『어비통감집람』권99, 至正 14년 '汴河氷五色' 批語)

105 五星聚奎爲宋朝首瑞, 曾不數月卽有日食之變, 天意果何屬耶? 好諛者翊祥而諱災, 矯情者稱災而却祥, 雖覺五十步之勝, 其於敬天勤民之本, 蓋亦失之遠矣.(『평감천요』권7)

106 蓋國之將興, 必有楨祥, 然楨祥之賜由於天, 而致天之賜則由乎人.(『청고종실록』권996)

107 自得厚報, 天道灼然加見矣!(『어제통감집람』권53, 권36)

108 人君代天理民, 未有不敬天而克享天位者.(『어제통감집람』권46, '周主自稱天元皇帝' 批語)

109 君者, 天之子也; 天者, 君之父也. 父之於子無不亟其愛, 子之於父, 當無不亟其敬.

110 而天尙弗亡之, 此非慈父之道其罪而仍有所顧惜乎!(『古今儲貳金鑑』권수 「讀召誥」)

111 敬天命守祖基, 兢兢業業, 懼循環治亂之幾.(『皇淸開國方略』권수 「御制序」)

112 紀綱法度, 用人行政, 不能仰法太祖太宗謨烈.

113 漸習漢俗, 於淳朴舊制, 日有更張.(『청세조실록』권144)

114 率循祖制, 咸復舊章.(『청성조실록』권3)

115 致治之道, 無過法祖, 鑑於成憲, 乃罔有愆.(청 성조 『어제문 초집』권3, 康熙 10년 4월 초4일 諭)

116 夫制度之有損益, 隨時以處中之道也. 書曰: '惟精惟一, 允執闕中', 易曰: '變通者, 趨時也'. 中無定體, 動惟闕時, 斯聖祖仁皇帝所以乾健日新, 爲萬世立極也.(청 세종 『어제문집』 권8 「大淸會典序」)

117 天不變, 道亦不變, 此其本也. 其制度品節服物采章隨時損益, 屢變適其宜者, 禮之立也.(『淸朝文獻通考』 권214 「周官義疏序」)

118 魏孝文斷北語而改姓元, 是亡其祖也, 不惟失德, 實非吉兆.

119 孝文變其祖宗之法, 而循南朝尙名門士族之覆轍, 不德孰甚焉.(『평감천요』 권4)

120 盡變金源舊風, 國勢日就孱弱, 大定之業衰矣, 說者咸以章宗爲守成令主, 然子孫不能承祖父基緒, 致家法因之而隳, 雖有善政, 亦奚足道哉!(『평감천요』 권9)

121 邇來批閱通鑑輯覽, 於北魏金元諸朝, 凡政事之守舊可法變更宜戒者無不諄切辯論, 以資考鑑.(『청고종실록』 권760)

122 宋室致病之由.(『평감천요』 권8)

123 남송 주변朱弁(1085~1144)이 금나라에 잡혀 있는 시기에 쓴 일종의 문언문 소설집. 북송과 남송의 조야에서 일어난 일, 사대부들의 성향, 사회 풍토 등을 기술하여 사료로서의 가치가 높다. —옮긴이

124 二帝播遷雖自取, 禍緣新法變更紛.

125 設使子孫守祖制, 何愁萬世不繩承.(『국조궁사속편』 권78)

126 艱難思祖德, 繼續勵孫承.(『滿洲實錄』 권말 「敬題太祖實錄戰圖八韻」)

127 良由禀質厚而習俗醇, 騎射之外, 他無所幕, 故閱數千百年異史同辭, 信乎扶輿剛粹之氣, 鍾聚於玆, 所以啓王師無敵之先聲, 而綿國家億萬年克詰方行之盛, 有由然也.(『滿洲源流考』 권16 「國俗 1」)

128 煌煌祖訓昭, 世守應無恌.(청 고종 『御制詩四集』 권47)

129 청나라 때 수서관修書館으로 주로 통고通考, 통전通典, 통지通志를 편찬하여 삼통관이라 불렀다. 자금성紫禁城 안에 있었다. —옮긴이

130 遼金元衣冠初未嘗不循其國俗, 後乃改用漢唐儀式. 其因革次第, 原非出於一時, (…) 自應詳考詮次, 以徵菱棄舊典之由, 竝酌入案語, 俾後人知所鑑戒.(光緖朝 수찬 『欽定大淸會典事例』 권1050 참조)

131 歷觀漢唐宋元明載之史冊, 皆中葉之主不思開創艱難, 自作聰明, 妄更成法. 人君存心改革, 卽有貪功幸進之臣從而慫慂, 紛紜更易, 多設科條, 必舊章全失, 新法無成, 家國板蕩, 可不戒哉!(청 仁宗 『어제문二集』 권9 「守成論」)

132 春秋大一統者, 天地之常經, 古今之通誼也.(『漢書』 「董仲舒傳」)

133 六合同風, 九州共貫.

134 天無二日, 土無二王, 家無二主, 尊無二上, 示民有君臣之別也.

135 夷狄亦人耳, 其情與中夏不殊.(『資治通鑑』권197)

136 黎元應撫, 夷狄應和, 方將混六合爲一家, 同有形於赤子.(『晉書』「苻堅載記」)

137 惟有德者可爲天下君.

138 自古迄今, 萬世之不易之常經.

139 舜爲東夷之人, 文王爲西夷之人, 曾何損於聖德乎!

140 夫天地以仁愛爲心, 以覆載無私爲量, 是以德在內近者則大統集於內近, 德在外遠者則
大統集於外遠, (…) 上天厭棄內地無有德者, 万眷命我外夷爲內地主.(이상 모두 『大義
覺迷錄』권1 참조)

141 我朝之於明, 則鄰國耳, 且明之天下喪於流賊之手, (…) 我朝統一萬方, 削平群寇, 出薄
海內外之人於湯火之中, 而登之袵席之上. 是我朝之有造於中國者大矣至哉!

142 環宇乂安政教興修文明日盛萬民樂業中外恬熙, 黃童白叟里, 一生不見兵革. 今日之天地
清寧萬姓沾恩, 超越明代者, 三尺之童亦皆洞曉.

143 揆之天道, 驗之人望, 海隅日出之鄉普天率土之衆, 莫不知大一統之在我朝.(『청세종실
록』권86)

144 自古中國一統之世, 幅員不能廣遠, 其中有不向化者, 則斥之爲夷狄. 如三代以上之有苗
荊楚玁狁, 卽今湖南湖北山西之地也, 在今日而目之爲夷狄可乎?

145 중국어 카얼카喀爾喀는 청나라 때 몽고 전체를 부르던 명칭이다. 동으로 후룬베이얼,
서로 알타이산, 남으로 대막, 북으로 러시아에 이르는 광대한 지역을 일컫는 통칭이다.
외몽고와 내몽고를 가르는 할하강에서 연유한 말이다. —옮긴이

146 今日蒙古四十八旗喀爾喀等尊君親上愼守法度, 盜賊不興命案罕見, 無奸僞盜詐之習,
有熙皥寧靜之風, 此安得以禽獸目之乎!

147 本朝之爲滿洲, 猶中國之有籍貫.(이상 모두 『대의각미록』권1 참조)

148 我朝肇基東悔之濱, 統一諸國, 君臨天下. 所承之統, 堯舜以來中外一家之統也; 所用
之人, 大小文武中外一家之人也; 所行之政, 禮樂征伐中外一家之政也. 內而直隷各省
臣民, 外而蒙古極邊諸部落, 以及海澨山陬, 梯航納貢; 異域遐方, 莫不尊親奉以爲主.
(…) 孟子曰: '舜, 東夷之人也; 文王, 西夷之人也.' 舜, 古之聖帝, 而孟子以夷; 文王,
周室受命之祖, 孟子爲周之臣子, 亦以文王爲夷, 然則'夷'之字樣, 不過方域之名, 自古聖
賢不以爲諱也. (…) 夫滿漢名色, 猶直省之各有籍貫, 並非中外之分別也.(『청세종실록』
권130)

149　夫人之所以爲人而異於禽獸者, 以有此倫理之常也, 故五倫謂之人倫, 是闕一則不可謂
　　之人矣. 君臣居五倫之首, 天下有無君之人尙可謂之人乎! 人而懷無君之心而尙不謂之禽
　　獸乎! 盡人倫則謂人, 滅天理則謂禽獸, 非可因華夷而區別人禽也.(『대의각미록』권1)

150　孔子成春秋而亂臣賊子懼.(『대의각미록』권1)

151　古聖人萬世無弊之良規, 廢之爲害, 不循其制亦爲害, 至於今, 害深禍烈不可勝言.(『청세
　　종실록』권83)

152　古之有封建, 原非以其制爲盡善, 而特創此以駕馭天下也. 洪荒之世, 聲敎未通, 各君其
　　國, 各子其民. 有聖人首出, 則天下之衆莫不尊親, 而聖人卽各因其世守而封之, 亦衆建
　　親賢以參錯其間. 蓋時勢如此, 雖欲統一之而不能也.(『청세종실록』권83)

153　孔子孟子深見春秋戰國諸侯戰爭之流弊, 眞言已啓一統之先幾矣.(『청세종실록』권83)

154　中國之一統, 始於秦; 塞外之一統, 始於元, 而極盛於我朝, 自古中外一家, 幅員極廣, 未
　　有如我朝者也.(『청세종실록』권83)

155　大凡叛逆之人如呂留良曾靜陸生楠之流, 皆以宜復封建爲言. 蓋此種悖亂之人自知奸惡
　　傾邪, 不容於鄕國, 思欲效策士遊說之風, 意謂封建行, 則此國不用, 可去之他國.(『청세
　　종실록』권83)

156　推心置腹, 滿漢從無異視.(『청세종실록』권48)

157　春秋大一統之義, 尊王黜霸, 所立萬世之綱常, 使名正言順, 出於天命人心之正. 紫陽綱
　　目, 義在正統, 是以始皇之廿六年秦始繼周; 漢始於高帝之五年, 而不始於秦降之歲; 三
　　國不以魏吳之强奪漢統之正, 春秋之義然也. (…) 夫正統者, 繼前統受新命也. 東晉以
　　後, 宋齊梁陳雖江左偏安, 而所承者晉之正統, 其時若拓拔魏氏, 地大勢强, (…) 而中
　　華正統, 不得不屬之宋齊梁陳者, 其所承之統也. (…) 至於宋室南渡後, 偏處臨安 (…),
　　宋雖稱侄於金, 而其所承者究仍北宋之正統, 遼金不得攘而有之. 至元世祖平宋, 始有
　　宋統當絕正統當續之語, 則統緒之正, 元世祖已知之稔矣.(청 고종 『어제문 이집』권8
　　「命館臣錄存楊維禎'正統辨' 諭」)

제15장

공자진龔自珍과
고전 정치 사유의 종결

청대는 중국 역사상 중대한 변화가 발생한 시기다. 일찍이 청 왕조가 건립되기 전 중국의 봉건사회는 이미 말기에 접어들고 있었다. '강건 성세康乾盛世'를 지난 뒤 대청제국은 극성기에서 쇠퇴기로 접어들기 시작했다. 19세기 전기에 이르러 봉건 제도의 문란과 청 왕조의 쇠락이라는 이중의 말세적 상황이 만들어졌다. 전체 사회에서 경제 쇠퇴, 정치 부패, 사상 침체, 민생 곤궁이라는 황폐한 현상이 노정되었다. 각종 사회 모순이 매우 첨예하게 드러났으며, 농민과 각 소수 민족은 청 왕조의 통치에 반항하여 맹렬한 기세로 봉기를 일으켰다. 가경嘉慶 18년(1813) 천리교天理教가 봉기를 일으키니 민중이 청조의 궁궐에 난입하여 융종문隆宗門에 활을 쏨으로써 청 조정을 크게 놀라게 했다. 가경제는 슬피 탄식했다. "한, 당, 송, 명에 없었던 일이 끝내 대청 조정에서 일어났구나."[1] 동시에 세계 자본주의 각국이 피비린내 나는 야만적 해외 약탈을 전개하면서 중국에 대해서도 염탐과 침략의 고삐를 바짝 당기고 있었다. 중국의 대문을 열기 위해 영국은 외교 방법을 통해 교섭하는 동시에 무력 침략을 적극적으로 획책했다. 불법적인 아편 무역은 중국에 심각한 사회 문제를 가져왔다. 사회 제도의 위기, 청 왕조의 위기, 그리고 중화 민족의 위기가 모두 무르익어 전면적 폭발을 향해 치닫고 있었다. 중국 사회는 이미 "산비가 내리려니 온 누각에 바람이 가득했다".[2]

세도世道의 쇠패와 사회의 동요는 다시 한번 사람들의 시선을 현실로 끌어왔다. 날로 격화되어가는 사회 모순은 새로운 정치적 사유를 불러왔다. 통치 계급 또한 세상을 구제하고 운세를 만회할 방법을 화급히 구하여 현존 질서를 유지하는 데 더욱 효과적인 사상적 무기를 만들려고 했다. 세도의 변화를 가장 먼저 민감하게 느낀 사람은 사대부 계층이었다. 이런 분위기는 직접적으로 사상계 풍토의 변화를 유발시켰으며 차츰 하나의 사회 사조로 자리를 잡아갔다. 공자진龔自珍은 이 사조의 대표적인 인물 가운데 하나다.

19세기 전기의 사회 사조

18세기 말부터 제1차 아편전쟁 전까지 학술 사상과 정치 사조의 변화 발전의 추세는 한마디로 건가한학乾嘉漢學이 쇠퇴하고 세상의 폐단을 바로잡겠다는 구세 사상이 흥기했다는 것이다.

건가한학은 일정한 사회 배경의 산물이었다. 청 초 실학實學 사조가 확산되면서 청대 '태평성세'의 번영과 문자옥의 속박은 사상 문화 영역 내에 일찍이 일세를 풍미한 건가한학을 촉발시켰다. 그러나 학문 방법의 한계와 사회정치적 동요는 필경 건가한학을 쇠락의 길에 접어들도록 결정지어버렸다. 경세치용經世致用은 유가 정치사상의 보편적 준칙이다. 그것은 내적으로 수신제가와 치국평천하, 심성에 관한 학문과 실학이라는 두 극단을 내포하고 있다. 이 두 극단 가운데 무엇을 버리고 취할 것이며, 무엇에 중점을 두느냐의 차이가 유학 내부에 파벌 싸움을 일으키는 중요한 원인 가운데 하나다. 리학은 심성의 학문에 치중하며, 한학은 고증과 실학을 강구한다. 그러나 부질없이 성리를 읊조리면 공리공담에 빠지게 되며, 번잡하게 고증을 일삼아도 공리공담으로 비춰지게 된다. 한학과 송학宋學의 말류는 길은 달랐으나 결국은 같은 결과에 이르고 말았다. 매번 새로 일어나는 유학은 모두 '경세經世'를 출발점으로 삼는다. 그런데 모두 역사의 진행 과정에서 끝내는 자기가 반대했던 길로 접어들게 되었다. 유학은 바로 이 '경세'를 중추로 하여 두 가지 학술 경향이 서로 논쟁하고, 서로 보완하며, 서로 조정하면서 우여곡절을 겪는다. 이 시기 건가한학을 조정 대상으로 삼으며 비판했던 무기 또한 '경세'였다.

건가한학에 대해 가장 먼저 격렬하고 체계적으로 비판한 사람은 정주程朱를 학문의 근본으로 삼은 방동수方東樹다. 그는 『한학상설漢學商說』이란 책을 써서 한학을 "몇천 년간 없었던 이단의 그릇된 학설"[3]이며 "잡박하고 자질구레하며 굽고 어두워 불안한" 학문이라고 질타했다. "한학을 한다는 사람들은 말마다 근거를 대고 글자마다 고증을 하며, 다만 종이 위에서 옛사람들과 훈고訓詁, 형성形聲에 관해 논쟁하고, 해석과 각주가 잡박하고, 무수한 책에서 근거를 끌어오며, 증거 자료가 수천 가닥에 이른다. 반면 제 몸과 마음이 하는 바를 백성과 국가에 미루어 유익한 점이 아무것도 없고, 사람들로 하여금 미쳐 날뛰고 지킬 바를 잃게 하여 아무 소용이 없다."[4] 가경제와 도광제道光帝 이후 건가의 학문을 비판하는 학자가 날로 늘어갔다. 이를테면 장영張瑛은 이렇게 말했다. "근세 한학을 이야기하는 사람들은 옛날의 의미를 즐겨 찾는다. 한 글자를 두고 떠들썩하게 논쟁하며 진근군秦近君의 『상서』 해설처럼 걸핏하면 수천 마디를 쏟아놓는다. 세상에 일이 없을 때는 문장을 고상하게 꾸미어 태평성대를 윤색해도 괜찮다. 그런데 일이 생기면 귀나 입으로만 하려는 학문이기에 세상의 변화에 도무지 속수무책이다. 그 이유는 다름이 아니라 작은 것만 알고 큰 것을 모르기 때문이다."[5] 그리하여 정주학파의 리학자들이 점차 활개를 펴기 시작했다. 그들은 도통道統을 자임하면서 육왕陸王의 학문과 건가한학 두 가지가 해로운 이단이라고 비판했다. 이른바 "공리공담을 일삼는 자들이 뚜렷하고 영활한 무엇을 찾는다고 하는데 안으로부터 장애가 일며, 헐어빠진 책을 붙들고 앉아 논의가 떠들썩하지만 밖에서부터 막혀 있다".6 당감唐鑑, 이당계李棠階, 위인倭仁, 오정동吳廷棟 등은 심지어 사회 동요가 왕학王學과 한학 때문에 생겨났다고 몰아붙였다. 이를테면 당감은 이렇게 이야기한다. "학문이 잘못되니 인심이 달라지고, 인심이 달라지니 세도가 땅에 떨어졌다. 세도가 떨어지니 강상綱常, 윤기倫紀, 정교政敎, 금령禁令이 모두 편파적이고 그릇된 학설 속에서 동요를 일으켰다. 이 어찌 사소한 일이겠는가?"7 리학자들의 질책은 도의 수호자라는 가증스러운 면모를 드러내고는 있지만 폐단을 제대로 지적하고 있다. "그래서 사대부들 대부분이 정치 담론과 글을 즐기게 되었고 건가 고증 풍토는 차츰 쇠락했다."8 '송 유생들의 의리義理'와 '한당 시대의 주소注疏'가 점차 합류하는 추세였다.

그 밖에 일군의 사대부는 또 다른 길을 개척했다. 그들은 방대하고 잡박한 유학의 무기 창고 안에서 『춘추공양전』을 찾아냈다. 동중서董仲舒로 대표되는 한대 금문경학今文經學은 경전 속의 '미언대의微言大義' 즉 미묘한 언사 속의 대의를 찾는 데 치중했다. 학문 방법상 그들은 경전 구절이나 글자에 천착하지 않고 번잡한 고증 따위를 방기하여 사상이 비교적 활기에 넘쳤다. 이 학파는 경전을 끌어다 정치를 논의하는 것을 즐겨 '춘추결옥春秋決獄', 즉 『춘추』를 가지고 사건 사고를 심리했으며, 정치 변화에 대응하는 정치를 주창했다. '대일통大一統' '장삼세張三世'9 '통삼통通三統'10 '수명개제受命改制' 등 명제는 세상의 구제와 국가 경영, 응변의 정치와 개혁 혁신이라는 매우 강력한 정치적 기능을 갖추고 있었다. 정주의 리학, 육왕의 심학, 건가의 한학이 차례로 무대를 장식하며, 동시에 서로 연이어 자신들의 편협함과 폐단을 드러낸 뒤 여전히 유학 가운데서 세상을 구제할 방법을 찾고자 고집하던 사대부들은 이 세 가지와 다른 공양학公羊學에 눈을 돌리게 되었다.

이 시기에 비교적 일찍부터 공양학의 기치를 높이 들고, 전해오는 '미언대의'로부터 쇠패한 세상을 구제할 방법을 찾고자 시도한 대표적 인물로는 유봉록劉逢祿(1776~1829), 송상봉宋翔鳳(1776~1860)이 있다. 그들은 모두 건륭 시기의 명유 장존여莊存與의 외손자다. 장존여(1719~1788)는 자가 방경方耕이며 강소江蘇 상주常州 사람이다. 그의 학문은 사물의 이름이나 형상, 글자의 훈고 따위를 중시하지 않았으며, '앞선 성인들의 미언대의'를 밝히는 데 힘을 기울였다. 또한 "한의 학문과 송의 학문을 일일이 따지지 않고, 융통성 있게 성인의 오묘함을 추구하여 결론이 매우 타당했다. 건륭 연간의 여러 유생 가운데 튼실한 한 학파를 이루었다".[11] 장존여는 『춘추정사春秋正辭』를 써 "하늘에 두 태양이 있을 수 없고, 땅에 두 주인이 있을 수 없으며, 나라엔 두 임금이 있을 수 없고, 집안에 두 가장이 있을 수 없다"[12]는 등 『춘추』의 '미언대의'를 선양했다. 이후 청대의 금문경학 학파의 중요 인물들은 모두 그와 사승師承 관계에 있든지 아니면 영향을 받은 사람들이다. 유봉록과 송상봉은 외조부의 학문을 계승했다. 그들은 왕조의 말세가 다가옴을 느끼며 『춘추』야말로 "세상을 위해 올바른 가르침을 세우고" "능히 만세의 혼란을 구할 수 있는" 경전이라고 주장하며 『공양전』을 극력 숭배했다. 유봉록은 『공양하씨석례公羊何氏釋例』 『공양하씨해고전公羊何氏解詁箋』 등을 지어 '대일통' '통삼통' '장삼세' 등 '성인 미언대의의 소재'를 반복하여 서술했다. "오랑캐들을 몰아내려면 먼저 중국의 여러 지역을 바로잡아야 하며, 중국의 여러 지역을 바로잡으려면 먼저 수도를 바로잡아야 하고, 사인과 서인을 바로잡으려면 먼저 대부들을 바로잡아야 한다."[13] 정치의 관건은 "먼저 천자와 수도를 바로잡아야 한다"[14]는 데 있다. 이것이 바로 '만세의 혼란을 구하는' 것이니 '대일통'을 실현시킬 유일한 방법은 최고 통치자가 스스로 올바름으로써 천하를 올바르게 하는 것이다. 이런 생각은 전혀 새로운 것이 아니다. 응변應變의 철학인 공양학의 고취는 당시 정치 사조에 깊은 영향을 미쳤다. 공자진, 위원魏源 등은 모두 유봉록으로부터 『공양전』을 배웠다. 공자진은 유봉록, 송상봉 등을 매우 신봉했으며 스승의 학문을 발전시키는 데 일생을 바쳤다.

　사회의 동요와 풍토의 변화는 정치사상의 측면에서 일군의 사대부가 현실을 직시하고 시대 정치를 비판하며 사회의 어두운 구석을 격렬히 공격하고 정치 변혁을 고취하는 데 반영된다. 장제량張際亮은 관리들이 "탐욕스러워 백성의 고혈을 짜고, 혹독함이 하늘의 분노를 야기하며, 붓을 놀려 법을 농락함으로써 조정의 이목을 기만하고 있다. 통곡하여 흐르는 눈물로 이를 말하려 해도 그 진상을 다할 수 없다"[15]고 폭로했다. 장목張穆은 통치 기구가 이미 극심하게 부패하여 "사람에 비유하면 오관이 그렇고 수족도 그렇고 기관들이 망가져 모두 움직이지 못하는 상태"[16]라고 지적했다. 공자진, 위원, 포세신包世臣, 황작자黃爵滋 등은 경세치용을 제창하고, 세상의 폐단을 교정하려 힘쓰고, 재주와 뜻을 갈고 닦으며, 시무에 유념하라는 등 정치 개혁에 관한 주장을 여러모로 제기했다. 이를테면 황작자는 일찍이 『경진육사소敬陳六事疏』를 황제에게 바쳐 "현인이 나아갈 길을 넓혀주고" "군대와 정치를 정돈할 것이며" "토벌과 방어에 엄격하기를" 바랐다.

공자진의 정치사상:
'자개혁自改革'과 구쇠세求衰世

공자진龔自珍(1792~1841)은 다른 이름이 공조鞏祚이며 자는 슬인瑟人, 호가 정암定庵이며 절강浙江 인화仁和(오늘날의 항저우杭州) 사람이다. "누대에 걸친 세습 관료이자 양반 문인"의 집안에서 태어났다. 27세에 거인擧人에 합격하고 38세에 진사進士에 합격했으며 장기간 내각중서內閣中書, 예부주사禮部主事 등 작은 관직을 담당했으나 울울하게 뜻을 얻지 못했다. "대부분 말이 기이하여 세상 사람들이 많이 헐뜯었기" 때문에 경성에서 처신하기 어려웠고 1839년 관직을 버리고 고향으로 돌아갔다. 1841년 단양丹陽 운양雲陽서원에 취임하여 강습을 했고 항주 자양紫陽서원 강습을 겸했는데 9월 26일 단양에서 갑자기 죽었다. 사인은 의문점이 있다. 저서로는 『정암문집定庵文集』 등이 있다. 중화서국에서 교정 인쇄한 『공자진전집』의 집록이 가장 완전하다.(이하 이 책의 인용은 편명만 병기)

공자진의 사상은 한 가지 문화, 하나의 시대, 한 가지 사조 및 특유의 개성이 녹아든 산물로 전형적인 정치 사유 방식을 대표하고 있다. 공자진은 어려서부터 외조부인 단옥재段玉裁로부터 경문의 훈고訓詁를 배워 건가乾嘉 한학의 영향을 깊이 받았다. 거인과 진사가 되면서 그는 정주학에도 정통하게 되었다. 그는 또 저명한 학자 유봉록劉逢祿을 스승으로 따르며 『공양전』을 학습했다. 공자진은 금문경학자인 장존여莊存與를 숭앙했으며 그를 선대 성인의 미언대의를 언어문자 밖에서 홀로 터득한 사람이라고 칭송했다. "천하를 통틀어 100년 만에 나타난 고금의 이유를 안 유일한 사람이다."17 장존여의 외손이자 전수인인 두 사람 즉 유봉록과 송상봉宋翔鳳에 대해서도 그는 깊은 숭배를 표했다. 공자진은 위원魏源, 황작자黃爵滋, 임칙서林則徐 등과 깊이 교제했으며 그들과 비슷한 학문적 경향과 정치적 성향을 지녔다. 그는 불학에도 매우 깊은 조예를 갖고 있었다. 공자진은 장기간 부친을 따라 멀리 강소江蘇, 절강, 안휘安徽 각 지역에서 벼슬살이를 했고 또 장기간 서울에서 관직을 했다. 조정의 부패와 관계의 흑암에 대해 듣고 보았으며 "농부, 촌로, 노비" 등 하층 군중을 폭넓게 접촉하고 사회 모순과 폐단을 뼛속 깊이 느껴보았다. 그래서 경세의 학을 특히 중시했으며 자칭 '천지 동서남북의 학'을 공부했다. 위원은 「정암문록서定庵文錄序」에서 바로 이렇게 말하고 있다. "군은 경전은 『공양춘추』에 정통했고, 역사는 서북 지리에 밝았다. 그의 글은 육서와 소학을 입문으로 삼고 주진周秦의 제자백가, 청동 기물, 비석을 범위로 삼았으며 조정의 전장典章, 국가 중대사, 세간의 사정, 백성의 질고를 몸체로 삼았다. 만년엔 서방의 학을 좋아했으며 스스로 조예가 심히 미약하다고 말했다."18 여기서 말하는 '서방의 학'은 불학을 가리킨다. 공자진은 성격이 꼿꼿하고 시대 정치에 관심이 많았으며 비분강개하여 천하의 일을 논하길 좋아했다. 거의 어떤 곳도 꺼리지 않고 칼끝을 겨냥했다. 그의 재능은 일찍부터 드러났다. 이른 시기에 쓴 시문들은 "풍운처럼 흘러가서 한 시대로 개괄할 수 없는 것들이었다."19 그는 "사해가 가을 기운으로 바뀌고 있으며" "날이 장차 저무니 슬픈 바람이 몰려올 것"임을 날카롭게 관찰해냈다. 그가 지은 산문이나 시는 대부분 통쾌하게 붓을 놀리고 시대 정치를 풍자한 문장들이다. 공자진의 문장은 격정적이고 입으론 위태로운 말을 쏟아냈으며 첨예하고도 신랄하게 사회 폐단을 비난했다. 그의 막역한 친구 위원이 그에게 "말을 골라 하지 않는 병"을 신중히 방비해야 할 것이라고 충고할 정도였다. 공자진의 학문 및 정치 성향과 비슷한 사람들은 그 이전에도 있었고 그의 뒤에도 있었는가 하면 당시에도 그와 비슷한 일군의 사대부가 있었다. 그러나 공자진의 개성과 격렬함이 더욱더 사람들의 주목을 끌었으며 그를 한 시대의 기풍을 드러내는 전형적 대표로 만들어주었다.

쇠세에 대한
격렬한 규탄과
조정에 대한
자체 개혁 권고

공자진은 그가 살고 있는 시대를 '쇠세衰世'로 규정했다. 공자진은 사회 역사는 일치일란—治—亂의 순환을 하며 일종의 3단계 순서 구조를 가진다고 생각했다. "만물의 숫자는 3으로 개괄된다. 초기는 중기와 다르고, 중기는 말기와 다르고, 말기는 초기와 다르지 않다."[20] "만물은 하나에서 일어서고, 둘에서 되돌아가며, 셋에서 처음과 같아진다."[21] 전체 역사의 발전에 삼세三世가 있고 한 왕조의 발전에도 삼세가 있다. "고금을 관통하면 삼세가 될 수 있고 『춘추』의 처음과 끝 또한 삼세다."[22] 이는 흡사 다음과 비슷하다. "대요大橈가 갑자甲子 등 육십갑자를 만들었는데 1일에도 이를 사용하고 1년에도 이를 사용하고 (책의) 1장 1부에도 이를 사용한다."[23] 인류 사회의 '삼세'는 곧 '치세治世' '쇠세衰世' '난세亂世'다. 공자진은 삼대 이래 중국은 '쇠세' 중에 처해 있으며 청 왕조는 그가 살아가는 해까지 발전했으나 역시 '쇠세'에 진입했으니 오늘날 세상은 '쇠세' 중의 '쇠세'라고 보았다.

'삼세'를 구분하는 주요 근거는 인재 상황이다. 즉 "세상에는 세 등급이 있다. 세 등급의 세상은 모두 그 인재를 본다. 인재의 차등에 따라 치세가 한 등급이고 난세가 한 등급이며 쇠세는 별도로 한 등급이다".[24] '치세'와

'난세'는 판연히 서로 나뉘어 구별도 매우 분명하지만 '쇠세'는 그렇지 못하다. "쇠세는 문文의 부류가 세상을 다스리고 명名의 부류가 세상을 다스리고 웃고 즐기며 이야기하는 부류가 세상을 다스린다. 흑백이 섞여서 오색이 무너질 것 같은데도 마치 소박한 치세처럼 보인다. 궁조와 우조가 뒤섞여 오성이 녹을 것 같은데도 마치 소리 없는 치세처럼 보인다. 도로가 황폐하고 논밭이 무너지는데도 마치 광활하고 평탄한 치세처럼 보인다. 인심이 혼탁하고 지나친 말이 없는데도 마치 의론이 없는 치세처럼 보인다."[25] '쇠세'는 '치세'로부터 오며 '난세'를 향해 간다. 문득 보면 태평스러운 광경 같지만 실제로는 물질적으로 정신적으로 이미 점점 쇠락해 가고 있으며 사회 내부에는 대란이 양성되고 있다. '쇠세' 최대의 특징은 생기가 전혀 없고 범속하다는 것이다. 황제는 범용한 사람이고 조정에는 현명한 재상이 없으며 사회에는 우수한 사민四民이 없다. 좀도둑이나 강도마저 모두 저능아다. 그래서 "그런 세상이 보이기 시작하니 난 또한 멀지 않은 것이다".[26]

공자진은 치세에서 쇠세로 가는 원인에 대해 깊은 분석을 했으며 청대의 군주 정치와 신민들의 마음 상태를 폭로하고 비난했다.

공자진은 명확히 지적한다. 세도의 쇠락을 초래하는 근본 원인은 제왕이 "한 사내는 굳세고 만 사내는 부드러운" 상황을 신봉하고 "천하의 선비들을 원수로 여기고 사람들의 염치를 없앤"[27] 제도와 정책 때문이라는 것이다. 그는 가경제와 도광제가 연이어 유지를 반포하여 뭇 신하가 "염치가 거의 없다"고 질책하며 정치적 책임을 미룬 것을 겨냥하여 「명량론明良論」 「고사구침론古史鉤沉論」 등 몇 편의 정치론 관련 문장을 써서 관료의 심리 상태와 사인들의 분위기에 영향을 미치는 관건은 제왕이라고 지적한다. 그는 '중엽中葉의 군주'라는 말로 암암리에 당시의 군주를 비유한다. 공자진이 보기에 "중엽의 군주는 힘이 약하고 뜻은 문약하며 총명은 하급이고 재정은 부족하다".[28] 따라서 그들은 절박하게 재능 있는 선비를 구하지만 예의염치가 있는 치국의 인재를 찾을 수 있느냐의 여부는 개국 황제가 확립한 제도와 정책과 관련이 있다. "[창업 제왕은] 힘이 강하고 뜻은 굳세며 총명은 상급이고 재정은 넉넉하다. 천하의 선비를 원수로 여기지 않은 적이 없고 사람들의 청렴함을 없애고 호령하기를 즐거워하며 사람들의 부끄러움을 없애고 제 몸을 숭고하게 여긴다. 한 사람은 굳세고만 사내는 부드러우라고 한다. 이로써 그 힘이 강하고 굳세지는 데 크게 편리하다."[29] 그 결과 거꾸로 아래로 자손들을 키워 영원히 유지할 수 없게 만드는 화근이 된다. 제왕이 전횡을 일삼고 그릇된 권위를 남용하면 "신하들은 욕을 본다. 영광의 목구멍이 모욕의 시작이며, 분별의 목구멍이 비방의 시작이다. 편리하게 부리고 편리하게 법에 맡기는 것이 문책의 시작이다."[30] 고압 정책은 필경 관료와 사인들을 굴욕적으로 공순하게 만들고 염치를 잃게 만든다. 그런데 역대 왕조의 전적과 예악 제도를 쭉 살펴보면 "대부분 백년의 힘을 쌓아서 천하의 염치를 동요시키고 없앤다".[31] 사람들의 염치가 소멸되고 완전히 없어지길 기다려 '중엽의 군주'는 여전히 조종의 유풍에 근거하여 호령을 발포한다. 이런 상황 아래서 홀연히 신하들에게 염치가 있어야 하고 절개가 있어야 한다고 책망하면 너무 늦는 것 아니겠는가! '쇠세'의 근본 이유는 '치세'에서 나온다. '쇠세'의 군주가 개혁과 경장을 하지 못하고 계속 인재를 학대하면 반드시 대중의 반란과 친족의 이반을 부르고 멸망을 가속화시킬 것이다.

공자진은 천하에 염치가 거의 없어진 원인과 그 표현들을 구체적으로 분석했다. 첫째는 제왕이 뭇 신하를 노비로 여겨 관료들로 하여금 부끄러움을 모르게 하는 것이다. 공자진은 이렇게 생각했다. "예의를 엄격히 하는 것은 위에서 나오고 절개로 보답하는 것은 아래에서 나온다. 예가 아니면 절개를 권할 수 없고 예도 아니고 절개도 아니면 부끄러움을 보전할 수 없다."³² 오늘날 세상은 한나라, 당나라 삼공이 '앉아서 도를 논하던' 제도는 없어졌으며 "아침에 알현해도 오래 무릎을 꿇고 저녁에 알현해도 오래 무릎을 꿇을 뿐 이런 일은 없다."³³ 이리하여 군신 사이가 "점차 서로 멀어지고 단절되니" 그 결과 "근대의 선비들을 쭉 살펴보니 상주를 올려 처음 들어간 날부터 부끄러움을 가진 자가 드물더라! 관직을 오래할수록 기운은 더 구차해지고, 명망이 높아갈수록 아첨은 더 견고해지고, 땅이 가까워질수록 그 아양 또한 교묘해진다."³⁴ 삼공과 육경의 "신하로서 왕성한 절개는 완전히 땅에 떨어졌다". 나아가 위에서 하니 아래서 본받는다. "대신이 부끄러움이 없으니 온갖 사대부가 그를 본받고 사서인士庶人들이 그를 본받는다."³⁵ 그리하여 하늘 아래 농공, 부유한 상인, 사인, 공경 모두 다 부끄러움을 모르는 무리가 되었다. 공자진은 몹시 증오하며 이렇게 말한다. "오늘날 정부 요인들을 훔쳐보니 차마, 복식, 언사에 민첩할 뿐 그 외엔 아무것도 모른다. 조용하고 한가한 관원들은 서예나 하고 시에 화답할 줄만 알지 그 외엔 아무것도 묻지 않는다."³⁶ 이러한 조정 대신은 윗사람에게 아부하고 윗사람을 두려워하여 구차하게 자리만 보전할 줄 알며 또 뻔뻔스럽고 부끄러움을 모른 채 "우리 무리는 이렇게 할 수밖에 없다"고 외친다. "이러니 국경에 만약 긴급한 일이 생기면 그들은 비둘기나 제비처럼 분분히 날아가버릴 뿐이다. 굳게 자리를 지키고 조정과 함께 환난을 이겨낼 사람은 드물다."³⁷ 둘째는 천자가 곳곳에서 노신들을 견제하여 관원들은 구차해지고 백성을 업신여긴다. 공자진은 날카롭게 지적한다. 전제 왕권이 대신들을 견제하기 위해 "천하에 크고 작은 일을 상관하지 않고 깨지지 않은 옛 관례로 속박을 하면 비록 총독의 존엄을 가지고도 사실 한 가지 계책도 실천할 수 없고 한 가지 일에 매진할 수도 없을 것이며"³⁸ "단속을 하고 구속을 하니 조정의 1품, 2품 대신도 아침에 배알하면 모자를 벗고 죄를 청하고 저녁에 배알해도 모자를

벗고 죄를 청한다. 의처議處와 찰의察議[39]의 유지가 관보에 끊임없이 내려온
다. 각 부 대신들은 이것을 종합하고 대조하며 시간을 보내고 이부는 뭇
신하를 의처하고 도찰원은 이부를 의처하는데 어느 한 달이라고 없는 적
이 없다. 각 지방 부府, 주州, 현縣의 관원들이 왼쪽을 보면 감봉 처분을 받
고 오른쪽을 보면 좌천을 당하고 좌우를 다 보면 면직을 당하는[40] 지경
에 이르렀다. 이런 방식은 백관을 말단 서리 정도로 취급하는 것으로 백
관이 비록 "공적인 법을 받들고 죄를 두려워해도 말이 나면 모멸이 더해
지니"[41] 재능을 발휘하여 황제의 근심을 나눌 수 없게 된다. "[그 결과] 권
력이 무겁지 않으면 기세를 떨치지 못한다. 기세를 떨치지 못하면 구차해
지고 구차해지면 무너진다. 권력이 무겁지 않으면 백성이 두려워하지 않
는다. 두려워하지 않으면 업신여기고 업신여기면 변란이 인다. 무너지고
변란이 생기길 기다려 황급히 그것을 구원할 생각을 하면 아마도 조례의
파괴 등이 이미 너무 심해진 상태일 것이다."[42] 셋째, 팔고八股로 선발하고
연공서열로 등급이 나뉨은 사대부들을 아무 생기도 없는 집단으로 만든
다. 공자진은 『사서』와 팔고로 선발하는 제도가 "천하의 자제들로 하여금
심술이 나빠지고 의리가 가로막히게"[43] 된 중요한 원인이라고 생각했다.
"오늘날 과거 시험장의 문장은 천편일률적이고 구절은 남의 것을 사냥하
고 외표는 남을 모방한다."[44] 이렇듯 앞사람을 베끼고 앞사람을 모방하여
공명을 취하는 시험 방법은 "궁하고 망극하여"[45] 재능이 있고 창의적인
사람을 선발할 수가 없다. 공자진은 사람을 쓰면서 자격에 따르는 것은
폐단이 매우 심각하다고 생각했다. 청대 관제에 따르면 "대체로 벼슬길에
들어선 날부터 35년 정도에 1품에 이르고 최고 속도여도 30년이 걸린다.
현명하고 지혜로워도 끝내 다른 사람을 추월할 수 없고 어리석고 불초해
도 순종하면 거기에 이를 수 있다".[46] 이 때문에 재보나 공경은 모두 늙고
쇠약한 무리이며 "비록 장수의 미덕을 갖췄다 하더라도 노숙한 사람의

전형으로 최근 새로움만을 보일 따름이다".47 그들이 자리에 연연하여 떠나지 않으니 영재들이 대신하기가 매우 어렵다. "이것이 일하는 사람이 날로 부족해지는 근원이다."48 "치국의 대계를 건의하고 국가대사를 아뢰는 사람은 더욱 끊겨서 할 사람이 없다."49 넷째, 범재가 길을 막고 영재는 아래에 두어 인재를 박해하고 말살한다. "저들이 세상을 차지하고 재능 있는 선비나 백성이 나오면 온갖 재능 없는 사람들이 그들을 감독하고 속박해서 죽음에 이르게 한다. 칼이 아니고 톱이 아니고 물불이 아닌 것으로 죽인다. 글로도 죽이고 명분으로도 죽이고 웃고 떠드는 모습으로도 죽인다. (…) 법도 요령에 미치지 못하고 그 마음만을 죽인다. 걱정할 수 있는 마음, 분할 수 있는 마음, 사려할 수 있는 마음, 일을 할 수 있는 마음, 염치를 가질 수 있는 마음, 앙금이 없을 수 있는 마음을 죽인다. 또한 하루에 죽이는 것이 아니라 점차 늘어서 혹은 3년이 되어 죽이고 10년이 되어 죽이고 100년이 되어 죽인다."50 이렇게 계속 발전하여 다음과 같은 지경에 이른다. "왼쪽으로 유능한 재상이 없고 오른쪽으로 유능한 관리가 없으며 성문 안에 유능한 장수가 없고 학교에는 유능한 선비가 없고 구릉엔 유능한 백성이 없고 가게엔 유능한 장인이 없고 거리엔 유능한 상인이 없다. 하물며 마을엔 유능한 좀도둑이 없고 시장엔 유능한 거간꾼이 없고 깊은 소굴에는 유능한 도적이 없다. 그러니 비단 군자만 드문 것이 아니라 소인도 매우 드물다."51 공자진은 당시의 이른바 사회명사라는 사람들 대부분이 용속하고 비열하며 명리를 다투고 나라와 백성에게 재앙이 되는 무리라고 보았다. 권력 요직이나 지위가 높은 사람 대부분이 공부도 기술도 안 되는 사람이라고 보았다. 일반 사인들도 "자리를 피하며 문자옥에 관해 듣기를 두려워하고 책을 쓰면 모두 벼나 기장 등 실용에 관한"52 것이다. 사대부들은 모두 공명과 이록에 마음이 취해 있으며 권문귀족의 대문에 부지런히 드나들며 조금도 부끄러워하지 않는다. 이 모든 것이 바로 청 왕조가 '쇠세'에 들어섰다는 분명한 증거다.

공자진은 전체 사회가 위기를 키우고 있다고 예리하게 관찰했다. 그는 「서역치행성의西域置行省議」라는 글에서 날카롭게 지적한다. "서울에서 시작하여 사방을 통틀어 대체로 부호들이 빈호로 바뀌고 빈호는 굶주리게 되었다. 사민의 머리가 아래로 치달아 천해지고 있다. 각 성의 대세는 모두 아슬아슬하게 몇 달도 지탱할 수 없는데 어느 겨를에 연말을 묻겠는가?"[53] 그는 「존은尊隱」에서 이렇게 지적한다. 조정의 부패 때문에 '품성이 성스럽고 지혜로운 사람'이나 '열심히 노력한 엘리트'들이 중용되지 않을 뿐만 아니라 오히려 박해를 받는다. 그 결과 조정의 위엄이 쇠락하게 되고 "산중의 백성 가운데 공경제후 출신이 있게 되었다."[54] "서울에 있던 날은 짧고 산중에 있는 날이 길어짐"[55]에 따라 조만간 어느 날 "조정엔 도움을 줄 친한 사람이 없어지고 산중의 백성은 누구 한 사람이 휘파람을 불면 백 명이 따라하고 누구 하나가 신음하면 백 명이 문병을 하게 되어"[56] "산중 사람들이 큰 소리를 지르고 일어나면 천지에 북소리가 울리고 신들린 듯 파도가 일어나게"[57] 될 것이다. 이는 공자진이 이미 '서울'과 '산중'의 역량 증감이 역전되어 대규모 사회 풍파가 준비되고 있음을 예감하고 있었다는 뜻이다. 그는 「을병지제숙의乙丙之際塾議 3」에서 청 왕조 사법 제도의 부패를 폭로하고 있다. 형사 담당관이 각급 관리와 결탁하여 패를 짓고 나쁜 짓을 벌이고 감옥 통제권을 조종하여 멋대로 횡포를 부리며 평민들을 해치는 것을 격렬하게 규탄했다. 그는 아편이 사방에 해독을 입혀 각종 사회정치 문제를 일으키고 있는 데 깊은 우려를 표하고 서양 식민주의자들의 침략 의도에 높은 경계심을 가졌다. 공자진의 침울한 분노와 인심을 동요시키는 시문을 보면 전체적으로 위기감이 충만해 있고 세도世道 쇠락의 책임을 조정에 돌리고 있다.

어떻게 하여 쇠망으로부터 구할 것인가? 공자진은 조정이 정신을 차리고 '자개혁自改革', 즉 자체 개혁을 실시하고 변법變法을 통해 부강을 도모하길 바랐다. 공자진은 "800년을 소멸되지 않은 천하는 없었으며" 어떤 집안 어떤 성씨의 왕조도 머지않아 새로운 왕조로 대체된다고 생각했다. "10년 만에도 소멸하고 50년 만에도 소멸하는데 한 조상의 법에 묶여서 수많은 사람의 의론을 꺼리다가 스스로 무너지게 되면 새로 흥기한 자들을 좇아 방향을 바꿀 수밖에 없다."[58] 구법을 고집하여 개혁하지 않으면 멸망을 가속화할 것이다. 역사상 어떤 왕조는 단지 수십 년 존재하다 멸망했으니 선인의 실패를 거울로 삼아야 할 것이다. 공자진은『주역』의 "궁하면 변하고, 변하면 통하고, 통하면 오래간다"는 구절을 인용하며 "분발하라! 분발하라! 쇠패할 때는 미리 앞으로 올 새 성씨의 왕조를 본받고 그래도 쇠패할 때는 또한 미리 앞으로 올 미래의 왕조를 본받으라"[59]고 한다. 즉 신흥 왕조의 장점을 미리미리 받아들여 주동적으로 자아 조정과 자아 혁신을 하면 쇠패의 진행 과정을 늦출 수 있고 왕위 계승을 더 오래오래 이어갈 수 있다는 것이다. 그는 "어떤 조종의 법이든 부패하지 않은 적이 없고 수많은 사람의 논의도 쓰러지지 않을 수 없다. 앞으로 올 사람들에게 개혁을 기대하기보다는 차라리 스스로 개혁하는 것이 더 낫지 않을까?"[60]라고 보았다. 공자진은 전통적 혁명론을 가리키면서 "한 성씨를 위해 미리 권고한 것이다"[61]라고 한다. 그리고 전통 정치사상 가운데 가장 격렬한 정치 조정 이론을 들고 와서 청대 황제에게 권장하고 격려했으니 그 마음 씀씀이가 참으로 힘들었을 것이다. 개혁 변법 사상은 공자진의 시문 속에 충만해 있다. 그는 거의 매번 사회 폐단을 언급하고 반드시 변법의 철학적 이치와 폐정 개혁을 위한 구체적 방안을 언급했다.

공자진의 변법 주장은 당시의 사조를 대표하며 특히 그는 그중의 걸출한 사람이었다. 그는 젊었을 때 아홉 차례나 왕안석이 변법을 제창했던「상황제만언서上皇帝萬言書」를 손수 베꼈으며 '대언大言' '세언細言' '부언浮

言' '협언挾言'을 두려워하지 않는 '사불외四不畏' 사상을 제기하기도 했다.[62] 그는 "예로부터 오늘날까지 법이 바뀌지 않은 적이 없고 세력이 모아지지 않은 적이 없고 사례가 변하지 않은 적이 없고 풍조가 달라지지 않은 적이 없다"[63]고 보았다. 그러나 공자진의 개혁론은 철학적으로 전통 사상의 굴레를 벗어날 수 없었고 여전히 혁명, 상변常變, 경권經權의 틀 속에서 글을 쓰고 있다. 종도불변從道不變론과 일치일란一治一亂 순환론에서 벗어나지 못했다. 개혁의 최고 주재자는 여전히 황제 아니면 새로운 성인이었고 개혁의 내용은 군주 전제 정치의 근본을 건드리지 못했다. 그는 매우 높은 혁신의 열정을 지녔으나 혁명의 풍파가 닥치는 것을 두려워하기도 했다. 그는 강렬하게 변법을 요구했음에도 '강경한 개혁'은 두려워했다. 법은 "생각할 수 있고 바뀔 수 있으나 급변해선 안 된다"[64]라고 생각한 것이다. 이런 개혁론으로는 새로운 정치 사유의 방식을 도출해낼 수 없다.

평균,
농종과 존명

　「평균편」「농종農宗」 및 「존명尊命」은 공자진의 사회, 정치, 경제 이상을 반영한 세 편의 논문이다. 평균, 농종, 존명은 각기 편중되어 있기도 하고 서로 관통하기도 하며 사회 역사, 사회 구조, 변법 개혁에 대한 공자진의 일반적 인식과 구체적 설계를 함께 구성하고 있다.

　공자진은 "인심은 세상 풍속의 근본이고 세상 풍속은 국왕 운수의 근본이다. 인심이 망하면 세상 풍속이 나빠지고 세상 풍속이 나빠지면 국왕 운수가 중간에 바뀌며"[65] 공평하지 못함이 세속 인심을 파괴하고 정치 위기를 키우는 사회적 근원이라고 생각했다. "빈자들은 서로 삐걱거리고 부자들은 서로 빛나며, 빈자들은 위태롭고 부자들은 편안하며, 빈자들은 갈수록 기울고 부자들은 갈수록 쌓이는 세상이다. 혹자는 흠모하고 혹자는 원망하고 혹자는 교만하고 혹자는 인색하며 각박하고 기만하는 풍속이 백출하여 그치지 않는다."[66] 공평하지 않음은 각 사회 구성원의 심리적 불평등, 변태, 도덕의 몰락을 불러온다. 뒤틀리고 사악한 기운이 일단 사회에 충만하고 불평불만이 쌓이면 반드시 병란이나 역병으로 폭발하며 "백성 가운데 생존자가 아무도 남아 있지 않고 사람들은 비통함이 쌓이고 귀신은 다른 것으로 바꿀 것을 생각한다".[67] 빈부 차이는 갈수록 심해지는 역사의 과정이다. "처음에는 빈부가 고르지 못하게 진행되는 데 불과하다가 조금 고르지 못한 것이 점점 크게 고르지 못하게 된다. 크게 고르지 못하면 천하를 잃게 된다."[68] 이렇게 보면 나라를 잘 다스리고 풍속을 바꾸려면 "그 본원에 대한 조종을 중시하고 때에 맞추어 조절하는"[69] 것이 필요함을 알 수 있다.

공자진은 재부의 평균을 자고이래로 제왕이 천하를 다스리는 최고의 준칙이라고 생각했다. "천하를 가진 사람은 고르게 하는 것을 숭상하는 것보다 더 높은 일이 없다."[70] 그는 예로부터 오늘날까지의 정치를 네 부류로 나눈다. 첫째 부류는 '평천하平天下'다. 예컨대 상고 시대에 군주와 신하가 함께 모여서 먹고 마셨던 것이 그렇다. 둘째 부류는 '안천하安天下'다. 예컨대 삼대의 성세에 사회 재부의 분배는 물을 얻음과 같았는데 군주가 한 그릇을 취하면 대신은 한 국자를 취하고 민중은 한 잔을 취했던 것이 그렇다. 셋째 부류는 '천하안天下安'이다. 즉 군주는 제 몫을 지키고 대신과 민중이 피차 상대방의 물을 침탈한 것이 그렇다. 넷째 부류는 '식천하食天下'다. 즉 군주는 한 섬의 물을 취하고 싶어하고 민중도 한 섬의 물을 취하고 싶어하는데 그 결과 어떤 사람은 너무 많이 빼앗아 차지하고 어떤 사람은 목이 말라 죽는 것이 그렇다. 일반적으로 빈부 차이는 "서로 멀어질수록 빠르게 망하고 거리가 조금 가까우면 치세도 조금 빨라진다".[71]

공자진은 평천하를 실현하는 관건을 '왕심王心'의 평온과 공정이라고 보았다. "위에는 오기五氣가 있고 아래엔 오행五行이 있고 백성에겐 오축五丑이 있고 만물엔 오재五才가 있는데 그것들이 성하느냐 쇠하느냐 고이느냐 흐르느냐는 왕심일 따름이다."[72] 모든 것은 군주의 정치 조치와 시정 태도에 따라 결정된다. 평균을 실현하는 구체적인 방법은 군주로 하여금 '사읍사주四挹四注'[73] 즉 백성의 부모로서의 책임을 이행하게 하는 것이다. 남는 자들의 것을 취해서 부족한 자들을 보충해주고 빈부를 조절하여 천하 모든 사람이 먹을 수 있도록 하는 것이다. 공자진은 평천하의 실행이 어렵지 않다고 생각했다. 제왕이 "지극히 어려운 법을 시도하고 지극히 신뢰받는 형벌로 가지런히 하고 지극히 담박한 마음으로 통괄하기만 하면" "10년이 안 되어 거의 평平에 이를 수 있다"[74]는 것이다.

공자진이 말하는 평균은 절대 평균주의를 가리키는 것이 아니다. 그는 "빈부가 고르지 못하고 중과가 고르지 못함이 혹은 열 배 백 배 혹은 천 배 만 배인데 상고 시대에도 그러했다"[75]고 본다. 이를테면 토지 문제에 있어서 그는 '한전限田법'[76]을 반대한다. "하늘도 그것을 제한할 수가 없는데 왕이 어떻게 그것을 제한한단 말인가?"[77]라고 한다. 이른바 평균이란 "빈부를 가지런히 하는" 것이고, 이른바 "빈부를 가지런히 한다" 함은 곧 "예를 통해 가지런히 한다"[78]는 것이다. 평平, 균均, 제齊의 주지는 모든 사회 성원이 종법 사회 규범에 따라 등급 지위에 상응하는 재부를 지나치지도 모자라지도 않게 섭유하는 것이다. 공자진은 또 「농종」을 지었는데 「평균편」과 「농종」의 취지가 다르다고 밝히고 있다. 종법 등급 제도가 바로 공자진의 사회 이상이었다. 빈부 조절은 다만 종법 제도와 사회 안정을 유지하기 위한 정치적 수단일 뿐이다.

공자진은 사회 역사의 기점은 농종農宗이고, 사회생활의 기초도 농종이라고 생각했다. 농종을 유지하고 완비하는 것은 고금 제왕의 "천하를 위한 대강"이라고 한다.

공자진은 「농종」이란 글에서 전통 유학의 사회정치 기원론에 대해 의문을 제기한다. 그는 유자들이 "천하의 큰 명분은 위로부터 아래로 내려간다"고 외친 데 대해 "실정을 잃고 근본을 궁구하지 않았다"고 생각했다. 공자진은 연속하여 일곱 개 설문을 이용하여 사색해볼 만한 문제를 제기한다. 종합하여 이야기하면 상고 시대엔 군주 제도와 예악 형법이 없었는데, 이런 강제성을 띤 정치 규범이 처음 만들어졌을 때 사람들은 왜 놀람이나 의구심을 느끼지 않았는가? 왜 고대엔 군주가 가장과 같았고 사람들은 군주를 아버지처럼 섬겼는가? 왜 고인들은 치가治家와 치국을 함께 논했으며 치가와 평천하는 일관되었는가? 왜 제왕은 천하를 집안으로 보았으며 존존친친尊尊親親의 사회 규범은 장기적으로 지속되어 왔는가? 이에 대해 공자진은 역사의 본래 모습에 극히 가깝게 접근하는 해석을 내놓았다.

공자진은 지적한다. 각종 정치 기구와 사회 규범은 모두 농종에 기원을 둔다. 인류 생존은 농경에 의존하며 재배 농업의 탄생은 사람들로 하여금 "처음으로 지식과 힘을 소중하게 여기게" 만들었다. 능력이 있어 땅을 개척하고 곡식을 심은 사람이 땅의 주인이 되었고 종법 또한 이에 따라 만들어졌다. "상고 시대엔 사私를 꺼리지 않았다. 넓은 땅을 가진 주인은 반드시 자기 자식으로 후사를 잇고, 그가 죽으면 넓은 땅의 신하 아려亞旅[79]는 반드시 그 자식의 신하가 된다. 나머지 자식은 반드시 그 형을 존중하고 형은 반드시 그 나머지 자식들을 양육한다. 아버지가 사적으로 자식에게 물려주지 않으면 자애롭지 못함이고 자식이 아버지의 업을 물려받지 않으면 효도하지 못함이다. 나머지 자식들이 장자를 존중하지 않으면 공경하지 않음이고 장자가 나머지 자식들을 돌보지 않으면 의롭지 못함이다. 장자와 나머지 자식들을 구별하지 않으면 넓은 땅이 나뉘게 되고 수없이 나뉘게 되면 오래갈 수 없다. 넓은 땅을 오래 유지할 수 없으면 지혜롭지 못함이다."[80] "넓은 땅을 오래 유지하도록" 하기 위해서는 반드시 종법 등급 제도와 그에 상응하는 도덕규범을 만들어야 한다. 따라서 "예禮는 종宗에서 처음 출발하며 오직 농업만이 처음 종을 갖게 되었다"[81] "농업이 시작되면서 인仁, 효孝, 제悌, 의義를 다하게 되었고 예가 갖추어지고 지智가 거기서 나왔으니 종宗을 위한 것이다."[82]

종법 제도의 실질은 군주제다. 적장자가 조상 대대로 물려온 업에 대한 계승권을 가지며 대종大宗이 된다. 그 나머지 자식들(여부餘夫)은 일부분 토지를 계승하거나 아무것도 갖지 못하며 소종小宗이 되거나 한민閑民이 된다. 소종은 또 계속 분화하여 소종, 군종群宗, 한민이 된다. 한민은 전농佃農 즉 소작농으로 떨어진다. "소종은 제왕의 상번上藩이고" "군종은 제왕의 군번群藩이며" "한민으로 전농이 된 사람은 제왕 종실의 군신群臣이다."[83] 대종, 소종 및 군종, 한민과 제왕, 군번 및 군신은 사회 구조에 있어서 양자가 같은 부류이며 동일한 지배 양식에 속한다. 종주와 군주의 구별은 통치의 범위에 존재할 따름이다. 공자진이 보기에 크고 작은 지주(종주)는 점유한 토지의 많고 적음에 따라 정치적으로 지배와 종속의 관계를 형성한다. "그다음 주인을 백伯이라 부르며" 지고무상의 존재는 제왕이 된다. 주周대의 제도가 전형적인 예다. 따라서 "제帝는 황皇처럼 처음엔 농업에 온 힘을 바쳤고" "옛날의 재상이나 대신은 모두 농업에 온 힘을 바쳤으며" "땅이 넓고 곡식이 많아져 자식들을 충분히 감싸고 힘과 능력이 문질文質 조화하며 제향을 올리고 조상에 보답하는 일을 하고 힘과 능력이 그 아랫사람들에게 미치는 경우를 일컫는 이름이 바로 예禮이고 악樂이고 형법刑法이다."[84] 정치 제도는 농종의 기초 위에 수립되며 "처음엔 아래에 존재하다가 차츰 위로 올라간다. 아래에서 위로 밀어올려 끝내는 신이 하늘에서 그것을 이야기하게 된다. 이렇게 스스로 밀어올리는 것이 뿌리인데 무엇에 놀라겠는가? 근본적으로 스스로 이름을 지은 것인데 무엇을 의심하고 두려워하겠는가?"[85] 군주 제도, 예악 형법 및 제왕 신격화는 농종 제도와 문화의 필연적 결과이며 모든 것은 자연스럽게 이치에 맞는다는 이야기다.

공자진은 사회 생산, 경제 조직, 가정 구조의 각도에서 정치 문화, 정치 관계, 정치 제도의 근원을 고찰하여 인류의 사회, 정치, 역사의 발생과 발전과정을 인식했는데 정치에 대한 이런 사유 방식은 대단히 소중한 것이다. 비록 시대적, 계급적 한계 때문에 공자진은 국가의 기원과 본질에 대해 진정으로 인식할 수 없었지만 그의 사상은 옛사람들에게서 전혀 찾아볼 수 없는 것이라 할 수 있다. 공자진은 탁월한 정치사상가임에 틀림없다. 하지만 바로 그 인식론적 한계 때문에 공자진은 사회 개혁 방면에서 진정한 출구를 찾아낼 수 없었다. 이토록 신선한 사상적 명제가 도출해 낸 것이 결국은 진부한 정치적 구상이었다.

공자진은 "한 농부의 몸을 살펴보면 몸이 7척도 안 되는데 인륜의 오품五品과 본말 원류가 모두 갖추어져 있다!"[86]는 것을 잘 알고 있었다. 모든 사회 구성원의 몸에는 이런 사회정치 제도를 유지하려는 모든 문화적 인자가 내포되어 있다는 것이다. 그는 또 "한 농가를 살펴보면 집이 열 걸음도 안 되는데 고금의 제왕이 천하를 위해 만든 위대한 강령들의 세목이 모두 갖추어져 있다!"[87]는 것을 잘 알고 있었다. 하나하나의 사회 조직 안에는 군주 정치의 모든 준칙과 규범이 내포되어 있다는 것이다. 이 때문에 그는 "후왕법後王法의 제정"을 주장한다. 즉 봉건 종법 관계에 의거해 대종, 소종, 군종, 한민 네 등급으로 나누고 등급에 따라 토지를 다시 분배하자는 것이다. 아무리 관료라 하더라도 고유한 종법 예속 관계를 바꾸지 않도록 한다. 이른바 "신분이 높아도 종묘 제사를 빼앗지 못하도록 하고 조정 사무로 인해 전정田政을 어지럽히지 않도록 하라"[88]는 것이다. 결국 "나무엔 두 뿌리가 없으며, 물엔 두 원천이 없으며, 귀천을 둘 다 가진 사람은 없으며, 인간 사회에 두 개의 정치는 없으며, 정치하는 데 두 가지 법은 없다. 천자가 만국 천하를 가졌듯이 농부로 하여금 하나의 전답과 하나의 집을 갖도록 해주어야 한다"[89]는 것이다. 이렇게 하면 치국과 치가를 전혀 새롭게 '일이관지'하여 실현할 수 있다고 한다. 매 가정이 하나의 작은 왕국과 같고 모든 사회 구성원은 군신, 부자, 부부, 형제, 붕우 등 "인류의 오품과 본말 원류"90를 겸비하게 된다. 이런 '후왕법'에 대하여 공자진은 상당히 구체적인 설계를 했다. 그는 일단 이 법이 시행되면 천하에 전답이 없는 사람은 각기 그 종가에 의해 양육되어 천자가 마음을 졸일 필요가 없을 것이라고 보았다. "봉두난발에 맨발로 돌아다니는 자식이라도 입을 열면 필경 조종을 이야기할 것이며 반드시 보첩을 배우게 될 것이다. 종실이 종족을 거둘 수 있고 종족은 종실을 공경하게 되는데"91 "그럼에도 천하를 가진 군주는 이 종宗의 복을 받게 된다."92

농종에는 종주宗主와 종법宗法이 있고 토지와 종족이 있는데 종주와 정장政長은 서로 비슷하다. 농종 제도를 전면적으로 추진하고 종법에 따라 전답을 주는 제도를 실행한다면 그들이 조정에 대항하는 실체가 될 가능성이 농후하다. 공자진은 이 점을 충분히 고려했다. 그는 스스로 물었다. "농종을 수립하고도 한전限田을 하지 않아 천하가 혼란에 빠지고 천하의 호걸들이 종족을 바탕으로 배반하고 종족을 이끌고 이주를 하며 종족을 이끌고 흩어지게 된다면 어떻게 할 것인가?"93 그는 안정된 좋은 정치를 하는 군주에게 이것은 문제가 되지 않는다고 보았다. 맹자가 말한 방침대로 하기만 하면 전란을 피할 수 있다고 한다. 즉 "정치는 어렵지 않다. 거족들에게 죄를 짓지 않으면 된다. 거족들이 바라는 바를 한 나라가 바라고, 한 나라가 바라는 바를 천하가 원한다. 세찬 덕교德敎가 사해에 넘치면 된다"94는 것이다. 그는 또 스스로에게 묻는다. "천하가 이미 안정되었는데 천하의 여러 토지를 가진 대종들이 조세를 들이지 않으면 어떻게 할 것인가?"95 이에 공자진은 우선 도덕으로 감화시켜 "불복하는 일이 없는" 상태에 이르러야 한다고 주장한다. "그다음은 힘을 사용한다. 힘에는 세 등급이 있다. 죽이는 것, 귀양 보내는 것, 대종을 죽이는 것으로 그 군종을 흩어놓는다."96 이 점을 잘하지 못하면 나라가 망할 수밖에 없다. '태평 대일통'은 공자진의 정치 이상이었다. 농종 제도의 실시와 유지는 모두 왕권을 통해 실현되기를 바랐다.

공자진은 인치人治론자였다. 그는 사람의 소질이 세도의 성쇠를 결정하며 그 가운데 제왕의 소질과 정책이 관건 중의 관건이라고 생각했다. 그는 청대의 실제 상황을 마주하고 인재의 소질을 높여 관료들로 하여금 예의염치를 알도록 하는 일련의 개혁 방안을 제기했다. 이를테면 제왕이 스승을 존중하고 가르침을 청하며 대신들을 예우함으로써 군신 관계를 밀접하게 하는 것, 신하를 손님이자 친구로 여기고 신하들의 염치와 절개를 기르는 것, 과거 시험을 "한나라 때의 풍서諷書와 사책射策"[97] 방식으로 고쳐서 경세하는 인재를 선발할 것, 연공서열에 따라 승진하는 제도를 없애고 '영기英奇한 선비'로 하여금 재지를 다하도록 할 것, 각종 불필요한 '견제 방법'과 법규 조문을 없애고 각급 관료의 권한을 확대하여 풍부한 녹봉으로 청렴함을 키우고 백관으로 하여금 제 집안을 잊고 공공 이익을 도모하도록 하는 등등이다. 그는 "선비들 모두 부끄러움을 알면 국가는 영원히 부끄러움이 없게 되고"[98] "사기士氣가 신장하면 조정이 더욱 존중받는다"[99]고 보았다. 사기를 진작시키는 관건은 황제가 절실히 상술한 개혁 조치를 실행하여 독단적 정책 결정과 팔짱 낀 무위 사이에서 적절한 지점을 찾아 결합하는 것이다. 군주는 여전히 주재자이며 최고의 정치적 주체다.

공자진은 전형적 중앙 집권론자다. 그가 반대한 것은 극단적 군주 전제로 치닫는 것이었다. 일체의 개혁 주장을 관통하고 있는 바는 어떻게 조정이 존중받도록 하느냐는 것이었다. 그래서 그는 전형적인 존군尊君론자이기도 하며 유능한 황제가 출현하여 조정을 혁신하길 바랐다. 「존명尊命」에서는 군주의 권세를 존숭하는 그의 주장을 집중적으로 드러내고 있다. 공자진은 유자들이 "천을 종으로 삼고 명을 궁극으로 삼고 어버이 섬김과 군주 섬김을 실천 지침으로 삼고"[100] 천과 천명을 지고무상이라 여기는 것은 고대 전적에 대한 오해라고 생각했다. 그들은 천명을 알고 고금을 관통하고 있다는 것을 구실 삼아 군주에게 대드는데 사실은 "스스로 제 공부를 팔고" "스스로 제 사정을 통하게 하고" "스스로 제 공을 보상받고"[101] 싶은 것이다. 이들은 천명을 높이 쳐들고 제왕과 나란히 앉아 공공연히 사리를 도모하고 싶어한다. "누가 더 심하게 군주를 평가하고 군주를 업신여기는가!" "군주는 아버지의 엄격함이 있고 천의 권위가 있다. 아는 바도 있고 알지 못하는 바도 있으며 내 삶을 통해 범위를 정한다. 군주의 말을 요순시대엔 명命이라 했고 주나라 때도 명이라 했다."[102] 이른바 '명'과 '천'의 기본적인 뜻은 군주의 권위를 가리킨다. 공자진은 천인감응론을 비난한다. 그는 '천명'으로 군주에게 간언하느니 차라리 군주로 하여금 현실을 대면하게 하는 것이 낫다고 생각했다. 공자진은 군명을 존중하고 천명을 존중하지 말라는 주장이 속유들에 의해 '조고趙高의 술수'라고 공격받을 것을 걱정했다. 그래서 스스로 이렇게 답변을 한다. "조고는 군주를 숨기고서 존군이라 했지만 나의 방법은 군주로 하여금 하루라도 천하와 대면하지 않음이 없는 상태에서의 존군이다."[103]

공자진의 정치 혁신에 대한 주장은 명확히 겨냥하는 바가 있다. 그는 사회 위기의 근원을 군주 전제의 극단화와 빈부 차이의 확대로 돌렸다. 이는 시대 폐단을 정확히 찌른 것이다. 그러나 그가 완고하게 '경전에 대한 탐색'을 통해 구세 방법을 찾고 종법 제도의 조정과 완비를 통해 어느 정도 빈부를 조절하고 몰락해가는 왕조를 지탱하고 사회적 모순을 조화시키려고 했던 정치 사유 방식 및 구체적인 방안은 그다지 신선한 것이 못 된다. 그는 정치 개혁의 희망을 군주에게 기탁했으니 그가 바라는 미래는 그저 허무하고 공허한 의구심만을 자아낼 뿐이었다. 군명을 존중하자는 주장은 더욱더 역사의 발전 추세와 엇나가는 것이었다.

03

이상:
군사합일君師合一

삼대는 공자진의 마음속 성세이자 탁고개제托古改制, 즉 옛것에 의거한 제도 개혁의 본보기였다. 그는 삼대와 후세는 전자가 도道, 학學, 치治의 통일을 실현했으나 후자는 군君과 사師가 분리되었다는 데서 구별된다고 보았다. 공자진은 "주나라 위로 올라가면 한 시대의 정치는 곧 한 시대의 학문이었고, 한 시대의 학문은 모두 한 시대 왕자에 의해 열렸다"[104]고 보았다. 왕은 한 시대의 학종學宗일 뿐만 아니라 왕 이하의 각종 정치적 역할과 정치 기구는 모두 학學과 관련이 있었다. 예컨대 왕의 보좌를 재宰라고 부르고, 왕명을 신고 있는 문자를 법法, 서書, 예禮라고 부르고, 법령과 공시된 왕명을 기재하는 관원을 태사太史, 경대부라 부르고, 왕명에 복종하고 조세를 납부하는 사람을 민民이라 부른다. "민에게 입법의 뜻을 이해하게 해주는 사람을 사士라 부른다. 사에게 본 왕조의 법의法意를 추단하여 서로 경계하고 평론할 수 있게 하는 사람을 사유師儒라고 부른다."[105] "왕이 재처럼 대부처럼 민처럼 서로 더불어 성취를 이룸을 치治라 하고 도道라 한다."[106] 사士와 유儒가 선왕의 도를 강구함을 가리켜 주학做學, 즉 공부한다고 말한다. 한마디로 요약하면 "도와 학과 치는 하나일 뿐이다".[107]

정치와 학술이 함께 통일된 존재가 왕이다. 관은 왕명을 전달하고, 민은 왕명을 받들어 모시고, 사유는 왕명을 토론한다. 왕명이 바로 도이고 왕은 스승 중의 스승이다. 즉 군사합일이다. 공자진이 전시殿試에 참가하면서 쓴「대책對策」에도 똑같은 사상이 드러나 있다. 그는 "군주와 스승의 통統이 나뉘지 않고 사인과 민이 모이는 곳이 구분되지 않고 공부와 다스림의 방법이 구분되지 않는"108 상태를 가장 이상적인 정치 모델로 보았다. 삼대엔 각급 정장政長 즉 행정 장관이 바로 각급의 스승이었다. "당정黨正109은 한 당의 스승이고 주장州長은 한 주의 스승이며,"110 "향수鄕遂111의 대부는 또한 향수의 스승이기도 하다. 어찌 후세에 관리들이 스스로 관리라 하고, 사유가 스스로 사유라 하고, 자사라 하고 수령이라 하면서 백성을 다스리고, 박사라 하고 문학文學이라 하면서 옆에서 도움을 주는 교사敎士라고 하는 것처럼 무슨 구분이 있었겠는가?"112

공자진은 삼대 이후 군주와 스승이 나뉘게 되었다고 한탄한다. "사유가 쇠퇴하면서 하나의 원류가 수많은 지류가 되고 책 또한 수많은 지류가 되고 말씀 또한 수많은 책이 되었다."113 조정은 "조종祖宗이 남긴 법"114에 대해 잘 이해하지 못하게 되었다. 선진 제자는 비록 옛것에 얽매이긴 했으나 여전히 일가의 말씀을 잃지는 않았다. 그래서 "한 나라를 잘 보존하고 한 국가를 잘 다스릴 수 있었다".115 그런데 더 후대로 오면서 사유는 다시 한 등급 내려갔고 학學은 텅 비어 실질이 없게 되었다. "군주에 중점을 두면 군주는 민을 부리는 까닭을 모르고, 민에게 중점을 두면 민은 군주를 섬겨야 하는 까닭을 모른다."116 "이 때문에 사士들은 별도로 사만이 모이는 곳이 있고, 유儒들은 별도로 유가 모이는 동산이 있다. 통統이 다른 왕도 패도와 숭상하는 바가 다른 문질文質의 구분이 애매해졌다. 헷갈리기 때문에 옛것을 끌어다 오늘날의 것을 꾸짖는 주장이 득의양양하게 목소리를 낸다. 그래서 도덕이 통일되지 못하고 풍속 교화가 같지 못하여

왕의 다스림이 아래에서 궁구되지 않고 백성의 비밀이 위로 전달되지 않는다. 국가에선 사를 무수히 양성해내나 사들은 국가에 보답하는 날이 없다."[117]

공자진은 군주와 스승의 합일이 "좋은 풍속으로 교화시키는 정치의 근본"[118]이라고 생각했다.

어떻게 해야 군주와 스승을 다시 새롭게 합일시킬 수 있을까? 공자진은 성인이 하늘에서 내려오기를 바랐다. "성인은 중인衆人과 마주 서서 중인과 더불어 무궁무진 일을 한다."[119] "성인은 이해가 빨라 문헌에 의지하지 않고도 천년 이전의 일을 안다. 이래서 성인 불가지라고 말하고 이래서 선각이라고 말한다."[120] 성인이 문화를 창제했다는 전통적 논의와 다른 점은 이렇다. 공자진은 인류 사회 초기의 어떤 시기엔 "중인이 모든 것을 주관하여 도가 아니고 궁극적이지도 않았으며"[121] 사회와 문화는 "사람들 스스로 만들고 성인이 만들지 않았으며 천지가 만들지 않았던"[122] 적이 있다. 그러나 군주 정치가 탄생한 뒤 성인은 사회문화의 집대성자가 되었다. "제통帝統이 있고 왕통王統이 있고 패통霸統이 있다. 제통이 성한 시기는 전욱顓頊, 이기伊耆, 요姚 때이고[123] 왕통이 성한 시기는 사姒, 자子, 희姬 때이고[124] 패통이 성한 시기는 공공共工,[125] 영嬴, 유劉, 보얼지지터博爾吉吉特[126]씨 때다. 제와 왕의 법이 아니면 땅이 만 리이고 지위가 100가지라도 통統은 패와 다름없다."[127] 왕도 패도의 위를 능가하는 사람이 성인이다. "성인은 왕도 아니고 패도 아니다. 천과도 다르다. 천은 다른 방식으로 제도를 만들고 그 제도를 가지고 스스로 통을 삼는다."[128] 「태관胎觀」 「오경대의종시론五經大義終始論」 「고사구침古史鉤沉」 편 등에서 공자진은 정치, 교화, 문화에서 '성인'의 작용을 과장하고 있다. 결국 "성인의 도는 천과 인의 경계에 뿌리를 두고 어둡고 밝은 순서를 늘어놓고 음식에서 시작하여 중간에 제도를 만들고 본성과 천도를 들음으로 끝난다".[129] 성인의 도 및 성인이 된 왕은 공자진의 정치 이상의 최고 개괄이다.

공자진은 한 시대의 왕이 한 시대의 학문을 개창하여 "한 시대의 정치가 곧 한 시대의 학문"인 이상 정치가 실현되기를 기대했다. 그는 새로운 군사합일 즉 정치와 학술의 통일을 추구했다. 이 소망은 합리적인 성분, 즉 군주와 관료의 자질을 전면적으로 개선하고 도, 학, 치의 통일을 통해 도덕과 풍속 교화를 천하에 관철시킨다는 성분이 있다. 그러나 이런 이상은 현실적으로 가능성이 없다. 공자진 스스로도 이 이상이 실현되기 어렵다는 것을 알고 있었다. "오행은 거듭하여 시대와 맞아떨어지지 않고 한 성씨가 성인을 거듭 만들어내지 못한다."[130] 그래서 그는 제왕이 "다른 성씨의 성인"을 손님으로 삼고 벗으로 삼기를 바라기도 했다.[131] 하지만 그는 사방을 둘러보고 조야 상하의 사대부들 거의 모두가 어리석고 뻔뻔스러운 무리임을 발견했다. 따라서 어둠 속에서 인류 사회를 주재하는 초자연적 힘에 희망을 걸 수밖에 없었다. 그는 하늘에 제사를 올리는 축문에 이렇게 쓰고 있다. "구주의 풍속은 바람과 천둥을 기대하고 만마萬馬가 입을 닫아 슬픔이 더하는구나. 내 하느님께서 다시 기운내시길 권하노니 너무 구애받지 말고 인재를 내려주시길."[132] 이 시는 기세는 드높은데 격분 속에 슬픈 원망을 드러내기도 한다. 공자진은 진정한 바람과 천둥이 대중 속에서 키워진다는 것을 인식하거나 이해하지 못했다. 그는 출구를 찾지 못했고 때로는 놀랍게도 불교 허무주의에서 귀착점을 찾으며 다시 천명론의 수렁에 빠지고 말았다.

공자진은 중국 고대 최후의 걸출한 정치사상가였다. 그가 죽기 28일 전 청 정부는 강압으로 「중영남경조약中英南京條約」을 체결했다. 이로부터 중국 사회의 성격은 중대한 변화를 맞이했다. 이에 상응하여 중국의 사상계도 즉각적으로 분명한 변화를 보였다. 공자진과 같은 길을 걸은 임칙서林則徐, 위원魏源 등은 서양을 배워야 한다는 과제를 명확히 제기했다. 공자진은 한창나이에 죽었기 때문에 세도의 거대한 변화를 사상과 이론에 반영할 수 없었다. 공자진의 정치 사유는 바로 중국 고대 정치사상사의 마침표였다.

04

'존군-죄군' 정치 문화 모델

중국 고대 정치사상사는 회의와 비판, 그리고 규탄의 아우성 속에 종결되었다. 청나라 한 시대에만 해도 황종희부터 공자진까지 비판 색채가 농후한 사상가들이 연이어 출현했다. 집단을 이루었으며 사람도 많았고 파급 면도 광범했으며 언사는 격렬하고 깊은 이성적 사변을 보였는데 모두 이전 시대엔 볼 수 없는 일이었다. 이 사상가들은 모두 고립된 개체가 아니라 사람마다 하나의 사조나 학파를 대표했다. 그들이 사고한 문제는 사실상 전체 사대부 계층이 보편적으로 관심을 기울인 문제였다. 청대 신하들의 상소와 품의 및 제왕들의 유지와 조칙을 대강 훑어보기만 해도 이러한 문제들에 대해 조정에서도 중시하고 관심을 가졌음을 어렵지 않게 발견할 수 있다. 이는 봉건 전제주의 사회정치 형태가 이미 막다른 길로 저물고 있음을 드러낸 것이다. 이런 사회 형태는 통치 계급의 자아 조정과 자아 혁신을 통해 고유의 모순과 폐단을 완화시키기가 갈수록 어렵고 사회의 각 영역, 각 측면 모두에서 심각한 위기에 처하게 된다. 제왕이나 장상 등 권력자들과 달리 사상가들은 현실감이 더 풍부하고 태도는 더 격렬하다. 그들은 과감한 한마디로 정곡을 찌르며 시대 폐단을 폭로하고 집권자를 향해, 최고 통치자를 향해 비난의 창끝을 직접 겨눈다.

공자진은 명확하게 '쇠세'를 가지고 세도를 다룬 첫 번째 사상가다. 그는 국내 민생의 초췌함과 민란 봉기의 형세를 친히 목도했고 외부 세력이 침략의 발길을 좁히고, 아편의 해독이 전국을 뒤덮은 위기의 국면을 보았다. 동시에 조정의 무능과 관료의 부패, 선비 기풍의 몰락을 보았다. 그는 곧 대변란이 도래할 것을 예감했다. 그리하여 그는 "경전을 빌려 정사를 논하고" "옛것을 이야기하며 오늘날을 논하면서" 때로는 명확하고 때로는 불명확한 필법을 사용하여 혁신과 구세의 방안을 찾았다. 공자진은 "온갖 장기에서 신 눈물이 솟아 밤새 흘러 냇물을 이루었다"[133]고 한다. 나라와 백성을 걱정하고 개혁을 외치며 "침묵을 지키고 부드럽게 살기를" 원치 않았다. 그의 시는 한 시대의 분위기를 열었는데 붕괴로 치달아가는 중국 고대 사회를 위한 한 곡의 만가이기도 했다. 공자진의 정견은 창조적이라고 할 수는 없지만 그것을 인용하여 옛것을 깨뜨릴 수도 있다. 황제 제도하에서 나라를 구하고 변화를 도모하려는 사람들이 그의 문집을 한번 읽으면 "전기에 감전된 듯했다". 근대 유신파 인물 대다수는 공자진을 숭배하는 단계를 거쳤다. 공자진은 당시 사풍士風과 사조의 선도자였을 뿐만 아니라 근대의 사풍과 사조에 대한 인도자이기도 했다. 정치사상사에서의 그의 지위는 이렇게 정의할 수 있다. 다만 정치 사유 방식과 정치 문화 모델이란 측면에서 볼 때 공자진은 구시대에 속하고 그의 정치사상은 봉건주의 정치 문화의 범주에 속한다.

전통 정치 사유는 비판적 색채를 농후하게 띤 일군의 사상가들에게서 종결되었다. 이들의 사상은 이론 형태와 현실 품격에 있어서 모두 그 시대의 군주 및 그 시대의 정치와 일정한 거리를 두었다. 그들의 정치론에서 역사상 대부분의 제왕은 모두 격에 맞지 않는 사람들이었다. 그러나 그들의 정치적 포부는 군주를 바로잡아 세상을 구제하겠다는 것이었고 그들의 심리 상태는 군주에 대한 연민의 정서로 가득했다. 그들 정치론의 기초는 군주를 정치의 근본으로 삼는 것이었고 그들의 사회 이상은 도를 높이고 성인을 숭배하는 것이었다. 한마디로 요약하면 그들은 모두 일종의 '죄군罪君-존군尊君'의 정치 문화 모델에 속한다.

이른바 '죄군'이란 제왕을 책망하고 비판하고 규탄하는 것이고, 이른바 '존군'이란 군주 제도를 존숭하고 이상 중의 성왕을 존숭하거나 혹은 그 시대의 군주에 대한 존중을 자기 임무로 삼는 것이다. '죄군-존군' 문화 모델은 일종의 정치 문화 유전인자로서 아주 여러 유형으로 표현할 수 있다. 크게 두 부류로 나뉘는데 첫째는 '죄차군罪此君-존차군尊此君' 유형이다. 이 유형은 간의諫議 과정에서 많이 보인다. 쟁爭과 간諫을 통해 군주의 잘못을 교정하고 군주로 하여금 예에 들어서도록 하여 최종적으로 "군주를 요순처럼 만드는" 것이다. 각종 간의 논의가 그 이론 형태다. 둘째는 '죄차군-존피군尊彼君' 유형이다. 이 유형은 정치 동요 과정에서 많이 보인다. 옛것을 버리고 새것을 들이며 군주를 선택해 일을 함으로써 봉건 질서를 다시 세우는 것이다. 혁명 논의가 그 이론 형태다. 이론적으로 양대 유형이 하나로 종합된 것이 도의道義다. 도의는 전통적 정치 가치의 최고의 개괄이다. 도의 이상과 도의 운용의 결합은 필연적으로 '죄군-존군' 모델을 만들어낸다. 즉 현실 군주의 죄를 묻고 이상 군주를 존중한다. 현실 군주가 도의의 이상에 완전히 부합하기는 불가능하며 반드시 간쟁과 혁명 등의 행동을 부른다. 각기 다른 비평과 책망을 받게 된다. 각종 죄군 형식은 여러 경로를 통하여 군주와 도의 간 거리를 축소할 수 있다. 아무런 쓸모가 없다고 하더라도 사람들은 여전히 이상 속의 군주가 인간 사회에 강림하기를 기대한다. 도의는 군주와 신하 두 방면의 정치의식에도 심각한 영향을 미친다. 제왕 관념 속에선 '자존自尊-자죄自罪'가 되고, 신민 문화 속에서는 '존군-죄군'이 된다. 양자는 상호 작용을 하면서 특정 정치 문화를 강화시킨다. 이 정치 문화의 본질적 특징은 신민들이 도의 앞에서 정치 참여의 주체성을 스스로 박탈한다는 것이다. 즉 전 사회의 운명을 최종적으로 결정지을 권력을 어떤 특수한 주체 혹은 천명이나 성인처럼 어둠 속에 존재하는 초자연적 역량에 맡겨버린다는 것이다. 고대의 '무군無君'론자들도 끝내는 이러한 정치 문화로부터 초탈할 수 없었다. 이것이 전통 정치 사유 가운데 '헌정憲政'이 깃들 자리를 없게 만들었다.

공자진은 이중의 쇠세 속에 살았다. 그러면서도 비판과 개혁을 자신의 임무로 여겼다. 이 때문에 그의 부족과 한계는 대표성을 띤다. 심지어 이렇게도 이야기할 수 있다. 공자진의 부족과 한계는 비판 색채를 띠었던 고대 모든 사상가에게 공통적으로 존재하는 부족과 한계를 전부 포함하고 또 대표하고 있다고.

공자진의 정치론은 전형적인 '죄군-존군' 문화 모델에 속한다. "호탕하게 수심을 떠나보내니 해는 기울고 채찍을 휘둘러 동쪽을 가리키니 하늘가에 다다랐구나. 떨어진 꽃이 무정한 물건은 아닐지니 봄날의 진흙이 되어 다시 꽃을 지키리라."[134] 이 시는 공자진이 관직을 버리고 서울을 떠날 때 지은 것이다. '낙홍落紅', 즉 떨어진 꽃은 지은이가 관직과 서울을 떠남에 대한 비유다. '화花', 즉 꽃은 조정과 그 시절의 군주에 대한 은유다. 이 시는 굴원屈原의 「이소離騷」나 범중엄范仲淹의 「악양루기岳陽樓記」와 마찬가지로 군주를 원망하는 구슬픈 분심과 군주를 품는 뜨거운 정이 모순된 모습으로 한데 교직되어 있다. "붓을 놓고 의천倚天검을 빗겨 들고 보검을 필묵 화폭으로 펼칠 것인가. 어찌 나라 구할 명의라 자랑하랴. 약방엔 그저 옛 단약만 파는데."[135] 이는 공자진이 의지를 드러낸 또 한 편의 시다. 「명량론 4」에서 저자는 똑같은 사상을 드러내고 있다. 그는 외조부의 평어를 빌려 스스로 장담한다. "네 가지 논論은 모두 옛 방법이다. 오늘의 병에도 적중하는데 어찌하여 꼭 별도의 새 처방을 만든단 말인가?"[136] 그러나 바로 그 군주에 대한 연민의 정서와 옛것에서 방법을 찾는 태도가 입장, 감정, 사유에 있어서 공자진의 정치적 시야를 제한시켜버렸다.

장지동張之洞 등 근대 정론가와 사상가들은 공자진의 사상이 "명교名教를 훼손하고" "아버지가 원수를 짓고 아들이 겁난을 당하는" 결과를 만든다고 비난했다. 실제로 이러한 전통문화 모델 속에서 종법 문화가 공자진 정치론의 근본이다. 공자진은 "삼대三大를 넓히고 삼세三細를 다스린다"고 주장한다. "삼대는 군주, 아버지, 남편이고 삼세는 신하, 아들, 아내다."[137] "어버이가 자애롭지 않고 자식이 존경하지 않고 형이 우애롭지 않고 아우가 공손하지 않는 것 모두 으뜸 악행이다."[138] 그는 "천은 순교順教를 활용하고 성인은 역교逆教를 활용한다"고 보았다. "백성을 낳는 것이 순이고 조상의 은혜에 보답하는 것이 역이다."[139] 천은 생성 관계로 인류의 등급 순서를 확정하는데 이것이 바로 '순교'이고 성인은 '보본반시' 즉 조상의 은혜에 보답하는 것으로 사람들에게 군부를 공경하고 따르라고 가르치는데 이것이 바로 '역교'다. "그래서 왕에게 위로 천에 힘쓰라고 가르치고, 자식들에게 위로 어버이에게 힘쓰라고 가르치고, 신하들에게 위로 군주에게 힘쓰라고 가르친다."[140] 그리고 엄한 형벌로 이를 지키도록 해야 한다. 왜냐하면 "국가를 다스리는 데 충직한 신하를 구하는 것이지 골육을 팔아먹는 사람을 구하는 것이 아니기"[141] 때문이다.

그는 심지어 충효로 공사公私를 논한다. 맹자가 묵자와 양주를 배척한 것은 "천하에 지극히 공적이고 사사로움이 없는" 논의로 "군주도 없고 어버이도 없게" 됨을 배척한 것이라고 찬양한다. 그는 천지가 사사로움이 있을 뿐만 아니라 충신, 효자, 절부도 모두 사사로움이 있다고 생각한다. 즉 "다른 사람의 군주에겐 충성하지 않고" "다른 사람의 부모를 사랑하지 않으며" "도읍 저잣거리에 놓인 몸은 공적이지 못하다"는 것이다. 공자진은 이렇게 질문한다. 충의를 제쳐놓고 말하기를 "대공무사라 하면 사람인가 금수인가?"[142] 공자진은 리학의 공사론을 부정하고 일정 정도의 '사'를 긍정한다. 그의 사유 논리에 따르면 종법 윤리를 관철하려면 무턱대고 '대공무사'만을 말할 수는 없다. 그렇지 않으면 "사람마다 제 부모를 친애하고 제 어른을 공경하면 천하는 평정된다"[143]는 맹자의 말이 부정당하는 것 아니겠는가. 그는 "삼강이 무너지고 나라를 다스리는 구법九法이 멀어지는 것"[144]을 도저히 용납할 수 없다고 보았다. 그의 평균과 농종은 사실상 모두 종법의 도덕경제 가치 경향으로부터 온 것이다. 『논어』「계씨」편은 말한다. "국가를 다스리는 사람은 부족함을 걱정하지 말고 고르지 못함을 걱정할 것이며 가난함을 걱정하지 말고 불안정을 걱정해야 한다. 고르면 가난함이 없고 화합하면 부족함이 없고 안정되면 기우는 일이 없다."[145] 공자진은 공맹 등 사상가와 마찬가지로 '균均'을 치국평천하의 최고 가치로 삼았다. 이른바 '균평'은 사실상 종법 제도의 경제적인 면에서의 표현 형식이자 인생을 걸쳐 추구한 도덕경제의 방향이었다. "천하엔 억만년 동안 소멸되지 않는 도가 있다."[146] 도의 영원한 실질은 종법 도덕과 군주 제도의 영원을 논설하는 것이다. 종법 문화는 농후한 조정의 여지를 내포하고 있다. 하지만 관련된 조정론이 얼마나 격렬한가와 상관없이 귀결점은 언제나 존군이다. 모든 종법 문화의 숭배자는 모두 다양한 길을 통해 군부君父 숭배로 치닫게 되어 있다. 이것이 공자진의 사상이 갖는 한계의 근원이다.

'난세'가 곧 오게 될 것이라는 공자진의 예언은 불행하게도 적중했다. 그가 죽을 무렵 서양 자본주의는 대포를 이용해 중국의 문을 요란하게 열어젖히고 폭력으로 중국 역사 발전의 고유한 진행 과정을 단절시켜버렸다. 서양 열강이 강압적으로 중국에 대량의 상품을 판매하는 것과 동시에 새로운 정치 문화 요소 또한 따라 들어왔다. 두 문화가 충돌하고 융합하는 과정에서 국가의 위기를 구하고 생존을 도모하려는 사람들은 차츰 '존군-죄군' 문화 모델로부터 걸어 나왔다. 이에 따라 중국 정치사상사는 새로운 장을 열게 되었다.

1 漢唐宋明未有之事, 竟出大淸朝.

2 山雨來風滿樓.

3 幾千年未有之異端邪說.

4 漢學諸人, 言言有據, 字字有考, 只向紙上與古人爭訓詁形聲, 傳注駁雜, 援據群籍, 證佐數千條, 反之身己心行, 推之民人家國, 了無益處, 徒使人狂惑失守, 不得所用.(『漢學商說』卷中의 上)

5 近世言漢學者, 喜搜古義. 一字聚訟, 動輒數千言, 幾如秦近君之說尙書. 當天下無事時, 文章爾雅, 以之潤色太平可矣. 及其有事, 欲以口耳之學, 當天下之變, 宜其束手無策. 無他, 識其小, 不識其大也.(『知退齋稿』「讀毛詩傳」)

6 習空談者索之於昭昭靈靈而障於內, 守殘編者逐之於紛紛藉藉而蔽於外.

7 夫學術非而人心異, 人心異則世道灘, 世道灘則擧綱常倫紀政敎禁令, 無不蕩然於詖辭邪說之中也, 豈細故耶?(『國朝學案小識』「敍」)

8 于是士大夫多喜言文術政治, 乾嘉考據之風稍稍衰矣. (『淸史稿』「文苑三」)

9 공양학파의 역사철학. 사회 역사의 변천은 거란세據亂世, 승평세升平世, 태평세太平世를 거쳐 발전한다는 주장.『춘추공양전』에 연원을 두고 있으며 동중서는 『춘추번로春秋繁露』에서 삼세설을 펼친다는 장삼세張三世를 대대적으로 주장한다. ─옮긴이

10 『한서』「유향전劉向傳」의 "왕이라면 반드시 삼통三統에 정통해야 한다"는 말에서 유래한 공양학파의 학설. 삼통은 흑통黑統, 백통白統, 적통赤統이라는 설과 천통天統, 지통地統, 인통人統이란 설이 있다. 하은주 삼대의 월력인 정삭正朔문제에서 출발했다. 주나라는 11월 건자建子를 정월로 삼고, 은나라는 12월 건축建丑을 정월로 삼고, 하나라는 1월 건인建寅을 정월로 삼은 구별을 삼통이라 한다. ─옮긴이

11 不斤斤分別漢宋, 但期融通聖奧, 歸諸至當, 在乾隆諸儒中, 實別爲一派.(『淸儒學案』「方耕學案」)

12 天無二日, 土無二主, 國無二君, 家無二尊.

13 欲攘蠻夷, 先正諸夏; 欲正諸夏, 先正京師; 欲正士庶, 先正大夫.

14 先正天子京師.(『公羊何氏釋例』 제9)

15 貪以朘民之脂膏, 酷以干天之憤怒, 舞文弄法以欺朝廷之耳目. 雖痛哭流涕言之, 不能盡其情狀.(『張亨甫文集』「答黃樹齋鴻臚書」)

16 譬之於人, 五官猶是, 手足猶是, 而關竅不靈, 運動皆濡.(『啓齋文集』「海疆善後宜重守令論」)

17 開天下知古今之故, 百年一人而已矣.(「資政大夫禮部侍郎武進莊公神道碑銘」)

18 君於經通公羊春秋, 於史長西北興地, 其文以六書小學爲入門, 以周秦諸子吉金樂石爲崖郭, 以朝章國故世情民隱爲質幹, 晚好西方之學, 自謂造深微云.(「定庵先生年譜」)

19 風發雲逝, 有不可一世之槪.(「정암선생연보」)

20 萬物之數括於三: 初異中, 中異終, 終不異初.

21 萬物一而立, 再而反, 三而如初.(「胎觀 제5」)

22 通古今可以爲三世, 春秋首尾, 亦爲三世.

23 大橈作甲子, 一日亦用之, 一歲亦用之, 一章一部亦用之.(「五經大義終始問答 8」)

24 世有三等, 三等之世, 皆觀其才; 才之差, 治世爲一等, 亂世爲一等, 衰世別爲一等.(「箸議 제9」)

25 衰世者, 文類治世, 名類治世, 聲音笑貌類治世. 黑白雜而五色可廢也, 似治世之太素; 宮羽淆而五聲可鑠也, 似治世之希聲; 道路荒而畔岸隳也, 似治世之蕩蕩便便; 人心混混而無口過也, 似治世之不議.(「저의 제9」)

26 起視其世, 亂亦竟不遠矣.(「저의 제9」)

27 仇天下之士, 去人之廉恥.

28 中葉之主, 其力弱, 其志文, 其聰明下, 其財少.

29 其力强, 其志武, 其聰明上, 其財多, 未嘗不仇天下之士, 去人之廉, 以快號令, 去人之恥, 以嵩高其身; 一人爲剛, 萬夫爲柔, 以大便其有力强武.(「古史鉤沉論 1」)

30 其臣乃辱. 榮之亢, 辱之始也; 辨之亢, 誹之始也; 使之便, 任法之便, 責問之始也.(「고사구침론 1」)

31 大都積百年之力, 以震蕩摧鋤天下之廉恥.

32 厲之以禮出乎上, 報之以節出乎下. 非禮無以勸節, 非禮非節無以全恥.

33 朝見長跪, 夕見長跪之餘, 無此事矣.

34 歷覽近代之士, 自其敷奏之日, 始進之年, 而恥已存者寡矣! 官益久, 則氣愈偸; 望愈崇, 則諂愈固; 地益近, 則媚亦益工.

35 大臣無恥, 凡百士大夫法則之, 以及士庶人法則之.(「明良論 2」)

36 竊窺今政要之官, 知車馬服飾言詞捷給而已, 外此非所知也. 淸暇之官, 知作書法賡詩而已, 外此非所問也.

37 如是而封疆萬萬之一有緩急, 則紛紛鳩燕逝而已, 伏棟下求俱壓焉者鮮矣.(「명량론 2」)

38 天下無巨細, 一束之於不可破之例, 則雖以總督之尊, 而實不能以行一謀專一事.

39 청나라 때 잘못을 저지른 관원은 이부吏部로 보내 처벌 방법을 정하도록 했는데, 이것

이 의처議處이며 이부 관원은 도찰원都察院에 넘겨 의처하게 한 것이 찰의察議다. — 옮긴이

40 約束之, 羈縻之, 朝廷一二品之大臣, 朝見而免冠, 夕見而免冠, 議處察議之諭不絶于邸鈔. 部臣工於綜核, 吏部之議群臣, 都察院之議吏部也, 靡月不有. 府州縣官, 左顧則罰俸至, 右顧則降給至, 左右顧則革職至.(「명량론 4」)

41 奉公守法畏罪, 亦云至矣, 蔑以加矣.

42 權不重則氣不振, 氣不振則偸, 偸則敝. 權不重則民不畏, 不畏則狎, 狎則變. 待其敝且變, 而急思所以救之, 恐異日之破壞条例, 將有甚焉者矣.(「명량론 4」)

43 天下之子弟, 心術壞而義理錮.(「述思古子議」)

44 今世科場之文, 萬喙相因, 詞可獵而取, 貌可擬而肖.

45 旣窮旣極.(「與人箋」)

46 大抵由其始宦之日, 凡三十五年而至一品, 極速亦三十年. 賢智者終不得越, 而愚不肖者亦得以馴而到.

47 雖有耆壽之德, 老成之典型, 亦足以示新近.

48 此辦事者所以日不足之根原也.

49 至於建大猷, 白大事, 則宜乎更絶無人也.(「명량론 3」)

50 當彼其世也, 而才士與才民出, 則百不才督之縛之, 以至於戮之. 戮之非刀非鋸非水火; 文亦戮之, 名亦戮之, 聲音笑貌戮之. (…) 其法亦不及要領, 徒戮其心, 戮其能憂能憤心能思慮心能作爲心能有廉恥心能無渣滓心, 又非一日而戮之, 乃以漸, 或三歲而戮之, 十年而戮之, 百年以戮之.

51 左無才相, 右無才史, 閫無才將, 庠序無才士, 壟無才民, 廛無才工, 衢無才商, 抑巷無才偸, 市無才駔, 藪澤無才盜, 則非但鮮有君子也于. 抑小人甚鮮.(「저의 제9」)

52 避席畏聞文字獄, 著書都爲稻粱謀.(「을유시오수乙酉詩五首」)

53 自京師始, 槪乎四方, 大抵富戶變貧戶, 貧戶變餓者, 四民之首, 奔走下賤, 各省大局, 岌岌乎皆不可以支月日, 奚暇問年歲?

54 山中之民, 有自公侯者矣.

55 京師之日短, 山中之日長.

56 朝上寡助失親, 則山中之民, 一嘯百吟, 一呻百問疾矣.

57 山中之民, 有大音聲起, 天地爲之鐘鼓, 神人爲之波濤矣.(「尊隱」)

58 然而十年而夷, 五十年而夷, 則以拘一祖之法, 憚千夫之議, 聽其自陊, 以俟踵興者之改圖爾.

59 奮之! 奮之! 將敗則豫師來姓, 又將敗則豫師來姓.

60 一祖之法無不敝, 千夫之議無不靡, 與其贈來者以改革, 孰若自改革?(「저의 제7」)

61 爲一姓勸豫也.(「저의 제7」)

62 「平均篇」.

63 自古及今, 法無不改, 勢無不積, 事例無不變遷, 風氣無不移易.(「上大學士書」)

64 可以廬, 可以更, 不可以驟.(「평균편」)

65 人心者, 世俗之本也; 世俗者, 王運之本也. 人心亡, 則世俗壞; 世俗壞, 則王運中易.(「평균편」)

66 有如貧相軋, 富相耀; 貧者阽, 富者安; 貧者日愈傾, 富者日愈壅或以羨慕, 或以憤怨, 或以驕汰, 或以嗇吝, 澆灕詭異之俗, 百出不可止.(「평균편」)

67 生民噍類, 靡有孑遺, 人畜悲痛, 鬼神思變置.(「평균편」)

68 其始, 不過貧富不相齊之爲之爾, 小不相齊, 漸至大不相齊; 大不相齊, 卽至喪天下.

69 貴乎操其本源, 與隨其時而劑調之.(「평균편」)

70 有天下者, 莫高於平之之尙也.(「평균편」)

71 相去愈遠, 則亡愈速; 去稍近, 治亦稍速.

72 上有五氣, 下有五行, 民有五丑, 物有五才, 消焉息焉, 渟焉決焉, 王心而已矣.(「평균편」)

73 읍挹은 물을 뜨는 것이고 주注는 물을 흘려보내는 것이다. 「평균편」에서 공자진은 천과 지와 민의 상관관계를 이야기하고 "挹之天, 挹之地, 注之民; 挹之民, 注之天, 注之地; 挹之天, 注之地; 挹之地, 注之天"이라고 사읍사주를 말한다. ―옮긴이

74 試之以至難之法, 齊之以至信之刑, 統之以至澹之心. (…) 不十年几于平矣.(「평균편」)

75 貧富之不齊, 衆寡之不齊, 或十伯, 或千萬, 上古而然.

76 한민명전限民名田의 약칭이며 한대 동중서가 처음 주장했다고 전해진다. 일정 규모 이상의 토지 소유를 제한함으로써 토지 겸병을 막으려는 제도다. ―옮긴이

77 天且不得而限之, 王者烏得而限之?(「農宗答問 제1」)

78 齊之以禮.(「語錄」)

79 춘추 시대의 관직 이름으로 여러 대부를 부르는 말이기도 하고 상대부上大夫의 별칭으로도 불린다. 경卿보다 아래 직급이다. 여기서는 세습되는 관직을 통칭하는 것으로 보인다. ―옮긴이

80 上古不諱私, 百畝之主, 必子其子; 其沒也, 百畝之亞旅, 必臣其子; 餘子必尊其兄, 兄必養其餘子. 父不私子則不慈, 子不業父則不孝, 餘子不尊長子則不悌, 長子不瞻餘子則不義長子與餘子不別, 則百畝分; 数分則不長久, 不能以百畝長久, 則不智.(「농종」)

81 禮莫初於宗, 惟農爲初有宗.

82 农之始, 仁孝悌義之极, 礼之備, 智之所自出, 宗之爲也.(「농종」)

83 閑民之爲佃, 帝王宗室群臣也.(「농종」)

84 土廣而穀众, 足以芘其子, 力能有文質祭享报本之事, 力能致其下之稱名, 名之曰禮, 曰樂, 曰刑法.(「농종」)

85 先有下, 而漸有上. 下上以推之, 而卒神其說于天, 是故本其所自推也, 夫何駭? 本其所自名也, 夫何疑何懼?(「농종」)

86 籌一農身, 身不七尺, 人倫五品本末原流具矣!(「농종」)

87 籌一農家, 家不十步, 古今帝王, 爲天下大綱, 細目備矣.(「농종」)

88 貴不奪宗祭, 不以朝政亂田政.

89 木無二本, 川無二原, 贵贱無二人, 人無二治, 治無二法, 请使农之有一田一宅, 如天子之有萬國天下.

90 人倫五品本末原流.(「농종」)

91 蓬跣之子, 言必稱祖宗, 學必世谱谍. 宗能收族, 族能敬宗.

92 然而有天下之主, 受是宗之福矣.(「농종」)

93 旣立农宗, 又不限田, 如此天下將亂, 恐天下豪傑, 以族叛, 以族徙, 以族降散, 則如何?

94 爲政不難, 不得罪於巨室. 巨室之所慕, 一國慕之, 一國之所慕, 天下慕之. 沛然德敎, 溢乎四海.(「農宗答問 제4」)

95 天下已定, 獨天下諸有田之大宗, 不內租稅, 奈何?

96 其次用力, 力有三等: 誅之徙之誅之大宗, 放流其群宗.(「농종문답 제5」)

97 풍서諷書는 서책을 암송하는 것, 사책射策은 황제의 책문에 정책 방략 등으로 응답하여 시험을 보는 방식이다. —옮긴이

98 士皆知有恥, 則國家永無恥矣.(「명량론 2」)

99 士氣申則朝廷益尊.(「塾議 제25」)

100 以天爲宗, 以命爲極, 以事父事君爲踐履.

101 自償其功.(「존명」)

102 君有父之嚴, 有天之威; 有可知, 有弗可知, 而範圍乎我之生. 君之言, 唐虞謂之命, 周亦謂之命.(「존명」)

103 趙高匿其君以爲尊君, 吾之術, 使君無日不與天下相見以尊君.(「존명」)

104 自周而上, 一代之治, 卽一代之學也; 一代之學, 皆一代王者開之也.(「저의 제6」)

105 民之識立法之意者, 謂之士. 士能推闡本朝之法意以相誠語者, 謂之師儒.

106 王若宰若大夫若民相與以有成者, 謂之治, 謂之道.

107 是道也, 是學也, 是治也, 則一而已矣.(「저의 제6」)

108 君與師之統不分, 士與民之藪不分, 學與治之術不分.(「對策」)

109 『주례』「地官司徒」에 따르면 향鄕 아래엔 주州, 당黨, 족族, 여閭, 비比의 행정구역이 있었다고 한다. 대체로 당은 500가구를 단위로 했으며 책임자는 하대부下大夫를 임용했고 당정黨正이라 불렀다. —옮긴이

110 黨正卽一黨之師, 州長卽一州之師.

111 『주례』「夏官大司馬」에 따르면 국가의 크기에 따라 조금 차이는 있으나 왕이 거처하는 도성의 안쪽에 6향鄕을 두고 도성 바깥쪽에 6수遂를 두었으며 대부들이 관장했다. —옮긴이

112 鄕遂之大夫, 亦卽鄕遂之師. 豈若後世官吏自爲官吏, 師儒自爲師儒, 曰刺史曰守令以治民, 曰博士曰文學掾以敎士之區分乎?(「대책」)

113 師儒之替也, 源一而流百焉, 其書又百其流焉, 其言又百其書焉.

114 祖宗之遺法.(「저의 제6」)

115 猶足以保一邦, 善一國.

116 重於其君, 君所以使民者則不知也；重於其民, 民所以事君者則不知也.

117 由是士則別有士之淵藪者, 儒則別有儒之林囿者, 昧王霸之殊統, 文質之異尙. 其惑也, 則且援古以刺今, 囂然有聲气矣. 是故道德不一, 風敎不同, 王治不下究, 民隱不上達, 國有養士之費, 士無報國之日.(「저의 제6」)

118 興化善俗, 制治之本.(「대책」)

119 聖人也者, 與衆人對立, 與衆人爲無盡.(「胎觀 제1」)

120 聖人神悟, 不特文獻而知千載以上之事. 此之謂聖不可知, 此之謂先覺.(「語錄」)

121 衆人之宰, 非道非極.

122 人自所造, 非聖造, 非天地造.(「태관 제1」)

123 전욱顓頊은 황제黃帝의 손자로 오제五帝의 한 사람이고 이기伊耆는 염제 신농神農을 가리키며 요姚는 순임금을 말한다. —옮긴이

124 사姒는 하나라 왕족의 성씨, 자子는 상나라 왕족의 성씨, 희姬는 주나라 왕조의 성씨다. —옮긴이

125 『열자列子』에 등장하는 신화 속 인물. 물의 신으로 홍수를 관장하며 불의 신인 축융祝融과 사사건건 충돌한다. —옮긴이

126 몽골 커얼친 부 출신으로 청나라 초 순치세順治帝의 생모로서 섭정을 했으며 강희제
　　　康熙帝 초기까지 청나라 기틀을 잡는 데 막강한 힘을 발휘한 태후다. ―옮긴이

127 有帝統, 有王統, 有霸統. 帝統之盛, 顓頊伊耆姚；王統之盛, 姒子姬；霸統之盛, 共工嬴
　　　劉博爾吉吉特氏. 非帝王之法, 地萬里, 位百葉, 統猶爲霸.

128 聖人者, 不王不霸, 而又異天；天異以制作, 以制作自爲統.(「태관 제3」)

129 聖人之道, 本天人之際, 臚幽明之序, 始乎飲食, 中乎制作, 終乎聞性與天道.(「五經大義
　　　終始論」)

130 夫五行不再當令, 一姓不再産聖.(「古史鉤沉論 4」)

131 「고사구침론 4」.

132 九州風氣恃風雷, 萬馬齊暗究可哀. 我勸天公重抖擻, 不拘一格降人才.(「己亥雜詩」)

133 百臟發酸泪, 夜涌如源泉.

134 浩蕩離愁白日斜, 吟鞭東指卽天涯. 落紅不是無情物, 化作春泥更護花.(「기해잡시」)

135 霜毫擲罷倚天寒, 任作淋灕淡墨看. 何敢自矜醫國手, 藥方只販古時丹.(「기해잡시」)

136 四論皆古方也, 而中今病, 豈必別制一新方哉?

137 三大: 君父夫; 三細: 臣子婦.

138 父不慈, 子不祗, 兄不友, 弟不恭, 皆元惡大懟.(「春秋決事比答問 제5」)

139 生民, 順也. 報本始, 逆也.

140 是故教王者上勤天, 教子上勤父, 教臣上勤國君.(「태관 제5」)

141 爲國家求忠臣直士, 不求之賣骨肉之門.(「춘추결사비문답 제5」)

142 大公無私, 則人耶, 則禽耶?

143 人人親其親, 長其長而天下平.(「論私」)

144 三綱淪, 九法斁.(「어록」)

145 有國有家者, 不患寡而患不均, 不患貧而患不安. 蓋均無貧, 和無寡, 安無傾.

146 天下有萬億年不夷之道.(「저의 제7」)

나는 1987년 싼롄三聯서점에서 출판한 졸저『중국 전통 정치사상 반사
中國傳統政治思想反思』라는 책의 '전언前言'에서 중국 사상사에서 정치사상이
차지하는 위치에 대해 다음과 같은 일단의 논술을 한 적이 있다.

중국 고대 사회는 극히 중요한 특징이 하나 있는데 바로 "행정 권력이
지배하는 사회"(마르크스 용어)였다. 이러한 현실이 사람들의 사상 속
에 반영되어 행정 권력을 모든 것보다 높게 보고 모든 것의 귀결점으
로 보았다. 이 때문에 이데올로기상 정치사상은 특별한 지위를 차지했
는데 전체 사상과 이데올로기 가운데 핵심 부분이었다고 말할 수도 있
다. 철학적, 경제적, 교육적, 윤리적 사상 등은 정치를 떠날 수 없었을
뿐만 아니라 여러 길을 통해 마지막에는 거의 모두 정치로 귀결되었다.
"문文으로 도를 밝힌다"는 말은 이 점을 매우 잘 설명하고 있다. 고대
의 전통 사상은 우리 현실 생활에 광범한 영향을 미치고 있는데 사실
이 증명하듯 그 영향이 가장 큰 것이 정치사상이다. 이런 상황으로 보
면 이치상 전통 정치사상은 사상사 연구 작업에 종사하는 사람들에게

가장 중요한 항목이 되어야 한다. 그런데 이해하기 어려운 환경 때문에 30년 동안 정치사상사 연구는 끊어질 위기에 처했다. 최근 몇 년에 이르러서야 사람들은 경황으로부터 진정되었고 맑은 머리로 정치사상사 연구에 관심을 갖기 시작했으며 정치사상사는 독립된 학문 분과가 되었다.

나의 이 견해는 매우 강한 '배타성'을 띠고 있음에 틀림없으며 심지어 매우 강한 '침략성'을 갖는다고 말할 수 있다. 내 말에 따르면 정치사상은 전체 사회의식 가운데 이미 핵심적 지위를 차지하고 있고 어쩌면 '주체적' 지위를 차지하고 있다는 것인데, 누가 여기에 관심을 기울이지 않으면 그는 곧 '핵심'을 벗어났다는 혐의를 받게 된다. 혹은 누가 정치사상에 관심을 기울이지 않으면 그는 곧 요점을 장악하지 못한 사람이 된다. 사실 인식론적으로 '배타성'은 사상과 학술 영역에 보편적으로 존재하는 현상이다. 이러한 '배타성'이 인식과 학술 이외의 다른 힘을 빌리지만 않는다면 인식론적으로 무해할 뿐만 아니라 유익한 것이기도 하다. 나는 다른 사람에게 내 견해를 받아들이라고 결코 요구하지 않는다. 다만 나는 자신의 견해가 중국의 역사 사실에 더 바짝 다가섰다고 생각할 따름이다. 이 견해가 크게 잘못되지 않았음을 증명하기 위해 나는 필수적으로 더 깊이 연구하고 연구 영역을 확장하고 더 많은 증거를 제공해야 했다. 그리하여 나와 내 협력자들은 우선 이 삼권본 『중국정치사상사』를 썼다.(계획상으론 제4권과 제5권이 더 있다. 만약 하늘이 내게 시간을 허락한다면 나는 계속 써내려 가려고 한다.) 이 통사는 그저 기초적인 것이다. 우리는 이 기초 위에서 계속 정치 철학, 정치 문화, 정치 가치 및 다른 사상과의 관계 등을 계속 연구할 계획이다. 이 시각 나와 내 학술 동반자들은 이처럼 강렬한 신심과 소망을 갖고 있다. 반드시 중국 정치사상사 연구를 새로운 경지로 이끌

것이고 명실상부한 학문 분과가 되도록 할 것이며 정치사상이 중국 사상사에서 특별히 중요한 위치를 갖는다는 점을 증명할 것이다.

근 15년 이래 나는 주된 정력을 중국 정치사상사 방면에 소모했다. 이미 출판된 저작으로 『선진정치사상사』 『중국 전통 정치사상 반사』가 있고 수십 편의 논문을 발표했다. 내 협력자들과 함께 쓴 책으로 『중국 전통 정치 사유』 『중국 고대 정치사상사』(대학 교재)가 있다. 그 밖에 내 학술 동반자들도 수십 편의 논문을 발표했으며 몇 권의 전문 학술 저작이 곧 나올 예정이다. 자기 자랑처럼 들릴지도 모르지만 거기엔 그럴 만한 이유가 있다. 우리가 공밥을 먹은 것이 아니며 이 그릇이 다른 밥보다 쉽게 먹을 수 있었던 것이 아님을 보여주려는 것이다. 믿지 못하겠으면 한번 해보시기 바란다!

이 책의 간행에 즈음하여 우리는 저장런민浙江人民출판사에 감사를 드린다. 학술 저작의 출판이 인기 없는 상황에서 그들은 본전을 아까워하지 않고 이 책을 출판했으니 실로 쉽지 않은 일이다. 하지만 나는 다른 말을 하고 싶기도 하다. 멀리 보면 이 책은 출판사에 불행을 가져오지만은 않을 것이다. 중국의 문화가 끊이지만 않는다면 학술 저작이 절대로 쓸모없지 않을 것임을 나는 굳게 믿는다!

저장런민출판사와의 교류와 정의에 대해 몇 마디 더 덧붙이고 싶다. 처음에 나와 저장런민출판사 사이에는 어떤 왕래도 없었고 어떤 편집자도 알지 못했다. 1988년경이었던 듯한데, 어느 날 당시 저장런민출판사에 재직하고 있던 판젠궈潘建國 선생과 예샤오팡葉曉芳 여사가 나를 방문했고, 대화 중에 나는 여러 권으로 된 『중국정치사상사』를 쓸 계획이 있다고 말했다. 내 말이 끝나기도 전에 판 선생과 예 여사는 즉각 우대 조건으로 이 책을 받아들이고 싶다는 뜻을 비쳤다. 나는 적잖은 출판사와 내왕했으며 여러 차례 "열정적으로 말은 하지만 실천이 되기는 어려웠던" 경험이 있었다. 그래서 저장런민출판사와도 '그냥 말을 건넨' 정도의 냉담한 태도를 취했다. 게다가 나는 아직 초고도 없었고 또 처녀가 장성하면 시집갈 걱정을 하지 않는다는 약간의 자신감도 있었다. 그래서 마음에 담아두지도 않았다. 그런데 내 생각을 벗어나 판 선생과 예 여사는 매우 빨리 출판계약서를 보내왔다. 일순 나는 좀 어찌할 바를 몰랐다. 나는 저장런민출판사의 용기에 감복했다. 그저 '복숭아를 주었으니 오얏으로 갚을' 수밖에 없었다. 나중에 판젠궈 선생은 출판사를 떠났고 편집인이 바뀌었다. 두 분 여장군이 출마했는데 바로 예샤오팡 여사와 리닝李寧 여사였다. 그녀들은 톈진으로 와서 대면 독촉을 하는 것 외에 계속해서 편지를 쓰고 전화를 했다. 동시에 정치사상사와 관련된 나의 다른 원고도 출판하고 싶다는 뜻을 거듭 드러냈다. 나는 그녀들의 성의에 감동을 받았을 뿐만 아니라 그야말로 완전히 정복당해버렸다. 다른 일을 미뤄두고 이 원고에 전심전력할 수밖에 없었다. 1994년, 나의 동반자들과 함께 마침내 이 세 권으로부터 '기어' 나왔다. 나를 더욱 감동시킨 일은 출판사의 편집 작업이 극히 책임감 넘치고 세세했다는 점이다. 여기서 나는 특별히 선투치申屠奇 부편집장에게 경의를 표한다. 그는 원고를 살피면서 일일이 인용문을 대조하여 잘못된 부분 여러 곳을 발견했다. 출판의 질에 대해 책임을 지고, 독자들에게 책임을 지는 동시에 조금의 빈틈도 없는 여러 편집자의 정신에 부응하기 위해 나는 다시 한번 전체 원고를 검토하기로 결심했다. 자료 하나하나를 모두 원전과 대조했고 판본과 쪽수를 밝혀 편집 동지들의 조사를 편하게 해주었다. 이것만으로 또 몇 달의 시간이 지나갔다. 솔직히 말하면 과거에도 나는 몇 권의 책을 냈는데 원고나 교정이 정밀하지 못한 데 많은 유감이 있던 터였다. 이 책은 이 방면에 있어서 큰 유감이 없으리라 믿는다.

이 책의 제1권 중 '명가' 부분과 제2권 '제왕 죄기조罪己詔' 부분은 류강

劉剛과 창란倉嵐의 석사논문을 기초로 약간 수정이 이루어졌다.

이 책의 교정에 열몇 명의 소년 친구들이 참여했는데 그들 이름을 하나하나 열거하지 못함을 이해하기 바란다.

저술 과정에서 수많은 선지자의 문장과 저작을 참고했는데 응당 저자와 책 이름을 밝히거나 책 뒤에 열거해야 마땅함을 알지만 기술상의 문제로 할 수가 없었다. 선지자들에게 미안함을 표할 따름이다.

하나의 책을 쓸 때마다 언제나 독자들에게 빚을 지게 된다. 원고를 마친 뒤에야 한 걸음 더 멀리 나아가고 완비해야 할 수많은 문제가 기다리고 있음을 발견하기 때문이다. 이는 다음 책을 통해 보상하는 수밖에 없다.

1995년 11월

옮긴이 후기

내가 이 책을 처음 입수하여 보기 시작한 것은 1997년이다. 서문에 소개한 샤오궁취안蕭公權의『중국정치사상사』에 필적할 만한 뛰어난 자료로서의 가치 때문에 번역하여 한국 학계에 소개한다면, 두 책이 보완 작용을 하여 국내에서 중국 정치사상 연구에 도움이 될 수 있으리라 생각했다. 그래서 1998년부터 틈나는 대로 번역하기 시작했다. 4년 반의 세월이 지나 2002년에 제1권인 선진권先秦卷을 도서출판 동과서에서『중국정치사상사』선진편 상하 두 권으로 우선 출판했으나 더 이어가를 못했다. 그런데 국내의 어려운 출판 환경에도 불구하고 글항아리에서 출판을 하기로 결정해줘서 이제야 완역본을 내게 되었다. 초고를 갖고도 출판이 더뎌진 데는 내 개인적인 이유도 있었지만, 한국에서 중국 정치사상을 연구하기 쉽지 않은 환경과 관련이 있다. 번역어 선택과 표기 문제도 걸림돌이었다. 이러한 문제들이 아직 해결되지 않았지만 용기를 내 출판하게 된 것은 이 분야의 연구 분위기가 차츰 만들어지고 있고 중국 문화에 대한 젊은 사람들의 관심이 늘어나 훌륭한 독자들의 과감한 질정을 받을 수 있으리라는 생각에서다.

중국을 제대로 이해하기 위해서는 중국인의 내면을 깊이 알아야 하고, 중국인의 생각을 이해하기 위해서는 그들의 사유를 지배하고 언어를 생산해내는 역사적 구조를 이해해야 한다. 이 책은 중국의 내면을 이해하는 데 중요한 밑거름이 되어줄 것이다. 중국에 관한 책은 서점이나 도서관 서가에 넘쳐난다. 하지만 깊고 오랜 사유의 산물로, 긴 호흡으로 읽음으로써 중국인들의 지적 성취를 느낄 수 있는 책은 많지 않다. 특히 중국에 대해 '공부'하고 싶은 모든 학문 분야의 사람들에게 5000년의 사상사를 원전 사료와 더불어 관통해서 읽을 수 있는 책은 더욱 드물다. 중국의 전통 문헌 거의 모두가 정치사상서라는 점에서 이 책은 중국을 공부하고 연구하려는 사람들에게 필수적인 참고서다.

여기에 번역하면서 해결하지 못한 고민을 몇 가지 털어놓음으로써 독자들의 채찍질을 기대한다.

첫째, 고전 원문 번역 문제다. 앞에서 언급했듯이 난카이南開대학 정치사상사 연구 그룹은 사료와 방증을 매우 중시하여 책의 태반이 고전 원문 인용으로 되어 있다. 해석이 어려운 부분이나 판본상의 문제가 있는 부분에 저자가 설명을 덧붙이기도 했으나, 여전히 국내에 소개하기에는 더 확실한 해설이 필요해 보였다. 나는 직역을 중시하면서 때로 괄호를 사용해 해설 겸 의역을 시도하기도 했으며, 해석과 판본상의 문제에 대해 많은 주석을 달았다. 인터넷에서 제공되는 중국의 훌륭한 원전 검색 사이트인 중국철학서전자화계획中國哲學書電子化計劃(ctext.org)과 대만의 한적전자문헌漢籍電子文獻(hanji.sinica.edu.tw) 덕분에 이 책에 인용된 고전 문헌에 대한 분석과 교정을 했으나, 여러 판본을 비교, 분석하는 등 좀더 세밀한 고증을 해내지 못한 아쉬움이 있다. 내용에 등장하는 인물, 지명, 관직명 등 고유명사에 대하여 많은 옮긴이 주를 달았으나 지면의 한계 때문에 전체를 다 상세하게 다루지 못한 점도 아쉽다.

둘째, 원저작에 대한 평가 문제다. 선진편 번역이 마무리되던 2001년부터 류쩌화 교수 등 저자들과 연락이 되어 전자우편으로 수없는 질의응답을 주고받았다. 그러나 대부분 원저의 오탈자와 해석상의 문제, 착오 등 작은 문제에 집중되어 사상 자체에 대한 시각 등 큰 문제를 이 책에 전혀 반영하지 못한 아쉬움이 있었다. 그러던 중 2015년 가을 중국 천하 대강 남북을 주유하며 중국 각지 대학에 재직하고 있는 류쩌화 사상사 그룹 관련 학자들과 10여 차례 학술 대담을 했다. 그 가운데는 이 책의 저자인 류쩌화, 장펀텐張分田, 거취안葛荃 교수도 포함되어 있었다. 이들과의 대화와 논쟁은 추후 기회가 되면 문자화할 생각이지만 이 번역서에는 반영하지 못했다. 그해, 자택인 톈진 세이재洗耳齋에서 긴 학문적 토론을 하고 따뜻하게 내 손을 붙잡고 놓지 않으셨던 류 선생님은 2018년 5월 미국 시애틀에서 선서仙逝하셨다.

셋째, 용어의 일관성 문제다. 한자는 함축성과 신축성 때문에 같은 글자에 대해서 같은 개념어로 번역해내기란 대단히 어렵다. 함축된 의미를 풀어 써야 의미 전달이 될 때가 더 많고, 상황에 따라 다른 단어를 동원해 신축적으로 해석해야 하는 경우가 많다. 이 때문에 책 전체에서 일관성 있는 개념 전개를 하지 못한 문제가 발생했다. 예컨대 형形은 형체, 생生은 생명, 성性은 본성, 양養은 양성, 물物은 외물, 기己는 자신 등으로 처리하려고 애썼지만 끝내 모두를 일치시키긴 못했다. 정政 자만 하더라도 정치, 행정, 정책 등으로 상황에 맞춰 번역했다. 치국治國, 위국爲國은 치국, 정치, 국가 경영, 국정, 나라를 다스림 등 여러 가지를 혼용했다. 한자 개념과 용어의 정돈 및 한글 번역어의 일대일 대응 처리는 앞서 언급한 한자가 습합된 한국어의 특성상 쉽지 않은 일이다.

그 외 방대한 분량 때문에 생겨난 편집 문제로 인해 문장 구조를 못 이룬 짧은 원전 인용들을 독자들의 역량에 맡기며 1차 교정 시 각주에서 제외했다. 그리고 본문 내 한문을 가능한 한 줄이고자 개념어로 남겨둘 가치가 있음에도 풀어 쓴 부분이 많으며, 긴 절인데도 맨 앞에만 한자를 병기함으로써 독자들이 긴 호흡으로 읽어야 이해가 될 부분이 많아졌다. 이 점에 대해 독자들의 양해를 바란다. 각 사상가 관련 원전 저작들을 해석하면서 사용한 많은 2차 자료와 번역, 해설서 등이 너무 많아 곳곳에서 일일이 밝혀줄 공간을 마련하지 못한 점도 아쉽다.

번역을 하면서 하나의 절에 대한 초역을 마칠 때마다 일지 형식으로 간단한 소회를 써두곤 했다. 1998년 3월 7일 밤 10시부터 시작했는데 20년을 거치면서 중국어 독음에 대한 내 원칙도 여러 번 바뀌었고 인명, 지명, 서명에 대한 표기법이 달라지기도 했다. 대체로 원본의 순서대로 번역을 했으나 중간에 연구 논문을 쓰거나 다른 책을 저술하기 위해 뒷부분을 먼저 번역하기도 했다.

그중 번역 과정에서 느꼈던 몇 가지 소회를 추려서 옮겨본다.

"번역하면서 아주 많은 시간을 쓰게 하는 일은 적절한 번역어를 찾지 못할 때다. 숨이 턱 막히고, 이것저것 사전을 뒤지기도 하고, 누워서 머리를 비워보기도 하고……. 결국은 덮어버리고 명징한 아이디어가 떠오를 때까지 그저 기다린다. 그리하여 한 페이지를 번역할 시간이 가고, 한 소절을 번역할 시간이 간 다음에야 대체로 다시 억지로 꿰맞춘 번역 단어를 붙여놓고 얼렁뚱땅 넘어가기도 한다. 도대체 우리말의 어휘가 부족한 것인가, 내 국어 실력이 형편없는 것인가, 교육의 문제인가 한글의 문제인가?"(2003. 9. 24.)

"정말 오래 걸리고 지루하고 힘들고 고통스럽고 어려운 번역 과정이었다. 위진 현학, 특히 왕필이 어렵고, 이 부분을 쓴 저자의 문장력과 서술 방식이 적응이 안 되어 더욱 힘들었다. 단장취의와 고전 문헌의 무조건 인용도 어려웠다."(2006. 3. 4.)

"미국 노스캐롤라이나, UNC-Chapel Hill 데이비드 도서관 8층에서 초역을 완료하다. 김밥 한 줄로 허기를 달래가며 비 내리는 창을 보고 작업을 했다."(2009. 3. 1.)

"불교보다 도교가 어렵군. 도교 공부를 안 하고 어떻게 중국 사상을 이야기할 수 있겠는가?"(2013. 1. 8.)

"이고의 「복성서」는 어려운 철학적 내용을 함유하고 있음에 틀림없다. 그럼에도 다른 문장보다 쉽고 빠르게 해석할 수 있었던 것은 아마도 성리학에 집중하여 발전해온 우리 학문의 역사적 풍토와 그렇게 훈련받은 덕분이 아닌가 한다."(2013. 5. 5.)

"범중엄의 논리는 매우 어렵다. 그의 개혁 사상과 방법은 공감이 가고 이해되는 바이나 그가 근거로 들고 있는 『주역』의 구절들과 관련된 해석, 그리고 적용하는 논리는 번역하기가 상당히 힘들다. 송대 문장들이 그 이전 시대와 달라서 익숙해지지 않아 힘들기도 했고, 원작의 송대를 쓴 사람의 문장이 또 많이 다르고 약간 현학적이고 문학적이며 어떤 부분은 넘나듦이 심해 난감한 부분도 많았다."(2015. 2. 10.)

"이제야 아들의 도움으로 원저서의 pdf 파일을 다운받고 스캔 가능한 파일로 바꾸었다. 직접 책을 보지 않고도 번역하고 원문을 직접 입력하지 않고도 복사로 붙일 수 있으니 많은 시간을 절약할 수 있겠다. 원문을 하나하나 직접 입력하고, 입력하면서 다시 해석해보는 진지함은 조금 덜할 수도 있겠다. 호영이와 혜진이에게 이 작업을 시키면서 공부를 시키는 방법도 있겠다."(2015. 3. 23.)

"성리학을 제대로 공부하는 좋은 계기가 되었다. 어렵고 현학적인 내용이 많지만 그래도 번역 속도를 낼 수 있었던 건 우리 문화가 리학에 젖어 있기 때문일 것이다. 리학은 방대한 학술 체계임에 틀림없으며 일생을 걸 만한 분야다. 번역은 양이 대폭 줄었다. 성리학 용어가 우리글과 잘 맞기 때문일 것이다. 오늘 오후에는 조부모님 제사를 모시러 고향에 다녀와야 한다. 그리고 긴 중국 만행漫行을 떠나야 한다. 기쁜 소식은 글항아리에서 이 번역서를 출판해주기로 한 거다. 24일에 계약서에 사인해서 보냈다. 아산서원 서평 모임에서 이은혜 편집장을 만난 건 행운이었다. 류쩌화 선생과도 연락하고 중국에서 좋은 만남을 가질 수 있겠다. 만행을 하면서도 번역을 마무리하는 작업을 해야 한다."(2015. 7. 27.)

"중국 간쑤성 란저우 석유대하주점石油大廈酒店 423호에서 초역을 완료하다. 황하 강변을 하염없이 걸으며 중국 문화의 오랜 역정을 생각했다. 7장은 짧아 일찍 끝냈다. 잠시 중단하고 출간이 임박한 『관념의 변천사: 중국의 정치사상』 완성고를 다듬어야겠다."(2015. 9. 30.)

"2016년 8월 2일 12시 37분 용인대 연구실에서 초역을 완료했다. 긴 작업의 마침표를 찍었다. 류쩌화 선생의 톈진 자택인 세이재에서 류 선생 부부 및 동료들과 함께했던 시간이 주마등처럼 스쳐간다. 참으로 훌륭한 학자다. 존경받고 그 지혜를 나누어야 할 후학들이 미국과 중국을 오가는 그 부부의 노년에 도움도 되지 못하고 또 그 지혜를 나눠 갖지도 못하는 현실이 안타깝다. 중국 전역을 돌며 류 선생의 제자들을 만났던 기억도 새롭다. 새로운 학문 분과를 수립하는 데 완전히 성공하셨다. 사회주의 중국 사회에서도 올곧은 학문의 길 하나로 택선고집擇善固執하신 결과 새로운 학문 분과를 만들어냈다. 왕권주의王權主義 하파로 알려져 중국 전역의 극찬을 받는 것은 당연한 일이다. 한국에서도 이 책이 잘 출판되어 많은 독자의 사랑을 받고 중국 정치사상을 연구하는 역사학, 정치학, 사회학, 철학, 문학 모든 영역의 필독서가 되기를 바란다.

번역은 힘든 작업이다. 단순한 수고手품의 문제가 아니다. 고전 원문이 반 이상인 방대한 책을 읽고 이해하고 번역하는 작업은 외국인으로서 쉽지 않은 일이다. 본국 사람도 어려울 것이다. 갑골문에서 청대에 이르는 긴 시간과 시기마다 다른 문법을 지닌 원전들, 사유의 틀이 다르고 주장도 다른 문장들, 이 책의 여러 저자의 글쓰기 스타일도 다르고 원전 인용 방식도 달랐다. 전문이 아닌 내용의 일부를 발췌해 인용했기 때문에 앞뒤 맥락을 파악하여 일관된 문장으로 만들어내는 일도 쉽지 않았다. 일일이 원문을 대조하며 정확한지를 따지는 일은 사실 저자들의 몫이다. 나도 가급적이면 원문을 대조하며 인용이 맞는지 확인했으나 혼자 전체를 다 할 수는 없었다. 저자들을 만나고 온 뒤 그들의 학문적 성취와 진지한 태도를 확인하고는 더욱 믿게 되었다. 원문을 일일이 한자로 각주 처리하여 달아주는 것도 조교 한 명 없는 나에겐 신산한 작업이었다. 한문 공부가 늘어서 좋은 점도 있으나 교수로서 연구하는 삶 대부분을 여기에 쏟은 셈이다. 수많은 갈등과 수모와 번민을 안으며 살아온 세월, 아무도 알아주지 않는 분야의 전공으로, 아무도 모르는 책을 가지고 20년을 씨름한 삶, 분명 잃은 것보다 얻은 것이 훨씬 더 많은 지적 작업을 했던 시간, 감사하는 마음으로 대단원의 막을 내린다. 공부를 썩 잘하지도 못하고 기억력도 남만 못하고 오래 앉아 있을 줄 아는 장점 외엔 천부와 바탕도 남만 못한 사람으로서, 세계에서 가장 오랜 역사를 지니고 가장 많은 책을 가지고 가장 어려운 문자를 쓰는 중국의 사상사를 관통해서 읽었고 번역해냈다. 20년의 작업으로는 괜찮은 성과다."

자료 수집과 번역, 표기에 대한 고민, 해석과 재해석, 해설과 옮긴이 주석을 위한 고증, 고전 인용문의 원문 타자 등을 모두 혼자서 처리했다. 제

3권인 수당송원명청권 후반부 일부 장절의 원문 각주를 다는 데 서울대 동양사학과 석사과정생 장호영군과 한양대 중문과 학부생 조혜진군의 도움을 받았다. 이 자리를 빌려 감사함을 전한다. 번역서 전체의 분량이 공백을 포함하면 320만 자가 넘고 200자 원고지로 하면 1만8000매가 넘어 그대로 쌓아올리면 작지 않은 내 키를 넘길 것이다. 이 방대한 분량을 혼자 번역하는 것은 일관성에는 장점이 있으나 번역 자체에만 너무 많은 시간을 소비해야 하기 때문에 그 외 매끄럽고 품위 있는 문장이라든가 독자들의 독해를 편하게 해주는 장치들을 만들어내지 못한 아쉬움도 있다. 어려운 출판 환경에도 흔쾌히 출판을 허락해준 글항아리 강성민 대표와 이은혜 편집장 및 예쁘게 편집하느라 고생한 디자이너에게도 감사드린다.

찾아보기

중국정치사상사 3

1판 1쇄	2019년 2월 8일
1판 2쇄	2019년 11월 25일

지은이	류쩌화 외
옮긴이	장현근
펴낸이	강성민
편집장	이은혜
편집	김은재 곽우정
마케팅	정민호 이숙재 양서연 안남영
홍보	김희숙 김상만 오혜림 지문희 우상희
독자모니터링	황치영

펴낸곳	(주)글항아리	출판등록 2009년 1월 19일 제406-2009-000002호

주소	10881 경기도 파주시 회동길 210
전자우편	bookpot@hanmail.net
전화번호	031-955-3578(마케팅) 031-955-1936(편집부)
팩스	031-955-2557

ISBN	978-89-6735-578-4 94100
	978-89-6735-575-3 (세트)

글항아리는 (주)문학동네의 계열사입니다.

이 도서의 국립중앙도서관 출판예정도서목록(CIP)은 서지정보유통지원시스템 홈페이지
(http://seoji.nl.go.kr)와 국가자료공동목록시스템(http://www.nl.go.kr/kolisnet)에서
이용하실 수 있습니다. (CIP제어번호 : 2018040685)